Jus Internationale et Europaeum

herausgegeben von
Thilo Marauhn und Christian Walter

185

Camilla S. Haake

Technik – Recht – Raum

Der Cyberspace als Rechtsraum besonderer Art

Zugleich eine Analyse des Verhältnisses von
Völkerrecht und Technik

Mohr Siebeck

Camilla S. Haake, geboren 1990; Studium der Rechtswissenschaften an der Universität Konstanz, der Université d'Auvergne (Clermont-Ferrand I, Frankreich) und der Universität Trier; 2015 Erste Juristische Prüfung; Wissenschaftliche Mitarbeiterin am Lehrstuhl für Öffentliches Recht, insbesondere Völkerrecht und Europarecht der Universität Trier, sowie am Institut für Rechtspolitik an der Universität Trier; 2020 Promotion; Rechtsreferendarin im Bezirk des Oberlandesgerichts Koblenz; 2021 Zweite Juristische Staatsprüfung.

ISBN 978-3-16-161026-4 / eISBN 978-3-16-161032-5
DOI 10.1628/978-3-16-161032-5

ISSN 1861-1893 / eISSN 2568-8464 (Jus Internationale et Europaeum)

Die Deutsche Nationalbibliothek verzeichnet diese Publikation in der Deutschen Nationalbibliographie; detaillierte bibliographische Daten sind über *http://dnb.dnb.de* abrufbar.

© 2022 Mohr Siebeck Tübingen. www.mohrsiebeck.com

Das Werk einschließlich aller seiner Teile ist urheberrechtlich geschützt. Jede Verwertung außerhalb der engen Grenzen des Urheberrechtsgesetzes ist ohne Zustimmung des Verlags unzulässig und strafbar. Das gilt insbesondere für die Verbreitung, Vervielfältigung, Übersetzung und die Einspeicherung und Verarbeitung in elektronischen Systemen.

Das Buch wurde von epline in Böblingen aus der Times New Roman gesetzt, von Laupp & Göbel in Gomaringen auf alterungsbeständiges Werkdruckpapier gedruckt und gebunden.

Printed in Germany.

Vorwort

Die vorliegende Arbeit wurde im Sommersemester 2020 vom Fachbereich Rechtswissenschaft der Universität Trier als Dissertation angenommen.

Sie entstand maßgeblich während meiner Zeit als wissenschaftliche Mitarbeiterin am Lehrstuhl für öffentliches Recht, insbesondere Völkerrecht und Europarecht, von Herrn Prof. Dr. Alexander Proelß, sowie am Institut für Rechtspolitik an der Universität Trier.

Mein besonderer Dank gebührt zuvörderst meinem Doktorvater, Herrn Prof. Dr. Proelß, für die jederzeit freundliche und engagierte Betreuung meiner Arbeit, sein ehrliches Interesse an meiner Forschung, die stets äußerst angenehme Zusammenarbeit bei vielen interessanten Projekten und die Ermutigung, immer wieder über den sprichwörtlichen (juristischen) „Tellerrand" hinauszublicken.

Herrn Prof. em. Dr. Meinhard Schröder danke ich ganz herzlich für seine Bereitschaft zur Übernahme des Zweitgutachtens und dessen äußerst zügige Erstellung.

Ausdrücklich bedanken möchte ich mich auch bei Frau Dr. Claudia Seeling, die mir stets ein offenes Ohr und – mit der Möglichkeit der Teilnahme am Mentoring-Programm für Promovendinnen des Referats für Gleichstellung der Universität Trier – eine außergewöhnliche Form der Unterstützung und Stärkung während meiner gesamten Promotionszeit schenkte. Entscheidend zum Gelingen dieser Arbeit beigetragen haben denn auch die vielen anregenden und in höchstem Maße motivierenden Gespräche mit meiner Mentorin Frau Prof. Dr. Nicola Baumann, der ich hierfür ebenfalls zu besonderem Dank verpflichtet bin.

Für ihre Freundschaft und ihren wertvollen moralischen Beistand während meiner gesamten Promotionszeit und darüber hinaus danke ich außerdem Dr. Maja Flaig, Dr. Johanna Kranz, Dr. Hanna Merk und Natalie Tröller sowie Dr. Laura Buhr und Dr. Kirstin Willy.

Meinen Eltern, meinem Bruder und meiner Großmutter möchte ich ebenfalls ganz herzlich für so Vieles danken, insbesondere für ihre unermessliche Geduld, ihr Verständnis und ihren steten Zuspruch während der gesamten Entstehungszeit dieser Arbeit.

Von Herzen bedanken möchte ich mich, zu guter Letzt, auch bei Dr. Sven Gunkel: Ohne seine aufrichtige Liebe, seinen uneingeschränkten Rückhalt und seine jederzeitige Unterstützung wäre diese Arbeit so nicht möglich gewesen.

Trier, im Juli 2021 *Camilla Sophia Haake*

Inhaltsübersicht

Vorwort V
Inhaltsverzeichnis IX
Abkürzungsverzeichnis XV

Teil I: „Ambitious hopes and sizeable fears":
Neues Recht für neue „Räume" 1

Kapitel 1: Recht und Technik:
Gedanken über ein nicht spannungsfreies Verhältnis 6
A. Recht und gesellschaftliche Realität 6
B. Technikentwicklung und soziale Evolution 9
C. Technische Revolutionen als „Normierungsbeschleuniger"? 17

Kapitel 2: Entgrenzte Medien, entgrenztes Recht, entgrenzte Räume 24
A. Entgrenzte Medien 25
B. Entgrenztes Recht 26
C. Entgrenzte Räume 36

Teil II: „A [Cyber]Space Odyssey" –
Das Völkerrecht und das Internet 39

Kapitel 1: Begrifflichkeiten 40
A. Der „Cyberspace" – Wo Science-Fiction Realität wird 42
B. Das „Internet" – Mehr als nur ein Hype 43
C. „WWW": Vom „Netz" zum „Web" 47

Kapitel 2: Eine Straßenverkehrsordnung für die elektronische
Autobahn: Welches Recht gilt im „Cyberspace"? 50
A. Für und wider eine völkerrechtliche Regulierung von Aktivitäten
   im Cyberspace 50
B. Ein „Völkerrecht des Netzes"? Zu den Mechanismen der
   völkerrechtlichen Regulierung des Cyberspace 69
C. „Ubi *[Cyber]*societas, ibi *[Cyber]*ius"?
   Ansätze zu einer effektiven Regulierung des Internets 207

VIII   *Inhaltsübersicht*

Teil III: „Einbahnstraße" oder „wechselbezügliche
Abhängigkeiten"? Zum Verhältnis von Völkerrecht und Technik ... 281

Kapitel 1: „Eternal and unchanging"?
Auswirkungen des technischen Wandels auf das Völkerrecht 283
A. Grenzerfahrungen: Neue Rechtsräume und ihre Entstehung 285
B. „Vorsprung durch Technik"? Völkerrechtliche Normsetzung
   und -durchsetzung unter dem Einfluss des technischen Wandels 328

Kapitel 2: Die Mär von der ‚legal superstructure':
Zur Rückwirkung des Völkerrechts auf den technischen Wandel 460
A. Zu den Auswirkungen des Rechts auf technische Innovationen und
   Innovationsprozesse 460
B. Der technische Wandel im Angesicht des Völkerrechts am Beispiel der
   Regulierung des Cyberspace 495
C. Fazit: „Innovation *durch* Recht und Innovation *im* Recht" 501

Teil IV: Zusammenfassung der Ergebnisse der Arbeit in Thesen 509

Literaturverzeichnis 517
Verzeichnis der zitierten Dokumente 575
Stichwortregister 591

Inhaltsverzeichnis

Vorwort V
Inhaltsübersicht VII
Abkürzungsverzeichnis XV

Teil I: „Ambitious hopes and sizeable fears":
Neues Recht für neue „Räume" 1

Kapitel 1: Recht und Technik:
Gedanken über ein nicht spannungsfreies Verhältnis 6
A. Recht und gesellschaftliche Realität 6
B. Technikentwicklung und soziale Evolution 9
    I. Zum Technikbegriff 9
    II. „Entzauberung" der sozialen Welt: Zum Verhältnis zwischen
        technischem und gesellschaftlichem Wandel 14
C. Technische Revolutionen als „Normierungsbeschleuniger"? 17

Kapitel 2: Entgrenzte Medien, entgrenztes Recht, entgrenzte Räume 24
A. Entgrenzte Medien 25
B. Entgrenztes Recht 26
    I. Entgrenzung als „Globalisierung des Rechts" 26
    II. Zum Rechtsbegriff 32
C. Entgrenzte Räume 36

Teil II: „A [Cyber]Space Odyssey" –
Das Völkerrecht und das Internet 39

Kapitel 1: Begrifflichkeiten 40
A. Der „Cyberspace" – Wo Science-Fiction Realität wird 42
B. Das „Internet" – Mehr als nur ein Hype 43
C. „WWW": Vom „Netz" zum „Web" 47

Kapitel 2: Eine Straßenverkehrsordnung für die elektronische
Autobahn: Welches Recht gilt im „Cyberspace"? 50
A. Für und wider eine völkerrechtliche Regulierung von Aktivitäten
    im Cyberspace 50

I. Traditionelle Jurisdiktionsgrundsätze ... 53
     1. Territorialitäts- und Wirkungsprinzip ... 54
     2. Aktives und passives Personalitätsprinzip sowie Schutzprinzip 55
     3. Universalitäts- oder Weltrechtsprinzip ... 55
  II. ... im Cyberspace? ... 56
  III. Das Völkerrecht im Cyberspace: „ius necessarium"
       oder notwendiges Übel? ... 58
B. Ein „Völkerrecht des Netzes"? Zu den Mechanismen der
  völkerrechtlichen Regulierung des Cyberspace ... 69
  I. Völkervertragsrecht ... 70
     1. Völkerbund bzw. UN ... 71
        a) Universelle Menschenrechtsverträge ... 74
           aa) AEMR ... 76
           bb) IPbpR ... 82
           cc) IPwskR ... 90
           dd) „Privatisierung" des Internets:
               Sind die Staaten noch in der Pflicht? ... 95
           ee) Ein Menschenrecht auf Kommunikation?
               Eine Herausforderung für die Informationsgesellschaft 97
        b) ITU ... 106
        c) WIPO ... 109
        d) UNESCO ... 111
     2. WTO ... 116
     3. Europarat ... 118
        a) EMRK ... 119
        b) Budapest-Konvention ... 128
        c) Datenschutz-Konvention ... 129
        d) Fernsehübereinkommen ... 130
     4. OSZE ... 131
     5. EU ... 133
        a) Europarecht als Völkerrecht? ... 134
        b) EU-Grundrechte ... 137
        c) Grundfreiheiten ... 155
        d) Sekundärrecht ... 171
           aa) E-Commerce ... 172
           bb) Verbraucherschutz ... 178
           cc) Telekommunikation ... 179
           dd) Fernsehen ... 181
           ee) Urheberrecht ... 186
           ff) Datenschutz ... 192
  II. Völkergewohnheitsrecht ... 195
  III. Von den Kulturvölkern anerkannte allgemeine Rechtsgrundsätze 205
  IV. Fazit: „Was Offline illegal war, [...]" ... 205

C. „Ubi *[Cyber]*societas, ibi *[Cyber]*ius"?
Ansätze zu einer effektiven Regulierung des Internets 207
  I. Erster Ansatz: „Self-governance" (Selbstverwaltung)
     durch User und Provider................................. 208
     1. Selbstregulierung durch Online-Dienste und ihre „Communities" .. 214
     2. Selbstkontrolle durch ISPs............................. 217
  II. Zweiter Ansatz: „Lex informatica" –
      Eine moderne *lex mercatoria* für den Cyberspace? 219
      1. Zur Entstehung der *lex mercatoria* 220
      2. Die „lex informatica" als *lex mercatoria* des Cyber Age?......... 222
         a) „Code is law"!?................................... 226
         b) Eignung einer „lex informatica" zur Regulierung des
            Cyberspace 232
  III. Dritter Ansatz: Cyberlaw als konzeptionelle Analogie
       zu seevölkerrechtlichen Vorschriften 235
  IV. Vierter Ansatz: „Staatengemeinschaftsraum" Cyberspace........... 237
      1. Regulierung bekannter Gebiete jenseits staatlicher Hoheitsgewalt.. 237
      2. Übertragbarkeit der CHM-Konzeption auf die Regulierung
         des Cyberspace 241
         a) Der Cyberspace als Staatengemeinschaftsraum? 241
         b) Virtuelle Ressourcen als „common heritage of mankind"? 244
  V. Fünfter Ansatz: Multistakeholder-Ansatz bzw. „Co-regulation" 247
     1. Modell 1 250
     2. Modell 2 251
     3. Modell 3 253
     4. Modell 4 253
     5. Bewertung 254
  VI. Fazit: *Wer* kontrolliert *wie* das Internet? 263
      1. Von „Global Governance" 263
      2. ... zu „Internet Governance" 265
      3. „Internet Governance" als „Multilayer-Multiplayer-Mechanismus" 267
         a) Auf der Suche nach einer „International Organisation
            for Cyberspace" 267
         b) Ein „International Court for Cyberspace"?................ 272
      4. „Wo ist Cyberspace? Welches Recht gilt? Wer entscheidet?
         Wer verfolgt?" 277

Teil III: „Einbahnstraße" oder „wechselbezügliche
Abhängigkeiten"? Zum Verhältnis von Völkerrecht und Technik ... 281

Kapitel 1: „Eternal and unchanging"?
Auswirkungen des technischen Wandels auf das Völkerrecht............ 283
A. Grenzerfahrungen: Neue Rechtsräume und ihre Entstehung 285

I. Begrifflichkeiten 286
  1. „Recht" und „Raum" 289
    a) Der Raumbegriff im Recht 289
    b) Der Rechtsbegriff im Raum 294
  2. „Rechtsraum" – Ein Definitionsversuch 295
  3. Sonderfall „Rechtsraum Cyberspace" 302
    a) „Hic sunt leones"? 302
    b) Der „Cyberspace" im Gefüge der Raumordnung des
       Völkerrechts 304
    c) Metaphern im Recht 308
      aa) Definition 309
      bb) Metaphern und Recht 311
    d) Cyberspace als „Rechtsraum 2.0" 314
II. Zur Entstehung von Rechtsräumen 318
  1. Das „Henne-Ei-Problem" reloaded: Bedingungen der
     Entstehung von Rechtsräumen 318
  2. Mechanismen der Rechtsraumgenese 322
    a) Gewaltsame Integration fremder Rechtsräume 323
    b) Ökonomisch begründete Raumbildung 323
    c) Sozialethisch begründete Raumbildung 324
    d) Kommunikation als raumbildender Faktor 325

B. „Vorsprung durch Technik"? Völkerrechtliche Normsetzung
und -durchsetzung unter dem Einfluss des technischen Wandels 328
  I. Völkerrechtsquellen im Wandel 331
    1. Völkervertragsrecht 331
      a) Strukturelle Veränderungen 334
        aa) Wahrnehmung, Verständnis und Interpretation von
            Verträgen 335
        bb) Vertragsverhandlungen und -abschluss 336
      b) Materielle Veränderungen 338
    2. Völkergewohnheitsrecht 339
      a) Entstehungsvoraussetzungen 340
      b) Zur Relevanz von Völkergewohnheitsrecht im Rahmen der
         Technikregulierung 342
      c) „Instant customary international law" 346
    3. Von den Kulturvölkern anerkannte allgemeine Rechtsgrundsätze .. 349
    4. Völkerrechtliche Normgenese durch Analogien 353
    5. Technikregulierung durch Technikgestaltung 355
      a) Technikgestaltung durch technikimmanente
         „Infrastrukturmaßnahmen" 355
      b) Technikgestaltung durch technische Normung 359
      c) „Technology as a regulatory tool" als neue Quelle des
         Völkerrechts? 363
  II. Von bilateralen Gesprächen über Kongresse und Konferenzen
  zum System „internationaler Organisation(en)" 365

1. Von der „Geheimdiplomatie" zur „offenen Diplomatie" 366
2. Kongresse und Konferenzen 368
3. Internationale Organisation(en): Eine neue Form der internationalen Zusammenarbeit revolutioniert das Völkerrecht ... 375
   a) „Verwaltungsunionen": Sinnbilder beginnender „internationaler Organisation" 377
   b) Der Ursprung der „Internationalen Organisationen" 385
   c) „Chance Technokratie": Die spezialisierte internationale „Technik-Organisation" 390
III. „Denationalisierung" der Gesellschaft, „Entstaatlichung" der internationalen Beziehungen, „Entterritorialisierung" des Völkerrechts 393
   1. Globalisierung als „gesellschaftliche Denationalisierung" 394
   2. „Entstaatlichung" der internationalen Beziehungen 396
   3. „Entterritorialisierung" des Völkerrechts 401
   4. Zur Zukunft des Nationalstaats in der globalisierten Welt 408
IV. National, international, transnational: Regieren jenseits des Staates ... 413
V. „Hybridisierung" der Völkerrechtsordnung? Zur wachsenden Bedeutung von „Soft Law" 419
VI. Fragmentierung, Verrechtlichung und Konstitutionalisierung 425
   1. Fragmentierung der Völkerrechtsordnung..................... 426
   2. Verrechtlichung und Vernormung 435
   3. Ausblick: Konstitutionalisierung im Völkerrecht? 440
VII. Fazit: Das Verhältnis von Recht und Technik als Korrelat der Völkerrechtsevolution 451

Kapitel 2: Die Mär von der ‚legal superstructure':
Zur Rückwirkung des Völkerrechts auf den technischen Wandel 460
A. Zu den Auswirkungen des Rechts auf technische Innovationen und Innovationsprozesse 460
   I. Vorbemerkung: Zur Notwendigkeit einer eigenständigen rechtswissenschaftlichen Innovationsforschung 463
   II. Zwei Dimensionen: Innovationshemmendes und innovationsförderndes Recht 470
      1. Innovationshemmendes Recht............................ 473
         a) Provokation technikvermeidenden Verbraucherverhaltens durch imperative Regulierung 473
         b) Überregulierung 476
         c) Fehlende Regulierung 477
         d) Technisch veraltete Regulierung....................... 478
         e) Indirektes Innovationshemmnis durch fehlende Harmonisierung oder Vereinheitlichung..................... 479
         f) Ausschluss der Öffentlichkeit 481
         g) Neutrale Regulierung mit innovationshemmender „Drittwirkung" 482
      2. Innovationsförderndes Recht............................. 482

　　　　　　　a) Innovations- statt Folgenregulierung 483
　　　　　　　b) Entwicklungsbegleitende, vorausschauende Regulierung 485
　　　　　　　c) Kombination verschiedener Steuerungsinstrumente 486
　　　　　　　　　aa) Formen selbstregulativer Ordnungen 487
　　　　　　　　　bb) Elemente außerrechtlicher Regulierung 490
　　　　　　　　　cc) Anreizorientierte Regulierung 491
　　　　　3. Fazit: Kombiniertes „Innovationsermöglichungsrecht"
　　　　　　　als Schlüssel zu effektiver Technikregulierung 493
　　B. Der technische Wandel im Angesicht des Völkerrechts am Beispiel der
　　　　Regulierung des Cyberspace 495
　　　　I.　Internetbezogenes Recht als innovationserhebliches Recht 495
　　　　II.　Innovationsförderung im Internet als regulatorischer Balanceakt 496
　　C. Fazit: „Innovation *durch* Recht und Innovation *im* Recht" 501

Teil IV: Zusammenfassung der Ergebnisse der Arbeit in Thesen 509

Literaturverzeichnis 517
Verzeichnis der zitierten Dokumente 575
Stichwortregister 591

Abkürzungsverzeichnis

A.	Autorin
a.A.	andere(r) Ansicht
Abb.	Abbildung
abgedr.	abgedruckt
ABl.	Amtsblatt
Abs.	Absatz
ACLU	American Civil Liberties Union
AcP	Archiv für die civilistische Praxis
ADR	Alternative Dispute Resolution
a.E.	am Ende
AEMR	Allgemeine Erklärung der Menschenrechte
AEUV	Vertrag über die Arbeitsweise der EU
afrikan.	afrikanisch/-e
AHR	American Historical Review
AJIL	American Journal of International Law
AjV	Arbeitskreis junger Völkerrechtswissenschaftler/-innen
Akron L. Rev.	Akron Law Review
AktG	Aktiengesetz
Alt.	Alternative
Am. U. Int'l L. Rev.	American University International Law Review
Anm.	Anmerkung
AnwBl	Anwaltsblatt
AöR	Archiv des öffentlichen Rechts
APC	Association for Progressive Communications
APuZ	Aus Politik und Zeitgeschichte
ARPA	Advanced Research Projects Agency
ARPANET	Advanced Research Projects Agency Network
ARSP	Archiv für Rechts- und Sozialphilosophie
ARSP-B	Archiv für Rechts- und Sozialphilosophie Beiheft
Art.	Artikel
asiat.	asiatisch/-e
ASR	Draft Articles on Responsibility of States for Internationally Wrongful Acts
ATÖR	Assistententagung Öffentliches Recht
Aufl.	Auflage
Ausg.	Ausgabe
AVR	Archiv des Völkerrechts
BAFin	Bundesanstalt für Finanzdienstleistungsaufsicht
Bd.	Band

Bearb.	Bearbeiter
Begr.	Begründer
ber.	berichtigt
Berkeley Tech. L.J.	Berkeley Technology Law Journal
BDI	Bundesverband der Deutschen Industrie e.V.
Beschl.	Beschluss
BGB	Bürgerliches Gesetzbuch
BGBl.	Bundesgesetzblatt
BKR	Zeitschrift für Bank- und Kapitalmarktrecht
BLJ	Bucerius Law Journal
BMI	Bundesministerium des Innern
BMWi	Bundesministerium für Wirtschaft und Energie
B.C. Int'l & Comp. L. Rev.	Boston College International and Comparative Law Review
bpb	Bundeszentrale für politische Bildung
BR Deutschland	Bundesrepublik Deutschland
brit.	britisch/-e
BRJ	Bonner Rechtsjournal
Brook. J. Int'l L.	Brooklyn Journal of International Law
BSI	Bundesamt für Sicherheit in der Informationstechnik
bspw.	beispielsweise
BVDW	Bundesverband Digitale Wirtschaft e.V.
BVerfG	Bundesverfassungsgericht
BVerfGE	Entsch. d. BVerfG
BYIL	British Yearbook of International Law
bzw.	beziehungsweise
ca.	circa
Cal. L. Rev.	California Law Review
Cardozo L. Rev.	Cardozo Law Review
CCDCOE	NATO Cooperative Cyber Defence Centre of Excellence
CCIC	Committee on Computing, Information, and Communications
CCPR	UN-Menschenrechtsausschuss (Human Rights Committee)
ccTLD	Country Code Top-Level-Domain
CEN	Europäisches Komitee für Normung (Comité Européen de Normalisation)
CENELEC	Europäisches Komitee für elektrotechnische Normung (Comité Européen de Normalisation Électrotechnique)
CEO	Chief Executive Officer
CERN	Conseil européen de la recherche nucléaire (European Laboratory for Particle Physics)
CESCR	UN-Ausschuss für wirtschaftliche, soziale und kulturelle Rechte (Committee on Economic, Social and Cultural Rights)
Chap.	chapitre (frz.), Kapitel
Chi.-Kent L. Rev	Chicago-Kent Law Review
CHM	common heritage of mankind
CID	Harvard University Center for International Development
CILSA	Comparative and International Law Journal of Southern Africa
CISG	UN-Kaufrecht (United Nations Convention on Contracts for the International Sale of Goods)

Colum. J. Transnat'l L.	Columbia Journal of Transnational Law
Colum. L. Rev.	Columbia Law Review
CommLaw Conspectus	CommLaw Conspectus: Journal of Communications Law and Policy
CORDIS	Forschungs- und Entwicklungsinformationsdienst der Gemeinschaft (Community Research and Development Information Service)
CR	Computer und Recht
CRi	Computer Law Review International
CTS	Consolidated Treaty Series
d.	der, des
DARPA	Defense Advanced Research Projects Agency
DBS	Rundfunksatellit (Direct Broadcast(ing) Satellite)
DDoS	Distributed-Denial-of-Service
Dep't St. Bull.	U.S. Department of State Bulletin
DGIR	Deutsche Gesellschaft für Internationales Recht
DGVR	Deutsche Gesellschaft für Völkerrecht
d.h.	das heißt
DIN	Deutsches Institut für Normung e.V.
DNS	Domain Name System
DoC	U.S.-Handelsministerium (Department of Commerce)
DPI	Deep Packet Inspection
Drs.	Drucksache
DSB	Dispute Settlement Body
DSGVO	Datenschutz-Grundverordnung
DSM	Digital Single Market
dt.	deutsch/-e
dtv	Deutscher Taschenbuch Verlag
DUV	Deutscher Universitätsverlag
DW	Deutsche Welle
EAG	Europäische Atomgemeinschaft (heute EURATOM)
ebd.	ebenda
EBU	European Broadcasting Union
E-Commerce	Electronic Commerce
ECOSOC	UN Wirtschafts- und Sozialrat (Economic and Social Council)
EFF	Electronic Frontier Foundation
EG	Europäische Gemeinschaft
EGMR	Europäischer Gerichtshof für Menschenrechte
EGV	Vertrag zur Gründung der EG
ehem.	ehemalige/-m/-n/-r/-s
eIDAS	elektronische Identifizierung und Vertrauensdienste für elektronische Transaktionen (Electronic Identification, Authentication and Trust Services)
EJIL	European Journal of International Law
EMRK	Europäische Konvention zum Schutz der Menschenrechte und Grundfreiheiten (European Convention on Human Rights, ECHR)
engl.	englisch/-en/-er

ENEL	Ente nazionale Energia elettrica impresa già della Edisonvolta
ENMOD	Übereinkommen über das Verbot der militärischen oder einer sonstigen feindseligen Nutzung umweltverändernder Techniken (Convention on the Prohibition of Military or Any Other Hostile Use of Environmental Modification Techniques)
Entsch.	Entscheidung
ErgL	Ergänzungslieferung
ErwGr.	Erwägungsgrund
ESM	Europäischer Stabilitätsmechanismus
et al.	et alii (lat.), und andere
etc.	et cetera
ETSI	Europäisches Institut für Telekommunikationsnormen (European Telecommunications Standards Institute)
EU	Europäische Union
Eu Const. L. Rev.	European Constitutional Law Review
EuGH	Gerichtshof der EU (Europäischer Gerichtshof)
EuGRZ	Europäische Grundrechte-Zeitschrift
EuR	Europarecht (Zeitschrift)
EUV	Vertrag über die Europäische Union
evtl.	eventuell/-e/-en
EWG	Europäische Wirtschaftsgemeinschaft
EWS	Europäisches Wirtschafts- und Steuerrecht
f./ff.	folgende (sg./pl.)
FAZ	Frankfurter Allgemeine Zeitung
FCLJ	Federal Communications Law Journal
Fletcher F. World Aff.	Fletcher Forum of World Affairs
Fn.	Fußnote(n)
FNC	Federal Networking Council
Fordham Int'l L.J.	Fordham International Law Journal
Fordham Intell. Prop. Media & Ent. L.J.	Fordham Intellectual Property, Media & Entertainment Law Journal
Forts.	Fortsetzung
fotomechan.	fotomechanisch/-er
frz.	französisch/-en
FS	Festschrift
FSM e.V.	Verein „Freiwillige Selbstkontrolle Multimedia Diensteanbieter"
FTP	File Transfer Protocol
GAC	ICANN Governmental Advisory Committee
GASP	Gemeinsame Außen- und Sicherheitspolitik
GATS	General Agreement on Trade in Services
GATT	General Agreement on Tariffs and Trade
geänd.	geändert
gem.	gemäß
GenG	Genossenschaftsgesetz (Gesetz betreffend die Erwerbs- und Wirtschaftsgenossenschaften)
Geo. L.J.	Georgetown Law Journal
ggf.	gegebenenfalls
GIC	Global Internet Council

GII	Global Information Infrastructure
GIPC	Global Internet Policy Council
GLJ	German Law Journal
GoJIL	Goettingen Journal of International Law
GR-Ch	Charta der Grundrechte der EU (EU-Grundrechtecharta)
grds.	grundsätzlich/-e
griech.	griechisch/-en
GRUR	Gewerblicher Rechtsschutz und Urheberrecht
gTLD	Generic Top-Level Domain
GVBl.	Gesetz- und Verordnungsblatt
GYIL	German Yearbook of International Law (ehem. JfIR)
Harv. Int'l L.J.	Harvard International Law Journal
Harv. L. Rev.	Harvard Law Review
Harv. L. Rev. Forum	Harvard Law Review Forum
Hervorh.	Hervorhebung(en)
HFR	Humboldt Forum Recht
hM	herrschende Meinung
Hous. J. Int'l L.	Houston Journal of International Law
Hrsg./hrsg.	Herausgeber/herausgegeben
HS	Halbsatz
HTML	Hypertext Markup Language
HTTP	Hypertext Transfer Protocol
HTTPS	Hypertext Transfer Protocol Secure
IANA	Internet Assigned Numbers Authority
IBRD	International Bank for Reconstruction and Development
ICANN	Internet Corporation for Assigned Names and Numbers
ICAO	Internationale Zivilluftfahrtorganisation (International Civil Aviation Organization)
ICCPR	International Covenant on Civil and Political Rights
ICESCR	International Covenant on Economic, Social and Cultural Rights
ICJ	International Court of Justice (Internationaler Gerichtshof, IGH)
ICLQ	International and Comparative Law Quarterly
ICSID	International Centre for Settlement of Investment Disputes
ICTC	International Criminal Tribunal for Cyberspace
ICTY	International Criminal Tribunal for the former Yugoslavia
IDA	International Development Association
i.d.F.	in der Fassung
i.d.R.	in der Regel
IEC	Internationale Elektrotechnische Kommission (International Electrotechnical Commission)
i.e.S.	im engeren Sinne
IETF	Internet Engineering Task Force
IFC	International Finance Corporation
IGCI	INTERPOL Global Complex for Innovation
IGF	Internet Governance Forum
IGH	Internationaler Gerichtshof
IGH-Statut	Statut des Internationalen Gerichtshofs

IIC	International Review of Intellectual Property and Competition Law
IJLIT	International Journal of Law and Information Technology
IJMCL	International Journal of Marine and Coastal Law
ILC	International Law Commission
ILO	International Labour Organization
IMP	Interface Message Processor
Ind. J. Global Legal Stud.	Indiana Journal of Global Legal Studies
insbes.	insbesondere
insges.	insgesamt
INTERPOL	Bezeichnung der „International Criminal Police Organization"
Int. J. Const. Law	International Journal of Constitutional Law
Int'l Law.	International Lawyer
IO	International Organization (Zeitschrift)
I.O.	Internationale Organisation
IOLR	International Organizations Law Review
IP	Internet Protocol
IPbpR	Internationaler Pakt über bürgerliche und politische Rechte (International Covenant on Civil and Political Rights, ICCPR)
IPwskR	Internationaler Pakt über wirtschaftliche, soziale und kulturelle Rechte (International Covenant on Economic, Social and Cultural Rights, ICESCR)
IRPC	Internet Rights and Principles (IRPC) Dynamic Coalition
i.S.d.	im Sinne der/-s
i.S.e.	im Sinne einer/-s
ISDN	Integrated Services Digital Network
ISF	Institut für Sozialwissenschaftliche Forschung e.V.
ISO	Internationale Organisation für Normung (International Organization for Standardization)
ISOC	Internet Society
ISP	Internet Service (and Connectivity) Provider
ISQ	International Studies Quarterly
IStGH	Internationaler Strafgerichtshof (International Criminal Court, ICC)
i.S.v.	im Sinne von
IT	Informationstechnik
ITLOS	Internationaler Seegerichtshof (International Tribunal for the Law of the Sea)
ITU	Internationale Fernmeldeunion (International Telecommunication Union)
i.V.m.	in Verbindung mit
i.Ü.	im Übrigen
i.w.S.	im weiteren Sinne
JbVölkR	Jahrbuch des Völkerrechts
JfIR	Jahrbuch für Internationales Recht (jetzt GYIL)
JfR	Jahresschrift für Rechtspolitologie
Jh.	Jahrhundert/-s
JLP	Journal of Legal Pluralism and Unofficial Law

Jr.	Junior
J. Space L.	Journal of Space Law
J. Transnat'l L. & Pol'y	Journal of Transnational Law & Policy
Jtsd.	Jahrtausend
JuS	Juristische Schulung
JZ	JuristenZeitung
kanad.	kanadisch
Kap.	Kapitel
KIT	Karlsruher Institut für Technologie
K&R	Kommunikation & Recht
krit.	kritisch/-e
Ky. L.J.	Kentucky Law Journal
lat.	lateinisch/-e/-en
LBauO	Landesbauordnung
LICRA	La Ligue Contre le Racisme et l'Antisémitisme
lit.	littera (lat.), Buchstabe
Liv.	livre (frz.), Buch
LJIL	Leiden Journal of International Law
LNTS	League of Nations Treaty Series
Loy. L.A. L. Rev.	Loyola of Los Angeles Law Review
LuftVG	Luftverkehrsgesetz
m	Meter
Maastricht J. Eur. & Comp. L.	Maastricht Journal of European and Comparative Law
Md. J. Int'l L.	Maryland Journal of International Law
Max Planck UNYB	Max Planck Yearbook of UN Law
McGill L.J.	McGill Law Journal
MIT	Massachusetts Institute of Technology
Mich. J. Int'l L.	Michigan Journal of International Law
Mich. Telecomm. & Tech. L. Rev.	Michigan Telecommunications and Technology Law Review
mind.	mindestens
Mio.	Million
MLR	Modern Law Review
MMR	MultiMedia und Recht
MPEPIL	The Max Planck Encyclopedia of Public International Law
MPIL	Max Planck Institute for Comparative Public Law & International Law
Mrd.	Milliarde/-n
MTM	Motive – Texte – Materialien
m.w.N.	mit weiteren Nachweisen
m.W.v.	mit Wirkung vom
Nachdr.	Nachdruck
NASA	National Aeronautics and Space Administration
n. Chr.	nach Christus
Neudr.	Neudruck
NGO	Nichtregierungsorganisation (Non-governmental organization)
niederländ.	niederländisch

NII	U.S. National Information Infrastructure Initiative
NILR	Netherlands International Law Review
NJW	Neue Juristische Wochenschrift
No.	numero (lat.), Nummer
Nr.	Nummer(n)
NSA	National Security Agency
NSTC	National Science and Technology Council
NStZ	Neue Zeitschrift für Strafrecht
Nw. J. Int'l L. & Bus.	Northwestern Journal of International Law & Business
Nw. U. L. Rev.	Northwestern University Law Review
o.Ä.	oder Ähnliche/-m/-s
ODR	Online Dispute Resolution
OECD	Organisation für wirtschaftliche Zusammenarbeit und Entwicklung (Organisation for Economic CoOperation and Development)
o.g.	oben genannte/-n
OHCHR	Büro des Hochkommissars für Menschenrechte (Office of the High Commissioner for Human Rights)
OSCE	Organisation for Security and Co-operation in Europe (Organisation für Sicherheit und Zusammenarbeit in Europa, OSZE)
österr.	österreichisch/-e
OSZE	Organisation für Sicherheit und Zusammenarbeit in Europa (Organisation for Security and Cooperation in Europe, OSCE)
ÖVfGH	österreichischer Verfassungsgerichtshof
PCIJ	Permanent Court of International Justice (Ständiger Internationaler Gerichtshof, StIGH)
PICS	Platform for Internet Content Selection
PIHG	Progress in Human Geography
POWDER	Protocol for Web Description Resources
RabelsZ	Rabels Zeitschrift für ausländisches und internationales Privatrecht
RdC	Recueil des Cours
Res.	Resolution/-en
RFC	Request for Comments
Rg	Zeitschrift des Max-Planck-Instituts für europäische Rechtsgeschichte
RGBl.	Reichsgesetzblatt
RIAA	Reports of International Arbitral Awards
RJ	Rechtshistorisches Journal
RL	Richtlinie
Rn.	Randnummer(n)
R.O.	Regionale Organisation
Rs.	Rechtssache
Rspr.	Rechtsprechung
RTDEur	Revue Trimestrielle du Droit Européen
S.	Seite
S./s.	siehe
Scand. Stud. L.	Scandinavian Studies in Law
Schweiz. Jb. Int. R.	Schweizerisches Jahrbuch für internationales Recht

Seattle U. L. Rev.	Seattle University Law Review
SEV	Sammlung der Europäischen Verträge (European Treaty Series, ETS)
Seton Hall Const. L.J.	Seton Hall Constitutional Law Journal
S.O.	Supranationale Organisation
sog.	sogenannte/m/-n/-r/-s
South. Econ. J.	Southern Economic Journal
sowjet.	sowjetisch/-en
Sp.	Spalte
SR	Sicherheitsrat
SRÜ	UN-Seerechtsübereinkommen (United Nations Convention on the Law of the Sea, UNCLOS)
Stan. Envt'l. L.J.	Stanford Environmental Law Journal
Stan. L. Rev.	Stanford Law Review
Stan. Tech. L. Rev.	Stanford Technology Law Review
StIGH	Ständiger Internationaler Gerichtshof (Permanent Court of International Justice, PCIJ)
StIGH-Statut	Statut des StIGH
str.	strittig
st. Rspr.	ständige Rechtsprechung
SWP	Stiftung Wissenschaft und Politik
Syracuse J. Int'l L. & Com.	Syracuse Journal of International Law and Commerce
Tab.	Tabelle
TCBH	Twentieth Century British History
TCP/IP	Transmission Control Protocol/Internet Protocol
Telecommun. Policy	Telecommunications Policy
Tex. L. Rev.	Texas Law Review
TGI	Tribunal de Grande Instance
TLD	Top-Level Domain
tlw.	teilweise
TRIPS	Agreement on Trade-Related Aspects of Intellectual Property Rights
Tul. L. Rev.	Tulane Law Review
TV	Television, Fernsehen
u.	und
u.a.	unter anderem
UB	Universitätsbibliothek
UAbs.	Unterabsatz
Übers.	Übersetzung
U. Chi. L. Rev.	University of Chicago Law Review
U. Cin. L. Rev.	University of Cincinnati Law Review
UDHR	Universal Declaration of Human Rights
UDRP	Uniform Domain-Name Dispute-Resolution Policy
UdSSR	Union der Sozialistischen Sowjetrepubliken
UEFA	Union des associations européennes de football
UEJF	Union des Étudiants Juifs de France
UIA	Union of International Associations
U. Ill. L. Rev.	University of Illinois Law Review

umstr.	umstritten/-e/-en
UN	Vereinte Nationen (United Nations)
UN-Ch	Charta der UN (UN Charter)
UNCHR	UN-Menschenrechtskommission (Commission on Human Rights)
UNCITRAL	UN Commission on International Trade Law
UNCLOS	UN-Seerechtsübereinkommen (UN Convention on the Law of the Sea)
UN Doc.	UN Document
UNEP	Umweltprogramm der UN (UN Environmental Programme)
UNESCO	UN Educational, Scientific and Cultural Organization
UNGGE	UN Group of Governmental Experts on Developments in the Field of Information and Telecommunications in the Context of International Security
UNHRC	UN-Menschenrechtsrat (Human Rights Council)
UNIDROIT	Institut international pour l'unification du droit privé
UNTS	UN Treaty Series
unveränd.	unverändert/-er
U. Pa. L. Rev.	University of Pennsylvania Law Review
U. Pitt. L. Rev.	University of Pittsburgh Law Review
UPU	Weltpostverein (Universal Postal Union)
URI	Uniform Resource Identifier
URL	Uniform Resource Locator
Urt.	Urteil
U.S.	United States (of America)
u.U.	unter Umständen
v.	vom, von
v.a.	vor allem
Vand. J. Transnat'l L.	Vanderbilt Journal of Transnational Law
v. Chr.	vor Christus
VDE	Verband der Elektrotechnik Elektronik Informationstechnik e.V.
VDI	Verein Deutscher Ingenieure e.V.
verb. Rs.	verbundene Rs.
vgl.	vergleiche
Vill. L. Rev.	Villanova Law Review
VN	Vereinte Nationen (Zeitschrift)
VO	Verordnung
VoIP	Voice over IP
Vorbem.	Vorbemerkung
VVDStRL	Veröffentlichungen der Vereinigung der Deutschen Staatsrechtslehrer
VWEW	Verlags- und Wirtschaftsgesellschaft der Elektrizitätswerke
Wash. & Lee L. Rev.	Washington and Lee Law Review
WATTC	Weltverwaltungskonferenz für Telegrafie und Telefonie (World Administrative Telegraph and Telephone Conference)
WBG	Wissenschaftliche Buchgesellschaft
W3C	World Wide Web Consortium

WCIT-12	Weltinternetkonferenz (World Conference on International Telecommunications)
WCT	WIPO-Urheberrechtsvertrag (WIPO Copyright Treaty)
WGIG	Working Group on Internet Governance
WICANN	World Internet Corporation for Assigned Names and Numbers
WIFIS	Wissenschaftliches Forum für Internationale Sicherheit e.V.
WIPO	Weltorganisation für geistiges Eigentum (World Intellectual Property Organization)
Wis. Int'l L.J.	Wisconsin International Law Journal
WM	Wertpapier-Mitteilungen
WMO	Weltorganisation für Meteorologie (World Meteorological Organization)
World TR	World Trade Review
WPPT	WIPO-Vertrag über künstlerische Darbietungen und Tonträger (WIPO Performances and Phonograms Treaty)
WRP	Wettbewerb in Recht und Praxis
WSIS	Weltgipfel zur Informationsgesellschaft (World Summit on the Information Society)
WTO	Welthandelsorganisation (World Trade Organization)
WVK	Wiener Vertragsrechtskonvention (Vienna Convention on the Law of Treaties, VCLT)
WWW	World Wide Web
Yale L.J.	Yale Law Journal
YbILC	Yearbook of the ILC
YIO	Yearbook of International Organizations
ZaöRV	Zeitschrift für ausländisches öffentliches Recht und Völkerrecht
z.B.	zum Beispiel
ZfRSoz	Zeitschrift für Rechtssoziologie
ZgS	Zeitschrift für die gesamte Staatswissenschaft
Ziff.	Ziffer
ZJS	Zeitschrift für das Juristische Studium
zit.	zitiert (als, nach, von)
ZLR	Zeitschrift für Luftrecht
ZRP	Zeitschrift für Rechtspolitik
ZSR N.F.	Zeitschrift für schweizerisches Recht (Neue Folge)
ZTR	Zeitschrift für Energie- und Technikrecht
z.T.	zum Teil
ZUM	Zeitschrift für Urheber- und Medienrecht
zust.	zustimmend
ZVölkR	Zeitschrift für Völkerrecht (bis 6.1912: und Bundesstaatsrecht)

Teil I

„Ambitious hopes and sizeable fears":
Neues Recht für neue „Räume"

Technik wird vielfach, trotz ihrer Allgegenwart im täglichen Leben vieler Menschen, „als eine Sache außerhalb der Gesellschaft" wahrgenommen.[1] *Weingart* nennt diese „funktionale Ausdifferenzierung der Technikerzeugung und ihre Trennung vom täglichen Umgang mit Technik" ein „fundamentales Strukturmerkmal moderner Gesellschaften".[2] Dagegen wurde z. T. schon zu Beginn des 20. Jh. „postuliert [...], der soziale Wandel ginge wesentlich auf den technischen Wandel zurück",[3] so *Weingart*. Es ist in der Tat kaum zu leugnen, dass Technikentwicklung und gesellschaftlicher[4] Wandel „aufeinander bezogene Prozesse" darstellen.[5] Technische Innovationen bedingen soziale Veränderungen, ihre erfolgreiche gesellschaftliche Einführung erfordert den Einsatz sozialer, also u. a. kultureller, wirtschaftlicher – und rechtlicher[6] Innovationen.[7] Umgekehrt reagiert auch das Recht als „dynamisches soziales Konstrukt",[8] als prozessuales „Verlaufsphänomen",[9] auf die Lebenswirklichkeit, die sich wiederum ihrerseits

---

[1] *Peter Weingart*, Einleitung, in Peter Weingart (Hrsg.), Technik als sozialer Prozeß, Suhrkamp, Frankfurt a. M. 1989, 8–14 (8).
[2] *Peter Weingart*, Einleitung, in Peter Weingart (Hrsg.), Technik als sozialer Prozeß, Suhrkamp, Frankfurt a. M. 1989, 8–14 (9).
[3] *Peter Weingart*, Einleitung, in Peter Weingart (Hrsg.), Technik als sozialer Prozeß, Suhrkamp, Frankfurt a. M. 1989, 8–14 (10).
[4] Von einer Definition des Gesellschaftsbegriffs wird hier mangels Relevanz für das Oberthema der Arbeit abgesehen. Ausführlich dazu dagegen *Niklas Luhmann*, Das Recht der Gesellschaft, Suhrkamp, Frankfurt a. M. 1993, S. 550 ff. (Kap. 12: „Die Gesellschaft und ihr Recht").
[5] *Peter Weingart*, Einleitung, in Peter Weingart (Hrsg.), Technik als sozialer Prozeß, Suhrkamp, Frankfurt a. M. 1989, 8–14 (12).
[6] *Wolfgang Hoffmann-Riem*, Innovation und Recht – Recht und Innovation: Recht im Ensemble seiner Kontexte, Mohr Siebeck, Tübingen 2016, S. 696.
[7] *Wolfgang Hoffmann-Riem*, Innovation und Recht – Recht und Innovation: Recht im Ensemble seiner Kontexte, Mohr Siebeck, Tübingen 2016, S. 696.
[8] *Peter Stegmaier*, § 3 Recht und Normativität aus soziologischer Perspektive, in Julian Krüper (Hrsg.), Grundlagen des Rechts, 3. Aufl., Nomos, Baden-Baden 2017, 67–90 (67 Rn. 1). Beachte aber *Niklas Luhmann*, Das Recht der Gesellschaft, Suhrkamp, Frankfurt a. M. 1993, S. 552 ff., der darauf hinweist, dass Gesellschaft als autopoietisches, d. h. „operativ geschlossenes" (552) System nicht „als anpassungsfähiges System" betrachtet werden könne. Gesellschaft kommuniziere „zwar über ihre Umwelt, aber nicht mit ihrer Umwelt" (553). Dennoch bestätigt auch *Luhmann* die Reaktionsfähigkeit des Rechts mit Blick auf Realitäten und damit seine „Gesellschaftsabhängigkeit" (558).
[9] *Peter Stegmaier*, § 3 Recht und Normativität aus soziologischer Perspektive, in Julian

in die Grenzen der Rechtsordnung einpasst.[10] Recht entspringt „primär aus gesellschaftlichen Wurzeln",[11] daher ist zweifelsohne „[d]ie Welt des Rechts [...] keine abgehobene, sondern unsere Alltagswelt":[12] Wer beim Bäcker um die Ecke ein Brot kauft, wird Partei eines Kaufvertrags; wer in einen Bus steigt, unterwirft sich den Beförderungsbedingungen des Busunternehmens; wer falsch parkt, begeht eine Ordnungswidrigkeit. Kurz: „[...] Recht bezieht sich auf das soziale Leben".[13] Begreift man mithin einerseits „Technik als soziale[n] Prozeß",[14] erkennt man also an, dass „die gesellschaftliche Gestaltung von Technik [...] fortlaufend statt[findet]",[15] und geht man, andererseits, davon aus, dass die Vorstellung von einer reinen „Anpassung"[16] des Rechts an die Technik verfehlt ist, und charakterisiert man das Recht konsequenterweise als „Maßstab der Bewertung und Gestaltung von Technik",[17] so ist der Endpunkt dieser Gedankenkette die Grundannahme eines wechselbezüglichen Verhältnisses von Technik und Recht.[18]

Diese These bildete aber lediglich den Ausgangspunkt der vorliegenden Untersuchung. Die „erregende Begegnung"[19] zwischen Recht und Technik wird im Folgenden schwerpunktmäßig mit Blick auf ihre grenzüberschreitenden Di-

---

Krüper (Hrsg.), Grundlagen des Rechts, 3. Aufl., Nomos, Baden-Baden 2017, 67–90 (67 Rn. 1).

[10] *Peter Stegmaier*, § 3 Recht und Normativität aus soziologischer Perspektive, in Julian Krüper (Hrsg.), Grundlagen des Rechts, 3. Aufl., Nomos, Baden-Baden 2017, 67–90 (67 Rn. 2).

[11] *Dietmar Willoweit*, Historische Prozesse staatenübergreifender Rechtsbildung, in Horst Dreier/Hans Forkel/Klaus Laubenthal (Hrsg.), Raum und Recht, FS 600 Jahre Würzburger Juristenfakultät, Duncker & Humblot, Berlin 2002, 3–21 (7).

[12] *Leo Kißler*, Recht und Gesellschaft. Einführung in die Rechtssoziologie, Leske und Budrich, Opladen 1984, S. 91.

[13] *Peter Stegmaier*, § 3 Recht und Normativität aus soziologischer Perspektive, in Julian Krüper (Hrsg.), Grundlagen des Rechts, 3. Aufl., Nomos, Baden-Baden 2017, 67–90 (68 Rn. 5).

[14] Vgl. Peter Weingart (Hrsg.), Technik als sozialer Prozeß, Suhrkamp, Frankfurt a. M. 1989.

[15] *Peter Weingart*, Einleitung, in Peter Weingart (Hrsg.), Technik als sozialer Prozeß, Suhrkamp, Frankfurt a. M. 1989, 8–14 (9).

[16] *Markus Thiel*, Die „Entgrenzung" der Gefahrenabwehr: Grundfragen von Freiheit und Sicherheit im Zeitalter der Globalisierung, Jus Publicum: Beiträge zum Öffentlichen Recht Bd. 205, Mohr Siebeck, Tübingen 2011, S. 8.

[17] *Alexander Roßnagel*, Rechtswissenschaftliche Technikfolgenforschung – am Beispiel der Informations- und Kommunikationstechniken, in Martin Schulte (Hrsg.), Technische Innovation und Recht: Antrieb oder Hemmnis?, MTM Bd. 76, C. F. Müller, Heidelberg 1997, 139–162 (139).

[18] Ähnlich *Thomas Stückemann*, Technikentwicklung als reflexiver Modernisierungsprozeß, Diss., TU Dresden, 2000, S. 162: „Jede Gesellschaft macht sich auf eine spezifische Weise von Technik abhängig, und so kann die Evolution von Gesellschaft auch als Entwicklungsgeschichte ihres Technisierungsniveaus beobachtet werden." Sehr deutlich *Peter Weingart*, „Großtechnische Systeme" – ein Paradigma der Verknüpfung von Technikentwicklung und sozialem Wandel?, in Peter Weingart (Hrsg.), Technik als sozialer Prozeß, Suhrkamp, Frankfurt a. M. 1989, 174–196 (194): „technischer und sozialer Wandel sind aufeinander bezogen".

[19] *Miloš Vec*, Recht und Normierung in der Industriellen Revolution. Neue Strukturen der Normsetzung in Völkerrecht, staatlicher Gesetzgebung und gesellschaftlicher Selbstnormie-

mensionen analysiert, im Fokus steht das Verhältnis von *Völker*recht und Technik. Denn während sich die wissenschaftliche Befassung mit den Chancen und Herausforderungen der Rechtsentwicklung im Angesicht des technischen Wandels und mit den innovationshemmenden und -fördernden Funktionen hoheitlicher Mechanismen der Technikregulierung bislang vorwiegend auf den nationalen Bereich konzentrierte,[20] wurde dieses Themenfeld auf internationaler Ebene allenfalls am Rande, häufig im Rahmen der Beschäftigung mit den Möglichkeiten der Regulierung des Internets als globalem technischem System,[21] behandelt. Der Versuch einer Übertragung der auf nationalem Level gewonnenen Erkenntnisse auf das Verhältnis von Völkerrecht und Technik wurde bisher – soweit ersichtlich – nicht unternommen. Das ist bedauerlich und nicht nachvollziehbar, ist doch gerade das Völkerrecht („als Spiegel der Zeit") „in erheblichem Maße abhängig von […] technischen Entwicklungen",[22] das verdeutlichen anschaulich u. a. die Entwicklungslinien des Seevölkerrechts (Wandel der Bemessungsgrundlagen für die Bestimmung der Breite des Küstenmeeres, Einführung des Sonderregimes des Tiefseebergbaus) sowie die bloße Existenz des Luft- und des Weltraumrechts.

Der Arbeit liegt die zentrale Vermutung zugrunde, dass sich die gegenseitige Beeinflussung von nationalem (dt.) Recht und Technik ebenso auf internationaler Ebene beobachten lässt. Eingegangen wird sowohl auf rechtsdogmatische Probleme, die die Konfrontation des (Völker-)Rechts mit dem technischen Wandel produziert (hat), als auch auf Möglichkeiten der technischen Optimierung rechtlicher Abläufe.[23] Es wird überprüft, ob (und ggf. inwiefern) die bekannten völkerrechtlichen Werkzeuge und Prozesse der Normsetzung und -durchsetzung unter dem Einfluss des technischen Wandels Veränderungen unterworfen waren und noch sind. Dabei wird angenommen, dass die im wissenschaftlichen Diskurs bereits seit einiger Zeit thematisierten völkerrechtlichen Entwicklungstendenzen (z. B. „Entterritorialisierung", Fragmentierung, Konstitutionalisierung) schlussendlich das Ergebnis diverser, durch den technischen Wandel

---

rung, Recht in der Industriellen Revolution Bd. 1, Vittorio Klostermann, Frankfurt a. M. 2006, S. 1.

[20] Vgl. beispielhaft für die mittlerweile umfangreiche Sammlung wissenschaftlicher Literatur zum Thema Recht und Technik: *Wolfgang Hoffmann-Riem*, Innovation und Recht – Recht und Innovation: Recht im Ensemble seiner Kontexte, Mohr Siebeck, Tübingen 2016; Martin Eifert/Wolfgang Hoffmann-Riem (Hrsg.), Innovation und rechtliche Regulierung: Schüsselbegriffe und Anwendungsbeispiele rechtswissenschaftlicher Innovationsforschung, Nomos, Baden-Baden 2002; Martin Schulte (Hrsg.), Technische Innovation und Recht: Antrieb oder Hemmnis?, C. F. Müller, Heidelberg 1997.

[21] Dazu statt vieler Karl-Heinz Ladeur (Hrsg.), Innovationsoffene Regulierung des Internet: Neues Recht für Kommunikationsnetzwerke, Schriften zur rechtswissenschaftlichen Innovationsforschung Bd. 7, Nomos, Baden-Baden 2003.

[22] *Andreas v. Arnauld*, Völkerrecht, 3. Aufl., C. F. Müller, Heidelberg 2016, S. 8 Rn. 20.

[23] Vgl. die Unterscheidung dieser beiden Perspektiven bei *Maximilian Herberger*, „Künstliche Intelligenz" und Recht – Ein Orientierungsversuch, NJW 2018, 2825–2829 (2825).

bedingter gesellschaftlicher Umbrüche sind. Ob es in der Folge zu einem graduellen Bedeutungsverlust des Nationalstaats als Organisationsform kam oder in naher Zukunft kommen könnte, bedarf ebenfalls eingehender Untersuchung. Umgekehrt geht die Arbeit von der Annahme aus, dass das Völkerrecht, ebenso wie das nationale Recht, seinerseits auf den technischen Wandel zurückwirkt. Anhand des Regelungsbeispiels des sog. „Cyberspace" werden unterschiedliche Regelungsstrukturen identifiziert und auf ihre innovationshemmende und/ oder -fördernde Wirkung analysiert.

Der erste Teil der Arbeit beleuchtet in seinem ersten Kapitel ausgewählte allgemeine Aspekte des problematischen Verhältnisses von Technikentwicklung und sozialer, d. h. gesellschaftlicher Evolution und befasst sich mit der Rolle technischer Revolutionen als potenzielle „Normierungsbeschleuniger". Die industrielle Revolution des ausgehenden 19. bzw. des beginnenden 20. Jh. brachte eine beachtliche Anzahl neuer Regelungsgebiete hervor. Allerdings führte sie gleichzeitig zu einer „Kontrollkrise";[24] es kam also ein gravierendes Regulierungsdefizit im Zusammenhang mit neuen, vorwiegend technischen Regelungsmaterien zum Vorschein. Die so provozierte notwendige Befassung des Rechts mit der Technik führte schließlich nach *Beniger* zu einer „Control Revolution".[25] Diese Control Revolution war die Antwort auf die „Krise", die zur gesellschaftlichen Erneuerung ab Beginn des 20. Jh. beitrug. Massenhafte Innovationen auf den Feldern der Industrieorganisation, Telekommunikation und Massenmedien waren die Folge.[26] Nach *Beniger* war die Entstehung der sog. „Informationsgesellschaft" denn auch eines der zentralen Resultate der Control Revolution.[27] Die Bedeutung informationsverarbeitender Techniken für das Recht und seine Weiterentwicklung sowie das im Zuge der Neu- und Weiterentwicklung von Informations- und Kommunikationstechniken entstandene Phänomen der „Entgrenzung" von Medien, Recht und Räumen soll im zweiten Kapitel des ersten Teils ergründet werden.

Ausgehend von der Bedeutung des „Raums" als eines auch noch in Zeiten der Digitalisierung wesentlichen Bestimmungsgrundes des Rechts[28] widmet sich sodann der zweite Teil der Arbeit in einer Detailstudie dem Beispiel eines besonderen, „entgrenzten" Kommunikationsraums, dem sog. „Cyberspace". Was ist der Cyberspace? Wie funktioniert seine Regulierung? Im Anschluss an

---

[24] Ähnlich *Niklas Luhmann*, Das Recht der Gesellschaft, Suhrkamp, Frankfurt a. M. 1993, S. 567: „Das Recht lernt aus Anlaß von Konflikten."

[25] Vgl. *James R. Beniger*, The Control Revolution: Technological and Economic Origins of the Information Society, Harvard University Press, Cambridge/London 1986, S. 177.

[26] *James R. Beniger*, The Control Revolution: Technological and Economic Origins of the Information Society, Harvard University Press, Cambridge/London 1986, S. 429.

[27] *James R. Beniger*, The Control Revolution: Technological and Economic Origins of the Information Society, Harvard University Press, Cambridge/London 1986, S. 21.

[28] Vgl. *Günther Winkler*, Raum und Recht. Dogmatische und theoretische Perspektiven eines empirisch-rationalen Rechtsdenkens, Springer, Wien/New York 1999, S. 2.

die Diskussion der Argumente für und wider eine völkerrechtliche Regulierung des Cyberspace werden die zum jetzigen Zeitpunkt[29] in diesem Zusammenhang relevanten Völkerrechtsnormen dargestellt und anschließend weitere Ansätze *de lege ferenda* zur Regelung von Aktivitäten im „virtuellen Raum" besprochen.

Teil III schließlich nutzt induktiv die Erkenntnisse über die Eigenarten des Cyberspace und seine (grenzüberschreitende) Regulierung zur abstrakten Analyse der wechselbezüglichen Abhängigkeiten von (Völker-)Recht und Technik. Können spezifische Informationstechniken wie das Internet einen „Rechtsraum" entstehen lassen? Oder schafft allein das Recht rechtlich relevante Räume? Wie verändern sich die bekannten Mechanismen und Instrumente der völkerrechtlichen Normsetzung und -durchsetzung unter dem Einfluss des technischen Wandels? Und nimmt das Recht *vice versa* Einfluss auf die Technik? Wie wirkt Regulierung auf Technik? Kann Recht tatsächlich einen gewissen „technikermöglichenden" Effekt haben? Oder wirkt Recht nicht vielmehr innovationshemmend? Diese und weitere Fragen sollen im Folgenden beleuchtet und nach Möglichkeit einer Antwort zugeführt werden.

---

[29] Stand: Dez. 2019.

Kapitel 1

Recht und Technik:
Gedanken über ein nicht spannungsfreies Verhältnis

Es ist

> „in der Rechtswissenschaft weitgehend anerkannt, dass der Wirklichkeitsbezug des Rechtssystems die Einbeziehung von Erkenntnissen über die Realität in seine Konstruktion und Interpretation notwendig macht".[30]

Gerade

> „[d]as Verständnis der naturwissenschaftlichen Voraussetzungen ist für die sachgemäße Lösung der juristischen Fragen umso notwendiger, als es sich hier um physikalische Vorgänge handelt, die nicht mehr im Bereich der täglichen Erfahrung liegen".[31]

Bisher kann jedoch vielfach nicht die Rede von einer „systematischen"[32] oder gar einer „methodisch reflektierten"[33] Einbeziehung dieser Realitäten in das Recht sein.

A. Recht und gesellschaftliche Realität

Die rechtswissenschaftliche Rezeption sozialwissenschaftlicher Debatten etwa hinterlasse regelmäßig „zunächst ein Rauschen im Kopf des Juristen", beschreibt *Schmidt-Aßmann* diesen Zustand vermeintlicher „Realitätsferne"[34]

---

[30] *Martin Eifert*, Innovationen in und durch Netzwerkorganisationen: Relevanz, Regulierung und staatliche Einbindung, in Martin Eifert/Wolfgang Hoffmann-Riem (Hrsg.), Innovation und rechtliche Regulierung. Schlüsselbegriffe und Anwendungsbeispiele rechtswissenschaftlicher Innovationsforschung, Schriften zur rechtswissenschaftlichen Innovationsforschung Bd. 5, Nomos, Baden-Baden 2002, 88–133 (101).

[31] *Walter Gorenflos*, Die internationale Funkwellenverteilung als Rechtsproblem, JflR 7 (1956), 342–367 (342).

[32] *Eberhard Schmidt-Aßmann*, Verwaltungsorganisationsrecht als Steuerungsressource – Einleitende Problemskizze –, in Eberhard Schmidt-Aßmann/Wolfgang Hoffmann-Riem (Hrsg.), Verwaltungsorganisationsrecht als Steuerungsressource, Schriften zur Reform des Verwaltungsrechts Bd. 4, Nomos, Baden-Baden 1997, 9–63 (16).

[33] *Eberhard Schmidt-Aßmann*, Ordnungsidee und Steuerungsfunktion des Allgemeinen Verwaltungsrechts, in Willy Spannowsky (Hrsg.), Erscheinungsbilder eines sich wandelnden Verwaltungsrechts: Günter Püttner zum 70. Geburtstag, Carl Heymanns Verlag, Köln/Berlin/München 2006, 3–15 (15).

[34] *Michael Baurmann*, Zweckrationalität und Strafrecht: Argumente für ein tatbezogenes Maßnahmerecht, Westdeutscher Verlag, Opladen 1987, S. 301.

oder „Weltfremdheit"[35] der Rechtswissenschaft. In einer Zeit, in der virtuelle Realitäten zunehmend unser Leben bestimmen, und in der *Paul Watzlawicks* (1921–2007) Frage „Wie wirklich ist die Wirklichkeit?"[36] wieder an Aktualität gewinnt, mag es nicht verwundern, wenn auch das Recht die Befassung mit der Wirklichkeit scheut. Und doch kommen das Recht und seine Wissenschaft nicht umhin, sich mit Realitäten zu beschäftigen. Denn dass das Recht auf Wirklichkeit treffe, so der Staatsrechtswissenschaftler und ehem. Präsident des BVerfG *Hans-Jürgen Papier*, sei „ein durchaus gewollter und unvermeidbarer Vorgang".[37] Die Liste der Realitäten, mit denen das „reale Leben" das Recht vor immer neue Probleme und Herausforderungen stellt, ist schier endlos. Das Zusammenspiel von Recht und Realität bringt derart Jahr um Jahr neue Regelungsgebiete hervor. Es verändert aber auch sukzessive die Sicht der Gesellschaft auf das Recht, neue Normativitäten vervollständigen den herkömmlichen juristischen Normenbestand. Die Vorstellung von Recht und die an dieses soziale Steuerungsmedium[38] gestellten Erwartungen scheinen sich parallel zu den sich wandelnden gesellschaftlichen, „realen" Verhältnissen zu verändern.[39]
„Die Wirtschaft digitalisiert sich – müssen sich auch die rechtlichen Rahmenbedingungen ,digitalisieren'?", lautet daher zu Recht die einleitende Frage im Vorwort einer Publikation des Bundesverbandes der Deutschen Industrie e. V. und der Kanzlei Noerr LLP aus dem Jahr 2015, die die Ergebnisse eines gemeinsamen Umfrage- und Rechtsgutachtens zu den zentralen Rechtsproblemen der digitalisierten Wirtschaft zusammenfasst.[40] Gerade die Tragweite wissenschaftlich-technischer Entwicklungen für die Lebensverhältnisse des Menschen ruft nach *Meyer-Abich* aber zuweilen noch „Irritationen" in der Öffentlich-

---

[35] *W. Matschoss*, Juristenmonopol und juristische Vorbildung, TuW 2 (1909), 375–376 (376), zit. nach *Miloš Vec*, Recht und Normierung in der Industriellen Revolution. Neue Strukturen der Normsetzung in Völkerrecht, staatlicher Gesetzgebung und gesellschaftlicher Selbstnormierung, Recht in der Industriellen Revolution Bd. 1, Vittorio Klostermann, Frankfurt a. M. 2006, S. 361.

[36] *Paul Watzlawick*, Wie wirklich ist die Wirklichkeit?: Wahn, Täuschung, Verstehen, 2. Aufl., R. Piper, München/Zürich 1976.

[37] *Hans-Jürgen Papier*, Asyl und Migration – Recht und Wirklichkeit, Verfassungsblog, 18.1.2016, abrufbar unter: https://verfassungsblog.de/asyl-und-migration-recht-und-wirklichkeit/.

[38] Vgl. *Eberhard Schmidt-Aßmann*, Ordnungsidee und Steuerungsfunktion des Allgemeinen Verwaltungsrechts, in Willy Spannowsky (Hrsg.), Erscheinungsbilder eines sich wandelnden Verwaltungsrechts: Günter Püttner zum 70. Geburtstag, Carl Heymanns Verlag, Köln/Berlin/München 2006, 3–15 (11).

[39] Vgl. *Miloš Vec*, Recht und Normierung in der Industriellen Revolution. Neue Strukturen der Normsetzung in Völkerrecht, staatlicher Gesetzgebung und gesellschaftlicher Selbstnormierung, Recht in der industriellen Revolution Bd. 1, Vittorio Klostermann, Frankfurt a. M. 2006, S. 16.

[40] *BDI/Noerr LLP*, Industrie 4.0 – Rechtliche Herausforderungen der Digitalisierung: Ein Beitrag zum politischen Diskurs, Industrie-Förderung, Berlin 2015, abrufbar unter: https://bdi.eu/media/presse/publikationen/information-und-telekommunikation/201511_Industrie-40_Rechtliche-Herausforderungen-der-Digitalisierung.pdf.

keit hervor.⁴¹ Hochgeschwindigkeitsreisen und Umweltzerstörung, alternative Stromgewinnung und atomare Bedrohungen, Möglichkeiten weltumspannender Kommunikationsnetzwerke und „Cyber-War": Mit technischen Innovationen sind „nicht nur materielle Güter, sondern immer auch weitreichende Entscheidungen verbunden [...], wie wir in Zukunft leben werden".⁴²

Namentlich die Neu- und Weiterentwicklung immer neuer Informations- und Kommunikationstechniken befeuert daher seit einiger Zeit Diskussionen über die Frage, ob und ggf. wie Realitäten wie der technische Wandel das Recht in seiner Entwicklung beeinflussen. Die Frage nach den wechselbezüglichen Abhängigkeiten von Recht und Technik stellt sich insbes. vor dem Hintergrund des zunehmend „relativierten"⁴³ Vertrauens der Verbraucher in die Technik. Das Recht übernimmt vielfach die Aufgabe der Verhinderung und ggf. Sanktionierung der befürchteten Exzesse der, so *Seneker*, "potentially destructive technological revolution".⁴⁴ „Nécessité fait loi",⁴⁵ „Notwendigkeit schafft Recht". Oft scheint es daher, als reagiere das Recht lediglich auf die immer neuen Innovationen der Technik und diene allein der „Technikbegrenzung".⁴⁶ Die neuen Herausforderungen, die die wissenschaftliche Forschung für das Recht bereithält, wirkten auf dieses wie Juckpulver („un effet ‚poil à gratter'"),⁴⁷ so *Frayssinet*; sie seien für das Recht eine „Feuerprobe" („épreuve du feu"), um dessen Nutzen und Wandlungsfähigkeit zu testen.⁴⁸

---

⁴¹ *Klaus M. Meyer-Abich*, Wissenschaft für die Zukunft. Holistisches Denken in ökologischer und gesellschaftlicher Verantwortung, C. H. Beck, München 1988, S. 15.

⁴² *Klaus M. Meyer-Abich*, Wissenschaft für die Zukunft. Holistisches Denken in ökologischer und gesellschaftlicher Verantwortung, C. H. Beck, München 1988, S. 15.

⁴³ *Jean Frayssinet*, Droit, Droits et Nouvelles Technologies, in Jacques Mestre/Laure Merland (Hrsg.), Droit et innovation, Presses Universitaires d'Aix-Marseille, Aix-en-Provence 2013, 543–553 (544).

⁴⁴ *Carl J. Seneker*, The Impact of Science and Technology on International Law: Introduction, Cal. L. Rev. 55 (1967), 419–422 (419); in diesem Sinne auch *Joseph H. Sommer*, Against Cyberlaw, Berkeley Tech. L. J. 15 (2000), 1145–1232 (1161), der der Ansicht ist, es sei „dangerous to predict the impact of technology on law".

⁴⁵ *Jean Frayssinet*, Droit, Droits et Nouvelles Technologies, in Jacques Mestre/Laure Merland (Hrsg.), Droit et innovation, Presses Universitaires d'Aix-Marseille, Aix-en-Provence 2013, 543–553 (547).

⁴⁶ *Michael Klöpfer*, Begrüßung, in Michael Klöpfer (Hrsg.), Technikentwicklung und Technikrechtsentwicklung: unter besonderer Berücksichtigung des Kommunikationsrechts, Schriften zum Technikrecht Bd. 1, Duncker & Humblot, Berlin 2000, 9–10 (9).

⁴⁷ *Jean Frayssinet*, Droit, Droits et Nouvelles Technologies, in Jacques Mestre/Laure Merland (Hrsg.), Droit et innovation, Presses Universitaires d'Aix-Marseille, Aix-en-Provence 2013, 543–553 (546).

⁴⁸ *Jean Frayssinet*, Droit, Droits et Nouvelles Technologies, in Jacques Mestre/Laure Merland (Hrsg.), Droit et innovation, Presses Universitaires d'Aix-Marseille, Aix-en-Provence 2013, 543–553 (547).

B. Technikentwicklung und soziale Evolution

Umgekehrt bemerkt *Weingart*, Technik werde erst durch Kopplung mit menschlicher Organisation „soziologisch faßbar, weil sozial relevant".[49] Die „Sozialisierung der Technik" korrespondiert mit einer grds. „Technisierung" einer jeden Gesellschaft durch Strukturierung und materielle Verwirklichung.[50] Es ist also die Gesellschaft mehr als der bloße „Phänotyp biologischer Prozesse".[51] Sie entwickelt sich unter dem Einfluss technischer Möglichkeiten fort; der Mensch als „toolmaking animal",[52] als „homo faber"[53] erstrebt die verändernde Gestaltung der Welt.[54] Soziologisch betrachtet ist entsprechend die (Weiter-)Entwicklung technischer Systeme zwingend auch und insbes. als soziale Dynamik zu bewerten.[55]

I. Zum Technikbegriff

Was aber ist „Technik"? „Technik" ist ein Modewort,[56] noch dazu eines, dessen exakte Bedeutung dem unbedachten Verwender oftmals unbekannt ist.[57] Das Wort ist dem frz. „technique" entlehnt, was so viel bedeutet wie „kunstfertig" oder „handwerksmäßig", und gleichbedeutend mit dem griech. Wort „technikós", das zu „téchnē" („Handwerk", „Kunstfertigkeit") abgewandelt wurde.[58] Der Duden definiert „Technik" u. a. als „Gesamtheit der Maßnahmen, Einrichtungen und Verfahren, die dazu dienen, die Erkenntnisse der Naturwis-

---

[49] *Peter Weingart*, „Großtechnische Systeme" – ein Paradigma der Verknüpfung von Technikentwicklung und sozialem Wandel?, in Peter Weingart (Hrsg.), Technik als sozialer Prozeß, Suhrkamp, Frankfurt a. M. 1989, 174–196 (177).

[50] Vgl. *Thomas Stückemann*, Technikentwicklung als reflexiver Modernisierungsprozeß, Diss., TU Dresden, 2000, S. 172.

[51] *Thomas Stückemann*, Technikentwicklung als reflexiver Modernisierungsprozeß, Diss., TU Dresden, 2000, S. 122.

[52] *Benjamin Franklin* (1706–1790), zit. nach *Carl Böhret*, Technikfolgen als Problem für die Politiker, in Christoph Zöpel (Hrsg.), Technikkontrolle in der Risikogesellschaft, Verlag Neue Gesellschaft, Bonn 1988, 85–117 (88).

[53] *Henri Bergson* (1859–1941), zit. nach *Hans-Liudger Dienel*, Homo Faber – Der technische Zugang zur Natur, in Werner Nachtigall/Charlotte Schönbeck (Hrsg.), Technik und Natur, Technik und Kultur Bd. 6, Springer, Berlin/Heidelberg 1994, 13–84 (13).

[54] Vgl. *Hans Sachsse*, Anthropologie der Technik. Ein Beitrag zur Stellung des Menschen in der Welt, Friedr. Vieweg & Sohn, Braunschweig 1978, S. 54 ff.

[55] *Thomas Stückemann*, Technikentwicklung als reflexiver Modernisierungsprozeß, Diss., TU Dresden, 2000, S. 122.

[56] Vgl. *Christoph Prevezanos*, Technisches Schreiben: Für Informatiker, Akademiker, Techniker und den Berufsalltag, Carl Hanser Verlag, München 2013, S. 123.

[57] Vgl. *Werner Rammert*, Technisierung und Medien in Sozialsystemen. Annäherungen an eine soziologische Theorie der Technik, in Peter Weingart (Hrsg.), Technik als sozialer Prozeß, Suhrkamp, Frankfurt a. M. 1989, 128–173 (130).

[58] *Brockhaus*, Enzyklopädie in 30 Bänden, Art. „Technik", Bd. 27: TALB–TRY, 21. Aufl., F. A. Brockhaus, Leipzig/Mannheim 2006, 116–121 (116).

senschaften für den Menschen praktisch nutzbar zu machen".[59] Technik kann auch verstanden werden als das „schöpferische Schaffen von Erzeugnissen, Vorrichtungen und Verfahren unter Benutzung der Stoffe und Kräfte der Natur und unter Berücksichtigung der Naturgesetze".[60] Die für die Zwecke dieser Arbeit verwendete Definition des Begriffs „Technik" orientiert sich dagegen an der umfassenden Begriffsbestimmung der RL 3780 (Technikbewertung: Begriffe und Grundlagen) des „Vereins Deutscher Ingenieure".[61] „Technik" umfasst hiernach:

- „die Menge der nutzenorientierten, künstlichen, gegenständlichen Gebilde (Artefakte oder Sachsysteme);
- die Menge menschlicher Handlungen und Einrichtungen, in denen Sachsysteme entstehen und
- die Menge menschlicher Handlungen, in denen Sachsysteme verwendet werden".[62]

Der Technikbegriff erstreckt sich danach v. a. auf die Gesamtheit der vom Menschen unter Einsatz von Wissen und Können geschaffenen technischen Sachsysteme, bezieht aber auch die „abstrakten" Formen der Technik wie die Programmierung elektronischer Datenverarbeitungsgeräte mit ein.[63] Technische Sachsysteme sind als ein „Mehr" zu den herkömmlich verwendeten Begriffen „Gerät", „Maschine" oder „Apparat" zu verstehen. Sie zeichnen sich aus durch die

„Funktion [...], Stoff (Masse), Energie und/oder Information zu wandeln, zu transportieren und/oder zu speichern. [...] Techn. Systeme sind stofflich-konkret und bestehen aus Werkstoffen mit definierten Eigenschaften, die aus Systemen der (physikal., chem., biolog.) Verfahrens-T. hervorgehen. Sie sind räuml. Gebilde mit geometrisch definierter Gestalt und setzen sich aus Bauteilen mit geometrisch definierter Gestalt zusammen; die Gestaltgebung erfolgt in Systemen der Fertigungs-T."[64]

---

[59] *Duden*, Art. „Technik, die", abrufbar unter: https://www.duden.de/rechtschreibung/Technik, Bedeutung 1.

[60] *Irini E. Vassilaki*, Technikstrafrecht, in Martin Schulte/Rainer Schröder (Hrsg.), Handbuch des Technikrechts, 2. Aufl., Springer, Berlin/Heidelberg 2011, 385–401 (386) unter Verweis auf die Brockhaus Enzyklopädie.

[61] Diese RL des VDI enthalten Regeln und Empfehlungen im Bereich der Ingenieurwissenschaften und zum aktuellen Stand der Technik, werden dementsprechend jährlich neu diskutiert und aktualisiert; jedes Jahr kommen etwa 200 neue RL hinzu.

[62] VDI, Hauptgruppe „Der Ingenieur in Beruf und Gesellschaft" (Hrsg.), Technikbewertung – Begriffe und Grundlagen. Erläuterungen und Hinweise zur VDI-Richtlinie 3780, Düsseldorf 1997, S. 62; zur Definition vgl. auch *Brockhaus*, Enzyklopädie in 30 Bänden, Art. „Technik", Bd. 27: TALB–TRY, 21. Aufl., F. A. Brockhaus, Leipzig/Mannheim 2006, 116–121 (116).

[63] *Brockhaus*, Enzyklopädie in 30 Bänden, Art. „Technik", Bd. 27: TALB–TRY, 21. Aufl., F. A. Brockhaus, Leipzig/Mannheim 2006, 116–121 (116).

[64] *Brockhaus*, Enzyklopädie in 30 Bänden, Art. „Technik", Bd. 27: TALB–TRY, 21. Aufl., F. A. Brockhaus, Leipzig/Mannheim 2006, 116–121 (116 f.).

Dabei ist „Technik" nicht gleichbedeutend mit „Technologie", obwohl beide Begriffe in zunehmendem Maße synonym verwendet werden.[65] Der Begriff „Technologie" wurde 1769 von dem Ökonomen *Johann Beckmann* (1739–1811) eingeführt als „Wiss., welche die Verarbeitung der Naturalien lehrt".[66] Im Bereich der Ingenieurwissenschaften beschreibt „Technologie" die Verfahrenskunde, also die Gesamtheit der Verfahren eines bestimmten Teilgebiets der Ingenieurwissenschaften oder eines konkreten Fertigungsablaufs, daneben aber auch den

> „technologischen Prozess, d. h. die Gesamtheit der zur Gewinnung und Bearbeitung von Stoffen notwendigen produktionstechn. Vorgänge einschließlich der Arbeitsmittel, Werkzeuge, Arbeitsorganisation usw. [...]".[67]

Aus fachgeschichtlichen und sprachlogischen Gründen soll dieser Begriff besser auf die Wissenschaft von der Technik angewendet werden.[68]

Schließlich verdient auch die notwendige Unterscheidung zwischen „Technik" und „Wissenschaft" eine knappe Erwähnung. Wissenschaftlicher Fortschritt ist nicht gleich technischer Fortschritt, Wissenschaft oder Naturwissenschaft ist nicht gleichbedeutend mit Technik. Zwar unterliegen die Funktionen technischer Systeme Naturgesetzen, jedoch ist Technik nicht lediglich die Summe der zu ihrer Umsetzung anwendbaren Wirkungszusammenhänge. Naturwissenschaftliche Erkenntnisse schaffen die theoretischen Voraussetzungen für menschliche Aktivitäten.[69] Schließlich zeichnen sich die Naturwissenschaften durch eine gewisse Abstraktion der durch Beobachtung und Messung gewonnenen Erkenntnisse aus, während die Technik der Schaffung eines konkreten Gegenstands oder Systems dient. Mit dem Betrieb technischer Systeme wird grds. eine Zwecksetzung verfolgt.[70] Beim Betrieb technischer Systeme

---

[65] Die *Arbeitsstelle für Sprachauskunft und Sprachberatung der Universität Vechta* (Sprachauskunft und Sprachberatung: Wörter, Art. „Informationstechnik/-technologie", abrufbar unter: http://www.sprachauskunft-vechta.de/woerter/info.htm) führt diesen Umstand auf den Einfluss des engl. „technology" zurück.

[66] *Brockhaus*, Enzyklopädie in 30 Bänden, Art. „Technologie", Bd. 27: TALB–TRY, 21. Aufl., F. A. Brockhaus, Leipzig/Mannheim 2006, 138–139 (138).

[67] *Brockhaus*, Enzyklopädie in 30 Bänden, Art. „Technologie", Bd. 27: TALB–TRY, 21. Aufl., F. A. Brockhaus, Leipzig/Mannheim 2006, 138–139 (138 f.).

[68] *Brockhaus*, Enzyklopädie in 30 Bänden, Art. „Technik", Bd. 27: TALB–TRY, 21. Aufl., F. A. Brockhaus, Leipzig/Mannheim 2006, 116–121 (116). Vgl. auch *Christoph Prevezanos*, Technisches Schreiben: Für Informatiker, Akademiker, Techniker und den Berufsalltag, Carl Hanser Verlag, München 2013, S. 123 zur synonymen Verwendung von „Technik" und „Technologie": „Das ist aber eindeutig falsch und es handelt sich in keiner Weise um Synonyme." Zum organisationssoziologischen Technologiebegriff *Werner Rammert*, Technisierung und Medien in Sozialsystemen. Annäherungen an eine soziologische Theorie der Technik, in Peter Weingart (Hrsg.), Technik als sozialer Prozeß, Suhrkamp, Frankfurt a. M. 1989, 128–173 (155 f.).

[69] *Brockhaus*, Enzyklopädie in 30 Bänden, Art. „Naturwissenschaften", Bd. 19: MOSC–NORDD, 21. Aufl., F. A. Brockhaus, Leipzig/Mannheim 2006, S. 412.

[70] VDI, Hauptgruppe „Der Ingenieur in Beruf und Gesellschaft" (Hrsg.), Technikbewer-

sind nichtsdestotrotz immer naturwissenschaftliche Erkenntnisse (etwa der Ökologie zur Eindämmung oder Vermeidung von Umweltbelastungen) zu berücksichtigen. Technik ist in ihrer Entwicklung und Verwendung daher nie isoliert, sondern immer im Zusammenhang mit Wirtschaft, Gesellschaft, Politik und Kultur zu betrachten und zu bewerten.[71]

Die Entstehung neuer technischer Systeme erfolgt in drei Phasen:

Den Startpunkt bildet die *Invention* (lat. Auffinden, Erfindung),[72] zunächst ein bloßer „Einfall der schöpferischen Fantasie", der durch unternehmerische Umsetzung und Anwendung zur Innovation, also zu einem gestalterischen Werk (z. B. Werkzeug, Maschine) wird. Der Begriff der Invention wird im Allgemeinen für technische Einfälle verwendet.[73]

Wird die Erfindung in technisch-wirtschaftlicher Hinsicht erfolgreich eingeführt und so eine Neuerung in dem relevanten Lebensbereich erzielt, wird die Erfindung zur *Innovation* (spätlat., von lat. „innovare", erneuern, verändern, zu „novus", neu).[74] Im weiteren – abstrakten – Sinne betrifft der Innovationsbegriff „signifikante, nachhaltige Neuerungen, die zur Bewältigung eines bekannten oder eines neuen Problems beitragen".[75] Eine allgemeingültige Definition des Innovationsbegriffs gibt es jedoch nicht, es existieren diverse Bedeutungsvarianten des Ausdrucks. *Klotz* nähert sich dem Begriff sehr differenziert und beschreibt die Innovation als

„ein Phänomen mit vielfältigen Ausprägungen [...]. Im weiten Sinne verstanden umfasst die Innovation die Fähigkeit einer Gesellschaft, Neuerungen jedweder Ausprägung zu konzipieren, zu entwickeln und dem Einzelnen nutzbar zu machen, um damit die sich dem Gemeinwesen stellenden Fragen und Probleme einer Lösung zuzuführen. In einem engeren, strenger ökonomisch ausgerichteten Sinn verstanden bedeutet die Innovation insbes. die Förderung des technischen Fortschritts zum

---

tung – Begriffe und Grundlagen. Erläuterungen und Hinweise zur VDI-Richtlinie 3780, Düsseldorf 1997, S. 63.

[71] *Brockhaus*, Enzyklopädie in 30 Bänden, Art. „Technik", Bd. 27: TALB–TRY, 21. Aufl., F. A. Brockhaus, Leipzig/Mannheim 2006, 116–121 (116).

[72] *Brockhaus*, Enzyklopädie in 30 Bänden, Art. „Invention", Bd. 13: HURS–JEM, 21. Aufl., F. A. Brockhaus, Leipzig/Mannheim 2006, S. 444.

[73] *Brockhaus*, Enzyklopädie in 30 Bänden, Art. „Erfindung", Bd. 8: EMAS–FASY, 21. Aufl., F. A. Brockhaus, Leipzig/Mannheim 2006, 272–273 (272); *Brockhaus*, Enzyklopädie in 30 Bänden, Art. „Invention", Bd. 13: HURS–JEM, 21. Aufl., F. A. Brockhaus, Leipzig/Mannheim 2006, S. 444.

[74] *Brockhaus*, Enzyklopädie in 30 Bänden, Art. „Innovation", Bd. 13: HURS–JEM, 21. Aufl., F. A. Brockhaus, Leipzig/Mannheim 2006, 323–328 (323).

[75] *Wolfgang Hoffmann-Riem*, Die Governance-Perspektive in der rechtswissenschaftlichen Innovationsforschung, Schriften des Münchner Centrums für Governance-Forschung Bd. 3, Nomos, Baden-Baden 2011, S. 25; s. auch *Wolfgang Hoffmann-Riem*, Innovationsoffenheit und Innovationsverantwortung durch Recht. Aufgaben rechtswissenschaftlicher Innovationsforschung, AöR 131 (2006), 255–277 (255). Zu den verschiedenen Facetten des Innovationsbegriffs *Jürgen Hauschildt/Sören Salomo*, Innovationsmanagement, 5. Aufl., Verlag Franz Vahlen, München 2011, S. 3 ff.

Ziel der Verbesserung der Wirtschaftsleistung und der Mehrung des Verbrauchernutzens".[76]

Die Kommission der EU definiert den Begriff „schematisch" im Rahmen ihres „Grünbuchs zur Innovation" als

„Umstellung und Ausweitung des Produkt- und Dienstleistungsangebots und der entsprechenden Märkte; Umstellung der Produktions-, Zulieferungs- und Vertriebsmethoden; Einführung von Änderungen im Management, in der Arbeitsorganisation sowie bei den Arbeitsbedingungen und Qualifikationen der Arbeitnehmer".[77]

In den Wirtschaftswissenschaften ist „Innovation" eine „Bezeichnung [...] für die mit technischem, sozialem und wirtschaftlichem Wandel einhergehenden (komplexen) Neuerungen", eine Innovation muss Merkmale der (Er-)Neuerung eines Objekts und eine durch diese hervorgerufene Veränderung beinhalten.[78] Die soziologische Perspektive bezeichnet als Innovationen

„wissenschaftlich-technische, kulturelle oder soziale Neuerungen (z. B. Erfindungen, Institutionen, Ideen, Verhaltensmuster) sowie deren Einführung und Verbreitung [...], die die soziale Struktur einer Gesellschaft verändern".[79]

Im öffentlichen Diskurs ist zumeist eine „technologisch orientierte Innovation mit der Zielrichtung wirtschaftlicher Ertragssteuerung bis hin zum Wirtschaftswachstum"[80] gemeint. Auch für die Zwecke dieser Arbeit soll der Begriff „Innovation" in diesem Sinne verstanden werden. Betrachtet werden Innovationen aus unterschiedlichsten Sachbereichen, gemeinverträgliche wie gesellschaftlich unerwünschte Innovationen, wobei technische Innovationen im Fokus der Arbeit stehen werden.[81] Dabei wird neben der „Innovation" verallgemeinernd von

---

[76] *Robert Klotz*, Innovation im Telekommunikationssektor durch oder trotz Regulierung auf EU-Ebene: Innovationsoffenheit durch Wettbewerbssicherung, in Wolfgang Hoffmann-Riem (Hrsg.), Innovation und Telekommunikation. Rechtliche Steuerung von Innovationsprozessen in der Telekommunikation, Schriften zur rechtswissenschaftlichen Innovationsforschung Bd. 4, Nomos, Baden-Baden 2000, 129–140 (129).
[77] *Kommission der EU*, Grünbuch zur Innovation, Brüssel, KOM(95) 688 endg., 20.12.1995, S. 1 – Fn. entfernt.
[78] *Gabler Wirtschaftslexikon*, Art. „Innovation", Bd. I–K, 17. Aufl., Gabler Verlag, Wiesbaden 2010, 1515–1516 (1515).
[79] *Wolfgang Hoffmann-Riem/Jens-Peter Schneider*, Zur Eigenständigkeit rechtswissenschaftlicher Innovationsforschung. Annährung an Gegenstand und Erkenntnisinteresse einer neuen juristischen Forschungsperspektive, in Wolfgang Hoffmann-Riem/Jens-Peter Schneider (Hrsg.), Rechtswissenschaftliche Innovationsforschung: Grundlagen, Forschungsansätze, Gegenstandsbereiche, Schriften zur rechtswissenschaftlichen Innovationsforschung Bd. 1, Nomos, Baden-Baden 1998, 389–412 (393); allgemeiner *dtv-Lexikon in 24 Bänden*, Art. „Innovation", Bd. 10: Holb–Jarl, dtv, München 2006, S. 205: „Neuerung, Neueinführung, Erfindung, Herstellung eines neuen Zusammenhangs (bes. in Soziologie, Wirtschaft u. Technik)".
[80] *Wolfgang Hoffmann-Riem*, Innovationen durch Recht und im Recht, in Martin Schulte (Hrsg.), Technische Innovation und Recht: Antrieb oder Hemmnis?, MTM Bd. 76, C. F. Müller, Heidelberg 1997, 3–32 (12).
[81] Das im zweiten Teil der Arbeit behandelte Internet stellt eine Verzahnung technischer

„technischem Wandel", „technischer Entwicklung" oder „Technikgenese" als Bezeichnung der Gesamtheit aller technischen Innovationen gesprochen werden. Diese technikneutrale Formulierung ermöglicht die Einbeziehung positiver („Fortschritt")[82] wie auch unnützer oder gar schädlicher Innovationen in die Betrachtung.[83]

Kommt es schließlich zu einer weiteren Verbreitung der Innovation innerhalb der Gesellschaft oder des technisch relevanten gesellschaftlichen Teilbereichs, so spricht man von einer *Diffusion* (lat. „diffusio", das Auseinanderfließen, bzw. „diffundere", ausströmen, sich verbreiten).[84]

II. „Entzauberung" der sozialen Welt: Zum Verhältnis zwischen technischem und gesellschaftlichem Wandel

Begrifflich setzt die „Diffusion" als „Prozess der raum-zeitlichen Ausbreitung einer Innovation im sozial-räumlichen System" im Zuge der Adoption durch das Individuum[85] die entwicklungsbezogene Verflechtung von Technik und Gesellschaft bereits voraus. Technik und Gesellschaft sind folglich interdependent, denn

„Technik ‚an sich' im Sinne eindeutig verfügbarer Gerätschaften gibt es [...] nicht. Ohne die entsprechenden Kontextualisierungen, ohne Verwendungszwecke, ohne

---

mit sozialen Innovationen dar (*Wolfgang Hoffmann-Riem*, Die Governance-Perspektive in der rechtswissenschaftlichen Innovationsforschung, Schriften des Münchner Centrums für Governance-Forschung Bd. 3, Nomos, Baden-Baden 2011, S. 26), vgl. umfassend zur (zufälligen und/oder notwendigen) Kombination von Innovationen unterschiedlicher Sachgebiete *Johannes Weyer*, Techniksoziologie: Genese, Gestaltung und Steuerung sozio-technischer Systeme, Juventa Verlag, Weinheim/München 2008.

[82] *Brockhaus*, Enzyklopädie in 30 Bänden, Art. „Fortschritt", Bd. 9: FASZ–FRIER, 21. Aufl., F. A. Brockhaus, Leipzig/Mannheim 2006, 497–500 (497): „Fortschritt, [...] Substantiv, das allg. Wachsen, Gedeihen, Fortschreiten zum Besseren oder zum Schlechteren bedeutet. Als theoret. Konzept hat der Begriff mit dem neuzeitl. Geschichtsoptimismus die Bedeutung eines ‚geschichtsphilosoph. Universalbegriffs' [...] erlangt. F. bedeutet hier eine durch menschl. Handeln bewirkte Zustandsveränderung zum Besseren im Sinne einer Höher- oder Weiterentwicklung. [...]" Noch deutlicher die Vorauflage (*Brockhaus*, Enzyklopädie in 24 Bänden, Art. „Fortschritt", Bd. 7: EW–FRIS, 20. Aufl., F. A. Brockhaus, Leipzig/Mannheim 1998, 495–497 [495]): „Fortschritt, mit einer Weiterentwicklung verbundene Veränderung eines Zustandes, die sich von der einfachen Entwicklung dadurch unterscheidet, [...] dass der Gesamttendenz nach die zeitlich späteren Erscheinungsbilder jeweils einen höheren Vollkommenheitsgrad aufweisen. Insgesamt wird als F. auch die Summe dieser in ihren Auswirkungen auf den Einzelnen oder die ganze Menschheit i. A. als positiv bewerteten Veränderungen aufgefasst."
[83] Vgl. *Brockhaus*, Enzyklopädie in 30 Bänden, Art. „Technik", Bd. 27: TALB–TRY, 21. Aufl., F. A. Brockhaus, Leipzig/Mannheim 2006, 116–121 (120).
[84] *Brockhaus*, Enzyklopädie in 30 Bänden, Art. „Diffusion", Bd. 7: DIEU–EMAR, 21. Aufl., F. A. Brockhaus, Leipzig/Mannheim 2006, 12–13 (12).
[85] *Gabler Wirtschaftslexikon*, Art. „Diffusion", Bd. Bf–E, 17. Aufl., Gabler Verlag, Wiesbaden 2010, S. 714.

Einbau in Handlungsketten, ohne sozialstrukturelle Andockstellen ist ein technisches Gerät nicht einmal ein ‚Ding an sich' (das man vorübergehend übersehen kann), sondern sogar im wahrsten Sinne des Wortes ein Unding".[86]

Technik muss „sowohl intentional als auch sozial konstituiert" sein;[87] allein das der Verwendung technischer Systeme stets inhärente Risiko setzt die Technik immer wieder aufs Neue auf die gesellschaftsorganisatorische Diskussionsagenda.[88]

Sowohl die sog. neolithische Revolution, die den Übergang von der Stammes- zur Agrargesellschaft markierte,[89] als auch die industrielle Revolution hatten Einfluss auf die Entwicklung bestimmter gesellschaftlicher Strukturen,[90] das zeigt etwa ein Blick auf das sich verändernde Technisierungsniveau von Kommunikation. Die neolithische Revolution brachte die Verfügbarkeit von Schrift mit sich. War die schriftliche Kommunikation zunächst auch nur einem kleinen, privilegierten Teil der Gesellschaft vorbehalten, begünstigten die „Möglichkeit eines körperlosen sozialen Gedächtnisses und dessen weitere Handhabung wesentliche Züge der Gesellschaften des Agrarkomplexes".[91] Die Schriftsprache ermöglichte die Verwaltung größerer sozialer Zusammenhänge, die Formulierung eines gemeinsamen gesellschaftlichen, situationsunabhängigen Bezugsrahmens wurde möglich,[92] ohne jedoch vielfach gewachsene starre Strukturen sozialer Ungleichheit aufbrechen zu können.[93] Die industrielle Revolution schließlich leitete die Entstehung der modernen Gesellschaft ein, in deren Zentrum die zunehmend technisierte Produktion materieller Güter stand.[94] Technische Hilfsmittel moderner Kommunikationssysteme entkoppelten Kommunikation von ihrem herkömmlichen Eins-zu-eins-Verhältnis, die standardmäßige massenhafte Vermittlung von Kommunikation – zunächst durch den Buchdruck, dann durch diverse Distanzkommunikationsmittel – revolutionierte die Zugänglichkeit und den Wert von Information. Wissensver-

---

[86] *Thomas Stückemann*, Technikentwicklung als reflexiver Modernisierungsprozeß, Diss., TU Dresden, 2000, S. 187.

[87] *Thomas Stückemann*, Technikentwicklung als reflexiver Modernisierungsprozeß, Diss., TU Dresden, 2000, S. 187.

[88] Vgl. *Thomas Stückemann*, Technikentwicklung als reflexiver Modernisierungsprozeß, Diss., TU Dresden, 2000, S. 199.

[89] Dazu *Hans Sachsse*, Anthropologie der Technik. Ein Beitrag zur Stellung des Menschen in der Welt, Friedr. Vieweg & Sohn, Braunschweig 1978, S. 68 ff.

[90] *Thomas Stückemann*, Technikentwicklung als reflexiver Modernisierungsprozeß, Diss., TU Dresden, 2000, S. 175.

[91] *Thomas Stückemann*, Technikentwicklung als reflexiver Modernisierungsprozeß, Diss., TU Dresden, 2000, S. 178.

[92] *Bernhard Giesen*, Die Entdinglichung des Sozialen – Eine evolutionstheoretische Perspektive auf die Postmoderne, Suhrkamp, Frankfurt a. M. 1991, S. 96.

[93] *Thomas Stückemann*, Technikentwicklung als reflexiver Modernisierungsprozeß, Diss., TU Dresden, 2000, S. 179 f.

[94] *Thomas Stückemann*, Technikentwicklung als reflexiver Modernisierungsprozeß, Diss., TU Dresden, 2000, S. 181.

waltung wurde so zum Geschäft für jedermann.[95] Diese weitgehend personenunabhängige, geradezu unpersönliche Art der Kommunikation bedingte aber gesellschaftlich eine „funktionale Differenzierung in spezifische Subsysteme".[96] Leistungsorientierung, Reproduzierbarkeit und soziale Differenzierung sind im Ergebnis zugleich Merkmale und Funktionsbedingungen moderner Industriegesellschaften.

Die Standardisierung sozialer Prozesse durch Technik[97] bedingt jedoch, als Folge von Rationalisierung, eine regel(ge-)rechte „Entzauberung" der sozialen Welt.[98] Die Bedeutung fester, personengebundener sozialer Bindungen lässt nach, sie werden ersetzt durch abstrakte Regulierung und Standardisierung.[99] Die Vereinheitlichung moralischer, ethischer und religiöser Bezugsrahmen führt zu einem Wertverlust innerhalb der Gesellschaft.[100] Auch der Grad persönlicher Freiheiten[101] nimmt sukzessive ab durch die stete Regulierung neuer Risiken und die Einbindung des Einzelnen in Haftungssysteme. Nicht nur Chancen werden mit zunehmender Modernisierung der Gesellschaft gerecht verteilt, sondern auch Risiken und Belastungen.[102] Die Industrie- wird zur Risikogesellschaft,[103] Fortschritt ist v. a. „Steigerung von Komplexität".[104] Die unaufhörliche technische Ausdifferenzierung der modernen Gesellschaft birgt zudem das Folgeproblem der Unmöglichkeit der sozialen Kontrolle derart „dekontextualisierter" Prozesse. Komplexe technische Probleme bedürfen zunehmend technischer Lösungen, Technikregulierung ohne Rückgriff auf technische Normen und Standards ist in vielen Bereichen nicht mehr vorstellbar.[105] Extrasoziale Strukturen entwickeln in zunehmendem Maße ein regulatorisches Eigenleben, sogar die Standardisierung bestimmter sozialer Prozesse ist vielfach nur durch technische

---

[95] *Thomas Stückemann*, Technikentwicklung als reflexiver Modernisierungsprozeß, Diss., TU Dresden, 2000, S. 182.
[96] *Thomas Stückemann*, Technikentwicklung als reflexiver Modernisierungsprozeß, Diss., TU Dresden, 2000, S. 183.
[97] *Thomas Stückemann*, Technikentwicklung als reflexiver Modernisierungsprozeß, Diss., TU Dresden, 2000, S. 195.
[98] *Thomas Stückemann*, Technikentwicklung als reflexiver Modernisierungsprozeß, Diss., TU Dresden, 2000, S. 166.
[99] *Thomas Stückemann*, Technikentwicklung als reflexiver Modernisierungsprozeß, Diss., TU Dresden, 2000, S. 166, 195.
[100] *Thomas Stückemann*, Technikentwicklung als reflexiver Modernisierungsprozeß, Diss., TU Dresden, 2000, S. 166.
[101] *Thomas Stückemann*, Technikentwicklung als reflexiver Modernisierungsprozeß, Diss., TU Dresden, 2000, S. 166.
[102] *Thomas Stückemann*, Technikentwicklung als reflexiver Modernisierungsprozeß, Diss., TU Dresden, 2000, S. 167.
[103] *Thomas Stückemann*, Technikentwicklung als reflexiver Modernisierungsprozeß, Diss., TU Dresden, 2000, S. 167.
[104] *Thomas Stückemann*, Technikentwicklung als reflexiver Modernisierungsprozeß, Diss., TU Dresden, 2000, S. 167.
[105] *Thomas Stückemann*, Technikentwicklung als reflexiver Modernisierungsprozeß, Diss., TU Dresden, 2000, S. 195.

Hilfsmittel möglich.[106] Die gesellschaftliche Bedeutung technischer Entwicklungsprozesse ist daher im Laufe der Zeit immer wieder beobachtet und wissenschaftlich thematisiert worden,[107]

„[i]n den Diskursen über Technik diskutiert man Bestandsvoraussetzungen von Gesellschaft. [...] Durch den Zugriff auf die Bedingungen von Technik versucht die Gesellschaft Einfluß auf die eigene Evolution zu nehmen".[108]

C. Technische Revolutionen als „Normierungsbeschleuniger"?

Ein Blick in die Innovationsgeschichte identifiziert das ausgehende 19. sowie das beginnende 20. Jh. als (vorläufige) Höhepunkte der Technikentwicklung. Die industrielle Revolution wurde entscheidend durch den technischen Wandel angetrieben und beförderte ihrerseits die Entwicklung neuer technischer Innovationen. Die industrielle Revolution kann rückblickend also durchaus als „technological revolution" bezeichnet werden.[109] Die Etablierung von Innovationen wie dem Flugzeug, dem ersten funktionsfähigen U-Boot und dem Telefon[110] – Beispiele des „Fortschritt[s] in seiner trivialen, nämlich lebenspraktisch elementaren Bedeutung"[111] – im Zuge der industriellen Revolution veränderte das gesellschaftliche Leben spürbar. Seitdem eilt der Mensch von einer bahnbrechenden technischen Innovation zur nächsten. Innerhalb von nicht einmal

---

[106] *Thomas Stückemann*, Technikentwicklung als reflexiver Modernisierungsprozeß, Diss., TU Dresden, 2000, S. 195.

[107] Vgl. z. B. *Wolfgang Krohn*, Die „Neue Wissenschaft" der Renaissance, in Gernot Böhme/Wolfgang van den Daele/Wolfgang Krohn (Hrsg.), Experimentelle Philosophie – Ursprünge autonomer Wissenschaftsentwicklung, Suhrkamp, Frankfurt a. M. 1977, 13–128; Peter Weingart (Hrsg.), Technik als sozialer Prozeß, Suhrkamp, Frankfurt a. M. 1989; *Thomas Stückemann*, Technikentwicklung als reflexiver Modernisierungsprozeß, Diss., TU Dresden, 2000; *Hermann Lübbe*, Wissenschaftlich-technischer Fortschritt und gesellschaftliche Verantwortung. Über Wandlungen moderner Wissenschaftskultur, in Volker Schumpelick/Bernhard Vogel (Hrsg.), Innovationen in Medizin und Gesundheitswesen, Beiträge des Symposiums vom 24. bis 26. September 2009 in Cadenabbia, Verlag Herder, Freiburg i. Br. 2010, 498–519.

[108] *Thomas Stückemann*, Technikentwicklung als reflexiver Modernisierungsprozeß, Diss., TU Dresden, 2000, S. 197.

[109] *Lawrence M. Friedman*, Changing Times: Technology and Law in the Modern Era, in Jürgen Becker/Reto M. Hilty/Jean-Fritz Stöckli/Thomas Würtenberger (Hrsg.), Recht im Wandel seines sozialen und technologischen Umfeldes, FS für Manfred Rehbinder, C. H. Beck, München 2002, 501–510 (501).

[110] Darstellung des technischen Fortschritts seit 1945 bei *Carl Mitcham*, Thinking through Technology: The Path between Engineering and Philosophy, The University of Chicago Press, Chicago/London 1994, S. 2–6.

[111] *Hermann Lübbe*, Wissenschaftlich-technischer Fortschritt und gesellschaftliche Verantwortung. Über Wandlungen moderner Wissenschaftskultur, in Volker Schumpelick/Bernhard Vogel (Hrsg.), Innovationen in Medizin und Gesundheitswesen, Beiträge des Symposiums vom 24. bis 26. September 2009 in Cadenabbia, Verlag Herder, Freiburg i. Br. 2010, 498–519 (499).

100 Jahren konnte etwa die Entwicklung vom Pferdewagen über die Dampfmaschine hin zum Automobil vollzogen werden.[112]

Dabei gerät das Recht, verstanden als ein gesellschaftliches Steuerungsmittel,[113] auf der Suche nach immer neuen Möglichkeiten der effektiven Regulierung technischer Systeme (z. B. durch alternative Systeme sozialer Selbstorganisation und Mechanismen der Steuerung von Technik durch Technik) zunehmend in Zugzwang. Schon früh wurde ein „cultural lag",[114] ein verspätetes Reaktionsvermögen des Rechts mit Blick auf gesellschaftliche Realitäten, offenbar. 1913 konstatierte *Holmes* zum Verhältnis von Recht und Technik:

> „It cannot be helped, it is as it should be, that the law is behind the times. [...] [T]he time for law has not come; [...]."[115]

Mandl stellte 1932 fest, dass „die Gesetzgebung alle neuen Erfindungen anfangs stiefmütterlich zu behandeln" pflege.[116] Zwar ist das Recht ständig in Bewegung, verändert sich ohne Unterlass, weshalb sogar der IGH in seinem Urteil zum „Fisheries Jurisdiction Case" des Jahres 1974 bemerkte:

> „The possibility of the law changing is ever present [...]."[117]

---

[112] Der U. S.-amerikanische Autor und Erfinder *Raymond Kurzweil* (Reinventing Humanity: The Future of Machine-Human Intelligence, The Futurist 40 [2006], 39–46 [40]) erklärt diese Entwicklung mithilfe des Phänomens des exponentiellen Wachstums menschengemachten technischen Fortschritts. Dieses sei die Grundlage der „quickening nature of technological innovation. In thinking about the future, few people take into consideration the fact that human scientific progress is exponential: It expands by repeatedly multiplying by a constant (10 times 10 times 10, and so on) rather than linear (10 plus 10 plus 10, and so on). [...] Exponential growth starts out slowly and virtually unnoticeably, but beyond the knee of the curve it turns explosive and profoundly transformative. My models show that we are doubling the paradigm-shift rate for technology innovation every decade. In other words, the twentieth century was gradually speeding up to today's rate of progress; its achievements, therefore, were equivalent to about 20 years of progress at the rate of 2000. We'll make another ‚20 years' of progress in just 14 years (by 2014), and then do the same again in only seven years. To express this another way, we won't experience 100 years of technological advance in the twenty-first century; we will witness on the order of 20,000 years of progress (again, when measured by today's progress rate), or progress on a level of about 1,000 times greater than what was achieved in the twentieth century".

[113] *Anne van Aaken*, Normative Grundlagen der ökonomischen Theorie im öffentlichen Recht, in Anne van Aaken/Stefanie Schmid-Lübbert (Hrsg.), Beiträge zur ökonomischen Theorie im öffentlichen Recht, Deutscher Universitäts-Verlag, Wiesbaden 2003, 89–118 (89).

[114] Zum „cultural lag" wohl erstmals *William F. Ogburn*, Social Changes With Respect to Culture and Original Nature, B. W. Huebsch, New York 1922, S. 200 ff. Vgl. dazu *Klaus F. Röhl*, Rechtssoziologie. Ein Lehrbuch, Carl Heymanns Verlag, Köln/Berlin/Bonn/München 1987, S. 530–532.

[115] *Oliver W. Holmes*, Law and the Court – Speech at a Dinner of the Harvard Law School Association of New York on February 15, 1913, in Oliver W. Holmes, Collected Legal Papers, Peter Smith, New York 1952 (Neudr. d. Ausg. v. Harcourt, Brace and Howe, New York 1920), 291–297 (294).

[116] *Vladimír Mandl*, Das Weltraum-Recht. Ein Problem der Raumfahrt, Verlag J. Bensheimer, Mannheim 1932, S. 20.

[117] IGH, Urt. v. 25.7.1974 – ICJ Reports 1974, S. 3 (19 § 40) – Fisheries Jurisdiction Case (Vereinigtes Königreich/Island).

Und doch scheint das Recht noch heute nicht Schritt halten zu können mit den beinahe quantensprungartigen gesellschaftlichen Umbrüchen unserer Zeit.[118] Das Verhältnis von Recht und Technik ist denn auch bei Weitem nicht spannungsfrei. Noch Ende der 1990er-Jahre attestierte *Vieweg* dem Recht und seinen Vertretern eine ausgesprochene Technikfeindlichkeit, geradezu ein Technikunverständnis, indem er feststellte, mancher Jurist habe „zur Technik ein ähnliches Verhältnis wie zur Mathematik [...] (judex non calculat)" und würde

> „nicht anspringende Autos, krumm geschlagene Nägel, versehentlich mit dem Hammer getroffene Finger und nichtsahnend angebohrte Elektroleitungen mit dem vielbeschworenen Spannungsverhältnis von Recht und Technik assoziieren".[119]

Das Recht wird vielfach als „Bremsstein" („un frein à leur autonomie de développement") oder gar als „Halseisen" („un carcan inadapté, inutile") für die technische Weiterentwicklung betrachtet.[120] Die „Starrheit des Gesetzes"[121] bemängelten deutsche Ingenieure bereits zur Zeit der industriellen Revolution, die Jurisprudenz wurde als „Papierwissenschaft"[122] verspottet. Ein regelrechter „Kulturkampf"[123] tobte Anfang des 20. Jh. zwischen Juristen und Ingenieuren. Die „Weltfremdheit"[124] der vermeintlich mit dem technischen und gesellschaft-

---

[118] Vgl. *Alvin Toffler*, The Third Wave, William Morrow, New York 1980, S. 26.

[119] *Klaus Vieweg*, Reaktionen des Rechts auf Entwicklungen der Technik, in Martin Schulte (Hrsg.), Technische Innovation und Recht: Antrieb oder Hemmnis?, MTM Bd. 76, C. F. Müller, Heidelberg 1997, 35–54 (35).

[120] *Jean Frayssinet*, Droit, Droits et Nouvelles Technologies, in Jacques Mestre/Laure Merland (Hrsg.), Droit et innovation, Presses Universitaires d'Aix-Marseille, Aix-en-Provence 2013, 543–553 (544); in diesem Sinne auch *Joseph H. Sommer*, Against Cyberlaw, Berkeley Tech. L. J. 15 (2000), 1145–1232 (1160 f.).

[121] *Miloš Vec*, Recht und Normierung in der Industriellen Revolution. Neue Strukturen der Normsetzung in Völkerrecht, staatlicher Gesetzgebung und gesellschaftlicher Selbstnormierung, Recht in der Industriellen Revolution Bd. 1, Vittorio Klostermann, Frankfurt a. M. 2006, S. 362.

[122] *Schleicher*, Die juristische Technik, Magazin für Technik und Industriepolitik 4 (1913/14), 83–93 (93) unter Verweis auf *Ostwald*, zit. nach *Miloš Vec*, Recht und Normierung in der Industriellen Revolution. Neue Strukturen der Normsetzung in Völkerrecht, staatlicher Gesetzgebung und gesellschaftlicher Selbstnormierung, Recht in der Industriellen Revolution Bd. 1, Vittorio Klostermann, Frankfurt a. M. 2006, S. 362.

[123] *Miloš Vec*, Recht und Normierung in der Industriellen Revolution. Neue Strukturen der Normsetzung in Völkerrecht, staatlicher Gesetzgebung und gesellschaftlicher Selbstnormierung, Recht in der Industriellen Revolution Bd. 1, Vittorio Klostermann, Frankfurt a. M. 2006, S. 363.

[124] *W. Matschoss*, Juristenmonopol und juristische Vorbildung, TuW 2 (1909), 375–376 (376), zit. nach *Miloš Vec*, Recht und Normierung in der Industriellen Revolution. Neue Strukturen der Normsetzung in Völkerrecht, staatlicher Gesetzgebung und gesellschaftlicher Selbstnormierung, Recht in der Industriellen Revolution Bd. 1, Vittorio Klostermann, Frankfurt a. M. 2006, S. 361. Zur historischen Juristenkritik, vgl. außerdem *Michael Stolleis*, Juristenbeschimpfung, oder: Juristen, böse Christen, in Theo Stammen/Heinrich Oberreuter/Paul Mikat (Hrsg.), Politik – Bildung – Religion: Hans Meier zum 65. Geburtstag, Ferdinand Schöningh, Paderborn/München/Wien/Zürich 1996, 163–170.

lichen Wandel unvereinbaren „Begriffsjurisprudenz alias Begriffsknetungswissenschaft"[125] stand der technizistischen Weltsicht[126] des „große[n] Zauberer[s] und Zimmerer[s] der neuen Welt, der modernen Wirtschaft",[127] dem Ingenieur, gegenüber, es kämpfte die „literarisch-geisteswissenschaftliche Intelligenz"[128] gegen die „technisch-industrielle Leistungselite".[129] Der Wunsch der Ingenieure nach allgemeiner Anerkennung,[130] nach „Gleichstellung mit den alten Eliten des Kaiserreichs",[131] zu denen auch die Juristen zählten, deren Profession als Sinnbild sozialen Aufstiegs galt, war allgegenwärtig.

Das rasante Anwachsen vieler Industriezweige ab Mitte des 19. Jh. in Europa brachte viele neue Erfindungen und sich schnell etablierende Techniken hervor. Die Fortschrittsbegeisterung der Zeit[132] wurde jedoch in nicht unerheblichem Maße getrübt durch die in der Folge zahlreich auftretenden Regulierungsprobleme. Eine „Kontrollkrise" sondergleichen stellte die Gesellschaft vor ungeahnte Herausforderungen. Die industrielle Revolution beschleunigte das gesamte System der Materialverarbeitung und veränderte so auch gesellschaftliche Strukturen:

> „Until the Industrial Revolution, even the largest and most developed economies ran literally at a human pace, with processing speeds enhanced only slightly by draft ani-

---

[125] *Politicus*, Die Juristen in unserer Kolonial-Verwaltung, Magazin für Technik und Industrie-Politik 4 (1913/14), 454–459 (459), zit. nach *Miloš Vec*, Recht und Normierung in der Industriellen Revolution. Neue Strukturen der Normsetzung in Völkerrecht, staatlicher Gesetzgebung und gesellschaftlicher Selbstnormierung, Recht in der Industriellen Revolution Bd. 1, Vittorio Klostermann, Frankfurt a. M. 2006, S. 361.

[126] *Miloš Vec*, Recht und Normierung in der Industriellen Revolution. Neue Strukturen der Normsetzung in Völkerrecht, staatlicher Gesetzgebung und gesellschaftlicher Selbstnormierung, Recht in der Industriellen Revolution Bd. 1, Vittorio Klostermann, Frankfurt a. M. 2006, S. 363.

[127] *W. Matschoss*, Juristenmonopol und juristische Vorbildung, TuW 2 (1909), 375–376 (376), zit. nach *Miloš Vec*, Recht und Normierung in der Industriellen Revolution. Neue Strukturen der Normsetzung in Völkerrecht, staatlicher Gesetzgebung und gesellschaftlicher Selbstnormierung, Recht in der Industriellen Revolution Bd. 1, Vittorio Klostermann, Frankfurt a. M. 2006, S. 355.

[128] *Wolfgang König/Wolfhard Weber*, Netzwerke – Stahl und Strom: 1840 bis 1914, Propyläen-Technikgeschichte Bd. 4, Propyläen Verlag, Berlin 1990, S. 545.

[129] *Wolfgang König/Wolfhard Weber*, Netzwerke – Stahl und Strom: 1840 bis 1914, Propyläen-Technikgeschichte Bd. 4, Propyläen Verlag, Berlin 1990, S. 545.

[130] *Miloš Vec*, Recht und Normierung in der Industriellen Revolution. Neue Strukturen der Normsetzung in Völkerrecht, staatlicher Gesetzgebung und gesellschaftlicher Selbstnormierung, Recht in der Industriellen Revolution Bd. 1, Vittorio Klostermann, Frankfurt a. M. 2006, S. 356.

[131] *Miloš Vec*, Recht und Normierung in der Industriellen Revolution. Neue Strukturen der Normsetzung in Völkerrecht, staatlicher Gesetzgebung und gesellschaftlicher Selbstnormierung, Recht in der Industriellen Revolution Bd. 1, Vittorio Klostermann, Frankfurt a. M. 2006, S. 357.

[132] Dazu *Ernest Gellner*, Pflug, Schwert und Buch. Grundlinien der Menschheitsgeschichte, Klett-Cotta, Stuttgart 1990, S. 162 ff.: „Es entstand eine neue Theodizee […]."

mals and by wind and water power, and with system control increased correspondingly by modest bureaucratic structures."[133]

Zugtiere wichen Eisenbahnen, Waren wurden bald in Windeseile über die Meere, durch die Luft, um die ganze Welt verschickt. Was *Beniger* nur mit Blick auf die USA beschreibt, gilt auch für die europäischen Staaten des 19. Jh.: Die zunehmende Geschwindigkeit brachte Sicherheitsrisiken, maximale Effizienz hat ihren Preis. Die darauf fußende „Kontrollkrise" bahnte sich ihren Weg vom Verkehrs-, über den Vertriebs- und den Produktionssektor bis zum Verbraucher.[134] V. a. die Erfindung der Dampfmaschine beschleunigte die Wirtschaft ungemein, brachte aber auch Kontrollprobleme mit sich, die der Regulierung bedurften.[135] Die Dampfmaschine bereitete der Eisenbahn den Weg, die wiederum die Möglichkeit des massenhaften Transports und des Güter- sowie Personenverkehrs, aber auch die Gefahr von Unfällen mangels standardisierter Eisenbahnsignale, formalisierter Betriebsabläufe entlang der Bahnstrecken, Telegrafenkommunikation und Techniken zentralisierter bürokratischer Kontrolle mit sich brachte.[136] Schäden an Leib und Leben von Passagieren und Bediensteten der Eisenbahnlinien sowie Sachschäden, ebenso wie horrende Betriebskosten und Unternehmensverluste, waren die Folge.[137] Eine Optimierung der Kontrolle der „Erie Railroad Company", einer der ersten Eisenbahngesellschaften in den USA, sollte nach ihrem Geschäftsführer *Daniel McCallum* (1815–1878) „through greater regularity and speed in the movement of information – greater regularity and speed of *communication*"[138] erreicht werden. Die Telegrafie machte es möglich; eine fruchtbare Kooperation von Eisenbahn- und Telegrafensystemen brachte schließlich auch das Postsystem hervor.[139] Die vordergründig schädliche Kontrollkrise „inspired a stream of innovations in information processing, bureaucratic control, and communications".[140]

---

[133] *James R. Beniger*, The Control Revolution: Technological and Economic Origins of the Information Society, Harvard University Press, Cambridge/London 1986, S. vii.

[134] Vgl. *James R. Beniger*, The Control Revolution: Technological and Economic Origins of the Information Society, Harvard University Press, Cambridge/London 1986, S. 219 f.

[135] Vgl. *James R. Beniger*, The Control Revolution: Technological and Economic Origins of the Information Society, Harvard University Press, Cambridge/London 1986, S. 218.

[136] *James R. Beniger*, The Control Revolution: Technological and Economic Origins of the Information Society, Harvard University Press, Cambridge/London 1986, S. 221.

[137] Vgl. *James R. Beniger*, The Control Revolution: Technological and Economic Origins of the Information Society, Harvard University Press, Cambridge/London 1986, S. 228.

[138] *James R. Beniger*, The Control Revolution: Technological and Economic Origins of the Information Society, Harvard University Press, Cambridge/London 1986, S. 228 – Hervorh. im Original.

[139] *James R. Beniger*, The Control Revolution: Technological and Economic Origins of the Information Society, Harvard University Press, Cambridge/London 1986, S. 17.

[140] *James R. Beniger*, The Control Revolution: Technological and Economic Origins of the Information Society, Harvard University Press, Cambridge/London 1986, S. 220.

Auf die Kontrollkrise folgte Ende des 19. Jh. eine Phase der Bildung neuer Steuerungselemente, die von *Beniger* sog. „Control Revolution". Kontrolltechniken, Energienutzungssysteme und Verarbeitungsgeschwindigkeit entwickelten sich koevolutionär und beeinflussten sich gegenseitig in positiver Art und Weise. Entwicklungsprozesse und -abläufe konnten ständig effektiviert werden durch bessere Kontrolle und Planbarkeit, Planungstechniken erlebten in der Folge einen Aufschwung.[141] Technische Normung und rechtliche Normierung wurden befördert, die industrielle Revolution entpuppte sich rückblickend als regelrechter „Normierungsbeschleuniger".[142] Das Zusammenspiel zwischen Krise und Kontrolle bedingt nach *Beniger* seit den Anfängen der industriellen Revolution eine kontinuierliche technische Revolution, die u. a. die Entstehung der sog. „Informationsgesellschaft" zur Folge hatte:

„Only through the dynamic tension between crisis and control, with each success at control generating still new crises, has the revolution in technology continued into the twentieth century and into the emerging Information Society."[143]

Dabei sei die Informationsgesellschaft an sich auch kein neues Phänomen, so *Beniger*, sondern das Ergebnis eines bereits seit Mitte des 19. Jh. zu beobachtenden wirtschaftlichen Veränderungs- und Beschleunigungsprozesses. Die Verwendung von Mikroprozessoren und Computertechnik sei lediglich die neueste Komponente einer kontinuierlichen Entwicklung,[144] das beweisen nicht zuletzt der bereits 1822 von dem englischen Mathematiker, Philosoph und Erfinder *Charles Babbage* (1791–1871) konstruierte mechanische Rechenautomat „Difference Engine" und seine zwischen 1834 und 1871 entworfene analytische Maschine „Analytical Engine", ein früher Vorläufer des späteren Computers.[145]

Dem Jagen und Sammeln, dem Ackerbau und der Materialverarbeitung als vorrangigen menschlichen Betätigungen läuft im 21. Jh. augenscheinlich die Informationsverarbeitung den Rang ab:

„Although all human societies have depended on hunting and gathering, agriculture, or the processing of matter and energy to sustain themselves, such material process-

---

[141] *James R. Beniger*, The Control Revolution: Technological and Economic Origins of the Information Society, Harvard University Press, Cambridge/London 1986, S. 291 f.

[142] Begriffsbildung in Anlehnung an *Miloš Vec*, Recht und Normierung in der Industriellen Revolution. Neue Strukturen der Normsetzung in Völkerrecht, staatlicher Gesetzgebung und gesellschaftlicher Selbstnormierung, Recht in der Industriellen Revolution Bd. 1, Vittorio Klostermann, Frankfurt a. M. 2006, S. 371: „Der Erste Weltkrieg als Normungsbeschleuniger".

[143] *James R. Beniger*, The Control Revolution: Technological and Economic Origins of the Information Society, Harvard University Press, Cambridge/London 1986, S. 220.

[144] *James R. Beniger*, The Control Revolution: Technological and Economic Origins of the Information Society, Harvard University Press, Cambridge/London 1986, S. 435.

[145] Zu Babbages Werk, vgl. Bernhard Dotzler (Hrsg.), Babbages Rechen-Automate: Ausgewählte Schriften, Computerkultur Bd. VI, Springer, Wien/New York 1996; *Anthony Hyman*, Charles Babbage: Pioneer of the Computer, Oxford University Press, Oxford 1984.

ing, it would seem, has begun to be eclipsed in relative importance by the processing of information."[146]

Informationstechnische „Control as Engine of the Information Society"[147] dominiert heute die weltgrößten und wirtschaftlich hochentwickelten Staaten.

---

[146] *James R. Beniger*, The Control Revolution: Technological and Economic Origins of the Information Society, Harvard University Press, Cambridge/London 1986, S. 426.

[147] Vgl. *James R. Beniger*, The Control Revolution: Technological and Economic Origins of the Information Society, Harvard University Press, Cambridge/London 1986, S. 426.

Kapitel 2

Entgrenzte Medien, entgrenztes Recht, entgrenzte Räume

Die „Grenzenlosigkeit" von Information und Kontrolle stellt aber das in Kategorien und – im wahrsten Sinne des Wortes – Normen gezwängte Recht vor die Herausforderung, umfassende, nach Möglichkeit weltweit gültige Rechtssätze für die Regulierung grenzüberschreitender Informationsflüsse zu entwickeln. Die „Informationsrevolution", der Prozess des rapiden und scheinbar unaufhörlichen Wandels der Industrie- und Informationsgesellschaft, zwingt die Normgeber zum Handeln. Der Wunsch nach zeit- und situationsangemessener Technikregulierung ist heute größer denn je. „Entgrenzung" hat sich zu einem der wichtigsten Forschungstopoi des 21. Jh. und zu einer der großen Herausforderungen für das Recht entwickelt.

Entgrenzungen „erschweren rechtliche Einordnungen in bisherige Kategorien und können dazu führen, dass neuartige benötigt werden".[148] Der Begriff der Entgrenzung entstammt ursprünglich der Politikwissenschaft und beschreibt den sukzessiven Rückgang der Bedeutung des staatlichen, umgrenzten Containers.[149] Diese allgemeine Entwicklung der modernen Welt zeigt sich besonders deutlich im Zusammenhang mit dem Aufkommen neuer technischer Informations- und Kommunikationsmedien.[150] Deren „entgrenzte" und zugleich „entgrenzende" Nutzung und Wirkung im privaten und hoheitlichen Bereich lässt unsere alltägliche Erfahrungswelt zugleich schrumpfen und wachsen: Die Allgegenwart des Internets bedingt die Relativierung von Entfernungen, während der Wahrnehmungshorizont in immer weitere Ferne rückt. „Entgrenzte Medi-

---

[148] *Wolfgang Hoffmann-Riem*, Innovation und Recht – Recht und Innovation. Recht im Ensemble seiner Kontexte, Mohr Siebeck, Tübingen 2016, S. 618.

[149] *Matthias Lehmann*, Entmaterialisierung, Entgrenzung und Recht, ARSP 98 (2012), 263–281 (263). Das bedeutet jedoch keineswegs, dass das räumliche Bezugssystem vollends an Bedeutung verliert. Neue Formen territorialer Differenzierung und die Ziehung von Grenzen, die gerade nicht territorialer Natur sind, zeugen davon, vgl. *Mathias Albert*, Entgrenzung und Globalisierung des Rechts, in Rüdiger Voigt (Hrsg.), Globalisierung des Rechts, Schriften zur Rechtspolitologie Bd. 9 (ehem. JfR Bd. 12), Nomos, Baden-Baden 1999/2000, 115–137 (121). Dazu *infra* Teil III, Kap. 1, B.III.

[150] Der Medienbegriff wird hier allein zur Beschreibung von Medien der Massenkommunikation verwendet. Zu weiteren Deutungen des Begriffs (physikalische Medien, Sozialmedien) *Werner Rammert*, Technisierung und Medien in Sozialsystemen. Annäherungen an eine soziologische Theorie der Technik, in Peter Weingart (Hrsg.), Technik als sozialer Prozeß, Suhrkamp, Frankfurt a. M. 1989, 128–173 (157 ff.).

en" bedingen folglich eine Entgrenzung der uns bekannten Räume und ihrer Wahrnehmung, haben aber auch eine Entgrenzung des Rechts zur Folge.[151]

A. Entgrenzte Medien

Entgrenzung liegt etwa in der Neu- und Weiterentwicklung des Telegrafen, des Telefons, der E-Mail und des Internets, ihrer Nutzung und dem Umgang mit der Menge an Daten, die bei vielen Arten heute gängiger Distanzkommunikation anfällt,[152] kurz: der „Entstofflichung unserer Lebenswelt".[153]

Das liegt schon daran, dass Informationen Staatsgrenzen nicht beachten.[154] Auch die Märkte sind nicht mehr durch staatliche Strukturen begrenzt.[155] Längst hat sich eine neue, „informationalisierte, globalisierte und vernetzte" Wirtschaftsform[156] entwickelt. I. O. wie die Welthandelsorganisation WTO oder die EU vereinfachen den grenzüberschreitenden Handel und ermöglichen insbes. die Interaktion privater Akteure ohne den Staat als Vermittler.[157] Nach *Lehmann* wird die Entgrenzung der Außenwelt begünstigt und befeuert durch die von ihm sog. „Entmaterialisierung",[158] die Zurückdrängung physischer Gegenstände durch unkörperliche Erscheinungen wie die zunehmende Kommunikation mittels elektronischer Medien, die „Entkörperlichung des Vermögens", also die wachsende Bedeutung von Immaterialgüterrechten, und die zunehmen-

---

[151] Zur Formulierung vgl. *Franz C. Mayer*, Völkerrecht und Cyberspace: Entgrenztes Recht und entgrenzte Medien, in Udo Thiedeke (Hrsg.), Soziologie des Cyberspace: Medien, Strukturen und Semantiken, VS Verlag für Sozialwissenschaften, Wiesbaden 2004, 491–521.

[152] Beispiele für Entgrenzung bei *Wolfgang Hoffmann-Riem*, Innovation und Recht – Recht und Innovation. Recht im Ensemble seiner Kontexte, Mohr Siebeck, Tübingen 2016, S. 618.

[153] *Matthias Lehmann*, Entmaterialisierung, Entgrenzung und Recht, ARSP 98 (2012), 263–281 (266).

[154] Dass die Medien infolge von z. B. Sprachbarrieren und Empfangsproblemen demgegenüber nicht „grenzenlos" *genutzt* werden, kann hier außer Acht gelassen werden. Ausführlich zu dem Thema „Warum die Medien nicht grenzenlos sind": *Kai Hafez*, Mythos Globalisierung: Warum die Medien nicht grenzenlos sind, VS Verlag für Sozialwissenschaften, Wiesbaden 2005.

[155] Vgl. etwa *Niklas Luhmann*, Das Recht der Gesellschaft, Suhrkamp, Frankfurt a.M., 1993, S. 555 f.: „Man kann sich heute noch nationale Rechtssysteme leisten (wenngleich im internationalen Verbund wechselseitiger Anerkennung unter dem Vorbehalt innerstaatlicher Ordnung und mit ‚völkerrechtlichen' Beziehungen unter dem Vorbehalt des Rechtsbruchs); dagegen sind nationale Wissenschaften und sogar *nationale Wirtschaftssysteme* kaum mehr denkbar." – Hervorh. d. A.

[156] *Manuel Castells*, The Rise of the Network Society. The Information Age: Economy, Society and Culture, 2. Aufl., Wiley-Blackwell, Malden/Oxford/Chichester 2010, S. 77.

[157] Vgl. *Matthias Lehmann*, Entmaterialisierung, Entgrenzung und Recht, ARSP 98 (2012), 263–281 (266).

[158] *Matthias Lehmann*, Entmaterialisierung, Entgrenzung und Recht, ARSP 98 (2012), 263–281 (266).

de Ersetzung des Eigentumsrechts an körperlichen Gegenständen durch reine Nutzungsrechte.[159] Unter dem Einfluss der industriellen Revolution begann das Kapital das Grundeigentum als wirtschaftliche Basis abzulösen. Nun könnte es zu einem vergleichbaren Übergang von Kapital zu Information und informationsverarbeitenden Produkten und Dienstleistungen kommen; die Industrie- wird allmählich von der Informationsgesellschaft überlagert.[160]

B. Entgrenztes Recht

Die neuartige, oft undurchsichtige Netzstruktur des Mediums Internet, die Möglichkeiten der Datensicherung, aber auch des Ausspähens von Daten und des Abhörens privater Kommunikation, die schier unbegrenzten Möglichkeiten der Mobilität stellen das Recht vor große Herausforderungen. Dieser kann es sich auf unterschiedlichste Art und Weise annehmen: Das Recht reagiert i. d. R. entweder mit Bestandswahrung, also Ignoranz oder Aktionismus, oder mit einer Veränderung der Regelungsebene, also mit Internationalisierung oder Privatisierung.[161] Eine häufig zu beobachtende alternative Form der Reaktion des Rechts auf die Herausforderungen des Phänomens der Globalisierung, das alle Bereiche des gesellschaftlichen Lebens erfasst (hat), ist daneben die der „Entgrenzung".[162]

I. Entgrenzung als „Globalisierung des Rechts"

Nach *Shapiro* kann die als „Globalisierung des Rechts" verstandene Entgrenzung zweierlei bedeuten:[163] entweder die gegenseitige horizontale und vertikale Durchdringung unterschiedlicher Rechtssysteme, also die Erweiterung des Bestands der Bezugsgrößen eines Rechtssystems, oder eine Art „globale Verrechtlichung",[164] also die Durchdringung anderer sozialer Systeme durch das Recht. Entgrenzung des Rechts meint also auch die Veränderung der Bedeu-

---

[159] *Matthias Lehmann*, Entmaterialisierung, Entgrenzung und Recht, ARSP 98 (2012), 263–281 (265).

[160] *James R. Beniger*, The Control Revolution: Technological and Economic Origins of the Information Society, Harvard University Press, Cambridge/London 1986, S. 426.

[161] *Matthias Lehmann*, Entmaterialisierung, Entgrenzung und Recht, ARSP 98 (2012), 263–281 (271 ff.).

[162] *Michael Klebl*, Entgrenzung durch Medien: Internationalisierungsprozesse als Rahmenbedingung der Mediendidaktik, MedienPädagogik 6 (Occasional Papers – Einzelbeiträge), 1–18 (3).

[163] *Martin Shapiro*, The Globalization of Law, Ind. J. Global Legal Stud. 1 (1993), 37–64 (37 f.).

[164] *Mathias Albert*, Entgrenzung und Globalisierung des Rechts, in Rüdiger Voigt (Hrsg.), Globalisierung des Rechts, Schriften zur Rechtspolitologie Bd. 9 (ehem. JfR Bd. 12), Nomos, Baden-Baden 1999/2000, 115–137 (122).

tung des Rechtsbegriffs;[165] neben der zunehmenden Schaffung internationaler und privat gesetzter Normen ist die Ausweitung des Anwendungsbereichs nationaler Normen auf Sachverhalte zu beobachten, die keinerlei Bezug zum normsetzenden Staat haben,[166] sondern vielmehr das Merkmal der (räumlichen) Grenzüberschreitung aufweisen. Neue Rechtsformen entstehen, es kommt zur Veränderung nationaler Rechtssysteme im Zuge der zunehmenden extraterritorialen Anwendung nationaler wie völkerrechtlicher Normen. Das Recht steht vor der Herausforderung, transnationale Rechtssysteme und lokale Wertordnungen sowie neue globale politische Realitäten und rechtliches Sollen in Einklang bringen zu müssen.[167]

Spätestens die Entwicklung des Computers und des Internets als neuem Kommunikationsmedium, nicht zuletzt aber die vorbereitenden Entwicklungen von Telegraf, Telefon, elektrischer Schreibmaschine, Faxgerät und Rotationspresse haben eine „Control Revolution" möglich gemacht. Wie die Medien selbst geht Kontrolle – und damit Recht – nun über staatliche Grenzen hinaus. Wie bereits gesehen, entstand die „Control Revolution" nach *Beniger* als Antwort auf Probleme, die ihrerseits das Ergebnis fortgeschrittener Industrialisierung waren. Die Lösung der Probleme bedurfte neuer Mittel der Informationsverarbeitung und der Kommunikation, um die sich verändernde Wirtschaft zu beherrschen, die nicht mehr nur lokal zu überblicken war, sondern auf höheren Ebenen der Organisation kontrolliert werden musste.[168]

Aber nicht nur die tatsächlichen technischen Möglichkeiten haben sich verändert, auch die Wahrnehmung des Verwenders von, seine Einstellung zum und seine Erwartungen an das Recht haben als Folge der „Globalisierung der Medien"[169] einen Wandel erfahren. Ebenso wie seinerzeit das Automobil habe auch die sprunghafte Weiterentwicklung der Medien einen „Verrechtlichungsschub" bewirkt, also eine zunehmende Befassung des Rechts mit den relevanten Sachmaterien, so *Röhl*. Damit seien die an das Recht gestellten Erwartungen gestiegen. Verändert habe sich aber auch der Umgang des Einzelnen mit dem Recht. Urheberrechtsverletzungen, das Recht am eigenen Bild, die Notwendigkeit des Datenschutzes und verwandte Themen sind im öffentlichen Diskurs angekom-

---

[165] *Mathias Albert*, Entgrenzung und Globalisierung des Rechts, in Rüdiger Voigt (Hrsg.), Globalisierung des Rechts, Schriften zur Rechtspolitologie Bd. 9 (ehem. JfR Bd. 12), Nomos, Baden-Baden 1999/2000, 115–137 (127).

[166] *Matthias Lehmann*, Entmaterialisierung, Entgrenzung und Recht, ARSP 98 (2012), 263–281 (277).

[167] Vgl. *Mathias Albert*, Entgrenzung und Globalisierung des Rechts, in Rüdiger Voigt (Hrsg.), Globalisierung des Rechts, Schriften zur Rechtspolitologie Bd. 9 (ehem. JfR Bd. 12), Nomos, Baden-Baden 1999/2000, 115–137 (131 f.).

[168] *James R. Beniger*, The Control Revolution: Technological and Economic Origins of the Information Society, Harvard University Press, Cambridge/London 1986, S. 278.

[169] *Klaus F. Röhl*, Das Recht im Zeichen der Globalisierung der Medien, in Rüdiger Voigt (Hrsg.), Globalisierung des Rechts, Schriften zur Rechtspolitologie Bd. 9 (ehem. JfR Bd. 12), Nomos, Baden-Baden 1999/2000, 93–113 (95).

men und dort präsenter als je zuvor. *Röhl* spricht in diesem Zusammenhang von „einer neuartigen Form der Verrechtlichung von Lebensbeziehungen".[170]

Das Recht als eines von vielen Kommunikationssystemen, auf denen eine Gesellschaft im Kern gründet, wird zunehmend zum Gegenstand einer gesellschaftlichen Kommunikation, angestoßen nicht zuletzt von den sog. Massenmedien,[171] also Kommunikationsmitteln (z. B. Fernsehen, Rundfunk, Zeitung), die auf breite Kreise der Bevölkerung einwirken.[172] Dieser gesellschaftliche, „außerrechtliche" Diskurs tritt neben die Kommunikation „im Recht", also die Kommunikation von Akteuren innerhalb des Rechtssystems.[173] Das Rechtssystem als Kommunikationssystem ist nach *Luhmann* ein autopoietisches, also ein „operativ geschlossenes System", eine Wechselwirkung mit anderen (Kommunikations-)Systemen findet grds. nicht statt.[174] *Luhmanns* Systemtheorie zum Trotz ist aber auch das Rechtssystem in seiner Autopoiese nicht völlig frei von jeglicher Beeinflussung durch die Medien. Das Recht „profitiert von ‚Erwähnungen' in den Medien und findet sich durch sie zugleich irritiert"[175] durch Vorverurteilungen und folgenreiche Berichterstattung, das jedoch nur in Einzelfällen.[176] Zwar müssen Gerichte ihre Urteile stets mittels juristischer Argumentation begründen. Doch skizziert etwa *Merten* unter Bezugnahme auf *Luhmann*[177] nicht weniger als drei Möglichkeiten der grundlegenden Ein-

---

[170] *Klaus F. Röhl*, Das Recht im Zeichen der Globalisierung der Medien, in Rüdiger Voigt (Hrsg.), Globalisierung des Rechts, Schriften zur Rechtspolitologie Bd. 9 (ehem. JfR Bd. 12), Nomos, Baden-Baden 1999/2000, 93–113 (95).

[171] *Klaus F. Röhl*, Das Recht im Zeichen der Globalisierung der Medien, in Rüdiger Voigt (Hrsg.), Globalisierung des Rechts, Schriften zur Rechtspolitologie Bd. 9 (ehem. JfR Bd. 12), Nomos, Baden-Baden 1999/2000, 93–113 (96).

[172] *Duden*, Art. „Massenmedium, das", abrufbar unter: https://www.duden.de/rechtschreibung/Massenmedium.

[173] Die Unterscheidung zwischen der „externen" und der „internen" Rechtskultur geht zurück auf *Lawrence M. Friedman*, The Legal System: A Social Science Perspective, Russell Sage Foundation, New York 1987 (Nachdr. d. Ausg. v. 1975), S. 223: „We can distinguish between an *external* and an *internal* legal culture. The external legal culture is the legal culture of the general population; the internal legal culture is the legal culture of those members of society who perform specialized legal tasks. Every society has a legal culture, but only societies with legal specialists have an internal legal culture. […] [A]ttitudes and behaviors which are part of the external legal culture must be processed to fit the requirements of the internal legal culture." – Hervorh. im Original.

[174] *Teubner* geht davon aus, dass das Recht ein autopoietisches Sozialsystem zweiter Ordnung darstellt, „zweiter Ordnung deshalb, weil es gegenüber der Gesellschaft als autopoietischem System erster Ordnung eine eigenständige operative Geschlossenheit gewinnt, insofern es seine Systemkomponenten selbstreferentiell konstituiert und diese in einem Hyperzyklus miteinander verknüpft" (*Gunther Teubner*, Recht als autopoietisches System, Suhrkamp, Frankfurt a. M. 1989, S. 36).

[175] *Niklas Luhmann*, Die Realität der Massenmedien, 2. Aufl., Westdeutscher Verlag, Opladen 1996, S. 124.

[176] *Niklas Luhmann*, Die Realität der Massenmedien, 2. Aufl., Westdeutscher Verlag, Opladen 1996, S. 125.

[177] *Niklas Luhmann*, Legitimation durch Verfahren, 3. Aufl., Suhrkamp, Frankfurt a. M.

flussnahme der Medien auf das Rechtssystem.[178] „Anscheinend verursacht das ‚Rauschen' der öffentlichen Meinung ‚Irritationen' mit Folgen für die Entscheidungen des Gerichts",[179] die „Internationalisierung des Rechts" dagegen schreite „ohne erkennbare Beteiligung der Medien fort", so *Röhl* noch zu Beginn der 2000er-Jahre.[180] In zunehmender Zahl auftretende grenzüberschreitende Transaktionen und internationale Verträge und Institutionen könnten zwar verzeichnet werden, seien „aber per se nicht weiter aufregend".[181] Auch „[b]ei Gericht", so der Autor, finde „die Globalisierung bisher nicht statt".[182]

Eine besondere Rolle schreibt *Röhl* den Medien aber bei der „Globalisierung der Popular Legal Culture" zu. Mit ihrer Hilfe vollziehe sich eine Veränderung der externen Rechtskultur, als privater „Rechtsvergleicher" ziehe der Einzelne aus der massenmedialen Berichterstattung über fremde Rechtskulturen relevante Erkenntnisse für seine persönliche Lebenswirklichkeit.[183] Umgekehrt bedienen sich auch die Akteure auf internationaler Ebene, also Vertreter der Regierungen, der Wirtschaft oder der Zivilgesellschaft, hier vornehmlich NGOs, der Massenmedien für ihre Zwecke. Die NGOs machen so u. a. auf Menschenrechtsverletzungen aufmerksam. Nach *Luhmann* hat die Skandalisierung normmissachtenden Verhaltens durch die Massenmedien[184] geradezu „normgenerierende Wirkung".[185]

Von der mündlichen Überlieferung zur schriftlichen Fixierung, von den Anfängen der Übermittlung digitaler Daten zur Entstehung der Massenmedi-

---

1983 (text- und seitenidentisch mit d. 3. Aufl. 1978), S. 127 f.: physische Präsenz der Massenmedien in der Gerichtsszene, vorgreifende Berichterstattung während laufender Verfahren, Bewertung von Gerichtsverfahren und -entscheidungen durch die Medien.

[178] *Klaus Merten*, Die Rolle der Medien bei der Vermittlung zwischen Recht und Gesellschaft, ZfRSoz 18 (1997), 16–30 (25).

[179] *Klaus F. Röhl*, Das Recht im Zeichen der Globalisierung der Medien, in Rüdiger Voigt (Hrsg.), Globalisierung des Rechts, Schriften zur Rechtspolitologie Bd. 9 (ehem. JfR Bd. 12), Nomos, Baden-Baden 1999/2000, 93–113 (99).

[180] *Klaus F. Röhl*, Das Recht im Zeichen der Globalisierung der Medien, in Rüdiger Voigt (Hrsg.), Globalisierung des Rechts, Schriften zur Rechtspolitologie Bd. 9 (ehem. JfR Bd. 12), Nomos, Baden-Baden 1999/2000, 93–113 (102).

[181] *Klaus F. Röhl*, Das Recht im Zeichen der Globalisierung der Medien, in Rüdiger Voigt (Hrsg.), Globalisierung des Rechts, Schriften zur Rechtspolitologie Bd. 9 (ehem. JfR Bd. 12), Nomos, Baden-Baden 1999/2000, 93–113 (102).

[182] *Klaus F. Röhl*, Das Recht im Zeichen der Globalisierung der Medien, in Rüdiger Voigt (Hrsg.), Globalisierung des Rechts, Schriften zur Rechtspolitologie Bd. 9 (ehem. JfR Bd. 12), Nomos, Baden-Baden 1999/2000, 93–113 (102).

[183] *Klaus F. Röhl*, Das Recht im Zeichen der Globalisierung der Medien, in Rüdiger Voigt (Hrsg.), Globalisierung des Rechts, Schriften zur Rechtspolitologie Bd. 9 (ehem. JfR Bd. 12), Nomos, Baden-Baden 1999/2000, 93–113 (105 ff.).

[184] *Niklas Luhmann*, Gibt es in unserer Gesellschaft noch unverzichtbare Normen?, Vortrag v. 10.12.1992, Heidelberger Universitätsreden Bd. 4, C. F. Müller, Heidelberg 1993, S. 28.

[185] *Klaus F. Röhl*, Das Recht im Zeichen der Globalisierung der Medien, in Rüdiger Voigt (Hrsg.), Globalisierung des Rechts, Schriften zur Rechtspolitologie Bd. 9 (ehem. JfR Bd. 12), Nomos, Baden-Baden 1999/2000, 93–113 (107).

en – im Laufe der Zeit haben sich Kommunikationsmedien und -techniken verändert. Immer weitreichendere Möglichkeiten der Kommunikation wirkten sich auch auf den Geltungsbereich von Rechtsnormen aus. Zunächst bestand Recht nur in Form mündlicher Überlieferungen, von Generation zu Generation weitergegeben durch das „kollektive Gedächtnis" („collective memory")[186] bzw. das „gemeinsame Bewusstsein" („common conscience")[187] einer Gesellschaft. Es handelte sich hierbei um eine Art „Gewohnheitsrecht", in seiner Geltung beschränkt auf eine einzige Gesellschaft. Dadurch war das nicht schriftlich fixierte Recht hoch flexibles „living law" und ständigem Wandel durch äußere Einflüsse unterworfen, die Entstehung von „instant custom" war möglich, die Anpassung des Rechts an faktische Veränderungen der Gesellschaft wurde noch nicht durch bürokratische Hürden verhindert.[188] Mit der schriftlichen Fixierung von Rechtstexten wurde die abstrakte, d. h. vom Kontext unabhängige Analyse rechtlicher Sachverhalte ermöglicht. Dieses neue Verständnis von Recht als Gesamtheit universeller, abstrakt-genereller Regeln für das Zusammenleben innerhalb einer Gesellschaft gilt als derart revolutionär, dass tlw. die Ansicht vertreten wird, „the history of law [...] begins with the written word".[189] Die Verschriftlichung von Rechtsnormen begann etwa zu der Zeit, als auch die Weltreligionen mit der schriftlichen Fixierungen ihrer Vorschriften begannen. Als frühestes rechtliches Zeugnis gilt der „Codex Hammurapi", eine auf das 18. Jh. v. Chr. datierte keilschriftlich überlieferte Rechtsordnung.[190] Die Verschriftlichung rechtlicher bzw. religiöser Traditionen vollzog sich nicht prozessartig, sondern innerhalb des relativ kurzen Zeitraums von 100 Jahren, zwischen 550 und 450 v. Chr.[191] Durch die schriftliche Fixierung von Recht wurde eine spätere Veränderung der niedergelegten Normen schwieriger. Dagegen stieg aber der Wert einmal fixierter Normen, Veränderungen der Rechtsordnung wurden nun bewusster wahrgenommen.[192] Mit dem Aufkommen von Drucktechniken,

---

[186] *Joseph W. Dellapenna*, Law in a Shrinking World: The Interaction of Science and Technology with International Law, Ky. L. J. 88 (1999–2000), 809–883 (861).

[187] *Harold J. Berman*, The Background of Western Legal Tradition in the Folklaw of the Peoples of Europe, U. Chi. L. Rev. 45 (1977), 553–597 (577).

[188] Vgl. *Joseph W. Dellapenna*, Law in a Shrinking World: The Interaction of Science and Technology with International Law, Ky. L. J. 88 (1999–2000), 809–883 (862).

[189] *William Seagle*, Men of Law: From Hammurabi to Holmes, Hafner Publishing Company, New York 1971 (Nachdr. d. Ausg. v. The Macmillan Company, New York 1947), S. 12. Vgl. auch bereits *Lord Camden*, Chief Justice of the Common Pleas: „[I]f this is law it would be found in our books, [...]." (England and Wales High Court [King's Bench Division], Urt. v. 2.11.1765 – [1765] EWHC KB J98 – John Entick, [Clerk]/Nathan Carrington and Three Others).

[190] *Christoph Becker*, Die Zehn Gebote. Verfassung der Freiheit, 2. Aufl., LIT Verlag, Münster 2016, S. 16.

[191] *Joseph W. Dellapenna*, Law in a Shrinking World: The Interaction of Science and Technology with International Law, Ky. L. J. 88 (1999–2000), 809–883 (862).

[192] *Joseph W. Dellapenna*, Law in a Shrinking World: The Interaction of Science and Technology with International Law, Ky. L. J. 88 (1999–2000), 809–883 (864). S. auch *M. Ethan*

der damit möglich gemachten Vervielfältigung schriftlicher Erzeugnisse und der massenhaften Alphabetisierung großer Bevölkerungsgruppen konnte sich das geschriebene Recht etablieren. Kritische Stimmen befürchteten eine „Vulgarisierung" des Rechts, die Zugänglichmachung von Rechtsschriften für jedermann, so hieß es, würde das Recht dem Einfluss und dem Druck der Populärkultur („popular culture") aussetzen.[193] Andererseits ist zu bemerken, dass die Erfindung des Buchdrucks ganz entscheidend dazu beitrug, die effektive Durchsetzung von Recht zu fördern und derart die Effizienz der Verwaltung erhöhte; die allgemeine Zugänglichkeit stellte Rechtsnormen auf die Basis der Legitimierung durch das Volk.[194] Die Vervielfältigung von Rechtsschriften mittels Drucktechniken veränderte somit auch das Verhältnis zwischen Individuum und Recht. Recht wurde zu einem Monopol des Staates durch die zentralisierte Produktion und Reproduktion von Rechtsnormen; staatliche Autorität erhielt einen völlig neuen Stellenwert.[195]

Den gegenläufigen Effekt, nämlich die Dezentralisierung von Autoritäten und Konfliktlösungstechniken sowie der Verbreitung von Rechtsnormen, scheint die im sog. „Cyber Age" allgegenwärtige Digitalisierung von Recht, namentlich durch das Internet, zu haben.[196] Grenzen und nationalstaatliche Gesetzgebung spielen im Zeitalter globaler Vernetzung eine untergeordnete Rolle, das Territorialitätsprinzip wird zunehmend in Frage gestellt. Die „informationelle Revolution" als global sichtbares Phänomen verändert offenbar die Bedeutung des Nationalstaats im internationalen Organisationsgefüge. Nicht nationale Abschottung, sondern überregionale Kooperation ist gefragt – und damit immer häufiger das Völkerrecht als originär zwischenstaatliches Recht. Nach Ansicht von *Seneker* besitzt es die Fähigkeit, „to organize cooperative programs and to harness the tremendous potential of science and technology", eine wichtige Funktion in Zeiten, in denen Fortschritt vielfach von „ambitious hopes and sizeable fears" begleitet werde.[197] Die Allzugänglichkeit von Informationen aller Art fördert daneben aber auch private und dezentral gesteuerte (soziale

---

Katsh, Law Reviews and the Migration to Cyberspace, Akron L. Rev. 29 (1996), Art. 2, S. 4 (zum Buchdruck): „To say that something is ‚in print' suggests more than the fact that the work can be obtained through traditional means. [...] [T]he expression indicates to us that the work is no longer readily changeable, that it has been bound and cannot be un-bound, [...]."

[193] *Joseph W. Dellapenna*, Law in a Shrinking World: The Interaction of Science and Technology with International Law, Ky. L. J. 88 (1999–2000), 809–883 (864).

[194] *Joseph W. Dellapenna*, Law in a Shrinking World: The Interaction of Science and Technology with International Law, Ky. L. J. 88 (1999–2000), 809–883 (864).

[195] *Joseph W. Dellapenna*, Law in a Shrinking World: The Interaction of Science and Technology with International Law, Ky. L. J. 88 (1999–2000), 809–883 (865).

[196] *John M. Rogers*, Foreword: The Internet and Public International Law, Ky. L. J. 88 (1999–2000), 803–808 (803) bemerkt dazu lapidar: „Anything that affects our lives so profoundly will, of necessity, have a significant effect on the law."

[197] *Carl J. Seneker*, The Impact of Science and Technology on International Law: Introduction, Cal. L. Rev. 55 (1967), 419–422 (421).

und rechtliche) Problemlösungsstrategien in der „virtuellen Welt",[198] ein Umstand, der sich nach *Rogers* ebenso novellierend auf die Strukturen des Völkerrechts auswirkt.[199]

Mit der Entgrenzung der Regelungsgegenstände hat ein qualitativer Wandel des Rechts eingesetzt, der die Notwendigkeit birgt, „eine Semantik bzw. ein Vokabular, das zur Beschreibung des beobachteten Wandels nicht ausreicht, nachhaltig zu modernisieren".[200] Nach *Albert* kann sich nämlich

> „die Untersuchung von Recht unter den Bedingungen der Globalisierung kaum auf hergebrachte – schon gar nicht juristische! – Methoden stützen [...], sondern vielmehr nach neuem konzeptionellem Werkzeug verlangen".[201]

Die Veränderung des Rechts geht damit nicht zuletzt mit einem modifizierten Umgang der Rechtswissenschaft mit ihrem Forschungsobjekt einher.

II. Zum Rechtsbegriff

Das Problem der Entgrenzung wirkt sich also auch auf das begriffliche Verständnis von „Recht" aus. „Noch suchen die Juristen eine Definition zu ihrem Begriff von Recht", schrieb schon *Immanuel Kant* (1724–1804) in seiner „Critik der reinen Vernunft".[202] An diesem Zustand scheint sich wenig geändert zu haben, noch immer existiert eine Vielzahl von Definitionen des Rechtsbegriffs. Dennoch erscheint es nicht sinnvoll, diese Arbeit zum Anlass zu nehmen, eine Suche nach der idealen Definition dieses Begriffs zu unternehmen. Ein abstraktes, allgemeingültiges Verständnis von „Recht" ist für die Zwecke dieser Untersuchung, die sich im Kern mit dem spezifischen Verhältnis von *Völker*recht und Technik beschäftigt, aber auch nicht erforderlich. Vielmehr soll der Rechtsbegriff in einem thematisch umfassenden Sinne verwendet werden. Daher werden im Folgenden sowohl juristische wie auch soziale und Industrienormen gleichermaßen auf ihre Wechselwirkung mit der Technik untersucht. Beleuchtet werden, in Anlehnung an den „flexiblen Begriff des Normativen" bei *Stegmaier*,[203] unterschiedliche Bereiche von Normativität („juristische[...], tech-

---

[198] *Joseph W. Dellapenna*, Law in a Shrinking World: The Interaction of Science and Technology with International Law, Ky. L. J. 88 (1999–2000), 809–883 (873).

[199] *John M. Rogers*, Foreword: The Internet and Public International Law, Ky. L. J. 88 (1999–2000), 803–808 (803).

[200] *Mathias Albert*, Entgrenzung und Globalisierung des Rechts, in Rüdiger Voigt (Hrsg.), Globalisierung des Rechts, Schriften zur Rechtspolitologie Bd. 9 (ehem. JfR Bd. 12), Nomos, Baden-Baden 1999/2000, 115–137 (132).

[201] *Mathias Albert*, Entgrenzung und Globalisierung des Rechts, in Rüdiger Voigt (Hrsg.), Globalisierung des Rechts, Schriften zur Rechtspolitologie Bd. 9 (ehem. JfR Bd. 12), Nomos, Baden-Baden 1999/2000, 115–137 (122) – Fn. entfernt.

[202] *Immanuel Kant*, Critik der reinen Vernunft, Verlag Johann F. Hartknoch, Riga 1781, S. 731 Fn. *).

[203] *Peter Stegmaier*, § 3 Recht und Normativität aus soziologischer Perspektive, in Ju-

nische[...], soziale[...] und andere[...] Reglementierungen"),[204] die sich zwar mit Blick auf ihre Urheber, die Prozesse ihrer Entstehung und ihre Wirkungsweisen unterscheiden, jedoch allesamt die Herbeiführung von Standardisierungen i. w. S. bezwecken.[205]

Dieser umfassende „Normenkosmos" ist nicht einheitlich, eine Einheitlichkeit von den in jeglicher Hinsicht sehr unterschiedlichen Normurhebern aber auch nicht beabsichtigt; unterschiedliche Interessen und Steuerungsinstrumente verursachen Spannungen und Konflikte zwischen den parallel existierenden (teil-)autonomen Regelungssektoren.[206] Die Untersuchung beleuchtet daher u. a. die Entstehung und innovationsbezogene Wirkungsweise tradierter und neuer Formen der Normsetzung auf juristischer Ebene und Verfahren außerrechtlicher (technischer) Normung und Standardisierung sowie gesellschaftlicher Selbstregulierung in technikregulierenden Bereichen in rechtshistorischer und -theoretischer Perspektive. Entsprechend wird im Folgenden vielfach der übergeordnete Begriff der „Norm" als Synonym für „Regel"[207] verwendet, der hier gleichermaßen Rechts- wie soziale und technische Normen und Standards bezeichnen soll.

Analysiert wird auch und insbes. das Zusammenwirken dieser unterschiedlichen Normtypen.[208] Die Bezugnahme auf den von *Vec* geprägten Begriff des „Normpluralismus" als terminologische Erweiterung des (juristisch) vieldis-

---

lian Krüper (Hrsg.), Grundlagen des Rechts, 3. Aufl., Nomos, Baden-Baden 2017, 67–90 (73 Rn. 21).

[204] *Miloš Vec*, Recht und Normierung in der Industriellen Revolution. Neue Strukturen der Normsetzung in Völkerrecht, staatlicher Gesetzgebung und gesellschaftlicher Selbstnormierung, Recht in der Industriellen Revolution Bd. 1, Vittorio Klostermann, Frankfurt a. M. 2006, S. 13.

[205] Vgl. *Miloš Vec*, Recht und Normierung in der Industriellen Revolution. Neue Strukturen der Normsetzung in Völkerrecht, staatlicher Gesetzgebung und gesellschaftlicher Selbstnormierung, Recht in der Industriellen Revolution Bd. 1, Vittorio Klostermann, Frankfurt a. M. 2006, S. 13. Ähnlich auch *Peter Stegmaier*, §3 Recht und Normativität aus soziologischer Perspektive, in Julian Krüper (Hrsg.), Grundlagen des Rechts, 3. Aufl., Nomos, Baden-Baden 2017, 67–90 (73 Rn. 21) zum Begriff der „Norm" in diesem Sinne: „Rechtsnormen sind in diesem Sinne Deutungsschemata bzw. Regelungsmuster, deren bindender Anspruch mehr oder weniger anerkannt, die in rechtsinstitutionellen Kontexten mehr oder weniger kompetent zur Wirkung gebracht werden und mit denen man im Rahmen der Kontingenzen der Sozialwelt umgehen muss." – Fn. entfernt.

[206] *Miloš Vec*, Recht und Normierung in der Industriellen Revolution. Neue Strukturen der Normsetzung in Völkerrecht, staatlicher Gesetzgebung und gesellschaftlicher Selbstnormierung, Recht in der Industriellen Revolution Bd. 1, Vittorio Klostermann, Frankfurt a. M. 2006, S. 16.

[207] *Patrizia Borsellino*, Art. „Norms", in Christopher B. Gray (Hrsg.), The Philosophy of Law: An Encyclopedia, Bd. 2: K–Z, Garland Publishing, New York/London 1999, 596–598 (596).

[208] Vgl. auch das Vorgehen bei *Miloš Vec*, Recht und Normierung in der Industriellen Revolution. Neue Strukturen der Normsetzung in Völkerrecht, staatlicher Gesetzgebung und gesellschaftlicher Selbstnormierung, Recht in der Industriellen Revolution Bd. 1, Vittorio Klostermann, Frankfurt a. M. 2006, S. 14.

kutierten „Rechtspluralismus"[209] ist nach der hier vertretenen Ansicht Voraussetzung für eine umfassende, kritische Auseinandersetzung mit den Besonderheiten des Verhältnisses von (Völker-)Recht und Technik. Der „Bereich des Legalen und Juridischen"[210] wird daher ebenso thematisiert werden wie unterschiedliche Formen gesellschaftlicher Selbstnormierung und das Setzen technischer Normen und Standards. Dieses Vorgehen bietet sich insbes. vor dem Hintergrund an, dass „sich die Vorstellung von Recht mit den sich wandelnden sozialen, politischen, ökonomischen, aber auch technischen Verhältnissen ändert".[211]

Die Vorgänge der (auch außerrechtlichen) Normsetzung werden im Rahmen dieser Arbeit u. a. als „Regulierung" bezeichnet. Der Begriff beschreibt hier auch, aber mitnichten ausschließlich die Gesamtheit der „Rechtssätze […], die der Steuerung menschlichen Verhaltens zur Schaffung und Gewährleistung von Wettbewerb dienen".[212] Es wird ein Fokus auf die Darstellung der Möglichkeiten der Steuerung grenzüberschreitend vorkommender technischer Innovationen gelegt, daher wäre eine Verwendung des Wortes i. S. d. dt. nationalen verwaltungsrechtlichen Regulierungskonzepts, also als rein „staatliche Lenkung privaten Verhaltens durch Gebote, Verbote und Standards",[213] verfehlt. Vielmehr dient der Begriff (angelehnt an die Bedeutung des im allgemeinen Sprachgebrauch synonym verwendeten Verbs „regeln") in einem ersten Schritt lediglich der (abstrakten) Beschreibung des Prozesses der Gestaltung oder Lenkung eines Objekts nach bestimmten Regeln oder Gesichtspunkten.[214]

Obwohl im Grundsatz „‚Normsetzung' […] auf der Ebene der Staatengemeinschaft etwas anderes [bedeutet] als innerhalb des Nationalstaats",[215]

---

[209] *Miloš Vec*, Recht und Normierung in der Industriellen Revolution. Neue Strukturen der Normsetzung in Völkerrecht, staatlicher Gesetzgebung und gesellschaftlicher Selbstnormierung, Recht in der Industriellen Revolution Bd. 1, Vittorio Klostermann, Frankfurt a. M. 2006, S. 14.

[210] *Peter Stegmaier*, § 3 Recht und Normativität aus soziologischer Perspektive, in Julian Krüper (Hrsg.), Grundlagen des Rechts, 3. Aufl., Nomos, Baden-Baden 2017, 67–90 (73 Rn. 21).

[211] *Miloš Vec*, Recht und Normierung in der Industriellen Revolution. Neue Strukturen der Normsetzung in Völkerrecht, staatlicher Gesetzgebung und gesellschaftlicher Selbstnormierung, Recht in der Industriellen Revolution Bd. 1, Vittorio Klostermann, Frankfurt a. M. 2006, S. 16.

[212] *Alexander Proelß*, Das Regulierungsermessen – eine Ausprägung des behördlichen Letztentscheidungsrechts?, AöR 136 (2011), 402–427 (405).

[213] *Alexander Proelß*, Das Regulierungsermessen – eine Ausprägung des behördlichen Letztentscheidungsrechts?, AöR 136 (2011), 402–427 (404).

[214] *Duden*, Art. „regeln", abrufbar unter: https://www.duden.de/rechtschreibung/regeln, Bedeutung 1a.

[215] *Miloš Vec*, Recht und Normierung in der Industriellen Revolution. Neue Strukturen der Normsetzung in Völkerrecht, staatlicher Gesetzgebung und gesellschaftlicher Selbstnormierung, Recht in der Industriellen Revolution Bd. 1, Vittorio Klostermann, Frankfurt a. M. 2006, S. 21.

folgt die Arbeit der Grundannahme, dass sämtliche technikregulierende Normen in ähnlicher Art und Weise auf den technischen Wandel wirken, unabhängig davon, ob die sie abfassenden Stellen national oder international, privat oder öffentlich agieren. Den Grund für diese Annahme liefert u. a. die rechtstheoretische Erkenntnis, dass Rechtsnormen keine spezifischen gemeinsamen Merkmale aufweisen, die nur ihnen gemein wären.[216] Zudem konnte im Zusammenhang mit der Entstehung moderner Industriegesellschaften spätestens ab Ende des 19. Jh. neben einem enormen Wachstum des juristischen auch eine signifikante Zunahme des nicht juristischen Normenbestandes beobachtet werden.[217] Juristische und außerrechtliche Normierung technischer Innovationen sind nach der hier vertretenen Ansicht seit jeher „Teil eines historischen Gesamtphänomens".[218]

Orientiert an einem (bezogen auf seine Gegenstände) weiten Verständnis des Völkerrechts als originär grenzüberschreitendes Phänomen,[219] gilt für die Zwecke dieser Arbeit eine ebenso weite Definition des auf seine Eigenschaften als technikregulierendes und -beeinflusstes Steuerungsmedium zu begutachtenden Rechts als

„Gesamtheit der staatlich, überstaatlich oder privat gesetzten bzw. anerkannten Regeln des menschlichen, besonders gesellschaftlichen Verhaltens; Prinzipien und Regeln, die das Verhältnis der Staaten untereinander, zwischen Staaten und I. O., der I. O. untereinander, zwischen Staaten und Individuen sowie zwischen I. O. und Individuen betreffen; sowie nationale und internationale technische Normen und Standards, sämtlich ohne Ansehung ihrer rechtlichen Verbindlichkeit und tatsächlichen exekutiven Durchsetzbarkeit".[220]

---

[216] *Patrizia Borsellino*, Art. „Norms", in Christopher B. Gray (Hrsg.), The Philosophy of Law: An Encyclopedia, Bd. 2: K–Z, Garland Publishing, New York/London 1999, 596–598 (597).

[217] *Miloš Vec*, Recht und Normierung in der Industriellen Revolution. Neue Strukturen der Normsetzung in Völkerrecht, staatlicher Gesetzgebung und gesellschaftlicher Selbstnormierung, Recht in der Industriellen Revolution Bd. 1, Vittorio Klostermann, Frankfurt a. M. 2006, S. 14.

[218] *Miloš Vec*, Recht und Normierung in der Industriellen Revolution. Neue Strukturen der Normsetzung in Völkerrecht, staatlicher Gesetzgebung und gesellschaftlicher Selbstnormierung, Recht in der Industriellen Revolution Bd. 1, Vittorio Klostermann, Frankfurt a. M. 2006, S. 14.

[219] Vgl. im Kern *Wolfgang Graf Vitzthum*, Begriff, Geschichte und Rechtsquellen des Völkerrechts, in Wolfgang Graf Vitzthum/Alexander Proelß (Hrsg.), Völkerrecht, 7. Aufl., De Gruyter, Berlin/Boston 2016, 1–60 (7 Rn. 7, 15 Rn. 31).

[220] Formulierung in Anlehnung an *Duden*, Art. „Recht, das", abrufbar unter: https://www.duden.de/rechtschreibung/Recht, Bedeutung 1a und *Joseph G. Starke*, Introduction to International Law, 10. Aufl., Butterworths, London 1989, S. 3.

C. Entgrenzte Räume

Distanzkommunikationsmittel und immer neue Entwicklungen auf dem Feld des Personen- und Gütertransports lassen die Welt mehr und mehr zusammenrücken, Entfernungen haben nur mehr relative Bedeutung. Dieser Umstand fördert entscheidend die Mobilität, der Stellenwert von Freizügigkeit hat sich verändert. Das stellt das Recht vor immer neue Herausforderungen, die „Einheit von Staat und Recht" ist schon lange kein Tabu[221] mehr, grenzüberschreitende Sachverhalte sind auch dem Recht wohlbekannt.

Spätestens im Zusammenspiel mit dem Raum wird deutlich, dass das Recht nicht „nur als ein ideelles Sollen", sondern vielmehr „als ein empirisch erfaßbares Sein", „ein sinn- und zweckhaftes kulturell-soziales Phänomen" gedacht werden muss.[222] Der Raum ist aber nicht „bloß eine Tatsache, die für das Recht zwar eine wesentliche Voraussetzung aber selbst nichts Rechtliches ist",[223] „Raum ist neben Zeit ein[e] ebenso fundamentale wie vielgestaltige Form menschlicher Erfahrung".[224] Als ein zentraler Grundbegriff des Rechts ist somit der Raum ebenso einem steten Wandel unterworfen, bestimmt und geleitet durch gesellschaftliche Veränderungen, politische, ökonomische und technische Umbrüche.

Es ist nicht zu leugnen, dass der Raum eine Größe von enormer Bedeutung für das menschliche Leben ist. Abgeleitet von der Bedeutung des mittel-/althochdt. „rūm" (substantiviertes Adjektiv mittelhochdt. rūm[e], althochdt. rūmi = weit, geräumig)[225] ist der Raum dem Menschen zunächst Lebensraum, ein Raum voller Möglichkeiten. Der Raum ist öffentlich oder privat, natürlich umschlossen oder unbegrenzt. Im Raum ist Interaktion möglich, gleichermaßen durch Wort oder Tat. Raum kann Wirklichkeit sein oder Fiktion, pure Freiheit oder kleinstes Gefängnis. Raum existiert in der Natur, der Kultur, der Philosophie sowie der Soziologie, auch der Psychologie ist das Raumdenken nicht unbekannt. Und die technischen Wissenschaften hingen ohne die Existenz des Raums nun gar gänzlich „in der Luft".

---

[221] *Gunther Teubner*, Globale Bukowina. Zur Emergenz eines transnationalen Rechtspluralismus, RJ 15 (1996), 255–290 (267).
[222] *Günther Winkler*, Raum und Recht. Dogmatische und theoretische Perspektiven eines empirisch-rationalen Rechtsdenkens, Springer, Wien/New York 1999, S. 94.
[223] *Günther Winkler*, Raum und Recht. Dogmatische und theoretische Perspektiven eines empirisch-rationalen Rechtsdenkens, Springer, Wien/New York 1999, S. 94.
[224] *Armin v. Bogdandy*, Von der technokratischen Rechtsgemeinschaft zum politisierten Rechtsraum. Probleme und Entwicklungslinien in der Grundbegrifflichkeit des Europarechts, Max-Planck-Institute for Comparative Public Law and International Law, MPIL Research Paper Series No. 2017–12, S. 12.
[225] *Duden*, Art. „Raum, der", abrufbar unter: https://www.duden.de/rechtschreibung/Raum.

Für das Recht ist der Raum jedoch noch mehr: zentraler Bestimmungsgrund, denklogische Geltungsvoraussetzung, wichtiger Regelungsgegenstand.[226] Als Erdoberfläche, Staatsgebiet, Stadtgemeinde, Parzelle, Grundstück oder Tatort begegnet der Raum dem Rechtsanwender. Das verwundert nicht, ist doch das Recht ein „vielfältig raumgebundenes, vielgestaltiges und dennoch homogenes kulturell-soziales Phänomen besonderer Art".[227] Umso erstaunlicher ist es, dass die Rechtswissenschaft „die Räumlichkeit des Rechtes", „die vielfältigen räumlichen Sinngehalte im Recht" und „die Rechtlichkeit der Räume"[228] nur selten thematisiert.[229] Ein Grund für dieses Paradoxon könnte die zunehmend komplizierte „Fassbarkeit" von rechtlich relevanten Räumen infolge ihrer „Entgrenzung" durch neue kommunikative Techniken sein.

Ein „entgrenzter Raum" *par excellence* ist ohne Zweifel der „Cyberspace". Der „virtuelle Raum" liegt abseits bekannter räumlicher Verortungsmechanismen; raumordnungsrechtlich ist unklar, *was* der Cyberspace ist, *wie* er zu behandeln ist und *wo* er sich befindet. Ist der Cyberspace mehr als nur eine „neuartige Erfahrungswelt", gar ein Rechtsraum im wohlbekannten Sinne oder doch besonderer Art? Welche Bedeutung hat das (Völker-)Recht für die Regulierung des Cyberspace? Der folgende zweite Teil dieser Arbeit ist der Vorstellung und umfassenden Beleuchtung dieses Rechtsraums besonderer Art und den Mechanismen seiner Regulierung gewidmet.

---

[226] Vgl. *Günther Winkler*, Raum und Recht. Dogmatische und theoretische Perspektiven eines empirisch-rationalen Rechtsdenkens, Springer, Wien/New York 1999, S. 2.

[227] *Günther Winkler*, Raum und Recht. Dogmatische und theoretische Perspektiven eines empirisch-rationalen Rechtsdenkens, Springer, Wien/New York 1999, S. 92.

[228] *Günther Winkler*, Raum und Recht. Dogmatische und theoretische Perspektiven eines empirisch-rationalen Rechtsdenkens, Springer, Wien/New York 1999, S. 91.

[229] Das gilt allerdings nicht so sehr für die Völkerrechtswissenschaft, ging doch etwa „die Frage nach der staatlichen Herrschaft über den *Raum* und in ihm mit der Entstehung und Entwicklung des Völkerrechts Hand in Hand" (*Alexander Proelß*, Raum und Umwelt im Völkerrecht, in Wolfgang Graf Vitzthum/Alexander Proelß [Hrsg.], Völkerrecht, 7. Aufl., De Gruyter, Berlin/Boston 2016, 361–454 [369 Rn. 1] – Hervorh. im Original).

Teil II

„A [Cyber]Space Odyssey" –
Das Völkerrecht und das Internet

„Es öffnen sich heute, dank der modernen Technik auf unserem Planeten selbst genug neue Räume, ohne daß wir gleich in den Kosmos hineinstoßen müßten", bemerkte der Staatsrechtler *Carl Schmitt* (1888–1985) in den 1950er-Jahren.[1] Die Aussage *Schmitts* hat seitdem nicht an Aktualität eingebüßt, mittels moderner Technik eroberte der Mensch neben dem Luftraum einen Teil des Weltraums, stieß aber auch vor bis zum Grund tiefer Meere und nähert sich Zentimeter um Zentimeter dem Erdmittelpunkt. Doch über die bloße *Öffnung* bereits vorhandener Räume hinaus ist dem Menschen mit dem sog. „Cyberspace" zudem die eigenständige technische *Konstituierung* eines neuen Raums ungeahnter Dimension gelungen. Dieser „Raum" besonderer Art soll im Rahmen des zweiten Teils dieser Arbeit beleuchtet werden, ebenso wie seine technischen Charakteristika und die Möglichkeiten seiner (völker-)rechtlichen Ordnung durch bekannte und/oder neuartige Regulierungsmechanismen. Die drängendsten Fragen, die vor dem Hintergrund der neuartigen Struktur dieses „Raums" zu klären sein werden, sind:

„Wo ist Cyberspace? Welches Recht gilt? Wer entscheidet? Wer verfolgt?"[2]

---

[1] *Carl Schmitt*, Gespräch über den neuen Raum (1955/58), in *Günter Maschke*, Carl Schmitt: Staat, Großraum, Nomos. Arbeiten aus den Jahren 1916–1969, Duncker & Humblot, Berlin 1995, 552–572 (568).
[2] *Franz C. Mayer*, Recht und Cyberspace, NJW 1996, 1782–1791 (1790).

Kapitel 1
Begrifflichkeiten

Das Internet stellt wohl die größte und wichtigste Erfindung der letzten 100 Jahre im Kommunikationssektor dar. Der Siegeszug des Internets verlief rasant; ursprünglich in seiner Nutzung auf den nordamerikanischen Kontinent beschränkt, blieb es bis Ende der 1980er-Jahre in Europa[3] „beinahe unsichtbar",[4] „internationalisierte"[5] sich in der Folge aber rasch. Noch im Jahr 1990 nutzte nur rund eine Mio. Menschen weltweit das Internet.[6] Im Jahr 1999 sprach *v. Hinden* schon von „knapp 200 Millionen Teilnehmern".[7] Bereits im November 2007 konnten ca. 1,3 Mrd. Nutzer weltweit verzeichnet werden.[8] In ihrem „Measuring the Information Society Report" aus dem Jahr 2018 teilte die ITU mit, dass Ende 2018 51,2 % der Weltbevölkerung (3,9 Mrd. Menschen) das Internet nutzten.[9] Die ITU hatte sich zum Ziel gesetzt, dass im Jahr 2020

---

[3] Dies mag befremdlich erscheinen vor dem Hintergrund, dass *Tim Berners-Lee* das WWW am CERN in Genf (Schweiz) entwickelte (zur Entstehung des WWW, vgl. *Tim Berners-Lee/Mark Fischetti*, Weaving the Web. The Past, Present and Future of the World Wide Web by its Inventor, Orion Business Books, London 1999, S. 13 ff.); vgl. *Franz C. Mayer*, Europe and the Internet: The Old World and the New Medium, EJIL 11 (2000), 149–169 (150).

[4] *Tim Berners-Lee/Mark Fischetti*, Weaving the Web. The Past, Present and Future of the World Wide Web by its Inventor, Orion Business Books, London 1999, S. 19; ähnlich die Wahrnehmung in Deutschland Mitte der 1990er-Jahre, dazu *Online-Dienste bringen bisher im Alltag nicht viel. Studie dämpft Euphorie: Vorerst kein Massenmedium/Tiefenforschung in der Verbraucherseele*, FAZ v. 20.3.1996, S. 26; noch im Jahr 2000 schrieb *Franz C. Mayer*, Europe and the Internet: The Old World and the New Medium, EJIL 11 (2000), 149–169 (149) über das „Internet being more or less an American affair".

[5] *Paul P. Polański*, The Internationalization of Internet Law, in Jan Klabbers/Mortimer Sellers (Hrsg.), The Internationalization of Law and Legal Education, Jus Gentium: Comparative Perspectives on Law and Justice: Bd. 2, Springer Science & Business Media B. V., Dordrecht 2008, 191–210 (191).

[6] *John K. Gamble*, New Information Technologies and the Sources of International Law: Convergence, Divergence, Obsolescence and/or Transformation, GYIL 41 (1998), 170–205 (177).

[7] *Michael v. Hinden*, Persönlichkeitsverletzungen im Internet: Das anwendbare Recht, Studien zum ausländischen und internationalen Privatrecht Bd. 74, J. C. B. Mohr (Paul Siebeck), Tübingen 1999, S. 249.

[8] *Paul P. Polański*, The Internationalization of Internet Law, in Jan Klabbers/Mortimer Sellers (Hrsg.), The Internationalization of Law and Legal Education, Jus Gentium: Comparative Perspectives on Law and Justice: Bd. 2, Springer Science & Business Media B. V., Dordrecht 2008, 191–210 (191).

[9] *ITU*, Measuring the Information Society Report, Vol. 1, Genf 2018, S. 2, abrufbar unter:

60 % der Individuen weltweit das Internet nutzen werden,[10] in absoluten Zahlen also etwa 4,6 Milliarden Menschen. Mit Blick auf die Gruppe der 15- bis 24-Jährigen lag der Wert bereits Ende 2019 bei 69 %.[11] Im Jahr 2015 kamen die Nutzer aus 190 ITU-Mitgliedstaaten,[12] vorwiegend aus dem asiatischen Raum, gefolgt von Europa, aber auch in Nord- und Lateinamerika, Afrika, im Nahen Osten und in Ozeanien/Australien nutzt man das Internet. Dabei gelten 146 der Nutzerstaaten als Entwicklungsländer.[13] Laut dem Statistik-Portal „Statista" ist die meistgenutzte Sprache auf Webseiten aber immer noch Englisch, was allerdings nicht verwundert, begann der Siegeszug des Internets doch in den USA.[14] Social Media-Plattformen wie Facebook und MySpace verbesserten und beschleunigten die Distanzkommunikation zusehends, und auch der weltweite Handel erlebt seit einiger Zeit einen regelrechten Boom ob der neuen Möglichkeiten des Online-Vertriebs – ein Umstand, der wiederum zu einer Intensivierung der zwischenstaatlichen (Handels-)Beziehungen beiträgt.

Doch das Internet ist nur ein Teil des kommunikativen Raums, der unter der Bezeichnung „Cyberspace" bekannt ist. Dieser vereint etliche derartige weltweite Informationssysteme, die den Betrieb diverser Netzdienste wie des „World Wide Web" oder das Versenden von E-Mails erst ermöglichen. Wie aber unterscheiden sich der „Cyberspace", das „Internet" und das „WWW"? Zum besseren Verständnis wird im Folgenden kurz auf die Entstehungsgeschichte und die Bedeutung dieser drei Begriffe eingegangen.

---

https://www.itu.int/en/ITU-D/Statistics/Documents/publications/misr2018/MISR-2018-Vol-1-E.pdf. Dieser Bericht der ITU erscheint seit 2007, seit 2009 jährlich.

[10] Vgl. The Plenipotentiary Conference of the ITU (Busan/South Korea, 20.10.–7.11.2014), Annex to Res. 200 (Busan, 2014): Connect 2020 Agenda for global telecommunication/information and communication technology development, abgedr. in *ITU*, Final Acts of the Plenipotentiary Conference (Busan, 2014): Decisions and Resolutions, 2015, S. 493–494, abrufbar unter: http://search.itu.int/history/HistoryDigitalCollectionDocLibrary/4.294.43.en.100.pdf.

[11] *ITU*, Measuring digital development: Facts and figures 2020, Genf 2020, S. 7, abrufbar unter: https://www.itu.int/en/ITU-D/Statistics/Documents/facts/FactsFigures2020.pdf.

[12] *Broadband Commission for Sustainable Development*, The State of Broadband 2016: Broadband catalyzing sustainable development, Sept. 2016, S. 96–97, abrufbar unter: https://www.broadbandcommission.org/Documents/reports/bb-annualreport2016.pdf. Obwohl nicht ITU-Mitglied, wird auch Palästina aufgeführt, zur Erklärung vgl. The Plenipotentiary Conference of the ITU (Busan/South Korea, 20.10.–7.11.2014), Res. 99 (Rev. Busan, 2014): Status of Palestine in ITU, abgedr. in *ITU*, Final Acts of the Plenipotentiary Conference (Busan, 2014): Decisions and Resolutions, 2015, S. 206–209, abrufbar unter: http://search.itu.int/history/HistoryDigitalCollectionDocLibrary/4.294.43.en.100.pdf.

[13] *Broadband Commission for Sustainable Development*, The State of Broadband 2016: Broadband catalyzing sustainable development, Sept. 2016, S. 98–99, abrufbar unter: https://www.broadbandcommission.org/Documents/reports/bb-annualreport2016.pdf.

[14] *Statista*, Top 10 Sprachen im Internet nach Anteil der Websites im Januar 2020, abrufbar unter: https://de.statista.com/statistik/daten/studie/2961/umfrage/anteil-der-verbreitetsten-sprachen-im-internet-seit-2006/.

A. Der „Cyberspace" – Wo Science-Fiction Realität wird

Der Begriff „Cyberspace" leitet sich ab von einer Kombination der engl. Begriffe „cyber" – als Kurzform des altgriech. Wortes κυβερνάω (kyvernáo = „[ein Wasserfahrzeug] steuern, lenken, leiten, regieren")[15] – und „space" (Raum, Weltall). Die so entstandene Wortschöpfung „Cyberspace", also „Kyberraum" oder auch „kybernetischer Raum", geht zurück auf den 1948 von dem Mathematiker *Norbert Wiener* (1894–1964) geprägten Begriff „Cybernetics" (Kybernetik).[16] Weltweite Bekanntheit erlangte der Begriff durch *William Gibsons* „Neuromancer". In dem Science-Fiction-Roman aus dem Jahr 1984[17] beschwört der Autor eine imaginäre Zukunft herauf, in der das menschliche Bewusstsein unmittelbar an einen Computer angeschlossen werden kann, eine Vision, die in den darauffolgenden Jahren besonderen Einfluss auf die Computer- und Telekommunikationsszene haben sollte. Gerade das Setting des Romans erregte Aufsehen. Die Geschichte ist angelegt in der Umgebung eines virtuellen, physisch nicht fassbaren Raums, dem „Cyberspace":

> „[…], Cyberspace was a consensual hallucination that felt and looked like a physical space but actually was a computer-generated construct representing abstract data. People could plug into data systems and networks and have the sense they were actually entering a place that had no correlation in physical reality. In this setting, people carried out business transactions, communicated with one another, worked, played, and, as they have done in every other place they had occupied, broke the law."[18]

Ähnlich wie in *Gibsons* Vision bezeichnet der uns bekannte „Cyberspace" einen „virtuellen" Raum, der im Gegensatz zur „realen", physisch greifbaren Realität steht. Häufig wird der Begriff „Cyberspace" fälschlicherweise synonym für das „Internet" verwendet. Der „Cyberspace" ist allerdings viel mehr als das: Es handelt sich dabei um den gesamten mittels Computernetzwerken geschaf-

---

[15] *Günter Neumann*, Griechisch κυβερνάω, Zeitschrift für vergleichende Sprachforschung, Bd. 100, 1. Hj. (1987), 64–69 (64); *Gerd Roellecke*, Den Rechtsstaat für einen Störer! Erziehung vs. Internet?, NJW (1996), 1801–1802 (1801).

[16] *Norbert Wiener*, Cybernetics: or Communication And Control In The Animal And The Machine, 2. Aufl., The MIT Press, Cambridge 1965, S. 11. Nach *Grewlich* ist der Ursprung des Wortes jedoch „unklar": *Klaus W. Grewlich*, Konstitutionalisierung des „Cyberspace". Zwischen europarechtlicher Regulierung und völkerrechtlicher Governance, Nomos, Baden-Baden 2001, S. 15.

[17] *William Gibson*, Neuromancer, Ace Books, New York 1984, S. 51: „Cyberspace. A consensual hallucination experienced daily by billions of legitimate operators, in every nation, by children being taught mathematical concepts … A graphic representation of data abstracted from the banks of every computer in the human system. Unthinkable complexity. Lines of light ranged in the nonspace of the mind, clusters and constellations of data. Like city lights, receding …."

[18] *Edward A. Cavazos/Gavino Morin*, Cyberspace and the Law: Your Rights and Duties in the On-Line World, The MIT Press, Massachusetts/London 1994, S. 1.

fenen „virtuellen"[19] Raum, „Cyberspace refers to the interaction of people and businesses over computer networks, electronic bulletin boards and commercial online services".[20] Der „Cyberspace" ist also – vereinfacht ausgedrückt – eine „matrix of interconnected computers",[21] er „erweitert den Ätherraum um die digitalen Signale".[22] Die Bundesregierung definierte den „Cyber-Raum" im Rahmen ihrer „Cyber-Sicherheitsstrategie für Deutschland" aus dem Jahr 2011 als

> „der virtuelle Raum aller auf Datenebene vernetzten IT-Systeme im globalen Maßstab. Dem Cyber-Raum liegt als universelles und öffentlich zugängliches Verbindungs- und Transportnetz das Internet zugrunde, welches durch beliebige andere Datennetze ergänzt und erweitert werden kann".[23]

Er umfasse „alle durch das Internet über territoriale Grenzen hinweg weltweit erreichbaren Informationsinfrastrukturen".[24]

B. Das „Internet" – Mehr als nur ein Hype

Das Internet dagegen ist nichts anderes als ein innerhalb des Cyberspace gemeinhin gebräuchliches Kommunikationsprotokoll:[25]

> „The largest and most visible manifestation of cyberspace is the Internet – a worldwide network of networks electronically connecting millions of computers and computer users."[26]

---

[19] *R. Timothy Muth*, Old Doctrines on A New Frontier: Defamation and Jurisdiction in Cyberspace, Wisconsin Lawyer 68 (Sept. 1995), 68-SEP Wis. Law. 10, S. 11, abrufbar über Westlaw.
[20] *R. Timothy Muth*, Old Doctrines on A New Frontier: Defamation and Jurisdiction in Cyberspace, Wisconsin Lawyer 68 (Sept. 1995), 68-SEP Wis. Law. 10, S. 11, abrufbar über Westlaw.
[21] *Edward A. Cavazos/Gavino Morin*, Cyberspace and the Law: Your Rights and Duties in the On-Line World, The MIT Press, Massachusetts/London 1994, S. 1 f.
[22] *Alexander Proelß*, Raum und Umwelt im Völkerrecht, in Wolfgang Graf Vitzthum/Alexander Proelß (Hrsg.), Völkerrecht, 7. Aufl., De Gruyter, Berlin/Boston 2016, 361–454, (384 Fn. 97).
[23] *BMI*, Cyber-Sicherheitsstrategie für Deutschland, Feb. 2011, S. 14, abrufbar unter: https://www.cio.bund.de/SharedDocs/Publikationen/DE/Strategische-Themen/css_download.pdf?__blob=publicationFile.
[24] *BMI*, Cyber-Sicherheitsstrategie für Deutschland, Feb. 2011, S. 2, abrufbar unter: https://www.cio.bund.de/SharedDocs/Publikationen/DE/Strategische-Themen/css_download.pdf?__blob=publicationFile.
[25] *Darrel C. Menthe*, Jurisdiction In Cyberspace: A Theory of International Spaces, Mich. Telecomm. & Tech. L. Rev. 4 (1998), 69–103 (69 Fn. 1).
[26] *R. Timothy Muth*, Old Doctrines on A New Frontier: Defamation and Jurisdiction in Cyberspace, Wisconsin Lawyer 68 (Sept. 1995), 68-SEP Wis. Law. 10, S. 11, abrufbar über Westlaw.

Trotz seiner anfänglichen „User-unfreundlichen"[27] Konzeption ist das Internet heute eines der wichtigsten, wenn nicht *das* wichtigste Informations- und Kommunikationsmedium, ein „information superhighway",[28] weit mehr als „nur ein Hype".[29] Daher ist es nicht falsch, wenn die Bundesregierung davon spricht, das Internet bilde die Grundlage des Cyberspace.[30] Es stellt zwar nicht das einzige „Verbindungs- und Transportnetz" dar, ist jedoch das weltweit gebräuchlichste.

Eine Resolution des U. S.-amerikanischen „Federal Networking Council"[31] v. 24. Oktober 1995 definierte den Begriff folgendermaßen:

> „,Internet' refers to the global information system that – (i) is logically linked together by a globally unique address space based on the Internet Protocol (IP) or its subsequent extensions/follow-ons; (ii) is able to support communications using the Transmission Control Protocol/Internet Protocol (TCP/IP) suite or its subsequent extensions/follow-ons, and/or other IP-compatible protocols; and (iii) provides, uses or makes accessible, either publicly or privately, high level services layered on the communications and related infrastructure described herein."[32]

Vereinfacht ausgedrückt stellt das Internet (Kombination des Präfix „inter-" = zwischen, unter[einander], und engl. „network" = Netzwerk)[33] demnach ein „globales Informationssystem" dar, das auf der Vernetzung und „Kommunikation" von Computern untereinander basiert und der öffentlichen und privaten Nutzung zugänglich ist.

---

[27] Vgl. *M. Ethan Katsh*, Law in a Digital World: Computer Networks and Cyberspace, Vill. L. Rev. 38 (1993), 403–485 (439).

[28] Die erstmalige Verwendung des Begriffs „information superhighway" (entstanden wohl unter Bezugnahme auf das dt. Wort „Autobahn") in den 1980er-Jahren wird dem ehem. U. S.-Vizepräsidenten und Senator *Al Gore* zugeschrieben, dazu *John K. Gamble*, New Information Technologies and the Sources of International Law: Convergence, Divergence, Obsolescence and/or Transformation, GYIL 41 (1998), 170–205 (177 Fn. 30).

[29] Der Ausspruch „Das Internet ist nur ein Hype!" wird gemeinhin dem Microsoft-Mitgründer *Bill Gates* (1993) zugeschrieben, s. z. B. *Marlen Niederberger/Ortwin Renn*, Das Gruppendelphi-Verfahren: Vom Konzept bis zur Anwendung, Springer, Wiesbaden 2018, S. 52.

[30] *BMI*, Cyber-Sicherheitsstrategie für Deutschland, Feb. 2011, S. 14, abrufbar unter: https://www.cio.bund.de/SharedDocs/Publikationen/DE/Strategische-Themen/css_download.pdf?__blob=publicationFile.

[31] Der FNC wurde 1995 vom „Committee on Computing, Information, and Communications" des „National Science and Technology Council" zum Zweck der Koordinierung von Netzwerkaktivitäten von Bundesbehörden ins Leben gerufen. 1997 ging der FNC in diversen CCIC-Subkomitees auf; die Aufgaben des CCIC übernimmt heute ein Unterkomitee des „Committee on Technology" des NSTC, das sog. „Networking and Information Technology Research and Development Program".

[32] Definition abgedr. bei *Frank A. Koch*, Internet-Recht – Praxishandbuch zur Dienstenutzung, Verträgen, Rechtsschutz und Wettbewerb, Haftung, Arbeitsrecht und Datenschutz im Internet, zu Links, Peer-to-Peer-Netzen und Domain-Recht, mit Mustervertägen, 2. Aufl., Oldenbourg Wissenschaftsverlag, München 2005, S. 804 Fn. 2.

[33] *Duden*, Art. „Internet, das", abrufbar unter: https://www.duden.de/rechtschreibung/Internet.

Das Internet, das wir heute kennen, beruht grundlegend auf einer Idee von *Joseph C. R. Licklider* (1915–1990) aus dem Jahr 1962. *Licklider*, Informatiker am MIT und späterer Leiter des von der U. S.-Luftwaffe unterstützten Forschungsprogramms der ARPA, einer Forschungsbehörde des U. S.-Verteidigungsministeriums,[34] schwebte die Entwicklung eines weltweiten Computernetzwerks vor, das die schnelle und effektive Übermittlung von und den Zugriff auf Daten und Programme(n) erleichtern sollte. Doch der raschen Verwirklichung dieser visionären Idee stand der damalige Stand der Kommunikationstechnik entgegen: Die Sprach- und Datenkommunikation erfolgte auf Basis einer herkömmlichen *direkten* elektronischen Verbindung zwischen zwei Telefonleitungen. Diese sog. Standleitung stellte mittels mehrerer gebündelter Übertragungslinien eine *permanente* Verbindung zwischen zwei Kommunikationspartnern her. Für den Zeitraum der Kommunikation zwischen den an der Sitzung beteiligten Kommunikationspartnern stand die Standleitung folglich nicht für anderweitige Verbindungen zur Verfügung. Wer das Internet nutzen wollte, „blockierte" mit der Standleitung automatisch die Telefonverbindung. Zeitgleiches Telefonieren und „Surfen" im Internet war somit unmöglich.

Das Internet dagegen baut(e) – damals wie heute – auf der Vorstellung von der Möglichkeit *indirekter* Kommunikation über Netzwerke auf; viel Wahrheit liegt daher in der Behauptung des „Erfinders" des „World Wide Web"[35] *Timothy „Tim" Berners-Lee*, das Internet sei „a network of networks".[36] *Leonard Kleinrock*, seinerseits Elektroingenieur und Informatiker am MIT, entwickelte bereits im Jahr 1964 die Theorie des sog. „packet switching" ([Daten-]Paket-

---

[34] Die ARPA wurde 1958 unter *Dwight D. Eisenhower* gegründet. Im Jahr 1996 wurde sie endgültig in DARPA („Defense Advanced Research Projects Agency") umbenannt, dazu Internetauftritt der DARPA, abrufbar unter: https://www.darpa.mil/about-us/timeline/arpa-name-change, und *DARPA*, Innovation at DARPA, Juli 2016, S. 1, abrufbar unter: https://www.darpa.mil/attachments/DARPA_Innovation_2016.pdf.

[35] Zum „WWW", *infra* Teil II, Kap. 1, C.

[36] *Tim Berners-Lee/Mark Fischetti*, Weaving the Web. The Past, Present and Future of the World Wide Web by its Inventor, Orion Business Books, London 1999, S. 20; ähnlich die Formulierung von *Henry H. Perritt, Jr.*, The Internet as a Threat to Sovereignty? Thoughts on the Internet's Role in Strengthening National and Global Governance, Ind. J. Global Legal Stud. 5 (1998), 423–442 (427): „The Internet – an international network of computers and computer networks connected to each other, sharing a common name and address space." Vgl. auch *Michael S. Rothman*, It's A Small World After All: Personal Jurisdiction, the Internet and the Global Marketplace, Md. J. Int'l L. 23 (1999), 127–186 (127 Fn. 1): „The Internet can best be described as an intangible network of networks interconnecting millions of computers around the world." Vgl. auch *Michael v. Hinden*, Persönlichkeitsverletzungen im Internet: Das anwendbare Recht, Studien zum ausländischen und internationalen Privatrecht Bd. 74, J. C. B. Mohr (Paul Siebeck), Tübingen 1999, S. 269: „Netz der Netze". Ähnlich auch *Robert E. Calem*, The Network of All Networks, New York Times v. 6.12.1992, S. 12F: „The Internet is an enormous computer network in which any existing network can participate." Ähnlich ebenfalls die Beschreibung im Urt. d. U. S.-Supreme Courts v. 26.6.1997 in der Rs. *Janet Reno*, Attorney General of the United States u. a./ACLU u. a. – 521 U. S. 844 (1997), S. 849: „The Internet is an international network of interconnected computers."

vermittlung). Bei dieser Technik der Datenübertragung werden zu versendende Kommunikationsbotschaften (Daten) vor dem Senden automatisch in „Pakete" zerteilt. Diese durchqueren anschließend unabhängig voneinander das Netzwerk und werden an sog. Vermittlungsknoten zwischengespeichert und gebündelt. Dieses Vorgehen erhöht die Übertragungsgeschwindigkeit ungemein, da ein Datum nicht mehr als Ganzes verschickt werden muss. Ausgehend von dieser Idee veröffentlichte der MIT-Wissenschaftler *Lawrence G. Roberts* (1937–2018) im Jahr 1967 seinen Plan für das sog. ARPANET („Advanced Research Projects Agency Network"), den Prototypen des heutigen Internets,[37] der mittels Netzwerk-Switches (auch „Netzwerkweichen" oder „Verteiler") namens „Interface Message Processors" operierte. Bereits im Oktober 1969 wurde die weltweit erste Nachricht von einem Host-Computer an einen anderen versendet. Das Netzwerk verband zunächst lediglich die vier Forschungseinrichtungen Stanford Research Institute, University of Utah, University of California (Los Angeles) und die University of California (Santa Barbara).[38] Die Vernetzung diente der gemeinsamen Nutzung von Rechnerkapazitäten und der Einsparung von Kosten.[39] In den folgenden Jahren wurden kontinuierlich weitere Host-Computer an das ARPANET angeschlossen, und bereits im März 1972 entwickelte der U.S.-amerikanische Informatiker *Raymond „Ray" Tomlinson* (1941–2016) die erste E-Mail-Software, motiviert durch das Erfordernis eines effektiven Kommunikations- und Koordinationsmechanismus für die ARPANET-Entwickler. Dieser Meilenstein moderner Kommunikationstechnik wurde einige Monate später um das erste E-Mail-Dienstprogramm ergänzt, das das Lesen, die Auflistung, Speicherung und Beantwortung von E-Mails erleichterte.[40]

---

[37] *Franz C. Mayer*, Europe and the Internet: The Old World and the New Medium, EJIL 11 (2000), 149–169 (150).
[38] *Barry M. Leiner/Vinton G. Cerf/David D. Clark/Robert E. Kahn/Leonard Kleinrock/Daniel C. Lynch/Jon Postel/Larry G. Roberts/Stephen Wolff*, Brief History of the Internet, Internet Society, 1997, S. 4, abrufbar unter: https://www.internetsociety.org/wp-content/uploads/2017/09/ISOC-History-of-the-Internet_1997.pdf.
[39] *Franz C. Mayer*, Recht und Cyberspace, NJW 1996, 1782–1791 (1783 Fn. 4). Infolge der Förderung des Projekts durch das U.S.-Verteidigungsministerium entstand jedoch bald das Gerücht, das ARPANET diene der Gewährleistung der nationalen Sicherheit nach einem Atomschlag, vgl. *Katie Hafner/Matthew Lyon*, Arpa Kadabra: Die Geschichte des Internet, dpunkt – Verlag für digitale Technologie, Heidelberg 1997, S. 10.
[40] *Barry M. Leiner/Vinton G. Cerf/David D. Clark/Robert E. Kahn/Leonard Kleinrock/Daniel C. Lynch/Jon Postel/Larry G. Roberts/Stephen Wolff*, Brief History of the Internet, Internet Society, 1997, S. 4, abrufbar unter: https://www.internetsociety.org/wp-content/uploads/2017/09/ISOC-History-of-the-Internet_1997.pdf.

C. „WWW": Vom „Netz" zum „Web"

Vom „Internet" oder „Netz" zu unterscheiden ist das „World Wide Web" oder auch schlicht „Web". Irrtümlich werden die beiden Begriffe im täglichen Sprachgebrauch häufig synonym verwendet, obwohl sie doch zwei völlig verschiedene Entwicklungsstufen der Kommunikationstechnik beschreiben.[41] Während das Internet einen weltweiten Verbund von Kommunikationsnetzwerken zwischen Computern *darstellt*,[42] ist das (jüngere) WWW ein Internetdienst, dessen Nutzung durch die weltweite Vernetzung mittels der Grundstrukturen des Internets erst *ermöglicht* wird.[43] Beispiele für weitere Internetdienste, die sich im Laufe der Zeit entwickelt haben, sind etwa E-Mail (Electronic Mail), Telnet (Teletype Network), Usenet (Unix User Network) und FTP (File Transfer Protocol).

Das WWW hat seine Entstehung zum einen dem Erfindungsreichtum von *Tim Berners-Lee* und *Robert Cailliau*, den beiden geistigen Vätern des WWW, sowie zum anderen dem Eifer einer rasch wachsenden Web-Gemeinde zu verdanken. Im Jahr 1980 suchte *Berners-Lee*, Physiker am CERN,[44] dem Europäischen Labor für Teilchenphysik in Genf, nach einer Möglichkeit, sich in der weitverzweigten Personalstruktur des Instituts zurechtzufinden. So entstand das erste Web-Vorläuferprogramm „Enquire". Mithilfe des von dem U.S.-amerikanischen Informationstechniker *Theodor H. Nelson* entwickelten „hypertext", einem nichtlinearen Format zur Textdarstellung,[45] gelang *Berners-Lee* die Übertragung der Baumstruktur seines virtuellen Organigramms auf die Kommunikationsinfrastruktur des Internets.[46] Vereinfacht ausgedrückt ist das WWW damit nichts anderes als ein weltweites System vernetzter Hypertext-Dokumente, der

---

[41] Vgl. etwa *Elissa A. Okoniewski*, Yahoo!, Inc. v. LICRA: The French Challenge to Free Expression on the Internet, Am. U. Int'l L. Rev. 18 (2002), 295–339 (307 Fn. 61); missverständlich daher *Joseph H. Kaiser*, Das Recht im Cyberspace. Eine spontane Ordnung noch ohne Hierarchie, in Herbert Haller/Christian Kopetzki/Richard Novak/Stanley L. Paulson/Bernhard Raschauer/Georg Ress/Ewald Wiederin (Hrsg.), Staat und Recht, FS für Günther Winkler, Springer, Wien/New York 1997, 397–409 (398): „[…] ‚World Wide Web' (das dem Internet zugerechnet wird) […]".

[42] *Tim Berners-Lee/Mark Fischetti*, Weaving the Web. The Past, Present and Future of the World Wide Web by its Inventor, Orion Business Books, London 1999, S. 7, 20.

[43] *Tim Berners-Lee/Mark Fischetti*, Weaving the Web. The Past, Present and Future of the World Wide Web by its Inventor, Orion Business Books, London 1999, S. 7.

[44] Das Akronym CERN leitet sich von dem mit seiner Gründung beauftragten „Conseil européen de la recherche nucléaire" ab.

[45] *Nelson* erklärte den Begriff „hypertext" folgendermaßen: „By ‚hypertext,' […] I mean *nonsequential writing* text that branches and allows choices to the reader, best read at an interactive screen. As popularly conceived, this is a series of text chunks connected by links which offer the reader different pathways." – Hervorh. im Original. Zit. nach *George P. Landow*, Hypertext: The Convergence of Contemporary Critical Theory and Technology, Johns Hopkins University Press, Baltimore/London 1992, S. 4.

[46] *Tim Berners-Lee/Mark Fischetti*, Weaving the Web. The Past, Present and Future of the World Wide Web by its Inventor, Orion Business Books, London 1999, S. 4 ff.

sog. Webseiten. Dieses System basiert auf der Ermöglichung der Kommunikation von Computern untereinander auf Grundlage des sog. Client-Server-Systems: Wird die Kommunikation eines Computers mit einem anderen erforderlich, so muss zunächst sichergestellt werden, dass beide Computer „dieselbe Sprache sprechen". Eine solche „Einheitssprache" – bzw. ein „Übersetzungsprogramm" für verschlüsselte Daten – ist das „Hypertext Transfer Protocol", kurz HTTP.[47] Ein solches „Protokoll" beschreibt die Regeln der aktuellen Kommunikationssitzung zur Übertragung von Daten über das zwischen Client (Kunde) und Server (engl. „[to] serve" = dienen) bestehende Rechnernetzwerk.[48] Unter Verwendung dieses Protokolls fordert der eine Computer mittels einer Software, eines „point-and-click clients", dem sog. Browser,[49] Informationen von einem anderen Computer, dem Server, an. Die Informationen werden anschließend aus dem WWW in den Browser geladen, wodurch die Webseite auf dem Bildschirm des Client-Computers angezeigt werden kann. Die Bestandteile dieser Webseite – Texte, Bilder, Videos etc. –, bestehend aus einer Verknüpfung von Hypertext-Links, werden mithilfe der Textauszeichnungssprache „Hypertext Markup Language" oder HTML dargestellt. Jedes Dokument, auf das durch einen Hypertext-Link verwiesen wird, erhält mittels des sog. Uniform Resource Locator (URL, früher URI = Uniform Resource Identifier) eine eigene, charakteristische „Adresse" im WWW. Der URL repräsentiert für den Browser eine exakte „Anleitung" zum Auffinden des gesuchten Web-Dokuments auf dem Server.[50] So besagt etwa die (fiktive) Adresse „http://www.internet.com/doc1" Folgendes: „http" meint das vom Browser bei der Suche zu verwendende Protokoll, „www.internet.com" verweist auf den zu durchsuchenden Server (auch als „Host" bezeichnet), „doc1" beschreibt schließlich das aufzufindende Dokument auf dem Server. Die einzelnen Bestandteile der Adresse werden durch Schrägstriche (engl. slash) voneinander getrennt.

Dieses vergleichsweise einfache System der Netzwerkkommunikation machte das Internet ab Januar 1993 einer breiten Öffentlichkeit zugänglich. Ursprünglich waren aber weder das Internet noch das „Web" für den privaten Gebrauch gedacht; zu Beginn erforderte die Nutzung des Internets umfangreiche Programmierkenntnisse. Erst Verbesserungsvorschläge, Quellcode-Beiträge

---

[47] *Tim Berners-Lee/Mark Fischetti*, Weaving the Web. The Past, Present and Future of the World Wide Web by its Inventor, Orion Business Books, London 1999, S. 40. Heute gebräuchlich ist zudem das syntaktisch identische, aber um eine zusätzliche Verschlüsselung ergänzte „Hypertext Transfer Protocol Secure" oder HTTPS.

[48] *Tim Berners-Lee/Mark Fischetti*, Weaving the Web. The Past, Present and Future of the World Wide Web by its Inventor, Orion Business Books, London 1999, S. 66.

[49] *Tim Berners-Lee/Mark Fischetti*, Weaving the Web. The Past, Present and Future of the World Wide Web by its Inventor, Orion Business Books, London 1999, S. 60. Beispiele für gebräuchliche Browser sind Mozilla Firefox, Internet Explorer oder Apple Safari.

[50] *Tim Berners-Lee/Mark Fischetti*, Weaving the Web. The Past, Present and Future of the World Wide Web by its Inventor, Orion Business Books, London 1999, S. 42 ff.

und moralische Unterstützung durch die Fachwelt machten das „Web" zu dem, was es heute ist:

„The people of the Internet built the Web, in true grassroots fashion."[51]

Das Internet und das „Web", wie wir sie heute kennen, basieren daher im Wesentlichen auf der technischen Idee des „open architecture networking". Die Entscheidung der Erfinder des WWW, es weltweit kosten- und lizenzfrei zur Nutzung zur Verfügung zu stellen,[52] ebneten schließlich auch den Weg für die massenhafte kommerzielle Nutzung des Internets.

---

[51] *Tim Berners-Lee/Mark Fischetti*, Weaving the Web. The Past, Present and Future of the World Wide Web by its Inventor, Orion Business Books, London 1999, S. 51 f.

[52] *Tim Berners-Lee/Mark Fischetti*, Weaving the Web. The Past, Present and Future of the World Wide Web by its Inventor, Orion Business Books, London 1999, S. 80; *Elissa A. Okoniewski*, Yahoo!, Inc. v. LICRA: The French Challenge to Free Expression on the Internet, Am. U. Int'l L. Rev. 18 (2002), 295–339 (307).

Kapitel 2

Eine Straßenverkehrsordnung für die elektronische Autobahn: Welches Recht gilt im „Cyberspace"?

Das Internet[53] unterscheidet sich von anderen Kommunikationstechniken durch seinen durchweg globalen Charakter.[54] Gerade Universalität und Ubiquität des Internets verkomplizieren jedoch im Wesentlichen die (rein) rechtliche Regulierung von Aktivitäten im „Cyberspace". Das Internet kennt keine Staatsgrenzen, es erlaubt die Kommunikation vom einen zum anderen Ende der Welt in Echtzeit. Wer sich im Internet bewegt, kann vom heimischen Sessel aus seinem Alltagsgeschäft nachgehen und dabei – in gewissem Maße bzw. unter bestimmten Umständen – auch noch anonym bleiben.[55] Das Internet erscheint insofern als Medium der unbegrenzten Möglichkeiten. Und doch: Auch diese Errungenschaft kommt nicht ohne ein gewisses Maß an rechtlichen Regeln aus. Hier scheiden sich die Geister: Welche „Straßenverkehrsordnung" eignet sich für die „elektronische Autobahn"?[56] Ist es möglich, das Internet national auf Grundlage herkömmlicher souveräner Jurisdiktionsprinzipien zu regulieren? Oder zwingt die globale Allgegenwart dieses Kommunikationsmediums das Völkerrecht zum Handeln?

A. Für und wider eine völkerrechtliche Regulierung von Aktivitäten im Cyberspace

Erstmals machte sich die Notwendigkeit globaler Regelungen auf Grundlage internationaler Zusammenarbeit im Zusammenhang mit der Erfindung und

---

[53] Im Folgenden wird bei der Beleuchtung des Einflusses des „Internets" auf das Völkerrecht sprachlich nicht weiter zwischen „Internet" und „WWW" unterschieden, da die Entwicklung des Internets gewissermaßen *conditio sine qua non* für die Entstehung von Webdiensten nach Art des WWW war.

[54] *Henry H. Perritt, Jr.*, The Internet is Changing the Public International Legal System, Ky. L. J. 88 (1999–2000), 885–955 (886).

[55] Vgl. den Cartoon „On the Internet" von *Peter Steiner*, erstmals veröffentlicht im New Yorker v. 5.7.1993, der den berühmten Satz „On the Internet, nobody knows you're a dog." prägte.

[56] *James C. Grant*, Royal Bank of Canada, Zweite Weltkonferenz über den transnationalen Datenfluss, Rom, Juni 1984: „Elektronische Autobahnen bedürfen einer Straßenverkehrsordnung", zit. nach *Wolfgang Kleinwächter*, Verkehrsregeln für die „elektronische Autobahn" – Information und Kommunikation als Gegenstand multilateraler Verhandlungen im Verband der Vereinten Nationen, VN 3/1991, 88–93 (90 Fn. 8).

massenhaften Nutzung des Satellitendirektfernsehens bemerkbar. Eine national abgeschottete Regulierung war undenkbar, denn neben das bereits aus dem Bereich der Telegrafie und des neuen Massenmediums Radio bekannte Problem der Regulierung der (einseitigen) Massenkommunikation über Distanzen trat nun die Problematik des nur schwer zu kontrollierenden internationalen, d. h. grenzüberschreitenden Datenflusses.[57] Entsprechend hielt man auch das Internet – ob der einzigartigen Technik des neuen Mediums, der geografischen Verteilung seiner Nutzer und der Natur seiner Inhalte[58] – schlicht für ungeeignet[59] für eine einseitige Regulierung. Bereits die erste Generation der Internetforschung mahnte, dass das Internet größtenteils „immun" bleiben werde gegen nationale oder regionale Regulierungsversuche.[60] Der räumliche Einflussbereich einzelner Territorialstaaten reiche zur Erfassung und Regulierung grenzüberschreitender internetbasierter Kommunikations- und Informationsübertragungsprozesse nicht aus:[61]

> „Governments cannot stop electronic communications from coming across their borders, even if they want to do so. Nor can they credibly claim a right to regulate the Net based on supposed local harms caused by activities that originate outside their borders and that travel electronically to many different nations. One nation's legal institutions should not monopolize rule-making for the entire Net."[62]

Man hielt es aber durchaus für möglich, dass die Staaten Interesse an einer Regulierung entwickeln würden. In der Anfangszeit des Internets galt dieses zwar als „ein Reservat von ‚Freaks und Geeks'",[63] doch tatsächlich erkannten die Regierungen schnell den Wert dieser Ressource für die Zwecke des internationalen Austauschs und Handels.

---

[57] *Wolfgang Kleinwächter*, Verkehrsregeln für die „elektronische Autobahn" – Information und Kommunikation als Gegenstand multilateraler Verhandlungen im Verband der Vereinten Nationen, VN 3/1991, 88–93 (90).
[58] *James Boyle*, Foucault in Cyberspace: Surveillance, Sovereignty, and Hardwired Censors, U. Cin. L. Rev. 66 (1997), 177–205 (178).
[59] *Jack Goldsmith*, Unilateral Regulation of the Internet: A Modest Defence, EJIL 11 (2000), 135–148 (136).
[60] *James Boyle*, Foucault in Cyberspace: Surveillance, Sovereignty, and Hardwired Censors, U. Cin. L. Rev. 66 (1997), 177–205 (178).
[61] *Jack Goldsmith*, Unilateral Regulation of the Internet: A Modest Defence, EJIL 11 (2000), 135–148 (136).
[62] *David R. Johnson/David G. Post*, Law and Borders – The Rise of Law in Cyberspace, Stan. L. Rev. 48 (1996), 1367–1402 (1390). *Johnson* und *Post* fügen noch hinzu, dass insbes. bei Online-Aktivitäten, die nur geringfügig die „vital interests of sovereigns" (1391) beeinträchtigen, auf die selbstregulierenden Strukturen des Cyberspace zurückgegriffen werden sollte. Welche Fälle das einschließt und was unter „vital interests" der Staaten zu verstehen ist, wird nicht erklärt.
[63] *Wolfgang Kleinwächter*, Die WSIS-Kontroverse zu Internet Governance: Eine globale Ressource im Spannungsfeld nationaler Interessen, in Wolfgang Benedek/Catrin Pekari (Hrsg.), Menschenrechte in der Informationsgesellschaft, Richard Boorberg Verlag, Stuttgart/München/Hannover/Berlin/Weimar/Dresden 2007, 35–55 (38).

Die Frage nach der Möglichkeit der einzelstaatlichen Regulierung von Aktivitäten im Cyberspace wirft zwangsläufig die Folgefrage nach der Reichweite staatlicher Hoheitsmacht im virtuellen Raum auf. An sich ist der *räumliche* Geltungsbereich nationaler Normen mit der Reichweite der Hoheitsgewalt des normsetzenden Staates über sein Territorium identisch.[64] Die „physisch lokalisierbare Cyberinfrastruktur (Computer, Kabelnetze, Sendeanlagen und andere Einrichtungen)" unterliegt zweifelsohne staatlicher Souveränität.[65] Mit Blick auf die Wahrnehmung des Cyberspace als territorial nicht gebundenem „Raum" stellt sich jedoch die Frage nach der Möglichkeit der extraterritorialen[66] Anwendung, also der Erweiterung des *sachlichen* Geltungsbereichs staatlicher Normen über das Staatsgebiet hinaus. Von einer Transaktion bzw. einem Kommunikationsvorgang im Internet kann selten auf die Standorte der daran beteiligten Personen und so auf eine bestimmte nationalstaatliche Jurisdiktion geschlossen werden.[67] Die ubiquitäre Architektur des Internets konfligiert also augenscheinlich mit dem begrenzten (räumlichen) Anwendungsbereich nationaler Normen,[68] sodass ihre Anwendung „im" virtuellen Raum (sachlich) konsequenterweise als extraterritorial klassifiziert werden müsste.

---

[64] *Torsten Stein/Christian v. Buttlar/Markus Kotzur*, Völkerrecht, 14. Aufl., Verlag Franz Vahlen, München 2017, S. 226 Rn. 601.

[65] *Christian Schaller*, Internationale Sicherheit und Völkerrecht im Cyberspace. Für klarere Regeln und mehr Verantwortung, SWP-Studie S 18, Okt. 2014, S. 7.

[66] Synonym wird tlw. auch die (offenbar v. a. im Deutschen gebräuchliche) Form „exterritorial" verwendet, s. etwa *Duden*, Art. „exterritorial", abrufbar unter: https://www.duden.de/rechtschreibung/exterritorial, und *Gerhard Strauß*, Art. „exterritorial", in Hans Schulz (Begr.)/Otto Basler (Hrsg.), Deutsches Fremdwörterbuch, Bd. 5: Eau de Cologne–Futurismus, 2. Aufl., De Gruyter, Berlin 2004, 561–562. Da jedoch gerade in der völkerrechtlichen Literatur überwiegend von „Extraterritorialität" gesprochen wird (s. etwa *Florian Becker*, Gebiets- und Personalhoheit des Staates, in Josef Isensee/Paul Kirchhof [Hrsg.]; Handbuch des Staatsrechts der Bundesrepublik Deutschland, Bd. XI: Internationale Bezüge, 3. Aufl., C. F. Müller, Heidelberg 2013, 193–248 [u. a. 204 Rn. 26, 207 Rn. 33, 211 Rn. 39, 214 Rn. 47]), wird diese Wortwahl auch im Folgenden beibehalten.

[67] *Dan Hunter*, Cyberspace as Place and the Tragedy of the Digital Anticommons, Cal. L. Rev. 91 (2003), 439–519 (448).

[68] Zur begrenzten Anwendbarkeit nationalstaatlicher Gesetze im Internet, vgl. folgende Fälle: Canadian Human Rights Tribunal, Entsch. v. 18.2.2002 – T. D. 1/02 – Sabina Citron, Toronto Mayor's Committee on Community and Race Relations and Canadian Human Rights Commission/Ernst Zündel (abrufbar unter: https://decisions.chrt-tcdp.gc.ca/chrt-tcdp/decisions/en/item/6496/index.do?r=AAAAAQANZXJuc3QgesO8bmRlbAE); Federal Court of Australia, Entsch. v. 17.9.2002 – [2002] FCA 1150 – Jones/Töben (abrufbar unter: http://www8.austlii.edu.au/cgi-bin/viewdoc/au/cases/cth/federal_ct/2002/1150.html); besonders interessant ist der Fall „Yahoo!": Tribunal de Grande Instance de Paris, Entsch. v. 22.5.2000 (einstw. Verfügung) – procédures n° 00/05308 u. 00/05309 – LICRA, UEJF/Yahoo! Inc. (USA), Yahoo! France, Original abgedr. in K&R 2000, 365–368, Anm. v. *Clivia Namgalies* in MMR 2001, 309–310; U. S. District Court for the Northern District of California, Entsch. v. 7.11.2001 – 169 F. Supp. 2d 1181 (N. D. Cal. 2001) – Yahoo!, Inc./LICRA; U. S. Court of Appeals (9th Cir.), Entsch. v. 23.8.2004 379 – F.3d 1120 (9th Cir. 2004) – Yahoo!, Inc./LICRA; U. S. Court of Appeals (9th Cir.), Entsch. v. 10.2.2005 – 399 F.3d 1010 (9th Cir. 2005) – Yahoo!, Inc./LICRA; U. S. Court of Appeals (9th Cir.), Entsch. v. 12.1.2006 – 433 F.3d 1199 (9th Cir. 2006) – Yahoo!, Inc./LICRA.

Der StIGH ging in seiner Entscheidung im *Lotus*-Fall aus dem Jahre 1927 zunächst davon aus, dass „jurisdiction is certainly territorial; it cannot be exercised by a state outside its territory",[69] wies sodann jedoch unter Bezugnahme auf die allgemeine Handlungsfreiheit als Ausfluss staatlicher Souveränität darauf hin, dass den Staaten − in Ermangelung eines entsprechenden völkerrechtlichen Verbots − grds. ein weiter Ermessensspielraum bei der Definition des Anwendungsbereichs ihrer nationalen Rechtsnormen und gerichtlichen Zuständigkeiten, auch außerhalb ihres Territoriums, eingeräumt werde.[70] Ebenfalls aus dem Grundsatz der souveränen Gleichheit der Staaten ergibt sich aber, dass die extraterritoriale Ausdehnung der eigenen staatlichen Rechtsetzungsgewalt mit der Rechtssetzungsgewalt anderer Staaten konkurrieren kann.[71] Im Fall der Vornahme von Hoheitsakten auf dem Gebiet eines anderen Staates, die ohne dessen Zustimmung erfolgen, besteht die Gefahr der Verletzung des völkergewohnheitsrechtlich anerkannten Interventionsverbots.[72] Daher hat sich eine Staatenpraxis herausgebildet, nach der die Inanspruchnahme extraterritorialer Regelungsgewalt − unterschieden wird hier zwischen der sachlichen Anwendbarkeit nationaler Rechtsnormen auf Auslandssachverhalte („jurisdiction to prescribe") und ihrer Durchsetzbarkeit („jurisdiction to enforce")[73] − stets des Nachweises eines „legitimierenden Anknüpfungspunktes"[74] in Form eines hinreichenden Inlandsbezugs bedarf.[75]

I. Traditionelle Jurisdiktionsgrundsätze ...

Anknüpfungspunkte zur Identifizierung des Inlandsbezugs werden in Ermangelung eindeutiger Kriterien mithilfe überwiegend einheitlich akzeptierter Jurisdiktionsprinzipien ermittelt, darunter das Territorialitätsprinzip unter Einschluss des Wirkungsprinzips, das aktive und das passive Personalitätsprinzip sowie das Schutzprinzip und das Universalitäts- oder Weltrechtsprinzip.[76]

---

[69] StIGH, Urt. v. 7.9.1927 – Ser. A, No. 10, S. 18 – The Case of the S. S. „Lotus" (Frankreich/Türkei).

[70] StIGH, Urt. v. 7.9.1927 – Ser. A, No. 10, S. 19 – The Case of the S. S. „Lotus" (Frankreich/Türkei).

[71] *Torsten Stein/Christian v. Buttlar/Markus Kotzur*, Völkerrecht, 14. Aufl., Verlag Franz Vahlen, München 2017, S. 226 Rn. 602, S. 227 Rn. 606.

[72] *Tobias Reinbacher*, Die Anwendbarkeit des deutschen Strafrechts auf Auslandstaten gem. § 7 StGB, ZJS 2/2018, 142–149 (143).

[73] *Torsten Stein/Christian v. Buttlar/Markus Kotzur*, Völkerrecht, 14. Aufl., Verlag Franz Vahlen, München 2017, S. 228 Rn. 609.

[74] *Torsten Stein/Christian v. Buttlar/Markus Kotzur*, Völkerrecht, 14. Aufl., Verlag Franz Vahlen, München 2017, S. 227 Rn. 606.

[75] *Torsten Stein/Christian v. Buttlar/Markus Kotzur*, Völkerrecht, 14. Aufl., Verlag Franz Vahlen, München 2017, S. 227 Rn. 608; *Luzius Wildhaber*, Jurisdiktionsgrundsätze und Jurisdiktionsgrenzen im Völkerrecht, Schweiz. Jb. Int. R. XLI (1985), 99–109 (104).

[76] *Torsten Stein/Christian v. Buttlar/Markus Kotzur*, Völkerrecht, 14. Aufl., Verlag Franz Vahlen, München 2017, S. 228 Rn. 609 f.

1. Territorialitäts- und Wirkungsprinzip

Das Territorialitätsprinzip stellt die im Vergleich gebräuchlichste Basis materiell-rechtlicher staatlicher Regelungsgewalt dar,[77] weil es der gebietsbezogenen Orientierung staatlicher Hoheitsgewalt entspricht.[78] Nach dem Territorialitätsprinzip haben die Staaten die Strafgewalt, also die legislative Strafgesetzgebung, sowie die exekutive Gewalt zur Verfolgung von Straftaten, die auf ihrem Staatsgebiet begangen wurden, inne.[79] Dieses Prinzip stellt grds. und ohne Ansehung der Staatsangehörigkeit von Täter und Opfer einer Tat auf den Ort der Tatbegehung ab und unterstellt so den Täter der Strafgewalt desjenigen Staates, innerhalb dessen Territorium die Tat begangen wurde *(Lex loci delicti)*.

Wurde eine Tathandlung im Ausland ausgeführt, wirkte sie sich aber im Ergebnis im Inland aus, fallen also Handlungs- und Erfolgsort auseinander, gilt nach dem Territorialitätsprinzip der Erfolgsort als maßgeblich (Beispiel: Schuss über die Grenze), sog. Wirkungsprinzip (auch objektives Territorialitätsprinzip).[80] Danach ist völkerrechtlich anerkannt, dass Staaten nachteilige lokale Effekte fremdstaatlichen, ausländischen Handelns regulieren dürfen.[81] Im Wirkungsprinzip ist im Grunde eine Weiterentwicklung des ursprünglichen Territorialitätsprinzips zu sehen, die dem Schutz des Staates vor Einwirkungen ausländischen Ursprungs dient. Damit ist das Wirkungsprinzip aber nicht unbedenklich, weil es Handlungen von Ausländern im Ausland statt dem Recht des Handlungsortes dem inländischen Recht unterstellt.[82] Das könnte sich v. a. dann als problematisch erweisen, wenn das in Rede stehende Tun am Handlungsort nicht verboten, durch das inländische Recht dagegen strafbewehrt ist.[83] Die Durchsetzung von in ihrer Anwendung entsprechend dem Wirkungsprinzip auf das Ausland erstreckten inländischen Rechtsnormen ist jedoch nicht ohne Wei-

---

[77] *Nathalie I. Thorhauer*, Jurisdiktionskonflikte im Rahmen transnationaler Kriminalität. Zur Koordination der Strafgewalten über natürliche Personen und Unternehmen in der Europäischen Union, Studien zum Strafrecht Bd. 96, Nomos, Baden-Baden 2019, S. 43. Vgl. Ständiger Schiedshof, Schiedsspruch v. 4.4.1928 – RIAA II (1928), 829–871 (838) – Island of Palmas Case (Niederlande, USA); ähnlich IGH, Urt. v. 9.4.1949 (Merits) – ICJ Reports 1949, 4 (35) – The Corfu Channel Case (Vereinigtes Königreich/Albanien).

[78] *Torsten Stein/Christian v. Buttlar/Markus Kotzur*, Völkerrecht, 14. Aufl., Verlag Franz Vahlen, München 2017, S. 228 Rn. 611.

[79] *Andreas v. Arnauld*, Völkerrecht, 3. Aufl., C. F. Müller, Heidelberg 2016, S. 573 Rn. 1298.

[80] *Torsten Stein/Christian v. Buttlar/Markus Kotzur*, Völkerrecht, 14. Aufl., Verlag Franz Vahlen, München 2017, S. 228 Rn. 611 f. Das Wirkungsprinzip wurde vom StIGH im Fall „Lotus" herangezogen: StIGH, Urt. v. 7.9.1927 – Ser. A, No. 10, S. 18 – The Case of the S. S. „Lotus" (Frankreich/Türkei).

[81] *Jack L. Goldsmith*, Unilateral Regulation of the Internet: A Modest Defence, EJIL 11 (2000), 135–148 (138).

[82] *Torsten Stein/Christian v. Buttlar/Markus Kotzur*, Völkerrecht, 14. Aufl., Verlag Franz Vahlen, München 2017, S. 229 Rn. 613.

[83] *Stephan Wilske/Teresa Schiller*, International Jurisdiction in Cyberspace: Which States May Regulate the Internet?, FCLJ 50 (1997), 117–178 (132).

teres möglich und muss von dem betreffenden anderen Staat autorisiert werden.[84]

2. Aktives und passives Personalitätsprinzip sowie Schutzprinzip

Das aktive Personalitätsprinzip knüpft an die Staatsangehörigkeit an. Natürliche und juristische Personen unterstehen der Personalhoheit des Staates, dessen Staatsangehörigkeit oder -zugehörigkeit sie besitzen. Die Personalhoheit des Heimatstaates erstreckt sich auch ins Ausland, sodass jeder Staat Auslandsstraftaten seiner Angehörigen seinem eigenen nationalen Recht unterstellen, jedoch im Grundsatz keine Vollstreckungsmaßnahmen im Ausland vornehmen darf.

Das passive Personalitätsprinzip ist im Gegensatz zu seiner aktiven Variante nicht als allgemeiner völkergewohnheitsrechtlicher Grundsatz anerkannt und wird nur im Zusammenhang mit ausgewählten Straftaten besonderer Schwere akzeptiert (z. B. im Kampf gegen den internationalen Terrorismus). Es gibt dem Staat nämlich die Befugnis zur Verfolgung von im Ausland von ausländischen Staatsbürgern begangenen Straftaten an Inländern und dient damit dem Schutz der eigenen Staatsangehörigen.

Entsprechend steht das passive Personalitätsprinzip in engem Zusammenhang mit dem sog. Schutzprinzip, das allerdings völkerrechtlich anerkannt ist und dem Staat die Verfolgung solcher Delikte erlaubt, die in konkreter Weise seine Existenz oder andere wichtige Rechtsgüter bedrohen (z. B. Spionage im oder aus dem Ausland gegen den Heimatstaat),[85] unabhängig davon, ob der Ort der Begehung im In- oder Ausland belegen ist.[86]

3. Universalitäts- oder Weltrechtsprinzip

Das Universalitätsprinzip, auch als Weltrechtsprinzip bezeichnet, ist gewissermaßen ein Auffangtitel staatlicher Regelungsgewalt: Straftaten, deren Verfolgung und Aburteilung wegen ihrer besonderen Schwere (z. B. Kriegsverbrechen, Verbrechen gegen die Menschlichkeit, Völkermord, darüber hinaus u. a. Piraterie, Sklavenhandel, Flugzeugentführungen, terroristische Gewalttaten) im Interesse aller Mitglieder der Staatengemeinschaft sind, bedürfen keines der soeben beschriebenen Anknüpfungspunkte an das Inland.[87]

---

[84] *Torsten Stein/Christian v. Buttlar/Markus Kotzur*, Völkerrecht, 14. Aufl., Verlag Franz Vahlen, München 2017, S. 230 Rn. 615.

[85] Vgl. z. B. das Urt. d. BVerfG zur Strafbarkeit von DDR-Spionen: BVerfG, Beschl. v. 15.5.1995 2 BvL 19/91, 2 BvR 1206, 1584/91, 2601/93, BVerfGE 92, 277 (312) – DDR-Spione.

[86] Zu alldem *Torsten Stein/Christian v. Buttlar/Markus Kotzur*, Völkerrecht, 14. Aufl., Verlag Franz Vahlen, München 2017, S. 231 Rn. 620 ff.

[87] *Torsten Stein/Christian v. Buttlar/Markus Kotzur*, Völkerrecht, 14. Aufl., Verlag Franz Vahlen, München 2017, S. 232 Rn. 623 ff. Vgl. z. B. U. S. Court of Appeals (6th Cir.), Urt. v. 31.10.1985 776 F.2d 571, No. 85–3435 John Demjanjuk/Joseph Pettrovsky u. a. zur Auslieferung *Demjanjuks* (ehem. Ukrainer, späterer U. S.-Staatsbürger) an Israel. Dem steht die durch

II. ... im Cyberspace?

Einzelstaatliche Regelungen können nur in Fällen effektiv sein, in denen das Territorialitätsprinzip, das Personalitätsprinzip, das Wirkungsprinzip oder das Universalitätsprinzip gelten.[88] Aber eignen sich diese klassischen Jurisdiktionsprinzipien auch zur Anwendung auf Sachverhalte mit Bezug zu Aktivitäten im Internet?

Nach dem *Territorialitätsprinzip* hat jeder Staat in begrenztem Umfang die Möglichkeit, innerhalb seines Hoheitsgebiets den Zugang zu und die Nutzung von Einrichtungen der Cyberinfrastruktur zu beschränken und zu regulieren. Unternehmen können zur Einhaltung bestimmter Sicherheitsstandards gezwungen und bestimmte Handlungen im virtuellen Raum mit Strafe bedroht werden.[89] Das Territorialitätsprinzip erlaubt es den Staaten bspw., ISPs, die innerhalb ihres Hoheitsgebiets operieren, inländischen Rechtsnormen zu unterwerfen. Das beinhaltet u. a. (staatenspezifische) Zugangsbeschränkungen zu Webseiten, die auf Servern veröffentlicht wurden, die sich innerhalb des Staatsgebiets befinden.[90] Die meisten ISPs werden dagegen kaum über eine entsprechende permanente Repräsentanz im Regelungsstaat verfügen, das Territorialitätsprinzip hilft bei der Identifizierung von Zuständigkeiten in derartigen Fällen also nur bedingt weiter. Denn das Territorialitätsprinzip ist bereits dem Namen nach ausgerichtet auf eine stoffliche Welt. Eine solche kann der Cyberspace jedoch nicht im selben Maße und nur unter veränderten Vorzeichen liefern. Das Internet respektiert keine Staatsgrenzen,[91] sodass im virtuellen Raum die universale Geltung des Territorialitätsprinzips konsequenterweise in Frage gestellt wird.[92]

Art. VI der Konvention über die Verhütung und Bestrafung des Völkermordes (Convention on the Prevention and Punishment of the Crime of Genocide) v. 9.12.1948, BGBl. 1954 II, S. 730, 78 UNTS 277, vorgeschriebene Aburteilung durch ein Gericht des Tatortstaats oder einen internationalen Gerichtshof nicht entgegen, sondern impliziert lediglich, dass die Vertragsstaaten nicht verpflichtet sind, dem Universalitätsprinzip zu folgen.

[88] *Matthias Bock/Jörn Wöbke*, Selbstregulierung im Internet – Grundzüge eines Neuen Medienrechts, Supplement K&R (1997), 11–17 (13).

[89] *Christian Schaller*, Internationale Sicherheit und Völkerrecht im Cyberspace. Für klarere Regeln und mehr Verantwortung, SWP-Studie, S 18, Okt. 2014, S. 8.

[90] *Stephan Wilske/Teresa Schiller*, International Jurisdiction in Cyberspace: Which States May Regulate the Internet?, FCLJ 50 (1997), 117–178 (129).

[91] „[T]hese electronic communications play havoc with geographic boundaries, [...]." (*David R. Johnson/David G. Post*, The Rise of Law on the Global Network, in Brian Kahin/Charles Nesson [Hrsg.], Borders in Cyberspace: Information Policy and the Global Information Infrastructure, The MIT Press, Cambridge/London 1997, 3–47 [3 ff.]).

[92] *Yaman Akdeniz*, Racism on the Internet, Council of Europe Publishing, Straßburg 2009, S. 72. U. S.-amerikanische Gerichte behelfen sich u. a. mit dem sog. „Zippo-Test", bei dem ein minimaler Kontakt des Betroffenen mit der heimischen Rechtsordnung identifiziert und zum Anknüpfungspunkt für die Begründung der Jurisdiktion gemacht wird (vgl. das Urt. d. U. S. District Court for the Western District of Pennsylvania v. 16.1.1997 – 952 F.Supp.

Als nützlicher könnte sich das *Wirkungsprinzip* erweisen: Anstatt auf den Belegenheitsort von Servern abzustellen, orientiert sich das Wirkungsprinzip z. B. an dem Ort, an dem eine Webseite abgerufen wurde. Ein U. S.-Gericht für den Bezirk Massachusetts führte im Fall „AltaVista" aus:

> „When business is transacted over a computer network via a Web-site accessed by a computer in Massachusetts, it takes place as much *in* Massachusetts, literally or figuratively, as it does anywhere [...]."[93]

Dabei muss wohl darauf abgestellt werden, ob der Betreiber der Webseite wusste oder hätte wissen müssen, dass die Webseite in einem bestimmten Staat abrufbar sein würde.[94] Die Anwendung des Wirkungsprinzips darf aber nicht zur Folge haben, dass jeder Staat, innerhalb dessen Grenzen ein „fremder" Informationsfluss wahrgenommen werden kann, diesen automatisch als nationalen Effekt ausländischen Handelns innerstaatlich regeln darf.[95] Nicht jedes Distanzdelikt kann der Strafgewalt eines Staates, in dem nur minimale Auswirkungen einer Tathandlung zu spüren sind, unterworfen werden.[96] Je geringer die Auswirkungen, desto unwahrscheinlicher ist es, dass das Wirkungsprinzip anwendbar ist.

Ebenso begegnen auch der Anwendung des *passiven Personalitäts- und des Schutzprinzips* im Zusammenhang mit unter Zuhilfenahme des Internets begangenen Taten Bedenken. Ausländer können sich in ihrem Heimatstaat hiernach nach dem Recht eines fremden Staates strafbar machen, wenn sie dessen Angehörige schädigen. Das gilt auch, wenn sie irrig annehmen, rechtmäßig zu handeln, weil ihnen die ausländische Verbotsnorm unbekannt ist.[97] Ob der Ubiquität des Internets kommt der User zwangsläufig in Berührung mit fremden Jurisdiktionen, ein Umstand, der ursächlich ist für die Entstehung derartiger Sachverhalte.

Sinnvoll erscheint dagegen die Anwendung des *Schutzprinzips* „im" Cyberspace, etwa im Fall der Verfolgung von Cyberangriffen auf Verteidigungseinrichtungen im Ausland.[98]

1119 [W. D. Pa. 1997], S. 1124 – Zippo Manufacturing Company/Zippo Dot Com, Inc.), wobei die völkerrechtliche Zulässigkeit dieses Vorgehens bezweifelt werden mag.

[93] U. S. District Court for the District of Massachusetts, Urt. v. 12.3.1997 – No. 96–12192-NG, 960 F. Supp. 456 (D. Mass. 1997), S. 462 – Digital Equipment Corp./AltaVista Technology, Inc. – Hervorh. im Original.

[94] Vgl. *Stephan Wilske/Teresa Schiller*, International Jurisdiction in Cyberspace: Which States May Regulate the Internet?, FCLJ 50 (1997), 117–178 (134).

[95] *Jack L. Goldsmith*, Unilateral Regulation of the Internet: A Modest Defence, EJIL 11 (2000), 135–148 (139).

[96] *Andreas v. Arnauld*, Völkerrecht, 3. Aufl., C. F. Müller, Heidelberg 2016, S. 573 Rn. 1298.

[97] *Tobias Reinbacher*, Die Anwendbarkeit des deutschen Strafrechts auf Auslandstaten gem. § 7 StGB, ZJS 2/2018, 142–149 (144).

[98] *Christian Schaller*, Internationale Sicherheit und Völkerrecht im Cyberspace. Für klarere Regeln und mehr Verantwortung, SWP-Studie, S 18, Okt. 2014, S. 8.

Bereits unter rein praktischen Gesichtspunkten ist grds. zweifelhaft, ob die Verbrechen, auf die das *Universalitätsprinzip* anwendbar ist, im Internet begangen werden können. Das trifft aber sicher im Einzelfall auf Vorbereitungshandlungen zu terroristischen gewalttätigen Akten zu, wie z. B. die Gestaltung von Webseiten, auf denen explizit öffentlich zum Genozid an bestimmten Bevölkerungsgruppen aufgerufen wird oder die zumindest eine entsprechende Interpretation zulassen, oder auf denen zu bestimmten gewalttätigen Zwecken Anleitungen zum Bau von Bomben zur Verfügung gestellt werden.[99] Denn die UN-Völkermordkonvention verbietet u. a. die „unmittelbare und öffentliche Anreizung zur Begehung von Völkermord" (Art. III lit. c).

III. Das Völkerrecht im Cyberspace: „ius necessarium" oder notwendiges Übel?

Da, wie soeben dargelegt, die klassischen Jurisdiktionsprinzipien in begrenztem Maße auch Anwendung „im" Cyberspace finden können,[100] es also durchaus nicht „offensichtlich" ist, dass nationales Recht eine lediglich untergeordnete Rolle bei der Regulierung des Cyberspace spielt,[101] stellt sich die Frage, ob eine völkerrechtliche Regulierung des Cyberspace als „ius necessarium"[102] oder als notwendiges Übel zu betrachten ist.

---

[99] Vgl. *Stephan Wilske/Teresa Schiller*, International Jurisdiction in Cyberspace: Which States May Regulate the Internet?, FCLJ 50 (1997), 117–178 (144).

[100] A.A. aber *Henry H. Perritt, Jr.*, The Internet as a Threat to Sovereignty? Thoughts on the Internet's Role in Strengthening National and Global Governance, Ind. J. Global Legal Stud. 5 (1998), 423–442 (429 f.); unterstützend *Franz C. Mayer*, Europe and the Internet: The Old World and the New Medium, EJIL 11 (2000), 149–169 (149). Vgl. auch die Entsch. d. U. S. District Court for the District of Massachusetts v. 12.3.1997 – No. 96–12192-NG, 960 F. Supp. 456 (D. Mass. 1997), S. 463 – Digital Equipment Corp./AltaVista Technology, Inc.: „To impose traditional territorial concepts on [the commercial uses of] the Internet has dramatic implications, […]."

[101] *Dan Hunter*, Cyberspace as Place and the Tragedy of the Digital Anticommons, Cal. L. Rev. 91 (2003), 439–519 (448).

[102] Der Begriff wird an dieser Stelle in Anlehnung an *Matthias C. Kettemann*, Völkerrecht in Zeiten des Netzes. Perspektiven auf den effektiven Schutz von Grund- und Menschenrechten in der Informationsgesellschaft zwischen Völkerrecht, Europarecht und Staatsrecht, Friedrich-Ebert-Stiftung, Bonn 2015, S. 24 verwendet: „[…] Völkerrecht regelt das Internet, weil dies nötig ist. Es ist das *ius necessarium* einer internationalen Gemeinschaft, in der das Internet eine bedeutende Rolle für viele Aspekte des wirtschaftlichen, sozialen und kulturellen, bürgerlichen und politischen Lebens spielt." – Hervorh. im Original. Der Terminus ist hier dagegen nicht zu verstehen als Gegenbegriff zum *ius volutarium* und Sammelbegriff zum völkerrechtlichen Grundnormbestand, vgl. in diesem Sinne *Georg Dahm/Jost Delbrück/Rüdiger Wolfrum*, Völkerrecht, Bd. I/3: Die Formen des völkerrechtlichen Handelns; Die inhaltliche Ordnung der internationalen Gemeinschaft, 2. Aufl., De Gruyter, Berlin 2002, § 151 (S. 601, I.0). Es geht vielmehr um die Frage, ob die zwingende Notwendigkeit (engl. „necessity") einer völkerrechtlichen Regulierung des Cyberspace besteht.

Nach *Goldsmith* handelt es sich bei nationalen Regulierungsversuchen von Internetaktivitäten um an sich in ihrer Geltung auf ein bestimmtes Territorium begrenzte Regelungen, die aber indirekt extraterritoriale Effekte erzielen. Nach Ansicht von *Goldsmith* gleichen sie in ihrer Funktionsweise dem sog. „Grauen Markt", also dem Vertrieb von Waren, die in Staat A rechtmäßig erworben werden können, die aber bei anschließender Einfuhr in Staat B eventuell gegen dessen nationale Gesetze verstoßen.[103] Die Wirkungen von Handlungen im virtuellen Raum können tlw. bereits ihrer Natur nach nicht auf einen bestimmten Staat beschränkt werden; eine Vielzahl von normsetzenden Körperschaften ist folglich zeitgleich mit der Regulierung von Aktivitäten im Cyberspace befasst.[104] Da sich daher mehrere Staaten für die Aburteilung einer einzigen unter Nutzung des Internets begangenen Straftat zuständig fühlen können, ist häufig ein Widerstreit kollidierender Zuständigkeitssphären, sog. (horizontaler)[105] Jurisdiktionskonflikt,[106] die Folge.[107] Jurisdiktionskonflikte sind „Kollisionen verschiedener Zuständigkeitsansprüche zur Ausübung staatlicher Hoheitsgewalt auf eigenem oder fremdem Gebiet gegenüber Personen, Sachen oder Sachverhalten".[108] Sie entstehen bereits durch die Kollision unterschiedlicher Anknüpfungspunkte zweier Staaten für die Begründung ihrer hoheitlichen Regelungskompetenz. Die Lösung dieser Konflikte obliegt an sich nationalem Recht, aber es existieren dennoch einige völkerrechtliche Grundsätze, die oben dargestellten Jurisdiktionsprinzipien, die die missbräuchliche Bestimmung von Zuständigkeiten verhindern sollen.[109] Die vollumfängliche Anwendung von traditionellen Jurisdiktionskonzepten *im Cyberspace* hat jedoch „dramatische Auswirkungen":

„The change is significant. Physical boundaries typically have framed legal boundaries, in effect creating signposts that warn that we will be required after crossing to abide by different rules. [...] To impose traditional territorial concepts on the commer-

---

[103] *Jack Goldsmith*, Unilateral Regulation of the Internet: A Modest Defence, EJIL 11 (2000), 135–148 (137).

[104] *Stephan Wilske/Teresa Schiller*, International Jurisdiction in Cyberspace: Which States May Regulate the Internet?, FCLJ 50 (1997), 117–178 (123).

[105] Zum Unterschied zwischen horizontalen und vertikalen Jurisdiktionskonflikten: *Nathalie I. Thorhauer*, Jurisdiktionskonflikte im Rahmen transnationaler Kriminalität. Zur Koordination der Strafgewalten über natürliche Personen und Unternehmen in der Europäischen Union, Studien zum Strafrecht Bd. 96, Nomos, Baden-Baden 2019, S. 42.

[106] Detailliert zu Herkunft und Bedeutung des Begriffs: *Nathalie I. Thorhauer*, Jurisdiktionskonflikte im Rahmen transnationaler Kriminalität. Zur Koordination der Strafgewalten über natürliche Personen und Unternehmen in der Europäischen Union, Studien zum Strafrecht Bd. 96, Nomos, Baden-Baden 2019, S. 39 ff.

[107] *Nathalie I. Thorhauer*, Jurisdiktionskonflikte im Rahmen transnationaler Kriminalität. Zur Koordination der Strafgewalten über natürliche Personen und Unternehmen in der Europäischen Union, Studien zum Strafrecht Bd. 96, Nomos, Baden-Baden 2019, S. 38.

[108] *Luzius Wildhaber*, Jurisdiktionsgrundsätze und Jurisdiktionsgrenzen im Völkerrecht, Schweiz. Jb. Int. R. XLI (1985), 99–109 (102).

[109] *Luzius Wildhaber*, Jurisdiktionsgrundsätze und Jurisdiktionsgrenzen im Völkerrecht, Schweiz. Jb. Int. R. XLI (1985), 99–109 (102).

cial uses of the Internet has dramatic implications, opening the Web user up to inconsistent regulations [...] throughout the globe."[110]

Die Ausdehnung nationaler Regelungskompetenzen könnte sich im schlimmsten Fall auch negativ auf die Freiheit des Internets auswirken. Schon jetzt besteht die Gefahr, dass ISPs den Zugang zu ihren Webseiten dauerhaft für Angehörige von Staaten mit sehr restriktiven Rechtsordnungen beschränken, was User in ihrem Nutzerverhalten nachhaltig beeinträchtigt.[111] Es stünde zu befürchten, dass sich das „World Wide Web" langsam zu einer großen Ansammlung von „Statewide Webs" entwickelte.[112]

Die einzigartige globale Struktur des Cyberspace steht im Widerspruch zu den Grundsätzen einzelstaatlicher Souveränität: „Im" Cyberspace kann kein Staat Souveränität im klassischen Sinne ausüben. Der Cyberspace ist kein abgrenzbarer Teil der Erdoberfläche, also kann er auch nicht (in Gänze) Teil eines staatlichen Territoriums sein. Zudem wurde die Souveränität einzelner Staaten im virtuellen Raum nicht im Einvernehmen mit der Staatengemeinschaft festgestellt, wie es die Definition „territorialer Souveränität" des Schiedsrichters *Max Huber* im „Island of Palmas"-Schiedsspruch verlangt:

„Sovereignty in the relations between States signifies independence. *Independence in regard to a portion of the globe is the right to exercise therein, to the exclusion of any other State, the functions of a State.* The development of the national organization of States during the last few centuries and, as a corollary, the development of international law, have established this principle of the exclusive competence of the State in regard to its own territory in such a way as to make it the point of departure in settling most questions that concern international relations. [...] [I]t may be stated that *territorial sovereignty belongs always to one*, or in exceptional circumstances to several States, *to the exclusion of all others*. [...] Territorial sovereignty is, in general, a situation recognized and *delimited in space, either by so-called natural frontiers as recognised by international law or by outward signs of delimitation that are undisputed, or else by legal engagements entered into between interested neighbours,* such as frontier conventions, or by acts of recognition of States within fixed boundaries."[113]

---

[110] U.S. District Court for the District of Massachusetts, Urt. v. 12.3.1997 – No. 96–12192-NG, 960 F. Supp. 456 (D. Mass. 1997), S. 463 – Digital Equipment Corp./AltaVista Technology, Inc.

[111] Vgl. etwa die Rspr. im Fall „Yahoo!, Inc.", dazu *Elissa A. Okoniewski*, Yahoo!, Inc. v. LICRA: The French Challenge to Free Expression on the Internet, Am. U. Int'l L. Rev. 18 (2002), 295–339 (327) und die Entsch. d. U.S. District Court for the District of Massachusetts v. 12.3.1997 – No. 96–12192-NG, 960 F. Supp. 456 (D. Mass. 1997), S. 463 – Digital Equipment Corp./AltaVista Technology, Inc.: „To impose traditional territorial concepts on [the commercial uses of] the Internet has dramatic implications, [...]."

[112] *Stephan Wilske/Teresa Schiller*, International Jurisdiction in Cyberspace: Which States May Regulate the Internet?, FCLJ 50 (1997), 117–178 (170).

[113] Ständiger Schiedshof, Schiedsspruch v. 4.4.1928, RIAA II, 829–871 (838) – Island of Palmas Case (Niederlande, USA) – Hervorh. d. A.

Das Souveränitätsprinzip aus Art. 2 Nr. 2 UN-Ch[114] gilt folglich im Cyberspace wegen dessen Struktur nicht mehr wie gehabt; es wurde zwar im Internet nicht außer Kraft gesetzt, aber „in einen anderen Kontext gestellt".[115] Daher ist schon nach geltenden Grundsätzen des allgemeinen Völkerrechts eine umfassende unilaterale Regulierung von Internet-Aktivitäten durch einzelne Staaten nicht möglich. Eine Folge fehlender international einheitlicher Regelungen kann zudem das Phänomen des „regulatory spillover",[116] die Unvereinbarkeit unterschiedlicher nationaler Regelungen derselben Transaktion mit transnationalem Effekt, sein.[117] Eine internationale Regelung würde Spillover-Effekte und Jurisdiktionskonflikte vermeiden und im Ergebnis mehr Rechtssicherheit – für die staatlichen Gewalten und für den Rechtsanwender – bereithalten.

Nicht zuletzt ein Überblick über die aktuelle Staatenpraxis in diesem Zusammenhang zeigt, dass eine Internationalisierung des „Rechtsraums Cyberspace" durch Harmonisierung der anwendbaren Normen im Zuge rein völkerrechtlicher Regulierung[118] wünschenswert wäre:[119] In ihrem Bekenntnis zu einer völkerrechtlichen Regulierung von Aktivitäten im Cyberspace geeint sind etwa Kanada[120] und Iran.[121] Unterstützt wird ihre Forderung nach einer international einheitlichen rechtlichen Basis für Informations- und Kommunikationstech-

---

[114] Charta der Vereinten Nationen (Charter of the UN) v. 26.6.1945, BGBl. 1973 II, S. 430, dt. Übers. ber. BGBl. 1980 II, S. 1252, 1 UNTS XVI.

[115] *Wolfgang Kleinwächter*, Die WSIS-Kontroverse zu Internet Governance: Eine globale Ressource im Spannungsfeld nationaler Interessen, in Wolfgang Benedek/Catrin Pekari (Hrsg.), Menschenrechte in der Informationsgesellschaft, Richard Boorberg Verlag, Stuttgart/ München/Hannover/Berlin/Weimar/Dresden 2007, 35–55 (44).

[116] Dazu *Jack L. Goldsmith*, Unilateral Regulation of the Internet: A Modest Defence, EJIL 11 (2000), 135–148 (142 ff.); ähnlich auch *Jack L. Goldsmith*, Against Cyberanarchy, in Adam Thierer/Clyde W. Crews, Jr. (Hrsg.), Who Rules the Net?: Internet Governance and Jurisdiction, Cato Institute, Washington, D.C. 2003, 31–70 (31): „negative spillover effects in other jurisdictions".

[117] *Jack Goldsmith*, Unilateral Regulation of the Internet: A Modest Defence, EJIL 11 (2000), 135–148 (144).

[118] *Henry H. Perritt, Jr.*, The Internet is Changing the Public International Legal System, Ky. L. J. 88 (1999–2000), 885–955 (890).

[119] Unterstützend *Claus D. Müller-Hengstenberg*, Nationale und internationale Rechtsprobleme im Internet, NJW 1996, 1777–1782 (1782): „dringend [...] erforderlich". Vgl. dazu das Bekenntnis der BR Deutschland zum „Völkerrecht als Maßstab der Gerechtigkeit und des angemessenen Interessenausgleichs in den internationalen Beziehungen" bei *Christian Tomuschat*, § 226: Staatsrechtliche Entscheidung für die internationale Offenheit, in Josef Isensee/ Paul Kirchhof (Hrsg.), Handbuch des Staatsrechts der Bundesrepublik Deutschland, Bd. XI: Internationale Bezüge, 3. Aufl., C. F. Müller, Heidelberg 2013, 3–61 (6 Rn. 4).

[120] *Report of the Secretary-General*, Developments in the field of information and communications in the context of international security, UN Doc. A/68/156/Add.1, 9.9.2013, S. 3–5 (4).

[121] *Report of the Secretary-General*, Developments in the field of information and communications in the context of international security, UN Doc. A/68/156/Add.1, 9.9.2013, S. 11–13 (12).

niken von der UNGGE,[122] einer UN-mandatierten Arbeitsgruppe zur Informationssicherheit. Auch die Niederlande halten einen „Multistakeholder"-Ansatz für einen intensiven internationalen Informations- und Wissensaustausch für notwendig, womit jedoch nicht die Schaffung eines völlig neuen völkerrechtlichen Systems für den Cyberspace gemeint ist. Angeregt wird vielmehr die (analoge) Anwendung bereits existierender Regeln.[123] Vor dem Hintergrund vermehrt auftretender „cyber threats" ist ausweislich der „Astana Commemorative Declaration" der OSZE v. 3. Dezember 2010[124] – im Gegensatz zu einer rein einzelstaatlichen Regulierung von Internetaktivitäten – mittels des Völkerrechts eine umfassende Reaktion auf transnationale Probleme möglich. Kritisch äußerte sich in der Vergangenheit dagegen Japan. Zwar ist man dort grds. der Ansicht, dass das Völkerrecht im Cyberspace anwendbar ist. Jedoch soll dies nur unter dem Vorbehalt gelten, dass – infolge des einzigartigen Charakters von Informations- und Kommunikationstechniken – „further consideration is needed on how individual rules and principles would be applied". Weiterhin wird darauf hingewiesen, dass bis *dato* unklar sei, inwiefern (völker-)rechtlich verbindliche Normen im Cyberspace Geltung beanspruchen können. Die Schaffung spezifischer Normen zur Anwendung im Cyberkontext würde jedenfalls viel Zeit in Anspruch nehmen, weil ein entsprechender Konsens innerhalb der Staatengemeinschaft gefunden werden müsse. Nicht zuletzt infolge eines noch immer deutlichen Gefälles im Vergleich der technischen Standards von Industrie- und Entwicklungsländern[125] (sog. „Digital Divide")[126] ist ein internatio-

---

[122] *Report of the UNGGE*, Developments in the field of information and telecommunications in the context of international security, UN Doc. A/68/98, 24.6.2013, Rn. 16.

[123] *Report of the Secretary-General*, Developments in the field of information and communications in the context of international security, UN Doc. A/68/156/Add.1, 9.9.2013, S. 15–18 (16–17, 18).

[124] *OSZE*, Astana Commemorative Declaration „Towards a Security Community", SUM. DOC/1/10/Corr.1, Summit Meeting, Astana (Kasachstan), 3.12.2010, Rn. 9.

[125] Bereits im Jahr 1955 thematisierten 29 afrikan. und asiat. Staaten dieses heikle Thema auf einer Konferenz in Bandung, Indonesien (18.–24.4.1955): Vor dem postkolonialen Hintergrund bemängelten die Staaten ein Ungleichgewicht von Nord und Süd in Kommunikationsangelegenheiten und verliehen ihrer Befürchtung Ausdruck, dass eine ungleiche Verteilung aktueller und zukünftiger Kommunikationsressourcen (z. B. *via* DBS) diese Kluft noch vertiefen könnte, vgl. *William J. McIver, Jr./William F. Birdsall/Merrilee Rasmussen*, The Internet and the right to communicate, First Monday 8 (1.12.2003), Absch. „Satellites and communication rights", abrufbar unter: https://firstmonday.org/article/view/1102/1022; vertieft *Cees J. Hamelink*, The politics of World Communication: A Human Rights Perspective, Sage Publications, London 1998. Ähnliche Probleme standen auf dem Programm der ersten UN „Conference on Trade and Development" in Genf 1964 (23.3.–16.6.). Zur Bandung Conference, vgl. *The New Encyclopaedia Britannica*, Art. „Bandung Conference", Bd. 1: A–ak – Bayes, 15. Aufl., Encyclopaedia Britannica, Chicago/London/Neu-Delhi/Paris/Seoul/Sydney/Taipei/Tokyo 2010, S. 863.

[126] *Wolfgang Benedek*, Vorwort, in Wolfgang Benedek/Catrin Pekari (Hrsg.), Menschenrechte in der Informationsgesellschaft, Richard Boorberg Verlag, Stuttgart/München/Hannover/Berlin/Weimar/Dresden 2007, 7–9 (7).

naler Konsens in diesem Bereich (abseits von rechtlich unverbindlichen technischen Absprachen und Verfahrensregeln)[127] schwer zu erreichen. Dabei sind v. a. die hochtechnisierten Staaten der Welt in der Pflicht, im Dialog betreffend den internationalen Technologietransfer die Initiative zu ergreifen.[128] Um trotzdem so bald wie möglich ein einheitliches Rechtsregime für den Cyberspace zu errichten, schlägt Japan vor, zunächst rechtlich nicht bindende „general norms of behaviour" zu beschließen. Im Anschluss könne durch „confidence-building measures" wie einen UN-koordinierten Informationsaustausch der Staaten untereinander die Entwicklung international bindender Normen gefördert werden.[129]

Der Versuch einer rein nationalen Regelung des Internets könnte dagegen *ad pessimus* auf ein Scheitern seiner offenen Struktur hinauslaufen, mahnte schon 1997 *Barry M. Leiner* (1950–2003), ehem. Programm-Manager der DARPA und späterer Direktor des „NASA Ames Research Center's Research Institute for Advanced Computer Science":

> „If the Internet stumbles, it will not be because we lack for technology, vision, or motivation. It will be because we cannot set a direction and march collectively into the future."[130]

Dieser Ansicht ist auch *Roellecke*, der das Problem der nationalen Internetregulierung (wenn auch in sehr blumigen Worten) auf den Punkt bringt:

> „Internet ist eine Art gigantisches Vieraugengespräch, vermittelt künstliche Intimität und eine gottähnliche Position: die unbeobachtete und praktisch unbeobachtbare Beobachtung von möglicherweise allem. Regulierte der Staat Internet, zerstörte er genau diesen Zauber. Also tut er sich schwer."[131]

Aber warum ist das so? Dafür gibt es vier Gründe: Erstens ist das Medium „Internet" noch immer so neu und unerforscht, dass die Auswirkungen einer Regulierung bzw. des Fehlens einer solchen nicht abschätzbar sind. Zweitens besteht die Gefahr, dass die Staaten bei einer nationalen Regulierung des Internets in den grundrechtlich sensiblen Bereich der Abwehr- und der Teilhaberechte (in

---

[127] *Franz C. Mayer*, Das Internet, das Völkerrecht und die Internationalisierung des Rechts, ZfRSoz 23/1 (2002), 93–114 (95).

[128] Vgl. etwa U. S. Policy for the Seabed, Statement by *President Nixon*, 23.5.1970, Dep't St. Bull. 62 (1970), Nr. 1606–1618, 737–738 (737): „The United States, as a major maritime power and a leader in ocean technology to unlock the riches of the ocean, has a special responsibility to move this effort forward."

[129] *Report of the Secretary-General*, Developments in the field of information and communications in the context of international security, UN Doc. A/68/156/Add.1, S. 13–15 (15).

[130] *Barry M. Leiner/Vinton G. Cerf/David D. Clark/Robert E. Kahn/Leonard Kleinrock/ Daniel C. Lynch/Jon Postel/Larry G. Roberts/Stephen Wolff*, Brief History of the Internet, Internet Society, 1997, S. 17, abrufbar unter: https://www.internetsociety.org/wp-content/uploads/2017/09/ISOC-History-of-the-Internet_1997.pdf.

[131] *Gerd Roellecke*, Den Rechtsstaat für einen Störer! – Erziehung vs. Internet?, NJW 1996, 1801–1802 (1801).

Deutschland etwa das Allgemeine Persönlichkeitsrecht, die Meinungs-, Presse- und Kunstfreiheit) eingreifen. Die Befolgung internationaler Standards könnte dagegen die Internationalisierung nationaler Kontrollaktivitäten verhindern und derart die vermeintliche Übermacht einzelner Staaten wie der USA in Internetfragen schrittweise abbauen. Die Werte der „Alten Welt" mit ihrer Affinität zu Grund- bzw. Menschenrechten und kultureller Diversität sollen geschützt und auch im Informationszeitalter bewahrt werden.[132] Dabei wird es aber, drittens, erforderlich sein, dass die Schutzbereiche der bisher die Kommunikation schützenden Grund- und Menschenrechte erweitert und an die veränderte Kommunikationssituation angepasst werden.[133] Viertens sieht sich der Staat schließlich wegen der globalen Dimension von Rechtsverletzungen im Internet angesichts drohender Jurisdiktionskonflikte den Souveränitätsbestrebungen anderer Staaten ausgesetzt. Zur Vermeidung diplomatischer Verwicklungen ist schon bei der Abfassung der Normen Fingerspitzengefühl gefragt, ist doch die einzelstaatliche Zuständigkeit für die Normsetzung ob fehlender „virtueller Staatsgrenzen" von vornherein unklar. Denn ein „Minus" in Bezug auf physische Grenzen kann nicht durch ein „Plus" an rechtlichen Regelungen künstlich ausgeglichen werden.[134] Zwar ist es grds. möglich, Aktivitäten eines Users zurückzuverfolgen. Kabel, Server und ISPs lassen sich ohne Weiteres orten, weil sie körperlich auf dem Territorium eines Staates stationiert sind. Das funktioniert dem Prinzip nach auch bei Ressourcen wie IP-Adressen,[135] Domainnamen und Root-Zone-Files. Diese können aber umgeleitet und der Ortende so „ausgetrickst" werden.[136] Die Lokalisierung eines sich im Internet bewegenden Individuums ist also problematisch. In der Anfangszeit des Internets in seiner ursprünglichen Funktion als Intranet war die Identifikation über die Verwendung einer bestimmten Telefonleitung möglich.[137] Im heutigen „virtuellen Raum", der durch die permanente Überschreitung physikalischer Grenzen aufrechterhalten wird,

---

[132] *Conseil d'État (Section du rapport et des études)*, Internet et les réseaux numériques: Étude adoptée par l'Assemblée générale du Conseil d'État le 2 juillet 1998, La Documentation Française, Paris 1998, S. 14.

[133] Zu dieser Problematik, *infra* Teil II, Kap. 2, B. I.1.a, 3.a., 5.b.

[134] Eindrücklich *Elissa A. Okoniewski*, Yahoo!, Inc. v. LICRA: The French Challenge to Free Expression on the Internet, Am. U. Int'l L. Rev. 18 (2002), 295–339 (309): „It seems unreasonable, […], to expect every website to comply with the speech laws of each country of the world." Zu „Online Borders", vgl. *Molly Land*, Toward an International Law of the Internet, Harv. Int'l L. J. 54 (2013), 393–458 (437ff.).

[135] *David R. Johnson/David R. Post*, Law and Borders – The Rise of Law in Cyberspace, Stan. L. Rev. 48 (1996), 1367–1402 (1371).

[136] Das kann bereits zu tun haben mit der Art der Verwaltung eines Domainnamens. So hat etwa Tuvalu die Verwaltung seiner Domain .tv outgesourct an das amerikanische Unternehmen VeriSign. Dazu *Wolfgang Kleinwächter*, Die WSIS-Kontroverse zu Internet Governance: Eine globale Ressource im Spannungsfeld nationaler Interessen, in Wolfgang Benedek/Catrin Pekari (Hrsg.), Menschenrechte in der Informationsgesellschaft, Richard Boorberg Verlag, Stuttgart/München/Hannover/Berlin/Weimar/Dresden 2007, 35–55 (38 Fn. 3).

[137] *Henry H. Perritt, Jr.*, The Internet as a Threat to Sovereignty? Thoughts on the Inter-

ist eine Regelung rein auf Basis der Orientierung an Kategorien des Raums (und damit des Staates) nicht mehr möglich.

Im Umkehrschluss ist die Etablierung eines internationalen Regimes für das Internet (auf lange Sicht) unerlässlich. Probleme bereitet dabei allerdings das Konsensprinzip,[138] einer der zentralen Grundsätze des Völkerrechts. Zum jetzigen Zeitpunkt mangelt es an einem internationalen Konsens zur Regulierung des Internets, zu viele Unterschiede weisen die nationalen Regelungen zum Urheberrecht, Online-Handel (sog. Electronic Commerce oder E-Commerce), zu Grundrechten und im Bereich des Strafrechts auf. Vor diesem Hintergrund wagte die EU-Kommission[139] schon im Jahr 1998 den Vorstoß, eine „Internationale Charta" (sog. „Bangemann-Charta")[140] für das Internet auf den Weg zu bringen, die nicht verbindliche Regelungen über die zukünftige gemeinsame Regulierung des Internets enthalten sollte.[141] Ziel der Initiative war die Verständigung möglichst vieler Staaten (darunter insbes. die sog. Entwicklungsstaaten) auf breiter Basis über zukünftige Schritte bei der (nationalen und internationalen) Regulierung des Internets.[142] Die Bangemann-Charta betrifft vorwiegend wirtschaftliche Aspekte, den elektronischen Geschäftsverkehr betreffend.[143] Einig wurden sich die beteiligten Staaten im Rahmen der Ausarbeitung der Charta insbes. darüber, dass die Autonomie des Netzes und seiner „User" nur durch ein möglichst geringes Maß staatlichen Engagements beeinträchtigt werden möge.[144] Die Basis der Initiative der Kommission bildete die „Europäi-

---

net's Role in Strengthening National and Global Governance, Ind. J. Global Legal Stud. 5 (1998), 423–442 (427).

[138] Zum Konsensprinzip, vgl. *Mehrdad Payandeh*, Internationales Gemeinschaftsrecht. Zur Herausbildung gemeinschaftsrechtlicher Strukturen im Völkerrecht der Globalisierung, Beiträge zum ausländischen öffentlichen Recht und Völkerrecht Bd. 219, Springer, Heidelberg 2010, S. 178 ff.

[139] Nach Art. 17 Abs. 1 Satz 1 EUV ist die Kommission gehalten, „die allgemeinen Interessen der Union" zu fördern und zu diesem Zweck „geeignete Initiativen" zu ergreifen.

[140] Benannt nach dem dt. Kommissionsmitglied *Martin A. Bangemann*, der von 1989 bis 1999 als EU-Kommissar für den Binnenmarkt bzw. für Industriepolitik, Informationstechnik und Telekommunikation verantwortlich zeichnete. Die Initiative der Kommission zur Ausarbeitung der „Internet-Charta" geht auf seinen Vorschlag zurück, dazu *CORDIS*, Kommissionsmitglied Bangemann fordert Charta für globale Kommunikation, 1997, abrufbar unter: https://cordis.europa.eu/news/rcn/8992_de.html.

[141] *Franco Malerba*, Bericht über die Mitteilung der Kommission über Globalisierung und Informationsgesellschaft: die Notwendigkeit einer stärkeren internationalen Koordinierung (KOM[98]0050 – C4–0153/98), Ausschuß für Wirtschaft, Währung und Industriepolitik, A4–0366/98, 14.10.1998, S. 8, abrufbar unter: https://www.europarl.europa.eu/sides/getDoc.do?pubRef=-//EP//NONSGML+REPORT+A4-1998-0366+0+DOC+PDF+V0//DE.

[142] *Michael v. Hinden*, Persönlichkeitsverletzungen im Internet: Das anwendbare Recht, Studien zum ausländischen und internationalen Privatrecht Bd. 74, J. C. B. Mohr (Paul Siebeck), Tübingen 1999, S. 267.

[143] *Birgit Dankert*, „Globale Informationsnetze: Die Chancen nutzen": Europäische Ministerkonferenz in Bonn vom 6.–8. Juli 1997, Bibliotheksdienst 31 (1997), 1455–1464 (1455).

[144] *Birgit Dankert*, „Globale Informationsnetze: Die Chancen nutzen": Europäische Ministerkonferenz in Bonn vom 6.–8. Juli 1997, Bibliotheksdienst 31 (1997), 1455–1464 (1455).

sche Ministerkonferenz" (auch „Bonner Ministerkonferenz"), die – organisiert von Deutschland in Zusammenarbeit mit der Kommission – v. 6.–8. Juli 1997 unter der Leitung des damaligen Bundeswirtschaftsministers *Günter Rexrodt* und des EU-Kommissars *Martin Bangemann* zum Thema „Globale Informationsnetze: Die Chancen nutzen" in Bonn stattfand.[145] An der Konferenz nahmen Minister aus 29 europäischen Staaten, den USA, Kanada und Japan teil.[146] Die Schlusserklärung der Ministerkonferenz enthält acht Grundsätze, die die Grundlage für die künftige gemeinsame Regulierung des Internets darstellen sollten, u. a. die Gewährleistung der Sicherheit in Bezug auf personenbezogene Daten, die Verantwortlichkeit der Akteure sowie die Sicherung des Zugangs zum Internet für jedermann, unabhängig von Alter, geografischer Lage und sozialer Schicht.[147] Nichtsdestotrotz war auch im Rahmen der Bonner Ministerkonferenz die „Angst" vor einer nationaler Regulierung des profitablen Wirtschafts„raums" Internet omnipräsent. Das zeigt etwa der Vorschlag des ehem. U. S.-Präsidenten *Bill Clinton* für eine Politik des „freien Handels auf dem Internet"[148] aus Juni 1997:

> „Das Internet sollte zur Freihandelszone erklärt werden – zu einem zollfreien Umfeld, wenn es zur Lieferung von Produkten und Dienstleistungen genutzt wird. [...] Weil das Internet ein wirklich globales Medium ist, ergibt es wenig Sinn, Zölle einzuführen, da diese Transaktionen einer Menge marktbeschränkender Hemmnisse aussetzen, die die Vorteile des Handels auf dem Weg unterminieren."[149]

Die Rede ist daher von der Schaffung eines „internationalen rechtlichen Bezugsrahmens" für das Internet.[150] Entsprechend stellte auch die im Jahr 2004

---

[145] *Birgit Dankert*, „Globale Informationsnetze: Die Chancen nutzen": Europäische Ministerkonferenz in Bonn vom 6.–8. Juli 1997, Bibliotheksdienst 31 (1997), 1455–1464 (1455).

[146] *Birgit Dankert*, „Globale Informationsnetze: Die Chancen nutzen": Europäische Ministerkonferenz in Bonn vom 6.–8. Juli 1997, Bibliotheksdienst 31 (1997), 1455–1464 (1455).

[147] *Franco Malerba*, Bericht über die Mitteilung der Kommission über Globalisierung und Informationsgesellschaft: die Notwendigkeit einer stärkeren internationalen Koordinierung (KOM[98]0050 – C4-0153/98), Ausschuß für Wirtschaft, Währung und Industriepolitik, A4-0366/98, 14.10.1998, S. 10 (Grundsätze 4, 7, 8), abrufbar unter: https://www.europarl.europa.eu/sides/getDoc.do?pubRef=-//EP//NONSGML+REPORT+A4-1998-0366+0+DOC+PDF+V0//DE.

[148] *Franco Malerba*, Bericht über die Mitteilung der Kommission über Globalisierung und Informationsgesellschaft: die Notwendigkeit einer stärkeren internationalen Koordinierung (KOM[98]0050 – C4-0153/98), Ausschuß für Wirtschaft, Währung und Industriepolitik, A4-0366/98, 14.10.1998, S. 10, abrufbar unter: https://www.europarl.europa.eu/sides/getDoc.do?pubRef=-//EP//NONSGML+REPORT+A4-1998-0366+0+DOC+PDF+V0//DE.

[149] Vgl. *Birgit Dankert*, „Globale Informationsnetze: Die Chancen nutzen": Europäische Ministerkonferenz in Bonn vom 6.–8. Juli 1997, Bibliotheksdienst 31 (1997), 1455–1464 (1456), die derart die erste der insgesamt neun „Empfehlungen" *Clintons* zusammenfasst.

[150] *Franco Malerba*, Bericht über die Mitteilung der Kommission über Globalisierung und Informationsgesellschaft: die Notwendigkeit einer stärkeren internationalen Koordinierung (KOM[98]0050 – C4-0153/98), Ausschuß für Wirtschaft, Währung und Industriepolitik, A4-0366/98, 14.10.1998, S. 8, abrufbar unter: https://www.europarl.europa.eu/sides/getDoc.do?pubRef=-//EP//NONSGML+REPORT+A4-1998-0366+0+DOC+PDF+V0//DE.

von den UN zur Stärkung der Sicherheit globaler Informations- und Telekommunikationssysteme eingerichtete Arbeitsgruppe „Group of Governmental Experts on Developments in the Field of Information and Telecommunications in the Context of International Security" 2013 fest, dass internationale Kooperation für eine effektive Regelung des Internets „essenziell" sei:[151]

„International cooperation is essential to reduce risk and enhance security."

Diese Ansicht bestätigte Deutschland 2015 in seinem Bericht[152] für die UNGGE:

„The United Nations is the crucial forum for establishing the rules of responsible State behaviour in cyberspace. An important starting point is the consensus of the Group of Governmental Experts on Developments in the Field of Information and Telecommunications in the Context of International Security of 2012–2013 that international law, particularly the Charter of the United Nations, is applicable in cyberspace. The Group of Governmental Experts of 2014–2015, in which Germany has once again been actively engaged, has built on this. A shared understanding of the rules, norms and principles of responsible State behaviour in cyberspace could enhance international transparency and predictability, thereby contributing to peace and stability."

Und schon im Rahmen der „Geneva Declaration of Principles", dem Abschlussdokument der ersten WSIS-Phase in Genf 2003, bekannten sich die beteiligten Staaten zum Völkerrecht als Mittel zur effektiven Regelung des Internets.[153] Auch die dt. „Digitale Agenda 2014–2017" spricht sich gegen die rein nationale „Schaffung von Regeln und Rahmenbedingungen für das globale Netz" aus,[154]

---

[151] *Report of the UNGGE*, Developments in the field of information and telecommunications in the context of international security, UN Doc. A/68/98, 24.6.2013, S. 2; bestätigt durch den Bericht der UNGGE 2015: Report of the UNGGE, Developments in the field of information and telecommunications in the context of international security, UN Doc. A/70/174, 22.7.2015, S. 12 (§§ 24 ff.). Im Rahmen der Res. 73/266 v. 22.12.2018 (UN Doc. A/RES/73/266) rief die Generalversammlung den Generalsekretär zur Errichtung einer UNGGE zum Thema „Advancing responsible State behaviour in cyberspace in the context of international security" auf; diese UNGGE plante, ihr erstes Treffen noch in 2019 abzuhalten, und ihren ersten Bericht der Generalversammlung in 2021 vorlegen, dazu: https://www.un.org/disarmament/ict-security/.
[152] *Report of the Secretary-General*, Developments in the field of information and telecommunications in the context of international security, UN Doc. A/70/172, 22.7.2015, Replies received from Governments: Germany (25.7.2015), 6–7 (7).
[153] Declaration of Principles, Building the Information Society: a Global Challenge in the New Millennium, WSIS, Genf, 12.12.2003, WSIS-03/GENEVA/DOC/4-E, § 1 (S. 1).
[154] „Die Schaffung von Regeln und Rahmenbedingungen für das globale Netz kann nicht alleine auf nationaler Ebene erfolgen, sondern muss auf europäischer und internationaler Ebene eingebettet und flankiert werden." (*Bundesregierung*, Digitale Agenda 2014–2017, Aug. 2014, S. 35, abrufbar unter: https://www.bmwi.de/Redaktion/DE/Publikationen/Digitale-Welt/digitale-agenda.html). Die Bundesregierung widerspricht sich jedoch, wenn es weiter heißt: „Wir wollen Klarheit über das anwendbare ‚Völkerrecht des Netzes' herstellen, […]." (S. 36) – Hervorh. d. A. Während es aber zunächst so klang, als müsse ein „Völkerrecht des Netzes" erst noch geschaffen werden, impliziert dieses Zitat nun, es gäbe diese separate Rechtsordnung bereits. In diesem Sinne krit. *Matthias C. Kettemann*, Völkerrecht in Zeiten des Netzes. Perspektiven auf den effektiven Schutz von Grund- und Menschenrechten in der

und der Koalitionsvertrag von CDU, CSU und SPD 2013[155] enthält sogar den Begriff des „Völkerrechts des Netzes".

Allerdings schätzt *Uecker* die Chancen für eine zunehmende Harmonisierung oder die Abfassung international einheitlicher Abkommen allein im Bereich des Datenschutzrechts im Internet „aufgrund rechtskultureller Unterschiede und divergierender nationaler wirtschaftlicher Interessen" mittelfristig als „gering" ein.[156] Die Entstehung internationalen Rechts könne aber durch die Schaffung vorübergehend „lückenfüllender" nationaler Regelungen mit „extraterritoriale[m] Schutz- und Regelungsanspruch" befördert werden[157] – eine Übergangslösung, die durch die Abwesenheit international einheitlicher Regelungen entstehende rechtliche Vakua vermeiden helfen soll. Nichtsdestotrotz ist auch bei dieser (Übergangs-)Lösung Vorsicht geboten, denn extraterritorial wirkende nationale Regelungen bergen ebenfalls vielfältige Probleme. Zunächst offenbaren sie ein gravierendes Demokratiedefizit: Extraterritoriale Regelungen gelten auch für diejenigen, die an ihrer Entstehung keinen Anteil hatten; dieser Umstand hat wiederum häufig einen Mangel an Akzeptanz beim Normadressaten zur Folge.[158] So tragen diese Regeln durch fehlende Vorhersehbarkeit zur Förderung eines Gefühls der Rechtsunsicherheit bei: Indem Normen mit extraterritorialer Geltung auch Wirkung für Angehörige anderer als der normsetzenden Staaten entfalten, machen sie es dem Normadressaten schwer, zu erkennen, dass er Normadressat ist, v. a. wenn seine Handlung am Begehungsort legal ist.[159] Daneben begegnet auch die Durchsetzung extraterritorial anwendbarer Regeln einigen Schwierigkeiten: Die Staaten können die (imperative) Durchsetzung fremder Regelungsansprüche auf ihrem Territorium verweigern oder aktiv verhindern.[160] „Anreize zur Normtreue" fehlen daher beim Normadressaten, Normen werden tlw. bewusst ignoriert.[161]

Informationsgesellschaft zwischen Völkerrecht, Europarecht und Staatsrecht, Friedrich-Ebert-Stiftung, Bonn 2015, S. 18.

[155] „[…], setzen wir uns für ein Völkerrecht des Netzes ein, damit die Grundrechte auch in der digitalen Welt gelten." (Deutschlands Zukunft gestalten, Koalitionsvertrag zwischen CDU, CSU und SPD, 18. Legislaturperiode, 2013, S. 149 – Hervorh. d. A, abrufbar unter: https://www.cdu.de/sites/default/files/media/dokumente/koalitionsvertrag.pdf).

[156] *Philip Uecker*, Extraterritoriale Regelungshoheit im Datenschutzrecht, Frankfurter Studien zum Datenschutz Bd. 52, Nomos, Baden-Baden 2017, S. 212.

[157] *Philip Uecker*, Extraterritoriale Regelungshoheit im Datenschutzrecht, Frankfurter Studien zum Datenschutz Bd. 52, Nomos, Baden-Baden 2017, S. 212 f.

[158] *Cedric Ryngaert*, Jurisdiction in International Law, 2. Aufl., Oxford University Press, Oxford 2015, S. 193 m. w. N.

[159] *Philip Uecker*, Extraterritoriale Regelungshoheit im Datenschutzrecht, Frankfurter Studien zum Datenschutz Bd. 52, Nomos, Baden-Baden 2017, S. 74.

[160] *Philip Uecker*, Extraterritoriale Regelungshoheit im Datenschutzrecht, Frankfurter Studien zum Datenschutz Bd. 52, Nomos, Baden-Baden 2017, S. 77.

[161] *Christopher Kuner*, Data Protection Law and International Jurisdiction on the Internet (Part 2), IJLIT 18 (2010), 227–247 (235).

Im Ergebnis würden zu weitreichende Internetregulierungen durch Einzelstaaten Jurisdiktionskonflikte heraufbeschwören, wie es etwa bei der inländischen strafrechtlichen Verfolgung ausländischer ISPs, z. B. durch Inanspruchnahme lokaler Vermögenswerte oder Vertreter,[162] der Fall wäre. Gerade Sachverhalte mit Internetbezug sind besonders anfällig für Jurisdiktionskonflikte, die Ubiquität dieses Mediums bewirkt stets und ständig die Kollision von staatlichen Souveränitätsansprüchen[163] infolge des gleichzeitigen Rückgriffs auf unterschiedliche Jurisdiktionsprinzipien. Solche Konflikte müssten dann auf zwischenstaatlicher Ebene unter Anwendung der geltenden Kollisionsregeln gelöst werden.[164] Dieses aufwendige und problembehaftete Vorgehen kann verhindert werden durch einheitliche Regelungen. Eine einseitige, nationale Regelung des Internets birgt dagegen die Gefahr, dessen universellen, allzugänglichen Charakter zu zerstören[165] und schlicht ihren Zweck zu verfehlen. Die Transnationalität des Internets, die Flüchtigkeit seiner Inhalte und die schnelle technische Weiterentwicklung stehen einer nationalen Regulierung entgegen.[166]

B. Ein „Völkerrecht des Netzes"?
Zu den Mechanismen der völkerrechtlichen Regulierung des Cyberspace

Grds. „besteht kein Zweifel daran, dass das geltende Völkerrecht auf Sachverhalte im Cyberspace Anwendung findet".[167] Im Hinblick auf die sogleich dar-

---

[162] Vgl. dazu etwa eine Entsch. d. Supreme Court des U. S.-Bundesstaats New York v. 22.7.1999 zu Internet-Wetten: Supreme Court of the State of New York (*Charles E. Ramos, J.*) – Index No. 404428/98 – The People of the State of New York by Dennis C. Vacco/World Interactive Gaming Corp., et al.

[163] *Philip Uecker*, Extraterritoriale Regelungshoheit im Datenschutzrecht, Frankfurter Studien zum Datenschutz Bd. 52, Nomos, Baden-Baden 2017, S. 72; vgl. auch *Christopher Kuner*, Data Protection Law and International Jurisdiction on the Internet (Part 1), IJLIT 18 (2010), 176–193 (176); *Stefanie Schmahl*, Zwischenstaatliche Kompetenzabgrenzung im Cyberspace, AVR 47 (2009), 284–327 (285 ff.).

[164] *Benedikt Pirker*, Territorial Sovereignty and Integrity and the Challenges of Cyberspace, in Katharina Ziolkowski (Hrsg.), Peacetime Regime for State Activities in Cyberspace. International Law, International Relations and Diplomacy, NATO CCDCOE Publication, Tallinn 2013, 189–216 (196 ff.).

[165] *Dan Hunter*, Cyberspace as Place and the Tragedy of the Digital Anticommons, Cal. L. Rev. 91 (2003), 439–519 (444).

[166] *Pierre Sirinelli*, L'adéquation entre le village virtuel et la création normative – Remise en cause du rôle de l'Etat?, in Katharina Boele-Woelki/Catherine Kessedjian (Hrsg.), Internet – Which Court Decides? Which Law Applies?, Proceedings of the international colloquium in honour of Michel Pelichet organized by the Molengraaff Institute of Private Law, University of Utrecht, and the Hague Conference on Private International Law, Kluwer Law International, Den Haag/London/Boston 1998, 1–22 (8).

[167] *Christian Schaller*, Internationale Sicherheit und Völkerrecht im Cyberspace. Für klarere Regeln und mehr Verantwortung, SWP-Studie, S 18, Okt. 2014, S. 7 – Fn. entfernt.

zustellenden Regelungen, die zum jetzigen Zeitpunkt auf Aktivitäten im Internet angewendet werden (können),[168] soll jedoch noch einmal ausdrücklich darauf hingewiesen werden, dass (noch) kein zusammenhängendes völkerrechtliches Regelungssystem für das Internet existiert.[169] Angewendet werden aktuell überwiegend solche Normen, die zur Regulierung von „Offline"-Aktivitäten geschaffen wurden, entsprechend nicht auf die spezifischen Charakteristika des Cyberspace zugeschnitten sind und durch Auslegung dem neuen Regelungsobjekt angepasst werden müssen.[170] Daneben liefern sich verschiedene I. O. (tlw. aus dem Bereich der [nicht staatlichen] Privatwirtschaft) einen regelrechten Wettlauf um Regelungskompetenzen, insbes. im Bereich des Wirtschafts- und Wettbewerbsrechts und der Inhaltskontrolle. Höchste Priorität genießt dabei u. a. die Schaffung verbindlicher (und im Idealfall einheitlicher) Regelungen auf den Gebieten des geistigen Eigentums, der Redefreiheit, des elektronischen Handels (hier v. a. Verbraucherschutz, Steuerrecht), der Frage der Identität im Cyberspace, elektronischer Signaturen, der Verschlüsselung, des Wettbewerbs und des Markenschutzes.[171] Ausgehend von der (nicht abschließenden) Auflistung völkerrechtlicher Quellen des Art. 38 Abs. 1 IGH-Statut[172] werden im Folgenden im Cyberkontext anwendbare völkerrechtliche Verträge und Normen des Völkergewohnheitsrechts besprochen, zudem wird in aller Kürze auf die bislang in diesem Zusammenhang nicht sehr bedeutsamen „von den Kulturvölkern anerkannten Rechtsgrundsätze" eingegangen. Die „Rechtserkenntnisquellen" des Art. 38 Abs. 1 lit. d IGH-Statut, „richterliche Entscheidungen und die Lehrmeinung der fähigsten Völkerrechtler der verschiedenen Nationen", sind dagegen nicht Teil der Betrachtung.

I. Völkervertragsrecht

Große Bedeutung kommt den zahlreichen völkervertragsrechtlichen Quellen (internationale Übereinkünfte, „conventions"),[173] vgl. Art. 38 Abs. 1 lit. a IGH-Statut, zu, die (potenziell) auf Internetaktivitäten angewendet werden können.

---

[168] Die folgende Betrachtung der anwendbaren Regelungen erhebt keinen Anspruch auf Vollständigkeit.
[169] *Franz C. Mayer*, Das Internet, das Völkerrecht und die Internationalisierung des Rechts, ZfRSoz 23 (2002), 93–114 (93).
[170] In den Worten von *Michael N. Schmitt/Liis Vihul*, The Nature of International Law Cyber Norms, Tallinn Paper No. 5, Special Expanded Issue, CCDCOE, 2014, S. 30: „After all, there is a scarcity of cyber-specific treaty law and a near total void of cyber-specific customary law on the subject. As a result, recourse must be had to general international law and the interpretation thereof in the cyber context."
[171] *Franz C. Mayer*, Das Internet, das Völkerrecht und die Internationalisierung des Rechts, ZfRSoz 23 (2002), 93–114 (94).
[172] Statut des IGH (Statute of the ICJ) v. 26.6.1945, BGBl. 1973 II, S. 505.
[173] Zu den Begriffen sowie den Grundlagen des Völkervertragsrechts, vgl. *Wolfgang Graf Vitzthum*, Begriff, Geschichte und Rechtsquellen des Völkerrechts, in Wolfgang Graf

Nach *Graf Vitzthum* entspricht dies „auch der Dynamik des Völkerrechts insoweit am ehesten, als sich dieses mittels Übereinkünften am schnellsten, präzisesten und transparentesten fortentwickeln lässt".[174] Das gilt, obwohl bislang mangels internationalen Konsenses nur vereinzelt spezifische Verträge das Internet betreffend geschlossen wurden. Bereits existierende Vertragswerke wurden und werden – obwohl dem Wortlaut nach nicht direkt auf internetspezifische Regelungsmaterien anwendbar – mittels dynamischer Interpretation zur Lösung rechtlicher Probleme im Cyberspace herangezogen.

Ein einheitliches „Internet" oder „Cyberspace Regime" existiert dagegen (noch) nicht. Jedoch entstanden unter der Ägide verschiedener R. O. und I. O. wie den UN und einiger ihrer 17[175] rechtlich selbständigen Sonderorganisationen (u. a. der ITU, der WIPO und der UNESCO), zudem der OSZE, der WTO, dem Europarat sowie der EU etliche Kommunikationsaktivitäten jeglicher Form betreffende Übereinkünfte. Die Regelungsgegenstände der (nur zum Teil explizit internetspezifischen) Rechtsquellen sind überwiegend inhaltsbasiert, häufig geht es um den Umgang mit schädlichen und/oder strafbaren Inhalten von Webseiten. Daneben haben verschiedene Kommunikationsrechte des Einzelnen durch die Notwendigkeit des Schutzes sensibler Daten im Zuge der Nutzung des Internets an Bedeutung gewonnen.

1. Völkerbund bzw. UN

Es bereitet fundamentale Schwierigkeiten, im Rahmen des UN-Systems völkerrechtliche Verträge auszumachen, deren Regelungsgegenstand tatsächlich das Internet ist.[176] Vielmehr werden i. d. R. Rechtsquellen zur Regelung des Inter-

---

Vitzthum/Alexander Proelß (Hrsg.), Völkerrecht, 7. Aufl., De Gruyter, Berlin/Boston 2016, 1–60 (43 Rn. 113).

[174] *Wolfgang Graf Vitzthum*, Begriff, Geschichte und Rechtsquellen des Völkerrechts, in Wolfgang Graf Vitzthum/Alexander Proelß (Hrsg.), Völkerrecht, 7. Aufl., De Gruyter, Berlin/Boston 2016, 1–60 (43 Rn. 113).

[175] *Eckart Klein*, United Nations, Specialized Agencies, in Rüdiger Wolfrum (Hrsg.), MPEPIL, Bd. X: TR–ZO, 489–509 (492 Rn. 9); *Dag Hammarskjöld Library*, UN Specialized Agencies, abrufbar unter: https://research.un.org/en/docs/unsystem/sa.

[176] Es existieren einige relevante Übereinkünfte zum Regelungsbereich des E-Commerce, diese sind völkerrechtlich jedoch nicht verbindlich: Übereinkommen über den Einsatz elektronischer Kommunikation in internationalen Verträgen (Convention on the Use of Electronic Communications in International Contracts) v. 23.11.2005, 2898 UNTS, das dem Abbau von rechtlichen Hindernissen für den E-Commerce dient, und dank des weit gefassten Wortlauts seines Art. 4 auch modernste Kommunikationsmittel einbezieht, das UNCITRAL Model Law on Electronic Signatures v. 5.7.2001, UN Doc. A/RES/56/80, das UNCITRAL Model Law on Electronic Commerce v. 16.12.1996, UN Doc. A/RES/51/162, sowie deren Technical Notes on Online Dispute Resolution v. 17.12.2016, UN Doc. A/RES/71/138, die als Hilfestellungen für die Staaten bei der Entwicklung ihrer innerstaatlichen ODR-Systeme im Kaufrecht konzipiert wurden. Die Anwendbarkeit des UNCITRAL Model Law on Electronic Commerce auf heutige Elemente des E-Commerce ist angesichts seiner Adoption Ende der 1990er-Jahre allerdings fraglich. Das gilt auch für das UN-Kaufrecht (UN Convention on Contracts for the Interna-

nets herangezogen, die dieses nicht einmal erwähnen. Bestes Beispiel ist die UN-Ch, der wahrscheinlich bekannteste völkerrechtliche Vertrag. Als Gründungsvertrag der UN beansprucht sie Geltung für die derzeit 194 Mitgliedstaaten der I. O.,[177] entfaltet jedoch nicht *ipso iure* automatisch universelle Wirkung für alle Mitglieder der Staatengemeinschaft i. S. e. „Völkerverfassung".[178] Im Cyberkontext wird v. a. die Anwendung des Gewaltverbots aus Art. 2 Nr. 4 UN-Ch und des ausnahmsweisen Rechts auf Selbstverteidigung nach Art. 51 UN-Ch diskutiert.[179] Beide Normen richten sich ausschließlich an Staaten (hier: die Mitgliedstaaten der UN), die sich verpflichtet haben, jegliche Androhung und Anwendung militärischer Gewalt in Beziehung zu anderen Staaten zu unterlassen. Auf nicht staatliche Akteure wie Private oder I. O. finden sie grds. keine Anwendung. Werden in direkter Folge eines staatlichen Cyberangriffs lebenswichtige Infrastruktursysteme[180] beschädigt oder zerstört, so ist zu klären, ob es sich bei der staatlichen Verletzungshandlung um die Anwendung von „Gewalt" i. S. d. Gewaltverbots oder sogar um einen „bewaffneten Angriff" handelt, gegen den Selbstverteidigung geübt werden darf. Für die Bejahung des Vorliegens eines bewaffneten Angriffs im Cyberkontext kommt es stets darauf an, ob die Auswirkungen der „Cyber-Attacke" denen eines Angriffs mit konventionellen Waffen gleichen (Beispiel: Tod, signifikante Zerstörung).[181]

Als weiteres Beispiel eines völkerrechtlichen Vertrags, dessen Regelungsgegenstand zwar nicht das Internet ist, der in diesem Kontext aber dennoch Anwendung finden kann, dient der „Rundfunkfriedenspakt"[182] v. 23. Septem-

---

tional Sale of Goods) v. 11.4.1980, BGBl. 1989 II, S. 586, 1990 II, S. 1477, 1990 II, S. 1699, 1489 UNTS 59, das eher auf die Verwendung von Fax und Telex ausgelegt ist und eine analoge Anwendung auf internetbasierte Kommunikation kaum zulässt, vgl. *Paul P. Polański*, The Internationalization of Internet Law, in Jan Klabbers/Mortimer Sellers (Hrsg.), The Internationalization of Law and Legal Education, Ius Gentium: Comparative Perspectives on Law and Justice: Bd. 2, Springer, Dordrecht 2008, 191–210 (191 f.).

[177] *Wolfgang Graf Vitzthum*, Begriff, Geschichte und Rechtsquellen des Völkerrechts, in Wolfgang Graf Vitzthum/Alexander Proelß (Hrsg.), Völkerrecht, 7. Aufl., De Gruyter, Berlin/Boston 2016, 1–60 (11 Rn. 17).

[178] *Eckart Klein/Stefanie Schmahl*, Die Internationalen und die Supranationalen Organisationen, in Wolfgang Graf Vitzthum/Alexander Proelß (Hrsg.), Völkerrecht, 7. Aufl., De Gruyter, Berlin/Boston 2016, 247–359 (285 Rn. 92).

[179] Zur gewohnheitsrechtlichen Geltung der Normen, *infra* Teil II, Kap. 2, B.II.

[180] *Patrick G. Mayer*, Das Internet im öffentlichen Recht. Unter Berücksichtigung europarechtlicher und völkerrechtlicher Vorgaben, Tübinger Schriften zum Staats- und Verwaltungsrecht Bd. 48, Duncker & Humblot, Berlin 1999, S. 112.

[181] *Harold H. Koh*, International Law in Cyberspace, Remarks as Prepared for Delivery by Harold Hongju Koh to the USCYBERCOM Inter-Agency Legal Conference Ft. Meade, Maryland, 18.9.2012, Harv. Int'l L. J. Online 54 (2012), 1–12 (4); vgl. *Michael N. Schmitt*, Computer Network Attack and the Use of Force in International Law: Thoughts on a Normative Framework, Colum. J. Transnat'l L. 37 (1999), 885–937 (913).

[182] *Hans Brack*, Art. „Rundfunkrecht, internationales", in Karl Strupp/Hans-Jürgen Schlochauer (Hrsg.), Wörterbuch des Völkerrechts, Bd. 3: Rapallo-Vertrag bis Zypern, 2. Aufl., De Gruyter, Berlin 1962, 139–142 (140).

ber 1936.[183] Der völkerrechtliche Vertrag kam auf Initiative des Völkerbundes zustande und trat am 2. April 1938 in Kraft.[184] Er verpflichtet die Staaten zur Einhaltung von Mindeststandards[185] im Zusammenhang mit dem Recht auf freie Verbreitung von Rundfunkprogrammen, zudem werden sie dazu angehalten, gegen Sendungen, die Kriegspropaganda enthalten, vorzugehen.[186] Ausweislich seiner Präambel (§ 1) beruht der Vertrag auf „the need for preventing, by means of rules established by common agreement, broadcasting from being used in a manner prejudicial to good international understanding". Er bezieht sich ausschließlich auf das „Broadcasting" (engl. „[to] broadcast" = übertragen, senden) als „medium of intercommunication" (Präambel, § 2) und erwähnt das zum damaligen Zeitpunkt noch nicht existente Internet selbstverständlich mit keinem Wort. Allerdings betonte die UN-Generalversammlung in ihrer Resolution 841 (IX) aus dem Jahr 1954, die Konvention „constitutes an important element in the field of freedom of information".[187] Unter „freedom of information" oder „Informationsfreiheit" sind grds. „rights and procedures around access to public information"[188] zu verstehen. Beeinflusst durch soziale Veränderungen und die Weiterentwicklung technischer Kommunikationsmittel haben sich die Inhalte des Prinzips der Informationsfreiheit in den letzten 200 Jahren grundlegend verändert.[189] Vor diesem Hintergrund ist eine Anwen-

---

[183] Staatsvertrag über die Anwendung des Rundfunks im Interesse des Friedens (International Convention concerning the Use of Broadcasting in the Cause of Peace) v. 23.9.1936, 186 LNTS 301, 197 LNTS 394, 200 LNTS 557.

[184] Der Vertrag hatte allerdings von Anfang an keine allgemeine Bedeutung, da er von Staaten wie den USA, dem Deutschen Reich und Italien nicht unterzeichnet wurde. Vgl. dt. Presseanweisung v. 6.4.1938, abgedr. in *Karen Peter* (Bearb.), NS-Presseanweisungen der Vorkriegszeit. Edition und Dokumentation, Bd. 6/I: 1938, Quellentexte Januar bis April, K. G. Saur, München 1999, Nr. 1049 (S. 362); vgl. auch *Eliane Menghetti*, Die völkerrechtliche Stellung des internationalen Satellitenfernsehens im Spannungsfeld von Völkerverständigung und Propaganda. Bestrebungen zur Kontrolle von grenzüberschreitenden Informationsflüssen, Schweizer Studien zum internationalen Recht Bd. 73, Schulthess Polygraphischer Verlag, Zürich 1992, S. 138.

[185] *Eliane Menghetti*, Die völkerrechtliche Stellung des internationalen Satellitenfernsehens im Spannungsfeld von Völkerverständigung und Propaganda. Bestrebungen zur Kontrolle von grenzüberschreitenden Informationsflüssen, Schweizer Studien zum internationalen Recht Bd. 73, Schulthess Polygraphischer Verlag, Zürich 1992, S. 138 f.

[186] *Wolfgang Kleinwächter*, Verkehrsregeln für die „elektronische Autobahn" – Information und Kommunikation als Gegenstand multilateraler Verhandlungen im Verband der Vereinten Nationen, VN 3/1991, 88–93 (89).

[187] International Convention concerning the Use of Broadcasting in the Cause of Peace (Geneva, 1936), UN Doc. A/RES/841, 17.12.1954.

[188] *Laura L. Stein/Lindita Camaj*, Freedom of Information, in Oxford Research Encyclopedia: Communication, Abschn. „Summary and Keywords", abrufbar unter: https://oxfordre.com/communication/view/10.1093/acrefore/9780190228613.001.0001/acrefore-9780190228613-e-97.

[189] Zur Entwicklung des Prinzips der Informationsfreiheit, vgl. ausführlich *Laura L. Stein/Lindita Camaj*, Freedom of Information, in Oxford Research Encyclopedia: Communication, Abschn. „The Evolution of FOI Laws and Rights", abrufbar unter: https://

dung auf neuere und neueste Informations- und Kommunikationsmittel nicht ausgeschlossen.[190] Dies wird ermöglicht durch die sog. evolutive Auslegung als Teil der dynamischen Auslegungsmethode völkerrechtlicher Verträge.[191] Nach Art. 31 Abs. 1 WVK[192] ist Ausgangspunkt der Auslegung eines völkerrechtlichen Vertrags stets der Wortlaut der jeweils authentischen Sprachfassung(en). Vertragswerke sind jedoch nicht zuletzt „living instruments"[193] und als solche dem Einfluss gesellschaftlicher und politischer Veränderungen ausgesetzt. Daher spielt die dynamische Interpretation (teleologische Auslegung) von Verträgen im Völkerrecht eine große Rolle.

a) Universelle Menschenrechtsverträge

Auch die schützende Reichweite der Menschenrechte endet daher nicht vor dem Bildschirm. Das „UN-Menschenrechtssystem"[194] – dazu gehört die Gesamtheit der in der AEMR[195] von 1948, im IPbpR[196] samt seiner beiden Fakultativprotokolle[197] und im IPwskR[198] niedergelegten Menschenrechte (sog. „International

---

oxfordre.com/communication/view/10.1093/acrefore/9780190228613.001.0001/acrefore-9780190228613-e-97.

[190] Ein ähnliches Fazit ist z. B. auch mit Blick auf die Konvention über das Internationale Recht der Berichtigung (Convention on the International Right of Correction) v. 31.3.1953, UN Doc. A/RES/630 (VII), 435 UNTS 191, und das Internationale Übereinkommen zur Beseitigung jeder Form von Rassendiskriminierung (International Convention on the Elimination of All Forms of Racial Discrimination) v. 21.12.1965, UN Doc. A/RES/2106 (XX), BGBl. 1969 II, S. 961, 660 UNTS 195 zu ziehen.

[191] Zur evolutiven Auslegung ausführlich *Katharina Böth*, Evolutive Auslegung völkerrechtlicher Verträge. Eine Untersuchung zu Voraussetzungen und Grenzen in Anbetracht der Praxis internationaler Streitbeilegungsinstitutionen, Duncker & Humblot, Berlin 2013, insbes. S. 17 f., 124 ff.

[192] Wiener Übereinkommen über das Recht der Verträge (Vienna Convention on the Law of Treaties) v. 23.5.1969, BGBl. II 1985, S. 926, 1155 UNTS 331.

[193] *Andreas v. Arnauld*, Völkerrecht, 3. Aufl., C. F. Müller, Heidelberg 2016, S. 95 Rn. 230.

[194] *Gerd Oberleitner*, Das Menschenrechtssystem der Vereinten Nationen und die Informationsgesellschaft, in Wolfgang Benedek/Catrin Pekari (Hrsg.), Menschenrechte in der Informationsgesellschaft, Richard Boorberg Verlag, Stuttgart/München/Hannover/Berlin/Weimar/Dresden 2007, 59–76 (59).

[195] Allgemeine Erklärung der Menschenrechte (Universal Declaration of Human Rights) v. 10.12.1948, UN Doc. A/RES/217A(III).

[196] Internationaler Pakt über bürgerliche und politische Rechte (International Covenant on Civil and Political Rights) v. 16.12.1966, BGBl. II 1973, S. 1534, 999 UNTS 171.

[197] Erstes Fakultativprotokoll zum Internationalen Pakt über bürgerliche und politische Rechte (Optional Protocol to the International Covenant on Civil and Political Rights) v. 16.12.1966, BGBl. 1969 II, S. 1247, 999 UNTS 302; Zweites Fakultativprotokoll zum Internationalen Pakt über bürgerliche und politische Rechte zur Abschaffung der Todesstrafe (Second Optional Protocol to the International Covenant on Civil and Political Rights, aiming at the abolition of the death penalty) v. 15.12.1989, 1642 UNTS 414.

[198] Internationaler Pakt über wirtschaftliche, soziale und kulturelle Rechte (International Covenant on Economic, Social and Cultural Rights) v. 16.12.1966, BGBl. II 1973, S. 1570, 993 UNTS 3.

Bill of Human Rights")[199] – zeichnet sich aus durch eine Fülle von Akteuren und Institutionen, die das sog. „Westfälische System" des Völkerrechts geprägt haben und die bis zur Gründung der UN im Jahr 1945 standardmäßige „Mediatisierung" des Einzelnen aufbrechen. Dies hat dazu geführt, dass der Einzelne als neuartiges Völkerrechtssubjekt neben die Staaten treten konnte.

Nicht erst seit dem „Weltgipfel zur Informationsgesellschaft" der UN in Genf (2003) und Tunis (2005)[200] gewinnen die Menschenrechte auch für die „Informationsgesellschaft"[201] an Bedeutung. Die fortschreitende globale Digitalisierung fordert die kontinuierliche Novellierung verschiedenster Menschenrechtsverträge zum Zweck ihrer notwendigen Anpassung an die gewandelten Herausforderungen des „Zeitalters der Kommunikation".[202] Schon die „Declaration on the Use of Scientific and Technological Progress in the Interests of Peace and for the Benefit of Mankind" der UN-Generalversammlung aus dem

[199] Vgl. *UN*, The international bill of human rights, Genf 1988.
[200] Der WSIS geht zurück auf eine Initiative Tunesiens als eines der Mitgliedstaaten der ITU. Der ITU selbst wurde von der UN-Generalversammlung die Organisation und Durchführung des Gipfels übertragen. Diskussionsschwerpunkte des Gipfels waren das weite Feld der sog. „Internet Governance", die Überwindung der „Digital Divide", geistiges Eigentum im Internet und der Streitpunkt „free software". Zur Vorbereitung und Ausgestaltung des Gipfels ausführlich *Peter Leuprecht*, Der Weltgipfel zur Informationsgesellschaft aus der Sicht der Menschenrechte, in Wolfgang Benedek/Catrin Pekari (Hrsg.), Menschenrechte in der Informationsgesellschaft, Richard Boorberg Verlag, Stuttgart/München/Hannover/Berlin/Weimar/Dresden 2007, 23–34 (23). An dem Gipfel nahmen Regierungsvertreter und solche der Privatwirtschaft und der Zivilgesellschaft wie etwa NGOs teil. Der Gipfel war somit geprägt vom System der sog. „public-private partnership", einem Multistakeholder-Ansatz, dazu *Peter Leuprecht*, Der Weltgipfel zur Informationsgesellschaft aus der Sicht der Menschenrechte, in Wolfgang Benedek/Catrin Pekari (Hrsg.), Menschenrechte in der Informationsgesellschaft, Richard Boorberg Verlag, Stuttgart/München/Hannover/Berlin/Weimar/Dresden 2007, 23–34 (25). Große Hoffnungen wurden in den WSIS gesetzt, scheiterte doch Jahrzehnte zuvor, im Mai 1984, als Folge des gerade einsetzenden Kalten Krieges die UN-Konferenz zur Presse- und Informationsfreiheit. Die in diesem Rahmen ursprünglich geplante Ausarbeitung dreier Konventionen zu den Themen Informationsfreiheit, Nachrichtenbeschaffung und Berichtigungsrecht wurde entsprechend nicht weiterverfolgt, vgl. *Wolfgang Kleinwächter*, Verkehrsregeln für die „elektronische Autobahn" – Information und Kommunikation als Gegenstand multilateraler Verhandlungen im Verband der Vereinten Nationen, VN 3/1991, 88–93 (89).
[201] Der Begriff „Informationsgesellschaft" bezeichnet wohl die Gesellschaft des „information age", die sich mit Vorteilen und Gefahren neuer Kommunikationstechniken auseinanderzusetzen hat. Er wird in den im Rahmen der im Jahr 2003 in Genf abgehaltenen ersten Hälfte des WSIS abgefassten Dokumenten verwendet. Über Entstehung und völkerrechtlichen Status der Informationsgesellschaft geben die Texte keine Auskunft, ebenso fehlt eine allgemeingültige Definition. Vgl. *Wolfgang Benedek*, Vorwort, in Wolfgang Benedek/Catrin Pekari (Hrsg.), Menschenrechte in der Informationsgesellschaft, Richard Boorberg Verlag, Stuttgart/München/Hannover/Berlin/Weimar/Dresden 2007, 7–9 (8). Die Verwendung des Begriffs im Kontext dieser Arbeit lässt daher keine Rückschlüsse auf eine evtl. Völkerrechtssubjektivität der Informationsgesellschaft und eine damit einhergehende Verpflichtung zur Befolgung menschenrechtlicher Standards zu.
[202] *Wolfgang Benedek*, Vorwort, in Wolfgang Benedek/Catrin Pekari (Hrsg.), Menschenrechte in der Informationsgesellschaft, Richard Boorberg Verlag, Stuttgart/München/Hannover/Berlin/Weimar/Dresden 2007, 7–9 (7).

Jahr 1975 erkannte, dass „scientific and technological progress has become one of the most important factors in the development of human society".[203] Mehr als 40 Jahre später, in Zeiten von „gläsernen Menschen", „hate speech" im Internet und Open Source-Software, befürchten einige[204] gar eine regelrechte „Überforderung" des UN-Menschenrechtssystems, gerade durch die unzähligen Neuerungen im Bereich der Informations- und Kommunikationstechniken.[205]

Im Folgenden werden diejenigen menschenrechtlichen Quellen im Überblick dargestellt, die im Zusammenhang mit dem Individualschutz in der Informationsgesellschaft von Bedeutung sind: Als im Rahmen der Frage der „Internet Governance" prioritär zu behandelnde Themen nannte die „Working Group on Internet Governance" in ihrem Abschlussbericht 2005[206] u. a. den Schutz des geistigen Eigentums, die Meinungs(äußerungs)freiheit sowie den Datenschutz und den Schutz der Privatsphäre. Im Anschluss soll die Frage beantwortet werden, ob das aktuelle menschenrechtliche Schutzsystem den besonderen Herausforderungen, die die Regelung von Aktivitäten im Cyberspace birgt, gewachsen ist.

aa) AEMR

Obwohl bereits im Jahr 1948 unter dem Eindruck der Schrecken des Zweiten Weltkriegs[207] ausgearbeitet und beschlossen, ist die Bedeutung der AEMR auch im Informationszeitalter ungebrochen. Das zeigt die Prinzipienerklärung des Genfer Teils des WSIS v. 12. Dezember 2003.[208] Die AEMR enthält sowohl zivile bzw. bürgerliche und politische Rechte, aber auch wirtschaftliche, soziale und kulturelle Rechte.[209] Sie ist in ihrer Eigenschaft als Resolution der UN-Generalversammlung kein völkerrechtlicher Vertrag und damit *per se* nicht

---

[203] Declaration on the Use of Scientific and Technological Progress in the Interests of Peace and for the Benefit of Mankind, UN Doc. A/RES/30/3384, 10.11.1975, Präambel, § 1.
[204] *Veronika Bauer/Matthias C. Kettemann*, Menschenrechtliche Implikationen der Informationsgesellschaft und österreichische Regulierungsansätze, in Wolfgang Benedek/Catrin Pekari (Hrsg.), Menschenrechte in der Informationsgesellschaft, Richard Boorberg Verlag, Stuttgart/München/Hannover/Berlin/Weimar/Dresden 2007, 293–323 (314).
[205] Recht fatalistisch fällt demgemäß das Urteil von *Cees J. Hamelink*, The Politics of World Communication: A Human Rights Perspective, Sage Publications, London 1998, S. 292 zum Menschenrechtsschutz in der Informationsgesellschaft aus: „If we take human rights content as an indicator of the representation of people's interests, we have to conclude that people do not matter in the politics of world communication."
[206] *Report of the WGIG*, Château de Bossey, Juni 2005, §§ 23–25 (S. 7 f.), abrufbar unter: https://www.wgig.org/docs/WGIGREPORT.pdf.
[207] *Asbjørn Eide/Gudmundur Alfredsson*, Introduction, in Gudmundur Alfredsson/Asbjørn Eide (Hrsg.), The Universal Declaration of Human Rights: A Common Standard of Achievement, Martinus Nijhoff Publishers, Den Haag/Boston/London 1999, xxv–xxxv (xxvii).
[208] Declaration of Principles, Building the Information Society: a Global Challenge in the New Millennium, 12.12.2003, WSIS-03/GENEVA/DOC/4-E, abrufbar unter: https://www.itu.int/dms_pub/itu-s/md/03/wsis/doc/S03-WSIS-DOC-0004!!PDF-E.pdf.
[209] *Kent Källström/Asbjørn Eide*, Art. 23, in Gudmundur Alfredsson/Asbjørn Eide (Hrsg.),

Kapitel 2: Eine Straßenverkehrsordnung für die elektronische Autobahn

bindend.[210] Zwar sind einige der in der AEMR niedergelegten Rechte mittlerweile anerkannt als Teil des Gewohnheitsrechts i. S. d. Art. 38 Abs. 1 lit. b IGH-Statut.[211] Die AEMR selbst ist aber mangels völkerrechtlicher Verbindlichkeit gegenüber Verletzern nicht durchsetzbar,[212] sie enthält lediglich einen recht allgemein formulierten Hinweis auf die Grundpflichten des Einzelnen gegenüber der Gemeinschaft in ihrem Art. 29.[213]

1948 existierte das Internet noch nicht, daher ist eine Anwendung der AEMR im Cyberkontext nur durch (dynamische) Auslegung zu erreichen. Im Zusammenhang mit dem Menschenrechtsschutz im Internet sind die Art. 7, 12, 19, 25, 26 und 27 AEMR von einiger Relevanz.[214]

The Universal Declaration of Human Rights: A Common Standard of Achievement, Martinus Nijhoff Publishers, Den Haag/Boston/London 1999, 489–510 (493).

[210] *Catherine Howell/Darrell M. West*, The Internet as a human right, Brookings, 7.11.2016, abrufbar unter: https://www.brookings.edu/blog/techtank/2016/11/07/the-internet-as-a-human-right/.

[211] *Asbjørn Eide/Gudmundur Alfredsson*, Introduction, in Gudmundur Alfredsson/Asbjørn Eide (Hrsg.), The Universal Declaration of Human Rights: A Common Standard of Achievement, Martinus Nijhoff Publishers, Den Haag/Boston/London 1999, xxv–xxxv (xxxi f.).

[212] *Catherine Howell/Darrell M. West*, The Internet as a human right, Brookings, 7.11.2016, abrufbar unter: https://www.brookings.edu/blog/techtank/2016/11/07/the-internet-as-a-human-right/.

[213] *Patrick G. Mayer*, Das Internet im öffentlichen Recht. Unter Berücksichtigung europarechtlicher und völkerrechtlicher Vorgaben, Tübinger Schriften zum Staats- und Verwaltungsrecht Bd. 48, Duncker & Humblot, Berlin 1999, S. 113 unter Verweis auf *Jochen A. Frowein*, Das Problem des grenzüberschreitenden Informationsflusses und des „domaine réservé", in Berichte DGVR Bd. 19 (16. Tagung in Köln), 5. bis 7. April 1979, C. F. Müller, Heidelberg 1979, 1–38 (18 f.). Art. 29 AEMR entspricht inhaltlich im Wesentlichen Art. 19 Abs. 3 IPbpR, dazu *Wolfgang Benedek*, Der Schutz der Meinungsäußerungs- und Medienfreiheit in der Informationsgesellschaft, in Wolfgang Benedek/Catrin Pekari (Hrsg.), Menschenrechte in der Informationsgesellschaft, Richard Boorberg Verlag, Stuttgart/München/Hannover/Berlin/Weimar/Dresden 2007, 125–146 (130).

[214] Mit der „Charter of Human Rights and Principles for the Internet" (Volltext inkl. Erklärungen abrufbar unter: https://www.ohchr.org/Documents/Issues/Opinion/Communications/InternetPrinciplesAndRightsCoalition.pdf) hat die „Internet Rights and Principles (IRPC) Dynamic Coalition" im Jahr 2013 unter der Ägide des Internet Governance Forum aber ein entsprechendes (ebenfalls völkerrechtlich nicht bindendes) Online-Pendant zur AEMR entwickelt. Dieses Dokument basiert auf der WSIS „Declaration of Principles of Geneva" und der „Tunis Agenda for the Information Society" (vgl. *Giovanni Ziccardi*, Resistance, Liberation Technology and Human Rights in the Digital Age, Law, Governance and Technology Series Bd. 7, Springer, Dordrecht/Heidelberg/New York/London 2013, S. 144 ff.). Die Genfer Prinzipienerklärung enthält nämlich u. a. einen ersten Versuch, die elementaren Grundrechte der „Informationsgesellschaft" (zum Begriff *Kirsten Schmalenbach*, Ein Menschenrecht auf Kommunikation: Erfordernis oder Redundanz?, in Wolfgang Benedek/Catrin Pekari [Hrsg.], Menschenrechte in der Informationsgesellschaft, Richard Boorberg Verlag, Stuttgart/München/Hannover/Berlin/Weimar/Dresden 2007, 183–213 [185]) völkerrechtlich verbindlich zu formulieren. Im Zusammenhang mit der in den 1970er- und 1980er-Jahren diskutierten Forderung nach einer „New World Information and Communication Order" scheiterte der Versuch einer Konkretisierung des Menschenrechtsschutzes angesichts neuer Gefahren durch neue Kommunikationstechniken. Die Internet-Charta interpretiert Menschenrechte der AEMR im neuen Internet-Kontext; zur Geltung von Menschenrechten „online", vgl. zudem *Giovanni Ziccardi*,

Art. 7 AEMR verurteilt Diskriminierungen jedweder Form wegen der Rasse, der Hautfarbe, des Geschlechts oder aus ähnlichen Gründen. Das Diskriminierungsverbot erlegt den Staaten die Pflicht zur gesetzlichen Sanktionierung von entsprechenden Benachteiligungen auf, beinhaltet aber auch die notwendige Verpflichtung zur positiven Verhinderung von Diskriminierungen, dazu gehört auch die Verhinderung der Aufstachelung zur Diskriminierung. Im Internet kann eine Diskriminierung besonders durch Internetinhalte zu Tage treten. Das Thema Rassismus und Hass im Internet ist allgegenwärtig, die Wahrnehmungshäufigkeit von Hasskommentaren ist insbes. unter den 14- bis 24-Jährigen auffällig hoch.[215] Hier kollidiert die Meinungsfreiheit der Urheber dieser Inhalte mit der Pflicht des Staates zum Schutz der Bürger vor Diskriminierungen. Daneben können Diskriminierungen aber auch bereits beim Zugang zu Informations- und Kommunikationstechniken beobachtet werden. V. a. Randgruppen ohne zureichenden Zugang zum Internet brauchen entsprechenden Schutz, da ihnen andernfalls z. B. die Möglichkeit zur Ausübung der Meinungsfreiheit vorenthalten werden kann.[216]

In *Art. 12 AEMR*, einer der wichtigsten Normen im Zusammenhang mit dem Schutz subjektiver Rechte im Cyberspace, geht es um den Schutz der Privatsphäre, des Familienlebens, der Wohnung und der Korrespondenz („correspondence"),[217] der Ehre und des persönlichen Ansehens. Das Recht auf Privatsphäre fungiert hier als „umbrella term"[218] für alle anderen in Art. 12 erwähnten Rechte. Die Privatsphäre, die Wohnung und die Korrespondenz werden auch geschützt durch Art. 8 EMRK und Art. 17 IPbpR.[219] Der Ausdruck „correspondence" in der engl. Sprachfassung schließt – im Gegensatz zur missverständ-

---

Resistance, Liberation Technology and Human Rights in the Digital Age, Springer, Dordrecht/Heidelberg/New York/London 2013, S. 144. Die Notwendigkeit einer solchen Charta wurde schon anlässlich des WSIS in Tunis 2005 vom ehem. Vorsitzenden (chair) des „European Data Protection Agency Council", *Stefano Rodotà*, angesprochen (vgl. *Rikke F. Jørgensen*, An Internet bill of rights?, in Ian Brown [Hrsg.], Research Handbook on Governance of the Internet, Edward Elgar, Cheltenham/Northampton 2013, 353–372 [358]).

[215] *Statista*, Umfrage unter 1.008 Befragten ab 14 Jahren, die privat das Internet nutzen zur Wahrnehmungshäufigkeit von Hasskommentaren im Internet nach Alter 2018, 1.–8.6.2018, abrufbar unter: https://de.statista.com/statistik/daten/studie/808263/umfrage/umfrage-zur-wahrnehmungshaeufigkeit-von-hasskommentaren-im-internet-nach-alter/.

[216] *OHCHR*, Background Note on the Information Society and Human Rights, 27.10.2003, WSIS/PC-3/CONTR/178-E, Article 7 UDHR (S. 3), abrufbar unter: https://www.itu.int/dms_pub/itu-s/md/03/wsispc3/c/S03-WSISPC3-C-0178!!PDF-E.pdf.

[217] Missverständlich ist hier gegenüber der offiziellen engl. Sprachversion die dt. Übers., die nur den „Briefwechsel" erwähnt.

[218] *Lars A. Rehof*, Art. 12, in Gudmundur Alfredsson/Asbjørn Eide (Hrsg.), The Universal Declaration of Human Rights: A Common Standard of Achievement, Martinus Nijhoff Publishers, Den Haag/Boston/London 1999, 251–264 (251).

[219] *Lars A. Rehof*, Art. 12, in Gudmundur Alfredsson/Asbjørn Eide (Hrsg.), The Universal Declaration of Human Rights: A Common Standard of Achievement, Martinus Nijhoff Publishers, Den Haag/Boston/London 1999, 251–264 (257).

lichen dt. Übersetzung, die lediglich von „Briefwechsel" spricht – jede Form der Korrespondenz, also u. a. *via* Telefon, E-Mail und andere Kommunikationsmittel, ein.[220] Die Bedrohung für diese Rechte ist im Laufe der Zeit gewachsen, nicht zuletzt wegen der mittlerweile schier überwältigenden Fülle an Möglichkeiten der elektronischen Überwachung (der Person, der Wohnung, der [analogen und digitalen] Korrespondenz) durch den Staat, aber auch durch private Akteure.[221] Das Eindringen des Staates oder privater Individuen in diese geschützten Bereiche soll daher nur unter ganz bestimmten Voraussetzungen oder nach vorheriger Einwilligung des Betroffenen möglich sein, „willkürliche Eingriffe" sind nach dem Wortlaut von Art. 12 Satz 1 AEMR verboten. Staatliche Eingriffe in die von Art. 12 AEMR geschützte Privatsphäre können etwa vorliegen im Fall des staatlich veranlassten Trackings von besuchten Seiten im Internet;[222] werden E-Mails mitgelesen, Briefe abgefangen/gelesen oder Telefonate mitgehört, ist die Korrespondenz betroffen.[223] Das gilt i. Ü. nicht nur für den Bereich der heimischen vier Wände, auch am Arbeitsplatz muss der Schutz der Privatsphäre von Staat und Arbeitgeber geachtet werden. Die Verwendung von speziellen Computerprogrammen, die das Leistungsniveau der Arbeitnehmer messen, oder das Abhören privater Telefongespräche ist nicht erlaubt.[224]

Besondere Bedeutung für eine demokratische Grundordnung und damit auch für den Schutz des Einzelnen im Cyberspace hat – neben dem Schutz der Privatsphäre – die Meinungs- und Informationsfreiheit. Diese wird durch *Art. 19 AEMR* geschützt.[225] Der Menschenrechtsrat (Human Rights Council), ein Unterorgan der UN-Generalversammlung, errichtet im Jahr 2006 durch die Resolution 60/251 als Nachfolger der Menschenrechtskommission (Commission

---

[220] *Lars A. Rehof*, Art. 12, in Gudmundur Alfredsson/Asbjørn Eide (Hrsg.), The Universal Declaration of Human Rights: A Common Standard of Achievement, Martinus Nijhoff Publishers, Den Haag/Boston/London 1999, 251–264 (251 f.).

[221] *Lars A. Rehof*, Art. 12, in Gudmundur Alfredsson/Asbjørn Eide (Hrsg.), The Universal Declaration of Human Rights: A Common Standard of Achievement, Martinus Nijhoff Publishers, Den Haag/Boston/London 1999, 251–264 (251).

[222] *Lars A. Rehof*, Art. 12, in Gudmundur Alfredsson/Asbjørn Eide (Hrsg.), The Universal Declaration of Human Rights: A Common Standard of Achievement, Martinus Nijhoff Publishers, Den Haag/Boston/London 1999, 251–264 (257 Fn. 23).

[223] *Lars A. Rehof*, Art. 12, in Gudmundur Alfredsson/Asbjørn Eide (Hrsg.), The Universal Declaration of Human Rights: A Common Standard of Achievement, Martinus Nijhoff Publishers, Den Haag/Boston/London 1999, 251–264 (261).

[224] *Lars A. Rehof*, Art. 12, in Gudmundur Alfredsson/Asbjørn Eide (Hrsg.), The Universal Declaration of Human Rights: A Common Standard of Achievement, Martinus Nijhoff Publishers, Den Haag/Boston/London 1999, 251–264 (258).

[225] Das Recht auf freie Meinungsäußerung findet zudem seinen Niederschlag in den Res. 59(I) und 110(II) (in Verbindung mit dem Verbot der Kriegs- und Rassenpropaganda) aus den Jahren 1946 und 1947, die bereits im Rahmen der ersten und zweiten Session der Generalversammlung beschlossen wurden, dazu *Wolfgang Kleinwächter*, Verkehrsregeln für die „elektronische Autobahn" – Information und Kommunikation als Gegenstand multilateraler Verhandlungen im Verband der Vereinten Nationen, VN 3/1991, 88–93 (89).

on Human Rights), hat in seiner nicht bindenden Resolution A/HRC/32/L.20 v. 27. Juni 2016 zum Ausdruck gebracht, dass etwa Internet-Shutdowns durch Staaten insbes. gegen Art. 19 AEMR verstoßen können.[226] Der Rat

> „[c]ondemns unequivocally measures to intentionally prevent or disrupt access to or dissemination of information online in violation of international human rights law and calls on all States to refrain from and cease such measures; [...]".[227]

Aus diesem Statement wird tlw. abgeleitet, dass der Menschenrechtsrat sogar die Anerkennung eines „Menschenrechts auf Internetzugang" befürworten würde.[228]

Art. 27 Abs. 1 AEMR beinhaltet u. a. das Recht, am wissenschaftlichen Fortschritt und seinen Errungenschaften teilzuhaben, *Abs. 2* schützt das im digitalen Kontext besonders relevante Urheberrecht.[229] Vor dem Hintergrund der zunehmenden Privatisierung und Kommerzialisierung der Produktion wissenschaftlichen und technischen Wissens hat das Recht aus Abs. 1 an Bedeutung gewonnen. Die Ökonomisierung der Wissenschaft birgt die Gefahr der Behinderung des Zugangs zu Wissensquellen.[230] Damit steht Art. 27 AEMR in engem Zusammenhang mit den Rechten aus Art. 22.[231] „Wissenschaft" i. S. d. Art. 27 Abs. 1 AEMR ist zu verstehen als

---

[226] Dazu vertieft *Catherine Howell/Darrell M. West*, The Internet as a human right, Brookings, 7.11.2016, abrufbar unter: https://www.brookings.edu/blog/techtank/2016/11/07/the-internet-as-a-human-right/.

[227] The promotion, protection and enjoyment of human rights on the Internet, 27.6.2016, UN Doc. A/HRC/32/L.20, § 10 (S. 4).

[228] Zu der Frage, ob bereits ein solches Menschenrecht auf Internet existiert, vgl. *Claire Petri*, Rural Libraries and the Human Right to Internet Access, Advances in librarianship 43 (2017): Rural and Small Public Libraries: Challenges and Opportunities (hrsg. v. Brian Real), 13–35; *Molly Land*, Toward an International Law of the Internet, Harv. Int'l L. J. 54 (2013), 393–458 (397 ff.). Die Existenz einer „Institutsgarantie" des Internets wird u. a. abgelehnt von *Michael Riegner*, Grotius has a long way to go, Replik zum Beitrag von Matthias C. Kettemann (Grotius goes Google, 1.5.2014), Völkerrechtsblog, 5.5.2014, abrufbar unter: https://voelkerrechtsblog.org/grotius-has-a-long-way-to-go/: „Menschenrechtliche Kommunikationsfreiheiten mögen sich im Einzelfall auch auf Ausübungsvoraussetzungen erstrecken – eine Art objektiv-rechtliche ‚Institutsgarantie' des Internets ergibt sich daraus aber noch nicht. Dies zeigt auch die Parallele zu traditionellen Medien: Diese sind ebenfalls wichtig, ohne dass sich deswegen ein völkerrechtlicher Anspruch auf Zeitung, Radio oder Fernsehen durchgesetzt hätte." Prägnant *Matthias C. Kettemann*, Die Berichte über den Tod des Internetvölkerrechts sind stark übertrieben, Rejoinder zur Replik von Michael Riegner (Grotius has a long way to go, 5.5.2014), Völkerrechtsblog, 9.5.2014, abrufbar unter: https://voelkerrechtsblog.org/rejoinder-die-berichte-uber-den-tod-des-internetvolkerrechts-sind-stark-ubertrieben/: „Das Völkerrecht schützt das Internet nicht als Ding an sich, [...]."

[229] Vgl. ausführlich zu Art. 27 AEMR die Ausführungen bei *Olli Vilanka*, Article 27 of the Universal Declaration of Human Rights and the Internet. A Study Evaluating Role of Prosumers, Authors and Corporations in the Information Society, Helsinki 2014, abrufbar unter: https://helda.helsinki.fi/bitstream/handle/10138/135817/ARTICLE27.pdf?sequence=1.

[230] *Cees J. Hamelink*, The politics of World Communication: A Human Rights Perspective, Sage Publications, London 1998, S. 291.

[231] *Ragnar Adalsteinsson/Páll Thórhallson*, Art. 27, Gudmundur Alfredsson/Asbjørn Eide

"the enterprise whereby mankind, acting individually or in small or large groups, makes an organized attempt, by means of objective study of observed phenomena, to discover and master the chain of causalities; brings together in a coordinated form the resultant sub-systems of knowledge by means of systematic reflection and conceptualization [...]".[232]

Der Fortschritt in Wissenschaft und Technik muss keinem bestimmten Zweck dienen und soll insbes. nicht von politischen Überlegungen abhängen, das zeigt die Zurückweisung des folgenden Änderungsvorschlags des sowjet. Repräsentanten im Rahmen der Ende der 1940er-Jahre über die Endfassung der AEMR beratenden Menschenrechtskommission:[233]

„The development of science must serve the interests of progress and democracy and the cause of international peace and co-operation."[234]

Die Formulierung „am wissenschaftlichen Fortschritt und dessen Errungenschaften teilzuhaben" deutet auf den Schutz sowohl des aktiven als auch des passiven, „konsumierenden" Rechts auf Teilhabe am wissenschaftlichen Fortschritt hin.[235] Das Recht aus Abs. 1 bezieht sich u. a. auf den kostengünstigen, einfachen und nicht diskriminierenden Zugang zum Internet und Computern sowie sonstigen neuen Medien.[236] Der urheberrechtliche Schutz aus Abs. 2 umfasst nicht nur den Schutz materieller Interessen der Urheber und geht damit weiter als das eigentumsrechtliche Schutzniveau aus Art. 17 AEMR.[237] Die Rechte der geistigen Urheber kreativer Erzeugnisse in Schrift, Bild, Ton oder in Form von Daten sind durch neue technische Möglichkeiten der Speicherung und der Verbreitung über das Internet mehr denn je in Gefahr. Trotzdem werden die Vorzüge von Creative Commons-Lizenzen und Open Source-Software

---

(Hrsg.), The Universal Declaration of Human Rights: A Common Standard of Achievement, Martinus Nijhoff Publishers, Den Haag/Boston/London 1999, 575–596 (580).

[232] *UNESCO*, Recommendation on the Status of Scientific Researchers, 18C/Res. 40, 20.11.1974, abgedr. in Records of the General Conference, 18th Session (Paris, 17.10.–23.11.1974), Vol. I: Resolutions, 169–179 (171, Ziff. I.1.[a].[i]).

[233] *Ragnar Adalsteinsson/Páll Thórhallson*, Art. 27, Gudmundur Alfredsson/Asbjørn Eide (Hrsg.), The Universal Declaration of Human Rights: A Common Standard of Achievement, Martinus Nijhoff Publishers, Den Haag/Boston/London 1999, 575–596 (578, 579).

[234] *ECOSOC*, Report of the 3rd session of the Commission on Human Rights (Lake Success, 24.5.–18.6.1948), Basic proposals advanced by the Soviet delegation at the 3rd session of the Commission on Human Rights and rejected by the Commission during its consideration of the draft International Declaration on Human Rights, E/800, Anhang, 28.6.1948, 40–44 (44).

[235] *Ragnar Adalsteinsson/Páll Thórhallson*, Art. 27, Gudmundur Alfredsson/Asbjørn Eide (Hrsg.), The Universal Declaration of Human Rights: A Common Standard of Achievement, Martinus Nijhoff Publishers, Den Haag/Boston/London 1999, 575–596 (578).

[236] *Ragnar Adalsteinsson/Páll Thórhallson*, Art. 27, Gudmundur Alfredsson/Asbjørn Eide (Hrsg.), The Universal Declaration of Human Rights: A Common Standard of Achievement, Martinus Nijhoff Publishers, Den Haag/Boston/London 1999, 575–596 (593).

[237] *Ragnar Adalsteinsson/Páll Thórhallson*, Art. 27, Gudmundur Alfredsson/Asbjørn Eide (Hrsg.), The Universal Declaration of Human Rights: A Common Standard of Achievement, Martinus Nijhoff Publishers, Den Haag/Boston/London 1999, 575–596 (578 f.).

hochgelobt.²³⁸ Schon die *Travaux préparatoires* der AEMR hatten – ohne es freilich in dieser Weise zu benennen – das Problem der sog. „Value Gap", der unzureichenden Vergütung von Autoren für die Nutzung ihrer literarischen, künstlerischen oder wissenschaftlichen Werke, zum Thema.²³⁹

Art. 25 Abs. 1 AEMR beinhaltet das Recht auf einen angemessenen Lebensstandard und bezieht sich – wohl unter Bezugnahme auf die „Digital Divide" – auch auf die freie Anteilnahme an technischen Innovationen und Informationen, die eine Person über Informations- und Kommunikationstechniken erreichen kann.²⁴⁰ Ebenso wie Art. 27 steht auch das Recht aus Art. 25 AEMR in engem Zusammenhang mit dem „umbrella article" 22 AEMR, der das Recht eines jeden auf Realisierung seiner essenziellsten wirtschaftlichen, sozialen und kulturellen Rechte statuiert.²⁴¹

Art. 26 AEMR enthält das Recht auf Bildung und ermöglicht durch die Nutzung des Internets bei der Realisierung von Bildungsangeboten das Lernen über Distanzen, auch über Staatsgrenzen hinweg. Das ist insbes. für Menschen in ländlichen und schlecht zugänglichen Gegenden und die Stärkung benachteiligter Gruppen – v. a. Frauen und Mädchen – durch Bildung von enormer Bedeutung.²⁴²

bb) IPbpR

Ein weiterer wichtiger Bestandteil der „International Bill of Human Rights" ist der IPbpR aus dem Jahr 1966. Nach Art. 2 Abs. 1 IPbpR verpflichtet sich

„[j]eder Vertragsstaat […], die in diesem Pakt anerkannten Rechte zu achten und sie allen in seinem Gebiet befindlichen und seiner Herrschaftsgewalt unterstehenden Personen ohne Unterschied […] zu gewährleisten".

Daher sind jedenfalls Verletzungshandlungen, die von den Vertragsstaaten innerhalb ihres Territoriums vorgenommen werden, an den menschenrechtlichen

---

²³⁸ *UNHRC*, Copyright policy and the right to science and culture, Report of the Special Rapporteur in the field of cultural rights, *Farida Shaheed*, UN Doc. A/HRC/28/57, 24.12.2014, §§ 78 (S. 16), 82 (S. 17); *Article 19*, The Right to Share: Principles on Freedom of Expression and Copyright in the Digital Age, International Standards Series, London 2013, § 13.3 (S. 20), abrufbar unter: https://www.article19.org/data/files/medialibrary/3716/13-04-23-right-to-share-EN.pdf.
²³⁹ Vgl. *UNCHR*, Drafting Committee, International Bill of Rights: Revised Suggestions Submitted by the Representative of France for Articles of the International Declaration of Rights, UN Doc. E/CN.4/AC.1/W.2/Rev.2, 20.6.1947, Art. 38.
²⁴⁰ *OHCHR*, Background Note on the Information Society and Human Rights, WSIS/PC-3/CONTR/178-E, 27.10.2003, S. 3 f., abrufbar unter: https://www.itu.int/dms_pub/itu-s/md/03/wsispc3/c/S03-WSISPC3-C-0178!!PDF-E.pdf.
²⁴¹ *Asbjørn Eide/Wenche Barth Eide*, Art. 25, in Gudmundur Alfredsson/Asbjørn Eide (Hrsg.), The Universal Declaration of Human Rights: A Common Standard of Achievement, Martinus Nijhoff Publishers, Den Haag/Boston/London 1999, 523–550 (523).
²⁴² *OHCHR*, Background Note on the Information Society and Human Rights, WSIS/PC-3/CONTR/178-E, 27.10.2003, S. 4, abrufbar unter: https://www.itu.int/dms_pub/itu-s/md/03/wsispc3/c/S03-WSISPC3-C-0178!!PDF-E.pdf.

Gewährleistungen des Pakts zu messen.[243] Das gilt auch, wenn diese Handlungen, die an sich eine innerstaatliche Ausübung von Hoheitsgewalt darstellen, Effekte jenseits der Staatsgrenzen hervorrufen.[244] Nicht erfasst ist aber nach dem Wortlaut von Art. 2 Abs. 1 IPbpR das Handeln von Staatsorganen außerhalb des Territoriums des Vertragsstaats. Der IGH und der UN-Menschenrechtsausschuss haben jedoch festgestellt, dass auch in solchen Fällen die Bestimmungen des IPbpR unter bestimmten Voraussetzungen gelten sollen.[245] Daher besteht auch kein Zweifel, dass der IPbpR im Einzelfall[246] „online" anzuwenden ist. Im Rahmen der Resolution 68/167 der Generalversammlung („The right to privacy in the digital age")[247] bekräftigte die Staatengemeinschaft im Jahr 2013, dass der Schutz der Privatsphäre „online wie offline" zu gewährleisten sei.[248] Von besonderer Bedeutung für den Menschenrechtsschutz im Internet sind Art. 17 und 19 IPbpR.

Art. 17 IPbpR, im Kern auf Art. 12 AEMR basierend,[249] schützt vor willkürlichen und unrechtmäßigen Eingriffen des Staates und privater Akteure[250] in

---

[243] *Helmut P. Aust*, Stellungnahme zur Sachverständigenanhörung am 5. Juni 2014, Deutscher Bundestag, 1. Untersuchungsausschuss der 18. Wahlperiode, MAT A SV-4/1, zu A-Drs. 56, 27.5.2014, § 29 (S. 10), abrufbar unter: https://www.bundestag.de/resource/blob/282870/fc 52462f2ffd254849bce19d25f72fa2/mat_a_sv-4-1_aust-pdf-data.pdf. Beispielhaft zum mittels des Überwachungsprogramms PRISM („Planning tool for Resource Integration, Synchronization, and Management") ermöglichten Zugriff der U. S.-Behörden auf innerhalb der USA befindliche Server von U. S.-Unternehmen, vgl. *Wolfgang Ewer/Tobias Thienel*, Völker-, unions- und verfassungsrechtliche Aspekte des NSA-Datenskandals, NJW 2014, 30–35 (31).

[244] *Helmut P. Aust*, Stellungnahme zur Sachverständigenanhörung am 5. Juni 2014, Deutscher Bundestag, 1. Untersuchungsausschuss der 18. Wahlperiode, MAT A SV-4/1, zu A-Drs. 56, 27.5.2014, § 30 (S. 11), abrufbar unter: https://www.bundestag.de/resource/blob/282870/fc5 2462f2ffd254849bce19d25f72fa2/mat_a_sv-4-1_aust-pdf-data.pdf. Vgl. zudem EGMR, Urt. v. 26.6.1992 – Beschwerde-Nr. 12747/87, Rn. 91 – Drozd und Janousek/Frankreich und Spanien.

[245] IGH, Gutachten v. 9.7.2004 – ICJ Reports 2004, 136 (§ 111) – Legal Consequences of the Construction of a Wall in the Occupied Palestinian Territory; CCPR, Entsch. v. 29.7.1981 – Communication No. R.12/52, UN Doc. Supp. No. 40 (A/36/40), 176 (1981), § 12.3 – Sergio Ruben Lopez Burgos/Uruguay; *CCPR*, General Comment 31 [80] – The Nature of the General Legal Obligation Imposed on States Parties to the Covenant, 29.3.2004, UN Doc. CCPR/C/21/Rev.1/Add.13, § 10 (S. 4).

[246] *Helmut P. Aust*, Stellungnahme zur Sachverständigenanhörung am 5. Juni 2014, Deutscher Bundestag, 1. Untersuchungsausschuss der 18. Wahlperiode, MAT A SV-4/1, zu A-Drs. 56, 27.5.2014, § 28 (S. 10), abrufbar unter: https://www.bundestag.de/resource/blob/282870/fc 52462f2ffd254849bce19d25f72fa2/mat_a_sv-4-1_aust-pdf-data.pdf.

[247] The right to privacy in the digital age, 18.12.2013, UN Doc. A/RES/68/167, § 4(a) (S. 2).

[248] *Helmut P. Aust*, Stellungnahme zur Sachverständigenanhörung am 5. Juni 2014, Deutscher Bundestag, 1. Untersuchungsausschuss der 18. Wahlperiode, MAT A SV-4/1, zu A-Drs. 56, 27.5.2014, § 16 (S. 6), abrufbar unter: https://www.bundestag.de/resource/blob/282870/fc5 2462f2ffd254849bce19d25f72fa2/mat_a_sv-4-1_aust-pdf-data.pdf.

[249] *Lars A. Rehof*, Art. 12, in Gudmundur Alfredsson/Asbjørn Eide (Hrsg.), The Universal Declaration of Human Rights: A Common Standard of Achievement, Martinus Nijhoff Publishers, Den Haag/Boston/London 1999, 251–264 (257 Fn. 22).

[250] *CCPR*, General Comment 16 – Article 17 (Right to Privacy): The Right to Respect

die Privatsphäre, das Familienleben, die Wohnung oder die Korrespondenz, die Ehre und das Ansehen. *De jure* wie *de facto* verlangt Art. 17 IPbpR einen umfassenden Schutz vor Eingriffen in seinen Schutzbereich.[251] Das Abfangen, Öffnen und Lesen von Korrespondenz kann ein Eingriff in den Schutzbereich von Art. 17 IPbpR sein, weil hier die Vertraulichkeit der Korrespondenz missachtet wird. Das Recht auf Privatheit schützt auch die Korrespondenz *via* Chat.[252] Elektronische und sonstige Überwachungen jedweder Form, das Abhören von telefonischen, telegrafischen oder anderen Kommunikationsformen sowie die Aufzeichnung von Konversationen müssen von Staaten gesetzlich verboten werden. Auch das reine Sammeln von Metadaten (z. B. Absender, Empfänger, Ort, Datum) über eine Korrespondenz verletzt das Recht auf Privatheit.[253] Das Sammeln und Speichern persönlicher Daten[254] auf Computern oder in Datenbanken durch den Staat oder Private kann als Eingriff qualifiziert werden und verlangt eine gesetzliche Regulierung. Die Weitergabe solcher Daten an Autorisierte ist gestattet. Über die Art der gespeicherten Daten und den Zweck der Speicherung muss auf Anfrage in verständlicher Form Auskunft erteilt werden, daneben besteht ein Recht der Betroffenen auf Berichtigung und Löschung ihrer Daten.[255] Eine Verletzung von Art. 17 IPbpR kann sogar vorliegen, wenn die Betroffenen durch die menschenrechtsrelevante Maßnahme vordergründig gar keinen Nachteil erleiden.[256] Die Rechtfertigung eines Eingriffs in den Schutzbereich von Art. 17 IPbpR im internetspezifischen Kontext ist nicht möglich mit dem Argument, durch die Nutzung des Internets gäben die User ihre Privatheit auf.[257] Besondere Aufmerksamkeit verdienen die Gewährleistungen des Art. 17 IPbpR vor dem Hintergrund der im Jahr 2013 bekannt gewordenen weltweiten elektronischen Überwachung Privater und öffentlicher Stellen durch den U. S.- amerikanischen Auslandsgeheimdienst NSA.[258] Nach Ansicht des UN-Hoch-

---

of Privacy, Family, Home and Correspondence, and Protection of Honour and Reputation, 8.4.1988, UN Doc. HRI/GEN/1/Rev.9 (Vol. I), 191–193 (191 § 1).

[251] *CCPR*, General Comment 16 – Article 17 (Right to Privacy: The Right to Respect of Privacy, Family, Home and Correspondence, and Protection of Honour and Reputation), 8.4.1988, UN Doc. HRI/GEN/1/Rev.9 (Vol I), 191–193 (192 § 8).

[252] Vgl. EGMR, Urt. v. 5.9.2017 – Beschwerde-Nr. 61496/08 – Bărbulescu/Rumänien.

[253] Vgl. EGMR, Urt. v. 2.8.1984 – Beschwerde-Nr. 8691/79 – Malone/Vereinigtes Königreich.

[254] EGMR, Urt. v. 4.12.2008 – Beschwerde-Nr. 30562/04 u. 30566/04, §§ 67 ff. – S. u. Marper/Vereinigtes Königreich; EGMR, Urt. v. 16.2.2000 – Beschwerde-Nr. 27798/95, §§ 69 ff. – Amann/Schweiz.

[255] *CCPR*, General Comment 16 – Article 17 (Right to Privacy): The Right to Respect of Privacy, Family, Home and Correspondence, and Protection of Honour and Reputation, 8.4.1988, UN Doc. HRI/GEN/1/Rev.9 (Vol I), 191–193 (193 § 10).

[256] EGMR, Urt. v. 24.4.1990 – Beschwerde-Nr. 11105/84, §§ 25, 32 ff. – Huvig/Frankreich.

[257] *OHCHR*, The Right to Privacy in the Digital Age: Report of the OHCHR, UN Doc. A/HRC/27/37, 30.6.2014, § 18 (S. 6).

[258] Dazu u. a. *Stefan Talmon*, Das Abhören des Kanzlerhandys und das Völkerrecht, BRJ 2014, 6–12.

kommissariats für Menschenrechte stellt die reine Existenz von Programmen zur massenhaften Überwachung (auch im Internet) eine Verletzung der Privatsphäre dar.[259] Auf die Frage der Anwendbarkeit des IPbpR im Falle extraterritorialer Überwachung wurde eingegangen im Rahmen der Resolution 68/167; das Gremium verlieh darin seiner Besorgnis Ausdruck

> „at the negative impact that surveillance and/or interception of communications, including extraterritorial surveillance and/or interception of communications, as well as the collection of personal data, in particular when carried out on a mass scale, may have on the exercise and enjoyment of human rights".[260]

Die Generalversammlung bat[261] im Rahmen dieser Resolution zudem das Hochkommissariat für Menschenrechte um einen Bericht zum Thema Privatheit im Kontext (extraterritorialer) Überwachung digitaler Kommunikation und Sammlung personenbezogener Daten.[262] In diesem Bericht betonte das Hochkommissariat, dass u. a. das Recht auf Privatheit offline wie online respektiert und geschützt werden müsse, also auch im Kontext digitaler Kommunikation.[263] Diese „Schutzpflicht" zielt darauf ab, auch Behinderungen durch Private (z. B. Telekommunikationsunternehmen) abzuwenden.[264]

Art. 19 Abs. 1 IPbpR schützt das Recht auf Meinungs- und Informationsfreiheit,[265] *Abs. 2* das Recht auf freie Meinungsäußerung. Im Gegensatz zu Art. 10 EMRK, der den Schutz dieser Rechte ebenfalls garantiert, gewährleistet Art. 19 IPbpR auch nach seinem Wortlaut zwei getrennt voneinander zu betrachtende Menschenrechte. Diese Trennung hängt zusammen mit der Schranke aus Art. 19 Abs. 3 IPbpR, die sich *expressis verbis* nur auf die Meinungsäußerungs-

---

[259] *OHCHR*, The Right to Privacy in the Digital Age: Report of the OHCHR, UN Doc. A/HRC/27/37, 30.6.2014, § 20 (S. 7).

[260] The right to privacy in the digital age, UN Doc. A/RES/68/167, 18.12.2013, Präambel, § 10 (S. 2).

[261] The right to privacy in the digital age, UN Doc. A/RES/68/167, 18.12.2013, § 5 (S. 3).

[262] *OHCHR*, The Right to Privacy in the Digital Age: Report of the OHCHR, UN Doc. A/HRC/27/37, 30.6.2014, § 6 (S. 4).

[263] *OHCHR*, The Right to Privacy in the Digital Age: Report of the OHCHR, UN Doc. A/HRC/27/37, 30.6.2014, §§ 3, 4 (S. 3).

[264] *Marko Milanovic*, Human Rights Treaties and Foreign Surveillance: Privacy in the Digital Age, Harv. Int'l L. J. 56 (2015), 81–146 (85); vgl. auch *Helmut P. Aust*, Stellungnahme zur Sachverständigenanhörung am 5. Juni 2014, Deutscher Bundestag, 1. Untersuchungsausschuss der 18. Wahlperiode, MAT A SV-4/1, zu A-Drs. 56, 27.5.2014, § 25 (S. 9), abrufbar unter: https://www.bundestag.de/resource/blob/282870/fc52462f2ffd254849bce19d25f72fa2/mat_a_sv-4-1_aust-pdf-data.pdf.

[265] Unterschieden wird hier zwischen der Freiheit, sich Informationen und Gedankengut zu beschaffen, und der Freiheit, Informationen und Gedankengut zu empfangen und weiterzugeben, vgl. *Kirsten Schmalenbach*, Ein Menschenrecht auf Kommunikation: Erfordernis oder Redundanz?, in Wolfgang Benedek/Catrin Pekari (Hrsg.), Menschenrechte in der Informationsgesellschaft, Richard Boorberg Verlag, Stuttgart/München/Hannover/Berlin/Weimar/Dresden 2007, 183–213 (187 Fn. 19 m. w. N.).

freiheit bezieht.²⁶⁶ Das Recht auf freie Meinungsbildung dagegen ist vorbehaltlos gewährleistet. Nach Art. 19 Abs. 2 IPbpR schließt das Recht auf freie Meinungsäußerung auch die Freiheit ein,

> „ohne Rücksicht auf Staatsgrenzen Informationen und Gedankengut jeder Art in Wort, Schrift oder Druck, durch Kunstwerke oder andere Mittel eigener Wahl sich zu beschaffen, zu empfangen und weiterzugeben".

Art. 19 Abs. 2 IPbpR entspricht inhaltlich den Gewährleistungen aus Art. 10 Abs. 1 EMRK. Nach § 12 des General Comment 34 sind von der Formulierung des Art. 19 Abs. 2 IPbpR auch audiovisuelle und elektronische sowie internetbasierte Ausdrucksformen erfasst.²⁶⁷ Dabei weist § 15 des General Comment 34 explizit darauf hin, dass sich die Kommunikationspraxis infolge des technischen Wandels gerade im Bereich der Informations- und Telekommunikationsmedien stark verändert hat. Konsequenterweise wird davon ausgegangen, dass Art. 19 Abs. 2 IPbpR – ebenso wie Art. 17 IPbpR – zur Wahrung der Meinungsfreiheit auch die Anonymität online schützt.²⁶⁸

Die Signatarstaaten sind dazu aufgerufen, die Unabhängigkeit der neuen Medien zu fördern und den globalen Meinungs- und Ideenaustausch nicht durch Zugangshemmnisse zu behindern.²⁶⁹ Die Formulierungen des § 15 des General Comment 34 geben sogar Anlass zu der Annahme, dass Art. 19 IPbpR ebenso wie Art. 19 AEMR ein (zukünftiges) „Menschenrecht auf Internet" enthält:

> „States parties should take account of the extent to which developments in information and communication technologies, such as internet and mobile based electronic information dissemination systems, have substantially changed communication practices around the world. There is now a global network for exchanging ideas and opinions that does not necessarily rely on the traditional mass media intermediaries. States parties should take all necessary steps to foster the independence of these new media and to ensure access of individuals thereto."²⁷⁰

---

²⁶⁶ *Wolfgang Benedek*, Der Schutz der Meinungsäußerungs- und Medienfreiheit in der Informationsgesellschaft, in Wolfgang Benedek/Catrin Pekari (Hrsg.), Menschenrechte in der Informationsgesellschaft, Richard Boorberg Verlag, Stuttgart/München/Hannover/Berlin/Weimar/Dresden 2007, 125–146 (126).

²⁶⁷ CCPR, General Comment 34 – Article 19: Freedoms of opinion and expression, 21.7.2011, UN Doc. CCPR/C/GC/34, § 12 (S. 3).

²⁶⁸ *Molly Land*, Toward an International Law of the Internet, Harv. Int'l L. J. 54 (2013), 393–458 (433 f.).

²⁶⁹ CCPR, General Comment 34 – Article 19: Freedoms of opinion and expression, 21.7.2011, UN Doc. CCPR/C/GC/34, § 15 (S. 4).

²⁷⁰ CCPR, General Comment 34 – Article 19: Freedoms of opinion and expression, 21.7.2011, UN Doc. CCPR/C/GC/34, § 15 (S. 4). Der „Special Rapporteur on the promotion and protection of the right to freedom of opinion and expression", *Frank La Rue*, wies in seinem Report v. 16.5.2011 (*Special Rapporteur on the Promotion and Protection of the Right to Freedom of Opinion and Expression*, Promotion and Protection of the Right to Freedom of Opinion and Expression, 16.5.2011, UN Doc. A/HRC/17/27, § 60 [S. 16]) darauf hin, dass die Staaten den Zugang zum Internet nicht versperren dürften, um die Gewährleistung der Rechte aus Art. 19 IPbpR nicht zu gefährden: „The Internet, as a medium by which the right to free-

Jedenfalls aber sind die Staaten „under a positive obligation to facilitate universal access to the Internet".[271] Die Ziehung technischer „Online-Staatsgrenzen" zum Schutz nationaler Werte mithilfe spezieller Ortungstechniken, die den Standort eines Nutzers ermitteln, durch die Kontrolle lokaler Intermediäre oder den Einsatz von Gateway-Filtern ist nach dem Wortlaut von Art. 19 Abs. 2 IPbpR nicht erlaubt („ohne Rücksicht auf Staatsgrenzen")[272] und muss die strengen Anforderungen von Art. 19 Abs. 3 IPbpR beachten. Die generelle Sperrung von Webseiten oder das pauschale Verbot regimekritischer Berichterstattung *via* Internet, das keinen spezifischen Inhalt verbietet, ist nach dem General Comment 34 ebenfalls unzulässig.[273] Dagegen ist davon auszugehen, dass Art. 19 Abs. 2 IPbpR kein umfassendes Teilhaberecht auf Zugang zu bestimmten (staatlichen) Leistungen und Informationen bereithält,[274] da das Recht nach Abs. 3 zum Schutz der öffentlichen Sicherheit und Ordnung bzw. der öffentlichen Gesundheit und Sittlichkeit eingeschränkt werden kann. Der General Comment 34 ist das Ergebnis einer kontinuierlichen Veränderung des allgemeinen Verständnisses von der Meinungsfreiheit: Noch im Rahmen des General Comment 10 zu Art. 19 aus dem Jahr 1983 wurde allein das Problem der „Entwicklung der modernen Massenmedien" und die Notwendigkeit des Schutzes vor nicht von Abs. 3 erfassten Einschränkungen der Freiheit thematisiert.[275]

Der IPbpR stammt aus dem Jahr 1966, wurde also zu einer Zeit ausgearbeitet, als die Erdvermessung aus dem All noch in den Kinderschuhen steckte und

---

dom of expression can be exercised, can only serve its purpose if States assume their commitment to develop effective policies to attain universal access to the Internet." In seinem Bericht v. 10.8.2011 (*Special Rapporteur on the promotion and protection of the right to freedom of opinion and expression*, Promotion and protection of the right to freedom of opinion and expression, 10.8.2011, UN Doc. A/66/290, § 61 [S. 18]) stellte der Special Rapporteur abermals die Bedeutung des Internetzugangs für die Ausübung der Meinungsfreiheit heraus, wies jedoch explizit darauf hin, dass „access to the Internet is not yet a human right as such". Ebenso *Molly Land*, Toward an International Law of the Internet, Harv. Int'l L. J. 54 (2013), 393–458 (394). Vgl. auch *Vinton G. Cerf*, Internet Access Is Not a Human Right, Opinion, New York Times v. 4.1.2012, abrufbar unter: https://www.nytimes.com/2012/01/05/opinion/internet-access-is-not-a-human-right.html.

[271] *Frank La Rue/Dunja Mijatović/Catalina Botero Marino/Faith Pansy Tlakula*, International Mechanisms for Promoting Freedom of Expression: Joint Declaration on Freedom of Expression and the Internet of the UN Special Rapporteur on Freedom of Opinion and Expression, the OSCE Representative on Freedom of the Media, the OAS Special Rapporteur on Freedom of Expression and the ACHPR Special Rapporteur on Freedom of Expression and Access to Information, 1.6.2011, § 6e, abrufbar unter: https://www.osce.org/fom/78309.

[272] *Molly Land*, Toward an International Law of the Internet, Harv. Int'l L. J. 54 (2013), 393–458 (437 f.).

[273] *CCPR*, General Comment 34 – Article 19: Freedoms of opinion and expression, 21.7.2011, UN Doc. CCPR/C/GC/34, § 43 (S. 11).

[274] *CCPR*, Entsch. v. 5.5.1999 – Communication No. 633/1995, UN Doc. CCPR/C/65/D/633/1995, § 13.6 – Robert W. Gauthier/Kanada.

[275] *CCPR*, General Comment 10 – Article 19 (Freedom of Opinion), 29.6.1983, UN Doc. HRI/GEN/1/Rev.9 (Vol. I), S. 181–182 (181 § 2).

das Farbfernsehen eine Rarität war. Seitdem haben sich insbes. die Kommunikationstechnik und die damit einhergehenden Gefahren für die Menschenrechte rasant weiterentwickelt, sodass sich die Frage stellt, ob die Gewährleistungen des IPbpR im Zeitalter von Internet, Cloud-Computing und Smartphones ausreichen, um die Meinungsfreiheit vor den neuen Bedrohungen zu schützen. Hier offenbart sich jedoch die Weitsichtigkeit der geistigen Väter des Menschenrechtspakts, die den Wortlaut etwa von Art. 19 IPbpR bewusst offen formulierten („oder andere Mittel eigener Wahl"),[276] um im Rahmen eines weiten Schutzbereichs auch zukünftige Entwicklungen auf dem Gebiet der Kommunikationstechnik ohne Überdehnung des Wortlauts einzubeziehen.[277] Erfasst sein können also aktuell alle Elemente digitaler Kommunikation, wie Hard- und Software, entsprechende Kommunikationsprotokolle, Netzwerke, Web-Anwendungen und Netz-Services:

„The ‚media' clause of Article 19(2) protects any technology that facilitates connection."[278]

Die Bedeutung des Wortes „Mittel" („media" in der engl. Sprachfassung) in Art. 19 Abs. 2 IPbpR wird sich nichtsdestotrotz zwangsläufig im Laufe der Zeit verändern, abhängig vom Grad der Neu- oder Weiterentwicklung technischer Innovationen.[279] Ein Vergleich des Wortlauts von Art. 19 IPbpR und Art. 7 GRCh[280] beweist i. Ü., dass Art. 19 IPbpR sowohl Mittel der Individualkommunikation (Korrespondenz) als auch solche der Massenkommunikation (Rundfunk, Fernsehen, Kino) schützt,[281] da dahingehend nicht unterschieden wird.

---

[276] Ebenso *Molly Land*, Toward an International Law of the Internet, Harv. Int'l L. J. 54 (2013), 393–458 (394). Zu der grds. Gefahr, dass Art. 19 IPbpR infolge dieser Formulierung auf lange Sicht zu einem „Recht der Reichen" verkommt, vgl. *Kirsten Schmalenbach*, Ein Menschenrecht auf Kommunikation: Erfordernis oder Redundanz?, in Wolfgang Benedek/Catrin Pekari (Hrsg.), Menschenrechte in der Informationsgesellschaft, Richard Boorberg Verlag, Stuttgart/München/Hannover/Berlin/Weimar/Dresden 2007, 183–213 (210 f.).

[277] *Frank La Rue*, Special Rapporteur on the Promotion and Protection of the Right to Freedom of Opinion and Expression, Promotion and Protection of the Right to Freedom of Opinion and Expression, UN Doc. A/66/290, 10.8.2011, § 14 (S. 6); *Frank La Rue*, Special Rapporteur on the Promotion and Protection of the Right to Freedom of Opinion and Expression, Report of the Special Rapporteur, UN Doc. A/HRC/17/27, 16.5.2011, § 21 (S. 7); *Kirsten Schmalenbach*, Ein Menschenrecht auf Kommunikation: Erfordernis oder Redundanz?, in Wolfgang Benedek/Catrin Pekari (Hrsg.), Menschenrechte in der Informationsgesellschaft, Richard Boorberg Verlag, Stuttgart/München/Hannover/Berlin/Weimar/Dresden 2007, 183–213 (189).

[278] *Molly Land*, Toward an International Law of the Internet, Harv. Int'l L. J. 54 (2013), 393–458 (410).

[279] *Molly Land*, Toward an International Law of the Internet, Harv. Int'l L. J. 54 (2013), 393–458 (409).

[280] Charta der Grundrechte der EU (Charter of fundamental rights of the EU), ABl. EG C 364 v. 18.12.2000, S. 1–22.

[281] *Kirsten Schmalenbach*, Ein Menschenrecht auf Kommunikation: Erfordernis oder Redundanz?, in Wolfgang Benedek/Catrin Pekari (Hrsg.), Menschenrechte in der Informations-

Der Wortlaut von Abs. 3 spricht den Einzelnen als aus Art. 19 IPbpR Berechtigten an („Die Ausübung der in Abs. 2 vorgesehenen Rechte ist mit besonderen Pflichten und einer besonderen Verantwortung verbunden."), ist aber in dieser Hinsicht nicht „self-executing" und enthält daher einen unmittelbar bindenden Schutzauftrag an die Signatarstaaten, die Pflichtenstellung des Einzelnen zu konkretisieren.[282] Dieser Umstand ist u. a. wegen der staatsfernen Konzeption des Internets von großer Bedeutung für das noch recht junge „liberale"[283] Menschenrecht, das seine Wurzeln – ebenso wie die Pressefreiheit – im 18. und 19. Jh., in der Zeit *Voltaires* (1694–1778) und *John Stuart Mills* (1806–1873), hat. Schon früh wurde daher das Potenzial der Meinungsfreiheit als essenzielle Voraussetzung für die Versammlungs- und Vereinigungsfreiheit und die Ausübung des aktiven Wahlrechts erkannt.[284] In diesem Zusammenhang weist der Menschenrechtsausschuss darauf hin, dass die Staaten beim Erlass von die Meinungsäußerungsfreiheit einschränkenden legislativen und administrativen Maßnahmen die Unterschiede zwischen dem Print- und Rundfunksektor und dem Internet beachten sollten.[285] Gerade vor dem Hintergrund der wachsenden Bedeutung elektronischer Medien (spätestens) seit der Erfindung und verstärkten massenhaften Nutzung des Internets sieht sich die Meinungs(äußerungs)freiheit einer steten Fortentwicklung seines Schutzguts und dessen Einschränkungsmöglichkeiten seitens des Staates gegenüber. Dabei muss aber berücksichtigt werden, dass die Informationsgesellschaft ohne die grds. Gewährleistung dieses Menschenrechts keine Existenzgrundlage (mehr) hätte.[286]

Das Internet selbst jedoch ist von den Schutzpflichten aus Art. 19 Abs. 3 IPbpR nicht erfasst, es wird nicht i. S. e. „Institutsgarantie" geschützt. Unklar ist auch, ob nicht eine ebenfalls auf Abs. 3 gestützte Verpflichtung der Konventionsstaaten zur Unterlassung von das Internet selbst schädigenden Handlungen ihre Wirkung verfehlen würde. Denn durch die dezentrale Struktur des Internets untersteht es schon nicht der Herrschaftsgewalt einzelner Staaten; hier könn-

---

gesellschaft, Richard Boorberg Verlag, Stuttgart/München/Hannover/Berlin/Weimar/Dresden 2007, 183–213 (188).

[282] *Kirsten Schmalenbach*, Ein Menschenrecht auf Kommunikation: Erfordernis oder Redundanz?, in Wolfgang Benedek/Catrin Pekari (Hrsg.), Menschenrechte in der Informationsgesellschaft, Richard Boorberg Verlag, Stuttgart/München/Hannover/Berlin/Weimar/Dresden 2007, 183–213 (199).

[283] *Wolfgang Benedek*, Der Schutz der Meinungsäußerungs- und Medienfreiheit in der Informationsgesellschaft, in Wolfgang Benedek/Catrin Pekari (Hrsg.), Menschenrechte in der Informationsgesellschaft, Richard Boorberg Verlag, Stuttgart/München/Hannover/Berlin/Weimar/Dresden 2007, 125–146 (126).

[284] *CCPR*, General Comment 34 – Article 19: Freedoms of opinion and expression, 21.7.2011, UN Doc. CCPR/C/GC/34, § 4 (S. 1).

[285] *CCPR*, General Comment 34 – Article 19: Freedoms of opinion and expression, 21.7.2011, UN Doc. CCPR/C/GC/34, § 39 (S. 10).

[286] So *UNESCO*, Towards Knowledge Societies, UNESCO World Report, UNESCO Publishing, Paris 2005, S. 38, abrufbar unter: https://unesdoc.unesco.org/ark:/48223/pf0000141843.

te höchstens der Schutz vor einzelstaatlichen Sperrungen des Internetzugangs i. S. e. Zensur in Rede stehen, wobei ein solches Verhalten durch die klassische Abwehrfunktion von Art. 19 IPbpR als Eingriff zu werten wäre. Anderes könnte nur gelten, wenn die Selbstregulierung zur Gefahr für die unabhängige Struktur des Internets würde; in einem solchen Fall könnten die Schutzpflichten als „Schutzschirm" wirken und die Staaten zum selbständigen Schutz des Kommunikationsmediums verpflichten.[287]

Bei mittelbar faktischen Eingriffen in die Rechte des Einzelnen aus Art. 19 IPbpR kann gleichzeitig ein (mittelbarer) Eingriff in die Kommunikationsfreiheit eines Dritten vorliegen, wenn diesem die Wahrnehmung seiner menschenrechtlichen Gewährleistungen durch die staatliche Maßnahme (deren Adressat er gar nicht ist) erschwert oder unmöglich gemacht wird.[288] Der direkte Schutz vor mittelbar faktischen Eingriffen ist von keiner der relevanten Normen des IPbpR erfasst; Art. 19 IPbpR kann nach Ansicht von *Schmalenbach* allenfalls entsprechend Art. 13 AMRK so ausgelegt werden.[289]

Art. 21 IPbpR schützt das Recht des Einzelnen, sich friedlich mit anderen zu versammeln. Als „Versammlung" i. S. d. Norm sind auch Zusammenkünfte von Personen im virtuellen Raum, also im Internet, anzusehen.[290]

cc) IPwskR

Die im IPwskR – auch UN-Sozialpakt genannt – völkervertraglich niedergelegten wirtschaftlichen, sozialen und kulturellen Rechte sollen neben der bekannten Abwehrfunktion der Menschenrechte u. a. der „Befriedigung elementarer Bedürfnisse"[291] der Menschheit dienen.[292]

---

[287] *Kirsten Schmalenbach*, Ein Menschenrecht auf Kommunikation: Erfordernis oder Redundanz?, in Wolfgang Benedek/Catrin Pekari (Hrsg.), Menschenrechte in der Informationsgesellschaft, Richard Boorberg Verlag, Stuttgart/München/Hannover/Berlin/Weimar/Dresden 2007, 183–213 (196 f.).
[288] Zu dem in diesem Zusammenhang auftretenden Problem des Digital Rights Management, vgl. *Joan Van Tassel*, Digital rights management: protecting and monetizing content, Routledge, New York/London 2016.
[289] *Kirsten Schmalenbach*, Ein Menschenrecht auf Kommunikation: Erfordernis oder Redundanz?, in Wolfgang Benedek/Catrin Pekari (Hrsg.), Menschenrechte in der Informationsgesellschaft, Richard Boorberg Verlag, Stuttgart/München/Hannover/Berlin/Weimar/Dresden 2007, 183–213 (195).
[290] Dazu ausführlich *infra* Teil II, Kap. 2, B. I.3.a.
[291] *Deutscher Bundestag*, Sachstand: Der UN-Sozialpakt und die Teilhabe am kulturellen Leben. Inhalt und Umsetzung in Deutschland, Az. WD 10–3000–036/16 (4.8.2016), S. 6, abrufbar unter: https://www.bundestag.de/resource/blob/481516/7dcb58be2a6635c4c38570e1c1 5327c7/wd-10-035-16-pdf-data.pdf.
[292] Der Schutz vor mittelbar faktischen Eingriffen ist von keiner der relevanten Normen des IPbpR oder IPwskR erfasst; Art. 19 IPbpR kann nach Ansicht von *Kirsten Schmalenbach*, Ein Menschenrecht auf Kommunikation: Erfordernis oder Redundanz?, in Wolfgang Benedek/Catrin Pekari (Hrsg.), Menschenrechte in der Informationsgesellschaft, Richard Boorberg Ver-

Das Recht auf Arbeit *(Art. 6 IPwskR)* und das Recht auf gerechte Arbeitsbedingungen *(Art. 7 IPwskR)* können im Internet als Arbeitswelt eine Rolle spielen. Beschränkende Auflagen können einen Entwickler von Softwareprogrammen etwa in seiner freien Berufsausübung beeinträchtigen.[293] Die Berufswahlfreiheit würde dagegen beeinträchtigt, wenn von staatlicher Seite die Wahl eines bestimmten kommunikationsgestützten Berufs (z. B. ISP) verboten würde, wenn also die Hard- und Softwaregrundlagen des Kommunikationsprozesses gestört würden. Derartige staatliche Maßnahmen können zudem gleichzeitig einen (mittelbaren) Eingriff in die Kommunikationsfreiheit eines Dritten darstellen, wenn diesem die Wahrnehmung seiner menschenrechtlichen Gewährleistungen durch die staatliche Maßnahme erschwert oder unmöglich gemacht wird.

Art. 15 Abs. 1 IPwskR beinhaltet das Recht des Einzelnen auf Teilnahme am kulturellen Leben (lit. a), die Teilhabe „an den Errungenschaften des wissenschaftlichen Fortschritts und seiner Anwendung" (lit. b) und das Urheberrecht als Menschenrecht (lit. c). Inhaltlich ist Art. 15 IPwskR vergleichbar mit Art. 27 Abs. 1 AEMR, ist im Gegensatz dazu jedoch völkerrechtlich bindend.[294]

Das Recht auf Teilnahme am kulturellen Leben ist verbunden mit *Art. 11* (Recht auf einen adäquaten Lebensstandard)[295] und *Art. 13, 14 IPwskR* (Recht auf Bildung),[296] wonach alle Menschen u. a. am „free flow of information" teilhaben sollen.[297] Der Zugang zum Internet und zu den darüber verfügbaren Informationen trägt zum universellen Zugang zu Wissen bei[298] und dient daher

---

lag Stuttgart/München/Hannover/Berlin/Weimar/Dresden 2007, 183–213 (195) allenfalls entsprechend Art. 13 AMRK so ausgelegt werden.

[293] Vgl. *Kirsten Schmalenbach*, Ein Menschenrecht auf Kommunikation: Erfordernis oder Redundanz?, in Wolfgang Benedek/Catrin Pekari (Hrsg.), Menschenrechte in der Informationsgesellschaft, Richard Boorberg Verlag, Stuttgart/München/Hannover/Berlin/Weimar/Dresden 2007, 183–213 (191).

[294] *Ben Saul/David Kinley/Jacqueline Mowbray*, The International Covenant on Economic, Social and Cultural Rights. Commentary, Cases, and Materials, Oxford University Press, Oxford 2014, Article 15: Cultural Rights, 1175–1232 (1176).

[295] *CESCR*, General Comment 21 – Right of everyone to take part in cultural life (art. 15, para. 1 [a] of the International Covenant on Economic, Social and Cultural Rights), UN Doc. E/C.12/GC/21, 21.12.2009, § 2 (S. 1).

[296] *CESCR*, General Comment 21 – Right of everyone to take part in cultural life (art. 15, para. 1 [a] of the International Covenant on Economic, Social and Cultural Rights), UN Doc. E/C.12/GC/21, 21.12.2009, § 2 (S. 1).

[297] *Avri Doria*, How the technical community frames the Internet and economic, social and cultural rights, Association for Progressive Communications (APC), Dez. 2015, S. 17, abrufbar unter: https://www.apc.org/en/pubs/how-technical-community-frames-internet-and-econom. Informationsverbreitung, u. a. über das Internet, im Zusammenhang mit Lebensmittelpreisen und -märkten kann etwa Farmern dabei helfen, bessere Preise für ihre Ernten zu erzielen und so zur Aufrechterhaltung eines adäquaten Lebensstandards i. S. d. Art. 11 IPwskR beitragen. Ebenso spielt Informationsvermittlung eine entscheidende Rolle bei der Verbesserung der medizinischen Versorgung. So *Molly Land*, Toward an International Law of the Internet, Harv. Int'l L. J. 54 (2013), 393–458 (428).

[298] *Avri Doria*, How the technical community frames the Internet and economic, social and cultural rights, Association for Progressive Communications (APC), Dez. 2015, S. 17,

in besonderem Maße dem Schutz von Minderheiten vor „medialer Benachteiligung".[299]

Obwohl eng mit ihm verwoben, ist vom Recht auf Teilhabe am kulturellen Leben das Recht auf Wissenschaft aus Art. 15 Abs. 1 lit. b zu unterscheiden.[300] Dieses Recht hat drei normative Bestandteile: die Freiheit der wissenschaftlichen Forschung und Kommunikation, der Genuss der Vorteile und Erträge wissenschaftlichen Fortschritts und der Schutz vor nachteiligen Effekten der Wissenschaft.[301] Geschützt werden die Wissenschaftler selbst, aber auch die Öffentlichkeit, die Zugang zu wissenschaftlicher Forschung und Informationen begehrt.[302] Wissenschaft ist in diesem Zusammenhang weit zu verstehen als „knowledge that is testable and refutable, in all fields of inquiry, including social sciences, and encompassing all research"[303] und bezieht sich auf alle Wissenschaftsfelder und deren Anwendungen.[304] Nach Ansicht der UN-Sonderberichterstatterin für kulturelle Rechte, *Farida Shaheed*, sind der Zugang zum Internet und die Aufrechterhaltung seiner offenen Architektur essenziell für die Wahrung des Rechts aus Art. 15 IPwskR.[305] Die Staaten sind in diesem Zusammenhang verpflichtet, die freie Meinungsäußerung und die Informationsfreiheit, auch im Internet, zu respektieren und zu schützen, so der UN-Ausschuss für wirtschaftliche, soziale und kulturelle Rechte, der die Einhaltung der Rechte des IPwskR überwacht.[306] Das subjektive Recht aus Art. 15 Abs. 1 lit. b,

---

abrufbar unter: https://www.apc.org/en/pubs/how-technical-community-frames-internet-and-econom.

[299] Begriff verwendet von *Horst Niesyto*, Kritische Anmerkungen zu Theorien der Mediennutzung und -sozialisation, in Dagmar Hoffmann/Lothar Mikos (Hrsg.), Mediensozialisationstheorien: Modelle und Ansätze in der Diskussion, 2. Aufl., VS Verlag für Sozialwissenschaften, Wiesbaden 2010, 47–66 (62).

[300] *UNHRC*, The right to enjoy the benefits of scientific progress and its applications, Report of the Special Rapporteur in the field of cultural rights, *Farida Shaheed*, UN Doc. A/HRC/20/26, 14.5.2012, § 3.

[301] Venice Statement on the Right to Enjoy the Benefits of Scientific Progress and its Applications, § 13 lit. a–c (S. 16), abgedr. in *UNESCO*, The Right to Enjoy the Benefits of Scientific Progress and its Applications, Outcome of the Experts' Meeting, Venedig, 16.–17.7.2009, abrufbar unter: https://unesdoc.unesco.org/ark:/48223/pf0000185558.

[302] *Ben Saul/David Kinley/Jacqueline Mowbray*, The International Covenant on Economic, Social and Cultural Rights. Commentary, Cases, and Materials, Oxford University Press, Oxford 2014, Article 15: Cultural Rights, 1175–1232 (1216).

[303] *UNHRC*, The right to enjoy the benefits of scientific progress and its applications, Report of the Special Rapporteur in the field of cultural rights, *Farida Shaheed*, UN Doc. A/HRC/20/26, 14.5.2012, § 24 (S. 8).

[304] Venice Statement on the Right to Enjoy the Benefits of Scientific Progress and its Applications, § 12 lit. a) (S. 15), abgedr. in *UNESCO*, The Right to Enjoy the Benefits of Scientific Progress and its Applications, Outcome of the Experts' Meeting, Venedig, 16.–17.7.2009, abrufbar unter: https://unesdoc.unesco.org/ark:/48223/pf0000185558.

[305] *UNHRC*, The right to enjoy the benefits of scientific progress and its applications, Report of the Special Rapporteur in the field of cultural rights, *Farida Shaheed*, UN Doc. A/HRC/20/26, 14.5.2012, § 36 (S. 11).

[306] *CESCR*, Consideration of Reports submitted by States Parties under Articles 16 and 17

„die Früchte des technischen Fortschritts genießen zu dürfen",[307] enthält kein durchsetzbares Leistungsrecht gegenüber dem Staat. Das liegt daran, dass die Signatarstaaten diese Verpflichtungen sukzessive („progressively") umzusetzen haben, die Erfüllung der Pflichten unter dem Vorbehalt des Machbaren („to the maximum of its available resources") steht und den Staaten ein gewisser Ermessensspielraum bei der Wahl der zur Förderung dieses Ziels einzusetzenden Mittel („all appropriate means") zusteht, vgl. Art. 2 Abs. 1 IPwskR. Auf universeller Ebene sind Leistungsrechte nicht als unbedingte Individualrechte zu verstehen.[308] Trotzdem haben die Staaten nach *Schmalenbach* zumindest „kommunikative[...] Basisbedürfnisse"[309] wie die Bereitstellung der Infrastruktur und die Gewährleistung des Zugangs zum Mittel der Kommunikation zu befriedigen. Nach §§ 14–16 („State Obligations") des UNESCO „Venice Statement" hält Art. 15 Abs. 1 lit. b IPwskR für die Staaten folglich sowohl eine „duty to respect" als auch eine „duty to protect" und eine „duty to fulfill" bereit.[310]

Den Status des Schutzrechts für die Urheber von Werken der Wissenschaft, Literatur oder Kunst aus Art. 15 Abs. 1 lit. c IPwskR bezeichnen *Saul*, *Kinley* und *Mowbray* als „somewhat controversial" vor dem Hintergrund seiner Entstehungsgeschichte und den Umständen der Abstimmung über seinen heutigen Wortlaut (39 Ja-Stimmen, 9 Nein-Stimmen, 24 Enthaltungen).[311] Das ist nicht verwunderlich, beinhaltet doch Art. 15 Abs. 1 lit. c IPwskR eine menschenrechtliche Ausgestaltung urheberrechtlicher Grundsätze, die normalerweise keine fundamentale individualschützende Komponente enthalten, sondern vielmehr Instrumente des Staates zur Förderung von Innovation und Produktion und zum Schutz von Unternehmensinteressen und Investitionen darstellen.[312] Geschützt wird durch das Recht aus lit. c nur die natürliche Person als „Autor"

---

of the Covenant, Libyan Arab Jamahiriya, Concluding observations of the Committee on Economic, Social and Cultural Rights, UN Doc. E/C.12/LYB/CO/2, 25.1.2006, § 39.

[307] *Andreas v. Arnauld*, Völkerrecht, 3. Aufl., C. F. Müller, Heidelberg 2016, S. 381 Rn. 863.

[308] CESCR, General Comment 3 – The Nature of States Parties' Obligations (Art. 2, Para. 1, of the Covenant), UN Doc. E/1991/23, 14.12.1990, § 9 (S. 3).

[309] *Kirsten Schmalenbach*, Ein Menschenrecht auf Kommunikation: Erfordernis oder Redundanz?, in Wolfgang Benedek/Catrin Pekari (Hrsg.), Menschenrechte in der Informationsgesellschaft, Richard Boorberg Verlag, Stuttgart/München/Hannover/Berlin/Weimar/Dresden 2007, 183–213 (209).

[310] Venice Statement on the Right to Enjoy the Benefits of Scientific Progress and its Applications, §§ 14–16 (S. 17 f.), abgedr. in *UNESCO*, The Right to Enjoy the Benefits of Scientific Progress and its Applications, Outcome of the Experts' Meeting, Venedig, 16.–17.7.2009, abrufbar unter: https://unesdoc.unesco.org/ark:/48223/pf0000185558.

[311] Dazu *Ben Saul/David Kinley/Jacqueline Mowbray*, The International Covenant on Economic, Social and Cultural Rights. Commentary, Cases, and Materials, Oxford University Press, Oxford 2014, Article 15: Cultural Rights, 1175–1232 (1225).

[312] Dazu *Ben Saul/David Kinley/Jacqueline Mowbray*, The International Covenant on Economic, Social and Cultural Rights. Commentary, Cases, and Materials, Oxford University Press, Oxford 2014, Article 15: Cultural Rights, 1175–1232 (1226).

eines Werks.³¹³ „Werk" i. S. d. Norm sind sämtliche „creations of the human mind", darunter wissenschaftliche Publikationen und Innovationen, Gedichte, Gemälde, musikalische Kompositionen, sowie kinematografische Arbeiten. Auf die Art der Verbreitung des Werks scheint es nicht anzukommen. Daher kann, obwohl der General Comment 17 das Internet mit keinem Wort erwähnt, davon ausgegangen werden, dass die Schutzdimension von Art. 15 Abs. 1 lit. c IPwskR auch im Internet greift. Das ergibt eine teleologische Auslegung der Norm vor dem Hintergrund, dass diese dem Schutz aller „geistigen und materiellen Interessen" des Autors zu dienen bestimmt ist, „die ihm als Urheber von Werken der Wissenschaft, Literatur oder Kunst erwachsen". Das schließt die Anerkennung des Schöpfers eines Werks als Urheber und die Möglichkeit der Aufrechterhaltung eines adäquaten Lebensstandards (vgl. Art. 11) ein. Dieses Ergebnis ist gerade mit Blick auf die zahllosen, im Internet frei verfügbaren User-generierten Inhalte von Bedeutung (vgl. z. B. den unautorisierten Upload fremder, eigentlich urheberrechtlich geschützter Musikvideos auf die Plattform YouTube, oder die Nutzung geschützter Fotografien, Bilder oder Zitate zur Erstellung sog. Memes), da die Staaten gegenüber den Autoren eine Schutzverantwortung zur Verhinderung des Verstoßes durch Dritte haben.³¹⁴

Art. 15 Abs. 2 IPwskR enthält eine Pflicht der Vertragsstaaten, die Entwicklung neuer Techniken (hierunter sind z. B. neue Kommunikationstechniken zu subsumieren) durch positive Maßnahmen zu fördern, die die Erhaltung, Entwicklung und Verbreitung der jeweiligen Errungenschaft beinhalten. Allerdings trägt das Recht ohne Leistungsverpflichtung nicht dazu bei, die (kommunikationstechnische) Kluft zwischen Industrie- und Entwicklungsländern (sog. „Digital Divide")³¹⁵ zu überbrücken.³¹⁶ § 16 lit. b des Venice Statements ver-

---

³¹³ *CESCR*, General Comment 17 (2005) – The right of everyone to benefit from the protection of the moral and material interests resulting from any scientific, literary or artistic production of which he or she is the author (article 15, paragraph 1 [c], of the Covenant), UN Doc. E/C.12/CG/17, 12.1.2006, §§ 7–8 (S. 3 f.).

³¹⁴ *CESCR*, General Comment 17 (2005) – The right of everyone to benefit from the protection of the moral and material interests resulting from any scientific, literary or artistic production of which he or she is the author (article 15, paragraph 1 [c], of the Covenant), UN Doc. E/C.12/CG/17, 12.1.2006, § 28 (S. 7 f.).

³¹⁵ *Peter Leuprecht*, Der Weltgipfel zur Informationsgesellschaft aus der Sicht der Menschenrechte, in Wolfgang Benedek/Catrin Pekari (Hrsg.), Menschenrechte in der Informationsgesellschaft, Richard Boorberg Verlag, Stuttgart/München/Hannover/Berlin/Weimar/Dresden 2007, 23–34 (28). Ausführlich zur „digitalen Kluft", vgl. *Mona Mairitsch*, Von der Informations- zur Wissensgesellschaft – Menschenrechtliche Ansätze zur Weiterentwicklung der Informationsgesellschaft und zur Überbrückung der digitalen Kluft, in Wolfgang Benedek/Catrin Pekari (Hrsg.), Menschenrechte in der Informationsgesellschaft, Richard Boorberg Verlag, Stuttgart/München/Hannover/Berlin/Weimar/Dresden 2007, 77–87.

³¹⁶ Zu der damit im Zusammenhang stehenden Diskussion über die Existenz eines „Menschenrechts auf Entwicklung" (right to development), vgl. §§ 9, 10 der „G9 Okinawa Charter on Global Information Society" sowie die Res. 36/133 v. 14.12.1981 und 41/128 v. 4.12.1986 der UN-Generalversammlung, die mit Blick auf Art. 28 AEMR davon ausgehen, dass Art. 1

pflichtet die Staaten nichtsdestotrotz, den Zugang zu den Erträgen des wissenschaftlichen Fortschritts auf nicht diskriminierender Basis zu fördern,[317] denn „[s]ignificant gaps in computer use and access to the Internet for reasons of income, education, gender and geographic location persist".[318] Die Staaten sind daher in der Pflicht, „internationale[...] Kontakte und Zusammenarbeit auf wissenschaftlichem und kulturellem Gebiet" zu fördern und weiterzuentwickeln (Art. 15 Abs. 4 IPwskR).

dd) „Privatisierung" des Internets: Sind die Staaten noch in der Pflicht?

Die verstärkte Kontrolle des Internets durch Private (ISPs, Betreiber von Suchmaschinen wie Google etc.) könnte eine Neuausrichtung des bekannten menschenrechtlichen Schutzsystems erzwingen. Denn private Akteure sind grds. nicht Verpflichtete der menschenrechtlichen Schutzvorschriften. Zu diskutieren ist daher, ob die neuen Bedürfnisse der Informationsgesellschaft im „Digitalen Zeitalter" eine Intensivierung der staatlichen Schutzpflichten oder ein Beharren auf der unmittelbaren Drittwirkung von Menschenrechten erforderlich macht.

Eine unmittelbare Drittwirkung von Menschenrechten zwischen Privaten könnte ein adäquates Mittel darstellen, um eine „private Zensur"[319] durch die Privatwirtschaft im Internet zu verhindern. Die Verpflichtung des Einzelnen aus völkerrechtlichen Verträgen ist kein Novum, in völkerstrafrechtlichen Quellen bzw. solchen des humanitären Völkerrechts sowie der UN-Völkermord- und -Antifolterkonvention ist dieser Grundsatz bekannt. Der UN-Menschenrechtsausschuss weist dagegen explizit darauf hin, dass keine unmittelbare Geltung der Menschenrechte im Verhältnis zwischen Privaten vorgesehen ist:[320]

Abs. 1 IPbpR und Art. 1 Abs. 1 IPwskR auf die Existenz eines solchen Rechts schließen lassen. Vertieft *Kirsten Schmalenbach*, Ein Menschenrecht auf Kommunikation: Erfordernis oder Redundanz?, in Wolfgang Benedek/Catrin Pekari (Hrsg.), Menschenrechte in der Informationsgesellschaft, Richard Boorberg Verlag, Stuttgart/München/Hannover/Berlin/Weimar/Dresden 2007, 183–213 (210f.).

[317] Venice Statement on the Right to Enjoy the Benefits of Scientific Progress and its Applications, §§ 16 lit. b) (S. 17), abgedr. in *UNESCO*, The Right to Enjoy the Benefits of Scientific Progress and its Applications, Outcome of the Experts' Meeting, Venedig, 16.–17.7.2009, abrufbar unter: https://unesdoc.unesco.org/ark:/48223/pf0000185558; vgl. UNHRC, The right to enjoy the benefits of scientific progress and its applications, Report of the Special Rapporteur in the field of cultural rights, *Farida Shaheed*, UN Doc. A/HRC/20/26, 14.5.2012, § 30 (S. 10).

[318] UNHRC, The right to enjoy the benefits of scientific progress and its applications, Report of the Special Rapporteur in the field of cultural rights, *Farida Shaheed*, UN Doc. A/HRC/20/26, 14.5.2012, § 37 (S. 11).

[319] *Kirsten Schmalenbach*, Ein Menschenrecht auf Kommunikation: Erfordernis oder Redundanz?, in Wolfgang Benedek/Catrin Pekari (Hrsg.), Menschenrechte in der Informationsgesellschaft, Richard Boorberg Verlag, Stuttgart/München/Hannover/Berlin/Weimar/Dresden 2007, 183–213 (198).

[320] CCPR, General Comment 31 [80] – The Nature of the General Legal Obligation Imposed on States Parties to the Covenant, CCPR/C/21/Rev.1/Add.13, 29.3.2004, § 8 (S. 3).

„The article 2, paragraph 1, obligations are binding on States [Parties] and do not, as such, have direct horizontal effect as a matter of international law. The Covenant cannot be viewed as a substitute for domestic criminal or civil law."

Hier geht es um Schutzpflichten aus Art. 2 Abs. 1 IPbpR, die für die Staaten, nicht aber für den Einzelnen gelten, für den sich daher keine unmittelbaren Pflichten aus den menschenrechtlichen Garantien des IPbpR ergeben. Dass in Art. 19 Abs. 3 IPbpR darauf verwiesen wird, dass „[d]ie Ausübung der in Abs. 2 vorgesehenen Rechte [...] mit besonderen Pflichten und einer besonderen Verantwortung verbunden" ist, steht dem nicht entgegen. Abs. 3 beinhaltet die Schranken der von Art. 19 IPbpR garantierten öffentlichen Meinungs- und Informationsfreiheit, bewirkt jedoch nicht eine Modifikation des Umfangs der Rechte und Pflichten des Einzelnen.

Demnach bliebe nur die Möglichkeit, die in einigen Menschenrechten – neben den herkömmlichen menschenrechtlichen Gewährleistungen zu Gunsten des Einzelnen – enthaltenen staatlichen Schutzpflichten stärker in den Fokus zu nehmen. Bspw. enthält Art. 19 Abs. 3 IPbpR eine Schutzpflicht der Staaten die Rechte aus Art. 19 betreffend zum Schutz der Rechte Einzelner oder der nationalen Sicherheit oder öffentlichen Ordnung („ordre public") bzw. der öffentlichen Gesundheit oder Moral. Die Schutzpflichten gewähren den Staaten einen großen Ermessensspielraum bzgl. Tätigwerden und Wahl der Mittel („ob" und „wie"), vgl. den Wortlaut von Art. 19 Abs. 3 Satz 2 IPbpR:

„Die Ausübung der in Absatz 2 vorgesehenen Rechte ist mit besonderen Pflichten und einer besonderen Verantwortung verbunden. Sie kann daher bestimmten, gesetzlich vorgesehenen Einschränkungen unterworfen werden, die erforderlich sind [...]."

Um herauszufinden, wie weit die Pflichten der Staaten gehen, empfiehlt sich ein dem des Menschenrechtsausschusses entsprechendes Vorgehen, nämlich eine an Art. 2 Abs. 1, 2 IPbpR orientierte Lesart des Art. 19 Abs. 3 IPbpR.[321] Eine Verpflichtung zur Monopolisierung der Führung von Kommunikationseinrichtungen existiert nicht,[322] daher können etwa die Vermittlung von Internetzugängen, die Bereitstellung und der Vertrieb von Hardware etc. weitgehend privatrechtlich organisierten Unternehmen überlassen werden. Wenn aber Handlungen dieser Privaten dazu führen, dass die Berechtigten ihre subjektiven Rechte nicht mehr ungehindert wahrnehmen können, was einem staatlichen Eingriff gleich käme, so sind die Staaten aus Art. 19 Abs. 3 i. V. m. Art. 2 Abs. 2

---

[321] *CCPR*, General Comment 10 – Article 19 (Freedom of Opinion), 29.6.1983, UN Doc. HRI/GEN/1/Rev.9 (Vol. I), 181–182 (181 § 2); *CCPR*, General Comment 31 [80] – The Nature of the General Legal Obligation Imposed on States Parties to the Covenant, 29.3.2004, UN Doc. CCPR/C/21/Rev.1/Add.13, § 8 (S. 3).

[322] Kirsten *Schmalenbach*, Ein Menschenrecht auf Kommunikation: Erfordernis oder Redundanz?, in Wolfgang Benedek/Catrin Pekari (Hrsg.), Menschenrechte in der Informationsgesellschaft, Richard Boorberg Verlag, Stuttgart/München/Hannover/Berlin/Weimar/Dresden 2007, 183–213 (201).

IPbpR verpflichtet, Maßnahmen zu ihrem Schutz zu ergreifen (Ermessensreduzierung auf Null betreffend das „Ob" des Tätigwerdens).[323] Die Staaten haben die Pflicht, über die Tätigkeiten der betreffenden Privaten informiert zu bleiben, um zeitnah zu ihrer Kontrolle oder Korrektur eingreifen zu können.[324] Sofern die Kontrolle der privaten Strukturen nicht funktioniert, leitet *Schmalenbach* daraus eine Pflicht der Staaten ab, einen völkerrechtlichen Vertrag zur universellen Regelung des Internets abzuschließen.[325]

ee) Ein Menschenrecht auf Kommunikation?
Eine Herausforderung für die Informationsgesellschaft

Bisher konnte nicht abschließend geklärt werden, ob der gewachsene Bestand an Menschenrechten zum Schutz des Individuums im Cyberspace ausreicht. An dieser Stelle soll darauf eingegangen werden, ob in den physisch fassbaren Gefilden der „real world", ebenso wie im „Kommunikationsraum Cyberspace",[326] die Kommunikation selbst, die jedenfalls universelle *conditio sine qua non* für die Ausübung der Meinungsäußerungsfreiheit ist, als eigenständiges Menschenrecht geschützt wird oder andernfalls geschützt werden sollte.[327] Mit anderen Worten: Es muss zunächst geklärt werden, ob der aktuelle internationale Bestand anerkannter Menschenrechte explizit oder zumindest indirekt bereits den Schutz der (Individual-)Kommunikation bezweckt.[328]

---

[323] *Kirsten Schmalenbach*, Ein Menschenrecht auf Kommunikation: Erfordernis oder Redundanz?, in Wolfgang Benedek/Catrin Pekari (Hrsg.), Menschenrechte in der Informationsgesellschaft, Richard Boorberg Verlag, Stuttgart/München/Hannover/Berlin/Weimar/Dresden 2007, 183–213 (201).

[324] *Kirsten Schmalenbach*, Ein Menschenrecht auf Kommunikation: Erfordernis oder Redundanz?, in Wolfgang Benedek/Catrin Pekari (Hrsg.), Menschenrechte in der Informationsgesellschaft, Richard Boorberg Verlag, Stuttgart/München/Hannover/Berlin/Weimar/Dresden 2007, 183–213 (203).

[325] *Kirsten Schmalenbach*, Ein Menschenrecht auf Kommunikation: Erfordernis oder Redundanz?, in Wolfgang Benedek/Catrin Pekari (Hrsg.), Menschenrechte in der Informationsgesellschaft, Richard Boorberg Verlag, Stuttgart/München/Hannover/Berlin/Weimar/Dresden 2007, 183–213 (204).

[326] *Klaus Kamps*, Politisches Kommunikationsmanagement. Grundlagen und Professionalisierung moderner Politikvermittlung, VS Verlag für Sozialwissenschaften, Wiesbaden 2007, S. 300.

[327] Nach *Jean d'Arcy*, An ascending progression, in Desmond Fisher/Leroy S. Harms (Hrsg.), The Right to Communicate: A New Human Right, Boole Press, Dublin 1983, xxi–xxvi (xxi) wurde ein solches elementares Menschenrecht von der internationalen Gemeinschaft bereits in den 1980er-Jahren „virtually recognised". Als „Beweis" für diese Behauptung führt *d'Arcy* den UNESCO Status Report das „Right to Communicate" betreffend an: *Desmond Fisher*, The Right to Communicate: A Status Report, UNESCO Reports and Papers on Mass Communication No. 94, 1982, abrufbar unter: https://unesdoc.unesco.org/ark:/48223/pf0000050335.

[328] Zustimmend *William J. McIver, Jr./William F. Birdsall/Merrilee Rasmussen*, The Internet and the right to communicate, First Monday 8 (1.12.2003), Absch. „Basis for a human

Die Beantwortung dieser Frage setzt zunächst eine exakte Definition des Schutzguts „Kommunikation" voraus.[329] Sie erfolgt für die Zwecke dieser Untersuchung auf Grundlage der sog. „Lasswell-Formel", entwickelt im Jahr 1948 von dem U. S.-amerikanischen Politikwissenschaftler und Kommunikationstheoretiker *Harold D. Lasswell* (1902–1978). Diese Formel, die im Kern auf der Phrase „Who says what in which channel to whom with what effect" basiert,[330] erfasst alle schutzwürdigen Teilnehmer (Kommunikator, Rezipient) und Elemente (Inhalt, verwendete Medien, Wirkung der Kommunikationsakte auf Individuen und Gesellschaft) des Kommunikationsprozesses.[331] Der Ursprung des Begriffs „Kommunikation" liegt in dem lat. Wort *communicatio*, was in etwa Mitteilung oder Unterredung bedeutet.[332] Als Schutzgut des Kommunikationsrechts soll folglich der Prozess der Kommunikation selbst angesehen werden. Diese Auffassung korrespondiert auch mit der etymologischen Bedeutung des Wortes als „Verständigung untereinander".[333] D. h. im Umkehrschluss, dass die einseitige Massenkommunikation bzw. -information (hier) nicht als Teil der „Kommunikation"[334] betrachtet wird. Das ergibt Sinn, bedenkt man, dass im Internet – „[i]n the light of its accessibility and its capacity to store and communicate vast amounts of information, […]"[335] – im Gegensatz zu den Nutzungsoptionen der klassischen (Massen-)Medien die gleichzeitige Kommunikation des Nutzers in zwei Richtungen (Artikulation, also Entäußerung von Information, bei gleichzeitiger Aufnahme neuer Information) möglich und gängig ist.

---

right to communicate", abrufbar unter: https://firstmonday.org/article/view/1102/1022, die von einem „basic universal human right" sprechen.

[329] Aufgrund der Komplexität des Begriffs erarbeitete der dt. Kommunikationswissenschaftler *Klaus Merten* im Jahr 1977 unglaubliche 160 unterschiedliche Definitionsansätze, vgl. *Kirsten Schmalenbach*, Ein Menschenrecht auf Kommunikation: Erfordernis oder Redundanz?, in Wolfgang Benedek/Catrin Pekari (Hrsg.), Menschenrechte in der Informationsgesellschaft, Richard Boorberg Verlag, Stuttgart/München/Hannover/Berlin/Weimar/Dresden 2007, 183–213 (185 Fn. 13).

[330] *Kirsten Schmalenbach*, Ein Menschenrecht auf Kommunikation: Erfordernis oder Redundanz?, in Wolfgang Benedek/Catrin Pekari (Hrsg.), Menschenrechte in der Informationsgesellschaft, Richard Boorberg Verlag, Stuttgart/München/Hannover/Berlin/Weimar/Dresden 2007, 183–213 (186).

[331] *Kirsten Schmalenbach*, Ein Menschenrecht auf Kommunikation: Erfordernis oder Redundanz?, in Wolfgang Benedek/Catrin Pekari (Hrsg.), Menschenrechte in der Informationsgesellschaft, Richard Boorberg Verlag, Stuttgart/München/Hannover/Berlin/Weimar/Dresden 2007, 183–213 (186).

[332] *Duden*, Art. „Kommunikation, die", abrufbar unter: https://www.duden.de/rechtschreibung/Kommunikation.

[333] *Duden*, Art. „Kommunikation, die", abrufbar unter: https://www.duden.de/rechtschreibung/Kommunikation.

[334] So *Jean d'Arcy*, An Ascending Progression, in Leroy S. Harms/Desmond Fisher (Hrsg.), The Right to Communicate: A New Human Right, Boole Press, Dublin 1983, xxi–xxvi (xxii).

[335] EGMR, Urt. v. 10.3.2009 – Beschwerde-Nr. 3002/03 und 23676/03, Rn. 27 – Times Newspapers Ltd/Vereinigtes Königreich.

Das Augenmerk liegt auf der sog. horizontalen,[336] interaktiven Individualkommunikation:

„Communication is recognized as intercourse, a two-way process of the exchange of information, including the reaction of the recipient to the information disseminated and the reaction of the source of information to the manner in which it is perceived by the recipient."[337]

Der Schutz von Informationsfreiheit und Massenkommunikation ist nachweislich bereits Teil des Schutzumfangs von Art. 19 Abs. 2 IPbpR.[338] Hier ist aber zu differenzieren: Zwar wurden die Begriffe Kommunikation und Information lange synonym verwendet, sie sind aber in ihrem Bedeutungsgehalt nicht gleichzusetzen.[339] Im Gegensatz zur Kommunikation kann die Information auch einseitig zur passiven Aufnahme durch den Rezipienten erfolgen, obwohl auch sie in Form eines zweiseitigen Prozesses vorkommen kann. Im Rahmen von Masseninformation ist der Rezipient dem Sender allerdings grds. unbekannt.[340] Den bilateralen Charakter der Kommunikation in diesem Sinne be-

---

[336] Horizontal ist die Kommunikation zwischen gleichberechtigten Kommunikationspartnern, die beide zur gleichen Zeit die Charakteristika von Kommunikator und Rezipient erfüllen können. Diese Art der Kommunikation steht im Gegensatz zum „unilateral, vertical flow of non-diversified information" (*Jean d'Arcy*, An ascending progression, in Desmond Fisher/Leroy S. Harms [Hrsg.], The Right to Communicate: A New Human Right, Boole Press, Dublin 1983, xxi–xxvi [xxi]). Vertieft *Dag Hammarskjöld Foundation*, Towards a New World Information and Communication Order, Development Dialogue no. 2, 1981, S. 3, abrufbar unter: https://www.daghammarskjold.se/publication/towards-new-world-information-communication-order/.

[337] *Iuri Kolossov*, The Right to Communicate in International Law, in Desmond Fisher/Leroy S. Harms (Hrsg.), The Right to Communicate: A New Human Right, Boole Press, Dublin 1983, 112–123 (113 f.).

[338] S. supra Teil II, Kap. 2, B. I.1.a.bb. Dazu *Manfred Nowak*, U. N. Covenant on Civil and Political Rights: CCPR Commentary, 2. Aufl., Engel Publishers, Kehl a. R. 2005, Art. 19 Rn. 12–16.; *Iuri Kolossov*, The Right to Communicate in International Law, in Desmond Fisher/Leroy S. Harms (Hrsg.), The Right to Communicate: A New Human Right, Boole Press, Dublin 1983, 112–123 (114), der auch die Rechte und Pflichten der Massenmedien und des Empfängers von einem neuen Kommunikationsrecht umfasst sieht.

[339] Differenzierte Bedeutungsübersicht bei *Jean d'Arcy*, An Ascending Progression, in Leroy S. Harms/Desmond Fisher (Hrsg.), The Right to Communicate: A New Human Right, Boole Press, Dublin 1983, xxi–xxvi (xxii–xxiii). Beachte auch *Kirsten Schmalenbach*, Ein Menschenrecht auf Kommunikation: Erfordernis oder Redundanz?, in Wolfgang Benedek/Catrin Pekari (Hrsg.), Menschenrechte in der Informationsgesellschaft, Richard Boorberg Verlag, Stuttgart/München/Hannover/Berlin/Weimar/Dresden 2007, 183–213 (194). Nach *Iuri Kolossov*, The Right to Communicate in International Law, in Desmond Fisher/Leroy S. Harms (Hrsg.), The Right to Communicate: A New Human Right, Boole Press, Dublin 1983, 112–123 (115) wird der Begriff „right to inform" lediglich anstatt des (und damit wohl synonym für das) „right to communicate" verwendet, weil letzteres missdeutet werden könne als „a right to interfere in the domestic affairs of sovereign States".

[340] *Iuri Kolossov*, The Right to Communicate in International Law, in Desmond Fisher/Leroy S. Harms (Hrsg.), The Right to Communicate: A New Human Right, Boole Press, Dublin 1983, 112–123 (115).

tonen auch der Definitionsversuch der kanad. „Telecommission" („The rights to hear and be heard, to inform and to be informed, together may be regarded as the essential components of a ‚right to communicate'.")[341] sowie der Wortlaut von § 3 Nr. 22 des dt. Telekommunikationsgesetzes,[342] der jedoch den Vorgang der „Telekommunikation" nur mit Blick auf die Verwendung technischer Hilfsmittel zur Kommunikation definiert als „der technische Vorgang des Aussendens, Übermittelns und Empfangens von Signalen mittels Telekommunikationsanlagen".

Zu überprüfen ist nun, ob *de lege lata* ein menschenrechtlicher Schutz der Kommunikation besteht. Das Abschlussdokument der zweiten Phase des WSIS in Tunis 2005 („Tunis Agenda for the Information Society") legt dies durch seine Bezugnahme auf die „relevanten Teile der AEMR" zum Schutz der Privatsphäre und der Meinungs(äußerungs)freiheit[343] nahe. Gewissermaßen als Prototyp des Menschenrechts auf Kommunikation wird tlw. Art. 19 AEMR angesehen, untermauert und ergänzt durch die Rechte aus Art. 27 Abs. 1 AEMR (Freiheit des Kulturlebens) und Art. 28 AEMR (angemessene internationale und Sozialordnung, d. h. Verpflichtung der Staaten u. a. zur infrastrukturellen Förderung der menschenrechtlichen Garantien).[344] Problematisch ist allein der Umstand, dass der Wortlaut des Art. 19 AEMR den erstrebten Schutz horizontaler Individualkommunikation nicht abdeckt.[345] Es stellt sich an dieser Stelle nämlich das Problem der historischen Prägung von Normen. Die auf das Jahr 1948 datierte AEMR konnte als relevantes Massenmedium nur das Radio im Blick haben, Elemente von kommunikativer Interaktivität und Kollektivität und Teilnahme des Einzelnen am Kommunikationsvorgang konnten hier noch nicht antizipiert gewesen sein.[346]

---

[341] *Department of Communications*, Instant World: A Report on Telecommunications in Canada, Information Canada, Ottawa 1971, S. 3.
[342] Telekommunikationsgesetz v. 22.6.2004, BGBl. I, S. 1190, zuletzt geänd. durch Gesetz v. 11.7.2019 (BGBl. I, S. 1066) m. W. v. 18.7.2019.
[343] Tunis Agenda for the Information Society, WSIS-05/TUNIS/DOC/6(Rev.1)-E, 18.11.2005, § 42 (S. 7), abrufbar unter: https://www.itu.int/net/wsis/docs2/tunis/off/6rev1.pdf.
[344] *William J. McIver, Jr./William F. Birdsall/Merrilee Rasmussen*, The Internet and the right to communicate, First Monday 8 (1.12.2003), Abschn. „Basis for a human right to communicate", abrufbar unter: https://firstmonday.org/article/view/1102/1022; *William J. McIver, Jr./William F. Birdsall*, Technological Evolution and the Right to Communicate: The Implications for Electronic Democracy, Presented at The European Institute for Communication and Culture (EURICOM) Colloquium: Electronic Networks & Democracy, Nijmengen, 9.–12.10.2002, Abschn. „Economic, Social, and Cultural Rights: Modern Broadcast and Electronic Telecommunications, 1948–present" (S. 8).
[345] *William J. McIver, Jr./William F. Birdsall/Merrilee Rasmussen*, The Internet and the right to communicate, First Monday 8 (1.12.2003), Abschn. „Satellites and communication rights", abrufbar unter: https://firstmonday.org/article/view/1102/1022.
[346] *William J. McIver, Jr./William F. Birdsall/Merrilee Rasmussen*, The Internet and the right to communicate, First Monday 8 (1.12.2003), Abschn. „Opposition to a right to communicate", abrufbar unter: https://firstmonday.org/article/view/1102/1022.

Der Kommunikationsvorgang könnte aber Bestandteil der Schutzdimension von Art. 19 IPbpR sein. Die durch diese Norm geschützte Meinungs(äußerungs)freiheit wird häufig als unverzichtbarer Bestandteil eines „Rechts auf Kommunikation" betrachtet.[347] Jedoch: Auch der Wortlaut des Art. 19 IPbpR erfasst ausschließlich „einseitige" Kommunikation. Nach *Jean d'Arcy* (1913–1983), dem ehem. Direktor der „UN Radio and Visual Services Division, Office of Public Information", muss sich aber grds. die menschenrechtliche Realität der technischen Theorie anpassen:[348] Die geschützten Teilnehmer der Kommunikation, deren Inhalte sowie die verwendeten Kommunikationsmittel sind essenzielle Bestandteile[349] des gesamten Kommunikationsprozesses und können bei telosorientierter Betrachtung durchaus in den Schutzumfang einbezogen werden. Letztlich schützt Art. 19 Abs. 2 IPbpR sogar den grds. Zugang zu allen Kommunikationsmitteln nach Wahl des Einzelnen.[350] Daneben schützen Art. 18 IPbpR und Art. 9 EMRK die Gedankenfreiheit, Art. 17 IPbpR und Art. 10 EMRK schützen auch das Recht auf Achtung der Privatsphäre, und die Korrespondenz wird geschützt durch Art. 8 Abs. 1 EMRK.

Ausgehend vom Wortlaut dient allerdings nur Art. 7 GR-Ch[351] sachlich explizit dem Schutz der „Kommunikation",[352] neben dem Schutz des Privatlebens, des Familienlebens und der Wohnung.[353] Die GR-Ch als menschenrechtliches

---

[347] Zu einem „right to communication": *A. Fulya Sen*, Communication and Human Rights, Procedia – Social and Behavioral Sciences 174 (2015), 2813–2817.

[348] *William J. McIver, Jr./William F. Birdsall/Merrilee Rasmussen*, The Internet and the right to communicate, First Monday 8 (1.12.2003), Abschn. „Satellites and communication rights", abrufbar unter: https://firstmonday.org/article/view/1102/1022.

[349] *Kirsten Schmalenbach*, Ein Menschenrecht auf Kommunikation: Erfordernis oder Redundanz?, in n Wolfgang Benedek/Catrin Pekari (Hrsg.), Menschenrechte in der Informationsgesellschaft, Richard Boorberg Verlag, Stuttgart/München/Hannover/Berlin/Weimar/Dresden 2007, 183–213 (194).

[350] Art. 19 Abs. 2 IPbpR: „Jedermann hat das Recht auf freie Meinungsäußerung; dieses Recht schließt die Freiheit ein, ohne Rücksicht auf Staatsgrenzen Informationen und Gedankengut jeder Art in Wort, Schrift oder Druck, durch Kunstwerke *oder andere Mittel eigener Wahl* sich zu beschaffen, zu empfangen und weiterzugeben." – Hervorh. d. A.

[351] Art. 7 GR-Ch: Achtung des Privat- und Familienlebens: „Jede Person hat das Recht auf Achtung ihres Privat- und Familienlebens, ihrer Wohnung sowie ihrer Kommunikation." Auch im Wortlaut von Art. 13 Abs. 3 American Convention on Human Rights ist der Begriff „communication" zu finden, die Norm schützt jedoch explizit die Meinungsäußerungsfreiheit: „The right of expression may not be restricted by indirect methods or means, such as the abuse of government or private controls over newsprint, radio broadcasting frequencies, or implements of equipment used in the dissemination of information, or by any other means tending to impede the *communication* and circulation of ideas and opinions." – Hervorh. d. A. Den Begriff „Kommunikation" erwähnen auch § 2(b) der Canadian Charter of Rights and Freedoms sowie Art. 11 der Déclaration des Droits de l'Homme et du Citoyen.

[352] *Kirsten Schmalenbach*, Ein Menschenrecht auf Kommunikation: Erfordernis oder Redundanz?, in Wolfgang Benedek/Catrin Pekari (Hrsg.), Menschenrechte in der Informationsgesellschaft, Richard Boorberg Verlag, Stuttgart/München/Hannover/Berlin/Weimar/Dresden 2007, 183–213 (187). Eine Begriffsbestimmung fehlt jedoch.

[353] *Heinrich A. Wolff*, Art. 7, in Matthias Pechstein/Carsten Nowak/Ulrich Häde (Hrsg.),

Instrument der EU als R. O. ist aber nicht universell anwendbar, sondern gilt ausweislich ihres Art. 51 Abs. 1 Satz 1 nur für „die Organe, Einrichtungen und sonstigen Stellen der Union [...] und für die Mitgliedstaaten ausschließlich bei der Durchführung des Rechts der Union". Unklar ist darüber hinaus, ob der EU-Gesetzgeber mit der Norm einen umfassenden Schutz der Kommunikation bezweckte. Art. 7 GR-Ch wurde ursprünglich in seinem Schutzumfang Art. 8 EMRK (u. a. „Recht auf Achtung der *Korrespondenz*")[354] nachgebildet. Um jedoch dem technischen Wandel Rechnung zu tragen und eine sukzessive Erweiterung des Schutzguts um aktuelle Entwicklungen im Bereich der technischen (Distanz-)Kommunikation zu ermöglichen, wurde aus dem „Recht auf Achtung der Korrespondenz" in Art. 7 GR-Ch das „Recht auf Achtung der Kommunikation".[355]

Im Ergebnis werden also Bestandteile des Kommunikationsvorgangs von den Schutzbereichen unterschiedlicher (universell wie regional anwendbarer) Menschenrechte erfasst. Universell menschenrechtlich wird die „Kommunikation" *per se* aber aktuell (noch) nicht ausdrücklich geschützt. Im Jahr 1980 stellte die „International Commission for the Study of Communication Problems" der UNESCO (auch „MacBride-Commission" nach ihrem Vorsitzenden *Seán MacBride*) in ihrem Bericht „Many Voices, One World"[356] fest, dass ein Menschenrecht auf Kommunikation existiere. Unglücklicherweise unterließen es die Mitglieder der Kommission, die Quellen dieses Rechts aufzuführen.

Zu klären bleibt vor diesem Hintergrund die Frage, ob die explizite Kodifizierung eines neuen universellen „Menschenrechts auf Kommunikation" überhaupt Not tut. Die Idee eines „Menschenrechts auf Kommunikation" basiert auf den ursprünglichen Überlegungen *Jean d'Arcys*,[357] der bereits in seinem 1969 veröffentlichten Artikel „Direct Broadcast Satellites and the Right to Communicate" die Ansicht vertrat, dass der (bis *dato*) erarbeitete Bestand an Menschenrechten aus AEMR und IPbpR nicht ausreiche, um den Gefahren des Informationszeitalters für das Individuum entgegenzutreten. Er hielt einen umfassenden Schutz des gesamten Kommunikationsprozesses für erforderlich:

Frankfurter Kommentar zu EUV, GRC und AEUV, Bd. 1: EUV und GRC, Mohr Siebeck, Tübingen 2017, 1088–1110 (1089).

[354] Art. 8 Abs. 1 EMRK: „(1) Jede Person hat das Recht auf Achtung ihres Privat- und Familienlebens, ihrer Wohnung und ihrer Korrespondenz."

[355] *Heinrich A. Wolff*, Art. 7, in Matthias Pechstein/Carsten Nowak/Ulrich Häde (Hrsg.), Frankfurter Kommentar zu EUV, GRC und AEUV, Bd. 1: EUV und GRC, Mohr Siebeck, Tübingen 2017, 1088–1110 (1090).

[356] *International Commission for the Study of Communication Problems*, „Many Voices, One World": Towards a new, more just, and more efficient world information and communication order, UNESCO, Paris 1980.

[357] *William J. McIver, Jr./William F. Birdsall/Merrilee Rasmussen*, The Internet and the right to communicate, First Monday 8 (1.12.2003), Absch. „Satellites and communication rights", abrufbar unter: https://firstmonday.org/article/view/1102/1022.

„The time will come when the Universal Declaration of Human Rights will have to encompass a more extensive right than man's right to information, first laid down twenty-one years ago in Article 19. This is the right to communicate."[358]

Daneben ergriff u. a. auch die „Bewegung der blockfreien Staaten" („Non-Aligned Movement") die Initiative für die Anerkennung und Kodifizierung eines Rechts auf Kommunikation. Deren Mitgliedstaaten (überwiegend ehem. afrikan. und asiat. Kolonien) fürchteten, dass viele Entwicklungsländer im Zuge des andauernden „Wettrüstens" der Kommunikations- und Informationstechniken ins Hintertreffen geraten könnten. Ab etwa 1975 wurde dann der Ruf nach einer neuen „Weltinformationsordnung" laut.[359] Damit ging die Forderung nach einer „new international economic order" einher, auch hier wurde eine verstärkte Kooperation zwischen Industrie- und Entwicklungsstaaten zur Annäherung der Niveaus im Bereich der Kommunikationstechniken gefordert.[360]

Da das Menschenrecht *in spe* viele Elemente tlw. bereits bekannter Menschenrechte in sich vereint, aber mit Blick auf nationale politische und grund- bzw. menschenrechtliche Besonderheiten universell und adaptiv bleiben und den Schutz aller bekannten Kommunikationsbereiche in seinen Schutzbereich einbeziehen sollte,[361] konnte innerhalb der Staatengemeinschaft in dieser Sache kein Konsens erzielt werden.[362] Alle Versuche,[363] ein Menschenrecht auf Kom-

---

[358] *Jean d'Arcy*, Direct Broadcast Satellites and the Right to Communicate, EBU (European Broadcasting Union) Review 118 (1969), 14–18, Nachdr. in Leroy S. Harms/Jim Richstad/Kathleen A. Kie (Hrsg.), The Right to Communicate: Collected Papers, University Press of Hawaii, Honolulu/Hawaii 1977, 1–9 (1). Dazu ausführlich *William J. McIver, Jr./William F. Birdsall*, Technological Evolution and the Right to Communicate: The Implications for Electronic Democracy, Presented at The European Institute for Communication and Culture (EURICOM) Colloquium: Electronic Networks & Democracy, Nijmengen, 9.–12.10.2002, S. 11.

[359] *E. Lloyd Sommerlad*, A New World Communication Order, in Desmond Fisher/Leroy S. Harms, The Right to Communicate: A New Human Right, Boole Press, Dublin 1983, 131–138 (132).

[360] Eine Förderung dieser Anliegen erfolgt heute durch das UNESCO-eigene „International Programme for the Development of Communication". Dabei handelt es sich um das einzige multilaterale Forum innerhalb der UN, das sich den Aufbau einer globalen pluralistischen Medienlandschaft zum Ziel gesetzt hat und daher die Medienentwicklung in Entwicklungsländern durch die internationale Gemeinschaft fördern hilft, vgl. Internetpräsenz der UNESCO, abrufbar unter: https://en.unesco.org/programme/ipdc.

[361] *William J. McIver, Jr./William F. Birdsall/Merrilee Rasmussen*, The Internet and the right to communicate, First Monday 8 (1.12.2003), Abschn. „Mass media mentality", abrufbar unter: https://firstmonday.org/article/view/1102/1022.

[362] *William J. McIver, Jr./William F. Birdsall/Merrilee Rasmussen*, The Internet and the right to communicate, First Monday 8 (1.12.2003), Abschn. „Definition", abrufbar unter: https://firstmonday.org/article/view/1102/1022.

[363] *William J. McIver, Jr./William F. Birdsall/Merrilee Rasmussen*, The Internet and the right to communicate, First Monday 8 (1.12.2003), Abschn. „UNESCO and the right to communicate", abrufbar unter: https://firstmonday.org/article/view/1102/1022. Den Versuch, ein Menschenrecht auf Kommunikation in seinen Grundzügen auszuarbeiten, unternahmen bereits 1973 das „International Institute of Communication", die „Division of Free Flow of Information and Communication" der UNESCO „General Conference", die mehrere Experten-

munikation zu etablieren, scheiterten im Ergebnis wohl schon an der fehlenden einheitlichen Definition des Schutzgutes „Kommunikation".

Wie aber sähe ein ideales Menschenrecht auf Kommunikation aus? Die verschiedenen Versuche der Ausarbeitung der Basis für ein solches Recht haben gezeigt, dass die zu schützende Art der Kommunikation partizipatorisch, interaktiv, horizontal und als „multi-way"-Konzeption ausgestaltet sein sollte.[364] Enthalten soll es

> „at least the right to inform and to be informed, the right of active participation in the communication process, the right of equitable access to communication resources and information, and the right of cultural and individual privacy from communication".[365]

Jedoch mehren sich die Stimmen, die die Neufassung eines universellen „Kommunikationsmenschenrechts" ablehnen. Zu den Opponenten gehört bspw. die NGO „Article 19 The Global Campaign for Free Expression". Ihre Sympathisanten sind der Ansicht, dass das Menschenrecht auf Kommunikation bereits heute als sog. „umbrella right" existiert und als Sammelbegriff alle für den Schutz der (Individual-)Kommunikation relevanten Menschenrechte abdeckt,[366] nämlich insbes. Art. 12, 18, 19, 20, 26 und 27 AEMR.[367] Das geplante „neue" Menschenrecht geht aber inhaltlich weiter.[368] Während die überwiegen-

---

treffen finanzierte, u. a. 1978 in Stockholm, 1978 in Manila und 1982 in Bukarest, und die „International Commission for the Study of Communication Problems" der UNESCO (auch „MacBride-Commission" nach ihrem Vorsitzenden *Seán MacBride*), die im Jahr 1980 ihren Bericht „Many Voices, One World" vorlegte. Die „Dag Hammarskjöld Foundation" formulierte 1981 sechs Grundsätze, deren Schutz und Förderung ein Recht auf Kommunikation dienen sollte (darunter Pluralismus, die soziale Funktion von Kommunikation und die angemessene Nutzung von Technik): *Dag Hammarskjöld Foundation*, Towards a New World Information and Communication Order, Development Dialogue no. 2, 1981, S. 2 ff., abrufbar unter: https://www.daghammarskjold.se/publication/towards-new-world-information-communication-order/. Einen ersten Versuch der Ausarbeitung eines umfassenden Grundrechtskatalogs der Informationsgesellschaft stellt die „Geneva Declaration of Principles" des WSIS 2003 (sog. Genfer Charta) dar. Da dieser Katalog völkerrechtlich nicht verbindlich ist, taugt er allerdings nicht als Basis für die hier anzustellende Untersuchung.

[364] *Jim Richstad/Michael H. Anderson*, Policy Context for News and a „New Order", in Jim Richstad/Michael H. Anderson (Hrsg.), Crisis in International News: Policies and Prospects, Columbia University Press, New York 1981, 9–34 (27); *William J. McIver, Jr./William F. Birdsall/Merrilee Rasmussen*, The Internet and the right to communicate, First Monday 8 (1.12.2003), Abschn. „UNESCO and the right to communicate", abrufbar unter: https://firstmonday.org/article/view/1102/1022.

[365] *Jim Richstad/Michael H. Anderson*, Policy Context for News and a „New Order", in Jim Richstad/Michael H. Anderson (Hrsg.), Crisis in International News: Policies and Prospects, Columbia University Press, New York 1981, 9–34 (26–27).

[366] *Article 19*, Global Campaign for Free Expression, Statement on the Right to Communicate, London, Feb. 2003, S. 13, abrufbar unter: https://www.article19.org/data/files/pdfs/publications/right-to-communicate.pdf.

[367] *William J. McIver, Jr./William F. Birdsall/Merrilee Rasmussen*, The Internet and the right to communicate, First Monday 8 (1.12.2003), Abschn. „Opposition to a right to communicate", abrufbar unter: https://firstmonday.org/article/view/1102/1022.

[368] *Wolfgang Kleinwächter*, Internal and International Aspects, in Desmond Fisher/Leroy

de Zahl der kommunikativ relevanten Menschenrechte den „free flow of information" schützt, sollte ein neues Menschenrecht auf Kommunikation im Kern den Schutz des Kommunikationsprozesses[369] und seiner Bestandteile gewährleisten. Mit der Erfindung und Diffusion von Telegraf, Fernsehen und Internet hat sich dieser Prozess weiterentwickelt von unilateral und vertikal[370] zu multilateral bzw. interaktiv und horizontal.[371] Ein neues Menschenrecht soll die o. g. Artikel nicht ersetzen, sondern ihre Schutzinhalte aufgreifen und ergänzen.[372] Befürchtet wird aber verschiedentlich, dass die Etablierung eines Menschenrechts auf Kommunikation zumindest eine Herabwürdigung der existierenden Menschenrechte in ihrem Schutzumfang zur Folge haben könnte.[373]

Die Zweckbestimmung eines Menschenrechts auf Kommunikation müsste jedenfalls notwendig die geltenden Grundsätze des Völkerrechts beachten,[374] wie die souveräne Gleichheit der Staaten und das Nichteinmischungsgebot.[375] Die meisten Kommunikationstechniken wirken von Natur aus grenzüberschreitend, sodass dieser Punkt auch nach Ende des Kalten Krieges nicht an Brisanz eingebüßt hat. Nach *Oberleitner* fehlt es denn auch nicht an einem speziellen Menschenrechtssystem für die Informationsgesellschaft, einschließlich eines gesonderten „Rechts auf Kommunikation", sondern an einer konsequent dynamischen („adäquat[...] und kreativ[...]")[376] Interpretation der bestehenden

---

S. Harms (Hrsg.), The Right to Communicate: A New Human Right, Boole Press, Dublin 1983, 102–111 (109).

[369] *William J. McIver, Jr./William F. Birdsall*, Technological Evolution and the Right to Communicate: The Implications for Electronic Democracy, Presented at The European Institute for Communication and Culture (EURICOM) Colloquium: Electronic Networks & Democracy, Nijmengen, 9.–12.10.2002, Absch. „Satellite Communications" (S. 10).

[370] Nach *d'Arcy* führt der Konsum von unilateraler, vertikaler Kommunikation zu einer sog. „mass media mentality", also der Gewöhnung des Menschen an den passiven Konsum von Medien, reguliert von oben durch den Staat als primärem Normsetzer (*Jean d'Arcy*, An Ascending Progression, in Leroy S. Harms/Desmond Fisher [Hrsg.], The Right to Communicate: A New Human Right, Boole Press, Dublin 1983, xxi–xxvi [xxi]).

[371] *Jean d'Arcy*, An Ascending Progression, in Leroy S. Harms/Desmond Fisher (Hrsg.), The Right to Communicate: A New Human Right, Boole Press, Dublin 1983, xxi–xxvi (xxi–xxii).

[372] *Jean d'Arcy,* An ascending progression, in Desmond Fisher/Leroy S. Harms (Hrsg.), The Right to Communicate: A New Human Right, Boole Press, Dublin 1983, xxi–xxvi (xxvi).

[373] *William J. McIver, Jr./William F. Birdsall/Merrilee Rasmussen*, The Internet and the right to communicate, First Monday 8 (1.12.2003), Abschn. „Opposition to a right to communicate", abrufbar unter: https://firstmonday.org/article/view/1102/1022.

[374] Iuri Kolossov, The Right to Communicate in International Law, in Desmond Fisher/Leroy S. Harms (Hrsg.), The Right to Communicate: A New Human Right, Boole Press, Dublin 1983, 112–123 (118 f.).

[375] Vgl. die Res. der Generalversammlung „Preparation of an international convention on principles governing the use by States of artificial earth satellites for direct television broadcasting" v. 9.11.1972, UN Doc. A/RES/2916(27), die unter Bezugnahme auf den Satellitenrundfunk „the need to ensure the free flow of communication on a basis of strict respect for the sovereign rights of states" aufzeigt.

[376] So die Zusammenfassung von *Veronika Bauer/Matthias C. Kettemann*, Menschenrechtliche Implikationen der Informationsgesellschaft und österreichische Regulierungsansät-

Schutzmechanismen,[377] um deren Aktualisierung und eine Anpassung an die tatsächlichen Bedürfnisse der Informationsgesellschaft zu erreichen.

b) ITU

Die ITU ist eine rechtlich und organisatorisch selbständige technische Sonderorganisation der UN („Specialized Agency") i. S. d. Art. 63 UN-Ch mit Sitz in Genf. Sie ist die einflussreichste und älteste „technology-based standard-setting and treaty-making" Organisation der Welt[378] und hat sich dem Schutz und der Förderung des „Grundrechts auf Kommunikation" („fundamental right to communicate")[379] eines jeden Einzelnen auf der Welt verschrieben.

Die ITU geht zurück auf die „Internationale Telegraphenunion" (auch „Welttelegraphenverein"),[380] die 1865 auf Grundlage der „Internationalen Telegraphenkonvention"[381] gegründet wurde. Im Jahr 1906 wurde daneben im Rahmen der „Berliner Funktelegraphenkonferenz" aus gegebenem Anlass der verbreiteten Nutzung der kabellosen Radiotelegrafie auf Grundlage der „International Radiotelegraph Convention"[382] die „Internationale Radiotelegraphenunion" gegründet, die in Aufbau und Organisation der damaligen „Internationalen Telegraphenunion" entsprach. Sie regulierte die drahtlose Übertragung von Telegrafensignalen mittels Radiowellen. 1932 wurden die „International Telegraph Convention" und die „International Radiotelegraph Convention" vereint zur „International Telecommunication Convention".[383] Die ITU war geboren. Diese basiert heute vertraglich auf der „Constitution and Convention of ITU" von 1992,[384] die bis heute Regelungen enthalten zu den Bereichen Telegrafie,

---

ze, in Wolfgang Benedek/Catrin Pekari (Hrsg.), Menschenrechte in der Informationsgesellschaft, Richard Boorberg Verlag, Stuttgart/München/Hannover/Berlin/Weimar/Dresden 2007, 293–323 (301).

[377] *Gerd Oberleitner*, Das Menschenrechtssystem der Vereinten Nationen und die Informationsgesellschaft, in Wolfgang Benedek/Catrin Pekari (Hrsg.), Menschenrechte in der Informationsgesellschaft, Richard Boorberg Verlag, Stuttgart/München/Hannover/Berlin/Weimar/Dresden 2007, 59–76 (75).

[378] *Patrick S. Ryan*, The ITU and the Internet's Titanic Moment, Stan. Tech. L. Rev. 2012, 8–36 (8).

[379] Ob ein solches „Kommunikationsrecht" tatsächlich existiert, dazu *supra* Teil II, Kap. 2, B. I.1.a.ee.

[380] *Tobias Nord*, Rechtsnachfolge bei zwischenstaatlichen Organisationen, Schriften zum internationalen und zum öffentlichen Recht Bd. 85, Peter Lang Verlag, Frankfurt a. M. 2010, S. 58.

[381] Internationale Telegraphenkonvention (International Telegraph Convention) v. 17.5.1865, 130 CTS 124, 198.

[382] Internationale Radiotelegraphenkonvention (International Radiotelegraph Convention) v. 25.11.1927, 84 LNTS 97.

[383] Internationale Telekommunikationskonvention (International Telecommunication Convention [Madrid]) v. 9.12.1932, 151 LNTS 4.

[384] Konstitution und Konvention der ITU (Constitution and Convention of the ITU) v. 22.12.1992, BGBl. 1996 II, S. 1306, 1825 UNTS 3.

Telefonie und Radio und die sukzessive von 1994 bis 2014 von der „Plenipotentiary Conference", einem übergeordneten Gremium der ITU, novelliert wurden.[385] Die ITU-Konstitution enthält Angaben zu grds. Fragen der Regulierung der Telekommunikation, die ITU-Konvention dagegen enthält Verfahrens- und organisatorische Grundsätze der Organisation.[386]

Begründet auf dem Prinzip der „public-private partnerships",[387] d. h. der internationalen Kooperation zwischen „governments (Member States) and the private sector (Sector Members, Associates and Academia)",[388] liegt das Hauptaugenmerk der ITU auf der Koordinierung der international genutzten Frequenzen im Bereich von Rundfunk und Telekommunikation[389] sowie der Weiterentwicklung technischer Standards zur Sicherung der weltweiten Interkonnektivität.[390] Daneben entwickelte die ITU in der Vergangenheit auch Protokolle für die digitale Datenübertragung, die aber seit der Einführung der flexibleren Protokolle TCP/IP „als überholt gelten können".[391] Die inhaltliche Regelung der Telekommunikation gehört dagegen grds. nicht zum Verantwortungsbereich der ITU. Ausgenommen sind die Art. 33–35 der ITU-Konstitution. Art. 33 gestattet die Nutzung der Telekommunikation zum Zweck der öffentlichen Kommunikation („public correspondence"), Art. 34 Abs. 1 erlaubt den Staaten die Unterbrechung der Übertragung eines privaten Telegramms, das den Eindruck erweckt, dass sein Inhalt etwa die öffentliche Sicherheit gefährden oder zumindest gegen nationales Recht verstoßen könnte. Dasselbe gilt

---

[385] *ITU*, Collection of the basic texts of the International Telecommunication Union adopted by the Plenipotentiary Conference, Edition 2015, S. v, abrufbar unter: https://search.itu.int/history/HistoryDigitalCollectionDocLibrary/5.21.61.en.100.pdf.

[386] *Andreas Tegge*, Die Internationale Telekommunikations-Union: Organisation und Funktion einer Weltorganisation im Wandel, Law and Economics of International Telecommunications Bd. 21, Nomos, Baden-Baden 1994, S. 83 ff.; *Kai-Uwe Schrogl*, Die „neue" ITU – Strukturreform einer internationalen Organisation als Routine, VN 42 (1994), 97–101 (100).

[387] *Peter Leuprecht*, Der Weltgipfel zur Informationsgesellschaft aus der Sicht der Menschenrechte, in Wolfgang Benedek/Catrin Pekari (Hrsg.), Menschenrechte in der Informationsgesellschaft, Richard Boorberg Verlag, Stuttgart/München/Hannover/Berlin/Weimar/Dresden 2007, 23–34 (25), der den Begriff als „modisches Schlagwort" bezeichnet.

[388] „Sector Members" sind vorwiegend im Kommunikationssektor tätige Unternehmen. Neben der mittlerweile 190 Mitgliedstaaten hat die ITU über 650 „sector members", s. *Peter Leuprecht*, Der Weltgipfel zur Informationsgesellschaft aus der Sicht der Menschenrechte, in Wolfgang Benedek/Catrin Pekari (Hrsg.), Menschenrechte in der Informationsgesellschaft, Richard Boorberg Verlag, Stuttgart/München/Hannover/Berlin/Weimar/Dresden 2007, 23–34 (24).

[389] *Patrick G. Mayer*, Das Internet im öffentlichen Recht. Unter Berücksichtigung europarechtlicher und völkerrechtlicher Vorgaben, Tübinger Schriften zum Staats- und Verwaltungsrecht Bd. 48, Duncker & Humblot, Berlin 1999, S. 114.

[390] *ITU*, About International Telecommunication Union (ITU), abrufbar unter: https://www.itu.int/en/about/Pages/default.aspx.

[391] *Patrick G. Mayer*, Das Internet im öffentlichen Recht. Unter Berücksichtigung europarechtlicher und völkerrechtlicher Vorgaben, Tübinger Schriften zum Staats- und Verwaltungsrecht Bd. 48, Duncker & Humblot, Berlin 1999, S. 119.

nach Abs. 2 für jede sonstige private Telekommunikation mit potenziell gefährlichem Inhalt. Art. 35 erlaubt den Staaten sogar die tlw. oder vollständige Abschaltung der internationalen Telekommunikationsservices und birgt damit ein nicht unerhebliches Zensurpotenzial. Ein Recht des Einzelnen auf ein Fernmeldegeheimnis lässt sich aus Konstitution und Konvention der ITU i. Ü. nicht ableiten,[392] sie enthalten lediglich eine Verpflichtung der Vertragsstaaten zur Gewährleistung der „Geheimhaltung der Nachrichten im internationalen Verkehr" (Art. 37 Abs. 1 ITU-Konstitution).

Im Bereich der Regulierung des Internets war die Anwendung der ITU-Regeln aber bisher nur mäßig erfolgreich,[393] insbes. weil das Internet mit dem TCP/IP einem Kommunikationsprotokoll unterliegt, das auf sog. „open-architecture networking" ausgelegt ist.[394] Zudem wird eine Einmischung der ITU nach wie vor verhindert durch die Dominanz der U.S.-amerikanischen Computerindustrie, v. a. im Bereich der Domain-Namen-Verwaltung. Hier liegt die Letztzuständigkeit nach wie vor bei der nach kalifornischem Recht gegründeten privatrechtlich organisierten gemeinnützigen Gesellschaft ICANN.[395] Das Unternehmen kümmert sich um die Regulierung des sog. Domain Name Systems oder DNS, die Top Level Domain[396]-Verwaltung und die Preisregulierung bei Registrierung offener Top Level Domains,[397] es hat also die „Interoperabilität der Teilnetze des Internet und die universelle Kompatibilität her- und sicherzustellen".[398] Die ICANN vereint damit nach Ansicht von *Giegerich* „legisla-

---

[392] *Stefan Talmon*, Sachverständigengutachten gemäß Beweisbeschluss SV-4 des 1. Untersuchungsausschusses des Deutschen Bundestages der 18. Wahlperiode, MAT A SV-4/1, zu A-Drs. 56, 2.6.2014, § 2 (S. 2), abrufbar unter: https://www.bundestag.de/resource/blob/282872/2b7b605da4c13cc2bc512c9c899953c1/mat_a_sv-4-2_talmon-pdf-data.pdf.

[393] *Franz C. Mayer*, Das Internet, das Völkerrecht und die Internationalisierung des Rechts, ZfRSoz 23 (2002), 93–114 (96).

[394] *Barry M. Leiner/Vinton G. Cerf/David D. Clark/Robert E. Kahn/Leonard Kleinrock/Daniel C. Lynch/Jon Postel/Larry G. Roberts/Stephen Wolff*, Brief History of the Internet, Internet Society, 1997, S. 5, abrufbar unter: https://www.internetsociety.org/wp-content/uploads/2017/09/ISOC-History-of-the-Internet_1997.pdf.

[395] *Franz C. Mayer*, Das Internet, das Völkerrecht und die Internationalisierung des Rechts, ZfRSoz 23 (2002), 93–114 (108).

[396] Als „top-level domain names" werden die sog. „generic TLDs" (EDU, COM, NET, ORG, GOV, MIL, INT) und die aus zwei Buchstaben bestehenden „Codes für die Namen von Ländern und deren Untereinheiten – Teil 1: Codes für Ländernamen (ISO 3166-1:2013)" der ISO (insges. 243) bezeichnet. Auf Ebene der Ländercodes können auf der zweiten Hierarchieebene der Domainnamen Zusätze wie „AC, CO, GO, RE" verwendet werden. Dazu sowie zur Bedeutung der als „generic TLDs" verwendeten Abkürzungen, vgl. *Jon Postel*, RFC 1591: Domain Name System Structure and Delegation, Memo, Network Working Group, März 1994, Ziff. 2 (S. 1), abrufbar unter: https://www.ietf.org/rfc/rfc1591.txt.

[397] *Kirsten Schmalenbach*, Ein Menschenrecht auf Kommunikation: Erfordernis oder Redundanz?, in Wolfgang Benedek/Catrin Pekari (Hrsg.), Menschenrechte in der Informationsgesellschaft, Richard Boorberg Verlag, Stuttgart/München/Hannover/Berlin/Weimar/Dresden 2007, 183–213 (203).

[398] *Kirsten Schmalenbach*, Ein Menschenrecht auf Kommunikation: Erfordernis oder Redundanz?, in Wolfgang Benedek/Catrin Pekari (Hrsg.), Menschenrechte in der Informations-

tive, exekutive und judikative Funktionen in einem geradezu vormodernen Gewaltenmonismus".[399]

Seit geraumer Zeit zeigt die ITU jedoch ein besonderes Interesse daran, „to increase the role of the ITU in Internet governance so as to ensure maximum benefits to the global community".[400] Im Rahmen der Weltinternetkonferenz WCIT-12 im Jahr 2012 schlugen daher einige Staaten vor, die ITU-Regularien zu überarbeiten, um der Organisation die Chance auf eine größere Rolle bei der Internet Governance zu geben und so auch den Einfluss der Staaten und den Respekt gegenüber nationalen Interessen im Cyberspace zu stärken. Der Reformversuch scheiterte, weil ein Konsens der beteiligten Staaten über die geplanten Änderungen nicht zustande kam.[401]

c) WIPO

Die Weltorganisation für geistiges Eigentum ist, ebenso wie die ITU, eine spezialisierte Organisation der UN i. S. d. Art. 63 UN-Ch. Sie wurde im Jahr 1967 auf Grundlage des Stockholmer „Übereinkommens zur Errichtung der Weltorganisation für geistiges Eigentum"[402] gegründet und hat ihren Sitz in Genf. Die WIPO betrachtet sich selbst als „global forum for intellectual property services, policy, information and cooperation"[403] und hat die Aufgabe,

„to promote the protection of intellectual property throughout the world through cooperation among States and, where appropriate, in collaboration with any other international organization, [...]".[404]

Bemerkenswert sind in diesem Zusammenhang die beiden WIPO-Verträge aus dem Jahr 1996: der „Urheberrechts-Vertrag" WCT,[405] und der „Vertrag über

---

gesellschaft, Richard Boorberg Verlag, Stuttgart/München/Hannover/Berlin/Weimar/Dresden 2007, 183–213 (202 f.); *Volker Leib*, ICANN und der Konflikt um die Internet-Ressourcen: Institutionenbildung im Problemfeld Internet Governance zwischen multinationaler Staatstätigkeit und globaler Selbstregulierung, Diss., Universität Konstanz, 2002, S. 74.

[399] *Thomas Giegerich*, Internationale Standards – aus völkerrechtlicher Perspektive, in Berichte DGIR Bd. 46: Internationales, nationales und privates Recht: Hybridisierung der Rechtsordnungen? – Immunität, 33. Tagung in Luzern 13. bis 16. März 2013, C. F. Müller, Heidelberg/München/Landsberg/Frechen/Hamburg 2014, 101–186 (133).

[400] *Patrick S. Ryan*, The ITU and the Internet's Titanic Moment, Stan. Tech. L. Rev. 2012, 8–36 (8).

[401] *Molly Land*, Toward an International Law of the Internet, Harv. Int'l L. J. 54 (2013), 393–458 (416).

[402] Übereinkommen zur Errichtung der Weltorganisation für geistiges Eigentum (Convention Establishing the World Intellectual Property Organization) v. 14.7.1967, BGBl. 1970 II, S. 293, 1070, 828 UNTS 3.

[403] Internetpräsenz der WIPO, About WIPO, abrufbar unter: https://www.wipo.int/about-wipo/en/.

[404] Zielvorgabe der WIPO, s. Art. 3 lit. i des Stockholmer Übereinkommens.

[405] WIPO Urheberrechts-Vertrag (Copyright Treaty) v. 20.12.1996, TRT/WCT/001, BGBl. 2003 II, S. 754, 2186 UNTS 121.

künstlerische Darbietungen und Tonträger" WPPT,[406] zusammen besser bekannt unter der Bezeichnung „Internet Treaties".[407] Da beide Verträge ähnliche Vorschriften enthalten, wird in der vorliegenden Darstellung der Fokus auf den bekannteren WCT gelegt. Der WCT ist neben dem TRIPS-Übereinkommen der WTO[408] das wohl bedeutendste völkerrechtlich verbindliche Abkommen im Zusammenhang mit dem Einfluss moderner Informationstechniken auf das Urheberrecht.[409]

Nach Art. 1 WCT handelt es sich bei diesem völkerrechtlichen Vertrag um ein Sonderabkommen i. S. v. Art. 20 der Berner „Übereinkunft zum Schutze von Werken der Literatur und Kunst" aus dem Jahr 1886, dem ältesten völkerrechtlichen Vertragswerk auf dem Gebiet des Urheberrechts.[410] In 103 der aktuell 110 Signatarstaaten (darunter Deutschland) ist der Vertrag in Kraft.[411]

Der Urheberrechtsschutz nach Art. 2 WCT gilt für „expressions and not to ideas, procedures, methods of operation or mathematical concepts as such", also für Ausdrucksformen des Autors. Dass der WCT trotz seiner Adoption im Jahr 1996 auch neuere technische Entwicklungen einbezieht, zeigen Art. 4, 5 WCT, nach denen Urheberrechtsschutz auch für Computerprogramme und Datenbanken (nicht jedoch für die kompilierten Daten selbst, vgl. Art. 5 Satz 2 WCT) bestehen soll. Die Art. 6–8 geben dem Urheber eines Werks das Recht zur Verbreitung, zum Verleih und zur Autorisierung auch vermittels drahtloser Verbindungen. Insbes. Art. 8 ist in Bezug auf die Nutzung des Internets zur Verbreitung von Werken anderer relevant, er behält dem Autor eines Werks die öffentliche Wiedergabe vor, was auch die Online-Veröffentlichung einschließt.[412] In Art. 11 geht es um die Verpflichtung der Staaten, adäquate technische Schutzstandards für Autorenrechte zur Verfügung zu stellen. Unklar ist bislang die ur-

---

[406] WIPO Vertrag über künstlerische Darbietungen und Tonträger (Performances and Phonograms Treaty) v. 20.12.1996, TRT/WPPT/001, BGBl. 2003 II, S. 770, 2186 UNTS 203.

[407] *UNHRC*, Copyright policy and the right to science and culture, Report of the Special Rapporteur in the field of cultural rights, *Farida Shaheed*, UN Doc. A/HRC/28/57, 24.12.2014, § 18 (S. 5).

[408] Übereinkommen über handelsbezogene Aspekte der Rechte des geistigen Eigentums (Agreement on Trade-Related Aspects of Intellectual Property Rights) v. 15.4.1994, BGBl. 1994 II, S. 1730, 1869 UNTS 299.

[409] *Paul P. Polański*, The Internationalization of Internet Law, in Jan Klabbers/Mortimer Sellers (Hrsg.), The Internationalization of Law and Legal Education, Ius Gentium: Comparative Perspectives on Law and Justice: Bd. 2, Springer Science & Business Media B. V., Dordrecht 2008, 191–210 (207).

[410] Jürgen Ensthaler/Stefan Weidert (Hrsg.), Handbuch Urheberrecht und Internet, 3. Aufl., Schriftenreihe Kommunikation & Recht Bd. 7, Deutscher Fachverlag, Frankfurt a. M. 2017, § 20.

[411] Internetpräsenz der WIPO, abrufbar unter: https://wipolex.wipo.int/en/treaties/ShowResults?start_year=ANY&end_year=ANY&search_what=C&code=ALL&treaty_id=16.

[412] Jürgen Ensthaler/Stefan Weidert (Hrsg.), Handbuch Urheberrecht und Internet, 3. Aufl., Schriftenreihe Kommunikation & Recht Bd. 7, Deutscher Fachverlag, Frankfurt a. M. 2017, § 26.

heberrechtliche Einordnung von Elementen des Filesharing[413] oder der Open Source-Bewegung,[414] Probleme wie die Zulässigkeit von Patentsoftware, Wasserzeichen, Amazons „1-Click"-Bestelltechnik und Modelle des Affiliate-Marketing harren noch ihrer endgültigen urheberrechtlichen Einordnung.

Im Bereich des Domain Name-Management spielt die WIPO, verglichen mit der ICANN, keine große Rolle. Sie beschränkt sich auf die Streitbeilegung, die Schiedsstelle der WIPO ist eine von vier bei der ICANN akkreditierten Organisationen, die mit der Schlichtung eines Domain-Vergabeverfahrens betraut werden können. Das Schlichtungsverfahren folgt der „Uniform Domain-Name Dispute-Resolution Policy" der ICANN.[415]

d) UNESCO

Die 1945 gegründete UNESCO ist ebenfalls eine der 17 rechtlich selbständigen Sonderorganisationen der UN. Als solche ist sie aber nicht ursprünglich auf Belange der Informationsgesellschaft, sondern auf die der „Wissensgesellschaft"[416] ausgerichtet. Vor dem Hintergrund der wachsenden Bedeutung neuer Informationstechniken[417] hat sie sich aber selbst den Auftrag erteilt,

„to promote the free flow of ideas by word and image and to foster international cooperation in the fields of communication, information and informatics in order to narrow the existing gap between the developed and the developing countries in these areas".[418]

---

[413] Nichtsdestotrotz hat sich der EuGH etwa in seinem Urt. v. 14.6.2017 – Rs. C-610/15, ECLI:EU:C:2017:456 – Stichting Brein/Ziggo BV, XS4ALL Internet BV zur Verantwortlichkeit von Betreibern von Online-Filesharing-Plattformen geäußert; ebenfalls zum Filesharing, vgl. EuGH, Urt. v. 8.9.2016 – Rs. C-160/15, ECLI:EU:C:2016:644 – GS Media BV/Sanoma Media Netherlands BV u. a.; EuGH, Urt. v. 13.2.2014 – Rs. C-466/12, ECLI:EU:C:2014:76 – Svensson u. a./Retriever Sverige AB.
[414] Dazu EuGH, Urt. v. 2.5.2012 – Rs. C-406/10, Slg. 2012, I-0000 – SAS Institute Inc./ World Programming Ltd. Zur nationalen rechtlichen Einordnung von und zum Umgang mit Open Source-Software ausführlich *Gerald Spindler*, Rechtsfragen der Open Source Software, Studie im Auftrag des Verbandes der Softwareindustrie Deutschlands e. V., abrufbar unter: https://www.uni-goettingen.de/de/document/download/035cb3109455169625e840 892422916e.pdf/studie_final.pdf.
[415] Dazu Internetpräsenz der ICANN, Uniform Domain-Name Dispute-Resolution Policy, abrufbar unter: https://www.icann.org/resources/pages/help/dndr/udrp-en.
[416] *Veronika Bauer/Matthias C. Kettemann*, Menschenrechtliche Implikationen der Informationsgesellschaft und österreichische Regulierungsansätze, in Wolfgang Benedek/Catrin Pekari (Hrsg.), Menschenrechte in der Informationsgesellschaft, Richard Boorberg Verlag, Stuttgart/München/Hannover/Berlin/Weimar/Dresden 2007, 293–323 (302).
[417] *Veronika Bauer/Matthias C. Kettemann*, Menschenrechtliche Implikationen der Informationsgesellschaft und österreichische Regulierungsansätze, in Wolfgang Benedek/Catrin Pekari (Hrsg.), Menschenrechte in der Informationsgesellschaft, Richard Boorberg Verlag, Stuttgart/München/Hannover/Berlin/Weimar/Dresden 2007, 293–323 (308).
[418] UNESCO and an Information Society for All: a position paper, CII-96/WS/4, Mai 1996, abrufbar unter: https://unesdoc.unesco.org/ark:/48223/pf0000108540.

Schutz und Förderung der Meinungsfreiheit und des Rechts aller auf Information und Wissen beziehen sich grds. auf die Gesamtheit der Massenmedien, also die traditionellen Medien (Bücher, Presse), audiovisuelle Medien (Film, Fernsehen, optische Datenträger wie CD, DVD, Blu-Ray) und den Cyberspace (weltweite digitale Netzwerke).[419] Dabei befasst sich die UNESCO primär mit dem Schutz von Urheberrechten, in den traditionellen und audiovisuellen Medien genauso wie im Cyberspace.[420] Ziel der Mission der UNESCO ist u. a. eine Verkleinerung der „Digital Divide" zwischen Industrie- und Entwicklungsstaaten.[421]

Erwähnenswert ist in diesem Zusammenhang die „Erklärung über die Grundprinzipien für den Beitrag der Massenmedien zur Stärkung des Friedens und der internationalen Verständigung, zur Förderung der Menschenrechte und zur Bekämpfung von Rassismus, Apartheid und Kriegshetze" („Massenmedien-Deklaration")[422] der UNESCO aus dem Jahr 1978. Die völkerrechtlich nicht verbindliche Erklärung enthält Ausführungen zu den Themen Medien und Frieden, Ansätze zur Lösung des bestehenden Nord/Süd-Gefälles beim Informationsfluss sowie eine Sammlung der Rechte und Pflichten der Medien und Medienvertreter.[423] Die Massenmedien-Deklaration definiert nicht, was ein „Massenmedium" ist. Daher kann ausgehend vom Deklarationstext nicht auf die Einbeziehung des Internets geschlossen werden. Im allgemeinen Sprachgebrauch wird unter einem „Massenmedium" aber ein „Kommunikationsmittel (z. B. Fernsehen, Rundfunk, Zeitung), das auf breite Kreise der Bevölkerung einwirkt",[424] verstanden. Die Auflistung der weiteren Medien ist nicht abschließend, sondern beispielhaft („z. B."), entsprechend ist das Internet zumindest landläufig unter den Begriff des „Massenmediums" zu subsumieren.

---

[419] *Teresa Fuentes-Camacho*, Introduction: l'UNESCO et le droit du cyberespace, in Teresa Fuentes-Camacho (Hrsg.), Les dimensions internationales du droit du cyberespace, UNESCO, Paris 2000, 1–9 (2).

[420] *Teresa Fuentes-Camacho*, Introduction: l'UNESCO et le droit du cyberespace, in Teresa Fuentes-Camacho (Hrsg.), Les dimensions internationales du droit du cyberespace, UNESCO, Paris 2000, 1–9 (7).

[421] Vgl. Major Programme III: Cultural development: the heritage and creativity, 28C/Resolution 3.1, 15.11.1995, Records of the General Conference, 28th Session (25.10.–16.11.1995), Paris, Vol. I: Resolutions, S. 38–40.

[422] Declaration on Fundamental Principles concerning the contribution of the mass media to strengthening peace and international understanding, to the promotion of human rights and to countering racialism, apartheid and incitement to war, 20C/Resolution 4/9.3/2, 28.11.1978, Records of the General Conference, 20th Session (24.10.–28.11.1978), Paris, Vol. I: Resolutions, S. 100–104, dt. Übers. d. Originaltexts abgedr. in VN 1/1979, 36–37.

[423] *Norman Weiß*, Neue Weltinformationsordnung reloaded? Eine globale Informationsordnung als Herausforderung für das Völkerrecht, in Isabella Löhr/Andrea Rehling (Hrsg.), Global Commons im 20. Jahrhundert: Entwürfe für eine globale Welt, Jahrbuch für Europäische Geschichte Bd. 15, Oldenbourg Wissenschaftsverlag, München 2014, 167–198 (188f.).

[424] *Duden*, Art. „Massenmedium, das", abrufbar unter: https://www.duden.de/rechtschreibung/Massenmedium.

Die Deklaration entstand als eine Art Kompromiss zur Konsolidierung der widerstreitenden Positionen der Staaten des Nordens und des Südens, dem Wunsch der industrialisierten Staaten nach Aufrechterhaltung und Förderung des „free flow of information" und dem Ruf der Entwicklungsstaaten nach einer „Neuen Internationalen Informationspolitik". Auf dieser Grundlage bildete sich die Formel des „free and balanced flow of information"[425] heraus. Das Problem des Ungleichgewichts zwischen Nord und Süd hat sich durch das Internet verschärft, weil die Industriestaaten über umfassendere technische Möglichkeiten verfügen.[426] Die Deklaration hat wenig praktische Bedeutung,[427] weil ihre Inhalte wegen der Unstimmigkeiten, die die Entstehung begleiteten, im Nachgang sehr unterschiedlich interpretiert wurden.[428] Dazu hat nicht zuletzt der Kalte Krieg der Jahre 1947–1989 beigetragen. Der „Ostblock" unter Führung der ehem. Sowjetunion betrachtete freie Kommunikation als Gefahr für souveräne Herrschaftsstrukturen und forderte eine stärkere (inhaltliche und organisatorische) Kontrolle der Nachrichtenagenturen in den Industriestaaten. „Fremde", d. h. ausländische Informationen sollten Staatsgrenzen nur nach Zustimmung des Territorialstaats passieren dürften.[429] Dass dies einen Eingriff in die Menschenrechte (z. B. die Meinungs- und Informationsfreiheit) darstellen könnte, war ohne Belang. Die Staaten Osteuropas betrachteten Menschenrechte als Teil des „domaine réservé" des Staates und wollten jede Einmischung unter Verweis auf das völkergewohnheitsrechtliche Prinzip der Nichteinmischung verhindern.[430] Der Westen dagegen lehnte jegliche Zensur ab. Der Wunsch der Ostblockstaaten nach staatlicher Kontrolle wurde letztlich nicht Teil der Erklärung.

---

[425] *Jörg Becker*, Der Weltmarkt für Information und Kommunikation. Von der „Informationsordnung" zur globalen „Wissensindustrie" auf Kosten der Dritten Welt, Widerspruch: Beiträge zu sozialistischer Politik 14 (1994), 5–17 (5).
[426] *Norman Weiß*, Neue Weltinformationsordnung reloaded? Eine globale Informationsordnung als Herausforderung für das Völkerrecht, in Isabella Löhr/Andrea Rehling (Hrsg.), Global Commons im 20. Jahrhundert: Entwürfe für eine globale Welt, Jahrbuch für Europäische Geschichte Bd. 15, Oldenbourg Wissenschaftsverlag, München 2014, 167–198 (191 f.).
[427] *Wolfgang Kleinwächter*, Verkehrsregeln für die „elektronische Autobahn" – Information und Kommunikation als Gegenstand multilateraler Verhandlungen im Verband der Vereinten Nationen, VN 3/1991, 88–93 (89).
[428] *Norman Weiß*, Neue Weltinformationsordnung reloaded? Eine globale Informationsordnung als Herausforderung für das Völkerrecht, in Isabella Löhr/Andrea Rehling (Hrsg.), Global Commons im 20. Jahrhundert: Entwürfe für eine globale Welt, Jahrbuch für Europäische Geschichte Bd. 15, Oldenbourg Wissenschaftsverlag, München 2014, 167–198 (189).
[429] *Norman Weiß*, Neue Weltinformationsordnung reloaded? Eine globale Informationsordnung als Herausforderung für das Völkerrecht, in Isabella Löhr/Andrea Rehling (Hrsg.), Global Commons im 20. Jahrhundert: Entwürfe für eine globale Welt, Jahrbuch für Europäische Geschichte Bd. 15, Oldenbourg Wissenschaftsverlag, München 2014, 167–198 (189).
[430] *Gilbert-Hanno Gornig*, Äußerungsfreiheit und Informationsfreiheit als Menschenrechte. Die Verankerung der Äußerungs-, Informations-, Presse- und Rundfunkfreiheit sowie des Zensurverbots in völkerrechtlichen Übereinkommen und in den Rechtsordnungen der KSZE-Staaten unter besonderer Berücksichtigung rechtsphilosophischer und rechtsgeschichtlicher Hintergründe, Schriften zum Völkerrecht Bd. 88, Duncker & Humblot, Berlin 1988, S. 386.

Die Idee einer neuen „Weltinformationsordnung" wurde im Jahr 1980 wieder aufgegriffen im Rahmen des „International Programme for the Development of Communication" („UNESCO-Medien-Resolution").[431] Das Ziel war auch hier die Überwindung des (informationellen) Ungleichgewichts zwischen den Staaten des Nordens und des Südens und die Förderung des freien Nachrichtenflusses in beide Richtungen, der Pluralität von Informationsquellen und -kanälen sowie des Zugangs und der aktiven Teilnahme aller Völker am Kommunikationsprozess.[432] Die Grundlage der Resolution bildete der Bericht des damaligen UNESCO-Generalsekretärs *Amadou-Mahtar M'Bow* zum MacBride-Bericht.[433]

Den „free flow of information" hat auch die unverbindliche[434] UNESCO „Declaration of Guiding Principles on the Use of Satellite Broadcasting for the Free Flow of Information, the Spread of Education and Greater Cultural Exchange" (1972) zum Thema.[435] Die Präambel der Erklärung rekurriert auf das Ziel der UNESCO, den „free flow of ideas" durch Wort und Bild zu fördern, und stellt einen Bezug her zu den relevanten Normen der AEMR (Art. 19, 26, 27), die bei der Anwendung der in der Erklärung niedergelegten Grundsätze beachtet werden sollen (Art. XI). Beim Betrieb des Satellitenrundfunks solle zugunsten des „free flow of information" und der Verbreitung von Wissen und Nachrichten in Industrie- wie auch in Entwicklungsstaaten (Art. V.1) stets auf die Wahrheit der übermittelten Informationen geachtet werden (Art. V.2). Eine Anwendung der Deklaration auf die Übermittlung von Rundfunkprogrammen über das Internet (z. B. bei der Bereitstellung von Mediatheken durch Fernsehsender) ist, trotz ihres klaren Wortlauts, bei entsprechender teleologischer und innovationsbezogener Auslegung des Begriffs „Satellite Broadcasting" durchaus denkbar.

---

[431] International Programme for the Development of Communication, 21C/Resolution 4/21, 27.10.1980, Records of the General Conference, 21st Session (23.9.–28.10.1980), Belgrad, Vol. I: Resolutions, S. 72–79.

[432] *Gilbert-Hanno Gornig*, Äußerungsfreiheit und Informationsfreiheit als Menschenrechte. Die Verankerung der Äußerungs-, Informations-, Presse- und Rundfunkfreiheit sowie des Zensurverbots in völkerrechtlichen Übereinkommen und in den Rechtsordnungen der KSZE-Staaten unter besonderer Berücksichtigung rechtsphilosophischer und rechtsgeschichtlicher Hintergründe, Schriften zum Völkerrecht Bd. 88, Duncker & Humblot, Berlin 1988, S. 364 f.

[433] *Gilbert-Hanno Gornig*, Äußerungsfreiheit und Informationsfreiheit als Menschenrechte. Die Verankerung der Äußerungs-, Informations-, Presse- und Rundfunkfreiheit sowie des Zensurverbots in völkerrechtlichen Übereinkommen und in den Rechtsordnungen der KSZE-Staaten unter besonderer Berücksichtigung rechtsphilosophischer und rechtsgeschichtlicher Hintergründe, Schriften zum Völkerrecht Bd. 88, Duncker & Humblot, Berlin 1988, S. 364.

[434] *Cees J. Hamelink*, The politics of World Communication: A Human Rights Perspective, Sage Publications, London 1998, S. 290.

[435] Declaration of Guiding Principles on the Use of Satellite Broadcasting for the Free Flow of Information, the Spread of Education and Greater Cultural Exchange, 17C/Resolution 4.111, 15.11.1972, Records of the General Conference, 17th Session (17.10.–21.11.1972), Paris, Vol. I: Resolutions, Recommendations, S. 67–69.

Das gilt nicht für das „Übereinkommen über die Verbreitung der durch Satelliten übertragenen programmtragenden Signale"[436] (1974), nach ihrem Art. 3 ist die Anwendung des Übereinkommens auf solche Signale ausgeschlossen, die für den direkten Empfang durch die breite Öffentlichkeit gedacht sind. Auch die praktische Relevanz der „Universal Copyright Convention" (1952) in ihrer überarbeiteten Version aus dem Jahr 1971 in Zeiten des Internets ist gering: Nach ihrem Art. VI gilt sie nur für Veröffentlichungen eines Werks in realer, materieller Form. Rein digitale Veröffentlichungen im Internet sind folglich nicht erfasst.

Die „Charta zur Bewahrung des digitalen Kulturerbes"[437] der UNESCO aus dem Jahr 2003 dagegen erkennt die Notwendigkeit der Einbeziehung auch digitaler Wissens- und Informationsquellen in den Bestand des weltweiten kulturellen Erbes. Das „digitale Erbe" –

> „Quellen aus Kultur, Bildung, Wissenschaft und Verwaltung ebenso wie technische, rechtliche, medizinische und andere Arten von Informationen, die digital erstellt oder von existierenden analogen Datenträgern in digitale Form konvertiert wurden" (Art. 1 Abs. 1 Satz 2)[438] –

läuft infolge seiner überwiegend nicht permanenten Fixierung Gefahr, für gegenwärtige und künftige Generationen verloren zu gehen (vgl. Präambel der Charta). Daher dient die Charta der Wahrung der Kontinuität (Art. 5) und des Schutzes (Art. 8) des digitalen Erbes und der Sicherung seiner Zugänglichkeit für die Öffentlichkeit (Art. 2), zeit-, geografie-, kultur- und formatunabhängig (Art. 9). Die Mitgliedstaaten der UNESCO werden dazu aufgefordert, geeignete Maßnahmen zur Bewahrung des digitalen Erbes zu treffen (Art. 10). Die UNESCO dient ihrerseits den Mitgliedstaaten als Referenzstelle und Forum (Art. 12).

Ihrer Überzeugung, dass die UNESCO eine Führungsrolle bei der Förderung des Zugangs aller zu Information und kultureller und sprachlicher Vielfalt im Rahmen globaler Informationsnetzwerke haben sollte, verlieh die Organisation im Jahr 2003 in ihrer „Recommendation concerning the Promotion and Use of Multilingualism and Universal Access to Cyberspace"[439] Ausdruck. Die Mit-

---

[436] Übereinkommen über die Verbreitung der durch Satelliten übertragenen programmtragenden Signale (Convention relating to the Distribution of Programme-Carrying Signals Transmitted by Satellite) v. 21.5.1974, BGBl. II 1979, S. 113, 1144 UNTS 3.

[437] Charta zur Bewahrung des digitalen Kulturerbes (Charter on the Preservation of Digital Heritage), 32C/Res. 42, 15.10.2003, Records of the General Conference, 32nd Session (29.9.–17.10.2003), Paris, Vol. I: Resolutions, S. 74–77.

[438] Inoffizielle dt. Arbeitsübersetzung der UNESCO-Kommissionen Deutschlands, Luxemburgs, Österreichs und der Schweiz, abrufbar unter: https://www.unesco.de/sites/default/files/2018-03/2003_Charta_zur_Bewahrung_des_digitalen_Kulturerbes.pdf.

[439] Recommendation concerning the Promotion and Use of Multilingualism and Universal Access to Cyberspace, 32C/Res. 41, 15.10.2003, Records of the General Conference, 32nd Session (29.9.–17.10.2003), Paris, Vol. I: Resolutions, S. 70–74.

gliedstaaten werden dazu aufgerufen, gleichen und erschwinglichen (§ 8) Zugang zu Informationen zu unterstützen und die Entwicklung einer multikulturellen Informationsgesellschaft voranzutreiben. Das sei notwendig u. a. für die Verwirklichung der Rechte aus Art. 19 und 27 AEMR (§ 6).

Die Bewahrung von und den Zugang zu zeitgeschichtlichen Dokumenten, auch in digitaler Form, hat die „Recommendation concerning the Preservation of, and Access to, Documentary Heritage Including in Digital Form"[440] (2015) zum Gegenstand. Diese völkerrechtlich nicht bindende Empfehlung gibt vor dem Hintergrund des rasanten technischen Wandels zu bedenken, dass auch

> „digital heritage objects including complex ones, such as multi-media works, interactive hypermedia, online dialogues and dynamic data objects from complex systems, mobile content and future emerging formats" (Präambel, § 10)

bewahrt werden sollten. Daher gilt als „Dokument" i. S. d. Empfehlung sowohl der (Daten-)Träger als auch der digitale oder analoge Inhalt eines konservierbaren und beweglichen Dokuments. Nicht fixierte und/oder fixierbare Internet-Inhalte sind dagegen nicht erfasst.

2. WTO

Die WTO ist, im Gegensatz zu den bisher beleuchteten Organisationen, keine Sonderorganisation der UN.[441] Der Zuständigkeitsbereich der WTO ist von dem der ITU, v. a. in Fragen der Internetregulierung, klar abzugrenzen. Die ITU hat sich bisher vorwiegend auf die Regulierung technischer Aspekte des Internets beschränkt. Als technische Organisation ist die ITU für den wirtschaftlich-planerischen und damit politischen Bereich ungeeignet, der private Industrie- und Wirtschaftssektor hat zu großen Einfluss.[442] Die ITU übernimmt daher traditionell die technische Umsetzung der in der WTO erarbeiteten Neuerungen.[443]

---

[440] Recommendation concerning the Preservation of, and Access to, Documentary Heritage Including in Digital Form, 38C/Res. 55, 17.11.2015, Records of the General Conference, 38th Session (3.–18.11.2015), Paris, Vol I: Resolutions, S. 46; Annex V, S. 163–166.

[441] Internetpräsenz der WTO, abrufbar unter: https://www.wto.org/english/thewto_e/coher_e/wto_un_e.htm; *Eckart Klein*, United Nations, Specialized Agencies, in Rüdiger Wolfrum (Hrsg.), MPEPIL, Bd. X: TR–ZO, Oxford University Press, Oxford 2012, 489–509 (492 Rn. 9 f.).

[442] *Veronika Bauer/Matthias C. Kettemann*, Menschenrechtliche Implikationen der Informationsgesellschaft und österreichische Regulierungsansätze, in Wolfgang Benedek/Catrin Pekari (Hrsg.), Menschenrechte in der Informationsgesellschaft, Richard Boorberg Verlag, Stuttgart/München/Hannover/Berlin/Weimar/Dresden 2007, 293–323 (297).

[443] *Andreas Tegge*, Die Internationale Telekommunikations-Union: Organisation und Funktion einer Weltorganisation im Wandel, Law and Economics of International Telecommunications Bd. 21, Nomos, Baden-Baden 1994, S. 289, 293 f.; *Patrick G. Mayer*, Das Internet im öffentlichen Recht. Unter Berücksichtigung europarechtlicher und völkerrechtlicher Vorgaben, Tübinger Schriften zum Staats- und Verwaltungsrecht Bd. 48, Duncker & Humblot, Berlin 1999, S. 123.

Vonseiten der WTO wird betont, dass eine Regulierung des Internets grds. nicht Sache der Organisation sei.[444] Trotzdem beschäftigt sich die Organisation zunehmend mit dem Thema E-Commerce und dem Zugang zu Telekommunikationsmärkten und deren Regulierung. Wirtschaftliche Aspekte stehen im Vordergrund.[445] Die Mitglieder der WTO starteten im Jahr 1998 ein umfassendes Arbeitsprogramm zum Thema E-Commerce. In den vergangenen Jahren sind u. a. die audiovisuellen Medien in den Fokus der WTO gerückt und damit auch die Probleme rund um die grundlegende Unterscheidung zwischen Ware und Dienstleistung bzw. geistigem Eigentum bei der Klassifizierung von audiovisuellen Medien im Rahmen des Regelungssystems der WTO.[446] Dabei findet der Warenhandel Erwähnung im GATT,[447] das auch auf den Bereich E-Commerce anzuwenden ist. Unter „E-Commerce" ist im WTO-Kontext „production, distribution, marketing, sale, or delivery of goods and services by electronic means" zu verstehen. Die rein elektronische Bereitstellung von Services wie Telekommunikationsdienstleistungen sind dagegen Transaktionen[448] i. S. d. GATS,[449] das auch die Rahmenbedingungen für die Erbringung von Fernmeldediensten in den WTO-Mitgliedstaaten enthält.[450] Handelsbezogene Aspek-

---

[444] Vgl. Äußerung von WTO-Generaldirektor *Michael „Mike" Moore* im Rahmen einer Rede v. 31.10.2000 (abrufbar unter https://www.wto.org/english/news_e/spmm_e/spmm40_e.htm): „We *[die WTO – Anm. d. A.]* are not in the business of regulating the Internet and we never shall be."

[445] *Franz C. Mayer*, Das Internet, das Völkerrecht und die Internationalisierung des Rechts, ZfRSoz 23 (2002), 93–114 (102).

[446] Dazu vertieft *Franziska Sucker*, Audiovisuelle Medien innerhalb der WTO: Waren, Dienstleistungen und/oder geistiges Eigentum?, ZUM 2009, 30–39.

[447] Allgemeines Zoll- und Handelsabkommen (General Agreement on Tariffs and Trade) v. 30.10.1947, BGBl. 1951 II, S. 173, 55 UNTS 187. Geänd. durch GATT v. 15.4.1994, BGBl. 1994 II, S. 1443, 1867 UNTS 187.

[448] WTO Council for Trade in Services, Work Programme on E-Commerce – Note by the Secretariat, S/C/W/68, 16.11.1998, § 29, abrufbar unter: https://docs.wto.org/dol2fe/Pages/SS/directdoc.aspx?filename=q:/S/C/W68.pdf; *Sacha Wunsch-Vincent*, The Internet, cross-border trade in services, and the GATS: lessons learned from US-Gambling, World TR 5 (2006), 319–355 (319 Fn. 2). Dass WTO-Regeln tatsächlich anwendbar sind auf Sachverhalte des E-Commerce bzw. elektronische Services wurde bestätigt im Fall „US-Gambling", dem ersten Fall des WTO Dispute Settlement Body, der explizit Bezug nahm auf das Internet (vgl. *Sacha Wunsch-Vincent*, The Internet, cross-border trade in services, and the GATS: lessons learned from US-Gambling, World TR 5 [2006], 319–355 [320]): United States-Measures Affecting the Cross-border Supply of Gambling and Betting Services (US-Gambling), Report of the Panel, WT/DS285/R (10.11.2004), abrufbar unter: https://www.wto.org/english/tratop_e/dispu_e/285r_e.pdf, und Report of the Appellate Body, AB-2005-1, WT/DS285/AB/R (7.4.2005), abrufbar unter: https://www.wto.org/english/tratop_e/dispu_e/285abr_e.pdf.

[449] Allgemeines Abkommen über den Handel mit Dienstleistungen (General Agreement on Trade in Services) v. 15.4.1994, BGBl. 1994 II, S. 1473, 1869 UNTS 183.

[450] *Patrick G. Mayer*, Das Internet im öffentlichen Recht. Unter Berücksichtigung europarechtlicher und völkerrechtlicher Vorgaben, Tübinger Schriften zum Staats- und Verwaltungsrecht Bd. 48, Duncker & Humblot, Berlin 1999, S. 121.

te des geistigen Eigentums dagegen unterfallen dem TRIPS.[451] Das TRIPS ist neben dem WCT der WIPO wohl das bedeutendste Abkommen zum Einfluss moderner Informationstechnik auf das Urheberrecht.[452] Das Agreement wurde im Rahmen der WTO erarbeitet und dem GATT 1994 hinzugefügt, obwohl der Schutz von Immaterialgütern weiterhin in den Zuständigkeitsbereich der WIPO fällt. Trotz des Selbstverständnisses der WTO, nicht mit der Regulierung des Internets befasst sein zu wollen, bezieht sich etwa Art. 27 TRIPS explizit auf Software-Patente „in all fields of technology". Die Begriffe „Ware" und „Dienstleistung" sind im TRIPS nicht eindeutig definiert. In Anbetracht des zunehmenden Handels mit digitalen Produkten kann die Einordnung in die herkömmlichen Kategorien Ware oder Dienstleistung bzw. körperlich oder nicht körperlich aber auch uneindeutig (es fehlt die „notwendige rechtliche Bestimmtheit" der Aufteilung)[453] und zumeist wenig zielführend sein.[454] Überwiegend sind daher wohl alle drei Abkommen parallel anzuwenden, abhängig vom Stadium der Entwicklung oder der Art des Vertriebs des Produkts.[455]

3. Europarat

Auf Ebene des Europarats wurden in den vergangenen Jahrzehnten einige bedeutende multilaterale völkerrechtliche Verträge mit Bezug zu Internet-Angelegenheiten ausgearbeitet. Zu nennen sind hier v. a. das „Übereinkommen des Europarats über Computerkriminalität betreffend die Kriminalisierung mittels Computersystemen begangener Handlungen rassistischer und fremdenfeindlicher Art" (Budapest-Konvention),[456] das „Übereinkommen des Europarates zum Schutz des Menschen bei der automatischen Verarbeitung personenbezogener Daten" (Datenschutz-Konvention)[457] und das „Europäische Übereinkommen über das grenzüberschreitende Fernsehen" (Fernsehübereinkommen),[458]

---

[451] Bereits erwähnt *supra* Teil II, Kap. 2, B. I.1.c.
[452] *Paul P. Polański*, The Internationalization of Internet Law, in Jan Klabbers/Mortimer Sellers (Hrsg.), The Internationalization of Law and Legal Education, Ius Gentium: Comparative Perspectives on Law and Justice: Bd. 2, Springer Science & Business Media B. V., Dordrecht 2008, 191–210 (207).
[453] *Franziska Sucker*, Audiovisuelle Medien innerhalb der WTO: Waren, Dienstleistungen und/oder geistiges Eigentum?, ZUM 2009, 30–39 (39).
[454] Dazu *Franziska Sucker*, Audiovisuelle Medien innerhalb der WTO: Waren, Dienstleistungen und/oder geistiges Eigentum?, ZUM 2009, 30–39 (36 f.).
[455] *Franziska Sucker*, Audiovisuelle Medien innerhalb der WTO: Waren, Dienstleistungen und/oder geistiges Eigentum?, ZUM 2009, 30–39 (38 f.).
[456] Übereinkommen des Europarats über Computerkriminalität betreffend die Kriminalisierung mittels Computersystemen begangener Handlungen rassistischer und fremdenfeindlicher Art (Convention on Cybercrime) v. 23.11.2001, BGBl. 2008 II, S. 1242, 1243, SEV Nr. 185.
[457] Übereinkommen zum Schutz des Menschen bei der automatischen Verarbeitung personenbezogener Daten (Convention for the Protection of Individuals with regard to Automatic Processing of Personal Data) v. 28.1.1981, BGBl. 1985 II, S. 539, SEV Nr.108.
[458] Europäisches Übereinkommen über das grenzüberschreitende Fernsehen (European Convention on Transfrontier Television) v. 5.5.1989, BGBl. 1994 II, S. 639, SEV Nr. 132.

die im Folgenden näher betrachtet werden sollen. Kurz erwähnt werden soll an dieser Stelle aber auch die „Declaration on mass communication media and Human Rights"[459] der Parlamentarischen Versammlung des Europarats, die die Bedeutung der Massenmedien für die Öffentlichkeit und die Notwendigkeit der entsprechenden Anwendung der Menschenrechte in diesem Kontext betont. In der Tat haben im Zuge der wachsenden Bedeutung der Kommunikationsrechte für die Informationsgesellschaft u. a. die Interpretationen der Art. 8 und 10 der EMRK einen tiefgreifenden Wandel erfahren.

a) EMRK

Ebenso wie einige andere regionale Menschenrechtspakte enthält nämlich auch die EMRK[460] Vorschriften zum Schutz von Kommunikationsrechten. Der im Jahr 1950 beschlossene völkerrechtliche Vertrag war der historisch erste verbindliche (wenn auch regionale) Menschenrechtspakt. Im Gegensatz zu ihrem universellen Pendant, dem IPbpR, enthält die EMRK in ihren Art. 33 und 35 die Möglichkeit einer Individualbeschwerde.[461]

Verpflichtet werden aus der EMRK ausschließlich die Vertragsstaaten, die Möglichkeit einer unmittelbaren Drittwirkung besteht nach überwiegender Ansicht nicht.[462] Beeinträchtigungen von Art. 10 EMRK durch Private (z. B. Zensur) sind von den Vertragsstaaten durch positives Tun zu unterbinden.[463] Geschützt werden natürliche und juristische Personen des Privatrechts.[464] Ju-

---

[459] Declaration on mass communication media and human rights, Res. 428 (1970), 23.1.1970, §§ 6 ff.

[460] Europäische Konvention zum Schutze der Menschenrechte und Grundfreiheiten (Convention for the Protection of Human Rights and Fundamental Freedoms) v. 4.11.1950, BGBl. 1954 II, S. 14, 213 UNTS 222.

[461] Nur gegen Vertragsstaaten des Ersten Fakultativprotokolls des IPbpR ist eine Individualbeschwerde vor dem Ausschuss für Menschenrechte möglich.

[462] *Jens Meyer-Ladewig*, Art. 1, in Jens Meyer-Ladewig/Martin Nettesheim/Stefan v. Raumer (Hrsg.), EMRK: Europäische Menschenrechtskonvention, Handkommentar, 4. Aufl., Nomos, Baden-Baden 2017, Rn. 10. Das gilt auch für Fälle der Verletzung von Konventionsrechten durch private ISPs, vgl. *Jasper P. Sluijs*, Network Neutrality and European Law, Wolf Legal Publishers, Nijmengen 2012, S. 104 ff.

[463] EGMR, Urt. v. 12.9.2011 – Beschwerde-Nr. 28995/06, 28955/06, 28957/06, 28959/06 u. 28964/06, Rn. 58 ff. – Palomo Sánchez u. a./Spanien; EGMR, Urt. v. 29.2.2000 – Beschwerde-Nr. 39293/98, Rn. 38 – Fuentes Bobo/Spanien; zur Pressefreiheit: EGMR, Urt. v. 14.9.2010 – Beschwerde-Nr. 2668/07, 6102/08, 30079/08, 7072/09 u. 7124/09, Rn. 106 – Dink/Türkei; EGMR, Urt. v. 16.3.2000 – Beschwerde-Nr. 23144/93, Rn. 42 ff. – Özgür Gündem/Türkei.

[464] *Christian Mensching*, Art. 10, in Ulrich Karpenstein/Franz C. Mayer (Hrsg.), Konvention zum Schutz der Menschenrechte und Freiheiten (EMRK): Kommentar, 2. Aufl., C. H. Beck, München 2015, 310–338 (313 Rn. 5); *Birgit Daiber*, Art. 10, in Jens Meyer-Ladewig/Martin Nettesheim/Stefan v. Raumer (Hrsg.), EMRK: Europäische Menschenrechtskonvention, Handkommentar, 4. Aufl., Nomos, Baden-Baden 2017, Rn. 22. Grundrechtsberechtigt sind folglich auch privatrechtlich organisierte ISPs, vgl. EGMR, Urt. v. 10.3.2009 – Beschwerde-Nr. 3002/03 u. 23676/03, Rn. 27 – Times Newspapers Ltd (Nr. 1 u. 2)/Vereinigtes König-

ristische Personen des öffentlichen Rechts sind, sofern sie als Teil des Staatsapparats organisiert sind, grundrechtsverpflichtet.[465]

Art. 1 EMRK bestimmt den räumlichen Anwendungsbereich der Konvention:

„Die Hohen Vertragsparteien sichern allen ihrer Hoheitsgewalt unterstehenden Personen die in Abschnitt I bestimmten Rechte und Freiheiten zu."

Die Formulierung „allen ihrer Hoheitsgewalt unterstehenden Personen" ist hier primär territorial zu verstehen, für Handlungen auf dem Gebiet der Vertragsstaaten gelten die Konventionsrechte daher uneingeschränkt.[466] Eine extraterritoriale Anwendbarkeit der Normen der EMRK soll nur unter bestimmten Voraussetzungen möglich sein, die der EGMR in seinem Urteil im Fall „Al-Skeini" zusammenfasst.[467] Danach sind die Gewährleistungen der EMRK extraterritorial anwendbar, sofern ein Staatsorgan im Ausland tatsächliche physische Kontrolle über eine Person ausübt,[468] wenn also etwa im Fall militärischer Besatzung eines Gebiets ein Staat die tatsächliche Gesamtkontrolle über ausländisches Territorium inne hat,[469] eine Person in Erfüllung diplomatischer oder konsularischer Aufgaben im Ausland Hoheitsgewalt ausübt oder sich in hoheitlicher Funktion auf dem Gebiet eines anderen Territorialstaats mit dessen Zustimmung bewegt. Dieser Rechtsprechung des EGMR liegt ein physisches Verständnis von Kontrolle zugrunde. Es stellt sich daher die Frage, ob die Staaten auch bei Aktivitäten im Cyberspace an die Menschenrechte der EMRK gebunden sind, etwa bei der nachrichtendienstlichen Gewinnung von Daten außerhalb ihres Staatsgebiets. In der Literatur wird tlw. eine extensive Interpretation des Kontrollbegriffs vorgenommen, um auch Formen virtueller Kontrolle (abhängig von Umfang und Ausmaß) darunter zu fassen.[470] Alternativ wird neben der

---

reich; EGMR, Urt. v. 16.7.2013 – Beschwerde-Nr. 33846/07, Rn. 59 – Węgrzynowski und Smolczewski/Polen.

[465] *Christian Mensching*, Art. 10, in Ulrich Karpenstein/Franz C. Mayer (Hrsg.), Konvention zum Schutz der Menschenrechte und Freiheiten (EMRK): Kommentar, 2. Aufl., C. H. Beck, München 2015, 310–338 (314 Rn. 6).

[466] *Helmut P. Aust*, Stellungnahme zur Sachverständigenanhörung am 5. Juni 2014, Deutscher Bundestag, 1. Untersuchungsausschuss der 18. Wahlperiode, MAT A SV-4/1, zu A-Drs. 56, 27.5.2014, § 28 (S. 10), abrufbar unter: https://www.bundestag.de/resource/blob/282870/fc 52462f2ffd254849bce19d25f72fa2/mat_a_sv-4-1_aust-pdf-data.pdf.

[467] EGMR, Urt. v. 7.7.2011 – Beschwerde-Nr. 55721/07, Rn. 131 ff. – Al-Skeini u. a./Vereinigtes Königreich.

[468] Vgl. EGMR, Urt. v. 12.3.2003 – Beschwerde-Nr. 46221/99, Rn. 91 – Öcalan/Türkei; EGMR, Urt. v. 10.7.2008 – Beschwerde-Nr. 3394/03, Rn. 67 – Medvedyev u. a./Frankreich.

[469] EGMR, Urt. v. 12.12.2001 – Beschwerde-Nr. 52207/99, Rn. 67 ff. – Banković u. a./Belgien u. a.; EGMR, Urt. v. 23.3.1995 – Beschwerde-Nr. 15318/89, Rn. 62 – Loizidou/Türkei; EGMR, Urt. v. 8.7.2004 – Beschwerde-Nr. 48787/99, Rn. 314–316 – Ilaşcu u. a./Moldavien und Russland.

[470] *Anne Peters*, Surveillance Without Borders? The Unlawfulness of the NSA-Panopticon, Part II, EJIL: Talk!, 4.11.2013, abrufbar unter: https://www.ejiltalk.org/surveillance-without-borders-the-unlawfulness-of-the-nsa-panopticon-part-ii/.

reinen Erfassung von Daten auf die spätere Verarbeitung, Verwendung und Weitergabe der Daten abgestellt, die jedenfalls als Eingriff gewertet werden können.[471] Wird einer zeitgemäßen Interpretation durch den EGMR[472] in Straßburg gefolgt, sind die Konventionsrechte grds. auch im Umfeld neuer Informations- und Kommunikationstechniken wie dem Internet anzuwenden. Besonders gefährdet sind in dieser Beziehung das Recht auf Schutz der Privatheit und der Kommunikation aus Art. 8 EMRK und die Meinungs- und Informationsfreiheit nach Art. 10 EMRK.

Art. 8 EMRK vereint den Schutz des Privat- und Familienlebens, des Rechts auf Wohnung und den Schutz der Korrespondenz. Dabei kommt für die Anwendung auf Kommunikationsvorgänge jedweder Form dem Schutz der Korrespondenz besondere Bedeutung zu. Der Begriff „Korrespondenz" erfasst ausweislich der relevanten Rechtsprechung des EGMR[473] und der Kommentierung des UN-Menschenrechtsausschusses[474] bereits Elemente der körperlosen und elektronischen Kommunikation (z. B. Telefonie, Text[kurz]nachrichten, E-Mail). Voraussetzung ist allein die Vertraulichkeit der Kommunikation; daher sind Formen der öffentlichen (elektronischen) Kommunikation über Webpages und Newsgroups nicht geschützt.[475] Ähnlich gefasst ist Art. 17 IPbpR, wobei die dt. Sprachfassung (entgegen dem offiziellen engl. Wortlaut „correspondence") den (engeren) Begriff „Schriftverkehr" verwendet.[476] Art. 8 EMRK umfasst auch den Datenschutz,[477] wobei der EGMR zur Konkretisierung der Vor-

---

[471] *Helmut P. Aust*, Stellungnahme zur Sachverständigenanhörung am 5. Juni 2014, Deutscher Bundestag, 1. Untersuchungsausschuss der 18. Wahlperiode, MAT A SV-4/1, zu A-Drs. 56, 27.5.2014, § 35 (S. 13 f.), abrufbar unter: https://www.bundestag.de/resource/blob/282870/fc52462f2ffd254849bce19d25f72fa2/mat_a_sv-4-1_aust-pdf-data.pdf.

[472] Durch das Protokoll Nr. 11 zur Konvention zum Schutze der Menschenrechte und Grundfreiheiten über die Umgestaltung des durch die Konvention eingeführten Kontrollmechanismus v. 11.5.1994, BGBl. 1995 II, S. 578, SEV Nr. 155, wurde die Auslegung und Durchsetzung der EMRK-Rechte dem EGMR übertragen. Der Gerichtshof löste die zuvor parallel tätige Europäische Kommission für Menschenrechte ab, dazu *Marcel Kau*, Der Staat und der Einzelne als Völkerrechtssubjekte, in Wolfgang Graf Vitzthum/Alexander Proelß (Hrsg.), Völkerrecht, 7. Aufl., De Gruyter, Berlin/Boston 2016, 133–246 (221 Rn. 261).

[473] EGMR, Entsch. über die Zulässigkeit v. 29.6.2006 – Beschwerde-Nr. 54934/00, § 77 – Weber und Saravia/Deutschland; EGMR, Urt. v. 6.9.1978 – Beschwerde-Nr. 5029/71, § 41 – Klass u. a./Deutschland.

[474] Vgl. *CCPR*, General Comment 16 – Article 17 (Right to Privacy): The Right to Respect of Privacy, Family, Home and Correspondence, and Protection of Honour and Reputation, 8.4.1988, UN Doc. HRI/GEN/1/Rev.9 (Vol. I), 191–193 (192 § 8).

[475] *Christoph Grabenwarter*, European Convention on Human Rights – Commentary, C. H. Beck, München 2014, Art. 8, 184–233 (198 Rn. 28).

[476] Art. 17 Abs. 1 IPbpR: „(1) Niemand darf willkürlichen oder rechtswidrigen Eingriffen in sein Privatleben, seine Familie, seine Wohnung und seinen Schriftverkehr oder rechtswidrigen Beeinträchtigungen seiner Ehre und seines Rufes ausgesetzt werden."

[477] *Heinrich A. Wolff*, Art. 8, in Matthias Pechstein/Carsten Nowak/Ulrich Häde (Hrsg.), Frankfurter Kommentar zu EUV, GRC und AEUV, Bd. 1: EUV und GRC, Mohr Siebeck, Tübingen 2017, 1111–1129 (1112 Rn. 3).

gaben des Art. 8 Abs. 1 EMRK auf die Datenschutz-Konvention des Europarats aus dem Jahr 1981[478] zurückgreift.[479]

Eingriffe in den Schutzbereich von Art. 8 Abs. 1 EMRK bedürfen nach Art. 8 Abs. 2 EMRK einer nationalen gesetzlichen Grundlage und müssen verhältnismäßig sein. Sie müssen also ein legitimes Ziel i. S. d. Art. 8 Abs. 2 EMRK verfolgen („nationale oder öffentliche Sicherheit, für das wirtschaftliche Wohl des Landes, zur Aufrechterhaltung der Ordnung, zur Verhütung von Straftaten, zum Schutz der Gesundheit oder der Moral oder zum Schutz der Rechte und Freiheiten anderer") und „in einer demokratischen Gesellschaft notwendig" sein. Staatliche Überwachungsmaßnahmen greifen in den Schutzbereich von Art. 8 Abs. 1 EMRK ein; die Existenz von Gesetzen, die eine Gestattung der geheimen Überwachung des Fernmeldeverkehrs beinhalten, und die bloße (technische) Möglichkeit der Durchführung einer solchen Überwachung sind ausreichend.[480] Ebenso wie Art. 17 IPbpR,[481] dem Art. 8 EMRK ähnelt, werden auch Art. 8 EMRK positive Schutzpflichten der Vertragsstaaten gegenüber Privaten[482] und fremden Staaten entnommen.[483]

Art. 10 EMRK schützt die Meinungsäußerungsfreiheit, ist aber auch auf den grenzüberschreitenden Informationsfluss anwendbar, da die Norm jegliche zwischenmenschliche Kommunikation,[484] auch im Internet,[485] erfasst. Nach Abs. 1

---

[478] Dazu *infra* Teil II, Kap. 2, B. I.3.c.

[479] EGMR, Urt. v. 4.5.2000 – Beschwerde-Nr. 28341/95, Rn. 43 – Rotaru/Rumänien.

[480] EGMR, Entsch. über die Zulässigkeit v. 29.6.2006 – Beschwerde-Nr. 54934/00, Rn. 78 – Weber und Saravia/Deutschland; EGMR, Urt. v. 6.9.1978 – Beschwerde-Nr. 5029/71, Rn. 41 – Klass u. a./Deutschland; *Helmut P. Aust*, Stellungnahme zur Sachverständigenanhörung am 5. Juni 2014, Deutscher Bundestag, 1. Untersuchungsausschuss der 18. Wahlperiode, MAT A SV-4/1, zu A-Drs. 56, 27.5.2014, § 19 (S. 7), abrufbar unter: https://www.bundestag.de/resource/blob/282870/fc52462f2ffd254849bce19d25f72fa2/mat_a_sv-4-1_aust-pdf-data.pdf; *Christoph Grabenwarter*, European Convention on Human Rights Commentary, C. H. Beck, München 2014, S. 203 Rn. 41.

[481] Dazu *supra* Teil II, Kap. 2, B. I.1.a.bb.

[482] Vgl. z. B. die (einzelfallabhängig bestehende) staatliche Pflicht, ISPs zum Schutz von Kindern und sonstigen gefährdeten Personen vor sexuellem Missbrauch im oder mithilfe des Internets zur Herausgabe der IP-Adresse des potenziellen Straftäters zu zwingen, dazu EGMR, Urt. v. 2.12.2008 – Beschwerde-Nr. 2872/02, § 45, 48 ff. – K. U./Finnland. Die stete Weiterentwicklung neuer Kommunikationstechniken hat auch dazu geführt, dass der EGMR die Kriminalisierung bestimmter, der Veröffentlichung (etwa im Internet) vorgeschalteter Akte für notwendig hält. Zum versteckten Filmen in bestimmten Situationen, vgl. EGMR, Urt. v. 21.6.2012 – Beschwerde-Nr. 5786/08, § 86 ff. – Söderman/Schweden. Beachte zur Verpflichtung von Privaten aus der EMRK die Recommendation 582 (1970) der Parlamentarischen Versammlung des Europarats zum Thema „Mass communication media and Human Rights", 23.1.1970, § 8.5.3, abrufbar unter: http://assembly.coe.int/nw/xml/XRef/Xref-XML2HTML-en.asp?fileid=14617&lang=en.

[483] *Helmut P. Aust*, Stellungnahme zur Sachverständigenanhörung am 5. Juni 2014, Deutscher Bundestag, 1. Untersuchungsausschuss der 18. Wahlperiode, MAT A SV-4/1, zu A-Drs. 56, 27.5.2014, § 25 (S. 9), abrufbar unter: https://www.bundestag.de/resource/blob/282870/fc52462f2ffd254849bce19d25f72fa2/mat_a_sv-4-1_aust-pdf-data.pdf.

[484] *Christoph Grabenwarter*, Art. 5 Abs. 1, Abs. 2 GG, in Theodor Maunz/Günter Dürig

Satz 2 schließt dies die Meinungsfreiheit und die Informationsfreiheit mit ein, „ohne Rücksicht auf Staatsgrenzen". Dieser Satzbestandteil lässt den Schluss zu, dass die Informationsfreiheit auch im Internet anwendbar ist, das omnipräsent und damit „grenzenlos"[486] ist, wenn auch in Art. 10 Abs. 1 Satz 3 – aus nachvollziehbaren Gründen[487] – lediglich Hörfunk, Fernsehen und Kino als interessierende Medien erwähnt werden.

Über Art. 10 EMRK wird auch die Presse- und Rundfunkfreiheit geschützt. Diese Freiheiten werden zwar im Wortlaut des Art. 10 selbst nicht erwähnt, sind aber wegen der überragenden Bedeutung der Medien für die Förderung der öffentlichen Meinungsbildung und -äußerung wohl trotzdem erfasst,[488] ebenso wie die Kunstfreiheit und die „Freiheit des wissenschaftlichen Ausdrucks".[489] Wie Art. 19 IPbpR dient folglich auch Art. 10 EMRK dem Schutz von Individual- *und* Massenkommunikation, vgl. den Wortlaut von Art. 10 Abs. 1 Satz 3 EMRK:

„Dieser Artikel hindert die Staaten nicht, für Hörfunk-, Fernseh- oder Kinounternehmen eine Genehmigung vorzuschreiben."

„Meinungen" sind alle Arten von Werturteilen,[490] aber auch die Behauptung von Tatsachen[491] („offener Kommunikationsbegriff").[492] Auf den Inhalt der Meinungsäußerung kommt es nicht an, mag er auch kontrovers oder gar anstößig sein.[493] Geschützt wird aber nicht nur der Inhalt einer Meinung, sondern

---

(Begr.)/Roman Herzog/Matthias Herdegen/Hans H. Klein/Rupert Scholz (Hrsg.), Grundgesetz-Kommentar, Bd. 1: Texte, Art. 1–5, 88. ErgL (Stand: Aug. 2019), C. H. Beck, Rn. 11.

[485] EGMR, Urt. v. 10.3.2009 – Beschwerde-Nr. 3002/03 u. 23676/03, Rn. 27 – Times Newspapers Ltd/Vereinigtes Königreich.

[486] *Johannes Osing*, Die Netzneutralität im Binnenmarkt. Zur Bindung der Internet-Provider an die Europäischen Grundfreiheiten und Grundrechte, Recht und Politik in der Europäischen Union Bd. 7, Nomos, Baden-Baden 2017, S. 189.

[487] *Robert Uerpmann-Wittzack*, Principles of International Internet Law, GLJ 11 (2010), 1245–1263 (1248).

[488] Zur Funktion der Medien als „public watchdog", vgl. EGMR, Urt. v. 16.7.2013 – Beschwerde-Nr. 1562/10, § 61 – Remuszko/Polen; EGMR, Urt. v. 16.11.2004 – Beschwerde-Nr. 56767/00, § 48 – Selistö/Finland sowie EGMR, Urt. v. 10.3.2009 – Beschwerde-Nr. 3002/03 u. 23676/03, § 40 – Times Newspapers Ltd/Vereinigtes Königreich und EGMR, Urt. v. 26.11.1991 – Beschwerde-Nr. 13585/88, § 59 – Oberserver and Guardian/Vereinigtes Königreich.

[489] *Christian Mensching*, Art. 10, in Ulrich Karpenstein/Franz C. Mayer (Hrsg.), Konvention zum Schutz der Menschenrechte und Freiheiten (EMRK): Kommentar, 2. Aufl., C. H. Beck, München 2015, 310–338 (314 Rn. 8).

[490] EGMR, Urt. v. 18.10.2011 – Beschwerde-Nr. 10247/09, § 68 – Sosinowska/Polen.

[491] EGMR, Urt. v. 2.10.2012 – Beschwerde-Nr. 57942/10, § 27 – Rujak/Kroatien.

[492] *Christian Mensching*, Art. 10, in Ulrich Karpenstein/Franz C. Mayer (Hrsg.), Konvention zum Schutz der Menschenrechte und Freiheiten (EMRK): Kommentar, 2. Aufl., C. H. Beck, München 2015, 310–338 (314 Rn. 9).

[493] *Christian Mensching*, Art. 10, in Ulrich Karpenstein/Franz C. Mayer (Hrsg.), Konvention zum Schutz der Menschenrechte und Freiheiten (EMRK): Kommentar, 2. Aufl., C. H. Beck, München 2015, 310–338 (312 Rn. 2).

auch die Mittel[494] und die Art und Weise[495] ihres Ausdrucks. Diese weite Interpretation des sachlichen Schutzbereichs von Art. 10 EMRK ermöglicht u. a. die Anwendung der Norm auf die Meinungsäußerung im Internet.[496]

Die Bedeutung des grenzüberschreitenden Informationsflusses im Geltungsbereich der EMRK wurde vom EGMR bereits früh in seiner Rechtsprechung betont.[497] Nach der Legaldefinition in Art. 10 Abs. 1 Satz 2 handelt es sich bei der Informationsfreiheit um das Recht, Informationen und Ideen frei zu empfangen und weiterzugeben. Dabei liegt bereits in der Zurverfügungstellung einer Internetplattform zu Zwecken der Informationsweitergabe oder Meinungsäußerung eine „Weitergabe" von Informationen im o. g. Sinne.[498] Eine Gefahr für die Informationsfreiheit können z. B. die Blockade einzelner Internetseiten[499] oder ein umfassender Internet-Shutdown darstellen. Im Zusammenhang mit der staatlichen Blockade eines Host-Providers hat der EGMR festgestellt, dass dem Betreiber einer Webseite jederzeit der Zugang zu dieser Seite gewährleistet werden muss.[500] Dem Schutz der Informationsfreiheit unterfallen die Darstellung von Informationen und Ideen auf Webseiten[501] (dies gilt auch für Erzeugnisse der elektronischen Presse wie [presseähnliche, etablierte] Internetforen)[502] und in Internet-Archiven.[503] Zu beachten ist, dass der Schutz des Internets selbst nicht der Rundfunkfreiheit, sondern einzelfallabhängig der allgemeinen Äußerungs- oder der Pressefreiheit[504] unterfällt.

Einschränkungen der Rechte aus Art. 10 Abs. 1 EMRK sind unter den strengen Voraussetzungen des Abs. 2 möglich. Eingriffe bedürfen danach jedenfalls einer gesetzlichen Grundlage.[505] Bei der Rechtfertigung von Eingriffen in die

---

[494] EGMR, Urt. v. 19.2.2013 – Beschwerde-Nr. 40397/12 – Neij u. a./Schweden.
[495] EGMR, Urt. v. 15.5.2014 – Beschwerde-Nr. 19554/05, § 64 – Taranenko/Russland.
[496] EGMR, Urt. v. 19.2.2013 – Beschwerde-Nr. 40397/12 – Neij u. a./Schweden.
[497] Vgl. dazu z. B. EGMR, Urt. v. 28.3.1990 – Beschwerde-Nr. 10890/84 – Groppera Radio AG u. a./Schweiz; EGMR, Urt. v. 22.5.1990 – Beschwerde-Nr. 12726/87 – Autronic AG/Schweiz; EGMR, Urt. v. 24.11.1993 – Beschwerde-Nr. 13914/88, 15041/89, 15717/89, 15779/89 u. 17207/90 – Informationsverein Lentia u. a./Österreich (EuGRZ 1994, 549).
[498] EGMR, Urt. v. 19.2.2013 – Beschwerde-Nr. 40397/12 – Neij u. a./Schweden.
[499] EGMR, Urt. v. 18.12.2012 – Beschwerde-Nr. 3111/10, § 64 – Yildirim/Türkei.
[500] EGMR, Urt. v. 18.12.2012 – Beschwerde-Nr. 3111/10, §§ 46 ff. – Yildirim/Türkei.
[501] EGMR, Entsch. über die Zulässigkeit v. 18.10.2005 – Beschwerde-Nr. 5446/03 – Perrin/Vereinigtes Königreich.
[502] EGMR, Urt. v. 22.4.2010 – Beschwerde-Nr. 40984/07, § 95 – Fatullayev/Azerbaijan.
[503] EGMR, Urt. v. 10.3.2009 – Beschwerde-Nr. 3002/03 u. 23676/03, § 27 – Times Newspapers Ltd (Nr. 1 u. 2)/Vereinigtes Königreich.
[504] *Christian Mensching*, Art. 10, in Ulrich Karpenstein/Franz C. Mayer (Hrsg.), Konvention zum Schutz der Menschenrechte und Freiheiten (EMRK): Kommentar, 2. Aufl., C. H. Beck, München 2015, 310–338 (317 Rn. 17).
[505] *Birgit Daiber*, Art. 10, in Jens Meyer-Ladewig/Martin Nettesheim/Stefan v. Raumer (Hrsg.), EMRK: Europäische Menschenrechtskonvention, Handkommentar, 4. Aufl., Nomos, Baden-Baden 2017, Rn. 29. „[M]it Blick auf die neuen Medien" bezeichnet *Hermann Pünder*, § 17 Kommunikationsgrundrechte, in Dirk Ehlers (Hrsg.), Europäische Grundrechte und

Pressefreiheit ist die sog. „Verbreiterhaftung"[506] zu beachten: Werden „nutzergenerierte Inhalte"[507] wie Foreneinträge oder Nutzerkommentare auf den Seiten eines Internet-Nachrichtenportals angezeigt, so besteht grds. die Pflicht des Betreibers, die Kommentare im Vorfeld der Veröffentlichung zu überprüfen, wenn aufgrund des Inhalts des kommentierten Artikels mit unzulässigen Kommentaren zu rechnen war. Zudem kann es bei Veröffentlichungen im Internet zu einer Kollision der Pressefreiheit mit dem Recht auf Privatsphäre kommen: Wegen der Schnell(leb)igkeit des Internets ist die Gefahr, der die privaten Lebensbereiche ausgesetzt sind, ungleich höher als bei herkömmlichen Presseerzeugnissen der Printmedien. Daher muss Art. 8 einzelfallabhängig genau gegen Art. 10 abgewogen werden, denn die Abwägung darf nicht immer zu Lasten von Art. 10 ausfallen.[508]

Art. 11 EMRK schützt die Versammlungs- und Vereinigungsfreiheit sowie das Koalitionsrecht. Damit entspricht die Norm in ihrem Schutzumfang Art. 12 GR-Ch und Art. 21, 22 IPbpR. Der Begriff der „Versammlung" wird nicht legaldefiniert, im allgemeinen Sprachgebrauch[509] aber als „Zusammenkunft, Beisammensein mehrerer, meist einer größeren Anzahl von Personen zu einem bestimmten Zweck"[510] verstanden.[511] Dem entsprechen auch die Vorstellungen des EGMR von einer „Versammlung": Im Urteil in der Rs. „Plattform Ärzte für das Leben/Österreich"[512] war zunächst nur die Rede von „associations or other

---

Grundfreiheiten, 4. Aufl., De Gruyter, Berlin/Boston 2014, 629–667 (646 Rn. 24 m. w. N.) Art. 10 Abs. 2 EMRK jedoch als „rückständig".

[506] *Christian Mensching*, Art. 10, in Ulrich Karpenstein/Franz C. Mayer (Hrsg.), Konvention zum Schutz der Menschenrechte und Freiheiten (EMRK): Kommentar, 2. Aufl., C. H. Beck, München 2015, 310–338 (333 Rn. 91.

[507] *Christian Mensching*, Art. 10, in Ulrich Karpenstein/Franz C. Mayer (Hrsg.), Konvention zum Schutz der Menschenrechte und Freiheiten (EMRK): Kommentar, 2. Aufl., C. H. Beck, München 2015, 310–338 (334 Rn. 92).

[508] EGMR, Urt v. 5.5.2011 – Beschwerde-Nr. 33014/05, § 64 – Editorial Board of Pravoye Delo und Shtekel/Ukraine.

[509] Dass dieser als Auslegungshilfe von Rechtsbegriffen herangezogen werden kann, bestätigte u. a. ÖVfGH, Entsch. v. 12.10.1990 – B20/89, VfSlg. 12.501/1990 – HOSI.

[510] *Duden*, Art. „Versammlung, die", abrufbar unter: https://www.duden.de/rechtschrei bung/Versammlung.

[511] Ähnlich die Definitionen bei *Thomas Mann/Stefan Ripke*, Überlegungen zur Existenz und Reichweite eines Gemeinschaftsgrundrechts der Versammlungsfreiheit, EuGRZ 31 (2004), 125–133 (127); *Hans D. Jarass*, Charta der Grundrechte der Europäischen Union unter Einbeziehung der vom EuGH entwickelten Grundrechte, der Grundrechtsregelungen der Verträge und der EMRK, Kommentar, 3. Aufl., C. H. Beck, München 2016, Art. 12, Rn. 10 f.; *Norbert Bernstorff*, Art. 12, in Jürgen Meyer (Hrsg.), Charta der Grundrechte der Europäischen Union, NomosKommentar, 4. Aufl., Nomos, Baden-Baden 2014, Rn. 15. *Christian Möhlen*, Das Recht auf Versammlungsfreiheit im Internet. Anwendbarkeit eines klassischen Menschenrechts auf neue digitale Kommunikations- und Protestformen, MMR 16 (2013), 221–230 (223) versteht unter einer Versammlung „eine bewusste, friedliche Zusammenkunft mehrerer Menschen zu Verfolgung eines gemeinsamen Zwecks".

[512] EGMR, Urt. v. 21.6.1988 – Beschwerde-Nr. 10126/82, § 32 – Plattform „Ärzte für das Leben"/Österreich.

groups supporting common ideas or interests", einige Jahre später dann – ungleich konkreter – im Urteil „Tatár und Fáber/Ungarn"[513] von „the gathering of an indeterminate number of persons with the identifiable intention of being part of the communicative process". Die UN-Menschenrechtskommission stellte zudem im Jahr 1997 in der Rs. „Anderson u. a./Vereinigtes Königreich"[514] fest, dass die Versammlungsfreiheit (und damit auch der Versammlungsbegriff) nicht restriktiv interpretiert werden sollte. Diese Feststellung ist entscheidend für die Beantwortung der Frage, ob der Versammlungsbegriff grds. auch Versammlungen im virtuellen Raum, also im Internet, erfasst.[515] Auf Plattformen wie Skype oder in „virtuellen Welten" (wie z. B. der virtuellen 3D-Welt „Second Life") können Nutzer sich umgangssprachlich „versammeln", um mittels Avataren „wie in der echten Welt" zu agieren.[516] Für die Einbeziehung virtueller Versammlungen in den Versammlungsbegriff spricht bspw. die (dt.) einfachgesetzliche Behandlung solcher Versammlungen im Gesellschaftsrecht (vgl. § 32 Abs. 2[517] BGB,[518] § 11 Abs. 1 Satz 2 AktG[519] und § 43 Abs. 7 Satz 2 GenG).[520] Danach ist z. B. die virtuelle Betätigung einer Vereinigung durch Mitgliederversammlungen „im" Internet *via* Web- und Videokonferenzen sowie elektronische Meeting-Systeme wie Google+ Hangouts möglich.[521]

Eine genaue Betrachtung des Wortlauts des Art. 11 EMRK schließt die Qualifizierung von virtuellen Zusammenkünften als „Versammlungen" i. S. d. Norm nicht aus, insbes. wird nicht ausdrücklich die tatsächliche physische Präsenz aller Teilnehmer gefordert.[522] Die Gründungsmodalitäten und das „Wie"

---

[513] EGMR, Urt. v. 12.6.2012 – Beschwerde-Nr. 26005/08 u. 26160/08, § 38 – Tatár und Fáber/Ungarn.

[514] UNCHR, Entsch. v. 27.10.1997 – Beschwerde-Nr. 33689/96, § 1 – Anderson u. a./Vereinigtes Königreich.

[515] Dazu *Katharina Krisor-Wietfeld*, Rahmenbedingungen der Grundrechtsausübung, insbesondere zu *öffentlichen Foren* als Rahmenbedingung der Versammlungsfreiheit, Studien und Beiträge zum Öffentlichen Recht Bd. 24, Mohr Siebeck, Tübingen 2016, S. 185 f.

[516] Weitere Beispiele zur grammatikalischen Auslegung des Begriffs bei *Jennifer Vogelsang*, Kommunikationsformen des Internetzeitalters im Lichte der Kommunikationsfreiheiten des Grundgesetzes, Studien und Beiträge zum Öffentlichen Recht Bd. 36, Mohr Siebeck, Tübingen 2017, S. 116.

[517] Zur entsprechenden Auslegung der Norm, vgl. OLG Hamm, Beschl. v. 27.9.2011 – I-27 W 106/11 (AG Iserlohn) = MMR 15 (2012), 420–421.

[518] Bürgerliches Gesetzbuch i. d. F. der Bekanntmachung v. 2.1.2002 (BGBl. I, S. 42, 2909; 2003 I, S. 738), zuletzt geänd. durch Artikel 7 des Gesetzes v. 31.1.2019 (BGBl. I, S. 54).

[519] Aktiengesetz v. 6.9.1965 (BGBl. I, S. 1089), zuletzt geänd. durch Gesetz v. 17.7.2017 (BGBl. I, S. 2446).

[520] Gesetz betreffend die Erwerbs- und Wirtschaftsgenossenschaften i. d. F. der Bekanntmachung v. 16.10.2006 (BGBl. I, S. 2230), zuletzt geänd. durch Art. 8 d. Gesetzes v. 17.7.2017 (BGBl. I, S. 2541).

[521] *Jennifer Vogelsang*, Kommunikationsformen des Internetzeitalters im Lichte der Kommunikationsfreiheiten des Grundgesetzes, Studien und Beiträge zum Öffentlichen Recht Bd. 36, Mohr Siebeck, Tübingen 2017, S. 123.

[522] Zu den weiteren, im Internet-Kontext möglicherweise zu problematisierenden Merk-

der Rechtsausübung, also die Wahl der Ausdrucksform im Rahmen einer Zusammenkunft, sind nicht vorgegeben.[523] Der Gegenansicht folgen offenbar einige nationale Gerichte,[524] dagegen erwähnt der EGMR dieses Merkmal in seinem Urteil in der Rs. „Schwabe u. a./Deutschland" nicht explizit.[525] Zu erwähnen bleibt, dass die Einbeziehung virtueller Versammlungen in den Schutzbereich des Art. 11 EMRK bei der Ausarbeitung der Konvention durch die Mitgliedstaaten des Europarats nicht vorgesehen war (die EMRK trat im Jahr 1953 in Kraft). Jedoch ist eine dynamische Interpretation der Konventionsrechte angesichts des technischen Wandels und der damit einhergehenden veränderten Lebensverhältnisse angebracht.[526] Auf diese Weise können auch Sachverhalte von der Norm erfasst sein, die der historische Normgeber nicht im Sinn hatte.[527]

In Bezug auf die durch Art. 8 GG geschützte Versammlungsfreiheit ist *Vogelsang* der Ansicht, dass auch virtuelle Versammlungen vom Schutzbereich erfasst werden müssten, weil sie bereits durch Art. 9 GG (Vereinigungsfreiheit) geschützt werden. Diese Argumentation kann ohne Weiteres auf Art. 11 EMRK übertragen werden, da die Norm sowohl die Versammlungs- als auch die Vereinigungsfreiheit schützt. Ebenso kann dafür ins Feld geführt werden, dass auch die Meinungsfreiheit Äußerungen im Internet erfasst, die Geltung der

---

malen einer Versammlung, vgl. *Christian Möhlen*, Das Recht auf Versammlungsfreiheit im Internet. Anwendbarkeit eines klassischen Menschenrechts auf neue digitale Kommunikations- und Protestformen, MMR 16 (2013), 221–230 (224 f. [zu DDoS], 227 f. [zu Zusammenkünften in virtuellen Welten]).

[523] Zur Grundrechtsausübung nach dem dt. Grundgesetz, vgl. die entsprechende Argumentation bei *Katharina Krisor-Wietfeld*, Rahmenbedingungen der Grundrechtsausübung: insbesondere zu *öffentlichen Foren* als Rahmenbedingung der Versammlungsfreiheit, Studien und Beiträge zum Öffentlichen Recht Bd. 24, Mohr Siebeck, Tübingen 2016, S. 187 und *Michael Kniesel*, Die Versammlungs- und Demonstrationsfreiheit – Verfassungsrechtliche Grundlagen und versammlungsgesetzliche Konkretisierung, NJW 1992, 857–867 (859): Typenfreiheit statt Numerus Clausus der Ausdrucksformen.

[524] Vgl. etwa BVerfG, Beschl. v. 24.10.2011 – 1 BvR 1190/90, 2173/93, 433/96, BVerfGE 104, 92, LS 2 – Sitzblockaden III: „Versammlung im Sinne des Art. 8 GG ist eine örtliche Zusammenkunft mehrerer Personen zur gemeinschaftlichen, auf die Teilhabe an der öffentlichen Meinungsbildung gerichteten Erörterung oder Kundgebung."; ÖVfGH, Entsch. v. 12.10.1990 – B20/89, VfSlg. 12.501/1990 – HOSI: „[A]lle nach dem üblichen Sprachgebrauch als Versammlungen angesehenen Zusammenkünfte von Menschen […], also jede organisierte einmalige Vereinigung mehrerer Menschen zu einem gemeinsamen Ziel an einem bestimmten Ort."

[525] EGMR, Urt. v. 1.12.2011 – Beschwerde-Nr. 8080/08 u. 8577/08 – Schwabe u. a./ Deutschland.

[526] So auch *Christian Möhlen*, Das Recht auf Versammlungsfreiheit im Internet. Anwendbarkeit eines klassischen Menschenrechts auf neue digitale Kommunikations- und Protestformen, MMR 16 (2013), 221–230 (227).

[527] Vgl. zur Auslegung des GG: *Dennis Kraft/Johannes Meister*, Rechtsprobleme virtueller Sit-ins, MMR 2003, 366–374 (367 f.); *Stephan Pötters/Christoph Werkmeister*, Neue Problemkreise des Versammlungsrechts: Konturierung des Schutzbereichs des Art. 8 Abs. 1 GG, ZJS 2011, 222–228 (226).

Menschenrechte im Internet ist mittlerweile international anerkannt.[528] Zu bedenken ist auch, dass die Gefahr der ungerechtfertigten Beschneidung des Versammlungsrechts bestünde, wenn virtuelle Zusammenkünfte nicht vom Schutzbereich des Art. 11 EMRK erfasst würden, ein Argument, das umso mehr an Bedeutung gewinnt, je stärker die Grenzen zwischen virtueller und „realer" Welt verwischen.[529]

„Virtuelle Sit-ins" oder „Internetdemonstrationen" (z. B. in Form von DDoS-Attacken)[530] als Formen politischen Online-Protests sind dagegen keine Versammlungen, bei ihnen fehlt es bereits am Merkmal der Zusammenkunft der Teilnehmer der Aktionen.[531] Mit Blick auf die Synchronität der Anwesenheit aller Beteiligten gilt dies auch für das Posten von Kommentaren auf einer Plattform wie Facebook durch mehrere Personen zu einem bestimmten Thema, aber mit zeitlichem Abstand.[532]

b) Budapest-Konvention

Das „Übereinkommen des Europarats über Computerkriminalität" (Budapest-Konvention) aus dem Jahr 2001 ist der erste und bisher einzige völkerrechtliche Vertrag über die Begehung von Straftaten unter Verwendung des Internets oder anderer Computernetzwerke.[533] Das Übereinkommen wurde 2003 ergänzt um ein „Zusatzprotokoll zum Übereinkommen über Computerkriminalität betreffend die Kriminalisierung mittels Computersystemen begangener Handlungen rassistischer und fremdenfeindlicher Art".[534]

---

[528] Vgl. *UNHRC*, Report of the Special Rapporteur on the rights to freedom of peaceful assembly and association, *Maina Kiai*, UN Doc. A/HRC/20/27, 21.5.2012, § 84 lit. (k).
[529] *Christian Möhlen*, Das Recht auf Versammlungsfreiheit im Internet. Anwendbarkeit eines klassischen Menschenrechts auf neue digitale Kommunikations- und Protestformen, MMR 16 (2013), 221–230 (228).
[530] Begriffserklärung bei *BSI*, DoS- und DDoS-Attacken, abrufbar unter: https://www.bsi.bund.de/DE/Themen/Verbraucherinnen-und-Verbraucher/Cyber-Sicherheitslage/Methoden-der-Cyber-Kriminalitaet/DoS-Denial-of-Service/dos-denial-of-service_node.html.
[531] *Christian Möhlen*, Das Recht auf Versammlungsfreiheit im Internet. Anwendbarkeit eines klassischen Menschenrechts auf neue digitale Kommunikations- und Protestformen, MMR 16 (2013), 221–230 (223 ff. m. w. N., 230). Zu den Ursprüngen solcher Online-Protestaktionen, vgl. *Armin Medosch*, Demonstrieren in der virtuellen Republik. Politischer Aktivismus im Internet gegen staatliche Institutionen und privatwirtschaftliche Unternehmen, in Christiane Schulzki-Haddouti (Hrsg.), Bürgerrechte im Netz, bpb, Bonn 2003, 261–306.
[532] *Christian Möhlen*, Das Recht auf Versammlungsfreiheit im Internet. Anwendbarkeit eines klassischen Menschenrechts auf neue digitale Kommunikations- und Protestformen, MMR 16 (2013), 221–230 (229).
[533] Internetpräsenz der Budapest-Konvention, „Budapest Convention and related standards", abrufbar unter: https://www.coe.int/en/web/cybercrime/the-budapest-convention; *Europarat*, Details zum Vertrag-Nr. 185: Übereinkommen über Computerkriminalität, Zusammenfassung, abrufbar unter: https://www.coe.int/de/web/conventions/full-list/-/conventions/treaty/185.
[534] Zusatzprotokoll zum Übereinkommen über Computerkriminalität betreffend die Kriminalisierung mittels Computersystemen begangener Handlungen rassistischer und fremden-

Die Budapest-Konvention strebt nach einer Verbesserung der internationalen Zusammenarbeit und verfolgt den Zweck der Harmonisierung der überwiegend sehr unterschiedlichen materiellen und strafverfahrensrechtlichen Vorschriften der Mitgliedstaaten des Europarats, um ein einheitliches Vorgehen gegen das grenzüberschreitende Phänomen[535] der Computerkriminalität bei der internationalen Bekämpfung von Kriminalität im Bereich der Informations- und Kommunikationsdienste zu erwirken. Daher fordert der Vertragstext die Unterzeichnerstaaten dazu auf, in ihren nationalen Rechtsordnungen die entsprechend „erforderlichen gesetzgeberischen und anderen Maßnahmen" zu treffen, um die Begehung der in der Konvention niedergelegten Handlungen nach nationalem Recht zu pönalisieren. Daneben bestimmt die Konvention auch die Einrichtung eines sog. „24/7-Netzwerks" (Art. 35) durch jede Vertragspartei, betreut durch „geschultes und entsprechend ausgestattetes Personal" (Art. 35 Abs. 3),

> „um für Zwecke der Ermittlungen oder Verfahren in Bezug auf Straftaten in Zusammenhang mit Computersystemen und -daten oder für die Erhebung von Beweismaterial in elektronischer Form für eine Straftat unverzüglich für Unterstützung zu sorgen" (Art. 35 Abs. 1 Satz 1, HS 2).

c) Datenschutz-Konvention

Das „Übereinkommen des Europarates zum Schutz des Menschen bei der automatischen Verarbeitung personenbezogener Daten" (Datenschutz-Konvention) aus dem Jahr 1981 ist das erste völkerrechtlich verbindliche Übereinkommen zum Datenschutz, bezogen auf die automatische „Verarbeitung personenbezogener Daten".[536] Damit verliehen die Unterzeichnerstaaten der Überzeugung Ausdruck, dass weder die Rechtsprechung nationaler Gerichte noch die Gewährleistungen der EMRK allein den Einzelnen vor der massenhaften Sammlung und Verarbeitung seiner persönlichen Daten zu schützen vermögen.[537] Mit Ausnahme der Türkei haben mittlerweile alle Mitgliedstaaten des Europarats das Abkommen ratifiziert. Der Beitritt von Nichtmitgliedstaaten des Europarats ist möglich (Art. 23).

Im Jahr 2001 wurde die Datenschutz-Konvention um ein Zusatzprotokoll ergänzt, das die Unterzeichnerstaaten u. a. zur Einrichtung unabhängiger Kon-

---

feindlicher Art (Additional Protocol to the Convention on Cybercrime, concerning the criminalisation of acts of a racist and xenophobic nature committed through computer systems) v. 18.1.2003, BGBl. II 2003, S. 290, SEV Nr. 189.

535 *Wendy Füllgraf*, Informations- und Kommunikationskriminalität. Kriminalität im Zeitalter digitalisierter Lebenswelten, in Sandro Gaycken (Hrsg.), Jenseits von 1984: Datenschutz und Überwachung in der fortgeschrittenen Informationsgesellschaft. Eine Versachlichung, transcript Verlag, Bielefeld 2013, 83–100 (92).

536 *Heribert Johlen*, Art. 8, in Klaus Stern/Michael Sachs (Hrsg.), Europäische Grundrechte-Charta GRCh: Kommentar, C. H. Beck, München 2016, Rn. 18.

537 *bpb*, Vor 35 Jahren: Datenschutzkonvention des Europarates, abrufbar unter: https://www.bpb.de/politik/hintergrund-aktuell/219563/datenschutzkonvention.

trollstellen zur Überwachung eines gleichbleibenden Datenschutzniveaus verpflichtete.[538] Mithilfe eines weiteren Protokolls wurde im Jahr 2018 eine Modernisierung und Stärkung der Konvention mit Blick auf die Gefahren für die Privatsphäre, die heute von neuen Informations- und Kommunikationstechniken ausgehen, vorgenommen.[539]

Die Konvention selbst enthält keine Individualrechte,[540] sondern verpflichtet allein die Signatarstaaten,

> „im Hoheitsgebiet jeder Vertragspartei für jedermann ungeachtet seiner Staatsangehörigkeit oder seines Wohnorts sicherzustellen, daß seine Rechte und Grundfreiheiten, insbes. sein Recht auf einen Persönlichkeitsbereich, bei der automatischen Verarbeitung personenbezogener Daten geschützt werden (,Datenschutz')" (Art. 1).

Auf der Grundlage der Gewährleistungen des Vertrags wurde aber Art. 8 GR-Ch erarbeitet.[541] Die Vertragsstaaten verpflichten sich, in innerstaatlichem Recht die in der Konvention niedergelegten Grundsätze zum Umgang mit personenbezogenen Daten umzusetzen (vgl. Art. 4) und für Verletzungen Sanktionen und Rechtsmittel der Betroffenen gesetzlich festzulegen (Art. 10). Nach Art. 2 lit. a sind personenbezogene Daten alle „Informationen über eine bestimmte oder bestimmbare natürliche Person". Unter der automatischen Verarbeitung i. S. d. Art. 2 lit. c ist das vollständige oder tlw. „Speichern von Daten, das Durchführen logischer und/oder rechnerischer Operationen mit diesen Daten, das Verändern, Löschen, Wiedergewinnen oder Bekanntgeben von Daten" zu verstehen. Die Definitionen entsprechen im Wesentlichen jenen der EU-Datenschutzgrundverordnung DSGVO.[542]

d) Fernsehübereinkommen

Das „Europäische Übereinkommen über das grenzüberschreitende Fernsehen" (Fernsehübereinkommen) bietet einen gemeinsamen Rechtsrahmen für die freie Ausstrahlung grenzüberschreitender Fernsehprogramme, u. a. in Bezug

---

[538] Zusatzprotokoll zum Übereinkommen zum Schutz des Menschen bei der automatischen Verarbeitung personenbezogener Daten bezüglich Kontrollstellen und grenzüberschreitendem Datenverkehr (Additional Protocol to the Convention for the Protection of Individuals with regard to Automatic Processing of Personal Data regarding supervisory authorities and transborder data flows) v. 8.11.2001, BGBl. 2002 II, S. 1882, SEV Nr. 181.

[539] Änderungsprotokoll zu dem Übereinkommen zum Schutz des Menschen bei der automatischen Verarbeitung personenbezogener Daten (Protocol amending the Convention for the Protection of Individuals with regard to Automatic Processing of Personal Data) v. 10.10.2018, SEV Nr. 223.

[540] *Europarat*, Explanatory Report to the Convention for the Protection of Individuals with regard to Automatic Processing of Personal Data, Straßburg, 28.1.1981, § 38 (S. 8), abrufbar unter: https://rm.coe.int/16800ca434.

[541] *Heribert Johlen*, Art. 8, in Klaus Stern/Michael Sachs (Hrsg.), Europäische Grundrechte-Charta GRCh: Kommentar, C. H. Beck, München 2016, Rn. 7.

[542] Dazu *infra* Teil II, Kap. 2, B. I.5.d.ff.

auf die Programmgestaltung und das Senden von Werbung.[543] Die praktische Bedeutung des Fernsehübereinkommens ist aber gering, es befindet sich laut *Fink* in einer „politischen Sackgasse".[544] Der explizite Ausschluss von On Demand-Diensten aus dem Anwendungsbereich des Übereinkommens (Art. 2 lit. a Satz 2) wird dazu beigetragen haben:

> „Der Ausdruck *[Verbreitung – Anm. d. A.]* schließt Fernmeldedienste, die auf individuellen Abruf geleistet werden, nicht ein."

Das Übereinkommen wurde parallel zur RL „Fernsehen ohne Grenzen" der EG ausgearbeitet, die im Jahr 2010 ersetzt wurde durch die „RL über Audiovisuelle Mediendienste" der EU,[545] beide Rechtsquellen stimmen inhaltlich weitgehend überein. In Reaktion auf das Inkrafttreten dieser RL wurde ein Entwurf für eine „Convention on Transfrontier Audiovisual Media Services"[546] erarbeitet, die wohl jedoch nie in Kraft treten wird.[547] Grund dafür ist v. a. die Überschneidung der Regelungsbereiche der geplanten Konvention mit der genannten EU-RL, für die die EU die Regelungskompetenz beansprucht.[548]

4. OSZE

Die OSZE ist eine „multilaterale diplomatische Konferenz", mangels entsprechender Organisationsstruktur aber keine klassische I. O.[549] Sie übt jedoch mitunter Funktionen aus, die denen einer „echten" I. O. recht nahe kommen.[550] Die Geschichte der OSZE begann im Jahr 1973 als multilaterale diplomatische

---

[543] *Europarat*, Details zum Vertrag-Nr. 132: Europäisches Übereinkommen über das grenzüberschreitende Fernsehen, Zusammenfassung, abrufbar unter: https://www.coe.int/de/web/conventions/full-list/-/conventions/treaty/132.

[544] *Udo Fink*, Medienregulierung im Europarat, ZaöRV 74 (2014), 505–520 (508).

[545] RL 2010/13/EU des Europäischen Parlaments und des Rates v. 10.3.2010 zur Koordinierung bestimmter Rechts- und Verwaltungsvorschriften der Mitgliedstaaten über die Bereitstellung audiovisueller Mediendienste, ABl. EU L 95 v. 15.4.2010, S. 1–24.

[546] S. *Europarat*, Standing Committee on Transfrontier Television, Draft Second Protocol amending the European Convention on Transfrontier Television and its Explanatory Report T-TT(2009)007FIN, 24.9.2009, abrufbar unter: https://rm.coe.int/0900001680594766.

[547] *Europarat*, Steering Committee on Media and Information Society, Information note on the Revision of the European Convention on Transfrontier Television (ECTT), CDMSI(2017)004, 3.3.2017, §5 (S. 1), abrufbar unter: https://rm.coe.int/cdmsi-2017-004-information-note-on-the-revision-of-the-european-conven/1680707a83.

[548] *Udo Fink*, Medienregulierung im Europarat, ZaöRV 74 (2014), 505–520 (510) unter Verweis auf ein Schreiben der zuständigen EU-Kommissarin *Viviane Reding* an die Vertreter der EU-Mitgliedstaaten v. 23.10.2009, D(09)1713 (nicht veröffentlicht).

[549] *Marcel Kau*, Der Staat und der Einzelne als Völkerrechtssubjekte, in Wolfgang Graf Vitzthum/Alexander Proelß (Hrsg.), Völkerrecht, 7. Aufl., De Gruyter, Berlin/Boston 2016, 133–246 (195 Rn. 168); *Christian Tomuschat*, Legalization of the OSCE?, Völkerrechtsblog, 1.8.2016, abrufbar unter: https://voelkerrechtsblog.org/legalization-of-the-osce/.

[550] *Isabelle Pingel*, Privileges and Immunities of the Organization for Security and Co-Operation in Europe (OSCE), MPIL Research Paper No. 2018-37, S. 1.

„Konferenz über Sicherheit und Zusammenarbeit in Europa".[551] Sie ist eine regionale Abmachung i. S. d. Kap. VIII der UN-Ch „zur Behandlung derjenigen die Wahrung des Weltfriedens und der internationalen Sicherheit betreffenden Angelegenheiten" (Art. 52 Abs. 1 UN-Ch), die Aufgaben der OSZE liegen demnach vorwiegend im Bereich der Friedenssicherung und des Widerauſbaus nach Konflikten (vgl. Schlussakte von Helsinki).

Die OSZE bekannte sich in der „Charta von Paris für ein Neues Europa"[552] zu den Menschenrechten. Sie setzt sich u. a. für den Schutz der Meinungsfreiheit ein, auch im Internet, und kämpft für freie, unabhängige Medien und Medienvertreter.[553] Im Rahmen des „Media Freedom Internet Cookbook"[554] gibt die Organisation Tipps zum richtigen Umgang mit dem Internet und dem Schutz der Meinungsfreiheit sowie der Beachtung des Grundsatzes der freien Presse in Zeiten des Internets. Das „Internet-Kochbuch" enthält eine Sammlung von Empfehlungen, zusammengestellt im Anschluss an eine Konferenz zum Thema „Guaranteeing Media Freedom on the Internet", veranstaltet vom „OSCE Representative on Freedom of the Media", *Miklós Haraszti*, in Amsterdam im August 2004. Die Referenten befassten sich in ihren Vorträgen mit Themen wie

> „legislation and jurisdiction for digital networks; hate speech on the Internet; education and the development of Internet literacy; access to information and networks as well as the problems of self-regulation, blocking and filtering".[555]

Daneben wurden und werden regelmäßig weitere Konferenzen zu ähnlichen Themen veranstaltet, etwa die Berliner Konferenz „Verbreitung von Hass im Internet" (26./27. Juni 2000) oder die Wiener „Internet Freedom Conference:

---

[551] *Marcel Kau*, Der Staat und der Einzelne als Völkerrechtssubjekte, in Wolfgang Graf Vitzthum/Alexander Proelß (Hrsg.), Völkerrecht, 7. Aufl., De Gruyter, Berlin/Boston 2016, 133–246 (195 Rn. 168). Die KSZE, gegründet durch die Schlussakte von Helsinki v. 1.8.1975, wurde mit Wirkung v. 1.1.1995 durch das Budapester Dokument der KSZE v. 6.12.1994 in die OSZE überführt. Zum Budapester Dokument: *KSZE*, Budapester Dokument 1994: Der Weg zu echter Partnerschaft in einem neuen Zeitalter, Gipfelerklärung von Budapest, Korr. Fassung v. 21.12.1994, Beschlüsse von Budapest: Kap. I Nr. 1, abrufbar unter: https://www.osce.org/files/f/documents/e/4/39556.pdf. Zur Schlussakte von Helsinki: *KSZE*, Schlussakte, Helsinki, 1.8.1975, abrufbar unter: https://www.osce.org/files/f/documents/6/e/39503.pdf. Die Schlussakte von Helsinki ist kein völkerrechtlicher Vertrag, sondern lediglich eine unverbindliche Absichtserklärung der unterzeichnenden Staaten, vgl. *Theodor Schweisfurth*, Zur Frage der Rechtsnatur, Verbindlichkeit und völkerrechtlichen Relevanz der KSZE-Schlußakte. Ein Diskussionsbeitrag zum Phänomen der außerrechtlichen (non-legal) zwischenstaatlichen Abmachung, ZaöRV 36 (1976), 681–726 (681 f. m. w. N.).

[552] Charta von Paris für ein Neues Europa, Erklärung der Staats- und Regierungschefs der Teilnehmerstaaten der KSZE, Paris, 21.11.1990, abrufbar unter: https://www.osce.org/files/f/documents/5/b/39518.pdf.

[553] *OSZE*, Was wir tun: Medienfreiheit und Entwicklung, abrufbar unter: https://www.osce.org/de/media-freedom-and-development.

[554] Abrufbar unter: https://www.osce.org/files/f/documents/b/b/13836.pdf.

[555] *OSZE*, Newsroom: OSCE Media Representative to hold conference on media freedom on the Internet, 23.8.2004, abrufbar unter: https://www.osce.org/fom/56617.

The role and responsibilities of internet intermediaries" (13. Oktober 2017), in deren Rahmen die Verpflichtung von ISPs zur Bekämpfung von „hate speech" und zur Verhinderung der Verbreitung von kinderpornographischem Material oder bei der Begehung von Urheberrechtsverletzungen durch andere Private diskutiert wurde.

Die OSZE befasst sich auch mit der Sicherheit von Informations- und Kommunikationssystemen. Zum Schutz persönlicher Daten im Internet im Zusammenhang mit elektronischen Transaktionen hat die OSZE daher im Jahr 1997 die „Guidelines for Cryptography Policy" entwickelt.[556] Diese RL enthalten u. a. Hinweise auf die Notwendigkeit der Verwendung elektronischer Signaturen sowie sicherer Online-Bezahlsysteme, und den Konflikt zwischen dem Schutz der Vertraulichkeit persönlicher Daten und öffentlicher Sicherheit.

Die OSZE wird offenkundig v. a. inhaltlich zur Regulierung des Internets tätig. Zu diesem Zweck bringt sie Vertreter unterschiedlichster Interessengruppen zusammen. Trotzdem ist unklar, welche Bedeutung der OSZE beim Schutz der Menschenrechte im Internet beizumessen ist: Im Kalten Krieg wurde die Organisation als Vermittlerin zwischen den verfeindeten Staaten tätig, in Bezug auf das Internet hat sie sich eine derart wichtige Rolle noch nicht erarbeitet.[557]

5. EU

Auch die EU ist – primär- wie sekundärrechtlich – seit Langem mit der Regulierung des Internets befasst. Von Beginn der massenhaften Nutzung des Internets in den 1990er-Jahren[558] an hatte sie geradezu eine Vorreiterrolle in diesem Bereich inne. Das ist verwunderlich, enthielt doch der EGV[559] keine umfassende Ermächtigung der Union für die Regulierung des Internets; es war stets eine einzelfallabhängige kompetenzmäßige Ausrichtung nach den speziellen Ermächtigungen des Vertrags und unter Beachtung des Prinzips der begrenzten Einzelermächtigung aus Art. 5 EGV[560] notwendig.[561] Auch nach dem Inkrafttreten des Vertrags von Lissabon existiert keine entsprechende spezifische Ermächtigung

---

[556] *OSZE*, Guidelines for Cryptography Policy, Paris 1997, abrufbar unter: https://www.oecd.org/sti/ieconomy/guidelinesforcryptographypolicy.htm.

[557] So auch *Detlef Borchers*, OSZE möchte Meinungs- und Pressefreiheit im Internet sichern, heise online, 14.6.2003, abrufbar unter: https://www.heise.de/newsticker/meldung/OSZE-moechte-Meinungs-und-Pressefreiheit-im-Internet-sichern-80567.html.

[558] *Franz C. Mayer*, Europe and the Internet: The Old World and the New Medium, EJIL 11 (2000), 149–169 (156): „[I]t all started somewhere in the 1990s, when the Internet became a mass phenomenon."

[559] Vertrag zur Gründung der EG v. 25.3.1957, BGBl. II, S. 766, i. d. F. des Vertrags über die EU v. 7.2.1992, BGBl. II, S. 1253/1255, zuletzt geänd. durch den Amsterdamer Vertrag v. 2.10.1997, BGBl. 1998 II, S. 387, ber. BGBl. 1999 II, S. 416.

[560] Nach dem Inkrafttreten des Vertrags von Lissabon entspricht der ehem. Art. 5 EGV dem neuen Art. 5 EUV.

[561] *Klaus W. Grewlich*, Konstitutionalisierung des „Cyberspace". Zwischen europarechtlicher Regulierung und völkerrechtlicher Governance, Nomos, Baden-Baden 2001, S. 24.

der Union. Die in diesem Kontext bisher ausgearbeiteten Sekundärrechtsakte stützten sich vorwiegend auf Art. 114 AEUV[562] als zentrale Kompetenznorm zur Verwirklichung des Binnenmarktes.

Der EUV, der AEUV und – vermittelt über Art. 6 Abs. 1 EUV – die GR-Ch bilden den Bestand des Primärrechts der Union. Die Charta und die Verträge sind rechtlich gleichrangig (vgl. Art. 6 Abs. 1, HS 2 EUV). Neben den EU-Grundrechten (b) werden im Folgenden die primärrechtlichen Vorschriften über die Warenverkehrs- und Dienstleistungsfreiheit sowie über den freien Kapital- und Zahlungsverkehr (c) auf ihre Internetrelevanz untersucht. Es schließt sich eine Darstellung einiger bisher zu diesem Themenkreis ergangener Sekundärrechtsakte an (d). Zunächst soll jedoch in der gebotenen Kürze auf die Frage eingegangen werden, ob Europarecht überhaupt als Völkerrecht gelten kann und im Rahmen eines Überblicks über die *völkerrechtlichen* Mechanismen der Regulierung des Cyberspace Berücksichtigung finden muss (a).

a) Europarecht als Völkerrecht?

Dem Prinzip nach ähnelt die EU einer klassischen I.O.: Sie entstand, in Entsprechung des völkerrechtlichen Konsensprinzips,[563] durch Abschluss völkerrechtlicher Verträge i. S. d. Legaldefinition des Art. 2 Abs. 1 lit. a WVK.[564] Art. 1 Abs. 1 EUV lautet, in bekannter völkerrechtlicher Diktion:

> „Durch diesen Vertrag gründen die HOHEN VERTRAGSPARTEIEN untereinander eine EUROPÄISCHE UNION [...]."

Die völkerrechtlichen Verträge der Union sind Teil der Unionsrechtsordnung,[565] die Beziehungen der Mitgliedstaaten untereinander sind völkerrechtlicher Natur.[566]

Die EU unterscheidet sich jedoch in zwei Punkten grundlegend von herkömmlichen I.O. Erstens haben die Mitgliedstaaten der Union vertraglich Be-

---

[562] Vertrag über die Arbeitsweise der EU, Konsolidierte Fassung, ABl. EG C 326, 26.10.2012, S. 47–390.

[563] StIGH, Urt. v. 7.9.1927 – Ser. A, No. 10, S. 18 – The Case of the S. S. „Lotus" (Frankreich/Türkei): „The rules of law binding upon States therefore emanate from their own free will as expressed in conventions or by usages generally accepted as expressing principles of law and established in order to regulate the relations between these co-existing independent communities or with a view to the achievement of common aims. Restrictions upon the independence of States cannot therefore be presumed."

[564] Vertrag zur Gründung der EWG v. 25.3.1957, BGBl. 1957 II, S. 766; Vertrag zur Gründung der EAG v. 25.3.1957, BGBl. 1957 II, S. 1014; Vertrag über die EU v. 7.2.1992, BGBl. 1992 II, S. 1253; zuletzt i. d. F. des Vertrags von Lissabon v. 13.12.2007, ABl. EU C 306 v. 17.12.2007, S. 1–271; BGBl. 2008 II, S. 1038.

[565] *Helmut P. Aust*, Eine völkerrechtsfreundliche Union?: Grund und Grenze der Öffnung des Europarechts zum Völkerrecht, EuR 2017, 106–120 (106).

[566] *Volker Epping*, § 8 Internationale Organisationen, in Knut Ipsen, Völkerrecht (hrsg. v. Volker Epping/Wolff Heintschel v. Heinegg), 7. Aufl., C. H. Beck, München 2018, 232–357 (237 Rn. 10).

fugnisse übertragen, durch die die Akte ihrer Organe unmittelbar in den nationalen Rechtsordnungen der Mitgliedstaaten (tlw. einheitliche) Wirkung entfalten (vgl. Art. 288 AEUV). Diese Akte können, zweitens, sogar auf Individuen unmittelbare Anwendung finden. In einigen Bereichen des „domaine réservé" verzichteten die Staaten entsprechend auf ihr Rechtsetzungsmonopol,[567] vor dem Recht der Mitgliedstaaten genießt das Europarecht Anwendungsvorrang.[568] Die EU ist danach mehr als international, sie ist „supranational", „übernational".[569] Der „Staatenverbund"[570] EU habe trotz fehlender Staatsqualität im Laufe der Zeit geradezu verfassungsrechtliche Strukturen angenommen, so daher *Haltern*.[571] Dabei sei diese „Umstellung des Rechts vom klassischen Völkerrecht auf die ‚neue Rechtsordnung' supranationaler Natur" insbes. dem EuGH anzulasten:[572] So unterschied der Gerichtshof schon früh, in seinem Urteil in der Rs. „Costa/ENEL", europäisches Primärrecht vom Völkerrecht.[573] Völkerrechtliche Übereinkommen stehen nach Ansicht des EuGH im Rang zwischen Primär- und Sekundärrechtsnormen,[574] vgl. auch Art. 216 Abs. 2, 218 Abs. 11 AEUV. Durch besondere Rechtsetzungsmechanismen versucht die EU, ihre Autonomie gegenüber dem Völkerrecht und dem nationalen Recht ihrer Mitgliedstaaten zu behaupten.[575] Nach alledem wäre das Unionsrecht autonom von der Völkerrechtsordnung zu behandeln, die Auslegung seiner Regeln bemisst sich nicht nach allgemeinen völkerrechtlichen, sondern nach eigenen Maßstäben.[576]

---

[567] *Eckart Klein/Stefanie Schmahl*, Die Internationalen und die Supranationalen Organisationen, in Wolfgang Graf Vitzthum/Alexander Proelß (Hrsg.), Völkerrecht, 7. Aufl., De Gruyter, Berlin/Boston 2016, 247–359 (355 Rn. 250).
[568] *Andreas v. Arnauld*, Völkerrecht, 3. Aufl., C. F. Müller, Heidelberg 2016, S. 228 Rn. 536.
[569] *Duden*, Art. „supranational", abrufbar unter: https://www.duden.de/rechtschreibung/supranational.
[570] So etwa BVerfG, Urt. v. 12.10.1993 – 2 BvR 2134, 2159/92, BVerfGE 89, 155 (184); BVerfG, Urt. v. 30.6.2009 – 2 BvE 2/08, BVerfGE 123, 267 (348).
[571] *Ulrich R. Haltern*, Europarecht und das Politische, Jus Publicum Bd. 136, Mohr Siebeck, Tübingen 2005, S. 130.
[572] *Ulrich R. Haltern*, Europarecht und das Politische, Jus Publicum Bd. 136, Mohr Siebeck, Tübingen 2005, S. 130.
[573] EuGH, Urt. v. 15.7.1964 – Rs. C-6/64, Slg. 1964, 1251, Rn. 8 – Costa/ENEL.
[574] EuGH, Urt. v. 30.4.1974 – Rs. C-181/73, Slg. 1974, 449 – Haegeman/Belgien; vgl. *Kirsten Schmalenbach*, Art. 216 AEUV, in Christian Calliess/Matthias Ruffert (Hrsg.), EUV/AEUV: Das Verfassungsrecht der Europäischen Union mit Europäischer Grundrechtecharta, Kommentar, 5. Aufl., C. H. Beck, München 2016, Rn. 28, 50; *Helmut P. Aust*, Eine völkerrechtsfreundliche Union?: Grund und Grenze der Öffnung des Europarechts zum Völkerrecht, EuR 2017, 106–120 (109, 115).
[575] *Helmut P. Aust*, Eine völkerrechtsfreundliche Union?: Grund und Grenze der Öffnung des Europarechts zum Völkerrecht, EuR 2017, 106–120 (106).
[576] *Andreas v. Arnauld*, Völkerrecht, 3. Aufl., C. F. Müller, Heidelberg 2016, S. 227 Rn. 534.

Nach Art. 3 Abs. 5 EUV hat aber nichtsdestotrotz die Einhaltung und Weiterentwicklung des Völkerrechts einen besonderen Stellenwert innerhalb des selbstdefinierten Aufgabenkatalogs der Union:

„Sie leistet einen Beitrag zu Frieden, Sicherheit […] und zum Schutz der Menschenrechte […], sowie zur strikten Einhaltung und Weiterentwicklung des Völkerrechts, insbesondere zur Wahrung der Grundsätze der Charta der Vereinten Nationen."

Zudem greift die EU selbst immer öfter auf völkerrechtliche Rechtsetzungsmechanismen zurück (z. B. völkerrechtliche Abkommen zur Gründung des ESM).[577]

Nach der westfälischen Vorstellung entspringt die Autorität des Völkerrechts dem Konsens der Staaten; Rechtsansprüche abseits dieses Konsenses können an sich nicht auf eine legitime Grundlage zurückgeführt werden.[578] Allerdings müsse hier zwischen Ursprung und Inhalt einer Norm unterschieden werden, bemerkt *Haltern*,[579] das zeige sich am Beispiel menschenrechtsschützender Normen: Stimmt ein Staat einer solchen Norm zu, liege ihr Geltungsgrund nicht in der Beachtung des Konsensprinzips, sondern der Menschenwürde. Die Beschränkungen der Quellen des Rechts würden auf diese Weise überwunden.[580] Entsprechend muss die Feststellung des EuGH in seinem Urteil in der Rs. „Van Gend en Loos", die damalige EG stelle „eine neue Rechtsordnung des Völkerrechts" dar, „eine Rechtsordnung, deren Rechtssubjekte nicht nur die Mitgliedstaaten, sondern auch die Einzelnen sind",[581] nicht notwendig in einer Weise interpretiert werden, die für eine Abkehr des Unionsrechts von der völkerrechtlichen Basis spricht.

„Denn auch das Völkerrecht kennt eigene, besondere Regimes, die für einen spezifischen Bereich besondere Regeln definieren, welche die allgemeinen völkerrechtlichen Grundsätze derogieren bzw. diesen vorgehen",

stellt *Epiney* fest und führt als Beispiel das „self-contained regime" des Diplomatenrechts an.[582]

Trotz seiner weiterhin unleugbaren völkerrechtlichen Basis ist jedoch der überwiegenden Ansicht zuzustimmen, die das Europarecht als autonome

---

[577] *Helmut P. Aust*, Eine völkerrechtsfreundliche Union?: Grund und Grenze der Öffnung des Europarechts zum Völkerrecht, EuR 2017, 106–120 (107).
[578] *Ulrich R. Haltern*, Europarecht und das Politische, Jus Publicum Bd. 136, Mohr Siebeck, Tübingen 2005, S. 131.
[579] *Ulrich R. Haltern*, Europarecht und das Politische, Jus Publicum Bd. 136, Mohr Siebeck, Tübingen 2005, S. 131, 134.
[580] *Ulrich R. Haltern*, Europarecht und das Politische, Jus Publicum Bd. 136, Mohr Siebeck, Tübingen 2005, S. 134.
[581] EuGH, Urt. v. 5.2.1963 – Rs. C-26/62, Slg. 1963, 7 (25) – Van Gend & Loos/Niederländische Finanzverwaltung.
[582] *Astrid Epiney*, Die Bindung der Europäischen Union an das allgemeine Völkerrecht, Europarecht, Beiheft 2/2012, 25–48 (30 Fn. 19).

Rechtsordnung betrachtet.[583] Europarecht ist folglich kein Völkerrecht (mehr). Wegen des dieser Arbeit zu Grunde gelegten weiten Verständnisses vom Völkerrecht als in erster Linie grenzüberschreitendem Phänomen,[584] des überstaatlichen Charakters der EU und ihrer überaus regen Beteiligung an den Regulierungsbemühungen im Cyberspace soll im Folgenden dennoch auf die entsprechend relevanten primär- und sekundärrechtlichen Europarechtsakte eingegangen werden.

b) EU-Grundrechte

Die GR-Ch, die die EU-Grundrechte beinhaltet, wurde bereits im Jahr 2000 feierlich proklamiert,[585] erhielt aber erst mit dem Vertrag von Lissabon[586] verbindliche Wirkung. Sie steht nach Art. 6 Abs. 1 EUV im Rang des Primärrechts. Die enthaltenen Grundrechte sind daneben nach der Interpretation des EuGH anerkannt als allgemeine Rechtsgrundsätze des Unionsrechts[587] und gehen zurück auf die Rechte aus der EMRK und die Verfassungen der EU-Mitgliedstaaten.[588] Im Zusammenhang mit einer umfassenden Bestandsaufnahme der auf das und im Internet anwendbaren Normen sollen hier die Art. 7, 8, 11, 13, 16 und 17 sowie 20 und 21 GR-Ch beleuchtet werden. Art. 36 GR-Ch dagegen ist nicht Teil dieser Untersuchung. Einer weit verbreiteten Ansicht zufolge enthält die Norm kein subjektiv-öffentliches „Grundrecht[...] auf einen ausreichend schnellen

---

[583] Ohne Formulierung des geringsten Zweifels *Volker Epping*, § 8 Internationale Organisationen, in Knut Ipsen, Völkerrecht (hrsg. v. Volker Epping/Wolff Heintschel v. Heinegg), 7. Aufl., C. H. Beck, München 2018, 232–357 (238 Rn. 12): „Bei dem Unionsrecht handelt es sich nämlich um eine autonome Rechtsordnung."

[584] Zum Rechtsbegriff, vgl. *supra* Teil I, Kap. 2, B. II.

[585] Wegen (damals noch) fehlender Rechtsverbindlichkeit wurde die Charta im ABl. C veröffentlicht: Charta der Grundrechte der EU (2000/C 364/01), ABl. EG C 364 v. 18.12.2000, S. 1–22; dazu *Hans D. Jarass*, Charta der Grundrechte der Europäischen Union unter Einbeziehung der vom EuGH entwickelten Grundrechte, der Grundrechtsregelungen der Verträge und der EMRK, Kommentar, 3. Aufl., C. H. Beck, München 2016, Einleitung Rn. 4.

[586] Vertrag von Lissabon zur Änderung des Vertrags über die Europäische Union und des Vertrags zur Gründung der Europäischen Gemeinschaft v. 13.12.2007, ABl. EU Nr. C 306 v. 17.12.2007, S. 1–271, BGBl. 2008 II, S. 1038.

[587] Vgl. insbes. EuGH, Urt. v. 12.11.1969 – Rs. 29/69, Slg. 1969, 419, Rn. 7 – Stauder/Stadt Ulm-Sozialamt; EuGH, Urt. v. 17.12.1970 – Rs. 11/70, Slg. 1970, 1125, Rn. 4 – Internationale Handelsgesellschaft/Einfuhr- und Vorratsstelle für Getreide und Futtermittel; EuGH, Urt. v. 14.5.1974 – Rs. 4/73, Slg. 1974, 491, Rn. 13 – Nold/Kommission; EuGH, Urt. v. 15.5.1986 – Rs. 222/84, Slg. 1986, 1651, Rn. 18 – Johnston/Chief Constable of the Royal Ulster Constabulary; EuGH, Urt. v. 18.6.1991 – Rs. 260/89, Slg. 1991, I-2925, Rn. 41 – Elliniki Radiophonia Tiléorassi AE (ERT)/Dimotiki Etairia Pliroforissis und Sotirios Kouvelas; EuGH, Urt. v. 6.3.2001 – Rs. C-274/99 P, Slg. 2001, I-1611, Rn. 37 – Connolly; EuGH, Urt. v. 22.10.2002 – C-94/00, Slg. 2002, I-9011, Rn. 25 – SA Roquette Frères/Rat; EuGH, Urt. v. 12.6.2003 – C-112/00, Slg. 2003, I-5659, Rn. 71 – Schmidberger/Österreich.

[588] *Johannes Osing*, Die Netzneutralität im Binnenmarkt. Zur Bindung der Internet-Provider an die Europäischen Grundfreiheiten und Grundrechte, Recht und Politik in der Europäischen Union Bd. 7, Nomos, Baden-Baden 2017, S. 177.

und diskriminierungsfreien Internetzugang",[589] sondern – ebenso wie die Parallelregelung aus Art. 14 AEUV – lediglich einen objektiven Grundsatz[590] i. S. d. Art. 52 Abs. 5 GR-Ch, der die Gewährleistung des Zugangs zu Dienstleistungen von allgemeinem wirtschaftlichem Interesse (anzutreffen z. B. auf dem Feld der Infrastrukturwirtschaft, u. a. in den Bereichen der Telekommunikation, der Energieversorgung, im öffentlichen Verkehrswesen und im Bereich des Rundfunks)[591] zu einem Ziel des Unionsrechts macht.[592] Zwar beinhaltet die Zusicherung des „Zugangs" funktional eine Teilhabegewährleistung.[593] Jedoch ist Art. 36 objektiv und einigermaßen unbestimmt formuliert, die Norm muss entsprechend konkretisiert werden, z. B. durch nationales Recht.[594]

Ausgehend von seinem Wortlaut schützt *Art. 7 GR-Ch* als einziges Individualrecht[595] sachlich explizit die „Kommunikation",[596] neben dem Privatleben,[597] dem Familienleben und der Wohnung,[598] wohingegen universelle Menschenrechtspakte entweder Teilnehmer oder wesentliche Kommunikati-

---

[589] *Johannes Osing*, Die Netzneutralität im Binnenmarkt. Zur Bindung der Internet-Provider an die Europäischen Grundfreiheiten und Grundrechte, Recht und Politik in der Europäischen Union Bd. 7, Nomos, Baden-Baden 2017, S. 210.

[590] *Christian Callies*, § 23 Zugang zu Dienstleistungen von allgemeinem wirtschaftlichen Interesse, in Dirk Ehlers (Hrsg.), Europäische Grundrechte und Grundfreiheiten, 4. Aufl., De Gruyter, Berlin/Boston 2014, 775–782 (776 Rn. 5).

[591] *Hans D. Jarass*, Charta der Grundrechte der Europäischen Union unter Einbeziehung der vom EuGH entwickelten Grundrechte, der Grundrechtsregelungen der Verträge und der EMRK, Kommentar, 3. Aufl., C. H. Beck, München 2016, Art. 36 Rn. 9.

[592] *Hans D. Jarass*, Charta der Grundrechte der Europäischen Union unter Einbeziehung der vom EuGH entwickelten Grundrechte, der Grundrechtsregelungen der Verträge und der EMRK, Kommentar, 3. Aufl., C. H. Beck, München 2016, Art. 36 Rn. 2, 3.

[593] *Hans D. Jarass*, Charta der Grundrechte der Europäischen Union unter Einbeziehung der vom EuGH entwickelten Grundrechte, der Grundrechtsregelungen der Verträge und der EMRK, Kommentar, 3. Aufl., C. H. Beck, München 2016, Art. 36 Rn. 2.

[594] So EuGH, Urt. v. 22.5.2014 – Rs. C-356/12, ECLI:EU:C:2014:350, Rn. 78 (zu Art. 26 GR-Ch) – Wolfgang Glatzel/Freistaat Bayern.

[595] Art. 7 GR-Ch stellt daneben einen allgemeinen Rechtsgrundsatz i. S. d. Art. 38 Abs. 1 lit. c IGH-Statut und damit eine Quelle des Völkerrechts dar, so *Heinrich A. Wolff*, Art. 7, in Matthias Pechstein/Carsten Nowak/Ulrich Häde (Hrsg.), Frankfurter Kommentar zu EUV, GRC und AEUV, Bd. 1: EUV und GRC, Mohr Siebeck, Tübingen 2017, 1088–1110 (1093 Rn. 10).

[596] *Kirsten Schmalenbach*, Ein Menschenrecht auf Kommunikation: Erfordernis oder Redundanz?, in Wolfgang Benedek/Catrin Pekari (Hrsg.), Menschenrechte in der Informationsgesellschaft, Richard Boorberg Verlag, Stuttgart/München/Hannover/Berlin/Weimar/Dresden 2007, 183–213 (187).

[597] Im Rahmen des Schutzes des Privatlebens ist die Persönlichkeitsentfaltung geschützt, die auch die Kommunikation und damit die Möglichkeit erfasst, persönliche Beziehungen zu anderen Menschen aufzunehmen und zu pflegen, vgl. *Heinrich A. Wolff*, Art. 7, in Matthias Pechstein/Carsten Nowak/Ulrich Häde (Hrsg.), Frankfurter Kommentar zu EUV, GRC und AEUV, Bd. 1: EUV und GRC, Mohr Siebeck, Tübingen 2017, 1088–1110 (1095 Rn. 17). Dazu auch EGMR, Urt. v. 16.2.2000 – Beschwerde-Nr. 27798/95, § 65 – Amann/Schweiz; EGMR, Urt. v. 23.9.2010 – Beschwerde-Nr. 1620/03, § 53 – Schüth/Deutschland; EGMR, Urt. v. 23.9.2010 – Beschwerde-Nr. 425/03, § 39 – Obst/Deutschland.

[598] *Heinrich A. Wolff*, Art. 7, in Matthias Pechstein/Carsten Nowak/Ulrich Häde (Hrsg.),

onskomponenten schützen, etwa die Gedanken- (Art. 13 AEMR, Art. 18 IPbpR, Art. 9 EMRK) oder die Meinungs(äußerungs)freiheit (Art. 19 AEMR, Art. 19 IPbpR, Art. 10 EMRK), die Informationsfreiheit (Art. 19 AEMR, Art. 19 IPbpR, Art. 10 EMRK) und das Recht auf Achtung der Privatsphäre (Art. 12 AEMR, Art. 17 IPbpR, Art. 10 EMRK) und der Korrespondenz (Art. 12 AEMR, Art. 17 IPbpR,[599] Art. 8 Abs. 1 EMRK).

Kommunikation i. S. d. Art. 7 GR-Ch ist die „wie auch immer geartete Kommunikation unter abwesenden, konkreten Personen".[600] Die Definition beruht auf der Annahme, dass die Vertraulichkeit der Kommunikation unter Abwesenden erhöhten Gefahren ausgesetzt ist. Daher ist die Form der Kommunikation unerheblich, einbezogen werden insbes. auch moderne Formen der Kommunikation wie E-Mail,[601] SMS bzw. Pager-Nachrichten[602] und der Austausch via Skype.[603] Erfasst ist vorrangig die private sowie berufliche und geschäftliche[604] vertrauliche Kommunikation, aber auch die Kommunikation in der Öffentlichkeit,[605] sofern sie in bewusster Erwartung der Vertraulichkeit erfolgt oder wenn der Wille erkennbar ist, in sonstiger Weise eine Abschirmung zu erwirken.[606] Unklar ist aber, ob der EU-Gesetzgeber damit einen umfassenden Schutz der Kommunikation bezweckte. Art. 7 GR-Ch wurde ursprünglich in seinem Schutzumfang Art. 8 EMRK (u. a. „Recht auf Achtung der Korrespondenz") nachgebildet, was sich in der beinahe vollkommenen Wortlautiden-

---

Frankfurter Kommentar zu EUV, GRC und AEUV, Bd. 1: EUV und GRC, Mohr Siebeck, Tübingen 2017, 1088–1110 (1089 Rn. 1).

[599] *Manfred Nowak*, U.N. Covenant on Civil and Political Rights: CCPR Commentary, 2. Aufl., N. P. Engel, Kehl 2005, Art. 17 Rn. 21.

[600] *Heinrich A. Wolff*, Art. 7, in Matthias Pechstein/Carsten Nowak/Ulrich Häde (Hrsg.), Frankfurter Kommentar zu EUV, GRC und AEUV, Bd. 1: EUV und GRC, Mohr Siebeck, Tübingen 2017, 1088–1110 (1101 Rn. 27).

[601] EGMR, Urt. v. 3.4.2007 – Beschwerde-Nr. 62617/00, §§ 41 ff. – Copland/Vereinigtes Königreich.

[602] EGMR, Urt. v. 22.10.2002 – Beschwerde-Nr. 47114/99, § 19 – Taylor-Sabori/Vereinigtes Königreich.

[603] Zu allem, vgl. *Heinrich A. Wolff*, Art. 7, in Matthias Pechstein/Carsten Nowak/Ulrich Häde (Hrsg.), Frankfurter Kommentar zu EUV, GRC und AEUV, Bd. 1: EUV und GRC, Mohr Siebeck, Tübingen 2017, 1088–1110 (1101 Rn. 27). Zu Chats: *Dieter Kugelmann*, Der Schutz privater Individualkommunikation nach der EMRK, EuGRZ 30 (2003), 16–25 (22); *Albrecht Weber*, Art. 7, in Klaus Stern/Michael Sachs (Hrsg.), Europäische Grundrechte-Charta GRCh: Kommentar, C. H. Beck, München 2016, 189–207 (205 Rn. 51 Fn. 143).

[604] Dazu etwa EGMR, Urt. v. 16.12.1992 – Beschwerde-Nr. 13710/88, § 32 – Niemitz/Deutschland.

[605] EGMR, Urt. v. 28.1.2003 – Beschwerde-Nr. 44647/98, § 57 – Peck/Vereinigtes Königreich; EGMR, Urt. v. 24.6.2004 – Beschwerde-Nr. 59320/00, §§ 50 ff. – Von Hannover/Deutschland.

[606] So EGMR, Urt. v. 2.9.2010 – Beschwerde-Nr. 35623/05, § 44 – Uzun/Deutschland. Rein öffentliche Äußerungen unterfallen dagegen dem Schutz der Meinungsfreiheit, s. *Johannes Osing*, Die Netzneutralität im Binnenmarkt. Zur Bindung der Internet-Provider an die Europäischen Grundfreiheiten und Grundrechte, Recht und Politik in der Europäischen Union Bd. 7, Nomos, Baden-Baden 2017, S. 181.

tität der Vorschriften zeigt. Um jedoch dem technischen Wandel Rechnung zu tragen und die damit einhergehende Erweiterung des Schutzguts um jegliche technische (Distanz-)Kommunikation einzubeziehen, wurde aus dem „Recht auf Achtung der Korrespondenz" in Art. 7 GR-Ch das „Recht auf Achtung der Kommunikation".[607] Dieser Umstand trägt entscheidend zur Vergrößerung des Schutzumfangs durch sukzessive Anpassung an aktuelle technische Entwicklungen bei. Nichtsdestotrotz wird durch Art. 7 GR-Ch ausschließlich die Individual-, nicht aber die Massenkommunikation geschützt.[608]

Probleme bei der Anwendung von Art. 7 GR-Ch bereitet der persönliche Schutzbereich des Unionsgrundrechts. Zur Beachtung der EU-Grundrechte verpflichtet die GR-Ch ausweislich ihres Art. 51 allein „die Organe, Einrichtungen und sonstigen Stellen der Union […] und […] die Mitgliedstaaten ausschließlich bei der Durchführung des Rechts der Union". Natürliche Personen sind unabhängig[609] von einer bestehenden Unionsbürgerschaft (unions-)grundrechtsberechtigt und damit nicht unmittelbar verpflichtet. Aber auch privatrechtlich organisierte Kommunikationsdienstleister, also juristische Personen des Privatrechts, sind „Private" in diesem Sinne[610] und daher nicht an Art. 7 GR-Ch gebunden.[611] Nichtsdestotrotz können auch EU-Grundrechte im Wege einer mittelbaren Drittwirkung[612] die Auslegung zivilrechtlicher Vorschriften beeinflussen.[613]

Dank seines offenen Wortlauts schützt die „Achtungsgarantie"[614] des Grundrechts auch vor Eingriffen, die auf neuer Technik und neuen wissenschaftlichen

---

[607] Erläuterungen zur Charta der Grundrechte, ABl. EU C 303/02 v. 14.12.2007, S. 17–35, Erläuterungen zu Artikel 7 Achtung des Privat- und Familienlebens (S. 20); vgl. auch *Heinrich A. Wolff*, Art. 7, in Matthias Pechstein/Carsten Nowak/Ulrich Häde (Hrsg.), Frankfurter Kommentar zu EUV, GRC und AEUV, Bd. 1: EUV und GRC, Mohr Siebeck, Tübingen 2017, 1088–1110 (1090 Rn. 3).

[608] Vgl. *Rudolf Streinz*, Art. 7 GR-Ch, in Rudolf Streinz (Hrsg.), Beck'sche Kurz-Kommentare, Bd. 57: EUV/AEUV (Vertrag über die Europäische Union, Vertrag über die Arbeitsweise der Europäischen Union, Charta der Grundrechte der Europäischen Union), 3. Aufl., C. H. Beck, München 2018, Rn. 11, 16. Das zeigt auch ein Vergleich des Wortlauts von Art. 7 GR-Ch mit dem von Art. 19 IPbpR.

[609] *Heinrich A. Wolff*, Art. 7, in Matthias Pechstein/Carsten Nowak/Ulrich Häde (Hrsg.), Frankfurter Kommentar zu EUV, GRC und AEUV, Bd. 1: EUV und GRC, Mohr Siebeck, Tübingen 2017, 1088–1110 (1093 Rn. 11).

[610] Das Grundrecht auf Kommunikation ist „wesensmäßig" auf juristische Personen anwendbar, dazu *Heinrich A. Wolff*, Art. 7, in Matthias Pechstein/Carsten Nowak/Ulrich Häde (Hrsg.), Frankfurter Kommentar zu EUV, GRC und AEUV, Bd. 1: EUV und GRC, Mohr Siebeck, Tübingen 2017, 1088–1110 (1093 Rn. 12).

[611] *Heinrich A. Wolff*, Art. 7, in Matthias Pechstein/Carsten Nowak/Ulrich Häde (Hrsg.), Frankfurter Kommentar zu EUV, GRC und AEUV, Bd. 1: EUV und GRC, Mohr Siebeck, Tübingen 2017, 1088–1110 (1092 Rn. 9).

[612] *Albrecht Weber*, Art. 7, in Klaus Stern/Michael Sachs (Hrsg.), Europäische Grundrechte-Charta GRCh: Kommentar, C. H. Beck, München 2016, 189–207 (193 Rn. 7).

[613] *Heinrich A. Wolff*, Art. 7, in Matthias Pechstein/Carsten Nowak/Ulrich Häde (Hrsg.), Frankfurter Kommentar zu EUV, GRC und AEUV, Bd. 1: EUV und GRC, Mohr Siebeck, Tübingen 2017, 1088–1110 (1092 Rn. 9).

[614] Dass die Grundrechte des Art. 7 GR-Ch nicht „garantiert", sondern „geachtet" werden

Möglichkeiten beruhen. Insbes. im Bereich des Schutzes persönlicher Daten wird daneben eine Schutzpflicht der Mitgliedstaaten aus Art. 7 angenommen.[615] Eingriff in den Schutzbereich von Art. 7 GR-Ch kann jedes Verhalten sein, das die Ausübung der Kommunikationsfreiheit durch den Berechtigten erheblich erschwert oder ganz oder tlw. unmöglich macht.[616] Das ist jedenfalls die Kenntnisnahme von Kommunikationspartnern und/oder -inhalten ohne Wissen und Einverständnis der Beteiligten, etwa im Rahmen des Abfangens von E-Mails[617] oder des Abhörens von (Internet-)Telefonaten,[618] sowie jegliche Verzögerung oder vollständige Unterbindung des Kommunikationsvorgangs und die Einschränkung der tatsächlichen Kommunikationsmöglichkeiten[619] (Beispiel: Zerstörung von Kommunikationseinrichtungen, [vorübergehende] Sperrung des Internetzugangs, zielgerichtete[620] Verringerung der Internetgeschwindigkeit). Dagegen ist Art. 7 „[f]ür die generelle Abwehr von Datendiskriminierungen [...] nicht geeignet".[621]

Der Schutz der Privatheit ist nicht beschränkt auf Eingriffe, die zum Zeitpunkt der Rechtsverletzung durch staatliches Handeln technisch möglich sind.[622] Anzumerken ist zudem, dass Art. 7 GR-Ch wohl auch bei Verletzung der Grundrechte durch Handeln eines EU-Organs außerhalb des Unionsgebiets

---

sollen, ist Ausdruck des problematischen Kräfteverhältnisses von EU und Mitgliedstaaten. So sollte eine Ausweitung der EU-Kompetenzen in diesem Bereich verhindert werden, vgl. *Albrecht Weber*, Art. 7, in Klaus Stern/Michael Sachs (Hrsg.), Europäische Grundrechte-Charta GRCh: Kommentar, C. H. Beck, München 2016, 189–207 (192 Rn. 3); *Heinrich A. Wolff*, Art. 7, in Matthias Pechstein/Carsten Nowak/Ulrich Häde (Hrsg.), Frankfurter Kommentar zu EUV, GRC und AEUV, Bd. 1: EUV und GRC, Mohr Siebeck, Tübingen 2017, 1088–1110 (1094 Rn. 13).

[615] *Albrecht Weber*, Art. 7, in Klaus Stern/Michael Sachs (Hrsg.), Europäische Grundrechte-Charta GRCh: Kommentar, C. H. Beck, München 2016, 189–207 (193 Rn. 5).

[616] Allgemein *Heinrich A. Wolff*, Art. 7, in Matthias Pechstein/Carsten Nowak/Ulrich Häde (Hrsg.), Frankfurter Kommentar zu EUV, GRC und AEUV, Bd. 1: EUV und GRC, Mohr Siebeck, Tübingen 2017, 1088–1110 (1101 Rn. 30).

[617] *Christoph Grabenwarter*, European Convention on Human Rights – Commentary, C. H. Beck, München 2014, S. 203 Rn. 41.

[618] *Johannes Osing*, Die Netzneutralität im Binnenmarkt. Zur Bindung der Internet-Provider an die Europäischen Grundfreiheiten und Grundrechte, Recht und Politik in der Europäischen Union Bd. 7, Nomos, Baden-Baden 2017, S. 182.

[619] Allgemein *Heinrich A. Wolff*, Art. 7, in Matthias Pechstein/Carsten Nowak/Ulrich Häde (Hrsg.), Frankfurter Kommentar zu EUV, GRC und AEUV, Bd. 1: EUV und GRC, Mohr Siebeck, Tübingen 2017, 1088–1110 (1103 Rn. 33).

[620] Dazu *Johannes Osing*, Die Netzneutralität im Binnenmarkt. Zur Bindung der Internet-Provider an die Europäischen Grundfreiheiten und Grundrechte, Recht und Politik in der Europäischen Union Bd. 7, Nomos, Baden-Baden 2017, S. 182.

[621] *Johannes Osing*, Die Netzneutralität im Binnenmarkt. Zur Bindung der Internet-Provider an die Europäischen Grundfreiheiten und Grundrechte, Recht und Politik in der Europäischen Union Bd. 7, Nomos, Baden-Baden 2017, S. 182.

[622] *Heinrich A. Wolff*, Art. 7, in Matthias Pechstein/Carsten Nowak/Ulrich Häde (Hrsg.), Frankfurter Kommentar zu EUV, GRC und AEUV, Bd. 1: EUV und GRC, Mohr Siebeck, Tübingen 2017, 1088–1110 (1093 Rn. 10).

greift.⁶²³ Eine Rechtfertigung von Eingriffen in Art. 7 GR-Ch ist wegen der inhaltlichen Nähe zu Art. 8 EMRK unter Rückgriff auf die Schranken aus Art. 8 Abs. 2 EMRK („sachbereichsbezogene Ausformung des Verhältnismäßigkeitsgrundsatzes") über Art. 52 Abs. 3 GR-Ch möglich, Art. 52 Abs. 1 GR-Ch tritt zurück.⁶²⁴

In einem engen Verhältnis zu Art. 7 GR-Ch steht das Grundrecht auf Schutz personenbezogener Daten des Einzelnen aus *Art. 8 GR-Ch*.⁶²⁵ Zwar ist grds. auch über Art. 7 GR-Ch (im Rahmen des Schutzes des „Privatlebens") die Kontrolle des Einzelnen über die Preisgabe persönlicher Daten geschützt,⁶²⁶ jedoch geht Art. 8 in solchen Fällen Art. 7 als *lex specialis* vor.⁶²⁷ Geschäftliche Informationen werden daneben von Art. 16 GR-Ch geschützt.⁶²⁸ Im Vorfeld der Kodifikation galt das Recht auf Datenschutz – nicht zuletzt infolge der kohärenten Rechtsprechung des EuGH – zunächst als allgemeiner Rechtsgrundsatz.⁶²⁹ Da jedoch einige Mitgliedstaaten der EU bis heute den Schutz persönlicher Daten nicht verfassungsrechtlich garantieren,⁶³⁰ wurde die Schaffung eines einheitlichen unionsrechtlichen Standards zur Priorität. Das zeigen eindrücklich die EU-Datenschutzreformvorschläge der Kommission aus dem Frühjahr 2012.⁶³¹

---

⁶²³ *Heinrich A. Wolff*, Art. 7, in Matthias Pechstein/Carsten Nowak/Ulrich Häde (Hrsg.), Frankfurter Kommentar zu EUV, GRC und AEUV, Bd. 1: EUV und GRC, Mohr Siebeck, Tübingen 2017, 1088–1110 (1101 Rn. 28).

⁶²⁴ *Heinrich A. Wolff*, Art. 7, in Matthias Pechstein/Carsten Nowak/Ulrich Häde (Hrsg.), Frankfurter Kommentar zu EUV, GRC und AEUV, Bd. 1: EUV und GRC, Mohr Siebeck, Tübingen 2017, 1088–1110 (1106 Rn. 38).

⁶²⁵ So EuGH, Urt. v. 9.11.2010 – verb. Rs. C-92/09 u. C-93/09, Slg. 2010, I-11063, Rn. 47 – Volker und Markus Schecke.

⁶²⁶ *Albrecht Weber*, Art. 7, in Klaus Stern/Michael Sachs (Hrsg.), Europäische Grundrechte-Charta GRCh: Kommentar, C. H. Beck, München 2016, 189–207 (191 Rn. 1).

⁶²⁷ *Heinrich A. Wolff*, Art. 7, in Matthias Pechstein/Carsten Nowak/Ulrich Häde (Hrsg.), Frankfurter Kommentar zu EUV, GRC und AEUV, Bd. 1: EUV und GRC, Mohr Siebeck, Tübingen 2017, 1088–1110 (1109 Rn. 46); *Norbert Bernstorff*, Art. 8, in Jürgen Meyer (Hrsg.), Charta der Grundrechte der Europäischen Union, NomosKommentar, 4. Aufl., Nomos, Baden-Baden 2014, Rn. 13. Dahingehend noch unklar EuGH, Urt. v. 29.1.2008 – Rs. C-275/06, Slg. 2008, I-271, Rn. M – Promusicae und EuGH, Urt. v. 9.11.2010 – verb. Rs. C-92/09 u. 93/09, Slg. 2010, I-11063, Rn. 76 – Volker und Marcus Schecke. Eine parallele Prüfung von Art. 7 und 8 GR-Ch nahm der EuGH erst im Urt. v. 8.4.2014 in den verb. Rs. C-293/12 u. C-594/12 – Digital Rights Ireland vor.

⁶²⁸ Zu Art. 16 GR-Ch sogleich.

⁶²⁹ Vgl. dazu z. B. EuGH, Urt. v. 12.11.1969 – Rs. 29/69, Slg. 1969, 419, Rn. 7 – Stauder/Stadt Ulm-Sozialamt; EuGH, Urt. v. 7.11.1985 – Rs. 145/83, Slg. 1985, I-3539, Rn. 34 – Adams/Kommission; EuGH, Urt. v. 14.9.2000 – Rs. C-369/98, Rn. 32 f. – Fisher; EuGH, Urt. v. 20.5.2003 – verb. Rs. C-465/00, C-138/01 u. C-139/01, Slg. 2003, I-4989, Rn. 68 – Österreichischer Rundfunk u. a.

⁶³⁰ *Heribert Johlen*, Art. 8, in Klaus Stern/Michael Sachs (Hrsg.), Europäische Grundrechte-Charta GRCh: Kommentar, C. H. Beck, München 2016, Rn. 2 Fn. 8 m. w. N.

⁶³¹ *Heribert Johlen*, Art. 8, in Klaus Stern/Michael Sachs (Hrsg.), Europäische Grundrechte-Charta GRCh: Kommentar, C. H. Beck, München 2016, Rn. 20. Zum Datenschutz im Internet nach dem Recht der EU *infra* Teil II, Kap. 2, B. I.5.d.ff.

Heute ist das Grundrecht aus Art. 8 GR-Ch die einzige Rechtsquelle für das Recht auf informationelle Selbstbestimmung,[632] die Norm basiert jedoch inhaltlich auf der ursprünglichen EU-Datenschutz-RL aus 1995[633] (im Jahr 2018 ersetzt durch die DSGVO)[634] und Art. 8 EMRK.[635] Da die EMRK keine Art. 7 GR-Ch entsprechende Norm enthält, wird das Datenschutzrecht im Anwendungsbereich der EMRK nach Art. 8 EMRK beurteilt.[636] Die Ausgestaltung der Gewährleistungen aus Art. 8 GR-Ch steht im Zusammenhang mit der Frage, ob und inwiefern die EU Kompetenzen zur Regelung von Internet-Aktivitäten hat: Art. 16 Abs. 2 AEUV (für den Bereich GASP beachte zusätzlich Art. 39 EUV, zusammen ehem. Art. 286 EGV)[637] enthält eine Gesetzgebungskompetenz der EU für datenschutzrechtliche sowie urheber- und telekommunikationsrechtliche[638] Belange. Auf dieser Grundlage kann etwa die Weitergabe von Daten zu Sicherheitszwecken erfolgen.[639] Die Mitgliedstaaten sind beim Erlass von entsprechenden Datenschutzregelungen und bei der Durchführung und Umsetzung von Sekundärrecht gem. Art. 52 Abs. 1 GR-Ch an die Grundrechte gebunden.

Das Schutzgut der „personenbezogenen Daten" aus Art. 8 Abs. 1 wird im Einklang mit der entsprechenden Begriffsbestimmung aus Art. 2 lit. a Datenschutz-RL (bzw. Art. 4 Nr. 1 DSGVO) definiert. „Personenbezogene Daten" sind danach „alle Informationen über eine bestimmte oder bestimmbare natür-

---

[632] *Heinrich A. Wolff*, Art. 8, in Matthias Pechstein/Carsten Nowak/Ulrich Häde (Hrsg.), Frankfurter Kommentar zu EUV, GRC und AEUV, Bd. 1: EUV und GRC, Mohr Siebeck, Tübingen 2017, 1111–1129 (1112 Rn. 3).

[633] RL 95/46/EG des Europäischen Parlaments und des Rates v. 24.10.1995 zum Schutz natürlicher Personen bei der Verarbeitung personenbezogener Daten und zum freien Datenverkehr (außer Kraft), ABl. EU L 281 v. 23.11.1995, S. 31–50.

[634] VO (EU) 2016/679 des Europäischen Parlaments und des Rates v. 27.4.2016 zum Schutz natürlicher Personen bei der Verarbeitung personenbezogener Daten, zum freien Datenverkehr und zur Aufhebung der RL 95/46/EG, ABl. EU L 119 v. 4.5.2016, S. 1–88. Zur DSGVO *infra* Teil II, Kap. 2, B. I.5.d.ff.

[635] Erläuterungen zur Charta der Grundrechte, ABl. EU 2007/C 303/02, 14.12.2007, S. 17–35, Erläuterungen zu Art. 8 – Schutz personenbezogener Daten (S. 20).

[636] Kritik an der insoweit nicht einheitlichen Vorgehensweise des EuGH bei *Heinrich A. Wolff*, Art. 8, in Matthias Pechstein/Carsten Nowak/Ulrich Häde (Hrsg.), Frankfurter Kommentar zu EUV, GRC und AEUV, Bd. 1: EUV und GRC, Mohr Siebeck, Tübingen 2017, 1111–1129 (1112 Rn. 3).

[637] *Heribert Johlen*, Art. 8, in Klaus Stern/Michael Sachs (Hrsg.), Europäische Grundrechte-Charta GRCh: Kommentar, C. H. Beck, München 2016, Rn. 7.

[638] *Heinrich A. Wolff*, Art. 8, in Matthias Pechstein/Carsten Nowak/Ulrich Häde (Hrsg.), Frankfurter Kommentar zu EUV, GRC und AEUV, Bd. 1: EUV und GRC, Mohr Siebeck, Tübingen 2017, 1111–1129 (1114 Rn. 9).

[639] Vgl. *Veronika Bauer/Matthias C. Kettemann*, Menschenrechtliche Implikationen der Informationsgesellschaft und österreichische Regulierungsansätze, in Wolfgang Benedek/Catrin Pekari (Hrsg.), Menschenrechte in der Informationsgesellschaft, Richard Boorberg Verlag, Stuttgart/München/Hannover/Berlin/Weimar/Dresden 2007, 293–323 (307 Fn. 2). Dazu EuGH, Urt. v. 30.5.2006 – verb. Rs. C-317/04 (Parlament/Rat) u. C-318/04 (EP/KOM), Slg. 2006, I-4721.

liche Person".⁶⁴⁰ Im Zusammenhang mit Aktivitäten des Einzelnen im Internet sind dies z. B. sämtliche Finanz- oder sonstige persönliche Daten,⁶⁴¹ die etwa zur Vornahme von Vertragsabschlüssen online berechtigen, IP-Adressen,⁶⁴² das gesamte Verhalten in der Öffentlichkeit, wie es bspw. das Posten von Inhalten in sozialen Netzwerken beinhaltet, auch Daten der beruflichen Welt auf Karriereportalen bis hin zu den Kontaktdaten einer Person.⁶⁴³ Die Daten müssen in Form von Dateien organisiert und die Verarbeitung automatisiert erfolgen;⁶⁴⁴ nicht erfasst sind solche Daten, die bereits derart anonymisiert wurden, dass die betroffene Person nicht mehr identifiziert werden kann (ErwGr. 26 Datenschutz-RL). Wer also ein Foto einer anderen, ihm unbekannten Person ohne deren Einwilligung i. S. d. Art. 8 Abs. 2 Satz 1 GR-Ch auf den Server des sozialen Netzwerks Facebook oder sonst ins Internet stellt, verarbeitet ab dem Zeitpunkt des Uploads personenbezogene Daten. Es kommt hier lediglich darauf an, dass die Person auf dem Foto von Dritten erkannt und so eindeutig identifiziert werden kann.⁶⁴⁵ Anhand dieses Beispiels lässt sich aber eine grundlegende Frage des Schutzumfangs von Art. 8 GR-Ch diskutieren. Berechtigt aus Art. 8 sind dem Wortlaut nach ("jede Person") jedenfalls natürliche Personen. Zwar steht Art. 8 in seiner Ausprägung als Recht auf informationelle Selbstbestimmung der Menschenwürde (Art. 1) sehr nahe. Nichtsdestotrotz ist eine wesensmäßige Anwendbarkeit auf juristische Personen für den Bereich der elektronischen Kommunikation nicht ausgeschlossen.⁶⁴⁶ Das gilt, obwohl der EuGH bereits in der Rs. "Schecke" entschieden hat, dass ein Rückgriff auf Art. 8 GR-Ch grds. ausscheidet, wenn eine juristische Person betroffen ist. Ausnahmsweise soll dagegen auch der Schutz von juristischen Personen über Art. 8 GR-Ch

---

⁶⁴⁰ Dazu auch *Heinrich A. Wolff*, Art. 8, in Matthias Pechstein/Carsten Nowak/Ulrich Häde (Hrsg.), Frankfurter Kommentar zu EUV, GRC und AEUV, Bd. 1: EUV und GRC, Mohr Siebeck, Tübingen 2017, 1111–1129 (1115 Rn. 12).
⁶⁴¹ Dazu EuGH, Urt. v. 20.5.2003 – verb. Rs. C-465/00, C-138/01 u. C-139/01, Slg. 2003, I-4989, Rn. 73 f. – Österreichischer Rundfunk u. a. (Erhebung personenbezogener Daten über die beruflichen Einkünfte Einzelner zur Weitergabe an Dritte).
⁶⁴² EuGH, Urt. v. 24.11.2011 – Rs. C-70/10, Slg. 2011, I-11959, Rn. 51 – Scarlet Extended/SABAM. Beachte daneben die Vorlagefrage aus BGH, Beschl. v. 28.10.2014 – VI ZR 135/13 (Europarechtliche Einordnung einer IP-Adresse als personenbezogenes Datum; Umfang der Verwendung personenbezogener Daten eines Nutzers ohne dessen Einwilligung durch einen Diensteanbieter).
⁶⁴³ *Heinrich A. Wolff*, Art. 8, in Matthias Pechstein/Carsten Nowak/Ulrich Häde (Hrsg.), Frankfurter Kommentar zu EUV, GRC und AEUV, Bd. 1: EUV und GRC, Mohr Siebeck, Tübingen 2017, 1111–1129 (1116 Rn. 12).
⁶⁴⁴ *Heribert Johlen*, Art. 8, in Klaus Stern/Michael Sachs (Hrsg.), Europäische Grundrechte-Charta GRCh: Kommentar, C. H. Beck, München 2016, Rn. 32.
⁶⁴⁵ Beispiel nach *Heinrich A. Wolff*, Art. 8, in Matthias Pechstein/Carsten Nowak/Ulrich Häde (Hrsg.), Frankfurter Kommentar zu EUV, GRC und AEUV, Bd. 1: EUV und GRC, Mohr Siebeck, Tübingen 2017, 1111–1129 (1116 Rn. 13).
⁶⁴⁶ *Norbert Bernstorff*, Art. 8, in Jürgen Meyer (Hrsg.), Charta der Grundrechte der Europäischen Union, NomosKommentar, 4. Aufl., Nomos, Baden-Baden 2014, Rn. 18.

möglich sein, wenn der Name der juristischen Person „eine oder mehrere natürliche Personen bestimmt".[647] Das entspricht zwar nicht dem Wortlaut von Art. 2 Datenschutz-RL („Im Sinne dieser Richtlinie bezeichnet der Ausdruck [...] ‚personenbezogene Daten' alle Informationen über eine bestimmte oder bestimmbare *natürliche Person [, betroffene Person ']*; [...]." – Hervorh. d. A.) und dem Inhalt des entsprechenden ErwGr. 24 („Diese Richtlinie berührt nicht die Rechtsvorschriften zum Schutz juristischer Personen bei der Verarbeitung von Daten, die sich auf sie beziehen."). Jedoch bezieht Art. 1 Abs. 2 ePrivacy-RL[648] juristische Personen in den persönlichen Schutzbereich der Datenschutz-RL ein (vgl. ErwGr. 7, 8, 12, 17 und 38 ePrivacy-RL). Bei telosorientierter Betrachtung der Schutzrichtung von Art. 8 GR-Ch wäre es denn auch nicht sinnvoll, juristische Personen vom persönlichen Schutzbereich des Grundrechts auf Datenschutz auszuschließen. *Personen*bezogene Daten sind bei Aktivitäten im Internet immer einer besonderen Gefahr ausgesetzt, unabhängig davon, ob der Handelnde eine natürliche oder juristische Person ist. Um einen umfassenden Schutz persönlicher Daten „offline" wie „online" herbeizuführen, müssen auch juristische Personen Berechtigte i. S. d. Art. 8 GR-Ch sein. Diese Ansicht wird unterstützt durch den Wortlaut der Norm selbst, der von „Personen" als Grundrechtsberechtigte spricht und nicht etwa, wie Art. 1, 2, 3 und 6 GR-Ch, von „Menschen".

Da es sich bei den EU-Grundrechten primär um Abwehrrechte gegen Handlungen der Union und der Mitgliedstaaten bei Durchführung von Unionsrecht (Art. 52 Abs. 1 GR-Ch) handelt, gelten die Gewährleistungen aus Art. 8 für Verletzungen durch Private nicht unmittelbar. Allerdings wird angenommen, dass das Grundrecht aus Art. 8 GR-Ch neben der klassischen Abwehrfunktion eine Schutzpflicht der Union und ihrer Mitgliedstaaten beinhaltet, u. a. beeinträchtigende Verhaltensweisen von Privaten (Privatpersonen, Telekommunikationsanbieter, ISPs etc.) zu verhindern oder zu unterbinden.[649] Auch nach Art. 7 Datenschutz-RL besteht ein staatlicher Rechtfertigungszwang für jegliche Verarbeitung von Daten (ob durch staatliche oder private Stellen).[650] Die Existenz

---

[647] EuGH, Urt. v. 9.11.2010 – verb. Rs. C-92/09 u. C-93/09, Slg. 2010, I-11063, Rn. 53 – Volker und Markus Schecke; dazu auch *Heinrich A. Wolff*, Art. 8, in Matthias Pechstein/Carsten Nowak/Ulrich Häde (Hrsg.), Frankfurter Kommentar zu EUV, GRC und AEUV, Bd. 1: EUV und GRC, Mohr Siebeck, Tübingen 2017, 1111–1129 (1115 Rn. 10).

[648] RL 2002/58/EG des Europäischen Parlaments und des Rates v. 12.7.2002 über die Verarbeitung personenbezogener Daten und den Schutz der Privatsphäre in der elektronischen Kommunikation, ABl. EU L 201 v. 31.7.2002, S. 37–47.

[649] *Heinrich A. Wolff*, Art. 8, in Matthias Pechstein/Carsten Nowak/Ulrich Häde (Hrsg.), Frankfurter Kommentar zu EUV, GRC und AEUV, Bd. 1: EUV und GRC, Mohr Siebeck, Tübingen 2017, 1111–1129 (1117 Rn. 16).

[650] *Heinrich A. Wolff*, Art. 8, in Matthias Pechstein/Carsten Nowak/Ulrich Häde (Hrsg.), Frankfurter Kommentar zu EUV, GRC und AEUV, Bd. 1: EUV und GRC, Mohr Siebeck, Tübingen 2017, 1111–1129 (1118 Rn. 20).

einer entsprechenden Schutzpflicht wird bestätigt durch die Rechtsprechung des EuGH.[651]

Als Eingriff in den Schutzbereich von Art. 8 GR-Ch gilt nach dessen Abs. 2 jede Verarbeitung von personenbezogenen Daten durch einen oder mehrere Grundrechtsverpflichtete(n).[652] Entsprechend der zur Konkretisierung heranzuziehenden Definition aus Art. 2 lit. b Datenschutz-RL (bzw. Art. 4 Nr. 2 DSGVO) ist unter „Verarbeitung" die gesamte Verwendung der Daten, also die Erhebung, Speicherung, Anpassung oder Veränderung, das Auslesen und die Abfrage, Nutzung, Weitergabe durch Übermittlung oder Verbreitung, die Löschung und jede andere Form der Heranziehung personenbezogener Daten zu verstehen. Darunter fallen auch die Verknüpfung und die Sperrung von Daten.[653] Sogar Eingriffe während des Transports von Daten im Internet werden wohl erfasst, „wenn DPI zum Einsatz kommt und hierdurch auch personenbezogene Daten ermittelt werden können".[654]

Bei Einwilligung des Betroffenen in die Verarbeitung seiner Daten scheidet ein Eingriff aus, vgl. Art. 8 Abs. 2 GR-Ch.[655] Einwilligung ist laut Art. 2 lit. h Datenschutz-RL

„jede Willensbekundung, die ohne Zwang, für den konkreten Fall und in Kenntnis der Sachlage erfolgt und mit der die betroffene Person akzeptiert, daß personen-

---

[651] EuGH, Urt. v. 13.5.2014 – C-131/12, ECLI:EU:C:2014:317, Rn. 38 ff. – Google Spain/Agencia Española de Protección de Datos (AEPD) und González (zum „Recht auf Vergessenwerden"). Im Geltungsbereich des Bundesdatenschutzgesetzes bestehen national dieselben Schutzpflichten, vgl. *Heribert Johlen*, Art. 8, in Klaus Stern/Michael Sachs (Hrsg.), Europäische Grundrechte-Charta GRCh: Kommentar, C. H. Beck, München 2016, Rn. 22.

[652] *Heinrich A. Wolff*, Art. 8, in Matthias Pechstein/Carsten Nowak/Ulrich Häde (Hrsg.), Frankfurter Kommentar zu EUV, GRC und AEUV, Bd. 1: EUV und GRC, Mohr Siebeck, Tübingen 2017, 1111–1129 (1117 Rn. 18).

[653] *Heinrich A. Wolff*, Art. 8, in Matthias Pechstein/Carsten Nowak/Ulrich Häde (Hrsg.), Frankfurter Kommentar zu EUV, GRC und AEUV, Bd. 1: EUV und GRC, Mohr Siebeck, Tübingen 2017, 1111–1129 (1118 Rn. 19); *Heribert Johlen*, Art. 8, in Klaus Stern/Michael Sachs (Hrsg.), Europäische Grundrechte-Charta GRCh: Kommentar, C. H. Beck, München 2016, Rn. 33.

[654] *Johannes Osing*, Die Netzneutralität im Binnenmarkt. Zur Bindung der Internet-Provider an die Europäischen Grundfreiheiten und Grundrechte, Recht und Politik in der Europäischen Union Bd. 7, Nomos, Baden-Baden 2017, S. 186. DPI ist eine Methode zur Ermittlung des Inhalts von Datenpaketen durch Router. Dazu eingehend *Mark Bedner*, „Deep Packet Inspection" – Technologie und rechtliche Initiativen. Steht die Freiheit im Internet auch in westlichen Demokratien auf dem Spiel?, CR 26 (2010), 339–345 (341 ff.); *Reto Mantz*, Freund oder Feind auf meiner Leitung? – (Un-)Zulässigkeit des Eingriffs in den Datenstrom durch TK-Anbieter mittels Deep Packet Injection, MMR 2015, 8–13.

[655] *Heinrich A. Wolff*, Art. 8, in Matthias Pechstein/Carsten Nowak/Ulrich Häde (Hrsg.), Frankfurter Kommentar zu EUV, GRC und AEUV, Bd. 1: EUV und GRC, Mohr Siebeck, Tübingen 2017, 1111–1129 (1119 Rn. 24). Die Einwilligung als Rechtfertigungsgrund betrachtet *Heinrich A. Wolff*, Art. 8, in Matthias Pechstein/Carsten Nowak/Ulrich Häde (Hrsg.), Frankfurter Kommentar zu EUV, GRC und AEUV, Bd. 1: EUV und GRC, Mohr Siebeck, Tübingen 2017, 1111–1129 (1121 Rn. 32).

bezogene Daten, die sie betreffen, verarbeitet werden" (sog. „informierte Einwilligung").[656]

Eine Willensbekundung in diesem Sinne liegt in jeder „nach außen tretenden, vom Adressaten erkennbaren Handlung, die bei objektiver Würdigung als Ausdruck der Zustimmung zu verstehen ist".[657] Zweifelhaft ist, ob der Eingriff auch bei Vorliegen einer mutmaßlichen oder stillschweigenden[658] Einwilligung entfällt. Das kann vor dem Hintergrund, dass bei schwereren Eingriffen höhere Anforderungen an die Qualität der Einwilligung gestellt werden,[659] jedoch nicht als sinnvoll erachtet werden kann.

In diesem Zusammenhang soll auf eine zusätzliche Gewährleistung des Art. 8 GR-Ch hingewiesen werden: Das Grundrecht auf Datenschutz beinhaltet nach Art. 8 Abs. 2 Satz 2 GR-Ch neben der Abwehr- und Schutzfunktion einen Auskunfts- und Berichtigungsanspruch der aus Art. 8 GR-Ch Berechtigten gegenüber staatlichen Stellen, bezogen auf die eigenen bereits erhobenen[660] personenbezogenen Daten,[661] als selbständige Verfahrensrechte.[662] Nicht erfasst von der Berichtigung ist der Anspruch auf Löschung von Daten (unerheblich, ob diese sachlich richtig oder unrichtig sind), dieser kann sich aus dem im Rahmen der Rechtfertigung eines Eingriffs zu prüfenden Grundsatz der Verhältnismäßigkeit (Art. 52 Abs. 1 Satz 2 GR-Ch) ergeben[663] bzw. aus Art. 12 lit. b Datenschutz-RL oder Art. 8 Datenschutz-Konvention. Die Gewährleistung des Auskunftsrechts ist wichtig, weil eine „informierte Einwilligung" in die Verarbeitung nicht möglich ist, wenn der Betroffene zu keinem Zeitpunkt die Chance hat, sich über die Verwendung seiner Daten zu informieren, vgl. ErwGr. 41.

---

[656] *Heribert Johlen*, Art. 8, in Klaus Stern/Michael Sachs (Hrsg.), Europäische Grundrechte-Charta GRCh: Kommentar, C. H. Beck, München 2016, Rn. 51.

[657] *Heribert Johlen*, Art. 8, in Klaus Stern/Michael Sachs (Hrsg.), Europäische Grundrechte-Charta GRCh: Kommentar, C. H. Beck, München 2016, Rn. 54.

[658] Zum Unterschied zwischen mutmaßlicher und stillschweigender Einwilligung *Heinrich A. Wolff*, Art. 8, in Matthias Pechstein/Carsten Nowak/Ulrich Häde (Hrsg.), Frankfurter Kommentar zu EUV, GRC und AEUV, Bd. 1: EUV und GRC, Mohr Siebeck, Tübingen 2017, 1111–1129 (1120 Rn. 29).

[659] *Heinrich A. Wolff*, Art. 8, in Matthias Pechstein/Carsten Nowak/Ulrich Häde (Hrsg.), Frankfurter Kommentar zu EUV, GRC und AEUV, Bd. 1: EUV und GRC, Mohr Siebeck, Tübingen 2017, 1111–1129 (1120 Rn. 26).

[660] Für die Begrenzung auf „gespeicherte" Daten plädiert *Heinrich A. Wolff*, Art. 8, in Matthias Pechstein/Carsten Nowak/Ulrich Häde (Hrsg.), Frankfurter Kommentar zu EUV, GRC und AEUV, Bd. 1: EUV und GRC, Mohr Siebeck, Tübingen 2017, 1111–1129 (1127 Rn. 52).

[661] *Heinrich A. Wolff*, Art. 8, in Matthias Pechstein/Carsten Nowak/Ulrich Häde (Hrsg.), Frankfurter Kommentar zu EUV, GRC und AEUV, Bd. 1: EUV und GRC, Mohr Siebeck, Tübingen 2017, 1111–1129 (1126 Rn. 50 f.).

[662] *Heinrich A. Wolff*, Art. 8, in Matthias Pechstein/Carsten Nowak/Ulrich Häde (Hrsg.), Frankfurter Kommentar zu EUV, GRC und AEUV, Bd. 1: EUV und GRC, Mohr Siebeck, Tübingen 2017, 1111–1129 (1126 Rn. 49).

[663] *Heinrich A. Wolff*, Art. 8, in Matthias Pechstein/Carsten Nowak/Ulrich Häde (Hrsg.), Frankfurter Kommentar zu EUV, GRC und AEUV, Bd. 1: EUV und GRC, Mohr Siebeck, Tübingen 2017, 1111–1129 (1127 Rn. 54).

Das Sammeln und Speichern von persönlichen Daten ohne das Wissen und/
oder das Einverständnis des Betroffenen bedarf einer entsprechenden gesetzlichen Grundlage, Art. 52 Abs. 1 Satz 1 GR-Ch.[664] Die Kontrolle der Legitimität der einschränkenden Maßnahme erfolgt anhand der Prüfung des Verhältnismäßigkeitsgrundsatzes (Art. 52 Abs. 1 Satz 2 GR-Ch), der eine besondere Ausformung in den Prinzipien der Datenvermeidung und der Datensparsamkeit erhält.[665] Diese müssen bei der Abwägung des Grads der Intensität des Eingriffs mit dem damit verfolgten Gemeinwohl beachtet werden,[666] wodurch Missbrauch, insbes. heimliche Datenerhebungen beim Betroffenen oder Dritten, verhindert werden soll.[667] Ein Rückgriff auf Art. 8 Abs. 2 EMRK über Art. 52 Abs. 3 GR-Ch erfolgt im Rahmen der Schranken nicht.[668]

Die grundrechtliche Verpflichtung zum Datenschutz kann auch weiteres Primärrecht beeinflussen. So ist etwa die Rechtfertigung von Eingriffen in die Grundfreiheiten, insbes. jene den Warenverkehr und die Dienstleistungsfreiheit betreffend, zum Schutz von Art. 8 GR-Ch als „berechtigtes Interesse" grds. möglich.[669] Auch die Einschränkung anderer Grundrechte kann in dieser Weise gerechtfertigt werden, beispielhaft steht hierfür die Abwägung zwischen dem Schutz (geistigen) Eigentums mit dem Erfordernis des Datenschutzes bei Urheberrechtsfällen im Internet.[670]

---

[664] EuGH, Urt. v. 9.11.2010 – verb. Rs. C-92/09 u. C-93/09, Slg. 2010, I-11063, Rn. 65 ff. – Volker und Markus Schecke; EuGH, Urt. v. 17.10.2013 – C-291/12, ECLI:EU:C:2013:670, Rn. 34 ff. – Michael Schwarz/Stadt Bochum. Vgl. wegen der Ähnlichkeit von Art. 7 GR-Ch und Art. 8 EMRK dazu auch EGMR, Urt. v. 4.5.2000 – Beschwerde-Nr. 28341/95, Rn. 48 ff. – Rotaru/Rumänien.

[665] *Heinrich A. Wolff*, Art. 8, in Matthias Pechstein/Carsten Nowak/Ulrich Häde (Hrsg.), Frankfurter Kommentar zu EUV, GRC und AEUV, Bd. 1: EUV und GRC, Mohr Siebeck, Tübingen 2017, 1111–1129 (1119 Rn. 22); EuGH, Urt. v. 9.11.2010 – verb. Rs. C-92/09 u. C-93/09, Slg. 2010, I-11063, §§ 64 ff. – Volker und Markus Schecke. Nach a. A. ist die besondere Schranke des Art. 52 Abs. 2 GR-Ch anzuwenden, bedingt durch die zusätzliche Regelung des Grundrechts in Art. 16 Abs. 1 AEUV (und Art. 39 EUV), so z. B. *Norbert Bernsdorff*, Art. 8, in Jürgen Meyer (Hrsg.), Charta der Grundrechte der Europäischen Union, NomosKommentar, 4. Aufl., Nomos, Baden-Baden 2014, Rn. 17.

[666] Vgl. EuGH, Urt. v. 8.4.2014 – verb. Rs. C-293/12 u. C-594/12, ECLI:EU:C:2014:238, Rn. 56 ff. – Digital Rights Ireland.

[667] Weitere Beispiele bei *Heinrich A. Wolff*, Art. 8, in Matthias Pechstein/Carsten Nowak/Ulrich Häde (Hrsg.), Frankfurter Kommentar zu EUV, GRC und AEUV, Bd. 1: EUV und GRC, Mohr Siebeck, Tübingen 2017, 1111–1129 (1125 Rn. 47).

[668] Kritik an der insoweit nicht einheitlichen Vorgehensweise des EuGH bei *Heinrich A. Wolff*, Art. 8, in Matthias Pechstein/Carsten Nowak/Ulrich Häde (Hrsg.), Frankfurter Kommentar zu EUV, GRC und AEUV, Bd. 1: EUV und GRC, Mohr Siebeck, Tübingen 2017, 1111–1129 (1112 Rn. 3).

[669] Vgl. EuGH, Urt. v. 12.6.2003 – Rs. C-112/00, Slg. 2003, I-5659, Rn. 71 ff. – Schmidberger; EuGH, Urt. v. 14.10.2004 – Rs. C-36/02, Slg. 2004, I-9609, Rn. 33 ff. – Omega/Oberbürgermeisterin der Bundesstadt Bonn.

[670] EuGH, Urt. v. 16.7.2015 – Rs. C-580/13, ECLI:EU:C:2015:485, Rn. 33 ff. – Coty Germany GmbH/Stadtsparkasse Magdeburg; vgl. in diesem Sinne EuGH, Urt. v. 29.1.2008 – C-275/06, Slg. 2008, I-271, Rn. 65 – Promusicae/Telefónica de España SAU.

Wie Art. 10 EMRK schützt *Art. 11 GR-Ch* die Meinungsfreiheit. Der Schutzumfang geht bei der europarechtlichen Grundrechtsnorm jedoch noch weiter und bezieht die Informationsfreiheit mit ein. In Abs. 1 Satz 1 ist die Rede von der Meinungsäußerung, die nach Satz 2 die Freiheit, eine Meinung frei zu bilden und zu äußern, erfasst. Alle Formen der Individualkommunikation werden geschützt, auch und insbes. über das Internet.[671] Unter dem Begriff „Informationsfreiheit" ist das ungehinderte Empfangen und Weitergeben von Informationen und Ideen zu verstehen, es handelt sich bei dieser Freiheit also um die Grundlage der Meinungsbildung. Nach Abs. 2 werden die Medienfreiheit und ihre Pluralität geachtet. Die Medienfreiheit und -pluralität sind nicht Teil des Schutzumfangs von Art. 10 EMRK, hier kommt zum Ausdruck, dass die Mitgliedstaaten diese Schutzdimension als essenziellen Teil einer demokratischen Grundordnung ansehen.[672] Wegen des weiten Wortlauts („Freiheit der Medien") kann auch das Internet ohne Probleme in den Schutzumfang von Art. 11 einbezogen werden.[673]

Art. 11 GR-Ch entspricht Art. 10 EMRK nach Art. 52 Abs. 3 Satz 1 GR-Ch in Tragweite und Bedeutung,[674] die Norm zeichnet sich daher durch einen sehr weiten Meinungsbegriff aus, der Werturteile, Tatsachenbehauptungen und Überzeugungen jeglicher Art, unabhängig vom Inhalt, erfasst,[675] und gewissermaßen als „allgemeines Kommunikationsgrundrecht"[676] anzusehen ist.

---

[671] EGMR, Urt. v. 18.12.2012 – Beschwerde-Nr. 3111/10, § 48 – Yildirim/Türkei; EGMR, Urt. v. 10.3.2009 – Beschwerde-Nr. 3002/03 u. 23676/03, § 27 – Times Newspapers Ltd/ Vereinigtes Königreich (Nr. 1 u. 2); EGMR, Urt. v. 16.6.2015 – Beschwerde-Nr. 64569/09, §§ 110 ff. – Delfi AS/Estland.

[672] *Hermann Pünder*, § 17 Kommunikationsgrundrechte, in Dirk Ehlers (Hrsg.), Europäische Grundrechte und Grundfreiheiten, 4. Aufl., De Gruyter, Berlin/Boston 2014, 629–667 (633 Rn. 7).

[673] *Norbert Bernstorff*, Art. 11, in Jürgen Meyer (Hrsg.), Charta der Grundrechte der Europäischen Union, 4. Aufl., NomosKommentar, Nomos, Baden-Baden 2014, Rn. 17; *Hans-Werner Rengeling/Peter Szczekalla*, Grundrechte in der Europäischen Union: Charta der Grundrechte und Allgemeine Rechtsgrundsätze, Carl Heymanns Verlag, Köln/Berlin/München 2004, § 18 Rn. 727 (S. 557).

[674] Erläuterungen zur Charta der Grundrechte, ABl. EU 2007/C 303/02 v. 14.12.2007, S. 17–35, Erläuterungen zu Artikel 11 – Freiheit der Meinungsäußerung und Informationsfreiheit (S. 21).

[675] *Christian Calliess*, Art. 11 GRCh, in Christian Calliess/Matthias Ruffert (Hrsg.), EUV/ AEUV: Das Verfassungsrecht der Europäischen Union mit Europäischer Grundrechtecharta, Kommentar, 5. Aufl., C.H. Beck, München 2016, Rn. 6. Ausgenommen sind rassistische Äußerungen (EGMR, Urt. v. 23.9.1994 – Beschwerde-Nr. 15890/89, Rn. 33 ff. – Jersild/Dänemark; EGMR, Entsch. v. 12.5.1988 – Beschwerde-Nr. 12194/86 – Kühnen/Deutschland), was im Zusammenhang mit der zunehmenden anonymen rassistischen Hetze und Diskriminierung im Internet wichtig ist. Zum Thema „Rassismus im Internet", vgl. umfassend *Yaman Akdeniz*, Racism on the Internet, Council of Europe Publishing, Straßburg 2009.

[676] *Johannes Osing*, Die Netzneutralität im Binnenmarkt. Zur Bindung der Internet-Provider an die Europäischen Grundfreiheiten und Grundrechte, Recht und Politik in der Europäischen Union Bd. 7, Nomos, Baden-Baden 2017, S. 190.

Der weite Meinungsbegriff bietet die Möglichkeit, sogar die bloße Weitergabe (engl. „[to] share" = teilen) von Inhalten, die von anderen Personen auf einer Facebook-Seite oder in einem Chat gepostet wurden, als „Meinungsäußerung" zu schützen. Denn auf Grundlage der geteilten Inhalte kann sich durchaus eine weitergehende Debatte entwickeln, sodass auch hier der Schutzbereich der Meinungsfreiheit eröffnet sein muss.[677]

Der EuGH sieht in der Medienfreiheit eine Schranke und Schranken-Schranke zur Dienstleistungsfreiheit,[678] Beschränkungen dieser Personenfreiheit können also zum Schutz der Medien gerechtfertigt werden.[679] Zudem ist der EuGH der Ansicht, dass Art. 11 GR-Ch neben der subjektiv-rechtlichen Gewährleistung auch eine objektive Schutzpflicht der Mitgliedstaaten enthält zum Schutz, zur Aufrechterhaltung und Förderung der Medienvielfalt.[680]

Als Eingriff in den Schutzbereich von Art. 11 GR-Ch kann jede Form der Behinderung von Kommunikation gewertet werden,[681] wenn also die Verbreitung einer Meinung erschwert oder verhindert[682] oder auch lediglich weniger

---

[677] *Johannes Osing*, Die Netzneutralität im Binnenmarkt. Zur Bindung der Internet-Provider an die Europäischen Grundfreiheiten und Grundrechte, Recht und Politik in der Europäischen Union Bd. 7, Nomos, Baden-Baden 2017, S. 197; *Wolfgang Hoffmann-Riem*, Regelungsstrukturen für öffentliche Kommunikation im Internet, AöR 137 (2012), 509–544 (515, allg. zur Teilhabe 520 f.), der auch Bewertungssysteme im E-Commerce „als besondere Art gesellschaftlicher Teilhabe" betrachtet; a. A. mit Blick auf die reine Weitergabe fremder Inhalte *Anika D. Luch/Sönke E. Schulz*, Die digitale Dimension der Grundrechte Die Bedeutung der speziellen Grundrechte im Internet, MMR 2013, 88–93 (89): „Problematisch sind hingegen bestimmte für das Web 2.0 typische Handlungsweisen, z. B. das Verlinken auf fremde Inhalte oder das Zitieren fremder Äußerungen (in Form eines Re-Tweets)."

[678] *Christian Calliess*, Art. 11 GRCh, in Christian Calliess/Matthias Ruffert (Hrsg.), EUV/AEUV: Das Verfassungsrecht der Europäischen Union mit Europäischer Grundrechtecharta, Kommentar, 5. Aufl., C. H. Beck, München 2016, Rn. 17. Zur Anerkennung als Schranke: EuGH, Urt. v. 25.7.1991 – Rs. C-288/89, Slg. 1991, I-4007, Rn. 23 – Stichting Collectieve Antennevoorziening Gouda u. a./Commissariaat voor de Media; EuGH, Urt. v. 25.7.1991 – Rs. C-353/89, Slg. 1991, I-4069, Rn. 3, 29, 30 – Kommission/Niederlande; EuGH, Urt. v. 3.2.1993 – Rs. C-148/91, Slg. 1993, I-487, Rn. 9 ff. – Vereniging Veronica Omroep Organisatie/Commissariaat voor de Media; EuGH, Urt. v. 26.6.1997 – Rs. C-368/95, Slg. 1997, I-3689, Rn. 18 – Familiapress/Heinrich Bauer Verlag. Zur Anerkennung als Schranken-Schranke: EuGH, Urt. v. 26.6.1997 – Rs. C-368/95, Slg. 1997, I-3689, Rn. 26 f. – Familiapress/Heinrich Bauer Verlag.

[679] *Franz C. Mayer*, Die Verpflichtung auf Netzneutralität im Europarecht. Europaverfassungsrechtliche Vorgaben und netzpolitische Handlungsdefizite, in Michael Kloepfer (Hrsg.), Netzneutralität in der Informationsgesellschaft, Beiträge zum Informationsrecht Bd. 27, Duncker & Humblot, Berlin 2011, 81–108 (91).

[680] EuGH, Urt. v. 25.7.1991 – Rs. C-353/89, Slg. 1991, I-4069, Rn. 30 – Kommission/Niederlande; EuGH, Urt. v. 5.10.1994 – Rs. C-23/93, Slg. 1994, I-4795, Rn. 25 – TV 10/Commissariaat voor de Media.

[681] *Christian Calliess*, Art. 11 GRCh, in Christian Calliess/Matthias Ruffert (Hrsg.), EUV/AEUV: Das Verfassungsrecht der Europäischen Union mit Europäischer Grundrechtecharta, Kommentar, 5. Aufl., C. H. Beck, München 2016, Rn. 28.

[682] EuGH, Urt. v. 28.10.1992 – Rs. C-219/91, Slg. 1992, I-5485, Rn. 37 – Ter Voort.

attraktiv gemacht wird, so der EuGH zum Thema Vorratsdatenspeicherung.[683] Zur Behinderung der Kommunikation reicht es aus, wenn beim Transport von Daten die Übertragungsgeschwindigkeit gedrosselt[684] wird, das kann zur Störung der Kommunikation über das Internet führen (beim Telefonieren über das Internet *via* Skype, Abrufen von E-Mails, Chatten etc.), und natürlich wäre die Blockade eines Kommunikationsdienstes als Eingriff anzusehen (vgl. z. B. die Sperrung des Zugangs zu Facebook durch einen Staat). Auch Maßnahmen des Netzwerkmanagements können ohne Weiteres Eingriffe in Art. 11 GR-Ch darstellen. Dabei ist unerheblich, ob dies zielgerichtet geschieht, um die Kommunikation zu stören, es kommt allein auf die Wirkung der Maßnahmen an.[685] Die Rechtfertigung von Eingriffen in Art. 11 Abs. 1 GR-Ch ist auf Grundlage der Eingriffsschranke des Art. 10 Abs. 2 EMRK über Art. 52 Abs. 3 GR-Ch möglich; die Rechtfertigung von Eingriffen in Abs. 2 bestimmt sich nach der allgemeinen Schrankenregelung des Art. 52 Abs. 1 EMRK.[686]

Die Versammlungs- und Vereinigungsfreiheit sowie das Koalitionsrecht werden durch *Art. 12 Abs. 1 GR-Ch* geschützt. In den Schutzbereich des Grundrechts einbezogen werden auch virtuelle Versammlungen, bei denen sich Personen nicht physisch am selben Ort befinden, aber im Rahmen von Video-

---

[683] EuGH, Urt. v. 8.4.2014 – verb. Rs. C-293/12 u. C-594/12, ECLI:EU:C:2014:238, Rn. 28 – Digital Rights lreland. Hinweis: Der EuGH hat in diesem Urt. die umstr. „RL 2006/24/EG des Europäischen Parlaments und des Rates v. 15.3.2006 über die Vorratsspeicherung von Daten, die bei der Bereitstellung öffentlich zugänglicher elektronischer Kommunikationsdienste oder öffentlicher Kommunikationsnetze erzeugt oder verarbeitet werden, und zur Änderung der RL 2002/58/EG" („Vorratsdatenspeicherungs-RL") (außer Kraft), ABl. EU L 105 v. 13.4.2006, S. 54–63, für ungültig erklärt (Rn. 71). Das Ausmaß der von der RL vorgesehenen (anlasslosen) Vorratsspeicherung personenbezogener Daten durch Anbieter öffentlich zugänglicher elektronischer Kommunikationsdienste oder Betreiber eines öffentlichen Kommunikationsnetzes (Rn. 59) wertete der Gerichtshof als nicht zu rechtfertigenden Verstoß gegen die in Art. 7 und 8 GR-Ch verankerten Rechte (Rn. 69). Ein Verstoß gegen den aus Sicht des Gerichtshofs in diesem Zusammenhang ebenfalls relevanten Art. 11 GR-Ch (Rn. 23) wurde nicht mehr geprüft. Dazu *Rudolf Streinz*, Art. 8 GR-Ch, in Rudolf Streinz (Hrsg.), Beck'sche Kurz-Kommentare, Bd. 57: EUV/AEUV (Vertrag über die Europäische Union, Vertrag über die Arbeitsweise der Europäischen Union, Charta der Grundrechte der Europäischen Union), 3. Aufl., C. H. Beck, München 2018, Rn. 13.
[684] *Bernd Holznagel/Pascal Schumacher*, Kommunikationsfreiheiten und Netzneutralität, in Michael Kloepfer (Hrsg.), Netzneutralität in der Informationsgesellschaft, Beiträge zum Informationsrecht Bd. 27, Duncker & Humblot, Berlin 2011, 47–66 (65). A. A. *Christian Koenig/Sonja Fechtner*, Netzneutralität – oder: Wer hat Angst vor dem schwarzen Netzbetreiber?, K&R 2011, 73–77 (75 f.), die einen Eingriff (hier: in Art. 5 Abs. 1 GG) durch „diskriminierungsfreies Netzwerkmanagement" auf Transportebene für „schlicht abwegig" halten.
[685] *Florian Jäkel*, Netzneutralität im Internet: Verfassungsrechtliche Aspekte und Sicherungsmechanismen, Peter Lang Verlag, Frankfurt a. M. 2013, S. 70; a. A. *Dominic Hörauf*, Schutz der Grundrechte durch oder vor Netzneutralität? Netzmanagement als Vorbedingung effektiver Grundrechtsverwirklichung – eine Perspektivumkehr, HFR 2011, 71–82 (78).
[686] *Hermann Pünder*, § 17 Kommunikationsgrundrechte, in Dirk Ehlers (Hrsg.), Europäische Grundrechte und Grundfreiheiten, 4. Aufl., De Gruyter, Berlin/Boston 2014, 629–667 (646 Rn. 24).

konferenzschaltungen oder innerhalb virtueller Welten (z. B. „Second Life") miteinander kommunizieren.[687]

Art. 13 Satz 1 GR-Ch gewährt die Freiheit von Kunst und Forschung. Kunst (Satz 1, Alt. 1) ist – in Anlehnung an das dt. Verfassungsrecht – die „freie schöpferische Gestaltung" (Werkbereich) und die Zugänglichmachung (Wirkbereich) von Kunstwerken,[688] daher kann die Kunstfreiheit im Fall der Sperrung des Zugangs zu u. a. für die Präsentation von Kunst genutzten Internet-Plattformen wie YouTube (Musikvideos, Videoinstallationen) relevant sein.[689]

Auch die Wissenschaftsfreiheit (Satz 1, Alt. 2: Forschung) hat durch die Nutzung des Internets eine ganz neue Dimension erhalten. Der Austausch von Forschungsergebnissen über Datenbanken oder schlicht *via* E-Mail kann durch Verstöße gegen die Netzneutralität[690] behindert werden.[691] Auch die Lehre ist nach dem Wortlaut von Art. 13 GR-Ch Teil des sachlichen Schutzbereichs (Satz 2), daher wird bspw. auch der auf YouTube oder der Homepage einer Universität hochgeladene Mitschnitt einer Vorlesung als Online-Studienangebot geschützt.[692]

Art. 16 (Unternehmerische Freiheit) und *Art. 17* (Eigentumsrecht) gelten als wichtige Wirtschaftsgrundrechte der GR-Ch.[693] Dabei dient Art. 16 GR-Ch u. a. ISPs bei der Rechtfertigung ihrer Netzwerkmanagementmaßnahmen,[694] denn grundrechtsberechtigt sind hier neben natürlichen auch juristische Personen[695] wie ISPs (Access und Content) und Telekommunikationsdienstleister.[696] Art. 16

---

[687] Ausführlich zur Argumentation *supra* Teil II, Kap. 2, B. I.3.a.
[688] *Matthias Ruffert*, Art. 13 GRCh, in Christian Calliess/Matthias Ruffert (Hrsg.), EUV/AEUV: Das Verfassungsrecht der Europäischen Union mit Europäischer Grundrechtecharta, Kommentar, 5. Aufl., C. H. Beck, München 2016, Rn. 3 f.
[689] *Johannes Osing*, Die Netzneutralität im Binnenmarkt. Zur Bindung der Internet-Provider an die Europäischen Grundfreiheiten und Grundrechte, Recht und Politik in der Europäischen Union Bd. 7, Nomos, Baden-Baden 2017, S. 200.
[690] Begriffsklärung bei *Johannes Osing*, Die Netzneutralität im Binnenmarkt. Zur Bindung der Internet-Provider an die Europäischen Grundfreiheiten und Grundrechte, Recht und Politik in der Europäischen Union Bd. 7, Nomos, Baden-Baden 2017, S. 17.
[691] *Johannes Osing*, Die Netzneutralität im Binnenmarkt. Zur Bindung der Internet-Provider an die Europäischen Grundfreiheiten und Grundrechte, Recht und Politik in der Europäischen Union Bd. 7, Nomos, Baden-Baden 2017, S. 200.
[692] *Johannes Osing*, Die Netzneutralität im Binnenmarkt. Zur Bindung der Internet-Provider an die Europäischen Grundfreiheiten und Grundrechte, Recht und Politik in der Europäischen Union Bd. 7, Nomos, Baden-Baden 2017, S. 200.
[693] *Norbert Bernstorff*, Art. 16, in Jürgen Meyer (Hrsg.), Charta der Grundrechte der Europäischen Union, NomosKommentar, 4. Aufl., Nomos, Baden-Baden 2014, Rn. 9.
[694] *Johannes Osing*, Die Netzneutralität im Binnenmarkt. Zur Bindung der Internet-Provider an die Europäischen Grundfreiheiten und Grundrechte, Recht und Politik in der Europäischen Union Bd. 7, Nomos, Baden-Baden 2017, S. 201.
[695] *Matthias Ruffert*, § 19 Berufsfreiheit und unternehmerische Freiheit, in Dirk Ehlers (Hrsg.), Europäische Grundrechte und Grundfreiheiten, 4. Aufl., De Gruyter, Berlin/Boston 2014, 688–706 (699 Rn. 25).
[696] *Johannes Osing*, Die Netzneutralität im Binnenmarkt. Zur Bindung der Internet-

GR-Ch betrifft die selbständige Arbeit, im Gegensatz zu Art. 15 GR-Ch, der die Berufsfreiheit gewährleistet und ein Angestelltenverhältnis voraussetzt.[697] Unter unternehmerischer Tätigkeit wird die selbständige Betätigung am Markt verstanden, in deren Rahmen wirtschaftliche Leistungen mit einem gewissen Wert angeboten werden,[698] wobei diese Leistungen nicht unbedingt gegen Entgelt erbracht werden müssen.[699] Es sind daher auch solche ISPs grundrechtsberechtigt, die im Verhältnis zum Endkunden kostenlos tätig werden, wie etwa Anbieter von Suchmaschinen. Für die Definition des Unternehmensbegriffs kann Art. 101 AEUV herangezogen werden.[700]

Art. 17 GR-Ch betrifft nicht nur das Eigentum an Sachen, sondern bezieht explizit auch das geistige Eigentum in seinen sachlichen Schutzbereich mit ein (Art. 17 Abs. 2 GR-Ch). Große Bedeutung hat dieser Umstand nicht zuletzt im Zusammenhang mit der Veröffentlichung von geistigen Werken im Internet. Denn da Private grds. nicht grundrechtsverpflichtet sind (vgl. Art. 51 Abs. 1 GR-Ch), kann sich etwa der Urheber einer Monografie bzw. eines Films oder Musikstücks bei illegalem Lesezugriff bzw. Streaming durch andere Private ihnen gegenüber nicht auf sein Eigentumsrecht aus Art. 17 GR-Ch berufen.

Damit aber der Schutz des geistigen Eigentums im vorwiegend durch private Akteure beherrschten Internet nicht ins Leere läuft, stellt sich die Frage, ob Private unter bestimmten Voraussetzungen nicht doch grundrechtsverpflichtet sein können. Geht man nämlich davon aus, dass sogar die unmittelbare Geltung der Grundfreiheiten zwischen Privaten einzelfallabhängig möglich sein soll,[701] so liegt auch die entsprechende Geltung der Grundrechte nicht völlig fern, zumal die Grundfreiheiten als „besondere Arten von Grundrechten"[702] gelten. Der

---

Provider an die Europäischen Grundfreiheiten und Grundrechte, Recht und Politik in der Europäischen Union Bd. 7, Nomos, Baden-Baden 2017, S. 203.

[697] *Hans D. Jarass*, Charta der Grundrechte der Europäischen Union unter Einbeziehung der vom EuGH entwickelten Grundrechte, der Grundrechtsregelungen der Verträge und der EMRK, Kommentar, 3. Aufl., C. H. Beck, München 2016, Art. 16 GRCh, Rn. 4a, 9.

[698] *Walter Frenz*, Handbuch Europarecht, Bd. 4: Europäische Grundrechte, Springer, Berlin/Heidelberg 2009, S. 795 Rn. 2687.

[699] EuGH, Urt. v. 23.4.1991 – Rs. C-41/90, Slg. 1991, I-1979, Rn. 19 – Höfner und Elser/Macrotron GmbH. A. A. *Hans D. Jarass*, Charta der Grundrechte der Europäischen Union unter Einbeziehung der vom EuGH entwickelten Grundrechte, der Grundrechtsregelungen der Verträge und der EMRK, Kommentar, 3. Aufl., C. H. Beck, München 2016, Art. 16 GRCh, Rn. 7.

[700] *Walter Frenz*, Handbuch Europarecht, Bd. 4: Europäische Grundrechte, Springer, Berlin/Heidelberg 2009, S. 793 Rn. 2680; *Hans D. Jarass*, Charta der Grundrechte der Europäischen Union unter Einbeziehung der vom EuGH entwickelten Grundrechte, der Grundrechtsregelungen der Verträge und der EMRK, Kommentar, 3. Aufl., C. H. Beck, München 2016, Art. 16 GRCh, Rn. 7; zu Art. 101 AEUV: EuGH, Urt. v. 23.4.1991 – Rs. C-41/90, Slg. 1991, I-1979, Rn. 21 – Höfner und Elser/Macrotron GmbH; EuGH, Urt. v. 1.7.2008 – Rs. C-49/07, Slg. 2008, I-4863, Rn. 21 f. – Motosykletistiki Omospondia Ellados NPID (MOTOE)/Elliniko Dimosio; EuGH, Urt. v. 3.3.2011 – Rs. C-437/09, Slg. 2011, I-973, Rn. 41 f. – AG2R Prévoyance/Beaudout Père et Fils SARL.

[701] Dazu *infra* Teil II, Kap. 2, B. I.5.c.

[702] *Johannes Osing*, Die Netzneutralität im Binnenmarkt. Zur Bindung der Internet-Pro-

Verpflichtung von Privaten aus den EU-Grundrechten steht nicht der Wortlaut von Art. 51 Abs. 1 GR-Ch entgegen, der den Anwendungsbereich der GR-Ch definiert und dabei nicht ausdrücklich die Erstreckung auf das Verhältnis Privater untereinander ausschließt. Die Drittwirkung von Grundrechten ist auch deshalb denkbar, weil der EuGH schon zur Begründung der Drittwirkung von Grundfreiheiten auf Art. 157 AEUV und Art. 18 AEUV, die die Funktion unmittelbar anwendbarer subjektiver Rechte haben,[703] abgestellt hat.[704] Zwar würde im Falle der Anwendung der Grundrechte im Verhältnis zwischen Privaten u. U. der primäre Zweck von Grundrechten als Abwehrrechte gegen den Staat oder einen sonstigen Hoheitsträger konterkariert. Aber soweit es um die Geltung von Grundrechten im Verhältnis Endkunde und ISP geht, hat der Provider jedenfalls im Zusammenhang mit der Zurverfügungstellung bestimmter Dienste (insbes. des Internetzugangs) eine übergeordnete Stellung inne. Das hat zur Folge, dass die Grundrechte in diesem Subordinationsverhältnis angewandt werden könnten.[705] Die Rechtfertigung von Eingriffen ist in der Folge nicht mehr über Art. 52 Abs. 1 GR-Ch möglich, jedoch können die auf beiden Seiten zur Anwendung kommenden Grundrechte im Wege der praktischen Konkordanz einem gerechten Ausgleich zugeführt werden.[706] Staatliche Eingriffe dagegen müssen jedenfalls dem Eingriffsvorbehalt der GR-Ch entsprechen.

Die europäischen Gleichheitsrechte aus *Art. 20, 21 GR-Ch* kommen zum Tragen im Zusammenhang mit Netzwerkmanagementmaßnahmen, die nur Daten von Servern aus bestimmten Staaten und nicht den wirtschaftlichen Verkehr betreffen.[707] Die Verhinderung des Zusammenschaltens unabhängiger Netzwerke über Knotenpunkte, sog. Interconnection, kann eine Diskriminierung aufgrund der Staatsangehörigkeit darstellen.[708]

---

vider an die Europäischen Grundfreiheiten und Grundrechte, Recht und Politik in der Europäischen Union Bd. 7, Nomos, Baden-Baden 2017, S. 167.

[703] Zu Art. 157: *Sebastian Krebber*, Art. 157 AEUV, in Christian Calliess/Matthias Ruffert (Hrsg.), EUV/AEUV: Das Verfassungsrecht der Europäischen Union mit Europäischer Grundrechtecharta, Kommentar, 5. Aufl., C. H. Beck, München 2016, Rn. 5 f.; zu Art. 18 AEUV: *Astrid Epiney*, Art. 18 AEUV, in Christian Calliess/Matthias Ruffert (Hrsg.), EUV/AEUV: Das Verfassungsrecht der Europäischen Union mit Europäischer Grundrechtecharta, Kommentar, 5. Aufl., C. H. Beck, München 2016, Rn. 2.

[704] Vgl. EuGH, Urt. v. 27.4.2006 – Rs. C-423/04, Slg. 2006, I-3585, Rn. 23 – Richards/Secretary of State for Work and Pensions.

[705] *Johannes Osing*, Die Netzneutralität im Binnenmarkt. Zur Bindung der Internet-Provider an die Europäischen Grundfreiheiten und Grundrechte, Recht und Politik in der Europäischen Union Bd. 7, Nomos, Baden-Baden 2017, S. 236.

[706] *Johannes Osing*, Die Netzneutralität im Binnenmarkt. Zur Bindung der Internet-Provider an die Europäischen Grundfreiheiten und Grundrechte, Recht und Politik in der Europäischen Union Bd. 7, Nomos, Baden-Baden 2017, S. 205, 237.

[707] Andernfalls wären die Grundfreiheiten anwendbar.

[708] *Johannes Osing*, Die Netzneutralität im Binnenmarkt. Zur Bindung der Internet-Provider an die Europäischen Grundfreiheiten und Grundrechte, Recht und Politik in der Europäischen Union Bd. 7, Nomos, Baden-Baden 2017, S. 209.

c) Grundfreiheiten

Die zunehmende Nutzung des Internets im Privaten wie in wirtschaftlich relevanten Bereichen hat die Möglichkeiten zur Verwirklichung des Europäischen Binnenmarktes revolutioniert. Die Konzeption eines gemeinsamen europäischen Marktes fußt grundlegend (vgl. Art. 26 Abs. 2 AEUV) auf den vier bzw. fünf Grundfreiheiten:[709] der Warenverkehrsfreiheit (Art. 28 ff. AEUV), der Arbeitnehmerfreizügigkeit (Art. 45 ff. AEUV), der Niederlassungs- (Art. 49 ff. AEUV) und der Dienstleistungsfreiheit (Art. 56 ff. AEUV) sowie der Freiheit des Kapital- und Zahlungsverkehrs (Art. 63 ff. AEUV). Es ist also nicht auszuschließen, dass die Grundfreiheiten auch im Zusammenhang mit dem grenzüberschreitenden Online-Handel oder der Versendung von Daten über das Internet eine Rolle spielen. Besonderer Aufmerksamkeit bedürfen mit Blick auf Beschränkungen oder Behinderungen des Zugangs zum Internet oder zu bestimmten Webseiten durch einen Mitgliedstaat oder Netzmanagementmaßnahmen privater Provider die Warenverkehrs- und die Dienstleistungsfreiheit.[710] Durch staatliche Maßnahmen im Bereich der Online-Bezahlsysteme kann ferner die Kapital- und Zahlungsverkehrsfreiheit betroffen sein.

Die Grundfreiheiten sind als spezielle Diskriminierungsverbote[711] ausgestaltet und so v. a. auf die Vermeidung und Beseitigung von Diskriminierungen aller Art gerichtet[712] (vgl. das demgegenüber subsidiäre[713] umfassende Diskriminierungsverbot aus Art. 18 AEUV) und enthalten nach Ansicht des EuGH aus teleologischen Gründen sogar ein umfassendes allgemeines Beschränkungsverbot.[714] Ihrem Wortlaut nach (vgl. z. B. Art. 34, 35 AEUV) richten sich die Vorschriften des AEUV zu den Grundfreiheiten vorrangig an die Mitgliedstaaten (sog. Verbotsadressaten),[715] wobei keine der relevanten Normen einen eindeu-

---

[709] *Jörg P. Terhechte*, Art. 3, in Eberhard Grabitz/Meinhard Hilf/Martin Nettesheim (Hrsg.), Das Recht der Europäischen Union: Kommentar, Bd. I: EUV/AEUV, Loseblattsammlung (62. ErgL, Stand: Dez. 2017), C. H. Beck, München, Rn. 40.

[710] *Johannes Osing*, Die Netzneutralität im Binnenmarkt. Zur Bindung der Internet-Provider an die Europäischen Grundfreiheiten und Grundrechte, Recht und Politik in der Europäischen Union Bd. 7, Nomos, Baden-Baden 2017, S. 108.

[711] *Walter Frenz*, Handbuch Europarecht, Bd. 1: Europäische Grundfreiheiten, 2. Aufl., Springer, Berlin/Heidelberg 2012, S. 1225 Rn. 3901; vgl. *Astrid Epiney*, Art. 18 AEUV, in Christian Calliess/Matthias Ruffert (Hrsg.), EUV/AEUV: Das Verfassungsrecht der Europäischen Union mit Europäischer Grundrechtecharta, Kommentar, 5. Aufl., C. H. Beck, München 2016, Rn. 1.

[712] *Johannes Osing*, Die Netzneutralität im Binnenmarkt. Zur Bindung der Internet-Provider an die Europäischen Grundfreiheiten und Grundrechte, Recht und Politik in der Europäischen Union Bd. 7, Nomos, Baden-Baden 2017, S. 108.

[713] *Rudolf Streinz*, Europarecht, 10. Aufl., C. F. Müller, Heidelberg 2016, S. 311 Rn. 824.

[714] Ebenso *Walter Frenz*, Handbuch Europarecht, Bd. 1: Europäische Grundfreiheiten, 2. Aufl., Springer, Berlin/Heidelberg 2012, S. 173 Rn. 473.

[715] Private Wirtschaftsteilnehmer sind dagegen jedenfalls „Schutzadressaten", so *Torsten Körber*, Grundfreiheiten und Privatrecht, Jus Privatum Bd. 93, Mohr Siebeck, Tübingen 2004, S. 79 ff.

tigen Adressaten erwähnt. Die Rechtsprechung des EuGH zeugt aber daneben von der tlw. Verantwortlichkeit der Union selbst[716] und einer – wenn auch sehr eingeschränkten – unmittelbaren Verpflichtung Privater.[717] Gerade im Zusammenhang mit dem Internet gewinnt entsprechend die Frage nach der unmittelbaren horizontalen Anwendbarkeit der Grundfreiheiten wieder an Bedeutung. Unklar ist nämlich, ob Softwareunternehmen oder Online-Anbieter von Waren und Dienstleistungen ihrerseits Adressaten der Grundfreiheiten sein und im horizontalen Verhältnis von anderen Privaten (insbes. Internet-Endnutzern) aus diesen verpflichtet werden können.[718] Um eine mitgliedstaatliche „Flucht ins Privatrecht"[719] zu unterbinden, wird tlw. von einer unmittelbaren Bindung Privater an die Grundfreiheiten abgesehen,[720] wenn diese im konkreten Fall keine dem Staat vergleichbare Stellung einnehmen.[721] Fehlerhaftes Verhalten Privater im wirtschaftlichen Kontext wird im Kern beschränkt durch die unionalen Wettbewerbsregeln der Art. 101 f. AEUV.[722] Der EuGH hat jedoch in seinen Urteilen in den Rs. „Walrave und Koch" und „Angonese" (zur Arbeitnehmerfreizügigkeit) aus der fehlenden Nennung eines konkreten Adressaten der Vorschriften zu den Grundfreiheiten geschlossen, dass diese ohne Weiteres auch Private binden könnten.[723] Bedeutsam ist, dass Gegenstand der Sache „Angonese" erst-

---

[716] Z.B. EuGH, Urt. v. 25.6.1997 – Rs. C-114/96, Slg. 1997, I-3629, Rn. 27 – Kieffer und Thill; EuGH, Urt. v. 17.5.1984 – Rs. 15/83, Slg. 1984, 2171, Rn. 15 – Denkavit Nederland BV/Hoofdproduktschap voor Akkerbouwprodukten; EuGH, Urt. v. 9.8.1994 – Rs. C-51/93, Slg. 1994, I-3879, Rn. 11 – Meyhui NV/Schott Zwiesel Glaswerke AG. Zur Verantwortlichkeit der Union, vgl. auch *Rolf-Oliver Schwemer*, Die Bindung des Gemeinschaftsgesetzgebers an die Grundfreiheiten, Peter Lang Verlag, Frankfurt a. M. 1995.

[717] *Torsten Körber*, Grundfreiheiten und Privatrecht, Jus Privatum Bd. 93, Mohr Siebeck, Tübingen 2004, S. 80.

[718] *Walter Frenz*, Handbuch Europarecht, Bd. 1: Europäische Grundfreiheiten, 2. Aufl., Springer, Berlin/Heidelberg 2012, S. 263 Rn. 715.

[719] Vgl. EuGH, Urt. v. 13.4.2000 – Rs. C-176/96, Slg. 2000, I-2681, Rn. 35 – Lehtonen u. a./Fédération royale belge des sociétés de basket-ball ASBL (FRBSB). Vgl. *Johannes Osing*, Die Netzneutralität im Binnenmarkt. Zur Bindung der Internet-Provider an die Europäischen Grundfreiheiten und Grundrechte, Recht und Politik in der Europäischen Union Bd. 7, Nomos, Baden-Baden 2017, S. 142.

[720] Ebenso *Walter Frenz*, Handbuch Europarecht, Bd. 1: Europäische Grundfreiheiten, 2. Aufl., Springer, Berlin/Heidelberg 2012, S. 137 Rn. 359.

[721] *Walter Frenz*, Handbuch Europarecht, Bd. 1: Europäische Grundfreiheiten, 2. Aufl., Springer, Berlin/Heidelberg 2012, S. 137 Rn. 360.

[722] Dazu *Walter Frenz*, Handbuch Europarecht, Bd. 1: Europäische Grundfreiheiten, 2. Aufl., Springer, Berlin/Heidelberg 2012, S. 139 f. Rn. 366 ff. Vgl. auch EuGH, Urt. v. 5.4.1984 – verb. Rs. 177/82 u. 178/82, Slg. 1984, 1797, Rn. 11 – Van de Haar und Kaveka de Meern BV. Gegen eine Bindung Privater spricht sich aus diesem Grund auch *Johannes Osing*, Die Netzneutralität im Binnenmarkt. Zur Bindung der Internet-Provider an die Europäischen Grundfreiheiten und Grundrechte, Recht und Politik in der Europäischen Union Bd. 7, Nomos, Baden-Baden 2017, S. 131 aus. Im umgekehrten Sinne interpretiert *Osing* dagegen die Entscheidung des EuGH in der Rs. Union royale belge des sociétés de football association u. a./Bosman u. a. (Urt. v. 15.12.1995 – C-415/93, Slg. 1995, I-4921, Rn. 138) und betrachtet die Art. 102 f. AEUV als gegenüber den Grundfreiheiten subsidiär (S. 132).

[723] EuGH, Urt. v. 12.12.1974 – Rs. 36/74, Slg. 1974, 1405, Rn. 20/24 – Walrave und

mals eine individuelle Maßnahme eines Privaten war (in der Rs. „Walrave und Koch", ebenso wie in der Folgeentscheidung in der Rs. „Bosman",[724] ging es um kollektive Regelungen eines privatrechtlich organisierten Verbandes). Die Aussagekraft des Urteils beschränkt sich jedoch auf diskriminierende Maßnahmen.[725] Die Arbeitnehmerfreizügigkeit ist im Ergebnis nur eingeschränkt horizontal unmittelbar anwendbar. Das gilt auch für die Dienstleistungsfreiheit bei Anwendung als Produktfreiheit,[726] da der EuGH beide Grundfreiheiten in Fragen der Drittwirkungsproblematik gleichbehandelt.[727]

Ausdrücklich abgelehnt hat der EuGH ein derartiges Vorgehen hingegen für die Warenverkehrsfreiheit (Rs. „Vlaamse Reisbureaus").[728] Die Entscheidungen in den Rs. „Kommission/Frankreich"[729] und „Schmidberger"[730] enthalten indessen lediglich einen Hinweis auf eine mittelbare Drittwirkung[731] der Grundfreiheiten. Der EuGH geht hier also nicht von einer direkten Bindung Privater an die Grundfreiheiten aus, anerkennt aber eine Schutzpflicht der Mitgliedstaaten betreffend die Ausübung der Warenverkehrsfreiheit. Gegen Maßnahmen beeinträchtigender Privater kann dementsprechend auf Grundlage von Art. 34 AEUV nicht vorgegangen werden, privates Verhalten ist allein an den

---

Koch/Association Union cycliste internationale, Koninklijke Nederlandsche Wielren Unie und Federación Española Ciclismo; EuGH, Urt. v. 6.6.2000 – Rs. C-281/98, Slg. 2000, I-4139, Rn. 30 – Angonese/Cassa di Risparmio di Bolzano SpA. Ähnlich EuGH, Urt. v. 17.7.2008 – Rs. C-94/07, Slg. 2008, I-5939, Rn. 42 – Raccanelli/Max-Planck-Gesellschaft zur Förderung der Wissenschaften e. V.; EuGH, Urt. v. 28.6.2012 – Rs. C-172/11, ECLI:EU:C:2012:399, Rn. 36 – Erny/Daimler AG Werk Wörth.

[724] EuGH, Urt. v. 15.12.1995 – Rs. C-415/93, Slg. 1995, I-4921 – Union royale belge des sociétés de football association ASBL/Bosman, Royal club liégeois SA/Bosman u. a., UEFA/Bosman.

[725] EuGH, Urt. v. 6.6.2000 – Rs. C-281/98, Slg. 2000, I-4139, Rn. 38 ff. – Angonese/Cassa di Risparmio di Bolzano SpA.

[726] *Torsten Körber*, Grundfreiheiten und Privatrecht, Mohr Siebeck, Tübingen 2004, S. 711.

[727] EuGH, Urt. v. 12.12.1974 – Rs. 36/74, Slg. 1974, 1405, Rn. 16/19 – Walrave und Koch/Association Union cycliste internationale, Koninklijke Nederlandsche Wielren Unie und Federación Española Ciclismo.

[728] EuGH, Urt. v. 1.10.1987 – Rs. 311/85, Slg. 1987, 3801, Rn. 30 – ASBL Vereniging van Vlaamse Reisbureaus/ASBL Sociale Dienst van de Plaatselijke en Gewestelijke Overheidsdiensten. Die Entsch. in der Sache Dansk Supermarked ist trotz eindeutiger Formulierung (EuGH, Urt. v. 22.1.1981 – Rs. 58/80, Slg. 1981, 181, Rn. 17 – Dansk Supermarked/Imerco) nach einhelliger Ansicht kein Beweis für das Gegenteil, so u. a. *Torsten Körber*, Grundfreiheiten und Privatrecht, Mohr Siebeck, Tübingen 2004, S. 698 ff.

[729] EuGH, Urt. v. 9.12.1997 – Rs. C-265/95, Slg. 1997, I-6959, Rn. 32 – Kommission der Europäischen Gemeinschaften/Französische Republik.

[730] EuGH, Urt. v. 12.6.2003 – Rs. C-112/00, Slg. 2003, I-5694, Rn. 59 – Eugen Schmidberger, Internationale Transporte und Planzüge/Republik Österreich.

[731] *Gunnar Franck*, Die horizontale unmittelbare Anwendbarkeit der EG-Grundfreiheiten – Grundlagen und aktuelle Entwicklungen, Beiträge zum Europa- und Völkerrecht, Heft 1, Institut für Wirtschaftsrecht – Forschungsstelle für Transnationales Wirtschaftsrecht Martin-Luther-Universität Halle-Wittenberg, Halle a. d. Saale 2009, S. 16.

Wettbewerbsregeln zu messen.[732] Die Frage der unmittelbaren horizontalen Anwendbarkeit der Kapital- und Zahlungsverkehrsfreiheit stellte sich bislang nicht.

Obwohl freilich die vollumfängliche Bindung von Privaten durch die Grundfreiheiten infolge des kontinuierlichen Rückgangs staatlicher Beherrschung des Industriesektors in Zeiten der „Industrie 4.0" und des „Internet der Dinge" nutzbringend und wünschenswert wäre, wird davon noch unter Verweis auf die Rechtsprechung des EuGH abgesehen. Stattdessen muss auf Ebene der Rechtfertigung ein Ausgleich zwischen den Grundfreiheiten als „besondere Arten von Grundrechten"[733] und den Grundrechten der Betroffenen oder über die Anwendung zwingender Gründe des Allgemeininteresses[734] vorgenommen werden.[735]

Die *Warenverkehrsfreiheit (Art. 28ff. AEUV)* fördert den Wettbewerb durch freien Warenverkehr innerhalb der Union und trägt damit bei zur Verwirklichung des Binnenmarktes als Raum ohne Grenzen[736] gem. Art. 3 Abs. 3 Satz 1 EUV, Art. 26 Abs. 1 AEUV. Die Warenverkehrsfreiheit enthält neben dem Verbot offener und versteckter Diskriminierungen aufgrund der Staatsangehörigkeit auch ein allgemeines Beschränkungsverbot, wie es der Wortlaut der Art. 34–36 AEUV („Beschränkungen", „Maßnahmen gleicher Wirkung") und die Rechtsprechung des EuGH[737] nahelegen. Beeinträchtigungen liegen nach der weiten *Dassonville*-Formel[738] vor bei jeder nationalen „Maßnahme, die geeignet ist, den innergemeinschaftlichen Handel unmittelbar oder mittelbar, aktuell oder potenziell zu behindern",[739] also sind auch solche Beeinträchtigungen erfasst, die keine Diskriminierungen darstellen, aber den grenzüberschreitenden Warenhandel behindern. „Ware" i. S. d. Art. 28 Abs. 2 AEUV ist nur eine Ware,

---

[732] *Torsten Körber*, Grundfreiheiten und Privatrecht, Mohr Siebeck, Tübingen 2004, S. 711.

[733] *Johannes Osing*, Die Netzneutralität im Binnenmarkt. Zur Bindung der Internet-Provider an die Europäischen Grundfreiheiten und Grundrechte, Recht und Politik in der Europäischen Union Bd. 7, Nomos, Baden-Baden 2017, S. 167.

[734] Dazu *Johannes Osing*, Die Netzneutralität im Binnenmarkt. Zur Bindung der Internet-Provider an die Europäischen Grundfreiheiten und Grundrechte, Recht und Politik in der Europäischen Union Bd. 7, Nomos, Baden-Baden 2017, S. 168 ff.

[735] Dazu ausführlich *Johannes Osing*, Die Netzneutralität im Binnenmarkt. Zur Bindung der Internet-Provider an die Europäischen Grundfreiheiten und Grundrechte, Recht und Politik in der Europäischen Union Bd. 7, Nomos, Baden-Baden 2017, S. 160 ff.

[736] *Walter Frenz*, Handbuch Europarecht, Bd. 1: Europäische Grundfreiheiten, 2. Aufl., Springer, Berlin/Heidelberg 2012, S. 259 Rn. 702.

[737] EuGH, Urt. v. 11.7.1974 – Rs. 8/74, Slg. 1974, 837, Rn. 5 – Procureur du Roi/Dassonville; EuGH, Urt. v. 20.2.1979 – Rs. 120/78, Slg. 1979, 649, Rn. 8 – Rewe-Zentral AG/Bundesmonopolverwaltung für Branntwein (Cassis de Dijon). Kritisch zum Beschränkungsverbot *Peter Bernhard*, „Keck" und „Mars" – die neueste Rechtsprechung des EuGH zu Art. 30 EGV, EWS 6 (1995), 404–411 (406 ff.) unter Berufung auf EuGH, Urt. v. 24.11.1993 – verb. Rs. C-267 u. C-268/91, Slg. 1993, I-6097, Rn. 16 – Keck und Mithouard.

[738] EuGH, Urt v. 11.7.1974 – Rs. 8/74, Slg. 1974, 837, Rn. 5 – Procureur du Roi/Dassonville.

[739] *Walter Frenz*, Handbuch Europarecht, Bd. 1: Europäische Grundfreiheiten, 2. Aufl., Springer, Berlin/Heidelberg 2012, S. 221 Rn. 606.

die aus einem Mitgliedstaat stammt, oder eine Ware, die aus einem Drittstaat in das Gebiet der Union eingeführt und dort in den freien Verkehr gebracht wurde (sog. „Unionsware").[740] Waren sind nach der Rechtsprechung des EuGH grds. verkörperte Gegenstände,[741] „die einen positiven oder negativen Geldwert haben und deshalb Gegenstand von grenzüberschreitenden Handelsgeschäften sein können".[742]

In gewisser Weise produktbezogen sind neben der Warenverkehrsfreiheit auch die Dienstleistungs- und Kapitalverkehrsfreiheit;[743] daher ist insbes. im Zusammenhang mit der grenzüberschreitenden Erbringung von wirtschaftlichen Leistungen im Internet eine entsprechende Abgrenzung vorzunehmen. Dies gestaltet sich aber mitunter schwierig, weil etwa die Dienstleistungsfreiheit spätestens seit dem „Spaak-Bericht" nicht nur als Personen-, sondern auch als Produktfreiheit anerkannt ist, denn „[d]ie wirtschaftlichen Leistungen erstrecken sich nicht nur auf Waren, sondern auch auf Dienstleistungen, [...]".[744] Eine Beeinträchtigung der Dienstleistungsfreiheit als Produktfreiheit liegt daher vor, wenn eine Behinderung sich gegen die Dienstleistung selbst richtet; dagegen ist die Dienstleistungsfreiheit als Personenfreiheit betroffen, wenn die behindernde Handlung gegen den Dienstleister oder den Empfänger der Leistung gerichtet ist.[745] Die Frage, ob ein Geschäft die Verbringung einer körperlichen Sache oder aber die Erbringung einer Dienstleistung zum Gegenstand hat, ist folglich in der Praxis häufig nicht leicht zu beantworten. Die Einordnung des Warenhandels über das Internet, also des Erwerbs von verkörperten Gegenständen im Online-Angebot eines Kaufhauses mit anschließender Lieferung des Artikels an die Wohnanschrift des Kunden,[746] bereitet noch keine Probleme. Das be-

---

[740] *Walter Frenz*, Handbuch Europarecht, Bd. 1: Europäische Grundfreiheiten, 2. Aufl., Springer, Berlin/Heidelberg 2012, S. 286 Rn. 784.
[741] EuGH, Urt. v. 14.7.1977 – Rs. 1/77, Slg. 1977, 1473, Rn. 4 – Bosch/HZA Hildesheim. Eine Ausnahme vom Merkmal der Verkörperung machte der EuGH zugunsten der Elektrizität in seinem Urt. v. 27.4.1994 in der Rs. C-393/92, Slg. 1994, I-1477, Rn. 27 f. – Gemeente Almelo u. a./NV Energiebedrijf Ijsselmij.
[742] *Walter Frenz*, Handbuch Europarecht, Bd. 1: Europäische Grundfreiheiten, 2. Aufl., Springer, Berlin/Heidelberg 2012, S. 289 Rn. 795.
[743] *Walter Frenz*, Handbuch Europarecht, Bd. 1: Europäische Grundfreiheiten, 2. Aufl., Springer, Berlin/Heidelberg 2012, S. 260 Rn. 705.
[744] Bericht der Delegationsleiter des Brüsseler Regierungsausschusses an die Außenminister v. 21.4.1956 („Spaak-Bericht"), S. 18/66, dt. Übers. abrufbar unter: https://www.cvce.eu/obj/bericht_der_delegationsleiter_an_die_aussenminister_brussel_21_april_1956-de-4dd6 9921-433b-4bc0-acec-808f72fec9ae.html. Der Bericht wurde als „Spaak-Bericht" bekannt, benannt nach dem Vorsitzenden der Konferenz von Messina (1.–2.6.1955), in deren Rahmen die Einsetzung des Regierungsausschusses beschlossen wurde, dem damaligen belgischen Außenminister *Paul-Henri Spaak*.
[745] *Albrecht Randelzhofer/Ulrich Forsthoff*, Art. 56/57 AEUV, in Eberhard Grabitz/Meinhard Hilf/Martin Nettesheim (Hrsg.), Das Recht der Europäischen Union: Kommentar, Bd. I: EUV/AEUV, Loseblattsammlung (62. ErgL, Stand: Juli 2017), C. H. Beck, München, Rn. 4.
[746] *Walter Frenz*, Handbuch Europarecht, Bd. 1: Europäische Grundfreiheiten, 2. Aufl., Springer, Berlin/Heidelberg 2012, S. 305 Rn. 845, S. 953 Rn. 3052. Vgl. zu dieser The-

trifft auch die Ein- und Ausfuhr von Hardware wie Servern, Kabeln, Speichermedien o. Ä. Hier kommen die Vorschriften der Warenverkehrsfreiheit zweifelsfrei zur Anwendung, selbst wenn eine auf einem Datenträger gespeicherte Software erworben wurde. Eine Trennung des Datenträgers als Ware i. S. d. o. g. Definition von der Software als immateriellem Wirtschaftsgut ist nach Ansicht des EuGH[747] nicht möglich. Daher unterfällt dieser Fall der Warenverkehrsfreiheit.[748] Ähnlich sieht es beim Erwerb einer Download-Datei (.mp3, .pdf, etc.)[749] aus, die im Anschluss auf einem Speichermedium wie der computereigenen Festplatte des Kunden gespeichert wird. Der Speichervorgang überführt den ursprünglich unkörperlichen Download in eine physisch wahrnehmbare Form.[750] Auch eine per Download-Link zur Verfügung gestellte Datei, die erst nach dem Ausdruck und der Fixierung auf Papier bestimmungsgemäß verwendet werden kann,[751] stellt eine Ware dar. Wird nämlich das Internet nur als Medium genutzt, um einen Vertrag über einen reinen Warenkauf abzuschließen, der letztlich auch genauso *realiter* unter gleichzeitiger Anwesenheit der vertragsschließenden Parteien am selben Ort hätte abgeschlossen werden können, ist die Warenverkehrsfreiheit einschlägig. Anders sind Online-Auktionen zu behandeln, hier stellt der Online-Anbieter seine Infrastruktur zur Verfügung. Dies ist die eigentliche Leistung, nicht der Erwerb einer körperlichen Sache im Rahmen der Auktion.[752] Bei der mittlerweile für viele User alltäglichen Nutzung von Streaming-Diensten erfolgt kein Erwerb einer körperlichen Sache, sodass hier die Dienstleistungsfreiheit einschlägig ist.[753]

---

matik u. a. EuGH, Urt. v. 11.12.2003 – Rs. C-322/01, Slg. 2003, I-14887, Rn. 65, 73 f., 76, 124 – Deutscher Apothekerverband e. V./0800 DocMorris NV und Waterval; EuGH, Urt. v. 2.12.2010 – Rs. C-108/09, Slg. 2010, I-12213, Rn. 44 – Ker-Optika bt/ÀNTSZ Dél-dunántúli Regionális Intézete.

[747] Vgl. EuGH, Urt. v. 18.4.1991 – Rs. C-79/89, Slg. 1991, I-1853, Rn. 21 – Brown Boveri/HZA Mannheim; EuGH, Urt. v. 16.11.2006 – Rs. C-306/04, Slg. 2006, I-10991, Rn. 37 – Compaq Computer International Corporation/Inspecteur der Belastingdienst – Douanedistrict Arnhem.

[748] Diese Entsch. beruhte auf vorwiegend wirtschaftlichen Gründen: Würde man die entgeltliche Zurverfügungstellung einer auf einem Trägermedium gespeicherten Datei dem Schwerpunkt nach als Dienstleistung ansehen und dem Schutz der Art. 56 ff. AEUV unterstellen, könnte die grenzüberschreitende Verbringung von CD-Roms, USB-Sticks, Festplatten etc. nicht mehr verzollt werden. Dazu *Walter Frenz*, Handbuch Europarecht, Bd. 1: Europäische Grundfreiheiten, 2. Aufl., Springer, Berlin/Heidelberg 2012, S. 304 Rn. 840.

[749] *Walter Frenz*, Handbuch Europarecht, Bd. 1: Europäische Grundfreiheiten, 2. Aufl., Springer, Berlin/Heidelberg 2012, S. 985 Rn. 3160.

[750] *Walter Frenz*, Handbuch Europarecht, Bd. 1: Europäische Grundfreiheiten, 2. Aufl., Springer, Berlin/Heidelberg 2012, S. 985 Rn. 3160 f.

[751] Vgl. zum Druck von Presseerzeugnissen EuGH, Urt. v. 7.5.1985 – Rs. 18/84, Slg. 1985, 1330, Rn. 12 – Kommission/Frankreich.

[752] *Walter Frenz*, Handbuch Europarecht, Bd. 1: Europäische Grundfreiheiten, 2. Aufl., Springer, Berlin/Heidelberg 2012, S. 953 Rn. 3052.

[753] *Johannes Osing*, Die Netzneutralität im Binnenmarkt. Zur Bindung der Internet-Provider an die Europäischen Grundfreiheiten und Grundrechte, Recht und Politik in der Europäischen Union Bd. 7, Nomos, Baden-Baden 2017, S. 112.

Bei Prüfung des Vorliegens einer Beeinträchtigung der Warenverkehrsfreiheit existiert eine Rückausnahme vom weiten Beschränkungsbegriff der *Dassonville*-Formel mit dem Ergebnis der Reduzierung auf ein reines Diskriminierungsverbot.[754] Nach der in diesem Zusammenhang im Rahmen der *Keck*-Rechtsprechung[755] des EuGH entwickelten Formel ist zu berücksichtigen, dass auch das nationale Verbot, bestimmte Waren über das Internet zu vertreiben, den Marktzugang ausländischer Anbieter empfindlich stören kann. Danach gilt das Vorgehen eines Mitgliedstaats, das Produkte von Anbietern aus anderen Mitgliedstaaten weniger günstig behandelt als die einheimischer Lieferanten, als Maßnahme gleicher Wirkung wie mengenmäßige Ein- bzw. Ausfuhrbeschränkungen i. S. d. Art. 34 AEUV.[756] Wie sehr sich Fälle des Online-Vertriebs dahingehend von herkömmlichen Verkaufsmodalitäten unterscheiden, zeigt eindrücklich der im Jahr 2003 vom EuGH entschiedene Fall „DocMorris", in dem es um das dt. Verbot des Vertriebs von Medikamenten über das Internet ging.[757]

Wie bereits angedeutet wurde, ist im Zusammenhang mit neuen Informationstechniken auch die *Dienstleistungsfreiheit (Art. 56ff. AEUV)* als „wesentlicher Bestandteil des Binnenmarktes" (Art. 26 Abs. 2 AEUV)[758] nicht außer Acht zu lassen,[759] denn im Gegensatz zur Warenverkehrsfreiheit schützt die Dienstleistungsfreiheit den grenzüberschreitenden Verkehr von nicht körperlichen Leistungen.[760] Die Möglichkeiten der grenzüberschreitenden Leistungserbringung erleben einen ständigen Ausbau durch die immer neuen und leistungsstärkeren elektronischen Medien, was wiederum zu einer rasanten Weiterentwicklung des tertiären Sektors (Dienstleistungssektor) der Mitgliedstaaten beiträgt.[761]

---

[754] *Albrecht Randelzhofer/Ulrich Forsthoff*, Art. 56/57 AEUV, in Eberhard Grabitz/Meinhard Hilf/Martin Nettesheim (Hrsg.), Das Recht der Europäischen Union: Kommentar, Bd. I: EUV/AEUV, Loseblattsammlung (62. ErgL, Stand: Juli 2017), C. H. Beck, München, Rn. 104.

[755] EuGH, Urt. v. 24.11.1993 – verb. Rs. C-267 u. C-268/91, Slg. 1993, I-6097, Rn. 16 – Keck und Mithouard.

[756] *Johannes Osing*, Die Netzneutralität im Binnenmarkt. Zur Bindung der Internet-Provider an die Europäischen Grundfreiheiten und Grundrechte, Recht und Politik in der Europäischen Union Bd. 7, Nomos, Baden-Baden 2017, S. 117.

[757] EuGH, Urt. v. 11.12.2003 – Rs. C-322/01, Slg. 2003, I-14887, Rn. 73 ff. – Deutscher Apothekerverband e. V./0800 DocMorris NV und Waterval.

[758] *Albrecht Randelzhofer/Ulrich Forsthoff*, Art. 56/57 AEUV, in Eberhard Grabitz/Meinhard Hilf/Martin Nettesheim (Hrsg.), Das Recht der Europäischen Union: Kommentar, Bd. I: EUV/AEUV, Loseblattsammlung (62. ErgL, Stand: Juli 2017), C. H. Beck, München, Rn. 2.

[759] *Franz C. Mayer*, Das Internet, das Völkerrecht und die Internationalisierung des Rechts, ZfRSoz 23 (2002), 93–114 (98).

[760] *Albrecht Randelzhofer/Ulrich Forsthoff*, Art. 56/57 AEUV, in Eberhard Grabitz/Meinhard Hilf/Martin Nettesheim (Hrsg.), Das Recht der Europäischen Union: Kommentar, Bd. I: EUV/AEUV, Loseblattsammlung (62. ErgL, Stand: Juli 2017), C. H. Beck, München, Rn. 35, 180.

[761] *Albrecht Randelzhofer/Ulrich Forsthoff*, Art. 56/57 AEUV, in Eberhard Grabitz/Meinhard Hilf/Martin Nettesheim (Hrsg.), Das Recht der Europäischen Union: Kommentar, Bd. I: EUV/AEUV, Loseblattsammlung (62. ErgL, Stand: Juli 2017), C. H. Beck, München, Rn. 6.

Dienstleistungen i. S. d. Art. 57 Satz 1 AEUV sind „Leistungen, die in der Regel gegen Entgelt erbracht werden, soweit sie nicht den Vorschriften über den freien Waren- und Kapitalverkehr und über die Freizügigkeit der Personen unterliegen". Insbes. gelten als Dienstleistungen gewerbliche, kaufmännische, handwerkliche und freiberufliche (Art. 57 Satz 2 AEUV), also selbständige Tätigkeiten. Die Art. 56 ff. AEUV fungieren damit gewissermaßen als Auffangtatbestände für solche entgeltlichen Dienstleistungen, die nicht von der Warenverkehrs-, der Arbeitnehmer-, der Kapital- oder der Niederlassungsfreiheit erfasst werden.[762] Eine nicht körperliche Leistung im diesem Sinne ist etwa die (zeitweise) entgeltliche Gewährung von Zugriffsrechten auf Internet-Dienste durch einen ISP. Zwar ist für die Versendung von Daten zunächst die Herstellung einer Verbindung zwischen einem Server und einem Client mittels (i. w. S.) Kommunikationsinfrastruktur notwendig. Der Zugriff selbst, d. h. die Übertragung von Daten, ist jedoch eine separat zu betrachtende, unkörperliche Leistung und unterfällt im Ergebnis der Dienstleistungsfreiheit.[763] Auch die Bereitstellung des Internetzugangs durch einen ISP, die Nutzung bestimmter Recherchedatenbanken wie juris[764] oder sonstige unkörperliche Leistungen wie Webhosting oder die Nutzung von Musik- bzw. Video-Streaming-Diensten[765] erfolgen i. d. R. gegen Zahlung eines Entgelts, daher handelt es sich dabei um Dienstleistungen i. S. d. Art. 56 ff. AEUV.[766] Dasselbe gilt für die Lizensierung und Freigabe von Computerprogrammen.[767]

Eine Behinderung der Dienstleistungsfreiheit könnte entsprechend schon in der Störung der Infrastruktur, über die eine Leistung transportiert wird,[768] liegen, also etwa in der mutwilligen Behinderung einer Datenlieferung durch die zeitweilige Blockade bestimmter Anbieter-Webseiten oder die vollständi-

---

[762] *Albrecht Randelzhofer/Ulrich Forsthoff*, Art. 56/57 AEUV, in Eberhard Grabitz/Meinhard Hilf/Martin Nettesheim (Hrsg.), Das Recht der Europäischen Union: Kommentar, Bd. I: EUV/AEUV, Loseblattsammlung (62. ErgL, Stand: Juli 2017), C. H. Beck, München, Rn. 34.

[763] *Walter Frenz*, Handbuch Europarecht, Bd. 1: Europäische Grundfreiheiten, 2. Aufl., Springer, Berlin/Heidelberg 2012, S. 953 Rn. 3053.

[764] *Walter Frenz*, Handbuch Europarecht, Bd. 1: Europäische Grundfreiheiten, 2. Aufl., Springer, Berlin/Heidelberg 2012, S. 953 Rn. 3053 f.

[765] *Johannes Osing*, Die Netzneutralität im Binnenmarkt. Zur Bindung der Internet-Provider an die Europäischen Grundfreiheiten und Grundrechte, Recht und Politik in der Europäischen Union Bd. 7, Nomos, Baden-Baden 2017, S. 112.

[766] *Walter Frenz*, Handbuch Europarecht, Bd. 1: Europäische Grundfreiheiten, 2. Aufl., Springer, Berlin/Heidelberg 2012, S. 953 Rn. 3053.

[767] *Peter-Christian Müller-Graff*, Art. 34 AEUV, in Hans v. d. Groeben/Jürgen Schwarze/Armin Hatje (Hrsg.), Europäisches Unionsrecht: Vertrag über die Europäische Union, Vertrag über die Arbeitsweise der Europäischen Union, Charta der Grundrechte der Europäischen Union, Bd. 1: Art. 1–55 EUV, Art. 1–54 GRC, Art. 1–66 AEUV, 7. Aufl., Nomos, Baden-Baden 2015, Rn. 275.

[768] *Johannes Osing*, Die Netzneutralität im Binnenmarkt. Zur Bindung der Internet-Provider an die Europäischen Grundfreiheiten und Grundrechte, Recht und Politik in der Europäischen Union Bd. 7, Nomos, Baden-Baden 2017, S. 116.

ge Kappung der Internetverbindung durch den Staat des Leistungserbringers oder -empfängers. Wird eine Leistung unentgeltlich angeboten, muss einzelfallabhängig entschieden werden, ob die Dienstleistungsfreiheit tatsächlich einschlägig ist. Das ist der Fall, wenn die Nutzung der Angebote einer Webseite (etwa einer Suchmaschine wie Google, sozialer Netzwerke wie Facebook oder diverser Chat-Programme)[769] vordergründig für den Endkunden „kostenlos" möglich ist, der Betrieb der Seite aber über die Anzeige von Werbung finanziert wird. Damit erhält die gegenüber dem Endnutzer erbrachte Leistung (Nutzung der Suchmaschine) einen entgeltlichen Charakter, es kommt nicht darauf an, wer dieses Entgelt an den Anbieter zahlt.[770] Am Merkmal der Entgeltlichkeit fehlt es dagegen, wenn etwa ein Printmedium als Online-Version auf einer Verlagshomepage kostenlos zum Lesen freigegeben wird.[771] Ist auf den ersten Blick unklar, ob eine Leistung der Warenverkehrs- oder der Dienstleistungsfreiheit unterfällt, muss geprüft werden, ob im Rahmen des einheitlichen Leistungssachverhalts mehrere unabhängige Leistungen voneinander getrennt und jeweils der Warenverkehrs- oder der Dienstleistungsfreiheit zugeordnet werden können.[772] Sind keine unabhängigen Leistungen identifizierbar, ist die Entscheidung auf Grundlage einer einheitlichen Schwerpunktsetzung auf Konkurrenzebene zu treffen.[773]

Da der EuGH bereits entschieden hat, dass unter den Dienstleistungsbegriff u. a. die Ausstrahlung von Fernsehsendungen fällt,[774] ist es folgerichtig, auch die Bereitstellung von Internet-Diensten unter den Begriff zu fassen. Überwiegend werden Online-Dienstleistungen wohl als Fälle von Korrespondenzdienstleistungen[775] zu charakterisieren sein, bei denen – im Gegensatz zu Kon-

---

[769] *Johannes Osing*, Die Netzneutralität im Binnenmarkt. Zur Bindung der Internet-Provider an die Europäischen Grundfreiheiten und Grundrechte, Recht und Politik in der Europäischen Union Bd. 7, Nomos, Baden-Baden 2017, S. 113.

[770] Vgl. z. B. EuGH, Urt. v. 26.4.1988 – Rs. 352/85, Slg. 1988, 2085, Rn. 16 – Bond van Adverteerders u. a./Niederlande: „Artikel 60 EWG-Vertrag *[entspricht dem heutigen Art. 57 AEUV – Anm. d. A.]* verlangt nicht, daß die Dienstleistung von demjenigen bezahlt wird, dem sie zugute kommt."; *Walter Frenz*, Handbuch Europarecht, Bd. 1: Europäische Grundfreiheiten, 2. Aufl., Springer, Berlin/Heidelberg 2012, S. 953 Rn. 3050.

[771] *Walter Frenz*, Handbuch Europarecht, Bd. 1: Europäische Grundfreiheiten, 2. Aufl., Springer, Berlin/Heidelberg 2012, S. 953 Rn. 3051.

[772] *Albrecht Randelzhofer/Ulrich Forsthoff*, Art. 56/57 AEUV, in Eberhard Grabitz/Meinhard Hilf/Martin Nettesheim (Hrsg.), Das Recht der Europäischen Union: Kommentar, Bd. I: EUV/AEUV, Loseblattsammlung (62. ErgL, Stand: Juli 2017), C. H. Beck, München, Rn. 37.

[773] *Albrecht Randelzhofer/Ulrich Forsthoff*, Art. 56/57 AEUV, in Eberhard Grabitz/Meinhard Hilf/Martin Nettesheim (Hrsg.), Das Recht der Europäischen Union: Kommentar, Bd. I: EUV/AEUV, Loseblattsammlung (62. ErgL, Stand: Juli 2017), C. H. Beck, München, Rn. 38.

[774] EuGH, Urt. v. 30.4.1974 – Rs. 155/73, Slg. 1974, 409, Rn. 6 – Sacchi; EuGH, Urt. v. 18.3.1980 – Rs. C-52/79, Slg. 1980, 833, Rn. 8 – Procureur du Roi/Debauve u. a.

[775] Vgl. EuGH, Urt. v. 18.3.1980 – Rs. 62/79, Slg. 1980, 881, Rn. 18 – Compagnie générale pour la diffusion de la télévision (Coditel) u. a./Ciné Vog Films u. a. (Coditel I); EuGH, Urt. v. 6.10.1982 – Rs. 262/81, Slg. 1982, 3381, Rn. 6 – Compagnie générale pour la diffusion de la télévision (Coditel) u. a./Ciné-Vog Films u. a. (Coditel II); EuGH, Urt. v. 10.5.1995 –

stellationen, in denen die aktive bzw. passive Dienstleistungsfreiheit betroffen ist – die Dienstleistung selbst grenzüberschreitend bewegt wird.[776] Wie für alle Grundfreiheiten gilt auch für die Dienstleistungsfreiheit, dass ihre Vorgaben nur im Fall grenzüberschreitender wirtschaftlicher Aktivitäten innerhalb der EU relevant werden.[777] Nicht erforderlich ist es ausweislich des Wortlauts von Art. 56 AEUV, dass sich Dienstleister und Leistungsempfänger zum Zweck der Leistungserbringung dauerhaft im selben Staat aufhalten. Zudem dürfte es danach unerheblich sein, ob der Erbringer oder der Empfänger der Dienstleistung Angehöriger eines Mitgliedstaats ist, solange nur einer von beiden die Staatsangehörigkeit eines Mitgliedstaats besitzt.[778] Dem steht aber die Rechtsprechung des EuGH entgegen, wonach jedenfalls der Dienstleister Angehöriger eines Mitgliedstaats und in einem solchen ansässig sein und die Dienstleistung innerhalb der EU erbracht werden muss.[779] Da Drittstaatsangehörige grds. nicht Träger der Dienstleistungsfreiheit sind,[780] sind also solche Fälle nicht erfasst, in denen ein Besteller mit gewöhnlichem Aufenthalt in einem EU-Mitgliedstaat Software online direkt vom Hersteller in China, Taiwan oder den USA bezieht.[781]

Verpflichtete aller Grundfreiheiten sind nach ihrem Sinn und Zweck (vgl. Art. 3 Abs. 1 Satz 1 EUV, Art. 26 Abs. 2 AEUV) die Mitgliedstaaten der Union, obwohl Art. 56 AEUV keinen Verpflichtungsadressaten nennt.[782] Unklar bleibt, ob auch Maßnahmen von Privaten und Personenvereinigungen, wie etwa privaten Softwareunternehmen, die Verwirklichung der Dienstleistungsfreiheit in

---

Rs. C-384/93, Slg. 1995, I-1141, Rn. 20–22 – Alpine Investments/Minister van Financiën; EuGH, Urt. v. 6.11.2003 – Rs. C-243/01, Slg. 2003, I-13031, Rn. 53–55 – Gambelli u. a.

[776] *Albrecht Randelzhofer/Ulrich Forsthoff*, Art. 56/57 AEUV, in Eberhard Grabitz/Meinhard Hilf/Martin Nettesheim (Hrsg.), Das Recht der Europäischen Union: Kommentar, Bd. I: EUV/AEUV, Loseblattsammlung (62. ErgL, Stand: Juli 2017), C. H. Beck, München, Rn. 14.

[777] *Albrecht Randelzhofer/Ulrich Forsthoff*, Art. 56/57 AEUV, in Eberhard Grabitz/Meinhard Hilf/Martin Nettesheim (Hrsg.), Das Recht der Europäischen Union: Kommentar, Bd. I: EUV/AEUV, Loseblattsammlung (62. ErgL, Stand: Juli 2017), C. H. Beck, München, Rn. 7, 14.

[778] *Albrecht Randelzhofer/Ulrich Forsthoff*, Art. 56/57 AEUV, in Eberhard Grabitz/Meinhard Hilf/Martin Nettesheim (Hrsg.), Das Recht der Europäischen Union: Kommentar, Bd. I: EUV/AEUV, Loseblattsammlung (62. ErgL, Stand: Juli 2017), C. H. Beck, München, Rn. 15.

[779] EuGH, Urt. v. 3.10.2006 – Rs. C-290/04, Slg. 2006, I-9461, Rn. 67–69 – FKP Scorpio Konzertproduktionen GmbH/Finanzamt Hamburg-Eimsbüttel.

[780] EuGH, Urt. v. 3.10.2006 – Rs. C-290/04, Slg. 2006, I-9461, Rn. 67–69 – FKP Scorpio Konzertproduktionen GmbH/Finanzamt Hamburg-Eimsbüttel; *Albrecht Randelzhofer/Ulrich Forsthoff*, Art. 56/57 AEUV, in Eberhard Grabitz/Meinhard Hilf/Martin Nettesheim (Hrsg.), Das Recht der Europäischen Union: Kommentar, Bd. I: EUV/AEUV, Loseblattsammlung (62. ErgL, Stand: Juli 2017), C. H. Beck, München, Rn. 27.

[781] EuGH, Urt. v. 3.10.2006 – Rs. C-290/04, Slg. 2006, I-9461, Rn. 67–69 – FKP Scorpio Konzertproduktionen GmbH/Finanzamt Hamburg-Eimsbüttel.

[782] *Albrecht Randelzhofer/Ulrich Forsthoff*, Art. 56/57 AEUV, in Eberhard Grabitz/Meinhard Hilf/Martin Nettesheim (Hrsg.), Das Recht der Europäischen Union: Kommentar, Bd. I: EUV/AEUV, Loseblattsammlung (62. ErgL, Stand: Juli 2017), C. H. Beck, München, Rn. 73.

unzulässiger Weise behindern können. Der EuGH hat sich bisher jedenfalls dahingehend geäußert, dass Private aus allgemeinen Rechtsgrundsätzen des Europarechts nicht unmittelbar verpflichtet werden können.[783] Ebenso wenig entfalten nicht oder nicht rechtzeitig umgesetzte RL-Bestimmungen eine direkte, unmittelbare Horizontalwirkung.[784] Dagegen hat der EuGH die unmittelbare Verpflichtung Privater durch private Kollektivregelungen im Zusammenhang mit der Arbeitnehmerfreizügigkeit, der Dienstleistungs- und der Niederlassungsfreiheit in gewissem Umfang bejaht.[785]

Art. 57 Abs. 3 AEUV enthält nach Ansicht des EuGH[786] – entgegen dem Wortlaut der Norm – ein umfassendes Beschränkungsverbot. Eine Beeinträchtigung der Diskriminierungsfreiheit kann daher in einer direkten oder indirekten bzw. offenen oder versteckten Diskriminierung aus Gründen der Staatsangehö-

---

[783] *Ulrich Forsthoff*, Art. 45 AEUV, in Eberhard Grabitz/Meinhard Hilf/Martin Nettesheim (Hrsg.), Das Recht der Europäischen Union: Kommentar, Bd. I: EUV/AEUV, Loseblattsammlung (62. ErgL, Stand: Juli 2017), C. H. Beck, München, Rn. 157. Die grds. Verpflichtung Privater lässt sich auch nicht aus der Rspr. des EuGH ableiten, etwa aus EuGH, Urt. v. 22.11.2005 – Rs. C-144/04, Slg. 2005, I-9981, Rn. 77 – Mangold/Helm oder EuGH, Urt. v. 10.1.2010 – Rs. C-555/07, Slg. 2010, I-0000, Rn. 51 – Kücükdeveci/Swedex GmbH & Co. KG. So EuGH, Urt. v. 24.3.1994 – Rs. C-2/92, Slg. 1994, I-955, Rn. 24 – The Queen/Ministry of Agriculture, Fisheries and Food, ex parte Bostock.

[784] In st. Rspr. EuGH, Urt. v. 26.2.1986 – Rs. 152/84, Slg. 1986, 723, Rn. 48 – Marshall/Southampton and South-West Hampshire Area Health Authority; EuGH, Urt. v. 14.7.1994 – Rs. C-91/92, Slg. 1994, I-3325, Rn. 20 – Faccini Dori/Recreb Srl.; EuGH, Urt. v. 7.1.2004 – Rs. C-201/02, Slg. 2004, I-0000, Rn. 56 – The Queen, auf Antrag von Delena Wells/Secretary of State for Transport, Local Government and the Regions Wells; EuGH, Urt. v. 9.3.2004 – verb. Rs. C-397/01, C-398/01, C-399/01, C-400/01, C-401/01, C-402/01, C-403/01, Slg. 2004, I-8835, Rn. 108 f. – Pfeiffer, Roith, Süß, Winter, Nestvogel, Zeller und Döbele/Deutsches Rotes Kreuz, Kreisverband Waldshut e. V.; EuGH, Urt v. 19.1.2010 – Rs. C-555/07, Slg. 2010, I-0000, Rn. 46 – Kücükdeveci/Swedex GmbH & Co. KG. Ausführlich zur Frage der horizontalen Wirkung der Grundfreiheiten: *Johannes Osing*, Die Netzneutralität im Binnenmarkt. Zur Bindung der Internet-Provider an die Europäischen Grundfreiheiten und Grundrechte, Recht und Politik in der Europäischen Union Bd. 7, Nomos, Baden-Baden 2017, S. 123 ff.

[785] EuGH, Urt. v. 12.12.1974 – Rs. 36/74, Slg. 1974, 1405, Rn. 16/19, 20/24 – B. N. O. Walrave und L. J. N. Koch/Association Union cycliste internationale, Koninklijke Nederlandsche Wielren Unie und Federación Española Ciclismo; EuGH, Urt. v. 14.7.1976 – Rs. 13/76, Slg. 1976, 1333, Rn. 17/18 – Donà/Mantero; EuGH, Urt. v. 15.12.1995 – Rs. C-415/93, Slg. 1995, I-9215, Rn. 82 – Union royale belge des sociétés de football association ASBL/Bosman, Royal club liégeois SA/Bosman u. a., UEFA/Bosman; EuGH, Urt. v. 11.4.2000 – verb. Rs. C-51/96 u. C-191/97, Slg. 2000, I-2459, Rn. 47 – Deliège/Ligue francophone de judo et disciplines associées ASBL u. a., Deliège/Ligue francophone de judo et disciplines associées ASBL u. a.; EuGH, Urt. v. 6.6.2000 – Rs. C-281/98, Slg. 2000, I-4139, Rn. 31 – Angonese/Cassa di Risparmio di Bolzano SpA; EuGH, Urt. v. 19.2.2002 – Rs. C-309/99, Slg. 2002, I-1577, Rn. 120 – Wouters u. a./Algemene Raad van de Nederlandse Orde van Advocaten; EuGH, Urt. v. 11.12.2007 – Rs. C-438/05, Slg. 2007, I-10779, Rn. 33 – International Transport Worker's Federation u. a./Viking Line ABP u. a.; EuGH, Urt. v. 18.12.2007 – Rs. C-341/05, Slg. 2007, I-11767, Rn. 98 – Laval un Partneri Ltd/Svenska Byggnadsarbetareförbundet u. a.; EuGH, Urt. v. 16.3.2010 – Rs. C-325/08, Slg. 2010, I-0000, Rn. 30 – Olympique Lyonnais SASP/Bernard u. a.

[786] EuGH, Urt. v. 3.12.1974 – Rs. 33/74, Slg. 1974, 1299, Rn. 10/12 – van Binsbergen/Bestuur van de Bedrijfsvereniging voor de Metaalnijverheid.

rigkeit sowie in unverhältnismäßigen Beschränkungen liegen,[787] die die Ausübung der Freiheit vollständig verhindern, tlw. behindern oder zumindest weniger attraktiv machen.[788]

Die Rechtfertigung von Beschränkungen kann mithilfe der geschriebenen Rechtfertigungsgründe des Art. 62 i. V. m. Art. 52 Abs. 1 AEUV oder der durch die Rechtsprechung des EuGH für die Dienstleistungs-, Arbeitnehmer- und Niederlassungsfreiheit entwickelten ungeschriebenen Rechtfertigungsgründe („zwingende Gründe des Allgemeininteresses")[789] erfolgen; u. a. im Zusammenhang mit dem Schutz des Grundrechts der Meinungsfreiheit wurden die Gründe „Aufrechterhaltung eines pluralistischen Rundfunkwesens"[790] (nicht aber der Medienfreiheit), „Aufrechterhaltung der Medienvielfalt"[791] und Erhalt der „Programmqualität" (im Rundfunk)[792] entwickelt.

Der *freie Kapitalverkehr (Art. 63 ff. AEUV)* ist eine der essenziellen Voraussetzungen für das Funktionieren des Binnenmarktes. Mehrfach wurden speziell auf das Bezahlen im Internet ausgerichtete Zahlungssysteme entwickelt, von denen allerdings nicht alle in der Praxis größere Bedeutung erfahren haben. Dabei handelte es sich in aller Regel um sog. elektronisches Geld. So werden i. e. S. Verfahren bezeichnet, „bei denen elektronische Werteinheiten geschaffen werden, die einen Geldwert repräsentieren".[793] E-Geld-Systeme bestehen aus einer Kombination von Hardware (einem Trägermedium wie einer Chipkarte)

---

[787] *Albrecht Randelzhofer/Ulrich Forsthoff*, Art. 56/57 AEUV, in Eberhard Grabitz/Meinhard Hilf/Martin Nettesheim (Hrsg.), Das Recht der Europäischen Union: Kommentar, Bd. I: EUV/AEUV, Loseblattsammlung (62. ErgL, Stand: Juli 2017), C. H. Beck, München, Rn. 69, 98 ff.

[788] Vgl. EuGH, Urt. v. 31.3.1993 – Rs. C-19/92, Slg. 1993, I-1663, Rn. 32 – Kraus/Land Baden-Württemberg; EuGH, Urt. v. 30.11.1995 – Rs. C-55/94, Slg. 1995, I-4221, Rn. 37 – Gebhard/Consiglio dell'Ordine degli Avvocati e Procuratori di Milano.

[789] *Albrecht Randelzhofer/Ulrich Forsthoff*, Art. 56/57 AEUV, in Eberhard Grabitz/Meinhard Hilf/Martin Nettesheim (Hrsg.), Das Recht der Europäischen Union: Kommentar, Bd. I: EUV/AEUV, Loseblattsammlung (62. ErgL, Stand: Juli 2017), C. H. Beck, München, Rn. 172.

[790] EuGH, Urt. v. 25.7.1991 – Rs. C-288/89, Slg. 1991, I-4007, Rn. 23 – Stichting Collectieve Antennevoorziening Gouda u. a./Commissariaat voor de Media; EuGH, Urt. v. 25.7.1991 – Rs. C-353/89, Slg. 1991, I-4069, Rn. 30 – Kommission/Niederlande.

[791] EuGH, Urt. v. 26.6.1997 – Rs. C-368/95, Slg. 1997, I-3689, Rn. 18 – Vereinigte Familiapress Zeitungsverlags- und -vertriebs GmbH/Heinrich Bauer Verlag.

[792] EuGH, Urt. v. 25.7.1991 – Rs. C-288/89, Slg. 1991, I-4007, Rn. 27 – Stichting Collectieve Antennevoorziening Gouda u. a./Commissariaat voor de Media.

[793] I. w. S. fallen unter den Begriff „elektronisches Geld" auch kontenbasierte Systeme: *Georg Borges*, Electronic Banking, in Peter Derleder/Kai-Oliver Knops/Heinz G. Bamberger (Hrsg.), Handbuch zum deutschen und europäischen Bankrecht, 2. Aufl., Springer, Berlin/Heidelberg 2009, 279–323 (308 Rn. 122); *Stefan Werner*, Beweislastverteilung und Haftungsrisiken im elektronischen Zahlungsverkehr, MMR 1998, 232–235 (232). A. A. *Dania Neumann*, Innovative vorbezahlte Zahlungsverfahren (Pay before), in Dania Neumann/Christian Bock, Zahlungsverkehr im Internet. Rechtliche Grundzüge klassischer und innovativer Zahlungsverfahren, C. H. Beck, München 2004, 165–216 (169 Rn. 310: „Bei Transaktionen mit E-Geld wird nicht auf ein Girokonto zugegriffen.").

und Software.[794] Art. 2 Nr. 2 E-Geld-RL[795] definiert die sog. Fiat-Währung (lat. „fiat" = es entstehe)[796] „E-Geld" als

> „jeden elektronisch – darunter auch magnetisch – gespeicherten monetären Wert in Form einer Forderung gegenüber dem Emittenten, der gegen Zahlung eines Geldbetrags ausgestellt wird, um damit Zahlungsvorgänge [...] durchzuführen, und der auch von anderen natürlichen oder juristischen Personen als dem E-Geld-Emittenten angenommen wird".

Es handelt sich dabei, neben Bargeld und Buchgeld, um eine dritte Form des Geldes.[797] E-Geld-Systeme, die ausschließlich zur Zahlung im Internet entwickelt wurden, werden auch als „Netzgeld" bezeichnet.[798] Bekannt sind das inzwischen stillgelegte System „eCash"[799] zur Zahlung von Kleinstbeträgen, sowie die „E-Geld-Börse"[800] „PayPal" und der E-Geld-Anbieter „ClickandBuy",[801] der 2016 ebenfalls seinen Betrieb einstellte. Zur Zahlung im Internet kann auch die Geldkarte verwendet werden, sofern der Kunde über ein entsprechendes Kartenlesegerät verfügt.[802]

---

[794] *Dania Neumann*, Innovative vorbezahlte Zahlungsverfahren (Pay before), in Dania Neumann/Christian Bock, Zahlungsverkehr im Internet. Rechtliche Grundzüge klassischer und innovativer Zahlungsverfahren, C. H. Beck, München 2004, 165–216 (169 Rn. 311).

[795] RL 2009/110/EG des Europäischen Parlaments und des Rates v. 16.9.2009 über die Aufnahme, Ausübung und Beaufsichtigung der Tätigkeit von E-Geld-Instituten, zur Änderung der RL 2005/60/EG und 2006/48/EG sowie zur Aufhebung der RL 2000/46/EG, ABl. EU L 267 v. 10.10.2009, S. 7–17.

[796] Zu Fiatgeld, vgl. *Manfred Linzner*, Bitcoin – Eine Analyse von Kryptowährungen und deren Anwendung im Onlinehandel, Diplomarbeit, TU Wien, 2016, S. 5 ff., abrufbar unter: https://www.law.tuwien.ac.at/DA_Linzner.pdf.

[797] *Matthias Terlau*, § 55a – Elektronisches Geld, virtuelle Währungen (Bitcoins, Ether Coins), in Herbert Schimansky/Hermann-Josef Bunte/Hans-Jürgen Lwowsky (Hrsg.), Bankrechts-Handbuch, Bd. 1, 5. Aufl., C. H. Beck, München 2017, Rn. 11.

[798] *Georg Borges*, Electronic Banking, in Peter Derleder/Kai-Oliver Knops/Heinz G. Bamberger (Hrsg.), Handbuch zum deutschen und europäischen Bankrecht, 2. Aufl., Springer, Berlin/Heidelberg 2009, 279–323 (308 Rn. 122). Beachte aber: Der Wortlaut des Art. 2 Nr. 2 E-Geld-RL („jeden [...] monetären Wert") macht die ursprünglich gängige Unterscheidung zwischen „Kartengeld" und „Netzgeld" überflüssig, so *Matthias Terlau*, § 55a – Elektronisches Geld, virtuelle Währungen (Bitcoins, Ether Coins), in Herbert Schimansky/Hermann-Josef Bunte/Hans-Jürgen Lwowsky, Bankrechts-Handbuch, Bd. 1, 5. Aufl., C. H. Beck, München 2017, Rn. 14.

[799] Dazu *Marius Dannenberg/Anja Ulrich*, E-Payment und E-Billing: Elektronische Bezahlsysteme für Mobilfunk und Internet, Gabler Verlag, Wiesbaden 2004, S. 138 ff.

[800] *Manfred Linzner*, Bitcoin – Eine Analyse von Kryptowährungen und deren Anwendung im Onlinehandel, Wien Diplomarbeit, TU Wien, 2016, S. 8, abrufbar unter: https://www.law.tuwien.ac.at/DA_Linzner.pdf.

[801] Ausführlich zu ClickandBuy: *Dania Neumann*, Innovative Zahlungsverfahren mit Lastschrifteinzug (Pay now), in Dania Neumann/Christian Bock, Zahlungsverkehr im Internet. Rechtliche Grundzüge klassischer und innovativer Zahlungsverfahren, C. H. Beck, München 2004, 217–250 (223 ff. Rn. 405).

[802] *Georg Borges*, Electronic Banking, in Peter Derleder/Kai-Oliver Knops/Heinz G. Bamberger (Hrsg.), Handbuch zum deutschen und europäischen Bankrecht, 2. Aufl., Springer, Berlin/Heidelberg 2009, 279–323 (308 ff. Rn. 124 ff.). Wie bei der herkömmlichen Benutzung der

Bei der Verwendung von ClickandBuy kamen Zahlender und Zahlungsempfänger gänzlich ohne die Einschaltung einer Bank aus: Bot ein Online-Shop die Zahlung mit ClickandBuy an, musste sich der Nutzer bei ClickandBuy einmalig registrieren, konnte sodann per Mausklick den Zahlungsvorgang einleiten und nach Eingabe seines persönlichen Passwortes bestätigen. In Funktion eines Kreditinstituts zog ClickandBuy selbst den zu zahlenden Betrag beim Kunden per Lastschrift, Kreditkarte oder Prepaid-Guthaben ein und schrieb ihn dem Verkäufer gut. Dabei erhielt ClickandBuy eine Provision.[803]

PayPal[804] ist wohl das bekannteste und weltweit am häufigsten genutzte E-Geld-System. Es wird v. a. für die Abwicklung direkter Zahlungsvorgänge zwischen Privaten (Peer-to-Peer- bzw. Person-to-Person-Bezahlsysteme)[805] genutzt, wobei auch Zahlungen per Kreditkarte und Lastschrift sowie *via* Mobiltelefon erfasst werden können. Erforderlich ist, dass beide Parteien des Zahlungsvorgangs Inhaber eines PayPal-Accounts sind. Per Überweisung vom Bankkonto des Inhabers wird der Account mit Geld „aufgeladen".[806] Anweisung und Ausführung des Geldtransfers erfolgen im Anschluss *via* Internet.

Seit einiger Zeit stehen auch sog. „Kryptographische Währungen" oder „Kryptowährungen"[807] wie Bitcoin, Ethereum, Litecoin, Ripple, Dogecoin u. a.

Geldkarte autorisiert der Schuldner auch hier lediglich die Zahlung gegenüber seiner Bank, die im Anschluss die Überweisung an den Gläubiger ausführt. Dieses System ist folglich nicht spezifisch auf das Bezahlen im Internet zugeschnitten und soll hier daher nicht weiter beleuchtet werden.

[803] *Georg Borges*, Electronic Banking, in Peter Derleder/Kai-Oliver Knops/Heinz G. Bamberger (Hrsg.), Handbuch zum deutschen und europäischen Bankrecht, 2. Aufl., Springer, Berlin/Heidelberg 2009, 279–323 (308 Rn. 125).

[804] Lange war unklar, ob PayPal als kontenbasiertes Zahlungssystem der Legaldefinition des Art. 2 Nr. 1 („E-Geld-Institut") der E-Geld-RL entspricht (zustimmend *Stephan Meder/ Olaf Grabe*, PayPal – Die „Internet-Währung" der Zukunft?, BKR 5 [2005], 467–477 [471 m. w. N.]; vgl. auch ErwGr. 8 der E-Geld-RL; dagegen *Mark Hoenike/Alexander Szodruch*, Rechtsrahmen innovativer Zahlungssysteme für Multimediadienste, MMR 9 [2006], 519–526 [524]; in diesem Sinne wohl auch Communication from the Commission to the Council and the European Parliament concerning a New Legal Framework for Payments in the Internal Market [Consultative Document], COM[2003] 718 final, 2.12.2003, S. 23 [engl. Sprachversion], abrufbar unter: https://ec.europa.eu/transparency/documents-register/detail?ref=COM (2003)718&lang=en)), eine Frage, die nie einer eindeutigen Antwort zugeführt werden konnte. Das ist aber seit 2007 auch nicht mehr erforderlich, weil PayPal seitdem von der luxemburgischen Finanzdienstleistungsaufsicht (CSSF) als Bank (Type B, Code B00000351) geführt wird: https://searchentities.apps.cssf.lu/search-entities/entite/details/3050748?lng=de&q=&st =advanced&entNames=paypal&entType=B.

[805] *Stephan Meder/Olaf Grabe*, PayPal – Die „Internet-Währung" der Zukunft?, BKR 5 (2005), 467–477 (467).

[806] Dazu *Stephan Meder/Olaf Grabe*, PayPal – Die „Internet-Währung" der Zukunft?, BKR 5 (2005), 467–477 (469).

[807] Auch „Cyber-Währungen", „digitale Währung" oder „virtuelle Währungen" genannt, vgl. *Hanno Beck/Aloys Prinz*, Abschaffung des Bargelds als Wunderwaffe?, Zeitgespräch: Mit Bargeld zahlen – ein Auslaufmodell?, Wirtschaftsdienst 95 (8/2015), 515–519 (518). Zu den Unterschieden zwischen den Begriffen, vgl. *Manfred Linzner*, Bitcoin – Eine Analyse von

im wahrsten Sinne des Wortes hoch im Kurs.[808] „Bitcoin" heißt sinngemäß „digitale Münze"[809] (engl. „bit" = <u>b</u>inary dig<u>it</u>;[810] „coin" = Münze) und ist nach Aussage seines „Erfinders" *Satoshi Nakamoto* ein „Peer-to-Peer Electronic Cash System",[811] das über sog. Blockchains[812] funktioniert. Kryptowährungen oder „virtuelle Währungen" ermöglichen Transaktionen durch den Einsatz von Mechanismen der Kryptographie.[813] Sie können zwischen Vertragspartnern, die virtuelle Währungen akzeptieren, dieselbe Funktion erfüllen wie das herkömmliche Zahlungsmittel Geld. Denn der Wert der Bitcoins lässt sich in jeder beliebigen Währung ausdrücken,[814] Bitcoins selbst existieren aber rein digital und sind nicht körperlich wahrnehmbar.[815] Es verwundert daher nicht, dass eine verbindliche Definition des Begriffs „virtuelle Währung" bislang nicht existiert. Im Zusammenhang mit der Kapitalverkehrsfreiheit stellt sich daher auch die Frage, ob Kryptowährungen Münzen und Banknoten gleichgestellt und als gesetzliche Zahlungsmittel[816] anzusehen sind oder auf den mitgliedstaatlichen Märkten zumindest als solche behandelt werden können. Denn nur dann wären die Art. 63 ff. AEUV auf sie anwendbar.[817] Offizielle gesetzliche Währungen zeich-

---

Kryptowährungen und deren Anwendung im Onlinehandel, Wien 2016, S. 8 ff., abrufbar unter: https://www.law.tuwien.ac.at/DA_Linzner.pdf.

[808] „The next big thing" nach dem Internet, so *Walter Blocher*, The next big thing: Blockchain – Bitcoin – Smart Contracts. Wie das disruptive Potential der Distributed Ledger Technology (nicht nur) das Recht fordern wird, AnwBl 8/9 (2016), 612–618.

[809] *Christian Piska*, Kryptowährungen und ihr Rechtscharakter – eine Suche im Bermuda-Dreieck, ecolex Fachzeitschrift für Wirtschaftsrecht 07/2017, 632–635 (632).

[810] *Duden*, Art. „Bit, das", abrufbar unter: https://www.duden.de/rechtschreibung/Bit_Einheit_in_der_EDV.

[811] *Satoshi Nakamoto*, Bitcoin: A Peer-to-Peer Electronic Cash System, 2008, abrufbar unter: https://bitcoin.org/bitcoin.pdf.

[812] Nach Angaben der BAFin handelt es sich bei Blockchains um „fälschungssichere, verteilte Datenstrukturen, in denen Transaktionen in der Zeitfolge protokolliert, nachvollziehbar, unveränderlich und ohne zentrale Instanz abgebildet sind. Mit der Blockchain-Technologie lassen sich Eigentumsverhältnisse direkter und effizienter als bislang sichern und regeln, da eine lückenlose und unveränderliche Datenaufzeichnung hierfür die Grundlage schafft". S. Internetpräsenz der BAFin: https://www.bafin.de/DE/Aufsicht/FinTech/Blockchain/blockchain_node.html. Blockchain ist damit nichts anderes als eine dezentral verwaltete Datenbank, in der alle Bitcoin-Transaktionen dokumentiert werden (*Christian Piska*, Kryptowährungen und ihr Rechtscharakter eine Suche im Bermuda-Dreieck, ecolex Fachzeitschrift für Wirtschaftsrecht 07/2017, 632–635 [632 Fn. 8]).

[813] *Manfred Linzner*, Bitcoin – Eine Analyse von Kryptowährungen und deren Anwendung im Onlinehandel, Diplomarbeit, TU Wien, 2016, S. 7, abrufbar unter: https://www.law.tuwien.ac.at/DA_Linzner.pdf.

[814] *Christian Piska*, Kryptowährungen und ihr Rechtscharakter – eine Suche im Bermuda-Dreieck, ecolex Fachzeitschrift für Wirtschaftsrecht 07/2017, 632–635 (632).

[815] *Christian Piska*, Kryptowährungen und ihr Rechtscharakter – eine Suche im Bermuda-Dreieck, ecolex Fachzeitschrift für Wirtschaftsrecht 07/2017, 632–635 (633).

[816] *Walter Frenz*, Handbuch Europarecht, Bd. 1: Europäische Grundfreiheiten, 2. Aufl., Springer, Berlin/Heidelberg 2012, S. 1140 Rn. 3639.

[817] Vgl. EuGH, Urt. v. 23.11.1978 – Rs. 7/78, Slg. 1978, 2247, Rn. 27 f. – Thompson, Johnson und Woodiwiss.

nen sich u. a. dadurch aus, dass sie auf der Grundlage staatlicher Normen eingesetzt und von einer Zentralbank oder öffentlichen Stelle emittiert werden.[818] Virtuelle Währungen sind dagegen „bewusst staatsfern konstruiert",[819] private „Erfinder" zeichnen für ihre Entstehung verantwortlich und sie etablieren sich allein durch marktwirtschaftliche Mechanismen.[820] Der öffentlichen Wahrnehmung zum Trotz[821] sind Kryptowährungen daher nicht als mit offiziellen Währungen vergleichbare Zahlungsmittel anzusehen. Auch ihre Subsumtion unter die Kategorie E-Geld funktioniert aufgrund des digitalen Bestands von Kryptowährungen nicht.[822] Da die Kapitalverkehrsfreiheit aber nur gesetzliche Zahlungsmittel betrifft, sind die Art. 63 ff. AEUV hier nicht anwendbar. Staatliche Beschränkungen des Kapitalverkehrs lassen also Kryptowährungen unberührt.[823] Daran ändert auch die Tatsache nichts, dass Bitcoin und sonstige Kryptowährungen ihrer Funktion nach als Währungen betrachtet und entsprechend verwendet werden. Sie sind nichts weiter als „Ergebnisse digitaler Produktionsprozesse privater Rechtssubjekte".[824]

Denkbar wäre aber eine Anwendung der Vorschriften über die Warenverkehrsfreiheit auf Bitcoin & Co. Denn Münzen, die etwa im Nachgang einer Währungsumstellung nicht mehr als offizielle Staatswährung verwendet wer-

---

[818] Vgl. die Legaldefinition des Begriffs „virtuelle Währungen" der RL (EU) 2018/843 des Europäischen Parlaments und des Rates v. 30.5.2018 zur Änderung der RL (EU) 2015/849 zur Verhinderung der Nutzung des Finanzsystems zum Zwecke der Geldwäsche und der Terrorismusfinanzierung und zur Änderung der RL 2009/138/EG und 2013/36/EU, ABl. EU L 156 v. 19.6.2018, S. 43–74: „eine digitale Darstellung eines Werts, die von keiner Zentralbank oder öffentlichen Stelle emittiert wurde oder garantiert wird und nicht zwangsläufig an eine gesetzlich festgelegte Währung angebunden ist und die nicht den gesetzlichen Status einer Währung oder von Geld besitzt, aber von natürlichen oder juristischen Personen als Tauschmittel akzeptiert wird und die auf elektronischem Wege übertragen, gespeichert und gehandelt werden kann". Zum Begriff auch *Christian Piska/Oliver Völkel*, Blockchain und Kryptorecht. Regulierungs-Chancen de lege lata und de lege ferenda, ZTR 03/2017, 97–103 (97).

[819] *Christian Piska*, Kryptowährungen und ihr Rechtscharakter – eine Suche im Bermuda-Dreieck, ecolex Fachzeitschrift für Wirtschaftsrecht 07/2017, 632–635 (632, 633, 635). Seit 2018 existiert aber in Venezuela die erste staatliche Kryptowährung, der „Petro" (PTR), weitere Informationen bei *Jan D. Walter*, Venezuelas Bitcoin: Kryptowährung Petro ein Rohrkrepierer?, DW, 4.1.2018, abrufbar unter: https://p.dw.com/p/2qKb0.

[820] *Christian Piska*, Kryptowährungen und ihr Rechtscharakter – eine Suche im Bermuda-Dreieck, ecolex Fachzeitschrift für Wirtschaftsrecht 07/2017, 632–635 (632).

[821] *Walter Blocher*, The next big thing: Blockchain – Bitcoin – Smart Contracts. Wie das disruptive Potential der Distributed Ledger Technology (nicht nur) das Recht fordern wird, AnwBl 8/9 (2016), 612–618: „Fragt man Wirtschaft und User nach dem Rechtscharakter von Bitcoin & Co, sind sich diese einig: Es handelt sich um Währungen."

[822] *Viktor Falschlehner/Philipp Klausberger*, Zur finanzmarktaufsichtsrechtlichen Einordnung von Bitcoins, in Helgo Eberwein/Anna-Zoe Steiner (Hrsg.), Bitcoins, Jan Sramek Verlag, Wien 2014, 37–62 (41).

[823] Vgl. EuGH, Urt. v. 22.10.2015 – Rs. C-264/14, ECLI:EU:C:2015:718, Rn. 42 – Skatteverket/Hedqvist. Der Gerichtshof bezeichnete Bitcoin als „vertragliches Zahlungsmittel".

[824] *Christian Piska*, Kryptowährungen und ihr Rechtscharakter – eine Suche im Bermuda-Dreieck, ecolex Fachzeitschrift für Wirtschaftsrecht 07/2017, 632–635 (635).

den, sind nach Ansicht des EuGH „Waren" i. S. d. Art. 28 ff. AEUV[825] und unterliegen daher dem Schutz der Warenverkehrsfreiheit.[826] Die nicht vorhandene Körperlichkeit von virtuellen Währungen stünde dem nicht entgegen. Die Körperlichkeit hat zwar grds. Indizwirkung für die Anwendbarkeit der Warenverkehrsfreiheit, allerdings gilt nach Ansicht des EuGH sogar Strom als Ware.[827] Abgestellt wird für die Subsumtion unter den Warenbegriff auf die Einordnung eines Gegenstands als „Erzeugnis mit Marktwert".[828] Im Gegensatz zur elektronischen Überweisung trägt jede Einheit einer Kryptowährung unmittelbar einen ermittelbaren Wert, verkörpert also nicht nur ein reines Forderungsrecht des Inhabers gegen das auszahlende Kreditinstitut[829] und ist damit als „eine alternative Währung, die in Wahrheit als Ware gilt",[830] anzusehen.

d) Sekundärrecht

Das vom Primärrecht abgeleitete EU-Recht wird als Sekundärrecht bezeichnet. Sekundärrechtsakte der Union sind nach Art. 288 AEUV VO, RL, Beschlüsse, Empfehlungen und Stellungnahmen. Für die Regulierung von Handlungen im Internet ergingen bislang v. a. VO und RL, sie beziehen sich auf den Daten- und Verbraucherschutz (auch im Internet) und grenzüberschreitendes Fernsehen, im Fokus standen aber v. a. wirtschafts- und wettbewerbsrechtliche Aspekte wie Elemente des Internethandels (sog. E-Commerce) und digitale Signatu-

---

[825] *Arg. e contr.* EuGH, Urt. v. 23.11.1978 – Rs. 7/78, Slg. 1978, 2247, Rn. 23/25, 27/28 – Thompson, Johnson und Woodiwiss; *Jürgen Bröhmer*, Art. 63 AEUV, in Christian Calliess/ Matthias Ruffert (Hrsg.), EUV/AEUV: Das Verfassungsrecht der Europäischem Union mit Europäischer Grundrechtecharta, Kommentar, 5. Aufl., C. H. Beck, München 2016, Rn. 17.

[826] *Michael Sedlaczek/Mario Züger*, Art. 63 AEUV, in Rudolf Streinz (Hrsg.), Beck'sche Kurz-Kommentare, Bd. 57: EUV/AEUV (Vertrag über die Europäische Union, Vertrag über die Arbeitsweise der Europäischen Union, Charta der Grundrechte der Europäischen Union), 3. Aufl., C. H. Beck, München 2018, Rn. 39; *Christian Piska*, Kryptowährungen und ihr Rechtscharakter – eine Suche im Bermuda-Dreieck, ecolex Fachzeitschrift für Wirtschaftsrecht 07/2017, 632–635 (635). Den Umtausch von Bitcoins in „konventionelle Währungen" betrachtete der EuGH zudem – wenn auch nur mit Blick auf Art. 2 Abs. 1 Mehrwertsteuer-RL (RL 2006/112/EG des Rates v. 28.11.2006 über das gemeinsame Mehrwertsteuersystem, ABl. EU L 347 v. 11.12.2006, S. 1–118) – als Dienstleistung: EuGH, Urt. v. 22.10.2015 – Rs. C-264/14, ECLI:EU:C:2015:718, Rn. 26 – Skatteverket/Hedqvist. Nach *Piska* (S. 634 Fn. 28) lässt sich daraus aber nicht schließen, dass der EuGH hier einen Anwendungsfall der Dienstleistungsfreiheit generieren wollte.

[827] EuGH, Urt. v. 27.4.1994 – Rs. C-393/92, Slg. 1994, I-1477, Rn. 28 – Amelo unter Verweis auf EuGH, Urt. v. 15.7.1964 – Rs. 6/64, Slg. 1964, 1253 – Costa/ENEL.

[828] *Christian Piska*, Kryptowährungen und ihr Rechtscharakter – eine Suche im Bermuda-Dreieck, ecolex Fachzeitschrift für Wirtschaftsrecht 07/2017, 632–635 (635).

[829] *Christian Piska*, Kryptowährungen und ihr Rechtscharakter – eine Suche im Bermuda-Dreieck, ecolex Fachzeitschrift für Wirtschaftsrecht 07/2017, 632–635 (635).

[830] *Klaus Grubelnik*, Sprecher der österr. Finanzmarktaufsichtsbehörde FMA, zit. nach *Nikolaus Jilch*, Bitcoin: Rekordkurse und Kontosperren in der Sandkiste, DiePresse v. 27.5.2017, abrufbar unter: https://www.diepresse.com/5224873/bitcoin-rekordkurse-und-kontosperren-in-der-sandkiste.

ren.[831] Rein internetspezifisch gefasste Normen sind nur vereinzelt zu finden. Das liegt daran, dass die EU nicht über einen ausdrücklichen Kompetenztitel im Bereich Internetrecht verfügt.[832] Der Grund dafür liegt in der thematischen Konzentration der europäischen Integration: Seit jeher fand diese überwiegend auf dem wirtschaftlichen Sektor statt,[833] sodass in der Vergangenheit beinahe ausschließlich Regelungen zum Thema Warenverkehr und Dienstleistungen im Zusammenhang mit dem Internet konsensfähig waren.[834] Problematisch ist außerdem, dass tlw. angenommen wird, dass die Legislativprozesse auf EU-Ebene zu langsam sind, um der rasanten Weiterentwicklung des Internets folgen zu können.[835] Das beweist u. a. die Tatsache, dass das auf Online-Aktivitäten anwendbare Sekundärrecht überwiegend in den späten 1990er- bzw. den beginnenden 2000er-Jahren ausgearbeitet wurde und daher eher auf die allgemeine Regulierung von Multimedia-Aktivitäten statt auf die Spezifika des Internets ausgerichtet ist.[836]

aa) E-Commerce

Als Teil des sog. „Electronic Business" (auch E-Business)[837] erlebte der E-Commerce (elektronischer Handel mit Waren und Dienstleistungen) welt- und EU-weit in den letzten Jahren einen regelrechten Boom.[838] So bestellten etwa im Jahr 2019 53 % der Personen in der EU Waren oder Dienstleistungen für private Zwecke über das Internet.[839] Die „E-Commerce-RL"[840] dient dem Funktionie-

---

[831] Vgl. dazu ausführlich *Franz C. Mayer*, Europe and the Internet: The Old World and the New Medium, EJIL 11 (2000), 149–169 (156–160).

[832] Eine Ausnahme stellt die Kompetenz der EU im Bereich Datenschutz über Art. 16 AEUV (bzw. Art. 39 EUV für den Komplex der GASP) dar.

[833] *Franz C. Mayer*, Europe and the Internet: The Old World and the New Medium, EJIL 11 (2000), 149–169 (156–157).

[834] *Franz C. Mayer*, Das Internet, das Völkerrecht und die Internationalisierung des Rechts, ZfRSoz 23 (2002), 93–114 (99).

[835] *Franz C. Mayer*, Europe and the Internet: The Old World and the New Medium, EJIL 11 (2000), 149–169 (160).

[836] *Franz C. Mayer*, Europe and the Internet: The Old World and the New Medium, EJIL 11 (2000), 149–169 (156).

[837] *Martin Gersch*, Electronic Business, in Norbert Gronau/Jörg Becker/Natalia Kliewer/Jan M. Leimeister/Sven Overhage (Hrsg.), Enzyklopädie der Wirtschaftsinformatik – Online-Lexikon, Stand: 24.1.2019, abrufbar unter: https://www.enzyklopaedie-der-wirtschaftsinformatik. de/lexikon/informationssysteme/crm-scm-und-electronic-business/Electronic-Business.

[838] Allein für China prognostizierte das Statistik-Portal „Statista" für das Jahr 2019 einen Umsatz in Höhe von 768.351,7 Mio. € im E-Commerce, vgl. *Statista*, Ranking der Länder mit den höchsten erwarteten Umsätzen im E-Commerce weltweit im Jahr 2019 (in Millionen Euro), abrufbar unter: https://de.statista.com/statistik/daten/studie/1005908/umfrage/umsaetze-im-e-commerce-nach-laendern-weltweit/.

[839] *Statista*, Anteil der Personen in der Europäischen Union (EU-28), die für private Zwecke Waren oder Dienstleistungen über das Internet bestellt haben, in den Jahren 2007 bis 2019, abrufbar unter: https://de.statista.com/statistik/daten/studie/153980/umfrage/internetkaeufe-durch-einzelpersonen-in-der-eu-15-seit-2002/.

ren des Binnenmarktes, „indem sie den freien Verkehr von Diensten der Informationsgesellschaft zwischen den Mitgliedstaaten sicherstellt" (Art. 1 Abs. 1) und zu diesem Zweck die entsprechenden mitgliedstaatlichen Vorschriften harmonisiert (Art. 1 Abs. 2). „Dienste der Informationsgesellschaft" sind nach Art. 2 lit. a E-Commerce-RL i. V. m. Art. 1 Abs. 1 lit. b RL „Dienste der Informationsgesellschaft"[841] (ehem. Art. 1 Nr. 2 RL 98/34/EG i. d. F. der RL 98/48/EG)[842] jede „in der Regel gegen Entgelt elektronisch im Fernabsatz und auf individuellen Abruf eines Empfängers erbrachte Dienstleistung" (Art. 1 Abs. 1). Nicht unter diese Definition fallen z. B. „Dienste, die zwar mit elektronischen Geräten, aber in materieller Form erbracht werden" wie bei der Nutzung von Geld- oder Fahrkartenautomaten üblich, und Fernseh- und Hörfunkdienste, die vom Endkunden nicht auf Abruf empfangen werden können.[843]

Da die Wahrnehmung der genannten Dienste i. d. R. mit dem Abschluss von Verträgen auf elektronischem Wege einhergeht, verpflichtet die E-Commerce-RL die Mitgliedstaaten der EU, bestimmte allgemeine und besondere Informationspflichten (insbes. gegenüber Verbrauchern) zu erfüllen (Art. 5, 6, 10) und zu überprüfen, ob ihre nationalen Rechtsordnungen den elektronischen Vertragsschluss zulassen (Art. 9 Abs. 1). Für bestimmte Bereiche (z. B. Begründung oder Übertragung von Rechten an Immobilien, Bürgschaftsverträge, familien- oder erbrechtliche Verträge) kann die Verwendung elektronischer Verträge durch die Mitgliedstaaten ausgeschlossen werden (Art. 9 Abs. 2). Die E-Commerce-RL enthält außerdem Vorgaben zur Speicherung von durch den Verbraucher auf einer Webseite bei Bestellung eines Dienstes eingegebenen Informationen (Art. 13, 14) und zur Möglichkeit der Beilegung von Streitigkeiten zwischen Besteller und Anbieter (Art. 17, 18).[844]

---

[840] RL 2000/31/EG des Europäischen Parlaments und des Rates v. 8.6.2000 über bestimmte rechtliche Aspekte der Dienste der Informationsgesellschaft, insbes. des elektronischen Geschäftsverkehrs, im Binnenmarkt („RL über den elektronischen Geschäftsverkehr"), ABl. EU L 178 v. 17.7.2000, S. 1–16.
[841] RL (EU) 2015/1535 des Europäischen Parlaments und des Rates v. 9.9.2015 über ein Informationsverfahren auf dem Gebiet der technischen Vorschriften und der Vorschriften für die Dienste der Informationsgesellschaft (RL „Dienste der Informationsgesellschaft"), ABl. EU L 241 v. 17.9.2015, S. 1–15.
[842] RL 98/48/EG des Europäischen Parlaments und des Rates v. 20.7.1998 zur Änderung der RL 98/34/EG über ein Informationsverfahren auf dem Gebiet der Normen und technischen Vorschriften (außer Kraft seit 6.10.2015), ABl. L 217 v. 5.8.1998, S. 18–26.
[843] Eine „Beispielliste der nicht unter Artikel 1 Absatz 1 Buchstabe b fallenden Dienste" findet sich in Anhang I der RL „Dienste der Informationsgesellschaft".
[844] Zur außergerichtlichen Online-Streitbeilegung in Verbraucherangelegenheiten (vertragliche Verpflichtungen aus Online-Kaufverträgen oder Online-Dienstleistungsverträgen), vgl. auch die VO (EU) 524/2013 des Europäischen Parlaments und des Rates v. 21.5.2013 über die Online-Beilegung verbraucherrechtlicher Streitigkeiten und zur Änderung der VO (EG) Nr. 2006/2004 und der RL 2009/22/EG (VO über Online-Streitbeilegung in Verbraucherangelegenheiten), ABl. EU L 165 v. 18.6.2013, S. 1–12.

Als Teil der „Strategie für einen digitalen Binnenmarkt für Europa" der Kommission[845] dient auch die „Geoblocking-VO"[846] dem Funktionieren des Binnenmarktes als eines Raums ohne Binnengrenzen (Art. 1 Abs. 1) durch Verhinderung ungerechtfertigten Geoblockings (und sonstiger direkter bzw. indirekter Diskriminierungen [ErwGr. 6] aufgrund der Staatsangehörigkeit, des Wohnsitzes oder der Niederlassung des Kunden) im Zusammenhang mit dem Zugang zu Online-Benutzeroberflächen des Anbieters (Art. 3 Abs. 1). Die als „Geoblocking" (engl. „geo" = regional; „blocking" = blockieren) bekannte Praxis beschreibt nach Art. 3 Abs. 1 (vgl. auch ErwGr. 1) den Fall eines in einem Mitgliedstaat tätigen Anbieters, der den Zugang zu seinen Online-Benutzeroberflächen (z. B. Internetseiten und Anwendungen) für Kunden aus anderen Mitgliedstaaten, die grenzüberschreitende Geschäfte tätigen wollen, sperrt oder beschränkt (ErwGr. 1). Die VO bezieht sich auf über das Internet oder ein vergleichbares Netzwerk erbrachte Dienstleistungen (Art. 2 Nr. 1) i. S. v. Art. 57 AEUV (Art. 2 Nr. 17), also Teile des E-Commerce, wobei der reine Warenkauf nur unter bestimmten Voraussetzungen (Art. 4 Abs. 1 lit. a) erfasst ist, Verkehrsdienstleistungen sind aus dem Geltungsbereich ausgeschlossen (ErwGr. 9; Art. 1 Abs. 3 i. V. m. Art. 2 Abs. 2 lit. d der RL „Dienstleistungen im Binnenmarkt").[847] Die Geoblocking-VO ist in Kraft seit dem 23. März 2018, wurde aber erst nach Ablauf einer Übergangsfrist ab dem 3. Dezember 2018 angewendet (Art. 11 Abs. 1 Satz 2).[848] Die VO findet keine Anwendung auf reine Inlandssachverhalte (ErwGr. 7; Art. 1 Abs. 2) und ist nach ihrem ErwGr. 1 neben der Abschaffung zwischenstaatlicher Hindernisse für die Verwirklichung des (digitalen) Binnenmarktes auf die Unterbindung von Diskriminierungen im horizontalen Verhältnis gerichtet. Das Angebot an Waren und Dienstleistungen innerhalb des Gebiets der EU wird damit erweitert um vielfältige Wahlmöglichkeiten der Kunden (ErwGr. 2). Eine VO gilt nach Art. 288 Abs. 2 AEUV unmittelbar in den Mitgliedstaaten, daher kann sie mit dazu beitragen, die immer noch große Gefahr der Marktfragmentierung (ErwGr. 3) innerhalb des Binnenmarkts durch Harmonisierung einzudämmen.

---

[845] *Mitteilung der Kommission an das Europäische Parlament, den Rat, den Europäischen Wirtschafts- und Sozialausschuss und den Ausschuss der Regionen*, Strategie für einen digitalen Binnenmarkt für Europa, COM(2015) 192 final, 6.5.2015, abrufbar unter: https://eur-lex.europa.eu/legal-content/DE/TXT/?uri=CELEX:52015DC0192.

[846] VO (EU) 2018/302 des Europäischen Parlaments und des Rates v. 28.2.2018 über Maßnahmen gegen ungerechtfertigtes Geoblocking und andere Formen der Diskriminierung aufgrund der Staatsangehörigkeit, des Wohnsitzes oder des Ortes der Niederlassung des Kunden innerhalb des Binnenmarkts und zur Änderung der VO (EG) Nr. 2006/2004 und (EU) 2017/2394 sowie der RL 2009/22/EG (Geoblocking-VO), ABl. EU L 601 v. 2.3.2018, S. 1–15.

[847] RL 2006/123/EG des Europäischen Parlaments und des Rates v. 12.12.2006 über Dienstleistungen im Binnenmarkt, ABl. EU L 376 v. 27.12.2006, S. 36–68.

[848] Die Vorschriften über den passiven Verkauf sind ab dem 23.3.2020 bereits auf vor dem 2.3.2018 geschlossene Vereinbarungen anwendbar, wenn sie den europarechtlichen und nationalen wettbewerbsrechtlichen Vorschriften entsprechen (Art. 11 Abs. 2).

Kunden i. S. d. VO sind nur Verbraucher gem. Art. 2 Nr. 12, die die Staatsangehörigkeit eines Mitgliedstaats besitzen oder ihren Wohnsitz in einem Mitgliedstaat haben, und Unternehmen mit Hauptsitz in einem Mitgliedstaat, solange sie Waren oder Dienstleistungen nur innerhalb der EU und nur zur Endnutzung erwerben (Art. 2 Nr. 13). Für den Anbieter gibt es ausweislich des Wortlauts von Art. 2 Nr. 18 keine entsprechenden Vorgaben. Daher wird man davon ausgehen können, dass vom Geltungsbereich der VO auch Handlungen von Anbietern mit Sitz in Drittstaaten erfasst sein sollten, abgesehen davon, dass die Wirkung einer Diskriminierung innerhalb der EU unabhängig vom Sitz des Anbieters ist (vgl. ErwGr. 17 sowie ErwGr. 4 *e contr.*).

Geoblocking wird etwa unter Zuhilfenahme von technischen oder sonstigen Mitteln (Art. 3 Abs. 1) wie dem Tracking der IP-Adresse oder aufgrund der bei Benutzung einer Webseite ausgewählten Sprache durchgeführt. Untersagt sind Benachteiligungen nach der Staatsangehörigkeit oder dem Wohnsitz in Bezug auf Preise und Zahlungsbedingungen sowie Verkaufsmodalitäten. Erfasst sind nach Art. 4 Abs. 1 lit. a–c z. B. elektronische Dienstleistungen wie Cloud-Dienste und Webhosting (ErwGr. 24), sonstige Dienstleistungen zur Erbringung in dem Staat, in dem der Anbieter seine Tätigkeit anbietet (z. B. Hotelunterbringung, Autovermietung, Sportveranstaltungen, ErwGr. 25) und Fälle des Online-Shoppings mit Versendung der Waren in einen Mitgliedstaat, für den der Anbieter die Lieferung anbietet (ErwGr. 23). Dienstleistungen, die in dem kostenpflichtigen Erwerb von Zugriffsrechten auf urheberrechtlich geschützte Inhalte und deren Nutzung oder dem geschützten Werk selbst in unkörperlicher Form (Streaming-Dienste für Musik, Online-Spiele, Software, E-Books etc.) bestehen, sind vom Anwendungsbereich der VO ausgenommen.

Die Nutzung neuer Dienste und die Durchführung elektronischer Transaktionen setzt ein gewisses Maß an Vertrauen der Nutzer in das „Online-Umfeld" voraus. Sicherheitsrisiken und Fehleranfälligkeit von technischen Systemen dürfen dieses Vertrauen nicht in seinen Grundfesten erschüttern, wenn das Funktionieren des digitalen Binnenmarkts gewährleistet werden soll. Diesen Zweck verfolgen u. a. die „Zahlungsdienste-RL"[849] und die „eIDAS-VO".[850] Laut ErwGr. 5 der Zahlungsdienste-RL ist

„[d]ie kontinuierliche Weiterentwicklung eines integrierten Binnenmarktes für sichere elektronische Zahlungen [...] entscheidend für die Unterstützung des Wirtschaftswachstums der Union, [...]".

---

[849] RL (EU) 2015/2366 des Europäischen Parlaments und des Rates v. 25.11.2015 über Zahlungsdienste im Binnenmarkt, zur Änderung der RL 2002/65/EG, 2009/110/EG und 2013/36/EU und der VO (EU) Nr. 1093/2010 sowie zur Aufhebung der RL 2007/64/EG, ABl. EU L 337 v. 23.12.2015, S. 35–127.
[850] VO (EU) 910/2014 des Europäischen Parlaments und des Rates v. 23.7.2014 über elektronische Identifizierung und Vertrauensdienste für elektronische Transaktionen im Binnenmarkt und zur Aufhebung der RL 1999/93/EG, ABl. EU L 257 v. 28.8.2014, S. 73–114. Dazu sogleich.

Dem steht jedoch z. B. die Sicherheitsrisiken für elektronische Zahlungen entgegen, die in den letzten Jahren stark zugenommen haben. Das Funktionieren des freien Handels kann dadurch behindert und sogar gefährdet werden. Grund für das Auftreten der erhöhten Risiken ist die Fülle an technisch immer komplexeren Zahlungsdiensten und ihre weltweite Verbreitung (ErwGr. 7). Die Zahlungsdienste-RL enthält eine Vielzahl von Regelungen für die Erbringung von Zahlungsdiensten (z. B. Bargeldeinzahlung oder -abhebung auf ein bzw. von einem Zahlungskonto, Überweisungen, Lastschriften oder Nutzung einer Zahlungskarte, Art. 4 Nr. 3 i. V. m. Anhang I) durch Zahlungsdienstleister wie Zahlungs- oder Kreditinstitute oder E-Geld-Institute (Art. 1) innerhalb der EU (Art. 2 Abs. 1). Besonderes Augenmerk wird gelegt auf die Transparenz der Vertragsbedingungen für den Zahlungsdienstnutzer (Zahler oder Empfänger, vgl. Art. 4 Nr. 10), die Rechte und Informations- und sonstige Pflichten der Zahlungsdienste (Titel III, IV) und ihrer Nutzer (Titel IV) sowie die Haftung von Dienstleistern und Nutzern für nicht autorisierte Zahlungsvorgänge (Art. 73, 74). Daneben enthält die RL Ausnahmeregelungen für E-Geld (Art. 63 Abs. 3).

Ebenso wie die Sicherheit elektronischer Zahlungen muss auch die sichere Verwendung von Mitteln bzw. Zertifikaten der elektronischen Identifizierung und Authentifizierung beim Zugang zu grenzüberschreitend angebotenen Online-Diensten von den Mitgliedstaaten gewährleistet werden. Die seit dem 1. Juli 2016 geltende „eIDAS-VO" (engl. „electronic Identification, Authentication and trust Services")[851] hat (im Gegensatz zu ihrer Vorläuferin, der „Signatur-RL")[852] einen „umfassenden grenz- und sektorenübergreifenden Rahmen für sichere, vertrauenswürdige und einfach zu nutzende elektronische Transaktionen" geschaffen (ErwGr. 3 eIDAS-VO) und bezweckt damit die „Beseitigung bestehender Hindernisse bei der grenzüberschreitenden Verwendung elektronischer Identifizierungsmittel" (ErwGr. 12). Das erfordert die Notifizierung von Identifizierungssystemen und die gegenseitige Anerkennung der in den Mitgliedstaaten verwendeten elektronischen Identifizierungsmittel (ErwGr. 14). Die VO gilt für von einem Mitgliedstaat i. S. d. Art. 9 Abs. 1 im ABl. der EU notifizierte (Art. 2 Abs. 1) elektronische Signaturen, Siegel und Zeitstempel, elektronische Dokumente, Dienste für die Zustellung elektronischer Einschreiben und Zertifizierungsdienste für die Website-Authentifizierung (Art. 1 lit. c),[853] sog. Vertrauensdienste (Art. 3 Nr. 16). Mit der eIDAS-VO verfolgt die EU einen innovationsoffenen und technologieneutralen Ansatz

---

[851] Zu dt. auch IVT: elektronische Identifizierung und Vertrauensdienste für elektronische Transaktionen.

[852] RL 1999/93/EG des Europäischen Parlaments und des Rates v. 13.12.1999 über gemeinschaftliche Rahmenbedingungen für elektronische Signaturen (außer Kraft), ABl. EU L 13 v. 19.1.2000, S. 12–20.

[853] Authentifizierung ist „ein elektronischer Prozess, der die Bestätigung der elektronischen Identifizierung einer natürlichen oder juristischen Person oder die Bestätigung des Ursprungs und der Unversehrtheit von Daten in elektronischer Form ermöglicht" (Art. 3 Nr. 5).

(vgl. ErwGr. 26, 27 und Art. 12). Daher ist die Liste der in der VO enthaltenen Vertrauensdienste zwar abschließend, jedoch soll es den Mitgliedstaaten freistehen, weitere Vertrauensdienste für die innerstaatliche qualifizierte Anerkennung zuzulassen (ErwGr. 25).

Entsprechend der wortgleichen Legaldefinition der Signatur-RL ist auch nach der eIDAS-VO die elektronische Identifizierung

„der Prozess der Verwendung von Personenidentifizierungsdaten in elektronischer Form, die eine natürliche oder juristische Person oder eine natürliche Person, die eine juristische Person vertritt, eindeutig repräsentiert" (Art. 3 Nr. 1).

Zur Identifizierung im Online-Umfeld werden elektronische Identifizierungsmittel (Art. 3 Nr. 2) wie elektronische Signaturen (Art. 3 Nr. 10) oder elektronische Siegel (Art. 3 Nr. 25) verwendet. Dazu gehört etwa der dt. Personalausweis mit elektronischem Identitätsnachweis (sog. eID-Funktion).[854] Bestimmte elektronische Signaturen, sog. „qualifizierte Signaturen" (vgl. Art. 3 Nr. 12), entsprechen in ihrer Rechtswirkung einer handschriftlichen Unterschrift (Art. 25 Abs. 2). In der EU niedergelassene (Art. 2 Abs. 1), qualifizierte (Art. 3 Nr. 17) Anbieter von Vertrauensdiensten haben nach der eIDAS-VO die Möglichkeit, ein EU-Vertrauenssiegel[855] zu verwenden, um die von ihnen erbrachten qualifizierten Vertrauensdienste zu kennzeichnen (Art. 23, 24).[856] So dient die VO – entsprechend ihrem ErwGr. 47 – u. a. der Förderung der Benutzerfreundlichkeit und Vertrauenswürdigkeit elektronischer Dienste für deren umfassende Verwendung durch die Endnutzer. Um die Durchführung grenzüberschreitender elektronischer Transaktionen zu erleichtern, werden in einem Mitgliedstaat ausgestellte elektronische Identifizierungsmittel auch in anderen Mitgliedstaaten zum Zweck der Identifikation anerkannt (Art. 6). Sofern sie die Voraussetzungen des Art. 7 erfüllen, werden die Identifikationssysteme der Kommission unter Angabe ihrer Sicherheitsniveaus („niedrig", „substanziell" oder „hoch", vgl. Art. 8) durch den notifizierenden Mitgliedstaat mitgeteilt (Art. 9 Abs. 1).

---

[854] Notifiziert nach Art. 9 Abs. 1 eIDAS-VO (ABl. EU C 319 v. 26.9.2017, S. 3). Vgl. dazu die Informationen des *BMI*, Die eIDAS-Verordnung und ihre Bedeutung für die eID-Funktion, abrufbar unter: https://www.personalausweisportal.de/Webs/PA/DE/verwaltung/eIDAS-verordnung-der-EU/eidas-verordnung-der-eu-node.html.

[855] Zur Form des Vertrauenssiegels, vgl. die Durchführungs-VO (EU) 2015/806 der Kommission v. 22.5.2015 zur Festlegung von Spezifikationen für die Form des EU-Vertrauenssiegels für qualifizierte Vertrauensdienste, ABl. EU L 128 v. 23.5.2015, S. 13–15.

[856] Anbieter solcher qualifizierten Zertifikate sind u. a. der brit. Identitätsdiensteanbieter GlobalSign (*GlobalSign, führende Zertifizierungsstelle, ist jetzt als qualifizierter Vertrauensdiensteanbieter in Europa anerkannt*, GlobalSign Pressemitteilung v. 17.10.2018, abrufbar unter: https://www.globalsign.com/de/de/unternehmen/news-events/news/globalsign-als-qualifizierter-vertrauensdiensteanbieter-anerkannt) und das österr. Softwareunternehmen PrimeSign (*PrimeSign ist qualifizierter Vertrauensdiensteanbieter*, abrufbar unter: https://www.prime-sign.com/trustcenter.html).

bb) Verbraucherschutz

Die vermehrte Nutzung von Instrumenten des E-Commerce und die Möglichkeit des Online-Abschlusses von Verträgen haben den Bedarf an einem den neuen Gegebenheiten angemessenen Verbraucherschutz erhöht.

Den effektiven Verbraucherschutz als Dauerthema des grenzüberschreitenden (Online-)Handels hat daher die „VO (EU) 2017/2394 des Europäischen Parlaments und des Rates v. 12. Dezember 2017 über die Zusammenarbeit zwischen den für die Durchsetzung der Verbraucherschutzgesetze zuständigen nationalen Behörden und zur Aufhebung der VO (EG) Nr. 2006/2004"[857] im Blick. Von einiger Brisanz ist der Umstand, dass Art. 9 Abs. 4 lit. g der VO den zuständigen Behörden zum Zweck der Durchsetzung der Einstellung oder Untersagung eines Verstoßes gegen die VO und zur Verhinderung des Risikos „einer schwerwiegenden Schädigung der Kollektivinteressen von Verbrauchern" eine *ultima ratio*-Befugnis u. a. zur Entfernung von Inhalten von Online-Schnittstellen (z. B. Internetseiten) oder zur Beschränkung des Zugangs zu einer solchen Schnittstelle verleiht.[858]

Bekannter ist allerdings die sog. „Verbraucherrechte-RL",[859] die mit Blick auf die vollumfängliche Ausnutzung des „grenzüberschreitende[n] Potenzial[s] des Versandhandels, das zu den wichtigsten greifbaren Ergebnissen des Binnenmarkts gehören sollte" und zum Zweck der Angleichung der zuvor sehr un-

---

[857] VO (EU) 2017/2394 des Europäischen Parlaments und des Rates v. 12.12.2017 über die Zusammenarbeit zwischen den für die Durchsetzung der Verbraucherschutzgesetze zuständigen nationalen Behörden und zur Aufhebung der VO (EG) Nr. 2006/2004, ABl. EU L 345 v. 27.12.2017, S. 1–26.

[858] Im Jahr 2016 überraschte der „Vorschlag für eine VO des Europäischen Parlaments und des Rates über die Zusammenarbeit zwischen den für die Durchsetzung der Verbraucherschutzgesetze zuständigen nationalen Behörden" v. 25.5.2016, COM(2016) 283 final – 2016/0148 (COD) mit der noch ungleich radikaleren Ankündigung, dass „[i]nsbesondere im digitalen Umfeld [...] die zuständigen Behörden Verstöße schnell und effektiv abstellen können" sollten, „vor allem wenn der Händler beim Verkauf von Waren oder Dienstleistungen seine Identität verschleiert oder innerhalb der Union oder in ein drittes Land umzieht, um sich der Strafverfolgung zu entziehen. In Fällen, in denen die Gefahr einer schwerwiegenden und nicht wieder gutzumachenden Schädigung von Verbrauchern besteht, sollten die zuständigen Behörden einstweilige Maßnahmen anordnen können, um einer solchen Schädigung vorzubeugen oder diese zu minimieren, einschließlich, gegebenenfalls, die Sperrung einer Webseite, Domain oder einer ähnlichen digitalen Seite, Dienstleistung oder eines Kontos. Außerdem sollten die zuständigen Behörden die Befugnis haben eine Webseite, Domain oder eine ähnliche digitale Seite, Dienstleistung oder ein Konto aus dem Netz zu nehmen oder durch einen Drittanbieter aus dem Netz nehmen zu lassen, [...]" (ErwGr. 12). Die finale Version der VO (EU) 2017/2394 liest sich demgegenüber deutlich moderater. Dennoch zu den Risiken der hoheitlichen Sperrung von Webseiten, *infra* Teil II, Kap. 2, II.2.a.

[859] RL 2011/83/EU des Europäischen Parlaments und des Rates v. 25.10.2011 über die Rechte der Verbraucher, zur Abänderung der RL 93/13/EWG des Rates und der RL 1999/44/EG des Europäischen Parlaments und des Rates sowie zur Aufhebung der RL 85/577/EWG des Rates und der RL 97/7/EG des Europäischen Parlaments und des Rates, ABl. EU L 304 v. 22.11.2011, S. 64–88.

terschiedlichen Verbraucherschutzvorschriften der Mitgliedstaaten erarbeitet wurde (ErwGr. 5). Sie enthält Regelungen über den elektronischen Abschluss von Verträgen zwischen einem Unternehmer und einem Verbraucher i. S. d. Art. 2 Nr. 1 und 2 im Fernabsatz unter Verwendung eines oder mehrerer Fernkommunikationsmittel (Art. 2 Nr. 7). Die Inhalte der Verbraucherrechte-RL beziehen sich auf Kauf- (Art. 2 Nr. 5) bzw. Dienstleistungsverträge (Art. 2 Nr. 6) über Waren und Dienstleistungen sowie auf Verträge über den Erwerb digitaler Inhalte, also „Daten, die in digitaler Form hergestellt oder bereitgestellt werden" (Art. 2 Nr. 11) „wie Computerprogramme, Anwendungen (Apps), Spiele, Musik, Videos oder Texte", sofern sie nicht von vornherein auf einem körperlichen Datenträger angeboten werden (ErwGr. 19). Den Unternehmer treffen beim Vertragsabschluss im Fernabsatz besondere Informationspflichten (Art. 6) und formale Anforderungen (Art. 8). So muss der Unternehmer dafür Sorge tragen, dass sich der Verbraucher bei Abschluss des Bestellvorgangs über dessen Kostenpflichtigkeit im Klaren ist (Art. 8 Abs. 1 UAbs. 2). Zudem werden die Mitgliedstaaten dazu aufgefordert, den Unternehmen zu verbieten, von den Kunden zusätzliche Entgelte für die Nutzung bestimmter Zahlungsmittel zu verlangen (Art. 19). Dem Verbraucher steht innerhalb von 14 Tagen nach Abschluss des Vertrages ein Widerrufsrecht zu (Art. 9).[860]

cc) Telekommunikation

Nicht zuletzt die Art und Weise der Telekommunikation hat sich durch die vermehrte Nutzung des Internets grundlegend verändert. Beim Telefonieren ist man nun nicht mehr auf Telefonleitungen angewiesen. Internet/VoIP/IP-Telefonie gilt als günstige Alternative zum herkömmlichen Festnetzsystem. Der Instant-Messenger-Dienst Skype und der Messenger-Service WhatsApp sind die bekanntesten VoIP-Anbieter.

Daher skizziert die „Rahmen-RL"[861] einen gemeinsamen Rechtsrahmen für die Regulierung von

„Übertragungssysteme[n] [...], die die Übertragung von Signalen über Kabel, Funk, optische oder andere elektromagnetische Einrichtungen ermöglichen, einschließlich Satellitennetze, feste (leitungs- und paketvermittelte, einschließlich Internet) und mobile terrestrische Netze, Stromleitungssysteme, soweit sie zur Signalübertragung genutzt werden, Netze für Hör- und Fernsehfunk sowie Kabelfernsehnetze, unabhängig von der Art der übertragenen Informationen" (Art. 2 lit. a)

und den zugehörigen gegen Entgelt erbrachten elektronischen Kommunikationsdiensten (Art. 2 lit. c). Für die Einhaltung der Vorgaben sind von den Mit-

---

[860] Zu den Pflichten von Unternehmer und Verbraucher im Widerrufsfall, vgl. Art. 13, 14, zu den Ausnahmen vom Widerrufsrecht Art. 16.
[861] RL 2002/21/EG des Europäischen Parlaments und des Rates v. 7.3.2002 über einen gemeinsamen Rechtsrahmen für elektronische Kommunikationsnetze und -dienste, ABl. EU L 108, v. 24.4.2002, S. 33–50.

gliedstaaten zu benennende unabhängige nationale Regulierungsbehörden i. S. d. Art. 3 zuständig (zu deren Aufgaben vgl. Art. 8, 10, 16, 20, 21).

Zum europäischen Rechtsrahmen für elektronische Kommunikationsnetze und -dienste gehören[862] die „Zugangs-RL",[863] die „Genehmigungs-RL",[864] die „Universaldienst-RL"[865] und die „ePrivacy-RL".

Über das Inkrafttreten der „Telekom-Binnenmarkt-VO"[866] dürften sich Internet-Nutzer in ganz Europa gefreut haben: Zum einen legte die VO die Grundlage für die Wahrung der sog. „Netzneutralität".[867] Der Begriff beschreibt den Grundsatz des gleichberechtigten und diskriminierungsfreien Zugangs zum und des Datenverkehrs im Internet[868] (vgl. Art. 1 Abs. 1 Telekom-Binnenmarkt-VO). Die Infrastruktur des Internets ist auf die Gleichbehandlung aller versendeten Datenpakete ausgelegt, jedes Paket wird mit der maximal zur Verfügung stehenden Geschwindigkeit und höchster Priorität versendet.[869] Der gesamte Datenverkehr soll, „ungeachtet des Senders, des Empfängers, des Inhalts, der Anwendung, des Dienstes oder des Endgeräts" (ErwGr. 8), gleichbehandelt werden. Verboten sind solche Praxen des Verkehrsmanagements, die den Verkehr nach Inhalten, Anwendungen oder Diensten blockieren, verlangsamen,

---

[862] Vgl. ErwGr. 1 der RL 2009/136/EG des Europäischen Parlaments und des Rates v. 25.11.2009 zur Änderung der RL 2002/22/EG über den Universaldienst und Nutzerrechte bei elektronischen Kommunikationsnetzen und -diensten, der RL 2002/58/EG über die Verarbeitung personenbezogener Daten und den Schutz der Privatsphäre in der elektronischen Kommunikation und der VO (EG) Nr. 2006/2004 über die Zusammenarbeit im Verbraucherschutz, ABl. EU L 337 v. 18.12.2009, S. 11–36.

[863] RL 2002/19/EG des Europäischen Parlaments und des Rates v. 7.3.2002 über den Zugang zu elektronischen Kommunikationsnetzen und zugehörigen Einrichtungen sowie deren Zusammenschaltung, ABl. EU L 108 v. 24.4.2002, S. 7–20.

[864] RL 2002/20/EG des Europäischen Parlaments und des Rates v. 7.3.2002 über die Genehmigung elektronischer Kommunikationsnetze und -dienste, ABl. EU L 108 v. 24.4.2002, S. 21–32.

[865] RL 2002/22/EG des Europäischen Parlaments und des Rates v. 7.3.2002 über den Universaldienst und Nutzerrechte bei elektronischen Kommunikationsnetzen und -diensten, ABl. EU L 108 v. 24.4.2002, S. 51–77.

[866] VO (EU) 2015/2120 des Europäischen Parlaments und des Rates v. 25.11.2015 über Maßnahmen zum Zugang zum offenen Internet und zur Änderung der RL 2002/22/EG über den Universaldienst und Nutzerrechte bei elektronischen Kommunikationsnetzen und -diensten sowie der VO (EU) Nr. 531/2012 über das Roaming in öffentlichen Mobilfunknetzen in der Union, ABl. EU L 310 v. 26.11.2015, S. 1–18.

[867] *Bundesnetzagentur*, BEREC veröffentlicht finale Leitlinien zur Netzneutralität, 30.8.2016, abrufbar unter: https://www.bundesnetzagentur.de/SharedDocs/Pressemitteilungen/DE/2016/160829_BEREC.html.

[868] Vgl. *Johannes Osing*, Die Netzneutralität im Binnenmarkt. Zur Bindung der Internet-Provider an die Europäischen Grundfreiheiten und Grundrechte, Recht und Politik in der Europäischen Union Bd. 7, Nomos, Baden-Baden 2017, S. 17. Zur „Netzneutralität" *infra* Teil II, Kap. 2, B.II.

[869] *Johannes Osing*, Die Netzneutralität im Binnenmarkt. Zur Bindung der Internet-Provider an die Europäischen Grundfreiheiten und Grundrechte, Recht und Politik in der Europäischen Union Bd. 7, Nomos, Baden-Baden 2017, S. 17.

verändern, beschränken, stören, schädigen oder diskriminieren (ErwGr. 11). Gewährleistet wird der freie Zugang zum offenen Internet (Art. 3, 4). Überwacht und durchgesetzt wird die Einhaltung der Art. 3 und 4 der VO von nationalen Regulierungsbehörden (Art. 5).

Zum anderen schaffte diese VO die zuvor viel diskutierten und sukzessive gesenkten[870] sog. „Roaming-Gebühren" nach Ablauf einer Übergangsfrist (30. April 2016–14. Juni 2017) endgültig ab. Unter Roaming (engl. „[to] roam" = herumwandern, streunen) ist das Tätigen oder Annehmen von Anrufen bzw. das Senden und Empfangen von Kurznachrichten oder die Nutzung von internetgestützten Datenkommunikationsdiensten mittels eines mobilen Geräts in einem anderen EU-Mitgliedstaat als dem, in dem der inländische Betreiber sein Netz zur Verfügung stellt (vgl. Art. 2 Abs. 2 lit. f Roaming-VO),[871] zu verstehen. Die Roaming-VO sah bereits vor, „dass der Unterschied zwischen Roaming- und Inlandstarifen gegen Null gehen sollte" (ErwGr. 21 der Telekom-Binnenmarkt-VO). Die Telekom-Binnenmarkt-VO führte schließlich das „Roam Like At Home"-Prinzip ein, wonach der inländische Mobilfunktarif im Ausland zu denselben Konditionen genutzt werden kann.[872]

dd) Fernsehen

Fernsehen ist im Zeitalter des Internets gedanklich nicht mehr in erster Linie mit dem Bild eines Fernsehapparats verknüpft. Online-Mediatheken, Streaming-Dienste und Video-on-Demand-Services stehen dagegen hoch im Kurs, der Nutzer kreiert heutzutage sein eigenes TV-Programm. Das hat auch die EU erkannt und im Jahr 2010 die „RL über Audiovisuelle Mediendienste"[873] er-

---

[870] Vgl. z. B. die Entgeltobergrenzen der Art. 3, 4 der VO (EG) Nr. 717/2007 des Europäischen Parlaments und des Rates v. 27.6.2007 über das Roaming in öffentlichen Mobilfunknetzen in der Gemeinschaft und zur Änderung der Richtlinie 2002/21/EG (außer Kraft), ABl. EU L 171 v. 29.6.2007, S. 32–40; Absenkung der Obergrenzen aus Art. 3 und 4 durch die VO (EG) Nr. 544/2009 des Europäischen Parlaments und des Rates v. 18.6.2009 zur Änderung der VO (EG) Nr. 717/2007 über das Roaming in öffentlichen Mobilfunknetzen in der Gemeinschaft und der RL 2002/21/EG über einen gemeinsamen Rechtsrahmen für elektronische Kommunikationsnetze und -dienste, ABl. EU L 167 v. 29.6.2009, S. 12–23, und die VO (EU) Nr. 531/2012 des Europäischen Parlaments und des Rates v. 13.6. 2012 über das Roaming in öffentlichen Mobilfunknetzen in der Union (Roaming-VO), ABl. EU L 172 v. 30.6.2012, S. 10–35.

[871] VO (EU) Nr. 531/2012 des Europäischen Parlaments und des Rates v. 13.6.2012 über das Roaming in öffentlichen Mobilfunknetzen in der Union, ABl. EU L 172 v. 30.6.2012, S. 10–35.

[872] *Bundesnetzagentur*, Fragen und Antworten zum EU-Roaming, abrufbar unter: https://www.bundesnetzagentur.de/DE/Vportal/TK/InternetTelefon/Roaming/FAQ_Roaming/start.html. Beachte aber die „Fair Use Policy" des durch die Telekom-Binnenmarkt-VO eingeführten neuen Art. 6b Abs. 1 zur „Angemessenen Nutzung", vgl. ErwGr. 22.

[873] S. dazu auch schon *supra* Teil II, Kap. 2, B.3.d. im Zusammenhang mit dem Fernsehübereinkommen des Europarats.

lassen. Die RL ersetzt die veraltete „Fernseh-RL"[874] und ist bedeutend offener, damit technikneutraler und zukunftsgerichteter formuliert. Im Gegensatz zu ihrer Vorgängerin aus dem Jahr 1989 bzw. 1997 (Novellierung) erfasst die RL sowohl lineare (Art. 1 Abs. 1 lit. e: Fernsehprogramme) als auch nicht lineare audiovisuelle Mediendienste auf Abruf, Art. 1 Abs. 1 lit. g (vgl. ErwGr. 11):

„Für die Zwecke dieser Richtlinie bezeichnet der Ausdruck
[…]
g) „audiovisueller Mediendienst auf Abruf" (d. h. ein nichtlinearer audiovisueller Mediendienst) einen audiovisuellen Mediendienst, der von einem Mediendiensteanbieter für den Empfang zu dem vom Nutzer gewählten Zeitpunkt und auf dessen individuellen Abruf hin aus einem vom Mediendiensteanbieter festgelegten Programmkatalog bereitgestellt wird; […]."

Nicht erfasst ist aber nach der Rechtsprechung des EuGH in dieser Sache der Betrieb eines Werbevideokanals auf der Online-Plattform YouTube.[875]

Die Fernseh-RL schloss jegliche individuell abrufbaren Dienste jenseits des „klassischen Rundfunks"[876] noch explizit aus ihrem Anwendungsbereich aus (Art. 1 lit. a Satz 3):

„Nicht eingeschlossen sind Kommunikationsdienste, die auf individuellen Abruf Informationen oder andere Inhalte übermitteln, wie Fernkopierdienste, elektronische Datenbanken und andere ähnliche Dienste."

Den veränderten „Sehgewohnheiten, insbesondere […] der jüngeren Generationen",[877] trägt nun die Änderungs-RL (EU) 2018/1808 in besonderem Maße Rechnung. Sie modifiziert die RL über Audiovisuelle Mediendienste und schließt explizit auch Video-Sharing-Plattform-Dienste (Art. 1 Abs. 1 lit. aa)[878]

---

[874] RL 89/552/EWG des Rates v. 3.10.1989 zur Koordinierung bestimmter Rechts- und Verwaltungsvorschriften der Mitgliedstaaten über die Ausübung der Fernsehtätigkeit (außer Kraft), ABl. EU L 298 v. 17.10.1989, S. 23–30.

[875] EuGH, Urt. v. 21.2.2018 – Rs. C-132/17, ECLI:EU:C:2018:85, Rn. 23–26 – Peugeot Deutschland GmbH/Deutsche Umwelthilfe e. V. Werbevideos in dieser Form stellen auch keine „audiovisuelle kommerzielle Kommunikation" i. S. v. Art. 1 Abs. 1 lit. h dar, vgl. Rn. 31.

[876] *Patrick G. Mayer*, Das Internet im öffentlichen Recht. Unter Berücksichtigung europarechtlicher und völkerrechtlicher Vorgaben, Tübinger Schriften zum Staats- und Verwaltungsrecht Bd. 48, Duncker & Humblot, Berlin 1999, S. 126.

[877] ErwGr. 1 der RL (EU) 2018/1808 des Europäischen Parlaments und des Rates v. 14.11.2018 zur Änderung der RL 2010/13/EU zur Koordinierung bestimmter Rechts- und Verwaltungsvorschriften der Mitgliedstaaten über die Bereitstellung audiovisueller Mediendienste (RL über Audiovisuelle Mediendienste) im Hinblick auf sich verändernde Marktgegebenheiten, ABl. EU L 303 v. 28.11.2018, S. 69–92.

[878] Nach der Legaldefinition ist ein Video-Sharing-Plattform-Dienst „eine Dienstleistung im Sinne der Artikel 56 und 57 des Vertrags über die Arbeitsweise der Europäischen Union, bei der der Hauptzweck der Dienstleistung oder eines trennbaren Teils der Dienstleistung oder eine wesentliche Funktion der Dienstleistung darin besteht, Sendungen oder nutzergenerierte Videos, für die der Video-Sharing-Plattform-Anbieter keine redaktionelle Verantwortung trägt, der Allgemeinheit über elektronische Kommunikationsnetze […] zur Information, Unterhaltung oder Bildung bereitzustellen, und deren Organisation vom Video-Sharing-Plattform-An-

und soziale Netzwerke (sofern „eine wesentliche Funktion des sozialen Netzwerks in der Bereitstellung von Sendungen und von nutzergenerierten Videos besteht", ErwGR. 5) in den Anwendungsbereich der RL mit ein (Art. 1 Abs. 1 lit. ba). Die zunehmende Bedeutung und Verbreitung nutzergenerierter Inhalte im audiovisuellen Angebot und die Etablierung neuer Anbieter wie „Videoabrufdienste[...] und Video-Sharing-Plattformen" haben einen

> „aktualisierten Rechtsrahmen erforderlich [gemacht], um den Entwicklungen des Marktes Rechnung zu tragen und ein Gleichgewicht zwischen dem Zugang zu Online-Inhalte-Diensten, dem Verbraucherschutz und der Wettbewerbsfähigkeit zu schaffen" (ErwGr. 1).

Doch auch „schädliche Inhalte und Hassbotschaften, die durch Video-Sharing-Plattform-Dienste bereitgestellt werden", gäben „zunehmend Anlass zur Sorge", ist im ErwGr. 45 der Änderungs-RL zu lesen. Daher haben die Mitgliedstaaten laut dem neugefassten Art. 6 Gewalt- und Hassaufrufe in audiovisuellen Inhalten wirksam zu bekämpfen und dafür zu sorgen, dass diese „keine öffentliche Aufforderung zur Begehung einer terroristischen Straftat [...] enthalten". Daneben enthält die Änderungs-RL u. a. Vorgaben zum Schutz von Minderjährigen vor unangemessenen Inhalten audiovisueller Mediendienste (Art. 6a), die „die körperliche, geistige oder sittliche Entwicklung von Minderjährigen beeinträchtigen können" (Art. 6a Abs. 1).

Ausweislich des neuen Art. 4a Abs. 1 der RL unterstützen die Mitgliedstaaten für eine umfassende Regulierung im Bereich der audiovisuellen Mediendienste und eine Einbeziehung der Anbieter in den Regelungsprozess grds. „die Nutzung der Koregulierung und die Förderung der Selbstregulierung mithilfe von Verhaltenskodizes".

Anwendbar auf den Bereich audiovisueller Mediendienste i. S. d. RL über Audiovisuelle Mediendienste ist auch die „Portabilitäts-VO".[879] Sie trat am 20. Juli 2017 in Kraft und gilt gem. ihrem Art. 11 Abs. 2 seit dem 1. April 2018.[880] Immer häufiger kommt es vor, dass Verbraucher mit Diensteanbietern

---

bieter bestimmt wird, auch mit automatischen Mitteln oder Algorithmen, insbesondere durch Anzeigen, Tagging und Festlegung der Abfolge".

[879] VO (EU) 2017/1128 des Europäischen Parlaments und des Rates v. 14.6.2017 zur grenzüberschreitenden Portabilität von Online-Inhaltediensten im Binnenmarkt, ABl. EU L 168 v. 30.6.2017, S. 1–11.

[880] Ursprünglich sollte die Portabilitäts-VO bereits ab dem 20.3.2018 gelten, dieses Datum wurde aber nachträglich berichtigt, vgl. Berichtigung der VO (EU) 2017/1128 des Europäischen Parlaments und des Rates v. 14.6.2017 zur grenzüberschreitenden Portabilität von Online-Inhaltediensten im Binnenmarkt, ABl. EU L 168 v. 30.6.2017, abrufbar unter: https://eur-lex.europa.eu/legal-content/DE/TXT/PDF/?uri=CELEX:32017R1128R(01)&from=DE. Für „Verträge und Rechte, die vor ihrem Geltungsbeginn geschlossen beziehungsweise erworben wurden" (Art. 9 Abs. 1) gilt die Verordnung rückwirkend, sofern dies für den Zugriff auf einen Online-Inhaltedienst und dessen Nutzung auch nach diesem Zeitpunkt relevant sein sollte. Nach Art. 9 Abs. 2 erfolgte bis zum 21.5.2018 eine Überprüfung des Wohnsitzmitgliedstaats aller Abonnenten, die vor dem 20.3.2018 den Zugang und Nutzungsrechte erworben haben.

Verträge über die Bereitstellung von portablen Online-Inhaltediensten schließen (ErwGr 3). Halten sich Verbraucher vorübergehend und zeitlich begrenzt (Art. 2 Nr. 4), also im Urlaub, anlässlich einer Geschäftsreise oder im Auslandssemester (ErwGr. 1) in einem anderen Mitgliedstaat als ihrem Wohnsitzmitgliedstaat auf, können sie häufig nicht mehr auf die Online-Inhaltedienste zugreifen und diese nutzen, obwohl sie für diese in ihrem Wohnsitzmitgliedstaat rechtmäßig ein Zugriffs- und Nutzungsrecht erworben haben (ErwGr. 3). Das liegt in der Regel daran, dass für die Übertragungsrechte für urheberrechtlich oder durch verwandte Schutzrechte geschützte Inhalte wie audiovisuelle Werke regelmäßig Gebietslizenzen vergeben werden und es Anbietern von Online-Inhaltediensten freisteht, nur bestimmte Märkte zu bedienen (ErwGr. 4). Die Portabilitäts-VO sorgt dafür, dass die Anbieter von Online-Inhaltediensten nach Art. 3 Abs. 1 ihren Kunden ihre Dienste auch dann ohne Zusatzkosten (Art. 3 Abs. 2) zur Verfügung stellen können, wenn diese sich in einem anderen Mitgliedstaat aufhalten. Das wird im Wege einer rechtlichen Fiktion ermöglicht: Die Bereitstellung der Dienste sowie Zugriff und Nutzung *gelten* als in dem Wohnsitzmitgliedstaat des Abonnenten erfolgt (Art. 4). So muss der Anbieter nicht jeweils im betreffenden Aufenthaltsstaat des Nutzers die entsprechenden Rechte erwerben (ErwGr. 23). Befindet sich der Nutzer in einem anderen EU-Mitgliedstaat, darf der Anbieter den Zugriff auf den Dienst nicht nur deshalb kappen, weil sich der Abonnent vorübergehend nicht mehr im Wohnsitzstaat aufhält.[881] Nach ErwGr. 33 dient die VO so der verbesserten Wettbewerbsfähigkeit der Anbieter durch Förderung der Weiterentwicklung von Online-Inhaltediensten und des Kundenzuwachses.

Vom Geltungsbereich der VO gedeckt sind Dienstleistungen i. S. d. Art. 56 und 57 AEUV (Art. 2 Nr. 5), die online erbracht werden und portabel sind, den Nutzer bei Zugriff und Nutzung in seinem Wohnsitzmitgliedstaat also nicht auf einen bestimmten Standort beschränken (Art. 2 Nr. 6). Diese Dienstleistungen müssen nach Art. 2 Nr. 5 entweder einen audiovisuellen Mediendienst i. S. d. Art. 1 lit. a der RL über Audiovisuelle Mediendienste (lit. i) darstellen, oder einen Dienst, der hauptsächlich auf die Bereitstellung von, den Zugang zu oder die Nutzung von Werken, sonstigen Schutzgegenständen oder Übertragungen von Rundfunkveranstaltern in linearer Form oder auf Abruf ausgerichtet ist (lit. ii). Ist der Hauptzweck des Dienstes dagegen der reine Warenkauf und werden andere Dienste wie Hintergrundmusik nur im Nebenzweck bereitgestellt, dann sind diese Dienste nicht von der VO erfasst (ErwGr. 16).

Die VO bezieht sich insbes. auf Bezahldienste (ErwGr. 18), die ihren Abonnenten auf Abruf Videos (z. B. Netflix, HBO Go, Amazon Prime), Online-Fern-

---

[881] *Amt für Veröffentlichungen der EU, Generaldirektion Kommunikationsnetze, Inhalte und Technologien*, Online-Inhalte grenzübergreifend nutzen, Zusammenfassungen der Verordnung (EU) 2017/1128 – Portabilität von Online-Inhaltediensten innerhalb der EU, abrufbar unter: https://eur-lex.europa.eu/summary/DE/4304081.

sehen (z. B. Viaplay von Viasat, Now TV von Sky oder Voyo), Musikstreaming (z. B. Spotify, Deezer, Google Music) oder Online-Spiele (z. B. Steam, Origin) zur Verfügung stellen.[882] Aber die VO ist auch auf kostenlos bereitgestellte Dienste (Art. 6 Abs. 1, 3) wie die Plattform YouTube anwendbar. Der Anbieter eines solchen Dienstes kann selbst entscheiden, ob er seinen Abonnenten während eines vorübergehenden Aufenthalts in einem anderen Mitgliedstaat weiterhin den Zugriff und die Nutzung seines Online-Inhaltedienstes ermöglicht, allerdings unter der Voraussetzung, dass der Anbieter den Wohnsitzstaat im Einklang mit der VO überprüft (Art. 6 Abs. 1). Im Ergebnis werden die Inhaltedienste daher verpflichtet, ihre Streaming-Angebote europaweit zu offerieren. Das betrifft auch das Streamen von Live-Übertragungen von Sportereignissen. In diesem Bereich der Sportberichterstattung („Rundfunkübertragung von Ereignissen von erheblicher gesellschaftlicher Bedeutung" sowie „Kurzberichterstattung von Ereignissen von großem Interesse für die Öffentlichkeit") erfolgte eine Harmonisierung auf EU-Ebene bereits durch die RL über Audiovisuelle Mediendienste. Audiovisuelle Mediendienste i. S. d. gleichnamigen RL sind u. a. Dienstleistungen, die Zugriff auf Inhalte wie Sportberichte, Nachrichten oder aktuelle Ereignisse bieten (ErwGr. 5) und damit auch Streaming-Angebote in Paketform (z. B. von Sky Sport), welche aus einer Kombination elektronischer Kommunikationsdienste mit Online-Inhaltediensten bestehen und in deren Rahmen nicht zwischen urheberrechtlich geschützten und nicht geschützten Inhalten getrennt werden kann, ohne die Handhabung für den Verbraucher weniger komfortabel zu machen und damit den Wert des Pakets zu mindern (ErwGr. 6).

Von den Vorgaben der Portabilitäts-VO profitieren aber nur Abonnenten mit Wohnsitz in einem EU-Mitgliedstaat (Art. 2 Nr. 1).[883] Die Ermittlung des Wohnsitzstaates des Abonnenten erfolgt bei Abschluss und Verlängerung des Vertrags (bei begründeten Zweifeln auch während der Laufzeit, Art. 5 Abs. 2) durch den Anbieter. Dazu nutzt dieser Daten i. S. v. Art. 5 Abs. 1 lit. a–k, über die er im Idealfall bereits verfügt (ErwGr. 27), also Zahlungsinformationen wie Kreditkartendaten (Art. 5 Abs. 1 lit. b) oder Abrechnungsdaten (Art. 5 Abs. 1 lit. i). Eine Überprüfung der IP-Adresse dagegen soll nur im Einklang mit der Datenschutz-RL[884] und der ePrivacy-RL vorgenommen werden (ErwGr. 28). Dabei handelt es sich nämlich um die Verarbeitung personenbezogener Daten. Die Weiterga-

---

[882] *Amt für Veröffentlichungen der EU, Generaldirektion Kommunikationsnetze, Inhalte und Technologien*, Online-Inhalte grenzübergreifend nutzen, Zusammenfassungen der Verordnung (EU) 2017/1128 – Portabilität von Online-Inhaltediensten innerhalb der EU, abrufbar unter: https://eur-lex.europa.eu/summary/DE/4304081.
[883] Nicht erfasst ist der grenzüberschreitende Zugriff der Verbraucher auf Online-Inhaltedienste in einem anderen Mitgliedstaat als ihrem Wohnsitzmitgliedstaat, vgl. ErwGr. 12.
[884] Die Datenschutz-RL wurde durch die seit dem 25.5.2018 anwendbare DSGVO ersetzt, dazu *infra* Teil II, Kap. 2, B. I.5.d.ff.

be der Daten an Dritte ist dem Anbieter nicht gestattet (Art. 5 Abs. 2), nach Abschluss der Überprüfung sind die Daten unverzüglich zu löschen (Art. 8 Abs. 3).

ee) Urheberrecht

Die „Urheberrechts-RL"[885] setzt den WCT der WIPO auf Ebene der EU um (ErwGr. 15) und dient der „Förderung der Entwicklung der Informationsgesellschaft in Europa" durch die Etablierung eines Binnenmarkts „für neue Produkte und Dienstleistungen" (ErwGr. 2), bei deren Schutz das Urheberrecht eine herausgehobene Rolle spielt. Die RL soll u. a. „neuen Formen der Verwertung" und der dadurch erhöhten Gefahr für die Unversehrtheit geistigen Eigentums Rechnung tragen (ErwGr. 3, 5). Die Union hat nach Art. 167 Abs. 4 AEUV (ehem. Art. 151 EGV) bei ihrer Tätigkeit den kulturellen Aspekten Rechnung zu tragen, dazu gehört auch der angemessene Schutz von urheberrechtlich geschützten Werken (ErwGr. 12). Nach Art. 3 Abs. 1 ist denn auch dem Urheber eines Werks das Recht der öffentlichen Wiedergabe vorbehalten. Der Wortlaut der Norm entspricht im Wesentlichen dem des Art. 8 WCT. Unter Bezugnahme auf die am technischen Wandel orientierte Auslegung von Art. 8 WCT kann auch hier entsprechend davon ausgegangen werden, dass die öffentliche Wiedergabe die Verbreitung im Internet einschließt. Diese Interpretation korrespondiert mit den Ausführungen von ErwGr. 23 der RL, wonach das Recht auf öffentliche Wiedergabe weit verstanden werden soll. Es umfasst daher

„jegliche Wiedergabe an die Öffentlichkeit […], die an dem Ort, an dem die Wiedergabe ihren Ursprung nimmt, nicht anwesend ist. Dieses Recht sollte jegliche entsprechende drahtgebundene oder drahtlose öffentliche Übertragung oder Weiterverbreitung eines Werks, einschließlich der Rundfunkübertragung, umfassen".

Das betrifft auch die „interaktive[…] Übertragung auf Abruf" (ErwGr. 25), nicht jedoch Direktübertragungen im Live-Stream über das Internet.[886]

Die „Online-SatCab-RL"[887] wurde seit September 2016 im Rahmen des ordentlichen Gesetzgebungsverfahrens nach Art. 294 AEUV diskutiert. Die ursprünglich als VO geplante RL[888] musste bis zum 7. Juni 2021 von den Mitgliedstaaten in nationales Recht umgesetzt werden. Digitale und Online-

---

[885] RL 2001/29/EG des Europäischen Parlaments und des Rates v. 22.5.2001 zur Harmonisierung bestimmter Aspekte des Urheberrechts und der verwandten Schutzrechte in der Informationsgesellschaft, ABl. EU L 167 v. 22.6.2001, S. 10–19.

[886] EuGH, Urt. v. 26.3.2015 – Rs. C-279/13, ECLI:EU:C:2015:199, Rn. 27 – C More Entertainment AB/Sandberg.

[887] RL (EU) 2019/789 des Europäischen Parlaments und des Rates v. 17.4.2019 mit Vorschriften für die Ausübung von Urheberrechten und verwandten Schutzrechten in Bezug auf bestimmte Online-Übertragungen von Sendeunternehmen und die Weiterverbreitung von Fernseh- und Hörfunkprogrammen und zur Änderung der RL 93/83/EWG des Rates, ABl. EU L 130 v. 17.5.2019, S. 82–91.

[888] Vorschlag für eine VO des Europäischen Parlaments und des Rates mit Vorschriften für die Wahrnehmung von Urheberrechten und verwandten Schutzrechten in Bezug auf bestimm-

Dienste ermöglichen heutzutage die Entwicklung von sog. Simulcasting-Diensten (gleichzeitige Übertragung desselben Inhalts über mehrere Kanäle; engl. „simultaneous" = gleichzeitig; „[to] broadcast" = senden) oder Catch-up-Diensten („Dienste, die vom Sendeunternehmen bereits übertragene Fernseh- und Hörfunkprogramme für einen begrenzten Zeitraum nach ihrer Übertragung zugänglich machen, sogenannte Nachholdienste", ErwGr. 8) durch Rundfunkveranstalter parallel zu den herkömmlichen Fernseh- und Hörfunkprogrammen (vgl. ErwGr. 2). Trotzdem sind diese Programme häufig für potenzielle Kunden in anderen EU-Mitgliedstaaten nicht verfügbar, weil die Anbieter die entsprechenden Rechte im Vorfeld der grenzüberschreitenden Bereitstellung von den Urhebern der gezeigten Inhalte für die relevanten Gebiete erwerben müssten (vgl. ErwGr. 3).[889] Dieser Umstand stellt ein Hemmnis für den Binnenmarkt als (Wirtschafts-)Raum ohne Binnengrenzen dar.

Gegenstand der RL sind nach deren Art. 1 ergänzende Online- und Weiterverbreitungsdienste. Nicht erfasst sind von diesen Begriffen Musik- und Video-Streaming-Dienste oder übertragungsunabhängige Internet-Plattformen wie YouTube (ErwGr. 8). Um die grenzüberschreitende Bereitstellung von ergänzenden Online-Diensten zu erleichtern, bestimmt Art. 3 die Anwendung des „Ursprungslandprinzips" auf solche Services.[890] Danach müssen die Rechte für den urheberrechtlich relevanten Vorgang grds. nur in einem Mitgliedstaat, nämlich in dem der Hauptniederlassung des Sendeunternehmens, erworben werden.

Die umstrittene „DSM-RL"[891] war von den Mitgliedstaaten ebenfalls bis zum 7. Juni 2021 in nationales Recht umzusetzen. Die in der RL enthaltenen

---

te Online-Übertragungen von Rundfunkveranstaltern und die Weiterverbreitung von Fernseh- und Hörfunkprogrammen, COM(2016) 594 final, 14.9.2016.

[889] Vorschlag für eine VO des Europäischen Parlaments und des Rates mit Vorschriften für die Wahrnehmung von Urheberrechten und verwandten Schutzrechten in Bezug auf bestimmte Online-Übertragungen von Rundfunkveranstaltern und die Weiterverbreitung von Fernseh- und Hörfunkprogrammen, Begründung, Abschn. 1 (Kontext des Vorschlags: Gründe und Ziele des Vorschlags), COM/2016/0594 final – 2016/0284 (COD), Brüssel, 14.9.2016, abrufbar unter: https://eur-lex.europa.eu/legal-content/DE/TXT/?uri=CELEX:52016PC0594.

[890] Das Ursprungslandprinzip gilt nach der RL 93/83/EWG des Rates v. 29.9.1993 zur Koordinierung bestimmter urheber- und leistungsschutzrechtlicher Vorschriften betreffend Satellitenrundfunk und Kabelweiterverbreitung, ABl. EG L 248 v. 6.10.1993, S. 15–21, auch für den Satellitenrundfunk. Die RL kann aber nicht analog auf ergänzende Online-Dienste angewendet werden, eine Einbeziehung der erst in den letzten Jahren entwickelten neuen digitalen Techniken für die Übertragung und Weiterverbreitung von Fernseh- und Hörfunkprogrammen ist aufgrund der „technologiebedingten Eigenart" der RL nicht möglich, vgl. Vorschlag für eine VO des Europäischen Parlaments und des Rates mit Vorschriften für die Wahrnehmung von Urheberrechten und verwandten Schutzrechten in Bezug auf bestimmte Online-Übertragungen von Rundfunkveranstaltern und die Weiterverbreitung von Fernseh- und Hörfunkprogrammen, Begründung, Abschn. 3 (Ergebnisse von Ex-post-Bewertungen, Konsultationen der Interessenträger und Folgenabschätzungen: Ex-post-Bewertung/Eignungsprüfungen bestehender Rechtsvorschriften), COM/2016/0594 final, 14.9.2016, abrufbar unter: https://eur-lex.europa.eu/legal-content/DE/TXT/?uri=CELEX:52016PC0594.

[891] RL (EU) 2019/790 des Europäischen Parlaments und des Rates v. 17.4.2019 über das

Änderungen des Urheberrechts auf EU-Ebene sollen nach ihrem ErwGr. 3 dem technischen Wandel insbes. in urheberrechtsrelevanten Bereichen durch Zukunftsoffenheit Rechnung tragen. Zudem soll das Problem der häufig unangemessenen Bezahlung Kreativer für die Nutzung ihrer Schöpfungen durch Dritte gelöst (vgl. Art. 18) und die sog. „Value Gap"[892] zwischen den immensen Werbeeinnahmen großer Streaming-Plattformen und den ungleich geringeren Erträgen der Autoren und Künstler geschlossen werden.

Das Gesetzgebungsverfahren wurde begleitet von zahlreichen Protestaktionen[893] von Gegnern der EU-Urheberrechtsreform, die vielfach als Gefahr für die Freiheit des Internets und damit für den Binnenmarkt wahrgenommen wurde.[894] Stein des Anstoßes waren v. a. die in Art. 17 (ehem. Art. 13 des Kommissionsentwurfs)[895] enthaltenen Regelungen zur Verantwortlichkeit von ISPs für den Upload rechtsverletzender Inhalte durch Nutzer ihrer Online-Angebote. Nach Art. 17 Abs. 1 Satz 1 nimmt ein „Diensteanbieter für das Teilen von Online-Inhalten eine Handlung der öffentlichen Wiedergabe oder eine Handlung der öffentlichen Zugänglichmachung" vor, „wenn er der Öffentlichkeit Zugang zu von seinen Nutzern hochgeladenen urheberrechtlich geschützten Werken oder sonstigen Schutzgegenständen verschafft". Daher ist es grds. notwendig, dass der Diensteanbieter von dem Rechteinhaber eine Erlaubnis für die öffentliche Wiedergabe oder Zugänglichmachung seines Werks einholt, z. B. durch den Abschluss von Lizenzvereinbarungen (Art. 17 Abs. 1 Satz 2). Eine Vereinbarung dieser Art gilt auch für Handlungen, die von Nutzern der Angebote des sie abschließenden Anbieters vorgenommen werden, es sei denn, diese Nutzer (wie z. B. sog. „Influencer") werden gewerblich tätig oder erzielen nicht unerhebliche Einnahmen (Art. 17 Abs. 2 a. E.). Erhält der Dienstanbieter für die Vornahme der genannten Handlungen keine Erlaubnis, so haftet er grds. für

> „nicht erlaubte Handlungen der öffentlichen Wiedergabe, einschließlich der öffentlichen Zugänglichmachung, urheberrechtlich geschützter Werke oder sonstiger Schutzgegenstände" (Art. 17 Abs. 4).

Das Haftungsprivileg des Art. 14 der E-Commerce-RL gilt für ihn nicht (vgl. Art. 17 Abs. 3 DSM-RL), nur unter den Voraussetzungen des Art. 17 Abs. 4 DSM-RL kann der Anbieter eine Haftung abwenden. Ausgenommen von der

---

Urheberrecht und die verwandten Schutzrechte im digitalen Binnenmarkt und zur Änderung der RL 96/9/EG und 2001/29/EG, ABl. L 130 v. 17.5.2019, S. 92–125.

[892] Zum Phänomen der „Value Gap", vgl. *Matthias Leistner/Axel Metzger*, The EU Copyright Package: A Way Out of the Dilemma in Two Stages, IIC 48 (2017), 381–384 (381).

[893] Dazu *Katharina Kaesling*, Die EU-Urheberrechtsnovelle der – Untergang des Internets?, JZ 2019, 586–591 (587) m. w. N.

[894] Vgl. etwa *Lisa Hegemann*, Aufbruch ins unfreie Internet, ZEIT online, 14.2.2019, abrufbar unter: https://www.zeit.de/digital/internet/2019-02/eu-urheberrecht-leistungsschutzrecht-uploadfilter-europaeisches-parlament.

[895] Vorschlag für eine RL des Europäischen Parlaments und des Rates über das Urheberrecht im digitalen Binnenmarkt, COM(2016) 593 final 2016/0280(COD), 14.9.2016.

Haftung sind Betreiber von Cloud-Services für die individuelle Nutzung, Open Source-Software-Plattformen, Online-Enzyklopädien wie Wikipedia und virtuelle Marktplätze für den Warenvertrieb wie eBay oder Amazon (Art. 2 Nr. 6 Satz 2).

Die Maßnahmen, die die Anbieter zum Schutz der Rechteinhaber ergreifen, dürfen nicht den freien Abruf legaler Inhalte behindern (Art. 17 Abs. 7). Insbes. müssen die Mitgliedstaaten sicherstellen, dass Zitate, Kritiken und Rezensionen von urheberrechtlich geschützten Werken weiterhin online zu finden sind, sowie die Nutzung dieser Werke „zum Zwecke von Karikaturen, Parodien oder Pastiches", z. B. zur Erstellung sog. „Memes", möglich bleibt (Art. 17 Abs. 7 lit. a und b). Die irrtümliche Sperrung oder Entfernung rechtlich zulässiger Inhalte wirkt sich allerdings nicht unmittelbar negativ für die Diensteanbieter aus, das Risiko des sog. „Overblockings"[896] ist daher nicht zu vernachlässigen. Denn um den Rechteinhabern eine angemessene Vergütung bei Verbreitung ihrer Werke zuteilwerden zu lassen, verlangt die DSM-RL von den Diensteanbietern, dass sie „nach Maßgabe hoher branchenüblicher Standards für die berufliche Sorgfalt alle Anstrengungen" unternehmen,

> „um sicherzustellen, dass bestimmte Werke und sonstige Schutzgegenstände, zu denen die Rechteinhaber den Anbietern dieser Dienste einschlägige und notwendige Informationen bereitgestellt haben, nicht verfügbar sind" (Art. 17 Abs. 4 lit. b).

Das bedeutet, dass die Anbieter bereits im Vorfeld der Zurverfügungstellung von nutzergenerierten Inhalten deren Urheberrechtskonformität überprüfen müssen. Das ist angesichts der großen Masse nutzergenerierten Materials[897] wohl nur automatisiert mittels Filtersoftware möglich. Die DSM-RL sieht den Einsatz sog. „Upload-Filter",[898] etwa auf Video-Plattformen wie YouTube, zwar nicht explizit vor.[899] Nichtsdestotrotz „wird es in der praktischen Anwendung auf sie hinauslaufen", warnte der Bundesbeauftragte für den Datenschutz und die Informationsfreiheit *Ulrich Kelber* im Februar 2019.[900] Diese Entwick-

---

[896] *Graziana Kastl*, Filter – Fluch oder Segen? Möglichkeiten und Grenzen von Filtertechnologien zur Verhinderung von Rechtsverletzungen, GRUR 2016, 671–678 (678).
[897] *Georg Nolte*, Drei Thesen zur aktuellen Debatte über Haftung und Verteilungsgerechtigkeit bei Hosting-Diensten mit nutzergenerierten Inhalten (sog. „Value-Gap"-Debatte), ZUM 2017, 304–312 (306): „Allein auf YouTube werden derzeit *[2017 – Anm. d. A.]* jede Minute über 400 Stunden neues Videomaterial hochgeladen, was einer Gesamtspieldauer von über 66 Jahren pro Tag entspricht. Tendenz steigend."
[898] *Louisa Specht*, Die Entwicklung des IT-Rechts im Jahr 2018, NJW 2018, 3686–3691 (3689).
[899] Anders noch der ursprüngliche RL-Vorschlag („the use of effective content recognition technologies"), Amendments 156, 157, 158, 159, 160 and 161, Art. 13 Abs. 1.
[900] Der Bundesbeauftragte für den Datenschutz und die Informationsfreiheit, Reform des Urheberrechts birgt auch datenschutzrechtliche Risiken, Pressemitteilung v. 26.2.2019, abrufbar unter: https://www.bfdi.bund.de/SharedDocs/Pressemitteilungen/DE/2019/10_Uploadfilter.html.

lung könne sich zu einem Problem für kleinere und mittlere Diensteanbieter auswachsen, die

> „nicht die Möglichkeit haben, mit allen erdenklichen Rechteinhabern Lizenzverträge zu schließen. Ebenso wenig werden sie den immensen Programmieraufwand betreiben können, eigene Uploadfilter zu erstellen. Stattdessen werden sie auf Angebote großer IT-Unternehmen zurückgreifen, [...]".

Im Ergebnis

> „entstünde so ein Oligopol weniger Anbieter von Filtertechniken, über die dann mehr oder weniger der gesamte Internetverkehr relevanter Plattformen und Dienste läuft. Welche weitreichenden Informationen diese dann dabei über alle Nutzerinnen und Nutzer erhalten, verdeutlicht unter anderem die aktuelle Berichterstattung zur Datenübermittlung von Gesundheitsapps an Facebook",

so *Kelber*.

Nach Ansicht von *Kaesling* könnte die DSM-RL gerade infolge der nun notwendigen sukzessiven Entwicklung neuer Filtersoftware „als Motor der Forschung und Entwicklung fungieren"[901] (vgl. ErwGr. 71). Aktuell sind verfügbare Filtertechniken jedoch nicht in der Lage, fehlerfreie Abgrenzungen zwischen rechtswidriger und rechtmäßiger Nutzung von urheberrechtlich geschützten Werken vorzunehmen. Werden die von einem Nutzer generierten Inhalte irrtümlich für den Upload gesperrt, hat dieser die Möglichkeit, auf von den Diensteanbietern einzurichtende Beschwerde- und Rechtsbehelfsverfahren (Art. 17 Abs. 9) zurückzugreifen, deren Nutzen jedoch v. a. infolge ihrer Abhängigkeit von privaten Akteuren zweifelhaft erscheint.[902] Zudem könnte der Einsatz von Upload-Filtern zensierend wirken und ist daher nicht zuletzt im Hinblick auf die Verpflichtungen der Mitgliedstaaten aus der GR-Ch problematisch.[903] Polen hat aus diesem Grund am 24. Mai 2019 Klage vor dem EuGH gegen Parlament und Rat erhoben und die Nichtigerklärung von Art. 17 Abs. 4 lit. b und Art. 17 Abs. 4 lit. c, letzter Satzteil („und alle Anstrengungen unternommen hat, um gemäß Buchstabe b das künftige Hochladen dieser Werke oder sonstigen Schutzgegenstände zu verhindern"), hilfsweise des gesamten Art. 17, gefordert.[904] Polen kritisiert, dass eine Einhaltung der in den genannten Artikeln enthaltenen Verpflichtungen das präventive automatische Filtern von nutzergenerierten Inhalten erfordere, was „den Wesensgehalt des Rechts auf freie

---

[901] *Katharina Kaesling*, Die EU Urheberrechtsnovelle – der Untergang des Internets?, JZ 2019, 586–591 (588).

[902] Dazu detaillierter *Katharina Kaesling*, Die EU Urheberrechtsnovelle – der Untergang des Internets?, JZ 2019, 586–591 (589).

[903] Ausführlich *Erik Tuchtfeld*, Filtering fundamental rights. The European Union's balancing of intellectual property and the freedom to receive information, Völkerrechtsblog, 25.3.2019, abrufbar unter: https://voelkerrechtsblog.org/filtering-fundamental-rights/.

[904] EuGH, Rs. C-401/19 – Polen/Parlament und Rat.

Meinungsäußerung und Informationsfreiheit" aus Art. 11 GR-Ch verletze und gegen den Grundsatz der Verhältnismäßigkeit verstoße.[905]

Die Harmonisierung der urheberrechtlichen Vorschriften der Mitgliedstaaten über das Vermieten und Verleihen von urheberrechtlich geschützten Werken sowie den Schutz der Urheber, der ausübenden Künstler und Hersteller von Tonträgern und Filmen vor Piraterie (ErwGr. 2) hat die „Vermiet- und Verleih-RL"[906] zum Gegenstand. Der Rechtsakt bezweckt u. a. die Anpassung des urheberrechtlichen Schutzniveaus der Union „an neue wirtschaftliche Entwicklungen, wie z. B. an neue Nutzungsarten" (ErwGr. 4). Nach Art. 2 Abs. 1 ist für die Zwecke der RL unter „Vermietung" die „zeitlich begrenzte Gebrauchsüberlassung zu unmittelbarem oder mittelbarem wirtschaftlichen oder kommerziellen Nutzen" zu verstehen. Aufgrund der „Vereinbarten Erklärungen" zu den Art. 6 und 7 im Anhang des WCT ist die Vermietung unkörperlicher Gegenstände und trägerloser Vervielfältigungsstücke nicht vom Schutzumfang der RL erfasst.[907] Dagegen sind bestimmte Formen des digitalen „Verleihens" wie der Verleih digitaler Kopien von Büchern nach dem „One copy, one user"-Prinzip[908] nicht ausgeschlossen.[909] „Verleihen" ist die

„zeitlich begrenzte Gebrauchsüberlassung, die nicht einem unmittelbaren oder mittelbaren wirtschaftlichen oder kommerziellen Nutzen dient und durch der Öffentlichkeit zugängliche Einrichtungen vorgenommen wird" (Art. 2 Abs. 1 lit. b).

Das Vermiet- und Verleihrecht steht dem Urheber, dem ausübenden Künstler, dem Tonträgerhersteller und dem Hersteller einer ersten filmischen Aufzeichnung zu (Art. 3 Abs. 1). Es handelt sich hier um eigene Verwertungsrechte der genannten Personen, die ungeachtet der Verbreitung nicht der Erschöpfung unterliegen (Art. 1 Abs. 2).

Das Ziel der „RL 2014/26/EU des Europäischen Parlaments und des Rates über die kollektive Wahrnehmung von Urheber- und verwandten Schutzrechten und die Vergabe von Mehrgebietslizenzen für Rechte an Musikwerken für die Online-Nutzung im Binnenmarkt"[910] ist es u. a., den Online-Markt für Musik-

---

[905] Klage, eingereicht am 24.5.2019 – Polen/Parlament und Rat (Rs. C-401/19), Verfahrensmitteilung abrufbar unter: http://curia.europa.eu/juris/document/document.jsf?text=&docid=216823&pageIndex=0&doclang=DE&mode=req&dir=&occ=first&part=1&cid=7645994.
[906] RL 2006/115/EG des Europäischen Parlaments und des Rates v. 12.12.2006 zum Vermietrecht und Verleihrecht sowie zu bestimmten dem Urheberrecht verwandten Schutzrechten im Bereich des geistigen Eigentums, ABl. EU L 376 v. 27.12.2006, S. 28–35.
[907] EuGH, Urt. v. 10.11.2016 – Rs. 174/15, ECLI:EU:C:2016:856, Rn. 35, 39 – Vereniging Openbare Bibliotheken/Stichting Leenrecht.
[908] *Gunda Dreyer*, § 27 UrhG, in Gunda Dreyer/Jost Kotthoff/Astrid Meckel/Christian-Henner Hentsch, Heidelberger Kommentar zum Urheberrecht, 4. Aufl., C. F. Müller, Heidelberg 2018, Rn. 34.
[909] EuGH, Urt. v. 10.11.2016 – Rs. 174/15, ECLI:EU:C:2016:856, Rn. 39, 44–46, 54 – Vereniging Openbare Bibliotheken/Stichting Leenrecht.
[910] RL 2014/26/EU des Europäischen Parlaments und des Rates v. 26.2.2014 über die

dienste in der EU zu harmonisieren und den digitalen Binnenmarkt auf diesem Gebiet zu vollenden (ErwGr. 38). Sie bietet daher neue rechtliche Rahmenbedingungen für die Wahrnehmung von Urheberrechten mit Blick auf die Nutzung legaler Online-Musikdienste (ErwGr. 39). Bisher bestehen nämlich keine einheitlichen Grundregeln für das gesamte Gebiet der EU

> „für die kollektive länderübergreifende Lizenzierung [von] Urheberrechten an Musikwerken für die Online-Nutzung einschließlich der Liedtexte durch Organisationen für die kollektive Rechtewahrnehmung" (ErwGr. 40).

Entsprechend enthält die RL umfassende Vorschriften über die Repräsentation der Rechteinhaber durch Organisationen für die kollektive Rechtswahrnehmung (Titel II), die Vergabe von Mehrgebietslizenzen für Online-Rechte an Musikwerken durch solche Organisationen (Titel III), sowie über Durchsetzungsmaßnahmen im Beschwerde- und alternativen Streitbeilegungsverfahren (Titel IV).

Dem gesonderten urheberrechtlichen Schutz der „Software-RL"[911] unterliegen Computerprogramme einschließlich der die Grundlage ihrer Entstehung bildenden Ideen und Vorarbeiten (Art. 1 Abs. 2), sofern sie ein geistiges Werk ihres Urhebers darstellen (Art. 1 Abs. 3), als literarische Werke i. S. d. Berner Übereinkunft zum Schutze von Werken der Literatur und der Kunst (Art. 1 Abs. 1). Dem Rechtsinhaber wird das Recht zur Vervielfältigung, Übersetzung und Verbreitung des originalen Programms oder seiner Kopien vorbehalten (Art. 4 Abs. 1 lit. a–c). Da sich die RL explizit an die Mitgliedstaaten richtet (Art. 12), enthält sie keine subjektiven Rechte.

ff) Datenschutz

Besondere Aufmerksamkeit verdienen die Sekundärrechtsakte der Union zum Datenschutz. Im Internet sind die Rechte des Einzelnen durch die massenhafte Verarbeitung, also die automatisierte oder manuelle Erhebung, Verwendung oder Übermittlung (vgl. Art. 4 Nr. 2 DSGVO) personenbezogener Daten besonderen Gefahren ausgesetzt. Mit dem richtigen Know-how ist es kein Problem, persönliche Informationen eines Menschen wie seinen Namen, seine Anschrift, das Geburtsdatum oder die E-Mail-Adresse und sogar Login- sowie Konto- und Kreditkartendaten abzufangen und ohne Einwilligung des Betroffenen zweckfremd zu verwenden (vgl. Art. 4 Nr. 1 DSGVO). Diesen Gefahren begegnete eine EU-weite Datenschutzreform, vorgestellt von der Kommission im Januar 2012, die die Stärkung der Online-Rechte des Einzelnen und die Förderung

---

kollektive Wahrnehmung von Urheber- und verwandten Schutzrechten und die Vergabe von Mehrgebietslizenzen für Rechte an Musikwerken für die Online-Nutzung im Binnenmarkt, ABl. EU L 84 v. 20.3.2014, S. 72–98.

[911] RL 2009/24/EG des Europäischen Parlaments und des Rates v. 23.4.2009 über den Rechtsschutz von Computerprogrammen, ABl. EU L 111 v. 5.5.2009, S. 16–22.

der „digitalen Wirtschaft Europas"[912] zum Ziel hat. Teil dieser Reform ist die am 25. Mai 2018 zur Anwendung gelangte DSGVO.[913] Neue Formen der Datenverarbeitung, z. B. Cloud-Computing, die Durchführung von Informationsoperationen *via* Internet („Big Data"), die Speicherung von personenbezogenen Daten ohne Wissen des Betroffenen über einen unbekannten Zeitraum bzw. die Erstellung kompletter Persönlichkeitsprofile („Gläserner Mensch"), machen es Nutzern und Verbraucherschützern nicht leicht, persönliche Daten effektiv zu schützen. Daher enthält die DSGVO eine Vielzahl neuer Rechte für Nutzer, wie etwa das „Recht auf Vergessenwerden" (Art. 17 DSGVO), also auf Löschung personenbezogener Daten auf Antrag, oder das Recht auf Übertragbarkeit der eigenen Daten beim Wechsel von einem Online-Dienstleister zum anderen (Recht auf Datenübertragbarkeit, Art. 20 DSGVO). Auf datenverarbeitende Unternehmen dagegen kommen verschärfte Pflichten zu, wie die zwingende Einsetzung eines Datenschutzbeauftragten in bestimmten Unternehmen (Art. 37 DSGVO) sowie die Einführung härterer Sanktionen bei Datenschutzverstößen (Art. 83 Abs. 6 DSGVO: Geldbußen bis zu 20 Mio. Euro oder 4 % des Jahresumsatzes).

Die DSGVO ersetzt die ursprüngliche Datenschutz-RL.[914] Diese diente der Ausgestaltung des Datenschutz-Grundrechts aus Art. 8 GR-Ch, der sich ausweislich der „Erläuterungen zur Charta der Grundrechte"[915] auf die RL stützte. Nichtsdestotrotz bestimmt sich der Schutzumfang des Datenschutz-Grundrechts exklusiv aus Art. 8 und nicht i. V. m. dem Sekundärrecht.[916] Dagegen ist umgekehrt die RL im Lichte des Grundrechts auszulegen.[917] Bei der Anpassung des Schutzes für persönliche Daten findet jedoch vorrangig Art. 8 GR-Ch Berücksichtigung, weil die Norm im Jahr 2000 und damit zeitlich nach der Richtlinie (1995) gefasst wurde. Für die Einrichtung der „unabhängigen Stelle" des Europäischen Datenschutzbeauftragten aus Art. 8 Abs. 3 GR-Ch sorgten bis Ende 2018 die Art. 41 ff. der „VO (EG) Nr. 45/2001 v. 18. Dezember 2000 zum Schutz natürlicher Personen bei der Verarbeitung personenbezogener Daten

---

[912] *Heribert Johlen*, Art. 8, in Klaus Stern/Michael Sachs (Hrsg.), Europäische Grundrechte-Charta GRCh: Kommentar, C. H. Beck, München 2016, Rn. 20.

[913] Dazu bereits im Zusammenhang mit der Datenschutz-Konvention des Europarats, *supra* Teil II, Kap. 2, B. I.3.c.

[914] Dazu bereits *supra* Teil II, Kap. 2, B. I.5.b. im Zusammenhang mit Art. 8 GR-Ch.

[915] Erläuterungen zur Charta der Grundrechte, ABl. EU C 303 v. 14.12.2007, S. 17–35 (20).

[916] *Heinrich A. Wolff*, Art. 8, in Matthias Pechstein/Carsten Nowak/Ulrich Häde (Hrsg.), Frankfurter Kommentar zu EUV, GRC und AEUV, Bd. 1: EUV und GRC, Mohr Siebeck, Tübingen 2017, 1111–1129 (1113 Rn. 4).

[917] So geschehen in EuGH, Urt. v. 13.5.2014 – Rs. C-131/12, ECLI:EU:C:2014:317, Rn. 68 f. – Google Spain SL und Google Inc./Agencia Española de Protección de Datos (AEPD) und González; EuGH, Urt. v. 11.12.2014 – Rs. C-212/13, ECLI:EU:C:2014:2428, Rn. 29 – František Ryneš/Úřad pro ochranu osobních údajů; EuGH, Urt. v. 6.10.2015 – Rs. C-362/14, ECLI:EU:C:2015:650, Rn. 38 – Schrems/Data Protection Commissioner; EuGH, Urt. v. 20.5.2003 – verb. Rs. C-465/00, C-138/01 u. C-139/01, Slg. 2003, I-4989, Rn. 68 – Rechnungshof/Österreichischer Rundfunk u. a. und Neukomm und Lauermann/Österreichischer Rundfunk.

durch die Organe und Einrichtungen der Gemeinschaft und zum freien Datenverkehr".⁹¹⁸ Diese wurde durch die „VO (EU) 2018/1725 des Europäischen Parlaments und des Rates v. 23. Oktober 2018 zum Schutz natürlicher Personen bei der Verarbeitung personenbezogener Daten durch die Organe, Einrichtungen und sonstigen Stellen der Union, zum freien Datenverkehr und zur Aufhebung der VO (EG) Nr. 45/2001 und des Beschlusses Nr. 1247/2002/EG"⁹¹⁹ ersetzt.

Ebenfalls Teil der EU-Datenschutzreform ist die „RL (EU) 2016/680 des Europäischen Parlaments und des Rates v. 27. April 2016 zum Schutz natürlicher Personen bei der Verarbeitung personenbezogener Daten durch die zuständigen Behörden zum Zwecke der Verhütung, Ermittlung, Aufdeckung oder Verfolgung von Straftaten oder der Strafvollstreckung sowie zum freien Datenverkehr und zur Aufhebung des Rahmenbeschlusses 2008/977/JI des Rates".⁹²⁰

In kaum einem Bereich ist der Schutz persönlicher Daten so wichtig wie im Rahmen der elektronischen Kommunikation; dafür sorgt die „ePrivacy-RL". Sie ersetzt die bisherige „RL 97/66/EG des Europäischen Parlaments und des Rates v. 15. Dezember 1997 über die Verarbeitung personenbezogener Daten und den Schutz der Privatsphäre im Bereich der Telekommunikation"⁹²¹ und soll zu gegebener Zeit ergänzt werden durch die aktuell⁹²² noch im Entstehen befindliche „ePrivacy-VO".⁹²³ Als *lex specialis* zur DSGVO soll die geplante ePrivacy-VO besondere Fragen des Datenschutzes im Rahmen elektronischer Kommunikation und deren Übertragung regeln.⁹²⁴ Technikneutral sollen jegliche Kommunikationsdienste erfasst werden, auch die reine Machine-to-Machine-Kommunikation (ErwGr. 12). Im Januar 2017 veröffentlichte die EU-Kom-

---

⁹¹⁸ VO (EG) Nr. 45/2001 v. 18.12.2000 zum Schutz natürlicher Personen bei der Verarbeitung personenbezogener Daten durch die Organe und Einrichtungen der Gemeinschaft und zum freien Datenverkehr (außer Kraft), ABl. EU L 8 v. 12.1.2001, S. 1–22.
⁹¹⁹ VO (EU) 2018/1725 des Europäischen Parlaments und des Rates v. 23.10.2018 zum Schutz natürlicher Personen bei der Verarbeitung personenbezogener Daten durch die Organe, Einrichtungen und sonstigen Stellen der Union, zum freien Datenverkehr und zur Aufhebung der VO (EG) Nr. 45/2001 und des Beschlusses Nr. 1247/2002/EG, ABl. EU L 295 v. 21.11.2018, S. 39–98. Zum Europäischen Datenschutzbeauftragten, vgl. Art. 52 ff.
⁹²⁰ RL (EU) 2016/680 des Europäischen Parlaments und des Rates v. 27.4.2016 zum Schutz natürlicher Personen bei der Verarbeitung personenbezogener Daten durch die zuständigen Behörden zum Zwecke der Verhütung, Ermittlung, Aufdeckung oder Verfolgung von Straftaten oder der Strafvollstreckung sowie zum freien Datenverkehr und zur Aufhebung des Rahmenbeschlusses 2008/977/JI des Rates, ABl. EU L 119 v. 4.5.2016, S. 89–131.
⁹²¹ RL 97/66/EG des Europäischen Parlaments und des Rates v. 15.12.1997 über die Verarbeitung personenbezogener Daten und den Schutz der Privatsphäre im Bereich der Telekommunikation (außer Kraft), ABl. EU L 24 v. 30.1.1998, S. 1–8.
⁹²² Stand: Juli 2021.
⁹²³ Vorschlag für eine „VO des Europäischen Parlaments und des Rates über die Achtung des Privatlebens und den Schutz personenbezogener Daten in der elektronischen Kommunikation und zur Aufhebung der RL 2002/58/EG" (VO über Privatsphäre und elektronische Kommunikation), COM/2017/010 – final 2017/03 (COD), Brüssel, 10.7.2017.
⁹²⁴ *Gerald Spindler*, Die ePrivacy-VO in der Diskussion, WRP 2018, S. I.

mission einen ersten Entwurf für die Neufassung der ePrivacy-RL, im Oktober 2017 schließlich beschloss das EU-Parlament einen eigenen Entwurf. Seitdem wurden nach intensiven Beratungen in diversen Ratsarbeitsgruppensitzungen drei weitere Entwurfstexte veröffentlicht. Streitpunkte waren zuletzt u. a. (mit Blick auf die Frage der Einbeziehung von im Vorgang der „Übertragung" befindlichen oder die Beschränkung auf im Endgerät gespeicherte Daten) der Anwendungsbereich der geplanten VO, die Zulässigkeit der Verarbeitung elektronischer Kommunikationsdaten (z. B. zur Prävention der Verbreitung von Kindesmissbrauchsbildern) und die Grundlagen der Verwendung von Cookies. Ein Inkrafttreten der ePrivacy-VO ist offenbar nicht vor 2022 zu erwarten, die Anwendbarkeit nicht vor 2023.[925] Bis es soweit ist, ist jedoch weiterhin die ePrivacy-RL anzuwenden. Diese bildet die europarechtliche Basis für das dt. Telemediengesetz, das Datenschutzgesetz für internetbasierte Dienste wie E-Mail und das WWW. Die Novellierung der ePrivacy-RL war ursprünglich zeitgleich mit dem Inkrafttreten der DSGVO geplant, schließlich jedoch verschoben worden.

II. Völkergewohnheitsrecht

Zum jetzigen Zeitpunkt existieren keine Regelungen des Völkergewohnheitsrechts i. S. d. Art. 38 Abs. 1 lit. b IGH-Statut, die ausdrücklich das Internet zum Gegenstand haben.[926] Allerdings ist eine überblicksartige Betrachtung der allgemeinen völkergewohnheitsrechtlich anerkannten Regeln[927] lohnenswert, um herauszufinden, ob sie ihrerseits Anwendung im Cyberspace finden (könnten).

Wichtigster völkergewohnheitsrechtlicher Grundsatz im Zusammenhang mit der Regulierung von Online-Aktivitäten ist das Interventionsverbot (Nichteinmischungsgebot),[928] abgeleitet aus dem Grundsatz der souveränen Gleichheit der Staaten (Art. 2 Nr. 1 UN-Ch.).[929] Der Anwendung des Interventionsver-

---

[925] Zum aktuellen Stand des Gesetzgebungsverfahrens zur geplanten ePrivacy-VO, vgl. *BVDW*, Aktuelle Informationen zur ePrivacy-Verordnung, abrufbar unter: https://www.bvdw.org/themen/recht/kommunikationsrecht-eprivacy/.

[926] Zu den Gründen *infra* Teil III, Kap. 1, B. I.2.b., c.

[927] Aus Sorgfaltsgründen wird darauf hingewiesen, dass der Begriff der „Regel" im Rahmen dieser Arbeit – mangels Notwendigkeit – nicht zum Zweck der trennscharfen Abgrenzung zum „Prinzip", sondern synonym i. S. d. allgemeinen Sprachgebrauchs verwendet wird, tlw. wird auch auf den neutralen Begriff des „Konzepts" zurückgegriffen. Zu dieser ansonsten bedeutsamen und notwendigen Unterscheidung, vgl. *Johanna Monien*, Prinzipien als Wegbereiter eines globalen Umweltrechts?: Das Nachhaltigkeits-, Vorsorge- und Verursacherprinzip im Mehrebenensystem, Nomos, Baden-Baden 2014, S. 45 ff.

[928] *Patrick G. Mayer*, Das Internet im öffentlichen Recht. Unter Berücksichtigung europarechtlicher und völkerrechtlicher Vorgaben, Tübinger Schriften zum Staats- und Verwaltungsrecht Bd. 48, Duncker & Humblot, Berlin 1999, S. 112.

[929] IGH, Urt. v. 27.6.1986 (Merits) – ICJ Reports 1986, 14 (106, § 202) – Case concerning Military and Paramilitary Activities In and Against Nicaragua (Nicaragua/USA); *Georg Dahm/Jost Delbrück/Rüdiger Wolfrum*, Völkerrecht, Bd. I/3: Die Formen des völkerrecht-

bots im Kontext des Cyberspace steht dessen globale Präsenz nicht entgegen, Grundlage des „virtuellen Raums" ist seine räumlich verortbare physische Infrastruktur.[930] Wird ein Staat Opfer eines sog. Cyberangriffs, d. h. eines Anschlags auf seine kommunikative Infrastruktur, so kann im Ergebnis eine Verletzung des Interventionsverbots vorliegen, sofern die Handlung einem Staat zuzurechnen ist[931] und die Folgen des Angriffs zwar „netzintern" bleiben,[932] dem Angriff auf fremde Computernetzwerke aber ein gewisses Zwangselement innewohnt.[933] Aktionen wie das illegale Ausspähen von Netzen und Daten oder die Durchführung von Denial-of-Service-Attacken durch Privatpersonen verletzen nicht das Interventionsverbot, selbst wenn sie gegen staatliche Ziele gerichtet sind.[934] Bei einer ausschließlich „kommunikativen" Einmischung in die inneren Angelegenheiten eines Staates[935] (z. B. im Rahmen von reinen Informationsoperationen) ist ebenfalls zweifelhaft, ob eine Verletzung des Interventionsverbots angenommen werden kann.[936]

Das Interventionsverbot ist geeignet, den „free flow of information" (freier Informationsfluss) zu unterbinden.[937] Obwohl bereits von vielen Staaten akzep-

---

lichen Handelns; Die inhaltliche Ordnung der internationalen Gemeinschaft, 2. Aufl., De Gruyter, Berlin 2002, § 168 (S. 798, I.4); *Christian Tomuschat*, International Law: Ensuring the Survival of Mankind on the Eve of a New Century. General Course on Public International Law, RdC 281 (1999), 9–438 (161, 232 f.).

[930] So auch *Sven-Hendrik Schulze*, Cyber-„War" – Testfall der Staatenverantwortlichkeit, Jus Internationale et Europaeum Bd. 107, Mohr Siebeck, Tübingen 2015, S. 113.

[931] *Terry D. Gill*, Non-Intervention in the Cyber Context, in Katharina Ziolkowski (Hrsg.), Peacetime Regime for State Activities in Cyberspace. International Law, International Relations and Diplomacy, NATO CCDCOE Publication, Tallinn 2013, 217–238 (233). Zur Zurechnung *Christian Schaller*, Internationale Sicherheit und Völkerrecht im Cyberspace. Für klarere Regeln und mehr Verantwortung, SWP-Studie S 18, Okt. 2014, S. 21 f.

[932] *Andreas v. Arnauld*, Völkerrecht, 3. Aufl., C. F. Müller, Heidelberg 2016, S. 382 Rn. 864.

[933] *Sven-Hendrik Schulze*, Cyber-„War" – Testfall der Staatenverantwortlichkeit, Jus Internationale et Europaeum Bd. 107, Mohr Siebeck, Tübingen 2015, S. 113 m. w. N.

[934] Umfassend zum Interventionsverbot im Cyberkontext *Sven-Hendrik Schulze*, Cyber-„War" – Testfall der Staatenverantwortlichkeit, Jus Internationale et Europaeum Bd. 107, Mohr Siebeck, Tübingen 2015, S. 108 ff.

[935] *Patrick G. Mayer*, Das Internet im öffentlichen Recht. Unter Berücksichtigung europarechtlicher und völkerrechtlicher Vorgaben, Tübinger Schriften zum Staats- und Verwaltungsrecht Bd. 48, Duncker & Humblot, Berlin 1999, S. 113.

[936] Ablehnend *Stefan Talmon*, Das Abhören der Kanzlerhandys und das Völkerrecht, BRJ 2014, 6–12 (10) und *Anne Peters*, Surveillance Without Borders? The Unlawfulness of the NSA-Panopticon, Part I, EJIL: Talk!, 1.11.2013, Abschn. „State sovereignty, non-intervention and the prohibition on extraterritorial governmental acts", abrufbar unter: https://www.ejiltalk.org/surveillance-without-borders-the-unlawfulness-of-the-nsa-panopticon-part-i/, sofern es der potenziellen Verletzungshandlung an einem Zwangselement gegenüber dem betroffenen Staat fehlt.

[937] Vgl. *Franz C. Mayer*, Das Internet, das Völkerrecht und die Internationalisierung des Rechts, ZfRSoz 23 (2002), 93–114 (95), der allerdings irrtümlich auf das nur auf die UN als I. O. anwendbare Interventionsverbot aus Art. 2 Nr. 7 UN-Ch verweist.

tiert,⁹³⁸ verhinderte eine in dieser Hinsicht nichtsdestotrotz inkonsistente Staatenpraxis bisher die Erhebung des freien Informationsflusses zu einem Grundsatz des Völkergewohnheitsrechts. Das gilt ebenso für das unverändert aktuelle, aber kontrovers diskutierte Konzept der Netzneutralität, das u. a. der diskriminierenden Ungleichbehandlung des Datenverkehrs im Internet durch ISPs „by user, content, site, platform, application, type of attached equipment, or modes of communication" entgegenwirken soll.⁹³⁹

Cyberangriffe können ungeahnte Ausmaße annehmen und etwa die Elektrizitätsversorgung oder elektronisch gesteuerte Verteidigungssysteme⁹⁴⁰ beschädigen oder zerstören. In einem solchen Fall ist zu prüfen, ob die staatliche Verletzungshandlung „Gewalt" i. S. d. auch gewohnheitsrechtlich etablierten⁹⁴¹ Gewaltverbots darstellt, oder, ob der Grad der Gewaltanwendung die Schwelle des „bewaffneten Angriffs" überschreitet. Gegen einen solchen dürfte sich der angegriffene Staat ebenfalls gewaltsam zur Wehr setzen.⁹⁴² Die Qualifizierung einer Handlung als bewaffneten Angriff setzt nicht die Verwendung spezifischer Waffen voraus, der Angriff kann daher an sich auch auf elektronischem Wege erfolgen. Jedoch geht die hM (und wohl auch der IGH)⁹⁴³ davon aus, dass die

---

⁹³⁸ So bereits Mitte der 1980er-Jahre *Stephen Raube-Wilson*, The New World Information and Communication Order and International Human Rights, B. C. Int'l & Comp. L. Rev. 9 (1986), 107–130 (113) und *Lisa J. Damon*, Freedom of Information versus National Sovereignty: The Need for a New Global Forum for the Resolution of Transborder Date Flow Problems, Fordham Int'l L. J. 10 (1986–1987), 262–287 (262); ebenso Ende der 1990er-Jahre *Patrick G. Mayer*, Das Internet im öffentlichen Recht. Unter Berücksichtigung europarechtlicher und völkerrechtlicher Vorgaben, Tübinger Schriften zum Staats- und Verwaltungsrecht Bd. 48, Duncker & Humblot, Berlin 1999, S. 112. A. A. offenbar *Thomas R. Wolfe*, A New International Information Order: The Developing World and the Free Flow of Information Controversy, Syracuse J. Int'l L. & Com. 8 (1980), 249–264 (251): „In this sense, the ideal of freedom of information has certainly achieved the status of customary international law. Virtually all countries acknowledge in some way the principle of freedom of information." – Fn. entfernt.

⁹³⁹ Dazu ausführlich (aus U. S.-amerikanischer Perspektive) *Jennifer A. Manner/Alejandro Hernandez*, An Overlooked Basis for Net Neutrality: The World Trade Organization Agreement on Basic Telecommunications Services, CommLaw Conspectus 22 (2014), 57–73.

⁹⁴⁰ *Patrick G. Mayer*, Das Internet im öffentlichen Recht. Unter Berücksichtigung europarechtlicher und völkerrechtlicher Vorgaben, Tübinger Schriften zum Staats- und Verwaltungsrecht Bd. 48, Duncker & Humblot, Berlin 1999, S. 112.

⁹⁴¹ IGH, Urt. v. 27.6.1986 (Merits) – ICJ Reports 1986, 14 (98 ff.) – Case concerning Military and Paramilitary Activities in and against Nicaragua (Nicaragua/USA); IGH, Gutachten v. 9.7.2004 – ICJ Reports 2004, 136 (171 § 87) – Legal Consequences of the Construction of a Wall in the Occupied Palestinian Territory; *Oliver Dörr*, Use of Force, Prohibition of, in Rüdiger Wolfrum (Hrsg.), MPEPIL, Bd. X: TR–ZO, Oxford University Press, New York 2012, 607–620 (609 Rn. 9 f.); *Michael Bothe*, Friedenssicherung und Kriegsrecht, in Wolfgang Graf Vitzthum/Alexander Proelß (Hrsg.), Völkerrecht, 7. Aufl., De Gruyter, Berlin/Boston 2016, 591–682 (598 Rn. 8).

⁹⁴² *Michael Bothe*, Friedenssicherung und Kriegsrecht, in Wolfgang Graf Vitzthum/Alexander Proelß (Hrsg.), Völkerrecht, 7. Aufl., De Gruyter, Berlin/Boston 2016, 591–682 (605 ff. Rn. 19).

⁹⁴³ IGH, Urt. v. 27.6.1986 (Merits) – ICJ Reports 1986, 14 (101 ff. §§ 191 ff., 110 § 211, 127 § 249) – Case concerning Military and Paramilitary Activities in and against Nicaragua

Annahme eines bewaffneten Angriffs stets das Vorliegen „militärische[r] Gewalt einer gewissen Intensität" voraussetzt.[944] Sind die Auswirkungen der „Cyber-Attacke" denen eines Angriffs mit konventionellen Waffen vergleichbar, so kann ein bewaffneter Angriff vorliegen.[945] Zu bedenken wäre in diesem Zusammenhang auch eine evtl. Öffnung des Begriffs des „bewaffneten Angriffs" gegenüber Angriffen nicht staatlicher Akteure.[946] Die Zurechnung eines „Computerangriffs" auf die Infrastruktur eines Staates bereitet besondere Probleme, da selbst im Fall der möglichen Zurückverfolgung des Angriffs auf das Territorium eines anderen Staates nicht sicher von einer Zurechnung der konkreten Angriffshandlung zu dem betreffenden Staat ausgegangen werden kann.[947] Cyberangriffe können auch von Privaten verübt werden, die dazu lediglich die notwendige technische Ausstattung benötigen. Die Frage der Selbstverteidigung gegen nicht staatliche Akteure wird bereits kontrovers diskutiert, bisher geht aber die wohl hM mit dem IGH[948] davon aus, dass nur staatliche Gewalt Selbstverteidigung gegen einen Staat auslösen kann.[949]

(Nicaragua/USA); IGH, Urt. v. 6.11.2003 – ICJ Reports, 2003, 161 (187 § 51, 192 § 64) – Case concerning Oil Platforms (Iran/USA).

[944] *Michael Bothe*, Friedenssicherung und Kriegsrecht, in Wolfgang Graf Vitzthum/Alexander Proelß (Hrsg.), Völkerrecht, 7. Aufl., De Gruyter, Berlin/Boston 2016, 591–682 (606 Rn. 19).

[945] *Harold H. Koh*, International Law in Cyberspace, Remarks as Prepared for Delivery by Harold Hongju Koh to the USCYBERCOM Inter-Agency Legal Conference Ft. Meade, Maryland, 18.9.2012, Harv. Int'l L. J. Online 54 (2012), 1–12 (4); vgl. *Michael N. Schmitt*, Computer Network Attack and the Use of Force in International Law: Thoughts on a Normative Framework, Colum. J. Transnat'l L. 37 (1999), 885–937 (913). Die Verfasser des „Tallinn Manual" listen Kriterien auf, deren Vorliegen im Einzelfall für eine Verletzung des Gewaltverbots durch Cyberoperationen sprechen können: Michael N. Schmitt (Hrsg.), Tallinn Manual 2.0 on the International Law Applicable to Cyber Operations, Prepared by the International Groups of Experts at the Invitation of the NATO Cooperative Cyber Defence Centre of Excellence, 2. Aufl., Cambridge University Press, Cambridge 2017, S. 334 ff.

[946] So etwa grds. The Chatham House Principles of International Law on the Use of Force in Self-defence, ICLQ 55 (2006), 963–972 (970 f.); zur Diskussion *Thomas Bruha/Christian J. Tams*, Self-Defence against Terrorist Attacks. Considerations in the Light of the ICJ's „Israeli Wall" Opinion, in Klaus Dicke/Stephan Hobe/Karl-Ulrich Meyn/Anne Peters/Eibe Riedel/Hans-Joachim Schütz/Christian Tietje (Hrsg.), Weltinnenrecht, Liber Amicorum Jost Delbrück, Veröffentlichungen des Walther-Schücking-Instituts für Internationales Recht an der Universität Kiel Bd. 155, Duncker & Humblot, Berlin 2005, 85–100, sowie *Karin Oellers-Frahm*, The International Court of Justice and Article 51 of the UN Charter, in Klaus Dicke/Stephan Hobe/Karl-Ulrich Meyn/Anne Peters/Eibe Riedel/Hans-Joachim Schütz/Christian Tietje (Hrsg.), Weltinnenrecht, Liber Amicorum Jost Delbrück, Veröffentlichungen des Walther-Schücking-Instituts für Internationales Recht an der Universität Kiel Bd. 155, Duncker & Humblot, Berlin 2005, 503–517.

[947] Vgl. Michael N. Schmitt (Hrsg.), Tallinn Manual 2.0 on the International Law Applicable to Cyber Operations, Prepared by the International Groups of Experts at the Invitation of the NATO Cooperative Cyber Defence Centre of Excellence, 2. Aufl., Cambridge University Press, Cambridge 2017, Rule 17 (S. 94 ff.); Art. 8 ASR.

[948] IGH, Gutachten, v. 9.7.2004 – ICJ Reports 2004, 136 (194 § 139) – Legal Consequences of the Construction of a Wall in the Occupied Palestinian Territory; IGH, Urt. v.

Anbieten würde sich im Zusammenhang mit zukunftsweisenden technischen Systemen wie dem Internet die Anwendung umweltrechtlicher Konzepte. Umwelt und Cyberspace seien sich gar nicht so unähnlich, „at least not from a lawyer's perspective", meint *Marauhn*.[950] Definitionen des Umweltbegriffs enthielten zwar überwiegend räumliche Elemente und stünden damit der Vorstellung vom Cyberspace als virtuellem, also omnipräsentem Raum diametral entgegen, bekämen jedoch zunehmend „a ‚multi-media' approach, aiming at comprehensive coverage of the environment and also focusing on ecological aspects".[951] Stärker noch als die definitorischen seien aber die funktionalen Parallelen zwischen Umwelt und Cyberspace: *Marauhn* betrachtet beide als „Ressourcen". Ebenso, wie die natürlichen Ressourcen der Umwelt nützlich und wertvoll für die Menschheit seien, repräsentiere auch der Cyberspace eine Ressource mit enormem (sozio)ökonomischem Potenzial.[952] Denkbar wäre daher u. a. die Anwendung des umweltrechtlichen Vorsorgeprinzips („precautionary principle"), vgl. Prinzip 15 der Rio-Deklaration,[953] auf den Cyberspace, bedenkt man die diversen primären (Umweltbelastungen durch die Produktion, Distribution/Nutzung und Entsorgung von Hardware)[954] und sekundären (z. B.

19.12.2005 – ICJ Reports 2005, 168 (221 ff. §§ 141 ff.) – Case concerning Armed Activities on the Territory of the Congo (Congo/Uganda).

[949] *Thomas Bruha/Christian J. Tams*, Self-Defence against Terrorist Attacks. Considerations in the Light of the ICJ's „Israeli Wall" Opinion, in Klaus Dicke/Stephan Hobe/ Karl-Ulrich Meyn/Anne Peters/Eibe Riedel/Hans-Joachim Schütz/Christian Tietje (Hrsg.), Weltinnenrecht, Liber Amicorum Jost Delbrück, Veröffentlichungen des Walther-Schücking-Instituts für Internationales Recht an der Universität Kiel Bd. 155, Duncker & Humblot, Berlin 2005, 85–100 (99).

[950] *Thilo Marauhn*, Customary Rules of International Environmental Law – Can They Provide Guidance for Developing A Peacetime Regime for Cyberspace?, in Katharina Ziolkowski (Hrsg.), Peacetime Regime for State Activities in Cyberspace. International Law, International Relations and Diplomacy, NATO CCDCOE Publication, Tallinn 2013, 465–484 (466).

[951] *Thilo Marauhn*, Customary Rules of International Environmental Law – Can They Provide Guidance for Developing A Peacetime Regime for Cyberspace?, in Katharina Ziolkowski (Hrsg.), Peacetime Regime for State Activities in Cyberspace. International Law, International Relations and Diplomacy, NATO CCDCOE Publication, Tallinn 2013, 465–484 (465). Zum „multi-media"-Ansatz von Definitionen des Umweltbegriffs, vgl. *Marie-Louise Larsson*, Legal Definitions of the Environment and of Environmental Damage, Scand. Stud. L. 38 (1999), 155–176 (156 ff.).

[952] *Thilo Marauhn*, Customary Rules of International Environmental Law – Can They Provide Guidance for Developing A Peacetime Regime for Cyberspace?, in Katharina Ziolkowski (Hrsg.), Peacetime Regime for State Activities in Cyberspace. International Law, International Relations and Diplomacy, NATO CCDCOE Publication, Tallinn 2013, 465–484 (467).

[953] *Report of the UN Conference on Environment and Development*, 12.8.1992, UN Doc. A/CONF.151/26/Rev. 1 (Vol. I), Annex I: Rio Declaration on Environment and Development.

[954] *Lorenz Hilty/Siegfried Behrendt/Mathias Binswanger/Arend Bruinink/Lorenz Erdmann/Jürg Fröhlich/Andreas Köhler/Niels Kuster/Claudia Som/Felix Würtenberger*, Das Vorsorgeprinzip in der Informationsgesellschaft: Auswirkungen des Pervasive Computing auf Gesundheit und Umwelt, Studie des Zentrums für Technologiefolgen-Abschätzung, TA 46/2003, S. 181, 182 ff.

zunehmendes Verkehrsaufkommen infolge der Verfügbarkeit neuer Techniken, das sich negativ auf die Umwelt auswirkt)[955] Effekte der Diffusion von informations- und kommunikationstechnischen Innovationen. Gerade bei global verbreiteten und verwendeten technischen Systemen wie dem Internet, das bereits heute diverse Lebensbereiche durchdringt, steigt unmittelbar im Anschluss an die gesellschaftliche Einführung die Gefahr der „sozioökonomischen Irreversibilität" der Ausbreitung der Technik,[956] Vorsorge muss daher schon im Vorfeld von Entwicklung und Diffusion ansetzen.[957] Nach *Ziolkowski* könnte die Anwendung des Vorsorgeprinzips im Cyberkontext „as a minimum" zu einer Pflicht der Staaten führen, ISPs z. B. zur Etablierung von Mechanismen zur frühzeitigen Erkennung und Ausschaltung von Malware und eines obligatorischen Frühwarnsystems für Regierungseinrichtungen im Fall von signifikanten Cyberangriffen sowie zur Einrichtung der entsprechend notwendigen politischen, rechtlichen, administrativen, organisatorischen und technischen Infrastruktur zu verpflichten. Diese Pflichten bezögen sich jedoch ausschließlich auf Bedrohungslagen, in deren weiterem Verlauf die nationale Sicherheit anderer Staaten in Mitleidenschaft gezogen werden könnte, wobei die Identifizierung der konkreten schädlichen Cyberaktivitäten[958] „must be left to future State practice".[959] Das Vorsorgeprinzip setzt, orientiert an der Kausalkette Emission-Transmission-Immission, an der Quelle einer Umweltbelastung an und bestimmt so die völlige Vermeidung von Emissionen zur effektivsten Form des Umweltschutzes.[960] Bei der hiesigen Anwendung des Vorsorgeprinzips wäre

---

[955] *Lorenz Hilty/Siegfried Behrendt/Mathias Binswanger/Arend Bruinink/Lorenz Erdmann/Jürg Fröhlich/Andreas Köhler/Niels Kuster/Claudia Som/Felix Würtenberger*, Das Vorsorgeprinzip in der Informationsgesellschaft: Auswirkungen des Pervasive Computing auf Gesundheit und Umwelt, Studie des Zentrums für Technologiefolgen-Abschätzung, TA 46/2003, S. 181, 221 ff.

[956] *Lorenz Hilty/Siegfried Behrendt/Mathias Binswanger/Arend Bruinink/Lorenz Erdmann/Jürg Fröhlich/Andreas Köhler/Niels Kuster/Claudia Som/Felix Würtenberger*, Das Vorsorgeprinzip in der Informationsgesellschaft: Auswirkungen des Pervasive Computing auf Gesundheit und Umwelt, Studie des Zentrums für Technologiefolgen-Abschätzung, TA 46/2003, S. 35.

[957] *Lorenz Hilty/Siegfried Behrendt/Mathias Binswanger/Arend Bruinink/Lorenz Erdmann/Jürg Fröhlich/Andreas Köhler/Niels Kuster/Claudia Som/Felix Würtenberger*, Das Vorsorgeprinzip in der Informationsgesellschaft: Auswirkungen des Pervasive Computing auf Gesundheit und Umwelt, Studie des Zentrums für Technologiefolgen-Abschätzung, TA 46/2003, S. 36.

[958] *Katharina Ziolkowski*, General Principles of International Law as Applicable in Cyberspace, in Katharina Ziolkowski (Hrsg.), Peacetime Regime for State Activities in Cyberspace. International Law, International Relations and Diplomacy, NATO CCDCOE Publication, Tallinn 2013, 135–188 (169).

[959] *Katharina Ziolkowski*, General Principles of International Law as Applicable in Cyberspace, in Katharina Ziolkowski (Hrsg.), Peacetime Regime for State Activities in Cyberspace. International Law, International Relations and Diplomacy, NATO CCDCOE Publication, Tallinn 2013, 135–188 (170).

[960] *Alexander Proelß*, Raum und Umwelt im Völkerrecht, in Wolfgang Graf Vitzthum/

wegen der in ihrem Ausmaß häufig unvorhersehbaren sozialen Auswirkungen der Anwendung neuer Techniken (möglich sind z. B. Wechselwirkungen mit der Anwendung anderer Techniken sowie Auswirkungen auf das Benutzerverhalten)[961] eine Modifikation dieser gängigen Kausalkette notwendig, da „Vorsorge gegen soziale Auswirkungen einer Technologie [...] nicht mit dem Konzept der ‚Vermeidung schädlicher Einwirkungen' zu fassen" ist.[962] Allerdings ist der Inhalt des Vorsorgeprinzips ohnehin bisher weitgehend unklar, eine dahingehende einheitliche Staatenpraxis ist nicht feststellbar, daher ist das Prinzip wohl bislang nicht völkergewohnheitsrechtlich anerkannt.[963]

Dagegen könnte der Grundsatz der nachhaltigen Entwicklung („sustainable development") bei der Regulierung des Internets zur Anwendung gelangen. Das „Konzept der zukunftsfähigen Entwicklung"[964] hat seinen Ursprung im sog. Brundtland-Bericht,[965] ist seit dem Rio-Gipfel von 1992 auf nationaler, supranationaler und internationaler Ebene in aller Munde[966] und wird im Zusammenhang mit der Informationsgesellschaft bereits seit Langem unter sozialen, aber auch unter ökologischen Aspekten (positive und negative ökologische Auswirkungen von Informations- und Kommunikationstechniken) diskutiert, und zwar im Kontext des allgegenwärtigen Problems des Umgangs mit Elektroschrott,

---

Alexander Proelß (Hrsg.), Völkerrecht, 7. Aufl., De Gruyter, Berlin/Boston 2016, 361–454 (427 Rn. 112); *Lorenz Hilty/Siegfried Behrendt/Mathias Binswanger/Arend Bruinink/Lorenz Erdmann/Jürg Fröhlich/Andreas Köhler/Niels Kuster/Claudia Som/Felix Würtenberger*, Das Vorsorgeprinzip in der Informationsgesellschaft: Auswirkungen des Pervasive Computing auf Gesundheit und Umwelt, Studie des Zentrums für Technologiefolgen-Abschätzung, TA 46/2003, S. 34.

[961] *Lorenz Hilty/Siegfried Behrendt/Mathias Binswanger/Arend Bruinink/Lorenz Erdmann/Jürg Fröhlich/Andreas Köhler/Niels Kuster/Claudia Som/Felix Würtenberger*, Das Vorsorgeprinzip in der Informationsgesellschaft: Auswirkungen des Pervasive Computing auf Gesundheit und Umwelt, Studie des Zentrums für Technologiefolgen-Abschätzung, TA 46/2003, S. 35, dort auch Abb. 2–2 („Erweitertes Kausalmodell für die Auswirkungen neuer Technologien").

[962] *Lorenz Hilty/Siegfried Behrendt/Mathias Binswanger/Arend Bruinink/Lorenz Erdmann/Jürg Fröhlich/Andreas Köhler/Niels Kuster/Claudia Som/Felix Würtenberger*, Das Vorsorgeprinzip in der Informationsgesellschaft: Auswirkungen des Pervasive Computing auf Gesundheit und Umwelt, Studie des Zentrums für Technologiefolgen-Abschätzung, TA 46/2003, S. 34, 36.

[963] *Alexander Proelß*, Das Umweltvölkerrecht vor den Herausforderungen des Klimawandels: Ansätze zu einer bereichsübergreifenden Operationalisierung des Vorsorgeprinzips, JZ 2011, 495–503 (498).

[964] Begriff bei *Guy Beaucamp*, Das Konzept der zukunftsfähigen Entwicklung im Recht: Untersuchungen zur völkerrechtlichen, europarechtlichen, verfassungsrechtlichen und verwaltungsrechtlichen Relevanz eines neuen politischen Leitbildes, Jus Publicum Bd. 85, J. C. B. Mohr (Paul Siebeck), Tübingen 2002, S. 15 ff.

[965] Report of the World Commission on Environment and Development, Our Common Future, 4.8.1987, UN Doc. A/42/427, Annex, Ziff. 27 ff.

[966] *Alexander Proelß*, Raum und Umwelt im Völkerrecht, in Wolfgang Graf Vitzthum/ Alexander Proelß (Hrsg.), Völkerrecht, 7. Aufl., De Gruyter, Berlin/Boston 2016, 361–454 (429 Rn. 114 m. w. N.).

des massiven Materialverbrauchs zur PC-Produktion und des dramatisch hohen globalen Energiebedarfs durch den Betrieb des Internets.[967] Das Konzept „aims to ensure that resources are not exploited beyond their capacities, referring to sustained and optimal exploitation rather than unlimited exploitation",[968] daher gibt *Marauhn*, der den Cyberspace in Parallele zum Umweltbegriff als „Ressource" betrachtet, die Anwendung des Nachhaltigkeitsgedankens bei der Ausbeutung der „infrastrukturellen Ressourcen" des Cyberspace zu ökonomischen Zwecken zu bedenken.[969] Daneben wird die sog. „Dematerialisierung", d. h. die „Reduktion der Material- und Energieintensität von ökonomischen Prozessen (Produktion, Transport, Konsum, Entsorgung)", bei der PC-Produktion als notwendige Voraussetzung von inter- und intragenerationeller Gerechtigkeit als Kernpostulate nachhaltiger Entwicklung[970] betrachtet.[971] Paradoxerweise soll gerade die Nutzung neuer Informations- und Kommunikationstechniken Dematerialisierung ermöglichen, etwa durch die Reduktion des Verkehrsaufkommens infolge der Nutzung von Distanzkommunikationsmitteln und die Optimierung von Prozessen durch bessere Kooperation über Distanzen:[972]

> „Interpretiert man das Nachhaltigkeitsprinzip im Kontext der Informationsgesellschaft, lässt sich daraus eine ‚Maxime der Dematerialisierung' ableiten: *Informations- und Kommunikationstechnologien sollen so eingesetzt werden, dass ihr Potenzial zur Dematerialisierung (Verringerung der Material- und Energieumwandlungen bei gleichem Nutzen) sich realisiert.*"[973]

---

[967] *Lorenz Hilty/Siegfried Behrendt/Mathias Binswanger/Arend Bruinink/Lorenz Erdmann/ Jürg Fröhlich/Andreas Köhler/Niels Kuster/Claudia Som/Felix Würtenberger*, Das Vorsorgeprinzip in der Informationsgesellschaft: Auswirkungen des Pervasive Computing auf Gesundheit und Umwelt, Studie des Zentrums für Technologiefolgen-Abschätzung, TA 46/2003, S. 40.

[968] *Thilo Marauhn*, Customary Rules of International Environmental Law – Can They Provide Guidance for Developing A Peacetime Regime for Cyberspace?, in Katharina Ziolkowski (Hrsg.), Peacetime Regime for State Activities in Cyberspace. International Law, International Relations and Diplomacy, NATO CCDCOE Publication, Tallinn 2013, 465–484 (478).

[969] *Thilo Marauhn*, Customary Rules of International Environmental Law – Can They Provide Guidance for Developing A Peacetime Regime for Cyberspace?, in Katharina Ziolkowski (Hrsg.), Peacetime Regime for State Activities in Cyberspace. International Law, International Relations and Diplomacy, NATO CCDCOE Publication, Tallinn 2013, 465–484 (478).

[970] *Alexander Proelß*, Raum und Umwelt im Völkerrecht, in Wolfgang Graf Vitzthum/ Alexander Proelß (Hrsg.), Völkerrecht, 7. Aufl., De Gruyter, Berlin/Boston 2016, 361–454 (430 Rn. 116).

[971] *Lorenz Hilty/Siegfried Behrendt/Mathias Binswanger/Arend Bruinink/Lorenz Erdmann/Jürg Fröhlich/Andreas Köhler/Niels Kuster/Claudia Som/Felix Würtenberger*, Das Vorsorgeprinzip in der Informationsgesellschaft: Auswirkungen des Pervasive Computing auf Gesundheit und Umwelt, Studie des Zentrums für Technologiefolgen-Abschätzung, TA 46/2003, S. 40.

[972] *Lorenz Hilty/Siegfried Behrendt/Mathias Binswanger/Arend Bruinink/Lorenz Erdmann/Jürg Fröhlich/Andreas Köhler/Niels Kuster/Claudia Som/Felix Würtenberger*, Das Vorsorgeprinzip in der Informationsgesellschaft: Auswirkungen des Pervasive Computing auf Gesundheit und Umwelt, Studie des Zentrums für Technologiefolgen-Abschätzung, TA 46/2003, S. 41.

[973] *Lorenz Hilty/Siegfried Behrendt/Mathias Binswanger/Arend Bruinink/Lorenz Erd-

Kapitel 2: Eine Straßenverkehrsordnung für die elektronische Autobahn

Unabhängig von der (ernüchternden) Erkenntnis, dass die Dematerialisierung zwar technisch grds. möglich wäre,[974] aktuell aber nicht realisiert wird,[975] sind Inhalt und Status des Nachhaltigkeitskonzepts aber streitig,[976] eine Anerkennung als Norm des Völkergewohnheitsrechts steht daher noch aus.[977]

Gewohnheitsrechtlich anerkannt ist dagegen das „Verbot erheblicher grenzüberschreitender Umweltbelastungen" *(sic utere tuo ut alienum non laedas).*[978] Große Bedeutung hat in diesem Zusammenhang der „Trail Smelter"-Schiedsspruch des Jahres 1938, nach dem es den Staaten untersagt ist, ihr Staatsgebiet derart zu nutzen oder zu einer Nutzung zu überlassen, dass auf dem Territorium eines anderen Staates erhebliche Verletzungen verursacht würden;[979] die territoriale Souveränität des Staates, von dessen Gebiet die Emission ausgeht, wird also vom Anspruch der Nachbarstaaten auf territoriale Integrität eingeschränkt.[980] Dass ein Staat im Allgemeinen verpflichtet sei, „not to allow

---

mann/Jürg Fröhlich/Andreas Köhler/Niels Kuster/Claudia Som/Felix Würtenberger, Das Vorsorgeprinzip in der Informationsgesellschaft: Auswirkungen des Pervasive Computing auf Gesundheit und Umwelt, Studie des Zentrums für Technologiefolgen-Abschätzung, TA 46/2003, S. 41 – Hervorh. im Original.

[974] *Lorenz Hilty/Siegfried Behrendt/Mathias Binswanger/Arend Bruinink/Lorenz Erdmann/Jürg Fröhlich/Andreas Köhler/Niels Kuster/Claudia Som/Felix Würtenberger*, Das Vorsorgeprinzip in der Informationsgesellschaft: Auswirkungen des Pervasive Computing auf Gesundheit und Umwelt, Studie des Zentrums für Technologiefolgen-Abschätzung, TA 46/2003, S. 40 unter Verweis auf *Ernst U. von Weizsäcker/Amory B. Lovins/L. Hunter Lovins*, Factor Four: Doubling Wealth, Halving Resource Use, The New Report to the Club of Rome, Earthscan Publications Ltd, London 1998.

[975] *Lorenz Hilty/Siegfried Behrendt/Mathias Binswanger/Arend Bruinink/Lorenz Erdmann/Jürg Fröhlich/Andreas Köhler/Niels Kuster/Claudia Som/Felix Würtenberger*, Das Vorsorgeprinzip in der Informationsgesellschaft: Auswirkungen des Pervasive Computing auf Gesundheit und Umwelt, Studie des Zentrums für Technologiefolgen-Abschätzung, TA 46/2003, S. 41.

[976] *Alexander Proelß*, Raum und Umwelt im Völkerrecht, in Wolfgang Graf Vitzthum/Alexander Proelß (Hrsg.), Völkerrecht, 7. Aufl., De Gruyter, Berlin/Boston 2016, 361–454 (429 Rn. 114).

[977] *Alexander Proelß*, Meeresschutz im Völker- und Europarecht. Das Beispiel des Nordostatlantiks, Duncker & Humblot, Berlin 2004, S. 81 f. Der IGH bezeichnete „nachhaltige Entwicklung" in seinem Urt. v. 25.9.1997 – ICJ Reports 1997, 7 (78 § 140) – Case concerning the Gabčíkovo-Nagymaros Project (Ungarn/Slowakei) als „Konzept". *Alexander Proelß*, Raum und Umwelt im Völkerrecht, in Wolfgang Graf Vitzthum/Alexander Proelß (Hrsg.), Völkerrecht, 7. Aufl., De Gruyter, Berlin/Boston 2016, 361–454 (431 Rn. 117) hält eine entsprechende Anerkennung aber auch nicht für zielführend, „als eine Durchsetzung angeblicher Rechtsverletzungen regelmäßig an dem den Staaten hinsichtlich der Durchführung der Güterabwägung zustehenden weiten Beurteilungsspielraum scheitern würde".

[978] *Alexander Proelß*, Raum und Umwelt im Völkerrecht, in Wolfgang Graf Vitzthum/Alexander Proelß (Hrsg.), Völkerrecht, 7. Aufl., De Gruyter, Berlin/Boston 2016, 361–454 (424 Rn. 106); *Astrid Epiney*, Das „Verbot erheblicher grenzüberschreitender Umweltbeeinträchtigungen": Relikt oder konkretisierungsfähige Grundnorm?, AVR 33 (1995), 309–360 (318).

[979] Schiedssprüche v. 16.4.1938 u. 11.3.1941 – RIAA III, 1905, S. 1965 – Trail Smelter Case (USA/Kanada).

[980] *Torsten Stein/Christian v. Buttlar/Markus Kotzur*, Völkerrecht, 14. Aufl., Verlag Franz Vahlen, München 2017, S. 202 Rn. 542. Anders dagegen die sog. „Harmon-Doktrin", dazu

knowingly its territory to be used for acts contrary to the rights of other States", bestätigte im Jahr 1949 auch der IGH.[981] Abseits umweltrechtlicher Belange findet sich das *sic utere tuo*-Konzept, im völkerrechtlichen Kontext v. a. vorkommend in Gestalt der „no harm-rule",[982] in frühen Rundfunkübereinkommen wie der International Radiotelegraph Convention oder der International Telecommunication Convention. Die Anwendung dieses umweltrechtlichen Prinzips auf den Cyberspace wurde bislang kaum diskutiert, wohl, da seine territoriale Konzeption an sich keinen Anlass zur Übertragung auf den virtuellen Raum gibt. Allerdings geht *Ziolkowski* davon aus, dass etwa das verwandte Prinzip „Guter Nachbarschaft" auf den Cyberspace ausgeweitet werden könne. Aspekte wie die globale Natur des Cyberspace und seine Bedeutung für politische und wirtschaftliche zwischenstaatliche Beziehungen kreierten „as a whole a modern form of ,vicinity'".[983] Nichtsdestotrotz bezieht sich die aus dem „Verbot erheblicher grenzüberschreitender Umweltbelastungen" fließende Pflicht der Staaten allein auf die Unterlassung physischer Beschädigungen.[984] Es kann daher nicht ohne Weiteres angenommen werden, dass „the aspect of physical damage is irrelevant in the cyber context",[985] soll eine uferlose Ausweitung des Anwendungsbereichs des Konzepts vermieden werden.

Alexander Proelß, Raum und Umwelt im Völkerrecht, in Wolfgang Graf Vitzthum/Alexander Proelß (Hrsg.), Völkerrecht, 7. Aufl., De Gruyter, Berlin/Boston 2016, 361–454 (416 f. Rn. 92).

[981] IGH, Urt. v. 9.4.1949 (Merits) – ICJ Reports 1949, 4 (22) – The Corfu Channel Case (Vereinigtes Königreich/Albanien).

[982] *Jutta Brunnée*, Sic utere tuo ut alienum non laedas, in Rüdiger Wolfrum (Hrsg.), MPEPIL, Bd. IX: SA–TR, Oxford University Press, Oxford 2012, 188–192 (190 Rn. 9).

[983] *Katharina Ziolkowski*, General Principles of International Law as Applicable in Cyberspace, in Katharina Ziolkowski (Hrsg.), Peacetime Regime for State Activities in Cyberspace. International Law, International Relations and Diplomacy, NATO CCDCOE Publication, Tallinn 2013, 135–188 (171). Vgl. dazu auch die Res. 46/62 („Development and strengthening of good-neighbourliness between States") v. 9.12.1991, UN Doc. A/RES/46/62, § 3: „[…] the great changes of a political, economic and social nature, as well as the scientific and technological advances that have taken place in the world and led to unprecedented interdependence of nations, have given new dimensions to good-neighbourliness in the conduct of States […]."

[984] Vgl. u. a. den Wortlaut von Art. 1 der (nicht bindenden) „Draft Articles on Prevention of Transboundary Harm from Hazardous Activities" v. 11.5.2001, UN Doc. A/RES/56/82 („The present articles apply to activities not prohibited by international law which involve a risk of causing significant transboundary harm through their physical consequences.") und § 17 des entsprechenden Kommentars (veröffentlicht im Report of the ILC to the General Assembly on the work of its 53rd session, Draft articles on Prevention of Transboundary Harm from Hazardous Activities, with commentaries, YbILC [2001-II], Part 2, 148–170 [151]) der ILC („The physical link must connect the activity with its transboundary effects. […] That implies that the activities covered in these articles must themselves have a physical quality, and the consequences must flow from that quality.").

[985] *Katharina Ziolkowski*, General Principles of International Law as Applicable in Cyberspace, in Katharina Ziolkowski (Hrsg.), Peacetime Regime for State Activities in Cyberspace. International Law, International Relations and Diplomacy, NATO CCDCOE Publication, Tallinn 2013, 135–188 (171).

III. Von den Kulturvölkern anerkannte allgemeine Rechtsgrundsätze

Nach Ansicht von *Thirlway* sind die von den Kulturvölkern anerkannten allgemeinen Rechtsgrundsätze (Art. 38 Abs. 1 lit. c IGH-Statut) als Quelle des Völkerrechts *per se* „of less practical importance in determining the rights and obligations of States in their regular relations".[986] Spezifische „allgemeine Cyberlaw-Grundsätze" sind zum jetzigen Zeitpunkt ohnehin nicht auszumachen. Doch nach *Schmitt* und *Vihul* könnten jedenfalls allgemeine Rechtsgrundsätze wie *res iudicata* oder *pacta sunt servanda*, die insbes. entscheidungsleitende Funktion haben,[987] im Rahmen von zwischenstaatlichen Konflikten im Cyberkontext zum Einsatz kommen. Bei der gerichtlichen Beilegung von Streitigkeiten über staatenübergreifend genutzte Cyberinfrastruktur könnten sich ihrer Ansicht nach aus dem angelsächsischen Rechtsraum bekannte *equity*-Erwägungen als nützlich erweisen.[988] Besondere Bedeutung messen die Autoren zudem der in Art. 34 ff. ASR[989] niedergelegten – und mittlerweile auch völkergewohnheitsrechtlich anerkannten[990] – staatlichen Pflicht zur Wiedergutmachung für durch völkerrechtswidriges Verhalten entstandene Nachteile („reparation")[991] bei.[992]

IV. Fazit: „Was Offline illegal war, [...]"

„Was Offline illegal war, wird auch Online illegal sein. Neue Verfassungen sind nicht notwendig, es gilt nur, bestehendes Recht auf neue Medien zu übertragen", versicherte 1997 der damalige EU-Kommissar für Industriepolitik, Informationstechnik und Telekommunikation *Martin Bangemann* im Rahmen der Bonner Ministerkonferenz.[993] Die vorstehenden Ausführungen zeigen, dass er damit nicht ganz Unrecht hatte. Viele der dem Wortlaut nach ursprünglich mit Blick auf andere Kommunikationsmittel ausgearbeiteten völkerrechtlichen Verträge lassen sich durch evolutive Auslegung auch auf die Regulierung des Inter-

---

[986] *Hugh Thirlway*, The Sources of International Law, in Malcolm D. Evans (Hrsg.), International Law, 4. Aufl., Oxford University Press, Oxford 2014, 91–117 (105).

[987] Vgl. *Michael N. Schmitt/Liis Vihul*, The Nature of International Law Cyber Norms, Tallinn Paper No. 5, Special Expanded Issue, CCDCOE, 2014, S. 29.

[988] *Michael N. Schmitt/Liis Vihul*, The Nature of International Law Cyber Norms, Tallinn Paper No. 5, Special Expanded Issue, CCDCOE, 2014, S. 29.

[989] *ILC*, Draft Articles on Responsibility of States for Internationally Wrongful Acts v. 12.12.2001, UN Doc. A/Res/56/83, Annex.

[990] *Andreas v. Arnauld*, Völkerrecht, 3. Aufl., C. F. Müller, Heidelberg 2016, S. 113 Rn. 266.

[991] Vgl. StIGH, Urt. v. 13.9.1928 (Merits) – Ser. A No. 17, S. 29 – Case concerning the Factory at Chorzów (Deutschland/Polen).

[992] *Michael N. Schmitt/Liis Vihul*, The Nature of International Law Cyber Norms, Tallinn Paper No. 5, Special Expanded Issue, CCDCOE, 2014, S. 29.

[993] Zit. nach *Birgit Dankert*, „Globale Informationsnetze: Die Chancen nutzen": Europäische Ministerkonferenz in Bonn vom 6.–8. Juli 1997, Bibliotheksdienst 31 (1997), 1455–1464 (1455).

nets anwenden. Das gilt insbes. für die Inhalte der universellen Menschenrechtspakte IPbpR und IPwskR sowie für die der EMRK und der GR-Ch der EU. Die Geltung der Menschenreche im Internet ist überwiegend anerkannt. Insbes. die EU und der Europarat haben großen Anteil an der in den letzten 20 Jahren verstärkt zu beobachtenden Schaffung internetspezifischer Regulierung. Die noch in den 1970er- und 1980er-Jahren im Mittelpunkt des allgemeinen Interesses stehenden Fragen des (Satelliten-)Rundfunks sind hinter Online-Verbraucherschutzrechten im E-Commerce und Problemen des Fernsehens „On Demand" zurückgetreten. Nichtsdestotrotz hat das Internet als solches nur wenige wirklich neue rechtliche Probleme geschaffen,[994] durch die – vermeintliche – Zweiteilung in die „reale" und die „virtuelle Welt" werden sie nun lediglich auf einer anderen „Ebene" wahrgenommen. Aktivitäten im Cyberspace unterscheiden sich nicht grundlegend von Aktivitäten in der physischen Welt.[995]

„Recht ist dem Wesen nach responsiv. Neue soziale Realitäten schaffen Regelungsbedürfnisse",[996] das zeigt kaum ein Rechtsgebiet so deutlich wie die Regulierung technikspezifischer Materien. Das Recht „läuft" dem rasanten technischen Wandel gewissermaßen dauerhaft „hinterher", es ist „zu langsam", um Schritt zu halten. Daher kann es nicht der sprichwörtlichen Weisheit letzter Schluss sein, zur Regulierung des Internets allein auf das imperative Recht und damit auf althergebrachte souveräne staatliche Strukturen zu setzen. Nationalstaatliche Interessen müssen hinter globalen Zielsetzungen wie der sukzessiven Schließung der „Digital Divide" zwischen den Industrie- und Entwicklungsstaaten zurückstehen. Neue Ansätze wie die Einbeziehung der Grundsätze des politikwissenschaftlichen Konzepts der Global Governance oder die Erhebung von „Code" zum Hilfsmittel rechtlicher Regulierung deuten auf eine Weiterentwicklung der bekannten (völkerrechtlichen) Regelungsstrukturen hin (dazu sogleich). Die vorstehende Sammlung der auf die Regulierung des Internets anwendbaren Normen macht deutlich, dass noch heute eine Vielzahl von – internationalen, regionalen und nationalen – Normgebern mit der Regulierung des Internets befasst ist. Doch im Ergebnis kann nur mithilfe eines einheitliche(re)n „Völkerrechts des Netzes" das gesamte Potenzial des Internets als größtes Kommunikationsmedium der Welt voll ausgeschöpft werden. Eine konsistente Regulierung dient nicht zuletzt dem Schutz neuer Techniken vor Technikvermeidung und -missbrauch. Wie eine solche einheitliche völkerrecht-

---

[994] *Dan Hunter*, Cyberspace as Place and the Tragedy of the Digital Anticommons, Cal. L. Rev. 91 (2003), 439–519 (449–450).
[995] *Jack L. Goldsmith*, Against Cyberanarchy, in Adam Thierer/Clyde W. Crews, Jr. (Hrsg.), Who Rules the Net?: Internet Governance and Jurisdiction, Cato Institute, Washington, D. C. 2003, 31–70 (70).
[996] *Matthias C. Kettemann*, Völkerrecht in Zeiten des Netzes. Perspektiven auf den effektiven Schutz von Grund- und Menschenrechten in der Informationsgesellschaft zwischen Völkerrecht, Europarecht und Staatsrecht, Friedrich-Ebert-Stiftung, Bonn 2015, S. 27.

liche Lösung der Regulierungsprobleme des Internets aussehen könnte, soll im folgenden Abschnitt dargelegt werden.

C. „Ubi *[Cyber]*societas, ibi *[Cyber]*ius"? Ansätze zu einer effektiven Regulierung des Internets

Lange hieß es, das Internet sei gar nicht zu regulieren.[997] Jedoch, so stellte *Kleinwächter* richtigerweise fest:

„The Internet never escaped from the existing broader framework of national and international legislation. What was illegal offline became not legal online."[998]

Nach *Lawrence Lessig* gibt es nicht nur eine Möglichkeit der Regulierung des Cyberspace, sondern sogar vier: durch das Recht, die menschengemachte Architektur des Internets („Code"), soziale Normen und Konventionen sowie mittels der Macht (virtueller und realer) wirtschaftlicher Märkte.[999] Der Glaube an die „Anarchie"[1000] im Cyberspace ist ein Relikt der frühen Tage des Internets, der Zeiten von *John P. Barlow* (1947–2018), der das von der „realen" Welt unabhängige Internet ausrief,[1001] gilt doch im Kern auch im virtuellen Raum: *„Ubi societas, ibi ius".*[1002] Doch verhindern noch immer die vielen gegenläu-

---

[997] *Andrew Chadwick*, Internet Governance, in Mark Bevir (Hrsg.), Encyclopedia of Governance, Bd. I: A–J, SAGE Publications, Thousand Oaks/London/Neu-Delhi 2007, 484–485 (484). Eindringlich *John P. Barlow*, A Declaration of the Independence of Cyberspace, Davos (Schweiz), 8.2.1996, abrufbar unter: https://www.eff.org/de/cyberspace-independence. Zu dieser Frage, vgl. auch *supra* Teil II, Kap. 2, A.

[998] *Wolfgang Kleinwächter*, Internet Co-Governance: Towards a Multilayer Multiplayer Mechanism of Consultation, Coordination and Cooperation (M3C3), Paper presented to the Informal Consultation of the Working Group on the Internet Governance (WGIG), Genf, 20.–21.9.2004, Version 2.0, S. 2, abrufbar unter: www.wgig.org/docs/Kleinwachter.pdf.

[999] Nach *Lawrence Lessig*, Code Version 2.0, Basic Books, New York 2006, S. 123 ist die Regulierung grds. eine Summe dieser vier Größen.

[1000] Zum Begriff „Cyberanarchie", vgl. *Jack L. Goldsmith*, Against Cyberanarchy, in Adam Thierer/Clyde W. Crews, Jr. (Hrsg.), Who Rules the Net? – Internet Governance and Jurisdiction, Cato Institute, Washington, D. C. 2003, 31–70 (bereits zuvor veröffentlicht in U. Chi. L. Rev. 65 [1998], 1199–1250); krit. Erwiderung von *David G. Post*, Against „Against Cyberanarchy", Berkeley Tech. L. J. 17 (2002), 1365–1387.

[1001] *John P. Barlow*, A Declaration of the Independence of Cyberspace, Davos (Schweiz), 8.2.1996, abrufbar unter: https://www.eff.org/de/cyberspace-independence.

[1002] „[W]o eine Gemeinschaft ist, da ist ein Recht." Übers. v. Hugo Preuß, zit. nach *Manuel Erbenich*, Vater der Weimarer Verfassung, Deutschlandfunk, 28.10.2010, abrufbar unter: https://www.deutschlandfunk.de/vater-der-weimarer-verfassung.871.de.html?dram:article_id=127137. Dieser Ausspruch wird – irrtümlich – tlw. *Hugo Grotius* (vgl. *Hartmut Kreß*, „ubi societas, ibi ius", ZRP 2012, S. 60), tlw. auch *Heinrich v. Cocceji* (so bei *Angelika Nußberger*, Sozialstandards im Völkerrecht. Eine Studie zu Entwicklung und Bedeutung der Normsetzung der Vereinten Nationen, der Internationalen Arbeitsorganisation und des Europarats zu Fragen des Sozialschutzes, Schriften zum Völkerrecht Bd. 161, Duncker & Humblot, Berlin 2005, S. 35 Fn. 39) zugeschrieben. Dabei handelt es sich aber wohl nicht um ein wörtliches Zitat,

figen Interessen zahlloser an der Regulierung des Internets beteiligter Akteure und eine Fülle von (potenziell) anwendbaren Quellen die Erarbeitung eines effektiven und – im Idealfall – einheitlichen Regelungskonzepts. Diverse privatwirtschaftlich agierende Akteure sind vorwiegend an der Erhaltung der Flexibilität des Internets interessiert, wohingegen eine völkerrechtlich tragbare Lösung nur unter Beachtung zwischenstaatlicher Stabilität, demokratischer Legitimation und menschenrechtlicher Bindungen der Staaten als der in vielen Bereichen (immer noch) bedeutsamsten Völkerrechtssubjekte zustande kommen kann.[1003]

Da die überwiegende Zahl der genannten Vertragswerke bzw. Normen[1004] im Kern nicht auf die besonderen Charakteristika und Problematiken des Cyberspace zugeschnitten ist und eine Anpassung durch Auslegung häufig der historischen Prägung der Normen entgegensteht, stellt sich die Frage, ob eine effektive Regulierung des Internets nicht anders gestaltet werden muss. Im Folgenden werden daher einige wichtige Ansätze *de lege ferenda* zur Regulierung des Internets vorgestellt und ihre Effektivität bewertet. Dabei werden u. a. Alternativen zur herkömmlichen präskriptiven (staatlichen) Gesetzgebung aufgezeigt, wie die Verpflichtung der Internetnutzer zur Beachtung sozialer Normen oder einer sog. „Netiquette", Selbstverwaltungsansätze für ISPs oder die Regulierung durch technische Mittel (z. B. „Code"). Daneben kann es hilfreich sein, zum Zweck der Einbindung der Gruppe der Netz-User in den Regelungsprozess auf Informations-, Ausbildungs- und Aufklärungskampagnen zu setzen. Schlichtes „Nichtstun", also das bewusste Unterlassen jeglicher Regulierung von Online-Aktivitäten, wird dagegen nicht als sachdienlich erachtet.[1005]

I. Erster Ansatz:
„Self-governance" (Selbstverwaltung) durch User und Provider

Besonderer Beliebtheit in Literatur und politischer Praxis erfreuen sich diverse „Self-governance"-Ansätze. Diese setzen z. B. auf eine Regulierung von Online-Aktivitäten durch Selbstregulierung durch den User,[1006] ein Vorgehen,

---

sondern vielmehr um „eine treffende Zusammenfassung einer der zentralen Lehren des klassischen Naturrechts" (*Ulrich Vosgerau*, Staatliche Gemeinschaft und Staatengemeinschaft, Jus Publicum Bd. 255, Mohr Siebeck, Tübingen 2016, S. 15 Fn. 13).

[1003] *Veronika Bauer/Matthias C. Kettemann*, Menschenrechtliche Implikationen der Informationsgesellschaft und österreichische Regulierungsansätze, in Wolfgang Benedek/Catrin Pekari (Hrsg.), Menschenrechte in der Informationsgesellschaft, Richard Boorberg Verlag, Stuttgart/München/Hannover/Berlin/Weimar/Dresden 2007, 293–323 (321).

[1004] Dazu *supra* Teil II, Kap. 2, B.

[1005] So auch *Yaman Akdeniz*, Racism on the Internet, Council of Europe Publishing, Straßburg 2009, S. 111, der sich insbes. auf die Verfolgung rassistischer Netzinhalte bezieht.

[1006] Vgl. z. B. die achte von neun Empfehlungen des ehem. U. S.-Präsidenten *Clinton* aus dem Jahr 1997 für die zukünftige Regulierung des Internets, s. *Birgit Dankert*, „Globale Informationsnetze: Die Chancen nutzen": Europäische Ministerkonferenz in Bonn vom 6.–8. Juli 1997, Bibliotheksdienst 31 (1997), 1455–1464 (1458); das Potenzial der „private self-regu-

das durchaus einen gewissen Charme hat: Zu starke nationalstaatliche Regulierung wird so vermieden, es handelt sich nach *Hunter* eher um einen „socialcontractarian, bottom-up governance approach".[1007] Die Vorteile gegenüber rein imperativen („top-down") Regelungsansätzen liegen auf der Hand: Da ausweislich der Geschichte seiner Entstehung und Weiterentwicklung die Nutzer des Internets die wahren „Experten" der Netzkultur sind, sind sie sich mutmaßlich der Gefahren des Internets bewusst und hätten mit einem Self-governance-Ansatz die Möglichkeit, eine Überregulierung zu vermeiden, indem sie selbst die Normen schaffen könnten, derer sie wirklich bedürfen.[1008] Demgegenüber werden die Staaten zur Zusammenarbeit mit Privaten und NGOs ermutigt, was wiederum einen privaten Sektor hervorbringt, der sich seiner sozialen Verantwortung bewusst ist und so mithelfen kann, etwa die Einhaltung der menschenrechtlichen Standards auch im Internet zu fördern und zu überwachen.[1009]

Das Streben der (zivilen und technischen) Internet-Community nach Selbstverwaltung hat seine Wurzeln in den Anfängen des Internets als Kommunikationsnetzwerk einzelner, miteinander vernetzter Forschungseinrichtungen und Universitäten.[1010] Verfechter der Self-regulation durch die Netz-Community halten jene für den einzig sinnvollen Ansatz zur Regulierung des Internets, und zwar aus zwei Gründen: Erstens betrachten sie die Selbstverwaltung bzw. -regulierung als den Inbegriff einer Regelung unter Beachtung der perfekten freiheitlich-demokratischen Grundordnung.[1011] Zweitens erscheint ihnen eine Regulierung des Cyberspace durch einen Staat als Eingriff in die Rechte der autonomen Gruppe der Netz-User i. S. e. „kolonialistischen Vereinnahmung".[1012] Die überwiegende „Nichtbefassung auf internationaler Ebene" hält *Schmalenbach* be-

---

lation within the cyberspace community" erkennt auch *Perritt*, der die regulatorische Eigendynamik der Netzgemeinde mit der Entwicklung der *lex mercatoria* durch mittelalterliche Händler in Beziehung setzt: Henry H. Perritt, Jr., The Internet as a Threat to Sovereignty? Thoughts on the Internet's Role in Strengthening National and Global Governance, Ind. J. Global Legal Stud. 5 (1998), 423–442 (433 f.).

[1007] *Dan Hunter*, Cyberspace as Place and the Tragedy of the Digital Anticommons, Cal. L. Rev. 91 (2003), 439–519 (450).

[1008] Ähnlich, jedoch ohne begriffliche Qualifizierung des Ansatzes als „Self-governance": *Joseph H. Kaiser*, Das Recht im Cyberspace. Eine spontane Ordnung noch ohne Hierarchie, in Herbert Haller/Christian Kopetzki/Richard Novak/Stanley L. Paulson/Bernhard Raschauer/Georg Ress/Ewald Wiederin (Hrsg.), Staat und Recht, FS für Günther Winkler, Springer, Wien/New York 1997, 397–409 (401).

[1009] *OHCHR*, Background Note on the Information Society and Human Rights, WSIS/PC-3/CONTR/178-E, 27.10.2003.

[1010] Vgl. *Deutscher Bundestag*, Wissenschaftliche Dienste: Aktueller Begriff „Internet Governance", Nr. 11/14 (27.3.2014), S. 1 f., abrufbar unter: https://www.bundestag.de/resource/blob/195878/af1d82ca9f8950c9259faf3180fc9c79/internet_governance-data.pdf.

[1011] *John P. Barlow*, A Declaration of the Independence of Cyberspace, Davos (Schweiz), 8.2.1996, abrufbar unter: https://www.eff.org/de/cyberspace-independence.

[1012] *Neil W. Netanel*, Cyberspace Self-Governance: A Skeptical View from Liberal Democratic Theory, Cal. L. Rev. 88 (2000), 395–498 (402–403).

reits für ein „indirektes Bekenntnis zur Staatsferne und Selbstregulierung des Internet[s]".[1013] Diese Behauptung wird gestützt etwa durch eine Empfehlung des Europarats zur Selbstregulierung von Cybercontent,[1014] die „Declaration on Freedom of Communication on the Internet" des Ministerkomitees des Europarats, die sich mit Self-regulation und koregulativen Initiativen hinsichtlich Internetinhalten befasst,[1015] sowie durch den „EU Action Plan on promoting safer use of the internet", einer Entscheidung des Europäischen Parlaments und des Rats v. 11. Mai 2005 zur Etablierung eines mehrjährigen Gemeinschaftsprogramms.[1016] Daneben verfolgt das „Durban Programme of Action"[1017] den Zweck, den privatwirtschaftlichen Sektor zu ermutigen, selbstregulatorische Ansätze zum Schutz vor Fremdenhass und Rassismus im Internet („online hate")[1018] zu schaffen und zu etablieren. Ebenso wurde die Idee der Self-governance des Cyberspace im Jahr 1997 unterstützt von *Don Heath*, dem damaligen Präsidenten der ISOC:

„If the Internet is ever to reach its fullest potential, it will need effective, practical, and reliable forms of self-governance."[1019]

Eine solche „effective, practical, and reliable" Form der Self-governance war gewiss die Entwicklung des TCP/IP oder des DNS, die zwar tlw. staatlich subventioniert, aber in erster Linie von technischen Entwicklern, Providern und Nutzern getragen wurde.[1020] Als ein „einzigartiges Self regulation-Experiment"

[1013] *Kirsten Schmalenbach*, Ein Menschenrecht auf Kommunikation: Erfordernis oder Redundanz?, in Wolfgang Benedek/Catrin Pekari (Hrsg.), Menschenrechte in der Informationsgesellschaft, Richard Boorberg Verlag, Stuttgart/München/Hannover/Berlin/Weimar/Dresden 2007, 183–213 (197).

[1014] *Europarat*, Recommendation Rec(2001)8 of the Committee of Ministers to member states on self-regulation concerning cyber content (self-regulation and user protection against illegal or harmful content on new communications and information services) v. 5.9.2001.

[1015] *Europarat*, Committee of Ministers, Declaration on freedom of communication on the Internet, adopted at the 840th meeting of the Ministers' Deputies, 28.5.2003, Principle 2.

[1016] Beschl. Nr. 854/2005/EG des Europäischen Parlaments und des Rates v. 11.5.2005 über ein mehrjähriges Gemeinschaftsprogramm zur Förderung der sichereren Nutzung des Internet und neuer Online-Technologien, ABl. EU L 149 v. 11.6.2005, S. 1–13: „Nutzer-Emanzipation" (S. 6).

[1017] Dazu *Report of the World Conference against Racism, Racial Discrimination, Xenophobia and Related Intolerance*, Durban, 31.8.–8.9.2001, A/CONF.189/12, GE.02–10005(E) 100102, § 144 (S. 57), abrufbar unter: www.un.org/WCAR/aconf189_12.pdf.

[1018] Zur Problematik der Verfolgung und Eliminierung von rassistischen Internetinhalten, vgl. ausführlich *Yaman Akdeniz*, Racism on the Internet, Council of Europe Publishing, Straßburg 2009.

[1019] *Donald M. Heath*, Beginnings: Internet Self-Governance: A Requirement to Fulfill the Promise, Internet Domain Names: Information Session, Meeting of Signatories and Potential Signatories of the generic Top Level Domain Memorandum of Understanding (gTLD-MoU), ITU, Genf, 29.4.–1.5.1997, abrufbar unter: https://www.itu.int/newsarchive/projects/dns-meet/HeathAddress.html.

[1020] *Barry M. Leiner/Vinton G. Cerf/David D. Clark/Robert E. Kahn/Leonard Kleinrock/Daniel C. Lynch/Jon Postel/Larry G. Roberts/Stephen Wolff*, Brief History of the Inter-

bezeichnete *Erkki Liikanen*, ehem. EU-Kommissar für Unternehmen und die Informationsgesellschaft, die ICANN. Mit der Gründung von ICANN war die Hoffnung verbunden, die Zusammenarbeit zwischen den beteiligten Akteuren zu fördern und die Kernfunktionen der Formen der Regulierung des Internets, sog. „Internet Governance",[1021] zu internationalisieren und gleichzeitig zu privatisieren.[1022]

Gleichwohl wird kritisch angemerkt, dass alle Regelungsansätze, die auf Self-governance setzen, allein die Umgehung verbindlicher Regelungen, derer es in einem Rechtsraum (und sei er auch virtuell)[1023] bedarf, bezwecken und ihre Notwendigkeit verkennen würden. Denn auch für die Regulierung im Cyberspace gelte:

„Eine juristische Lösung scheint sich [...] anzubieten."[1024]

Self-governance-Ansätze sind nach *Hunter* nur eine Folge der Betrachtung des Cyberspace als „Place"[1025] und damit haltlos. Die Konstruktion des Cyberspace als physischer Raum illustriert sehr anschaulich – und unter Verwen-

---

net, Internet Society, 1997, S. 15, abrufbar unter: https://www.internetsociety.org/wp-content/uploads/2017/09/ISOC-History-of-the-Internet_1997.pdf. Im „Mutterland des Internets" (vgl. *Lutz Krafft*, Entwicklung räumlicher Cluster. Das Beispiel Internet- und E-Commerce-Gründungen in Deutschland, Deutscher Universitäts-Verlag, Wiesbaden 2006, S. 519) förderte gar die Regierung die Unabhängigkeit von staatlichen Strukturen, wie die Politik der „De-regulation" unter Präsident *Ronald Reagan* (1980–1988) und der Ausbau der Vorherrschaft der Privatwirtschaft durch Privatisierung des DNS-Management unter der *Clinton*-Administration (1992–2000) zeigen, dazu *Wolfgang Kleinwächter*, Internet Co-Governance: Towards a Multilayer Multiplayer Mechanism of Consultation, Coordination and Cooperation (M₃C₃), Paper presented to the Informal Consultation of the Working Group on the Internet Governance (WGIG), Genf, 20.–21.9.2004, Version 2.0, S. 2, abrufbar unter: www.wgig.org/docs/Kleinwachter.pdf sowie *Wolfgang Kleinwächter*, From Self-Governance to Public-Private Partnership: The Changing Role of Governments in the Management of the Internet's Core Resources, Loy. L. A. L. Rev. 36 (2003), 1103–1126 (1109 ff.).

[1021] Zur Internet Governance *infra* Teil II, Kap. 2, C.VI.1–3.

[1022] *Erkki Liikanen*, Internet governance – the way ahead, Event der Stichting Internet Domeinregistratie Nederland, Den Haag, 15.4.2004, SPEECH/04/191, S. 3, abrufbar unter: https://ec.europa.eu/commission/presscorner/detail/en/SPEECH_04_191. Zu den (politischen) Herausforderungen, die zu einer Veränderung der revolutionären ICANN-Strukturen führten: *Wolfgang Kleinwächter*, ICANN between technical mandate and political challenges, Telecommun. Policy 24 (Aug. 2000), 553–563. Zu den Unterschieden zwischen ICANN 1.0 und 2.0: *Wolfgang Kleinwächter*, Internet Co-Governance: Towards a Multilayer Multiplayer Mechanism of Consultation, Coordination and Cooperation (M₃C₃), Paper presented to the Informal Consultation of the Working Group on the Internet Governance (WGIG), Genf, 20.–21.9.2004, Version 2.0, Abschn. „Different Interpretations" (S. 10), abrufbar unter: www.wgig.org/docs/Kleinwachter.pdf.

[1023] Zu der tiefgreifenderen Frage, ob es sich beim Cyberspace überhaupt um einen „Raum", geschweige denn um einen Rechtsraum handelt, *infra* Teil III, Kap. 1, A. I.3.

[1024] *Gerd Roellecke*, Den Rechtsstaat für einen Störer! – Erziehung vs. Internet?, NJW 1996, 1801–1802 (1801).

[1025] *Dan Hunter*, Cyberspace as Place and the Tragedy of the Digital Anticommons, Cal. L. Rev. 91 (2003), 439–519 (451). Dazu *infra* Teil III, Kap. 1, A. I.

dung einer nach Ansicht von *Hunter* „amusing and intentionally overblown" Rhetorik – *Barlows* „Declaration of the Independence of Cyberspace" aus dem Jahr 1996.[1026] *Barlow*, ehem. Viehzüchter, Songtexter der Rockband „Grateful Dead" und Mitbegründer der NGO „Electronic Frontier Foundation", erklärte den Cyberspace im Rahmen seiner Rede anlässlich des Weltwirtschaftsforum in Davos (Schweiz) für „unabhängig":

> „Governments of the Industrial World, you weary giants of flesh and steel, I come from Cyberspace, the new home of Mind. On behalf of the future, I ask you of the past to leave us alone. You are not welcome among us. You have no sovereignty where we gather."

Barlow bezeichnete den Cyberspace als „weltweiten sozialen Raum" („global social space"), unabhängig von der Autorität gewählter Regierungen. „Cyberspace does not lie within your borders", behauptete er triumphierend. Staatliche Rechtsdurchsetzung sei im Cyberspace also nicht möglich. Für *Barlow* hatte die Erhaltung der Freiheit der Netzgemeinde gegenüber der „Tyrannei" der das Internet regulierenden Staaten oberste Priorität. Die Lösung von Problemen sollte im Cyberspace allein auf Grundlage der „Netz-Etiquette", kurz „Netiquette", erfolgen. Der Begriff „Netiquette" ist ein Kofferwort, zusammengesetzt aus der engl. Bezeichnung für Netz („net") und dem engl. Wort frz. Ursprungs „étiquette" (Etikette, Protokoll).[1027] Es handelt sich dabei um eine Art Verhaltenskodex, das Verhalten in Computernetzwerken wie dem Internet betreffend.[1028] Soziale Regeln oder ähnliche ungeschriebene Gebräuche und Gepflogenheiten, die von den Nutzern im Internet befolgt und respektiert werden, vereinfachen zwar u. U. die Durchsetzung staatlicher Regelungen, sind aber selbst nicht durchsetzbar. In einer unsteten multinationalen, multikulturellen Umgebung wie dem Cyberspace büßen sie zudem schnell an Universalität und damit an Effektivität ein.[1029] Nach *Netanel* könnte sich ein von staatlicher Seite unregulierter Cyberspace zudem nachteilig auf demokratische Ideale auswirken.[1030] Bei rein privater Regelung des Internets bestünde z. B. kein Schutz gegen online begangene Menschenrechtsverletzungen.[1031] Darüber hinaus, so

---

[1026] *John P. Barlow*, A Declaration of the Independence of Cyberspace, Davos (Schweiz), 8.2.1996, abrufbar unter: https://www.eff.org/de/cyberspace-independence.

[1027] Vgl. *Oliver Bendel*, Art. „Netiquette", in Gabler Wirtschaftslexikon (online), abrufbar unter: https://wirtschaftslexikon.gabler.de/definition/netiquette-53879/version-368833.

[1028] Zur sog. „Golden Rule", vgl. *Debbie Donner*, The Golden Rule of Netiquette, Ezine Articles, 20.2.2010, abrufbar unter: https://ezinearticles.com/?The-Golden-Rule-of-Netiquette&id=3795674 sowie *Oliver Bendel*, Netiquette 2.0 – der Knigge für das Internet, Netzwoche 5/2010, 40–41.

[1029] Ähnlich *Yaman Akdeniz*, Racism on the Internet, Council of Europe Publishing, Straßburg 2009, S. 111.

[1030] *Neil W. Netanel*, Cyberspace Self-Governance: A Skeptical View from Liberal Democratic Theory, Cal. L. Rev. 88 (2000), 395–498 (402 ff.); *Dan Hunter*, Cyberspace as Place and the Tragedy of the Digital Anticommons, Cal. L. Rev. 91 (2003), 439–519 (451).

[1031] *Veronika Bauer/Matthias C. Kettemann*, Menschenrechtliche Implikationen der In-

seine Prognose, würde sich in einem unregulierten Cyberspace nur von selbst eine staatsähnliche Struktur mit entsprechenden Defiziten herausbilden, um das „regulatorische Vakuum", das mangels staatlicher Intervention entstünde, auszufüllen.[1032] Dass diese Behauptung nicht einer gewissen Wahrheit entbehrt, davon zeugen die Tatsache der Gründung und die Struktur der ICANN.[1033] Erschwerend kommt hinzu, dass die Privatwirtschaft als treibende Kraft eines Regulierungsprozesses womöglich mehr am eigenen Vorteil und Profit als daran interessiert sein könnte, einen Regelungsprozess zu forcieren, der den Fortbestand und die Effektivität und Verfügbarkeit des Internets für alle Beteiligten im Blick hat.[1034] Im Ergebnis käme die Gestattung von Self-governance im Cyberspace der Schaffung eines regelrechten „Nährboden[s] für illiberale Aktivitäten" gleich, meint *Netanel*.[1035]

Es bleibt also zu klären, ob „konsensorientierte, nicht hierarchisch organisierte Methoden der Verhaltenskontrolle"[1036] effektiv sein können und letztlich die Macht haben, durchsetzungsfähige Regelungen zu schaffen. Da grds. jede „Rechtsordnung" eines zentralen oder zumindest mehrerer legitimierter „Gesetzgeber" bedarf, muss nach dem oben Gesagten auch ein Regime, das auf Selbstregulierungsmechanismen fußt, auf einen „Schöpfer" zurückgehen.[1037] Wer also böte sich als „Cyber-Gesetzgeber" in einer sich selbst regulierenden Internetgemeinschaft an?

---

formationsgesellschaft und österreichische Regulierungsansätze, in Wolfgang Benedek/Catrin Pekari (Hrsg.), Menschenrechte in der Informationsgesellschaft, Richard Boorberg Verlag, Stuttgart/München/Hannover/Berlin/Weimar/Dresden 2007, 293–323 (320).

[1032] *Neil W. Netanel*, Cyberspace Self-Governance: A Skeptical View from Liberal Democratic Theory, Cal. L. Rev. 88 (2000), 395–498 (403); *Dan Hunter*, Cyberspace as Place and the Tragedy of the Digital Anticommons, Cal. L. Rev. 91 (2003), 439–519 (450–451).

[1033] Ausführlich zu der Frage, ob diese Organisation ein Demokratiedefizit aufweist: *Dan Hunter*, ICANN and the Concept of Democratic Deficit, Loy. L.A. L. Rev. 36 (2003), 1149–1183.

[1034] Das entspricht der Ansicht von *Peter Leuprecht*, Der Weltgipfel zur Informationsgesellschaft aus der Sicht der Menschenrechte, in Wolfgang Benedek/Catrin Pekari (Hrsg.), Menschenrechte in der Informationsgesellschaft, Richard Boorberg Verlag, Stuttgart/München/Hannover/Berlin/Weimar/Dresden 2007, 23–34 (24), der ähnliche Bedenken bereits mit Blick auf die federführende Position der ITU bei der Vorbereitung und Durchführung des WSIS als Organisation, der über 650 sog. „sector members" angehören, äußert.

[1035] Vgl. *Neil W. Netanel*, Cyberspace Self-Governance: A Skeptical View from Liberal Democratic Theory, Cal. L. Rev. 88 (2000), 395–498 (451, 498).

[1036] *Michael v. Hinden*, Persönlichkeitsverletzungen im Internet: Das anwendbare Recht, Studien zum ausländischen und internationalen Privatrecht Bd. 74, J.C.B. Mohr (Paul Siebeck), Tübingen 1999, S. 251.

[1037] *Hans J. Kleinsteuber*, The Internet between Regulation and Governance, in Christian Möller/Arnaud Amouroux (Hrsg.), The Media Freedom Internet Cookbook, Organization for Security and Co-operation in Europe (OSCE), Office of the Representative on Freedom of the Media, Wien 2004, abrufbar unter: https://www.osce.org/files/f/documents/b/b/13836.pdf, S. 61–75 (62): „Regulation in the original sense refers to an arbitrary process under the rule of the State, usually centred in a (more or less) independent regulatory body."

1. Selbstregulierung durch Online-Dienste und ihre „Communities"

Die sog. „Netz-Community" bezeichnet die Gemeinschaft aller Netznutzer, die tlw. auch als „cybercitizens"[1038] oder „netizens" (also die „Gesamtheit aller Teilnehmer, die gemeinsam im Internet kommunizieren")[1039] bezeichnet werden. Online-Dienste wie zahlreiche E-Mail-Programme, soziale Netzwerke wie Facebook, YouTube, LinkedIn und XING, Suchmaschinen wie Google, Video-on-Demand-Systeme, Livestreams, Onlinespiele, Chatprogramme im Instant Messaging-Stil wie WhatsApp oder Skype und Internettelefonie *via* VoIP sind überwiegend als Webanwendung realisiert und daher über einen Webbrowser im WWW nutzbar. Jeder der zahllosen Dienste hat seine eigene Nutzer-Community, die innerhalb seiner (geschlossenen) Strukturen kommuniziert. Die heterogene[1040] Masse[1041] der beteiligten Personen könnte durchaus die Macht haben, die Regulierung des Internets zu beeinflussen und zu gestalten. Dabei soll nach Ansicht von *Johnson* und *Post* ein gemeinsamer „meta-interest" aller Internetnutzer – der „global free flow of information" – ihr Antrieb sein.[1042] Die User regulieren sich gewissermaßen gegenseitig durch eine mehr oder minder einheitliche „Netiquette", eine uneinheitliche Sammlung von „Benimmregeln im Internet"[1043] für Endnutzer und Administratoren.[1044]

Tatsächlich existieren bereits einige erfolgreiche Ansätze des Self-government auf Inhaltsebene: Social Media-Portale wie Facebook,[1045] You-

---

[1038] *Michael v. Hinden*, Persönlichkeitsverletzungen im Internet: Das anwendbare Recht, Studien zum ausländischen und internationalen Privatrecht Bd. 74, J. C. B. Mohr (Paul Siebeck), Tübingen 1999, S. 249.

[1039] *Duden*, Art. „Netizens, die", abrufbar unter: https://www.duden.de/rechtschreibung/Netizens.

[1040] *Michael v. Hinden*, Persönlichkeitsverletzungen im Internet: Das anwendbare Recht, Studien zum ausländischen und internationalen Privatrecht Bd. 74, J. C. B. Mohr (Paul Siebeck), Tübingen 1999, S. 249; ähnlich *Franz C. Mayer*, Recht und Cyberspace, NJW 1996, 1782–1791 (1790); *Stefan Ernst*, Internet und Recht, JuS 1997, 776–782 (782); *Andreas P. Reindl*, Choosing Law in Cyberspace: Copyright Conflicts on Global Networks, Mich. J. Int'l L. 19 (1998), 799–871 (810 f.); vgl. *Allan R. Stein*, The Unexceptional Problem of Jurisdiction in Cyberspace, The International Lawyer 32 (1998), 1167–1191 (1173).

[1041] Im Jahr 2016 nutzten 2,28 Mrd. Menschen weltweit Social Media unterschiedlichster Art. Für das Jahr 2021 prognostiziert „Statista" eine Vergrößerung der Gruppe auf 3,02 Mrd. Menschen, vgl. *Statista*, Anzahl der Nutzer sozialer Netzwerke weltweit in den Jahren 2010 bis 2016 sowie eine Prognose bis 2021 (in Milliarden), abrufbar unter: https://de.statista.com/statistik/daten/studie/219903/umfrage/prognose-zur-anzahl-der-weltweiten-nutzer-sozialer-netzwerke/.

[1042] *David R. Johnson/David G. Post*, Law and Borders – The Rise of Law in Cyberspace, Stan. L. Rev. 48 (1996), 1367–1402 (1394).

[1043] *Thomas Hoeren*, Internet und Recht – Neue Paradigmen des Informationsrechts, NJW 1998, 2849–2928 (2852).

[1044] *Sally Hambridge*, RFC 1855: Netiquette Guidelines, Memo, Network Working Group, Okt. 1995, Abstract, abrufbar unter: https://www.ietf.org/rfc/rfc1855.txt.

[1045] *Facebook*, Nutzungsbedingungen, abrufbar unter: https://de-de.facebook.com/legal/terms.

Tube,[1046] LinkedIn[1047] und XING[1048] geben ihren Nutzern die Möglichkeit, schädigende Inhalte, die gegen die Nutzungsrichtlinien verstoßen, zu melden.[1049] So werden die Nutzer dazu angehalten, ihr eigenes Verhalten zu überprüfen und sich einem Community-internen Standard anzupassen, um einen reibungslosen Ablauf der Kommunikation innerhalb der Community zu gewährleisten. Eine kurze Lektüre der Verhaltensregeln dieser Portale macht jedoch deutlich, dass keine „Standard-Netiquette"[1050] existiert. Jeder, der einen Internetzugang bereitstellt (z. B. ISPs oder öffentliche Einrichtungen wie Universitäten), kann die Einhaltung seiner eigenen spezifischen Guidelines zu urheberrechtlichen Thematiken, die Angemessenheit von Postings oder die Präsentation des Einzelnen im virtuellen Raum verlangen.[1051] Je nach Anwendung in dieser oder jener Community, dem einen oder anderen Chatforum oder E-Mail-Programm können diese Regeln wiederum unterschiedlich definiert sein.[1052] Würde auf eine parallele (staatliche) rechtliche Regulierung dieser Strukturen verzichtet, könnte jede Kommunikationseinheit (Newsgroups, Webforen etc.) als eigenständig zu regelnder Teil(rechts)raum innerhalb eines einheitlichen, aber dezentral organisierten Self-governance-Ansatzes betrachtet werden.[1053] Dieser Umstand schwächt die Position der Verfechter der Selbstregulierung der User mittels Netiquette als lohnenswerte Alternative zu staatlichen und/ oder völkerrechtlichen Regulierungsansätzen des Cyberspace: Mangels Verbindung der „Benimmregeln" zu staatlichen Durchsetzungsmechanismen kann ein Verstoß gegen diese nicht mit Wirkung in der „realen Welt" sanktioniert werden.[1054] Durchsetzung kann nur auf vertraglicher Ebene im bilateralen Verhältnis zwischen Provider und User erfolgen.[1055]

[1046] *YouTube*, Community-Richtlinien, abrufbar unter: https://www.youtube.com/howyoutubeworks/policies/community-guidelines/#reporting-and-enforcement.

[1047] *LinkedIn*, Nutzervereinbarung, abrufbar unter: https://www.linkedin.com/legal/user-agreement.

[1048] *XING*, Der richtige Umgang auf XING, abrufbar unter: https://faq.xing.com/de/nachrichten/der-richtige-umgang-auf-xing.

[1049] Beispiele für schädigende Inhalte und den Umgang damit bei *Yaman Akdeniz*, Racism on the Internet, Council of Europe Publishing, Straßburg 2009, S. 112.

[1050] *Thomas Hoeren*, Internet und Recht – Neue Paradigmen des Informationsrechts, NJW 1998, 2849–2928 (2852).

[1051] *Sally Hambridge*, RFC 1855: Netiquette Guidelines, Memo, Network Working Group, Okt. 1995, Ziff. 1.0 (S. 2), abrufbar unter: https://www.ietf.org/rfc/rfc1855.txt.

[1052] *Thomas Hoeren*, Internet und Recht – Neue Paradigmen des Informationsrechts, NJW 1998, 2849–2928 (2852).

[1053] *David R. Johnson/David G. Post*, Law and Borders – The Rise of Law in Cyberspace, Stan. L. Rev. 48 (1996), 1367–1402 (1395); vgl. *Michael v. Hinden*, Persönlichkeitsverletzungen im Internet: Das anwendbare Recht, Studien zum ausländischen und internationalen Privatrecht Bd. 74, J. C. B. Mohr (Paul Siebeck), Tübingen 1999, S. 250.

[1054] *Thomas Hoeren*, Internet und Recht – Neue Paradigmen des Informationsrechts, NJW 1998, 2849–2928 (2852).

[1055] *Thomas Hoeren*, Internet und Recht – Neue Paradigmen des Informationsrechts, NJW 1998, 2849–2928 (2852, sowie 2852 f. zur Frage der Rechtskonformität von Benimmregeln

Das Problem dieses Ansatzes liegt also auf der Hand: Da diese Art der Selbstregulierung allein auf der Bereitschaft der Nutzer fußt, unpassende oder gar strafbare Inhalte oder Verhaltensweisen zu melden und sich selbst den Regeln der eigenen Plattform gemäß zu verhalten, bestimmen die Communities in einem uneinheitlichen Geflecht von Verhaltensrichtlinien in nicht vorhersehbarer Weise die Effektivität ihres Regelungssystems selbst. Wird die Berichtfunktion ignoriert, erfolgt keine Regulierung, und eine Durchsetzung einer Reportpflicht ist mangels Gesetzeskraft der Regel nicht möglich.[1056] Daneben werden Kriterien zur Löschung bestimmter Inhalte häufig nicht im Einklang mit der aktuellen (nationalen) Rechtslage festgelegt: Ein Post, der rassistische oder fremdenfeindliche Aussagen enthält und damit wegen Strafbarkeit seines (dt.) Urhebers nach § 130 StGB entfernt werden müsste, kann trotz seines kontroversen Inhalts den Community Guidelines einer Social Media-Plattform entsprechen.[1057] Dabei bestimmt die Mitgliedschaft in einer bestimmten Community darüber, welche Regeln für das Online-Verhalten eines Nutzers gelten.[1058] Kompliziert wird es, wenn ein Nutzer Mitglied verschiedener Communities ist: In einem Augenblick wird sein Account in Portal A wegen eines Guideline-Verstoßes gelöscht, während dieselbe Handlung in Portal B gar keine Folgen nach sich zieht. Rechtsunsicherheit *par excellence* für den User ist die Folge.

---

nach dt. Recht). Die Durchsetzung in „Selbstjustiz" durch technische Mittel, z. B. mittels sog. „Mail-Bombings" oder „Spammings" ist auch keine Lösung des Problems, vgl. den bekannten Fall der U. S.-Anwälte Canter & Siegel aus dem Jahr 1994, dazu *Christoph Prevezanos*, Computer-Lexikon 2011, Markt+Technik Verlag, München 2010, S. 781 (Stichwort „Spam-Mail") und *Michael v. Hinden*, Persönlichkeitsverletzungen im Internet: Das anwendbare Recht, Studien zum ausländischen und internationalen Privatrecht Bd. 74, J. C. B. Mohr (Paul Siebeck), Tübingen 1999, S. 252 Fn. 43. Eingehend zu Spam äußerte sich das *BSI*, Antispam-Strategien: Unerwünschte E-Mails erkennen und abwehren, Bundesanzeiger Verlag, Bonn 2005.
[1056] Vgl. *Christopher Wolf*, Remarks „Hate in the Information Age", Washington, D. C., 15.5.2008, S. 4, abrufbar unter: https://www.csce.gov/sites/helsinkicommission.house.gov/files/Wolf%20Testimony.pdf.
[1057] Beispiel nach *Friederike Haupt*, Online-Hetze: Daumen runter für Facebook, Abschn. „‚Gelegentlich' seien Fehler gemacht worden", FAZ.NET, 29.8.2015 (aktualisiert 5.9.2015), abrufbar unter: https://www.faz.net/aktuell/politik/inland/facebook-muss-sich-kritik-wegen-rassistischer-kommentare-stellen-13775931.html.
Dabei weist Facebook in seinen „Gemeinschaftsstandards" (abrufbar unter: https://de-de.facebook.com/communitystandards/) unter Punkt III. Anstößige Inhalte, Nr. 12: Hassrede, darauf hin, dass man Hassrede auf Facebook grundsätzlich nicht zulasse. „Hassrede schafft ein Umfeld der Einschüchterung, schließt Menschen aus und kann in gewissen Fällen Gewalt in der realen Welt fördern. Wir definieren Hassrede als direkten Angriff auf Personen aufgrund geschützter Eigenschaften: ethnische Zugehörigkeit, nationale Herkunft, religiöse Zugehörigkeit, sexuelle Orientierung, Kaste, Geschlecht, Geschlechtsidentität, Behinderung oder Krankheit. Auch Einwanderungsstatus ist in gewissem Umfang eine geschützte Eigenschaft. Wir definieren Angriff als gewalttätige oder entmenschlichende Sprache, Aussagen über Minderwertigkeit oder Aufrufe, Personen auszuschließen oder zu isolieren."
[1058] *Michael v. Hinden*, Persönlichkeitsverletzungen im Internet: Das anwendbare Recht, Studien zum ausländischen und internationalen Privatrecht Bd. 74, J. C. B. Mohr (Paul Siebeck), Tübingen 1999, S. 250 f.

Hinzu kommt, dass Chatforen und sonstige Kommunikationseinheiten flüchtig sind und durch einen Administrator einfach geschlossen oder aufgelöst werden können. Die Community-intern, womöglich unter erheblichem Diskussionsaufwand der Mitglieder der heterogenen Nutzergruppe, etablierten Regelungen wären somit hinfällig, ein Umstand, der zu allem Überfluss auch eine gewisse „Regulierungsverdrossenheit" der User zur Folge haben könnte. Immer neue Regulierungsversuche verliefen im Sande und würden letztlich vollends eingestellt. Was bliebe, wäre – überspitzt ausgedrückt – „Cyberanarchie".[1059] Der „Martabit-Report"[1060] der „Intergovernmental Working Group on the effective implementation of the Durban Declaration and Programme of Action" aus dem Jahr 2006 stellt i. Ü. eine weitere Gefahr derartiger Meldefunktionen heraus, hier im Zusammenhang mit Internet-Hotlines zur Anzeige rassistischer Inhalte im Netz: Die Meldung rechtswidriger Inhalte an überwiegend privatrechtlich organisierte Stellen wie ISPs könnte den Eindruck erwecken, diese übernähmen in Angelegenheiten der Überwachung von Netzinhalten gerichtliche Funktionen. Daher müsse es weiterhin Aufgabe der Staaten sein, den zwingend erforderlichen effektiven Rechtsschutz zu gewährleisten.[1061] Denn Selbstkontrolle birgt regelmäßig die Gefahr der Selbstzensur,[1062] es besteht hier also grds. das Erfordernis einer staatlichen Kontrollinstanz. Die Effektivität eines reinen Selbstverwaltungssystems der Netz-Community dagegen darf im Ergebnis bezweifelt werden.

2. Selbstkontrolle durch ISPs

Weniger als autonomer „Online-Gesetzgeber" denn als „hoheitlich kontrollierte Kontrollinstanz" im Internet böte sich die Gesamtheit der zahlreichen ISPs[1063]

[1059] Zum Begriff bereits *supra* Teil II, Kap. 2, C.

[1060] *UNCHR*, Economic and Social Council, 62nd session, Racism, Racial Discrimination, Xenophobia and all Forms of Discrimination: Comprehensive Implementation of and Follow-Up to the Durban Declaration and Programme of Action. Report of the Intergovernmental Working Group on the effective implementation of the Durban Declaration and Programme of Action on its 4th session, Chairperson-Rapporteur: *Juan Martabit* (Chile), E/CN.4/2006/18, 20.3.2006, abrufbar unter: https://documents-dds-ny.un.org/doc/UNDOC/GEN/G06/119/23/PDF/G0611923.pdf?OpenElement.

[1061] *UNCHR*, Economic and Social Council, 62nd session, Racism, Racial Discrimination, Xenophobia and all Forms of Discrimination: Comprehensive Implementation of and Follow-Up to the Durban Declaration and Programme of Action. Report of the Intergovernmental Working Group on the effective implementation of the Durban Declaration and Programme of Action on its 4th session, Chairperson-Rapporteur: *Juan Martabit* (Chile), E/CN.4/2006/18, 20.3.2006, § 47, abrufbar unter: https://documents-dds-ny.un.org/doc/UNDOC/GEN/G06/119/23/PDF/G0611923.pdf?OpenElement.

[1062] *Veronika Bauer/Matthias C. Kettemann*, Menschenrechtliche Implikationen der Informationsgesellschaft und österreichische Regulierungsansätze, in Wolfgang Benedek/Catrin Pekari (Hrsg.), Menschenrechte in der Informationsgesellschaft, Richard Boorberg Verlag, Stuttgart/München/Hannover/Berlin/Weimar/Dresden 2007, 293–323 (306).

[1063] Es gibt unterschiedliche Arten von ISPs, z. B. Access Provider, Internet Content Pro-

an. Die ISPs bieten Zugang zum Internet (als Access Provider) und zu internetbasierten Diensten (z. B. als Content Provider) an. Statt die User von Online-Angeboten zur Meldung schädlicher Inhalte aufzufordern, wird im Rahmen dieses Konzepts die Möglichkeit erwogen, die Anbieter zu verpflichten, gegen von ihnen gehostete[1064] Dateien oder Dienste vorzugehen, und zwar durch die Blockade des Zugangs zu bestimmten Webseiten oder die Entfernung entsprechender Inhalte von ihren Servern.[1065] Selbst in Fällen, in denen sie nicht Urheber rechtswidriger Webinhalte sind,[1066] haben ISPs mittelbar Anteil an ihrer Verbreitung (z. B. in den Bereichen Kinderpornographie, Musikpiraterie, Online-Rassismus, terroristische Propaganda)[1067] im Internet, indem sie z. B. als sog. „Webhoster" eine Webseite zum Upload dieser Inhalte zur Verfügung stellen. Aus diesem Grund setzt man in einigen Staaten mittlerweile auf national einheitliche und zentral entwickelte und überwachte „Verhaltenskodizes", deren Einhaltung Kunden bestimmter ISPs vertraglich zustimmen. Diese Verhaltensregeln sind i. d. R. Teil eines staatlichen Regelungssystems, werden also nicht autonom durch einen ISP bestimmt. Sie werden verbindlich, wenn der Provider die Verhaltenskodizes freiwillig anerkennt und sie zum Vertragsbestandteil im Verhältnis Provider/Kunde werden.[1068] Gegenüber dritten Kunden handelt es sich lediglich um unverbindliche Hinweise.[1069] Bei dieser Form der Governance handelt es sich letztlich um eine Art der freiwilligen Selbstkontrolle[1070] einzelner Dienste – allerdings unter hoheitlicher Aufsicht. In Deutschland wird die Einhaltung der Regeln, die hier in Anlehnung an den Pressekodex des Deutschen Presserats konzipiert wurden und als Anleitung zur Einhaltung

---

vider, Hosting Provider oder Application Service Provider. Für die Zwecke dieser Arbeit wird grds. nicht zwischen den verschiedenen ISPs und ihren individuellen Angeboten unterschieden.

[1064] „Hosten" ist das Anbieten bestimmter internetbasierter Dienstleistungen (z. B. Webhosting [Webseiten], Filehosting [Online-Speicher]) durch einen Provider, vgl. *Duden*, Art. „Hosting, das", abrufbar unter: https://www.duden.de/rechtschreibung/Hosting; beachte weiter *Duden*, Art. „Provider, der", abrufbar unter: https://www.duden.de/rechtschreibung/Provider.

[1065] *Yaman Akdeniz*, Racism on the Internet, Council of Europe Publishing, Straßburg 2009, S. 113.

[1066] *Yaman Akdeniz*, Racism on the Internet, Council of Europe Publishing, Straßburg 2009, S. 113.

[1067] Arbeitsdokument der Kommissionsdienststellen – Begleitdokument zum Vorschlag für einen Rahmenbeschluss des Rates zur Änderung des Rahmenbeschlusses 2002/475/JI zur Terrorismusbekämpfung – Folgenabschätzung, COM(2007) 650 final, 6.11.2007, Ziff. 4.2 (S. 29), engl. Sprachversion abrufbar unter: https://data.consilium.europa.eu/doc/document/ST%2014960%202007%20ADD%201/EN/pdf.

[1068] Vgl. *Thomas Hoeren*, Internet und Recht – Neue Paradigmen des Informationsrechts, NJW 1998, 2849–2928 (2852).

[1069] Vgl. *Michael v. Hinden*, Persönlichkeitsverletzungen im Internet: Das anwendbare Recht, Studien zum ausländischen und internationalen Privatrecht Bd. 74, J. C. B. Mohr (Paul Siebeck), Tübingen 1999, S. 253.

[1070] Formulierung auch bei *Thomas Hoeren*, Internet und Recht – Neue Paradigmen des Informationsrechts, NJW 1998, 2849–2928 (2852).

journalistischer Grundsätze im Internet mit besonderem Fokus auf dem Jugendschutz dienen, durch den Verein „Freiwillige Selbstkontrolle Multimedia Diensteanbieter (FSM e. V.)"[1071] überwacht. Die Kodizes enthalten keine Verantwortlichkeiten, die die Provider über das geltende Heimatrecht hinaus belasten, Grund dafür ist der enorme Wettbewerbsdruck im Verhältnis der Anbieter untereinander. International einheitliche Verhaltenskodizes existieren nicht. Im Ergebnis dienen daher auch die im Verhältnis Provider/Kunde etablierten Verhaltensregeln eher einer bloßen Unterstützung staatlicher Normen, z. B. bei der Aufklärung von Rechtsverstößen durch die Nutzung von Melde-Hotlines.[1072] Eine alleinige Regulierung des Netzes auf der Grundlage bilateraler vertraglicher Vereinbarungen ist schon mangels Einheitlichkeit nicht möglich.

II. Zweiter Ansatz:
„Lex informatica" – Eine moderne lex mercatoria *für den Cyberspace?*

Ebenfalls unter der Prämisse, dass diejenigen, die sich im Netz bewegen, seine Architektur maßgeblich mitgestaltet haben, wird tlw. die Schaffung einer völlig neuen Rechtsordnung[1073] für den Cyberspace, einer „lex informatica",[1074] „Lex Networkia",[1075] „lex electronica" oder eines „Law Cyberspace"[1076] erwogen. Dabei wollen die Verfechter dieses Ansatzes die neue „lex informatica"[1077] als

---

[1071] Gründungsmitglieder der FSM sind u. a. der Bundesverband Deutscher Zeitungsverleger (BDZV), der Verband Deutscher Zeitschriftenverleger (VDZ), das Deutsche Network Information Center e. G. (DeNIC), die Deutsche Telekom AG und der Verband Privater Rundfunk und Telekommunikation (VPRT). Dazu Internetauftritt der FSM: https://www.fsm.de/de/verein.

[1072] *Michael v. Hinden*, Persönlichkeitsverletzungen im Internet: Das anwendbare Recht, Studien zum ausländischen und internationalen Privatrecht Bd. 74, J. C. B. Mohr (Paul Siebeck), Tübingen 1999, S. 255.

[1073] Vgl. etwa *Franz C. Mayer*, Recht und Cyberspace, NJW 1996, 1782–1791 (1790), dem es „überlegenswert" erscheint, den Cyberspace – angesichts seiner „besonderen Natur" – „als eigenständigen, neuartigen Rechtsraum zu begreifen". Zur Frage, ob es sich bei der neuen Normensammlung überhaupt um eine eigenständige „Rechtsordnung" handeln kann, vgl. die entsprechende Diskussion zur *lex mercatoria* bei *Hans-Joachim Mertens*, Das lex mercatoria-Problem, in Reinhard Böttcher/Götz Hueck/Burkhard Jähnke (Hrsg.), FS für Walter Odersky zum 65. Geburtstag am 17. Juli 1996, De Gruyter, Berlin 1996, 857–872.

[1074] Begriff bei *Nils C. Ipsen*, Private Normenordnungen als Transnationales Recht?, Duncker & Humblot, Berlin 2009, S. 65, der jegliche Form der Cyberspace-Regulierung (ob durch technische Hilfsmittel oder herkömmliche Regelungsmechanismen) als „lex informatica" bezeichnet.

[1075] Vgl. *Edward J. Valauskas*, Lex Networkia: Understanding the Internet Community, First Monday 1 (7.10.1996), abrufbar unter: https://firstmonday.org/ojs/index.php/fm/article/view/490/411. Das Konzept von *Valauskas* bezieht sich jedoch allgemein auf „virtual rules of conduct", nicht auf die technische Regulierung des Cyberspace.

[1076] Vgl. *Michael v. Hinden*, Persönlichkeitsverletzungen im Internet: Das anwendbare Recht, Studien zum ausländischen und internationalen Privatrecht Bd. 74, J. C. B. Mohr (Paul Siebeck), Tübingen 1999, S. 259 Fn. 82.

[1077] Dieser Begriff wird im Folgenden stellvertretend für die anderen eingangs genannten Termini verwendet.

Sammlung von speziellen, auf das Handeln (und den Handel) im Cyberspace zugeschnittenen Regeln in der Tradition der mittelalterlichen *lex mercatoria* sehen.[1078]

1. Zur Entstehung der lex mercatoria

Als Vorläufer des heutigen Handelsrechts war die *lex mercatoria* (auch „Jus Mercatorum"[1079] oder „Law Merchant")[1080] eine durchsetzbare Sammlung von überregional anerkannten Verkehrssitten, Gebräuchen und Praktiken zur Regelung des aufkommenden internationalen Handels im mittelalterlichen Europa.[1081] Dazu gehörten u. a. das Prinzip des Verhaltens nach Treu und Glauben beim Handelskauf, die Regeln über den Wechsel und die Anfänge des Seeversicherungsrechts.[1082] Die gemeinsamen Regeln der reisenden Kaufleute untereinander dienten dem Vertrauensschutz und galten einheitlich in allen Jurisdiktionen derjenigen Nationen, die regelmäßig im Rahmen von Messen, Märkten oder in Häfen zusammenkamen, um Handel zu treiben.[1083] Grund für die Entstehung einer „gewohnheitsrechtliche[n] Einheit der Geschäftsabwicklung"[1084] als eines einheitlichen Rechts der Kaufleute war der Umstand, dass es allmählich zu umständlich und impraktikabel wurde, die Handlungen von umherreisenden Kaufleuten jeweils an dem Recht ihres – ständig wechseln-

---

[1078] Dazu *I. Trotter Hardy*, The Proper Legal Regime for „Cyberspace", U. Pitt. L. Rev. 55 (1994), 993–1055 (1019 ff.); *Matthew Burnstein*, Conflicts on the Net: Choice of Law in Transnational Cyberspace, Vand. J. Transnat'l L. 29 (1996), 75–116 (108); *Joel R. Reidenberg*, Lex Informatica: The Formulation of Information Policy Rules Through Technology, Tex. L. Rev. 76 (1998), 553–593 (553); *David R. Johnson/David G. Post*, Law And Borders The Rise of Law in Cyberspace, Stan. L. Rev. 48 (1996), 1367–1402 (1389 f.); *Anne Wells Branscomb*, Anonymity, Autonomy, and Accountability: Challenges to the First Amendment in Cyberspaces, Yale L. J. 104 (1995), 1639–1679 (1667).
[1079] *Jacques Bernard*, Handel und Geldwesen im Mittelalter 900–1500, in Carlo M. Cipolla/Knut Borchardt (Hrsg.), Europäische Wirtschaftsgeschichte in 4 Bänden, Bd. I: Mittelalter, Gustav Fischer Verlag, Stuttgart/New York 1978, 177–217 (202).
[1080] Weitere fremdsprachige Begriffe bei *Ursula Stein*, Lex mercatoria: Realität und Theorie, Juristische Abhandlungen Bd. XXVIII, Vittorio Klostermann, Frankfurt a. M. 1995, S. 1 f.
[1081] *I. Trotter Hardy*, The Proper Legal Regime for „Cyberspace", U. Pitt. L. Rev. 55 (1994), 993–1055 (1020).
[1082] Überblick bei *Maximilian Hocke*, Die Lex Mercatoria in der europäischen Rechtsgeschichte, BLJ (1/2012), 3–8 (5 f.).
[1083] *I. Trotter Hardy*, The Proper Legal Regime for „Cyberspace", U. Pitt. L. Rev. 55 (1994), 993–1055 (1020); *Joel R. Reidenberg*, Lex Informatica: The Formulation of Information Policy Rules Through Technology, Tex. L. Rev. 76 (1998), 553–593 (553); *Matthew Burnstein*, Conflicts on the Net: Choice of Law in Transnational Cyberspace, Vand. J. Transnat'l L.29 (1996), 75–116 (108). Vgl. Bank of Conway v. Stary, 200 N. W. 505, 51 N. D. 399, 408, 18.8.1924 (*Johnson, J.*), abrufbar unter: https://www.courtlistener.com/opinion/3933449/bank-of-conway-v-stary/.
[1084] *Maximilian Hocke*, Die Lex Mercatoria in der europäischen Rechtsgeschichte, BLJ (1/2012), 3–8 (4).

den – Aufenthaltsortes zu messen.[1085] Die unterschiedliche sprachliche und kulturelle Prägung der Kaufleute machte das Recht als „language of interaction" unentbehrlich.[1086] Daher ist bis heute charakteristisch für die *lex mercatoria*, dass kein staatlicher Gesetzgeber an der Entwicklung dieser ungeschriebenen Regeln beteiligt war und dass sie als abgeschlossenes rechtliches System abseits und unabhängig von sonstigen gesetzlichen Regeln koexistierte.[1087] Die *lex mercatoria* sollte also nicht bestehende Gesetze ersetzen, sondern sie ergänzen um speziell auf Handelsbeziehungen unter Kaufleuten anzuwendende Regeln.[1088] Zur Durchsetzung dieser Regeln wurden separate Gerichte für Streitigkeiten unter Kaufleuten errichtet, die Richter waren erfahrene Kaufleute, die mit den spezifischen, flexiblen Regeln ihrer Zunft bestens vertraut waren und für einen raschen Verfahrensabschluss sorgten.[1089] Die kollektiven Interessenvertretungen der Kaufleute, die sog. Gilden, verhalfen den gewohnheitsrechtlichen Handelsregeln zu umfassender Geltung.[1090] Gerichte der Staaten mit Common law-Tradition adaptierten die Regeln der *lex mercatoria* und auch die Rechtsordnungen kontinentaleuropäischer Staaten verleibten sich das bisher ungeschriebene Handelsrecht ein, nachdem die Gerichte der Kaufleute gegenüber den von der nationalen Zentralgewalt erlassenen speziellen Handelsgesetzen seit dem 16. Jh. zunehmend an Bedeutung verloren,[1091] und schufen so rechtlich bindende Rechtsprechung auf der Grundlage von ursprünglich unverbindlichen Sitten und Gebräuchen.[1092] Die Existenz einer zeitgenössischen *lex mercatoria* ist heute hoch umstritten.[1093]

[1085] *Michael v. Hinden*, Persönlichkeitsverletzungen im Internet: Das anwendbare Recht, Studien zum ausländischen und internationalen Privatrecht Bd. 74, J. C. B. Mohr (Paul Siebeck), Tübingen 1999, S. 259.
[1086] *Bruce L. Benson*, The Spontaneous Evolution of Commercial Law, South. Econ. J. 55 (1989), 644–661 (646).
[1087] *I. Trotter Hardy*, The Proper Legal Regime for „Cyberspace", U. Pitt. L. Rev. 55 (1994), 993–1055 (1020).
[1088] *Wyndham A. Bewes*, The romance of the law merchant: being an introduction to the study of international and commercial law, with some account of the commerce and fairs of the Middle Ages, Sweet & Maxwell, London 1923, S. 18.
[1089] *I. Trotter Hardy*, The Proper Legal Regime for „Cyberspace", U. Pitt. L. Rev. 55 (1994), 993–1055 (1020 f.). Gewöhnlich „von einem Tag auf den andern", „von einer Tide zur nächsten", „innerhalb von drei Tiden", so *Jacques Bernard*, Handel und Geldwesen im Mittelalter 900–1500, in Carlo M. Cipolla/Knut Borchardt (Hrsg.), Europäische Wirtschaftsgeschichte in 4 Bänden, Bd. I: Mittelalter, Gustav Fischer Verlag, Stuttgart/New York 1978, 177–217 (202).
[1090] *Maximilian Hocke*, Die Lex Mercatoria in der europäischen Rechtsgeschichte, BLJ (1/2012), 3–8 (4).
[1091] *Maximilian Hocke*, Die Lex Mercatoria in der europäischen Rechtsgeschichte, BLJ (1/2012), 3–8 (7 f.).
[1092] *I. Trotter Hardy*, The Proper Legal Regime for „Cyberspace", U. Pitt. L. Rev. 55 (1994), 993–1055 (1021). Beachte: Ob die moderne *lex mercatoria* tatsächlich dem historischen Vorbild „law merchant" des mittelalterlichen Englands entspricht, ist unklar. So wohl *Bruce L. Benson*, The Spontaneous Evolution of Commercial Law, South. Econ. J. 55 (1989),

2. Die „lex informatica" als lex mercatoria *des Cyber Age?*

Da starke Parallelen[1094] zwischen der Entwicklung von Cyberspace und *lex mercatoria* zu beobachten sind, wäre zur Auflösung des Dilemmas des anwendbaren Rechts im Cyberspace die Schaffung eines von bestehenden Rechtsordnungen losgelösten Ordnungssystems sinnvoll.[1095] Die im Spätmittelalter entstandene historische *lex mercatoria* wurde aus der Not eines Mangels an spezifischem staatlichem Handelsrecht geboren, den die vorherrschende pluralistische Rechtsquellenlehre nicht beheben konnte.[1096] Der Gedanke an eine separate Online-Ordnung entspringt der ähnlich gelagerten Problematik einer Fülle uneinheitlicher Regeln verschiedenster nationaler und internationaler Normgeber, die die Zuständigkeit für die Regulierung des Cyberspace für sich beanspruchen.[1097]

Ähnlich wie die fahrenden Händler des Mittelalters „reisen" die Nutzer des Internets im Informationszeitalter auf dessen Infrastruktur[1098] und überqueren (virtuell) unbemerkt Staatsgrenzen.[1099] Um dem User die Reise durch den vir-

---

644–661 (647); Kritik bei *Christian v. Bar/Peter Mankowski*, Internationales Privatrecht, Bd. 1: Allgemeine Lehren, C. H. Beck, München 2003, § 2 Rn. 74 (S. 79): „In der Tradition des Law Merchant kann man ‚die' Lex Mercatoria dagegen gerade nicht sehen."

[1093] *Nils C. Ipsen*, Private Normenordnungen als Transnationales Recht?, Duncker & Humblot, Berlin 2009, S. 69 ff.; *Karsten Schmidt*, Vorbem. zu § 1, in Karsten Schmidt (Hrsg.), Münchener Kommentar zum Handelsgesetzbuch, Bd. 1: Erstes Buch (Handelsstand, §§ 1–104a), 4. Aufl., C. H. Beck, München 2016, Rn. 36, Fn. 85 m. w. N.; Überblick bei *Maximilian Hocke*, Die Lex Mercatoria in der europäischen Rechtsgeschichte, BLJ (1/2012), 3–8 (8).

[1094] Da das Ziel der Befürworter einer „lex informatica" nicht die tatsächliche Anwendung der Handelsregeln der *lex mercatoria*, sondern die Schaffung eines eigenständigen Cyberlaw ist, ist nicht nachzuvollziehen, warum *v. Hinden* die Entstehung der „lex informatica" von der Existenz einer „pauschale[n] Analogie" der Entstehungsvoraussetzungen der *lex mercatoria* zum Cyberspace abhängig macht: *Michael v. Hinden*, Persönlichkeitsverletzungen im Internet: Das anwendbare Recht, Studien zum ausländischen und internationalen Privatrecht Bd. 74, J. C. B. Mohr (Paul Siebeck), Tübingen 1999, S. 260.

[1095] *David R. Johnson/David G. Post*, Law and Borders – The Rise of Law in Cyberspace, Stan. L. Rev. 48 (1996), 1367–1402 (1389); *I. Trotter Hardy*, The Proper Legal Regime for „Cyberspace", U. Pitt. L. Rev. 55 (1994), 993–1055 (1021); *Henry H. Perritt, Jr.*, Cyberspace Self-Government: Town Hall Democracy or Rediscovered Royalism, Berkeley Tech. L. J. 12 (1997), 413–482 (461–463).

[1096] Dabei unterscheiden sich jedoch die Konzeptionen der historischen und der aktuellen *lex mercatoria*: „Die fehlende Anwendbarkeit staatlichen Rechts war damals also Grund und ist heute Ziel der lex mercatoria." (*Maximilian Hocke*, Die Lex Mercatoria in der europäischen Rechtsgeschichte, BLJ [1/2012], 3–8 [8]).

[1097] Zum Status der Internet-Regulierung *de lege lata* ausführlich *supra* Teil II, Kap. 2, B.

[1098] *Joel R. Reidenberg*, Lex Informatica: The Formulation of Information Policy Rules Through Technology, Tex. L. Rev. 76 (1998), 553–593 (553).

[1099] Vgl. z. B. *Henry H. Perritt, Jr.*, The Internet as a Threat to Sovereignty? Thoughts on the Internet's Role in Strengthening National and Global Governance, Ind. J. Global Legal Stud. 5 (1998), 423–442 (427): „Cybernauts *[= User – Anm. d. A.]* most closely resemble medieval merchants who developed substantive rules and practices to regulate transnational trade – the lex mercatoria – outside traditional political institutions."

tuellen Raum zu erleichtern, könnte eine „lex informatica" uniforme Regeln für das Verhalten in der virtuellen Welt bereithalten. Die Lösung des Problems der grenzüberschreitenden Recht(sdurch)setzung im Cyberspace könnte derart in greifbare Nähe rücken. Der Rechtsanwender wäre nicht mehr gezwungen, sich über unbekannte Rechtsordnungen, Rechtswahlklauseln und (nationale) Regeln des Internationalen Privatrechts Gedanken zu machen, mit denen er im Rahmen des Online-Abschlusses von Verträgen, dem Download von Dateien oder beim Posten von Kommentaren in einem Chatportal in Berührung kommen kann, ohne sich von seinem heimischen Schreibtisch zu entfernen. *Hardy* sieht die „lex informatica" in Anlehnung an die *lex mercatoria* als Rechtsgrundlage aller virtuellen Handlungen von Usern, die diese außerhalb bereits festgelegter Community-Regeln oder staatlicher Gesetzgebung („in the absence of a statute") vornehmen.[1100] *V. Hinden* spricht von einem „transnationalen ‚Cyberlaw'",[1101] „das aus den speziellen Bräuchen und Verkehrssitten im Internet sowie aus allgemein anerkannten Rechtsgrundsätzen"[1102] bestehen soll.

Durch die vermehrte Nutzung des Internets wird der (zwangsläufig) grenzüberschreitend betriebene Online-Handel begünstigt, die Nutzer begründen Handelsbeziehungen, jedoch paktieren in den seltensten Fällen zwei Parteien mehrmals miteinander, also gibt es keine früheren Vertragsbeziehungen, auf die sie sich zur Regelung der aktuellen Beziehung berufen könnten.[1103] Solche Situationen seien „fruchtbarer Boden"[1104] für die Entwicklung von „Internet-Bräuchen", also Sitten und Gewohnheiten, die – wie seinerzeit die *lex mercatoria* – die Beziehungen zwischen Angehörigen einer bestimmten Gruppe (Kaufleuten bzw. hier Internet-Usern) regeln:

[1100] *I. Trotter Hardy*, The Proper Legal Regime for „Cyberspace", U. Pitt. L. Rev. 55 (1994), 993–1055 (1019).

[1101] *Michael v. Hinden*, Persönlichkeitsverletzungen im Internet: Das anwendbare Recht, Studien zum ausländischen und internationalen Privatrecht Bd. 74, J. C. B. Mohr (Paul Siebeck), Tübingen 1999, S. 259.

[1102] *Michael v. Hinden*, Persönlichkeitsverletzungen im Internet: Das anwendbare Recht, Studien zum ausländischen und internationalen Privatrecht Bd. 74, J. C. B. Mohr (Paul Siebeck), Tübingen 1999, S. 259; ähnlich („custom") *I. Trotter Hardy*, The Proper Legal Regime for „Cyberspace", U. Pitt. L. Rev. 55 (1994), 993–1055 (1036–1040); *Matthew Burnstein*, Conflicts on the Net: Choice of Law in Transnational Cyberspace, Vand. J. Transnat'l L. 29 (1996), 75–116 (109); *Matthew Burnstein*, A Global Network in a Compartmentalised Legal Environment, in Katharina Boele-Woelki/Catherine Kessedjian (Hrsg.), Internet – Which Court Decides, Which Law Applies?, Proceedings of the international colloquium in honour of Michel Pelichet organized by the Molengraaff Institute of Private Law, University of Utrecht and the Hague Conference on Private International Law, Law and Electronic Commerce Bd. 5, Kluwer Law International, The Hague/London/Boston 1998, 23–34 (28 f.); *Henry H. Perritt, Jr.*, Jurisdiction in Cyberspace, Vill. L. Rev. 41 (1996), 1–128 (103 ff.).

[1103] *I. Trotter Hardy*, The Proper Legal Regime for „Cyberspace", U. Pitt. L. Rev. 55 (1994), 993–1055 (1021).

[1104] *I. Trotter Hardy*, The Proper Legal Regime for „Cyberspace", U. Pitt. L. Rev. 55 (1994), 993–1055 (1019).

„A ‚Law Cyberspace' co-existing with existing laws would be an eminently practical and efficient way of handling commerce in the networked world."[1105]

Hardy erwartet, dass aus diesen Bräuchen bei ständiger Übung juristisch bindende Regeln erwachsen werden; diese Gewissheit zieht er aus einer Parallele zur Entwicklung der *lex mercatoria*.[1106] Daneben hält *Hardy* die Einrichtung spezieller Internet-Gerichte[1107] zur schnellen Lösung virtueller Konflikte für sinnvoll,[1108] als Richter dieser „virtual courts" könnten fachkundige Nutzer eingesetzt werden.[1109] Dabei soll die „lex informatica" – wie die *lex mercatoria* – nicht „herkömmliches" Recht im Cyberspace ersetzen, sondern sich wie kirchliche und Handelskammerstrukturen unabhängig von staatlichen Einflüssen entwickeln[1110] und bestehende Gesetze ergänzen.[1111] Im Umkehrschluss soll also im Cyberspace Regulierung allein auf Grundlage von Gewohnheitsrecht möglich sein.[1112] Dieser Gedanke entbehrt nicht einer gewissen Plausibilität, denn das Völkerrecht beruht neben zahlreichen bi- und multilateralen Verträgen, geschlossen zwischen Völkerrechtssubjekten, auf Gewohnheitsrecht, also der ständigen Übung (Staatenpraxis) einer bestimmten Rechtsüberzeugung *(opinio iuris)*, vgl. Art. 38 Abs. 1 IGH-Statut. Zudem würde man mit diesem Ansatz das auch (und insbes.) bei der Normsetzung im Cyberspace (omni-)präsente Problem eines fehlenden „Weltgesetzgebers" umgehen; ein solcher wäre überhaupt nicht erforderlich, wenn die Nutzer und Anbieter ihre Regeln selbst kreieren würden. Allerdings stünde weiterhin die Schwierigkeit diverser Jurisdiktionskonflikte im (Kyber-)Raum. Denn da die „lex informatica" lediglich zusätzliche Regeln schaffen soll, gelten der Logik nach die Rechtsordnungen aller betroffenen Jurisdiktionen auch im Cyberspace fort. Anderer Meinung ist *Burnstein*, nach dem eine „lex informatica" die mühsame Lösung von Jurisdiktionskonflikten entbehrlich machen könnte, wenn sie „in a limited fashion" die nationalen Rechtsordnungen zur Regelung von Aktivitäten in der „online world"

[1105] *I. Trotter Hardy*, The Proper Legal Regime for „Cyberspace", U. Pitt. L. Rev. 55 (1994), 993–1055 (1021).

[1106] *I. Trotter Hardy*, The Proper Legal Regime for „Cyberspace", U. Pitt. L. Rev. 55 (1994), 993–1055 (1019).

[1107] Dazu auch *infra* Teil II, Kap. 2, C.VI.3.b.

[1108] *I. Trotter Hardy*, The Proper Legal Regime for „Cyberspace", U. Pitt. L. Rev. 55 (1994), 993–1055 (1021).

[1109] *I. Trotter Hardy*, The Proper Legal Regime for „Cyberspace", U. Pitt. L. Rev. 55 (1994), 993–1055 (1052 f.).

[1110] *I. Trotter Hardy*, The Proper Legal Regime for „Cyberspace", U. Pitt. L. Rev. 55 (1994), 993–1055 (1019–1021).

[1111] *I. Trotter Hardy*, The Proper Legal Regime for „Cyberspace", U. Pitt. L. Rev. 55 (1994), 993–1055 (1021); vgl. *David G. Post*, Anarchy, State, and the Internet: An Essay on Law-Making in Cyberspace, J. Online L. (1995), Art. 3, § 43 Fn. 15.

[1112] *I. Trotter Hardy*, The Proper Legal Regime for „Cyberspace", U. Pitt. L. Rev. 55 (1994), 993–1055 (1022).

z. T. verdrängte.[1113] Dem widerspricht aber die Überlegung, dass, nähme man es mit der Vorbildfunktion der historischen *lex mercatoria* für eine „lex informatica" genau, letztere nur durch explizite Wahl oder stillschweigende Akzeptanz der paktierenden Parteien – und im Umkehrschluss nur im Rahmen von Vertragsverhältnissen – zur Anwendung gelangen könnte. Bezweifelt werden darf demgemäß bereits der gesamt(netz)gesellschaftliche Nutzen einer derart konzipierten Regelungsordnung für den Cyberraum.

Ohne die Frage des Geltungsanspruchs einer wie auch immer gearteten, unabhängigen „lex informatica" an dieser Stelle vertiefen zu können, soll nun auf die Grundzüge dieser neuen „Rechtsordnung" für den Cyberspace eingegangen werden. Wie könnte eine solche moderne Online-*lex mercatoria* aussehen? Wer ist ihr Urheber, wer ihr Vollstrecker? Wie gesehen, gehen die Verfechter eine „lex informatica" mehrheitlich davon aus, dass diese jedenfalls aus anerkannten „Bräuchen und Verkehrssitten im Internet",[1114] die i. d. R. überwiegend auf allgemein anerkannten Standards von Höflichkeit und Rücksichtnahme basieren,[1115] bestehen sollte. Ein umfassender Katalog von „Netz-Regeln", eine „Standard-Netiquette", existiert jedoch (bislang) nicht.[1116] Ungeklärt ist zudem die Frage der Zuständigkeit für die Erstellung eines solchen Katalogs. Geradezu „illusorisch" erscheint *v. Hinden* die Annahme der Existenz international einheitlicher Sitten und Gebräuche im sensiblen und regelungsbedürftigen Bereich des Schutzes von Persönlichkeitsrechten im Internet,[1117] *v. Hinden* geht sogar so weit zu sagen, es gäbe wohl kaum einen Bereich, „der für eine Anwendung des lex mercatoria-Gedankens ungeeigneter erschiene als das Äußerungsrecht".[1118] Diskussionswürdiger erscheint nach alldem ein völlig anderer Ansatz zur Schaffung einer separaten „lex informatica".

[1113] *Matthew Burnstein*, Conflicts on the Net: Choice of Law in Transnational Cyberspace, Vand. J. Transnat'l L. 29 (1996), 75–116 (109).

[1114] *Michael v. Hinden*, Persönlichkeitsverletzungen im Internet: Das anwendbare Recht, Studien zum ausländischen und internationalen Privatrecht Bd. 74, J. C. B. Mohr (Paul Siebeck), Tübingen 1999, S. 259; ähnlich („custom") *I. Trotter Hardy*, The Proper Legal Regime for „Cyberspace", U. Pitt. L. Rev. 55 (1994), 993–1055 (1036–1040); *Matthew Burnstein*, Conflicts on the Net: Choice of Law in Transnational Cyberspace, Vand. J. Transnat'l L. 29 (1996), 75–116 (109); *Matthew Burnstein*, A Global Network in a Compartmentalised Legal Environment, in Katharina Boele-Woelki/Catherine Kessedjian (Hrsg.), Internet – Which Court Decides, Which Law Applies?, Proceedings of the international colloquium in honour of Michel Pelichet organized by the Molengraaff Institute of Private Law, University of Utrecht and the Hague Conference on Private International Law, Law and Electronic Commerce Bd. 5, Kluwer Law International, The Hague/London/Boston 1998, 23–34 (28 f.); *Henry H. Perritt, Jr.*, Jurisdiction in Cyberspace, Vill. L. Rev. 41 (1996), 1–128 (103 ff.).

[1115] Vgl. *Sally Hambridge*, RFC 1855: Netiquette Guidelines, Memo, Network Working Group, Okt. 1995, Abstract, abrufbar unter: https://www.ietf.org/rfc/rfc1855.txt.

[1116] *Thomas Hoeren*, Internet und Recht – Neue Paradigmen des Informationsrechts, NJW 1998, 2849–2928 (2852).

[1117] So *Michael v. Hinden*, Persönlichkeitsverletzungen im Internet: Das anwendbare Recht, J. C. B. Mohr (Paul Siebeck), Tübingen 1999, S. 261.

[1118] *Michael v. Hinden*, Persönlichkeitsverletzungen im Internet: Das anwendbare Recht,

a) „Code is law"!?

„Vielleicht liegt die Antwort auf die Maschine ja in der Maschine", sinniert *Hoeren* und bezieht sich auf die Möglichkeit des Einsatzes technischer Mittel zum Zweck der Regulierung des Internets.[1119] Als „technische Lösung für ein technisches Problem" bestünde eine „lex informatica" aus bestimmten Mechanismen, die dem Schutz vor und der Kontrolle von schädigenden Inhalten im Cyberspace dienen sollen, indem sie sich technische Spezifika zunutze machen und somit programmierbar sind. Charakteristisch für eine „lex informatica" in dieser Form wäre, dass sie mit Blick auf das Medium bzw. dessen Inhalt entwickelt würde, nicht mit Blick auf die Nutzer. Zu denken ist hier neben dem Einsatz von diversen Filter- und Ratingsystemen auch an kryptographische Verschlüsselungsverfahren. Tlw. wird darauf hingewiesen, dass innerhalb einer komplexen Struktur wie dem Internet effektive Regulierung tatsächlich nur auf Grundlage von „Code" möglich sei, der Rückgriff auf bekannte Regelungsstrukturen dagegen wenig zielführend:

> „In real space, we recognize how laws regulate – through constitutions, statutes, and other legal codes. In cyberspace we must understand how a different ‚code' regulates – how the software and hardware (i. e., the ‚code' of cyberspace) that make cyberspace what it is also regulate cyberspace as it is."[1120]

Lessig ist sogar davon überzeugt, dass im Cyberspace gesellschaftsrelevante Entscheidungen ohnehin nicht mehr von einer rechtlichen Instanz getroffen werden, sondern dass diejenigen Softwareentwickler und Techniker, die den „Code" schreiben, derart die Architektur und damit die Möglichkeiten des Einzelnen im Cyberspace definieren. Recht, wie wir es kennen, hätte danach keine Bedeutung im Cyberspace. „Law as code"[1121] wäre die Zukunft, „[n]o process of democracy defines this social space, […]".[1122] Es geht um die normsetzende

---

Studien zum ausländischen und internationalen Privatrecht Bd. 74, J. C. B. Mohr (Paul Siebeck), Tübingen 1999, S. 261.

[1119] *Thomas Hoeren*, Internet und Recht – Neue Paradigmen des Informationsrechts, NJW 1998, 2849–2928 (2853). Eigentlicher Urheber des Ausspruchs war wohl *Charles Clark*, The Answer to the Machine is in the Machine, in P. Bernt Hugenholtz (Hrsg.), The Future of Copyright in a Digital Environment, Proceedings of the Royal Academy Colloquium Organized by the Royal Netherlands Academy of Sciences and the Institute for Information Law, (Amsterdam, 6.–7.7.1995), Kluwer Law International, Amsterdam 1996, S. 139–145, zit. nach *Stefan Bechthold*, Multimedia und Urheberrecht – einige grundsätzliche Anmerkungen, GRUR 100 (1998), 18–27 (19). Vgl. *Joel R. Reidenberg*, Lex Informatica: The Formulation of Information Policy Rules through Technology, Tex. L. Rev. 76 (1998), 553–593.
[1120] *Lawrence Lessig*, Code – Version 2.0, Basic Books, New York 2006, S. 5.
[1121] *Lawrence Lessig*, The Zones of Cyberspace, Stan. L. Rev. 48 (1996), 1403–1411 (1408); zust. zit. v. *P. Bernt Hugenholtz*, Code as Code, Or the End of Intellectual Property as We Know It, Maastricht J. Eur. & Comp. L. 6 (1999), 308–318 (315). Ähnliche Formulierung bei *Lawrence Lessig*, Code Is Law, Feature, Harvard Magazine, 1.1.2000, abrufbar unter: https://harvardmagazine.com/2000/01/code-is-law-html.
[1122] *Lawrence Lessig*, The Zones of Cyberspace, Stan. L. Rev. 48 (1996), 1403–1411 (1410).

Kraft von Technik und Netzwerken,[1123] „the jurisdiction of Lex Informatica is the network itself".[1124] Die Technik als unkonventionelles „Regelungsinstrument" abseits herkömmlicher staatlicher Gesetzgebung könnte die Regulierung grenzüberschreitender Sachverhalte ermöglichen, die nationale Gesetze – im wahrsten Sinne des Wortes – an ihre (Anwendungs- und Durchsetzungs-)Grenzen bringen,[1125] etwa im Zusammenhang mit der Verbreitung von Online-Inhalten sowie dem Schutz persönlicher Informationen und geistigen Eigentums im Internet.[1126]

Die Regulierung per „Code", z. B. mithilfe von programmierten Rating- und Filter-Systemen technischer Art,[1127] gilt seit Mitte der 1990er-Jahre als eine Möglichkeit der nicht legislativen Kontrolle schädlicher Netzinhalte.[1128] Bei dieser Form des „user empowerment"[1129] entscheidet der Nutzer, welche Inhalte sein Endgerät darstellen soll. Dazu implementieren sog. Rating-Systeme (ergänzt vom Veröffentlicher des Materials oder zur Verfügung gestellt von einem ISP) elektronische Kennzeichnungen in Webdokumenten, die deren Inhalte im Vorfeld der Anzeige anhand bestimmter (politischer, religiöser, kommerzieller oder werbender) Kriterien eingehend prüfen. Mechanisch werden die Inhalte auf bestimmte Schlüsselwörter gescannt, für harmlos oder schädlich befunden und im Zweifelsfall der Zugriff verwehrt. Wie lohnenswert und realitätsnah der Einsatz von Bewertungs- und Filtersoftware ist, zeigt der Fall „Yahoo!".[1130] Zu den Methoden zum Filtern bedenklicher Inhalte zählen dyna-

---

[1123] *Joel R. Reidenberg*, Lex Informatica: The Formulation of Information Policy Rules Through Technology, Tex. L. Rev. 76 (1998), 553–593 (555).

[1124] *Joel R. Reidenberg*, Lex Informatica: The Formulation of Information Policy Rules Through Technology, Tex. L. Rev. 76 (1998), 553–593 (570).

[1125] *Joel R. Reidenberg*, Lex Informatica: The Formulation of Information Policy Rules Through Technology, Tex. L. Rev. 76 (1998), 553–593 (556).

[1126] *Joel R. Reidenberg*, Lex Informatica: The Formulation of Information Policy Rules Through Technology, Tex. L. Rev. 76 (1998), 553–593 (556 ff.).

[1127] *Christoph Engel*, The Role of Law in the Governance of the Internet, Preprints aus der Max-Planck-Projektgruppe Recht der Gemeinschaftsgüter, Bonn 2002/13, S. 4 spricht an dieser Stelle von „self-help" im Unterschied zu „implicit governance by technical code".

[1128] *Yaman Akdeniz*, Racism on the Internet, Council of Europe Publishing, Straßburg 2009, S. 125.

[1129] Der Wirtschafts- und Sozialausschuss brachte dagegen in seiner Stellungnahme zu dem „Vorschlag für eine Entscheidung des Rates über die Annahme eines mehrjährigen Aktionsplans der Gemeinschaft zur Förderung der sicheren Nutzung des Internet" (ABl. EG C 48 v. 13.2.1998, S. 8), ABl. EG 1998 C 214 v. 10.7.1998, S. 29, Ziff. 3.4., abrufbar unter: https://eur-lex.europa.eu/legal-content/DE/TXT/?uri=uriserv:OJ.C_.1998.214.01.0029.01.DEU&toc=OJ:C:1998:214:TOC) zum Ausdruck, dass der Einsatz von Ratingsystemen durch ISPs (Access Provider) vielmehr dem Nutzer die freie Wahl der von ihm aufgerufenen Inhalte nehme.

[1130] Über eine Webseite der Yahoo!, Inc. wurden Nazi-Memorabilien versteigert. In Frankreich (dort ist die Versteigerung solcher Objekte nach Art. R645–1 Code Pénal verboten) forderten die Vereinigungen LICRA und UEJF das TGI Paris auf, eine Verfügung zu erlassen, die den Aufruf der Seite in Frankreich blockieren sollte. Die Einrichtung solcher partiellen „Zugangssperren" ist technisch möglich. Die Vollstreckung der Entscheidung im U. S.-Bundes-

mische Filter („dynamic filtering")[1131] oder sog. „black lists systems", basierend auf IP-, DNS- oder URL-Filtern.[1132] Filter-Software verhindert grds. den Zugriff auf rechtswidrige und/oder schädliche Online-Inhalte wie kinderpornographisches, gewaltverherrlichendes oder rassistisches Material. Dabei dienen diese Programme vorwiegend dem Schutz von Minderjährigen vor altersunangemessenen Darstellungen.[1133] Zu beachten ist allerdings, dass die Filtersysteme speziell für Webseiten konzipiert wurden, die Datenübertragung durch andere Internet-Services wie Chatforen, im E-Mail-Verkehr oder im Verhältnis Peer-to-Peer[1134] dagegen nicht verhindern können.[1135]

Die Qualität der Systeme wird gesichert durch die Einhaltung der W3C[1136]-Standards der „Platform for Internet Content Selection"[1137] bzw. – seit 2009 – dem „Protocol for Web Description Resources"[1138] durch die Anwendungs-

---

staat Kalifornien wurde vom erkennenden District Court für unvereinbar mit dem verfassungsrechtlich verbürgten Recht auf Meinungsäußerung angesehen und abgelehnt.

[1131] Definition „Dynamic filtering" bei *Johnny Ryan*, Countering Militant Islamist Radicalisation on the Internet: A User Driven Strategy to Recover the Web, Institute of European Affairs (IEA), Dublin 2007, S. 91: „This is a system in which software examines incoming Internet content and determines whether to permit the Internet user access the content based on how closely that content conforms to a set of censorship criteria."

[1132] Definition „black lists systems" im Arbeitsdokument der Kommissionsdienststellen – Begleitdokument zum Vorschlag für einen Rahmenbeschluss des Rates zur Änderung des Rahmenbeschlusses 2002/475/JI zur Terrorismusbekämpfung – Folgenabschätzung, COM(2007) 650 final, 6.11.2007, Ziff. 4.2 (S. 28), engl. Sprachversion abrufbar unter: https://data.consilium.europa.eu/doc/document/ST%2014960%202007%20ADD%201/EN/pdf: „[T]hese are systems in which Internet users are impeded access to prohibited websites contained in a black-list, previously created by individuals, through different technical solutions."

[1133] *Yaman Akdeniz*, Racism on the Internet, Council of Europe Publishing, Straßburg 2009, S. 125.

[1134] Peer-to-Peer bezeichnet die Verbindung „von gleichberechtigten Arbeitsstationen in Netzwerken" zum Austausch von Daten ohne die Einbindung eines zentralen Servers, z. B. im Rahmen von Telefonkonferenzsystemen oder beim File-Sharing, s. *Gabler Wirtschaftslexikon*, Art. „Peer-to-Peer (P2P)", Bd. P–Sk, 17. Aufl., Gabler Verlag, Wiesbaden 2010, S. 2323.

[1135] *Yaman Akdeniz*, Racism on the Internet, Council of Europe Publishing, Straßburg 2009, S. 114, 127.

[1136] Zum Selbstverständnis des W3C, vgl. Internetpräsenz des „World Wide Web Consortium (W3C)", About W3C, abrufbar unter: https://www.w3.org/Consortium/: „The World Wide Web Consortium (W3C) is an international community where Member organizations, a full-time staff, and the public work together to develop Web standards. […] W3C's primary activity is to develop protocols and guidelines that ensure long-term growth for the Web. W3C's standards define key parts of what makes the World Wide Web work." *Tim Berners-Lee*, einer der Erfinder des WWW, ist der Direktor des W3C.

[1137] Vgl. dazu etwa die Entsch. Nr. 276/1999/EG des Europäischen Parlaments und des Rates v. 25.1.1999 über die Annahme eines mehrjährigen Aktionsplans der Gemeinschaft zur Förderung der sicheren Nutzung des Internet durch die Bekämpfung illegaler und schädlicher Inhalte in globalen Netzen, ABl. EG 1999 L 33 v. 6.2.1999, S. 1, ErwGr. 15 sowie Anhang 1 (Mehrjähriger Aktionsplan der Gemeinschaft zur Förderung der sicheren Nutzung des Internet, Aktionsbereich 2 – Entwicklung von Filter- und Bewertungssystemen).

[1138] *Raphael Cohen-Almagor*, Confronting the Internet's Dark Side: Moral and Social Responsibility on the Free Highway, Cambridge University Press, New York 2015, S. 342 (Glos-

programme. Durch die Etablierung dieser Systeme wurde das Problem der international uneinheitlichen Standards für Netzinhalte einer technischen Lösung zugeführt.[1139] Sie ermöglichen das neutrale und „benutzerorientierte[...]"[1140] selektive Blockieren von Internetinhalten und bieten so eine Alternative zu der rein rechtlichen (staatlichen) Beschränkung der Verbreitung von Informationen.[1141] Der Nutzer erhält so die Möglichkeit, selbst zu entscheiden, nach welchen Standards die Webseiten, auf die er zugreifen können soll, ausgewählt werden; entspricht eine Seite nicht den gewählten Standards, ist ein Zugriff nicht möglich. Darin liegt ein besonderer Vorteil dieses „self-enforcing governance tool", die Regulierung durch Code erfolgt ohne Befassung einer gesonderten Durchführungsstelle.[1142] Mithilfe der Technik wird damit der Nutzer selbst gleichsam zur gesetzgeberischen und vollstreckenden Gewalt „seiner" Netzwelt.[1143]

In der Musik-, Film- und Spieleindustrie wird das DNS eingesetzt, um Urheberrechtsverletzungen durch illegale Downloads zu verhindern bzw. strafrechtlich verfolgen zu können. Urheberrechte sind ob der außergewöhnlichen Gegebenheiten und Möglichkeiten im Cyberspace besonderen Gefahren ausgesetzt. Die herkömmlichen Rechtsregeln zum Immaterialgüterrecht sind grds.

---

sary, „Platform for Internet Content Selection [PICS]"). Beachte auch die W3C Recommendation v. 1.9.2009: Protocol for Web Description Resources (POWDER): Description Resources, abrufbar unter: https://www.w3.org/TR/powder-dr/.

[1139] *Joel R. Reidenberg*, Lex Informatica: The Formulation of Information Policy Rules Through Technology, Tex. L. Rev. 76 (1998), 553–593 (558).

[1140] *Michael v. Hinden*, Persönlichkeitsverletzungen im Internet: Das anwendbare Recht, Studien zum ausländischen und internationalen Privatrecht Bd. 74, J.C.B. Mohr (Paul Siebeck), Tübingen 1999, S. 257.

[1141] *Joel R. Reidenberg*, Lex Informatica: The Formulation of Information Policy Rules Through Technology, Tex. L. Rev. 76 (1998), 553–593 (558). Die staatliche Selektion von Internetinhalten birgt die Gefahr einer Zensur, vgl. U.S. Supreme Court, Entsch. v. 26.6.1997 – 521 U.S. 844 (1997), S. 885 – *Janet Reno*, Attorney General of the United States u.a./ACLU u.a. Nicht der Wahrheit entspricht daher die von dem U.S.-Informatiker und Mitbegründer der EFF *John Gilmore* geprägte „Urban Legend": „The Net treats censorship as a defect and routes around it." (zit. nach *Lorenz Lorenz-Meyer*, Die Zensur als technischer Defekt. Der Gilmore-Mythos, in Christiane Schulzki-Haddouti [Hrsg.], Bürgerrechte im Netz, bpb, Bonn 2003, 307–318 [zu Filtern insbes. 310 f.]).

[1142] *Christoph Engel*, The Role of Law in the Governance of the Internet, Preprints aus der Max-Planck-Projektgruppe Recht der Gemeinschaftsgüter, Bonn 2002/13, S. 5.

[1143] Zu denken geben jedoch die technischen Schwierigkeiten, die die Filterung bestimmter Bereiche des Internets wie E-Mail, Chats oder Newsgroups mittels der bekannten Softwareprogramme tlw. noch bereiten, sie bleiben in dieser Hinsicht „rechtsfreier Raum". Vgl. *Stellungnahme des Wirtschafts- und Sozialausschusses zu dem „Vorschlag für eine Entscheidung des Rates über die Annahme eines mehrjährigen Aktionsplans der Gemeinschaft zur Förderung der sicheren Nutzung des Internet"* (ABl. EG C 48 v. 13.2.1998, S. 8), ABl. EG 1998 C 214 v. 10.7.1998, S. 29, Ziff. 3.5., abrufbar unter: https://eur-lex.europa.eu/legal-content/DE/TXT/?uri=uriserv:OJ.C_.1998.214.01.0029.01.DEU&toc=OJ:C:1998:214:TOC. Der Wirtschafts- und Sozialausschuss weist ausdrücklich auf die Sperrung unerwünschter Inhalte als Alternative zum Kennzeichnen hin (Ziff. 3.6.).

in ihrem Anwendungsbereich territorial gebunden bzw. auf digital verbreitete Werke nicht anwendbar.[1144] Da das Territorialitätsprinzip im Cyberspace aufgrund dessen weltumspannender Konstruktion nur schwer anwendbar ist, wurde mit dem DNS ein virtuelles Pendant zum real existierenden Territorium geschaffen.[1145] Zudem kann bereits die bewusste Verwendung bestimmter Formate zur Online-Veröffentlichung durch den Urheber zum Schutz seiner Rechte beitragen: Die Veröffentlichung kann im „Read only"-Format erfolgen, das Kopierschutz sogar in Fällen garantiert, in denen das geltende Recht bestimmte Arten der Vervielfältigung erlaubt.[1146] Technische Lösungen können auch die Erteilung von Genehmigungen zum Lesen eines geschützten Online-Dokuments oder den Kauf desselben automatisieren.[1147]

Durch die Verwendung von Filter- oder Rating-Software mit POWDER-Standard können auch persönliche Daten im Netz – bis zu einem gewissen Grad – elektronisch geschützt werden,[1148] alternativ ist dies möglich durch die Verwendung bestimmter Browser, die die Anonymität des Verwenders schützen (z. B. Tor Browser).

Auch Staaten können Filter-Techniken nutzen, z. B. um die Sperrung bestimmter Webseiten durch industrieeigene internetinterne Blockademaßnahmen zu unterstützen und zu fördern. Die Erarbeitung einer europäischen „Blockadepolitik" („blocking policy") erachtete die Europäische Kommission bislang nicht als sinnvoll, weil blockierte Webseiten regelmäßig und innerhalb kürzester Zeit unter anderer Kennung außerhalb der Jurisdiktion der EU wieder auftauchten.[1149] Jedoch hindert diese Entscheidung die Staaten nicht daran, innerstaatlich sog. „blocking orders" an ISPs auszugeben.[1150] Das ist vor dem

---

[1144] *Joel R. Reidenberg*, Lex Informatica: The Formulation of Information Policy Rules Through Technology, Tex. L. Rev. 76 (1998), 553–593 (565).

[1145] Diese Parallele zieht *Wolfgang Kleinwächter*, Die WSIS-Kontroverse zu Internet Governance: Eine globale Ressource im Spannungsfeld nationaler Interessen, in Wolfgang Benedek/Catrin Pekari (Hrsg.), Menschenrechte in der Informationsgesellschaft, Richard Boorberg Verlag, Stuttgart/München/Hannover/Berlin/Weimar/Dresden 2007, 35–55 (37). Dass das System letztlich auf der (irreführenden) Metapher „Cyberspace as Place" beruht, wird beleuchtet in Teil III, Kap. 1, A. I.3.c., d.

[1146] *Joel R. Reidenberg*, Lex Informatica: The Formulation of Information Policy Rules Through Technology, Tex. L. Rev. 76 (1998), 553–593 (566 f.).

[1147] *Joel R. Reidenberg*, Lex Informatica: The Formulation of Information Policy Rules Through Technology, Tex. L. Rev. 76 (1998), 553–593 (568).

[1148] Vgl. (noch zu PICS) *Joel R. Reidenberg*, Lex Informatica: The Formulation of Information Policy Rules Through Technology, Tex. L. Rev. 76 (1998), 553–593 (563).

[1149] Arbeitsdokument der Kommissionsdienststellen – Begleitdokument zum Vorschlag für einen Rahmenbeschluss des Rates zur Änderung des Rahmenbeschlusses 2002/475/JI zur Terrorismusbekämpfung – Folgenabschätzung, COM(2007) 650 final, 6.11.2007, Ziff. 4.2 (S. 29), engl. Sprachversion abrufbar unter: https://data.consilium.europa.eu/doc/document/ST%2014960%202007%20ADD%201/EN/pdf.

[1150] *Yaman Akdeniz*, Racism on the Internet, Council of Europe Publishing, Straßburg 2009, S. 116.

Hintergrund relevant, dass auch ISPs überwiegend nicht staatlich, sondern privatrechtlich organisiert sind und sich daher grds. nicht an menschenrechtliche Vorgaben zu halten haben. Die Verantwortlichkeit von ISPs für die Entfernung von Inhalten wird für den europäischen Rechtsraum durch die E-Commerce-RL der EU geregelt;[1151] allerdings handeln ISPs tlw. auf eigene Faust und löschen potenziell bedenkliche Inhalte, ohne sie einer eingehenden Prüfung zu unterziehen. Dies ergab eine niederländ. Studie aus dem Jahr 2004:

> „It only takes a Hotmail account to bring a website down, and freedom of speech stands no chance in front of the cowboy-style private ISP justice."[1152]

Grund für das übereilte Handeln der ISPs könnte das kenntnisbasierte Verfahren der E-Commerce-RL sein, die in Art. 14 Abs. 1 („Hosting") verlangt, dass ISPs, die tatsächliche Kenntnis von illegalen Tätigkeiten oder Informationen erlangen, „unverzüglich" handeln müssen, um die betreffenden Informationen zu entfernen oder unzugänglich zu machen.

Daneben äußerte die Kommission bereits Bedenken hinsichtlich der zu erwartenden Kosten, die dic Etablierung eines solchen umfassenden Blockadesystems mit sich brächte, sowohl auf Seiten der ISPs als auch für die Endnutzer der Services der Content Provider.[1153] Zudem gibt die Kommission in einem Begleitdokument zu ihrem Vorschlag für einen Rahmenbeschluss des Rates aus dem Jahr 2007 zu bedenken, dass die Sperrung von Online-Inhalten einem Verstoß gegen Menschenrechte, insbes. gegen das Recht auf freie Meinungsäußerung, gleichkommen könnte[1154] und daher nicht ohne nationale rechtliche Grundlage durchgeführt werden dürfe.[1155] Die „Declaration of the Committee of Ministers on freedom of communication on the Internet" der Mitgliedstaaten des Europarats v. 28. Mai 2003 warnt staatliche Stellen sogar davor, durch

---

[1151] Dazu *supra* Teil II, Kap. 2, B. I.5.d.aa.

[1152] *Sjoera Nas*, The Multatuli Project: ISP Notice & take down, Bits of Freedom, SANE, Lecture, 1.10.2004, Revised article 27.10.2004, Conclusions, abrufbar unter: https://www-old.bof.nl/docs/researchpaperSANE.pdf.

[1153] Arbeitsdokument der Kommissionsdienststellen – Begleitdokument zum Vorschlag für einen Rahmenbeschluss des Rates zur Änderung des Rahmenbeschlusses 2002/475/JI zur Terrorismusbekämpfung – Folgenabschätzung, COM(2007) 650 final, 6.11.2007, Ziff. 5.2.2. (S. 42 ff.), engl. Sprachversion abrufbar unter: https://data.consilium.europa.eu/doc/document/ST%2014960%202007%20ADD%201/EN/pdf.

[1154] Vgl. zum Thema der Überregulierung durch umfassende Filtersysteme auch das Thema der OSZE-Konferenz „Internet 2013: Shaping polices to advance media freedom" (Wien, 14.–15.2.2013): Unter der Ägide des OSZE Representative on Freedom of the Media nahmen sich die Teilnehmer dem Problem des Filterns von Inhalten und der damit einhergehenden Gefahr für die Meinungsfreiheit an.

[1155] Arbeitsdokument der Kommissionsdienststellen – Begleitdokument zum Vorschlag für einen Rahmenbeschluss des Rates zur Änderung des Rahmenbeschlusses 2002/475/JI zur Terrorismusbekämpfung – Folgenabschätzung, COM(2007) 650 final, 6.11.2007, Ziff. 4.2. (S. 29), engl. Sprachversion abrufbar unter: https://data.consilium.europa.eu/doc/document/ST%2014960%202007%20ADD%201/EN/pdf.

Maßnahmen der Blockade oder Filterung von Webseiten Bürgern den Zugang zu öffentlichen Informationen vorzuenthalten.[1156] Der Einsatz von Filter- oder Blockademaßnahmen kann eine Verletzung des Rechts auf freie Meinungsäußerung darstellen[1157] und soll nur unter den Voraussetzungen des Art. 10 Abs. 2 EMRK zulässig sein.[1158]

b) Eignung einer „lex informatica" zur Regulierung des Cyberspace

Zu beantworten bleibt nun die Frage, ob eine rein technische Regulierung des Cyberspace zielführend wäre. Die Vorteile einer solchen technischen Lösung sind nicht von der Hand zu weisen. Softwarelösungen sind unabhängig von physischen Grenzen einsetzbar und daher universell anwendbar. Sie ermöglichen eine schnelle Anpassung an neue Gegebenheiten durch eine Vielzahl von zur Verfügung stehenden technischen Mechanismen.[1159] Im Gegensatz zu Gesetzen wird die „lex informatica" nicht *ex post*, sondern *ex ante* zum Schutz der Nutzer tätig.[1160] Dies wird begünstigt durch den Einsatz typischer „self-

---

[1156] *Europarat*, Committee of Ministers, Declaration on freedom of communication on the Internet, adopted at the 840th meeting of the Ministers' Deputies, 28.5.2003, Principle 3: Absence of Prior State Control (S. 2). Auf die Declaration verweist auch die Recommendation CM/Rec(2008)6 of the Committee of Ministers to member states on measures to promote the respect for freedom of expression and information with regard to Internet filters, adopted at the 1022nd meeting of the Ministers' Deputies, 26.3.2008, Präambel (§ 12).

[1157] *Yaman Akdeniz*, Racism on the Internet, Council of Europe Publishing, Straßburg 2009, S. 126 sowie 127 ff. zu den Nachteilen der Regulierung durch „Code" (zu strenger oder zu oberflächlicher Scan potenziell gefährlicher Inhalte). Der EuGH sieht die Gefahr der eher zufälligen Sperrung zulässiger Inhalte: EuGH, Urt. v. 16.2.2012 – Rs. 360/10, ECLI:EU: C:2012:85, Rn. 50 – Belgische Vereniging van Auteurs, Componisten en Uitgevers CVBA (SABAM)/Netlog NV; EuGH, Urt. v. 24.11.2011 – Rs. C-70/10, Slg. 2011, I-11959, Rn. 52 – Scarlet Extended SA/Société belge des auteurs, compositeurs et éditeurs SCRL (SABAM); EuGH, Urt. v. 27.3.2014 – Rs. C-314/12, ECLI:EU:C:2014:192, Rn. 56 – UPC Telekabel Wien GmbH/Constantin Film Verleih GmbH und Wega Filmproduktionsgesellschaft mbH. Zu bedenken ist außerdem, dass nicht alle Netzinhalte gescannt und überprüft werden können (Negativbeispiel: Kommunikation *via* Chats, E-Mail, Newsgroups), die Schaffung einer „safer environment" (s. *Yaman Akdeniz*, Racism on the Internet, Council of Europe Publishing, Straßburg 2009, S. 127) für das Internet allein durch den Einsatz von Filtersystemen ist daher „unmöglich", s. Stellungnahme des Wirtschafts- und Sozialausschusses zu dem „Vorschlag für eine Entscheidung des Rates über die Annahme eines mehrjährigen Aktionsplans der Gemeinschaft zur Förderung der sicheren Nutzung des Internet" (ABl. EG C 48 v. 13.2.1998, S. 8), ABl. EG 1998 C 214 v. 10.7.1998, S. 29, Ziff. 4.1.1., abrufbar unter: https://eur-lex.europa.eu/legal-content/DE/TXT/?uri=uriserv:OJ.C_.1998.214.01.0029.01.DEU&toc=OJ:C:1998:214:TOC.

[1158] Recommendation CM/Rec(2008)6 of the Committee of Ministers to member states on measures to promote the respect for freedom of expression and information with regard to Internet filters, adopted at the 1022nd meeting of the Ministers' Deputies, 26.3.2008, Präambel (§ 2).

[1159] *Joel R. Reidenberg*, Lex Informatica: The Formulation of Information Policy Rules Through Technology, Tex. L. Rev. 76 (1998), 553–593 (577, 580 f.).

[1160] *Joel R. Reidenberg*, Lex Informatica: The Formulation of Information Policy Rules Through Technology, Tex. L. Rev. 76 (1998), 553–593 (581).

help"-Charakteristika[1161] (Filter-/Ratingsysteme, Copyright-Schutz). *Reidenberg* stellt die Unterschiede zwischen einer herkömmlichen rechtlichen Regulierung und der „lex informatica" tabellarisch anschaulich dar:

	Legal Regulation	Lex Informatica
Framework	Law	Architecture standards
Jurisdiction	Physical Territory	Network
Content	Statutory/Court Expression	Technical Capabilities Customary Practices
Source	State	Technologists
Customized Rules	Contract	Configuration
Customization Process	Low Cost Moderate cost standard form High cost negotiation	Off-the-shelf configuration Installable configuration User choice
Primary Enforcement	Court	Automated, Self-execution

Abb. 1: „Rule Regimes"[1162]

Koexistieren und überschneiden sich rechtliche und technische Lösungen in einem bestimmten Sachgebiet,[1163] erweist sich aber eine technische Lösung als „self-executing" und damit als effektiver als eine rein rechtliche, könnte die „lex informatica" in diesem Bereich herkömmliche rechtliche Strukturen ersetzen.[1164] Dabei könnten sinnvollerweise technisch versierte Foren anstelle staatlicher Stellen die Standardisierung überwachen, so wie die IETF, die ISOC, das W3C und traditionelle Organisationen in diesem Bereich wie die ISO oder das „European Telecommunications Standards Institute" ETSI.[1165] Kritisch zu sehen ist dabei aber, dass die Beschlussfassung im Rahmen dieser Foren i. d. R. im Konsens erfolgt und damit – ebenso wie staatliche Formen der Rechtsetzung – zu „langsam" für den rasanten technischen Wandel sein könnte. Daneben ist fraglich, ob dieser Versuch einer zentralisierten Regulierung „durch die Hintertür" nicht das Erfordernis einer der Architektur des Cyberspace ent-

---

[1161] *Joel R. Reidenberg*, Lex Informatica: The Formulation of Information Policy Rules Through Technology, Tex. L. Rev. 76 (1998), 553–593 (581).

[1162] Entnommen aus *Joel R. Reidenberg*, Lex Informatica: The Formulation of Information Policy Rules Through Technology, Tex. L. Rev. 76 (1998), 553–593 (569, „Table 1 – Rule Regimes").

[1163] *Joel R. Reidenberg*, Lex Informatica: The Formulation of Information Policy Rules Through Technology, Tex. L. Rev. 76 (1998), 553–593 (585).

[1164] *Joel R. Reidenberg*, Lex Informatica: The Formulation of Information Policy Rules Through Technology, Tex. L. Rev. 76 (1998), 553–593 (583).

[1165] *Joel R. Reidenberg*, Lex Informatica: The Formulation of Information Policy Rules Through Technology, Tex. L. Rev. 76 (1998), 553–593 (591).

sprechenden dezentralen Struktur[1166] übergeht. Kritisch zu beurteilen ist auch die nicht völlig fernliegende Möglichkeit der Kommerzialisierung und damit eines Missbrauchs der Techniken, etwa zum gezielten Auffinden von Netz-Inhalten.[1167] Technische Lösungen können zudem schlicht fehleranfällig sein und umgangen werden. Indessen könnte ein unabhängiges Normengebilde, zugeschnitten auf die regulatorischen Besonderheiten der „virtuellen Welt", den Regulator auch zu einer allzu restriktiven „Überregulierung" verleiten.[1168]

Hoeren bemängelt zudem ein „Legitimationsdefizit technizistischer Modelle":[1169] Zwar funktioniert die Selektion von Inhalten auf Basis einprogrammierter Selektionskriterien automatisch, aber ein solches Vorgehen muss nichtsdestotrotz auf staatlichen Normen betreffend Einsatz und Reichweite beruhen.[1170] Die vermeintliche „Regulierung durch Code" ist im Ergebnis nichts anderes als der Einsatz technischen „Könnens", eines reinen „Faktums", das nicht automatisch als „lex" qualifiziert werden kann.[1171] Auch technische Mittel, die an sich zu einer Regulierung bestimmter virtueller Verhaltensweisen taugen, müssen dem Grunde nach in irgendeiner Rechtsordnung angesiedelt und in ihrer Anwendung für rechtmäßig befunden werden. Legitimatorische Schwierigkeiten gegenüber dem staatlichen Recht traten in der Vergangenheit bereits bei der

---

[1166] *Franz C. Mayer*, Recht und Cyberspace, NJW 1996, 1782–1791 (1790).

[1167] Der Wirtschafts- und Sozialausschuss der EU nannte diese Entwicklung dagegen einen „gesunde[n] Marktmechanismus": Stellungnahme des Wirtschafts- und Sozialausschusses zu dem „Vorschlag für eine Entscheidung des Rates über die Annahme eines mehrjährigen Aktionsplans der Gemeinschaft zur Förderung der sicheren Nutzung des Internet" (ABl. EG C 48 v. 13.2.1998, S. 8), ABl. EG 1998 C 214 v. 10.7.1998, S. 29, Ziff. 4.2.1., abrufbar unter: https://eur-lex.europa.eu/legal-content/DE/TXT/?uri=uriserv:OJ.C_.1998.214.01.0029.01.DEU&toc=OJ:C:1998:214:TOC.

[1168] Daher ist es nicht zutreffend, wenn *v. Hinden* implizit behauptet, die Anerkennung des Cyberspace als eigener Rechtsraum würde automatisch mit „einem weniger strengen autonomen Rechtsregime" einhergehen, dazu *Michael v. Hinden*, Persönlichkeitsverletzungen im Internet: Das anwendbare Recht, Studien zum ausländischen und internationalen Privatrecht Bd. 74, J. C. B. Mohr (Paul Siebeck), Tübingen 1999, S. 249.

[1169] *Thomas Hoeren*, Internet und Recht – Neue Paradigmen des Informationsrechts, NJW 1998, 2849–2854 (2853); zustimmend aufgegriffen von *Michael v. Hinden*, Persönlichkeitsverletzungen im Internet: Das anwendbare Recht, Studien zum ausländischen und internationalen Privatrecht Bd. 74, J. C. B. Mohr (Paul Siebeck), Tübingen 1999, S. 257.

[1170] *Lawrence Lessig*, The Zones of Cyberspace, Stan. L. Rev. 48 (1996), 1403–1411 (1404 ff.) dagegen ist davon überzeugt, dass die „herkömmliche" rechtliche Regulierung des Cyberspace mit den Mechanismen der „real world" nicht funktioniert. In den Augen von *Johnson* und *Post* stellt ein solches Vorgehen sogar einen „illegitimate extra-territorial power grab" dar, vgl. *David R. Johnson/David G. Post*, Law and Borders – The Rise of Law in Cyberspace, Stan. L. Rev. 48 (1996), 1367–1402 (1380).

[1171] *Thomas Hoeren*, Internet und Recht – Neue Paradigmen des Informationsrechts, NJW 1998, 2849–2928 (2853): „Die Technik als solche ist nur ein Faktum, das als solches aus sich heraus noch keine Legitimität beanspruchen kann." Ähnlich *Michael v. Hinden*, Persönlichkeitsverletzungen im Internet: Das anwendbare Recht, Studien zum ausländischen und internationalen Privatrecht Bd. 74, J. C. B. Mohr (Paul Siebeck), Tübingen 1999, S. 257.

lex mercatoria auf.[1172] Während in diesem Zusammenhang jedoch eine mehr oder weniger einheitliche Gruppe von Regelungssubjekten (reisende Kaufleute) erkennbar war, krankt jeder Entwurf einer „lex informatica" am Fehlen einer entsprechenden homogenen Gruppe.[1173]

Eine „lex informatica" im oben beschriebenen Sinne stellt letztlich nichts anderes dar als eine technisch unterstützte Version der User-Selbstverwaltung,[1174] wobei die gesamte „Regelungsverantwortung", also der tatsächliche Einsatz der betreffenden Programme, auf den Nutzer übertragen wird. Andere, wie die ISPs, werden nach diesem Modell vollständig aus ihrer „Schutzverantwortung" entlassen.[1175] Dabei könnte gerade die verstärkte Verpflichtung von ISPs die Entstehung neuer technischer Mittel und Regeln begünstigen. Insbes. kann die Erarbeitung von Sanktionen auf rechtlicher Ebene bei Verstößen gegen Regeln der „lex informatica" von Vorteil sein, da diese tlw. nicht technisch durchgesetzt werden können.[1176]

III. Dritter Ansatz:
Cyberlaw als konzeptionelle Analogie zu seevölkerrechtlichen Vorschriften

„Ok, the Internet is Like An Ocean, All Right?", stellte die Menschenrechts- und Internetaktivistin *Heather Marsh* in einem Blogpost im Jahr 2010 fest:[1177]

> „Remember when people used to ‚surf the net'? Well, that's because it's kind of like an ocean. Everything in the ocean is interconnected, no matter how far apart they may appear to be, even if they have never met. The ocean is full of happy little individuals and communities that may veer off and head to where you are if you attract attention."

Vor dem Hintergrund dieses Bildes entstand die Vision eines transnationalen „Cyberalty law"[1178] nach dem Vorbild geltender seerechtlicher Vorschriften

---

[1172] *Michael v. Hinden*, Persönlichkeitsverletzungen im Internet: Das anwendbare Recht, Studien zum ausländischen und internationalen Privatrecht Bd. 74, J. C. B. Mohr (Paul Siebeck), Tübingen 1999, S. 260.

[1173] So auch *Michael v. Hinden*, Persönlichkeitsverletzungen im Internet: Das anwendbare Recht, Studien zum ausländischen und internationalen Privatrecht Bd. 74, J. C. B. Mohr (Paul Siebeck), Tübingen 1999, S. 260. Zur Heterogenität der Gruppe der Internet-Nutzer *supra* Teil II, Kap. 2, C. I. 1.

[1174] Zum Self-government der User *supra* Teil II, Kap. 2, C. I. 1.

[1175] Vgl. *Spiros Simitis*, Internet oder der entzauberte Mythos vom „freien Markt der Meinungen", in Heinz-Dieter Assmann/Tomas Brinkmann/Georgios Gounalakis/Helmut Kohl/Rainer Walz (Hrsg.), Wirtschafts- und Medienrecht in der offenen Demokratie: Freundesgabe für Friedrich Kübler zum 65. Geburtstag, C. F. Müller, Heidelberg 1997, 285–314 (305).

[1176] *Joel R. Reidenberg*, Lex Informatica: The Formulation of Information Policy Rules Through Technology, Tex. L. Rev. 76 (1998), 553–593 (583 f.).

[1177] *Heather Marsh*, Ok, the Internet is Like An Ocean, All Right?, Heather Marsh. Rethinking the moats and mountains, 6.12.2010, abrufbar unter: https://georgiebc.wordpress.com/2010/12/06/ok-the-internet-is-an-ocean-all-right/.

[1178] Die Wortschöpfung leitet sich ab von dem engl. Begriff „admiralty law" (Seerecht)

als neuer Rechtsordnung für den Cyberspace. Dabei stehen v. a. die strukturellen und konzeptionellen Parallelen zwischen dem Cyberspace und der Hohen See im Fokus der Befürworter dieses Ansatzes: Erstens könne die Hohe See selbst nicht Objekt von Aneignungsbestrebungen einzelner Staaten sein. Ebenso verhalte es sich mit dem „multinationalen, jedoch nicht-nationalen"[1179] Cyberspace. Folglich könnten, zweitens, auch die Schiffe bzw. Nutzer, die sich innerhalb der genannten Räume fortbewegten, nicht der exklusiven Jurisdiktion eines bestimmten Staates unterstehen.[1180] Die praktische Bedeutung dieser Überlegungen dürfte allerdings gering sein: Ebenso, wie ein Schiff jedenfalls der Jurisdiktion des Flaggenstaates unterliegt, untersteht der Internetnutzer – analog – der Jurisdiktion des Staates, in dem sich sein Access Provider befindet.[1181] Doch die Existenz von „flags of convenience" sowie für die Provider besonders günstigen und damit attraktiven Rechtsordnungen, sog. „data havens",[1182] führen zu „flag shopping" auf See und in der virtuellen Welt.[1183] Probleme entstehen auch, wenn zwei Schiffe bzw. User, die nicht unter der Flagge desselben Staates fahren bzw. deren Access Provider nicht dem Recht desselben Staates unterstehen, in rechtliche Beziehung zueinander treten. Die denkbar einfachsten Möglichkeiten (Anwendung der *lex fori* oder des Rechts des Wohnsitzes des Klägers oder des Beklagten) führen jedenfalls zu einer ungerechten prozessualen Ausgangslage für eine der Parteien.[1184] Die Wahl der fallnäheren und damit grds. adäquateren Rechtsordnungen der *lex loci delicti* oder der *lex loci contractus* könnte sich im Cyberspace einzelfallabhängig aus nachvollziehbaren Gründen häufig problematisch gestalten.

---

in Verbindung mit dem Wort „Cyberspace". Verwendung bei *Matthew Burnstein*, Conflicts on the Net: Choice of Law in Transnational Cyberspace, Vand. J. Transnat'l L. 29 (1996), 75–116 (103).

[1179] *Matthew Burnstein*, Conflicts on the Net: Choice of Law in Transnational Cyberspace, Vand. J. Transnat'l L. 29 (1996), 75–116 (103) unter Verweis auf U. S. Supreme Court, Entsch. v. 25.5.1953 – 345 U. S. 571, 584 – Lauritzen/Larsen.

[1180] *Matthew Burnstein*, Conflicts on the Net: Choice of Law in Transnational Cyberspace, Vand. J. Transnat'l L. 29 (1996), 75–116 (103).

[1181] *Matthew Burnstein*, Conflicts on the Net: Choice of Law in Transnational Cyberspace, Vand. J. Transnat'l L. 29 (1996), 75–116 (104).

[1182] *Dan L. Burk*, Patents in Cyberspace: Territoriality and Infringements on Global Computer Networks, Tul. L. Rev. 68 (1993), 1–67 (52); *Benoît Frydman/Isabelle Rorive*, Regulating Internet Content through Intermediaries in Europe and the USA, ZfRSoz 23 (2002), 41–59 (41): „safe havens".

[1183] *Matthew Burnstein*, Conflicts on the Net: Choice of Law in Transnational Cyberspace, Vand. J. Transnat'l L. 29 (1996), 75–116 (107).

[1184] *Matthew Burnstein*, Conflicts on the Net: Choice of Law in Transnational Cyberspace, Vand. J. Transnat'l L. 29 (1996), 75–116 (105).

IV. Vierter Ansatz:
„Staatengemeinschaftsraum" Cyberspace

In Übertragung seerechtlicher Grundsätze auf den virtuellen Raum und aller Kritik an der Schaffung einer völlig neuen Rechtsordnung für den Cyberspace zum Trotz[1185] wird tlw. die Anerkennung des Internets als „international geschützte[r] Raum"[1186] in der Tradition der souveränitätsfreien Staatengemeinschaftsräume befürwortet, um zu einem internationalen Regime zu gelangen, das den spezifischen architektonischen Charakteristika des Cyberspace gerecht wird.[1187] Anerkannte Staatengemeinschaftsräume[1188] sind heute die Hohe See i. S. d. Teils VII SRÜ,[1189] der Tiefseeboden (das „Gebiet"), der Weltraum und die Antarktis.

1. Regulierung bekannter Gebiete jenseits staatlicher Hoheitsgewalt

Das Konzept des Staatengemeinschaftsraums entspringt dem Prinzip der souveränen Gleichheit der Staaten aus Art. 3, 10 der Satzung des Völkerbunds[1190] und Art. 2 Nr. 1 UN-Ch.[1191] Staatengemeinschaftsräume sind staatsfreie Gebiete, sog. Nichtstaatsgebiete. Sie sind gekennzeichnet durch das Fehlen jeglicher staatlicher Zuordnung bei grds. freier Nutzungsmöglichkeit durch alle Staaten der Welt.[1192] Kein Staat ist berechtigt, in diesen Gebieten souveräne

---

[1185] So ist etwa *Alexander Proelß*, Raum und Umwelt im Völkerrecht, in Wolfgang Graf Vitzthum/Alexander Proelß, Völkerrecht, 7. Aufl., De Gruyter, Berlin/Boston 2016, 361–454 (384 Rn. 35) der Ansicht, die Konstruktion einer separaten Rechtsordnung für den Cyberspace wäre „wenig zielführend".

[1186] *Kirsten Schmalenbach*, Ein Menschenrecht auf Kommunikation: Erfordernis oder Redundanz?, in Wolfgang Benedek/Catrin Pekari (Hrsg.), Menschenrechte in der Informationsgesellschaft, Richard Boorberg Verlag, Stuttgart/München/Hannover/Berlin/Weimar/Dresden 2007, 183–213 (202).

[1187] So etwa *Torsten Stein/Thilo Marauhn*, Völkerrechtliche Aspekte von Informationsoperationen, ZaöRV 60 (2000), 1–35 (31).

[1188] Einführung dieser Terminologie durch *Wolfgang Graf Vitzthum*, Raum, Umwelt und Wirtschaft im Völkerrecht, in Wolfgang Graf Vitzthum (Hrsg.), Völkerrecht, De Gruyter, Berlin/New York 1997, 393–524 (406 Fn. 19).

[1189] Seerechtsübereinkommen der Vereinten Nationen (UN Convention on the Law of the Sea) v. 10.12.1982, BGBl. II, 1994 S. 1798, 1833 UNTS 397. Gemeint ist hier (nutzungsrechtlich) die „Hohe See i. e. S.", also die „von nationalen Hoheitsbefugnissen freie[...] Hohe See" (*Alexander Proelß*, Raum und Umwelt im Völkerrecht, in Wolfgang Graf Vitzthum [Hrsg.], Völkerrecht, 7. Aufl., De Gruyter, Berlin/Boston 2016, 361–454 [372 Fn. 19]).

[1190] Satzung des Völkerbundes (Covenant of the League of Nations) v. 28.6.1919, RGBl. 1919, S. 717.

[1191] *Darrel C. Menthe*, Jurisdiction In Cyberspace: A Theory of International Spaces, Mich. Telecomm. & Tech. L. Rev. 4 (1998), 69–103 (86).

[1192] Vgl. Art. 87 Abs. 1 SRÜ: „Die Hohe See steht allen Staaten, ob Küsten- oder Binnenstaaten, offen."

Herrschaftsgewalt auszuüben, nur das Staatsgebiet unterfällt der territorialen Souveränität eines Staates.[1193]

Unklar ist, ob Staatengemeinschaftsräume „Niemandsland" darstellen, oder ob diese Räume allen Staaten der Welt gemeinsam „gehören",[1194] es sich dabei also um Kondominien handelt. Genau genommen wird zwischen dem *gebietsrechtlichen* und dem funktionalen, d. h. dem *nutzungs-* und *schutzrechtlichen* Status der Gebiete zu differenzieren sein.[1195] Gebietsrechtlich sind Staatengemeinschaftsräume souveränitätsfrei, also – entsprechend der oben gewählten Terminologie – „Niemandsland" oder *terra nullius* (vgl. etwa Art. 89 und 137 Abs. 1 SRÜ für die Hohe See und das „Gebiet"). Es gilt ein absolutes Okkupationsverbot. Gleichzeitig herrscht aber Nutzungsfreiheit für alle Staaten, nutzungsrechtlich handelt es sich um *res communes*.[1196] Folglich sind Staatengemeinschaftsräume im Ergebnis als *res nullius communis usus* einzuordnen.[1197] Die Nutzungsregelung des Meeresbodens und des Meeresuntergrunds (sog. „Gebiet") basiert in der Konsequenz ausweislich des eindeutigen Wortlauts von Art. 136 SRÜ auf dem Prinzip des „common heritage of mankind":

„Das Gebiet und seine Ressourcen sind das gemeinsame Erbe der Menschheit".

Die Ressourcengewinnung in diesem Bereich wurde der Internationalen Meeresbodenbehörde, einer I. O., unterstellt und so nutzungsrechtlich „internationalisiert" und institutionalisiert.[1198] Ähnliche Ansätze verfolgen die Regime der anderen Staatengemeinschaftsräume.

[1193] *Darrel C. Menthe*, Jurisdiction In Cyberspace: A Theory of International Spaces, Mich. Telecomm. & Tech. L. Rev. 4 (1998), 69–103 (85).

[1194] Wortwahl bei *Alexander Proelß/Camilla S. Haake*, Gemeinschaftsräume in der Entwicklung: von der *res communis omnium* zum *common heritage of mankind*, in Andreas v. Arnauld (Hrsg.), Völkerrechtsgeschichte(n): Historische Narrative und Konzepte im Wandel, Veröffentlichungen des Walther-Schücking-Instituts für Internationales Rechts an der Universität Kiel Bd. 196, Duncker & Humblot, Berlin 2017, 171–192 (172).

[1195] *Alexander Proelß/Camilla S. Haake*, Gemeinschaftsräume in der Entwicklung: von der *res communis omnium* zum *common heritage of mankind*, in Andreas v. Arnauld (Hrsg.), Völkerrechtsgeschichte(n): Historische Narrative und Konzepte im Wandel, Veröffentlichungen des Walther-Schücking-Instituts für Internationales Rechts an der Universität Kiel Bd. 196, Duncker & Humblot, Berlin 2017, 171–192 (173). Zur AWZ in diesem Zusammenhang *Alexander Proelß*, Ausschließliche Wirtschaftszone (AWZ), in Wolfgang Graf Vitzthum (Hrsg.), Handbuch des Seerechts, Verlag C. H. Beck, München 2006, 222–264 (228 ff. Rn. 216 ff.).

[1196] *Alexander Proelß/Camilla S. Haake*, Gemeinschaftsräume in der Entwicklung: von der *res communis omnium* zum *common heritage of mankind*, in Andreas v. Arnauld (Hrsg.), Völkerrechtsgeschichte(n): Historische Narrative und Konzepte im Wandel, Veröffentlichungen des Walther-Schücking-Instituts für Internationales Rechts an der Universität Kiel Bd. 196, Duncker & Humblot, Berlin 2017, 171–192 (173).

[1197] *Charles Rousseau*, Droit international public, Bd. IV: Les relations internationales, Éditions SIREY, Paris 1980, § 227 (S. 276).

[1198] *Alexander Proelß*, Raum und Umwelt im Völkerrecht, in Wolfgang Graf Vitzthum (Hrsg.), Völkerrecht, 7. Aufl., De Gruyter, Berlin/Boston 2016, 361–454 (372 Rn. 11).

Als Urheber des CHM-Gedankens gilt *Arvid Pardo* (1914–1999), der im Jahr 1967 – damals seines Zeichens maltesischer UN-Botschafter – in einer Rede vor der UN-Generalversammlung vorschlug, den küstenfernen Meeresboden und den Meeresuntergrund zum „common heritage of mankind" zu erklären, „in order to preserve the greater part of ocean space as a commons accessible to the international community", und die Nutzung dieser Gebiete nur noch zum „benefit of mankind as a whole" zu erlauben.[1199] Auch im Weltraum-Vertrag[1200] von 1967 (Art. I) und im Mond-Vertrag[1201] von 1979 (Art. 11 Abs. 1) wird auf das Konzept[1202] des „common heritage of mankind" Bezug genommen; allein der Antarktis-Vertrag[1203] von 1959 erwähnt den Begriff nicht explizit, enthält aber einige seiner fünf[1204] Elemente:[1205]

[1199] *Arvid Pardo*, zit. nach *Alexandra M. Post*, Deepsea Mining and the Law of the Sea, Martinus Nijhoff Publishers, Den Haag/Boston/Lancaster 1983, S. 99. Vgl. zu dem neuen Konzept die Erklärungen *Pardos* in *Generalversammlung*, 22nd Session, Official Records, 1st Committee, 1515th Meeting, 1.11.1967, A/C.1/PV.1515, §§ 3 ff. Beachte: Im Rahmen der zwei Jahre nach der Rede *Pardos* von der UN-Generalversammlung beschlossenen Res. war noch nicht die Rede vom Tiefseeboden und seinen Rohstoffen als „common heritage of mankind", vielmehr sprach die Generalversammlung diesem Gebiet lediglich ein „common interest of mankind" zu. Marine Rohstoffe in Gebieten jenseits der Gebiete staatlicher Hoheitsgewalt sollten „for the benefit of all mankind" genutzt werden (Question of the Reservation Exclusively for Peaceful Purposes of the Sea-Bed and the Ocean Floor, and the Subsoil thereof, Underlying the High Seas beyond the Limits of Present National Jurisdiction, and the Use of Their Resources in the Interest of Mankind, UN Doc. A/RES/2574 [XXIV], 15.12.1969). Erst die Declaration of Principles Governing the Sea-Bed and the Ocean-Floor, and the Subsoil Thereof, beyond the Limits of National Jurisdiction, UN Doc. A/RES/2749 (XXV), 17.12.1970, § 1 griff den Begriff „common heritage of mankind" im Zusammenhang mit dem „Gebiet" auf.

[1200] Vertrag über die Grundsätze zur Regelung der Tätigkeiten von Staaten bei der Erforschung und Nutzung des Weltraums einschließlich des Mondes und anderer Himmelskörper (Treaty on Principles Governing the Activities of States in the Exploration and Use of Outer Space, including the Moon and Other Celestial Bodies) v. 27.1.1967, BGBl. 1969 II, S. 1968, 610 UNTS 205.

[1201] Übereinkunft über die Aktivitäten von Staaten auf dem Mond und anderen Himmelskörpern (Agreement governing the Activities of States on the Moon and Other Celestial Bodies) v. 5.12.1979, 1363 UNTS 3.

[1202] Unklar ist, ob es sich bei dem Gedanken des „common heritage of mankind" um ein Prinzip des Völkerrechts, eine Theorie, eine Doktrin oder lediglich ein politisches oder philosophisches Konzept handelt. Dazu *Antonio Segura-Serrano*, Internet Regulation and the Role of International Law, Max Planck UNYB 10 (2006), 191–272 (237 ff. m. w. N.). Zum Rechtsstatus des CHM-Konzepts auch *Alexander Proelß/Camilla S. Haake*, Gemeinschaftsräume in der Entwicklung: von der *res communis omnium* zum *common heritage of mankind*, in Andreas v. Arnauld (Hrsg.), Völkerrechtsgeschichte(n): Historische Narrative und Konzepte im Wandel, Veröffentlichungen des Walther-Schücking-Instituts für Internationales Rechts an der Universität Kiel Bd. 196, Duncker & Humblot, Berlin 2017, 171–192 (178 ff.).

[1203] Antarktis-Vertrag (The Antarctic Treaty) v. 1.12.1959, BGBl. 1978 II, S. 1518, 402 UNTS 71.

[1204] *Scott J. Shackelford*, The Tragedy of the Common Heritage of Mankind, Stan. Envt'l. L. J. 27 (2008), 101–120 (109 ff.); *Jennifer Frakes*, The Common Heritage of Mankind Principle and the Deep Seabed, Outer Space, and Antarctica: Will Developed and Developing Nations Reach a Compromise?, Wis. Int'l L. J. 21 (2003), 409–434 (411); a. A. *Christopher*

1. Das Prinzip der Nicht-Aneignung und das Verbot jeglicher Souveränitätsausübung über das „Gebiet" und seine Ressourcen. Nach Art. 137 Abs. 1 SRÜ ist die „Geltendmachung von Ausschließlichkeitsrechten in Bezug auf die Nutzung des ‚Gebiets' prinzipiell" ausgeschlossen.[1206]
2. Der Grundsatz der gemeinsamen Bewirtschaftung der Ressourcen des „Gebiets" zum (finanziellen und wirtschaftlichen)[1207] Nutzen der gesamten Menschheit (Art. 140 SRÜ). Die Tätigkeiten im „Gebiet" werden entsprechend Art. 157 SRÜ koordiniert durch die Internationale Meeresbodenbehörde, die treuhänderisch agiert.[1208] Erfasst sind wissenschaftliche und Forschungsaktivitäten (Art. 143), Technologietransfer (Art. 144) und die gleiche Beteiligung aller Industrie- und Entwicklungsstaaten am Management der Aktivitäten (Art. 148), im Fokus steht dabei u. a. der Schutz der Entwicklungsstaaten vor nachteiligen Auswirkungen der Aktivitäten im „Gebiet" (Art. 157 lit. h SRÜ). Die Details der Bewirtschaftung richten sich nach dem Durchführungsübereinkommen zum SRÜ von 1994.[1209]
3. Die gerechte Verteilung der finanziellen und sonstigen wirtschaftlichen Vorteile aus der Bewirtschaftung[1210] (Art. 140 Abs. 2 SRÜ i. V. m. Art. 160 Abs. 2 lit. f [i] SRÜ).
4. Die Nutzung des Gebiets ausschließlich zu friedlichen Zwecken (Art. 141 SRÜ). Gemeint ist nicht die vollständige Demilitarisierung des „Gebiets",

---

Garrison, Beneath the Surface: the Common Heritage of Mankind, Knowledge Ecology Studies 1 (2007), 1–71 (64) und *Rüdiger Wolfrum*, Hohe See und Tiefseeboden (Gebiet), in Wolfgang Graf Vitzthum (Hrsg.), Handbuch des Seerechts, C. H. Beck, München 2006, 287–345 (336 Rn. 146), die von vier Elementen ausgehen.

[1205] *Eric Suy*, Antarctica: Common Heritage of Mankind?, in Joe Verhoeven/Philippe Sands/Maxwell Bruce (Hrsg.), The Antarctic Environment and International Law, Graham & Trotman, Dordrecht 1992, 93–96 (96).

[1206] *Alexander Proelß/Camilla S. Haake*, Gemeinschaftsräume in der Entwicklung: von der *res communis omnium* zum *common heritage of mankind*, in Andreas v. Arnauld (Hrsg.), Völkerrechtsgeschichte(n): Historische Narrative und Konzepte im Wandel, Veröffentlichungen des Walther-Schücking-Instituts für Internationales Rechts an der Universität Kiel Bd. 196, Duncker & Humblot, Berlin 2017, 171–192 (183); vgl. *Craig Forrest*, Cultural Heritage as the Common Heritage of Humankind: A Critical Re-evaluation, CILSA 40 (2007), 124–151 (144).

[1207] *Antonio Segura-Serrano*, Internet Regulation and the Role of International Law, Max Planck UNYB 10 (2006), 191–272 (242 Fn. 288).

[1208] Dazu *Erik Franckx*, The International Seabed Authority and the Common Heritage of Mankind: The Need for States to Establish the Outer Limits of their Continental Shelves, IJMCL 25 (2010), 543–567 (554).

[1209] Übereinkommen zur Durchführung des Teiles XI des Seerechtsübereinkommens der Vereinten Nationen v. 10.12.1982 (BGBl. 1994 II, S. 1799, 1833 UNTS 3) v. 28.7.1994, BGBl. 1994 II, S. 2566, 1836 UNTS 3.

[1210] *Alexander Proelß/Camilla S. Haake*, Gemeinschaftsräume in der Entwicklung: von der *res communis omnium* zum *common heritage of mankind*, in Andreas v. Arnauld (Hrsg.), Völkerrechtsgeschichte(n): Historische Narrative und Konzepte im Wandel, Veröffentlichungen des Walther-Schücking-Instituts für Internationales Rechts an der Universität Kiel Bd. 196, Duncker & Humblot, Berlin 2017, 171–192 (184).

die Norm verbietet lediglich die völkerrechtswidrige Androhung oder Anwendung von Gewalt in diesem territorialen Zusammenhang.[1211]
5. Die nachhaltige Entwicklung und Berücksichtigung der Interessen künftiger Generationen.[1212] Dieser letzte Kernbestandteil der „common heritage of mankind"-Konzeption wird im SRÜ nicht erwähnt, ist aber implizit Teil der Vorschrift zum Schutz der Meeresumwelt im „Gebiet" (Art. 145 SRÜ).

2. Übertragbarkeit der CHM-Konzeption auf die Regulierung des Cyberspace

Zu analysieren ist nun, ob die seevölkerrechtlichen Vorschriften auf die Regulierung des Cyberspace übertragbar sind. Es stellt sich zunächst die Frage, ob der virtuelle Raum ein Staatengemeinschaftsraum im o. g. Sinne ist[1213] und als „common heritage of mankind" qualifiziert und als solches behandelt werden kann.

a) Der Cyberspace als Staatengemeinschaftsraum?

Die Frage nach der raumordnungsrechtlichen Qualifizierung des Cyberspace ist nicht eindeutig zu beantworten. Einem Ende der 1990er-Jahre herrschenden Trend folgend wird der Cyberspace – zumindest für die Zwecke seiner Regulierung – tlw. als physisch von der „real world" abgrenzbarer „Ort" angesehen.[1214] Einige betonen dabei die Ähnlichkeit zu souveränitätsfreien Räumen wie der Antarktis, dem Weltraum oder der Hohen See.[1215] Ebenso wie ein Staatengemeinschaftsraum zeichnet sich der Cyberspace durch grenzüberschreitende Ausmaße und fehlende staatliche Kontrolle aus:

> „Conduct with potentially serious legal consequences is difficult for traditional sovereigns to control in the GII *[Global Information Infrastructure – Anm. d. A.]* because it is ephemeral, invisible, and crosses geographical boundaries easily."[1216]

Dieser Ansicht folgte auch der U. S. Supreme Court in einer Entscheidung:

[1211] Eingehend dazu *Rüdiger Wolfrum*, Restricting the Use of the Sea to Peaceful Purposes: Demilitarization in Being?, GYIL 24 (1981), 201–241 (226); *Alexander Proelß*, Peaceful Purposes, Rüdiger Wolfrum (Hrsg.), MPEPIL, Bd. VIII: PA–SA, Oxford University Press, Oxford 2012, 193–201 (199 Rn. 18 ff.).

[1212] *Christopher Garrison*, Beneath the Surface: the Common Heritage of Mankind, Knowledge Ecology Studies 1 (2007), 1–71 (31); *Craig Forrest*, Cultural Heritage as the Common Heritage of Humankind: A Critical Re-evaluation, CILSA 40 (2007), 124–151 (146 f.).

[1213] Zum Cyberspace als „Raum" bzw. „Rechtsraum" *infra* Teil III, Kap. 1, A. I.3.

[1214] *Dan Hunter*, Cyberspace as Place and the Tragedy of the Digital Anticommons, Cal. L. Rev. 91 (2003), 439–519 (449).

[1215] *Darrel C. Menthe*, Jurisdiction In Cyberspace: A Theory of International Spaces, Mich. Telecomm. & Tech. L. Rev. 4 (1998), 69–103 (84); vgl. zur Antarktis als souveränitätsfreiem Raum U. S. Supreme Court, Entsch. v. 8.3.1993 – 507 U. S. 197 (1993) – Smith/USA; vgl. zum Weltraum U. S. Court of Federal Claims, Entsch. v. 16.8.1993 – 29 Fed. Cl. 197 – Hughes Aircraft Company/USA.

[1216] *Henry H. Perritt, Jr.*, Jurisdiction in Cyberspace, Vill. L. Rev. 41 (1996), 1–128 (2).

„Taken together, these tools constitute a unique medium – known to its users as ‚cyberspace' – located in no particular geographical location *but available to anyone, anywhere in the world, with access to the internet.*"[1217]

Einer Behandlung des Cyberspace analog zu bekannten staatsfreien Gebieten steht jedoch der Umstand entgegen, dass auch Staatengemeinschaftsräume im Kern physisch abgrenzbare und wahrnehmbare „Räume" darstellen. Anders als herkömmliche Staatengemeinschaftsräume ist der Cyberspace gar nicht als „Raum" physisch wahrnehmbar,[1218] sondern lediglich als ein unmittelbar mit nationaler (physischer) Infrastruktur verbundenes virtuelles Netzwerk; es handelt sich dabei um ein „medium [...] located in no particular geographical location [...]", wie der U. S. Supreme Court bereits treffend bemerkte. Ähnlich äußerte sich Richterin *Nancy Gertner* im Fall „Digital Equipment Corp./AltaVista Technology Inc.":

„The Internet has no territorial boundaries. To paraphrase Gertrude Stein, as far as the Internet is concerned, not only is there perhaps ‚no there there,' the ‚there' is everywhere where there is Internet access."[1219]

Die offensichtliche Omnipräsenz des Internets ist dagegen für die BR Deutschland kein Grund, die Raumqualität des Cyberspace in Frage zu stellen:

„Cyberspace is a public good and a public space."[1220]

Nach *Burnstein* ist der Cyberspace „transnational, yet non-national" und damit jedenfalls vergleichbar mit dem Weltraum und der Antarktis.[1221] Zwar ist das Internet nicht *per se* „staatsfrei", jedoch gestaltet sich die Rechtsdurchsetzung aufgrund der Globalität des Mediums schwierig, da die Anknüpfung an hergebrachte Jurisdiktionsprinzipien beinahe unmöglich ist.

In Japan steht man der Qualifizierung des Cyberspace als (Staatengemeinschafts-)Raum dagegen skeptisch gegenüber und sieht das neue Medium

---

[1217] U. S. Supreme Court, Entsch. v. 26.6.1997 – 521 U. S. 844 (1997), S. 851 – *Janet Reno*, Attorney General of the United States u. a./ACLU u. a. – Hervorh. d. A.

[1218] *Darrel C. Menthe*, Jurisdiction In Cyberspace: A Theory of International Spaces, Mich. Telecomm. & Tech. L. Rev. 4 (1998), 69–103 (84 Fn. 48; 85); *Alexander Proelß*, Raum und Umwelt im Völkerrecht, in Wolfgang Graf Vitzthum/Alexander Proelß (Hrsg.), Völkerrecht, 7. Aufl., De Gruyter, Berlin/Boston 2016, 361–454 (384 Rn. 35); *Klaus W. Grewlich*, Konstitutionalisierung des „Cyberspace". Zwischen europarechtlicher Regulierung und völkerrechtlicher Governance, Nomos, Baden-Baden 2001, S. 17.

[1219] U. S. District Court for the District of Massachusetts, Entsch. v. 12.3.1997 – No. 96–12192-NG, 960 F. Supp. 456 (D. Mass. 1997), S. 462 – Digital Equipment Corp./AltaVista Technology, Inc., Judge *Nancy Gertner* unter Verweis auf *Gertrude Stein*, Everybody's Autobiography, Random House, New York 1937, S. 298 Hervorh. im Original.

[1220] Deutschland: Report of the Secretary-General, Developments in the field of information and communications in the context of international security, UN Doc. A/68/156/Add.1, 9.9.2013, S. 5–11 (7).

[1221] *Matthew Burnstein*, Conflicts on the Net: Choice of Law in Transnational Cyberspace, Vand. J. Transnat'l L. 29 (1996), 75–116 (111).

eher als Konstrukt aus vernetzten Computern, als „Infrastruktur", denn als „Raum":

„Japan is of the view that cyberspace serves as a basic *infrastructure* for socioeconomic activities for both the public and private sectors."[1222]

Auch *Proelß* hält die Erklärung des Cyberspace zum „common heritage of mankind" für „ebensowenig zielführend" wie schon die „Schaffung eines spezifischen, an den tradierten Kategorien der völkerrechtlichen Raumordnung anknüpfenden Regelungsrahmens".[1223]

Aufgrund seiner einzigartigen Architektur kann der Cyberspace funktional zwar als „Raum" betrachtet werden, es handelt sich dabei jedoch vielmehr um einen öffentlichen bzw. sozialen Raum,[1224] der samt seiner Inhalte grds. jedem mithilfe eines Internetzugangs zugänglich ist,[1225] der aber – um die oben verwendete Terminologie zu bemühen – gebietsrechtlich mangels „echter", d. h. faktischer Raumqualität[1226] nicht in das raumordnungsrechtliche System eingeordnet werden kann:

„,Cyberspace' [...] ein neuer Raum. Seine Natur ist nicht territorial, sondern kommunikativ. Seine Infrastruktur ist die Elektronik. Sie leistet in Gestalt sich technisch noch weiterentwickelnder Mikroelektronik die Konstituierung dieses virtuellen Raums, fortschreitend digital, dh es werden die ‚analogen' Signale (zB der gesprochenen Sprache) zu einer Folge von Null und Eins codiert und im Endgerät in die Ausgangssignale zurückverwandelt (mit einer bis dahin unbekannten Übertragungsqualität, gern als ‚technischer Quantensprung' bezeichnet)."[1227]

[1222] Japan: *Report of the Secretary-General*, Developments in the field of information and communications in the context of international security, UN Doc. A/68/156/Add.1, 9.9.2013, S. 13–15 (13) – Hervorh. d. A.

[1223] *Alexander Proelß*, Raum und Umwelt im Völkerrecht, in Wolfgang Graf Vitzthum/Alexander Proelß (Hrsg.), Völkerrecht, 7. Aufl., De Gruyter, Berlin/Boston 2016, 361–454 (384 Rn. 35). Zustimmend *Klaus W. Grewlich*, Konstitutionalisierung des „Cyberspace". Zwischen europarechtlicher Regulierung und völkerrechtlicher Governance, Nomos, Baden-Baden 2001, S. 58.

[1224] Vertiefend zum „sozialen Raum": *Jürgen Habermas*, Zur Rolle von Zivilgesellschaft und Politischer Öffentlichkeit, in Jürgen Habermas (Hrsg.), Faktizität und Geltung. Beiträge zur Diskurstheorie des Rechts und des demokratischen Rechtsstaats, Suhrkamp, Frankfurt a. M. 1992, 399–467 (436 f.).

[1225] *Darrel C. Menthe*, Jurisdiction In Cyberspace: A Theory of International Spaces, Mich. Telecomm. & Tech. L. Rev. 4 (1998), 69–103 (70).

[1226] *Darrel C. Menthe*, Jurisdiction In Cyberspace: A Theory of International Spaces, Mich. Telecomm. & Tech. L. Rev. 4 (1998), 69–103 (84 Fn. 48; 85); *Alexander Proelß*, Raum und Umwelt im Völkerrecht, in Wolfgang Graf Vitzthum/Alexander Proelß (Hrsg.), Völkerrecht, 7. Aufl., De Gruyter, Berlin/Boston 2016, 361–454 (384 Rn. 35); *Klaus W. Grewlich*, Konstitutionalisierung des „Cyberspace". Zwischen europarechtlicher Regulierung und völkerrechtlicher Governance, Nomos, Baden-Baden 2001, S. 17.

[1227] *Joseph H. Kaiser*, Das Recht im Cyberspace. Eine spontane Ordnung noch ohne Hierarchie, in Herbert Haller/Christian Kopetzki/Richard Novak/Stanley L. Paulson/Bernhard Raschauer/Georg Ress/Ewald Wiederin (Hrsg.), Staat und Recht, FS für Günther Winkler, Springer, Wien/New York 1997, 397–409 (397–398).

Im Ergebnis erfüllt der Cyberspace daher schon nicht die grundlegenden physischen Voraussetzungen, um als „echter" Staatengemeinschaftsraum qualifiziert zu werden.

Da jedoch bislang ein einheitliches völkervertragliches Regime für den Cyberspace fehlt, ist zu überprüfen, ob er im Zusammenhang mit dem Management der virtuellen Ressourcen[1228] wie der Administration des DNS, der IP-Adressen sowie der Administration des Root Server-Systems und der technischen Standards nicht dennoch analog dem Prinzip des „common heritage of mankind" und damit insofern funktional wie ein Staatengemeinschaftsraum behandelt werden könnte.[1229]

b) Virtuelle Ressourcen als „common heritage of mankind"?

Das CHM-Konzept wurde im Zusammenhang mit dem Cyberspace bisher nur vereinzelt diskutiert. Nach Ansicht von *Segura-Serrano* liegt das an dem eminent sozialistischen Flair, das das CHM in der Tradition der Ansichten *Pardos* verbreite.[1230] Die Anwendung des Konzepts wird dennoch für möglich gehalten, weil es sich dabei eher um ein funktionales, denn um ein territoriales Konzept handelt, was die Übertragbarkeit auf virtuelle Räume wie den Cyberspace denkbar und grds. möglich macht.[1231] Im Gegensatz zum Welterbe-Prinzip der 1972 UNESCO-Welterbekonvention[1232] wird nämlich an sich vom CHM kein territorialer Bezug gefordert, dieser ergibt sich eher implizit aus der Anwendung auf das „Gebiet" im Rahmen des SRÜ. Unterstützung erfährt diese Interpretation durch die Übereinkunft einiger lateinamerikanischer Staaten und Mitglieder des „Intergovernmental Bureau for Informatics" der UNESCO, „to encourage all international actions and policies on harmonization leading to consider informatics as Mankind's Heritage".[1233]

[1228] Vgl. *Report from the WGIG*, WSIS, Genf 2003-Tunis 2005, 3.8.2005, WSIS-II/PC-3/DOC/5-E, §§ 13(a), 15 (S. 4).

[1229] *Darrel C. Menthe*, Jurisdiction In Cyberspace: A Theory of International Spaces, Mich. Telecomm. & Tech. L. Rev. 4 (1998), 69–103 (85).

[1230] *Antonio Segura-Serrano*, Internet Regulation and the Role of International Law, Max Planck UNYB 10 (2006), 191–272 (260). Jedenfalls sei es besser, „not to use it while trying to negotiate with the U. S. to give up its control over the Internet's main infrastructure".

[1231] *Kemal Baslar*, The Concept of the Common Heritage of Mankind in International Law, Martinus Nijhoff Publishers, Den Haag/Boston/London 1998, S. 91.

[1232] Übereinkommen zum Schutz des Kultur- und Naturerbes der Welt (World Heritage Convention) v. 16.11.1972, BGBl. 1977 II, S. 215, 1037 UNTS 151. Dazu *Alexander Proelß/Camilla S. Haake*, Gemeinschaftsräume in der Entwicklung: von der *res communis omnium* zum *common heritage of mankind*, in Andreas v. Arnauld (Hrsg.), Völkerrechtsgeschichte(n): Historische Narrative und Konzepte im Wandel, Veröffentlichungen des Walther-Schücking-Instituts für Internationales Rechts an der Universität Kiel Bd. 196, Duncker & Humblot, Berlin 2017, 171–192 (186).

[1233] Zit. bei *Ronald W. Brown*, Economic and Trade Related Aspects of Transborder Data Flow: Elements of a Code for Transnational Commerce Perspectives, Nw. J. Int'l L. & Bus. 6

Ob die fünf Elemente[1234] des CHM-Konzepts, die zum Teil in den Art. 137 ff. SRÜ kodifiziert sind, auch auf den Cyberspace anwendbar wären, soll im Folgenden untersucht werden:

1. Das Verbot der Aneignung, das die Ausübung souveräner Rechte über das in Frage stehende Gebiet verbietet,[1235] wäre auch auf das Ressourcenmanagement im Cyberspace anwendbar, weil „the Net is everywhere and nowhere in particular",[1236] mit anderen Worten „a-jurisdictional".[1237] Ein Regelungsregime auf der Basis des CHM-Gedankens würde also für die Einbeziehung aller Beteiligten (Regierungen, Internetnutzer, I. O. und Industrie) sorgen.
2. Diese könnten schließlich am gemeinsamen Management („common management")[1238] der Ressourcen beteiligt werden. *Segura-Serrano*, der in diesem Zusammenhang vom Aufbau eines „centralized, democratically structured international regime"[1239] spricht, verliert jedoch aus dem Blick, dass es sich beim Cyberspace eben nicht um eine herkömmliche Organisationsform handelt. Eine zentralisierte Organisation ist schon wegen der Architektur des Internets nicht denkbar. Nichtsdestotrotz ist eine gemeinsame Verwaltung der virtuellen Ressourcen sinnvoll. Dieser Notwendigkeit könnte durch Einrichtung einer zentralen Aufsichtsinstanz ohne eigene Letztentscheidungskompetenz in Regelungsangelegenheiten Genüge getan werden, die lediglich als überwachendes Korrektiv mit Vetorecht zur Bündelung von Informationen tätig wird.
3. Dabei müsste auf eine gerechte Verteilung der finanziellen und sonstigen wirtschaftlichen Vorteile aus der Nutzung des Internets geachtet werden.[1240] Das schließt den gleichen Zugang zu den Ressourcen aller und eine gerechte Verteilung der finanziellen Lasten auf Industrie- und Entwicklungsstaaten

---

(1984), 1–85 (66 Fn. 228). Unter „informatics" ist hier offenbar Information als solche zu verstehen.
[1234] Dazu bereits *supra* Teil II, Kap. 2, C.IV.1. Überblick bei *Alexander Proelß/Camilla S. Haake*, Gemeinschaftsräume in der Entwicklung: von der *res communis omnium* zum *common heritage of mankind*, in Andreas v. Arnauld (Hrsg.), Völkerrechtsgeschichte(n): Historische Narrative und Konzepte im Wandel, Veröffentlichungen des Walther-Schücking-Instituts für Internationales Rechts an der Universität Kiel Bd. 196, Duncker & Humblot, Berlin 2017, 171–192 (183 f.).
[1235] *Antonio Segura-Serrano*, Internet Regulation and the Role of International Law, Max Planck UNYB 10 (2006), 191–272 (255 ff.).
[1236] *Antonio Segura-Serrano*, Internet Regulation and the Role of International Law, Max Planck UNYB 10 (2006), 191–272 (195).
[1237] *David D. Post*, Anarchy, State, and the Internet: An Essay on Law-Making in Cyberspace, J. Online L. (1995), Art. 3, § 36 (S. 7).
[1238] *Antonio Segura-Serrano*, Internet Regulation and the Role of International Law, Max Planck UNYB 10 (2006), 191–272 (257 f.).
[1239] *Antonio Segura-Serrano*, Internet Regulation and the Role of International Law, Max Planck UNYB 10 (2006), 191–272 (257).
[1240] *Antonio Segura-Serrano*, Internet Regulation and the Role of International Law, Max Planck UNYB 10 (2006), 191–272 (258 f.).

ein. Ziel soll nicht die Vergrößerung, sondern die Überwindung der „Digital Divide" sein.[1241]
4. Auch das Gebot der friedlichen Nutzung des Cyberspace[1242] ist ohne Weiteres übertragbar.[1243] Die Nutzung des Internets zu unfriedlichen Zwecken, die etwa der Förderung terroristischer oder sonstiger strafbarer Aktivitäten dienen, ist ausgeschlossen.
5. Nach Ansicht von *Segura-Serrano* ist das fünfte Element des CHM-Konzepts, die Pflicht zur Berücksichtigung der Interessen künftiger Generationen,[1244] nicht auf den Cyberspace übertragbar, weil es anders als im Seerecht nicht um Meeresumweltschutz und die Erhaltung endlicher Ressourcen (sog. „global commons")[1245] geht. Zwar sind virtuelle im Gegensatz zu natürlichen Ressourcen gewissermaßen endlos.[1246] Nichtsdestotrotz bedarf auch die

---

[1241] *Antonio Segura-Serrano*, Internet Regulation and the Role of International Law, Max Planck UNYB 10 (2006), 191–272 (259); zur „Digital Divide": Declaration of Principles, Building the Information Society: a Global Challenge in the New Millennium, WSIS, Genf, 12.12.2003, WSIS-03/GENEVA/DOC/4-E, § 10 (S. 2).

[1242] *Antonio Segura-Serrano*, Internet Regulation and the Role of International Law, Max Planck UNYB 10 (2006), 191–272 (259 f.).

[1243] A. A. *Kemal Baslar*, The Concept of the Common Heritage of Mankind in International Law, Nijhoff Publishers, Den Haag/Boston/London 1998, S. 106 f., nach dem das Gebot der friedvollen Nutzung dann ein Element des CHM sein soll, wenn dieses ein territoriales (nicht funktionales) Konzept darstellt.

[1244] *Antonio Segura-Serrano*, Internet Regulation and the Role of International Law, Max Planck UNYB 10 (2006), 191–272 (260).

[1245] Vgl. *Andrea Rehling/Isabella Löhr*, „Governing the Commons": Die global commons und das Erbe der Menschheit im 20. Jahrhundert, in Andrea Rehling/Isabella Löhr (Hrsg.), Global Commons im 20. Jahrhundert: Entwürfe für eine globale Welt, Jahrbuch für Europäische Geschichte Bd. 15, Oldenbourg Wissenschaftsverlag, München 2014, 3–31 (4 ff.).

[1246] Str., da etwa Art. 33 Abs. 2 ITU-Konvention u. a. Frequenzen als „begrenzte natürliche Ressourcen" bezeichnet. Unter dem Begriff „Ressource" ist zwar grds. ein im herkömmlichen Sinne zum Verbrauch gedachtes und geeignetes Rohprodukt zu verstehen, es kommt jedoch in erster Linie auf die Begrenztheit, nicht aber auf den tatsächlichen Verbrauch des Gutes an. Frequenzen sind deshalb knapp und somit begrenzt, weil eine Frequenz, ist sie einmal an einen Nutzer vergeben worden, nicht gleichzeitig von einem anderen Dienst genutzt werden kann, ohne dass Interferenzen entstehen, die die Übertragungen stören, vgl. *Irmgard Marboe*, Rechtliche Aspekte der Kommunikation *via* Weltraum, in Christian Brünner/Alexander Soucek/Edith Walter (Hrsg.), Raumfahrt und Recht: Faszination Weltraum. Regeln zwischen Himmel und Erde, Studien zu Politik und Verwaltung, Böhlau Verlag, Wien/Köln/Graz 2007, 130–150 (138 f.); *Christian Schulz*, Lizenzvergabe bei Frequenzknappheit. Verwaltungsrechtliche Aspekte und Rechtsschutz bei telekommunikationsrechtlichen Versteigerungsverfahren am Beispiel der UMTS-Auktion, Schriften zum Informations-, Telekommunikations- und Medienrecht Bd. 18, LIT Verlag, Münster/Hamburg/London 2003, S. 17; *Bundesnetzagentur*, Funkverträglichkeit, Stand: 17.6.2014, abrufbar unter: https://www.bundesnetzagentur.de/DE/Sachgebiete/Telekommunikation/Unternehmen_Institutionen/Technik/TechnischeVertraeglichkeit/Funkvertraeglichkeit/funkvertraeglichkeit.html. Eine beliebige technische Erweiterung des Frequenzspektrums ist (noch) nicht möglich, vgl. *Mitteilung der Kommission an den Rat, das Europäische Parlament, den Wirtschafts- und Sozialausschuß und den Ausschuß der Regionen*, Europäische Standpunkte für die Weltfunkkonferenz 2000 (WRC-2000), COM/2000/0086 endg., 8.3.2000. Dazu *Christian Koenig/Andreas Neu-*

grundlegende abstrakte, komplexe Infrastruktur des Internets als solche i. S. e. gewachsenen virtuellen Erfahrungsraums des Schutzes vor Zerstörung und Missbrauch sowie vor Eingriffen,[1247] die gegen seine ursprüngliche freiheitliche Konzeption verstoßen. Eine Übertragung des Schutzgedankens des CHM-Konzepts auf den virtuellen Raum ist nicht von vornherein ausgeschlossen.

Im Ergebnis wären die Elemente des CHM-Konzepts also auf die Regulierung des Cyberspace anwendbar. Die Konstruktion eines derart „international geschützten Raums" würde internationalen Statusverträgen mit „objektiver" Ordnungsbehauptung[1248] wie etwa dem Weltraumvertrag entsprechen. Ein analoger Vorschlag *de lege ferenda* wäre zu bestätigen durch internationalen Konsens in Form von Verträgen o. Ä.[1249]

V. Fünfter Ansatz: Multistakeholder-Ansatz bzw. „Co-regulation"

Der fünfte und letzte der hier vorgestellten Ansätze zur effektiven Regulierung des Internets und von Aktivitäten im Cyberspace orientiert sich an dessen dezentraler Struktur. Diese erlaubt grds. eine Regulierung, die nicht an die Beachtung starrer hierarchischer Strukturen wie der eines Nationalstaates gebunden ist. Dennoch ist erforderlich, dass einheitliche Standards für die Datenübertragung geschaffen und die Zuweisung von IP-Adressen, die Verwaltung des DNS sowie der Betrieb der Root Server zentral koordiniert und kontrolliert werden.[1250] Globale informationsgemeinschaftliche und nationale staatliche Interessen müssen folglich in Einklang gebracht werden. Infolgedessen fußt der fünfte Ansatz zur Internetregulierung auf einem sog. „Multistakeholder"-Ansatz, also der (mehr oder minder) gleichberechtigten, koregulativen Einbindung aller beteiligten Interessengruppen (engl. „stakeholder" = Teilhaber) in den Prozess der Erarbeitung eines effektiven Regulierungssystems. Co-regulation ist eine weiterentwickelte Form der Self-regulation.[1251] Während Self-regulation

---

mann, Rechtliches und organisatorisches Umfeld der Satellitenkommunikation, MMR 3 (2000), 151–159 (152).

[1247] *Antonio Segura-Serrano*, Internet Regulation and the Role of International Law, Max Planck UNYB 10 (2006), 191–272 (260).

[1248] *Kirsten Schmalenbach*, Ein Menschenrecht auf Kommunikation: Erfordernis oder Redundanz?, in Wolfgang Benedek/Catrin Pekari (Hrsg.), Menschenrechte in der Informationsgesellschaft, Richard Boorberg Verlag, Stuttgart/München/Hannover/Berlin/Weimar/Dresden 2007, 183–213 (202).

[1249] *Antonio Segura-Serrano*, Internet Regulation and the Role of International Law, Max Planck UNYB 10 (2006), 191–272 (254 f.).

[1250] *Deutscher Bundestag*, Wissenschaftliche Dienste: Aktueller Begriff „Internet Governance", Nr. 11/14 (27.3.2014), S. 1, abrufbar unter: https://www.bundestag.de/resource/blob/195878/af1d82ca9f8950c9259faf3180fc9c79/internet_governance-data.pdf.

[1251] Dazu *supra* Teil II, Kap. 2, C. I.

und staatliche Regulierung i. d. R. lediglich koexistieren, zeichnet sich Co-regulation durch eine intensive Zusammenarbeit der an beiden Prozessen beteiligten Parteien aus. Staatliche und nicht staatliche Akteure entwickeln Hand in Hand effektive, flexible, aber durchsetzbare Normen[1252] an der Schnittstelle von Politik, Recht und Technik bzw. Industrie. Das Konzept prägt u. a. die Organisationsstrukturen der ICANN und wurde von der WGIG in ihrer Arbeitsdefinition der sog. „Internet Governance" aufgegriffen,[1253] die die

> „Entwicklung und Anwendung gemeinsamer Prinzipien, Normen, Regeln, Entscheidungsverfahren und Programme für die Fortentwicklung und die Anwendung des Internets durch Regierungen, den privaten Sektor und die Zivilgesellschaft"[1254]

umfasst. Internet Governance ist also mehr als die rein (völker-)rechtliche Normsetzung zum Zweck der Sanktionierung schädigenden Verhaltens Einzelner im Cyberspace. Zwar sind auch diese völkerrechtlichen Regelungen Teil der Internet Governance.[1255] Daneben müssen technische Mechanismen (Programme, Code) und Elemente der wirtschaftlichen Nutzung des Internets (insbes. Management der Kernressourcen, Notwendigkeit des internettechnikspezifischen „capacity building") bedacht und in die Regelungsstruktur eingebunden werden. Die an der Entwicklung einer neuen „Internet-Ordnung" beteiligten Interessengruppen sind ebenfalls multidimensional, eingeschlossen sind die Regierungen, die Privatwirtschaft und die Zivilgesellschaft. Eine erste Sammlung von acht (rechtlich nicht bindenden)[1256] Grundsätzen[1257] der Internet Gover-

---

[1252] *Erkki Liikanen*, Co-Regulation: a modern approach to regulation, Meeting of Association of the European Mechanical, Electrical, Electronic and Metalworking Industries (ORGALIME) Council, SPEECH/00/162, S. 6, abrufbar unter: Europa.eu/rapid/press-release_SPEECH-00-162_en.htm.
[1253] *Deutscher Bundestag*, Wissenschaftliche Dienste: Aktueller Begriff „Internet Governance", Nr. 11/14 (27.3.2014), S. 2, abrufbar unter: https://www.bundestag.de/resource/blob/195878/af1d82ca9f8950c9259faf3180fc9c79/internet_governance-data.pdf.
[1254] *Report of the WGIG*, Château de Bossey, Juni 2005, § 10 (S. 4); Übers. nach *Deutscher Bundestag*, Wissenschaftliche Dienste: Aktueller Begriff „Internet Governance", Nr. 11/14 (27.3.2014), S. 1, abrufbar unter: https://www.bundestag.de/resource/blob/195878/af1d82ca9f8950c9259faf3180fc9c79/internet_governance-data.pdf.
[1255] *Matthias C. Kettemann*, Völkerrecht in Zeiten des Netzes. Perspektiven auf den effektiven Schutz von Grund- und Menschenrechten in der Informationsgesellschaft zwischen Völkerrecht, Europarecht und Staatsrecht, Friedrich-Ebert-Stiftung, Bonn 2015, S. 21.
[1256] NETmundial Multistakeholder Statement, 24.4.2014, S. 2 (Preamble), abrufbar unter: https://netmundial.br/wp-content/uploads/2014/04/NETmundial-Multistakeholder-Document.pdf.
[1257] Diese lauten: 1. Human rights and shared values; 2. Protection of intermediaries; 3. Cultural and linguistic diversity; 4. Unified and unfragmented space; 5. Security, stability and resilience of the Internet; 6. Open and distributed architecture; 7 Enabling environment for sustainable innovation and creativity; 8. Open standards. Erläuterungen enthält das NETmundial Multistakeholder Statement, 24.4.2014, S. 4–7, abrufbar unter: https://netmundial.br/wp-content/uploads/2014/04/NETmundial-Multistakeholder-Document.pdf.

nance enthält das Abschlussdokument der NETmundial, einem „Global Multistakeholder Meeting on the Future of Internet Governance" (São Paolo, 2014).

Dieser Ansatz ist ein Novum der klassischen Völkerrechtsordnung des Westfälischen Systems, das ausschließlich die Staaten als in internationale Entscheidungsfindungsprozesse eingebundene Akteure kannte. Gerade im Rahmen der Internet Governance zeigt sich jedoch deutlicher als je zuvor, dass dieses antiquierte Modell bei der Lösung globaler Probleme allein nicht weiterhilft. So bildet etwa die Internet-Community eine große, besonders technisch versierte Gruppe, deren Expertise bei der Suche nach dem „richtigen" Regime für den Cyberspace nicht außer Acht gelassen werden darf. Das Tätigwerden von Vertretern der Privatwirtschaft und der Zivilgesellschaft[1258] darf folglich nicht länger als Problem oder Störfaktor wahrgenommen werden, sondern kann als Basis für eine praktikable Version der Self-governance dienen. Ein solcher Schritt erschiene konsequent und widerspräche auch nicht dem gängigen völkerrechtlichen Normsetzungsprozess, ging doch die Privatisierung des Kommunikationssektors u. a. von einer I. O. aus, nämlich der damaligen EG.[1259] Das belegen etwa die „Endgeräte-RL"[1260] oder die „Telekommunikationsdienste-RL".[1261] Dieser Ansatz zur Regulierung des Internets orientiert sich an dessen technischer Architektur. Geschaffen wird ein „Mechanismus von Mechanismen"[1262] zur Regulierung des „Netzes der Netze". Die WGIG stellte bereits in ihrem Abschlussbericht 2005 fest, dass die Kontrolle des Internets durch nur

---

[1258] Neben ICANN als der wohl bekanntesten und relevantesten privaten bzw. zivilgesellschaftlichen Organisation haben aktuell u. a. auch die IETF, die ISOC, das „Internet Architecture Board", das die Aktivitäten der IETF überwacht und der ISOC beratend zur Seite steht, das W3C, das Web-Standards entwickelt, die (aktuell) fünf „Regional Internet Registries", die regional u. a. die IP-Adressen innerhalb Europas, Amerikas, der Asien-Pazifik-Region, Lateinamerikas und der Karibik sowie Afrikas verwalten und zuteilen, das „Center for Democracy & Technology", die EFF, das internationale Organisationsnetzwerk APC, die Menschenrechtsorganisation „Article 19" und das „World Press Freedom Committee" Anteil an der Governance des Internets, vgl. *Wolfgang Kleinwächter*, Die WSIS-Kontroverse zu Internet Governance: Eine globale Ressource im Spannungsfeld nationaler Interessen, in Wolfgang Benedek/Catrin Pekari (Hrsg.), Menschenrechte in der Informationsgesellschaft, Richard Boorberg Verlag, Stuttgart/München/Hannover/Berlin/Weimar/Dresden 2007, 35–55 (42).
[1259] Kurzer Überblick bei *Udo Fink/Mark D. Cole/Tobias O. Keber*, Europäisches und Internationales Medienrecht, C. F. Müller, Heidelberg 2008, S. 76 f. Rn. 106.
[1260] RL 88/301/EWG der Kommission v. 16.5.1988 über den Wettbewerb auf dem Markt für Telekommunikations-Endgeräte, ABl. EG 131 v. 27.5.1988, S. 73–77 (aufgehoben durch die RL 2008/63/EG der Kommission v. 20.6.2008 über den Wettbewerb auf dem Markt für Telekommunikationsendeinrichtungen, ABl. EU L 162 v. 21.6.2008, S. 20–26).
[1261] RL 90/388/EWG der Kommission v. 28.6.1990 über den Wettbewerb auf dem Markt für Telekommunikationsdienste, ABl. EG L 192 v. 24.7.1990, S. 10–16 (aufgehoben durch die RL 2002/77/EG der Kommission v. 16.9.2002 über den Wettbewerb auf den Märkten für elektronische Kommunikationsnetze und -dienste, ABl. EG L 249 v. 17.9.2002, S. 21–26).
[1262] *Wolfgang Kleinwächter*, Die WSIS-Kontroverse zu Internet Governance: Eine globale Ressource im Spannungsfeld nationaler Interessen, in Wolfgang Benedek/Catrin Pekari (Hrsg.), Menschenrechte in der Informationsgesellschaft, Richard Boorberg Verlag, Stuttgart/München/Hannover/Berlin/Weimar/Dresden 2007, 35–55 (42).

eine Instanz, etwa eine alleinzuständige I. O., nicht möglich sei, wenn Sicherheit, Stabilität, Funktionsfähigkeit und Weiterentwicklung des Internets gewährleistet werden sollen.[1263] Schon aus diesem Grund ist es unerlässlich, die Verfolgung eines Multistakeholder-Ansatzes[1264] zumindest zu überdenken. Dabei bilden die drei beteiligten Interessengruppen – Regierungen der Nationalstaaten, Vertreter der Privatwirtschaft und die Zivilgesellschaft – gewissermaßen ein gleichseitiges „Governance-Dreieck",[1265] das die gleichmäßige Beteiligung aller Akteure im Rahmen aller 16 Themenkomplexe des WGIG-Abschlussberichts symbolisiert:

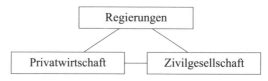

Abb. 2: „Governance-Dreieck"

Begleitend schlug die WGIG vier Governance-Modelle für ein alle Stakeholder einbindendes Regulierungssystem vor. Anhand dieser Modelle soll im Folgenden erörtert werden, ob der Multistakeholder-Ansatz anderen Regelungsmodellen vorzuziehen ist.

1. Modell 1

Das erste Modell sieht die Einrichtung eines „Global Internet Council" vor, besetzt mit Mitgliedern der Regierungen unter Beachtung einer angemessenen Vertretung der Regionen und unter Beteiligung der anderen Stakeholder.[1266] Der Beteiligung der Regierungen käme im GIC eine besondere Bedeutung zu, eine Aufsichtsfunktion übernähmen Privatwirtschaft und Zivilgesellschaft.[1267] Der GIC würde als Kontroll- und Überwachungsorgan für ICANN tätig und

---

[1263] *Report of the WGIG*, Château de Bossey, Juni 2005, §17 (S. 6), §33 (S. 10), §74 (S. 16), §79 (S. 17), abrufbar unter: https://www.wgig.org/docs/WGIGREPORT.pdf.

[1264] Präferiert von der WGIG: *Report of the WGIG*, Château de Bossey, Juni 2005, §17 (S. 6), §33 (S. 10), §74 (S. 16), §73 (S. 16), abrufbar unter: https://www.wgig.org/docs/WGIGREPORT.pdf.

[1265] Von *Wolfgang Kleinwächter*, Die WSIS-Kontroverse zu Internet Governance: Eine globale Ressource im Spannungsfeld nationaler Interessen, in Wolfgang Benedek/Catrin Pekari (Hrsg.), Menschenrechte in der Informationsgesellschaft, Richard Boorberg Verlag, Stuttgart/München/Hannover/Berlin/Weimar/Dresden 2007, 35–55 (43) als „spezifische[r], dem Sachverhalt angepasste[r] trianguläre[r] Governance-Mechanismus" bzw. „multiple[r] Trilateralismus" bezeichnet.

[1266] *Report of the WGIG*, Château de Bossey, Juni 2005, §52 (S. 13), abrufbar unter: https://www.wgig.org/docs/WGIGREPORT.pdf.

[1267] *Report of the WGIG*, Château de Bossey, Juni 2005, §56 (S. 13), abrufbar unter: https://www.wgig.org/docs/WGIGREPORT.pdf.

übernähme so die Aufgaben des bis 2016 in dieser Funktion tätigen U. S.-Handelsministeriums. Im Ergebnis könnte so auch das „Governmental Advisory Committee" der ICANN ersetzt werden.[1268] Der GIC übernähme sämtliche Aufsichtsfunktionen im Bereich der Internet Governance, wie z. B. das Management von IP-Adressen, die Einführung von „Generic Top-Level-Domains" und die Verteilung von „Country Code Top-Level-Domains". Weiterhin würde ihm eine „Auffangzuständigkeit" für bisher von keiner Instanz übernommene Koordinationstätigkeiten im Zusammenhang mit dem Internet übertragen, etwa im Bereich des Schutzes vor Spam und Cybercrime, ferner beim Ausbau der Cybersecurity. Daneben würde der GIC aktiv, um die Aushandlung diverser völkerrechtlicher Vertragswerke im Bereich der Internetregulierung zu vereinfachen. Überdies sollte die Pflege der Mehrsprachigkeit des Internets zu seinen Aufgaben gehören, um das Ziel des gleichen und ungehinderten Internetzugangs aller zu fördern. Im Bereich des Konfliktmanagements würde dem GIC die Optimierung der Regeln und Prozesse im Rahmen bereits bestehender Streitbeilegungsmechanismen und zudem, sofern erforderlich, die Durchführung der Schlichtungsverfahren, übertragen.[1269] Die ICANN bliebe weiterhin bestehen, wäre jedoch in reformierter und internationalisierter Form im Rahmen eines zu etablierenden formalisierten Verfahrens rechenschaftspflichtig gegenüber dem GIC.[1270] Die WGIG plädiert für eine Verankerung des GIC innerhalb der UN-Strukturen,[1271] wohl um seine Legitimität zu stärken.

Problematisch erscheint der Umstand, dass die umfangreiche Regierungsbeteiligung innerhalb des GIC im Ernstfall eine Blockade des Gremiums produzieren könnte. Als Vorbild für ein solches Szenario dient die seit der Gründung der UN im Jahr 1945 unveränderte Zusammensetzung des UN-Sicherheitsrats.[1272] U. U. könnte so das Auftreten eines „Kalten Internet-Kriegs" die Blockade der Weiterentwicklung des Internets zur Folge haben.

2. Modell 2

Entsprechende Komplikationen sollen nach der Konzeption des zweiten Modells vermieden werden, indem hier bereits die Notwendigkeit eines speziellen

---

[1268] *Report of the WGIG*, Château de Bossey, Juni 2005, § 52 (S. 13), abrufbar unter: https://www.wgig.org/docs/WGIGREPORT.pdf.

[1269] *Report of the WGIG*, Château de Bossey, Juni 2005, § 53 (S. 13), abrufbar unter: https://www.wgig.org/docs/WGIGREPORT.pdf.

[1270] *Report of the WGIG*, Château de Bossey, Juni 2005, § 54 (S. 13), abrufbar unter: https://www.wgig.org/docs/WGIGREPORT.pdf.

[1271] *Report of the WGIG*, Château de Bossey, Juni 2005, § 55 (S. 13), abrufbar unter: https://www.wgig.org/docs/WGIGREPORT.pdf.

[1272] *Wolfgang Kleinwächter*, Die WSIS-Kontroverse zu Internet Governance: Eine globale Ressource im Spannungsfeld nationaler Interessen, in Wolfgang Benedek/Catrin Pekari (Hrsg.), Menschenrechte in der Informationsgesellschaft, Richard Boorberg Verlag, Stuttgart/München/Hannover/Berlin/Weimar/Dresden 2007, 35–55 (49).

Aufsichtsorgans bezweifelt wird. Ein solches ist nach Modell 2 daher gar nicht vorgesehen.[1273] Stattdessen wird der Ausbau der Rolle des GAC der ICANN erwogen, um den spezifischen Bedürfnissen einzelner Regierungen und ihren individuellen Problemen beim Umgang mit dem Internet gerecht werden zu können.[1274] Die Beteiligung der anderen Stakeholder würde durch die Einrichtung eines Diskussionsforums sichergestellt, in dessen Rahmen Raum für Beratungen und Analysen aktueller Probleme, die Koordination etwaiger Maßnahmen und die Erarbeitung von Empfehlungen zu bestimmten Themen wäre.[1275] So würde die nötige Transparenz der Prozesse gesichert.[1276]

Zwar entspricht es nicht der Intention der WGIG, „,Vertrauen' durch ‚Verträge'"[1277] zu ersetzen, was letztlich unausweichlich eine Fragmentierung des Internets[1278] zur Folge hätte. Das umgekehrte Extrem kann jedoch auch nicht die Lösung sein: Basis des zweiten Modells ist allein das Vertrauen der Stakeholder aufeinander und dasjenige aller Beteiligten auf einen reibungslosen Ablauf der Governance-Prozesse. Das Forum als Ort des allgemeinen Austauschs dient zwar der gleichberechtigten Beteiligung aller Interessengruppen auf Augenhöhe; jedoch hat das GAC aktuell 179 Mitglieder, daneben fungieren 38 Akteure als Beobachter.[1279] In diesem Rahmen im Einzelfall in angesichts des (immer noch) rasanten technischen Wandels angemessener Zeit zu einer gemeinsamen Lösung zu kommen, erscheint kaum denkbar. Schließlich sieht das zweite Modell keine exponierte Stellung der Regierungen vor, sodass ihm wohl die Zustimmung der überwiegenden Zahl der Beteiligten versagt bliebe.

[1273] *Report of the WGIG*, Château de Bossey, Juni 2005, § 57 (S. 14), abrufbar unter: https://www.wgig.org/docs/WGIGREPORT.pdf.
[1274] *Report of the WGIG*, Château de Bossey, Juni 2005, § 58 (S. 14), abrufbar unter: https://www.wgig.org/docs/WGIGREPORT.pdf.
[1275] *Report of the WGIG*, Château de Bossey, Juni 2005, § 59 (S. 14), abrufbar unter: https://www.wgig.org/docs/WGIGREPORT.pdf.
[1276] *Report of the WGIG*, Château de Bossey, Juni 2005, § 60 (S. 14), abrufbar unter: https://www.wgig.org/docs/WGIGREPORT.pdf.
[1277] *Wolfgang Kleinwächter*, Die WSIS-Kontroverse zu Internet Governance: Eine globale Ressource im Spannungsfeld nationaler Interessen, in Wolfgang Benedek/Catrin Pekari (Hrsg.), Menschenrechte in der Informationsgesellschaft, Richard Boorberg Verlag, Stuttgart/München/Hannover/Berlin/Weimar/Dresden 2007, 35–55 (47). Dazu auch *Veronika Bauer/Matthias C. Kettemann*, Menschenrechtliche Implikationen der Informationsgesellschaft und österreichische Regulierungsansätze, in Wolfgang Benedek/Catrin Pekari (Hrsg.), Menschenrechte in der Informationsgesellschaft, Richard Boorberg Verlag, Stuttgart/München/Hannover/Berlin/Weimar/Dresden 2007, 293–323 (321).
[1278] *Wolfgang Kleinwächter*, Die WSIS-Kontroverse zu Internet Governance: Eine globale Ressource im Spannungsfeld nationaler Interessen, in Wolfgang Benedek/Catrin Pekari (Hrsg.), Menschenrechte in der Informationsgesellschaft, Richard Boorberg Verlag, Stuttgart/München/Hannover/Berlin/Weimar/Dresden 2007, 35–55 (52 ff.).
[1279] Internetpräsenz des GAC der ICANN, abrufbar unter: https://gac.icann.org/.

3. Modell 3

Im Rahmen von Modell 3 wäre das GAC überflüssig,[1280] da ein „International Internet Council" in Bereichen der aktuellen ICANN/IANA-Kompetenzen, bei denen nationale Interessen berührt sind, eingesetzt würde.[1281] Dieses Organ übernähme auch Aufgaben des Internet-Ressourcenmanagements, die Pflege verschiedener Entwicklungsthemen der Internet-Agenda[1282] und sonstige „international public policy issues", die noch nicht Aufgabe anderer intergouvernementaler Organisationen sind.[1283] Letztere lägen primär in der Hand der beteiligten Regierungen, Privatsektor und Zivilgesellschaft würden daneben beratend tätig.[1284] Innerhalb des „International Internet Council" sollte keine Einzelregierung eine Vormachtstellung erhalten. Für den Erhalt von ICANN würde eine adäquate Empfangsstaat-Vereinbarung ausgehandelt.[1285]

Auch im Rahmen dieses Modells besteht die Gefahr einer Blockade des zentralen Organs der Internet Governance, da den Regierungen auch hier ein erheblicher Spielraum eingeräumt würde, während die beiden anderen beteiligten Stakeholder lediglich Ratgebertätigkeiten übernähmen.

4. Modell 4

Das strukturell differenzierteste Modell vereint drei zusammenhängende Bereiche der Internet Governance, der Aufsicht und der weltweiten Koordination, wobei jeder Bereich einem konkreten Stakeholder zugewiesen wird: Die Regierungen wären zuständig für den Bereich des „public policy development" und die internationale Entscheidungsfindung im Zusammenhang mit dem Internet. Die Aufsicht über die auf globalem Level technisch und operativ für das Funktionieren des Internets zuständige Institution übernähme die Privatwirtschaft. Zu gleichen Teilen übernähmen Privatwirtschaft und Zivilgesellschaft die Koordination der Weiterentwicklung des Internets durch globalen Dialog der Regierungen untereinander.[1286]

[1280] *Report of the WGIG*, Château de Bossey, Juni 2005, § 66 (S. 14), abrufbar unter: https://www.wgig.org/docs/WGIGREPORT.pdf.
[1281] *Report of the WGIG*, Château de Bossey, Juni 2005, § 62 (S. 14), abrufbar unter: https://www.wgig.org/docs/WGIGREPORT.pdf.
[1282] *Report of the WGIG*, Château de Bossey, Juni 2005, § 65 (S. 14), abrufbar unter: https://www.wgig.org/docs/WGIGREPORT.pdf.
[1283] *Report of the WGIG*, Château de Bossey, Juni 2005, § 63 (S. 14), abrufbar unter: https://www.wgig.org/docs/WGIGREPORT.pdf.
[1284] *Report of the WGIG*, Château de Bossey, Juni 2005, § 64 (S. 14), abrufbar unter: https://www.wgig.org/docs/WGIGREPORT.pdf.
[1285] *Report of the WGIG*, Château de Bossey, Juni 2005, § 67 (S. 14), abrufbar unter: https://www.wgig.org/docs/WGIGREPORT.pdf.
[1286] *Report of the WGIG*, Château de Bossey, Juni 2005, § 68 (S. 15), abrufbar unter: https://www.wgig.org/docs/WGIGREPORT.pdf.

Neben dieser sehr klaren Aufgabenverteilung zeichnet sich das vierte Modell durch die geplante Schaffung von drei neuen Governance-Institutionen aus: Ein „Global Internet Policy Council"[1287] wäre als Organ der Regierungen – vergleichbar mit dem GAC der ICANN – zuständig für „public policy issues" auf internationaler Internetebene und könnte sich so auch an Standardisierungen auf technischem Niveau beteiligen. Vertreter von Privatwirtschaft und Zivilgesellschaft hätten im GIPC lediglich Beobachterstatus. Eine reformierte und in das System der UN eingegliederte ICANN würde unter dem neuen Label „World Internet Corporation for Assigned Names and Numbers" firmieren.[1288] Ebenso wie die ICANN heutigen Datums wäre die „WICANN" wirtschaftlich und technisch für die Weiterentwicklung des Internets zuständig. Die WICANN würde beherrscht von der Privatwirtschaft, wobei Regierungen und Vertreter der Zivilgesellschaft in beobachtender und beratender Funktion tätig würden. Dabei kämen den Regierungen zwei besondere Aufgaben zu: Erstens übten sie die Aufsicht über WICANN aus und ersetzten *ergo* das ursprünglich in dieser Funktion tätige U. S.-Handelsministerium. Ein spezielles „Oversight Committee" würde zu diesem Zweck benannt durch den GIPC, ein intergouvernementales Organ, demgegenüber das Oversight Committee rechenschaftspflichtig wäre. Daneben würden die Regierungen, zweitens, auch beratend für die WICANN tätig und ersetzten so das GAC. Als drittes neues Organ wird das „Global Internet Governance Forum"[1289] vorgestellt. An den Beratungen des Forums nähmen alle Stakeholder zu gleichen Teilen teil, in deren Rahmen die Koordination und Diskussion von „Internet public policy issues" zu leisten wäre.

Unklar bleibt, ob dieses Modell tatsächlich Vorteile gegenüber den anderen drei Vorschlägen bietet. Die Schaffung derart vieler neuer Organe, die zwar das GAC, nicht aber ICANN ersetzen sollen, wirkt zwar auf den ersten Blick reaktionär, aber trägt nicht dazu bei, die Struktur der Internet Governance transparenter und zweckmäßiger zu gestalten.

5. Bewertung

Eine eingehende Betrachtung der vier Modelle ergibt, dass sie zwar alle auf einer identischen Basis, dem Multistakeholder-Ansatz, fußen, dabei jedoch höchst unterschiedlich ausgestaltet wurden. Aber ist die Verteilung der Regelungskompetenzen und Ausführungsverantwortlichkeiten auf die Schultern unterschiedlicher Akteure wirklich der Weisheit letzter Schluss bei der Suche

---

[1287] *Report of the WGIG*, Château de Bossey, Juni 2005, § 69 (S. 15), abrufbar unter: https://www.wgig.org/docs/WGIGREPORT.pdf.
[1288] *Report of the WGIG*, Château de Bossey, Juni 2005, § 70 (S. 15), abrufbar unter: https://www.wgig.org/docs/WGIGREPORT.pdf.
[1289] *Report of the WGIG*, Château de Bossey, Juni 2005, § 71 (S. 16), abrufbar unter: https://www.wgig.org/docs/WGIGREPORT.pdf.

nach einem geeigneten Regime für den Cyberspace? *Kettemann* ist skeptisch: „Multistakeholderismus" werde nämlich

„zunehmend zum Goldenen Kalb, das dringend in dem Sinne ‚geschlachtet' werden muss, dass multistakeholderbasierte Ansätze auf ihre konkrete legitimierende Funktion hinsichtlich der Ausübung quasiöffentlicher Gewalt in transnationalen Konstellationen hin befragt und kritisiert werden müssen".[1290]

Auffällig ist bei allen Unterschieden, die die hier präsentierten Modelle 1 bis 4 aufweisen, nämlich die große Rolle, die den Regierungen[1291] in jedem der vier Modelle zugedacht wird. Dieses Ergebnis macht deutlich, wie wichtig die Kategorie des Staates auch bei der Lösung globaler (technischer) Probleme ist.

Die WGIG favorisiert nichtsdestotrotz eine sog. „bottom up"-Politik[1292] bei der Regulierung des Internets, d. h. eine Entwicklung „von unten", unter Beteiligung der Internet-Gemeinschaft. Ausgehend von dieser Basis hat die WGIG drei Grundprinzipien der Internet Governance formuliert:

1. Alle Regierungen der beteiligten Staaten sind gleichberechtigt, keine einzelstaatliche Regierung erhält eine herausgehobene Stellung.
2. Die Organisation des Internets soll „multilateral, transparent, demokratisch" erfolgen, sowie
3. unter Einbeziehung aller Stakeholder.[1293]

Erstaunlicherweise ist daneben im Rahmen der Beratungen zur WGIG die Rede von einer sich von Fall zu Fall und abhängig von der jeweils zu regelnden Materie ergebenden Führung durch den jeweils „kompetentesten" Stakeholder.[1294]

[1290] *Matthias C. Kettemann*, Grotius goes Google: Das Völkerrecht der Zukunft regelt das Internet im globalen öffentlichen Interesse, Völkerrechtsblog, 1.5.2014, abrufbar unter: https://voelkerrechtsblog.org/grotius-goes-google/.

[1291] Ein weiteres Modell, das sich durch die Stärkung der Rolle der Regierungen auszeichnet, ist der Vorschlag Indiens für ein „United Nations Committee for Internet-Related Policies (CIRP)" in der 66. Sitzung der Generalversammlung, Brasilien unterstützte ein ähnliches Konzept. Zusammenfassend zu den Entwürfen *Marilia Maciel*, Creating a Global Internet Public Policy Space: Is There a Way Forward?, in William J. Drake/Monroe Price (Hrsg.), Beyond NETmundial: The Roadmap for Institutional Improvements to the Global Internet Governance Ecosystem, Center for Global Communication Studies, Annenberg School for Communication at the University of Pennsylvania, 2014, 99–107 (103), abrufbar unter: https://repository.upenn.edu/cgi/viewcontent.cgi?article=1016&context=internetpolicyobservatory.

[1292] *Wolfgang Kleinwächter*, Die WSIS-Kontroverse zu Internet Governance: Eine globale Ressource im Spannungsfeld nationaler Interessen, in Wolfgang Benedek/Catrin Pekari (Hrsg.), Menschenrechte in der Informationsgesellschaft, Richard Boorberg Verlag, Stuttgart/München/Hannover/Berlin/Weimar/Dresden 2007, 35–55 (43).

[1293] *Report of the WGIG*, Château de Bossey, Juni 2005, § 48 (S. 12), abrufbar unter: https://www.wgig.org/docs/WGIGREPORT.pdf. Vgl. tlw. bereits die WSIS Declaration of Principles, (WSIS-03/GENEVA/DOC/0004), §§ 48 f.

[1294] *Wolfgang Kleinwächter*, Die WSIS-Kontroverse zu Internet Governance: Eine globale Ressource im Spannungsfeld nationaler Interessen, in Wolfgang Benedek/Catrin Pekari (Hrsg.), Menschenrechte in der Informationsgesellschaft, Richard Boorberg Verlag, Stuttgart/München/Hannover/Berlin/Weimar/Dresden 2007, 35–55 (42); *Wolfgang Kleinwächter*, Inter-

Ein solches Vorgehen erfordert eine lückenlose Zuständigkeitsordnung, um nicht Missbrauch und Egoismus der Stakeholder Tür und Tor zu öffnen. Im Ergebnis kann in dieser Hinsicht am ehesten den Vorschlägen zu Modell 2 gefolgt werden, das keine oberste Aufsichtsinstanz vorsieht. Denn jede Art von unbedingt hierarchisch konzipierter Ordnung widerspricht der dezentralen Architektur des Internets. Zweckmäßig wäre entsprechend nur ein System, das sich die all- und gegenseitige Kontrolle durch alle beteiligten Akteure zunutze macht,[1295] wie es *Kleinwächters* „Multiplayer Multilayer Mechanism" durch „Communication, Coordination and Cooperation" der Stakeholder untereinander (M_3C_3) vorsieht.[1296] Die zentrale Koordinierung der Akteure durch Kommunikation und Kooperation (*Kleinwächter* schlägt eine WGIG-ähnliche Struktur vor,[1297] vergleichbar etwa mit der Koordinationsfunktion des UNEP im Bereich der globalen Umweltpolitik)[1298] dient der Vermeidung der Doppelbefassung mehrerer Akteure auf ein und demselben Gebiet und damit der Verhinderung der Vergeudung von Ressourcen. Koordination der Aktivitäten ist das Stichwort; zu diesem Zweck sollen im Einzelfall formale „cooperative agreements" (Memorandums of Understanding) geschlossen werden können zwischen den betroffenen Mitgliedern des Mechanismus.[1299] Das Ergebnis ist „Co-governance" bzw.

---

net Co-Governance: Towards a Multilayer Multiplayer Mechanism of Consultation, Coordination and Cooperation (M_3C_3), Paper presented to the Informal Consultation of the Working Group on the Internet Governance (WGIG), Genf, 20.–21.9.2004, Version 2.0, Abschn. „Many Layers, Many Players, One Mechanism (M_3)" (S. 13), abrufbar unter: www.wgig.org/docs/Kleinwachter.pdf.

[1295] *Wolfgang Kleinwächter*, Die WSIS-Kontroverse zu Internet Governance: Eine globale Ressource im Spannungsfeld nationaler Interessen, in Wolfgang Benedek/Catrin Pekari (Hrsg.), Menschenrechte in der Informationsgesellschaft, Richard Boorberg Verlag, Stuttgart/München/Hannover/Berlin/Weimar/Dresden 2007, 35–55 (50).

[1296] *Wolfgang Kleinwächter*, Internet Co-Governance: Towards a Multilayer Multiplayer Mechanism of Consultation, Coordination and Cooperation (M_3C_3), Paper presented to the Informal Consultation of the Working Group on the Internet Governance (WGIG), Genf, 20.–21.9.2004, Version 2.0, Abschn. „Many Layers, Many Players, One Mechanism (M_3)" (S. 12–14) und „Communication, Coordination and Cooperation (C_3)" (S. 14–15), abrufbar unter: www.wgig.org/docs/Kleinwachter.pdf.

[1297] *Wolfgang Kleinwächter*, Internet Co-Governance: Towards a Multilayer Multiplayer Mechanism of Consultation, Coordination and Cooperation (M_3C_3), Paper presented to the Informal Consultation of the Working Group on the Internet Governance (WGIG), Genf, 20.–21.9.2004, Version 2.0, Abschn. „Communication, Coordination and Cooperation (C_3)" (S. 15), abrufbar unter: www.wgig.org/docs/Kleinwachter.pdf.

[1298] *Rorden Wilkinson*, Global Governance, in Mark Bevir (Hrsg.), Encyclopedia of Governance, Bd. I: A–J, SAGE Publications, Thousand Oaks/London/Neu-Delhi 2007, 344–349 (347).

[1299] *Wolfgang Kleinwächter*, Internet Co-Governance: Towards a Multilayer Multiplayer Mechanism of Consultation, Coordination and Cooperation (M_3C_3), Paper presented to the Informal Consultation of the Working Group on the Internet Governance (WGIG), Genf, 20.–21.9.2004, Version 2.0, Abschn. „Communication, Coordination and Cooperation (C_3)" (S. 15), abrufbar unter: www.wgig.org/docs/Kleinwachter.pdf.

"konstruktive Koexistenz" („constructive co-existence")[1300] der verschiedenen Stakeholder, also nicht die Entscheidung zwischen staatlicher Rechtsetzung und damit Souveränität einerseits und technischen Standards und Code andererseits, sondern „produktive Interaktion" der beiden Ansätze. So werden Zuständigkeitslücken und rechtliche Grauzonen bei der Regulierung des Internets vermieden.[1301]

Bei allem Lob, das WSIS und WGIG gegenüber dem Multistakeholder-Ansatz zum Ausdruck gebracht haben, ist ein kritischer Blick auf die Pläne für ein „neues" Cyberspace-Regime wichtig: Aus Zeitgründen und solchen der Praktikabilität sollte davon Abstand genommen werden, das Regelungssystem von Grund auf neu zu erfinden. Die neue Rechtsordnung kann sinnvollerweise auf bereits existierende (rechtliche) Füße gestellt werden. Zu bedenken ist nämlich, dass die Aushandlung neuer, internetspezifischer Verträge viel Zeit kosten würde, ebenso wie das Anstellen völlig neuer Überlegungen zur Ausgestaltung eines „Völkerrechts der Informationsgesellschaft" – Zeit, die die Informationsgesellschaft angesichts des rasanten technischen Wandels nicht aufzubringen vermag. Aktuell sind noch viele Staaten (etwa die Entwicklungsstaaten, die der „Gruppe der 77" angehören, darunter Brasilien und Indien) dafür, die Internet Governance einer zwischenstaatlichen Instanz unter UN-Aufsicht zu überlassen[1302] und so die private ICANN aus ihrer (immensen) Verantwortung zu entlassen. Eine ähnliche Forderung enthält auch eine Mitteilung der EU-Kommission v. 2. Juni 2005, in der eine größere Rolle der Regierungen bei der Internet Governance gefordert wird.[1303] Doch gerade die Stärkung der Regierungen

---

[1300] *Wolfgang Kleinwächter*, Internet Co-Governance: Towards a Multilayer Multiplayer Mechanism of Consultation, Coordination and Cooperation (M_3C_3), Paper presented to the Informal Consultation of the Working Group on the Internet Governance (WGIG), Genf, 20.–21.9.2004, Version 2.0, Abschn. „WSIS and WGIG" (S. 11), abrufbar unter: www.wgig.org/docs/Kleinwachter.pdf.

[1301] *Wolfgang Kleinwächter*, Internet Co-Governance: Towards a Multilayer Multiplayer Mechanism of Consultation, Coordination and Cooperation (M_3C_3), Paper presented to the Informal Consultation of the Working Group on the Internet Governance (WGIG), Genf, 20.–21.9.2004, Version 2.0, S. 6, abrufbar unter: www.wgig.org/docs/Kleinwachter.pdf.

[1302] *Peter Leuprecht*, Der Weltgipfel zur Informationsgesellschaft aus der Sicht der Menschenrechte, in Wolfgang Benedek/Catrin Pekari (Hrsg.), Menschenrechte in der Informationsgesellschaft, Richard Boorberg Verlag, Stuttgart/München/Hannover/Berlin/Weimar/Dresden 2007, 23–34 (31); *Wolfgang Kleinwächter*, Die WSIS-Kontroverse zu Internet Governance: Eine globale Ressource im Spannungsfeld nationaler Interessen, in Wolfgang Benedek/Catrin Pekari (Hrsg.), Menschenrechte in der Informationsgesellschaft, Richard Boorberg Verlag, Stuttgart/München/Hannover/Berlin/Weimar/Dresden 2007, 35–55 (53).

[1303] *Mitteilung der Kommission an den Rat, das Europäische Parlament, den Europäischen Wirtschafts- und Sozialausschuss und den Ausschuss der Regionen*, Auf dem Weg zu einer globalen Partnerschaft in der Informationsgesellschaft: Der Beitrag der Europäischen Union zur zweiten Phase des Weltgipfels der Informationsgesellschaft (WSIS), KOM(2005) 234 endg., 2.6.2005, S. 9, abrufbar unter: https://eur-lex.europa.eu/LexUriServ/LexUriServ.do?uri=COM:2005:0234:FIN:DE:PDF: „Bestehende Internet-Kontrollmechanismen sollten auf einer solideren demokratischen, transparenten und multilateralen Grundlage beruhen, mit

birgt stets die Gefahr der wachsenden Bedeutung nationalstaatlicher Interessen, was wiederum einer dezentralen Internetregulierung abträglich wäre und zudem die Normsetzung im Bereich Cyberlaw nicht eben beschleunigen würde.

Um eine optimale Funktion eines auf dem Multistakeholder-Ansatz basierenden Governance-Systems gewährleisten zu können, muss aber trotzdem die Arbeitsweise auf internationaler Ebene in gewissem Maße den besonderen Anforderungen im Bereich der Internet Governance angepasst werden. Würde nämlich der herkömmliche, rein auf dem Konsensprinzip[1304] basierende Entscheidungsfindungsprozess beibehalten, käme es zu einer „Lähmung"[1305] des Prozesses, was die zeitnahe Lösung aktueller Probleme im Einklang mit den technischen Gegebenheiten und so auch nachhaltig die Weiterentwicklung des Internets hemmen würde.[1306] Abhilfe schaffen könnte die Adaption der Methode des „rough consensus" der „Request for Comments"-Prozedur.[1307] RFC sind Memos der technischen Entwickler, der Provider oder User zu technischen und organisatorischen Aspekten des Internets,[1308] die bei der Entwicklung von Internet-Standards als Basis dienen. Im Gegensatz zum ursprünglichen Konsensprinzip funktioniert die Abstimmung nach dem Grundsatz des „rough consensus" nach Angaben der IETF folgendermaßen:

---

einer stärkeren Betonung auf dem Interesse aller Regierungen an den Fragen von öffentlichem Belang."

[1304] Vgl. Art. 38 Abs. 1 IGH-Statut, s. *Hermann Mosler/Karin Oellers-Frahm*, Chapter XIV. The International Court of Justice (Art. 92–96), in Bruno Simma (Hrsg.), The Charter of the United Nations. A Commentary, Bd. II, 2. Aufl., C. H. Beck, München 2002, 1139–1190 (Art. 92: S. 1159 Rn. 92): „These provisions indicate that the consensus of members of the international community, […], is regarded as the legal foundation of all three categories."

[1305] *Veronika Bauer/Matthias C. Kettemann*, Menschenrechtliche Implikationen der Informationsgesellschaft und österreichische Regulierungsansätze, in Wolfgang Benedek/Catrin Pekari (Hrsg.), Menschenrechte in der Informationsgesellschaft, Richard Boorberg Verlag, Stuttgart/München/Hannover/Berlin/Weimar/Dresden 2007, 293–323 (320).

[1306] Als Beispiel: Dem Inkrafttreten völkerrechtlicher Vertragswerke wie dem SRÜ und dem Römischen Statut des IStGH (Rome Statute of the ICC) v. 17.7.1998, BGBl. 2000 II, S. 1393, 2187 UNTS 3, gingen mehr als 20 Jahre intergouvernementaler Verhandlungen voraus, vgl. *Wolfgang Kleinwächter*, Internet Co-Governance: Towards a Multilayer Multiplayer Mechanism of Consultation, Coordination and Cooperation (M_3C_3), Paper presented to the Informal Consultation of the Working Group on the Internet Governance (WGIG), Genf, 20.–21.9.2004, Version 2.0, S. 4, abrufbar unter: www.wgig.org/docs/Kleinwachter.pdf. Schon *Jean d'Arcy* warnte im Jahr 1969 vor dem Versuch „to force tomorrow's tools into today's structures" (*Jean d'Arcy*, Direct Broadcast Satellites and the Right to Communicate, EBU [European Broadcasting Union] Review 118 [1969], 14–18, Nachdr. in Leroy S. Harms/Jim Richstad/Kathleen A. Kie [Hrsg.], The Right to Communicate: Collected Papers, University Press of Hawaii, Hawaii 1977, 1–9 [3]).

[1307] Aktuell werden die RFC verwaltet von der Internet Engineering Task Force (IETF), einem „internationalen Zusammenschluss von Webdesignern, Anwendern, Anbietern und Wissenschaftlern, die sich die Weiterentwicklung der Internetarchitektur und das reibungslose Funktionieren des Internets zur Aufgabe gemacht haben" – Übers. d. A., vgl. Internetauftritt der IETF, Who we are, abrufbar unter: https://www.ietf.org/about/who/.

[1308] Ausführlich dazu Internetauftritt der IETF, Internet Standards: RFCs, abrufbar unter: https://www.ietf.org/standards/rfcs/.

"IETF consensus does not require that all participants agree although this is, of course, preferred. In general, the dominant view of the working group shall prevail. (However, it must be noted that ‚dominance' is not to be determined on the basis of volume or persistence, but rather a more general sense of agreement.) Consensus can be determined by a show of hands, humming, or any other means on which the WG [working group – Anm. d. A.] agrees (by rough consensus, of course). Note that 51% of the working group does not qualify as ‚rough consensus' and 99% is better than rough. It is up to the Chair to determine if rough consensus has been reached."[1309]

„Rough consensus"[1310] kann also bei der schnellen Entwicklung praktisch umsetzbarer Verfahren helfen, wobei der „bottom up"-Charakter im Ergebnis abgemildert wird, weil die endgültige Entscheidung, die im „rough consensus"-Verfahren gefällt wurde, naturgemäß Minderheitsvoten überwiegend außer Acht lässt.[1311] Dieser Umstand wiederum wäre wohl den beteiligten Regierungen ein Dorn im Auge, insbes. den Vertretern derjenigen Staaten, die bereits seit Langem eine Formalisierung und stärkere Staatszentrierung der Prozesse im Rahmen der Internet Governance fordern.

Eine einheitliche Regulierung des Internet könnte zudem an einem weiteren grundlegenden „Systemfehler" des völkerrechtlichen Normsetzungsprozesses scheitern: Die Anfänge internationaler Zusammenarbeit auf einem bestimmten Themenfeld liegen häufig im nationalen Recht, sodass zu Beginn der intergouvernementalen Zusammenarbeit zum Zweck der Schaffung neuer völkerrechtlicher oder der Harmonisierung[1312] nationaler Regelungen an die „Vorarbeit im Kleinen" angeknüpft werden kann. So kann etwa die Orientierung an entsprechenden, bereits etablierten allgemeinen Rechtsgrundsätzen nach Art. 38 Abs. 1 lit. c IGH-Statut hilfreich bei der Beratung völkerrechtlicher Verträge sein. Ein derartiges Vorgehen ist im Bereich der Internet Governance jedoch praktisch unmöglich, das Internet ist an sich unabhängig von nationaler Lizensierung und Zugangsregelungen. Einen weiteren Grund mag der Umstand darstellen, dass das Internet paradoxerweise gerade infolge seiner Universalität und der daraus

---

[1309] *Scott Bradner*, RFC 2418: IETF Working Group Guidelines and Procedures, Memo, Network Working Group, Sept. 1998, Ziff. 3.3. (S. 13), abrufbar unter: https://datatracker.ietf.org/doc/html/rfc2418.

[1310] Oft erweitert zu „rough consensus and running code", vgl. *Wolfgang Kleinwächter*, Internet Co-Governance: Towards a Multilayer Multiplayer Mechanism of Consultation, Coordination and Cooperation (M_3C_3), Paper presented to the Informal Consultation of the Working Group on the Internet Governance (WGIG), Genf, 20.–21.9.2004, Version 2.0, S. 4, abrufbar unter: www.wgig.org/docs/Kleinwachter.pdf.

[1311] *Wolfgang Kleinwächter*, Internet Co-Governance: Towards a Multilayer Multiplayer Mechanism of Consultation, Coordination and Cooperation (M_3C_3), Paper presented to the Informal Consultation of the Working Group on the Internet Governance (WGIG), Genf, 20.–21.9.2004, Version 2.0, S. 2 Fn. 5, abrufbar unter: www.wgig.org/docs/Kleinwachter.pdf.

[1312] *Jacqueline C. Lipton*, Cyberlaw 2.0, in Sam Muller/Stavros Zouridis/Morly Frishman/Laura Kistemaker (Hrsg.), The Law of the Future and the Future of Law: Vol. II, Torkel Opsahl Academic EPublisher, Den Haag 2012, S. 148, abrufbar unter: https://www.fichl.org/fileadmin/fichl/documents/LOTFS/LOTFS_1_Web.pdf.

erwachsenden Allzugänglichkeit tlw. immer noch nicht als internationales Problem wahrgenommen wird. Die national und international gefassten Regeln korrespondieren daher oftmals nicht.

Aus diesem Grund hält *Perritt*[1313] ein „hybrides" Regelungssystem für den Cyberspace für sinnvoll und praktikabel, in dessen Rahmen ein dichtes Netz aus korrespondierenden nationalen und völkerrechtlichen Normen technische sowie Elemente der Self-governance ergänzen und koordinieren.[1314] Ein solches Vorgehen bietet sich sowohl auf materieller als auch auf Ebene der prozessualen Streitbeilegungsmechanismen an. Völkerrechtliche Mechanismen können auf diesem Wege genutzt werden, um formalisierte Strukturen für privatrechtliche Organisationen wie ICANN zu schaffen. Im Ergebnis kommt es so zu einer „Globalisierung des Rechts",[1315] die Lösung globaler Problemfelder wird aus dem nationalen Regelungszusammenhang gehoben, Souveränitätsrechte verlieren angesichts notwendiger intergouvernementaler bzw. internationaler Zusammenarbeit an Bedeutung. Im Ergebnis muss ein (inhaltlicher wie temporeller) Gleichlauf von Völkerrecht und nationalen Rechtsordnungen für eine national, regional und überregional kohärente[1316] und damit effektive Internet Governance anvisiert werden.

Elementar ist aber nicht nur die Zusammenarbeit aller Stakeholder auf allen Ebenen, sondern auch die Kollaboration von Recht und Technik. Einem Ausbau der Nutzungsmöglichkeiten des Internets und der Weiterentwicklung von Benutzerfreundlichkeit, Stabilität und Sicherheit zuträglich können nur solche rechtlichen Regelungen sein, die die einzigartige Struktur des Cyberspace nicht vernachlässigen oder gar stören. Ein Beispiel für ein substantiiertes Vorgehen ist in der Vorbereitung der UNCITRAL „Technical Notes on Online Dispute Resolution" zu sehen: Das Sekretariat konsultierte im Vorfeld der Beratungen Experten diverser Rechtsordnungen, national und international im Bereich der technisch relevanten Fachgebiete tätige Gremien und darüber hinaus internationale Fachverbände. Die verbindliche Ausarbeitung von neutralen Grundregeln für das Miteinander im virtuellen Raum nach dem Vorbild der UNIDROIT Grundregeln für Internationale Handelsverträge[1317] könnte die Harmonisierungstendenzen unterstützen.

[1313] *Henry H. Perritt, Jr.*, The Internet is Changing the Public International Legal System, Ky. L. J. 88 (1999–2000), 885–955 (892); *Henry H. Perritt, Jr.*, The Internet as a Threat to Sovereignty? Thoughts on the Internet's Role in Strengthening National and Global Governance, Ind. J. Global Legal Stud. 5 (1998), 423–442 (434).

[1314] So ebenfalls *Michael v. Hinden*, Persönlichkeitsverletzungen im Internet: Das anwendbare Recht, Studien zum ausländischen und internationalen Privatrecht Bd. 74, J. C. B. Mohr (Paul Siebeck), Tübingen 1999, S. 261 f., 268 f.

[1315] *Franz C. Mayer*, Das Internet, das Völkerrecht und die Internationalisierung des Rechts, ZfRSoz 23 (2002), 93–114 (112).

[1316] *Report of the WGIG*, Château de Bossey, Juni 2005, § 73 (S. 16), abrufbar unter: https://www.wgig.org/docs/WGIGREPORT.pdf.

[1317] UNIDROIT Principles of International Commercial Contracts 2010, Rom 2010, S.

Ganz ohne das Recht – ob national oder international – wird die Regulierung des Internets aber nicht gelingen:

> „[T]he future will to an even greater degree be dependent on the various methods and tools used to make products of human genius serve the needs and interest of mankind and the international community. The main tool is obviously [...] international law: humanity's response to the discovery of the laws of nature, and man-made devices its key to controlling their human application with wisdom and patience."[1318]

Im Ergebnis ist es wichtig, sich weder ausschließlich auf eine „bottom up"- noch auf eine „top down"-Politik zu verlassen.[1319] Diese beiden konträren Regelungs„welten" müssen in Einklang gebracht werden:

Issue	United Nations (Industrial society)	United Constituencies (Information society)
Actors	Governments	Private Industry/Civil Society
Structure	Hierarchies	Networks
Codification	National Laws	Universal Code
International Agreements	Legally Binding Treaties	Memorandum of Understanding
Mission	Broad	Narrow
Policy Development	Top Down	Bottom Up
Decision Making	Formally specified Majority Voting	Informally specified Rough Consensus
Representation	Elections by All	Delegation by competent Constituencies or via NomComs
Policy Making	Formally Restricted Access and limited participation	Formally Open Access and broad Participation
Negotiations	Mainly closed to outsiders	Mainly transparent rather open for outsiders
Result	Stability and Predictability	Flexibility

Abb. 3: „Comparison between United Nations and United Constituencies"[1320]

---

xxiii (Introduction to the 1994 Edition), abrufbar unter: https://www.unidroit.org/english/principles/contracts/principles2010/integralversionprinciples2010-e.pdf: „The objective of the UNIDROIT Principles is to establish a balanced set of rules designed for use throughout the world irrespective of the legal traditions and the economic and political conditions of the countries in which they are to be applied."

[1318] *Manfred Lachs*, Views from the Bench: Thoughts on Science, Technology and World Law, AJIL 86 (1992), 673–699 (699).

[1319] *Wolfgang Kleinwächter*, Internet Co-Governance: Towards a Multilayer Multiplayer Mechanism of Consultation, Coordination and Cooperation (M_3C_3), Paper presented to the Informal Consultation of the Working Group on the Internet Governance (WGIG), Genf, 20.–21.9.2004, Version 2.0, S. 6, abrufbar unter: www.wgig.org/docs/Kleinwachter.pdf.

[1320] Entnommen aus *Wolfgang Kleinwächter*, Internet Co-Governance: Towards a Multi-

Dabei kommt es darauf an, die bisherigen (UN-)Strukturen nicht ersatzlos durch neue Regelungen und Akteure der Informationsgesellschaft („United Constituencies") zu ersetzen.[1321] Die unreflektierte Substitution aller „offline" geltenden Gesetze durch spezifische Online-Vorschriften würde zu Unrecht suggerieren, dass sich die „reale Welt" und der Cyberspace stark unterscheiden. Negativbeispiele (wenn auch im nationalen Kontext) sind hier das vom ehem. dt. Justizminister *Heiko Maas* geforderte „digitale Antidiskriminierung-Gesetz"[1322] oder die im Zuge des Bundestagswahlkampfs 2017 immanente Diskussion um die Einführung des Amts des „Digitalministers".[1323]

Zeitintensive Vertragsverhandlungen sind nach Möglichkeit und mit Rücksicht auf die rasche Weiterentwicklung technischer Systeme zu umgehen, evtl. mittels themenspezifischer Resolutionen der Generalversammlung. Diese sind zwar ihrem völkerrechtlichen Status nach unverbindlich, können jedoch eine sich innerhalb der Staatengemeinschaft herausbildende oder gar bereits etablierte *opinio iuris* abbilden, neben einer entsprechenden praktischen Übung eine der Voraussetzungen für die Entstehung von Gewohnheitsrecht, vgl. Art. 38 Abs. 1 lit. b IGH-Statut.[1324] Vorbildfunktion könnten bereits zu anderen technikspezifischen Themen im Zusammenhang mit dem Cyberspace in gewisser Hinsicht vergleichbaren Räumen gefasste Resolutionen haben.[1325]

---

layer Multiplayer Mechanism of Consultation, Coordination and Cooperation (M₃C₃), Paper presented to the Informal Consultation of the Working Group on the Internet Governance (WGIG), Genf, 20.–21.9.2004, Version 2.0, S. 5 („Table 1: Comparison between United Nations and United Constituencies"), abrufbar unter: www.wgig.org/docs/Kleinwachter.pdf.

[1321] *Wolfgang Kleinwächter*, Internet Co-Governance: Towards a Multilayer Multiplayer Mechanism of Consultation, Coordination and Cooperation (M₃C₃), Paper presented to the Informal Consultation of the Working Group on the Internet Governance (WGIG), Genf, 20.–21.9.2004, Version 2.0, S. 7, abrufbar unter: www.wgig.org/docs/Kleinwachter.pdf.

[1322] *Maas fordert digitales Antidiskriminierung-Gesetz*, FAZ.NET, 3.7.2017, abrufbar unter: https://www.faz.net/aktuell/wirtschaft/unternehmen/maas-fordert-digitales-antidiskriminierung-gesetz-15088974.html.

[1323] Dazu *Henrike Roßbach/Kerstin Schwenn/Andreas Mihm*, Deutschland sucht den Digitalminister, FAZ.NET, 19.8.2017, abrufbar unter: https://www.faz.net/aktuell/wirtschaft/welcher-cdu-politiker-wird-digitalminister-15157706.html. Vgl. auch *Wolfgang Kleinwächter*, Alleingänge sind aussichtslos, FAZ.NET, 5.9.2017, abrufbar unter: https://www.faz.net/aktuell/feuilleton/debatten/netzpolitik-alleingaenge-sind-aussichtslos-15183363.html. Bedenkenswert erscheint dagegen die Empfehlung *Kleinwächters*, einen „Nationalen Rat für Cyber- und Digitalpolitik" einzusetzen, zusammengesetzt nach dem Multistakeholder-Prinzip, legitimiert durch den Bundestag. Dazu ebenfalls *Wolfgang Kleinwächter*, Alleingänge sind aussichtslos, FAZ.NET, 5.9.2017, abrufbar unter: https://www.faz.net/aktuell/feuilleton/debatten/netzpolitik-alleingaenge-sind-aussichtslos-15183363.html.

[1324] *Louis B. Sohn*, The Impact of Technological Changes on International Law, Wash. & Lee L. Rev. 30 (1973), 1–18 (9).

[1325] Beispielhaft sei hier die „Declaration of Legal Principles Governing the Activities of States in the Exploration and Use of Outer Space", UN Doc. A/RES/18/1962, 13.12.1963, genannt, in denen allgemeine, von den Staaten bei der Nutzung des Weltraums zu beachtende Grundsätze festgehalten wurden.

VI. Fazit:
Wer *kontrolliert* wie *das Internet?*

Im Zusammenhang mit der Suche nach einem international einheitlichen Regelungsregime für das Internet[1326] fällt regelmäßig der Begriff „Internet Governance"; gemeint ist damit die Anwendung von Global Governance-Grundsätzen bei der Regulierung des Internets.

1. Von „Global Governance" ...

„Global Governance" hat im politikwissenschaftlichen Forschungsfeld der Internationalen Beziehungen i. w. S. die Funktion eines „term of reference for the various and collected ways in which life on this planet is managed".[1327] Dabei entstand das Konzept der Global Governance aus einem allgemeinen Unmut über althergebrachte Strukturen internationaler Politik und der Erkenntnis, dass die vermehrt auftretenden globalen Problemfelder in Absenz eines „world state" und damit einer zentralen weltumspannenden Rechtsetzungs- und Kontrollinstanz nur durch Kooperation staatlicher und nicht staatlicher Akteure (z. B. NGOs, multinational operierende Unternehmen der Privatwirtschaft, R. O. und I. O., die Zivilgesellschaft) behandelt werden können.[1328] „Governance" entstammt ursprünglich dem ökonomischen Diskurs,[1329] aber seit den 1990er-Jahren wird mit diesem Begriff im Rahmen diverser Disziplinen die neuartige Behandlung weltweit relevanter Probleme bezeichnet. Governance gilt mittlerweile als Alternative zu überkommenen staatlichen Ordnungsmodellen in der Tradition des Institutionalismus.[1330] Das Konzept der Governance unterscheidet sich von herkömmlichen Regimetheorien, der Begriff beschreibt „a system of rule that is more informal, less tangible, and, in some instances, less legitimate than that associated with ‚government'; [...]". „Global Governance"

[1326] *Andrew Chadwick*, Internet Governance, in Mark Bevir (Hrsg.), Encyclopedia of Governance, Bd. I: A–J, SAGE Publications, Thousand Oaks/London/Neu-Delhi 2007, 484–485 (484).

[1327] *Rorden Wilkinson*, Global Governance, in Mark Bevir (Hrsg.), Encyclopedia of Governance, Bd. I: A–J, SAGE Publications, Thousand Oaks/London/Neu-Delhi 2007, 344–349 (344).

[1328] *Rorden Wilkinson*, Global Governance, in Mark Bevir (Hrsg.), Encyclopedia of Governance, Bd. I: A–J, SAGE Publications, Thousand Oaks/London/Neu-Delhi 2007, 344–349 (344).

[1329] Im Überblick *Oliver E. Williamson*, The Economics of Governance: Framework and Implications, ZgS 140 (1984), 195–223. Zu den Ursprüngen, vgl. *James N. Rosenau*, Governance, Order, and Change in World Politics, in James N. Rosenau/Ernst-Otto Czempiel (Hrsg.), Governance Without Government: Order and Change in World Politics, Cambridge University Press, Cambridge 1992, 1–29.

[1330] *Armin v. Bogdandy/Philipp Dann/Matthias Goldmann*, Völkerrecht als öffentliches Recht: Konturen eines rechtlichen Rahmens für Global Governance, Der Staat 49 (2010), 23–50 (27).

ist jedoch nicht gleichbedeutend mit „global/world government".[1331] Als politikwissenschaftliches[1332] Konzept der kollektiven Organisation und Regulation ohne Zwang ist kennzeichnend für Governance die Befassung mit Themen von globalem (nicht lediglich internationalem)[1333] öffentlichen Interesse (z. B. der Wandel im Bereich der Informations- und Kommunikationstechniken, die Klimaerwärmung, die Weltumwelt und -gesundheit)[1334] und die Einbindung aller relevanten Akteure (ob öffentlicher oder privater Natur)[1335] wie z. B. I. O.[1336]

Problematisch ist, dass bei aller Forschung bisher keine einheitliche Definition von Global Governance entwickelt werden konnte. Entsprechend besteht auch kein Konsens über die erfassten Politikbereiche: Tlw. wird vertreten, Global Governance betreffe in der Tradition des Westfälischen Systems nur zwischenstaatliche Beziehungen. Dagegen wird eingewandt, dass Global Governance ja gerade ein neues Forschungsfeld eröffnen sollte in einer Zeit, in der die Staaten als „geborene" Völkerrechtssubjekte nicht mehr an erster Stelle im weltpolitischen Organigramm stehen. Aus diesem Grund seien daneben die Beziehungen zwischen staatlichen und nicht staatlichen Akteuren untereinander sowie innerhalb der Gruppe der nicht staatlichen Akteure zu berücksichti-

---

[1331] *Rorden Wilkinson*, Global Governance, in Mark Bevir (Hrsg.), Encyclopedia of Governance, Bd. I: A–J, SAGE Publications, Thousand Oaks/London/Neu-Delhi 2007, 344–349 (345).

[1332] *Michael Zürn*, Globalisierung und Global Governance, Informationen zur politischen Bildung Nr. 325 (2015), 15.4.2015, Abschn. „Global Governance als politische Reaktion", abrufbar unter: https://www.bpb.de/izpb/204663/globalisierung-und-global-governance?p=all.

[1333] Definition „international": *David Booth*, An Analytical Dictionary of the English Language, in which the words are explained in the order of their natural affinity, independent of alphabetical arrangement; and the signification of each is traced from its etymology, the present meaning being accounted for, when it differs from its former acceptation: the whole exhibiting, in one continued narrative, the origin, history, and modern usage of the existing vocabulary of the English tongue; to which are added, an introduction, containing a new grammar of the language, and an alphabetical index, for the ease of consultation, Simpkin, Marshall, and Co., London 1836, S. 47–48 („nation"): „The reciprocal intercourse between Nations is International." Vgl. auch *Duden*, Art. „international", abrufbar unter: https://www.duden.de/rechtschreibung/international, Bedeutung 1: „zwischen mehreren Staaten bestehend; zwischenstaatlich". Ebenso *Ernest Lindbergh*, Art. „international", in Internationales Rechtwörterbuch, Hermann Luchterhand Verlag, Neuwied/Kriftel/Berlin 1993, S. 358.

[1334] *Rorden Wilkinson*, Global Governance, in Mark Bevir (Hrsg.), Encyclopedia of Governance, Bd. I: A–J, SAGE Publications, Thousand Oaks/London/Neu-Delhi 2007, 344–349 (344).

[1335] *Anne-Marie Slaughter*, A New World Order, Princeton University Press, Princeton/Oxford 2004, S. 9.

[1336] *Armin v. Bogdandy/Philipp Dann/Matthias Goldmann*, Völkerrecht als öffentliches Recht: Konturen eines rechtlichen Rahmens für Global Governance, Der Staat 49 (2010), 23–50 (28). Die Idee, mehrere Akteure zusammenzubringen, fand bereits Ausdruck etwa in der Corporate Sustainability Initiative der UN „Global Compact" (Internetpräsenz der Global Compact-Initiative: https://www.unglobalcompact.org/what-is-gc) und dem informellen „World Economic Forum", der „International Organization for Public-Private Cooperation" (Internetpräsenz des World Economic Forum: https://www.weforum.org/about/world-economic-forum).

gen.[1337] *V. Bogdandy, Dann* und *Goldmann* fassen die Charakteristika von Global Governance folgendermaßen zusammen:

„Erstens anerkennt der Begriff Global Governance zwar die Rolle internationaler Organisationen, betont aber daneben die Bedeutung von Akteuren und Instrumenten privater oder hybrider Natur sowie die Rolle von Individuen – Governance betrifft also nicht nur hoheitliche Handlungsträger. Zweitens beschreibt Global Governance eine Tendenz zur Entformalisierung: Zahlreiche Institutionen, Verfahren und Instrumente lassen sich mit herkömmlichen rechtlichen Begriffen nicht erfassen. Drittens steht Global Governance für eine Abwendung von Akteuren und eine Hinwendung zu Strukturen und Verfahren. Schließlich betont der Begriff den Mehrebenencharakter moderner Governance-Aktivitäten, wie die Verwendung von ,global' im Unterschied zu ,international' verdeutlicht. Dahinter steckt die Tendenz, die Unterscheidung nach der jeweiligen Ebene, also nach internationaler, supranationaler und nationaler öffentlicher Gewalt aufzugeben."[1338]

2. ... zu „Internet Governance"

Während der Begriff der Global Governance in anderen Bereichen des Völkerrechts als Teil des öffentlichen Rechts häufig nicht weiterhilft, vielmehr eine Gefahr darstellen kann für Individual- und kollektive Selbstbestimmungsrechte und das Prinzip demokratischer Legitimierung staatlicher Akte und internationaler Institutionen,[1339] erscheint er wie gemacht für die neue Regelungswelt des Internets. Denn die vornehmlich einzelstaatlich geprägte, starre Unterscheidung zwischen privaten und öffentlichen Akteuren, zwischen formellen und informellen Akten wird hier aufgehoben, die Grenzen verschwimmen. Global Governance beschreibt einen Prozess intensiver Zusammenarbeit, es geht darum, im Zusammenspiel unterschiedlichster Akteure zu einem gemeinsamen Ergebnis zu kommen.[1340]

Die Bezugnahme auf den Begriff der Global Governance im Kontext der Regulierung des Internets ist sinnvoll, weil das Internet ein technisches und

---

[1337] *Rorden Wilkinson*, Global Governance, in Mark Bevir (Hrsg.), Encyclopedia of Governance, Bd. I: A–J, SAGE Publications, Thousand Oaks/London/Neu-Delhi 2007, 344–349 (344).

[1338] *Armin v. Bogdandy/Philipp Dann/Matthias Goldmann*, Völkerrecht als öffentliches Recht: Konturen eines rechtlichen Rahmens für Global Governance, Der Staat 49 (2010), 23–50 (27).

[1339] *Armin v. Bogdandy/Philipp Dann/Matthias Goldmann*, Völkerrecht als öffentliches Recht: Konturen eines rechtlichen Rahmens für Global Governance, Der Staat 49 (2010), 23–50 (28 f.).

[1340] *Armin v. Bogdandy/Philipp Dann/Matthias Goldmann*, Völkerrecht als öffentliches Recht: Konturen eines rechtlichen Rahmens für Global Governance, Der Staat 49 (2010), 23–50 (29 f.). Entsprechend auch *Wolfgang Kleinwächter*, Alleingänge sind aussichtslos, FAZ. NET, 5.9.2017, abrufbar unter: https://www.faz.net/aktuell/feuilleton/debatten/netzpolitik-alleingaenge-sind-aussichtslos-15183363.html zum Begriff „Internet Governance": „Er sollte deutlich machen, dass die mit dem Internet verbundenen politischen Fragen zu komplex sind, um von Regierungen allein gelöst zu werden."

mittlerweile auch gesellschaftliches Phänomen immensen Ausmaßes darstellt. Gesellschaftliche Steuerung ist aber nicht ausschließlich abhängig von rechtsverbindlichen Handlungen rechtlich legitimierter Akteure.[1341] Große Bedeutung kommt daher dem Umstand zu, dass – wie etwa der WSIS-Prozess gezeigt hat – die verschiedenen Vorstellungen der beteiligten Akteure von einer effektiven Regulierung des Internets mit der unterschiedlichen Wahrnehmung der Bedeutung nationaler Souveränität im Zusammenhang mit dem Internet korrespondieren. Den Staaten als „geborenen Völkerrechtssubjekten" und ihren Regierungen stehen Angehörige des „private sector leadership"[1342] gegenüber, zudem kommt der Zivilgesellschaft, I. O. und auch vermehrt dem Einzelnen oder Gruppen von Individuen Bedeutung bei der Debatte um die Regulierung des Internets zu.[1343]

„Internet Governance" ist im Unterschied zur „Global Governance" bisher kein anerkanntes Forschungsfeld. Der Begriff taucht nicht auf in den RFC oder im Rahmen der „National Information Infrastructure Initiative" (kurz NII) der U. S.-Regierung aus dem Jahr 1993, dem ersten umfassenden Dokument, das die politischen Rahmenbedingungen im Informationszeitalter zum Thema hatte. Auch im „Bangemann-Report" 1994, der EU-Antwort auf die amerikanische NII, der die herausragende Rolle des privaten Sektors bei der Regulierung des Internets unterstrich, ist er nicht zu finden. Ebenso wenig ist die Rede von „Internet Governance" in „The Global Information Infrastructure: Agenda for Cooperation",[1344] einem globalen Politikkonzept der *Clinton*-Administration, präsentiert vom ehem. U. S.-Vizepräsidenten *Al Gore* auf der „ITU World Telecommunication Development Conference" in Buenos Aires 1994 und ein Jahr später auf der „G7 Information Society Conference" in Brüssel.[1345] Wohl

---

[1341] *Armin v. Bogdandy/Philipp Dann/Matthias Goldmann*, Völkerrecht als öffentliches Recht: Konturen eines rechtlichen Rahmens für Global Governance, Der Staat 49 (2010), 23–50 (30).

[1342] *Veronika Bauer/Matthias C. Kettemann*, Menschenrechtliche Implikationen der Informationsgesellschaft und österreichische Regulierungsansätze, in Wolfgang Benedek/Catrin Pekari (Hrsg.), Menschenrechte in der Informationsgesellschaft, Richard Boorberg Verlag, Stuttgart/München/Hannover/Berlin/Weimar/Dresden 2007, 293–323 (293).

[1343] *Veronika Bauer/Matthias C. Kettemann*, Menschenrechtliche Implikationen der Informationsgesellschaft und österreichische Regulierungsansätze, in Wolfgang Benedek/Catrin Pekari (Hrsg.), Menschenrechte in der Informationsgesellschaft, Richard Boorberg Verlag, Stuttgart/München/Hannover/Berlin/Weimar/Dresden 2007, 293–323 (294).

[1344] *Al Gore* in einer der „Agenda for Cooperation" vorgelagerten Erklärung zu deren Zielen: „With publication of the ‚Agenda for Cooperation', this Administration shares its perspective on how to build and maintain the GII, what the critical foundation should be, and how to encourage the use of the GII. With this document, the Administration intends to embark on a collaborative effort with other governments to develop a Global Information Infrastructure that can meet the needs of all people. This document is but the first step of many along the road to fulfill the promise of the GII."

[1345] *Wolfgang Kleinwächter*, Internet Co-Governance: Towards a Multilayer Multiplayer Mechanism of Consultation, Coordination and Cooperation (M_3C_3), Paper presented to the

mehr zufällig entsprang der Begriff den Überlegungen einiger Akademiker, die Mitte der 1990er-Jahre an dem „Harvard Information Infrastructure Project" arbeiteten. Der „ausfransende"[1346] Begriff „Internet Governance" beschreibt heute als „term of art" ein „umbrella concept"[1347] für das Management der technischen Internet-Kernressourcen.[1348]

3. „Internet Governance" als „Multilayer-Multiplayer-Mechanismus"

Heute ist „Internet Governance" idealerweise als „mehrdimensionaler Multilayer-Multiplayer-Mechanismus"[1349] zu verstehen:

> „Internet Governance is the development and application by Governments, the private sector and civil society, in their respective roles, of shared principles, norms, rules, decision-making procedures, and programmes that shape the evolution and use of the internet."[1350]

a) Auf der Suche nach einer „International Organisation for Cyberspace"

Ansätze der erfolgreichen Implementierung von Elementen der Internet Governance gibt es bereits. Denn basierend auf einem ähnlichen Prinzip wurde im Jahr 1998 ICANN gegründet: Das „Board of Directors" als höchstes Entscheidungsorgan innerhalb des privatrechtlich organisierten Unternehmens wurde nur mit Nichtregierungsvertretern (insbes. technischen Entwicklern, Providern

---

Informal Consultation of the Working Group on the Internet Governance (WGIG), Genf, 20.–21.9.2004, Version 2.0, S. 8, abrufbar unter: www.wgig.org/docs/Kleinwachter.pdf.

[1346] *Matthias C. Kettemann*, Grotius goes Google: Das Völkerrecht der Zukunft regelt das Internet im globalen öffentlichen Interesse, Völkerrechtsblog, 1.5.2014, abrufbar unter: https://voelkerrechtsblog.org/grotius-goes-google/.

[1347] *Wolfgang Kleinwächter*, Internet Co-Governance: Towards a Multilayer Multiplayer Mechanism of Consultation, Coordination and Cooperation (M_3C_3), Paper presented to the Informal Consultation of the Working Group on the Internet Governance (WGIG), Genf, 20.–21.9.2004, Version 2.0, S. 9, abrufbar unter: www.wgig.org/docs/Kleinwachter.pdf.

[1348] *Wolfgang Kleinwächter*, Internet Co-Governance: Towards a Multilayer Multiplayer Mechanism of Consultation, Coordination and Cooperation (M_3C_3), Paper presented to the Informal Consultation of the Working Group on the Internet Governance (WGIG), Genf, 20.–21.9.2004, Version 2.0, S. 8, abrufbar unter: www.wgig.org/docs/Kleinwachter.pdf. *Pekka Tarjanne*, früherer ITU-Generalsekretär (1989–1999), bezeichnete „Internet Governance" als ein Synonym für „multilateralen Voluntarismus" (*Pekka Tarjanne*, Internet Governance: Towards Multilateral Voluntarism, Keynote Address, Internet Domain Names: Information Session, Meeting of Signatories and Potential Signatories of the Generic Top Level Domain Memorandum of Understanding [gTLD-MoU], Genf, 29.4.–1.5.1997, abrufbar unter: https://www.itu.int/newsarchive/projects/dns-meet/KeynoteAddress.html).

[1349] *Veronika Bauer/Matthias C. Kettemann*, Menschenrechtliche Implikationen der Informationsgesellschaft und österreichische Regulierungsansätze, in Wolfgang Benedek/Catrin Pekari (Hrsg.), Menschenrechte in der Informationsgesellschaft, Richard Boorberg Verlag, Stuttgart/München/Hannover/Berlin/Weimar/Dresden 2007, 293–323 (299).

[1350] *Report of the WGIG*, Château de Bossey, Juni 2005, § 10 (S. 3), abrufbar unter: https://www.wgig.org/docs/WGIGREPORT.pdf.

und Usern) besetzt. Neun der insgesamt 19 Mitglieder wurden gewählt von sog. „Supporting Organisations" für die Bereiche Domain Names (DNS), Protokolle (PS) und Adressen (AS). Sie repräsentierten die Privatindustrie, d. h. ISPs und die technische Community. Neun weitere Mitglieder repräsentierten die große Gruppe der Internet-User, also die Zivilgesellschaft. Das 19. Mitglied war der vom Board gewählte CEO.[1351] Die Regierungen (mehr als 180!) übernahmen im GAC die Rolle der „Ratgeber", wobei die Empfehlungen des GAC für das Board nicht bindend waren.[1352] Der GAC war geplant als informeller Kommunikationsmechanismus für private Stakeholder und die Regierungen.[1353] Dabei war ICANN von Anfang an dem Wohl der Internet-Gemeinschaft und der Stärkung der Verantwortung der Staatengemeinschaft[1354] zu dienen bestimmt. Entsprechend liest sich Art. 4 der ICANN Articles of Incorporation:

> „The Corporation shall operate for the benefit of the Internet community as a whole, carrying out its activities in conformity with relevant principles of international law and applicable international conventions and local law and, to the extent appropriate and consistent with these Articles and its Bylaws, through open and transparent processes that enable competition and open entry in Internet-related markets. To this effect, the Corporation shall cooperate as appropriate with relevant international organizations."[1355]

[1351] *Wolfgang Kleinwächter*, The Silent Subversive: ICANN and the New Global Governance, Info: The Journal of Policy, Regulation and Strategy for Telecommunications, Information and Media, Vol. 3 (Herbst 2001), 259–278 (269), abrufbar unter: https://www.emerald.com/insight/content/doi/10.1108/14636690110801950/full/html.

[1352] *ICANN*, Bylaws v. 6.11.1998, Article V: Structure of the Board of Directors, abrufbar unter: https://www.icann.org/resources/unthemed-pages/bylaws-1998-11-06-en#V. Zur aktuellen Version der Bylaws, Article 7 Board of Directors: https://www.icann.org/resources/pages/governance/bylaws-en/#article7. Vgl. *Wolfgang Kleinwächter*, The Silent Subversive: ICANN and the New Global Governance, Info: The Journal of Policy, Regulation and Strategy for Telecommunications, Information and Media, Vol. 3 (Herbst 2001), 259–278 (269), abrufbar unter: https://www.emerald.com/insight/content/doi/10.1108/14636690110801950/full/html; *Wolfgang Kleinwächter*, Internet Co-Governance: Towards a Multilayer Multiplayer Mechanism of Consultation, Coordination and Cooperation (M₃C₃), Paper presented to the Informal Consultation of the Working Group on the Internet Governance (WGIG), Genf, 20.–21.9.2004, Version 2.0, Abschn. „Different Interpretations" (S. 10), abrufbar unter: www.wgig.org/docs/Kleinwachter.pdf.

[1353] *Wolfgang Kleinwächter*, From Self-Governance to Public-Private Partnership: The Changing Role of Governments in the Management of the Internet's Core Resources, Loy. L. A. L. Rev. 36 (2003), 1103–1126 (1116).

[1354] Beachte zur Frage, ob es sich bei der „Staatengemeinschaft" um ein Völkerrechtssubjekt handelt, u. a. *Andreas L. Paulus*, Die internationale Gemeinschaft im Völkerrecht. Eine Untersuchung zur Entwicklung des Völkerrechts im Zeitalter der Globalisierung, Münchener Universitätsschriften Bd. 159, C. H. Beck, München 2001, S. 329 ff.; *Mehrdad Payandeh*, Internationales Gemeinschaftsrecht. Zur Herausbildung gemeinschaftsrechtlicher Strukturen im Völkerrecht der Globalisierung, Beiträge zum ausländischen öffentlichen Recht und Völkerrecht Bd. 219, Springer, Heidelberg 2010, S. 439 ff.

[1355] Vgl. Art. 4 der ICANN Articles of Incorporation i. d. F. v. 21.11.1998, abrufbar unter: https://www.icann.org/resources/pages/articles-2012-02-25-en.

Kapitel 2: Eine Straßenverkehrsordnung für die elektronische Autobahn 269

Im Zuge der Reorganisation der ICANN ab 2002 („ICANN 2.0")[1356] erhielten die Regierungen innerhalb des GAC mehr Macht in Form eines „politischen Veto-Rechts" bei ICANN-Entscheidungen, den sog. „public policy issues", die das Management kritischer Internetressourcen wie IP-Adressen, die Nutzung des Internets (Spam, Netzwerksicherheit, Cybercrime), Internet-Handel und geistige Eigentumsrechte im Netz sowie die „Hilfe zur Selbsthilfe" („capacity building") in Entwicklungsländern bei der Weiterentwicklung des Internets[1357] betreffen. Obwohl die Neustrukturierung der ICANN weder eine Übermacht der Regierungen noch eine Dominanz von Providern und Usern begünstigen, sondern vielmehr im Nachgang der Anschläge vom 11. September 2001 (im Einklang mit der von der *Bush*-Administration entwickelten Sicherheitsstrategie zur weltweiten Bekämpfung des Terrorismus) u. a. den Aspekt der Cybersicherheit stärken sollte, hatten diese Veränderungen die Entstehung eines Ungleichgewichts zugunsten der Regierungen zur Folge.[1358] Trotz der offiziellen Ratgeberfunktion des GAC erhielten die Regierungen durch die neuen Strukturen weitreichende Befugnisse gegenüber dem Board.[1359] Direkte User-Beteiligung im Board ist im Rahmen der ICANN 2.0 nicht mehr vorgesehen. Das Board hat stattdessen die Möglichkeit der Bildung eines „At-Large Advisory Committee", das sich aus Internet-Usern zusammensetzt (Art. 12, § 12.2[d] der ICANN Bylaws 2002). Die Funktion des ALAC ist lediglich die eines Ratgebers in ICANN-Angelegenheiten, jedoch nur „insofar as they relate to the interests of individual Internet users". Die aktuelle Struktur der ICANN widerspricht daher jedenfalls den diversen Nutzungsstrukturen des Internets, was die Organisation als zentrale Stelle zur Kontrolle des Internets an sich unbrauchbar macht. Nichtsdestotrotz konzentriert sich das Management aller Internet-Kernressourcen (Domain Namen, IP-Adressen, Root Server,[1360] Internetprotokolle)[1361] damals wie

---

[1356] Dazu ausführlich *Marco Rau*, Der international Schutz von Domainnamen und Markenrechten im Internet. Analyse unter Berücksichtigung deutschen Rechts, Studien zum deutschen und europäischen Medienrecht: Bd. 41, Peter Lang Verlag, Frankfurt a. M. 2010, S. 114 ff.

[1357] *Report of the WGIG*, Château de Bossey, June 2005, § 13 (S. 5), abrufbar unter: https://www.wgig.org/docs/WGIGREPORT.pdf.

[1358] *Wolfgang Kleinwächter*, From Self-Governance to Public-Private Partnership: The Changing Role of Governments in the Management of the Internet's Core Resources, Loy. L. A. L. Rev. 36 (2003), 1103–1126 (1120).

[1359] *Wolfgang Kleinwächter*, From Self-Governance to Public-Private Partnership: The Changing Role of Governments in the Management of the Internet's Core Resources, Loy. L. A. L. Rev. 36 (2003), 1103–1126 (1121 ff.).

[1360] *Wolfgang Kleinwächter*, Internet Co-Governance: Towards a Multilayer Multiplayer Mechanism of Consultation, Coordination and Cooperation (M_3C_3), Paper presented to the Informal Consultation of the Working Group on the Internet Governance (WGIG), Genf, 20.–21.9.2004, Version 2.0, Abschn. „WSIS and WGIG" (S. 12), abrufbar unter: www.wgig.org/docs/Kleinwachter.pdf.

[1361] *Veronika Bauer/Matthias C. Kettemann*, Menschenrechtliche Implikationen der Informationsgesellschaft und österreichische Regulierungsansätze, in Wolfgang Benedek/Ca-

heute in der Hand der ICANN.[1362] ICANN verwaltet in Eigenregie etwa die Root Zone-Files[1363] der nationalen Länderkennungen ccTLDs in einer globalen Datenbank.[1364] Infolge der Beendigung des seit dem 25. November 1998 zwischen ICANN und dem U. S.-Handelsministerium bestehenden „Memorandum of Understanding" fungiert die „National Telecommunications and Information Administration", eine Behörde des Handelsministeriums, seit dem 1. Oktober 2016[1365] nicht mehr als *de facto*-„Aufsichtsbehörde" für die nach dem Recht des U. S.-Bundesstaats Kalifornien organisierte private Non-Profit-Organisation.[1366] Die immense Macht der ICANN brachte der Organisation schon die Bezeichnung „World Government of the Internet"[1367] ein.[1368]

---

trin Pekari (Hrsg.), Menschenrechte in der Informationsgesellschaft, Richard Boorberg Verlag, Stuttgart/München/Hannover/Berlin/Weimar/Dresden 2007, 293–323 (298).

[1362] Die ICANN-Abteilung IANA ist zuständig für die Koordination und das Management der DNS und die Verteilung der TLDs, wobei die Dienste der IANA seit Okt. 2016 von der ICANN-Tochtergesellschaft „Public Technical Identifiers" ausgeführt werden, s. https://pti.icann.org/. *Postel* weist in seinem Memo „RFC 1591: Domain Name System Structure and Delegation" darauf hin, dass „[t]he IANA is not in the business of deciding what is and what is not a country", Basis der ausgewählten Ländercodes ist allein die ISO-3166 (*Jon Postel*, RFC 1591: Domain Name System Structure and Delegation, Memo, Network Working Group, März 1994, Ziff. 4 [S. 6 f.], abrufbar unter: https://www.ietf.org/rfc/rfc1591.txt).

[1363] Definition von „Root Servers" (engl. root = Wurzel) abrufbar unter der Internetpräsenz der IANA: https://www.iana.org/domains/root/servers: „The authoritative name servers that serve the DNS root zone, commonly known as the ‚root servers', are a network of hundreds of servers in many countries around the world. They are configured in the DNS root zone as 13 named authorities, […]." Eine Auflistung der 13 Root Server findet sich sowohl dort im Anschluss als auch bei *Wolfgang Kleinwächter*, Die WSIS-Kontroverse zu Internet Governance: Eine globale Ressource im Spannungsfeld nationaler Interessen, in Wolfgang Benedek/Catrin Pekari (Hrsg.), Menschenrechte in der Informationsgesellschaft, Richard Boorberg Verlag, Stuttgart/München/Hannover/Berlin/Weimar/Dresden 2007, 35–55 (48).

[1364] *Wolfgang Kleinwächter*, Die WSIS-Kontroverse zu Internet Governance: Eine globale Ressource im Spannungsfeld nationaler Interessen, in Wolfgang Benedek/Catrin Pekari (Hrsg.), Menschenrechte in der Informationsgesellschaft, Richard Boorberg Verlag, Stuttgart/München/Hannover/Berlin/Weimar/Dresden 2007, 35–55 (37).

[1365] *Laboratoire Européen d'Anticipation Politique*, End of the US government control of ICANN: Towards the privatisation of internet control agencies (Excerpt GEAB Okt. 2016), 12.1.2017, abrufbar unter: https://www.leap2040.eu/en/fin-de-la-tutelle-du-gouvernement-us-sur-licann-vers-une-privatisation-des-instances-de-controle-dinternet-extrait-geab-octobre-2016/.

[1366] *Wolfgang Kleinwächter*, Die WSIS-Kontroverse zu Internet Governance: Eine globale Ressource im Spannungsfeld nationaler Interessen, in Wolfgang Benedek/Catrin Pekari (Hrsg.), Menschenrechte in der Informationsgesellschaft, Richard Boorberg Verlag, Stuttgart/München/Hannover/Berlin/Weimar/Dresden 2007, 35–55 (36).

[1367] Vgl. *Wolfgang Kleinwächter*, Internet Co-Governance: Towards a Multilayer Multiplayer Mechanism of Consultation, Coordination and Cooperation (M_3C_3), Paper presented to the Informal Consultation of the Working Group on the Internet Governance (WGIG), Genf, 20.–21.9.2004, Version 2.0, Abschn. „Different Interpretations" (S. 10), abrufbar unter: www.wgig.org/docs/Kleinwachter.pdf.

[1368] Es darf spekuliert werden, ob die ICANN aus diesem Grund auf ihrer Homepage (https://www.icann.org/resources/pages/faqs-2014-01-21-en) explizit (in Fettdruck!) darauf hinweist, dass „ICANN's role is very limited, and it is not responsible for many issues associ-

Im Gegensatz dazu steht die Feststellung der WGIG in ihrem Abschlussbericht 2005, dass die Kontrolle des Internets durch nur eine Entität gar nicht möglich sei, wenn Sicherheit, Stabilität, Funktionsfähigkeit und Weiterentwicklung des Internets gewährleistet werden sollen.[1369] Das sei allein mittels eines Multistakeholder-Ansatzes möglich (vgl. Art. 1 WSIS-Declaration). Ein Grund dafür ist – natürlich – u. a. die dezentrale Organisation des Cyberspace, die an sich keine zentrale Regulierung zulässt. Es existiert kein zentraler Knotenpunkt inmitten der weitverzweigten globalen virtuellen Struktur, über den sich das Internet kontrollieren ließe.[1370] Sinnvoll erschiene daher zunächst die Errichtung einer zentralen Informations- und Überwachungsorganisation, zusammengesetzt aus Vertretern der Regierungen, der Privatwirtschaft und der Zivilgesellschaft, der weder Entscheidungs- noch Rechtsetzungskompetenzen bei der Regulierung des Internets zukommen, in deren Händen aber die Informationen über den aktuellen Stand der Technik sowie der bereits bestehenden und geplanten Regulierungsmechanismen zusammenlaufen. So könnte zumindest im Ansatz der notwendige „Gleichlauf von rechtlicher Regelung und technologischem Fortschritt"[1371] gewährleistet werden, das Recht könnte der Struktur des Internets folgen. Um keine Zeit mit dem Aufbau einer neuen Organisationsstruktur zu verschwenden, schlägt *Mayer* die Ansiedelung der Aufgabe der Internetregulierung bei einer bereits bestehenden I. O. wie der ITU vor.[1372] In der Vergangenheit hat die ITU jedoch bereits versucht,[1373] die Re-

---

ated with the Internet, such as financial transactions, Internet content control, spam (unsolicited commercial email), Internet gambling, or data protection and privacy".

[1369] *Report of the WGIG*, Château de Bossey, June 2005, § 17 (S. 6), § 33 (S. 10), § 74 (S. 16), § 79 (S. 17), abrufbar unter: https://www.wgig.org/docs/WGIGREPORT.pdf.

[1370] Vgl. *Joseph H. Kaiser*, Das Recht im Cyberspace. Eine spontane Ordnung noch ohne Hierarchie, in Herbert Haller/Christian Kopetzki/Richard Novak/Stanley L. Paulson/Bernhard Raschauer/Georg Ress/Ewald Wiederin (Hrsg.), Staat und Recht, FS für Günther Winkler, Springer, Wien/New York 1997, 397–409 (398) unter Verweis auf *Jürgen Becker*, Einführung, in Jürgen Becker (Hrsg.), Rechtsprobleme internationaler Datennetze: Arbeitssitzung des Instituts für Urheber- und Medienrecht am 17. November 1995, Nomos, Baden-Baden 1996, 9–12 (10): „Internet kennt keine Zensur, keine Zentralisierung und keine Kontrolle. Gegenüber den anderen Datennetzen unterscheidet es sich dadurch, dass es nicht kommerziell, sondern kreativ-chaotisch ausgerichtet ist." Vgl. auch *Mathias Schwarz*, Urheberrecht im Internet, in Jürgen Becker (Hrsg.), Rechtsprobleme internationaler Datennetze: Arbeitssitzung des Instituts für Urheber- und Medienrecht am 17. November 1995, Nomos, Baden-Baden 1996, 13–34 (14 Rn. 2).

[1371] *Franz C. Mayer*, Das Internet, das Völkerrecht und die Internationalisierung des Rechts, ZfRSoz 23 (2002), 93–114 (111); ähnlich *Elizabeth Longworth*, Opportunité d'un cadre juridique applicable au cyberespace – y compris dans une perspective néo-zélandaise, in UNESCO (Hrsg.), Les dimensions internationales du droit du cyberespace, Paris 2000, 11–87 (54 ff.).

[1372] *Franz C. Mayer*, Recht und Cyberspace, NJW 1996, 1782–1791 (1791).

[1373] So etwa auf der Weltinternetkonferenz WCIT-12, die v. 3.–4.12.2012 in Dubai (Vereinigte Arabische Emirate) stattfand. Zu den Ergebnissen der Konferenz *supra* Teil II, Kap. 2, B.I.1.b.

gulierung des Internets unter ihrer Ägide zentral zu etablieren, was bis heute allerdings nicht gelungen ist. Eine solche Konstruktion würde zudem lediglich den Schwerpunkt der Machtkonzentration von der privatrechtlich organisierten ICANN auf die zwischenstaatliche ITU verschieben. Im Ergebnis könnten die Mitgliedsstaaten der ITU einen beherrschenden Einfluss auf das Internet sowie seine Nutzung und Regulierung ausüben, was letztlich wieder ein massives globales Ungleichgewicht bei der Internetregulierung zur Folge hätte,[1374] eine Entwicklung, die dem eigentlichen „public service value of the Internet"[1375] zuwiderlaufen würde.

b) Ein „International Court for Cyberspace"?

Das UN-System selbst sieht keine Organe vor, die sich in zentralisierter Form exklusiv oder zumindest überwiegend mit wichtigen Aspekten der Informationsgesellschaft beschäftigen, wie etwa den online anzuwendenden Menschenrechten.[1376] Einrichtungen wie die des Sonderberichterstatters über die Meinungsfreiheit und die Unterkommission zur Förderung und zum Schutz der Menschenrechte sind nicht auf spezifisch digitale Sachverhalte ausgerichtet. An Vorschlägen zur Verbesserung mangelt es nicht. Sie reichen von der Schaffung eines „Rats für Fragen der Informationsgesellschaft", einer Ombudsperson für die Zwecke der Konfliktlösung und eines separaten General Comment des UNHRC zum Zusammenhang der Meinungsäußerungsfreiheit und der Informationsgesellschaft bis hin zur Schaffung eines „Sonderberichterstatters für die Beachtung der Menschenrechte in der Informationsgesellschaft".[1377] Der UN-Hochkommissar für Menschenrechte schlug 2003 die Einrichtung einer Kommission für Menschenrechte und Internet Governance vor.[1378]

[1374] So *Alexander Proelß*, Raum und Umwelt im Völkerrecht, in Wolfgang Graf Vitzthum/Alexander Proelß, Völkerrecht, 7. Aufl., De Gruyter, Berlin/Boston 2016, 362–454 (384 Fn. 100).

[1375] Recommendation CM/Rec(2007)16 of the Committee of Ministers to member states on measures to promote the public service value of the Internet, Adopted by the Committee of Ministers on 7 November 2007 at the 1010th meeting of the Ministers' Deputies, abrufbar unter: https://search.coe.int/cm/Pages/result_details.aspx?ObjectId=09000016805d4a39.

[1376] Dazu ausführlich *Gerd Oberleitner*, Das Menschenrechtssystem der Vereinten Nationen und die Informationsgesellschaft, in Wolfgang Benedek/Catrin Pekari (Hrsg.), Menschenrechte in der Informationsgesellschaft, Richard Boorberg Verlag, Stuttgart/München/Hannover/Berlin/Weimar/Dresden 2007, 59–76.

[1377] *Veronika Bauer/Matthias C. Kettemann*, Menschenrechtliche Implikationen der Informationsgesellschaft und österreichische Regulierungsansätze, in Wolfgang Benedek/Catrin Pekari (Hrsg.), Menschenrechte in der Informationsgesellschaft, Richard Boorberg Verlag, Stuttgart/München/Hannover/Berlin/Weimar/Dresden 2007, 293–323 (315).

[1378] *Wolfgang Benedek*, Internet Governance and Human Rights, in Wolfgang Benedek/Veronika Bauer/Matthias C. Kettemann (Hrsg.), Internet Governance and the Information Society. Global Perspectives and European Dimensions, Eleven International Publishing, Utrecht 2008, 31–49 (41 Fn. 45). Zusammenfassend zu allen Vorschlägen *Veronika Bauer/Matthias C. Kettemann*, Menschenrechtliche Implikationen der Informationsgesellschaft und österrei-

Während sich aber abzeichnet, dass ein Konsens der Staatengemeinschaft und anderer Akteure mit Blick auf die legislative Regulierung des Internets in nächster Zukunft nicht zu erreichen sein wird, wird andernorts über judikative Möglichkeiten nachgedacht. „In the prospect of an international criminal court lies the promise of universal justice", erklärte der damalige UN-Generalsekretär *Kofi Annan* 1997 Vertretern der International Bar Association.[1379] Diesem Gedanken folgend, entwarf Richter *Stein Schjolberg* im Jahr 2012 den Plan eines „International Criminal Tribunal for Cyberspace".[1380] Dieses sollte der Durchsetzung der Budapest-Konvention des Europarats[1381] sowie der Vereinheitlichung des Kampfes gegen Cyberverbrechen dienen.[1382] Virtuelle Verbrechen könnten wegen der Allgegenwart des Internets stets mehrere Jurisdiktionen be-

---

chische Regulierungsansätze, in Wolfgang Benedek/Catrin Pekari (Hrsg.), Menschenrechte in der Informationsgesellschaft, Richard Boorberg Verlag, Stuttgart/München/Hannover/Berlin/Weimar/Dresden 2007, 293–323 (306).

[1379] *Kofi Annan*, Statement vor der International Bar Association, New York, 11.6.1997, Press Release SG/SM/6257 (12.6.1997), S. 4, abrufbar unter: https://www.un.org/press/en/1997/19970612.sgsm6257.html.

[1380] Vgl. auch schon die Idee von *Howard L. Steele, Jr.*, The Web That Binds Us All: The Future Legal Environment of the Internet, Hous. J. Int'l L. 19 (1997), 495–518 (512 ff.), der die Aburteilung von Individuen im Zusammenhang mit „cyber crimes" durch einen (damals noch nicht existenten) „International Criminal Court" befürwortet (der heutige IStGH in Den Haag nahm seine Arbeit erst am 1.7.2002 auf). Ein (U. S.-amerikanisches) Vorbild findet *Schjolbergs* Vorstoß zudem u. a. in dem gemeinsamen Projekt „Virtual Magistrate" des Cyberspace Law Institute, der American Arbitration Association, des National Center for Automated Information Research und des Villanova Center for Information Law and Policy, dazu *Janet Osen*, The Virtual Magistrate, Network Security (Sept. 1996), S. 18. Dieses Projekt bietet virtuelle Mediation in Internet-bezogenen Streitfällen (*Matthew Burnstein*, A Global Network in a Compartmentalised Legal Environment, in Katharina Boele-Woelki/Catherine Kessedjian [Hrsg.], Internet – Which Court Decides? Which Law Applies?, Proceedings of the international colloquium in honour of Michel Pelichet organized by the Molengraaff Institute of Private Law, University of Utrecht, and the Hague Conference on Private International Law, Kluwer Law International, Den Haag/London/Boston 1998, 23–34 [30 f.]): „An arbitrator is chosen, evidence is presented, the case is submitted, and a decision is rendered: all via the Internet. There is no travel and no courtroom. The mediators are experts familiar with the technology, customs, and culture of the Internet. It is a completely voluntary process, and no one is subject to its jurisdiction without consent. But no court has ruled yet on the enforceability of a Virtual Magistrate's ruling, […]." Auch die Etablierung eines „U. S. District Court for the District of Cyberspace", ausgestattet mit einer Kompetenz „for all claims arising in cyberspace over anyone entering cyberspace", war zeitweise im Gespräch, dazu *Henry H. Perritt, Jr.*, Jurisdiction in Cyberspace, Vill. L. Rev. 41 (1996), 1–128 (100 ff.).

[1381] Dazu ausführlich *supra* Teil II, Kap. 2, B. I.3.b. Die Ausarbeitung einer international verbindlichen multilateralen „Convention on computer crime" wurde bereits in den 1990er-Jahren von einigen Autoren gefordert, vgl. z. B. *Jonathan I. Edelstein*, Anonymity and International Law Enforcement in Cyberspace, Fordham Intell. Prop. Media & Ent. L. J. 7 (1996), 231–294 (285 f.).

[1382] Einen „International Court for Internet Issues" stellte sich *Okoniewski* vor. Dieser soll der Staatengemeinschaft als neutrales Forum zur Verhandlung von virtuellen Rechtsverstößen dienen: *Elissa A. Okoniewski*, Yahoo!, Inc. v. LICRA: The French Challenge to Free Expression on the Internet, Am. U. Int'l L. Rev. 18 (2002), 295–339 (337 f.).

treffen, was die bisher bekannten Maßstäbe der Untersuchung und Verfolgung in höchstem Maße strapaziere.[1383] *Schjolberg* schlug vor, das Gericht unter der Ägide der UN[1384] durch eine Resolution des UN-Sicherheitsrats im Einklang mit Kapitel VII UN-Charta[1385] entweder als eigenständiges internationales Strafgericht oder als Untereinheit des IStGH in Den Haag anzusiedeln.[1386] Alternativ käme als Sitz des Tribunals Singapur in Betracht, wo im Jahr 2014 der INTERPOL „Global Complex for Innovation" etabliert wurde, „a cutting-edge research and development facility for the identification of crimes and criminals, innovative training, operational support and partnerships".[1387] Die Jurisdiktion des Gerichts sollte sich nach *Schjolbergs* Vorschlag auf Fälle von Verstößen gegen völkerrechtliche Cybercrime-Verträge sowie massive und koordinierte globale Cyberattacken gegen kritische Kommunikations- und Informationsinfrastrukturen beziehen,[1388] in denen nationale Strafgerichte nicht fähig oder nicht willens sind, tätig zu werden.[1389] Die Richter[1390] sollten durch die UN-

---

[1383] *Stein Schjolberg*, An International Criminal Tribunal for Cyberspace (ICTC), Recommendations for potential new global legal mechanisms against global cyberattacks and other global cybercrimes, A paper for the EastWest Institute (EWI) Cybercrime Legal Working Group, März 2012, S. 10, abrufbar unter: https://www.cybercrimelaw.net/documents/ICTC.pdf.

[1384] *Stein Schjolberg*, An International Criminal Tribunal for Cyberspace (ICTC), Recommendations for potential new global legal mechanisms against global cyberattacks and other global cybercrimes, A paper for the EastWest Institute (EWI) Cybercrime Legal Working Group, März 2012, S. 3, abrufbar unter: https://www.cybercrimelaw.net/documents/ICTC.pdf.

[1385] *Stein Schjolberg*, An International Criminal Tribunal for Cyberspace (ICTC), Recommendations for potential new global legal mechanisms against global cyberattacks and other global cybercrimes, A paper for the EastWest Institute (EWI) Cybercrime Legal Working Group, März 2012, S. 17, abrufbar unter: https://www.cybercrimelaw.net/documents/ICTC.pdf. Beispiele für entsprechende Entwürfe der SR-Res. und ein ICTC-Statut auf S. 24 ff.

[1386] *Stein Schjolberg*, An International Criminal Tribunal for Cyberspace (ICTC), Recommendations for potential new global legal mechanisms against global cyberattacks and other global cybercrimes, A paper for the EastWest Institute (EWI) Cybercrime Legal Working Group, März 2012, S. 15 f. abrufbar unter: https://www.cybercrimelaw.net/documents/ICTC.pdf. Alternativ sollen die wichtigsten „Cybercrimes" in die Liste des Art. 5 des Rom-Statuts aufgenommen und vom IStGH selbst abgeurteilt werden.

[1387] Internetpräsenz der IGCI, abrufbar unter: https://www.interpol.int/About-INTERPOL/The-INTERPOL-Global-Complex-for-Innovation.

[1388] *Stein Schjolberg*, An International Criminal Tribunal for Cyberspace (ICTC), Recommendations for potential new global legal mechanisms against global cyberattacks and other global cybercrimes, A paper for the EastWest Institute (EWI) Cybercrime Legal Working Group, März 2012, S. 18, abrufbar unter: https://www.cybercrimelaw.net/documents/ICTC.pdf.

[1389] *Stein Schjolberg*, An International Criminal Tribunal for Cyberspace (ICTC), Recommendations for potential new global legal mechanisms against global cyberattacks and other global cybercrimes, A paper for the EastWest Institute (EWI) Cybercrime Legal Working Group, März 2012, S. 17, abrufbar unter: https://www.cybercrimelaw.net/documents/ICTC.pdf.

[1390] Um die internationale Akzeptanz der Jurisdiktion des Gerichtshofs zu verstärken, wäre eine Besetzung der Kammern mit Richtern unterschiedlicher Nationalität notwendig,

Generalversammlung für eine Amtszeit von vier Jahren ernannt werden,[1391] die Ernennung des Anklägers als separates Organ des Tribunals dagegen auf Vorschlag des UN-Generalsekretärs durch den Sicherheitsrat erfolgen.[1392] Der ICTC wurde von *Schjolberg* als Gericht zur Aburteilung von Individuen konzipiert, die Richter sollten Haftstrafen verhängen können, die im Einklang mit dem anwendbaren Recht des mit der Durchsetzung des Urteils beauftragten Staates abzuleisten wären.[1393] Dem Gerichtshof sollte die ausschließliche Jurisdiktion zur Aburteilung jedes internationalen Verbrechens, das im Internet begangen wurde, zustehen. Derartige Straftaten könnten mit der Kappung bzw. Limitierung des Internetzugangs geahndet werden, so *Schwartz*,[1394] der diesen Mechanismus auch gegenüber Staaten, die die Jurisdiktion des Gerichtshofs nicht anerkennen, zur Anwendung bringen will.[1395]

Wie realistisch ist aber der Vorstoß, einen spezifischen internationalen Gerichtshof für den Cyberspace einzusetzen? Internationale Gerichte jeglicher Form bedürfen grds. der vertraglichen Akzeptanz durch diejenigen Staaten, die bereit sind, sich ihrer Jurisdiktion zu unterwerfen. Ebenso wenig wie im Zusammenhang mit den Regulierungsbemühungen rund um den Cyberspace soll-

---

vgl. zum „U. S. District Court for the District of Cyberspace": *Henry H. Perritt, Jr.*, Jurisdiction in Cyberspace, Vill. L. Rev. 41 (1996), 1–128 (102).

[1391] *Stein Schjolberg*, An International Criminal Tribunal for Cyberspace (ICTC), Recommendations for potential new global legal mechanisms against global cyberattacks and other global cybercrimes, A paper for the EastWest Institute (EWI) Cybercrime Legal Working Group, März 2012, S. 17, abrufbar unter: https://www.cybercrimelaw.net/documents/ICTC.pdf.

[1392] *Stein Schjolberg*, An International Criminal Tribunal for Cyberspace (ICTC), Recommendations for potential new global legal mechanisms against global cyberattacks and other global cybercrimes, A paper for the EastWest Institute (EWI) Cybercrime Legal Working Group, März 2012, S. 20, abrufbar unter: https://www.cybercrimelaw.net/documents/ICTC.pdf.

[1393] *Stein Schjolberg*, An International Criminal Tribunal for Cyberspace (ICTC), Recommendations for potential new global legal mechanisms against global cyberattacks and other global cybercrimes, A paper for the EastWest Institute (EWI) Cybercrime Legal Working Group, März 2012, S. 18, abrufbar unter: https://www.cybercrimelaw.net/documents/ICTC.pdf.

[1394] *Neil D. Schwartz*, Wall Street? Where We're Going We Don't Need Wall Street: Do Securities Regulators Stand a Chance in Cyberspace?, J. Transnat'l L. & Pol'y 8 (1998), 79–104 (103). Die Sonderberichterstatterin für kulturelle Rechte, *Farida Shaheed*, ist jedoch der Ansicht, dass ein solches Vorgehen die Gefahr der Verletzung der Menschenrechte auf freie Meinungsäußerung (z. B. Art. 19 IPbpR) und auf Teilhabe am wissenschaftlichen Fortschritt (z. B. Art. 15 IPwskR) berge, dazu *UNHRC*, Copyright policy and the right to science and culture, Report of the Special Rapporteur in the field of cultural rights, *Farida Shaheed*, UN Doc. A/HRC/28/57, 24.12.2014, §51 (S. 11); vgl. auch *Article 19*, The Right to Share: Principles on Freedom of Expression and Copyright in the Digital Age, International Standards Series, London 2013, §§ 9.2 (S. 15), 13.3 (S. 20), abrufbar unter: https://www.article19.org/data/files/medialibrary/3716/13-04-23-right-to-share-EN.pdf.

[1395] *Neil D. Schwartz*, Wall Street? Where We're Going We Don't Need Wall Street: Do Securities Regulators Stand a Chance in Cyberspace?, J. Transnat'l L. & Pol'y 8 (1998), 79–104 (103).

te eine derartige Zustimmung jedoch an diesem Punkt erwartet werden,[1396] ein Umstand, der sich auch auf die Vollstreckung der Entscheidungen des ICTC auswirken würde.[1397] Probleme dürfte jedenfalls die Idee einer ausschließlichen Zuständigkeit eines Internationalen Gerichtshofs für Internet-Streitfälle bereiten, da wegen der Ubiquität des Internets im Rahmen eines jeden Einzelfalls zahllose weitere Materien berührt werden, für die wiederum andere (nationale und internationale) Gerichte zuständig sind. Wegen der starken Polarisierung der Staaten in wirtschaftlicher Hinsicht im Zusammenhang mit dem Internet besteht zudem die Gefahr der „Politisierung" des Gerichts. Politisch motivierte Entscheidungen des Spruchkörpers und alsbald schwindendes Vertrauen in dessen Neutralität könnten die Folgen sein.[1398] Erschwerend kommt hinzu, dass das ICTC nach *Schjolbergs* Vorschlag als Strafgericht nur für die individuelle Verantwortlichkeit von Angehörigen der Unterzeichnerstaaten des ICTC-Statuts zuständig sein soll (vgl. Art. 7 Draft ICTC-Statute),[1399] Staaten könnten also nicht als Partei vor dem Gericht auftreten. Vorbild des ICTC ist damit eindeutig der IStGH, nicht aber der IGH. *Hoeren* befürchtet daher einen „staatenfreundlichen" Umgang mit den Internetfreiheiten der Nutzer.[1400]

Kritikwürdig ist auch der Umstand, dass die Budapest-Konvention, deren Durchsetzung das ICTC dienen soll, bereits in den 1990er-Jahren ausgearbeitet wurde. Sie enthält also auch die Terminologie aus dieser Zeit und ist nicht an die aktuellsten technischen Entwicklungen im Bereich des Internets und ebenso wenig an die neuesten kriminellen Möglichkeiten (Phishing, Spam, Identitätsdiebstahl, terroristische Verwendung des Internets etc.) angepasst.[1401] Außerhalb Europas spielt die Konvention keine große Rolle, nicht zuletzt, weil am

---

[1396] *Neil D. Schwartz*, Wall Street? Where We're Going We Don't Need Wall Street: Do Securities Regulators Stand a Chance in Cyberspace?, J. Transnat'l L. & Pol'y 8 (1998), 79–104 (103); *Elissa A. Okoniewski*, Yahoo!, Inc. v. LICRA: The French Challenge to Free Expression on the Internet, Am. U. Int'l L. Rev. 18 (2002), 295–339 (337).

[1397] Vgl. *Thomas Hoeren*, Internet und Recht – Neue Paradigmen des Informationsrechts, NJW 1998, 2849–2928 (2853).

[1398] *Neil D. Schwartz*, Wall Street? Where We're Going We Don't Need Wall Street: Do Securities Regulators Stand a Chance in Cyberspace?, J. Transnat'l L. & Pol'y 8 (1998), 79–104 (103).

[1399] *Stein Schjolberg*, An International Criminal Tribunal for Cyberspace (ICTC), Recommendations for potential new global legal mechanisms against global cyberattacks and other global cybercrimes, A paper for the EastWest Institute (EWI) Cybercrime Legal Working Group, März 2012, S. 26, abrufbar unter: https://www.cybercrimelaw.net/documents/ICTC.pdf.

[1400] *Thomas Hoeren*, Internet und Recht – Neue Paradigmen des Informationsrechts, NJW 1998, 2849–2928 (2853).

[1401] *Stein Schjolberg*, An International Criminal Tribunal for Cyberspace (ICTC), Recommendations for potential new global legal mechanisms against global cyberattacks and other global cybercrimes, A paper for the EastWest Institute (EWI) Cybercrime Legal Working Group, März 2012, S. 6, abrufbar unter: https://www.cybercrimelaw.net/documents/ICTC.pdf.

Draftingprozess keine Entwicklungsstaaten beteiligt waren.[1402] Sollte die Konvention nicht alsbald überarbeitet werden, könnte ihre weitere Anwendung in unveränderter Form womöglich die „Digital Divide" zwischen Industrie- und Entwicklungsstaaten verstärken helfen.

Ein zukünftiges ICTC ist vor dem Hintergrund einer Global Governance zu betrachten, deren Akteure notwendigerweise in den Prozess seiner Etablierung einbezogen werden müssen, weil die Nutzung des Internets nicht den Staaten vorbehalten ist. Das bedeutet aber auch, dass es sich bei dem ICTC nicht um ein exklusives Gericht von und für Staaten handeln kann, es verändern sich die Akteure vor und die Ansprechpartner von Gerichten.[1403] Bspw. sind gerade Private und I. O. vor Gericht vermehrt vertreten, etwa als Kläger bei ICSID-Streitigkeiten oder vor Menschenrechtsgerichtshöfen, oder im Hintergrund als NGO oder transnational agierendes Unternehmen.[1404] Das „Springen" zwischen den verschiedenen Akteursebenen birgt aber auch legitimatorische und Zuständigkeitsprobleme. *Slaughter* merkt in diesem Zusammenhang an, dass Global Governance nur mit einer „globalen Gemeinschaft von Gerichten" möglich sei, dass also internationale und nationale Gerichte synergetisch zusammenarbeiten müssen.[1405]

4. „Wo ist Cyberspace? Welches Recht gilt? Wer entscheidet? Wer verfolgt?"

Durch die Entwicklung und Nutzung des Cyberspace wurden keine im Grundsatz neuen rechtlichen Probleme kreiert, vielmehr treten bekannte Problematiken in modifizierter Form auf und verlangen nach einer angepassten Lösung. *Ergo* bedarf es keines neuen, gesonderten (völkerrechtlichen) Regimes für den Cyberspace. Allenfalls ist darauf zu achten, dass die auf Aktivitäten im Internet anzuwendenden Normen entsprechend flexibel sind, damit sie in ihrer Geltung nicht vom technischen Wandel regelrecht „abgehängt" werden. Um eine schnelle Anpassung der vorhandenen Regelungen zu erreichen, ist ein Rückgriff auf die bekannten Kategorien völkerrechtlicher Normen ratsam, aber nicht zwingend. Flexible, nicht notwendigerweise rechtlich bindende Normen sind der Schlüssel.[1406] Je flexibler die Regeln, desto besser können sie an die sich stän-

---

[1402] Vgl. *Marco Gercke*, 10 years Convention on Cybercrime. Achievements and Failures of the Council of Europe's Instrument in the Fight against Internet-related Crimes, CRi 12 (2011), 142–149 (145).

[1403] *Armin v. Bogdandy/Ingo Venzke*, In wessen Namen? Internationale Gerichte in Zeiten globalen Regierens, Suhrkamp, Berlin 2014, S. 128.

[1404] *Armin v. Bogdandy/Ingo Venzke*, In wessen Namen? Internationale Gerichte in Zeiten globalen Regierens, Suhrkamp, Berlin 2014, S. 130.

[1405] *Anne-Marie Slaughter*, A New World Order, Princeton University Press, Princeton/Oxford 2004, S. 100: „global ‚community of courts'".

[1406] *Klaus W. Grewlich*, Konstitutionalisierung des „Cyberspace". Zwischen europarechtlicher Regulierung und völkerrechtlicher Governance, Nomos, Baden-Baden 2001, S. 58 ff.

dig ändernden technischen Gegebenheiten des Internets angepasst werden.[1407] Maßgeblich ist mithin die ernsthafte Zusammenarbeit zwischen allen beteiligten Stakeholdern.

Zur Beantwortung der eingangs gestellten Fragen („Wo ist Cyberspace? Welches Recht gilt? Wer entscheidet? Wer verfolgt?")[1408] bieten sich im Ergebnis folgende Lösungen an:

„*Wo ist Cyberspace?*": Der Cyberspace ist – räumlich betrachtet – „überall", ein physisch fassbarer „Raum" Cyberspace existiert nicht. Dies schließt seine Qualifikation als separater Rechtsraum jedoch nicht aus.

„*Welches Recht gilt?*": Aufgrund der Ubiquität des Internets gilt auch dort das Völkerrecht, denn

„[o]hne Völkerrecht hätten Internet Governance-Prozesse weder Finalität noch Bewertungsmaßstäbe. Transparenz, Inklusivität und Accountability, Entwicklungsorientierung und Menschenzentriertheit entfalten erst vor dem Hintergrund des Völkerrechts ihre spezifische Bedeutung für Governance-Prozesse".[1409]

Es ist jedoch zu beachten, dass eine pauschale Übertragung klassischer Jurisdiktionsprinzipien wie des Territorialitätsprinzips nicht ohne Weiteres möglich ist.[1410] Insbes. mit Blick auf die notwendige Geltung der universellen Menschenrechte online wie offline ist die konsequente interpretative Erweiterung des Schutz- und damit des Anwendungsbereichs der vorhandenen Menschenrechte geradezu alternativlos. Auf lange Sicht ist die Ausarbeitung einer völkerrechtlich verbindlichen Version einer „Charter on Human Rights and Principles for the Internet" in Betracht zu ziehen. Eine unverbindliche Vorlage entstand bereits im Nachgang des WSIS unter der Ägide einer im Rahmen des ersten IGF errichteten „Internet Rights and Principles Dynamic Coalition".[1411] „[T]he need for human rights to underpin Internet governance and that rights that people have offline must also be protected online"[1412] besteht. Interessenkonflikte prägen jedoch nach wie vor das Feld der globalen Internetregulierung. Die diver-

---

[1407] *I. Trotter Hardy*, The Proper Legal Regime for „Cyberspace", U. Pitt. L. Rev. 55 (1994), 993–1055 (1025); *Matthew Burnstein*, Conflicts on the Net: Choice of Law in Transnational Cyberspace, Vand. J. Transnat'l L. 29 (1996), 75–116 (110).

[1408] *Franz C. Mayer*, Recht und Cyberspace, NJW 1996, 1782–1791 (1790).

[1409] *Matthias C. Kettemann*, Grotius goes Google: Das Völkerrecht der Zukunft regelt das Internet im globalen öffentlichen Interesse, Völkerrechtsblog, 1.5.2014, abrufbar unter: https://voelkerrechtsblog.org/grotius-goes-google/.

[1410] *Gianpaolo M. Ruotolo*, The Impact of the Internet on International Law: *Nomos* without Earth?, Informatica e diritto 22 (2013), 7–18 (17); nach Ansicht von *Franz C. Mayer*, Recht und Cyberspace, NJW 1996, 1782–1791 (1790) bleibt jedoch „die Anknüpfung an die reale Welt und territoriale oder personale Kriterien möglich".

[1411] *Rikke F. Jørgensen*, An Internet bill of rights?, in Ian Brown (Hrsg.), Research Handbook on Governance of the Internet, Edward Elgar, Cheltenham/Northampton 2013, 353–372 (358).

[1412] UNHRC, The Promotion, protection and enjoyment of human rights on the Internet, UN Doc. A/HRC/32/L.20, 27.6.2016, S. 2.

gierenden Interessen von Nationalstaaten, ISPs und Internet-Usern lassen sich nach Ansicht von *Riegner* kaum auf einen gemeinsamen Nenner (z. B. „Schutz der Integrität des Internets") bringen.[1413] Es ist Aufgabe des Völkerrechts, „diese vielfältigen Interessenkonflikte zu verarbeiten"[1414] und etwa durch die geschickte Kombination verbindlicher und unverbindlicher Regeln wirkungsvolle Rechtsakte zu schaffen, die einerseits entscheidend dazu beitragen können, staatliche Netzpolitik zu determinieren,[1415] und andererseits die Verdrängung des Völkerrechts infolge der zunehmenden „Privatisierung des Internets" aufgrund der spürbaren Dominanz nicht staatlicher Akteure wie Google, Facebook & Co. zu verhindern.

„*Wer entscheidet?*": Da Handlungen „im Cyberspace" stets „reale" Konsequenzen nach sich ziehen, wäre die Einrichtung spezifischer Cyberspace-Gerichtshöfe nicht zielführend. Eine Ergänzung der Statuten von IGH und IStGH um internetbezogene Vorschriften und die entsprechende Erweiterung des Jurisdiktionsumfangs erscheint ausreichend.

„*Wer verfolgt?*": Unterstützung bei der Verfolgung von Cybercrimes könnten die Gerichtshöfe durch den INTERPOL „Global Complex for Innovation", der seinen Sitz in Singapur hat, erfahren. Täter, die zur Begehung von Straftaten die globalen Strukturen des Internets nutzen, müssen auch global verfolgbar sein. Die Strafverfolgung im virtuellen Raum darf nicht durch allzu reale Grenzen behindert werden.[1416]

[1413] *Michael Riegner*, Grotius has a long way to go, Replik zum Beitrag von Matthias C. Kettemann (Grotius goes Google, 1.5.2014), Völkerrechtsblog, 5.5.2014, abrufbar unter: https://voelkerrechtsblog.org/grotius-has-a-long-way-to-go/. A. A. *Matthias C. Kettemann*, Die Berichte über den Tod des Internetvölkerrechts sind stark übertrieben, Rejoinder zur Replik von Michael Riegner (Grotius has a long way to go, 5.5.2014), Völkerrechtsblog, 9.5.2014, abrufbar unter: https://voelkerrechtsblog.org/rejoinder-die-berichte-uber-den-tod-des-internetvolkerrechts-sind-stark-ubertrieben/.

[1414] *Michael Riegner*, Grotius has a long way to go, Replik zum Beitrag von Matthias C. Kettemann (Grotius goes Google, 1.5.2014), Völkerrechtsblog, 5.5.2015, abrufbar unter: https://voelkerrechtsblog.org/grotius-has-a-long-way-to-go/.

[1415] *Michael Riegner*, Grotius has a long way to go, Replik zum Beitrag von Matthias C. Kettemann (Grotius goes Google, 1.5.2014), Völkerrechtsblog, 5.5.2015, abrufbar unter: https://voelkerrechtsblog.org/grotius-has-a-long-way-to-go/.

[1416] Vgl. zu diesem Problem die „Public consultation on improving cross-border access to electronic evidence in criminal matters" der EU-Kommission (4.8.2017–27.10.2017), weitere Informationen abrufbar unter: https://ec.europa.eu/info/consultations/public-consultation-improving-cross-border-access-electronic-evidence-criminal-matters_de.

Teil III

„Einbahnstraße" oder „wechselbezügliche Abhängigkeiten"?
Zum Verhältnis von Völkerrecht und Technik

Aus der Entwicklungs- und Regelungsgeschichte des im zweiten Teil der Arbeit exemplarisch dargestellten Regelungsbereichs „Cyberspace" lassen sich anschauliche Erkenntnisse über die Mechanismen der Entstehung von Rechtsräumen sowie über das Verhältnis von Völkerrecht und Technik ableiten. Auf die Auswirkungen des technischen Wandels auf das Völkerrecht wird im ersten Kapitel dieses dritten Teils einzugehen sein. Zunächst wird die Vorstellung vom Cyberspace als Vertreter der neuen Kategorie des „entgrenzten Raums" zum Anlass genommen, das Phänomen der Entstehung von Rechtsräumen näher zu beleuchten, wobei u. a. auf die Rechtsraumgenese als Folge der „technischen" Erschließung von Räumlichkeit durch den Menschen einzugehen sein wird (A.). Es wird der Versuch einer definitorischen Bedeutungsbestimmung (I.) der Begriffe „Recht" und „Raum" (1.) und der Komposition „Rechtsraum" (2.) unternommen. Ausgehend von der gefundenen Definition werden die Besonderheiten des Cyberspace als „virtueller Raum" und als „Rechtsraum besonderer Art" beleuchtet (3.). Abschließend wird der Versuch unternommen, die nach *Ehlers* „nicht unerheblich[e]" Frage der Rechtsraumforschung „Schuf das Recht Räume oder entstand Recht durch seine Anwendung in einem Raum?"[1] einer Antwort zuzuführen (II.), wobei u. a. die Möglichkeit der Qualifikation von technisch vermittelter Kommunikation als raumbildender Faktor thematisiert wird.

Sodann wird auf die weiteren Chancen und Herausforderungen der Völkerrechtsentwicklung im Angesicht des technischen Wandels eingegangen (B.). Nach der hier vertretenen Ansicht hat die Befassung des Rechts mit der Regulierungsnot im Zusammenhang mit neuen technischen Errungenschaften eine Loslösung des Rechtsetzungsvorgangs von den mit ihm befassten Akteuren und eine Fokussierung auf das Regelungsobjekt, *ergo* eine „Objektivierung", zur Folge. So ist eine Evolution zwischenstaatlicher Zusammenarbeit von den klassischen Formen der Eins-zu-eins-Diplomatie über die Entwicklung erster I. O. in Form technisch spezialisierter Verwaltungsunionen bis hin zur Entwicklung neuer Normkategorien zu beobachten. Mit dieser „Verrechtlichung" gehen je-

---

[1] *Caspar Ehlers*, Rechtsräume. Ordnungsmuster im Europa des frühen Mittelalters, De Gruyter Oldenbourg, Berlin/Boston 2016, S. 62.

doch offenbar u. a. eine „Entterritorialisierung" und Fragmentierung und sogar eine „Privatisierung" bzw. „Hybridisierung" des Völkerrechts einher, wobei auch gegenläufige Konstitutionalisierungstendenzen zu beobachten sind. Diese Entwicklungen sind bei Weitem kein Novum und werden in der Völkerrechtswissenschaft bereits seit geraumer Zeit diskutiert. Jedoch sollen die folgenden Ausführungen nach Möglichkeit den Beweis erbringen, dass sie in letzter Instanz auf den technischen Wandel und das sich verändernde Verhältnis des Völkerrechts zu den dadurch provozierten gesellschaftlichen Umbrüchen zurückzuführen sind.

Doch die Veränderung des Rechts unter dem Einfluss der Technik ist keine „Einbahnstraße", „[v]ielmehr handelt es sich um wechselbezügliche Abhängigkeiten".[2] Das zweite Kapitel des dritten Teils widmet sich daher – *vice versa* – dem Einfluss völkerrechtlicher Strukturen auf den Regelungsgegenstand „Technik".

---

[2] Begriff bei *Klaus Vieweg*, Reaktionen des Rechts auf Entwicklungen der Technik, in Martin Schulte (Hrsg.), Technische Innovation und Recht: Antrieb oder Hemmnis?, MTM Bd. 76, C. F. Müller, Heidelberg 1997, 35–54 (36).

Kapitel 1

„Eternal and unchanging"?
Auswirkungen des technischen Wandels auf das Völkerrecht

Spätestens seit der Wiederentdeckung des Römischen Rechts[3] im Italien („vermutlich in Bologna")[4] des 11. Jh.[5] im Rahmen des Wiederauffindens des justinianischen Codex und der kritischen Rezeption der sog. Digesten[6] ab dem 12. und 13. Jh.[7] wurde die westliche Rechtstheorie beherrscht von dem Gedanken, Recht sei „eternal and unchanging".[8] Eines Besseren belehren uns jedoch die Erfahrungen der letzten Jh., die deutlich zeigen, dass das Recht – als „Querschnittsmaterie"[9] – durchaus von gesellschaftlichen und wissenschaftlichen Entwicklungen getragen und gesteuert wird. Dazu gehört der Einfluss des technischen als einer Form steten gesellschaftlichen Wandels, dem das Recht ausgesetzt ist. Gerade die Frage der Zukunftsfähigkeit technischer Entwicklun-

---

[3] *Maximilian Hocke*, Die Lex Mercatoria in der europäischen Rechtsgeschichte, BLJ 2012, 3–8 (3). Zu den „mittelalterlichen Grundlagen der neueren Privatrechtsgeschichte" sowie die „Rezeption des römischen Rechts in Deutschland", vgl. *Franz Wieacker*, Privatrechtsgeschichte der Neuzeit: unter besonderer Berücksichtigung der deutschen Entwicklung (2. unveränd. Nachdr. d. 2. Aufl. v. 1967), Vandenhoeck & Ruprecht, Göttingen 1996, insbes. S. 26–43, 97–203, zum Begriff der Kontinuität des Rechts in diesem Zusammenhang S. 43–45.

[4] *Franz Wieacker*, Privatrechtsgeschichte der Neuzeit: unter besonderer Berücksichtigung der deutschen Entwicklung (2. unveränd. Nachdr. d. 2. Aufl. v. 1967), Vandenhoeck & Ruprecht, Göttingen 1996, S. 46.

[5] Zur zeitlichen Einordnung z. B. *Franz Wieacker*, Privatrechtsgeschichte der Neuzeit: unter besonderer Berücksichtigung der deutschen Entwicklung (2. unveränd. Nachdr. d. 2. Aufl. v. 1967), Vandenhoeck & Ruprecht, Göttingen 1996, S. 45; *Paul Vinogradoff*, Roman Law in Mediaeval Europe, Harper's Library of Living Thought, Harper & Brothers, London/New York 1909, S. 45.

[6] Dazu *Hans Schlosser*, Neuere Europäische Rechtsgeschichte: Privat- und Strafrecht vom Mittelalter bis zur Moderne, 3. Aufl., C. H. Beck, München 2017, S. 33 f. Rn. 60–61.

[7] Zur „Renaissance des römischen Rechts": *Hans Schlosser*, Neuere Europäische Rechtsgeschichte: Privat- und Strafrecht vom Mittelalter bis zur Moderne, 3. Aufl., C. H. Beck, München 2017, S. 49 ff.

[8] *Joseph W. Dellapenna*, Law in a Shrinking World: The Interaction of Science and Technology with International Law, Ky. L. J. 88 (1999–2000), 809–883 (809). Zur „Bedeutung des römischen Rechts für die moderne Welt", vgl. *Rudolf v. Jhering*, Geist des römischen Rechts auf den verschiedenen Stufen seiner Entwicklung, In 3 Teilen (Teil 2 in 2 Abteilungen), Teil 1, 10. Aufl., Scientia Verlag, Aalen 1968 (unveränd. Neudr. d. 6. [letzten veränderten] Aufl., Leipzig 1907), S. 1–16.

[9] Begriff bei *Klaus Vieweg*, Reaktionen des Rechts auf Entwicklungen der Technik, in Martin Schulte (Hrsg.), Technische Innovation und Recht: Antrieb oder Hemmnis?, MTM Bd. 76, C. F. Müller, Heidelberg 1997, 35–54 (35).

gen wird nicht ausschließlich unter technischen Gesichtspunkten, sondern auch und gerade unter Einbeziehung ökologischer, wirtschafts- und gesellschaftspolitischer Aspekte diskutiert. Obwohl häufig in den frühen Entwicklungsstadien eines technischen Systems nicht sichtbar, sind doch gewisse soziale Auswirkungen einer Innovation von Beginn an immanent. Umgekehrt muss der soziale Kontext technischer Neuerungen „stimmen", damit sie „funktionieren" und „Chancen auf Verbreitung" haben.[10] So ist „[t]echnische Innovation [...] in jedem Fall unauflöslich verknüpft mit sozialer Innovation – beide setzen sich wechselseitig voraus, und beide sind nicht aufeinander reduzierbar".[11] Die „soziale Beherrschbarkeit" technischer Innovationen – und damit ihrer (potenziellen) Risiken – wird gesichert durch das Recht.[12] Dabei ist es nicht ausgeschlossen, dass die rechtbasierte Innovationssteuerung, gewissermaßen *en passant*, auch Innovationen „im" Recht produziert, dass also Folge wissenschaftlicher Progression aller Art u. a. eine parallele Veränderung des Rechts sein kann.[13] Im Rahmen der rechtswissenschaftlichen Befassung mit dem Verhältnis von Recht und Technik wurde dieses Phänomen bereits umfassend behandelt, allerdings beinahe ausschließlich unter Berücksichtigung der Funktionsweise *nationaler* Rechtsordnungen. Im Fokus dieser Arbeit steht dagegen das Verhältnis von *Völker*recht und Technik. Es ist daher angebracht, die bekannte Frage „Wie verändert die Technik das Recht?" umzuformulieren und nun zunächst zu fragen: „Verändert die Technik auch das Völkerrecht?" Es erscheint wahrscheinlich, dass die Antwort auf diese Frage „Ja" lauten wird. Auf welche Weise und mit welcher Intensität will dieses Kapitel, ausgehend von den Beobachtungen der vorangestellten Detailstudie zum Kommunikationsraum Cyberspace, zeigen.

---

[10] *Harald Rohracher*, Zukunftsfähige Technikgestaltung als soziale Innovation, in Dieter Sauer/Christa Land (Hrsg.), Paradoxien der Innovation: Perspektiven sozialwissenschaftlicher Innovationsforschung, Veröffentlichungen aus dem ISF München, Campus Verlag, Frankfurt/New York 1999, 175–189 (176).
[11] *Harald Rohracher*, Zukunftsfähige Technikgestaltung als soziale Innovation, in Dieter Sauer/Christa Land (Hrsg.), Paradoxien der Innovation: Perspektiven sozialwissenschaftlicher Innovationsforschung, Veröffentlichungen aus dem ISF München, Campus Verlag, Frankfurt/New York 1999, 175–189 (176).
[12] *Rainer Wolf*, Innovation, Risiko und Sicherheit: Paradoxien eines Rechts der technischen Innovation am Beispiel des Umweltschutzes, in Dieter Sauer/Christa Land (Hrsg.), Paradoxien der Innovation: Perspektiven sozialwissenschaftlicher Innovationsforschung, Veröffentlichungen aus dem ISF München, Campus Verlag, Frankfurt/New York 1999, 211–228 (211).
[13] *Maurice Bourquin*, Pouvoir scientifique et droit international, RdC 70 (1947-I), 331–406 (365).

A. Grenzerfahrungen:
Neue Rechtsräume und ihre Entstehung

Als „juristischer Gattungsbegriff"[14] erhält der „Raum" durch Definition durch das Recht eine konkrete Zweckbestimmung: Das dt. Strafrecht kennt „abgeschlossene Räume, welche zum öffentlichen Dienst oder Verkehr bestimmt sind" (§ 123 StGB), am „Grundstück" als einem Teil der Erdoberfläche ist der Erwerb von Eigentum möglich (§ 873 BGB), und die Tathandlung des § 316 StGB bezieht sich auf das Führen eines Fahrzeugs im öffentlichen „Straßenraum".[15] Der rechtliche Raum wird hier rein räumlich verstanden, d. h. i. S. e. physisch abgrenzbaren Teils der Erdoberfläche, der als Geltungsbereich einer bestimmten Norm oder Rechtsordnung betrachtet wird. Ebenso finden sich fiktive Räume[16] im Recht: Tatort kann – je nach Definition und Telos der fraglichen Norm – der Handlungs- oder Erfolgsort sein.[17]

Der Raum ist, wie noch zu zeigen sein wird, für das Recht im Grundsatz von zentraler Bedeutung.[18] Wie aber behandelt das Recht Räume, die es eigentlich „gar nicht gibt", Räume also, die physisch nicht greifbar und damit noch schwerer *be*greifbar sind? Ist der „Cyberspace" als ein durch die Kombination von Hard- und Software zur Entstehung gebrachter „virtueller Raum" ein „Raum"? Und kann ein „virtueller Raum" ein „Rechtsraum" sein? Das Verhältnis von Recht und Raum wurde in der rechtswissenschaftlichen Forschung bislang eher stiefmütterlich behandelt.[19] Um die gestellten Fragen beantworten zu können, ist es daher notwendig, sich dem Begriff des Rechtsraums über seine Bestand-

---

[14] *Karl Engisch*, Vom Weltbild des Juristen, 2. Aufl., Carl Winter Universitätsverlag, Heidelberg 1965, S. 49.

[15] Zur Definition des „öffentlichen Verkehrsraums", vgl. BGH, Urt. v. 4.3.2004 – 4 StR 377/03, BGHSt 49, 128 (128 f.); BGH, Urt. v. 8.6.2004 – 4 StR 160/04, NStZ 2004, 625.

[16] *Karl Engisch*, Vom Weltbild des Juristen, 2. Aufl., Carl Winter Universitätsverlag, Heidelberg 1965, S. 61, 63. Dass Raum im rechtlichen Sinne auch im natürlichen Raum häufig fingiert wird, zeigt z. B. § 147 Abs. 1 Satz 2 BGB, nach dem der „von einem mittels Fernsprechers oder einer sonstigen technischen Einrichtung von Person zu Person gemachte[…] Antrag" dem „einem Anwesenden gemachten Antrag" gleichsteht.

[17] *Karl Engisch*, Vom Weltbild des Juristen, 2. Aufl., Carl Winter Universitätsverlag, Heidelberg 1965, S. 61 f., insbes. 62 Fn. 143.

[18] *Günther Winkler*, Zeit und Recht: Kritische Anmerkungen zur Zeitgebundenheit des Rechts und des Rechtsdenkens, Springer, Wien 1995, S. 2.

[19] Dagegen haben sich „Mathematik, Physik, Geographie, Geopolitik, Wirtschaftslehre, Soziologie, Physiologie und Psychologie unter jeweils besonderen Blickpunkten jener Grundbegriffe *[Raum und Zeit – Anm. d. A.]* bzw. ‚Anschauungsformen' angenommen", meint *Karl Engisch*, Vom Weltbild des Juristen, 2. Aufl., Carl Winter Universitätsverlag, Heidelberg 1965, S. 44. Zu der daneben mannigfaltig vorhandenen Literatur zum Thema „Zeit und Recht", vgl. statt vieler *Günther Winkler*, Zeit und Recht: Kritische Anmerkungen zur Zeitgebundenheit des Rechts und des Rechtsdenkens, Springer, Wien 1995 sowie *Karl Engisch*, Vom Weltbild des Juristen, 2. Aufl., Carl Winter Universitätsverlag, Heidelberg 1965, S. 67–109; beachte auch das Programm der gemeinsame Tagung des AjV und der DGIR zum Thema „Zeit und Internationales Recht" (15.–16.9.2017, Universität Bochum).

teile „Recht" und „Raum" zu nähern und schließlich unter Einbeziehung von Überlegungen zu den außergewöhnlichen Raumspezifika des Cyberspace zu einer (ggf. neuen) Definition des „Rechtsraums" zu gelangen.

I. Begrifflichkeiten

Im Grundsatz sind Rechtsräume juristische „Ordnungsmuster".[20] Der Raum ist die primäre, aber bei Weitem nicht die einzige Bezugsgröße von Recht. So stellten *Meccarelli* und *Solla Sastre* die These auf, dass Rechtsräume niemals separat von ihrem historischen, also zeitlichen Kontext wahrgenommen werden können.[21] Eine weitere Bezugsgröße von Recht ist daher die Zeit.[22] Folglich ist „space" nicht notwendigerweise gleich „place", der Raum kann niemals statisch sein, sondern ist „getränkt mit einer dynamischen Temporalität".[23] Der Entstehung von Rechtsnormen wohnt demnach immer sowohl eine räumliche als auch eine zeitliche Komponente inne. Es geht bei der Konstituierung von Rechtsräumen also um das „Verhältnis von geographischem Raum und sich etablierenden Ordnungen unter dem Aspekt der Zeit".[24] Eine allgemeingültige Definition des Begriffs „Rechtsraum" (verschiedentlich werden auch die Begriffe „Rechtslandschaft"[25] und „Rechtsregion"[26] verwendet) existiert indes nicht. Nicht identisch mit dem „Rechtsraum" sind die in der Rechtsverglei-

---

[20] So *Caspar Ehlers*, Rechtsräume. Ordnungsmuster im Europa des frühen Mittelalters, De Gruyter Oldenbourg, Berlin/Boston 2016.
[21] *Massimo Meccarelli/María J. Solla Sastre*, Spatial and Temporal Dimensions for Legal History: An Introduction, in Massimo Meccarelli/María J. Solla Sastre (Hrsg.), Spatial and Temporal Dimensions for Legal History. Research Experiences and Itineraries, Global Perspectives on Legal History, Max Planck Institute for European Legal History Open Access Publication, Frankfurt a. M. 2016, 3–24 (5), abrufbar unter: https://www.lhlt.mpg.de/gplh_volume_6. Ebenso *Günther Winkler*, Raum und Recht. Dogmatische und theoretische Perspektiven eines empirisch-rationalen Rechtsdenkens, Springer, Wien 1999, S. 80.
[22] *Caspar Ehlers*, Rechtsräume. Ordnungsmuster im Europa des frühen Mittelalters, De Gruyter Oldenbourg, Berlin/Boston 2016, S. 35: „Der Raum ist neben der Zeit und der Handlung ein zentraler Faktor." Ähnlich *Karl Engisch*, Vom Weltbild des Juristen, 2. Aufl., Carl Winter Universitätsverlag, Heidelberg 1965, S. 66: „Raum braucht Zeit".
[23] *Massimo Meccarelli/María J. Solla Sastre*, Spatial and Temporal Dimensions for Legal History: An Introduction, in Massimo Meccarelli/María J. Solla Sastre (Hrsg.), Spatial and Temporal Dimensions for Legal History. Research Experiences and Itineraries, Global Perspectives on Legal History, Max Planck Institute for European Legal History Open Access Publication, Frankfurt a. M. 2016, 3–24 (9, 19), abrufbar unter: https://www.lhlt.mpg.de/gplh_volume_6 – Übers. d. A.
[24] *Caspar Ehlers*, Rechtsräume. Ordnungsmuster im Europa des frühen Mittelalters, De Gruyter Oldenbourg, Berlin/Boston 2016, S. 7. Auch *Günther Winkler*, Raum und Recht. Dogmatische und theoretische Perspektiven eines empirisch-rationalen Rechtsdenkens, Springer, Wien 1999, S. 2 ist der Ansicht, dass Recht „wesensgemäß ein raumzeitliches Phänomen" sei.
[25] Vgl. *Dennis Majewski*, Zisterziensische Rechtslandschaften. Die Klöster Dobrilugk und Haina in Raum und Zeit, Studien zur europäischen Rechtsgeschichte Bd. 308, Rechtsräume Bd. 2, Vittorio Klostermann, Frankfurt a. M. 2019.
[26] Vgl. *Tomasz Giaro*, Römisches Recht, Romanistik und Rechtsraum Europa, Ius Com-

chung etablierten Begriffe des „Rechtskreises" bzw. der „Rechtsfamilie".[27] Zu vermeiden ist außerdem eine synonyme Bezeichnung des „Rechtsraums" als „Rechtsbereich" bzw. „Rechtsgebiet". Diese Begriffe sind eher undeutlich und im Zusammenhang mit der vorliegend zu führenden Diskussion ungeeignet, da sie entweder als Beschreibung des Raums oder aber als Bezugnahme auf verschiedene juristische Fächer verstanden werden können.

Das Verständnis vom „Rechtsraum" ist historisch gewachsen. Bereits ca. 20 v. Chr.–23 n. Chr. sprach sich der griech. Geograf *Strabo* (ca. 63 v. Chr.–23 n. Chr.) für eine exakte Grenzziehung i. S. e. geografisch eindeutigen Definition und räumlichen Lokalisierung von aneinandergrenzenden Territorien zur Vermeidung von Grenzkonflikten zwischen benachbarten gesellschaftlichen Kollektiven aus:

> „For if the wars about Thyrea and Oropus resulted through ignorance of the boundaries, then the separation of countries by boundaries is a thing that results in something practical."[28]

Ein echter Raumbezug bei der Rechtsetzung ist aber erst ab spätkarolingischer Zeit (9./10. Jh.) und vermehrt im Hochmittelalter (ca. 1050–1250) zu beobachten, wobei auch schon die frühmittelalterliche Organisation von fahrenden Händlern und Kaufleuten in staatenübergreifend organisierten Gilden als Beispiel für raumgebundene Rechtsetzung betrachtet werden kann.[29] Der antike Staat war dagegen als Bürgergesellschaft konzipiert und noch im ausgehenden 9. Jh. n. Chr. erfolgte eine personal gebundene Rechtsetzung für einen Verband (diese Rechte wurden daher seit dem 19. Jh. als „Volksrechte" bezeichnet), d. h. für die Angehörigen einer bestimmten Personengruppe, nicht für einen Raum.[30] Aus personenbezogenen und daher nicht territorial gebundenen Rechten wurden schließlich Rechtsräume im geografischen Sinn, wobei auch hier die gleichzeitige Anwendbarkeit unterschiedlicher raumbezogener Rechte möglich war, etwa wenn sich ein Individuum am Ort seines Wohnsitzes auf das am Ort seiner (räumlichen) Herkunft geltende Recht berief.[31] Erst später wurde „[d]ie Not-

---

mune XXII (1995), 1–16 (9 ff.); vgl. auch *Susanne Deißner*, Interregionales Privatrecht in China – zugleich ein Beitrag zum chinesischen IPR, Mohr Siebeck, Tübingen 2008.

[27] *Dietmar Willoweit*, Historische Prozesse staatenübergreifender Rechtsbildung, in Horst Dreier/Hans Forkel/Klaus Laubenthal (Hrsg.), Raum und Recht, FS 600 Jahre Würzburger Juristenfakultät, Duncker & Humblot, Berlin 2002, 3–21 (5).

[28] The Geography of Strabo, in 8 volumes (engl. Übers. v. Horace L. Jones), Bd. I: Buch I und II, William Heinemann, London 1917, Buch I, Kap. IV, Satz 8 (S. 247).

[29] *Dietmar Willoweit*, Historische Prozesse staatenübergreifender Rechtsbildung, in Horst Dreier/Hans Forkel/Klaus Laubenthal (Hrsg.), Raum und Recht, FS 600 Jahre Würzburger Juristenfakultät, Duncker & Humblot, Berlin 2002, 3–21 (8 f.).

[30] *Caspar Ehlers*, Recht und Raum: Das Beispiel Sachsens im frühen Mittelalter, Rg 13 (2008), 12–24 (14).

[31] *Caspar Ehlers*, Rechtsräume. Ordnungsmuster im Europa des frühen Mittelalters, De Gruyter Oldenbourg, Berlin/Boston 2016, S. 32 f.

wendigkeit eines abgegrenzten Gebietes für [das] Dasein des Staates" vollends offenbar,[32] die „explizite Einbeziehung des Raumes als wissenschaftliche Kategorie für die Erforschung von Machtverhältnissen" erfolgte ab dem frühen 19. Jh.[33] Die Entwicklung des Begriffs des „Nationalstaats" als Ordnungsmuster erfolgte parallel zur Entstehung der Vorstellung von Europa – eine Entwicklung wiederum, die der wachsenden Bedeutung der europäischen Staaten seit der Frühen Neuzeit (ab ca. 1500) als Kolonialstaaten folgte.[34] Das Territorium als traditioneller Raum des nationalen Rechts ist der Definition nach der Geltungsbereich der nationalen Rechtsordnung.[35] Territoriales Recht nach heutigem Verständnis ist in den italienischen Stadtstaaten und in Frankreich seit dem Spätmittelalter (ca. 1250–1500) bekannt[36] und auch für den modernen Territorialstaat existenzstiftend. Daher, so *Schmalenbach*, könne „[n]iemand [...] behaupten, Territorium habe im 21. Jahrhundert seine Bedeutung verloren".[37] Oder, um es mit den Worten von *Khan* ein wenig poetischer auszudrücken:

„To be certain, Westphalian territoriality is not dead."[38]

In der Tat hat das Territorium auch heute noch seine Daseinsberechtigung, das zeigt etwa die Definition des Gewaltverbots aus Art. 2 Nr. 4 UN-Ch ausgehend vom Prinzip der territorialen Integrität der Staaten.[39] Nichtsdestotrotz hat sich

---

[32] *Georg Jellinek/Walter Jellinek* (Bearb.), Allgemeine Staatslehre, 3. Aufl., Verlag Dr. Max Gehlen (unveränd. Nachdr. d. 5. Neudr. d. 3. Aufl.), Bad Homburg v. d. Höhe/Berlin/Zürich 1966, S. 395.
[33] *Caspar Ehlers*, Rechtsräume. Ordnungsmuster im Europa des frühen Mittelalters, De Gruyter Oldenbourg, Berlin/Boston 2016, S. 42.
[34] *Caspar Ehlers*, Rechtsräume. Ordnungsmuster im Europa des frühen Mittelalters, De Gruyter Oldenbourg, Berlin/Boston 2016, S. 42.
[35] So *Günther Winkler*, Raum und Recht. Dogmatische und theoretische Perspektiven eines empirisch-rationalen Rechtsdenkens, Springer, Wien 1999, S. 77. Ebenso *Caspar Ehlers*, Rechtsräume: Ordnungsmuster im Europa des frühen Mittelalters, De Gruyter Oldenbourg, Berlin/Boston 2016, S. 42. Allgemeiner *Jürgen Bast*, Völker- und unionsrechtliche Anstöße zur Entterritorialisierung des Rechts (2. Referat), in VVDStRL Bd. 76: Grenzüberschreitungen, Berichte und Diskussionen auf der Tagung der Vereinigung der Deutschen Staatsrechtslehrer in Linz vom 5.–8. Oktober 2016, De Gruyter, Berlin/Boston 2017, 277–309 (285), der das Territorium beschreibt als „einen umgrenzten Raum den Menschen kontrollieren, um darin eine bestimmte soziale Ordnung zu errichten und sie nach außen abzugrenzen".
[36] Dazu *Alex Mills*, The Private History of International Law, ICLQ 55 (2006), 1–50 (13 f.).
[37] *Kirsten Schmalenbach*, Völker- und unionsrechtliche Anstöße zur Entterritorialisierung des Rechts (1. Referat), in VVDStRL Bd. 76: Grenzüberschreitungen, Berichte und Diskussionen auf der Tagung der Vereinigung der Deutschen Staatsrechtslehrer in Linz vom 5.–8. Oktober 2016, De Gruyter, Berlin/Boston 2017, 245–276 (246).
[38] *Daniel-Erasmus Khan*, Territory and Boundaries, in Bardo Fassbender/Anne Peters (Hrsg.), The Oxford Handbook of the History of International Law, Oxford University Press, Oxford 2012, 225–249 (248).
[39] Beispiel bei *Jürgen Bast*, Völker- und unionsrechtliche Anstöße zur Entterritorialisierung des Rechts (2. Referat), in VVDStRL Bd. 76: Grenzüberschreitungen, Berichte und Diskussionen auf der Tagung der Vereinigung der Deutschen Staatsrechtslehrer in Linz vom 5.–8. Oktober 2016, De Gruyter, Berlin/Boston 2017, 277–309 (292).

im Laufe der Zeit auch der Eindruck vom Territorium als „zweidimensionaler Gebietsvorstellung" verändert, und zwar durch die sukzessive entstandenen technischen Möglichkeiten der Erforschung des Luft-[40] und Weltraums. Das Staatsgebiet ist (spätestens) jetzt dreidimensional wahrzunehmen. Aus diesem Grund reichen nationale oder europäische Ansätze nicht mehr aus, um das globale Phänomen der Bildung von Rechtsräumen zu erfassen,[41] zumal sich der „Geist, die Baugesetze und das Werden der völkerrechtlichen Ordnung"[42] als im Kern „grenzüberschreitend" und damit raumbezogen beschreiben lassen.

1. „Recht" und „Raum"

Caspar Ehlers bezeichnet das schwer zu ergründende Feld der Rechtsraum-Forschung als „terra incognita",[43] und das zu Recht: Denn nicht einmal die Bestandteile des Wortes „Rechtsraum" – „Recht" und „Raum" – lassen sich abstrakt definieren. Das liegt u. a. daran, dass schon Recht nur schwerlich losgelöst von jeder Werteordnung definiert werden kann und daher auch jede Rechtsordnung den Begriff „Raum" mit eigenen Inhalten,[44] gespeist aus dem schier unendlichen Fundus steter gesellschaftlicher Veränderung,[45] ausfüllt. Daher nähert sich der folgende Abschnitt dem Phänomen „Rechtsraum" zunächst über seine Bestandteile „Recht" und „Raum".

a) Der Raumbegriff im Recht

„Raum ist neben Zeit ein[e] ebenso fundamentale wie vielgestaltige Form menschlicher Erfahrung",[46] fragt man aber nach der Bedeutung des Wor-

---

[40] Nach *Günther Winkler*, Raum und Recht. Dogmatische und theoretische Perspektiven eines empirisch-rationalen Rechtsdenkens, Springer, Wien 1999, S. 85, wurde „die bis in unsere Zeit den empirischen Vorstellungen der Staatslehre verhaftete zweidimensionale Gebietsvorstellung, die sich eigentlich nur auf den grenzenumschlossenen Erdboden bezieht", einzig durch die Erforschung des Weltraums „ins Wanken gebracht".
[41] *Caspar Ehlers*, Rechtsräume. Ordnungsmuster im Europa des frühen Mittelalters, De Gruyter Oldenbourg, Berlin/Boston 2016, S. 43.
[42] *Wilhelm G. Grewe*, Epochen der Völkerrechtsgeschichte, Nomos, Baden-Baden 1984, S. 15, anschaulich daneben insbes. S. 157 ff. und 269 ff.
[43] *Caspar Ehlers*, Rechtsräume. Ordnungsmuster im Europa des frühen Mittelalters, De Gruyter Oldenbourg, Berlin/Boston 2016, S. 11. Und das, obwohl doch die Rechtsräume nach *Ehlers* „die die Vergangenheit, Gegenwart und Zukunft unseres Planeten prägenden Faktoren" (S. 43) sind.
[44] *Caspar Ehlers*, Rechtsräume: Ordnungsmuster im Europa des frühen Mittelalters, De Gruyter Oldenbourg, Berlin/Boston 2016, S. 12, ausführlich dazu S. 36 ff. Eindringlich zu dem Phänomen, dass der Raumbegriff durchaus auch politisiert werden kann, wie etwa die Raumkategorien *Carl Schmitt*s zeigen: *Susanne Rau*, Räume. Konzepte, Wahrnehmungen, Nutzungen, Campus Verlag, Frankfurt/M. 2013, S. 34–39.
[45] *Günther Winkler*, Raum und Recht. Dogmatische und theoretische Perspektiven eines empirisch-rationalen Rechtsdenkens, Springer Verlag, Wien/New York 1999, S. 69.
[46] *Armin v. Bogdandy*, Von der technokratischen Rechtsgemeinschaft zum politisierten Rechtsraum. Probleme und Entwicklungslinien in der Grundbegrifflichkeit des Europarechts,

tes „Raum", erhält man höchst unterschiedliche Antworten. Je nach Kontext scheint dieses Wort etwas anderes zu bezeichnen. Das ist nachvollziehbar, da der Begriff selbst stetem Wandel unterlag und noch immer unterliegt.[47] Denn da die Raumproblematik letztlich nicht vollends ohne zeitlichen Bezug dargestellt werden kann, musste der „Raum" bspw. nach 1945 – neben vielen anderen, staatsprägenden Begriffen wie „Volk", „Nation" oder „Siedlungsräume" – von seinem völkischen Bezug befreit und so eine völlige Neudefinition des „Raums" vorgenommen werden.[48]

Nach dem „Deutschen Wörterbuch" von *Jacob* (1785–1863) und *Wilhelm Grimm* (1786–1859) ist der „Raum" als „ein allen germanischen Sprachen gemeinsames Wort"[49] u. a. „zunächst die gegebene stätte für eine ausbreitung oder ausdehnung".[50] Dabei ist „der begriff [...] nicht auf das freie feld beschränkt geblieben, sondern hat sich auf jede stätte übertragen, die gelegenheit zur entfaltung einer thätigkeit für einen zweck bietet".[51] Der Mensch versteht unter dem Raum grds. eine „Räumlichkeit", in der er sich tagtäglich bewegt und innerhalb derer er Tätigkeiten verrichtet,[52] kurz: seinen „Lebensraum".[53] Der Raum als „im technischen Sinne apriorische Denkform" ist in seiner Bedeutung für den Menschen als allgemeiner empirischer Begriff anhand seiner konkreten Erfahrungen ausfüllungsbedürftig.[54]

Max-Planck-Institute for Comparative Public Law and International Law, MPIL Research Paper No. 2017–12, S. 12.

[47] Vgl. *Jürgen Bast*, Völker- und unionsrechtliche Anstöße zur Entterritorialisierung des Rechts (2. Referat), in VVDStRL Bd. 76: Grenzüberschreitungen, Berichte und Diskussionen auf der Tagung der Vereinigung der Deutschen Staatsrechtslehrer in Linz vom 5.–8. Oktober 2016, De Gruyter, Berlin/Boston 2017, 277–309 (283).

[48] Zu den Entwicklungen ab 1945, vgl. *Caspar Ehlers*, Rechtsräume. Ordnungsmuster im Europa des frühen Mittelalters, De Gruyter Oldenbourg, Berlin/Boston 2016, S. 38 ff. Tlw. erfolgte sogar eine völlige Abkehr von solchen Begriffen in der Wissenschaft, dazu S. 43.

[49] *Jakob Grimm/Wilhelm Grimm*, Art. „Raum", in Deutsches Wörterbuch, 16 Bände in 32 Teilbänden, Verlag von S. Hirzel, Leipzig 1893, Bd. 14 (urspr. VIII): R–Schiefe, Sp. 275. Zum etymologischen Ursprung und den weiteren Verwendungen des Wortes, vgl. Sp. 275–283.

[50] *Jakob Grimm/Wilhelm Grimm*, Art. „Raum", in Deutsches Wörterbuch, 16 Bände in 32 Teilbänden, Verlag von S. Hirzel, Leipzig 1893, Bd. 14 (urspr. VIII): R–Schiefe, Sp. 276.

[51] *Jakob Grimm/Wilhelm Grimm*, Art. „Raum", in Deutsches Wörterbuch, 16 Bände in 32 Teilbänden, Verlag von S. Hirzel, Leipzig 1893, Bd. 14 (urspr. VIII): R–Schiefe, Sp. 276.

[52] So *Egmont Colerus*, Vom Punkt zur vierten Dimension. Geometrie für Jedermann, Paul Zsolnay Verlag, Berlin/Wien/Leipzig 1946, S. 55.

[53] Der Begriff ist hier nicht zu verstehen als der ideologisch gefärbte Entwurf des „Lebensraums" nach *Friedrich Ratzel* und *Karl Haushofer* (dazu m. w. N. *Andreas v. Arnauld*, Politische Räume im Völkerrecht, in Kerstin Odendahl/Thomas Giegerich [Hrsg.], Räume im Völker- und Europarecht, Veröffentlichungen des Walther-Schücking-Instituts für Internationales Recht an der Universität Kiel Bd. 189, Duncker & Humblot, Berlin 2014, 179–204 [180]), sondern vielmehr im eigentlichen Wortsinn als „Raum, Umkreis, in dem sich jemand oder eine Gemeinschaft [frei] bewegen und entfalten kann" (*Duden*, Art. „Lebensraum, der", abrufbar unter: https://www.duden.de/rechtschreibung/Lebensraum, Bedeutung 2).

[54] Ähnlich *Günther Winkler*, Raum und Recht. Dogmatische und theoretische Perspektiven eines empirisch-rationalen Rechtsdenkens, Springer Verlag, Wien/New York 1999, S. 208 f.

Die Kulturwissenschaft kennt allein vier[55] methodische „Raum-Familien": geografisch-beschreibende, politisch-administrative, soziologisch-kulturelle und ökonomische Ansätze.[56] Der „Naturraum" (auch „mathematisch-physikalischer Raum")[57] der Geografie ist wohl die greifbarste und bekannteste Form des Raums. Gemeint ist der räumlich fass- und beschreibbare Lebens- und Wirkungsraum des Menschen als Rechtssubjekt. Raum ist an dieser Stelle also örtlich zu verstehen,[58] gewissermaßen als Ort der Entwicklung sozialer und gesellschaftlicher Phänomene, ein „räumliches Rechtsgebiet",[59] ein Raum, durch Normen rechtlich erfasst, „vorwiegend als Ort, als Weg und als Gebiet"[60] sowie als Grenze.[61] In der Geschichte der Kodifikation von Recht lässt sich Raum daneben häufig auch als Definitionsgröße für Status ausmachen. So konnten sogar im Kontext einer egalitären Gesellschaft verschiedene Räume individueller Freiheit, also Regelungsräume, die sich über den Status ihrer Subjekte definierten, geschaffen bzw. identifiziert werden.[62] Raum kann daher auch betrachtet werden als Teil einer „multiplicity of different places", als „System von Teilräumen".[63] Räume der politisch-administrativen Sphäre konstituieren – aus-

---

[55] *Frank Göttmann*, Zur Bedeutung der Raumkategorie in der Regionalgeschichte, UB Paderborn, 2009, S. 9, abrufbar unter: https://digital.ub.uni-paderborn.de/hsx/content/pageview/1539429, nennt sogar sechs Raumkategorien: (1) Natur und Umwelt, (2) Bevölkerung, (3) Gesellschaft, (4) Verhalten und Mentalität, (5) Wirtschaft, (6) Politik und Verfassung.
[56] *Caspar Ehlers*, Rechtsräume. Ordnungsmuster im Europa des frühen Mittelalters, De Gruyter Oldenbourg, Berlin/Boston 2016, S. 18. *Dietmar Willoweit*, Historische Prozesse staatenübergreifender Rechtsbildung, in Horst Dreier/Hans Forkel/Klaus Laubenthal (Hrsg.), Raum und Recht, FS 600 Jahre Würzburger Juristenfakultät, Duncker & Humblot, Berlin 2002, 3–21 (8 ff.) erwähnt im Zusammenhang mit dem Phänomen der staatenübergreifenden Rechtsbildung ausschließlich ökonomische und sozialethische Faktoren.
[57] Beachte hierzu die im Kontext nationalsozialistischer Ideologien verfassten Werke von *Carl Schmitt*, zusammengefasst in *Günter Maschke*, Carl Schmitt: Staat, Großraum, Nomos. Arbeiten aus den Jahren 1916–1969, Duncker & Humblot, Berlin 1995, 234–262 (234).
[58] *Massimo Meccarelli/María J. Solla Sastre*, Spatial and Temporal Dimensions for Legal History: An Introduction, in Massimo Meccarelli/María J. Solla Sastre (Hrsg.), Spatial and Temporal Dimensions for Legal History. Research Experiences and Itineraries, Global Perspectives on Legal History, Max Planck Institute for European Legal History Open Access Publication, Frankfurt a. M. 2016, 3–24 (16), abrufbar unter: https://www.lhlt.mpg.de/gplh_volume_6.
[59] *Caspar Ehlers*, Rechtsräume. Ordnungsmuster im Europa des frühen Mittelalters, De Gruyter Oldenbourg, Berlin/Boston 2016, S. 34.
[60] *Günther Winkler*, Raum und Recht. Dogmatische und theoretische Perspektiven eines empirisch-rationalen Rechtsdenkens, Springer, Wien 1999, S. 77.
[61] *Günther Winkler*, Raum und Recht. Dogmatische und theoretische Perspektiven eines empirisch-rationalen Rechtsdenkens, Springer, Wien 1999, S. 78.
[62] *Massimo Meccarelli/María J. Solla Sastre*, Spatial and Temporal Dimensions for Legal History: An Introduction, in Massimo Meccarelli/María J. Solla Sastre (Hrsg.), Spatial and Temporal Dimensions for Legal History. Research Experiences and Itineraries, Global Perspectives on Legal History, Max Planck Institute for European Legal History Open Access Publication, Frankfurt a. M. 2016, 3–24 (13), abrufbar unter: https://www.lhlt.mpg.de/gplh_volume_6.
[63] *Frank Göttmann*, Zur Bedeutung der Raumkategorie in der Regionalgeschichte, UB

gehend von personalen oder (territorial-)staatlichen Machtverhältnissen – das „Herrschafts-" oder „Staatsgebiet". Die territoriale Betrachtung des Raums ist zwar keineswegs verpflichtend,[64] ebenso wenig impliziert sie notwendigerweise, dass der Rechtsraum immer gleichbedeutend sein muss mit dem Territorium als Anwendungsbereich einer bestimmten Rechtsordnung.[65] Jedoch wird in diesem Zusammenhang der Raum „als ein natürliches außerrechtliches Phänomen für das Recht stillschweigend" vorausgesetzt.[66] Das Territorium ist danach zwangsläufig „erdverbunden",[67] es ist real. Dabei wird übersehen, dass durchaus ein Unterschied besteht zwischen dem natürlich gegebenen und dem rechtlichen Raum.[68] *Jellinek* bezeichnete letzteren daher treffend als „Gebiet" im Unterschied zum (natürlichen) „Land":

> „Das Land, auf welchem der staatliche Verband sich erhebt, bezeichnet seiner rechtlichen Seite nach den Raum, auf dem die Staatsgewalt ihre spezifische Tätigkeit, die des Herrschens, entfalten kann. In diesem rechtlichen Sinne wird das Land als Gebiet bezeichnet."[69]

Die rein geografische Trennung zweier Gebietsteile durch eine natürliche Grenze (Fluss, Wüste, dichter Wald) ist nicht ausreichend zur Konstituierung eines Territoriums als Entfaltungsraum staatlicher Herrschaft; es braucht einen Bezug zu einer menschengemachten politischen Struktur, die diese natürliche Grenze widerspiegelt.[70] Das beweisen bereits der Ursprung des Begriffs „Territori-

---

Paderborn, 2009, S. 9, abrufbar unter: https://digital.ub.uni-paderborn.de/hsx/content/pageview/1539429.

[64] *Jürgen Bast*, Völker- und unionsrechtliche Anstöße zur Entterritorialisierung des Rechts (2. Referat), in VVDStRL Bd. 76: Grenzüberschreitungen, Berichte und Diskussionen auf der Tagung der Vereinigung der Deutschen Staatsrechtslehrer in Linz vom 5.–8. Oktober 2016, De Gruyter, Berlin/Boston 2017, 277–309 (289).

[65] *Massimo Meccarelli/María J. Solla Sastre*, Spatial and Temporal Dimensions for Legal History: An Introduction, in Massimo Meccarelli/María J. Solla Sastre (Hrsg.), Spatial and Temporal Dimensions for Legal History. Research Experiences and Itineraries, Global Perspectives on Legal History, Max Planck Institute for European Legal History Open Access Publication, Frankfurt a. M. 2016, 3–24 (17), abrufbar unter: https://www.lhlt.mpg.de/gplh_volume_6.

[66] *Günther Winkler*, Raum und Recht. Dogmatische und theoretische Perspektiven eines empirisch-rationalen Rechtsdenkens, Springer, Wien 1999, S. 78.

[67] *Andreas v. Arnauld*, Politische Räume im Völkerrecht, in Kerstin Odendahl/Thomas Giegerich (Hrsg.), Räume im Völker- und Europarecht, Veröffentlichungen des Walther-Schücking-Instituts für Internationales Recht an der Universität Kiel Bd. 189, Duncker & Humblot, Berlin 2014, 179–204 (182).

[68] Zur Missachtung des „Raums" in der Rechtswissenschaft: *Günther Winkler*, Raum und Recht. Dogmatische und theoretische Perspektiven eines empirisch-rationalen Rechtsdenkens, Springer, Wien 1999, S. 77 ff.

[69] *Georg Jellinek/Walter Jellinek* (Bearb.), Allgemeine Staatslehre, 3. Aufl., Verlag Dr. Max Gehlen (unveränd. Nachdr. d. 5. Neudr. d. 3. Aufl.), Bad Homburg v. d. Höhe/Berlin/Zürich 1966, S. 394.

[70] *Daniel-Erasmus Khan*, Territory and Boundaries, in Bardo Fassbender/Anne Peters (Hrsg.), The Oxford Handbook of the History of International Law, Oxford University Press, Oxford 2012, 225–249 (231). Zum Begriff des Staatsgebiets eindrücklich *Hans Kelsen*, All-

um", einer Komposition des lat. Wortes „terra" (Land, Erde),[71] und des Suffix „-orium" (Ort, Platz), und seine ursprüngliche Bedeutung („zu einer Stadt gehörendes Ackerland", „Stadtgebiet").[72] Das Territorium eines Nationalstaates ist ohne Zweifel ein eigener „Rechtsraum", ein Stück Land, das die Staatsgewalt in Abgrenzung zu benachbarten Mächten als ihren physischen Herrschaftsbereich auserkoren hat. Daneben kommt der Raumbegriff auch im soziologisch-kulturellen Kontext vor; anzuknüpfen ist hier primär an Kontinuitäten, wie die in der historischen Geografie geprägten Begriffe der „Kulturlandschaft", des „Kulturraums" sowie des „Kulturkreises" zeigen.[73] In diesem Zusammenhang merkt *Ehlers* an, dass „[n]icht zuletzt am Beispiel des Konzeptes ‚Europa' gut zu erkennen" sei, „wie aus dem gedachten Raum heraus Kultur entstehen kann und aus der konstruierten Kultur umgekehrt auch Räume geschaffen werden können".[74] Somit ist der Raumbegriff auch auf Räume anwendbar, die in ihrer Ausdehnung über das Staatsgebiet hinausgehen, wie etwa im Rahmen juristisch definierter „Wirtschaftsräume", die nach *Giegerich* und *Odendahl* als „Geltungsbereiche der völkerrechtlichen Verträge, mit denen Freihandelszonen, Zollunionen oder gar Gemeinsame Märkte gegründet werden", manifestiert sind.[75] Diesen Räumen liegen infrastrukturelle und ökonomische bzw. wirtschaftshistorische Kriterien zugrunde.[76]

---

gemeine Staatslehre, Verlag Dr. Max Gehlen (unveränd. fotomechan. Nachdr. d. 1. Aufl., Berlin 1925), Bad Homburg v. d. Höhe/Berlin/Zürich 1966, S. 138: „Daß beim Begriff des Staatsgebietes von der staatlichen Rechtsordnung, dem Staat als Rechtsordnung, gar nicht abgesehen werden kann, das geht auch daraus in unzweideutigster Weise hervor, daß die Einheit des Staatsgebietes – und es ist wesentlich, daß ein Staat auch ein Gebiet hat, daß das Gebiet eines Staates eine Einheit bildet – keineswegs eine natürliche, geographische Einheit ist. Das Staatsgebiet kann aus Teilen bestehen, die durch andere Gebiete getrennt sind, durch Gebiete, die entweder zu anderen Staaten oder überhaupt zu keinem Staate […] gehören (z. B. durch das offene Meer). Wenn alle diese für eine natürliche Betrachtung in keiner Weise zusammengehörigen Teile ein einheitliches Ganze[s], ein einziges Staatsgebiet bilden, so ist dies nur darum der Fall, weil sie das Geltungsgebiet einer und derselben Rechtsordnung sind. Die Identität des Staatsgebietes ist nur die Identität der Rechtsordnung. Wie denn die ganze Lehre vom Staatsgebiet rein juristischen Charakter hat und keinerlei naturwissenschaftlich-geographische Erkenntnis beabsichtigt."

[71] *Duden*, Art. „Territorium, das", abrufbar unter: https://www.duden.de/rechtschreibung/Territorium.

[72] *Brockhaus*, Enzyklopädie in 30 Bänden, Art. „Territorium", Bd. 27: TALB–TRY, 21. Aufl., F. A. Brockhaus, Leipzig/Mannheim 2006, S. 231.

[73] *Caspar Ehlers*, Rechtsräume. Ordnungsmuster im Europa des frühen Mittelalters, De Gruyter Oldenbourg, Berlin/Boston 2016, S. 20.

[74] *Caspar Ehlers*, Rechtsräume. Ordnungsmuster im Europa des frühen Mittelalters, De Gruyter Oldenbourg, Berlin/Boston 2016, S. 21.

[75] *Thomas Giegerich/Kerstin Odendahl*, Einleitung: Reflexionen über „Räumlichkeit" und „Persönlichkeit" im Recht, in Kerstin Odendahl/Thomas Giegerich, Räume im Völker- und Europarecht, Veröffentlichungen des Walther-Schücking-Instituts für internationales Recht an der Universität Kiel: Bd. 189, Duncker & Humblot, Berlin 2014, 13–19 (15).

[76] *Caspar Ehlers*, Rechtsräume. Ordnungsmuster im Europa des frühen Mittelalters, De Gruyter Oldenbourg, Berlin/Boston 2016, S. 21, 87 ff.

b) Der Rechtsbegriff im Raum

Ebenso wenig, wie es „den" Raum gibt, existiert „das" oder „ein" Recht;[77] „Recht" – dem Wesen nach „ein vielfältig raumgebundenes, vielgestaltiges und dennoch homogenes kulturell-soziales Phänomen besonderer Art"[78] – ist im Rahmen dieser abstrakten Annährung an den Begriff des Rechtsraums allgemein als Form eines normativen Ordnungs- oder Steuerungssystems, bestehend „aus einer Vielzahl von unterschiedlich strukturierten und unterschiedlich legitimierten Teilsystemen",[79] gewissermaßen „als Sammelbegriff normativer Ordnungen"[80] zu verstehen.[81] Dabei ist

> „die räumliche Homogenität der Geltung von Erzeugungs- und Erscheinungsformen des Rechts mit der räumlichen Verbindlichkeit ihrer Sinngehalte [...] eine wesentliche Voraussetzung für deren Verwirklichung durch Anwendung und Befolgung".[82]

Und obwohl das Recht „wesensmäßig ein raumzeitliches Phänomen"[83] ist, Recht also niemals abseits eines gesellschaftlichen und damit u. a. räumlichen Konnexes entsteht, geraten die räumlichen Bezüge des Rechts oft nur wie zufällig in das Blickfeld des Rechtsanwenders, und zwar offenbar immer dann, wenn bestimmte Rechtsinstitute eine „soziale Eigendynamik" aufweisen, wenn sie also gewissermaßen durch die „räumliche Bewegung der Rechtsfiguren" entstehen und weiterentwickelt werden.[84] Jede Bewegung eines Subjekts im Raum kann, vereinfacht ausgedrückt, Recht zur Entstehung verhelfen. Je stärker der „Bewegungsdrang" der Rechtssubjekte ist, desto mehr Recht entsteht.[85]

---

[77] Anders dagegen *Günter Winkler*, Raum und Recht. Dogmatische und theoretische Perspektiven eines empirisch-rationalen Rechtsdenkens, Springer, Wien 1999, S. 90, der „Recht" (sehr) allgemein definiert: „In diesem Sinn ist das Recht eine mehrschichtige und vielfältige, unterschiedlich raumgebundene kulturell-soziale Realität". Und weiter beschreibt er Recht als ein „mehrschichtige[s], in Raum und Zeit generell-abstrakt und individuell-konkret, sinn- und zweckhaft in Erscheinung tretende[s], vielfältige[s] und komplexe[s] kulturell-soziale[s] Phänomen".

[78] *Günther Winkler*, Raum und Recht. Dogmatische und theoretische Perspektiven eines empirisch-rationalen Rechtsdenkens, Springer, Wien/New York 1999, S. 91.

[79] *Caspar Ehlers*, Rechtsräume. Ordnungsmuster im Europa des frühen Mittelalters, De Gruyter Oldenbourg, Berlin/Boston 2016, S. 12.

[80] *Caspar Ehlers*, Rechtsräume: Ordnungsmuster im Europa des frühen Mittelalters, De Gruyter Oldenbourg, Berlin/Boston 2016, S. 9.

[81] *Caspar Ehlers*, Rechtsräume. Ordnungsmuster im Europa des frühen Mittelalters, De Gruyter Oldenbourg, Berlin/Boston 2016, S. 10, 14.

[82] *Günther Winkler*, Raum und Recht. Dogmatische und theoretische Perspektiven eines empirisch-rationalen Rechtsdenkens, Springer, Wien/New York 1999, S. 2.

[83] *Günther Winkler*, Raum und Recht. Dogmatische und theoretische Perspektiven eines empirisch-rationalen Rechtsdenkens, Springer, Wien/New York 1999, S. 2.

[84] *Dietmar Willoweit*, Historische Prozesse staatenübergreifender Rechtsbildung, in Horst Dreier/Hans Forkel/Klaus Laubenthal (Hrsg.), Raum und Recht, FS 600 Jahre Würzburger Juristenfakultät, Duncker & Humblot, Berlin 2002, 3–21 (6).

[85] Das beweist z. B. eine kombinierte Betrachtung des im Zusammenhang mit der industriellen Revolution zu Beginn des 20. Jh. beobachteten zunehmenden Verkehrsaufkommens,

2. „Rechtsraum" – Ein Definitionsversuch

Wenn also die Bewegung von Subjekten im Raum mutmaßlich Recht zu erzeugen vermag, ist dann der Rechtsraum nichts weiter als ein rechtserheblicher „Bewegungsraum", ein schlichter „Raum im Recht"? Es scheint ganz so, sind doch Räume nach *v. Arnauld* im Allgemeinen bloße „Konstrukte, [...], bei denen stets zu fragen ist, wer sie mit welcher Absicht wie konstruiert".[86] Im Fall des Aufeinandertreffens von „Recht" und „Raum" ist also der Raum danach nur mehr eine Art Kulisse für die Verbreitung von Recht, wobei jedes „Recht" seine eigene Definition von „seinem" Raum hat.[87] Verschiedenste Mechanismen sorgen für die Einbeziehung vom Raum in das Recht[88] und seine Wandlung zum Rechtsraum. Einer dieser Mechanismen ist der technische und wissenschaftliche Wandel: Sei es im Bereich der Rohstoffgewinnung, des Verkehrs oder der Kommunikation, ob zu Land, in der Luft oder zur See, der Mensch erschließt sich bis *dato* unbekannte Räume ohne „Ordnung und Ortung"[89] mithilfe der Technik, um sie alsdann einem rechtlichen Ordnungssystem zuzuführen. „Recht entsteht durch sinn- und zweckhaftes menschliches Verhalten im Raum";[90] Raum kann dementsprechend fungieren als Ort der Entstehung,[91] aber auch der Verbreitung von Recht, wobei sich Recht in seinem Verbreitungsraum nicht eindimensional und monodirektional bewegt.[92] Recht ist stets abstrakt raumgebunden, erhält

---

der in der Folge vermehrt zu verzeichnenden grenzüberschreitenden Handelsbeziehungen und der zur selben Zeit anwachsenden Zahl der Rechtsnormen im Verkehrs- und Handelsrecht auf zwischenstaatlicher Ebene, vgl. *Miloš Vec*, Recht und Normierung in der Industriellen Revolution. Neue Strukturen der Normsetzung in Völkerrecht, staatlicher Gesetzgebung und gesellschaftlicher Selbstnormierung, Vittorio Klostermann, Frankfurt a. M. 2006, S. 109 ff.

[86] *Andreas v. Arnauld*, Politische Räume im Völkerrecht, in Kerstin Odendahl/Thomas Giegerich (Hrsg.), Räume im Völker- und Europarecht, Veröffentlichungen des Walther-Schücking-Instituts für Internationales Recht an der Universität Kiel Bd. 189, Duncker & Humblot, Berlin 2014, 179–204 (183).

[87] *Caspar Ehlers*, Rechtsräume. Ordnungsmuster im Europa des frühen Mittelalters, De Gruyter Oldenbourg, Berlin/Boston 2016, S. 12.

[88] *Günther Winkler*, Raum und Recht. Dogmatische und theoretische Perspektiven eines empirisch-rationalen Rechtsdenkens, Springer, Wien/New York 1999, S. 70.

[89] *Carl Schmitt*, Der Nomos der Erde im Völkerrecht des Jus Publicum Europaeum, 5. Aufl., Duncker & Humblot, Berlin 2011, S. 13.

[90] *Günther Winkler*, Raum und Recht. Dogmatische und theoretische Perspektiven eines empirisch-rationalen Rechtsdenkens, Springer, Wien/New York 1999, S. 3.

[91] *Massimo Meccarelli/María J. Solla Sastre*, Spatial and Temporal Dimensions for Legal History: An Introduction, in Massimo Meccarelli/María J. Solla Sastre (Hrsg.), Spatial and Temporal Dimensions for Legal History. Research Experiences and Itineraries, Global Perspectives on Legal History, Max Planck Institute for European Legal History Open Access Publication, Frankfurt a. M. 2016, 3–24 (14), abrufbar unter: https://www.lhlt.mpg.de/gplh_volume_6.

[92] *Massimo Meccarelli/María J. Solla Sastre*, Spatial and Temporal Dimensions for Legal History: An Introduction, in Massimo Meccarelli/María J. Solla Sastre (Hrsg.), Spatial and Temporal Dimensions for Legal History. Research Experiences and Itineraries, Global Perspectives on Legal History, Max Planck Institute for European Legal History Open Access

durch seine Anwendung im Raum aber einen zusätzlichen konkreten Raumbezug, es wird „durch den Raum differenziert erfahrbar[…]".[93]

Im Rechtsdenken wird der Raum i. S. d. real existierenden Naturraums häufig als „vorrechtliches Naturphänomen" wahrgenommen und seine Existenz nicht weiter thematisiert; es scheint, als liege er in seiner Realität „außerhalb der Idealität des Rechtes".[94] Nach dieser Vorstellung ist der „Raum" selbst „nichts Rechtliches".[95] Betrachtet man den Raum jedoch durch die Linse des positiven Rechts, so wird er zum empirischen Begriff juristischen Denkens.[96] In diesem Fall ist der Raumbegriff auf zweierlei Art zu verstehen: entweder als externe Bezugsgröße, die den analytischen Fokus zur Beantwortung einer Rechtsfrage verfeinert; das rechtliche Problem bestimmt hier also den Bezugsrahmen bzw. den Raum, der in diesem Zusammenhang rekonstruktive bzw. wiederherstellende Funktion hat. Oder als implizites Problem einer Rechtsfrage: Raum ist hier nicht mehr ein analytisches Instrument, sondern selbst Teil des Rechtsproblems, also konstitutiv für das Problem.[97] Letzteres muss allein schon deshalb gelten, weil jeder rechtliche (Teil-)Raum in seinen Abmessungen und Charakteristika erst vom Recht definiert werden kann,[98] „Raum" ist daher rechtserhebliche Tatsache und Bestandteil des geltenden Rechts,[99] „Kategorie und Objekt

---

Publication, Frankfurt a. M. 2016, 3–24 (16), abrufbar unter: https://www.lhlt.mpg.de/gplh_volume_6.
[93] *Günther Winkler*, Raum und Recht. Dogmatische und theoretische Perspektiven eines empirisch-rationalen Rechtsdenkens, Springer, Wien/New York 1999, S. 92. A. A. *Immanuel Kant* (1724–1804) in Julius H. v. Kirchmann (Hrsg.), Immanuel Kant's sämtliche Werke, Bd. 1: Immanuel Kant's Kritik der reinen Vernunft, 2. Aufl., Verlag von L. Heimann, Berlin 1870, S. 91: „[D]as Recht kann gar nicht erscheinen, sondern sein Begriff liegt im Verstande […]."
[94] *Günther Winkler*, Raum und Recht. Dogmatische und theoretische Perspektiven eines empirisch-rationalen Rechtsdenkens, Springer, Wien/New York 1999, S. 94.
[95] *Günther Winkler*, Raum und Recht. Dogmatische und theoretische Perspektiven eines empirisch-rationalen Rechtsdenkens, Springer, Wien/New York 1999, S. 94. Vgl. *vice versa* die reine Rechtslehre *Kelsens*, wonach das Recht als Inbegriff des „Sollens" (nicht des „Seins") nichts Reales sein kann und folglich auch jeglichen Bezug zu Raum und Zeit vermissen lässt: Hans Kelsen, Reine Rechtslehre, 2. Aufl., Verlag Österreich, Wien 2000 (unveränd. Nachdr. d. Aufl. 1960), S. 4 ff.
[96] *Günther Winkler*, Raum und Recht. Dogmatische und theoretische Perspektiven eines empirisch-rationalen Rechtsdenkens, Springer, Wien/New York 1999, S. 221 ff.
[97] *Massimo Meccarelli/María J. Solla Sastre*, Spatial and Temporal Dimensions for Legal History: An Introduction, in Massimo Meccarelli/María J. Solla Sastre (Hrsg.), Spatial and Temporal Dimensions for Legal History. Research Experiences and Itineraries, Global Perspectives on Legal History, Max Planck Institute for European Legal History Open Access Publication, Frankfurt a. M. 2016, 3–24 (11 f.), abrufbar unter: https://www.lhlt.mpg.de/gplh_volume_6. Ähnlich auch die „Bestandsaufnahme" zum Rechtsraum bei *Günther Winkler*, Raum und Recht. Dogmatische und theoretische Perspektiven eines empirisch-rationalen Rechtsdenkens, Springer, Wien 1999, S. 77 ff.
[98] *Günther Winkler*, Raum und Recht. Dogmatische und theoretische Perspektiven eines empirisch-rationalen Rechtsdenkens, Springer, Wien 1999, S. 79, 88.
[99] So *Günther Winkler*, Raum und Recht. Dogmatische und theoretische Perspektiven eines empirisch-rationalen Rechtsdenkens, Springer, Wien 1999, S. 80.

zugleich".¹⁰⁰ Recht hat grds. die Tendenz, dem Raum zuzustreben und an ihm festzuhalten;¹⁰¹ *Meccarelli* und *Solla Sastre* nennen diesen Trend „spatialisation" („Verräumlichung") von Recht. Recht ist also in aller Regel raumbezogen,¹⁰² der Rechtsanwender neigt daher zum „Denken in raumbezogenen Containern".¹⁰³ Insbes. das öffentliche Recht wird in der Tradition von *Otto Mayer* (1846–1924) im Kern (immer noch) als territorial wahrgenommen:

> „Innerhalb ihres Gebietes ist sie *[die Staatsgewalt – Anm. d. A.]* Herr, ist sie allein das, was nach dem allgemeinen Begriff Staatsgewalt sein soll. Dem Gebiet ihrer Schwestern erkennt sie für diese die gleiche Bedeutung zu."¹⁰⁴

Ein Rechtsraum als Gesamtraum – im Gegensatz zu den „Teilräumen", aus denen er sich zusammensetzt – kann die Gesamtheit bestimmter Rechtsvorschriften beinhalten, die ein Rechtsverhältnis zwischen einer juristischen oder natürlichen Person und dem Staat abbilden. Rechtsraum meint insofern das regelungsgebundene Beziehungsgeflecht des Einzelnen zu verschiedenen Hoheitsträgern,¹⁰⁵ der Raumbegriff ist dergestalt handlungs-, nicht aber rein raumbe-

---

¹⁰⁰ *Caspar Ehlers*, Rechtsräume. Ordnungsmuster im Europa des frühen Mittelalters, De Gruyter Oldenbourg, Berlin/Boston 2016, S. 25.

¹⁰¹ *Massimo Meccarelli/María J. Solla Sastre*, Spatial and Temporal Dimensions for Legal History: An Introduction, in Massimo Meccarelli/María J. Solla Sastre (Hrsg.), Spatial and Temporal Dimensions for Legal History. Research Experiences and Itineraries, Global Perspectives on Legal History, Max Planck Institute for European Legal History Open Access Publication, Frankfurt a. M. 2016, 3–24 (15), abrufbar unter: https://www.lhlt.mpg.de/gplh_volume_6.

¹⁰² Seltsamerweise vertritt *Caspar Ehlers*, Rechtsräume. Ordnungsmuster im Europa des frühen Mittelalters, De Gruyter Oldenbourg, Berlin/Boston 2016, S. 7 eine gegenläufige Ansicht: „[…] spielt in der Rechtsgeschichte wie in der Gegenwart des geltenden Rechts […] der räumliche Aspekt meist eine eher nachgeordnete und oft metaphorische Rolle, während er in der Geschichtswissenschaft stets ein wichtiger, wenn auch nicht immer angebrachter Ansatz gewesen ist."

¹⁰³ *Caspar Ehlers*, Rechtsräume: Ordnungsmuster im Europa des frühen Mittelalters, De Gruyter Oldenbourg, Berlin/Boston 2016, S. 10; zum Territorium als „statischem Container souveräner Herrschaftsgewalt" auch *Kirsten Schmalenbach*, Völker- und unionsrechtliche Anstöße zur Entterritorialisierung des Rechts (1. Referat), in VVDStRL Bd. 76: Grenzüberschreitungen, Berichte und Diskussionen auf der Tagung der Vereinigung der Deutschen Staatsrechtslehrer in Linz vom 5.–8. Oktober 2016, De Gruyter, Berlin/Boston 2017, 245–276 (247) unter Bezugnahme auf *Peter J. Taylor*, The State as Container: Territoriality in the Modern World-System, Progress in Human Geography 18 (1994), 151–162 (151).

¹⁰⁴ *Otto Mayer*, Deutsches Verwaltungsrecht, Bd. 2, Systematisches Handbuch der Deutschen Rechtswissenschaft, 6. Abt., 2. Bd. (hrsg. v. Karl Binding), Duncker & Humblot, Leipzig 1896, § 62 (S. 465). Diese Haltung offenbart auch die dt. obergerichtliche Rechtsprechung, vgl. etwa BGH, Urt. v. 17.12.1959 – VII ZR 198/58, BGHZ 31, 367 (371) sowie Urt. v. 16.4.1975 – I ZR 40/73, BGHZ 64, 186 (189).

¹⁰⁵ Eindeutig *Markus A. Glaser*, Rechtsraum als Konzeption – Entwurf einer Grundlegung des Europäischen Verwaltungsrechts, in Alfred G. Debus/Franziska Kruse/Alexander Peters/Hanna Schröder/Olivia Seifert/Corinna Sicko/Isabel Stirn (Hrsg.), Verwaltungsrechtsraum Europa, 51. ATÖR Speyer 2011, Nomos, Baden-Baden 2011, 285–307 (286): „Rechtsraum meint *nicht* ein abgegrenztes Gebiet, in dem eine oder mehrere Rechtsordnungen oder bestimmte Rechtsregeln gelten. Ein Rechtsraum ist das Produkt rechtlicher Regelungen." – Hervorh. im Original.

zogen zu begreifen. Der Philosoph *Hermann Schmitz* definiert den Rechtsraum entsprechend in Abgrenzung zum „bloßen[n] Gefühlsraum" personen- bzw. subjektbezogen als „der vollständige, konkrete Lebensraum, in dem sich Menschen unwillkürlich finden".[106] Aufgrund der Annahme, dass der Mensch als Rechtssubjekt „ein [...] durch und durch leibliches und damit räumliches Wesen"[107] sei, versucht *Schmitz* die „vielfältige, gleichsam alle Register umfassende Räumlichkeit des Rechts dem Nachdenken einzuprägen".[108] Infolge seiner eigenen Orientierung am Räumlichen werde der Mensch auch „zu allen Weisen, auf die ihm etwas als räumlich begegnet",[109] beeinflusst. Daher bezeichnet *Schmitz*

„den konkreten, vollständigen Raum, in dem Menschen leben und u. a. Leiber mit Gefühlen und unzähligen Kräften, Gebilden, Zuständen anderer Art zu der komplizierten und labilen Konstellation eines Rechtszustandes zu integrieren suchen, geradezu als *Rechtsraum*".[110]

Im Ergebnis ist nach *Schmitz* somit schlicht der Lebensraum eines jeden Menschen, in dem er tagtäglich Rechtsbeziehungen eingeht, lebt und beendet, ein Rechtsraum. *Schmitz* folgert die Räumlichkeit des Rechts aus der (körperlichen) Sichtbarkeit menschlicher rechtskräftiger Symbolik, wie etwa dem Handschlag zur Besiegelung einer Abmachung.[111] Der Rechtsraum ist infolgedessen häufig natürlicher Raum, aber eben nicht bloßer „natürliche[r] Anschauungsraum".[112]

---

[106] *Hermann Schmitz*, System der Philosophie, Dritter Band: Der Raum, Dritter Teil: Der Rechtsraum. Praktische Philosophie, 2. Aufl., Bouvier Verlag Herbert Grundmann, Bonn 1983, S. 111.
[107] *Hermann Schmitz*, System der Philosophie, Dritter Band: Der Raum, Dritter Teil: Der Rechtsraum. Praktische Philosophie, 2. Aufl., Bouvier Verlag Herbert Grundmann, Bonn 1983, S. 112. So auch *Schmalenbach*, die den Menschen ein „territoriales Wesen" nennt: *Kirsten Schmalenbach*, Völker- und unionsrechtliche Anstöße zur Entterritorialisierung des Rechts (1. Referat), in VVDStRL Bd. 76: Grenzüberschreitungen, Berichte und Diskussionen auf der Tagung der Vereinigung der Deutschen Staatsrechtslehrer in Linz vom 5.–8. Oktober 2016, De Gruyter, Berlin/Boston 2017, 245–276 (247). Ähnlich auch *Günter Winkler*, Raum und Recht. Dogmatische und theoretische Perspektiven eines empirisch-rationalen Rechtsdenkens, Springer, Wien 1999, S. 13: „Der Mensch lebt und handelt naturgemäß räumlich."
[108] *Hermann Schmitz*, System der Philosophie, Dritter Band: Der Raum, Dritter Teil: Der Rechtsraum. Praktische Philosophie, 2. Aufl., Bouvier Verlag Herbert Grundmann, Bonn 1983, S. 112.
[109] *Hermann Schmitz*, System der Philosophie, Dritter Band: Der Raum, Dritter Teil: Der Rechtsraum. Praktische Philosophie, 2. Aufl., Bouvier Verlag Herbert Grundmann, Bonn 1983, S. 112.
[110] *Hermann Schmitz*, System der Philosophie, Dritter Band: Der Raum, Dritter Teil: Der Rechtsraum. Praktische Philosophie, 2. Aufl., Bouvier Verlag Herbert Grundmann, Bonn 1983, S. 112 – Hervorh. im Original.
[111] *Hermann Schmitz*, System der Philosophie, Dritter Band: Der Raum, Dritter Teil: Der Rechtsraum. Praktische Philosophie, 2. Aufl., Bouvier Verlag Herbert Grundmann, Bonn 1983, S. 113 f.
[112] *Karl Engisch*, Vom Weltbild des Juristen, 2. Aufl., Carl Winter Universitätsverlag, Heidelberg 1965, S. 62. Dass der natürliche Raum aber vielfach „als eine natürliche Erscheinung

Allerdings warnt *Engisch* vor einer allzu starken „Psychologisierung" des (gesellschaftlichen) Raums, der Rechtsraum ist nicht deckungsgleich mit der „natürlich-sozialen", d. h. soziologischen Raumvorstellung[113] des natürlichen Raums. Es ist aber auch der „Gedanke des ‚Rechtsraums' als eines gleichsam transzendenten Gebildes" abzulehnen.[114] Diese These bedarf erst dann einer Überarbeitung, wenn der Annahme keine Gültigkeit mehr zukommt, dass sich der Mensch selbst innerhalb dieses natürlichen Raums körperlich bewegen kann, um ihn durch Normsetzung und -anwendung zum Rechtsraum zu machen. Dieses Problem ergibt sich insbes. mit Blick auf den nur „virtuellen", d. h. nicht natürlichen Raum des Cyberspace. Das tatsächliche körperliche Bewegen „im" Cyberspace ist bekanntlich nicht möglich, sondern kann allenfalls durch die Vornahme von rechtlich relevanten Online-Handlungen simuliert werden. Zwar wird auch bei der Normierung von Online-Aktivitäten eine räumliche Bildsprache verwendet. Der „Raum" kann dann jedoch nicht mehr sein als eine bloße Metapher, die der Visualisierung anders nicht fassbarer Vorgänge dient.[115]

Von den vier den Kulturwissenschaften bekannten methodischen „Raum-Familien"[116] entspricht der politische Raum wohl am ehesten der klassischen juristischen Vorstellung vom Rechtsraum. Er soll für die Zwecke dieser Arbeit zunächst stellvertretend für den noch näher zu definierenden Begriff stehen. Entgegen der Ansicht von *Engisch*, man könne den Raum „nicht ‚definieren', denn wir würden uns hierbei wahrscheinlich in Tautologien verfangen",[117] ist eine Begriffsbestimmung für die anschließende Beantwortung der Frage nach den Mechanismen der Entstehung von Rechtsräumen nämlich unerlässlich, um die Betrachtung nicht ins Uferlose oder Sinnlose abgleiten zu lassen. *V. Arnauld* beschreibt vier unterschiedliche Dimensionen politischer Räume: geografische, normative, kommunikative und sog. Meta-Räume, die sich durch eine einzigartige Multipolarität auszeichnen.[118] Dabei bezeichnet er den kommunikativen

---

der empirisch erfahrbaren und rational erfaßbaren körperlichen Welt verstanden [wird], die außerhalb der Idealität des Rechtes liegt", erklärt *Günther Winkler*, Raum und Recht. Dogmatische und theoretische Perspektiven eines empirisch-rationalen Rechtsdenkens, Springer, Wien 1999, S. 94 mit der reinen Rechtslehre *Kelsens*, nach der „Recht nichts Reales sondern nur etwas Ideelles ist".

[113] *Karl Engisch*, Vom Weltbild des Juristen, 2. Aufl., Carl Winter Universitätsverlag, Heidelberg 1965, S. 47 Fn. 94 unter Verweis auf *Georg Simmel*, Der Raum und die räumlichen Ordnungen der Gesellschaft, in Monika Eigmüller/Georg Vobruba (Hrsg.), Grenzsoziologie. Die politische Strukturierung des Raumes, VS Verlag für Sozialwissenschaften, Wiesbaden 2006, 15–23.

[114] *Karl Engisch*, Vom Weltbild des Juristen, 2. Aufl., Carl Winter Universitätsverlag, Heidelberg 1965, S. 62.

[115] Dazu vertieft *infra* unter Kap. 1, A. I.3.c.

[116] Dazu *supra* Kap. 1, A. I.1.a.

[117] *Karl Engisch*, Vom Weltbild des Juristen, 2. Aufl., Carl Winter Universitätsverlag, Heidelberg 1965, S. 56.

[118] *Andreas v. Arnauld*, Politische Räume im Völkerrecht, in Kerstin Odendahl/Thomas Giegerich (Hrsg.), Räume im Völker- und Europarecht, Veröffentlichungen des Walther-Schü-

Raum als das „Urbild des politischen Raums",[119] da sich das Raumbild des Menschen unter dem Einfluss des technischen Wandels stetig verändert,[120] die Öffentlichkeit mit den Mitteln der Massenkommunikation gleichsam „transnationalisiert" wird.[121] Kommunikation ist hier vorrangig als rechtliche bzw. rechtspolitische Kommunikation zu verstehen.[122] Dass auch ein Konstrukt weltumspannender Kommunikationsnetze, bestehend aus der Telefonie, der Satellitenkommunikation und -information sowie dem Internet als dem „Netz der Netze", bildlich gesprochen einen „Raum" darstellen kann, steht außer Zweifel. Doch kann ein Raum der Kommunikation, in der Virtualität geschaffen durch komplexe technische Infrastruktursysteme, tatsächlich ein „Rechtsraum" im hier interessierenden Sinne sein? Es kommt darauf an, lautet die zunächst wenig befriedigende Antwort, und zwar auf die Definition des Begriffs „Rechtsraum". Beinhaltet diese Definition Elemente des geografischen Ansatzes, so wird der Kommunikationsraum als Rechtsraum mangels „echter" physischer Raumqualität ausscheiden. Auch der politisch-administrative, der soziologisch-kulturelle und der ökonomische Ansatz haben Schwächen, die letztlich dazu führen, dass einzelne Räume im Recht mit einzigartiger Architektur nicht als Rechtsraum gelten können. Der Schlüssel liegt daher wohl in der Qualifizierung von Rechtsräumen als „andere Räume" i. S. d. Theorie des frz. Philosophen *Michel Foucault* (1926–1984). *Foucault* zufolge gibt es zwei Arten von Räumen: reale und irreale Räume. Die irrealen Räume wiederum lassen sich seiner Ansicht nach in zwei Unterkategorien unterteilen: die Utopien und die sog. Heterotopien. „Utopien sind Orte ohne realen Ort";[123] dagegen bezeichnet *Foucault* solche Räume als Heterotopien, die als virtuelle „Gegenorte" zu real existierenden Orten er-

---

cking-Instituts für Internationales Recht an der Universität Kiel Bd. 189, Duncker & Humblot, Berlin 2014, 179–204 (184 ff.).

[119] *Andreas v. Arnauld*, Politische Räume im Völkerrecht, in Kerstin Odendahl/Thomas Giegerich (Hrsg.), Räume im Völker- und Europarecht, Veröffentlichungen des Walther-Schücking-Instituts für Internationales Recht an der Universität Kiel Bd. 189, Duncker & Humblot, Berlin 2014, 179–204 (198).

[120] Zu diesem Phänomen ausführlich *Ken Dark*, The Informational Reconfiguring of Global Geopolitics, in Yale H. Ferguson/R. J. Barry Jones (Hrsg.), Political Space: Frontiers of Change and Governance in a Globalizing World, State University of New York Press, Albany 2002, 61–85 (71 ff.).

[121] *Andreas v. Arnauld*, Politische Räume im Völkerrecht, in Kerstin Odendahl/Thomas Giegerich (Hrsg.), Räume im Völker- und Europarecht, Veröffentlichungen des Walther-Schücking-Instituts für Internationales Recht an der Universität Kiel Bd. 189, Duncker & Humblot, Berlin 2014, 179–204 (197).

[122] Beispiele bei *Andreas v. Arnauld*, Politische Räume im Völkerrecht, in Kerstin Odendahl/Thomas Giegerich (Hrsg.), Räume im Völker- und Europarecht, Veröffentlichungen des Walther-Schücking-Instituts für Internationales Recht an der Universität Kiel Bd. 189, Duncker & Humblot, Berlin 2014, 179–204 (198 f.).

[123] *Michel Foucault*, Von anderen Räumen, in Jörg Dünne/Stephan Günzel (Hrsg.), Raumtheorie. Grundlagentexte aus Philosophie und Kulturwissenschaften, Suhrkamp, Frankfurt a. M. 2006, 317–329 (320).

scheinen. Sie existieren gleichsam zweimal, einmal virtuell, einmal real. *Foucault* verdeutlicht dieses vermeintliche Paradoxon am Beispiel des Spiegels: Der Spiegel ist einerseits eine Utopie, er zeigt beispielsweise das Bild eines Menschen, der vor ihm steht. Dabei erzeugt er die Illusion, der Mensch befände sich *in* dem Spiegel, während dieser *de facto vor* dem Spiegel steht. Der Mensch betrachtet sich folglich dort, wo er nicht ist. Zugleich ist der Spiegel aber auch eine Heterotopie, denn der Spiegel existiert – im Gegensatz zum Spiegelbild, das er abbildet – tatsächlich und wirkt seinerseits auf die Realität zurück. Kurz gesagt: Der Spiegel als Medium bildet zeitgleich den realen Raum, in dem sich der Mensch befindet, und den virtuellen Raum seines Spiegelbildes ab. *Foucault* qualifiziert konsequenterweise u. a. Theater, Kinos oder Bibliotheken als Heterotopien.[124] Löst man sich nun von diesen sehr theoretisierten und abstrakten Überlegungen zur Natur des Raums und überträgt sie auf die konkrete Figur des Kommunikationsraums als Rechtsraum, so entsteht folgendes Bild: Im Zuge des technischen Wandels bot sich dem Menschen die Möglichkeit der Distanzkommunikation mittels Telegraf, (Satelliten-)Telefon oder E-Mail. Die genannten Kommunikationsmittel fungieren als „Spiegel"[125] und kreieren einen Raum der Kommunikation, der in virtueller Form gewissermaßen „neben" die realen Aufenthaltsorte der kommunizierenden Personen tritt. Die Inhalte des virtuellen Raums wirken zurück auf den realen Raum, daher hat etwa jede rechtlich verbindliche Handlung „im" Internet Auswirkungen auf die reale Person, die sie – vor dem Computer sitzend – ausgeführt hat.

Ausgehend von den vorstehenden Überlegungen wird für die Zwecke dieser Arbeit von folgender Definition des „Rechtsraums" ausgegangen: Ein Rechtsraum ist ein Raum, der nicht notwendigerweise geografisch, sondern jedenfalls (infra-)strukturell abgegrenzt oder zumindest abgrenzbar ist, in dem und für den sich eine eigene Rechtsordnung entwickelt hat, die die Zwecke und Grenzen des konstruierten Raums definiert. Frei nach der These des frz. Philosophen *Henri Lefebvre* (1901–1991) zur Produktion des (sozialen) Raums ist „der (rechtliche) Raum ein (rechtliches) Produkt".[126] Der Rechtsraum ist somit, vereinfacht ausgedrückt, stets der „Geltungsraum einer Norm oder Rechtsordnung".[127] Räume können im Ergebnis, so *v. Arnauld,* „auf verschiedene Weise imaginiert werden".

---

[124] *Michel Foucault,* Von anderen Räumen, in Jörg Dünne/Stephan Günzel (Hrsg.), Raumtheorie. Grundlagentexte aus Philosophie und Kulturwissenschaften, Suhrkamp, Frankfurt a. M. 2006, 317–329 (324 f.).

[125] Ähnlich *Andrew L. Shapiro,* The Disappearance of Cyberspace and the Rise of Code, Seton Hall Const. L. J. 8 (1998), 703–723 (710), der den Cyberspace als eine „Linse" bezeichnet, „through which we can see the world".

[126] Angelehnt an das Originalzitat *Lefebvres,* nach dem „der (soziale) Raum ein (soziales) Produkt" (*Henri Lefebvre,* Die Produktion des Raums, in Jörg Dünne/Stephan Günzel [Hrsg.], Raumtheorie. Grundlagentexte aus Philosophie und Kulturwissenschaften, Suhrkamp, Frankfurt a. M. 2006, 330–342 [330]).

[127] *Caspar Ehlers,* Rechtsräume. Ordnungsmuster im Europa des frühen Mittelalters, De Gruyter Oldenbourg, Berlin/Boston 2016, S. 34.

Die Vorstellung vom imaginierten Raum macht deutlich, dass Räume – je nach Definition – natürlich und greifbar, aber auch abstrakt und virtuell, also „nicht echt, nicht in Wirklichkeit vorhanden, aber echt erscheinend",[128] sein können.[129] Alle Räume haben jedoch gemein, dass sie stets in Abgrenzung zu anderen Räumen definiert und betrachtet werden. Grenzen, ob natürlicher, normativer oder virtueller Natur, bestimmen die Bemessung des Raums.[130]

3. Sonderfall „Rechtsraum Cyberspace"

Die für die Zwecke dieser Arbeit sehr offen formulierte Definition des Begriffs „Rechtsraum" erfasst bereits neben geografischen auch staatenübergreifende und virtuelle Rechtsräume wie den Cyberspace. Nichtsdestotrotz soll an dieser Stelle kurz auf die Spezifika der Entstehung dieses einmaligen Rechtsraums abseits bekannter Verortungsmechanismen im Raum eingegangen werden.

a) „Hic sunt leones"?

Alte Weltkarten bezeichneten die noch bis Ende des 19. Jh. existierenden „weißen Flecken" von *terra incognita* bzw. *terra periculosa* mit dem Satz „hic sunt leones" („Hier gibt es Löwen").[131] Die „leeren Räume" auf den Karten wurden kunstfertig mit allerlei fantastischen Wesen wie geflügelten Löwen und Seeschlangen ausgefüllt. Sie sollten darauf hinweisen, dass an diesen Orten keine (zivilisierte) Staatsgewalt für Recht und Ordnung sorgte; wer sich trotzdem dorthin wagte, war auf Gedeih und Verderb der Barbarei ausgeliefert, so die Vorstellung. Die einzigen in diesem Sinne heute noch existenten „weißen Flecken" staatlicher Kontrolle auf der Weltkarte sind wohl die sog. „Staatengemeinschaftsräume", z. B. die Antarktis und die Hohe See.

Und, so scheint es, der „Cyberspace". Denn ungeachtet der nunmehr ein halbes Jh. während Erfolgsgeschichte des Internets als Teil der „drittgrößten Re-

---

[128] *Duden*, Art. „virtuell", abrufbar unter: https://www.duden.de/rechtschreibung/virtuell, Bedeutung b.

[129] Beachte hierzu Beispiele normativer Räume wie die „Eine Welt", dazu *Andreas v. Arnauld*, Politische Räume im Völkerrecht, in Kerstin Odendahl/Thomas Giegerich (Hrsg.), Räume im Völker- und Europarecht, Veröffentlichungen des Walther-Schücking-Instituts für Internationales Recht an der Universität Kiel Bd. 189, Duncker & Humblot, Berlin 2014, 179–204 (192 f.).

[130] *Andreas v. Arnauld*, Politische Räume im Völkerrecht, in Kerstin Odendahl/Thomas Giegerich (Hrsg.), Räume im Völker- und Europarecht, Veröffentlichungen des Walther-Schücking-Instituts für Internationales Recht an der Universität Kiel Bd. 189, Duncker & Humblot, Berlin 2014, 179–204 (193).

[131] *Daniel Lambach*, Wer hat Angst vorm fragilen Staat? Und warum?, in Thomas Jäger (Hrsg.), Handbuch Sicherheitsgefahren, Springer Fachmedien, Wiesbaden 2015, 435–448 (443). Seltener wurde die Formel „hic sunt dracones" („Hier gibt es Drachen") verwendet, vgl. dazu den Slogan des „26th Chaos Communication Congress (26C3)" (27.–30.12.2009, Berlin) des Chaos Computer Clubs „Here Be Dragons".

volution der Menschheitsgeschichte" („the third-greatest revolution in human history"),[132] ist – raumordnungsrechtlich betrachtet – bis heute unklar, was (und wo) der „Cyberspace" überhaupt ist. Probleme bei der Verortung im Raum und der raumordnungsrechtlichen Einordnung bereitet bereits der Umstand, dass die Begriffe „Cyberspace" und „Internet" häufig (fälschlicherweise) synonym verwendet werden.[133] Das Internet ist das gebräuchlichste Kommunikations- und Informationssystem innerhalb des globalen virtuellen (Cyber-)Raums, der durch die Interkonnektivität von Computern entstanden ist. Und doch gilt das Internet – nicht der Cyberspace – in der U.S.-amerikanischen Rhetorik als „Electronic Frontier",[134] als virtuelles Äquivalent zur „Western Frontier" der Pioniere des 18. und 19. Jh., die aufbrachen, um den „Wilden Westen" des nordamerikanischen Kontinents zu besiedeln.[135] In dem Versuch, mittels einer (be-)greifbaren Analogie[136] das Wesen des Cyberspace zu ergründen, wird dieser (von *Lessig* auch „cworld" genannt)[137] u. a. als „a glorified telephone, a bookstore, a bulletin board"[138] beschrieben. Überwiegend wird er jedoch als physisch greifbarer „Raum" behandelt. Semantisch legt der Begriff „Cyberspace" ein solches Verständnis durchaus nahe, denn der Wortteil „space" (engl. Raum) ist als Hinweis auf die Existenz einer räumlich fassbaren Sphäre zu verstehen. Daher hat die Charakterisierung des Cyberspace als „Raum" schnell Einzug in den Sprachgebrauch gefunden. Jedoch dient der Gebrauch des Begriffs „Raum" in diesem Zusammenhang lediglich als Metapher zur Veranschaulichung von komplexen Vorgängen.[139] So wird die Illusion von Räumlichkeit erzeugt, obwohl kein Raum im klassischen (topographischen) Sinne vorhanden ist. Entsprechend wird der Begriff Cyberspace oft „nur als Umschreibung neuartiger Erfahrungswelten benutzt, ohne daraus rechtliche Konsequenzen zu ziehen".[140]

---

[132] *Walter B. Wriston*, Bits, Bytes, and Balance Sheets. The New Economic Rules of Engagement in a Wireless World, Hoover Institution Press, Publication No. 557, Stanford 2007, S. 28.

[133] Zur Bedeutung dieser nicht synonym zu verwendenden Begriffe, *supra* Teil II, B.

[134] S. *Mitchell Kapor/John P. Barlow*, Across the Electronic Frontier, 10.7.1990, abrufbar unter: https://www.eff.org/de/pages/across-electronic-frontier.

[135] *Dan Hunter*, Cyberspace as Place and the Tragedy of the Digital Anticommons, Cal. L. Rev. 91 (2003), 439–519 (441, 442); *Jonathan J. Rusch*, Cyberspace and the „Devil's Hatband", Seattle U. L. Rev. 24 (2000), 577–598 (577–579).

[136] *Darrel C. Menthe*, Jurisdiction In Cyberspace: A Theory of International Spaces, Mich. Telecomm. & Tech. L. Rev. 4 (1998), 69–103 (70).

[137] *Lawrence Lessig*, The Zones of Cyberspace, Stan. L. Rev. 48 (1996), 1403–1411 (1410).

[138] *Darrel C. Menthe*, Jurisdiction In Cyberspace: A Theory of International Spaces, Mich. Telecomm. & Tech. L. Rev. 4 (1998), 69–103 (70).

[139] *Caspar Ehlers*, Rechtsräume: Ordnungsmuster im Europa des frühen Mittelalters, De Gruyter Oldenbourg, Berlin/Boston 2016, S. 13 f.; *Hans A. Fischer*, Fiktionen und Bilder in der Rechtswissenschaft, AcP 117 (1919), 143–192 (144).

[140] *Michael v. Hinden*, Persönlichkeitsverletzungen im Internet: Das anwendbare Recht, J. C. B. Mohr (Paul Siebeck), Tübingen 1999, S. 242 Fn. 3.

In der Folge wird vielfach (fälschlich) davon ausgegangen, der Cyberspace müsse, um die Voraussetzungen für die Qualifizierung als rechtlich relevanter Raum und damit als Rechtsraum zu erfüllen, physisch als „Raum" wahrnehmbar sein. Tatsächlich aber ist die Raumqualität eines Rechtsraums nicht rein lokal und dreidimensional zu beschreiben. Es geht vielmehr um eine Autonomie des jeweiligen Raums seine Regulierung betreffend, hier die sog. „cyberspace regulatory autonomy".[141] Zwar stellt auch die völlige „Negierung räumlicher Zusammenhänge" keine Lösung des Problems dar; sonst würde die auch konstituierende Wirkung des Raums unterschätzt.[142] Dimensionaler und legaler Raumbegriff dürfen aber nicht verwechselt werden.

Es scheint (noch) kein Konsens über die völkerrechtliche Natur des Cyberspace zu bestehen. Noch Ende der 1990er-Jahre stellte sich in völkerrechtswissenschaftlichen Kreisen die Frage, ob der Versuch, das Internet universellen, verbindlichen Regelungen zu unterwerfen, überhaupt unternommen werden sollte und könnte, oder ob das Internet ein rechtsfreier Raum bleiben müsste.[143] Aufgrund der besonderen Beschaffenheit des Cyberspace wird heute dagegen nicht nur der Frage nach dessen tatsächlicher Raumqualität nachgegangen, sondern ebenso der Versuch unternommen, eine Antwort auf die Frage zu finden, ob es sich beim Cyberspace daneben auch um einen rechtlich zu erfassenden Raum handeln kann.

b) Der „Cyberspace" im Gefüge der Raumordnung des Völkerrechts

Um der Problematik der (Rechts-)Raumqualität des Cyberspace auf den Grund gehen zu können, muss zuvörderst die – deskriptive – infrastrukturelle, standortbasierte Basis des Cyberspace von der – normativen – (Meta-)Ebene des „Raums" abstrahiert werden. Der Cyberspace ist ein mittels der auf der Welt verfügbaren Computernetzwerke geschaffener virtueller „Raum", in dessen Rahmen u. a. mithilfe des globalen Informationssystems, das unter der Bezeichnung „Internet" bekannt ist, Sprach- und Datenkommunikation erfolgen kann. Unstreitig ist, dass Computer als infrastrukturelle Basis des weltweiten Computernetzes an reale Standorte gebunden sind. Dasselbe gilt für ihre Nutzer.[144]

---

[141] *Dan Hunter*, Cyberspace as Place and the Tragedy of the Digital Anticommons, Cal. L. Rev. 91 (2003), 439–519 (452).
[142] *Caspar Ehlers*, Rechtsräume. Ordnungsmuster im Europa des frühen Mittelalters, De Gruyter Oldenbourg, Berlin/Boston 2016, S. 16.
[143] *Franz C. Mayer*, Recht und Cyberspace, NJW 1996, 1782–1791 (1789). Vgl. in diesem Sinne auch *Joseph H. Kaiser*, Das Recht im Cyberspace: Eine spontane Ordnung noch ohne Hierarchie, in Herbert Haller/Christian Kopetzki/Richard Novak/Stanley L. Paulson/Bernhard Raschauer/Georg Ress/Ewald Wiederin (Hrsg.), Staat und Recht, FS für Günther Winkler, Springer, Wien/New York 1997, 397–409 (399): „Es gibt kein Cyberspace-Recht, denn es gibt keine Instanz, die die Befugnis hätte, für das ‚künstliche Universum' Recht zu setzen und durchzusetzen."
[144] Das ergibt sich aus der Natur des Menschen als „territoriales Wesen", vgl. *Kirsten*

Nicht bestritten wird zudem, dass das Internet nichts anderes als ein weiteres, wenn auch hochkomplexes, Medium zur Distanzkommunikation innerhalb des virtuellen Cyberspace ist:

> „The Internet is a worldwide, decentralized, more or less unlimited means of communication that allows all kinds of activities in a virtual Cyberspace."[145]

Problembehaftet ist allein die Vorstellung vom „virtuellen Raum" als geografisch zu verortende Lokalität im raumordnungsrechtlichen Sinn. Trotz der Bindung der Computer und Nutzer an reale Standorte sind nämlich etwa *Johnson* und *Post* der Ansicht, dass die realen Orte bei Aktivitäten „im" Cyberspace durch dessen besondere Struktur überlagert werden,[146] in ihren Augen entsteht folglich eine Art „Parallelwelt". Gegliedert und unterteilt wird diese scheinbar „grenzenlose" Welt mittels „[d]istinct names and (virtual) addresses, special passwords, entry fees, and visual cues – software boundaries – [...]".[147] Die hilfsweise konstruierten „Grenzen" erfüllen jedoch nicht denselben Zweck wie herkömmliche (räumliche) Staatsgrenzen: Von ihnen geht keine „Hinweisfunktion" für den Nutzer aus, welchem Rechtsregime seine Handlungen unterworfen sind. Eine rein nationale Regelung bestimmter Aktivitäten im Cyberspace scheint gar nicht möglich. Zwar verändert der Nutzer seinen Aufenthaltsort physisch nicht, eine genaue geografische Verortung des Teilnehmers zum Zeitpunkt seiner (virtuellen) Handlung ist aber lediglich infrastrukturell, rein geografisch dagegen nicht immer ohne Einschränkungen möglich.[148] Im Gegensatz zur „real world" besteht *ergo* im Cyberspace kein Zusammenhang zwischen Legitimität rechtlicher Regelungen und räumlicher Nähe.[149] Der Cyberspace macht eine „territoriale Beherrschung des Informationsflusses"[150] schon durch seine dezentrale Struktur unmöglich.

Nichtsdestotrotz bleibt festzuhalten, dass alle „im" Cyberspace vorgenommenen Handlungen Konsequenzen in der „echten" Welt nach sich ziehen. Nut-

---

Schmalenbach, Völker- und unionsrechtliche Anstöße zur Entterritorialisierung des Rechts (1. Referat), in VVDStRL Bd. 76: Grenzüberschreitungen, Berichte und Diskussionen auf der Tagung der Vereinigung der Deutschen Staatsrechtslehrer in Linz vom 5.–8. Oktober 2016, De Gruyter, Berlin/Boston 2017, 245–276 (247).

[145] *Franz C. Mayer*, Europe and the Internet: The Old World and the New Medium, EJIL 11 (2000), 149–169 (149 Fn. 1).

[146] *David R. Johnson/David G. Post*, Law and Borders – The Rise of Law in Cyberspace, Stan. L. Rev. 48 (1996), 1367–1402 (1378).

[147] *David R. Johnson/David G. Post*, Law and Borders – The Rise of Law in Cyberspace, Stan. L. Rev. 48 (1996), 1367–1402 (1395).

[148] *Michael v. Hinden*, Persönlichkeitsverletzungen im Internet: Das anwendbare Recht, J. C. B. Mohr (Paul Siebeck), Tübingen 1999, S. 244.

[149] *David R. Johnson/David G. Post*, Law and Borders – The Rise of Law in Cyberspace, Stan. L. Rev. 48 (1996), 1367–1402 (1370 f.).

[150] *Michael v. Hinden*, Persönlichkeitsverletzungen im Internet: Das anwendbare Recht, J. C. B. Mohr (Paul Siebeck), Tübingen 1999, S. 244.

zer des Cyberspace führen gewissermaßen ein „Doppelleben",[151] einerseits im Cyberspace, andererseits in der realen Welt:[152] So sind im Internet über Social Media verbreitete Hassparolen strafrechtlich verfolgbar, denn eine Persönlichkeitsverletzung tritt auch in der „real world" zutage.[153] Die Möglichkeit der Kenntnisnahme ist bei virtuellen Persönlichkeitsverletzungen – im Gegensatz zu bei gleichzeitiger körperlicher Anwesenheit von Täter und Opfer verübten Verletzungshandlungen – zwar auf Personen mit Zugang zum verwendeten Medium beschränkt. Die notwendige „Störung des Sozialbezugs" als Folge der Verletzungshandlung tritt also „lediglich im Verhältnis zu Netzteilnehmern ein".[154] Alle Folgen der ursprünglichen Verletzung sind aber vom Betroffenen unmittelbar wahrnehmbar (sofern sich das Sozialleben überwiegend „offline" abspielt);[155] *v. Hinden* nennt hier beispielhaft Vermögenseinbußen durch Verlust des Arbeitsplatzes, soziale Ächtung und seelische Qualen[156] oder – mangels realer sozialer Interaktion mit anderen Menschen – auch „nur" die Verletzung persönlicher Gefühle.[157]

Bei folgenorientierter Betrachtung ist im Ergebnis eine trennscharfe Abgrenzung des Cyberspace von der raumbasierten, „echten" Welt nicht haltbar. Nach *v. Hinden* ist der Cyberspace somit kein „Raum", sondern lediglich eine von den Nutzern geschaffene „Illusion".[158] Entsprechend der (Schreckens-)

---

[151] *Michael v. Hinden*, Persönlichkeitsverletzungen im Internet: Das anwendbare Recht, J. C. B. Mohr (Paul Siebeck), Tübingen 1999, S. 247.

[152] *Andrew L. Shapiro*, The Disappearance of Cyberspace and the Rise of Code, Seton Hall Const. L. J. 8 (1998), 703–723 (710 ff.); *Timothy S. Wu*, When Law & the Internet First Met, Green Bag 3 (2000), 171–177 (172 f.).

[153] Weitere (hypothetische) Fälle von Persönlichkeitsverletzungen im Cyberspace bei *Matthew Burnstein*, Conflicts on the Net: Choice of Law in Transnational Cyberspace, Vand. J. Transnat'l L. 29 (1996), 75–116 (83–87).

[154] *Michael v. Hinden*, Persönlichkeitsverletzungen im Internet: Das anwendbare Recht, J. C. B. Mohr (Paul Siebeck), Tübingen 1999, S. 247.

[155] *Michael v. Hinden*, Persönlichkeitsverletzungen im Internet: Das anwendbare Recht, J. C. B. Mohr (Paul Siebeck), Tübingen 1999, S. 247.

[156] *Michael v. Hinden*, Persönlichkeitsverletzungen im Internet: Das anwendbare Recht, J. C. B. Mohr (Paul Siebeck), Tübingen 1999, S. 247; dazu die (realen) Auswirkungen der Online-Behauptungen des „Drudge-Report", vgl. z. B. U. S. District Court for the District of Columbia, Urt. v. 22.4.1998 – 992 F. Supp. 44 (D. D. C. 1998), No. CIV.A. 97–1968 PLF. – Sidney Blumenthal, Jacqueline Jordan Blumenthal/Matt Drudge, America Online, Inc.

[157] *Matthew Burnstein*, Conflicts on the Net: Choice of Law in Transnational Cyberspace, Vand. J. Transnat'l L. 29 (1996), 75–116 (93 Fn. 111) äußert zu diesem Problem, dass eine reale Verletzung bei Verwendung eines Pseudonyms im Cyberspace nicht feststellbar sei. Infolge des Auftretens unter einem erfundenen bzw. „falschen" Namen sei etwa bei Ehrverletzungen keine reale Person verletzt. Nach *v. Hinden* ist dieser Einwand aber nicht unter Verweis auf die besonderen Strukturen des Cyberspace gerechtfertigt, sondern stellt allenfalls einen Nebeneffekt anonymen Auftretens dar. Dieser könne aber auch beim Handeln in der „real world" beobachtet werden, dazu *Michael v. Hinden*, Persönlichkeitsverletzungen im Internet: Das anwendbare Recht, J. C. B. Mohr (Paul Siebeck), Tübingen 1999, S. 247 Fn. 23.

[158] *Michael v. Hinden*, Persönlichkeitsverletzungen im Internet: Das anwendbare Recht, J. C. B. Mohr (Paul Siebeck), Tübingen 1999, S. 247.

Vision von *Gibson*[159] erschufen die Menschen eine „consensual hallucination":[160]

„Wer anders argumentiert, läßt sich zu sehr von der bloßen Illusion einer eigenständigen ‚Räumlichkeit' des Cyberspace blenden und unterscheidet zumindest nicht hinreichend zwischen bloß technischen und normativ relevanten Auslandsbezügen."[161]

Entsprechend bezeichnet *Hunter* die Behandlung des Cyberspace als Raum schlicht als „dumm" („foolish"),[162] nach *Wu* muss diese Idee „count as among recent legal history's more quixotic episodes".[163]

Vorzugswürdig ist somit die Auffassung, den Cyberspace nicht als Raum im physischen, sondern im funktionalen[164] Sinn zu verstehen, als Kommunikationsraum, als öffentlichen bzw. „sozialen Raum",[165] nicht greifbar, aber angefüllt mit Nachrichten und Websites und für jeden zugänglich; kurz: als „entterritorialisierten Raum" *par excellence*. So beschreibt *Kaiser* die Natur des mittels einer elektronischen Infrastruktur konstituierten Cyberspace als „nicht territorial, sondern kommunikativ".[166] Den infrastrukturellen Charakter des virtuellen Raums betonen auch Deutschland[167] und Japan[168] und der U. S.-Supreme Court

---

[159] Dazu *supra* Teil II.
[160] Vgl. *William Gibson*, Neuromancer, Ace Books, New York 1984, S. 51: „Cyberspace. A consensual hallucination experienced daily by billions of legitimate operators, in every nation."
[161] *Michael v. Hinden*, Persönlichkeitsverletzungen im Internet: Das anwendbare Recht, J. C. B. Mohr (Paul Siebeck), Tübingen 1999, S. 247.
[162] *Dan Hunter*, Cyberspace as Place and the Tragedy of the Digital Anticommons, Cal. L. Rev. 91 (2003), 439–520 (443).
[163] *Timothy S. Wu*, When Law & the Internet First Met, Green Bag 3 (2000), 171–177 (171).
[164] *Darrel C. Menthe*, Jurisdiction In Cyberspace: A Theory of International Spaces, Mich. Telecomm. & Tech. L. Rev. 4 (1998), 69–103 (70). Dazu auch *supra* Teil II, Kap. 2, C.IV.2.a.
[165] Vertiefend zum „sozialen Raum", vgl. *Jürgen Habermas*, Zur Rolle von Zivilgesellschaft und Politischer Öffentlichkeit, in Jürgen Habermas (Hrsg.), Faktizität und Geltung. Beiträge zur Diskurstheorie des Rechts und des demokratischen Rechtsstaats, Suhrkamp, Frankfurt a. M. 1992, 399–467 (436 f.).
[166] *Joseph H. Kaiser*, Das Recht im Cyberspace. Eine spontane Ordnung noch ohne Hierarchie, in Herbert Haller/Christian Kopetzki/Richard Novak/Stanley L. Paulson/Bernhard Raschauer/Georg Ress/Ewald Wiederin (Hrsg.), Staat und Recht, FS für Günther Winkler, Springer, Wien/New York 1997, 397–409 (397–398).
[167] *Report of the Secretary-General*, Developments in the field of information and telecommunications in the context of international security, UN Doc. A/68/156/Add.1, 9.9.2013, S. 5–11 (7): „Cyberspace is a public good and a public space".
[168] *Report of the Secretary-General*, Developments in the field of information and communications in the context of international security, UN Doc. A/68/156/Add.1, 9.9.2013, S. 13–15 (13): „Japan is of the view that cyberspace serves as a basic infrastructure for socioeconomic activities for both the public and private sectors." – Hervorh. d. A. Die Verwendung des Begriffs „Infrastruktur", der seit den 1960er-Jahren in den Wirtschaftswissenschaften und verwandten Bereichen (z. B. Raumplanung, Sozialpolitik) „die Gesamtheit der Anlagen, Einrichtungen und Gegebenheiten, die den Wirtschaftseinheiten als Grundlage ihrer Aktivitäten vorgegeben sind" bezeichnet (*Brockhaus*, Enzyklopädie in 30 Bänden, Art. „Infrastruktur",

bezeichnete den Cyberspace bereits in einer Entscheidung aus den Anfängen des Internets als „Medium ohne genaue geografische Verortung".[169]

c) Metaphern im Recht

Trotz seiner fehlenden Verortung im geografischen Raum wird der Cyberspace seit jeher im allgemeinen Sprachgebrauch als „Raum" behandelt und wahrgenommen. Das zeigt bereits eine Analyse der Terminologie, die im alltäglichen Sprachgebrauch zur Beschreibung von Aktivitäten im Internet verwendet wird. Im Zusammenhang mit dem Cyberspace spielen räumliche (physische) Metaphern eine große Rolle: Wir „gehen" jeden Tag wie selbstverständlich online, um im „Netz" zu „surfen"; beim „Chatten" im Internet „betreten" und „verlassen" wir „Chaträume"; E-Commerce macht den „Einkauf" online möglich; in „Chatgruppen" finden wir neue Freunde; man „verabredet" sich zum „Spielen" über „Social Media"; Softwareprogramme mit Namen wie „Robots", „Agents" oder „Spiders" sammeln versteckte Informationen auf Webseiten als sog. „Webcrawler"; wir verwenden „Explorer", um uns im Web zu „bewegen"; wir „versenden" und „erhalten" sogar virtuelle Post an unsere E-Mail-„Adressen".[170]

Aufgrund der Tatsache, dass zur Regelung von Aktivitäten „im Web" oder „im Netz" aktuell überwiegend (noch) nicht auf die Besonderheiten des Cyberspace abgestimmte Normen herangezogen werden (können),[171] findet sich eine entsprechende Wortwahl auch in diesem Zusammenhang wieder. Die Terminologie entspricht hier wie selbstverständlich der Beschreibung von Vorgängen in der „real world". Dabei basiert sie ausschließlich auf einer Metapher, der vom „Cyberspace as Place".[172] Diese Art der Bildsprache entsteht, wenn Merkmale der realen Welt unverändert auf die Rechtswelt übertragen werden.[173] Zwar

---

Bd. 13: HURS–JEM, 21. Aufl., F. A. Brockhaus, Leipzig/Mannheim 2006, S. 290), deutet eher auf eine Vorstellung vom Cyberspace als einem Konstrukt aus vernetzten Computern hin als auf einen eigenen Rechtsraum.

[169] U. S. Supreme Court, Urt. v. 26.6.1997 – 521 U. S. 844 (1997), S. 851 – *Janet Reno, Attorney General of the United States u. a./ACLU u. a.*, Appeal from the U. S. District Court for the Eastern District of Pennsylvania: „Taken together, these tools constitute a *unique medium – known to its users as ‚cyberspace' – located in no particular geographical location* but available to anyone, anywhere in the world, with access to the internet." – Hervorh. d. A.

[170] Weitere Beispiele für „physisches Vokabular", das im Zusammenhang mit Internet-Vorgängen verwendet wird, finden sich bei *Dan Hunter*, Cyberspace as Place and the Tragedy of the Digital Anticommons, Cal. L. Rev. 91 (2003), 439–519 (452 ff.).

[171] Zu den auf Aktivitäten im Cyberspace anwendbaren Normen, *supra* Teil II, C.

[172] Ausführlich mit dieser Metapher beschäftigt sich *Dan Hunter*, Cyberspace as Place and the Tragedy of the Digital Anticommons, Cal. L. Rev. 91 (2003), 439–519. Anschaulich unterscheidet zwischen den Begriffen „space" (virtuell) und „place" (real) *Manuel Castells*, The Internet Galaxy: Reflections on the Internet, Business, and Society, Oxford University Press, Oxford 2003.

[173] *Hans A. Fischer*, Fiktionen und Bilder in der Rechtswissenschaft, AcP 117 (1919), 143–192 (168).

überrascht nicht die Feststellung, dass die Regulierung neuer rechtlicher Phänomene oftmals (zunächst) auf den bereits vorhandenen Regeln basiert:

> „Die Rechtsordnung reagiert auf solche neuen Phänomene zunächst mit ihrem allgemeinen Recht, versucht eine anpassende Auslegung des vorhandenen Normenbestandes."[174]

Doch die Metapher „Cyberspace as Place" beeinflusst die rechtliche Regulierung von Online-Aktivitäten insofern, als dass Regelungsmechanismen aus der „real world" auf das Internet übertragen und so Elemente der realen in die „virtuelle" Welt importiert werden. Probleme bereitet dabei der Umstand, dass einige dieser Elemente keine Entsprechung im Cyberspace finden (vgl. dazu etwa das Phänomen der Online-Währungen oder das Problem der Behandlung ausschließlich im Internet existierenden Eigentums).[175] In der Anfangszeit des Internets war der Umgang mit dem neuen Medium geprägt von der Vorstellung, „that cyberspace was different from ‚here' and so should be accorded some form of autonomy from physical world – or so-called ‚meatspace' – sovereigns".[176] Das ergab Sinn, zumal schnell klar wurde, dass das Internet nicht alle damit zusammenhängenden Rechtsprobleme selbst geschaffen hat; sie waren schon in der „realen Welt" angelegt, daher existierten bereits entsprechende rechtliche Regelungen.[177] Die Nutzung der Metapher „Cyberspace as Place" ist Ausdruck des menschlichen Drangs, eine (real oder rechtlich existierende) Leere zu füllen, sei es in der Kartografie, der Natur- oder der Rechtswissenschaft.[178]

aa) Definition

Es stellt sich daher die Frage nach der Bedeutung und der Funktion der „Metapher". Laut Duden ist darunter ein „(besonders als Stilmittel gebrauchter) sprachlicher Ausdruck" zu verstehen,

---

[174] *Wolfgang Löwer*, Rechtshistorische Aspekte in der deutschen Elektrizitätsversorgung von 1880 bis 1990, in Wolfram Fischer (Hrsg.), Die Geschichte der Stromversorgung, VWEW, Frankfurt a. M. 1992, 167–215 (169).

[175] *Dan Hunter*, Cyberspace as Place and the Tragedy of the Digital Anticommons, Cal. L. Rev. 91 (2003), 439–519 (443).

[176] *Dan Hunter*, Cyberspace as Place and the Tragedy of the Digital Anticommons, Cal. L. Rev. 91 (2003), 439–519 (447); den Begriff „meatspace" verwendet ebenfalls *John P. Barlow*, Is There a There in Cyberspace?, abrufbar unter: https://www.eff.org/de/pages/there-there-cyberspace.

[177] *Franz C. Mayer*, Europe and the Internet: The Old World and the New Medium, EJIL 11 (2000), 149–169 (151); ebenso *Thomas Hoeren*, Internet und Recht – Neue Paradigmen des Informationsrechts, NJW 39 (1998), 2849–2928 (2849); dass es überhaupt möglich sein soll, die (internationale) Regelung des Internets vermittels bereits bestehender Normen zu bewerkstelligen, wird tlw. bestritten, u. a. von *David R. Johnson/David G. Post*, Law and Borders – The Rise of Law in Cyberspace, Stan. L. Rev. 48 (1996), 1367–1402 (1367).

[178] *Daniel Lambach*, Wer hat Angst vorm fragilen Staat? Und warum?, in Thomas Jäger (Hrsg.), Handbuch Sicherheitsgefahren, Springer Fachmedien, Wiesbaden 2015, 435–448 (443).

„bei dem ein Wort (eine Wortgruppe) aus seinem eigentlichen Bedeutungszusammenhang in einen anderen übertragen wird, ohne dass ein direkter Vergleich die Beziehung zwischen Bezeichnendem und Bezeichnetem verdeutlicht".[179]

Das Wort „Metapher", abgeleitet von dem griech. Verb „metaphérein" („anderswo hintragen")[180] bzw. dem Wort „metaphora",[181] zusammengesetzt aus „meta" = mitten, zwischen, nach, hinter, über, und „phora" (Partizip Perfekt von „phorein" oder „pherein"[182] = tragen),[183] bedeutet „Übertragung".[184]

Bereits im antiken Griechenland befassten sich Gelehrte mit der Bedeutung der Metapher. Der griech. Philosoph und Naturforscher *Aristoteles* (384 v. Chr.–322 v. Chr.) etwa bemerkte zur Verwendung sprachlicher Stilmittel:

„[W]eitaus das Wichtigste ist das Metaphorische. Denn dieses allein kann man nicht bei anderen lernen, sondern ist das Zeichen von Begabung. Denn gut zu übertragen bedeutet das Verwandte erkennen zu können."[185]

Prägendes Merkmal der Metapher ist ihre „Bildsprache", die Möglichkeit, abstrakte und komplexe Sachverhalte mit ihrer Hilfe anschaulich darzustellen.[186] Die Metapher ähnelt in ihrer Funktion einem (verkürzten) Vergleich, wobei auf die typischen semantischen Merkmale eines Vergleichs verzichtet und stattdessen ein Wort von seinem ursprünglichen auf einen anderen, im Kern vergleichbaren Sinn übertragen wird.[187] Der neue Kontext verleiht dem metaphorisch verwendeten Wort seine „Metapherneigenschaft",[188] daher wird auch von der „Kontextdeterminiertheit der Metapher" gesprochen.[189] Der Begriff Metapher bezieht sich allein auf das übertragene Wort,[190] Wort und Kontext zusammen

---

[179] *Duden*, Art. „Metapher, die", abrufbar unter: https://www.duden.de/rechtschreibung/Metapher.
[180] *Bernhard Haidacher*, Bargeldmetaphern im Französischen. Pragmatik, Sprachkultur und Metaphorik, Frank & Timme, Berlin 2015, S. 113.
[181] *Carsten Busch*, Metaphern in der Informatik: Modellbildung – Formalisierung – Anwendung, DUV, Wiesbaden 1998, S. 8.
[182] *Andrew Ortony*, Why Metaphors Are Necessary And Not Just Nice, Educational Theory 25 (1975), 45–53 (45).
[183] *Cordula M. Kleinhietpaß*, Metaphern der Rechtssprache und ihre Verwendung für Visualisierungen, TENEA Verlag, Bristol/Berlin 2005, S. 3.
[184] *Aristoteles*, Poetik (Übers., Einl. u. Anm. v. Olof Gigon), Philipp Reclam Jun., Stuttgart 1961, Abschn. 21, 54–56 (54).
[185] Aristoteles, Poetik (Übers., Einl. u. Anm. v. Olof Gigon), Philipp Reclam Jun., Stuttgart 1961, Abschn. 22, 56–59 (58).
[186] *Hans A. Fischer*, Fiktionen und Bilder in der Rechtswissenschaft, AcP 117 (1919), 143–192 (144, 168).
[187] *Cordula M. Kleinhietpaß*, Metaphern der Rechtssprache und ihre Verwendung für Visualisierungen, TENEA Verlag, Bristol/Berlin 2005, S. 3.
[188] Wortneuschöpfung von *Cordula M. Kleinhietpaß*, Metaphern der Rechtssprache und ihre Verwendung für Visualisierungen, TENEA Verlag, Bristol/Berlin 2005, S. 3.
[189] *Harald Weinrich*, Semantik der kühnen Metapher, in Anselm Haverkamp (Hrsg.), Theorie der Metapher, Wege der Forschung Bd. 389, Wissenschaftliche Buchgesellschaft, Darmstadt 1983, 316–339 (335).
[190] *Aristoteles*, Poetik (Übers., Einl. u. Anm. v. Olof Gigon), Philipp Reclam Jun., Stutt-

bilden dagegen einen „metaphorischen Ausdruck". Abzugrenzen ist die Metapher von weiteren sprachlichen Stilmitteln, wie – neben dem Vergleich – dem Gleichnis oder der Parabel.[191]

bb) Metaphern und Recht

Die Verwendung von Metaphern in der Rechtssprache ist kein neues Phänomen, bereits die Bilderhandschriften des mittelalterlichen „Sachsenspiegels" enthalten frühe rechtliche Metaphern[192] und auch in der Goldenen Bulle *Kaiser Karls des IV.* aus dem Jahr 1356[193] finden sich metaphorische Ausdrücke. Eine der heute bekanntesten Rechtsmetaphern ist die der „Normenpyramide", verwendet zur anschaulichen Darstellung der hierarchischen Verhältnisse von Rechtsnormen. Auch internationale Vertragswerke sind nicht frei von Metaphern.[194]

---

gart 1961, Abschn. 21, 54–56 (54); *Harald Weinrich*, Semantik der kühnen Metapher, in Anselm Haverkamp (Hrsg.), Theorie der Metapher, Wege der Forschung Bd. 389, Wissenschaftliche Buchgesellschaft, Darmstadt 1983, 316–339 (334); *Max Black*, Die Metapher, in Anselm Haverkamp (Hrsg.), Theorie der Metapher, Wissenschaftliche Buchgesellschaft, Darmstadt 1983, 55–79 (57).

[191] Eine Auflistung von mit der Metapher vergleichbaren Stilmitteln findet sich bei *Cordula M. Kleinhietpaß*, Metaphern der Rechtssprache und ihre Verwendung für Visualisierungen, TENEA Verlag, Bristol/Berlin 2005, S. 80–83 (Anhang A).

[192] *Eike v. Repgow*, Der Sachsenspiegel (in hochdt. Übers. v. Paul Kaller), C. H. Beck, München 2002, I. Buch, Art. 3 § 3 (S. 21): Darstellung der Sippe als Körper vom „Haupte" bis zum „Nagel"; Art. 11 Satz 1 (S. 26): „Vor*mund*schaft". Nicht als Metaphern zu werten sind dagegen wohl die Fechtbegriffe aus dem II. Buch, Art. 12 § 8 (S. 65); sie beziehen sich auf echte Kämpfe, so *Cordula M. Kleinhietpaß*, Metaphern der Rechtssprache und ihre Verwendung für Visualisierungen, TENEA Verlag, Bristol/Berlin 2005, S. 35.

[193] *Die Goldene Bulle Kaiser Karls IV. vom Jahre 1356* (hrsg. v. d. Deutschen Akademie der Wissenschaften zu Berlin – Zentralinstitut für Geschichte, bearb. v. Wolfgang D. Fritz, Hermann Böhlaus Nachfolger, Weimar 1972), Das Nürnberger Gesetzbuch, Kap. III, Z. 16 (S. 56): „dextra imperialis potentie roboratur" („die *rechte Hand* der kaiserlichen Macht stärken"); Kap. XII, Z. 1 (S. 68): „reipublice curas" („*Sorgen* für den Staat"); Kap. XV, Z. 18 (S. 71): „pacta […] inire" („Verträge ein*gehen*") – Übers. bei *Cordula M. Kleinhietpaß*, Metaphern der Rechtssprache und ihre Verwendung für Visualisierungen, TENEA Verlag, Bristol/Berlin 2005, S. 146.

[194] Das zeigt bereits die Lektüre der Präambel der UN-Ch, die mit den Worten beginnt: „Wir, die Völker der vereinten Nationen – fest entschlossen, künftige Geschlechter vor der *Geißel* des Krieges zu bewahren, […]." – Hervorh. d. A. Das Wort „Geißel" beschreibt ursprünglich einen „zur Züchtigung oder Kasteiung verwendeter Stab mit Riemen oder Schnüren" (Definition im *Duden*, Art. „Geißel, die", abrufbar unter: https://www.duden.de/rechtschreibung/Geiszel, Bedeutung 1a), also eine Art Peitsche. Eingebettet in den Kontext des Krieges wird daraus ein Hinweis auf die erlebten Schrecken des Ersten und Zweiten Weltkriegs. Eine ähnliche Verschiebung seiner ursprünglichen Bedeutung erfährt das Wort „Organ" im juristischen Kontext, z. B. in Art. 1 des IGH-Statuts: „Der durch die Satzung der Vereinten Nationen als das Haupt*organ* der Rechtsprechung der Vereinten Nationen geschaffene Internationale Gerichtshof soll gemäß den Bestimmungen des vorliegenden Statuts errichtet werden und seine Tätigkeit ausüben." – Hervorh. d. A. Das „Organ" ist in erster Linie zu verstehen als „aus verschiedenen Geweben zusammengesetzter einheitlicher Teil des menschlichen, tierischen und pflanzlichen Körpers mit einer bestimmten Funktion" (*Duden*, Art. „Organ, das", abrufbar

Das Problem der geradezu inflationären[195] Verwendung von Metaphern in der Rechtssprache hat aber bisher nicht allzu große Beachtung gefunden.[196] Zu wenig hat dieses Phänomen zu tun mit „the solid land of fixed and settled rules",[197] das dem Juristen vertraut ist; „the fluid and dangerous sea of metaphor"[198] wirkt ein wenig esoterisch verglichen mit dem oft als nüchtern und emotionslos beschriebenen juristischen Stil. Auch der Philosoph *John Locke* (1632–1704) hielt nicht viel von Metaphern:

> „But yet if we would speak of things as they are we must allow, that [...] all the artificial and figurative application of words eloquence hath invented, are for nothing else but to insinuate wrong ideas, move the passions, and thereby mislead the judgment, and so, indeed, are perfect cheats: [...] they are certainly [...] wholly to be avoided; and where truth and knowledge are concerned, cannot but be thought a great fault, either of the language or person that makes use of them."[199]

Während noch im antiken Griechenland die Verwendung von Metaphern als höchste sprachliche Kunst galt, regte sich insbes. im Zeitalter der Aufklärung Kritik an einer als zu blumig empfundenen Sprache. Logisches Denken galt als höchstes menschliches Gut, seine Verschleierung durch die Verwendung sprachlichen „Schnickschnacks" sollte vermieden werden.[200] Dabei sind gerade Metaphern, die Eingang in den juristischen Sprachgebrauch gefunden haben, häufig bereits als gängige Begriffe der Alltagssprache gebräuchlich.[201] Sprachwissenschaftlich bemerkenswert(er) sind aber solche Metaphern, die zwar ein der alltäglichen gesprochenen oder Schriftsprache entlehntes Wort verwenden, die Bedeutung dieses Wortes aber durch die Einhegung in den juristischen Kontext einschränken oder (durch Kombination mit anderen Wörtern der All-

---

unter: https://www.duden.de/rechtschreibung/Organ, Bedeutung 1). Hier beschreibt der Begriff die Funktion des IGH als Spruchkörper (auch das ist eine Metapher!) der UN.

[195] Zahlreiche Beispiele bei *Cordula M. Kleinhietpaß*, Metaphern der Rechtssprache und ihre Verwendung für Visualisierungen, TENEA Verlag, Bristol/Berlin 2005, S. 16 ff.

[196] *Dan Hunter*, Cyberspace as Place and the Tragedy of the Digital Anticommons, Cal. L. Rev. 91 (2003), 439–519 (445, 459). Eine wenig beachtete Ausnahme stellt das Werk von *Steven L. Winter* dar, vgl. etwa *Steven L. Winter*, Transcendental Nonsense, Metaphoric Reasoning, and the Cognitive Stakes for Law, U. Pa. L. Rev. 137 (1989), 1105–1237.

[197] *Benjamin N. Cardozo*, The Nature of the Judicial Process, Yale University Press, New Haven 1921, S. 166.

[198] *Dan Hunter*, Cyberspace as Place and the Tragedy of the Digital Anticommons, Cal. L. Rev. 91 (2003), 439–519 (445).

[199] *John Locke*, An Essay Concerning Human Understanding, 17. Aufl., T. Tegg and Son, London 1836, Buch III, Kap. 10 („Of the Abuse of Words"), 359–373 (372 § 34).

[200] Vgl. etwa die Kritik von *Thomas Hobbes* in seinem „Leviathan" (*Thomas Hobbes*, Leviathan, Part I, Ch. IV: Of Speech, abgedr. in Noel Malcolm [Hrsg.], The Clarendon Edition of Works of Thomas Hobbes, Vol. IV: Leviathan, Bd. 2: The English and Latin Texts, Clarendon Press, Oxford 2012, S. 48) an der Verwendung von Metaphern und sonstigen Tropen.

[201] *Cordula M. Kleinhietpaß*, Metaphern der Rechtssprache und ihre Verwendung für Visualisierungen, TENEA Verlag, Bristol/Berlin 2005, S. 11 führt hierzu die Beispiele „Forderung" und „Bande" aus dem dt. juristischen Sprachgebrauch an.

tagssprache) erweitern.²⁰² Das zeigen etwa die Begriffe „Besitz", „Erklärungsbewusstsein" oder „Inhaltsirrtum".²⁰³ Verwendet werden Metaphern mit Bezug zur Natur im Allgemeinen, zum Menschen oder zum menschlichen Körper sowie zu Krieg oder Kampf.²⁰⁴ Dabei sind einige der metaphorisch verwendeten Begriffe Wortneuschöpfungen, die gerade zu diesem Zweck geschaffen wurden. Derartige Metaphern entwickeln sich durch häufigen Gebrauch allenfalls von „lebendigen" zu konventionalisierten oder „toten" bzw. lexikalisierten Metaphern²⁰⁵ fort, werden jedoch niemals außerhalb des metaphorischen Kontexts verwendet.²⁰⁶

Ob lebendig oder tot (lexikalisiert),²⁰⁷ Metaphern werden im juristischen Kontext vorrangig zum Zwecke der Visualisierung eingesetzt (sog. visuelle Metaphern).²⁰⁸ Verwendet werden in erster Linie Metaphern, die die Vorstellungs-

---

²⁰² *Cordula M. Kleinhietpaß*, Metaphern der Rechtssprache und ihre Verwendung für Visualisierungen, TENEA Verlag, Bristol/Berlin 2005, S. 11.

²⁰³ Beispiele nach *Cordula M. Kleinhietpaß*, Metaphern der Rechtssprache und ihre Verwendung für Visualisierungen, TENEA Verlag, Bristol/Berlin 2005, S. 11.

²⁰⁴ Beispiele bei *Cordula M. Kleinhietpaß*, Metaphern der Rechtssprache und ihre Verwendung für Visualisierungen, TENEA Verlag, Bristol/Berlin 2005, S. 16 ff.

²⁰⁵ Nach *Cordula M. Kleinhietpaß*, Metaphern der Rechtssprache und ihre Verwendung für Visualisierungen, TENEA Verlag, Bristol/Berlin 2005, S. 7 sind „lebendige" Metaphern solche, die noch „neu und überraschend" wirken. „Tote" Metaphern dagegen zeichnen sich dadurch aus, dass sie „durch häufigen Gebrauch stabilisiert [...] und in den usuellen Wortschaft aufgenommen" wurden. Die Metapher „Cyberspace as Place" wäre nach diesem Verständnis eine „tote Metapher". Anders verwenden *George Lakoff/Mark Johnson*, Metaphors We Live By, The University of Chicago Press, Chicago/London 1980 (unveränd. Nachdr. 2003), S. 55 die Begriffe „tote" und „lebendige" Metapher: „Tote" Metaphern sind solche, die im täglichen Sprachgebrauch keine besondere Rolle spielen „and hence are not metaphors we live by". „Lebendige" Metaphern dagegen haben Einfluss auf menschliche Denkprozesse und (im Ergebnis) auf unser Handeln. Die Metapher „Cyberspace as Place" wäre nach diesem Verständnis wohl eine „lebendige Metapher".

²⁰⁶ *Cordula M. Kleinhietpaß*, Metaphern der Rechtssprache und ihre Verwendung für Visualisierungen, TENEA Verlag, Bristol/Berlin 2005, S. 24.

²⁰⁷ Zur Unterscheidung der unterschiedlichen Arten von Metaphern ausführlich *Cordula M. Kleinhietpaß*, Metaphern der Rechtssprache und ihre Verwendung für Visualisierungen, TENEA Verlag, Bristol/Berlin 2005, S. 7 f.

²⁰⁸ Der Begriff „visuelle Metapher" wird in diesem Sinne verwendet von *Cordula M. Kleinhietpaß*, Metaphern der Rechtssprache und ihre Verwendung für Visualisierungen, TENEA Verlag, Bristol/Berlin 2005, S. 26 f. sowie von *Bernard J. Hibbitts*, Making Sense of Metaphors: Visuality, Aurality, and the Reconfiguration of American Legal Discourse, Cardozo L. Rev. 16 (1994), 229–356 (230). Zu den sog. „nicht-visuellen Metaphern": *Cordula M. Kleinhietpaß*, Metaphern der Rechtssprache und ihre Verwendung für Visualisierungen, TENEA Verlag, Bristol/Berlin 2005, S. 28. Nicht zu verwechseln sind „visuelle Metaphern" im o. g. Sinne mit „visual metaphors" als Oberbegriff für „nicht-verbale Metaphern" (z. B. Sprechblasen mit Eiszapfen in Comics), dazu *Cordula M. Kleinhietpaß*, Metaphern der Rechtssprache und ihre Verwendung für Visualisierungen, TENEA Verlag, Bristol/Berlin 2005, S. 9 unter Verweis auf *Winfried Nöth*, Handbuch der Semiotik, J. B. Metzlersche Verlagsbuchhandlung, Stuttgart 1985, S. 492, 495 und *Virgil C. Aldrich*, Visuelle Metapher, in Anselm Haverkamp (Hrsg.), Theorie der Metapher, Wege der Forschung Bd. 389, Wissenschaftliche Buchgesellschaft, Darmstadt 1983, 142–159 (151 f., 156). Zu unterscheiden ist daneben zwischen vi-

kraft anregen und vor dem geistigen Auge des Rezipienten ein Bild entstehen lassen, z. B. die „Rechtsquelle":[209] Die „Quelle" beschreibt den Ursprung eines Fluss- oder Bachlaufs, im juristischen Kontext wird daraus ein anderes Wort für „Rechtsnorm". Der „Okularzentrismus"[210] der modernen Rechtsprache verdankt seinen Ursprung vermutlich der Erfindung des Buchdrucks im 15. Jh., der im Zuge seiner Verbreitung im 16./17. Jh. dem geschriebenen Wort zu wachsender Popularität verhalf. Etwa zeitgleich mit dem Buchdruck ermöglichte ab ca. 1400 der Holzschnitt die massenhafte Vervielfältigung von Bildern, das Zeitalter der Aufklärung trieb schließlich die Alphabetisierung voran.[211] Mithilfe von Holzschnitten bebilderte Rechtstexte verschwanden aber bereits im Laufe des 16. Jh. wieder aus den juristischen Fach- und Lehrbüchern.[212] Der steten Weiterentwicklung der Drucktechnik seither zum Trotz zeichnen sich heutige Rechtstexte durch das völlige Fehlen von Bildern aus.[213]

d) Cyberspace als „Rechtsraum 2.0"

Die Verwendung von Metaphern im Zusammenhang mit dem Cyberspace ist nicht nur von rein sprachwissenschaftlicher Relevanz. Denn das sprachliche Mittel der Metapher zeichnet sich u. a. dadurch aus, dass das in einen neuen Kontext eingebettete Wort – begreift man es weiterhin *verbaliter* – zunächst eine „falsche" Botschaft enthält.[214] Der durch den Kontext konstruierte neue Wortsinn wird erst auf der Metaebene (im übertragenen Sinn) offenbar.[215] Ein allzu unbedachter Umgang mit der Metapher „Cyberspace as Place" führt daher

---

suellen und visualisierbaren Metaphern, zu letzteren *Cordula M. Kleinhietpaß*, Metaphern der Rechtssprache und ihre Verwendung für Visualisierungen, TENEA Verlag, Bristol/Berlin 2005, S. 9 unter Verweis auf *Winfried Nöth*, Handbuch der Semiotik, J. B. Metzlersche Verlagsbuchhandlung, Stuttgart 1985, S. 492.

[209] *Cordula M. Kleinhietpaß*, Metaphern der Rechtssprache und ihre Verwendung für Visualisierungen, TENEA Verlag, Bristol/Berlin 2005, S. 26.

[210] *Robert D. Romanyshyn*, The Despotic Eye and Its Shadow, in David M. Levin (Hrsg.), Modernity and the Hegemony of Vision, University of California Press, Berkeley/Los Angeles/London 1993, 339–360 (340): „the ocularcentrism of modernity, the hegemony of vision, the installation of the reign of the despotic eye, is also a verbocentrism, the consciousness of the book".

[211] *Bernard J. Hibbitts*, Making Sense of Metaphors: Visuality, Aurality, and the Reconfiguration of American Legal Discourse, Cardozo L. Rev. 16 (1994), 229–356 (257) m. w. N. zur Entwicklung in Frankreich und England im 18. u. 19. Jh.

[212] *Klaus F. Röhl/Stefan Ulbrich*, Visuelle Rechtskommunikation, ZfRSoz 21 (2000), 355–385 (362) sehen dieses Phänomen im Zusammenhang mit der Abschaffung der Leibesstrafen.

[213] *Klaus F. Röhl/Stefan Ulbrich*, Visuelle Rechtskommunikation, ZfRSoz 21 (2000), 355–385 (364).

[214] *Marc Marschark/R. Reed Hunt*, On memory for metaphor, Memory & Cognition 13 (1985), 413–424 (413).

[215] *Cordula M. Kleinhietpaß*, Metaphern der Rechtssprache und ihre Verwendung für Visualisierungen, TENEA Verlag, Bristol/Berlin 2005, S. 4.

dazu, dass zwei grundlegende Fragen miteinander vermischt werden: erstens die rein *deskriptive* Frage nach der tatsächlichen (räumlichen) Qualität des Cyberspace und zweitens die *normative* Frage nach der Möglichkeit der (rechtlichen) Regulierung des Cyberspace.[216] Die deskriptive Ebene steht hier stellvertretend für das wörtliche Verständnis des Wortes „Raum" bzw. „space" im Zusammenhang mit dem Begriff „Cyberspace". Auf der normativen Ebene ist es erforderlich, den ursprünglichen Sinn des Wortes „Raum" in den neuen Kontext der virtuellen Umgebung zu übertragen, um zu einer sinnvollen und effektiven (völkerrechtlichen) Regelung von Aktivitäten im Cyberspace zu gelangen.

Nach *Hunter* steht die Art und Weise der Betrachtung des Cyberspace in unmittelbarem Zusammenhang mit seiner rechtlichen Ausgestaltung. Metaphern wären danach nicht bloße rhetorische Stilmittel, die keinen inhaltlichen Mehrwert haben; die sprachliche Ebene gestaltete und strukturierte bereits das Denken sowie die Präsentation der Gedanken mit:[217]

> „It is now recognized that metaphor shapes our thinking in subtle ways not captured by a purely literal conception of thought."[218]

Der engl. Literaturkritiker und Rhetoriker *Ivor A. Richards* (1893–1979) war davon überzeugt, dass es dem Menschen unmöglich wäre zu sprechen, wenn er nicht auf Metaphern zurückgreifen könnte, um sich auszudrücken.[219] Daher vollzieht sich die Verwendung von Metaphern in der Alltagssprache oft unbewusst und somit unbemerkt.[220] Die kognitive Metapherntheorie nach *George Lakoff* und *Mark Johnson* sowie ihr Vorläufer, die Interaktionstheorie nach *Richards* und *Max Black* (1909–1988), erklären den Einfluss der Verwendung von Metaphern auf das menschliche Denkverhalten.[221] Metaphern verändern unser Denken durch die Verwendung einer Quelle („source") zur Assoziierung mit einem bestimmten Ziel („target").[222] In der Metapher „Cyberspace as Place"

---

[216] *Dan Hunter*, Cyberspace as Place and the Tragedy of the Digital Anticommons, Cal. L. Rev. 91 (2003), 439–519 (443); ähnlich, allerdings zwischen „bloß technischen und normativ relevanten" Bezügen unterscheidend *Michael v. Hinden*, Persönlichkeitsverletzungen im Internet: Das anwendbare Recht, J. C. B. Mohr (Paul Siebeck), Tübingen 1999, S. 247.

[217] *Dan Hunter*, Cyberspace as Place and the Tragedy of the Digital Anticommons, Cal. L. Rev. 91 (2003), 439–519 (459).

[218] *Dan Hunter*, Cyberspace as Place and the Tragedy of the Digital Anticommons, Cal. L. Rev. 91 (2003), 439–519 (459).

[219] *Ivor A. Richards*, The Philosophy of Rhetoric, Oxford University Press, London/Oxford/New York 1965 (Nachdr. 2010), S. 92.

[220] Entsprechende Beispiele, entnommen aus der Ausgabe der New York Times v. 15.3.2001, finden sich bei *Dan Hunter*, Cyberspace as Place and the Tragedy of the Digital Anticommons, Cal. L. Rev. 91 (2003), 439–519 (460–461).

[221] Weitere Theorien, die die Auswirkungen der Verwendung von Metaphern auf das Denken erklären, bei *Dan Hunter*, Cyberspace as Place and the Tragedy of the Digital Anticommons, Cal. L. Rev. 91 (2003), 439–519 (465 f.). Diese Theorien sind nach *Hunter* jedoch ungeeignet für die Betrachtung der Zusammenhänge von Metaphern und Recht (467).

[222] *Dan Hunter*, Cyberspace as Place and the Tragedy of the Digital Anticommons, Cal.

ist „space" die Quelle, die bestimmte (weitverbreitete, nicht aber notwendigerweise wahre)[223] Assoziationen hervorruft, etwa territoriale Gebundenheit, Erdoberfläche oder staatliche Herrschaft. Durch die unvermeidliche Interaktion zwischen Quelle und Ziel werden die Implikationen der Quelle auf das Ziel projiziert.[224] Daraus folgt die Wahrnehmung des „Cyberspace" als Ort mit einer (tatsächlich nicht vorhandenen) räumlichen Fassbarkeit.

Die im Gegensatz dazu eigentlich richtige Feststellung, dass es sich beim Cyberspace nicht um einen Raum im geografischen, raumordnungsrechtlichen Sinn handelt, darf in der Folge nicht zu dem Trugschluss verleiten, dass der „Rechtsraum Cyberspace" nicht existiere. Zwar stellt ein territorial nicht trennscharf zu verortender „Raum" schwerlich einen Rechtsraum im geografischen, territorialen Sinn dar. Nicht umsonst wurde schon das Internet beschrieben als „the *non-controllable* net of nets *without any central authority*".[225] Jedoch darf das Ergebnis an dieser Stelle nicht lauten, dass der Cyberspace als rechtsfreier Raum[226] zu behandeln sei. Ein solches Ergebnis würde sich „bei näherem Hinsehen" als „unzutreffend" erweisen.[227] Wie bereits herausgestellt wurde,[228] darf der Begriff des Rechtsraums gerade nicht rein räumlich verstanden werden. Zwar wird die Raumqualität neuer Rechtsräume i. d. R. im Rahmen des (völker-)rechtswissenschaftlichen Diskurses kaum oder nur unzureichend thematisiert.[229] Die Entstehung und Existenzberechtigung eines Rechtsraums aber

---

L. Rev. 91 (2003), 439–519 (467 f.). *Black* und *Richards* verwenden die Begriffe „tenor" und „vehicle" statt „target" und „source": *Ivor A. Richards*, The Philosophy of Rhetoric, Oxford University Press, London/Oxford/New York 1965 (Nachdr. 2010), S. 100.

[223] *Dan Hunter*, Cyberspace as Place and the Tragedy of the Digital Anticommons, Cal. L. Rev. 91 (2003), 439–519 (468 Fn. 184).

[224] Nicht von Bedeutung ist im vorliegenden Zusammenhang *Blacks* Annahme, dass (ausgehend von der Metapher „man is a wolf") auch das Ziel die Quelle beeinflusst, dazu *Max Black*, Models and Metaphors: Studies in Language and Philosophy, Cornell University Press, Ithaca/New York 1962, S. 44: „If to call man a wolf is to put him in a special light, we must not forget that the metaphor will seem more human than he otherwise would."

[225] *Franz C. Mayer*, Europe and the Internet: The Old World and the New Medium, EJIL 11 (2000), 149–169 (149) – Hervorh. d. A.

[226] Zu diesem Ergebnis kommt etwa *Ulrich Sieber*, Strafrechtliche Verantwortlichkeit für den Datenverkehr in internationalen Computernetzen, JZ 9 (1996), 429–442 (Teil I), 494–507 (Teil II). A. A. *Michael N. Schmitt*, Reaction: Cyberspace and International Law: The Penumbral Mist of Uncertainty, Harv. L. Rev. Forum 126 (2013), 176–180 (176); ebenso *Wolfgang Kleinwächter*, Die WSIS-Kontroverse zu Internet Governance: Eine globale Ressource im Spannungsfeld nationaler Interessen, in Wolfgang Benedek/Catrin Pekari (Hrsg.), Menschenrechte in der Informationsgesellschaft, Richard Boorberg Verlag, Stuttgart/München/Hannover/Berlin/Weimar/Dresden 2007, 35–55 (38).

[227] *Franz C. Mayer*, Europe and the Internet: The Old World and the New Medium, EJIL 11 (2000), 149–169 (161), vgl. dazu ausführlich *Franz C. Mayer*, Recht und Cyberspace, NJW 1996, 1782–1791 (1790).

[228] Dazu *supra* Teil III, Kap. 1, A. I.2.

[229] So auch *Horst Dreier*, Vorwort, in Horst Dreier/Hans Forkel/Klaus Laubenthal (Hrsg.), Raum und Recht, FS 600 Jahre Würzburger Juristenfakultät, Duncker & Humblot, Berlin 2002, S. V.

von seiner räumlichen Verortung abhängig zu machen, würde die Bildung neuer Rechtsräume in einer Welt ohne „weiße Flecken" auf den Landkarten verhindern oder zumindest erheblich erschweren. Die Anerkennung des Cyberspace als eigenständiger Rechtsraum ist jedenfalls für die Zwecke einer effektiven Regulierung desselben unerlässlich und nach der hier vertretenen Ansicht und verwendeten Definition auch gänzlich unproblematisch. Wird der Annahme gefolgt, dass ein „Rechtsraum" nichts weiter als der Geltungsbereich einer Norm oder Rechtsordnung sei,[230] unabhängig von seiner räumlichen Beschaffenheit und den Möglichkeiten seiner Verortung im raumordnungsrechtlichen System des Völkerrechts, so ist der Kommunikationsraum Cyberspace ein separater Rechtsraum und muss daher als solcher behandelt werden.[231] Einzig die Art und Weise der Grenzziehung im Zusammenhang mit derartigen „neuen" Rechtsräumen verändert sich: Mangels Räumlichkeit des Cyberspace ist die relevante Grenze nicht mehr die zwischen staatlichen Territorien, sondern zwischen Cyberspace und „real world"; diese besteht nach *Johnson* und *Post* aus Bildschirmen und Passwörtern.[232] In der Folge entsteht gewissermaßen eine neue „vierte Dimension"[233] des Rechts.[234]

Als Rechtsraum „besonderer Art" bedarf der Cyberspace notwendigerweise einer seine Spezifika achtenden Rechtsordnung. Aktuell finden viele unterschiedliche Regelungen diverser Normsetzer unterschiedlichster Ebenen auf Aktivitäten z. B. im Internet Anwendung, die nicht auf die besonderen Anforderungen menschlicher Online-Interaktion zugeschnitten sind.[235] Dies ist eine Folge des Umstands, dass „cyberspace doesn't belong to a single country".[236] Noch stellt die Sammlung anwendbarer Normen wohl eine „spontane Ordnung noch ohne Hierarchie"[237] dar, „eine Ordnung mit rechtlich faßbaren Anknüp-

---

[230] Dazu *supra* Teil III, Kap. 1, A. I.2.

[231] Die Formulierung *Kaisers*, der Cyberspace sei „nicht eine Schöpfung [des] Rechts" (*Joseph H. Kaiser*, Das Recht im Cyberspace. Eine spontane Ordnung noch ohne Hierarchie, in Herbert Haller/Christian Kopetzki/Richard Novak/Stanley L. Paulson/Bernhard Raschauer/Georg Ress/Ewald Wiederin [Hrsg.], Staat und Recht, FS für Günther Winkler, Springer, Wien/New York 1997, 397–409 [401]), widerspricht dem, sofern davon ausgegangen wird, dass Rechtsräume stets definitorische Schöpfungen des Rechts sind (dazu *supra* Teil III, Kap. 1, A. I.2.).

[232] *David R. Johnson/David G. Post*, Law and Borders – The Rise of Law in Cyberspace, Stan. L. Rev. 48 (1996), 1367–1402 (1367).

[233] Begriff nach *Franz C. Mayer*, NJW 1996, 1782–1791 (1789).

[234] *Michael v. Hinden*, Persönlichkeitsverletzungen im Internet: Das anwendbare Recht, J. C. B. Mohr (Paul Siebeck), Tübingen 1999, S. 245.

[235] Dazu *supra* Teil II, Kap. 2, B.

[236] *John Markoff*, On-Line Service Blocks Access To Topics Called Pornographic, New York Times v. 29.12.1995, Section A, S. 1, unter Bezugnahme auf eine Äußerung der Vorsitzenden der Electronic Frontier Foundation, *Esther Dyson*, abrufbar unter: https://www.nytimes.com/1995/12/29/us/the-media-business-on-line-service-blocks-access-to-topics-called-pornographic.html.

[237] *Joseph H. Kaiser*, Das Recht im Cyberspace. Eine spontane Ordnung noch ohne Hie-

fungspunkten [...] bietet Internet eben nicht".[238] Versteht man den Begriff der Rechtsordnung aber weit als die Gesamtheit der Regeln für einen bestimmten (Lebens-)Bereich, so ist der „Rechtsraum Cyberspace" schon heute keineswegs rechtsfrei.[239] Eine entsprechende Annahme wäre schon deshalb falsch, weil bereits die komplexe technische Architektur des Internets selbst zu seiner Regulierung genutzt werden kann.[240]

II. Zur Entstehung von Rechtsräumen

Ausgehend von den obigen Ausführungen zum Cyberspace als Rechtsraum „besonderer Art" sollen im Folgenden in abstrakterer Form zwei grundlegende Fragestellungen der (Rechts-)Raumforschung beantwortet werden: *Ehlers* fragt im Zusammenhang mit den Bedingungen der Entstehung von Rechtsräumen zu Recht: „Schuf das Recht Räume oder entstand Recht durch seine Anwendung in einem Raum?"[241] Diese Frage soll zunächst einer Antwort zugeführt werden (1), woraufhin im Anschluss die Mechanismen der Entstehung von Rechtsräumen beleuchtet werden (2).

1. Das „Henne-Ei-Problem" reloaded:
Bedingungen der Entstehung von Rechtsräumen

„Schuf das Recht Räume oder entstand Recht durch seine Anwendung in einem Raum?"[242] *Ehlers* Frage, die wie eine Hommage an das bekannte „Henne-Ei-Problem" anmutet, ist von Bedeutung für die Betrachtung der Mechanismen der Entstehung neuer Rechtsräume. Die Entstehung eines Rechtsraums setzt, vereinfacht ausgedrückt, die Existenz eines zu regulierenden Raums und eine seine Ordnung bezweckende Sammlung von Normen voraus. Doch wird ein Rechts-

---

rarchie, in Herbert Haller/Christian Kopetzki/Richard Novak/Stanley L. Paulson/Bernhard Raschauer/Georg Ress/Ewald Wiederin (Hrsg.), Staat und Recht, FS für Günther Winkler, Springer, Wien/New York 1997, 397–409 (397).

[238] *Gerd Roellecke*, Den Rechtsstaat für einen Störer! – Erziehung vs. Internet?, NJW 1996, 1801–1802 (1801).

[239] Vgl. Illegal and Harmful Content on the Internet: Communication from the European Commission to the European Parliament, the Council, the Economic and Social Committee and the Committee of the Regions, COM(96) 487 final, 16.10.1996, S. 10: „the Internet does not exist in a legal vacuum".

[240] In diesem Sinne wohl auch *Stephan Wilske/Teresa Schiller*, International Jurisdiction in Cyberspace: Which States May Regulate the Internet?, FCLJ 50 (1997), 117–178 (121): „Part of the happy mythology of the network holds that it is a self-regulating entity, controlled by no government – one of the few instances in history of successful anarchy." Dazu *supra* Teil II, Kap. 2, C.II.2.

[241] *Caspar Ehlers*, Rechtsräume. Ordnungsmuster im Europa des frühen Mittelalters, De Gruyter Oldenbourg, Berlin/Boston 2016, S. 62.

[242] *Caspar Ehlers*, Rechtsräume. Ordnungsmuster im Europa des frühen Mittelalters, De Gruyter Oldenbourg, Berlin/Boston 2016, S. 62.

raum erst durch seine rechtliche Regulierung „geschaffen" oder entsteht der Rechtsraum bereits mit der Erschließung eines Raums durch den Menschen und folgt seine Regulierung durch das Recht dem nur nach? Kurz: Was war zuerst da, das Recht oder der Raum? Hier kommt es, wie so oft, darauf an. Und zwar auf die Definition von „Raum". Dass dieser Begriff sehr unterschiedlich zu verstehen sein kann, wurde bereits aufgezeigt.[243] Daher soll es an dieser Stelle genügen, zwischen dem natürlichen und dem rechtlich definierten Rechtsraum zu unterscheiden. Auf dieser Grundlage lässt sich folgende These formulieren: Das Recht macht aus dem natürlichen oder virtuellen Raum einen Rechtsraum, indem es ihm eine rechtlich relevante Funktion gibt. Der Rechtsraum entsteht *per definitionem* erst durch das Recht. Diese These geht davon aus, dass sich die Entstehung von Rechtsräumen in zwei Etappen vollzieht: Zunächst macht sich der Mensch einen natürlichen Raum nutzbar (vgl. Luftraum, Weltraum) bzw. erschafft sich einen virtuellen oder sozialen Raum (vgl. Cyberspace). Im Anschluss entwickelt er für diesen Raum eine Rechtsordnung, so wird der ursprünglich „undefinierte" natürliche oder virtuelle Raum zum Rechtsraum.

0. Selten: Erkenntnis der (theoretischen) Regelungsbedürftigkeit von Aktivitäten im noch nicht existenten bzw. durchdrungenen und erschlossenen natürlichen, sozialen, virtuellen Raum
1. Kolonisierung/Nutzbarmachung/Konstitution des neuen natürlichen, sozialen, virtuellen Raums (an dieser Stelle noch keine rechtliche Qualifizierung des Raums)
2. Raumbezogene Normsetzung: Definition des eigenen Geltungsbereichs durch das Recht und derartige Selbst-Zuordnung zu einem bestimmten (natürlichen, sozialen, virtuellen) Raum

Abb. 4: Entstehung von Rechtsräumen (schematische Darstellung)

Das Ergebnis dieses zweistufigen Entwicklungsprozesses ist die Entstehung des Rechtsraums durch Anwendung der Norm „im" Raum. Dass diese Annahme nicht jeglicher Logik entbehrt, folgt schon aus der responsiven Natur des Rechts und der Tatsache, dass „[n]eue soziale Realitäten schaffen Regelungsbedürfnisse".[244] Rechtsetzung ist die stete Anpassung des rechtlichen Ideals („Sollen") an die (politische, gesellschaftliche) Wirklichkeit („Sein"). Bestätigt wird die These u. a. durch das dreigliedrige Schema von *Ehlers* zur „beschreibenden Rekonstruktion der Integrationsprozesse von Räumen". Danach entstehen Rechtsräume durch:

---

[243] Dazu *supra* Teil III, Kap. 1, A. I.1.a.
[244] *Matthias C. Kettemann*, Völkerrecht in Zeiten des Netzes. Perspektiven auf den effektiven Schutz von Grund- und Menschenrechten in der Informationsgesellschaft zwischen Völkerrecht, Europarecht und Staatsrecht, Friedrich-Ebert-Stiftung, Bonn 2015, S. 27.

1. Erfassung (kognitive Vorstellung von der Beschaffenheit eines Raums),
2. Durchdringung (tatsächliche Besetzung eines Raums und Konzeption eines Ordnungsmusters) und
3. Erschließung (Besiedlung/Nutzung und Organisation eines Raums mittels eines Ordnungsmusters und entsprechenden Strukturen).[245]

Dem Beweis der eingangs aufgestellten These dienlich ist weiterhin die Behauptung *Kelsens*, dass – da „[…] die zum Inhalt der Norm wesentlichen Momente des Raumes und der Zeit a priori unbegrenzt sind, […]" – eine Norm grds., „[…] sofern sie nicht selbst in ihrem Inhalt in räumlicher oder zeitlicher Hinsicht Beschränkungen setzt, überall und immer" gelte.[246] Es komme jedoch durchaus vor, dass eine Norm eine solche räumliche und/oder zeitliche Bestimmung ihrer Geltung nicht enthalte. „Sie gilt dann", so *Kelsen* weiter, „nicht etwa ohne Raum und ohne Zeit, sondern nur: nicht für einen bestimmten Raum und nur: nicht für eine bestimmte Zeit".[247] *Kelsen* bestätigt hier die Annahme, dass das Recht sich seinen eigenen Geltungsraum schafft, also den Rechtsraum, und zwar auf Grundlage des infrastrukturell gegebenen Raums. Entsprechend führt *Verdross* zu den Grenzen des Staatsgebiets im Raum aus:

„Die zwischenstaatlichen *Landgrenzen* werden gegenwärtig in der Regel durch Grenzverträge vereinbart […]. Die Landesgrenzen können *längs* einer natürlichen Grenze, z. B. einer Bergkette oder eines Flusses verlaufen, niemals aber bestimmt die natürliche Grenze *als solche* die Staatsgrenzen."[248]

Im Ergebnis kann grds. angenommen werden, dass Rechtsräume einen natürlichen oder zumindest einen gedachten (infrastrukturellen) Raum als Grundlage ihrer Entstehung benötigen. Dabei spielt es zunächst keine Rolle, ob für diesen natürlichen Raum bereits zuvor eine Rechtsordnung entwickelt wurde oder nicht (vgl. den Transfer von normativen Ordnungsmustern im Rahmen der Kolonialisierung). Es muss dieser natürliche Raum im Vorfeld der Entstehung der auf ihn und in ihm anzuwendenden Norm schon „da" sein. „Da" heißt in diesem Fall „existent" und „vom Menschen im räumlichen Sinne erobert", denn – so bemerkte schon *Edouard Rolin* (1863–1936) im Zusammenhang mit seinen Überlegungen zur rechtlichen Behandlung des Luftraums im Vorfeld dessen tatsächlicher Erschließung und Beherrschung – es ergibt keinen Sinn, eine Norm zu schaffen, wenn man sie – mangels Existenz und Beherrschbarkeit ihres zukünftigen Geltungsraums – nicht anwenden kann:

---

[245] *Caspar Ehlers*, Rechtsräume. Ordnungsmuster im Europa des frühen Mittelalters, De Gruyter Oldenbourg, Berlin/Boston 2016, S. 48 f.
[246] *Hans Kelsen*, Allgemeine Staatslehre, Verlag Dr. Max Gehlen (unveränd. fotomechan. Nachdr. d. 1. Aufl., Springer, Berlin 1925), Bad Homburg v. d. Höhe 1966, S. 137.
[247] *Hans Kelsen*, Allgemeine Staatslehre, Verlag Dr. Max Gehlen (unveränd. fotomechan. Nachdr. d. 1. Aufl., Springer, Berlin, 1925), Bad Homburg v. d. Höhe 1966, S. 137.
[248] *Alfred Verdross*, Völkerrecht, 5. Aufl., Springer, Wien 1964, S. 271 – Hervorh. im Original.

„Est-il *[die Luft – Anm. d. A.]* libre ou non? Nous ne le connaitrons que plus tard, lorsque nous saurons dans quelle mesure il est susceptible de pénétration. Nous ne pouvons affirmer ni la liberté ni la souveraineté de ce qui nous échappe et, pour éviter toute solution prématurée, mieux vaux écarter purement et simplement l'article du projet."[249]

Das Recht entsteht unabhängig vom bereits existenten natürlichen oder gedachten (virtuellen) Raum, aber mit Bezug auf diesen; es erfasst den natürlichen Raum durch die inhaltliche Bezugnahme rechtlich. So wird auf Grundlage des natürlichen oder „Anschauungsraums"[250] der Rechtsraum geschaffen. *Jellinek* qualifizierte den Raum entsprechend „als Naturphänomen und als Quelle" des Rechts,[251] als rechtserhebliche Tatsache:[252]

„Das Gesetz tritt in Kraft für ein bestimmtes, der Wirklichkeit angehöriges Gebiet."[253]

Jellinek hat auch Recht, wenn er schreibt:

„Den Rahmen der Wirklichkeit bilden Raum und Zeit. Ohne Raum und Zeit ist das Tatsächliche nicht vorstellbar; ebensowenig das Gesetz."[254]

Das Tatsächliche, also u. a. der natürliche Raum, ist bereits vorhanden, wenn sich das Recht mit ihm befasst. Er ist also Voraussetzung für die Schaffung von Recht.[255]

---

[249] *Institut de Droit International*, Sitzung v. 22.9.1906: Régime des Aérostats et de la Télégraphie sans fil, Annuaire de l'Institut de droit international XXI (1906), 293–311 (301). Diese Aussage tätigte *Rolin* im Sept. 1906, drei Monate vor dem ersten erfolgreichen Flug der Gebrüder Wright mit ihrem „Flyer I".

[250] *Karl Engisch*, Vom Weltbild des Juristen, 2. Aufl., Carl Winter Universitätsverlag, Heidelberg 1965, S. 62.

[251] *Walter Jellinek*, Verwaltungsrecht, Verlag Dr. Max Gehlen, Bad Homburg v. d. Höhe/Berlin/Zürich 1966 (unveränd. Nachdr. d. 3. Aufl., Julius Springer Verlag, Berlin 1931), S. 144–147 (zur „räumlichen Herrschaft von Verwaltungsrechtssätzen"); a. A. *Ernst Forsthoff*, Lehrbuch des Verwaltungsrechts, Bd. I: Allgemeiner Teil, Beck-Verlag, München 1973, S. 126: „Rechtlich relevante Tatsachen sind keine Rechtsquellen, sondern lediglich empirischer Stoff, mit dem das Verwaltungsrecht allerwärts zu tun hat." Allerdings fehlt bei *Forsthoff* eine Definition des Begriffs „Rechtsquelle".

[252] Vgl. auch *Walter Antoniolli*, Allgemeines Verwaltungsrecht, Manzsche Verlags- und Universitätsbuchhandlung, Wien 1954, S. 188 ff. (zum Raum als rechtserhebliche Tatsache S. 192 f.).

[253] *Walter Jellinek*, Gesetz, Gesetzesanwendung und Zweckmäßigkeitserwägung. Zugleich ein System der Ungültigkeitsgründe von Polizeiverordnungen und -verfügungen; eine staats- und verwaltungsrechtliche Untersuchung (Neudr. d. Ausg. Tübingen 1913, J. C. B. Mohr [Paul Siebeck]), Scientia Verlag, Aalen 1964, S. 102.

[254] *Walter Jellinek*, Gesetz, Gesetzesanwendung und Zweckmäßigkeitserwägung: zugleich ein System der Ungültigkeitsgründe von Polizeiverordnungen und -verfügungen; eine staats- und verwaltungsrechtliche Untersuchung (Neudr. d. Ausg. Tübingen 1913, J. C. B. Mohr [Paul Siebeck]), Scientia Verlag, Aalen 1964, S. 20.

[255] Vgl. beispielsweise Normen des dt. nationalen Baurechts, die Flächen und Abstände überbaubarer Grundstücksflächen angeben, z. B. § 8 LBauO Rheinland-Pfalz (Landesbauordnung Rheinland-Pfalz v. 24.11.1998, GVBl. 1998, S. 365, zuletzt geänd. durch Artikel 1 des Gesetzes v. 18.6.2019 [GVBl. S. 112]).

Recht – „als ein Erzeugnis gesellschaftlicher Bedürfnisse"[256] – bedarf zu seiner Entstehung aber nicht zwingend des geografischen Raums. Das bedeutet nach dem oben Gesagten nicht, dass der Raum *per se* für die Rechtsentwicklung keine Rolle spielt. Es geht vielmehr um die Vielseitigkeit und Wandelbarkeit des (geografischen, sozialen oder gar virtuellen) Raums als einer Art Projektionsfläche für soziale Ordnungen. Das Recht, responsiv und träge in seiner Entwicklung, findet so den definitorisch formbaren Boden, um inhaltlich an die tatsächlichen Gegebenheiten des Lebens angepasst zu werden. Recht bildet stets das Bedürfnis der Gesellschaft nach Regulierung eines bestimmten gesellschaftlichen Phänomens, d. h. nach Rechtssicherheit ab. Der Raum spielt an dieser Stelle nur eine untergeordnete Rolle bei der Rechtsbildung, er repräsentiert zwar das Verbreitungsgebiet des Regelungsobjekts, wirkt aber selbst nicht aus sich heraus rechtskonstituierend.[257]

2. Mechanismen der Rechtsraumgenese

Nachdem bisher abstrakt die Art und Weise der Entstehung von Rechtsräumen beleuchtet wurde, soll im Folgenden auf die konkreten Mechanismen eingegangen werden, die v. a. die staatenübergreifende Rechtsraumgenese begünstigen. Staatenübergreifende Rechtsbildung wird hier besonders in den Blick genommen, da diese eben nicht auf das Territorium als vermeintlich rechtsbildende Größe zurückgreifen kann.[258] Im Fall der EU etwa erfolgte die Rechtsbildung zu Beginn der europäischen Integration vorwiegend über wirtschaftliche Gemeinsamkeiten der Mitgliedstaaten. Recht kann auch entstehen als Ausdruck des Bedürfnisses, einheitliche Regeln für das gedeihliche Zusammenleben der Menschen an einem Ort aufzustellen. Daneben wird die Entstehung von Rechtsräumen begünstigt durch die gewaltsame Integration fremder Räume im Zuge kriegerischer Auseinandersetzungen sowie Kommunikation als raumbildendem Faktor.

---

[256] *Dietmar Willoweit*, Historische Prozesse staatenübergreifender Rechtsbildung, in Horst Dreier/Hans Forkel/Klaus Laubenthal (Hrsg.), Raum und Recht, FS 600 Jahre Würzburger Juristenfakultät, Duncker & Humblot, Berlin 2002, 3–21 (4).

[257] Vgl. *Dietmar Willoweit*, Historische Prozesse staatenübergreifender Rechtsbildung, in Horst Dreier/Hans Forkel/Klaus Laubenthal (Hrsg.), Raum und Recht, FS 600 Jahre Würzburger Juristenfakultät, Duncker & Humblot, Berlin 2002, 3–21 (8) am Beispiel der staatenübergreifenden Verbreitung genossenschaftlicher Organisationsformen des Handels. Das zeigt auch anschaulich die Verbreitung des kanonischen Rechts über Staatsgrenzen hinweg, dazu *Dietmar Willoweit*, Historische Prozesse staatenübergreifender Rechtsbildung, in Horst Dreier/Hans Forkel/Klaus Laubenthal (Hrsg.), Raum und Recht, FS 600 Jahre Würzburger Juristenfakultät, Duncker & Humblot, Berlin 2002, 3–21 (14 f.) am Beispiel des Eherechts.

[258] Beachte aber der Vollständigkeit halber die Ansicht von *Heinz Mohnhaupt*, Rechtliche Instrumente der Raumbeherrschung, Ius Commune XIV (1987), 159–181 (160 f.), der äußerte, die Frage nach Recht und Raum sei „untrennbar mit der Staatswerdung und Staatlichkeit schlechthin verbunden".

a) Gewaltsame Integration fremder Rechtsräume

Im Zuge der fränkischen Eroberung Sachsens durch *Karl den Großen* während der sog. Sachsenkriege zwischen 772 und 804 n. Chr. entstand auf dem ursprünglichen Siedlungsgebiet der Sachsen ein neuer Rechtsraum auf Grundlage fränkischer Normierung. Als Folge eines gewaltsamen Konflikts fand ein Transfer von Ordnungsmustern der übertragenden (Franken) auf die empfangende (Sachsen) Gesellschaft statt.[259] Dieser dynamische Prozess der Übertragung wird als Integration bezeichnet.[260] Zu einem ähnlichen Ergebnis gelangte ein „interdisziplinär gestützte[r], diachrone[r] und raumübergreifende[r] Vergleich[…]"[261] der Übertragung schriftlicher Texte und mündlicher Überlieferungen der jeweils zu integrierenden Gesellschaft in die engl. Sprache während der brit. Kolonialzeit.[262] Die ursprünglichen Rechtsräume der kolonialisierten Staaten wurden von den Rechtsordnungen der Kolonialstaaten nach Demonstration ihrer (politischen und räumlichen) Vorherrschaft überlagert. Aus diesen Beobachtungen darf bereits gefolgert werden, dass Rechtsräume u. a. durch mündliche Überlieferung von Rechtsgewohnheiten als einer Form rechtlicher Ordnungsmuster entstehen können. Daneben kann die Genese eines Rechtsraums zufälliges Begleitprodukt des Übergangsprozesses der Oralität zur Schriftlichkeit (bei zeitweiser Gleichzeitigkeit) sein.[263] Dabei kann es geschehen, dass sich die Rechtsordnung der übertragenden Gesellschaft mit regionalen oder ethnisch generierten Rechtsvorstellungen oder Ordnungsmustern vermischt, bevor anlässlich einer Akkulturation eine verschriftlichte Version des in dieser Form neu entstandenen Rechts fixiert wird.[264]

b) Ökonomisch begründete Raumbildung

Der Ursprung staatenübergreifender Ordnungsmuster findet sich daneben auch häufig in zwischenstaatlichen Handelsbeziehungen. Handelsordnungen wie die

---

[259] *Caspar Ehlers*, Rechtsräume. Ordnungsmuster im Europa des frühen Mittelalters, De Gruyter Oldenbourg, Berlin/Boston 2016, S. 103.
[260] *Caspar Ehlers*, Rechtsräume. Ordnungsmuster im Europa des frühen Mittelalters, De Gruyter Oldenbourg, Berlin/Boston 2016, S. 102.
[261] *Caspar Ehlers*, Rechtsräume. Ordnungsmuster im Europa des frühen Mittelalters, De Gruyter Oldenbourg, Berlin/Boston 2016, S. 10 f.
[262] *Caspar Ehlers*, Rechtsräume. Ordnungsmuster im Europa des frühen Mittelalters, De Gruyter Oldenbourg, Berlin/Boston 2016, S. 103. Beachte dazu auch das Forschungsfeld „Rechtstransfer in der Welt des *common law*" des Max-Planck-Instituts für Rechtsgeschichte und Rechtstheorie (ehem. Max-Planck-Institut für europäische Rechtsgeschichte), weitere Informationen unter: https://www.lhlt.mpg.de/forschungsfeld/rechtstransfer-in-der-welt-des-common-law.
[263] *Caspar Ehlers*, Rechtsräume. Ordnungsmuster im Europa des frühen Mittelalters, De Gruyter Oldenbourg, Berlin/Boston 2016, S. 32.
[264] *Caspar Ehlers*, Rechtsräume. Ordnungsmuster im Europa des frühen Mittelalters, De Gruyter Oldenbourg, Berlin/Boston 2016, S. 34.

mittelalterliche *lex mercatoria*[265] gewährleisteten schon früh Verlässlichkeit und Berechenbarkeit allgemeingültiger Regeln an allen Handelsplätzen, unabhängig von der Nationalität der Handeltreibenden und der Lage des aktuellen Handelsplatzes.[266] Gesellschaftliche Veränderungen wirken hier gewissermaßen konstitutiv auf die Rechtsordnung. Ein gewisser Raumbezug der entstehenden rechtlichen Ordnung ist jedenfalls gegeben, allerdings sehr unspezifisch, da der Geltungsbereich der Handelsnormen i. d. R. nicht klar definiert wurde (nach *Willoweit* reichte dieser nur soweit „wie der Handel reicht").[267] Im Zuge der mittelalterlichen Kaufmannstradition entwickelten sich die Gilden als spezifische Ordnungsmuster, die unabhängig von staatlichen Einflusssphären die Handelsregeln definierten.[268] Aber auch unter den Bedingungen souveräner Staatlichkeit seit dem 19. Jh. kann staatenübergreifende Rechtsbildung durch ökonomische Faktoren beobachtet werden: So bot die industrielle Revolution des ausgehenden 19. bzw. beginnenden 20. Jh. grenzüberschreitend agierenden Unternehmen neue Möglichkeiten der Kapitalerwirtschaftung.[269]

c) *Sozialethisch begründete Raumbildung*

Die Genese von Rechtsräumen kann auch im Zusammenhang mit Religion stehen, das gilt jedenfalls für das erste Jtsd. n. Chr.[270] Dieser Zeitraum zeichnet sich in der christlichen Welt durch eine besonders feste Verzahnung von weltlichen und kirchlichen Ordnungsmustern aus. Als Beweis genügt der Umstand, dass römische Rechtsvorstellungen i. R. d. Expansion des Römischen Reiches durch die Kirche transportiert wurden.[271] *Ehlers* nennt als Beispiel Klöster und Stifte in Randgebieten „als Mittel zur Durchdringung des Raumes" und spricht in diesem Zusammenhang von der „Triade ‚Recht-Raum-Religion'".[272] Ob-

---

[265] Dazu *Rudolf Meyer*, Bona fides und lex mercatoria in der europäischen Rechtstradition, Quellen und Forschungen zum Recht und seiner Geschichte Bd. 5, Wallstein Verlag, Göttingen 1994.
[266] *Dietmar Willoweit*, Historische Prozesse staatenübergreifender Rechtsbildung, in Horst Dreier/Hans Forkel/Klaus Laubenthal (Hrsg.), Raum und Recht, FS 600 Jahre Würzburger Juristenfakultät, Duncker & Humblot, Berlin 2002, 3–21 (8).
[267] *Dietmar Willoweit*, Historische Prozesse staatenübergreifender Rechtsbildung, in Horst Dreier/Hans Forkel/Klaus Laubenthal (Hrsg.), Raum und Recht, FS 600 Jahre Würzburger Juristenfakultät, Duncker & Humblot, Berlin 2002, 3–21 (8).
[268] *Dietmar Willoweit*, Historische Prozesse staatenübergreifender Rechtsbildung, in Horst Dreier/Hans Forkel/Klaus Laubenthal (Hrsg.), Raum und Recht, FS 600 Jahre Würzburger Juristenfakultät, Duncker & Humblot, Berlin 2002, 3–21 (8 f.).
[269] *Dietmar Willoweit*, Historische Prozesse staatenübergreifender Rechtsbildung, in Horst Dreier/Hans Forkel/Klaus Laubenthal (Hrsg.), Raum und Recht, FS 600 Jahre Würzburger Juristenfakultät, Duncker & Humblot, Berlin 2002, 3–21 (10 ff.).
[270] *Caspar Ehlers*, Rechtsräume. Ordnungsmuster im Europa des frühen Mittelalters, De Gruyter Oldenbourg, Berlin/Boston 2016, S. 22.
[271] *Caspar Ehlers*, Rechtsräume. Ordnungsmuster im Europa des frühen Mittelalters, De Gruyter Oldenbourg, Berlin/Boston 2016, S. 22.
[272] *Caspar Ehlers*, Rechtsräume. Ordnungsmuster im Europa des frühen Mittelalters, De

wohl vorwiegend personenbezogen, kann folglich auch religiöses Recht Räume prägen, sog. „religiöse Räume" stellen eine weitere Organisationsform des Raums dar.[273]

d) Kommunikation als raumbildender Faktor

Ein bestimmender Faktor bei der Konstituierung und Aufrechterhaltung von (Teil- und Gesamt-)Rechtsräumen[274] ist beinahe immer die Kommunikation. Beispiele für die Konstituierung von Rechtsräumen durch Kommunikation sind das komplexe Infrastruktursystem der Römer, das Boten- und Gesandtenwesen der Franken, die Entstehung des Postwesens, die Seewegverbindungen zwischen Alter und Neuer Welt sowie die Eisenbahn im Mittleren Westen und der Ponyexpress in Nordamerika.[275] Auch und gerade heute ist die Kommunikation notwendige Voraussetzung für die Ausbildung von Rechtsräumen, zumal die Möglichkeiten der Echtzeitkommunikation *via* Internet beinahe unbegrenzt geworden sind. Dabei dient Kommunikation nicht nur der Bildung, sondern auch der Fortentwicklung und Stabilisierung von Rechtsräumen „nach innen" und der Sicherung „nach außen" gegenüber anderen rechtlichen Akteuren.[276] Neben der allgemeinen gesellschaftlichen Funktion der Kommunikation ist dabei der rechtlichen Kommunikation besondere Beachtung zu schenken.

„Die Bedeutung des Raumes als Hindernis für soziale Interaktion hatte durch die Industrielle Revolution dramatisch abgenommen",[277] konstatiert *Miloš Vec*, der sich hier auf die hemmende Wirkung von Staatsgrenzen auf die zwischenstaatliche und internationale Kommunikation bezieht. *Ehlers* spricht gar von der „Gegenwartserfahrung" der „Enträumlichung der Kommunikation über Recht".[278] Spätestens seit Entwicklung der verschiedensten Modelle der Distanzkommunikation stellen Staatsgrenzen kaum mehr ein Problem dar, es folgte mit der Erfindung der Dampfmaschine und schließlich der Technisierung des Verkehrs auch der körperliche Rückzug störender Distanzen. Tatsächlich „boomte" die Entwicklung neuer Rechtsräume gerade im Verlauf des 19.

Gruyter Oldenbourg, Berlin/Boston 2016, S. 23.
[273] Dazu *Caspar Ehlers*, Rechtsräume. Ordnungsmuster im Europa des frühen Mittelalters, De Gruyter Oldenbourg, Berlin/Boston 2016, S. 23 f.
[274] *Caspar Ehlers*, Rechtsräume. Ordnungsmuster im Europa des frühen Mittelalters, De Gruyter Oldenbourg, Berlin/Boston 2016, S. 93 ff.
[275] Beispiele bei *Caspar Ehlers*, Rechtsräume. Ordnungsmuster im Europa des frühen Mittelalters, De Gruyter Oldenbourg, Berlin/Boston 2016, S. 93.
[276] *Caspar Ehlers*, Rechtsräume. Ordnungsmuster im Europa des frühen Mittelalters, De Gruyter Oldenbourg, Berlin/Boston 2016, S. 93.
[277] *Miloš Vec*, Recht und Normierung in der Industriellen Revolution. Neue Strukturen der Normsetzung in Völkerrecht, staatlicher Gesetzgebung und gesellschaftlicher Selbstnormierung, Vittorio Klostermann, Frankfurt a. M. 2006, S. 129.
[278] Internetauftritt des (ehem.) Max-Planck-Instituts für europäische Rechtsgeschichte, abrufbar unter: https://www.rg.mpg.de/forschung/rechtsraeume (*Caspar Ehlers*: Forschungsschwerpunkt „Rechtsräume").

Jh. durch die zunehmende technische Vereinfachung von Verkehr, Handel und Kommunikation.[279] Das liegt nach *Vec* daran, dass im 19. Jh. die Konstitution „neuer sozialer Räume" (er nennt sie auch „neue territoriale Einheiten")[280] durch das Völkerrecht mittels multilateraler Verträge begünstigt wurde. Die Entstehung von Rechtsräumen als Räume der Kommunikation wird folglich befördert durch rein technische (Distanz-)Kommunikationsmöglichkeiten, ist also abhängig vom Grad des technischen Wandels im Bereich der Kommunikationstechnik.

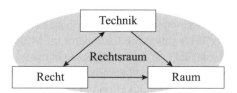

Abb. 5: Technikbedingte Entstehung von Rechtsräumen

Unter dem Einfluss des technischen Wandels scheinen im Vorfeld neuer Rechtsräume – zunächst ohne (völker-)rechtlichen Rahmen – (Technik-)Experten-Subkulturen zu entstehen, die den neuen „Raum", auch mittels technikgestützter Kommunikation, physisch erschließen. Innerhalb der Gruppe der immer weiterwachsenden Zahl von Nutzern des Raums entsteht eine soziale Ordnung,[281] die aber infolge der besonderen technischen Grundstruktur des Raums völlig losgelöst von der geografischen Gebundenheit des Raumes sein und bestehen kann. In diesem Zusammenhang soll nicht unerwähnt bleiben, dass sich die sog. „closed spatiality of the Nation-State" durch die Entwicklung des Völkerrechts im 19. Jh. immer mehr einer „differentiated and heterogenous spatiality" annäherte. Diese ist auch zu beobachten bei sog. „extensive spaces", entstanden durch Phänomene wie koloniale Okkupation, das Aufkommen der Menschenrechte oder die Paarung von einzelstaatlichen Belangen mit Geopolitik.[282]

---

[279] *Miloš Vec*, Recht und Normierung in der Industriellen Revolution. Neue Strukturen der Normsetzung in Völkerrecht, staatlicher Gesetzgebung und gesellschaftlicher Selbstnormierung, Vittorio Klostermann, Frankfurt a. M. 2006, S. 129.

[280] *Miloš Vec*, Recht und Normierung in der Industriellen Revolution. Neue Strukturen der Normsetzung in Völkerrecht, staatlicher Gesetzgebung und gesellschaftlicher Selbstnormierung, Vittorio Klostermann, Frankfurt a. M. 2006, S. 130.

[281] *Jörg Dünne*, Teil IV: Soziale Räume. Einleitung, in Jörg Dünne/Stephan Günzel, Raumtheorie. Grundlagentexte aus Philosophie und Kulturwissenschaften, Suhrkamp, Frankfurt a. M. 2006, 289–303 (289).

[282] *Massimo Meccarelli/María J. Solla Sastre*, Spatial and Temporal Dimensions for Legal History: An Introduction, in Massimo Meccarelli/María J. Solla Sastre (Hrsg.), Spatial and Temporal Dimensions for Legal History. Research Experiences and Itineraries, Global Perspectives on Legal History, Max Planck Institute for European Legal History Open Ac-

In der Folge lässt sich – gewissermaßen als Gegenbewegung zum überkommenen nationalstaatlichen „Container"-Denken[283] – ab dem ausgehenden 20. Jh. im Rahmen des sog. „Spatial" oder „Topographical Turn"[284] eine Art „sozio-geographische Globalisierung" ausmachen: Es handelt sich dabei um eine Untersuchungsperspektive der Sozial- und Kulturwissenschaften, die Räume nicht als gegeben, sondern als sozial bzw. kulturell konstituiert wahrnimmt.[285] Territorial begrenzte und begrenzbare Räume werden ersetzt (oder zumindest ergänzt) durch „entterritorialisierte"[286] soziale Räume, definiert durch die Gesellschaft, die sie schuf, so geschehen etwa im Laufe der europäischen Integration. Diese „neuen Räume" sind transnational, virtuell und/oder plurilokal,[287] es handelt sich um Kommunikations- oder Handelsräume. Die Akteure dieser neuen Räume sind oft nicht als Gruppe geografisch fixiert, sie definieren sich nicht über einen gemeinsamen Standort, sondern über gemeinsame Aktivitäten und/oder Werte und Ziele. Die Organisation moderner Räume fußt im Ergebnis auf Institutionalisierung.[288]

---

cess Publication, Frankfurt a. M. 2016, 3–24 (18), abrufbar unter: https://www.lhlt.mpg.de/gplh_volume_6.

[283] Vgl. *Peter J. Taylor*, The State as Container: Territoriality in the Modern World-System, PIHG 18 (1994), 151–162.

[284] *Caspar Ehlers*, Rechtsräume. Ordnungsmuster im Europa des frühen Mittelalters, De Gruyter Oldenbourg, Berlin/Boston 2016, S. 10.

[285] *Jürgen Bast*, Völker- und unionsrechtliche Anstöße zur Entterritorialisierung des Rechts (2. Referat), in VVDStRL Bd. 76: Grenzüberschreitungen, Berichte und Diskussionen auf der Tagung der Vereinigung der Deutschen Staatsrechtslehrer in Linz vom 5.–8. Oktober 2016, De Gruyter, Berlin/Boston 2017, 277–309 (282). Als „Vater" der modernen Raumtheorie gilt *Henri Lefebvre* (1901–1991), vgl. *Henri Lefebvre*, Production de l'espace, Edition Anthropos, Paris 1974. Dazu *Caspar Ehlers*, Rechtsräume. Ordnungsmuster im Europa des frühen Mittelalters, De Gruyter Oldenbourg, Berlin/Boston 2016, S. 41.

[286] Vgl. *Kirsten Schmalenbach*, Völker- und unionsrechtliche Anstöße zur Entterritorialisierung des Rechts (1. Referat), in VVDStRL Bd. 76: Grenzüberschreitungen, Berichte und Diskussionen auf der Tagung der Vereinigung der Deutschen Staatsrechtslehrer in Linz vom 5.–8. Oktober 2016, De Gruyter, Berlin/Boston 2017, 245–276 (246); nach *Jan A. Scholte*, Globalization: A Critical Introduction, Macmillan Press, Houndmills/Basingstoke/Hampshire/London 2000, S. 59 ff. sind diese Räume eher „supraterritorial".

[287] *Kirsten Schmalenbach*, Völker- und unionsrechtliche Anstöße zur Entterritorialisierung des Rechts (1. Referat), in VVDStRL Bd. 76: Grenzüberschreitungen, Berichte und Diskussionen auf der Tagung der Vereinigung der Deutschen Staatsrechtslehrer in Linz vom 5.–8. Oktober 2016, De Gruyter, Berlin/Boston 2017, 245–276 (246).

[288] Das gilt aber auch für Staaten: Diese einigen sich z. B. im Rahmen eines völkerrechtlichen Vertrags (nach *Bruno Simma*, From Bilateralism to Community Interest in International Law, RdC 250 [1994-VI], 217–384 [324: „Multilateral Treaties as Workhorses of Community Interests"] sind völkerrechtliche Verträge „an indispensable tool" zur Förderung von Gemeinschaftsinteressen, vgl. auch die Präambel der WVK. A. A. offenbar *Jean d'Aspremont*, Contemporary International Rulemaking and the Public Character of International Law, in Institute for International Law and Justice New York University School of Law, IILJ Working Paper 2006/12, S. 22: „contractualization – that is the recourse to treaties – is not the only manner to serve a global interest. Nor is it necessarily the most efficient" – Fn. entfernt; moderater *Wolfgang Friedmann*, The Changing Structure of International Law, Stevens & Sons, Lon-

B. „Vorsprung durch Technik"?
Völkerrechtliche Normsetzung und -durchsetzung
unter dem Einfluss des technischen Wandels

„Vorsprung durch Technik",[289] propagiert ein großer dt. Autohersteller schon seit Jahren. Das mag für die Transportwirtschaft, den Kommunikations- oder Tourismussektor gelten, nicht jedoch für das Recht, so scheint es. Denn der technische Wandel ist für das Recht ein zweischneidiges Schwert; einerseits bietet er die Chance zur Optimierung rechtlicher Prozesse, andererseits offenbart er ein ausgesprochenes „Tempoproblem" des Rechts:

> „Die Reaktion der Rechtsordnung auf Entwicklungen der Technik wird bildlich mit einem Nachhinken des statischen Rechts gegenüber der dynamischen Technik umschrieben."[290]

Vieweg bezeichnet dieses Phänomen als „legal lag" und illustriert das evolutive Defizit des Rechts anschaulich anhand der Entwicklung des Transportwesens und der darauf bezogenen (späten) Reaktion der dt. nationalen Rechtsordnung:[291] Erstmals fuhr ein von *Carl Benz* (1844–1929) produziertes Kraftfahrzeug 1886 auf dt. öffentlichen Straßen, eine erste entsprechende gesetzliche Regelung folgte aber erst 24 Jahre später.[292] Ähnlich gestaltete sich die Re-

---

don 1964, S. 371) auf eine Organisationsform, z. B. eine I. O. mit bestimmten Merkmalen und Zuständigkeiten. Die Organisation zwischenstaatlicher Beziehungen gleicht – in den Worten von *Ferdinand v. Martitz* – einer Vereinslandschaft, zusammengesetzt aus vielen exklusiven Vereinen, den I. O., mit unterschiedlichen Zuständigkeitsbereichen. Grds. stehen diese Vereine einem Beitritt offen. All jene Staaten jedoch, die einer Organisation nicht beitreten, werden zum „Vereinsausland" (so *Ferdinand v. Martitz*, Völkerrecht, in Paul Hinneberg [Hrsg.], Die Kultur der Gegenwart. Ihre Entwicklung und ihre Ziele, Teil II, Abt. VIII: Systematische Rechtswissenschaft, B. G. Teubner, Berlin/Leipzig 1906, 427–494 [449]), sie sind nicht Teil des exklusiven Klubs, der seine Existenzberechtigung (zumindest bis zur Gründung der Organisation bzw. dem Beitritt, danach hängt die Existenz einer I. O. nicht mehr vom Willen des einzelnen Mitglieds ab [Ausnahme: Kündigungsrecht]) im völkerrechtlichen Konsensprinzip findet (*Miloš Vec*, Recht und Normierung in der Industriellen Revolution. Neue Strukturen der Normsetzung in Völkerrecht, staatlicher Gesetzgebung und gesellschaftlicher Selbstnormierung, Vittorio Klostermann, Frankfurt a. M. 2006, S. 131). Im Anschluss an die „Institutionalisierung" eines Organisationsbereichs folgt dessen Normierung, durchgeführt durch die neugegründeten Institutionen.

[289] Werbeslogan des Automobilherstellers Audi, Markenschutz bestätigt durch EuGH, Urt. v. 21.1.2010 – C-398/08 P, Rn. 58 f. – Audi AG/Harmonisierungsamt für den Binnenmarkt (Marken, Muster und Modelle) (HABM).

[290] *Klaus Vieweg*, Reaktionen des Rechts auf Entwicklungen der Technik, in Martin Schulte (Hrsg.), Technische Innovation und Recht: Antrieb oder Hemmnis?, MTM Bd. 76, C. F. Müller, Heidelberg 1997, 35–54 (36).

[291] Beispiele bei *Klaus Vieweg*, Reaktionen des Rechts auf Entwicklungen der Technik, in Martin Schulte (Hrsg.), Technische Innovation und Recht: Antrieb oder Hemmnis?, MTM Bd. 76, C. F. Müller, Heidelberg 1997, 35–54 (36).

[292] Bundesratsverordnung über den Verkehr mit Kraftfahrzeugen v. 3.2.1910, RGBl. 1910, S. 389, aufgrund § 6 des Gesetzes v. 3.5.1909, RGBl. 1909, S. 437.

gulierung von Aktivitäten im Luftraum: Die Brüder *Wilbur* (1867–1912) und *Orville Wright* (1871–1948) läuteten am 17. Dezember 1903 mit dem ersten 12-Sekunden-Flug über 60 m mit ihrem Fluggerät „Flyer I" den Beginn des Zeitalters der motorisierten Luftfahrt ein, die Erstfassung des LuftVG datiert auf den 1. August 1922.[293] Das stark kontextgebundene und normativ tlw. schwer greifbare Völkerrecht[294] stellt in dieser Hinsicht keine Ausnahme dar: Während den Brüdern *Jacques-Etienne* (1745–1799) und *Joseph-Michel Mongolfier* (1740–1810) bereits am 21. November 1783 (unter Mithilfe ihres „Testpiloten" *Jean-François Pilâtre de Rozier* [1754–1785] und dem Passagier *François Laurent, Marquis d'Arlandes* [1742–1809])[295] der weltweit erste bemannte Freiflug in einem Heißluftballon – nach seinen Erfindern auch „Mongolfiere" genannt – gelang,[296] wurde der erste völkerrechtliche Vertrag auf dem Gebiet des Luftrechts[297] erst 1898 geschlossen.[298] Der Start des sowjetischen Satelliten „Sputnik I" am 4. Oktober 1957[299] markierte den Eintritt der Menschheit in das Zeitalter der Raumfahrt, bereits 1958 wurden das „Committee on Space Research",[300] das „Committee on the Peaceful Uses of Outer Space" sowie das „UN Office for Outer Space Affairs"[301] aus der Taufe gehoben. Der UN-Weltraum-Vertrag aber trat erst zehn Jahre später in Kraft.

Die obigen Ausführungen und *Viewegs* geradezu verächtlicher Verweis auf die langsame „Reaktion der Rechtsordnung auf Entwicklungen der Technik" setzen voraus, dass eine solche Reaktion überhaupt ausgemacht werden kann.

---

[293] Luftverkehrsgesetz v. 1.8.1922, RGBl. 1922 I, S. 681.

[294] *Joseph W. Dellapenna*, Law in a Shrinking World: The Interaction of Science and Technology with International Law, Ky. L. J. 88 (1999–2000), 809–883 (877).

[295] *Alex Meyer*, Übersicht über die Entwicklung des Luftrechts, JbVölkR 1912, 1445 ff., abgedr. in Alex Meyer, Luftrecht in fünf Jahrzehnten. Ausgewählte Schriften, Carl Heymanns Verlag, Köln/Berlin/München/Bonn 1961, 26–32 (26).

[296] *Marcus Schladebach*, Lufthoheit. Kontinuität und Wandel, Mohr Siebeck, Tübingen 2014, S. 13.

[297] *Alex Meyer*, Freiheit der Luft als Rechtsproblem: Rückblick, Gegenwart, Ausblick. Ein Leitfaden für internationales Luftverkehrsrecht, Aeroverlag, Zürich 1944, S. 24 Fn. 1; *Marcus Schladebach*, Lufthoheit. Kontinuität und Wandel, Mohr Siebeck, Tübingen 2014, S. 22; *Peter H. Sand/Jorge de Sousa Freitas/Geoffrey N. Pratt*, An Historical Survey of International Air Law Before the Second World War, McGill L. J. 7 (1960/1961), 24–42 (29).

[298] Dabei handelte es sich um ein bilaterales Abkommen zwischen Deutschland und Österreich-Ungarn über Militärballone. Als erster „luftrechtlicher Rechtsakt" der Welt gilt i. Ü. eine Pariser Polizeiverordnung v. 23.4.1784: „Ordonnance interdisant les ascensions sans autorisation préalable, promulguée le 23 avril 1784 par le Lieutenant Général de Police Lenoir", Originaltext abgedr. bei *Harold Caplan*, The Crime of Flying: The Way Forward to 1784, Air and Space Law 34 (2009), 351–370 (368–369).

[299] *Francis Lyall/Paul B. Larsen*, Space Law: A Treatise, Ashgate, Farnham/Burlington 2009, S. 1 (falsch dagegen die Erwähnung des 15.10.1957 als Starttermin des Sputniks auf S. 3).

[300] *Francis Lyall/Paul B. Larsen*, Space Law: A Treatise, Ashgate, Farnham/Burlington 2009, S. 39.

[301] *Francis Lyall/Paul B. Larsen*, Space Law: A Treatise, Ashgate, Farnham/Burlington 2009, S. 17.

Reagiert das Völkerrecht auf technische Innovationen? Und wenn ja, in welcher Form und in welchem Umfang? Begreift man den Wandel in Wissenschaft und Technik als ein System sozialen Wandels, fällt die Antwort auf die erste Frage leicht:

> „International law – like any law – interacts with other social systems in a mode of ‚structural coupling'."[302]

Exemplarisch für eine bemerkenswerte und nachgerade bahnbrechende Entwicklung wird immer wieder die Informationstechnik genannt. „Information technology creates a global conversation",[303] betont *Wriston*. Diplomatische Verhandlungen und multilaterale Gespräche können heutzutage über große Distanzen hinweg geführt werden, eine „Welt der kurzen Wege" und virtuellen Räume ist das Ergebnis. Doch welche Bedeutung kommt dem Staat im 21. Jh. zu? Welche Auswirkungen hat die Einbindung von technischen Experten und Nutzern als nicht staatliche Akteure in die Prozesse internationaler Rechtsetzung? Kommt es dadurch tatsächlich zu einer Vereinfachung und Beschleunigung des völkerrechtlichen Normsetzungsprozesses? Diesen und weiteren Fragen soll im Folgenden nachgegangen werden. Der Orientierung bei der Betrachtung des Verhältnisses von Völkerrecht und Technik dient die Identifizierung von sechs Entwicklungstendenzen im Zusammenhang mit der technikbeeinflussten völkerrechtlichen Normsetzung und -durchsetzung:

1. Wandel der Bedeutung der bekannten Völkerrechtsquellen i. S. d. Art. 38 Abs. 1 IGH-Statut und potenzielle Entwicklung neuer Normkategorien;
2. Wachsende Bedeutung von I. O. als Foren internationaler Zusammenarbeit;
3. „Entterritorialisierung" des Völkerrechts im Zuge (welt-)gesellschaftlicher „Denationalisierung" und evtl. „Entstaatlichungstendenzen" innerhalb der internationalen Beziehungen;
4. Wachsende Bedeutung transnationalen Rechts im Zusammenhang mit Formen des Regierens „jenseits des Staates";
5. „Hybridisierung" der Völkerrechtsordnung infolge der wachsenden Bedeutung von „Soft Law";
6. „Krise der notwendigen Adaptivität" des Völkerrechts als Folge von Fragmentierung durch sachgebietsspezifische Rechtsetzung, Verrechtlichung und Konstitutionalisierung.

---

[302] *Stefan Oeter*, The International Legal Order and its Judicial Function: Is there an International Community – despite the Fragmentation of Judicial Dispute Settlement?, in Pierre-Marie Dupuy/Bardo Fassbender/Malcolm N. Shaw/Karl-Peter Sommermann (Hrsg.), Völkerrecht als Wertordnung, FS für Christian Tomuschat, N. P. Engel Verlag, Kehl/Straßburg/Arlington 2006, 583–599 (597) – Fn. entfernt.

[303] *Walter B. Wriston*, Bits, Bytes, and Balance Sheets. The New Economic Rules of Engagement in a Wireless World, Hoover Institution Press, Publication No. 557, Stanford 2007, S. 36.

I. Völkerrechtsquellen im Wandel

Das „Article 38 Quartet",[304] das Ensemble völkerrechtlicher Quellen nach Art. 38 Abs. 1 IGH-Statut, besteht aus Verträgen, Gewohnheitsrecht, von den Kulturvölkern anerkannten allgemeinen Rechtsgrundsätzen sowie richterlichen Entscheidungen und der „Lehrmeinung der fähigsten Völkerrechtler der verschiedenen Nationen" als sog. Rechtserkenntnisquellen. Daran werden auch die neuen Herausforderungen für das Völkerrecht, die im Fokus dieser Arbeit stehen, (zunächst) nichts ändern, weshalb die folgenden Ausführungen sich im Wesentlichen an der Struktur des Art. 38 Abs. 1 IGH-Statut orientieren, denn „wo Grundsätze verkümmern, droht Beliebigkeit".[305] Neben den Veränderungen im Bereich des Völkervertrags- (1) und Gewohnheitsrechts (2) sowie einer (potenziellen) Erweiterung des Bestandes der allgemeinen Rechtsgrundsätze (3) sollen aber auch besondere Arten der völkerrechtlichen Normgenese durch die Bildung von Analogien (4) und die Möglichkeit der „Technikregulierung durch Technikgestaltung" (5) ihren Platz finden.[306]

1. Völkervertragsrecht

Das Völkervertragsrecht beschäftigt sich mit dem Abschluss, der Geltung und der Beendigung völkerrechtlicher Verträge i. S. d. Art. 38 Abs. 1 lit. a IGH-Statut. Der Begriff „Vertrag" („treaty"[307] bzw. „convention")[308] erfasst nach dem Wortlaut der Norm „international conventions, whether general or particular, establishing rules expressly recognized by the contesting states". Dabei bezieht sich der IGH in seinen Urteilen zur Präzisierung dieser Formel regelmäßig[309] auf die detailreichere Definition des Begriffs „Vertrag" in Art. 2 Abs. 1 lit. a WVK.[310] Ein „Vertrag" ist danach

---

[304] *John K. Gamble*, New Information Technologies and the Sources of International Law: Convergence, Divergence, Obsolescence and/or Transformation, GYIL 41 (1998), 170–205 (183).

[305] *Günter Heine*, Technischer Fortschritt im Spannungsverhältnis von Unternehmen, Gesellschaft und Staat – Neue Herausforderungen für das Recht, in Martin Schulte (Hrsg.), Technische Innovation und Recht: Antrieb oder Hemmnis?, MTM Bd. 76, C. F. Müller, Heidelberg 1997, 57–77 (66).

[306] Die in Art. 38 Abs. 1 lit. d IGH-Statut aufgeführten „Hilfsmittel zur Feststellung von Rechtsnormen" werden aufgrund mangelnder Relevanz nicht besprochen.

[307] Vgl. Art. 36 Abs. 2 lit. a IGH-Statut.

[308] Vgl. Art. 34 Abs. 3, Art. 63 IGH-Statut.

[309] Vgl. z. B. IGH, Urt. v. 19.12.1978 – ICJ Rep. 1978, 3 (39 § 96) – Aegean Sea Continental Shelf Case (Griechenland/Türkei); IGH, Urt. v. 1.7.1994 (Jurisdiction and Admissibility) – ICJ Rep. 1994, 112 (120 § 23) – Case concerning Maritime Delimitation and Territorial Questions Between Qatar and Bahrain (Qatar/Bahrain); IGH, Urt. v. 10.10.2002 – ICJ Rep. 2002, 303 (429 § 263) – Case concerning the Land and Maritime Boundary Between Cameroon and Nigeria (Kamerun/Nigeria; Beigeladener: Äquatorialguinea).

[310] *Alain Pellet*, Art. 38, in Andreas Zimmermann/Christian Tomuschat/Karin Oellers-

„an international agreement concluded between States in written form and governed by international law, whether embodied in a single instrument or in two or more related instruments and whatever its particular designation".

Die Bedeutung internationaler Verträge für die völkerrechtliche Ordnung wandelte sich im Verlauf des 19. Jh. Bestand die Mehrzahl völkerrechtlicher Verträge mit „selbstverständlich"[311] militärischem Bezug noch Ende des 18. Jh. „in Friedensschlüssen und solchen Tractaten, welche sich auf Krieg und Frieden beziehen",[312] die überwiegend dem Schmieden von Allianzen und Bündnissen dienten, setzte ab den 1870er-Jahren (bis zum Ausbruch des Ersten Weltkriegs 1914)[313] ein „Funktionswandel" ein, begleitet durch einen dramatischen zahlenmäßigen Anstieg des Bestands völkerrechtlicher Verträge:[314] *Bittner* bezifferte 1924 die Zahl der seit 1815 geschlossenen Verträge auf ca. 16.000.[315] Begünstigt wurde diese Entwicklung durch einen neuen Internationalismus in Bezug auf die Regelungsmaterien, die *Meier* wiederum auf „[d]ie zunehmende Völkerverbindung, eine natürliche Folge der Fortschritte auf dem Gebiete des Verkehrswesens" zurückführte.[316] In der Folge bewirkte diese „Wechselwirkung zwischen Theorie und Praxis" die Entstehung

„neue[r] Modelle der Normsetzung [...], die ihren Ursprung zwar in recht speziellen Einzelfeldern gefunden hatten, jedoch bald als schlechthin musterhaft für die neuarti-

---

Frahm (Hrsg.), The Statute of the International Court of Justice: A Commentary, Oxford University Press, Oxford 2006, 677–792 (737 Rn. 175).

[311] *Miloš Vec*, Recht und Normierung in der Industriellen Revolution. Neue Strukturen der Normsetzung in Völkerrecht, staatlicher Gesetzgebung und gesellschaftlicher Selbstnormierung, Vittorio Klostermann, Frankfurt a. M. 2006, S. 105.

[312] *Dietrich Heinrich Ludwig Freiherr v. Ompteda*, Litteratur des gesammten sowohl natürlichen als positiven Völkerrechts, Erster Theil. Nebst vorangeschickter Abhandlung von dem Umfange des gesammten sowohl natürlichen als positiven Völkerrechts, und Ankündigung eines zu bearbeitenden vollständigen Systems desselben, Johann Leopold Montags sel. Erben, Regensburg 1785, S. 583; ähnlich auch *Maurice Bourquin*, Pouvoir scientifique et droit international, RdC 70 (1947-I), 331–406 (371).

[313] *Miloš Vec*, Recht und Normierung in der Industriellen Revolution. Neue Strukturen der Normsetzung in Völkerrecht, staatlicher Gesetzgebung und gesellschaftlicher Selbstnormierung, Vittorio Klostermann, Frankfurt a. M. 2006, S. 111.

[314] *Miloš Vec*, Recht und Normierung in der Industriellen Revolution. Neue Strukturen der Normsetzung in Völkerrecht, staatlicher Gesetzgebung und gesellschaftlicher Selbstnormierung, Vittorio Klostermann, Frankfurt a. M. 2006, S. 104.

[315] *Ludwig Bittner*, Die Lehre von den völkerrechtlichen Vertragsurkunden, Georg Olms Verlag, Hildesheim/Zürich/New York 2005 (Nachdr. d. Ausg. Berlin/Leipzig 1924), S. 13. Im Jahr 2013 bemaß *Ziolkowski* den Bestand bereits auf mehr als 50.000: *Katharina Ziolkowski*, General Principles of International Law in Cyberspace, in Katharina Ziolkowski, Peacetime Regime for State Activities in Cyberspace: International Law, International Relations and Diplomacy, NATO CCD COE Publications, Tallinn 2013, 135–188 (138 Fn. 15), wobei sie darauf hinweist, dass die Mehrheit der Verträge nach 1945 geschlossen wurde.

[316] *Ernst Meier*, Über den Abschluss von Staatsverträgen, Duncker & Humblot, Leipzig 1874, S. 20.

Kapitel 1: Auswirkungen des technischen Wandels auf das Völkerrecht 333

ge Struktur völkerrechtlicher Abkommen überhaupt und vorbildlich für die neueste Entwicklung des Völkerrechts angesehen wurden".[317]

Die Verträge behandelten nun vermehrt neue Materien wie den Patentschutz, den Schutz des geistigen Eigentums oder das Verkehrs-, Post- und Telegrafenwesen,[318] Themen, die die Entwicklung eines völlig neuen Vertragstypus mit sich brachten: die des „mehrseitige[n], rechtssetzende[n], beitrittsoffene[n], organisatorischen Zielen dienenden Vertrag[s]".[319]

Ein besonders wichtiger, durch den technischen Wandel motivierter Vertrag (einer der sog. „Weltverträge")[320] ist die Pariser Meterkonvention[321] von 1875, geschlossen mit dem Ziel, „die internationale Einigung und die Vervollkommnung des metrischen Systems zu sichern".[322] Die Etablierung des Meters als Standardmaß und die einheitliche Bezeichnung der metrischen Maßgrößen

„mit Hilfe der dem Namen der Einheit als Vorschlagsilben vorgesetzten Zahlwörter aus den beiden internationalen Sprachen der gebildeten Welt, der griechischen und lateinischen Sprache"

(Myria, Kilo, Hekto, Deka, Dezi, Zenti, Milli)[323] sollte das Durcheinander regionaler, sogar städtespezifischer Maßeinheiten in geordnete Bahnen lenken. Das metrische System, übernommen auf Vorschlag des frz. Mathematikers, Physikers und Astronomen *Pierre Simon Laplaces* (1749–1827), basiert auf dem zehnmillionsten Teil eines Viertels des Erdmeridianrings (Erdmeridianquadrant). Konkretisiert und vervollkommnet wurde die Idee vom „Weltmaß" dank des naturwissenschaftlich-technischen Fortschritts: Mitte des 19. Jh. führten Erdvermessungen zur Korrektur des ursprünglich angenommenen Meridian-

---

[317] *Miloš Vec*, Recht und Normierung in der Industriellen Revolution. Neue Strukturen der Normsetzung in Völkerrecht, staatlicher Gesetzgebung und gesellschaftlicher Selbstnormierung, Vittorio Klostermann, Frankfurt a. M. 2006, S. 21.
[318] Auflistung bei *Ernst Meier*, Über den Abschluss von Staatsverträgen, Duncker & Humblot, Leipzig 1874, S. 21.
[319] *Miloš Vec*, Recht und Normierung in der Industriellen Revolution. Neue Strukturen der Normsetzung in Völkerrecht, staatlicher Gesetzgebung und gesellschaftlicher Selbstnormierung, Vittorio Klostermann, Frankfurt a. M. 2006, S. 104.
[320] *Otfried Nippold*, Die Fortbildung des Verfahrens in völkerrechtlichen Streitigkeiten. Ein völkerrechtliches Problem der Gegenwart speziell im Hinblick auf die Haager Friedenskonferenzen erörtert, Duncker & Humblot, Leipzig 1907, S. 29, 61; *Amos S. Hershey*, The Essentials of International Public Law, The Macmillan Company, New York 1912, S. 21. Zum Phänomen der „Weltworte" des ausgehenden 19. Jh.: *Miloš Vec*, Recht und Normierung in der Industriellen Revolution. Neue Strukturen der Normsetzung in Völkerrecht, staatlicher Gesetzgebung und gesellschaftlicher Selbstnormierung, Vittorio Klostermann, Frankfurt a. M. 2006, S. 64, 68 f.
[321] Pariser Meterkonvention (Convention internationale du mètre) v. 20.5.1875, RGBl. 1876, S. 191.
[322] Präambel der Pariser Meterkonvention, § 1.
[323] *Carl Bopp*, Die internationale Maß-, Gewichts- und Münz-Einigung durch das metrische System, Verlag v. Julius Maier, Stuttgart 1869, S. 34.

Umfangs.³²⁴ Die „technisch-wissenschaftliche Standardisierung"³²⁵ bewirkte sodann eine Erleichterung des internationalen Verkehrs und Handelsaustauschs aufgrund des Umstands, dass „ein rein wissenschaftlicher und für alle Staaten akzeptabler, weil nicht-nationaler Nenner gefunden war",³²⁶ was z. B. die Senkung der Transaktionskosten des grenzüberschreitenden Handels³²⁷ zur Folge hatte.

So erlebt das Vertragsrecht als die wohl wichtigste Quelle des Völkerrechts³²⁸ unter dem Einfluss des technischen Wandels seit dem 19. Jh. fundamentale Umwälzungen. Diese vollziehen sich sowohl strukturell (a) als auch materiell (b).

a) Strukturelle Veränderungen

Insbes. die stete Weiterentwicklung der Informationstechniken prägt das Vertragsrecht heute in struktureller Hinsicht auf zwei Ebenen: Zum einen verändern sich die (öffentliche und politische) Wahrnehmung, das Verständnis und die Interpretation bereits bestehender völkerrechtlicher Verträge (i). Zum anderen hat auch der Prozess der Vertragsverhandlungen und des -abschlusses deutliche Modifikationen erfahren (ii).³²⁹ Dabei werden beide Ebenen speziell durch den Umstand beeinflusst, dass die (Original-)Texte vieler völkerrechtlicher Ver-

---

³²⁴ Ausführlich zur Internationalen Meterkonvention *Miloš Vec*, Recht und Normierung in der Industriellen Revolution. Neue Strukturen der Normsetzung in Völkerrecht, staatlicher Gesetzgebung und gesellschaftlicher Selbstnormierung, Vittorio Klostermann, Frankfurt a.M 2006, S. 31 ff.

³²⁵ *Miloš Vec*, Recht und Normierung in der Industriellen Revolution. Neue Strukturen der Normsetzung in Völkerrecht, staatlicher Gesetzgebung und gesellschaftlicher Selbstnormierung, Vittorio Klostermann, Frankfurt a. M. 2006, S. 35.

³²⁶ *Miloš Vec*, Recht und Normierung in der Industriellen Revolution. Neue Strukturen der Normsetzung in Völkerrecht, staatlicher Gesetzgebung und gesellschaftlicher Selbstnormierung, Vittorio Klostermann, Frankfurt a. M. 2006, S. 39.

³²⁷ *Miloš Vec*, Recht und Normierung in der Industriellen Revolution. Neue Strukturen der Normsetzung in Völkerrecht, staatlicher Gesetzgebung und gesellschaftlicher Selbstnormierung, Vittorio Klostermann, Frankfurt a. M. 2006, S. 48.

³²⁸ So u. a. *Dinah Shelton*, Normative Hierarchy in International Law, AJIL 100 (2006), 291–323 (295); vgl. auch *Ernest Nys*, The Codification of International Law, AJIL 5 (1911), 871–900 (875). Dass es sich bei dem völkerrechtlichen Vertrag unzweifelhaft um eine Quelle des Völkerrechts handelt, wird grds. nicht bestritten. A.A. aber *Gerald Fitzmaurice*, Some Problems Regarding the Formal Sources of International Law, in Frederik M. van Asbeck (Hrsg.), Symbolae Verzijl: Présentées au Professeur J. H. W. Verzijl à l'occasion de son LXXième anniversaire, Martinus Nijhoff, Den Haag 1938, S. 153 ff., zit. nach *Rosalyn Higgins*, Problems and Process: International Law and How We Use It, Clarendon Press, Oxford 1994, S. 33: „It has been suggested by Fitzmaurice that treaties are not a source of law *stricto sensu*, but only a source of obligation between the parties. [...] [H]e suggested that a treaty either contained already accepted norms, which themselves were thus the source of the law, or contained new provisions, which were an exchange of obligations between the treaty parties." – Hervorh. im Original, Fn. entfernt. Ähnlich *Ellery C. Stowell*, International Law: A Restatement of Principles in Conformity with Actual Practice, Henry Holt and Company, New York 1931, S. 31, der Verträge nur als „merely the evidence of an international agreement" ansieht.

³²⁹ *John K. Gamble*, New Information Technologies and the Sources of International Law:

träge seit den 1990er-Jahren überwiegend online verfügbar sind. Rechtsetzungsprozesse, namentlich im Bereich des Vertragsrechts, sind so greifbarer und nachvollziehbarer geworden. Bestes Beispiel für ein umfassendes vertragsrechtliches Informationssystem ist die Online-Datenbank der „UN Treaty Collection".[330] Auch einzelne Nationalstaaten legen regelmäßig online Zeugnis ab über ihre Beteiligung an bi- oder multilateralen völkerrechtlichen Verträgen.[331]

aa) Wahrnehmung, Verständnis und Interpretation von Verträgen

Die Veränderung der Wahrnehmung, des Verständnisses und der Interpretation bereits bestehender völkerrechtlicher Verträge ist unmittelbare Folge der sich wandelnden Informationspolitik auf höchster außenpolitischer, d. h. diplomatischer Ebene in vielen Staaten der Welt. Das zeigt sich am Beispiel der Information über Vorbehalte zu völkerrechtlichen Verträgen i. S. d. Art. 19, 20 Abs. 2 i. V. m. Art. 2 Abs. 1 lit. d WVK. Nach Art. 20 Abs. 2 WVK erfordert ein Vorbehalt zu seiner Gültigkeit unter bestimmten Bedingungen die Zustimmung aller Vertragsparteien (sonst gilt Art. 20 Abs. 1 WVK). Die Informationsrevolution vereinfacht den Regierungen der Staaten diesen Teil des Tagesgeschäfts ungemein, denn *via* Internet haben sie die Möglichkeit, über die Äußerung eines Vorbehalts durch eine andere (potenzielle) Vertragspartei in Echtzeit Kenntnis zu erlangen. Das ist wichtig, weil über die Abgabe eines Vorbehalts alle aktuellen und potenziellen Parteien informiert werden müssen, vgl. Art. 23 Abs. 1 WVK. Die verbesserte Distanzkommunikation vereinfacht auch die Arbeit des Depositarstaats: Nach Art. 77 Abs. 1 lit. b WVK muss er den offiziellen Text eines Vertrags in den erforderlichen Sprachen vorbereiten und dann den aktuellen Parteien sowie möglichen Beitrittskandidaten zuleiten; zudem wacht er über die Einreichung aller Unterschriften des Vertrags, Art. 77 Abs. 1 lit. c WVK. All dies ist nun auch per Einreichung elektronischer Kopien möglich.

Zudem wurde die Registrierung (Art. 80 Abs. 1 WVK und Art. 102 UN-Ch) von Verträgen beim UN-Sekretariat erheblich vereinfacht. Für die Übermittlung der Verträge an das Sekretariat zum Zweck der Registrierung im Archiv und der evtl. Vorbereitung der Veröffentlichung können die Staaten sich an online einsehbaren Checklisten orientieren, die alle zu erfüllenden Voraussetzungen auf-

---

Convergence, Divergence, Obsolescence and/or Transformation, GYIL 41 (1998), 170–205 (184).

[330] Abrufbar unter: https://treaties.un.org/.

[331] Vgl. etwa für die BR Deutschland die digitale Version des BGBl. (Teil II), zugänglich gemacht durch den Bundesanzeiger Verlag, abrufbar unter: https://www.bgbl.de/. Eine Liste der Verträge, an denen die USA beteiligt sind, ist über die Homepage des U. S. Department of State abrufbar: https://www.state.gov/bureaus-offices/treaty-affairs/. Frankreich bietet über die Informationsseite „France Diplomatie" eine detaillierte Suchoption („Traités et accords de la France: Recherche") als Service des frz. „Ministère de l'Europe et des Affaires étrangères" (https://basedoc.diplomatie.gouv.fr/exl-php/recherche/mae_internet___traites).

listen.³³² So werden Fehler und unnötige, zeitaufwendige Kontrollen durch das Sekretariat vermieden, der Prozess gewinnt an Effektivität und Schnelligkeit. Aus diesem Grund ist mittlerweile auch die Einsendung einer elektronischen Kopie des Vertrags (sofern verfügbar), aller Anhänge und Vorbehalte, der Übersetzungen sowie digitaler Versionen von (Land-)Karten (sofern vorhanden und relevant) möglich. Die jährlich³³³ aktualisierte Liste, die mittlerweile mehr als 560 registrierte multilaterale Verträge enthält, ist kosten- und barrierefrei im Internet erhältlich.³³⁴

bb) Vertragsverhandlungen und -abschluss

„Der völkerrechtliche Vertrag ist ein schwerfälliges Instrument der Rechtsetzung; ein Rechtsetzungsverfahren, das viel Zeit und politische Energie verbraucht, um zu halbwegs sinnvollen Ergebnissen zu gelangen",

konstatierte *Oeter* noch Anfang der 2000er-Jahre lakonisch.³³⁵ Dagegen hatte *Gamble* bereits 1998 prophezeit, dass das Internet auch den Abschluss völkerrechtlicher Verträge beschleunigen würde. Er war der Meinung, dass die dritte UN-Seerechtskonferenz „UNCLOS III", die zwischen 1973 und 1982 elfmal tagte und beinahe zehn Jahre mit der Ausarbeitung des SRÜ verbrachte,³³⁶ mit den neuen Mitteln der Distanzkommunikation schneller zu einem Ende hätte gebracht werden können.³³⁷

---

³³² Registrierung: https://treaties.un.org/doc/source/checklist-E.pdf; Publikation: https://treaties.un.org/doc/source/PublicationChecklist-E.pdf.
³³³ Internetpräsenz der UN Treaty Collection, abrufbar unter: https://treaties.un.org/pages/Content.aspx?path=DB/titles/page1_en.xml: „The listing of titles is updated annually, as required."
³³⁴ Sämtliche „Multilateral Treaties Deposited with the Secretary-General" sind in jeder der sechs offiziellen Sprachen der UN (Arabisch, Chinesisch, Englisch, Französisch, Russisch und Spanisch) erhältlich, abrufbar unter: https://treaties.un.org/pages/Index.aspx?clang=_en; Verträge des Völkerbunds: https://treaties.un.org/pages/LON.aspx?clang=_en.
³³⁵ *Stefan Oeter*, Chancen und Defizite internationaler Verrechtlichung: Was das Recht jenseits des Nationalstaates leisten kann, in Bernhard Zangl/Michael Zürn (Hrsg.), Verrechtlichung – Baustein für Global Governance?, EINE Welt Texte der Stiftung Entwicklung und Frieden Bd. 18, Verlag J. H. W. Dietz Nachfolger, Bonn 2004, 46–73 (61). Vgl. zu sonstigen Nachteilen der Rechtsetzung durch Verträge *Christian Tomuschat*, International Law: Ensuring the Survival of Mankind on the Eve of a New Century. General Course on Public International Law, RdC 281 (1999), 9–438 (323 f.); *Christian Tietje*, The Changing Legal Structure of International Treaties as an Aspect of an Emerging Global Governance Architecture, GYIL 42 (1999), 26–55 (54).
³³⁶ UN Codification Division Publications, Diplomatic Conferences, Third United Nations Conference on the Law of the Sea, abrufbar unter: https://legal.un.org/diplomaticconferences/1973_los/.
³³⁷ *John K. Gamble*, New Information Technologies and the Sources of International Law: Convergence, Divergence, Obsolescence and/or Transformation, GYIL 41 (1998), 170–205 (187). Das könnte auch für die Vorbereitungen im Vorfeld der Wiener Vertragsrechtskonferenz gelten, die sogar 17 Jahre in Anspruch nahmen (*David H. Anderson*, Law-Making Process in the UN System – Some impressions, Max Planck UNYB 2 [1998], 23–50 [27]).

Bereits der vorbereitende Schritt der Informationsbeschaffung wurde durch das Internet als riesenhafte, frei zugängliche virtuelle Bibliothek,[338] bestückt mit einer schier endlosen Fülle an Informationen, und neuartige Formen der Vervielfältigung und der elektronischen Versendung erheblich vereinfacht und beschleunigt. Der erleichterte Zugang zu Informationen bedingt einen einheitlichen Kenntnisstand aller an der Aushandlung eines internationalen Übereinkommens beteiligten Parteien, was wiederum einen regen Austausch, dank der Möglichkeiten der Distanzkommunikation auch über große räumliche Entfernungen, möglich macht.[339] Auf diese Weise wird der Einigungsprozess beschleunigt, daneben können Transaktionskosten bei Vertragsverhandlungen – gewissermaßen „en passant" – verringert werden.[340] Das geschieht aufgrund des deutlich beschleunigten und effektivierten Beratungsprozesses, der bspw. eine Abstimmung über bestimmte Inhalte des Vertragswerks in Echtzeit per Videokonferenz möglich macht. Vornehmlich im Rahmen von I.O., die unterschiedliche Staaten der Welt zu ihren Mitgliedern zählen, wird so der „rulemaking process" erheblich vereinfacht. Nach *Perritt* betreiben Staaten heute sog. „‚virtual diplomacy' – a new type of global interactive institution for international relations that has tremendous implications for international law".[341] Zu diesen „enormen Auswirkungen" gehört ohne Zweifel die vermehrte gemeinsame Beteiligung internationaler, staatlicher und nicht staatlicher Akteure an Normsetzungsprozessen.[342] Zwar erhöht die technikunterstützte „neue" Diplomatie des 21. Jh. nicht nachweislich die Wahrscheinlichkeit des Abschlusses von völkerrechtlichen Verträgen.[343] Die bislang in der Geschichte des Völkerrechts einzigartige Form der „Sichtbarmachung" von Völker(vertrags)recht

---

[338] So beschrieb etwa *Henry H. Perritt, Jr.*, The Internet is Changing International Law, Chi.-Kent L. Rev. 73 (1998), 997–1054 (1052) das Internet: „The Internet is a vast virtual library."

[339] *Henry H. Perritt, Jr.*, The Internet is Changing International Law, Chi.-Kent L. Rev. 73 (1998), 997–1054 (1043).

[340] *Gianpaolo M. Ruotolo*, The Impact of the Internet on International Law: Nomos without Earth?, Informatica e diritto 22 (2013), 7–18 (10); *Henry H. Perritt, Jr.*, The Internet as a Threat to Sovereignty? Thoughts on the Internet's Role in Strengthening National and Global Governance, Ind. J. Global Legal Stud. 5 (1998), 423–442 (438); zu diesem bereits im 19. Jh. offenbar gewordenen Vorteil: *Miloš Vec*, Recht und Normierung in der Industriellen Revolution. Neue Strukturen der Normsetzung in Völkerrecht, staatlicher Gesetzgebung und gesellschaftlicher Selbstnormierung, Vittorio Klostermann, Frankfurt a. M. 2006, S. 130.

[341] *Henry H. Perritt, Jr.*, The Internet as a Threat to Sovereignty? Thoughts on the Internet's Role in Strengthening National and Global Governance, Ind. J. Global Legal Stud. 5 (1998), 423–442 (438); *Henry H. Perritt, Jr.*, The Internet is Changing the Public International Legal System, Ky. L. J. 88 (1999–2000), 885–955 (899).

[342] Zur Diversität der Akteure *Myres S. McDougal*, International Law, Power and Policy: A Contemporary Conception, RdC 82 (1953), 137–259.

[343] *Henry H. Perritt, Jr.*, The Internet is Changing the Public International Legal System, Ky. L. J. 88 (1999–2000), 885–955 (900).

für die Weltöffentlichkeit[344] – etwa durch die Teilnahme von NGOs an der Arbeit internationaler Institutionen[345] – bewirkt aber eine regelrechte Stärkung der „Transnational Civil Society".[346]

Nichtsdestotrotz ist zu beachten, dass eine zu starke Fixierung auf die Möglichkeiten der Technik auf der materiellen Seite auch schnelle Einigungen verhindern kann, so geschehen bei den Beratungen zur Definition des Festlandsockels, die an die technischen Gegebenheiten der Zeit angepasst, dadurch aber uferlos und damit unzulänglich[347] wurde. Am Prozess der Ausarbeitung völkerrechtlicher multilateraler Verträge sind weiterhin unterschiedlichste Akteure mit persönlichen Interessen beteiligt, sodass sich intensive, zeitraubende Beratungen auch mithilfe modernster Technik nicht vermeiden lassen.[348]

b) Materielle Veränderungen

Daher darf nicht außer Acht gelassen werden, dass sich das Völkerrecht auf materieller Ebene angesichts des omnipräsenten technischen Wandels aktuell in einer hier sog. „Krise der notwendigen Adaptivität" befindet: Einerseits werden bindende Normen des Völkervertragsrechts immer offener und adaptiver gestaltet, um einen Konsens der Staaten auch in schwierigen Politikfeldern zu ermöglichen (das zeigt sich besonders mit Blick auf technikregulierende Normen). Das macht diese Normen, andererseits, aber zu vage, was einer effektiven Regulierung, die auch eine Durchsetzung von Sanktionen bei Nichtbefol-

---

[344] *Henry H. Perritt, Jr.*, The Internet is Changing the Public International Legal System, Ky. L. J. 88 (1999–2000), 885–955 (896); *Henry H. Perritt, Jr.*, The Internet is Changing International Law, Chi.-Kent L. Rev. 73 (1998), 997–1054 (1029); *Henry H. Perritt, Jr.*, The Internet as a Threat to Sovereignty? Thoughts on the Internet's Role in Strengthening National and Global Governance, Ind. J. Global Legal Stud. 5 (1998), 423–442 (424); vertieft zur Beteiligung von NGOs an internationalen Prozessen *Steve Charnovitz*, Two Centuries of Participation: NGOs and International Governance, Mich. J. Int'l L. 18 (1997), 183–286.

[345] Vgl. *Henry H. Perritt, Jr.*, The Internet is Changing International Law, Chi.-Kent L. Rev. 73 (1998), 997–1054 (1030). NGOs sind allerdings kein neues Phänomen des 20./21. Jh.: Bereits im 18./19. Jh. waren sie aktiv „in stopping the slave trade, promoting peace through international arbitration, advocating worker solidarity, encouraging free trade, and harmonizing international law for marine commerce" (*Henry H. Perritt, Jr.*, The Internet is Changing International Law, Chi.-Kent L. Rev. 73 [1998], 997–1054 [1030], verweisend auf *Steve Charnovitz*, Two Centuries of Participation: NGOs and International Governance, Mich. J. Int'l L. 18 [1997], 183–286 [191–195]).

[346] *François Rigaux*, zit. nach *Mohammed Bedjaoui*, General Introduction, in Mohammed Bedjaoui (Hrsg.), International Law: Achievements and Prospects, UNESCO/Martinus Nijhoff Publishers, Paris/Dordrecht/Boston/London 1991, 1–18 (12); vgl. ebenfalls *Henry H. Perritt, Jr.*, The Internet is Changing the Public International Legal System, Ky. L. J. 88 (1999–2000), 885–955 (906); *Henry H. Perritt, Jr.*, The Internet is Changing International Law, Chi.-Kent L. Rev. 73 (1998), 997–1054 (1050).

[347] *David H. Anderson*, Law-Making Process in the UN System – Some impressions, Max Planck UNYB 2 (1998), 23–50 (27).

[348] Vgl. *Oscar Schachter*, Scientific Advances and International Law Making, Cal. L. Rev. 55 (1967), 423–430 (426).

gung möglich machen soll, oftmals nicht zuträglich ist. Als Beispiel seien hier umweltvölkerrechtliche Regelungen genannt, die zukunftsoffen zur Anpassung an den jeweils aktuellen Stand der Technik die Verwendung von „best available techniques" oder „best environmental practices" durch die Vertragsparteien voraussetzen, wie etwa Art. 3 Abs. 1 lit. c, f, g und Abs. 2 des Übereinkommens zum Schutz und zur Nutzung grenzüberschreitender Wasserläufe und internationaler Seen[349] oder Art. 5 lit. f(i)–(iii) des Stockholmer Übereinkommens über persistente organische Schadstoffe,[350] der den Begriff „best available techniques" definiert als „the most effective and advanced stage in the development of activities and their methods of operation", wobei „techniques" hier sowohl die Verwendung der fraglichen Technik beinhaltet als auch „the way in which the installation is designed, built, maintained, operated and decommissioned". Dabei sind nur solche Techniken relevant,

> „that are accessible to the operator and that are developed on a scale that allows implementation in the relevant industrial sector, under economically and technically viable conditions, taking into consideration the costs and advantages".[351]

Die Lösung des Adaptivitätsproblems könnten die vermehrte Verabschiedung nicht bindender Rechtsinstrumente, sog. Soft Law,[352] sowie die Einbeziehung technischer Normen als Elemente alternativer Technikregulierung durch Techniknikgestaltung[353] bringen.

2. Völkergewohnheitsrecht

Internationales Gewohnheitsrecht, nach Art. 38 Abs. 1 lit. b IGH-Statut zu verstehen als „Ausdruck einer allgemeinen, als Recht anerkannten Übung", ist die nach Ansicht von *Graf Vitzthum* „in der Praxis dominierende Rechtsquelle".[354] Schon im 19. Jh. war das Gewohnheitsrecht für die völkerrechtliche Rechts-

---

[349] Übereinkommens zum Schutz und zur Nutzung grenzüberschreitender Wasserläufe und internationaler Seen (Convention on the Protection and Use of Transboundary Watercourses and International Lakes) v. 17.3.1992, BGBl. 1994 II, S. 2333, 1936 UNTS 269.
[350] Stockholmer Übereinkommen über persistente organische Schadstoffe (Stockholm Convention on Persistent Organic Pollutants) v. 22.5.2001, BGBl. 2002 II, S. 803, 2256 UNTS 119.
[351] *UNEP*, Stockholm Convention on Persistent Organic Pollutants (POPs): Text and Annexes as amended in 2009, Published by the Secretariat of the Stockholm Convention on Persistent Organic Pollutants, Aug. 2010, S. 9, abrufbar unter: https://www.wipo.int/edocs/lexdocs/treaties/en/unep-pop/trt_unep_pop_2.pdf.
[352] Dazu *infra* Teil III, Kap. 1, B.V.
[353] Dazu *infra* Teil III, Kap. 1, B.I.5.
[354] *Wolfgang Graf Vitzthum*, Begriff, Geschichte und Rechtsquellen des Völkerrechts, in Wolfgang Graf Vitzthum/Alexander Proeß (Hrsg.), Völkerrecht, 7. Aufl., De Gruyter, Berlin/Boston 2016, 1–60 (51 Rn. 131). A.A. *Alfred Verdross/Bruno Simma*, Universelles Völkerrecht. Theorie und Praxis, unveränd. Nachdr. d. 3. Aufl. 1984, Duncker & Humblot, Berlin 2010, S. 335 § 533: „Der vr Vertrag stellt heute die praktisch wichtigste unter den formellen Völkerrechtsquellen dar. Wie sehr sich in den letzten Jahrzehnten das Schwergewicht bei der Erzeugung des VR vom VGR zum Vertragsrecht verschoben hat, wird deutlich, wenn man be-

praxis von besonderer Bedeutung. Erkenntnisse über die völkerrechtliche Praxis anderer Staaten lieferten u. a. offizielle Veröffentlichungen der Regierungen, die anhand kurzer Übersichten über die jeweilige nationale Staatenpraxis informierten. Jedoch kommunizierten i. d. R. nur einige wenige Staaten solche Darstellungen, die Identifikation einer einheitlichen Linie der Staatengemeinschaft im Zusammenhang mit einem bestimmten Regelungskomplex stellte eine Herausforderung dar.[355] Dem Völkerrechtsanwender des 21. Jh. kommt in dieser Hinsicht der technische Wandel zugute: Übersichten zur völkerrechtlichen Praxis vieler Staaten sind mittlerweile im Internet abrufbar.[356]

a) Entstehungsvoraussetzungen

Nach der dualistischen Theorie des Gewohnheitsrechts setzt diese Rechtsquelle zu ihrer Entstehung eine überwiegend[357] einheitliche Übung der Völkerrechtssubjekte von gewisser Dauer *(consuetudo)*,[358] die im Einklang mit einer entsprechenden Rechtsüberzeugung handeln *(opinio iuris)*,[359] voraus. Eine allgemeine Rechtsüberzeugung kann sich z. B. im Zuge ihrer Fixierung in – völkerrechtlich unverbindlichen – Resolutionen der UN-Generalversammlung oder diplomatischer Korrespondenz entwickeln. Die Wahl zunächst nicht bindender Rechtsquellen bietet sich v. a. in neuen und kontrovers diskutierten Rechtsgebieten wie dem Weltraumrecht oder dem Cyberlaw an,

„[t]here might […] be great advantages, especially in that new field of law, in making a start with instruments in resolution form, in which unanimity could be achieved without loss of flexibility. Full legal form could be developed later, […]".[360]

---

denkt, daß zwischen 1500 v. Chr. und 1860 bereits etwa 8000 Friedensverträge, allein seit 1947 aber zwischen 30- und 40 000 Verträge abgeschlossen worden sind." – Fn. entfernt.

[355] *Oscar Schachter*, International Law in Theory and Practice, Martinus Nijhoff Publishers, Dordrecht/Boston/London 1991, S. 36.

[356] Beispiel USA: „Digest of United States Practice in International Law" (ab 1989), abrufbar unter: https://www.state.gov/digest-of-united-states-practice-in-international-law/; jährliche Berichte zur völkerrechtlichen Praxis der BR Deutschland erscheinen in der „Zeitschrift für ausländisches öffentliches Recht und Völkerrecht" (ZaöRV), alle Volumes ab 1929 abrufbar unter: https://www.zaoerv.de/index.cfm; die frz. völkerrechtliche Praxis wird seit 1955 wissenschaftlich aufbereitet in der Sammlung „Annuaire Français de Droit International" veröffentlicht, abrufbar unter: https://www.persee.fr/collection/afdi.

[357] Die Übung muss nicht absolut einheitlich sein, als ausreichend wird der Nachweis, dass das Verhalten im Allgemeinen gleichbleibend ist, betrachtet: *Wolfgang Graf Vitzthum*, Begriff, Geschichte und Rechtsquellen des Völkerrechts, in Wolfgang Graf Vitzthum/Alexander Proelß (Hrsg.), Völkerrecht, 7. Aufl., De Gruyter, Berlin/Boston 2016, 1–60 (51 Rn. 131 Fn. 321).

[358] *Andreas v. Arnauld*, Völkerrecht, 3. Aufl., C. F. Müller, Heidelberg 2016, S. 104 Rn. 250.

[359] *Wolfgang Graf Vitzthum*, Begriff, Geschichte und Rechtsquellen des Völkerrechts, in Wolfgang Graf Vitzthum/Alexander Proelß (Hrsg.), Völkerrecht, 7. Aufl., De Gruyter, Berlin/Boston 2016, 1–60 (51 Rn. 131).

[360] Committee on the Peaceful Uses of Outer Space, Legal Sub-Committee, Provisional

Normalerweise verleiht erst die anschließende völkervertragliche Kodifikation einer solchen Regel einen verbindlichen Status.[361] In Abwesenheit anwendbarer vertraglicher Vereinbarungen regelt das Gewohnheitsrecht die Relationen der Staaten untereinander. Doch selbst, wenn ein bestimmtes Sachgebiet bereits vertraglich reguliert wurde, können gewohnheitsrechtliche Regeln zum Tragen kommen: Das gilt für das Verhältnis von Nichtvertragsstaaten des entsprechenden Abkommens untereinander sowie für den Umgang von Vertragsstaaten mit Nichtvertragsstaaten.[362]

Gewohnheitsrecht kann nicht gegenüber solchen Staaten entstehen, die sich als sog. „persistent objector" („ständiger Einwender") aktiv gegen ein bestimmtes Verhalten und damit gegen die Entstehung einer gewohnheitsrechtlichen Regel wehren.[363] Verhält sich der Staat dagegen passiv, kann sein Schweigen nicht automatisch als Zustimmung und damit als stilles Einverständnis („silent acquiescence") in seine gewohnheitsrechtliche Bindung verstanden werden.[364] Die Frage nach der Notwendigkeit und der Form der expliziten Anerkennung eines Verhaltens[365] stellt sich u. a. bei der Fernerkundung aus dem Weltall oder dem Transit von Weltraumobjekten durch fremden Luftraum. Bisher existiert

---

summary record of the 23rd meeting (New York, 25.4.1963), UN Doc. A/AC.105/C.2/SR.23, 29.4.1963: Consideration of legal problems arising from the exploration and use of outer space (A/C.1/879, 881; A/AC.105/L.3-L.6; A/AC.105/C.2/4; A/AC.105/C.2/L.6) (continued), S. 4.

[361] So geschehen z. B. im Fall der Declaration of Legal Principles Governing the Activities of States in the Exploration and Use of Outer Space, UN Doc. A/RES/18/1962, 13.12.1963, einer Res. der UN-Generalversammlung, die inhaltlich im Weltraum-Vertrag aufgingen, s. *Ulrich Scheuner*, Zur Auslegung der Charta durch die Generalversammlung. Die Erklärung über freundschaftliche Beziehungen und Zusammenarbeit der Staaten, VN 4/1978, 111–117 (111).

[362] *Isabella H. P. Diederiks-Verschoor*, An Introduction to Space Law, 3. Aufl., Kluwer Law International, Austin/Boston/Chicago/New York/Niederlande 2008, S. 10; *Vladlen S. Vereshchetin/Gennady M. Danilenko*, Custom as a Source of International Law of Outer Space, J. Space L. 13 (1985), 22–35 (24). Zudem kann es vorkommen, dass Vertragsbestimmungen „kraft internationaler Gewohnheit für Drittstaaten verbindlich werden" (Art. 38 WVK). Zu diesem Prozess ausführlich *Mark E. Villiger*, Customary International Law and Treaties: A Manual on the Theory and Practice of the Interrelation of Sources, Developments in International Law Bd. 28, 2. Aufl., Kluwer Law International, Den Haag/London/Boston 1997, S. 193 ff.

[363] *Oliver Dörr*, 5. Kapitel: Weitere Rechtsquellen des Völkerrechts, in Knut Ipsen, Völkerrecht. Ein Studienbuch, (hrsg. v. Volker Epping/Wolff Heintschel v. Heinegg), 7. Aufl., C. H. Beck, München 2018, 536–588 (549 § 19 Rn. 29). Krit. zur Figur des „persistent objector", vgl. z. B. *Maarten Bos*, The Identification of Custom in International Law, GYIL 25 (1982), 9–53 (45 ff.); *Jonathan I. Charney*, The Persistent Objector Rule and the Development of Customary International Law, BYIL 56 (1985), 1–24 (21 ff.); *Christian Tomuschat*, Obligations Arising for States Without or Against Their Will, RdC 241 (1993-IV), 195–374 (284 ff.); *Patrick Dumberry*, Incoherent and Ineffective. The Concenpt of Persistent Objector Revisited, ICLQ 59 (2010), 779–802.

[364] *Wolfgang Graf Vitzthum*, Begriff, Geschichte und Rechtsquellen des Völkerrechts, in Wolfgang Graf Vitzthum/Alexander Proelß (Hrsg.), Völkerrecht, 7. Aufl., De Gruyter, Berlin/Boston 2016, 1–60 (52 Rn. 133).

[365] *Isabella H. P. Diederiks-Verschoor*, An Introduction to Space Law, 3. Aufl., Kluwer Law International, Austin/Boston/Chicago/New York/Niederlande 2008, S. 11.

keine verbindliche völkerrechtliche Regel, die die Staaten *expressis verbis* dazu auffordert, vor Aufnahme entsprechender Aktivitäten die von den Auswirkungen potenziell betroffenen Mächte um Erlaubnis zu bitten.[366] Widerspricht der Transitstaat nicht ausdrücklich dem Durchflug eines fremden Raumfahrzeugs auf seinem Rückweg zur Erde, so wird sein Schweigen unter Beachtung des Grundsatzes des guten Glaubens als Zustimmung gewertet. Proteste gegen derartiges Verhalten bildeten bisher die Ausnahme, was jedoch nicht bedeutet, dass sich ein gewohnheitsrechtliches „Recht auf friedlichen Durchflug" etablieren konnte.[367]

b) Zur Relevanz von Völkergewohnheitsrecht im Rahmen der Technikregulierung

Gerade der rasante wissenschaftliche und technische Wandel und die damit einhergehende zunehmende Regulierungsnot in den entsprechenden Regelungsgebieten des Völkerrechts haben Diskussionen über die Entstehungsvoraussetzungen, die Relevanz und nicht zuletzt die Adäquanz des Gewohnheitsrechts bei der Regulierung technischer Sachgebiete genährt. Nach Ansicht von *Schachter*[368] kann das Gewohnheitsrecht dem Zweck der internationalen Technikregulierung nicht gerecht werden. Regeln des Gewohnheitsrechts seien schlicht zu „langsam" („inherently slow"),[369] sie entfalteten sich zu schleppend, könnten nicht mithalten mit der Geschwindigkeit der Weiterentwicklung von Wissenschaft und Technik. Zudem sei das Gewohnheitsrecht infolge seiner induktiven Entwicklung auf Basis von Fallrecht unvollständig („partial") und unbestimmt („uncertain"). Den hohen Anforderungen einer notwendigerweise umfassenden und adaptiven Normsetzung auf Völkerrechtsebene würden die undifferenzierten[370] gewohnheitsrechtlichen Regeln nicht gerecht. Dieser Ansicht ist auch

---

[366] Die Res. 41/56 der Generalversammlung zur Fernerkundung aus dem All „empfiehlt" ein solches Vorgehen lediglich: Principles relating to remote sensing of the Earth from space, UN Doc. A/RES/41/56, 3.12.1986, Principle 9.

[367] Henri A. Wassenbergh, Principles of Outer Space Law in Hindsight, Martinus Nijhoff Publishers, Dordrecht/Boston/London 1991, S. 36.

[368] *Oscar Schachter*, Scientific Advances and International Law Making, Cal. L. Rev. 55 (1967), 423–430 (425). Ähnlich bereits *Stowell* in den 1930er-Jahren, der das Gewohnheitsrecht in seiner Entwicklung als „too slow and too precarious" bezeichnete: *Ellery C. Stowell*, International Law: A Restatement of Principles in Conformity with Actual Practice, Henry Holt and Company, New York 1931, S. 32. Nach *Joseph W. Dellapenna*, Law in a Shrinking World: The Interaction of Science and Technology with International Law, Ky. L. J. 88 (1999–2000), 809–883 (878) ist das Gewohnheitsrecht sogar „more of a legal fiction than an accurate description of how international law functions".

[369] Ähnlich *Gennady M. Danilenko*, Law-Making in the International Community, Martinus Nijhoff Publishers, Dordrecht/Boston/London 1993, S. 132: „Custom has traditionally been considered a conservative source of law incapable of responding to the quickly changing needs of the developing international community." Vgl. auch *Franz C. Mayer*, Das Internet, das Völkerrecht und die Internationalisierung des Rechts, ZfRSoz 23 (2002), 93–114 (95).

[370] *Vladlen S. Vereshchetin/Gennady M. Danilenko*, Custom as a Source of International

Friedmann, der Gewohnheitsrecht als „a slow and gradual formulation of legal rules reflecting the consolidation of continuous state practice" bezeichnete.[371] Nach *Gamble* ist das Gewohnheitsrecht sogar „lethargisch"[372] und damit gänzlich ungeeignet, die Herausforderungen anzunehmen, denen das Völkerrecht des 21. Jh. entgegentritt. Angesichts des unaufhaltsamen technischen Wandels und immer neuer, innovativer Techniken gerät das Gewohnheitsrecht ins Hintertreffen, die Gefahr der Inkohärenz dieser einst so bedeutsamen Völkerrechtsquelle steigt. Dagegen wendet *Perritt* ein, technisch revolutionäre Innovationen wie das Internet beförderten vielmehr die Harmonisierung der Rechtsüberzeugungen der Staaten als sie zu konterkarieren. Moderne Distanzkommunikationsmittel führten zu einer Reduzierung der Transaktionskosten bei der Rechtsetzung, ermöglichten zudem die öffentliche Bekanntmachung von Verhandlungsergebnissen und trügen letztlich sogar dazu bei, die Inkohärenz gewohnheitsrechtlicher Regeln zu reduzieren.[373] Speziell im Zusammenhang mit den neuen technikgeprägten Teilgebieten des Völkerrechts wie dem Weltraum- und dem Telekommunikationsrecht sowie dem Cyberlaw könnten sich völkerrechtliche Verträge aber nichtsdestotrotz als geeignetere Rechtsquelle erweisen,

> „it seems that in the long run the conventional procedure of making international law by treaties will still prove the most straightforward and direct method, and certainly the one most free from eventual controversies and difficulties".[374]

Denn hier ist die Staatengemeinschaft auf schnelle, umfassende und adaptive, d.h. anpassungs- und zukunftsfähige Regeln angewiesen. Das kann das Gewohnheitsrecht „aufgrund seines (langsamen) Entstehungsprozesses regelmäßig nicht erfüllen".[375]

Besonders das nachgerade „Dogma der Dualität" von Rechtsüberzeugung und Staatenpraxis bereitet bei der Frage nach der Möglichkeit der Entstehung von Gewohnheitsrecht in den neuen Teilgebieten des Völkerrechts oft Probleme. Völkergewohnheitsrecht entsteht dem Grunde nach nicht allein durch die Herausbildung einer bestimmten Rechtsüberzeugung.[376] Hinzukommen muss

---

Law of Outer Space, J. Space L. 13 (1985), 22–35 (26); *Myres S. McDougal*, The Emerging Customary Law of Space, Nw. U. L. Rev. 58 (1963/1964), 618–642 (636 f.).

[371] *Wolfgang Friedmann*, The Changing Structure of International Law, Stevens & Sons, London 1964, S. 3.

[372] *John K. Gamble*, New Information Technologies and the Sources of International Law: Convergence, Divergence, Obsolescence and/or Transformation, GYIL 41 (1998), 170–205 (189).

[373] *Henry H. Perritt, Jr.*, The Internet is Changing International Law, Chi.-Kent L. Rev. 73 (1998), 997–1054 (1043).

[374] *Bin Cheng*, Studies in International Space Law, Clarendon Press, Oxford 1997, S. 149.

[375] *Wolfgang Graf Vitzthum*, Begriff, Geschichte und Rechtsquellen des Völkerrechts, in Wolfgang Graf Vitzthum/Alexander Proelß (Hrsg.), Völkerrecht, 7. Aufl., De Gruyter, Berlin/Boston 2016, 1–60 (53 Rn. 139).

[376] So aber *Bin Cheng*, Studies in International Space Law, Clarendon Press, Oxford 1997, S. 138 ff., dazu sogleich unter c.

i. d. R. eine entsprechende Übung von gewisser Dauer, Einheitlichkeit und Verbreitung.³⁷⁷ Zwar ist es durchaus vorstellbar, dass im Einzelfall die Mehrheit der Staaten ein bestimmtes Verhalten von vornherein als rechtmäßig erachtet und dieser Ansicht z. B. durch Abfassung einer entsprechend eindeutig formulierten Resolution der UN-Generalversammlung Ausdruck verleiht. Der IGH hat aber in seinem Urteil im Fall der „North Sea Continental Shelf Cases" Folgendes festgestellt:

> „Although the passage of only a short period of time is not necessarily, or of itself, a bar to the formation of a new rule of customary international law […], an indispensable requirement would be that within the period in question, short though it might be, State practice, including that of States whose interests are specially affected, should have been both extensive and virtually uniform […]; – and should moreover have occurred in such a way as to show a general recognition that a rule of law or legal obligation is involved."³⁷⁸

Diese Passage des Urteils enthält zwei zentrale Aussagen über die Voraussetzungen der Entstehung von Gewohnheitsrecht: Zum einen negiert der Gerichtshof nicht das Erfordernis des kombinierten Vorliegens von Rechtsüberzeugung *und* Staatenpraxis; damit macht er implizit deutlich, dass er an der dualistischen Theorie festhält.³⁷⁹ Der IGH bezeichnet das Vorliegen von Staatenpraxis sogar als „an indispensable requirement". Unter Bezugnahme auf die Ausführungen des IGH betonte die ILC im Rahmen ihrer „Draft Conclusions on the Identification of Customary International Law" aus dem Jahr 2016:

> „*As this passage makes clear*, however, some time must elapse for a general practice to emerge; […]."³⁸⁰

Dieses Ergebnis ist konsequent, kann doch das Gewohnheitsrecht – mangels der dafür erforderlichen „normative[n] Detailschärfe"³⁸¹ – „eine bisher unaus-

---

³⁷⁷ *Andreas v. Arnauld*, Völkerrecht, 3. Aufl., C. F. Müller, Heidelberg 2016, S. 105 Rn. 252; *Wolfgang Graf Vitzthum*, Begriff, Geschichte und Rechtsquellen des Völkerrechts, in Wolfgang Graf Vitzthum/Alexander Proelß (Hrsg.), Völkerrecht, 7. Aufl., De Gruyter, Berlin/Boston 2016, 1–60 (51 Rn. 131 f.).

³⁷⁸ IGH, Urt. v. 20.2.1969 – ICJ Reports 1969, S. 3 (43 § 74) – North Sea Continental Shelf Cases (Deutschland/Dänemark; Deutschland/Niederlande).

³⁷⁹ So auch *Wolfgang Graf Vitzthum*, Begriff, Geschichte und Rechtsquellen des Völkerrechts, in Wolfgang Graf Vitzthum/Alexander Proelß (Hrsg.), Völkerrecht, 7. Aufl., De Gruyter, Berlin/Boston 2016, 1–60 (53 Rn. 139).

³⁸⁰ *ILC*, Report on the work of the 68th session (2.5.–10.6., 4.7.–12.8.2016), UN Doc. A/71/10, S. 74–117 (Kap. 5: Identification of customary law), S. 96 (Conclusion 8, § 9) – Hervorh. d. A.; „Restatement" (s. *Dire Tladi*, Is the International Law Commission Elevating Subsequent Agreements and Subsequent Practice?, EJIL: Talk!, 30.8.2018, abrufbar unter: https://www.ejiltalk.org/is-the-international-law-commission-elevating-subsequent-agreements-and-subsequent-practice/) der Draft Conclusions im Jahr 2018: *ILC*, Report on the work of the 70th session (30.4.–1.6., 2.7.–10.8.2018), UN Doc. A/73/10, S. 117–156 (Kap. 5: Identification of customary law).

³⁸¹ *Wolfgang Graf Vitzthum*, Begriff, Geschichte und Rechtsquellen des Völkerrechts, in

geübte Verhaltensweise nicht antizipierend erfassen".[382] Eine Ausnahme von der Regel sieht nur die umstrittene Figur des „instant customary international law" vor.[383] Zum anderen enthält das Zitat Ausführungen des IGH zur Frage der notwendigen Dauer der Praxis. „[S]hort though it might be" – so kurz die Zeit der praktischen Übung auch sein mag: Besonders um eine verlässliche Aussage über den Grad der Uniformität der Übung treffen zu können, muss diese über einen gewissen Zeitraum in entsprechender Art und Weise praktiziert worden sein.[384] Ein erstmals praktiziertes Verhalten ist grds. noch kein Beweis für das Vorliegen einer bestimmten Übung.[385] Nichtsdestotrotz setzt das objektive Element keine „practice from ‚times immemorial'"[386] voraus, namentlich, weil der IGH den „Aggregatzustand" der erforderlichen Praxis nicht abstrakt definiert. Einzelfallabhängig können Dichte und Einheitlichkeit der Übung differieren, v. a. werden bei der Genese von gewohnheitsrechtlichen Regeln in bisher „rechtsfreien" völkerrechtlichen Räumen andere Maßstäbe gelten als bei Ablösung einer bereits etablierten Norm des Gewohnheitsrechts.[387] Daher ist die Entstehung von neuem Gewohnheitsrecht auch in den erst vor Kurzem etablierten Bereichen des Völkerrechts nicht ausgeschlossen. Auch *Dörr* weist mit Blick auf den „hohe[n] Institutionalisierungsgrad der heutigen Staatengemeinschaft und die Fortschritte der Kommunikationstechnik" darauf hin, dass heutzutage Elemente wie die Verbreitung der Praxis und die Anzahl der beteiligten Staaten mehr Gewicht bei der Identifizierung von Staatenpraxis hätten als die bloße Dauer der Übung.[388]

Wolfgang Graf Vitzthum/Alexander Proelß (Hrsg.), Völkerrecht, 7. Aufl., De Gruyter, Berlin/ Boston 2016, 1–60 (53 Rn. 139 Fn. 345).

[382] *Wolfgang Graf Vitzthum*, Begriff, Geschichte und Rechtsquellen des Völkerrechts, in Wolfgang Graf Vitzthum/Alexander Proelß (Hrsg.), Völkerrecht, 7. Aufl., De Gruyter, Berlin/ Boston 2016, 1–60 (53 Rn. 139).

[383] Dazu sogleich unter c.

[384] A. A. z. B. *Vladlen S. Vereshchetin/Gennady M. Danilenko*, Custom as a Source of International Law of Outer Space, J. Space L. 13 (1985), 22–35 (26), die die Formulierung des IGH („the passage of only a short period of time is not necessarily, or of itself, a bar to the formation of a new rule of customary international law") zum Anlass nehmen, zu behaupten, das zeitliche Element „has gradually lost its importance owing to the rapid development of interstate relations".

[385] *Wolfgang Graf Vitzthum*, Begriff, Geschichte und Rechtsquellen des Völkerrechts, in Wolfgang Graf Vitzthum/Alexander Proelß (Hrsg.), Völkerrecht, 7. Aufl., De Gruyter, Berlin/ Boston 2016, 1–60 (53 Rn. 139).

[386] *Vladlen S. Vereshchetin/Gennady M. Danilenko*, Custom as a Source of International Law of Outer Space, J. Space L. 13 (1985), 22–35 (25).

[387] *Alfred Verdross/Bruno Simma*, Universelles Völkerrecht. Theorie und Praxis, unveränd. Nachdr. d. 3. Aufl. 1984, Duncker & Humblot, Berlin 2010, S. 362 § 572; *Michael Akehurst*, Custom as a Source of International Law, BYIL 47 (1974–1975), 1–53 (12 ff.).

[388] *Oliver Dörr*, 5. Kapitel: Weitere Rechtsquellen des Völkerrechts, in Knut Ipsen, Völkerrecht. Ein Studienbuch, (hrsg. v. Volker Epping/Wolff Heintschel v. Heinegg), 7. Aufl., C. H. Beck, München 2018, 536–588 (543 § 19 Rn. 13).

Da aber gerade nicht alle Staaten der Welt in gleichem Maße an Weltraumaktivitäten beteiligt sind oder in vergleichbarer Art und Weise das Internet nutzen (können), stehen häufig die Einheitlichkeit und die Allgemeinheit der Praxis in Frage. Der IGH löst dieses Problem durch vorrangige Berücksichtigung der Aktivitäten derjenigen Staaten, deren Interessen besonders berührt sind („States whose interests were specially affected"),[389] wobei deren Praxis als „extensive and virtually uniform" (umfangreich und nahezu einheitlich) zu charakterisieren ist, um (zumindest mittelbar)[390] die Einbeziehung der gesamten Staatengemeinschaft in die Betrachtung zu gewährleisten. Es wird nicht erwartet,

> „that in the practice of States the application of the rules in question should have been perfect, [...]. The Court does not consider that, for a rule to be established as customary, the corresponding practice must be in absolutely rigorous conformity with the rule. In order to deduce the existence of customary rules, the Court deems it sufficient that the conduct of States should, in general, be consistent with such rules, [...]".[391]

Im Bereich der neuen Informations- und Kommunikationstechniken könnten sich (bei entsprechender Operationalisierung und Anerkennung durch die Staatengemeinschaft) in Zukunft ein Grundsatz des „free flow of information" oder ein (internetspezifisches) Prinzip der „Netzneutralität"[392] gewohnheitsrechtlich etablieren. Daneben erscheint der Rückgriff auf das bekannte umweltrechtliche Vorsorgeprinzip, das im Kontext der Informationsgesellschaft auszulegende Konzept nachhaltiger Entwicklung und das Verbot erheblicher grenzüberschreitender Umweltbelastungen bedenkenswert.[393]

c) „Instant customary international law"

Tlw. wird erwogen, eine Beschleunigung des Normsetzungsprozesses in den „jungen" Bereichen des Völkerrechts mithilfe der umstrittenen Figur des „spontanen Gewohnheitsrechts" („instant customary international law")[394] zu ermöglichen. „Instant law" entsteht, in den Worten von *Strebel*,

---

[389] IGH, Urt. v. 20.2.1969 – ICJ Reports 1969, S. 3 (42 § 73) – North Sea Continental Shelf Cases (Deutschland/Dänemark; Deutschland/Niederlande).

[390] *Wolfgang Graf Vitzthum*, Begriff, Geschichte und Rechtsquellen des Völkerrechts, in Wolfgang Graf Vitzthum/Alexander Proelß (Hrsg.), Völkerrecht, 7. Aufl., De Gruyter, Berlin/Boston 2016, 1–60 (54 Rn. 140).

[391] IGH, Urt. v. 27.6.1986 (Merits) – ICJ Reports 1986, S. 14 (98, § 186) – Case concerning Military and Paramilitary Activities in and against Nicaragua (Nicaragua/USA).

[392] Dazu *supra* Teil II, Kap. 2, B. I.5.d.cc. sowie II.

[393] Zur Anwendung gewohnheitsrechtlicher Regeln im Cyberspace, vgl. *supra* Teil II, Kap. 2, B.II.

[394] Auch „pressure cooked" oder „hothouse custom": *Alfred Verdross/Bruno Simma*, Universelles Völkerrecht. Theorie und Praxis, Nachdr. d. 3. Aufl. 1984, Duncker & Humblot, Berlin 2010, S. 358 § 566.

"als eine Art gemeinsamer Schnellreaktion der Staaten auf plötzlich auftretende Existenzfragen oder Bedrohungen der conditio humana besonders durch neue technische Wirkungsmöglichkeiten: Kernspaltung, Weltraumerschließung, Umweltzerstörung, Vernichtung biologischer Gattungen. Der Erkenntnis der Gemeingefahr folgt rasch eine informelle, d. h. nicht an Vertragsform gebundene Willensbildung in Richtung auf gemeinsames, gleichartiges Abwehrverhalten der Staaten unter Verzicht auf einen Wettlauf um Sonderinteressen".[395]

Graf Vitzthum bezeichnet *Bin Cheng* als „Erfinder" dieser Rechtsfigur.[396] In seinem Werk „Studies in International Space Law" wirft *Cheng* die Frage auf, ob – obwohl völkerrechtlich nicht verbindlich – einstimmig angenommene Resolutionen der UN-Generalversammlung (hier mit Bezug zum Weltraum) Quelle dieses Phänomens „spontaner" Rechtserzeugung sein könnten.[397]

Cheng behauptet, allein das subjektive Element, die *opinio generalis juris generalis* der Staaten, sei konstitutiv für die Entstehung von Völkergewohnheitsrecht und begründet seine These mit der Natur der Staaten als „geborene" Völkerrechtssubjekte:

„[T]he possibility of general international law without usage becomes obvious if it is remembered that in international society States are their own law-makers."[398]

Entscheidend sei daher lediglich die Anerkennung oder Billigung des bindenden Charakters einer bestimmten (ungeschriebenen) Regel durch eine Gruppe von Staaten.[399] Das Erfordernis einer länger andauernden Übung sei dagegen gänzlich „unnecessary"[400] und nicht konstitutiv für die Entstehung einer gewohnheitsrechtlichen Regel. Dieses objektive Element liefere lediglich den (deklaratorischen) Beweis für die Existenz der Regel.[401] *Cheng* kommt zu dem Ergebnis, dass

„[t]here is no reason why a new opinio juris may not grow overnight between States so that a new rule of international customary law (or unwritten international law)

---

[395] *Helmut Strebel*, Quellen des Völkerrechts als Rechtsordnung, ZaöRV 36 (1976), 301–346 (330).
[396] *Wolfgang Graf Vitzthum*, Begriff, Geschichte und Rechtsquellen des Völkerrechts, in Wolfgang Graf Vitzthum/Alexander Proelß (Hrsg.), Völkerrecht, 7. Aufl., De Gruyter, Berlin/Boston 2016, 1–60 (54 Fn. 343).
[397] *Bin Cheng*, Studies in International Space Law, Clarendon Press, Oxford 1997, S. 125–149 (insbes. S. 136–141).
[398] *Bin Cheng*, Studies in International Space Law, Clarendon Press, Oxford 1997, S. 138 unter Bezugnahme auf die Ausführungen des StIGH in seinem Urteil im Fall der S. S. „Lotus" (StIGH, Urt. v. 7.9.1927 – Ser. A, No. 10, S. 18 – The Case of the S. S. „Lotus" [Frankreich/Türkei]): „International law governs relations between independent States. The rules of law binding upon States therefore emanate from their own free will as expressed in conventions or by usages generally accepted as expressing principles of law […]."
[399] *Bin Cheng*, Studies in International Space Law, Clarendon Press, Oxford 1997, S. 137.
[400] *Bin Cheng*, Studies in International Space Law, Clarendon Press, Oxford 1997, S. 138.
[401] Vgl. *Bin Cheng*, Studies in International Space Law, Clarendon Press, Oxford 1997, S. 137.

comes into existence instantly. This shows that international law is a living law, and explains how changes take place".[402]

Ausgehend von der Frage, wann „a conventional rule can be considered to have become a general rule of international law"[403] – und seinem generellen Bekenntnis zu der dualistischen Theorie des Gewohnheitsrechts zum Trotz[404] –, führte der IGH in seinem Urteil zu den „North Sea Continental Shelf Cases" aus, die Entstehung von Gewohnheitsrecht auf Basis einer völkervertraglichen Norm sei „even without the passage of any considerable period of time" grds. möglich, wobei „a very widespread and representative participation in the convention" unter Einschluss der Staaten, „whose interests were specially affected", nachgewiesen werden müsse.[405] Schon im Jahr 1976 formulierte auch *Strebel*:

„Die Entbehrlichkeit einer länger dauernden Übung für diese Art Völkerrechtserzeugung scheint bereits so gut wie sicher. Das Produkt wird der IGH ohne Rücksicht auf die ohnehin mißglückte Umschreibung des Art. 38 Abs. 1 lit. b seines Statuts in den Völkerrechtsnormenbestand einzubeziehen haben, denn er hat ‚in accordance with international law' zu entscheiden."[406]

Allerdings bemerkte *Strebel*, dass diese „moderne Variante spontaner Völkerrechtsbildung [...] nur noch gewaltsam als ‚Gewohnheitsrecht' gefaßt werden könnte",[407] also nicht mehr der klassischen Definition des Völkergewohnheitsrechts nach Art. 38 Abs. 1 lit. b IGH-Statut entspricht. Tatsächlich steht dem Anerkenntnis der Existenz des „instant customary law" bereits die Benennung als „custom" (Gewohnheit, Gebrauch) entgegen,[408] ohne das objektive Element der Übung kann eine Gewohnheit schon nach logischen Gesichtspunkten nicht zur Entstehung gelangen. Auch *Verdross* und *Simma* kritisieren, „plötzlich" entstandenes Völkergewohnheitsrecht sei das Ergebnis eines Zirkelschlusses; es sei „ein Unding, da es ein auf der Übung beruhendes Recht ohne Übung nicht geben" könne.[409] Die ILC lehnte das Institut der „instant custom" 2016 unter ausdrücklicher Bezugnahme auf die Ausführungen des IGH in seinem Urteil im

---

[402] *Bin Cheng*, Studies in International Space Law, Clarendon Press, Oxford 1997, S. 147, Conclusion 6.
[403] IGH, Urt. v. 20.2.1969 – ICJ Reports 1969, S. 3 (42 § 73) – North Sea Continental Shelf Cases (Deutschland/Dänemark; Deutschland/Niederlande).
[404] Dazu *supra* unter b.
[405] IGH, Urt. v. 20.2.1969 – CJ Reports 1969, S. 3 (42 § 73) – North Sea Continental Shelf Cases (Deutschland/Dänemark; Deutschland/Niederlande).
[406] *Helmut Strebel*, Quellen des Völkerrechts als Rechtsordnung, ZaöRV 36 (1976), 301–346 (331).
[407] *Helmut Strebel*, Quellen des Völkerrechts als Rechtsordnung, ZaöRV 36 (1976), 301–346 (330).
[408] *Oliver Dörr*, 5. Kapitel: Weitere Rechtsquellen des Völkerrechts, in Knut Ipsen, Völkerrecht. Ein Studienbuch, (hrsg. v. Volker Epping/Wolff Heintschel v. Heinegg), 7. Aufl., C. H. Beck, München 2018, 536–588 (542 § 19 Rn. 13).
[409] *Alfred Verdross/Bruno Simma*, Universelles Völkerrecht. Theorie und Praxis, unveränd. Nachdr. d. 3. Aufl. 1984, Duncker & Humblot, Berlin 2010, S. 362 § 571.

Fall der „North Sea Continental Shelf Cases" und Betonung des zeitlichen Elements der erforderlichen Praxis „nachdrücklich"[410] ab:

„[T]here is no such thing as ‚instant custom'".[411]

3. *Von den Kulturvölkern anerkannte allgemeine Rechtsgrundsätze*

Wachsender Bedeutung erfreuen sich die „von den Kulturvölkern anerkannten allgemeinen Rechtsgrundsätze" i. S. d. Art. 38 Abs. 1 lit. c IGH-Statut,[412] was u. a. auf die zunehmende internationale Regelung von ursprünglich dem „domaine réservé" der Staaten zugeordneten Sachmaterien zurückzuführen sein könnte. Allgemeine Rechtsgrundsätze i. w. S. sind „Normen, die grundlegende Vorstellungen von Recht und Gerechtigkeit verkörpern und die in allen Rechtsordnungen anerkannt sind".[413] Zu unterscheiden sind die als Rechtsquelle des Völkerrechts angelegten „von den Kulturvölkern anerkannten allgemeinen Rechtsgrundsätze" von sog. allgemeinen Grundsätzen des Völkerrechts („general principles of *international law*").[414] „Allgemeine Grundsätze des Völkerrechts" (wie z. B. die souveräne Gleichheit der Staaten und das Interventionsverbot) beinhalten die Grundwerte der internationalen Gesellschaft als Teil der völkerrechtlichen Ordnung.[415] Sie entstammen der spezifischen völkerrechtlichen Natur[416] und sind im Kern völkergewohnheitsrechtlich anerkannt, verdanken ihre Entstehung also grds. einer vorangegangenen zwischenstaatlichen Übung.[417] Bei den „von den Kulturvölkern anerkannten allgemeinen

---

[410] So *Oliver Dörr*, 5. Kapitel: Weitere Rechtsquellen des Völkerrechts, in Knut Ipsen, Völkerrecht. Ein Studienbuch, (hrsg. v. Volker Epping/Wolff Heintschel v. Heinegg), 7. Aufl., C. H. Beck, München 2018, 536–588 (542 § 19 Rn. 13 Fn. 21).

[411] *ILC*, Report on the work of the 68th session (2.5.–10.6., 4.7.–12.8.2016), UN Doc. A/71/10, S. 74–117 (Kap. 5: Identification of customary law), S. 96 (Conclusion 8, § 9).

[412] *Wolfgang Friedmann*, The Relevance of International Law to the Process of Economic and Social Development, in Richard A. Falk/Cyril E. Black (Hrsg.), The Future of the International Legal Order, Vol. II: Wealth and Resources, Princeton University Press, Princeton/ New Jersey 1970, 3–35 (10 f.).

[413] *Andreas v. Arnauld*, Völkerrecht, 3. Aufl., C. F. Müller, Heidelberg 2016, S. 111 Rn. 263.

[414] Alfred Verdross/Bruno Simma, Universelles Völkerrecht. Theorie und Praxis, unveränd. Nachdr. d. 3. Aufl. 1984, Duncker & Humblot, Berlin 2010, S. 386 f. § 605 f.

[415] *Katharina Ziolkowski*, General Principles of International Law in Cyberspace, in Katharina Ziolkowski (Hrsg.), Peacetime Regime for State Activities in Cyberspace: International Law, International Relations and Diplomacy, NATO CCD COE Publications, Tallinn 2013, 135–188 (136).

[416] *Andreas v. Arnauld*, Völkerrecht, 3. Aufl., C. F. Müller, Heidelberg 2016, S. 111 Rn. 263.

[417] *Torsten Stein/Christian v. Buttlar/Markus Kotzur*, Völkerrecht, 14. Aufl., Verlag Franz Vahlen, München 2017, S. 52 Rn. 161. Die Frage, ob auch reine „general principles of international law" unter Art. 38 Abs. 1 lit. c IGH-Statut zu fassen sind, soll an dieser Stelle aus Platzgründen nicht erörtert werden, dazu ausführlich *Katharina Ziolkowski*, General Principles of International Law in Cyberspace, in Katharina Ziolkowski (Hrsg.), Peacetime Regime for

Rechtsgrundsätzen"[418] handelt es sich zwar ebenso um ungeschriebene, allerdings durch Rechtsvergleichung zu ermittelnde (v. a. verfahrensrechtliche oder strukturelle) Rechtssätze mit großer Reichweite, die in den Rechtsordnungen der Staaten *(in foro domestico)* anerkannt und auf das Völkerrecht übertragbar sind.[419] Dabei kommt es nicht auf die Form an, die diese Grundsätze im innerstaatlichen Recht angenommen haben. Sie können in Verfassungen, Gesetzen, untergesetzlichen Normen oder Gerichtsentscheidungen festgeschrieben sein.[420] Ein allgemeiner Rechtsgrundsatz kann Bestandteil des Völkergewohnheitsrechts werden, wenn er sich in entsprechender Weise etablieren konnte.[421] Zu den von der Staatengemeinschaft anerkannten allgemeinen Grundsätzen, die sich durch den Vergleich nationaler Privatrechtsordnungen herausgebildet haben, gehören etwa die Pflicht zur Leistung von Schadensersatz bei Vertragsverletzungen und zur Erstattung ungerechtfertigter Bereicherung, sowie in prozessualer Hinsicht der Anspruch auf rechtliches Gehör.[422]

Als (subsidiäre oder ergänzende)[423] Quelle des Völkerrechts i. S. d. Art. 38 Abs. 1 lit. c IGH-Statut füllen diese Rechtsgrundsätze regulatorische „Lücken" und dienen als Legitimations- und Interpretationshilfe.[424] Schon die Entste-

---

State Activities in Cyberspace: International Law, International Relations and Diplomacy, NATO CCD COE Publications, Tallinn 2013, 135–188 (137 ff. m. w. N.).

[418] Die Einschränkung auf die „Kulturvölker" spielt heutzutage keine Rolle mehr, alle Staaten der Welt gelten als Kulturvölker: *Alain Pellet*, Art. 38, in Andreas Zimmermann/Christian Tomuschat/Karin Oellers-Frahm (Hrsg.), The Statute of the International Court of Justice: A Commentary, Oxford University Press, Oxford 2006, 677–792 (769 Rn. 256). La Pradelle betonte bereits 1920, der Zusatz, der schon wortlautgleich im Statut des StIGH (Statute of the PCIJ) v. 16.12.1920 (RGBl. 1927 II, S. 227, 6 LNTS 379, 390) enthalten war, sei „superfluous, because law implies civilisation": StIGH, Advisory Committee of Jurists, Procès-Verbaux of the Proceedings of the Committee (16.–24.7.1920) with Annexes, Van Langenhuysen Brothers, Den Haag 1920, Annex No. 3, S. 335.

[419] *Alain Pellet*, Art. 38, in Andreas Zimmermann/Christian Tomuschat/Karin Oellers-Frahm (Hrsg.), The Statute of the International Court of Justice: A Commentary, Oxford University Press, Oxford 2006, 677–792 (766 Rn. 249); *Wolfgang Graf Vitzthum*, Begriff, Geschichte und Rechtsquellen des Völkerrechts, in Wolfgang Graf Vitzthum/Alexander Proelß (Hrsg.), Völkerrecht, 7. Aufl., De Gruyter, Berlin/Boston 2016, 1–60 (55 Rn. 143).

[420] *Wolfgang Graf Vitzthum*, Begriff, Geschichte und Rechtsquellen des Völkerrechts, in Wolfgang Graf Vitzthum/Alexander Proelß (Hrsg.), Völkerrecht, 7. Aufl., De Gruyter, Berlin/Boston 2016, 1–60 (55 Fn. 356).

[421] *Andreas v. Arnauld*, Völkerrecht, 3. Aufl., C. F. Müller, Heidelberg 2016, S. 112 Rn. 264.

[422] *Torsten Stein/Christian v. Buttlar/Markus Kotzur*, Völkerrecht, 14. Aufl., Verlag Franz Vahlen, München 2017, S. 52 Rn. 162 m. w. N.

[423] *Alain Pellet*, Art. 38, in Andreas Zimmermann/Christian Tomuschat/Karin Oellers-Frahm (Hrsg.), The Statute of the International Court of Justice: A Commentary, Oxford University Press, Oxford 2006, 677–792 (780 Rn. 290).

[424] *Wolfgang Graf Vitzthum*, Begriff, Geschichte und Rechtsquellen des Völkerrechts, in Wolfgang Graf Vitzthum/Alexander Proelß (Hrsg.), Völkerrecht, 7. Aufl., De Gruyter, Berlin/Boston 2016, 1–60 (54 Rn. 142). Zur Funktion der allgemeinen Grundsätze als Interpretationshilfe, vgl. z. B. Art. 5 Abs. 1 CISG („In the interpretation of this Convention, regard is to be had to its international character and to the need to promote uniformity in its application and the

hungsgeschichte des Statuts des StIGH als Vorläufer des IGH zeigt, dass Art. 38 Abs. 1 lit. c IGH-Statut (ursprünglich Art. 38 Nr. 3 StIGH-Statut) als Antwort auf das dringende Bedürfnis nach Vollständigkeit und Lückenlosigkeit des völkerrechtlichen Normbestandes konzipiert wurde. Auch in Abwesenheit einer positiven Regelung in einem bestimmten Bereich sollte die Entstehung eines *non liquet* vermieden werden.[425] Völkerrechtliche Verträge waren zu Beginn des 20. Jh. noch nicht im heutigen Umfang vorhanden und das Völkergewohnheitsrecht galt bereits als „a slowly developing source", der unter dem Eindruck der neuen Heterogenität der internationalen Gemeinschaft, bedingt durch die Errichtung des marxistisch-leninistischen Regimes der damalige UdSSR, mit Skepsis begegnet wurde.[426] Zwar weisen *Stein, v. Buttlar* und *Kotzur* in geradezu lakonischer Art und Weise darauf hin, dass die ohnehin schon „geringe Bedeutung allgemeiner Rechtsgrundsätze als eigenständiger Völkerrechtsquelle" weiter abnehme und „die immanenten Entstehungsvoraussetzungen dieser Rechtsquelle weitgehend jede Dynamik" verhinderten,

> „[d]enn die Entstehung oder Weiterentwicklung der allgemeinen Rechtsquellen erfolgt naturgemäß noch langsamer als die Bildung oder inhaltliche Veränderung von Völkergewohnheitsrecht".[427]

Trotz „geringer Präzision" und Subsidiarität gegenüber Vertrags- und Gewohnheitsrecht[428] könnten die von den Kulturvölkern anerkannten allgemeinen Rechtsgrundsätze aber gerade im Kontext der völkerrechtlichen Technikregulierung besondere Bedeutung erlangen, weil sie die Basis für eine stete Weiterentwicklung des Völkerrechts bilden.[429]

---

observance of good faith in international trade."), Art. 3 Abs. 1 des UNCITRAL Model Law on Electronic Commerce („In the interpretation of this Law, regard is to be had to its international character and to the need to promote uniformity in its application and the observance of good faith in international trade."), Art. 4 Abs. 1 des UNCITRAL Model Law on Electronic Signatures v. 5.7.2001, Annex („In the interpretation of this Law, regard is to be had to its international character and to the need to promote uniformity in its application and the observance of good faith in international trade.").

[425] *Katharina Ziolkowski*, General Principles of International Law in Cyberspace, in Katharina Ziolkowski (Hrsg.), Peacetime Regime for State Activities in Cyberspace: International Law, International Relations and Diplomacy, NATO CCD COE Publications, Tallinn 2013, 135–188 (138).

[426] *Robert Kolb*, Principles as Sources of International Law (With Special Reference to Good Faith), NILR 53 (2006), 1–36 (30 f.).

[427] *Torsten Stein/Christian v. Buttlar/Markus Kotzur*, Völkerrecht, 14. Aufl., Verlag Franz Vahlen, München 2017, S. 53 Rn. 167.

[428] *Torsten Stein/Christian v. Buttlar/Markus Kotzur*, Völkerrecht, 14. Aufl., Verlag Franz Vahlen, München 2017, S. 53 Rn. 165.

[429] Vgl. mit Bezug zum internationalen Wirtschaftsrecht und dem Recht der internationalen Organisationen *Alfred Verdross/Bruno Simma*, Universelles Völkerrecht. Theorie und Praxis, unveränd. Nachdr. d. 3. Aufl. 1984, Duncker & Humblot, Berlin 2010, S. 387 § 606; *Wolfgang Friedmann*, The Changing Structure of International law, Stevens & Sons, London 1964, S. 188 ff.

Sie ermöglichen es der Völkerrechtsordnung in besonderem Maße, auf die dynamischen Bedürfnisse der internationalen Gesellschaft einzugehen und den Herausforderungen des rasanten technischen Wandels zu begegnen. Der Mensch erobert sich mithilfe immer neuer technischer Innovationen bislang ungeregelte Räume und Materien. Ein Vergleich der heutigen Entstehungsvoraussetzungen von Völkerrechtsregeln in neuen Regelungsbereichen mit den historischen Gegebenheiten zur Zeit der Genese des Statuts des StIGH offenbart ähnliche Voraussetzungen damals wie heute: Zur Regulierung bereichsspezifischer Probleme kann (zunächst) nicht auf entsprechende völkerrechtliche Verträge zurückgegriffen werden und völkergewohnheitsrechtliche Regeln konnten sich wegen bislang unzureichender staatlicher Übung noch nicht entwickeln. Was bleibt, ist der Rückgriff auf allgemeine Grundsätze des Rechts, zumal diese dem Bedürfnis der Gesellschaft nach interdisziplinären, ganzheitlichen Regulierungskonzepten entsprechen. Die Rechtsgrundsätze entstammen dem innerstaatlichen Recht, verkörpern i. S. d. Art. 38 Abs. 1 lit. c IGH-Statut aber „grundlegende Vorstellungen von Recht und Gerechtigkeit"[430] und schließen Regelungslücken dort, wo ein Rückgriff auf die staatliche Souveränität nicht möglich oder angemessen wäre.[431] Gerade im Bereich des transnationalen Rechts, z. B. in sog. Konzessionsverträgen zwischen Industriestaaten und -gesellschaften als privaten Konzessionsnehmern, wird tlw. auf die „allgemeinen Rechtsgrundsätze" zurückgegriffen (sofern „keine der Rechtsordnungen der beiden Vertragspartner eine interessengerechte Lösung garantiert").[432] Die Geltung der hinlänglich bekannten Grundsätze *pacta sunt servanda* und „Treu und Glauben", der Grundsätze über Schadensersatz bei Vertragsbruch, ungerechtfertigte Bereicherung oder Verjährung sowie über den Umgang mit Willensmängeln[433] jedenfalls kann auch im Zusammenhang mit internetbezogenen Sachverhalten nicht bezweifelt werden. Einst eine wichtige Inspirationsquelle der „founding fathers" des Völkerrechts,[434] könnten die allgemeinen Rechtsgrundsätze im Zeitalter der Digitalisierung, das sich nicht zuletzt durch die zunehmende Beteiligung von privaten Akteuren an (internationalen) Rechtsetzungsprozessen auszeichnet, wieder an Bedeutung gewinnen.

---

[430] *Andreas v. Arnauld*, Völkerrecht, 3. Aufl., C. F. Müller, Heidelberg 2016, S. 111 Rn. 263.

[431] *Andreas v. Arnauld*, Völkerrecht, 3. Aufl., C. F. Müller, Heidelberg 2016, S. 112 Rn. 264.

[432] *Torsten Stein/Christian v. Buttlar/Markus Kotzur*, Völkerrecht, 14. Aufl., Verlag Franz Vahlen, München 2017, S. 54 Rn. 168.

[433] *Axel Metzger*, Allgemeine Rechtsgrundsätze, in Jürgen Basedow/Klaus J. Hopt/Reinhard Zimmermann (Hrsg.), Handwörterbuch des Europäischen Privatrechts, Bd. I: Abschlussprüfer-Kartellverfahrensrecht, Mohr Siebeck, Tübingen 2009, 33–37 (36).

[434] *Alain Pellet*, Art. 38, in Andreas Zimmermann/Christian Tomuschat/Karin Oellers-Frahm (Hrsg.), The Statute of the International Court of Justice: A Commentary, Oxford University Press, Oxford 2006, 677–792 (765 Rn. 247).

4. Völkerrechtliche Normgenese durch Analogien

Trotz sukzessiver Veränderung und Anpassung des völkerrechtlichen Normbestands sind auch (oder gerade) heutzutage „Regelungslücken" im Völkerrecht keine Seltenheit. Namentlich in schnell wachsenden Sachgebieten wie dem Umweltvölkerrecht oder technischen Sondermaterien kann das zu einem Problem werden.[435] Zur (anfänglichen) Regulierung neuer Materien ist daher im Rahmen der völkerrechtlichen Normenordnung

„die Übertragung der für einen Tatbestand oder für mehrere, untereinander ähnliche Tatbestände in Rechtsnormen gegebenen Regel auf einen von den Rechtsnormen nicht geregelten, ihnen ‚ähnlichen' Tatbestand"[436]

denkbar, also ein Analogieschluss. Die Anwendung einer Rechtsvorschrift oder Regel *per analogiam* im Völkerrecht setzt – unter dem Vorbehalt der grds. Zulässigkeit von Analogien[437] – zweierlei voraus: Erstens muss eine planwidrige regelungssystematische Lücke vorliegen, die mithilfe sachfremder Regelungen

---

[435] Zu den Auswirkungen fehlender (oder aber Über-)Regulierung technischer Materien *infra* Teil III, Kap. 2, A.II.1.b., c.

[436] *Ulrich Fastenrath*, Lücken im Völkerrecht. Zu Rechtscharakter, Quellen, Systemzusammenhang, Methodenlehre und Funktionen des Völkerrechts, Schriften zum Völkerrecht Bd. 93, Duncker & Humblot, Berlin 1991, S. 134; s. auch *Silja Vöneky*, Analogy in International Law, in Rüdiger Wolfrum (Hrsg.), MPEPIL, Bd. I: AA–CA, Oxford University Press, Oxford 2012, 374–380 (374 Rn. 1): „the application of a rule which covers a particular case to another case which is similar to the first but itself not regulated by the rule".

[437] Dafür *Georg Schwarzenberger*, International Law, Bd. 1: International Law as Applied by International Courts and Tribunals, 3. Aufl., Stevens & Sons, London 1957, S. 63 ff.; *Albert Bleckmann*, Grundprobleme und Methoden des Völkerrechts, Verlag Karl Alber, Freiburg/München 1982, S. 241–243; differenziert *Albert Bleckmann*, Analogie im Völkerrecht, AVR 17 (1977), 161–180; Georg Dahm (Begr.)/Jost Delbrück/Rüdiger Wolfrum (Hrsg.), Völkerrecht, Bd. I/1: Die Grundlagen. Die Völkerrechtssubjekte, 2. Aufl., De Gruyter, Berlin/New York 1989, S. 80 ff.; für die Anerkennung der Analogie im Völkerrecht spricht u. a. auch die Rspr. des Ständigen Schiedsgerichtshofs (Award of the Tribunal, 11.11.1912 – RIAA XI [1961], 421–447 [441 ff.]) – Affaire de l'indemnité russe [Russland/Türkei]), des StIGH (Urt. v. 17.8.1923 – PCIJ Series A, No 1, S. 15 [24] – Case of the S. S. „Wimbledon" [Vereinigtes Königreich/Frankreich/Italien/Japan, Polen [beigeladen]/Deutschland]) und des IGH (Gutachten v. 11.7.1950 – ICJ Reports 1950, S. 128 [142] – International Status of South-West Africa; Urt. v. 27.6.1986 [Merits] – ICJ Reports 1986, S. 14 [110 § 210] – Military and Paramilitary Activities in and against Nicaragua [Nicaragua/USA]; Urt. v. 11.6.1998 [Preliminary Objections] – ICJ Reports 1998, S. 275 [293 § 30, 295 § 33] – Case concerning the Land and Maritime Boundary between Cameroon and Nigeria [Kamerun/Nigeria]); dagegen *Karl Strupp*, Les règles générales du droit de la paix, RdC 47 (1934-I), 261–595 (337 ff.); vorsichtig unter Verweis auf den Grundsatz der staatlichen Selbstverpflichtung (sog. „Lotus-Regel", dazu StIGH, Urt. v. 7.9.1927 – Ser. A, No. 10, S. 18 – The Case of the S. S. „Lotus" [Frankreich/Türkei]) *Andreas v. Arnauld*, Völkerrecht, 3. Aufl., C. F. Müller, Heidelberg 2016, S. 124 f. Rn. 294: „Im Völkerrecht sind Analogien [...] problematischer. [E]s ist [...] schwierig, das Vorliegen einer Regelungslücke zu begründen. [...] Mit dem schrittweisen Wandel des Westfälischen Systems kommen aber auch im Völkerrecht Analogieschlüsse verstärkt in Betracht." Zum Streit *Silja Vöneky*, Analogy in International Law, in Rüdiger Wolfrum (Hrsg.), MPEPIL, Bd. I: AA–CA, Oxford University Press, Oxford 2012, 374–380 (376 f. Rn. 13 ff.).

gefüllt werden soll. Die Basis für den Analogieschluss bilden, zweitens, der Vergleich und die Feststellung der grds. Vergleichbarkeit der parallelisierten Sachverhalte.[438]

In der völkerrechtswissenschaftlichen Literatur werden u. a. die Übertragung der für Staaten geltenden Normen auf I. O.[439] sowie die Adaption luftrechtlicher Grundsätze in Anwendung auf den sog. Äther-[440] oder den Weltraum[441] diskutiert, Analogien finden sich daneben im Kriegsrecht[442] und in dem Bemühen, den Cyberspace z. B. in Anlehnung an die Hohe See, den Weltraum oder die Antarktis als souveränitätsfreien Staatengemeinschaftsraum zu behandeln oder ihn durch Anwendung sonstiger bereits bestehender völkerrechtlicher Verträge einer effektiven Regelung zuzuführen.[443] Gerade mit Blick auf die völkerrechtliche Technikregulierung sollte vornehmlich in der Initialphase des Diffusionsprozesses einer Innovation[444] der analoge Rückgriff auf vorhandene Rechtsregeln nicht allzu gering geschätzt werden. Wie noch zu zeigen sein wird,[445] fördert ein von Beginn an effektives Regelungsumfeld die Akzeptanz und An-

---

[438] *Carsten L. Riemer*, Staatengemeinschaftliche Solidarität in der Völkerrechtsordnung. Eine normative Analyse staatengemeinschaftlicher Solidarkonzepte in Bezug auf die internationale Staatenpraxis aus den Bereichen: Friedenswahrung, Entwicklungshilfe, Wirtschaft und Umweltschutz, Books on Demand, Düsseldorf 2003, S. 296.

[439] *Albert Bleckmann*, Zur Verbindlichkeit des allgemeinen Völkerrechts für internationale Organisationen, ZaöRV 37 (1977), 107–121 (113 ff.); *Alfred Verdross*, Völkerrecht, 5. Aufl., Springer, Wien 1964, S. 397; *Albert Bleckmann*, Analogie im Völkerrecht, AVR 17 (1977), 161–180 (165); *Wilhelm Wengler*, Völkerrecht, Bd. II: Dritter Teil, Springer, Berlin/Göttingen/Heidelberg 1964, S. 1283 ff.

[440] *Lassa F. L. Oppenheim/Hersch Lauterpacht*, International Law: A Treatise, Bd. 1: Peace, David McKay Company, 8. Aufl., New York 1963, S. 529 § 197 f.; *Walter Gorenflos*, Die internationale Funkwellenverteilung als Rechtsproblem, JfIR 7 (1956), 342–367 (352 f.).

[441] *Manfred A. Dauses*, Die Grenze des Staatsgebietes im Raum, Schriften zum Öffentlichen Recht Bd. 204, Duncker & Humblot, Berlin 1972, S. 37 f.; *Paul de Geouffre de La Pradelle*, Les frontières de l'air, RdC 86 (1954-II), 117–202 (127 f.).

[442] *Alfred Verdross*, Völkerrecht, 5. Aufl., Springer, Wien 1964, S. 477 f.; *Friedrich Berber*, Lehrbuch des Völkerrechts, Bd. 2: Kriegsrecht, 2. Aufl., C. H. Beck, München 1969, S. 172; ohne Literaturnachweis *Silja Vöneky*, Analogy in International Law, in Rüdiger Wolfrum (Hrsg.), MPEPIL, Bd. I: AA–CA, Oxford University Press, Oxford 2012, 374–380 (376 Rn. 11); *Albert Bleckmann*, Analogie im Völkerrecht, AVR 17 (1977), 161–180 (165 m. w. N.).

[443] Dazu etwa *supra* Teil II, Kap. 2, C.III., IV.; s. auch die Darstellung bei *Kristen E. Eichensehr*, The Cyber-Law of Nations, Geo. L.J. 103 (2015), 317–380 (340 ff.). Gerade bei der analogen Anwendung bereits bestehender völkerrechtlicher Regeln auf den Cyberspace ist zu beachten, dass dieser „sui generis characteristics" besitzt (so *Emilie Legris/Dimitri Walas*, Regulation of Cyberspace by International law: Reflection on Need and Methods, ESIL Reflections 7, 16.3.2018, abrufbar unter: https://esil-sedi.eu/fr/esil-reflection-regulation-of-cyberspace-by-international-law/), Analogien aber nur bei tatsächlicher Vergleichbarkeit der parallelisierten Sachverhalten möglich sind (so Judge *Badawi Pasha* in seiner Dissenting Opinion zum Gutachten d. IGH v. 11.4.1949 – ICJ Reports 1949, 174, 205–216 [210–211] – Reparation for Injuries Suffered in the Service of the UN).

[444] Zu den Diffusionsphasen: *Gabler Wirtschaftslexikon*, Art. „Diffusion", Bd. Bf–E, 17. Aufl., Gabler Verlag, Wiesbaden 2010, S. 714.

[445] Dazu *infra* Teil III, Kap. 2, A.II.2.

wendung neuer Techniken durch den Verbraucher. Diesen Prozess kann die Übertragung vorhandenen Rechts auf neue Innovationen (bei entsprechend anpassungsfähiger Gestaltung der zu übertragenden Normen) befördern und beschleunigen.

5. Technikregulierung durch Technikgestaltung

Anhand der im zweiten Teil dieser Arbeit beleuchteten völkerrechtlichen Erfassung des Cyberspace wurde bereits aufgezeigt, dass sich neben der normativen nach und nach auch diverse Formen außerrechtlicher Regulierung zur Regelung technischer Sachgebiete etablieren:

> „Bei der Regelung von Lebenssachverhalten wirken internationales und nationales Recht, Selbstverpflichtungen sowie andere Normtypen zusammen, [...]. Die Normierungen überlagern einander, [...]."[446]

Der Wortlaut von Art. 38 Abs. 1 IGH-Statut schließt eine Erweiterung des Bestands der Völkerrechtsquellen nicht *expressis verbis* aus.[447] Daher sollen im Folgenden zwei in der Praxis besonders relevante „andere Normtypen", ihr normatives Potenzial bei der Regulierung technischer Bereiche und die von *Vec* so bezeichnete „funktionale Äquivalenz von juristischen, technischen, sozialen und anderen Reglementierungen"[448] beleuchtet werden. Abschließend wird der Frage nachgegangen, ob und ggf. inwiefern Technikgestaltungsregeln die rein imperative Technikregulierung in besonders innovationsintensiven Bereichen ergänzen oder sogar ersetzen könnten.

a) Technikgestaltung durch technikimmanente „Infrastrukturmaßnahmen"

Klassisches Element der Technikgestaltung i. S. e. die bekannten imperativen Regulierungsmechanismen „ergänzende[n] Steuerungsstrategie"[449] ist die Nutzung der Architektur eines technischen Systems zum Zweck der Einflussnahme auf das Verhalten des Rechtsanwenders: Auf technischem Wege werden faktische Handlungsoptionen geschaffen, verändert oder gänzlich ausgeschlossen.[450] Dieses Vorgehen ist besonders sachdienlich bei der Verfolgung

---

[446] *Miloš Vec*, Recht und Normierung in der Industriellen Revolution. Neue Strukturen der Normsetzung in Völkerrecht, staatlicher Gesetzgebung und gesellschaftlicher Selbstnormierung, Vittorio Klostermann, Frankfurt a. M. 2006, S. 13.

[447] Zum Entstehungsprozess „neuer" Quellen des Völkerrechts *Hugh Thirlway*, The Sources of International Law, in Malcolm D. Evans (Hrsg.), International Law, 4. Aufl., Oxford University Press, Oxford 2014, 91–117 (110f.).

[448] *Miloš Vec*, Recht und Normierung in der Industriellen Revolution. Neue Strukturen der Normsetzung in Völkerrecht, staatlicher Gesetzgebung und gesellschaftlicher Selbstnormierung, Vittorio Klostermann, Frankfurt a. M. 2006, S. 13.

[449] *Heiner Fuhrmann*, Technikgestaltung als Mittel zur rechtlichen Steuerung im Internet, ZfRSoz 23 (2002), 115–130 (115).

[450] *Heiner Fuhrmann*, Technikgestaltung als Mittel zur rechtlichen Steuerung im Internet, ZfRSoz 23 (2002), 115–130 (116).

technikimmanenter Ziele wie Systemsicherheit und informationelle Selbstbestimmung[451] und der weitgehenden Harmonisierung weltweit verwendeter technischer Systeme. Beispielhaft seien die Entwicklung standardisierter Netzwerkprotokolle[452] und die Verwendung elektronischer Signaturverfahren im Internet sowie die Nutzung diverser Datenschutzoptionen[453] genannt. Auch Algorithmen spielen hier eine große Rolle, etwa bei der automatisierten Verarbeitung personenbezogener Daten von Nutzern. Beim Einsatz technischer Mittel bei der Technikgestaltung handelt es sich also nicht im traditionellen Sinne um Normierung, sondern eher um eine Art systemimmanenter Handlungssteuerung, eine alternative Form der „Selbstnormierung"[454] durch technische Experten und Systementwickler, die die normative Seite der Regulierung unterstützt:

> „Networks – electronic or otherwise – are particular kinds of ‚organizations' that are not merely capable of promulgating substantive rules of conduct; their very essence is defined by such rules in this case, the ‚network protocols'. Accordingly, the person or entity on a position to dictate the content of these network protocols is, in the first instance at least, a primary ‚rule-maker' in regard to behavior on the network."[455]

Effektiv wirken Elemente der Technikgestaltung, wenn sie in einem sehr frühen Stadium der Genese eines neuen technischen Systems ansetzen. Eine rechtzeitig, d.h. im Vorfeld der Verwendung durch den Nutzer beginnende Regulierung fördert dessen Akzeptanz und Vertrauen in ein neues System.[456] Die Kehrseite dieses verbraucherschützenden *Modus Procedendi* ist aber, dass der Entwicklungsverlauf des Systems nicht auf tatsächlicher, sondern häufig nur auf rein prognostischer Basis Eingang in die Regulierung finden kann.[457] Das weite Feld der Technikfolgenabschätzung gewinnt immer mehr an Bedeutung und umfasst mit Elementen der Prognose, einer breitangelegten Analyse, der institutionalisierten mehrdimensionalen Bewertung der tatsächlichen Folgen und konkreten Normierungsvorschlägen für die Politik[458] weit mehr als bloßes

---

[451] *Heiner Fuhrmann*, Technikgestaltung als Mittel zur rechtlichen Steuerung im Internet, ZfRSoz 23 (2002), 115–130 (127 f.).

[452] *Patrick G. Mayer*, Das Internet im öffentlichen Recht: Unter Berücksichtigung europarechtlicher und völkerrechtlicher Vorgaben, Tübinger Schriften zum Staats- und Verwaltungsrecht Bd. 48, Duncker & Humblot, Berlin 1999, S. 62.

[453] *Heiner Fuhrmann*, Technikgestaltung als Mittel zur rechtlichen Steuerung im Internet, ZfRSoz 23 (2002), 115–130 (123 ff.).

[454] *Miloš Vec*, Recht und Normierung in der Industriellen Revolution. Neue Strukturen der Normsetzung in Völkerrecht, staatlicher Gesetzgebung und gesellschaftlicher Selbstnormierung, Vittorio Klostermann, Frankfurt a. M. 2006, S. 14.

[455] *David G. Post*, Anarchy, State and the Internet: An Essay on Law-Making in Cyberspace, J. Online L. (1995), Art. 3, § 12.

[456] *Manfred Mai*, Technik, Wissenschaft und Politik. Studien zur Techniksoziologie und Technikgovernance, VS Verlag für Sozialwissenschaften, Wiesbaden 2011, S. 188.

[457] *Heiner Fuhrmann*, Technikgestaltung als Mittel zur rechtlichen Steuerung im Internet, ZfRSoz 23 (2002), 115–130 (121).

[458] Vgl. *Manfred Mai*, Technik, Wissenschaft und Politik. Studien zur Techniksoziologie und Technikgovernance, VS Verlag für Sozialwissenschaften, Wiesbaden 2011, S. 181.

„Projektcontrolling".⁴⁵⁹ Dadurch wird aber indessen die „Steuerungsfähigkeit des Rechts" erhöht,⁴⁶⁰ die an der Systementwicklung beteiligten Akteure erhalten langfristige Planungssicherheit.⁴⁶¹ Denn diese flexible und bewusst offene Art der Regulierung birgt bei aller Unsicherheit einen entscheidenden Vorteil: Sie sorgt dafür, dass die (normative) Regelung ebenso flexibel gestaltet werden kann wie das parallel entstehende technische System. Innovations- und entwicklungsoffene Regeln sind darauf ausgelegt, spätere technische Veränderungen im Vorfeld zu berücksichtigen und lassen sich so schneller an die konkreten technischen Besonderheiten des Systems anpassen.⁴⁶² Daher ist es wichtig, dass technische Bewertungs- und Prognoseentscheidungen weitgehend unabhängig von der normsetzenden Instanz von bereichsspezifischen Experten getroffen werden.⁴⁶³ Das führt zu einer Entlastung des Normgebers und einer gesteigerten Effizienz der vorgenommenen Regulierungsmaßnahmen. Nur so kann das Problem der „ungleichzeitigen Entwicklung von technischer Infrastruktur und politischen Prioritäten"⁴⁶⁴ einer sinnvollen Lösung zugeführt werden.

Eine Form der Regulierung mithilfe technikgestaltender Mechanismen ist die Selbstverwaltung durch Selbstschutz mit technischer Unterstützung.⁴⁶⁵ Dazu zählt etwa die Entwicklung von (algorithmenbasierten) Schutzprogrammen, die von den Nutzern selbständig zum Schutz ihrer Hard- und Software eingesetzt werden können. Die rein imperative Regelung tritt hinter der Setzung flexibler Rahmenbedingungen für die eigenverantwortliche Selbstverwaltung („regulierte Selbstregulierung")⁴⁶⁶ privater Akteure zurück. Der Normsetzer nimmt hier keine umfassende Erfüllungsverantwortung mehr wahr, sondern unterstützt den Nutzer im Rahmen seiner verbleibenden Gewährleistungs- bzw. Auffangverantwortung⁴⁶⁷ beim Selbstschutz, leistet also Hilfe zur Selbsthilfe. Ein hoheitlicher Schutzzwang besteht nicht.

---

⁴⁵⁹ *Manfred Mai*, Technik, Wissenschaft und Politik. Studien zur Techniksoziologie und Technikgovernance, VS Verlag für Sozialwissenschaften, Wiesbaden 2011, S. 188.

⁴⁶⁰ *Manfred Mai*, Technik, Wissenschaft und Politik. Studien zur Techniksoziologie und Technikgovernance, VS Verlag für Sozialwissenschaften, Wiesbaden 2011, S. 187.

⁴⁶¹ Vgl. *Manfred Mai*, Technik, Wissenschaft und Politik. Studien zur Techniksoziologie und Technikgovernance, VS Verlag für Sozialwissenschaften, Wiesbaden 2011, S. 88.

⁴⁶² Vgl. *Manfred Mai*, Technik, Wissenschaft und Politik. Studien zur Techniksoziologie und Technikgovernance, VS Verlag für Sozialwissenschaften, Wiesbaden 2011, S. 220.

⁴⁶³ Vgl. *Manfred Mai*, Technik, Wissenschaft und Politik. Studien zur Techniksoziologie und Technikgovernance, VS Verlag für Sozialwissenschaften, Wiesbaden 2011, S. 88 f.

⁴⁶⁴ *Manfred Mai*, Technik, Wissenschaft und Politik. Studien zur Techniksoziologie und Technikgovernance, VS Verlag für Sozialwissenschaften, Wiesbaden 2011, S. 88.

⁴⁶⁵ *Heiner Fuhrmann*, Technikgestaltung als Mittel zur rechtlichen Steuerung im Internet, ZfRSoz 23 (2002), 115–130 (119 f.).

⁴⁶⁶ *Heiner Fuhrmann*, Technikgestaltung als Mittel zur rechtlichen Steuerung im Internet, ZfRSoz 23 (2002), 115–130 (116).

⁴⁶⁷ Vgl. *Wolfgang Hoffmann-Riem*, Innovationen durch Recht und im Recht, in Martin Schulte (Hrsg.), Technische Innovation und Recht: Antrieb oder Hemmnis?, MTM Bd. 76, C. F. Müller, Heidelberg 1997, 3–32 (18).

Rein normative Technikregulierung, ob auf nationaler oder internationaler Ebene, birgt stets das Problem, dass eine kontinuierliche Kontrolle und Steuerung auf Grund der Langwierigkeit des Entwicklungsprozesses technischer Systeme durch eine außertechnische normsetzende Instanz kaum möglich ist.[468] Zudem erfordert die Weiterentwicklung eines bereits rechtlich regulierten technischen Systems eine regelmäßige Erneuerung der rechtlichen Bewertung. Werden soziale Normen zur Regulierung technischer Systeme eingesetzt, bedürfen sie zu ihrer Durchsetzung adäquater technischer Standards.[469] Fehlt einer sozialen Norm die entsprechende technische Durchsetzbarkeit, wird sie technisch nicht unterstützt und droht, allzu leicht missachtet und umgangen zu werden.[470] Daher kann es hilfreich sein, Handlungsoptionen für bestimmte sozial nicht erwünschte Verhaltensweisen bereits im Entwicklungsstadium eines Systems technisch auszuschließen.[471] Zu berücksichtigen sind dabei immer u. a. der aktuelle Stand der Technik, etwaige Kosten der Implementierung, verschiedene Eintrittswahrscheinlichkeiten und der Umfang des mit der Reduzierung der Handlungsoptionen eventuell verbundenen Eingriffs in die Rechte und Freiheiten der Nutzer eines Systems,[472] insbes., wenn damit die – beabsichtigte oder zufällige – „Mitsperrung" unbedenklicher Optionen einhergeht.[473]

Entscheidend für den Erfolg dieses Steuerungsmechanismus ist die Konsolidierung rechtlich zulässiger Handlungsoptionen mit dem technisch Machbaren.[474] Denn bei der Nutzung der Technik als Regelungsinstrument geht es darum, „nicht nur eine technisch bessere Technik, sondern eine auch sozial und rechtlich bessere Technik"[475] entstehen zu lassen. Was technisch möglich ist, kann rechtlich u. U. geboten sein. Andererseits ist nicht alles, was rechtlich verboten ist, automatisch auch technisch unmöglich.[476] Bei der Technikgestal-

---

[468] Vgl. *Manfred Mai*, Technik, Wissenschaft und Politik. Studien zur Techniksoziologie und Technikgovernance, VS Verlag für Sozialwissenschaften, Wiesbaden 2011, S. 88.

[469] *Patrick G. Mayer*, Das Internet im öffentlichen Recht: Unter Berücksichtigung europarechtlicher und völkerrechtlicher Vorgaben, Tübinger Schriften zum Staats- und Verwaltungsrecht Bd. 48, Duncker & Humblot, Berlin 1999, S. 62.

[470] *Patrick G. Mayer*, Das Internet im öffentlichen Recht: Unter Berücksichtigung europarechtlicher und völkerrechtlicher Vorgaben, Tübinger Schriften zum Staats- und Verwaltungsrecht Bd. 48, Duncker & Humblot, Berlin 1999, S. 63.

[471] Vgl. *Patrick G. Mayer*, Das Internet im öffentlichen Recht: Unter Berücksichtigung europarechtlicher und völkerrechtlicher Vorgaben, Tübinger Schriften zum Staats- und Verwaltungsrecht Bd. 48, Duncker & Humblot, Berlin 1999, S. 63.

[472] Vgl. die Vorgaben zum „Datenschutz durch Technikgestaltung" i. S. d. Art. 25 Abs. 1 DSGVO.

[473] Vgl. *Patrick G. Mayer*, Das Internet im öffentlichen Recht: Unter Berücksichtigung europarechtlicher und völkerrechtlicher Vorgaben, Tübinger Schriften zum Staats- und Verwaltungsrecht Bd. 48, Duncker & Humblot, Berlin 1999, S. 63.

[474] Vgl. *Heiner Fuhrmann*, Technikgestaltung als Mittel zur rechtlichen Steuerung im Internet, ZfRSoz 23 (2002), 115–130 (117 f.).

[475] *Heiner Fuhrmann*, Technikgestaltung als Mittel zur rechtlichen Steuerung im Internet, ZfRSoz 23 (2002), 115–130 (123).

[476] Gesellschaftliche und technische Organisationsformen können aber korrespondieren,

tung als Steuerungsmittel müssen sich daher die rechtlichen Überlegungen der konkreten technischen Infrastruktur anpassen, denn die Technik bestimmt die Möglichkeiten der Regulierung.[477] Je offener eine technische Infrastruktur angelegt ist, desto mehr Handlungsoptionen lässt sie Normgebern und Endnutzern und desto regelungsaffiner (im normativen Sinne) ist sie. Dabei können technische Regulierungsmechanismen auch Elementen sozialer Kontrolle für Fehlverhalten ähneln (z. B. Kappung des Internetzugangs eines wegen Internetbetrugs verurteilten Nutzers).[478] Zu beachten bleibt aber, dass technische Handlungsbeschränkungen in ihrer Absolutheit stets als *ultima ratio* einzusetzen sind, um die Verwendung und die Weiterentwicklung technischer Systeme durch die Beschränkung der Vielfalt der Handlungsoptionen des Anwenders nicht zu gefährden.[479] Die Anpassung der Regelungsmechanismen an die Struktur, in der sie wirken sollen, ist unerlässlich. Umgekehrt darf das Ziel der Technikregulierung durch Technikgestaltung nicht sein, die zu regelnde Infrastruktur nach den aktuellen Möglichkeiten der (rechtlichen) Steuerungsinstrumente umzugestalten. Das käme einer Stagnation des eigentlich notwendigerweise flexibel zu gestaltenden Rechts gleich und würde den technischen Wandel bremsen oder im schlimmsten Fall verhindern. Innovationspotenziale gingen verloren.[480]

b) Technikgestaltung durch technische Normung

Auch Elemente der sog. technischen Normung sind – auf der „Mikroebene"[481] – Teil des Felds der Technikgestaltung. Dazu gehören neben der Formulierung technischer Standards (bspw. in Form von allgemeingültigen Definitionen technikspezifischer Begriffe), der Fixierung von Kontroll- oder Messverfahren oder der Entwicklung von Mechanismen zur Überprüfung neuer Techniken auf ihre Umweltverträglichkeit auch die Abfassung von technischen Normen (z. B. Ergonomienormen in der Logistik, Implementationsforschung

---

dazu *Renate Mayntz/Volker Schneider*, Die Entwicklung technischer Infrastruktursysteme zwischen Steuerung und Selbstorganisation, in Renate Mayntz/Fritz W. Scharpf (Hrsg.), Gesellschaftliche Selbstregelung und politische Steuerung, Campus Verlag, Frankfurt/New York 1995, 73–100 (96 ff.).

[477] So auch *Heiner Fuhrmann*, Technikgestaltung als Mittel zur rechtlichen Steuerung im Internet, ZfRSoz 23 (2002), 115–130 (118).

[478] Ein solches Vorgehen würde im Fall des Internets auch das Problem lösen, dass sich Nutzer durch die getrennte Wahrnehmung von „real world" und Cyberspace vor realen Sanktionen sicher fühlen; Verstöße im „virtuellen Raum" zögen so stets entsprechende „virtuelle" Sanktionen nach sich.

[479] Vgl. *Heiner Fuhrmann*, Technikgestaltung als Mittel zur rechtlichen Steuerung im Internet, ZfRSoz 23 (2002), 115–130 (120).

[480] Vgl. *Heiner Fuhrmann*, Technikgestaltung als Mittel zur rechtlichen Steuerung im Internet, ZfRSoz 23 (2002), 115–130 (119).

[481] *Manfred Mai*, Technik, Wissenschaft und Politik. Studien zur Techniksoziologie und Technikgovernance, VS Verlag für Sozialwissenschaften, Wiesbaden 2011, S. 217.

im Umweltbereich).[482] Diese Normen werden in Deutschland von privaten Vereinen wie dem Deutschen Institut für Normung e. V., dem Verein Deutscher Ingenieure e. V. und dem Verband der Elektrotechnik, Elektronik und Informationstechnik e. V. erarbeitet.[483] Das „Europäische Komitee für Normung", das „Europäische Komitee für elektrotechnische Normung" und das „Europäische Institut für Telekommunikationsnormen" verabschieden europäische Normen. Daneben existieren zwei internationale Normungsorganisationen, die „Internationale Organisation für Normung", kurz ISO,[484] und die „Internationale Elektrotechnische Kommission" IEC.[485] Die ITU entwickelt zudem technische Normen speziell für den Bereich der Telekommunikation.[486] Dabei ist Standardisierung kein Phänomen des 21. Jh., bereits die Verwaltungsunionen[487] – die Vorläufer der heutigen I. O. – setzten Standards zur internationalen Vereinheitlichung bestimmter Verhaltensweisen (z. B. Standards des Weltpostvereins für den einheitlichen Briefversand).[488]

Technische Normen sind „freilich keine Rechtsnormen, sondern außerrechtliche (technische) Normen",[489] es handelt sich bei ihnen um

„documents that provide requirements, specifications, guidelines or characteristics that can be used consistently to ensure that materials, products, processes and services are fit for their purpose".[490]

---

[482] *Manfred Mai*, Technik, Wissenschaft und Politik. Studien zur Techniksoziologie und Technikgovernance, VS Verlag für Sozialwissenschaften, Wiesbaden 2011, S. 217 f.
[483] *Manfred Mai*, Technik, Wissenschaft und Politik. Studien zur Techniksoziologie und Technikgovernance, VS Verlag für Sozialwissenschaften, Wiesbaden 2011, S. 217.
[484] Hier ist sogar der Name der Organisation ein „Standard": Das Akronym „ISO" wird in jeder Sprache verwendet (*ISO*, It's all in the name, abrufbar unter: https://www.iso.org/about-us.html).
[485] Für das Internet wurden technische Normen und Standards überwiegend unabhängig von offiziellen Standardisierungsgremien wie der ITU erarbeitet, etwa in Form der RFC, die nach Abschluss eines formalisierten Verfahrens als Internet Standards allgemeine Gültigkeit genießen, dazu *Patrick G. Mayer*, Das Internet im öffentlichen Recht: Unter Berücksichtigung europarechtlicher und völkerrechtlicher Vorgaben, Tübinger Schriften zum Staats- und Verwaltungsrecht Bd. 48, Duncker & Humblot, Berlin 1999, S. 60.
[486] *DIN*, Internationale Normung, abrufbar unter: https://www.din.de/de/din-und-seine-partner/din-in-der-welt/internationale-normung.
[487] Dazu *infra* Teil III, Kap. 1, B.II.3.a.
[488] *Rüdiger Wolfrum*, International Administrative Unions, in Rüdiger Wolfrum (Hrsg.), MPEPIL, Bd. V: HU–IN, Oxford University Press, Oxford 2012, 335–344 (336 Rn. 5).
[489] *Peter Marburger*, Die gleitende Verweisung aus Sicht der Wissenschaft, in DIN (Hrsg.), Verweisung auf technische Normen in Rechtsvorschriften: Symposium. Vorträge und Diskussionen einer Gemeinschaftsveranstaltung DIN Deutsches Institut für Normung e. V. und Freie Universität Berlin sowie Technische Universität Berlin am 29. Oktober 1981 in Berlin, Normungskunde Bd. 17, Beuth Verlag, Berlin/Köln 1982, 27–39 (36) – Fn. entfernt.
[490] *ISO*, We're ISO: we develop and publish International Standards, abrufbar unter: https://www.iso.org/standards.html. Beachte auch die entsprechende Definition einer „Norm" des *DIN*, Was ist eine Norm?, abrufbar unter: https://www.din.de/de/ueber-normen-und-standards/basiswissen: „Eine Norm ist ein Dokument, das Anforderungen an Produkte, Dienst-

Schöpfer solcher Normen sind nicht staatliche oder überstaatliche Stellen, im Gegenteil, „Normen entwickeln diejenigen, die sie später anwenden".[491] Daher ist die Befolgung von technischen Normen zunächst nicht verpflichtend. Schreiben aber nationale Gesetze oder internationale Verträge die Einhaltung des Inhalts bestimmter Normen vor, erhalten sie Bindungswirkung.[492] Nichtsdestotrotz erschöpft sich der Inhalt technischer Normen nicht in der rein deskriptiven Beschreibung faktischer Gegebenheiten,[493] ihnen wohnt eine gewisse Normativität inne:

> „Sie treten in der Praxis des Wirtschaftslebens mit dem Anspruch auf, Maßstab und Richtschnur für technisch korrektes Verhalten zu sein, bewegen sich folglich nicht ausschließlich auf der Ebene des Faktischen, sondern enthalten normative Sätze; [...]."[494]

Dabei dient der Mechanismus der Einbeziehung technischer Normen in Regeln normativer Art der Entlastung staatlicher und überstaatlicher Normgeber. Experten schaffen Normen für Experten und technisch versierte Laien, eine (inhaltliche) Überforderung und (zeitliche) Blockade der normsetzenden Stellen wird so vermieden.[495] Zudem wirkt sich die Einbeziehung standardisierter Verfahren und allgemeingültiger Normen in imperative Regelungswerke positiv auf die Qualität und damit auf die Effektivität des fertigen Regelungswerks aus. Denn neben der Expertise technischer Fachleute können auch die Erfahrungen und Wünsche von Nutzern in die Regulierung einfließen, das ist gerade im Zusammenhang mit Kommunikationssystemen wichtig für die Garantie größtmöglicher Anwenderfreundlichkeit bei gleichzeitiger Sicherheit. Die Integration technischer Standards entspricht zugleich einer Berücksichtigung der In-

---

leistungen oder Verfahren festlegt. Sie schafft somit Klarheit über deren Eigenschaften, erleichtert den freien Warenverkehr und fördert den Export. Sie unterstützt die Rationalisierung und Qualitätssicherung in Wirtschaft, Technik, Wissenschaft und Verwaltung. [...]."
[491] *DIN*, Wie entsteht eine DIN-Norm?, abrufbar unter: https://www.din.de/de/ueber-normen-und-standards/basiswissen.
[492] *DIN*, Sind Normen Pflicht?, abrufbar unter: https://www.din.de/de/ueber-normen-und-standards/basiswissen.
[493] *Peter Marburger*, Die gleitende Verweisung aus Sicht der Wissenschaft, in DIN (Hrsg.), Verweisung auf technische Normen in Rechtsvorschriften: Symposium. Vorträge und Diskussionen der Gemeinschaftsveranstaltung DIN Deutsches Institut für Normung e. V. und Freie Universität Berlin sowie Technische Universität Berlin am 29. Oktober 1981 in Berlin, Normungskunde Bd. 17, Beuth Verlag, Berlin/Köln 1982, 27–39 (36).
[494] *Peter Marburger*, Die gleitende Verweisung aus Sicht der Wissenschaft, in DIN (Hrsg.), Verweisung auf technische Normen in Rechtsvorschriften: Symposium. Vorträge und Diskussionen der Gemeinschaftsveranstaltung DIN Deutsches Institut für Normung e. V. und Freie Universität Berlin sowie Technische Universität Berlin am 29. Oktober 1981 in Berlin, Normungskunde Bd. 17, Beuth Verlag, Berlin/Köln 1982, 27–39 (36) – Fn. entfernt.
[495] Vgl. *Manfred Mai*, Technik, Wissenschaft und Politik. Studien zur Techniksoziologie und Technikgovernance, VS Verlag für Sozialwissenschaften, Wiesbaden 2011, S. 218, 219: „allein das qualitative und quantitative Ausmaß der Normungsarbeit [muss] jede Verwaltung überfordern".

teressen aller Betroffenen an einer effektiven Regulierung.[496] „[W]egen seiner unterschiedlichen Bedeutung für verschiedene Nutzergruppen (Hersteller, Verbraucher, Mitarbeiter)" muss der Normungsprozess seinerseits „pluralistisch und interdisziplinär erfolgen, ohne sie mit normativen außertechnischen Anforderungen zu überfrachten".[497]

Technikgestaltung durch technische Normung birgt einen weiteren entscheidenden Vorteil gegenüber imperativen Formen der Regulierung: Die Allgemeingültigkeit und Universalität technischer Normen verhindert die ständig wiederkehrende Neuentwicklung von „Routinelösungen".[498] Eine Beschleunigung des Regulierungsprozesses ist die Folge, auch mit Blick auf eine notwendige verantwortungsvolle und weitsichtige Technikfolgenabschätzung, die nicht mehr separat für jedes neue technische System erfolgen muss. Fehlerhafte Prognosen und Anwendungsfehler können so vermieden werden.[499] Ebenso wie bei der Nutzung der technischen Infrastruktur selbst zum Zweck ihrer Regulierung empfiehlt es sich auch bei der Setzung technischer Normen, mit der Regulierung in einem besonders frühen Stadium der Entwicklung neuer Technologien zu beginnen, um später kaum zu bewerkstelligende Anpassungen der Regelung an die technischen Gegebenheiten zu vermeiden. Der ständige „Innovationsdruck"[500] von Industrie und Wirtschaft überträgt sich in Form eines „Regulierungsdrucks" auf Recht und Politik.[501] Dabei gilt: Je komplexer und unbekannter die Technik ist, desto drängender ist das Regelungsbedürfnis. „Normungsarbeit bedeutet vor allem eine entsprechende Expertise",[502] beschreibt der Begriff doch einen Prozess der Abwägung „zwischen dem, was technisch möglich ist, und dem was wirtschaftlich vertretbar ist".[503] Die Effizienz des fertigen Regelungssystems ist der entscheidende Faktor. Besonderes Potenzial birgt daher die sog. entwicklungsbegleitende Normung. Der Normungsprozess beginnt in diesem Fall nicht erst im Anschluss an die Fertigstellung und kurz vor Inbetriebnahme des technischen Systems, sondern begleitet den Ent-

---

[496] Vgl. *Manfred Mai*, Technik, Wissenschaft und Politik. Studien zur Techniksoziologie und Technikgovernance, VS Verlag für Sozialwissenschaften, Wiesbaden 2011, S. 219.
[497] *Manfred Mai*, Technik, Wissenschaft und Politik. Studien zur Techniksoziologie und Technikgovernance, VS Verlag für Sozialwissenschaften, Wiesbaden 2011, S. 221.
[498] *Manfred Mai*, Technik, Wissenschaft und Politik. Studien zur Techniksoziologie und Technikgovernance, VS Verlag für Sozialwissenschaften, Wiesbaden 2011, S. 221.
[499] *Manfred Mai*, Technik, Wissenschaft und Politik. Studien zur Techniksoziologie und Technikgovernance, VS Verlag für Sozialwissenschaften, Wiesbaden 2011, S. 221.
[500] *Manfred Mai*, Technik, Wissenschaft und Politik. Studien zur Techniksoziologie und Technikgovernance, VS Verlag für Sozialwissenschaften, Wiesbaden 2011, S. 89.
[501] Vgl. *Manfred Mai*, Technik, Wissenschaft und Politik. Studien zur Techniksoziologie und Technikgovernance, VS Verlag für Sozialwissenschaften, Wiesbaden 2011, S. 89: „Was noch vor wenigen Jahren als ‚Stand der Technik' galt, ist heute ein Wachstumshindernis."
[502] *Manfred Mai*, Technik, Wissenschaft und Politik. Studien zur Techniksoziologie und Technikgovernance, VS Verlag für Sozialwissenschaften, Wiesbaden 2011, S. 218.
[503] *Manfred Mai*, Technik, Wissenschaft und Politik. Studien zur Techniksoziologie und Technikgovernance, VS Verlag für Sozialwissenschaften, Wiesbaden 2011, S. 220.

stehungsprozess.⁵⁰⁴ Dieser flexible und effiziente Verlauf der Technikgenese ermöglicht es der Normierungsstelle, schon früh auf externe Anforderungen, die an das Produkt gestellt werden, zu reagieren.⁵⁰⁵

c) *„Technology as a regulatory tool" als neue Quelle des Völkerrechts?*

Angesichts der vorstehenden Ausführungen zu den Vor- und Nachteilen der Nutzung von „technology as a regulatory tool"⁵⁰⁶ soll nun abschließend auf die Frage eingegangen werden, ob die Erhebung der Technikgestaltung zum rechtsähnlichen Steuerungselement einen Wandel der herkömmlichen Methoden (Quellen) der Rechtsetzung auf Ebene des Völkerrechts heraufbeschwören könnte.⁵⁰⁷ Dies erscheint erstrebenswert, da

> „für den Staat der modernen Gesellschaft [...] ein Instrumentenmix aus formellen und informellen sowie aus rechtlichen und kommunikativen Elementen – wie es dem Modus der Governance entspricht – angemessener [ist], um politische Ziele durchzusetzen".⁵⁰⁸

Da dagegen die bekannten Instrumentarien internationaler Rechtsetzung nach *Röhl* „weit hinter dem Globalisierungsproseß hinterherhinken",⁵⁰⁹ wird die Völkerrechtsordnung wohl nicht um eine ernsthafte Befassung mit der Gesamtheit außerrechtlicher Normen herumkommen. Doch die „Technikgestaltung ist kein Allheilmittel zur Überwindung rechtlicher Steuerungsprobleme in einer international vernetzten Welt".⁵¹⁰ Daher erscheint die *Ersetzung* der bekannten völkerrechtlichen Quellen durch Mechanismen der Techniksteuerung nicht sinnvoll. Vielmehr sollten technische Standards und Normen zur *Ergänzung* herkömmlicher Normsetzungsstrategien eingesetzt werden, um die Durchsetzbarkeit technikspezifischer Normierung zu optimieren.⁵¹¹

---

⁵⁰⁴ DIN (Hrsg.), Gesamtwirtschaftlicher Nutzen der Normung: Volkswirtschaftlicher Nutzen. Der Zusammenhang zwischen Normung und technischem Wandel, ihr Einfluss auf den Außenhandel und die Gesamtwirtschaft, Beuth Verlag, Berlin/Wien/Zürich 2000, S. 34 ff.

⁵⁰⁵ *Manfred Mai*, Technik, Wissenschaft und Politik. Studien zur Techniksoziologie und Technikgovernance, VS Verlag für Sozialwissenschaften, Wiesbaden 2011, S. 222.

⁵⁰⁶ *Roger Brownsword/Morag Goodwin*, Law and the Technologies of the Twenty-First Century. Text and Materials, Cambridge University Press, Cambridge, 2012, S. 72.

⁵⁰⁷ Vgl. *Heiner Fuhrmann*, Technikgestaltung als Mittel zur rechtlichen Steuerung im Internet, ZfRSoz 23 (2002), 115–130 (116). Die Frage nach der ggf. notwendigen Erweiterung und Anpassung der Liste der Quellen des Völkerrechts des Art. 38 Abs. 1 IGH-Statut an neue gesellschaftliche Entwicklungen wirft auch *Dinah Shelton*, International Law and ‚relative normativity', in Malcolm D. Evans (Hrsg.), International Law, 5. Aufl., Oxford University Press, Oxford 2018, 137–165 (160) auf.

⁵⁰⁸ *Manfred Mai*, Technik, Wissenschaft und Politik. Studien zur Techniksoziologie und Technikgovernance, VS Verlag für Sozialwissenschaften, Wiesbaden 2011, S. 186.

⁵⁰⁹ *Klaus F. Röhl*, Die Rolle des Rechts im Prozess der Globalisierung, ZfRSoz 17 (1996), 1–57 (39).

⁵¹⁰ *Heiner Fuhrmann*, Technikgestaltung als Mittel zur rechtlichen Steuerung im Internet, ZfRSoz 23 (2002), 115–130 (129).

⁵¹¹ Ähnlich zur Regulierung des Cyberspace durch das Zusammenspiel von Recht, sozia-

Denkbar ist sogar die Erhebung von technischen Normen in den Stand der „von den Kulturvölkern anerkannten allgemeinen Rechtsgrundsätze". Das böte sich vor dem Hintergrund der Existenz internationaler Normungsinstitutionen wie der ISO oder der ITU an und ergäbe insofern Sinn, als sich – zumindest für das Privatrecht – die Auffassung hält, allgemeine Rechtsgrundsätze seien „Verbindungsglieder zwischen positivem Recht und außerrechtlichen Normen".[512] Allgemeine Rechtsgrundsätze entstehen durch einen Induktionsschluss, also den „Schluss von einzelnen, beobachteten Beispielen auf allgemeine Gesetze".[513] Auch technische Normen dienen der Verallgemeinerung und Standardisierung technischer Definitionen und Verfahren zur entsprechenden Regulierung der Behandlung technischer Innovationen. Dabei gelten die Ergebnisse von Normungsprozessen nicht absolut, ebenso wenig wie allgemeine Rechtsgrundsätze. Beide Normgruppen sind sachbezogen; allgemeine Rechtsgrundsätze werden konkretisiert durch „konkrete, wertbezogene Standards rechtlicher und außerrechtlicher Natur",[514] technische Normen beziehen Fragen des Gemeinwohls und gesamtgesellschaftliche Ziele ein „und spiegeln deshalb nicht nur das technisch Machbare, sondern auch das gesellschaftlich Akzeptierte wider".[515] Konsensbasierte Normung dient der Legitimation der technischen Regeln[516] und als allgemeine Rechtsgrundsätze können nur solche Rechtsprinzipien identifiziert werden, bei denen ein Vergleich der „wichtigsten Rechtskreise" ergibt, dass sie „übereinstimmend im innerstaatlichen Recht der ‚Kulturvölker' anerkannt sind, also gelten".[517]

Gänzlich unabhängig von der Möglichkeit ihrer theoretischen Typisierung als Quelle des Völkerrechts i. S. d. Art. 38 Abs. 1 lit. c IGH-Statut gewinnen technische Normen aber jedenfalls in ihrer Eigenschaft als originär nicht bindende Normen, also sog. „Soft Law",[518] wegen ihrer flexiblen und

---

len Normen, Märkten und „Architektur" bzw. „Code": *Lawrence Lessig*, Commentaries: The Law of the Horse: What Cyberspace Might Teach, Harv. L. Rev. 113 (1999), 501–546 (506 ff.).

[512] *Axel Metzger*, Allgemeine Rechtsgrundsätze, in Jürgen Basedow/Klaus J. Hopt/Reinhard Zimmermann (Hrsg.), Handwörterbuch des Europäischen Privatrechts, Bd. I: Abschlussprüfer–Kartellverfahrensrecht, Mohr Siebeck, Tübingen 2009, 33–37 (33).

[513] *Axel Metzger*, Allgemeine Rechtsgrundsätze, in Jürgen Basedow/Klaus J. Hopt/Reinhard Zimmermann (Hrsg.), Handwörterbuch des Europäischen Privatrechts, Bd. I: Abschlussprüfer–Kartellverfahrensrecht, Mohr Siebeck, Tübingen 2009, 33–37 (36).

[514] *Axel Metzger*, Allgemeine Rechtsgrundsätze, in Jürgen Basedow/Klaus J. Hopt/Reinhard Zimmermann (Hrsg.), Handwörterbuch des Europäischen Privatrechts, Bd. I: Abschlussprüfer–Kartellverfahrensrecht, Mohr Siebeck, Tübingen 2009, 33–37 (37).

[515] *DIN*, Grundsätze der Normungsarbeit (Sachbezogenheit), abrufbar unter: https://www.din.de/de/ueber-normen-und-standards/din-norm/grundsaetze.

[516] *DIN*, Grundsätze der Normungsarbeit (Legitimation), abrufbar unter: https://www.din.de/de/ueber-normen-und-standards/din-norm/grundsaetze.

[517] *Wolfgang Graf Vitzthum*, Begriff, Geschichte und Rechtsquellen des Völkerrechts, in Wolfgang Graf Vitzthum/Alexander Proelß (Hrsg.), Völkerrecht, 7. Aufl., De Gruyter, Berlin/Boston 2016, 1–60 (55 Rn. 143).

[518] Zur Bedeutung des Soft Law bei der Technikregulierung *infra* Teil III, Kap. 1, B. V.

adaptiven Eigenschaften v. a. im Regelungsumfeld interdisziplinär besetzter und technikspezifischer Sachmaterien wie dem Cyberspace an Bedeutung.[519] Diese Entwicklung ermöglicht namentlich die Einbindung privater Akteure mit spezifischem Expertenwissen in den Normsetzungsprozess, was eine Beschleunigung desselben durch tlw. „Outsourcen" technischer Detailfragen bewirken, und – da Soft Law-Regeln im Allgemeinen der Ergänzung bindender Normen dienen – die Rechtsanwenderfreundlichkeit des Völkervertragsrechts befördern kann.

II. Von bilateralen Gesprächen über Kongresse und Konferenzen zum System „internationaler Organisation(en)"

In ähnlichem Maße wie die Quellen des Völkerrechts haben sich auch die internationalen Beziehungen und die Art und Weise der Rechtsetzung auf zwischen- und überstaatlicher Ebene durch den technischen Wandel im Laufe der Zeit maßgeblich verändert. V. a. die sog. „industrielle Revolution"[520] ging – maßgeblich beeinflusst durch neueste Entwicklungen in Technik und Wirtschaft – mit einer regelrechten „Verdichtung"[521] des Völker(vertrags)rechts einher,[522] eine Entwicklung, die nicht zuletzt auf eine tiefgreifende Veränderung der Formen internationaler Zusammenarbeit zurückzuführen ist. Die starren, geradezu formalistischen diplomatischen Strukturen klassischer „politischer" Kongresse wurden im Rahmen technisch-wissenschaftlicher Konferenzen ergänzt durch neue, tlw. nicht staatliche Formen der Zusammenarbeit, und die sog. Verwaltungsunionen, die Vorläufer der heutigen I. O., die schließlich die Basis für das gegenwärtige System „internationaler Organisation" bildeten. Der folgende Abschnitt betrachtet die historische Entwicklung und Entstehung sowie die charakteristische Arbeitsweise von I. O. durch die Linse des technischen Wandels.

---

[519] *Thomas Giegerich*, Internationale Standards – aus völkerrechtlicher Perspektive, in Berichte DGIR Bd. 46: Internationales, nationales und privates Recht: Hybridisierung der Rechtsordnungen? – Immunität, 33. Tagung in Luzern 13. bis 16. März 2013, C. F. Müller, Heidelberg/München/Landsberg/Frechen/Hamburg 2014, 101–186 (124 ff.) nennt denn auch internationale Standards (z. B. der ISO) als Beispiel für Soft Law.
[520] Zur umstr. Verwendung des Begriffs der „Revolution" in diesem Zusammenhang *Miloš Vec*, Recht und Normierung in der Industriellen Revolution. Neue Strukturen der Normsetzung in Völkerrecht, staatlicher Gesetzgebung und gesellschaftlicher Selbstnormierung, Vittorio Klostermann, Frankfurt a. M. 2006, S. 4 ff.
[521] *Miloš Vec*, Recht und Normierung in der Industriellen Revolution. Neue Strukturen der Normsetzung in Völkerrecht, staatlicher Gesetzgebung und gesellschaftlicher Selbstnormierung, Vittorio Klostermann, Frankfurt a. M. 2006, S. 21. Dazu *infra* Teil III, Kap. 1, B.VI.2.
[522] *Miloš Vec*, Recht und Normierung in der Industriellen Revolution. Neue Strukturen der Normsetzung in Völkerrecht, staatlicher Gesetzgebung und gesellschaftlicher Selbstnormierung, Vittorio Klostermann, Frankfurt a. M. 2006, S. 21.

1. Von der „Geheimdiplomatie" zur „offenen Diplomatie"

Das frühneuzeitliche System der klassischen zwischenstaatlichen Diplomatie (sog. „Geheimdiplomatie")[523] fand seinen Ursprung im Italien des ausgehenden Mittelalters und entwickelte sich ab dem Westfälischen Frieden 1648 zu einem festen Bestandteil des europäischen Rechtsraums.[524] Der vorwiegend durch schriftliche[525] Verfahren dominierte und mittels strenger Protokolle stark formalisierte[526] internationale Informationsaustausch fand hinter verschlossenen Türen, unbemerkt von der breiten Öffentlichkeit, statt und war einem geradezu elitären Personenkreis vorbehalten: Souveräne und ihre diplomatischen Vertreter hielten die Geschicke der Nationalstaaten in Händen. Zwischenstaatliche Kommunikation beschränkte sich in aller Regel auf das bilaterale Verhältnis, überstaatliche Kooperationen waren eine Seltenheit. Überschaubar war auch die Liste der behandelten Themenfelder. Die Aushandlung von Verträgen über das staatliche „Selbsterhaltungsrecht, die Gebietshoheit, den Krieg und den Frieden"[527] hatte Priorität, die vorherrschenden Fragestellungen waren demnach politischer Natur.[528]

Das änderte sich im Verlauf des 19. Jh. Es wuchs die Vielfalt der international verhandelten Themen, Struktur und Qualität zwischenstaatlicher Kommunikation veränderten sich zusehends,[529] eine neue Form der Diplomatie war im Entstehen begriffen.[530] Kongresse und Konferenzen brachten als neue Foren der Zusammenarbeit frischen Wind in die weltpolitischen Sitzungssäle. Diese Gremien dienten vorwiegend der zwischen- und überstaatlichen Kommunikation und der Vorbereitung multilateraler Übereinkünfte durch schriftliche Fi-

---

[523] *Walter Schoenborn*, Der Einfluss der neueren technischen Entwicklung auf das Völkerrecht, in Otto Bachof (Hrsg.), Forschungen und Berichte aus dem Öffentlichen Recht, Gedächtnisschrift für Walter Jellinek, Isar Verlag, München 1955, 77–87 (80).

[524] *Maurice Bourquin*, Pouvoir scientifique et droit international, RdC 70 (1947-I), 331–406 (369).

[525] *Georg F. v. Martens*, A Compendium of the Law of Nations founded on the Treaties and Customs of the Modern Nations of Europe, Cobbett and Morgan, London 1802, Book VI, S. 217 ff.; *Miloš Vec*, Recht und Normierung in der Industriellen Revolution. Neue Strukturen der Normsetzung in Völkerrecht, staatlicher Gesetzgebung und gesellschaftlicher Selbstnormierung, Vittorio Klostermann, Frankfurt a. M. 2006, S. 90.

[526] *Wolfgang Friedmann*, The Changing Structure of International Law, Stevens & Sons, London 1964, S. 65, 66.

[527] *Alphons Rivier*, Lehrbuch des Völkerrechts, Handbibliothek des öffentlichen Rechts: Bd. 4, 2. Aufl., Verlag v. Ferdinand Enke, Stuttgart 1899, S. 344.

[528] *Miloš Vec*, Recht und Normierung in der Industriellen Revolution. Neue Strukturen der Normsetzung in Völkerrecht, staatlicher Gesetzgebung und gesellschaftlicher Selbstnormierung, Vittorio Klostermann, Frankfurt a. M. 2006, S. 82.

[529] *Maurice Bourquin*, Pouvoir scientifique et droit international, RdC 70 (1947-I), 331–406 (367 f.).

[530] *Miloš Vec*, Recht und Normierung in der Industriellen Revolution. Neue Strukturen der Normsetzung in Völkerrecht, staatlicher Gesetzgebung und gesellschaftlicher Selbstnormierung, Vittorio Klostermann, Frankfurt a. M. 2006, S. 89.

xierung internationaler Standards zu unterschiedlichen Regelungsbereichen.[531] Kongresse und Konferenzen trugen im 19. Jh. in besonderem Maße dazu bei, dass zu der bis *dato* gängig praktizierten „Geheimdiplomatie" die sog. „offene Diplomatie" trat,[532] die noch heute vom Austausch der Nationen untereinander lebt; sie wurde nach Ansicht von *Schoenborn* erst durch die regelmäßige Nutzung von „Telegraphie, Radio und Television" möglich.[533] Nicht zuletzt ein modifiziertes Tätigkeitsprofil des Diplomaten war die Folge dieses veränderten Kommunikationsverhaltens. Der Diplomat, zuvor ein wichtiger Unterhändler seines Souveräns in der Fremde, der dort gewissermaßen als dessen „verlängerter Arm" agierte, wurde durch immer schnellere und bessere Möglichkeiten des Informationstransfers zum reinen Boten „degradiert", „zum bloßen Überbringer genau spezifizierter Wünsche seiner Regierung gemacht [...], die jede Phase einer wichtigen diplomatischen Verhandlung genau überwacht".[534] Schließlich führte die Etablierung der „technischen Attachés"[535] im Personalbestand diplomatischer Missionen und „als wichtige Figuren der Verhandlun-

---

[531] *Miloš Vec*, Recht und Normierung in der Industriellen Revolution. Neue Strukturen der Normsetzung in Völkerrecht, staatlicher Gesetzgebung und gesellschaftlicher Selbstnormierung, Vittorio Klostermann, Frankfurt a. M. 2006, S. 75.

[532] *Walter Schoenborn*, Der Einfluss der neueren technischen Entwicklung auf das Völkerrecht, in Otto Bachof (Hrsg.), Forschungen und Berichte aus dem Öffentlichen Recht, Gedächtnisschrift für Walter Jellinek, Isar Verlag, München 1955, 77–87 (80).

[533] *Walter Schoenborn*, Der Einfluss der neueren technischen Entwicklung auf das Völkerrecht, in Otto Bachof (Hrsg.), Forschungen und Berichte aus dem Öffentlichen Recht, Gedächtnisschrift für Walter Jellinek, Isar Verlag, München 1955, 77–87 (81). *Miloš Vec*, Recht und Normierung in der Industriellen Revolution. Neue Strukturen der Normsetzung in Völkerrecht, staatlicher Gesetzgebung und gesellschaftlicher Selbstnormierung, Vittorio Klostermann, Frankfurt a. M. 2006, S. 75 schreibt: „Die Verdichtung der internationalen Zusammenarbeit setzte eine intensive Kommunikation voraus und förderte sie zugleich." *Perritt* ist der Ansicht, der Telegraf habe die Art und Weise verändert, wie Kriege ausgefochten wurden, die Erfindung des Radios habe *Hitler* und *Mussolini* in der 1930er-Jahren zur Macht verholfen und das Fernsehen habe die USA zum Rückzug aus Vietnam bewogen, sowie das internationale Engagement in Bosnien und Kosovo befeuert (*Henry H. Perritt, Jr.*, The Internet is Changing the Public International Legal System, Ky. L. J. 88 [1999–2000], 885–955 [886]). Dass sich die Erfindung neuer Formen der Distanzkommunikation auf das Gesandtschaftsrecht ausgewirkt hat, folgert *Schoenborn* aus dem Umstand, dass die „Erhebung von Gesandtschaften zu Botschaften eine ständige Praxis einer immer größer werdenden Zahl von Staaten jeden Größenordnung geworden" sei; als Ausgangspunkt dieser Entwicklung nennt er die Erhebung der diplomatischen Vertretungen der Großmächte in Brüssel zu Botschaften im Anschluss an das Ende des Ersten Weltkriegs (S. 82). Die „Rangordnung der Diplomaten", so *Schoenborn*, habe dagegen „heute jede praktische Bedeutung verloren".

[534] *Walter Schoenborn*, Der Einfluss der neueren technischen Entwicklung auf das Völkerrecht, in Otto Bachof (Hrsg.), Forschungen und Berichte aus dem Öffentlichen Recht, Gedächtnisschrift für Walter Jellinek, Isar Verlag, München 1955, 77–87 (81); ähnlich *Paul Pradier-Fodéré*, Cours de Droit Diplomatique à l'Usage des Agents Politiques du Ministère des Affaires Étrangères des États Européens et Américains, Bd. 1, 2. Aufl., A. Pedone, Paris 1899, S. VII f.

[535] Dazu sogleich unter Teil III, Kap. 1, B.II.2.

gen auf Kongressen und Konferenzen"[536] zunehmend zu einer „Verschiebung der Entscheidungsebene von den Diplomaten hin zu den Ministern".[537]

2. Kongresse und Konferenzen

Dem Völkerrechtswissenschaftler *Friedrich F. v. Martens* (1756–1821) zufolge waren „Staatencongresse und -Conferenzen [...] internationale Versammlungen der Vertreter souverainer Staaten zu Beprüfung communer Angelegenheiten und Interessen".[538] Dabei waren Kongresse und Konferenzen ersichtlich keine genuine Erfindung des 19. Jh. *Emer de Vattel* (1714–1767) erwähnte das Begriffspaar „[l]es Conférences & les Congrès" bereits 1758.[539] Als frühe Formen zwischenstaatlicher Kommunikation werden z. B. die Friedensverhandlungen von Münster und Osnabrück zur Beendigung des 30-jährigen Krieges (1643–1648)[540] sowie die allgemeinen (d. h. ökumenischen)[541] Konzilien[542] angesehen.

Die Begriffe „Kongress" und „Konferenz" waren grds. nicht synonym zu verwenden; der Unterschied ist nach *Bluntschli* zwar „ein fließender",[543] aber abhängig von der Art der Zusammensetzung des Gremiums. Im Rahmen von

---

[536] *Miloš Vec*, Recht und Normierung in der Industriellen Revolution. Neue Strukturen der Normsetzung in Völkerrecht, staatlicher Gesetzgebung und gesellschaftlicher Selbstnormierung, Vittorio Klostermann, Frankfurt a. M. 2006, S. 94.

[537] *Miloš Vec*, Recht und Normierung in der Industriellen Revolution. Neue Strukturen der Normsetzung in Völkerrecht, staatlicher Gesetzgebung und gesellschaftlicher Selbstnormierung, Vittorio Klostermann, Frankfurt a. M. 2006, S. 93. So bereits 1899 *Paul Pradier-Fodéré*, Cours de Droit Diplomatique à l'Usage des Agents Politiques du Ministère des Affaires Étrangères des États Européens et Américains, Bd. 1, 2. Aufl., A. Pedone, Paris 1899, S. VIII.

[538] *Friedrich F. v. Martens*, Völkerrecht. Das internationale Recht der civilisirten Nationen (dt. Ausg. v. Carl Bergbohm), Bd. 1, Berlin 1883, S. 225 § 52.

[539] *Emer de Vattel*, Le droit des gens. Ou principes de la loi naturelle, appliqués à la conduite & aux affaires des nations & des souverains, Bd. I, London 1758, Liv. II Chap. XVIII § 330 (S. 521). *De Vattel* belässt es allerdings bei einer Erwähnung der Begriffe; lediglich auf die Charakteristika der Kongresse geht er in knappen Worten ein.

[540] *Richard G. Gruber*, Internationale Staatenkongresse und Konferenzen, ihre Vorbereitung und Organisation: eine völkerrechts-diplomatische Untersuchung auf Grund der Staatenpraxis vom Wiener Kongreß 1814 bis zur Gegenwart, Puttkammer & Mühlbrecht, Berlin 1919, S. 4, 74; *Karl v. Rotteck/Karl Welcker*, Congresse, in Karl v. Rotteck/Karl Welcker (Hrsg.), Das Staats-Lexikon: Encyklopädie der sämmtlichen Staatswissenschaften für alle Stände, Bd. 4: Conföderation bis Einkommensteuer, 3. Aufl., F. A. Brockhaus, Leipzig 1860, 22–56 (23).

[541] *Klaus Schatz*, Allgemeine Konzilien – Brennpunkte der Kirchengeschichte, 2. Aufl., Verlag Ferdinand Schöningh, Paderborn 2008, S. 13. Beispiele für allgemeine Konzilien seit dem 4. Jh. n. Chr. ebd.

[542] *Richard G. Gruber*, Internationale Staatenkongresse und Konferenzen, ihre Vorbereitung und Organisation: eine völkerrechts-diplomatische Untersuchung auf Grund der Staatenpraxis vom Wiener Kongreß 1814 bis zur Gegenwart, Puttkammer & Mühlbrecht, Berlin 1919, S. 74; *Simeon E. Baldwin*, The International Congresses and Conferences of the Last Century as Forces Working Towards the Solidarity of the World, AJIL 1 (1907), 565–578 (565).

[543] *Johann C. Bluntschli*, Das moderne Völkerrecht der civilisirten Staten als Rechtsbuch dargestellt, C. H. Beck'sche Buchhandlung, Nördlingen 1868, S. 58 § 12.

Kongressen traten i. d. R. ausschließlich Staatsoberhäupter (ggf. vertreten durch Bevollmächtigte) zum Zweck der gemeinsamen Beschlussfassung zusammen.[544] Die Konferenzen dagegen waren Zusammenkünfte von Gesandten – den im Rang unter dem Botschafter rangierenden diplomatischen Vertretern eines Staates bei einem anderen Staat oder einer I. O. oder S. O.[545] –, wobei auch „ein Souverain gelegentlich an den Berathungen der Gesandten Theil nehmen" durfte, ohne dass die Konferenz begrifflich zum Kongress wurde. Es konnte sogar vorkommen, dass ein Kongress ganz ohne Fürsten, sondern ausschließlich unter Beteiligung von Bevollmächtigten stattfand.[546] Während die Teilnehmer eines Kongresses über vorwiegend politische Themen verhandelten, stand im Rahmen von Konferenzen das „Aushandeln[…] von ökonomisch-technisch-wissenschaftlichen Sachverhalten"[547] im Stile heutiger „Brain Trusts" im Vordergrund. Im Rahmen der Konferenzen wurden die auf den Kongressen gefassten Beschlüsse vorbereitet.[548] Den Kongressen maß man daher „größere völkerrechtliche Autorität" zu.[549] Doch die Konferenzen gewannen ab Mitte des 19. Jh. immer mehr an Bedeutung, eine Entwicklung, die parallel zu der zeitgleich einsetzenden Institutionalisierung der Wissenschaftskommunikation verlief.[550]

---

[544] *Johann C. Bluntschli*, Das moderne Völkerrecht der civilisirten Staten als Rechtsbuch dargestellt, C. H. Beck'sche Buchhandlung, Nördlingen 1868, S. 58 § 12; *Ernst Meier*, Art. „Congresse", in Franz v. Holtzendorff (Hrsg.), Rechtslexikon, Bd. 1: A–J, 2. Aufl., Duncker & Humblot, Leipzig 1875, 321–322 (321).

[545] *Duden*, Art. „Gesandter", abrufbar unter: https://www.duden.de/rechtschreibung/Gesandter; die Definition in *Brockhaus*, Enzyklopädie in 30 Bänden, Art. „Gesandter", Bd. 10: FRIES–GLAR, 21. Aufl., F. A. Brockhaus, Leipzig/Mannheim 2006, S. 594 stellt den Gesandten dem Botschafter gleich.

[546] *Johann C. Bluntschli*, Das moderne Völkerrecht der civilisirten Staten als Rechtsbuch dargestellt, C. H. Beck'sche Buchhandlung, Nördlingen 1868, S. 58 § 12.

[547] *Miloš Vec*, Recht und Normierung in der Industriellen Revolution. Neue Strukturen der Normsetzung in Völkerrecht, staatlicher Gesetzgebung und gesellschaftlicher Selbstnormierung, Vittorio Klostermann, Frankfurt a. M. 2006, S. 91; dazu *Emanuel v. Ullmann*, Völkerrecht, 2. Aufl., J. C. B. Mohr (Paul Siebeck), Tübingen 1908, S. 79 § 17.

[548] *Ernst Meier*, Art. „Congresse", in Franz v. Holtzendorff (Hrsg.), Rechtslexikon, Bd. 1: A–J, 2. Aufl., Duncker & Humblot, Leipzig 1875, 321–322 (321). Diese Zweiteilung entspricht auch im Groben der heutigen sprachlichen Unterscheidung zwischen einem Kongress als „Tagung von Vertretern fachlicher Verbände, politischer Gruppierungen, Parteien o. Ä." (*Duden*, Art. „Kongress, der", abrufbar unter: https://www.duden.de/rechtschreibung/Kongress, Bedeutung 1a) und einer Konferenz, unter der eine „Zusammenkunft eines Kreises von Experten zur Beratung politischer, wirtschaftlicher o. ä. Fragen" (*Duden*, Art. „Konferenz, die", abrufbar unter: https://www.duden.de/rechtschreibung/Konferenz, Bedeutung 2) verstanden wird.

[549] *Ludwig Geßner*, Art. „Kongresse", in Franz v. Holtzendorff (Hrsg.), Rechtslexikon, Bd. 2: K–Z, 3. Aufl., Duncker & Humblot, Leipzig 1881, S. 500, zit. nach *Miloš Vec*, Recht und Normierung in der Industriellen Revolution. Neue Strukturen der Normsetzung in Völkerrecht, staatlicher Gesetzgebung und gesellschaftlicher Selbstnormierung, Vittorio Klostermann, Frankfurt a. M. 2006, S. 89.

[550] *Miloš Vec*, Recht und Normierung in der Industriellen Revolution. Neue Strukturen der Normsetzung in Völkerrecht, staatlicher Gesetzgebung und gesellschaftlicher Selbstnormierung, Vittorio Klostermann, Frankfurt a. M. 2006, S. 90. Den Kongressen stand man dagegen zunehmend kritischer gegenüber, nicht zuletzt, weil sie keinen Raum boten für neue Themen, die

Spätestens mit Etablierung neuen diplomatischen Personals gegen Ende des 19. Jh.[551] verlor die (terminologische) Unterscheidung zwischen Kongressen und Konferenzen allmählich an Bedeutung.[552]

Die neue Multilateralität der völkerrechtlichen Beziehungen[553] bescherte der „internationalen Gemeinschaft",[554] deren „Pflege" der Staatswissenschaftler

---

nun die internationale Gemeinschaft beschäftigten, und technische Delegierte, die – anders als ihre rein juristisch vorgebildeten Kollegen – Verhandlungen orientiert an den Bedürfnissen der konkreten Regelungsmaterien und weitgehend unbeeinflusst von förmlichen protokollarischen Zwängen und sonstigen Zeremonien führen konnten, dazu *Arthur Nussbaum*, Geschichte des Völkerrechts in gedrängter Darstellung (Übers. v. Herbert Thiele-Fredersdorf), C. H. Beck, München/Berlin 1960, S. 222.

[551] Dazu *infra* Teil III, Kap. 1, B.II.3.

[552] *V. Ullmann* bemerkt entsprechend, die Teilnahme von Würdenträgern sowie die Diskussion politischer und ggf. feierlicher Sujets seien zwar Unterscheidungsmerkmale, allerdings keine juristischen; rechtlich haben Beschlüsse der Konferenzen nach *v. Ullmann* gegenüber denen der Kongresse nicht weniger Gewicht (*Emanuel v. Ullmann*, Völkerrecht, 2. Aufl., J. C. B. Mohr [Paul Siebeck], Tübingen 1908, S. 243 § 72). Bei *Lassa F. L. Oppenheim/Hersch Lauterpacht*, International Law: A Treatise, Bd. 1: Peace, David McKay Company, 8. Aufl., New York 1963, S. 869 § 483 findet sich nicht einmal ein Hinweis auf einen evtl. bestehenden Unterschied: „International congresses and conferences are formal meetings of representatives of several States for the purpose of discussing matters of international interest, and of coming to an agreement concerning these matters. The term ‚congress' as well as the term ‚conference' may be used for the meetings of the representatives of only two States; but as a rule congresses or conferences denote such bodies only as are composed of the representatives of a greater number of States." *Heffters* Bearbeiter *Geffken* bestätigt die Aussage *v. Ullmanns*, der Unterschied zwischen Kongress und Konferenz sei fließend; allein anhand der Anwesenheit von Souveränen könne man keine eindeutige Unterscheidung vornehmen: *August W. Heffter*, Das europäische Völkerrecht der Gegenwart auf den bisherigen Grundlagen, 7. Aufl., (bearb. v. Friedrich H. Geffcken), H. W. Müller, Berlin 1882, § 240 (S. 465, Anm. 1 G). Auch *Ernest Satow* schreibt in International Congresses, Handbooks prepared under the direction of the historical Section of the Foreign Office: No. 151, H. M. Stationery Office, London 1920, S. 1 ff. (mit Beispielen wichtiger [tlw. als Konferenzen bezeichneter] Kongresse): „There is no essential difference between a Congress and a Conference, but the former term is more frequently applied to assemblies of plenipotentiaries for the purpose of concluding peace, and is regarded as implying a specially important occasion. […] Other distinctions sometimes made are that at a Congress a larger number of Powers takes part than at a Conference; or that at a Congress […] the representatives of the Powers are men of unusual political importance in their own countries, whereas at a Conference […] some at least of the plenipotentiaries are the resident diplomatic representatives of their respective countries."

[553] *Chittharanjan F. Amerasinghe*, Principles of the institutional law of international organizations, Cambridge University Press, Cambridge 1996, S. 2; ausführlich *Philippe Sands/Pierre Klein*, Bowett's Law of International Institutions, Sweet & Maxwell, London 1982, S. 1 ff.

[554] Der Begriff wurde offenbar erstmals 1847 von *Carl Baron Kaltenborn v. Stachau* verwendet (*Carl Baron Kaltenborn v. Stachau*, Kritik des Völkerrechts nach dem jetzigen Standpunkte der Wissenschaft, Verlag v. Gustav Mayer, Leipzig 1847, z. B. S. 52, 265, 297), eine Tatsache, die jedoch im Nachgang eines Aufsatzes von *Robert v. Mohl* 1860 (*Robert v. Mohl*, Die Pflege der internationalen Gemeinschaft als Aufgabe des Völkerrechts, in Robert v. Mohl, Staatsrecht, Völkerrecht und Politik. Monographien, Bd. 1: Staatsrecht und Völkerrecht, Verlag der H. Laupp'schen Buchhandlung, Tübingen 1860, 579–636) in Vergessenheit geriet. Die Bedeutung der Idee der internationalen Gemeinschaft betonten schon Ende des 19. Jh. *Lorenz*

Robert v. Mohl (1799–1875) um 1860 als „Aufgabe des Völkerrechts" erkannte, gewissermaßen einen echten Gemeinschaftssinn.[555] Das entsprach bereits der Vorstellung *v. Martens* von einem „modernen Völkerrecht":

> „Dem wissenschaftlichen System des modernen Völkerrechts muss die Idee der internationalen Gemeinschaft zu Grunde gelegt werden, derzufolge jeder selbständige Staat ein organischer Bestandteil eines einigen Ganzen und mit den andern Staaten durch die Identität der Interessen und Rechte innig verbunden ist."[556]

Jellinek erkannte in seiner Konzeption der „internationalen Gemeinschaft"[557] nach Ansicht *v. Bernstorffs* gar „das soziologische Produkt der zunehmenden internationalen Verflechtung staatlicher Interessen".[558] Und *Vec* fasst das für die weitere Völkerrechtsentwicklung wegweisende Potenzial des Begriffs wie folgt zusammen:

> „Die philosophische Lehre von der ‚Internationalen Gemeinschaft' als zwischenstaatlicher bzw. transnationaler Interessensolidarität materialisierte sich im Plural der ‚internationalen Gemeinschaften', die tatsächlich durch die Verträge gegründet wurden."[559]

Der bloß bilaterale Austausch, der bisher Kern diplomatischer Beziehungen gewesen war, wich langsam einer – im wahrsten Sinne des Wortes – „vielseitigen" Orientierung der Staaten.

Auch die Themen der zwischenstaatlichen Kommunikation waren einem starken Wandel unterworfen. Die technisch-wissenschaftlichen Konferenzen

---

v. Stein, Einige Bemerkungen über das internationale Verwaltungsrecht, (Schmollers) Jahrbuch für Gesetzgebung, Verwaltung und Volkswirtschaft im Deutschen Reich 6 (1882), 395–442 (427) („Gemeinschaft des Staatenlebens") und *Friedrich F. v. Martens*, Völkerrecht. Das internationale Recht der civilisirten Nationen (dt. Ausg. v. Carl Bergbohm), Bd. I, Berlin 1883, S. 178. Zum Begriff „internationale Gemeinschaft" weiterhin *Christian Tomuschat*, Die Internationale Gemeinschaft, AVR 33 (1995), 1–20; *Andreas L. Paulus*, Die internationale Gemeinschaft im Völkerrecht. Eine Untersuchung zur Entwicklung des Völkerrechts im Zeitalter der Globalisierung, Münchener Universitätsschriften Bd. 159, C. H. Beck, München 2001.

[555] *Robert v. Mohl*, Die Pflege der internationalen Gemeinschaft als Aufgabe des Völkerrechts, in Robert v. Mohl, Staatsrecht, Völkerrecht und Politik. Monographien, Bd. 1: Staatsrecht und Völkerrecht, Verlag der H. Laupp'schen Buchhandlung, Tübingen 1860, 579–636.

[556] *Friederich F. v. Martens*, Völkerrecht, Das internationale Recht der civilisirten Nationen, (dt. Ausg. v. Carl Bergbohm), Bd. I, 1883, S. 178.

[557] Dazu *Georg Jellinek*, System der subjektiven öffentlichen Rechte, Scientia Verlag, Aalen 1979 (2. Neudr. d. 2. Aufl. Tübingen 1919), S. 320.

[558] *Jochen v. Bernstorff*, Der Glaube an das universale Recht. Zur Völkerrechtstheorie Hans Kelsens und seiner Schüler, Studien zur Geschichte des Völkerrechts: Bd. 2, Nomos, Baden-Baden 2001, S. 30–31 unter Verweis auf *Georg Jellinek*, System der subjektiven öffentlichen Rechte, Scientia Verlag, Aalen 1979 (2. Neudr. d. 2. Aufl. Tübingen 1919), S. 320; ähnlich *Martti Koskenniemi*, The Gentle Civilizer of Nations: The Rise and Fall of International Law 1870–1960, Cambridge University Press, Cambridge 2001, S. 206.

[559] *Miloš Vec*, Recht und Normierung in der Industriellen Revolution. Neue Strukturen der Normsetzung in Völkerrecht, staatlicher Gesetzgebung und gesellschaftlicher Selbstnormierung, Vittorio Klostermann, Frankfurt a. M. 2006, S. 66 f.

ließen erstmals eine Verschmelzung der technischen mit der juristischen Ebene zu. Zusätzlich zu klassischen politischen Problemen wie dem der Friedenssicherung[560] wurden nun auch andere Themen aus den Bereichen Wissenschaft, Technik, Kunst, Religion und Medizin verhandelt.[561] Im Zuge dieser neuen Zusammenkünfte entstanden „transnationale Netzwerke von Experten".[562]

Das bedeutet allerdings nicht, dass politische Gipfeltreffen im 19. Jh. obsolet geworden wären. Die neuen internationalen und internationalisierten Sach- und Regelungsgebiete verdrängten die Politik nicht. Die Teilnehmer „politischer" Kongresse und Konferenzen[563] diskutierten auch weiterhin über machtpolitisch geprägte Problemfelder,[564] einen „unpolitischen" Charakter sagte man dagegen den bis dahin unbekannten „technisch-wissenschaftlichen"[565] Treffen von Wissenschaftlern aus aller Welt nach. Einige Historiker betrachten die Serie von Zusammenkünften der „Commission Générale des Poids et Mesures" (Generalkonferenz für Maß und Gewicht) zwischen dem 28. November 1798 und dem 22. Juni 1799 in Paris als erste Konferenz dieser Art.[566] Die „Conférence Di-

---

[560] *August W. Heffter*, Das europäische Völkerrecht der Gegenwart auf den bisherigen Grundlagen, 7. Aufl., (bearb. v. Friedrich H. Geffcken), H. W. Müller, Berlin 1882, § 240 (S. 464); *Ernst Meier*, Art. „Congresse", in Franz v. Holtzendorff (Hrsg.), Rechtslexikon, Bd. 1: A–J, 2. Aufl., Duncker & Humblot, Leipzig 1875, 321–322 (321).

[561] *Miloš Vec*, Recht und Normierung in der Industriellen Revolution. Neue Strukturen der Normsetzung in Völkerrecht, staatlicher Gesetzgebung und gesellschaftlicher Selbstnormierung, Vittorio Klostermann, Frankfurt a. M. 2006, S. 75; *Madeleine Herren*, Governmental Internationalism and the Beginning of a New World Order in the Late Nineteenth Century, in Martin H. Geyer/Johannes Paulmann (Hrsg.), The Mechanics of Internationalism. Culture, Society, and Politics from the 1840s to the First World War, Studies of the German Historical Institute London, Oxford University Press, London 2001, 121–144 (122 f.); vgl. *Amos S. Hershey*, The Essentials of International Public Law, The Macmillan Company, New York 1912, S. 76 ff.

[562] *Miloš Vec*, Recht und Normierung in der Industriellen Revolution. Neue Strukturen der Normsetzung in Völkerrecht, staatlicher Gesetzgebung und gesellschaftlicher Selbstnormierung, Vittorio Klostermann, Frankfurt a. M. 2006, S. 76.

[563] Z. B. der Wiener Kongress 1814–1815 zur Neuordnung Europas nach Ende der Koalitionskriege, der Aachener Kongress 1818 zur Bekämpfung revolutionär-demokratischer Bewegungen in Europa, die Konferenz von London 1850–1852, die mit dem Londoner Protokoll v. 8.5.1852 zur Neuordnung des Gesamtstaates Dänemark im Anschluss an den Ersten Schleswig-Holsteinischen Krieg endete, sowie die Haager Friedenskonferenzen v. 1899 u. 1907. Weitere Beispiele bei *Miloš Vec*, Recht und Normierung in der Industriellen Revolution. Neue Strukturen der Normsetzung in Völkerrecht, staatlicher Gesetzgebung und gesellschaftlicher Selbstnormierung, Vittorio Klostermann, Frankfurt a. M. 2006, S. 81.

[564] *Alphons Rivier*, Lehrbuch des Völkerrechts, 2. Aufl., Verlag v. Ferdinand Enke, Stuttgart 1899, § 52 (S. 344): „Die politischen Verträge haben zum Gegenstande die politischen Interessen der Staaten als solcher. Sie betreffen das Selbsterhaltungsrecht, die Gebietshoheit, den Krieg und den Frieden."

[565] *Miloš Vec*, Recht und Normierung in der Industriellen Revolution. Neue Strukturen der Normsetzung in Völkerrecht, staatlicher Gesetzgebung und gesellschaftlicher Selbstnormierung, Vittorio Klostermann, Frankfurt a. M. 2006, S. 82.

[566] *Maurice Crosland*, The Congress on Definitive Metric Standards, 1798–1799: The First International Scientific Conference?, Isis 60 (1969), 226–231 (230): „The 1798–1799

plomatique du Mètre" des Jahres 1875 brachte die Internationale Meterkonvention hervor.[567] An dieser Konferenz nahmen zwar diplomatische Vertreter unterschiedlicher Staaten teil, doch da das neue Fachgebiet der Entwicklung und Ein- bzw. Durchführung einheitlicher Vermessungssysteme entsprechend vorgebildete Fachleute erforderte, fungierten diese als „technische Beiräte".[568] Dabei waren die Diplomaten für den eigentlichen Vertragsschluss verantwortlich, das tägliche Verhandlungs- und Tagungsgeschäft fiel jedoch in den Zuständigkeitsbereich der Wissenschaftler.[569] Das „Eindringen technisch-wissenschaftlicher Materien in die Foren der internationalen Beziehungen" im 19. Jh. hatte demnach auch zur Folge, dass ein neuer „Typus des Interessenvertreters"[570] auf der völkerrechtlichen Bühne erschien: der sachverständige (technische) Delegierte oder „technische Attaché".[571] Dieser unterstützte die „wissenschaftlichen oder juristischen Abgeordneten".[572]

---

metric conference marks a transition toward the modern idea of an international scientific congress." Bis zur Etablierung eines internationalen Standards in der Metrifizierung durch die Pariser Meterkonvention v. 1875 vergingen allerdings noch 76 Jahre.

[567] Internationale Meterkonvention (Convention du Mètre) v. 2.5.1875, RGBl. 1876, S. 191. Die Konferenz fand statt v. 1.3.–20.5.1875.

[568] *Miloš Vec*, Recht und Normierung in der Industriellen Revolution. Neue Strukturen der Normsetzung in Völkerrecht, staatlicher Gesetzgebung und gesellschaftlicher Selbstnormierung, Vittorio Klostermann, Frankfurt a. M. 2006, S. 87.

[569] *Miloš Vec*, Recht und Normierung in der Industriellen Revolution. Neue Strukturen der Normsetzung in Völkerrecht, staatlicher Gesetzgebung und gesellschaftlicher Selbstnormierung, Vittorio Klostermann, Frankfurt a. M. 2006, S. 87.

[570] *Miloš Vec*, Recht und Normierung in der Industriellen Revolution. Neue Strukturen der Normsetzung in Völkerrecht, staatlicher Gesetzgebung und gesellschaftlicher Selbstnormierung, Vittorio Klostermann, Frankfurt a. M. 2006, S. 92.

[571] *Miloš Vec*, Recht und Normierung in der Industriellen Revolution. Neue Strukturen der Normsetzung in Völkerrecht, staatlicher Gesetzgebung und gesellschaftlicher Selbstnormierung, Vittorio Klostermann, Frankfurt a. M. 2006, S. 93; *Richard G. Gruber*, Internationale Staatenkongresse und Konferenzen, ihre Vorbereitung und Organisation: eine völkerrechts-diplomatische Untersuchung auf Grund der Staatenpraxis vom Wiener Kongreß 1814 bis zur Gegenwart, Puttkammer & Mühlbrecht, Berlin 1919, S. 172. Bereits im Jahr 1908 äußerte *Emanuel v. Ullmann*, dass es „sich von selbst versteht", dass als Voraussetzung für die Berufung in den diplomatischen Dienst „[i]n den modernen Kulturstaaten […] regelmäßig der Nachweis fachmännischer Bildung verlangt" werde: *Emanuel v. Ullmann*, Völkerrecht, 2. Aufl., J. C. B. Mohr (Paul Siebeck), Tübingen 1908, S. 174 § 48. Zur Erweiterung des Kreises der Akteure des „internationalen Lebens" infolge des technischen Wandels auch *Maurice Bourquin*, Pouvoir scientifique et droit international, RdC 70 (1947-I), 331–406 (362 f.).

[572] *Richard G. Gruber*, Internationale Staatenkongresse und Konferenzen, ihre Vorbereitung und Organisation: eine völkerrechts-diplomatische Untersuchung auf Grund der Staatenpraxis vom Wiener Kongreß 1814 bis zur Gegenwart, Puttkammer & Mühlbrecht, Berlin 1919, S. 172. *Emanuel v. Ullmann*, Völkerrecht, 2. Aufl., J. C. B. Mohr (Paul Siebeck), Tübingen 1908, S. 174 § 48 bezeichnete das Tätigkeitsfeld der neuen technischen Delegierten als „Aufgaben der öffentlichen Wohlfahrtspflege" und merkte mit Blick auf die spezifische Vorbildung des neuen diplomatischen Personals an, dass diese Aufgaben „ohne fachmännische Kenntnisse und Praxis kaum gelöst werden können".

Die „nach Themen und Veranstaltern heterogenen Ensembles von Kongressen und Konferenzen"[573] zeichneten sich bereits durch eine in gewissem Maße verstetigte Organisationsstruktur aus. Die Zusammenkünfte fanden in der Regel periodisch, nicht mehr in Form singulärer Ereignisse statt, und waren in ihrer Struktur auf eine gewisse Dauer (zwischen 1846–1913 auf durchschnittlich sechs Tage)[574] angelegt. Als „Organe" der internationalen Gemeinschaft sind dagegen weder Kongresse noch Konferenzen anzusehen,[575] und zwar aus zwei Gründen: Erstens waren die Zusammenkünfte nicht im Rahmen einer klar abgrenzbaren, geschlossenen Organisation formell ordnungsgemäß (d. h. per Satzung o. Ä.) eingebunden; die Staatengemeinschaft ist keine solche Organisation.[576] Zweitens bestand keine Möglichkeit der regelmäßigen Zusammenkunft, da Kongresse und Konferenzen bereits „im technisch-publizistischen Sinne"[577] keiner permanenten Organisationsstruktur unterworfen sind.[578]

Nachdem die Zahl der Kongresse und Konferenzen ab 1838 (etwa ein Treffen pro Jahr) erstmals rasant angestiegen war, konnte für die Zeit zwischen dem Ende des 19. Jh. und dem Ausbruch des Ersten Weltkriegs 1914 pro Jahr eine dreistellige Zahl von Kongressen und Konferenzen verzeichnet werden (um 1910 mehr als 250 jährlich).[579]

---

[573] *Miloš Vec*, Recht und Normierung in der Industriellen Revolution. Neue Strukturen der Normsetzung in Völkerrecht, staatlicher Gesetzgebung und gesellschaftlicher Selbstnormierung, Vittorio Klostermann, Frankfurt a. M. 2006, S. 78.

[574] *Miloš Vec*, Recht und Normierung in der Industriellen Revolution. Neue Strukturen der Normsetzung in Völkerrecht, staatlicher Gesetzgebung und gesellschaftlicher Selbstnormierung, Vittorio Klostermann, Frankfurt a. M. 2006, S. 78.

[575] Ebenso wenig, weil bereits aus organisationsvölkerrechtlicher Sicht unmöglich, sind Kongresse und Konferenzen Organe der an ihrer Durchführung beteiligten Staaten (dazu *Hans v. Frisch*, Kongresse u. Konferenzen, internationale, in Julius Hatschek [Begr.]/Karl Strupp [Hrsg.], Wörterbuch des Völkerrechts und der Diplomatie, Bd. 1: Aachen–Lynchfall, De Gruyter, Berlin/Leipzig 1924, 663–670 [665]).

[576] *Hans v. Frisch*, Kongresse u. Konferenzen, internationale, in Julius Hatschek (Begr.)/Karl Strupp (Hrsg.), Wörterbuch des Völkerrechts und der Diplomatie, Bd. 1: Aachen–Lynchfall, De Gruyter, Berlin/Leipzig 1924, 663–670 (665). Das von *Richard G. Gruber*, Internationale Staatenkongresse und Konferenzen, ihre Vorbereitung und Organisation: eine völkerrechts-diplomatische Untersuchung auf Grund der Staatenpraxis vom Wiener Kongreß 1814 bis zur Gegenwart, Puttkammer & Mühlbrecht, Berlin 1919, S. 7 Fn. 5 vorgebrachte Argument, ein Organ müsse zudem verbindliche, tatsächlich vollstreckbare Beschlüsse fassen können, ist nicht haltbar. Legte man diesen Maßstab an, so wäre auch die UN-Generalversammlung kein „Organ" der UN.

[577] *Emanuel v. Ullmann*, Völkerrecht, 2. Aufl., J. C. B. Mohr (Paul Siebeck), Tübingen 1908, S. 244 § 72.

[578] Jedoch können Kongresse und Konferenzen nach Etablierung der Verwaltungsunionen wohl als deren Organe betrachtet werden: *Karl Strupp*, Verwaltungsgemeinschaften (Internationale Unionen), in Karl Freiherr v. Stengel (Begr.)/Max Fleischmann (Hrsg.), Wörterbuch des deutschen Staats- und Verwaltungsrechts, Bd. 3: O–Z, 2. Aufl., J. C. B. Mohr (Paul Siebeck), Tübingen 1914, 735–741 (739).

[579] Zahlen und Illustrationen bei *Miloš Vec*, Recht und Normierung in der Industriellen Revolution. Neue Strukturen der Normsetzung in Völkerrecht, staatlicher Gesetzgebung und ge-

3. Internationale Organisation(en): Eine neue Form der internationalen Zusammenarbeit revolutioniert das Völkerrecht

Für die Zahl der zwischenstaatlichen Organisationen war im 19. Jh. ein starker Anstieg zu verzeichnen. Dies galt auch für internationale, nicht staatliche Organisationen.[580] Dies war Ausdruck einer verstärkten wissenschaftlichen und damit auch gesellschaftlichen Selbstorganisation, die schon in den Kongressen und Konferenzen sichtbar wurde[581]

> „als spontane Herausbildung von Strukturen, die einem System nicht von außen auferlegt worden sind und die ausgehend von der lokalen Ebene sich zu langreichweitigen Mustern verbinden".[582]

Dies führte dazu, dass schon im 19. Jh. nicht mehr streng „zwischen staatlichen, halbstaatlichen und privaten Treffen" getrennt wurde. Zu den kommunikationsfördernden Treffen gehörten daher auch die Weltausstellungen (ab 1851).[583] Kongresse und Konferenzen leisteten noch bis hinein in das 20. Jh. gute Dienste als Foren wissenschafts- und technikorientierter Normsetzung und revolutionierten die zwischenstaatliche Kommunikation. Doch die Probleme der Zeit verlangten immer drängender nach internationaler Kooperation. Diese wurde auf Dauer aber erschwert durch die vormals revolutionäre Organisationsform der Kongresse und Konferenzen, die zwar ein kollektives Handeln der Staaten durch ihre Abgesandten erlaubten, deren Aktionen aber keinen Bestand hatten und noch nicht einmal das Zusammentreffen selbst überdauerten („once terminated, nothing remained of the organisation").[584] Kongresse

---

sellschaftlicher Selbstnormierung, Vittorio Klostermann, Frankfurt a. M. 2006, S. 79 f. Zeitgenössische Auflistung der vom Autor als „memorable" eingestuften „international conferences, congresses, or associations of official representatives of governments" bei *Simeon E. Baldwin*, The International Congresses and Conferences of the Last Century as Forces Working Toward the Solidarity of the World, AJIL 1 (1907), Appendix (808–829).

[580] *Chittharanjan F. Amerasinghe*, Principles of the institutional law of international organizations, Cambridge University Press, Cambridge 1996, S. 3; Georg Dahm (Begr.)/Jost Delbrück/Rüdiger Wolfrum (Hrsg.), Völkerrecht, Bd. I/2: Der Staat und andere Völkerrechtssubjekte; Räume unter internationaler Verwaltung, 2. Aufl., De Gruyter, Berlin 2002, S. 236.

[581] *Lars H. Riemer*, „Areopag der Wissenschaft" – Die Behandlung gesellschaftlicher Krisen auf Fachtagungen des Vormärz am Beispiel der ersten internationalen Gefängniskongresse, in Carsten Kretschmann/Henning Pahl/Peter Scholz (Hrsg.), Wissen in der Krise. Institutionen des Wissens im gesellschaftlichen Wandel, Wissenskultur und gesellschaftlicher Wandel Bd. 7, Akademie Verlag, Berlin 2004, 79–99 (79).

[582] *Miloš Vec*, Recht und Normierung in der Industriellen Revolution. Neue Strukturen der Normsetzung in Völkerrecht, staatlicher Gesetzgebung und gesellschaftlicher Selbstnormierung, Vittorio Klostermann, Frankfurt a. M. 2006, S. 77.

[583] *Miloš Vec*, Recht und Normierung in der Industriellen Revolution. Neue Strukturen der Normsetzung in Völkerrecht, staatlicher Gesetzgebung und gesellschaftlicher Selbstnormierung, Vittorio Klostermann, Frankfurt a. M. 2006, S. 76.

[584] *Frederik M. van Asbeck*, Growth and Movement of International Law, ICLQ 11 (1962), 1054–1072 (1056).

und Konferenzen waren damit eher flüchtige Instrumente „d'une collaboration éphémère".[585]

Die Entwicklung von den unregelmäßig und nur auf Einladung[586] abgehaltenen Kongressen und Konferenzen („multilateral, aber ephemer") einzelner Kommissionen, die Beratungen zu bestimmten Themenfeldern abhielten, zu den auf Dauer angelegten und regelmäßig tagenden sog. „Verwaltungsunionen", den Vorläufern der heutigen I.O. („multilateral und institutionalisiert"), verlief schleichend. Die von den Konferenzen vorbereiteten Vertragsschlüsse führten häufig zur Etablierung von Verwaltungsstrukturen und damit zur Gründung von ersten permanenten zwischen- oder überstaatlichen Organisationen,[587] in deren Rahmen die Wissenschaftskommunikation verstetigt und institutionalisiert werden konnte,[588] was wiederum den wissenschaftlichen Delegierten einen dauerhaften Platz in der zwischenstaatlichen Kommunikation sicherte. *Vec* nennt diesen Prozess „Stärkung durch Periodizität".[589] Eine bewusste Ausweitung des Kreises der teilnehmenden Staaten[590] führte langfristig zu einem Zusammenrücken der Staatengemeinschaft in zweierlei Hinsicht: Einerseits konnte formell eine Institutionalisierung einzelstaatlicher Interessen und die Ausrichtung der Staatengemeinschaft auf ein überstaatliches Ziel beobachtet werden, während dieser Entwicklungsstrang andererseits – materiell – die Entdeckung ähnlicher Interessen und den dadurch beförderten Willen zur Selbstorganisation der Staatengemeinschaft nach sich zog.[591] Die zuvor über-

---

[585] *Maurice Bourquin*, Pouvoir scientifique et droit international, RdC 70 (1947-I), 331–406 (371).

[586] So lud etwa der frz. Außenminister *Charles Maurice de Talleyrand* zum Treffen der „Commission Générale des Poids et Mesures" im Jahr 1798 wissenschaftliche Vertreter der „alliierte[n], benachbarte[n] und neutrale[n] Staaten" ein, so *Miloš Vec*, Recht und Normierung in der Industriellen Revolution. Neue Strukturen der Normsetzung in Völkerrecht, staatlicher Gesetzgebung und gesellschaftlicher Selbstnormierung, Vittorio Klostermann, Frankfurt a. M. 2006, S. 84.

[587] Tatsächlich wurden die Verhandlungen, die zur Gründung der Verwaltungsunionen führten, grds. noch als Konferenzen bezeichnet, s. *Miloš Vec*, Recht und Normierung in der Industriellen Revolution. Neue Strukturen der Normsetzung in Völkerrecht, staatlicher Gesetzgebung und gesellschaftlicher Selbstnormierung, Vittorio Klostermann, Frankfurt a. M. 2006, S. 91.

[588] *Miloš Vec*, Recht und Normierung in der Industriellen Revolution. Neue Strukturen der Normsetzung in Völkerrecht, staatlicher Gesetzgebung und gesellschaftlicher Selbstnormierung, Vittorio Klostermann, Frankfurt a. M. 2006, S. 87 f., 97.

[589] *Miloš Vec*, Recht und Normierung in der Industriellen Revolution. Neue Strukturen der Normsetzung in Völkerrecht, staatlicher Gesetzgebung und gesellschaftlicher Selbstnormierung, Vittorio Klostermann, Frankfurt a. M. 2006, S. 99.

[590] Vgl. *Max Huber*, Die Gleichheit der Staaten, in Fritz Berolzheimer (Hrsg.), Rechtswissenschaftliche Beiträge. Juristische Festgabe des Auslandes zu Josef Kohlers 60. Geburtstag, 9. März 1909, Scientia Verlag, Aalen 1981 (Neudr. d. Ausg. Stuttgart 1909), 88–118 (99).

[591] Vgl. *Richard G. Gruber*, Internationale Staatenkongresse und Konferenzen, ihre Vorbereitung und Organisation: eine völkerrechts-diplomatische Untersuchung auf Grund der Staatenpraxis vom Wiener Kongreß 1814 bis zur Gegenwart, Puttkammer & Mühlbrecht, Berlin 1919, S. 33–37; *Wilhelm Kaufmann*, Die modernen nicht-staatlichen internationalen Ver-

wiegend intergouvernementale Kommunikation zeigte nun zunehmend institutionalisierte Züge.[592] Die Verwaltungsunionen als Vorläufer der heutigen I. O. in ihrer Ausgestaltung als Kommunikationsräume mit ritualisierten Regeln und Leitlinien waren geboren.

a) „Verwaltungsunionen": Sinnbilder beginnender „internationaler Organisation"

Die Verwaltungsunionen verdanken ihre Entstehung dem technisch-wissenschaftlichen Wandel,[593] insbes. in den Bereichen Verkehr und Kommunikation,[594] der enormen Zunahme des internationalen Handels in der zweiten Hälfte des 19. Jh.[595] sowie dem Umstand, dass bestimmte Ressourcen und Aktivitäten zu ihrer Verwaltung und effektiven Ausübung internationale, überstaatliche Koordination benötigen. Dazu gehören etwa die Verwaltung der Nutzung internationaler Flussläufe, die gemeinsame Ressourcennutzung durch mehrere Staaten (z. B. Vergabe von Fischereirechten), internationale Kommunikation, Verkehr und Transport, Tourismus und Gesundheit sowie der Schutz geistigen Eigentums.[596] Die Verwaltungsunionen sind daher ein Sinnbild für die wachsende sog. „Zwischenabhängigkeit" bzw. Interdependenz[597] der Staaten im ausgehen-

---

bände und Kongresse und das internationale Recht, ZVölkR 2 (1908), 419–440 (421); vgl. *Carl V. Fricker*, Das Problem des Völkerrechts, ZgS 28 (1872), 347–386 (372).

[592] Zum Begriff der „institutionalisierten Kommunikation": *Stephan Stein*, Kommunikative Praktiken, kommunikative Gattungen und Textsorten. Konzepte und Methoden für die Untersuchung mündlicher und schriftlicher Kommunikation im Vergleich, in Karin Birkner/ Dorothee Meer (Hrsg.), Institutionalisierter Alltag: Mündlichkeit und Schriftlichkeit in unterschiedlichen Praxisfeldern, Verlag für Gesprächsforschung, Mannheim 2011, 8–27 (9).

[593] Wörtlich *Eduard O. v. Waldkirch*, Das Völkerrecht in seinen Grundzügen dargestellt, Helbing & Lichtenhahn, Basel 1926, S. 177: „Die internationalen Verwaltungsgemeinschaften [...] verdanken ihre Entstehung der Entwicklung des Verkehrs und der Technik."

[594] *Anne Peters/Simone Peter*, International Organizations: Between Technocracy and Democracy, in Bardo Fassbender/Anne Peters (Hrsg.), The Oxford Handbook of the History of International Law, Oxford University Press, Oxford 2014, 170–197 (177).

[595] *Anne Peters/Simone Peter*, International Organizations: Between Technocracy and Democracy, in Bardo Fassbender/Anne Peters (Hrsg.), The Oxford Handbook of the History of International Law, Oxford University Press, Oxford 2014, 170–197 (177).

[596] *Anne Peters/Simone Peter*, International Organizations: Between Technocracy and Democracy, in Bardo Fassbender/Anne Peters (Hrsg.), The Oxford Handbook of the History of International Law, Oxford University Press, Oxford 2014, 170–197 (178).

[597] Zum Begriff, dessen erstmalige Verwendung („interdépendance") *v. Liszt* zugeschrieben wird (*Franz v. Liszt*, Das Völkerrecht, Haering, Berlin 1898, S. 2): *Karl Zemanek*, Zwischenabhängigkeit, in Karl Strupp (Begr.)/Hans-Jürgen Schlochauer (Hrsg.), Wörterbuch des Völkerrechts, Bd. 3: Rapallo-Vertrag bis Zypern, 2. Aufl., De Gruyter, Berlin 1962, S. 896–897; *Ahmed Mahiou*, Interdependence, in Rüdiger Wolfrum (Hrsg.), MPEPIL, Bd. V: HU–IN, Oxford University Press, Oxford 2012, 281–287. Anders, allerdings schon zum Zeitpunkt der Veröffentlichung eine „Außenseiterposition" (so *Miloš Vec*, Recht und Normierung in der Industriellen Revolution. Neue Strukturen der Normsetzung in Völkerrecht, staatlicher Gesetzgebung und gesellschaftlicher Selbstnormierung, Vittorio Klostermann, Frankfurt a. M. 2006, S. 70) vertretend, *Carl L. Michelet*, Naturrecht oder Rechts-Philosophie als die praktische Phi-

den 19.⁵⁹⁸ bzw. frühen 20. Jh.⁵⁹⁹ und – im Ergebnis – für die Entwicklung eines internationalisierten globalen Verwaltungsrechts.⁶⁰⁰

Ab ca. 1860 wuchs die Zahl der ersten Unionen mit mehrheitlich wirtschaftlichem und sozialem Charakter.⁶⁰¹ Eine Auflistung der zwischen 1815 und 1964 gegründeten intergouvernementalen Organisationen ergibt, dass in diesem Zeitraum 252 Organisationen entstanden, wobei 65 ihre Tätigkeit nach einigen Jahren einstellten.⁶⁰²

> „[E]twas außerhalb des Ensembles jener grundsätzlich universellen Verwaltungsunionen, das engen sachlichen Bezug zu Fortschritten in Wissenschaft, Technik und Wirtschaft aufwies",⁶⁰³

standen die Donauschifffahrtskommission (1815) und die Rheinschifffahrtskommission (1831),⁶⁰⁴ die aber dennoch bereits dazu bestimmt waren, einen ihren Mitgliedstaaten gemeinsamen Zweck zu fördern: Diese Organisationen dienten dem Interesse von Flussanrhainerstaaten und sonstigen Staaten, die

---

losophie, enthaltend Rechts-, Sitten- und Gesellschaftslehre, Bd. 2: Des Vernunftrechts zweiter Theil enthaltend das öffentliche Recht und die allgemeine Rechtsgeschichte, Nicolai'sche Verlagsbuchhandlung (G. Parthey), Berlin 1866, S. 221.

⁵⁹⁸ *Georg Dahm* (Begr.)/*Jost Delbrück*/*Rüdiger Wolfrum* (Hrsg.), Völkerrecht, Bd. I/2: Der Staat und andere Völkerrechtssubjekte; Räume unter internationaler Verwaltung, 2. Aufl., De Gruyter, Berlin 2002, S. 213; *Volker Rittberger*/*Bernhard Zangl*, Internationale Organisationen. Politik und Geschichte, 3. Aufl., VS Verlag für Sozialwissenschaften, Wiesbaden 2005, S. 15; *Chittharanjan F. Amerasinghe*, Principles of the institutional law of international organizations, Cambridge University Press, Cambridge 1996, S. 1; *Wilhelm Wengler*, Völkerrecht, Bd. II: Dritter Teil, Springer, Berlin/Göttingen/Heidelberg 1964, S. 1331; *Miloš Vec*, Recht und Normierung in der Industriellen Revolution. Neue Strukturen der Normsetzung in Völkerrecht, staatlicher Gesetzgebung und gesellschaftlicher Selbstnormierung, Vittorio Klostermann, Frankfurt a. M. 2006, S. 127; ähnlich *Maurice Bourquin*, Pouvoir scientifique et droit international, RdC 70 (1947-I), 331–406 (370 f.).

⁵⁹⁹ *Rüdiger Wolfrum*, International Administrative Unions, in Rüdiger Wolfrum (Hrsg.), MPEPIL, Bd. V: HU–IN, Oxford University Press, Oxford 2012, 335–344 (342 Rn. 36): 19. u. frühes 20. Jh.

⁶⁰⁰ *Rüdiger Wolfrum*, International Administrative Unions, in Rüdiger Wolfrum (Hrsg.), MPEPIL, Bd. V: HU–IN, Oxford University Press, Oxford 2012, 335–344 (336 Rn. 4).

⁶⁰¹ *Frederik M. van Asbeck*, Growth and Movement of International Law, ICLQ 11 (1962), 1054–1072 (1058).

⁶⁰² Auflistung bei *Michael Wallace*/*J. David Singer*, Intergovernmental Organization in the Global System, 1815–1964: A Quantitative Description, IO 24 (1970), 239–287 (250–256).

⁶⁰³ *Miloš Vec*, Recht und Normierung in der Industriellen Revolution. Neue Strukturen der Normsetzung in Völkerrecht, staatlicher Gesetzgebung und gesellschaftlicher Selbstnormierung, Vittorio Klostermann, Frankfurt a. M. 2006, S. 27.

⁶⁰⁴ Die Schifffahrtskommissionen sind in Struktur und Funktion zu unterscheiden von solchen Fluss-Kommissionen, die ausschließlich die Nutzung eines Fließgewässers durch die Uferstaaten regeln (z. B. die „Niger Basin Authority" oder die „Mekong River Commission"). Wegen ihrer Konzentration auf die Koordinierung der Interessen der Flussanrhainer und des dementsprechend begrenzten Mitgliederkreises handelt es sich bei diesen Kommissionen um „plurinational administrative institutions" (*Rüdiger Wolfrum*, International Administrative Unions, in Rüdiger Wolfrum [Hrsg.], MPEPIL, Bd. V: HU–IN, Oxford University Press, Oxford 2012, 335–344 [338 Rn. 14]).

den Fluss befuhren und zum Transport oder Transit benutzten, an der Instandhaltung und Verbesserung der Wasserwege, an der Entwicklung von Verkehrsregeln und am Schutz der Flussumgebung.[605] Trotz ihres durchweg regionaleren Bezugs können die frühen Kommissionen mit Blick auf ihre Funktion als Koordinationsforen einzelstaatlicher Interessen zu einem höheren Zweck bereits als Verwaltungsunionen klassifiziert werden.[606]

Im Gegensatz zu den Kongressen und Konferenzen waren die Verwaltungsunionen als frühe Zeugen einer neuen Funktionalismustendenz[607] des Völkerrechts von Anfang an auf Verstetigung und Effektivierung der intergouvernementalen Zusammenarbeit zur Befriedigung gemeinsamer Interessen der Staaten[608] ausgerichtet. *Jellinek* nannte dies eine sich „mit zwingender Kraft" entwickelnde „Organisation, welche nicht mehr auf dem Willen und der Kraft des Einzelstaates, sondern auf dem der Gemeinschaft beruht".[609] Wichtigstes Merkmal der Verwaltungsunionen ist daher das der Zwischenstaatlichkeit.[610] Durch ein vertragliches Gründungsdokument etablierten die Mitgliedstaaten eine Union auf (gewisse) Dauer sowie ein Büro oder Sekretariat, das die laufenden Geschäfte erledigte[611] und die Mitgliedstaaten derart von der Pflicht der

---

[605] *Rüdiger Wolfrum*, International Administrative Unions, in Rüdiger Wolfrum (Hrsg.), MPEPIL, Bd. V: HU–IN, Oxford University Press, Oxford 2012, 335–344 (337 Rn. 8).

[606] So z. B. *Rüdiger Wolfrum*, International Administrative Unions, in Rüdiger Wolfrum (Hrsg.), MPEPIL, Bd. V: HU–IN, Oxford University Press, Oxford 2012, 335–344 (337 Rn. 7). A. A. *Frederik M. van Asbeck*, Growth and Movement of International Law, ICLQ 11 (1962), 1054–1072 (1058), der in den Schifffahrtskommissionen lediglich Vorläufer der Verwaltungsunionen sieht.

[607] Zur Theorie des Funktionalismus *Peter Rölke*, Funktionalismus, in Dieter Nohlen/Rainer-Olaf Schultze (Hrsg.), Pipers Wörterbuch zur Politik. Bd. 1. Politikwissenschaft. Theorien-Methoden-Begriffe, A–M, 3. Aufl., Piper, München/Zürich 1989, 262–266.

[608] *Georg Jellinek*, Die Lehre von den Staatenverbindungen, Alfred Hölder, Wien 1882, S. 109: „Aber die moderne Weltcultur hat gemeinsame Interessen aller civilisirten Völker sowohl, als auch einer grösseren oder geringeren Anzahl unter ihnen geschaffen, und diese gemeinsamen Interessen, welche auf der gemeinsamen Cultur beruhen und daher bleibend sind, gewähren eine sichere und dauernde Basis sowohl für Verträge, welche die ganze Zeit ihres stipulirten Bestandes hindurch eingehalten werden, als auch für bleibende internationale Institutionen."

[609] *Georg Jellinek*, Die Lehre von den Staatenverbindungen, Alfred Hölder, Wien 1882, S. 110.

[610] Dagegen sind einige der späteren I. O. nicht mehr eindeutig als „staatlich" oder „privat" zu klassifizieren, so *Miloš Vec*, Recht und Normierung in der Industriellen Revolution. Neue Strukturen der Normsetzung in Völkerrecht, staatlicher Gesetzgebung und gesellschaftlicher Selbstnormierung, Vittorio Klostermann, Frankfurt a. M. 2006, S. 77.

[611] *Miloš Vec*, Recht und Normierung in der Industriellen Revolution. Neue Strukturen der Normsetzung in Völkerrecht, staatlicher Gesetzgebung und gesellschaftlicher Selbstnormierung, Vittorio Klostermann, Frankfurt a. M. 2006, S. 23 f.; *Julius Hatschek*, Völkerrecht als System rechtlich bedeutsamer Staatsakte, A. Deichertsche Verlagsbuchhandlung Dr. Werner Scholl, Leipzig/Erlangen 1923, S. 268: „[Das Generalbüro] ist der Handlanger der internationalen Verwaltung […]." Unionen, denen diese Merkmale fehlen, werden in der Regel nicht als Verwaltungsunionen bezeichnet. Eine Liste der nicht erfassten Unionen findet sich bei *Benno*

dauerhaften Anwesenheit entband,[612] den Verwaltungsunionen jedoch (noch) nicht die rechtliche Emanzipation von ihren Mitgliedstaaten ermöglichte.[613] Manche Verwaltungsunionen etablierten darüber hinaus eine ständige Kommission und eine Vollversammlung als Organe (z. B. die „Seismologische Union").[614]

Eine einheitliche positive Definition des Phänomens der „Verwaltungsunionen" – auch „Verwaltungsgemeinschaften",[615] „Unionen", „Staatenvereine",[616] „Verwaltungsbünde",[617] „internationale Verwaltungsvereine"[618] oder „internationale Sonderverwaltungen"[619] genannt, oder, im Stile der „Weltworte" des späten 19. Jh., „Weltvereine",[620] „Weltunionen",[621] oder (sofern im Zusammenhang mit internationalem Verkehr oder Kommunikation stehend) „Weltverkehrsanstalten"[622] oder „Weltverkehrsgemeinschaften"[623] – existiert nicht. Stattdessen wird negativ in Abgrenzung zu den I. O.[624] definiert. Gängigstes Unterscheidungsmerkmal ist die Funktion, die der jeweiligen Vereinigung durch

---

Baron v. Toll, Die internationalen Bureaux der allgemeinen völkerrechtlichen Verwaltungsvereine, H. Laupp, Tübingen 1910, S. 11–15.

[612] *Eckart Klein/Stefanie Schmahl*, Die Internationalen und die Supranationalen Organisationen, in Wolfgang Graf Vitzthum/Alexander Proelß (Hrsg.), Völkerrecht, 7. Aufl., De Gruyter, Berlin/Boston 2016, 247–359 (255 Rn. 3).

[613] *Eckart Klein/Stefanie Schmahl*, Die Internationalen und die Supranationalen Organisationen, in Wolfgang Graf Vitzthum/Alexander Proelß (Hrsg.), Völkerrecht, 7. Aufl., De Gruyter, Berlin/Boston 2016, 247–359 (255 Rn. 4).

[614] *Miloš Vec*, Recht und Normierung in der Industriellen Revolution. Neue Strukturen der Normsetzung in Völkerrecht, staatlicher Gesetzgebung und gesellschaftlicher Selbstnormierung, Vittorio Klostermann, Frankfurt a. M. 2006, S. 25.

[615] So bei *Karl Strupp*, Verwaltungsgemeinschaften (Internationale Unionen), in Karl Freiherr v. Stengel (Begr.)/Max Fleischmann (Hrsg.), Wörterbuch des deutschen Staats- und Verwaltungsrechts, Bd. 3: O–Z, 2. Aufl., J. C. B. Mohr (Paul Siebeck), Tübingen 1914, 735–741.

[616] *Ferdinand v. Martitz*, Völkerrecht, in Paul Hinneberg (Hrsg.), Die Kultur der Gegenwart. Ihre Entwicklung und ihre Ziele, Teil II, Abt. VIII: Systematische Rechtswissenschaft, B. G. Teubner, Berlin/Leipzig 1906, 427–494 (449).

[617] *Hermann Rehm*, Allgemeine Staatslehre, B. J. Böschen'sche Verlagshandlung, Leipzig 1907, S. 27.

[618] *Georg Jellinek*, Die Lehre von den Staatenverbindungen, Alfred Hölder, Wien 1882, S. 158.

[619] *Volker Rittberger/Bernhard Zangl*, Internationale Organisationen. Politik und Geschichte, 3. Aufl., VS Verlag für Sozialwissenschaften, Wiesbaden 2005, S. 60.

[620] *Benno Baron v. Toll*, Die internationalen Bureaux der allgemeinen völkerrechtlichen Verwaltungsvereine, H. Laupp, Tübingen 1910, S. 11.

[621] *Albert Zorn*, Grundzüge des Völkerrechts, 2. Aufl., Verlagsbuchhandlung von J. J. Weber, Leipzig 1903, S. 119.

[622] S. *Friedrich Meili*, Die internationalen Unionen. Über das Recht der Weltverkehrsanstalten und des geistigen Eigentums, Ein Vortrag gehalten in der Juristischen Gesellschaft zu Berlin am 5. Januar 1889, Duncker & Humblot, Leipzig 1889.

[623] *Johann Giesberts*, Weltpostverein, Welttelegraphenverein, in Paul Herre (Hrsg.), Politisches Handwörterbuch, Bd. 2: L–Z, Verlag von K. F. Koehler, Leipzig 1923, 967–968 (967).

[624] *Rüdiger Wolfrum*, International Administrative Unions, in Rüdiger Wolfrum (Hrsg.), MPEPIL, Bd. V: HU–IN, Oxford University Press, Oxford 2012, 335–344 (335 f. Rn. 1).

ihr Gründungsdokument verliehen wurde: Die beitrittsoffenen[625] Verwaltungsunionen zeichnen sich generell durch eher administrativ-technische Aufgabenwahrnehmung aus, sie sind zuständig für die Verbreitung von Informationen, für die Koordination von Aktivitäten der Mitgliedstaaten auf nationaler Verwaltungsebene sowie für die Konkretisierung der Vorgaben im Gründungsvertrag durch das Setzen von Standards und die Entwicklung von gebräuchlichen Verfahren,[626] während I. O. mehrheitlich politischen und militärischen Zwecken dienen.[627] Alternativ kann auch nach den tatsächlich ausgeübten Funktionen differenziert werden: Die Koordinierung nationaler Verwaltungsaktivitäten ist ein Indiz für das Vorliegen einer Verwaltungsunion; die Ausübung integrativer Funktionen deutet auf eine I. O. hin. Bei der Abgrenzung ist zu beachten, dass einige ehem. Verwaltungsunionen (z. B. WTO, ITU, UPU) sich im Laufe der Zeit zu I. O. entwickelt haben, daher ist die Qualifikation nicht immer ganz eindeutig.[628]

Im Gegensatz zu den I. O. galten Verwaltungsunionen – dem ursprünglichen Verständnis vom Völkerrecht als rein zwischenstaatlichem Recht[629] folgend – nicht als Völkerrechtssubjekte,[630] sondern lediglich als Foren der intergouvernementalen Zusammenarbeit auf bestimmten Gebieten, in ihren Entscheidungen abhängig von ihren Mitgliedstaaten.[631] Der Grund dafür ist möglicherweise u. a. in dem Umstand zu suchen, dass sich die Bezeichnung „Verwaltungsunionen" ursprünglich auf die als nicht politisch (d. h. eher technisch-administrativ bzw. funktional)[632] empfundene Natur der Vereinigungen und ihre Ausübung

---

[625] *Miloš Vec*, Recht und Normierung in der Industriellen Revolution. Neue Strukturen der Normsetzung in Völkerrecht, staatlicher Gesetzgebung und gesellschaftlicher Selbstnormierung, Vittorio Klostermann, Frankfurt a. M. 2006, S. 24.

[626] *Rüdiger Wolfrum*, International Administrative Unions, in Rüdiger Wolfrum (Hrsg.), MPEPIL, Bd. V: HU–IN, Oxford University Press, Oxford 2012, 335–344 (336 Rn. 4 f.).

[627] *Rüdiger Wolfrum*, International Administrative Unions, in Rüdiger Wolfrum (Hrsg.), MPEPIL, Bd. V: HU–IN, Oxford University Press, Oxford 2012, 335–344 (336 Rn. 3).

[628] *Rüdiger Wolfrum*, International Administrative Unions, in Rüdiger Wolfrum (Hrsg.), MPEPIL, Bd. V: HU–IN, Oxford University Press, Oxford 2012, 335–344 (336 Rn. 3).

[629] *Wolfgang Graf Vitzthum*, Begriff, Geschichte und Rechtsquellen des Völkerrechts, in Wolfgang Graf Vitzthum/Alexander Proelß (Hrsg.), Völkerrecht, 7. Aufl., De Gruyter, Berlin/Boston 2016, 1–60 (13 Rn. 21).

[630] *Rüdiger Wolfrum*, International Administrative Unions, in Rüdiger Wolfrum (Hrsg.), MPEPIL, Bd. V: HU–IN, Oxford University Press, Oxford 2012, 335–344 (336 Rn. 2).

[631] *Antonio Cassese*, States: Rise and Decline of the Primary Subjects of the International Community, in Bardo Fassbender/Anne Peters (Hrsg.), The Oxford Handbook of the History of International Law, Oxford University Press, Oxford 2012, 49–70 (66).

[632] *Anne Peters/Simone Peter*, International Organizations: Between Technocracy and Democracy, in Bardo Fassbender/Anne Peters (Hrsg.), The Oxford Handbook of the History of International Law, Oxford University Press, Oxford 2014, 170–197 (183). Beispielhaft für den eher unpolitischen Eindruck, den die Verwaltungsunionen auf Zeitgenossen offenbar machten, das Kapitel „Unions concerning common non-political interests" in *Lassa F. L. Oppenheim*, International Law: A Treatise, Bd. 1, 2. Aufl., Longmans, Green & Co., London 1912, S. 612–626 und die Definition der Verwaltungsunionen als „völkerrechtliche Vertragsverhältnisse un-

koordinierender Funktionen in Bezug auf auch auf nationaler Ebene verhandelte administrative Angelegenheiten bezog.[633] Erst das Ende des Zweiten Weltkriegs, die Gründung bedeutender I. O. wie der UN und der NATO und das Gutachten des IGH im Fall „Bernadotte" 1949 zur Frage der Völkerrechtssubjektivität der UN[634] verhalfen den Verwaltungsunionen schließlich zu eigenständiger (partieller und relativer)[635] Rechtspersönlichkeit.[636]

Eines der besten Beispiele für eine heutige I. O., deren Entwicklungslinie als Verwaltungsunion mit dem Zweck der Koordinierung nationalstaatlicher Aktivitäten begann, ist die „Weltorganisation für Meteorologie". Die WMO, 1853 zunächst als nicht permanente Konferenz zur Koordination meteorologischer Informationen gegründet, wurde – gefördert durch den immer reger werdenden Austausch zwischen unterschiedlichen Wetterdiensten – für die Zeit zwischen 1872–1873 zum „International Meteorological Committee" und 1878

---

abhängiger Staaten zur gemeinsamen Verfolgung gemeinsamer unpolitischer Ziele" von *Karl Strupp*, Grundzüge des positiven Völkerrechts, Ludwig Röhrscheid Verlag, Bonn 1921, S. 40.

[633] *Rüdiger Wolfrum*, International Administrative Unions, in Rüdiger Wolfrum (Hrsg.), MPEPIL, Bd. V: HU–IN, Oxford University Press, Oxford 2012, 335–344 (336 Rn. 2). Dabei waren die Verwaltungsunionen in ihren organisatorischen Grundzügen alles andere als „unpolitisch" konzipiert: Die doppelte rechtliche Basis bestand in einer politischen Urkunde, der „convention", und einem weiteren Dokument technischen Inhalts, das die Details des konkreten Service regelte („regulation"). In ihrem Plenum vereinten die Unionen in aller Regel „politische" und „technische" Repräsentanten, die Bevollmächtigten bildeten den sog. „congress", die „conferences" setzten sich zusammen aus Repräsentanten der Verwaltungen der Mitgliedstaaten, vgl. z. B. Art. 19 der UPU-Convention (Convention d'une union postale universelle suivie d'un Protocol final) v. 1.6.1878, 152 CTS 235. Zudem waren die Tätigkeitsfelder der Verwaltungsunionen in der Regel direkt mit Aspekten nationaler Politik verbunden, ein Umstand, der ebenfalls ihrer Kennzeichnung als „unpolitisch" widerspricht. Zum funktionalen oder technischen Charakter der Verwaltungsunionen *Anne Peters/Simone Peter*, International Organizations: Between Technocracy and Democracy, in Bardo Fassbender/Anne Peters (Hrsg.), The Oxford Handbook of the History of International Law, Oxford University Press, Oxford 2014, 170–197 (183 f.). Zu beachten ist außerdem, dass als Direktoren der in der Schweiz angesiedelten Verwaltungsunionen sogar führende Politiker statt technischer Experten eingesetzt wurden, wie u. a. der Fall des Direktors der Internationalen Telegraphen-Union 1897–1921 und vormaligen Schweizer Nationalrats *Emil J. R. Frey* (1838–1922) anschaulich zeigt, vgl. *Anne Peters/Simone Peter*, International Organizations: Between Technocracy and Democracy, in Bardo Fassbender/Anne Peters (Hrsg.), The Oxford Handbook of the History of International Law, Oxford University Press, Oxford 2014, 170–197 (195).

[634] IGH, Gutachten v. 11.4.1949 – ICJ Reports 1949, 174, 205–216 (210–211) – Reparation for Injuries Suffered in the Service of the UN.

[635] Die Völkerrechtspersönlichkeit von I. O. ist begrenzt auf den Bereich ihrer sachlichen Zuständigkeit (sog. partielle Völkerrechtspersönlichkeit), die außerdem nur gegenüber solchen Staaten besteht, die ihre Rechtspersönlichkeit anerkennen (sog. relative Völkerrechtspersönlichkeit), dazu *Andreas v. Arnauld*, Völkerrecht, 3. Aufl., C. F. Müller, Heidelberg 2016, S. 48 f. Rn. 117. Der IGH hat die UN explizit von dieser Regel ausgenommen, ihre „objektive" Völkerrechtssubjektivität wirkt gegenüber allen Staaten (IGH, Gutachten v. 11.4.1949 – ICJ Reports 1949, S. 174 – Reparations for Injuries Suffered in the Services of the UN [„Bernadotte"]).

[636] *Antonio Cassese*, States: Rise and Decline of the Primary Subjects of the International Community, in Bardo Fassbender/Anne Peters (Hrsg.), The Oxford Handbook of the History of International Law, Oxford University Press, Oxford 2012, 49–70 (66).

Kapitel 1: Auswirkungen des technischen Wandels auf das Völkerrecht 383

in die „International Meteorological Organization" überführt. Bis 1947 bzw. 1950 hatte die WMO nicht den Status einer intergouvernementalen Organisation, sondern galt als Kooperationsgemeinschaft der nationalen Wetterdienste.[637] Mittlerweile ist die WMO eine I. O.[638] Das gilt i. Ü. auch für die Internationale Zivilluftfahrtorganisation, die 1919 als „International Commission for Air Navigation" gegründet wurde. Die ICAO ist heute u. a. zuständig für die Einrichtung effektiver Wetterservices für die Luftfahrt und die Festlegung und Einhaltung von Sicherheitsstandards beim Betrieb von Luftfahrzeugen und Fluglinien. Die Funktionen der ICAO können folglich nicht mehr als rein administrativ angesehen werden,[639] daher gilt sie heute nicht mehr als Verwaltungsunion.[640]

Der internationale Kommunikationssektor offenbarte besonders früh ein starkes Verlangen nach überstaatlich koordinierter vereinheitlichender Regelungsaktivität. Schon im 16. Jh. gab es internationale (vorwiegend bilaterale) Vereinbarungen zum Thema Post.[641] Mit dem Aufkommen neuer Transportmittel und dem damit einhergehenden, stetig anwachsenden Volumen internationalen Postversands im 19. Jh. wurde offenbar, dass das System unterschiedlichster bilateraler Abkommen nicht zielführend sein konnte. Daraufhin trat im Jahr 1874 eine internationale Konferenz in Bern zusammen, um ein entsprechendes internationales System zu etablieren, 1878 erhielt der Weltpostverein seinen heutigen Namen. Zwar erledigte der UPU bis zu seiner Eingliederung in das UN-System als Sonderorganisation eher administrativ-technische und nicht politische Aufgaben,[642] aber aufgrund seiner internationalen Tätigkeit zur Organisation und Verbesserung der weltweiten Postservices gilt auch er als I. O.[643]

Eine weitere wichtige ehem. Verwaltungsunion in diesem Bereich ist die ITU (*Herren* bezeichnet sie sogar als „Prototyp" der Verwaltungsunion als neuer Organisationsform):[644] Mit der Erfindung des Telegrafen und der Möglichkeit, Telegramme über Landesgrenzen hinweg zu versenden, wurde die Notwendigkeit eines internationalen Übereinkommens über den Betrieb und die Vernetzung

---

[637] *Rüdiger Wolfrum*, International Administrative Unions, in Rüdiger Wolfrum (Hrsg.), MPEPIL, Bd. V: HU–IN, Oxford University Press, Oxford 2012, 335–344 (341 Rn. 31).

[638] *Rüdiger Wolfrum*, International Administrative Unions, in Rüdiger Wolfrum (Hrsg.), MPEPIL, Bd. V: HU–IN, Oxford University Press, Oxford 2012, 335–344 (341 Rn. 32).

[639] Vgl. *Rüdiger Wolfrum*, International Administrative Unions, in Rüdiger Wolfrum (Hrsg.), MPEPIL, Bd. V: HU–IN, Oxford University Press, Oxford 2012, 335–344 (340 Rn. 23).

[640] *Rüdiger Wolfrum*, International Administrative Unions, in Rüdiger Wolfrum (Hrsg.), MPEPIL, Bd. V: HU–IN, Oxford University Press, Oxford 2012, 335–344 (340 Rn. 25).

[641] *Rüdiger Wolfrum*, International Administrative Unions, in Rüdiger Wolfrum (Hrsg.), MPEPIL, Bd. V: HU–IN, Oxford University Press, Oxford 2012, 335–344 (339 Rn. 22).

[642] *Rüdiger Wolfrum*, International Administrative Unions, in Rüdiger Wolfrum (Hrsg.), MPEPIL, Bd. V: HU–IN, Oxford University Press, Oxford 2012, 335–344 (339 Rn. 22).

[643] *Rüdiger Wolfrum*, International Administrative Unions, in Rüdiger Wolfrum (Hrsg.), MPEPIL, Bd. V: HU–IN, Oxford University Press, Oxford 2012, 335–344 (340 Rn. 23).

[644] *Madeleine Herren*, Internationale Organisationen seit 1865: Eine Globalgeschichte der internationalen Ordnung, WBG, Darmstadt 2009, S. 21.

von Leitungen deutlich. Die „Preussisch-Österreichische Telegraphen-Union" 1849 und die „Westeuropäische Telegraphenunion" zwischen Frankreich, Belgien, Sardinien, Spanien und der Schweiz 1855 wurden als R. O. 1865 in Paris zur „International Telegraph Union" zusammengeschlossen. Die 1932 vorgenommene Änderung der Bezeichnung in „International Telecommunication Union" war das Resultat der Vereinigung der „International Radiotelegraph Convention" von 1906 und der „International Telegraph Convention" von 1865. 1947 wurde die ITU zur UN-Sonderorganisation erhoben und ist seither zuständig für die Organisation des internationalen Funk- und Telekommunikationsverkehrs, insbes. für die Zuteilung der Frequenzen durch das Expertengremium „International Frequency Registration Board" (1992 ersetzt durch das „Radio Regulations Board"). Die ITU ist mittlerweile eine I. O.[645]

Den Beweis, dass die Verwaltungsunionen trotz allem auch heutzutage nicht von der Weltbühne verschwunden sind – obwohl sie mittlerweile eher vereinzelt im Bereich der Normung und Setzung von Standards und im Ressourcenmanagement anzutreffen sind[646] –, liefert die ISO. Der Prozess der sukzessiven internationalen Standardisierung begann Anfang des 20. Jh. mit Gründung der IEC.[647] Dabei handelt es sich nicht um I. O., da die Entwicklung internationaler Standards durch Kooperation nationaler Standardisierungsbehörden und folglich rein auf Basis der Harmonisierung nationaler Standards erfolgt.[648]

Obwohl *Heilborn* von ihnen als bloße „Gelegenheitsorganisationen", deren Daseinsberechtigung lediglich in der Erfüllung bestimmter Aufgaben bestand,[649] spricht, darf an dieser Stelle auf den bemerkenswerten Beitrag der Verwaltungsunionen zur Intensivierung der weltweiten zwischenstaatlichen Beziehungen hingewiesen werden. Die Verwaltungsunionen fingen gewissermaßen die „insufficient problem-solving capacity of individual States"[650] auf und neutralisierten sie durch kollektive zwischenstaatliche Zusammenarbeit. Verrechtlichung und Internationalisierung im Zusammenhang mit mehr technischen als

---

[645] *Rüdiger Wolfrum*, International Administrative Unions, in Rüdiger Wolfrum (Hrsg.), MPEPIL, Bd. V: HU–IN, Oxford University Press, Oxford 2012, 335–344 (340 Rn. 24).

[646] *Rüdiger Wolfrum*, International Administrative Unions, in Rüdiger Wolfrum (Hrsg.), MPEPIL, Bd. V: HU–IN, Oxford University Press, Oxford 2012, 335–344 (342 Rn. 36).

[647] *Rüdiger Wolfrum*, International Administrative Unions, in Rüdiger Wolfrum (Hrsg.), MPEPIL, Bd. V: HU–IN, Oxford University Press, Oxford 2012, 335–344 (341 Rn. 29).

[648] *Rüdiger Wolfrum*, International Administrative Unions, in Rüdiger Wolfrum (Hrsg.), MPEPIL, Bd. V: HU–IN, Oxford University Press, Oxford 2012, 335–344 (341 Rn. 29 f.).

[649] *Paul Heilborn*, Das System des Völkerrechts entwickelt aus den völkerrechtlichen Begriffen, J. Springer, Berlin 1896, S. 394, zit. nach *Miloš Vec*, Recht und Normierung in der Industriellen Revolution. Neue Strukturen der Normsetzung in Völkerrecht, staatlicher Gesetzgebung und gesellschaftlicher Selbstnormierung, Vittorio Klostermann, Frankfurt a. M. 2006, S. 126.

[650] *Anne Peters/Simone Peter*, International Organizations: Between Technocracy and Democracy, in Bardo Fassbender/Anne Peters (Hrsg.), The Oxford Handbook of the History of International Law, Oxford University Press, Oxford 2014, 170–197 (179).

politischen Themen sorgten für eine verstärkte Kooperation der Staaten abseits der „großen" diplomatischen und damit politischen Bühnen der Welt.[651] Es ist daher nicht verwunderlich, dass die Verwaltungsunionen auch „Weltunionen", gegründet durch „Weltverträge", genannt werden.[652]

b) Der Ursprung der „Internationalen Organisationen"

Im Oktober 1963 kommentierte der damalige U. S.-Präsident *John F. Kennedy* (1917–1963) in einer Rede vor der amerikanischen „National Academy of Sciences" die stetig wachsende Zahl der I. O. mit den Worten:

> „Every time you scientists make a major invention, we politicians have to invent a new institution to cope with it, and almost invariably these days, and happily, it must be an international institution."[653]

Tatsächlich lag die Zahl der zwischenstaatlichen Organisationen 1960 bereits bei 192.[654] Und schon 1956 hatte *Jessup* „more than 140 intergovernmental organizations, and over 1,100 nongovernmental organizations commonly described as international" identifiziert.[655] Bis Mitte der 1980er-Jahre wuchs die Zahl der I. O. auf 378 an, fiel jedoch bis zum Jahr 2010 auf ca. 240 und damit wieder zurück auf das Niveau der späten 1960er-Jahre.[656] Die Zahl der I. O., die durch Vertrag gegründet wurden, wuchs bis 2017[657] auf 285.

Der Begriff „internationale Organisation" – im Singular – wurde bereits 1866 von dem schottischen Juristen *James Lorimer* (1818–1890) im Rahmen einer Vorlesung an der University of Edinburgh erwähnt.[658] Eine Definition die-

---

[651] Dazu *Miloš Vec*, Recht und Normierung in der Industriellen Revolution. Neue Strukturen der Normsetzung in Völkerrecht, staatlicher Gesetzgebung und gesellschaftlicher Selbstnormierung, Vittorio Klostermann, Frankfurt a. M. 2006, S. 67: „Diese Verrechtlichung verlief inhaltlich entlang jener pragmatischen ökonomisch-technisch-sozialen Bedürfnisse, […] die dabei doch die zentralen materiellen Anliegen einer zunehmend vernetzten Welt spiegelten."

[652] *Miloš Vec*, Recht und Normierung in der Industriellen Revolution. Neue Strukturen der Normsetzung in Völkerrecht, staatlicher Gesetzgebung und gesellschaftlicher Selbstnormierung, Vittorio Klostermann, Frankfurt a. M. 2006, S. 127.

[653] Science and International Cooperation, Remarks by *President Kennedy*, Made at the 100th anniversary convocation of the National Academy of Sciences at Washington, D. C., 22.10.1963, White House press release, Dep't St. Bull. 49 (1963), 778–782 (779).

[654] *Michael Wallace/J. David Singer*, Intergovernmental Organization in the Global System, 1815–1964: A Quantitative Description, IO 24 (1970), 239–287 (272 Tab. 3). *Miles* nennt für den Zeitraum 1960/1961 nur 155 Organisationen: *Edward Miles*, Organizations and Integration in International Systems, ISQ 12 (1968), 196–224 (197 Tab. 1). Der Zahl von 192 entspricht eher die bei *Miles* genannte Größe von 194 IGOs für das Jahr 1966/1967.

[655] *Philip C. Jessup*, Transnational Law, Yale University Press, New Haven 1956, S. 4.

[656] *Volker Rittberger/Bernhard Zangl/Andreas Kruck*, Internationale Organisationen, 4. Aufl., Springer, Wiesbaden 2013, S. 80. Die Autoren führend diesen Rückgang der Zahl der I. O. zurück auf „das Ende des Ost-West-Konflikts und die resultierende Auflösung im Ostblock errichteter internationaler Organisationen".

[657] *UIA*, YIO 55 (2018/2019), Vol. 5: Statistics, Visualizations and Patterns, S. 27 Abb. 2.1.

[658] *James Lorimer*, The German War. Introductory Lecture delivered to the Class of Public

ses Ausdrucks blieb *Lorimer* damals schuldig. Nach *Peters* und *Peter* bezog er sich jedenfalls in seinem 1883 veröffentlichten Werk „The Institutes of the Law of Nations" auf das „analytische[...] Konstrukt" des „evolutionären Prozeß[es]"[659] der „Organisation" im Sinne sich ausbildender Vernetzungen[660] in den internationalen Beziehungen.[661] *Klein* und *Schmahl* vermuten, dass die Idee

---

Law, 5.11.1866, in James Lorimer, Studies National and International. Being occasional lectures delivered in the University of Edinburgh 1864–1889, William Green and Sons, Edinburgh 1890, 25–36 (31): „It is true that the doctrine of the responsibility of all the States which are admitted into the European system for the international conduct of each of them is a doctrine of difficult, and perhaps impossible, application in any of the forms which it has yet assumed. But I am persuaded that, just as within the State it is through a more perfect order [...] that the path to individual freedom of action is to be sought, [...]; so amongst States themselves, it is by the assertion of international rights and the recognition of international obligations, and not their renunciation or their repudiation, that national liberty and independence will best be secured. And this, I think, must not be left entirely to what are called ‚moral forces,' but must be accomplished by some form of *international organisation* devised in time of peace, yet strong enough to withstand the ‚tug of war.'" – Hervorh. d. A. Anders *Pitman B. Potter*, Origin of the Term International Organization, AJIL 39 (1945), 803–806 (805), nach dem *Lorimer* den Begriff erst ein Jahr später (1867) in einer Rede vor der Royal Academy in Edinburgh verwendete.

[659] *Miloš Vec*, Recht und Normierung in der Industriellen Revolution. Neue Strukturen der Normsetzung in Völkerrecht, staatlicher Gesetzgebung und gesellschaftlicher Selbstnormierung, Vittorio Klostermann, Frankfurt a. M. 2006, S. 101.

[660] *Paul S. Reinsch*, Public International Unions: Their Work and Organization. A Study in International Administrative Law, Ginn and Company, Boston/London 1911, S. 126 f.; *Miloš Vec*, Recht und Normierung in der Industriellen Revolution. Neue Strukturen der Normsetzung in Völkerrecht, staatlicher Gesetzgebung und gesellschaftlicher Selbstnormierung, Vittorio Klostermann, Frankfurt a. M. 2006, S. 101.

[661] *James Lorimer*, The Institutes of the Law of Nations: A Treatise of the Jural Relations of Separate Political Communities, Bd. 1, William Blackwood and Sons, Edinburgh/London 1883, S. 11 (Kap. III über die „national" [auch „negative"] und die „cosmopolitan" [auch „positive"] Schule internationaler Jurisprudenz): „Both schools profess to be advocates of peace, which the negative school hopes to realise by the principle of absolute non-intervention; the positive school by the principle of *international organisation* carried to the extent of regulating national as well as international legislation; [...]." – Hervorh. d. A. *Walther Schücking* verwendete den Begriff in eben diesem Sinne Anfang des 20. Jh.: *Walther Schücking*, Die Organisation der Welt, Alfred Kröner Verlag, Leipzig 1909, S. 9: „Machen wir aber einmal den Versuch, aus der Fülle der Erscheinungen der Gegenwart in bezug auf das internationale Leben die Grundtendenz zu entwickeln, so erkennen wir trotz aller hemmenden Fehler das allseitige Streben der führenden Geister, ein anderes Zeitalter des Kosmopolitismus heraufzuführen. Heute freilich kann es sich dabei nicht um ein Weltbürgertum handeln, wie es Schiller und Goethe vertraten, denn eine lebendige Staatsgesinnung gehört wenigstens für die Gebildeten zu den dauernden Errungenschaften des 19. Jahrhunderts. Wohl aber dringt die Erkenntnis durch, daß gerade die letzten Ziele des Staates in unserm Zeitalter nur zu erreichen sein durch die Verknüpfung der Staaten. Die neue Parole wird heißen: Je mehr Staatsgesinnung, um so mehr Weltbürgertum, und ihr Ziel kann nur eins sein: die *internationale Organisation*." – Hervorh. d. A.; *Walther Schücking*, Der Staatenverband der Haager Konferenzen, Das Werk vom Haag Bd. 1, Duncker & Humblot, München/Leipzig 1912, S. 18: „Die Idee der Solidarität der Interessen mußte eben die Forderung auslösen nach entsprechenden Institutionen, die diese Idee verwirklichten. Damit aber kam man zu einem neuen rechtspolitischen Programm für das Völkerrecht, der Forderung der *internationalen Organisation*. [...] Das moderne Völkerrecht ist also beherrscht von der Idee der *internationalen Organisation*." – Hervorh. d. A. Entspre-

von der „internationalen Organisation" auf die „prinzipielle Vision einer organisierten europäischen Staatengemeinschaft" zurückgeht.662 Nach *Vec* leitet sich der Begriff ab von der Wendung „Organisation der Internationalen (Staaten-) Gemeinschaft", mit der die Völkerrechtswissenschaft die zunehmende innere und interessenthematische Verfasstheit der Gesamtheit der Staaten der Welt beschrieb.663 Mit „zunehmend höherem Integrationsgrad" wurde diese Organisation „schließlich (auch sprachlich) selbst zum Subjekt: Aus der ‚Organisation der Internationalen Gemeinschaft' wurde die ‚internationale Organisation' als neuer Leitbegriff".664

Allerdings fand die Idee von der „internationalen Organisation" in der zeitgenössischen völkerrechtswissenschaftlichen Gemeinschaft zunächst wenig Beachtung:

> „Not only was the magic phrase not present but the exact idea was not present. And the reason was that the world of nations and the nations of the world were not ready for it."665

Zu sehr war die Vorstellung von der Völkerrechtssubjektivität in Abhängigkeit von territorial begrenzter Herrschaft geprägt.666

Das Verständnis von der „Organisation" als intergouvernementaler Institution geht schließlich zurück auf die Friedensverträge, die den Ersten Weltkrieg beendeten.667 Der Begriff der I. O. baut – ebenso wie das tradierte System klas-

---

chend auch *Wilhelm Ostwald*, Der Prozeß der internationalen Organisation. Rede, gehalten zur Eröffnung des ersten Weltkongresses der „Internationalen Association" zu Brüssel, am 9. Mai 1910, Die Friedens-Warte 12 (1910), 81–84.

662 *Eckart Klein/Stefanie Schmahl*, Die Internationalen und die Supranationalen Organisationen, in Wolfgang Graf Vitzthum/Alexander Proelß (Hrsg.), Völkerrecht, 7. Aufl., De Gruyter, Berlin/Boston 2016, 247–359 (254 Rn. 3).

663 *Miloš Vec*, Recht und Normierung in der Industriellen Revolution. Neue Strukturen der Normsetzung in Völkerrecht, staatlicher Gesetzgebung und gesellschaftlicher Selbstnormierung, Vittorio Klostermann, Frankfurt a. M. 2006, S. 101.

664 *Miloš Vec*, Recht und Normierung in der Industriellen Revolution. Neue Strukturen der Normsetzung in Völkerrecht, staatlicher Gesetzgebung und gesellschaftlicher Selbstnormierung, Vittorio Klostermann, Frankfurt a. M. 2006, S. 101.

665 *Pitman B. Potter*, Origin of the term International Organization, AJIL 39 (1945), 803–806 (806).

666 *Eckart Klein/Stefanie Schmahl*, Die Internationalen und die Supranationalen Organisationen, in Wolfgang Graf Vitzthum/Alexander Proelß (Hrsg.), Völkerrecht, 7. Aufl., De Gruyter, Berlin/Boston 2016, 247–359 (254 Rn. 4).

667 Beispiel: Teil XIII (Art. 387–399) des Friedensvertrags von Versailles v. 28.6.1919 (RGBl. 1919, S. 687–1349) begründete eine permanente „Organisation of Labour", die ILO. Dieses und weitere Beispiele zur Verwendung des Begriffs in diesem Sinne bei *Anne Peters/Simone Peter*, International Organizations: Between Technocracy and Democracy, in Bardo Fassbender/Anne Peters (Hrsg.), The Oxford Handbook of the History of International Law, Oxford University Press, Oxford 2014, 170–197 (171): Die Satzung des Völkerbundes erwähnt in Art. 23 lit. a „international organisations" im Plural. Art. 67 des StIGH-Statuts erwähnt „international organizations".

sischer Diplomatie – als „typisches Produkt des 19. Jahrhunderts"[668] auf den Staaten als selbständigen, unabhängigen Rechtssubjekten des Völkerrechts auf und setzt ihre Handlungsfähigkeit voraus. Kennzeichnend für die Arbeit von I. O. ist aber darüber hinaus ein System institutionalisierter und folglich verstetigter multilateraler zwischenstaatlicher Kooperation.[669] Die Einrichtung von I. O. diente jedoch keineswegs der Abschaffung der bisher bekannten Systeme der Diplomatie, sondern ihrer Vervollständigung. *Bourquin* sprach daher 1947 von einer „Koexistenz zweier Systeme: dem traditionellen System der Diplomatie und dem neuen System der kollektiven Institutionen".[670] I. O. ermöglichen durch Bündelung der finanziellen und personellen Ressourcen ihrer Mitgliedstaaten ein effektiveres Arbeiten. In ökonomisch und entwicklungspolitisch sensiblen Bereichen, in denen sich Probleme nicht mehr „en tête-à-tête"[671] lösen lassen, kann auf Ebene einer entsprechend spezialisierten I. O. durch Abfassung einer gemeinsamen Resolution oftmals leichter eine Verständigung der Staaten untereinander erreicht werden als im Rahmen von völkerrechtlich verbindlichen Verträgen.[672] I. O. bieten so gewissermaßen „en passant" auch die Gelegenheit, schnell auf neue gesellschaftliche Entwicklungen und deren Regelungsbedürfnisse einzugehen.

Unterschieden werden können zwei Arten von I. O.: Vereinigungen mit von ihren Mitgliedern unabhängiger Entscheidungskompetenz und reine Kommunikationsforen, die der Harmonisierung nationaler Rechtsetzung dienen.[673] Im Zeitalter der Globalisierung wächst die Zahl der Organisationen der erstgenannten Kategorie. Das Konsensprinzip als prägender Grundsatz des Völkerrechts westfälischer Prägung bestimmt nicht mehr zuvörderst die internationalen Beziehungen.[674] Die zunehmend „entterritorialisierte öffentliche Gewalt"[675] von I. O. fördert nicht zuletzt einen schrittweisen Machtzuwachs nicht staatlicher

---

[668] *Miloš Vec*, Recht und Normierung in der Industriellen Revolution. Neue Strukturen der Normsetzung in Völkerrecht, staatlicher Gesetzgebung und gesellschaftlicher Selbstnormierung, Vittorio Klostermann, Frankfurt a. M. 2006, S. 103.

[669] *Maurice Bourquin*, Pouvoir scientifique et droit international, RdC 70 (1947-I), 331–406 (370).

[670] *Maurice Bourquin*, Pouvoir scientifique et droit international, RdC 70 (1947-I), 331–406 (370) – Übers. d. A.

[671] *Maurice Bourquin*, Pouvoir scientifique et droit international, RdC 70 (1947-I), 331–406 (371).

[672] *Oscar Schachter*, Scientific Advances and International Law Making, Cal. L. Rev. 55 (1967), 423–430 (426).

[673] *Daniel Bethlehem*, The End of Geography: The Changing Nature of the International System and the Challenge to International Law, EJIL 25 (2014), 9–24 (23).

[674] *Maurice Bourquin*, Pouvoir scientifique et droit international, RdC 70 (1947-I), 331–406 (375).

[675] *Jürgen Bast*, Völker- und unionsrechtliche Anstöße zur Entterritorialisierung des Rechts (2. Referat), in VVDStRL Bd. 76: Grenzüberschreitungen, Berichte und Diskussionen auf der Tagung der Vereinigung der Deutschen Staatsrechtslehrer in Linz vom 5.–8. Oktober 2016, De Gruyter, Berlin/Boston 2017, 277–309 (294).

Akteure und ein System informeller Teilhabe nicht völkerrechtsfähiger Gruppen auf internationaler Ebene.[676] *Bourquin* verglich diese Form der Zusammenarbeit mit dem politischen Strukturprinzip des Föderalismus.[677]

Das Völkerrecht entfernt sich mit der Veränderung des Bestandes seiner Akteure und ihres Handelns zunehmend von den Staaten und wird unabhängig von ihnen.[678] Der vormals subjektorientierte Fokus des Völkerrechts weicht einer regelungsobjektbezogenen Organisation („Objektivierung"), die Art und Weise der Befassung mit einer Regelungsmaterie richtet sich zunehmend nach deren konkreten konzeptionellen Besonderheiten und regulatorischen Bedürfnissen und bestimmt somit selbständig ihre Regelungsform.[679] Dabei ist „[i]nternational law [...] the glue that holds the international system together and defines and shapes the space within which those who are subject to the law operate".[680] Die Arbeit der I. O. unterstützt eine immer stärker zu Tage tretende „Multilateralisierung" des Völkerrechts,[681] die wiederum die Beachtung völkerrechtlicher Normen und ihre effektive Durchsetzung begünstigt, weil der allseitige Austausch das allgemeine Verständnis des Norminhalts fördert.[682]

---

[676] *Anne Peters/Simone Peter*, International Organizations: Between Technocracy and Democracy, in Bardo Fassbender/Anne Peters (Hrsg.), The Oxford Handbook of the History of International Law, Oxford University Press, Oxford 2014, 170–197 (181 f.). Insbes. für die Zeit zwischen dem Ersten und dem Zweiten Weltkrieg gilt nach *Daniel Gorman*, Empire, Internationalism, and the Campaign against the Traffic in Women and Children in the 1920s, TCBH 19 (2008), 186–216 (215): „The very lack of democratic accountability which critics have identified as a weakness of international politics thus worked to the advantage of previously marginalized political actors, [...]."

[677] *Maurice Bourquin*, Pouvoir scientifique et droit international, RdC 70 (1947-I), 331–406 (376). Allerdings fügt *Bourquin* hinzu (394), dieser „fédéralisme est encore étouffée par les traditions de l'individualisme étatique". Es handle sich um einen „fédéralisme bâtard, où l'anarchie des souverainetés conserve un vaste empire, malgré son mouvement général de recul".

[678] *Daniel Bethlehem*, The End of Geography: The Changing Nature of the International System and the Challenge to International Law, EJIL 25 (2014), 9–24 (12).

[679] Vgl. *Veronika Bauer/Matthias C. Kettemann*, Menschenrechtliche Implikationen der Informationsgesellschaft und österreichische Regulierungsansätze, in Wolfgang Benedek/Catrin Pekari (Hrsg.), Menschenrechte in der Informationsgesellschaft, Richard Boorberg Verlag, Stuttgart/München/Hannover/Berlin/Weimar/Dresden 2007, 293–323 (319 f.). *Jean d'Aspremont*, Formalism and the Sources of International Law – A Theory of the Ascertainment of Legal Rules, Oxford University Press, Oxford 2011, S. 1–11 (insbes. 4) bespricht diese Entwicklung unter dem Stichwort „law-ascertainment" („shifting from source-based to effect- [or impact-]based approaches" – Fn. entfernt).

[680] *Daniel Bethlehem*, The End of Geography: The Changing Nature of the International System and the Challenge to International Law, EJIL 25 (2014), 9–24 (12).

[681] Der Begriff der Multilateralisierung ist hier nicht im Sinne *Zimmermanns* zu verstehen: *Andreas Zimmermann*, Durchsetzung des Völkerrechts zwischen Fragmentierung, Multilateralisierung und Individualisierung, in Andreas Fischer-Lescano/Hans-Peter Gasser/Thilo Marauhn/Natalino Ronzitti (Hrsg.), Frieden in Freiheit, FS für Michael Bothe zum 70. Geburtstag, Nomos, Baden-Baden 2008, 1077–1088 (1083 ff.).

[682] Vgl. *Henry H. Perritt, Jr.*, The Internet is Changing International Law, Chi.-Kent L. Rev. 73 (1998), 997–1054 (1037): „[O]ne cannot obey the law unless one knows what it is."

Institutionalisierung reduziert derart inzidenter die Kosten der Normentwicklung.[683]

c) „Chance Technokratie":
Die spezialisierte internationale „Technik-Organisation"

Frederik van Asbeck hat sechs Faktoren[684] ausgemacht, die er für den rasanten Anstieg der Signifikanz des Völkerrechts in den letzten 100 Jahren verantwortlich macht und die letztlich alle auf die I. O. als ideale internationale Organisationseinheit hindeuten:

1. Neue Themen in der intergouvernementalen Konsultation: von auswärtigen Angelegenheiten zu Technik, Wirtschaft, Soziales;
2. Multilateraler/kollektiver Rahmen statt rein bilateraler Gespräche;
3. Ausweitung der Aktivitäten von I. O. (internationaler Unionen) auf das europäische Ausland;
4. Etablierung des technischen Experten auf diplomatischer Bühne;
5. Etablierung von Konferenzen in permanenter Form, Institutionalisierung;
6. Quasiparlamentarische Repräsentation des Einzelnen auf internationaler Ebene (Beispiel ILO).

Kennzeichnend für die wachsende Bedeutung insbes. der I. O. mit wissenschaftlich-technischem Fokus ist dabei u. a. die Erkenntnis, dass „the world looks different from Geneva than it does from New York".[685] Die UN, eine Organisation geradezu universellen Charakters[686] mit Sitz in New York, repräsentiert das klassische staatenzentrierte Westfälische System. Einige der bedeutendsten UN-Sonderorganisationen mit überwiegend technischem Fokus (z. B. ITU, WIPO, WMO) haben ihre Zentralen in Genf (Schweiz).[687] Letztere befinden sich nach Ansicht von *Bethlehem* „at the sharp end of the world of the future – focused on cyber, on food security, on pandemic health scares, on the interconnectedness of the global trade and financial system".[688] Ersichtlich zeichnet sich die „Glo-

---

[683] *Henry H. Perritt Jr.*, The Internet is Changing International Law, Chi.-Kent L. Rev. 73 (1998), 997–1054 (1034).

[684] *Frederik M. van Asbeck*, Growth and Movement of International Law, ICLQ 11 (1962), 1054–1072 (1058 f.).

[685] *Daniel Bethlehem*, The End of Geography: The Changing Nature of the International System and the Challenge to International Law, EJIL 25 (2014), 9–24 (11).

[686] Aktuell gibt es 196 Staaten auf der Welt, davon sind 194 Mitglied der UN (Stand: 1.3.2016), vgl. *Wolfgang Graf Vitzthum*, Begriff, Geschichte und Rechtsquellen des Völkerrechts, in Wolfgang Graf Vitzthum/Alexander Proelß (Hrsg.), Völkerrecht, 7. Aufl., De Gruyter, Berlin/Boston 2016, 1–60 (11 Rn. 17).

[687] *Daniel Bethlehem*, The End of Geography: The Changing Nature of the International System and the Challenge to International Law, EJIL 25 (2014), 9–24 (11).

[688] *Daniel Bethlehem*, The End of Geography: The Changing Nature of the International System and the Challenge to International Law, EJIL 25 (2014), 9–24 (12).

balization 3.0"[689] des 21. Jh. u. a. aus durch deutliche Technokratietendenzen i. S. d. Entstehung eines internationalen „government of experts";[690] die Integration technischer Experten in politische Vorgänge und die Ersetzung „politische[r] Entscheidungsprozesse durch neutrale, überparteiliche, effizienzorientierte technische Gesichtspunkte"[691] ist (auch) auf Ebene des Völkerrechts kaum noch zu vermeiden. Den Beweis für diese Behauptung liefert nicht zuletzt die häufige Befassung der UN-Generalversammlung mit Wissens- und Technologietransfer.[692] Das Internet, so *Mayer*, funktioniere gar als eine Art „Meritokratie", der Einfluss innerhalb des virtuellen Raums beruhe „in aller Regel auf Autorität, das Internet kennt daher weder Anarchie noch Demokratie oder Autokratie".[693] Die Herrschaftsform der Meritokratie ist gekennzeichnet durch die „gesellschaftliche Vorherrschaft einer durch Leistung und Verdienst ausgezeichneten Bevölkerungsschicht".[694] Das gilt bis zu einem gewissen Grad für alle Regulierungsversuche in technisch sensiblen Bereichen: Regelungen können nur von technisch Kundigen gefasst werden, damit die normative und die technische Seite ineinandergreifen. Daher ist die Zusammenarbeit rechtlicher und technischer Experten unerlässlich, um den Fortschritt durch die Normierung nicht zu hemmen, aber auch nicht die Angst des Endnutzers vor dem technischen System durch fehlende Regulierung von Fehlfunktionen und -verhalten zu befördern.

---

[689] *Thomas L. Friedman*, Die Welt ist flach: eine kurze Geschichte des 21. Jahrhunderts (dt. Übers. v. Michael Bayer/Hans Freundl/Thomas Pfeiffer), Suhrkamp, Frankfurt a. M. 2006, S. 9–11.

[690] *Anne Peters/Simone Peter*, International Organizations: Between Technocracy and Democracy, in Bardo Fassbender/Anne Peters (Hrsg.), The Oxford Handbook of the History of International Law, Oxford University Press, Oxford 2014, 170–197 (195). Der Begriff der Technokratie ist an dieser Stelle entsprechend seines ursprünglichen allgemeinen Kontextes nach der Idee *Frederick W. Taylors* (Principles of Scientific Management, Harper & Brothers, New York/London 1911), fortentwickelt durch *Thorstein Veblen* (The Engineers and the Price System, B. W. Huebsch, New York 1921), gewissermaßen als „Herrschaft der Ingenieure", zu verstehen (dazu *F. Rapp*, Art. „Technokratie", in Joachim Ritter/Karlfried Gründer [Hrsg.], Historisches Wörterbuch der Philosophie, Bd. 10: St–T, Schwabe, Basel 1998, Sp. 954–958 [Sp. 956 f.]), nicht dagegen im Sinne *Helmut Schelskys* (Der Mensch in der wissenschaftlichen Zivilisation, Arbeitsgemeinschaft für Forschung des Landes Nordrhein-Westfalen. Geisteswissenschaften, Heft 96 [1961]), nach dessen Vorstellung in einer Technokratie „nicht etwa die Experten und die Ingenieure, sondern allein die technischen Gegebenheiten, denen Fachleute und Politiker in gleicher Weise unterworfen sind", herrschen (Sp. 956 a. E.).

[691] *F. Rapp*, Art. „Technokratie", in Joachim Ritter/Karlfried Gründer (Hrsg.), Historisches Wörterbuch der Philosophie, Bd. 10: St–T, Schwabe, Basel 1998, Sp. 954–958 (954).

[692] Vgl. *James E. S. Fawcett*, Impacts of Technology on International Law, in Bin Cheng (Hrsg.), International Law: Teaching and Practice, Stevens & Sons, London 1982, 94–108 (98).

[693] *Patrick G. Mayer*, Das Internet im öffentlichen Recht: Unter Berücksichtigung europarechtlicher und völkerrechtlicher Vorgaben, Tübinger Schriften zum Staats- und Verwaltungsrecht Bd. 48, Duncker & Humblot, Berlin 1999, S. 65.

[694] *Duden*, Art. „Meritokratie, die", abrufbar unter: https://www.duden.de/rechtschreibung/Meritokratie.

Dabei kommt der Gruppe der internationalen „Technik-Organisationen" eine wichtige Rolle zu: Ihre Arbeits- und Organisationsstrukturen erlauben es vielfach – im Gegensatz zu territorial und funktional wenig dynamischen Steuerungsgebilden wie dem Staat – und je nach Zielsetzung, auf die Bedürfnisse internationaler Regulierung und Diplomatie einzugehen,[695] und so eine neue flexible Seite des verschiedentlich als „konservativ" oder „statisch"[696] verkannten Völkerrechts zum Vorschein zu bringen.[697] Insbes. im Verhältnis zwischen Wissenschaft und menschlichen Bedürfnissen kann das (Völker-)Recht so ein wichtiges Bindeglied darstellen.[698] Die I. O. ersetzen wegen ihres festgelegten Aufgabenbereichs aber nicht die klassische Eins-zu-eins-Diplomatie, sie ergänzen sie, zumal beide Systeme auf Experten (in technischen Angelegenheiten und auswärtigen Beziehungen)[699] vertrauen. Die bereits im 19. Jh. zu beobachtende Verdichtung völkerrechtlicher Beziehungen, die mit der Entstehung des Kooperationsvölkerrechts einherging,[700] setzt sich auch im 21. Jh. fort. In der „Erfindung"[701] neuer I. O., die sich mit den neuartigen rechtlichen, durch den unaufhaltsamen Wandel in Technik und Wissenschaft hervorgerufenen Problemen beschäftigen, wird eine „Back to the Roots"-Bewegung internationaler Organisation offenbar, der funktionale Geist der Verwaltungsunionen ist allgegenwärtig.[702]

---

[695] *Maurice Bourquin*, Pouvoir scientifique et droit international, RdC 70 (1947-I), 331–406 (369).

[696] *Frederik M. van Asbeck*, Growth and movement of international law, ICLQ 11 (1962), 1054–1072 (1054).

[697] Vgl. auch *Axel Marschik*, Subsysteme im Völkerrecht: Ist die Europäische Union ein „Self-Contained Regime"?, Duncker & Humblot, Berlin 1997, S. 207: „Das Völkerrecht ist weit weniger starr und unflexibel, als manchmal behauptet [...]."; *Bruno de Witte*, Retour à „Costa" – La primauté du droit communautaire à la lumière du droit international, RTDEur 20 (1984), 425–454 (446): „Le droit des gens ne constitue pas un tout monolithique aux règles uniformes."

[698] *Oscar Schachter*, Scientific Advances and International Law Making, Cal. L. Rev. 55 (1967), 423–430 (429).

[699] S. *Frederik M. van Asbeck*, Growth and Movement of International Law, ICLQ 11 (1962), 1054–1072 (1057).

[700] So *Miloš Vec*, Recht und Normierung in der Industriellen Revolution. Neue Strukturen der Normsetzung in Völkerrecht, staatlicher Gesetzgebung und gesellschaftlicher Selbstnormierung, Vittorio Klostermann, Frankfurt a. M. 2006, S. 21.

[701] *Oscar Schachter*, Scientific Advances and International Law Making, Cal. L. Rev. 55 (1967), 423–430 (424).

[702] Ganz ähnlich bereits vor mehr als 70 Jahren *Maurice Bourquin*, Pouvoir scientifique et droit international, RdC 70 (1947-I), 331–406 (372): „Si les institutions internationales ont fait leur apparition et tendent à se multiplier, c'est beaucoup moins sous l'impulsion d'une idéologie que sous l'empire d'une nécessité; c'est parce que la révolution technique a fait surgir quantité de problèmes qui ne peuvent être réglés ni dans le cadre bilatéral de la diplomatie, ni dans le cadre momentané d'une conférence."

III. „Denationalisierung" der Gesellschaft, „Entstaatlichung" der internationalen Beziehungen, „Entterritorialisierung" des Völkerrechts

Infolge der strukturellen Veränderungen im Prozess der Normsetzung und -durchsetzung droht aber der Topos des unabhängigen souveränen Nationalstaats auf internationaler Ebene Schritt für Schritt an Bedeutung zu verlieren. Der Staat als „klassisches" Völkerrechtssubjekt[703] muss sich international gegen eine stetig wachsende Zahl neuer Träger völkerrechtlicher Rechte und Pflichten behaupten. I. O. und NGOs, transnational agierende Unternehmen und auch der Einzelne drängen auf Teilhabe und Mitbestimmung. „[W]e are currently immersed in a legal world in which statehood has become diluted in an ocean of non-State norms, [...]",[704] geben *Meccarelli* und *Solla Sastre* zu bedenken. Das historisch gewachsene „dédoublement fonctionnel"[705] der Staaten, die traditionell gleichzeitig Rechtssubjekt und Objekt ihrer eigenen Normsetzung und -durchsetzung waren, steht heute nicht mehr allein. *Cassese* prognostiziert bedeutungsschwanger „the gradual dethronement of states in modern international society" und bringt die schwindende Autorität der Staaten als Völkerrechtssubjekte erster Klasse in Zusammenhang mit dem Erscheinen nicht staatlicher Akteure auf der internationalen Bühne.[706] Dieser Entwicklung liegt ein Problem zu Grunde, das der Soziologie *Daniel A. Bell* folgendermaßen beschrieben hat:

„[T]he nation state is becoming too small for the big problems of life, and too big for the small problems of life."[707]

Die Hochphase der Territorialität[708] ist Geschichte, mit der Globalisierung hält eine schleichende „Denationalisierung" (1) Einzug in die (Welt-)Gesell-

---

[703] *Andreas v. Arnauld*, Völkerrecht, 3. Aufl., C. F. Müller, Heidelberg 2016, S. 22 Rn. 59.
[704] *Massimo Meccarelli/María J. Solla Sastre*, Spatial and Temporal Dimensions for Legal History: An Introduction, in Massimo Meccarelli/María J, Solla Sastre, Spatial and Temporal Dimensions for Legal History. Research Experiences and Itineraries, Max Planck Institute for European Legal History, Frankfurt a. M. 2016, 3–24 (8), abrufbar unter: https://www.lhlt.mpg.de/gplh_volume_6.
[705] Dazu *Georges A. J. Scelle*, Le phénomène juridique du dédoublement fonctionnel, in Walter Schätzel/Hans-Jürgen Schlochauer (Hrsg.), Rechtsfragen der internationalen Organisationen, FS für Hans Wehberg zu seinem 70. Geburtstag, Vittorio Klostermann, Frankfurt a. M. 1956, 324–342.
[706] *Antonio Cassese*, States: Rise and Decline of the Primary Subjects of the International Community, in Bardo Fassbender/Anne Peters (Hrsg.), The Oxford Handbook of the History of International Law, Oxford University Press, Oxford 2012, 49–70 (65).
[707] *Daniel A. Bell*, The World and the United States in 2013, Daedalus 116 (1987), 1–31 (13 f.).
[708] Der Historiker *Charles S. Maier* datiert diese auf die Zeit zwischen 1860 und 1970/1980: *Charles S. Maier*, Consigning the Twentieth Century to History: Alternative Narratives for the Modern Era, AHR 105 (2000), 807–831 (808); *Charles S. Maier*, Transformations of Territoriality. 1600–2000, in Gunilla Budde/Sebastian Conrad/Oliver Janz (Hrsg.),

schaft,[709] die eine „Entstaatlichung" (2) der internationalen Beziehungen und schließlich eine „Entterritorialisierung" (3) des Völkerrechts zur Folge haben könnte.

1. Globalisierung als „gesellschaftliche Denationalisierung"

Globalisierung als „(Schlag und Streit-)Wort"[710] ist kein plötzlich auftretendes Phänomen der letzten Jahre. Globalisierung ist menschengemachtes, strategisches „global sourcing",[711] das verschiedenste Industriezweige sowie den Dienstleistungssektor zu einem einzigen weltweiten Marktplatz werden ließ. Globalisierung als

> „das erfahrbare Grenzloswerden alltäglichen Handelns in den verschiedenen Dimensionen der Wirtschaft, der Information, der Ökologie, der Technik, der transkulturellen Konflikte und Zivilgesellschaft",[712]

„das Töten der Entfernung"[713] oder das „Handeln und (Zusammen-)Leben über Entfernungen (scheinbar getrennte Welten von Nationalstaaten, Religionen, Regionen, Kontinente) hinweg"[714] zeigt sich insbes. seit der zweiten Hälfte der 1980er-Jahre im Kommunikationssektor, aber auch im Zusammenhang mit dem Handel mit Kriegswaffen, im Bereich der Mobilität, im Kontext der Entwicklung von Umweltrisiken und auf wirtschaftlichem Gebiet.[715] Globalisierung

---

Transnationale Geschichte. Themen, Tendenzen und Theorien, Vandenhoeck & Ruprecht, Göttingen 2006, 32–55 (48). Interessanterweise begann etwa zeitgleich die Hochzeit der Verwaltungsunionen (s. *supra* Teil III, Kap. 1, B.II.3.a.) und *Lorimer* erwähnte 1866 erstmals den Begriff der „internationalen Organisation" (s. *supra* Teil III, Kap. 1, B.II.3.b.).

[709] *Bernhard Zangl/Michael Zürn*, Make Law, Not War: Internationale und transnationale Verrechtlichung als Baustein für Global Governance, in Bernhard Zangl/Michael Zürn (Hrsg.), Verrechtlichung – Baustein für Global Governance?, EINE Welt – Texte der Stiftung Entwicklung und Frieden Bd. 18, Verlag J. H. W. Dietz Nachfolger, Bonn 2004, 12–45 (13).

[710] *Ulrich Beck*, Was ist Globalisierung? Irrtümer des Globalismus – Antworten auf Globalisierung, Edition Zweite Moderne, Suhrkamp, Frankfurt a. M. 1997, S. 42.

[711] *Beate Kohler-Koch/Cornelia Ulbert*, Internationalisierung, Globalisierung und Entstaatlichung, in Rolf H. Hasse (Hrsg.), Nationalstaat im Spagat: Zwischen Suprastaatlichkeit und Subsidiarität, Veröffentlichungen des Studienkreises Internationale Beziehungen Bd. 6, Franz Steiner Verlag, Stuttgart 1997, 53–88 (61).

[712] *Ulrich Beck*, Was ist Globalisierung? Irrtümer des Globalismus – Antworten auf Globalisierung, Edition Zweite Moderne, Suhrkamp, Frankfurt a. M. 1997, S. 44.

[713] *Ulrich Beck*, Was ist Globalisierung? Irrtümer des Globalismus – Antworten auf Globalisierung, Edition Zweite Moderne, Suhrkamp, Frankfurt a. M. 1997, S. 45.

[714] *Ulrich Beck*, Was ist Globalisierung? Irrtümer des Globalismus – Antworten auf Globalisierung, Edition Zweite Moderne, Suhrkamp, Frankfurt a. M. 1997, S. 45 in Anlehnung an *Anthony Giddens*, Jenseits von Links und Rechts. Die Zukunft radikaler Demokratie, 3. Aufl., Edition Zweite Moderne, Suhrkamp, Frankfurt a. M. 1999 (dt. Erstausg. 1997), S. 23 ff.

[715] Zahlen und weitere Ausführungen bei *Michael Zürn*, Regieren jenseits des Nationalstaates. Globalisierung und Denationalisierung als Chance, Frankfurt a. M. 1998, S. 77–92. Zu diesen „vier Hauptformen der Globalisierung" auch *Christopher Stehr*, Globalisierung und Destabilisierungstendenzen innerhalb des Internationalen Systems. Eine Indikatorenanalyse

ist „ein Begriff, der zwar häufig gebraucht wird, aber bisher nicht hinreichend geklärt ist".[716] *Giddens* bezeichnet Globalisierung als „die Verwandlung von Raum und Zeit".[717] Weniger poetisch nennt *Zürn* Globalisierung die „Ausweitung gesellschaftlicher und wirtschaftlicher Handlungszusammenhänge über die politischen Grenzen des Nationalstaates hinaus".[718] Globalisierung beinhaltet „Prozesse, die die jeweiligen nationalen Gesellschaften durchdringen und zu Akteurskonstellationen und Beziehungsmustern führen, die ‚Nationen' tendenziell aufheben".[719] *Zangl* und *Zürn* verwenden den Begriff „gesellschaftliche Denationalisierung" zur Konkretisierung des unklaren Terminus „Globalisierung".[720] Gesellschaftliche Denationalisierung ist „die Verschiebung der Grenzen von verdichteten sozialen Handlungszusammenhängen über die Grenzen von nationalen Gesellschaften hinaus, ohne gleich global sein zu müssen",[721] oder auch „the growth of ‚supraterritorial' relations between people".[722] Im Gegensatz zu sonstigen Globalisierungskonzepten[723] konzentriert sich diese alternative Be-

---

für ausgewählte Nationalstaaten, Hochschulschriften zur Betriebswirtschaftslehre Bd. 152, Herbert Utz Verlag, München 2009, S. 63 ff.

[716] *Anthony Giddens*, Jenseits von Links und Rechts. Die Zukunft radikaler Demokratie, 3. Aufl., Edition Zweite Moderne, Suhrkamp, Frankfurt a. M. 1999 (dt. Erstausg. 1997), S. 23. *Ulla Hingst*, Auswirkungen der Globalisierung auf das Recht der völkerrechtlichen Verträge, Veröffentlichungen des Walther-Schücking-Instituts für Internationales Recht an der Universität Kiel Bd. 134, Duncker & Humblot, Berlin 2001, S. 70 ff. führt allein 20 unterschiedliche Definitionsansätze auf und fügt auf S. 97 eine eigene Arbeitsdefinition hinzu.

[717] *Anthony Giddens*, Jenseits von Links und Rechts. Die Zukunft radikaler Demokratie, 3. Aufl., Edition Zweite Moderne, Suhrkamp, Frankfurt a. M. 1999 (dt. Erstausg. 1997), S. 23.

[718] *Michael Zürn*, Regieren jenseits des Nationalstaates. Globalisierung und Denationalisierung als Chance, Frankfurt a. M. 1998, S. 9.

[719] *Beate Kohler-Koch/Cornelia Ulbert*, Internationalisierung, Globalisierung und Entstaatlichung, in Rolf H. Hasse (Hrsg.), Nationalstaat im Spagat: Zwischen Suprastaatlichkeit und Subsidiarität, Veröffentlichungen des Studienkreises Internationale Beziehungen Bd. 6, Franz Steiner Verlag, Stuttgart 1997, 53–88 (53).

[720] *Bernhard Zangl/Michael Zürn*, Make Law, Not War: Internationale und transnationale Verrechtlichung als Baustein für Global Governance, in Bernhard Zangl/Michael Zürn (Hrsg.), Verrechtlichung – Baustein für Global Governance?, EINE Welt – Texte der Stiftung Entwicklung und Frieden Bd. 18, Verlag J. H. W. Dietz Nachfolger, Bonn 2004, 12–45 (13): „Die so genannte Globalisierung *bzw.* gesellschaftliche Denationalisierung hält für das nationalstaatliche Regieren in der OECD-Welt zahlreiche neue Herausforderungen bereit." – Hervorh. d. A. Das Wort „beziehungsweise" (abgekürzt „bzw.") wird anstelle von „oder; oder vielmehr, genauer gesagt" verwendet, dazu *Duden*, Art. „beziehungsweise", abrufbar unter: https://www.duden.de/rechtschreibung/beziehungsweise, Bedeutung 1. Eindeutiger *Michael Zürn*, Regieren jenseits des Nationalstaates. Globalisierung und Denationalisierung als Chance, Frankfurt a. M. 1998, S. 9: „[…] Globalisierung – oder Denationalisierung, wie der m. E. präzisere Begriff lautet – […]."

[721] *Michael Zürn*, Regieren jenseits des Nationalstaates. Globalisierung und Denationalisierung als Chance, Frankfurt a. M. 1998, S. 73.

[722] *Jan A. Scholte*, Globalization: A Critical Introduction, Macmillan Press, Houndmills/Basingstoke/Hampshire/London 2000, S. 46.

[723] Überblicksartig *Jan A. Scholte*, Globalization: A Critical Introduction, Macmillan Press, Houndmills/Basingstoke/Hampshire/London 2000, S. 44 ff.

nennung des Phänomens nicht nur auf tatsächlich globale oder zumindest global *wirkende* Beziehungen,[724] sondern vorwiegend auf die veränderte Bedeutung des nationalstaatlichen „Containers", bedingt durch eine tiefgreifende Veränderung in der Natur des sozialen Raums[725] und entsprechend durch die verhältnismäßig verkürzte Geltungsreichweite nationaler Regelungen zunehmend grenzüberschreitender Handlungszusammenhänge.[726] Die „global public sphere" wächst zusehends und die „integrative Funktion des geographischen Raumes für die staatliche Bevölkerung" schwindet nicht zuletzt durch die Verlagerung von ursprünglich einzelstaatlichen Befugnissen auf die internationale Ebene.[727]

2. „Entstaatlichung" der internationalen Beziehungen

Globalisierung als Prozess der „Entgrenzung"[728] kann darüber hinaus eine „Entstaatlichung" der internationalen Beziehungen[729] zur Folge haben. Der Staat steht im Begriff, seine Fähigkeit zur Steuerung von grenzüberschreitenden Wirtschaftsprozessen an I. O., S. O. oder durch internationale Mechanismen der WTO zu verlieren, zudem werden internationale Prozesse vermehrt unabhängig durch private Akteure gesteuert;[730] der Nationalstaat büßt nach und nach sein Steuerungsmonopol ein. Diesen Verlust versucht der Staat aber paradoxerweise nicht über den Rückzug von der internationalen Ebene zu kompen-

---

[724] *Michael Zürn*, Regieren jenseits des Nationalstaates. Globalisierung und Denationalisierung als Chance, Frankfurt a. M. 1998, S. 16.
[725] *Jan A. Scholte*, Globalization: A Critical Introduction, Macmillan Press, Houndmills/Basingstoke/Hampshire/London 2000, S. 46.
[726] *Michael Zürn*, Regieren jenseits des Nationalstaates. Globalisierung und Denationalisierung als Chance, Frankfurt a. M. 1998, S. 10. So auch *Ulla Hingst*, Auswirkungen der Globalisierung auf das Recht der völkerrechtlichen Verträge, Veröffentlichungen des Walther-Schücking-Instituts für Internationales Recht an der Universität Kiel Bd. 134, Duncker & Humblot, Berlin 2001, S. 38.
[727] *Ulla Hingst*, Auswirkungen der Globalisierung auf das Recht der völkerrechtlichen Verträge, Veröffentlichungen des Walther-Schücking-Instituts für Internationales Recht an der Universität Kiel Bd. 134, Duncker & Humblot, Berlin 2001, S. 37.
[728] S. zur Entgrenzung *supra* Teil I, Kap. 2. Begriff auch bei *Beate Kohler-Koch/Cornelia Ulbert*, Internationalisierung, Globalisierung und Entstaatlichung, in Rolf H. Hasse (Hrsg.), Nationalstaat im Spagat: Zwischen Suprastaatlichkeit und Subsidiarität, Veröffentlichungen des Studienkreises Internationale Beziehungen Bd. 6, Franz Steiner Verlag, Stuttgart 1997, 53–88 (53).
[729] *Ulla Hingst*, Auswirkungen der Globalisierung auf das Recht der völkerrechtlichen Verträge, Veröffentlichungen des Walther-Schücking-Instituts für Internationales Recht an der Universität Kiel Bd. 134, Duncker & Humblot, Berlin 2001, S. 47 ff. spricht in diesem Zusammenhang von einer „faktischen Denationalisierung", *Marianne Beisheim/Sabine Dreher/Gregor Walter/Bernhard Zangl/Michael Zürn*, Im Zeitalter der Globalisierung? Thesen und Daten zur gesellschaftlichen und politischen Denationalisierung, Nomos, Baden-Baden 1999, S. 17, 325 ff. verwenden den Begriff der „politischen Denationalisierung".
[730] Beispiele bei *Volker Rittberger/Andreas Kruck/Anne Romund*, Grundzüge der Weltpolitik. Theorie und Empirie des Weltregierens, VS Verlag für Sozialwissenschaften, Wiesbaden 2010, S. 21 f.

sieren, sondern es kommt zu einer verstärkten Institutionalisierung der internationalen Zusammenarbeit, etwa durch die Gründung von I. O., die Schaffung spezifischer Regime für neue Politikfelder oder Systeme wie das der EU, die als S. O. durch den Transfer von Souveränität in einigen Bereichen eine noch stärkere Integration der Mitgliedstaaten in das organisatorische System fordern.[731] Der Staat wird zu „einem unter vielen",[732] sein Alleinstellungsmerkmal als „geborenes" Völkerrechtssubjekt,[733] das ihm das Westfälische System bescherte, scheint heute nicht mehr zu zählen. Das Völkerrecht wendet sich ab von seiner Subjektzentrierung hin zu einer nach Effektivität strebenden regelungsobjektorientierten Ordnung. Die Entstaatlichung der internationalen Beziehungen ist insbes. im Zusammenhang mit den Möglichkeiten neuer Distanzkommunikationsmittel spürbar: Interaktion über Staatsgrenzen hinweg wird nicht mehr als solche wahrgenommen, Kommunikation in Echtzeit über große Entfernungen ist nichts Ungewöhnliches mehr. Entstaatlicht erscheinen aber auch der Umgang mit grenzüberschreitender Umweltverschmutzung[734] und das transnationale Agieren privater Unternehmen. Die Globalisierung wirkt sich folglich auf die Kongruenz politischer und sozialer Räume aus und stellt den Nationalstaat als Organisationseinheit in Frage.[735] Andere Formen institutioneller Organisation, die nicht von vornherein territorial gebunden sind, werden als echte Alternativen zum Nationalstaat gehandelt.[736]

In der Konsequenz droht die staatliche Souveränität auf der Strecke zu bleiben: Als Folge der notwendig verstärkten Zusammenarbeit der Staaten auf inter- und supranationaler Ebene zur Regelung internationaler Problemfelder kommt es vermehrt zum Verlust einzelner Hoheitsrechte.[737] Wird aber der Staat

---

[731] *Beate Kohler-Koch/Cornelia Ulbert*, Internationalisierung, Globalisierung und Entstaatlichung, in Rolf H. Hasse (Hrsg.), Nationalstaat im Spagat: Zwischen Suprastaatlichkeit und Subsidiarität, Veröffentlichungen des Studienkreises Internationale Beziehungen Bd. 6, Franz Steiner Verlag, Stuttgart 1997, 53–88 (54 f.).

[732] *Beate Kohler-Koch/Cornelia Ulbert*, Internationalisierung, Globalisierung und Entstaatlichung, in Rolf H. Hasse (Hrsg.), Nationalstaat im Spagat: Zwischen Suprastaatlichkeit und Subsidiarität, Veröffentlichungen des Studienkreises Internationale Beziehungen Bd. 6, Franz Steiner Verlag, Stuttgart 1997, 53–88 (55).

[733] *Marcel Kau*, Der Staat und der Einzelne als Völkerrechtssubjekte, in Wolfgang Graf Vitzthum/Alexander Proelß (Hrsg.), Völkerrecht, 7. Aufl., De Gruyter, Berlin/Boston 2016, 133–246 (142 Rn. 8).

[734] Vgl. z. B. die Fälle „Lac Lanoux" (Ständiger Schiedshof, Award of the Tribunal, 16.11.1957 – RIAA XII [1963], 281–317 [303] – Affaire du lac Lanoux [Spanien/Frankreich]) und „Corfu Channel" (IGH, Urt. v. 9.4.1949 – ICJ Reports 1949, S. 4 [22] – The Corfu Channel Case [Vereinigtes Königreich/Albanien]).

[735] *Michael Zürn*, Regieren jenseits des Nationalstaates. Globalisierung und Denationalisierung als Chance, Frankfurt a. M. 1998, S. 10.

[736] *Michael Zürn*, Regieren jenseits des Nationalstaates. Globalisierung und Denationalisierung als Chance, Frankfurt a. M. 1998, S. 172.

[737] *Carl J. Seneker*, The Impact of Science and Technology on International Law: Introduction, Cal. L. Rev. 55/2 (1967), 419–422 (422).

von internationalen Autoritäten aus ursprünglich nationalen Zuständigkeitsbereichen verdrängt, drohen zwangsläufig Kompetenzkonflikte.[738] Verfechter absoluter nationaler Souveränität warnten schon zu Zeiten der Verwaltungsunionen vor dem Transfer von Souveränität auf überstaatliche Organisationen. Das Zugeständnis eigener Völkerrechtssubjektivität für dieselben erfolgte daher denkbar spät.[739] Dagegen betonte man den „technischen" Charakter der Verwaltungsunionen („as a pacifier against critics"),[740] denn, so die Annahme, wenn die Autonomie einer I. O. sich ausschließlich auf technische Angelegenheiten bezöge, würde die „echte" (politische) Souveränität der Mitgliedstaaten bewahrt.[741] Das entsprach durchaus dem territorial fixierten Westfälischen System:[742]

> „In the solar system of the world of those days the sun was the sovereign national State, mostly thought of as a person, endowed with omnipotence within its frontiers and with independence *vis-à-vis* the outside world."[743]

Nach *Reinhard* haben neuere Entwicklungen in der interdisziplinären, intergouvernementalen und internationalen Zusammenarbeit aber bereits zur Auflösung des Nationalstaats nach der Definition *Jellineks* geführt:

> „Dieser moderne Staat existierte nämlich nur vom ausgehenden 18. bis zum zweiten Drittel des 20. Jahrhunderts."[744]

Burk geht sogar so weit zu behaupten, dass der Nationalstaat zwar die ideale politische Organisationsform zu Zeiten der industriellen Revolution gewesen sei, „but it is not necessarily suited to an informatics age".[745] Entsprechend wird als größte „Gefahr" für den Nationalstaat als politische und rechtliche Organisationsform häufig das Internet als *die* Innovation des ausgehenden 20. Jh. ausgemacht, das eine „Erosion der nationalen Souveränität in Anbetracht grenzüberschreitender Informationsflüsse" begünstige.[746] Auslöser dieser Angst ist

---

[738] *Oscar Schachter*, Scientific Advances and International Law Making, Cal. L. Rev. 55 (1967), 423–430 (424).
[739] Dazu *supra* Teil III, Kap. 1, B.II.3.a.
[740] *Anne Peters/Simone Peter*, International Organizations: Between Technocracy and Democracy, in Bardo Fassbender/Anne Peters (Hrsg.), The Oxford Handbook of the History of International Law, Oxford University Press, Oxford 2014, 170–197 (194).
[741] *Anne Peters/Simone Peter*, International Organizations: Between Technocracy and Democracy, in Bardo Fassbender/Anne Peters (Hrsg.), The Oxford Handbook of the History of International Law, Oxford University Press, Oxford 2014, 170–197 (194).
[742] *Daniel Bethlehem*, The End of Geography: The Changing Nature of the International System and the Challenge to International Law, EJIL 25 (2014), 9–24 (10).
[743] *Frederik M. van Asbeck*, Growth and Movement of International Law, ICLQ 11 (1962), 1054–1072 (1056) – Hervorh. im Original.
[744] *Wolfgang Reinhard*, Geschichte der Staatsgewalt. Eine vergleichende Verfassungsgeschichte Europas von den Anfängen bis zur Gegenwart, C. H. Beck, München 1999, S. 16.
[745] *Dan L. Burk*, Patents in Cyberspace: Territoriality and Infringement on Global Computer Networks, Tul. L. Rev. 68 (1993), 1–67 (50).
[746] *Franz C. Mayer*, Recht und Cyberspace, NJW 1996, 1782–1791 (1790 Fn. 98); vgl.

wohl die (durchaus richtige) Annahme, dass das Internet auf Grund seiner globalen, dezentralen Netzstruktur nur auf völkerrechtlicher, d. h. auf internationaler Ebene zu regulieren sei.[747] Das Internet könnte eine Gefahr für die nationalstaatliche Souveränität darstellen, weil es die „drei historischen Funktionen" des Staates bedroht: die Erhaltung von „Macht, Wohlstand und Moral" durch die Regierung.[748] Durch den Einfluss des Internets schwindet nach Ansicht von *Perritt* namentlich die ökonomische Macht des Staates: die physische Kontrolle über den Absatzmarkt weicht dem Informationshandel[749] („shift to an information-based economy sparked by global conversation").[750] Erschwerend kommt hinzu, dass „because the network exists in cyberspace, no one nation or authority can lay claim to it".[751]

Gegen die Angst vor dem (vermeintlich) drohenden Untergang des Nationalstaats mitsamt jeglicher nationaler Souveränität spricht aber die Existenz dessen, was *Perritt* „virtuelle Diplomatie"[752] nennt: Allein die Notwendigkeit der Intensivierung internationaler Zusammenarbeit zur Entwicklung eines allgemein gültigen Regelungssystems für das Internet führe dazu, dass die Staaten der Welt näher zusammenrückten. Die traditionellen Formen internationaler Kooperation treten somit nicht in den Hintergrund, sie werden gestärkt und weiterentwickelt.[753] Nach *Perritt* ist die Furcht, das Internet könnte eine Gefahr für die „klassische" staatliche Souveränität darstellen, durch die Strömung des

---

auch *Walter B. Wriston*, The Twilight of Sovereignty, Fletcher F. World Aff. 17 (1993), 117–130 (129); *Dan L. Burk*, Patents in Cyberspace: Territoriality and Infringement on Global Computer Networks, Tul. L. Rev. 68 (1993), 1–67 (49); *Walter B. Wriston*, Bits, Bytes, and Balance Sheets. The New Economic Rules of Engagement in a Wireless World, Hoover Institution Press, Publication No. 557, Stanford 2007, S. 33: „Although the essence of sovereignty is the power to exclude others from interfering in one's internal affairs, the concept is rapidly eroding."

[747] Dazu Teil II, Kap. 2, A.
[748] *Henry H. Perritt, Jr.*, The Internet as a Threat to Sovereignty? Thoughts on the Internet's Role in Strengthening National and Global Governance, Ind. J. Global Legal Stud. 5 (1998), 423–442 (428).
[749] *Henry H. Perritt, Jr.*, The Internet as a Threat to Sovereignty? Thoughts on the Internet's Role in Strengthening National and Global Governance, Ind. J. Global Legal Stud. 5 (1998), 423–442 (428).
[750] *Walter B. Wriston*, Bits, Bytes, and Balance Sheets. The New Economic Rules of Engagement in a Wireless World, Hoover Institution Press, Publication No. 557, Stanford 2007, S. 37.
[751] *Walter B. Wriston*, Bits, Bytes, and Balance Sheets. The New Economic Rules of Engagement in a Wireless World, Hoover Institution Press, Publication No. 557, Stanford 2007, S. 49.
[752] Ähnlich *Heli Tiirmaa-Klaar*, Cyber Diplomacy: Agenda, Challenges and Mission, in Katharina Ziolkowski (Hrsg.), Peacetime Regime for State Activities in Cyberspace. International Law, International Relations and Diplomacy, NATO CCDCOE Publication, Tallinn 2013, 509–531.
[753] *Henry H. Perritt, Jr.*, The Internet as a Threat to Sovereignty? Thoughts on the Internet's Role in Strengthening National and Global Governance, Ind. J. Global Legal Stud. 5 (1998), 423–442 (435: „cyber-diplomacy", 438: „virtual diplomacy").

Realismus[754] in den internationalen Beziehungen beeinflusst worden.[755] Doch nur für bestimmte Konzeptionen von Souveränität könne eine Gefahr tatsächlich bejaht werden.[756] Die Befürchtung, der technische Wandel könne *per se* einen erodierenden Effekt mit sich bringen, sei jedoch veraltet und gehe auf die Zeiten *James I. von England* (1566–1625) zurück, eine Epoche, in der der Buchdruck als Gefahr für die Übermacht von Kirche und Krone angesehen wurde.[757] Auch *Stein* ist der Ansicht, dass das Internet die staatliche Autorität, wie wir sie kennen, nicht negativ beeinflusst.[758] Dass der Nationalstaat und damit das geografische Element des Westfälischen völkerrechtlichen Systems auch heutzutage trotz allem nicht an Bedeutung eingebüßt hat, zeigen zudem Separationsbestrebungen von Minderheiten in Quebec, Schottland und Spanien sowie Grenzstreitigkeiten und die Ausrufung neuer Staaten im Süd-Sudan und im Kosovo ganz deutlich. Grenzkonflikte sind auch im Südchinesischen Meer zwischen China, den Philippinen, Vietnam, Malaysia und Brunei an der Tagesordnung. Indien und Pakistan liefern sich seit Jahrzehnten einen Kampf um die Provinz Kashmir, China und Japan streiten sich um die Senkaku/Diaoyu Islands.[759] Dabei spielt nicht nur nationales Anspruchsdenken eine Rolle, sondern auch und v. a. ökonomischer Opportunismus. Das geografische Element ist auch im 21. Jh. nicht ohne Bedeutung für die Behauptung wirtschaftlicher und politischer Macht.[760] Sogar I. O. hemmen nicht, sondern stärken im Grunde die Relevanz des Staates, da sie mehrheitlich (noch) staatenbasiert entstehen.

---

[754] Ausführlich zum Realismus *Andreas Jacobs*, Realismus, in Siegfried Schieder/Manuela Spindler (Hrsg.), Theorien der internationalen Beziehungen, 3. Aufl., Verlag Barbara Budrich, Opladen/Farmington Hills 2010, 39–64.

[755] *Henry H. Perritt, Jr.*, The Internet as a Threat to Sovereignty? Thoughts on the Internet's Role in Strengthening National and Global Governance, Ind. J. Global Legal Stud. 5 (1998), 423–442 (425).

[756] *Henry H. Perritt, Jr.*, The Internet as a Threat to Sovereignty? Thoughts on the Internet's Role in Strengthening National and Global Governance, Ind. J. Global Legal Stud. 5 (1998), 423–442 (425).

[757] *Henry H. Perritt, Jr.*, The Internet as a Threat to Sovereignty? Thoughts on the Internet's Role in Strengthening National and Global Governance, Ind. J. Global Legal Stud. 5 (1998), 423–442 (425).

[758] *Allan R. Stein*, The Unexceptional Problem of Jurisdiction in Cyberspace, Int'l Law. 32 (1998), 1167–1191 (1167).

[759] Diese und weitere Beispiele bei *Daniel Bethlehem*, The End of Geography: The Changing Nature of the International System and the Challenge to International Law, EJIL 25 (2014), 9–24 (14).

[760] *Daniel Bethlehem*, The End of Geography: The Changing Nature of the International System and the Challenge to International Law, EJIL 25 (2014), 9–24 (15). *Volker Rittberger/Andreas Kruck/Anne Romund*, Grundzüge der Weltpolitik. Theorie und Empirie des Weltregierens, VS Verlag für Sozialwissenschaften, Wiesbaden 2010, S. 23 sprechen daher von der „Widerstandsfähigkeit", der „Zählebigkeit" und einer regelrechten „Renaissance des Staates".

3. „Entterritorialisierung" des Völkerrechts

Dennoch könnte die partiell zu beobachtende Denationalisierung weitreichende Konsequenzen für die Bedeutung des Nationalstaats als primärem Akteur auf völkerrechtlicher Ebene haben; droht eine „Entterritorialisierung" des Völkerrechts?[761]

Der Begriff der „Entterritorialisierung" stammt ursprünglich aus der Psychoanalyse (von *Lacan* verwendet

> „to refer to the imprint of maternal care and nourishment on the child's libido and the resultant formation of part-objects and erogenous zones out of the conjugation of particular organs and orifices such as mouth-breast"),[762]

wurde aber in der Philosophie durch *Deleuze* und *Guattari* einem neuen Zweck zugeführt,[763] um schließlich seinen Siegeszug bis hinein in die Rechtswissenschaft anzutreten. Hier meint der Ausdruck die Loslösung des Rechts von seiner territorialen Verankerung.[764] Entterritorialisierung steht „für die Symptomatik des modernen Rechts, die unsere raumbezogene Rechtsvorstellung herausfordert".[765] Völkerrechtlich erstmals 1927 durch den StIGH in seinem „Lotus"-Urteil[766] „angestoßen",[767] gibt es mittlerweile einige Beispiele für die „Transzendenz" des Völkerrechts: Transnationales Recht als Verflechtung von privaten, nationalstaatlichen und internationalen Normenordnungen „löst sich von der Einheit des Staates und der Einheit der Rechtsordnung, wie es als axiomatische Figur dem Leitbild des ‚Container-Staates' zugrunde liegt".[768] Die suprater-

---

[761] *Ulla Hingst*, Auswirkungen der Globalisierung auf das Recht der völkerrechtlichen Verträge, Veröffentlichungen des Walther-Schücking-Instituts für Internationales Recht an der Universität Kiel Bd. 134, Duncker & Humblot, Berlin 2001, S. 39 bespricht diese Entwicklung unter dem Stichwort „rechtliche Denationalisierung".

[762] *Paul Patton*, Deleuze and the Political, Routledge, London/New York 2000, S. 106.

[763] Vgl. *Gilles Deleuze/Félix Guattari*, Capitalisme et schizophrénie, Bd. 2: Mille Plateaux, Les Éditions de Minuit, Paris 1980, S. 90, 142.

[764] *Kirsten Schmalenbach*, Völker- und unionsrechtliche Anstöße zur Entterritorialisierung des Rechts (1. Referat), in VVDStRL Bd. 76: Grenzüberschreitungen, Berichte und Diskussionen auf der Tagung der Vereinigung der Deutschen Staatsrechtslehrer in Linz vom 5.–8. Oktober 2016, De Gruyter, Berlin/Boston 2017, 245–276 (249).

[765] *Kirsten Schmalenbach*, Völker- und unionsrechtliche Anstöße zur Entterritorialisierung des Rechts (1. Referat), in VVDStRL Bd. 76: Grenzüberschreitungen, Berichte und Diskussionen auf der Tagung der Vereinigung der Deutschen Staatsrechtslehrer in Linz vom 5.–8. Oktober 2016, De Gruyter, Berlin/Boston 2017, 245–276 (250).

[766] StIGH, Urt. v. 7.9.1927 – Ser. A, No. 10, S. 19 f. – The Case of the S. S. „Lotus" (Frankreich/Türkei).

[767] *Kirsten Schmalenbach*, Völker- und unionsrechtliche Anstöße zur Entterritorialisierung des Rechts (1. Referat), in VVDStRL Bd. 76: Grenzüberschreitungen, Berichte und Diskussionen auf der Tagung der Vereinigung der Deutschen Staatsrechtslehrer in Linz vom 5.–8. Oktober 2016, De Gruyter, Berlin/Boston 2017, 245–276 (257).

[768] *Claudio Franzius*, Recht und Politik in der transnationalen Konstellation, Campus Verlag, Frankfurt a. M./New York 2014, S. 48.

ritorial[769] organisierte EU hat im Gebiet ihrer Mitgliedstaaten keine Gebietshoheit, dafür aber (beschränkte) politische Raumordnungsfunktion.[770] Dank globaler Kommunikationsräume wie dem Cyberspace sind extraterritorial wirkende nationale Normen keine Seltenheit, „[d]as Territorialitätsprinzip hat im nicht-physischen Raum seine vornehmste Funktion verloren, die Abgrenzung souveräner Herrschaftsräume",[771] und die „territoriale Relativität"[772] regionaler Menschenrechtsinstrumente ist nicht erst seit Kurzem ein viel diskutiertes Forschungsfeld der Völkerrechtswissenschaft.

Die Völkerrechtsordnung bestimmt die territoriale Souveränität der Staaten für viele Rechtsverhältnisse zum beherrschenden Ordnungsprinzip,[773] versteht sich also selbst als vorwiegend zwischenstaatliches Recht. Die Globalisierung und die damit zusammenhängenden (welt-)gesellschaftlichen Denationalisierungstendenzen[774] zwingen den Staat aber zur Öffnung seines nationalen Containers zugunsten multilateraler Regulierung globaler Probleme mit der möglichen Folge einer schleichenden Erosion souveräner Territorialität.[775] Schon im Jahr 1950 äußerte *Carl Schmitt*, das Völkerrecht habe im 20. Jh. seinen Raum-

---

[769] Begriff der „supraterritoriality" bei *Jan A. Scholte*, Globalization: A Critical Introduction, Macmillan Press, Houndmills/Basingstoke/Hampshire/London 2000, S. 59.

[770] *Kirsten Schmalenbach*, Völker- und unionsrechtliche Anstöße zur Entterritorialisierung des Rechts (1. Referat), in VVDStRL Bd. 76: Grenzüberschreitungen, Berichte und Diskussionen auf der Tagung der Vereinigung der Deutschen Staatsrechtslehrer in Linz vom 5.–8. Oktober 2016, De Gruyter, Berlin/Boston 2017, 245–276 (255), Auflistung der raumrelevanten Politiken in Fn. 72.

[771] *Kirsten Schmalenbach*, Völker- und unionsrechtliche Anstöße zur Entterritorialisierung des Rechts (1. Referat), in VVDStRL Bd. 76: Grenzüberschreitungen, Berichte und Diskussionen auf der Tagung der Vereinigung der Deutschen Staatsrechtslehrer in Linz vom 5.–8. Oktober 2016, De Gruyter, Berlin/Boston 2017, 245–276 (260).

[772] *Kirsten Schmalenbach*, Völker- und unionsrechtliche Anstöße zur Entterritorialisierung des Rechts (1. Referat), in VVDStRL Bd. 76: Grenzüberschreitungen, Berichte und Diskussionen auf der Tagung der Vereinigung der Deutschen Staatsrechtslehrer in Linz vom 5.–8. Oktober 2016, De Gruyter, Berlin/Boston 2017, 245–276 (271).

[773] *Jürgen Bast*, Völker- und unionsrechtliche Anstöße zur Entterritorialisierung des Rechts (2. Referat), in VVDStRL Bd. 76: Grenzüberschreitungen, Berichte und Diskussionen auf der Tagung der Vereinigung der Deutschen Staatsrechtslehrer in Linz vom 5.–8. Oktober 2016, De Gruyter, Berlin/Boston 2017, 277–309 (290). Beispielhaft seien hier die Begriffe staatlicher Jurisdiktion wie das Nationalitäts-, das Territorialitätsprinzip und das passive Personalitätsprinzip, das Verbot der Androhung oder Anwendung von Gewalt gegen die territoriale Integrität eines Staates aus Art. 2 Nr. 4 UN-Ch, die u. a. an das Territorium der jeweiligen Signatarstaats gebundene Geltung der Menschenrechte des IPbpR (Art. 2 Abs. 1 IPbpR: „Jeder Vertragsstaat verpflichtet sich, die in diesem Pakt anerkannten Rechte zu achten und sie allen in seinem Gebiet befindlichen und seiner Herrschaftsgewalt unterstehenden Personen […] zu gewährleisten.") und die Qualifikation eines Startstaates als „each State Party from whose territory or facility an object is launched" (Art. VII des Weltraum-Vertrags) genannt.

[774] Dazu *supra* Kap. 1, B.III.1.

[775] Umfassend zur Entterritorialisierung des Völkerrechts *Catherine M. Brölmann*, Deterritorialization in International Law: Moving Away from the Divide Between National and International Law, in Janne E. Nijman/André Nollkaemper (Hrsg.), New Perspectives on the Divide between National and International Law, Oxford University Press, Oxford 2007, 84–109.

bezug verloren,⁷⁷⁶ freilich noch ohne den konkreten Begriff der Entterritorialisierung zu bemühen. Die notwendige Kooperation des Staates mit seinesgleichen, aber auch mit diversen „nicht-territorialen"⁷⁷⁷ (Völkerrechts-)Subjekten wie I. O., transnational agierenden Wirtschaftsunternehmen und Individuen⁷⁷⁸ bewirken, dass der Staat seinen Status als Normsetzer – zumindest auf überstaatlicher und internationaler Ebene – mit der Zeit gegen den eines reinen Paktierers eintauscht. Das Monopol staatlicher Rechtsetzung existiert heute nur noch in einem immer kleiner werdenden Bereich des „domaine réservé".

In Zeiten des „Völkerrecht[s] der multilateralen Kooperation"⁷⁷⁹ wird die dezentrale Struktur⁷⁸⁰ unabhängiger staatlicher Rechtsregime durch ein stetes „horizontales" und „vertikales"⁷⁸¹ Wachstum des Völkerrechts aufgebrochen: Die Erweiterung der Gruppe der Normsetzer auf internationaler Ebene⁷⁸² geht mit einem Anwachsen des völkerrechtlichen Normbestands einher. Die Voraussetzung für eine fortschreitende „Entterritorialisierung" des Völkerrechts ist im Ergebnis eine gewissermaßen „bewusstseinserweiternde" Erkenntnis der Nationalstaaten: Ein neuer Regelungsgegenstand des Völkerrechts entsteht in dem Moment, in dem sich die von einem überlokal auftretenden Problem betroffenen Staaten der Tatsache bewusst werden, dass eine rein unilaterale Lösung kei-

---

[776] *Carl Schmitt*, Die Lage der europäischen Rechtswissenschaft, Internationaler Universitäts-Verlag, Tübingen 1950, S. 8 f. Dazu auch *Armin v. Bogdandy*, Von der technokratischen Rechtsgemeinschaft zum politisierten Rechtsraum. Probleme und Entwicklungslinien in der Grundbegrifflichkeit des Europarechts, Max-Planck-Institute for Comparative Public Law and International Law, MPIL Research Paper Series No. 2017-12, S. 17.
[777] *Jürgen Bast*, Völker- und unionsrechtliche Anstöße zur Entterritorialisierung des Rechts (2. Referat), in VVDStRL Bd. 76: Grenzüberschreitungen, Berichte und Diskussionen auf der Tagung der Vereinigung der Deutschen Staatsrechtslehrer in Linz vom 5.–8. Oktober 2016, De Gruyter, Berlin/Boston 2017, 277–309 (289).
[778] Die Bezeichnung des Individuums als „nicht-territorial" widerspricht nicht seiner Charakterisierung als räumliches Wesen (dazu *supra* Teil III, Kap. 1, A. I.2.).
[779] *Jürgen Bast*, Völker- und unionsrechtliche Anstöße zur Entterritorialisierung des Rechts (2. Referat), in VVDStRL Bd. 76: Grenzüberschreitungen, Berichte und Diskussionen auf der Tagung der Vereinigung der Deutschen Staatsrechtslehrer in Linz vom 5.–8. Oktober 2016, De Gruyter, Berlin/Boston 2017, 277–309 (292).
[780] *Wolfgang Friedmann*, The Relevance of International Law to the Process of Economic and Social Development, in Richard A. Falk/Cyril E. Black (Hrsg.), The Future of the International Legal Order, Vol. II: Wealth and Resources, Princeton University Press, Princeton/New Jersey 1970, 3–35 (12).
[781] *Wolfgang Friedmann*, The Changing Structure of International Law, Stevens & Sons, London 1964, S. xiii; *Wolfgang Friedmann*, The Relevance of International Law to the Process of Economic and Social Development, in Richard A. Falk/Cyril E. Black (Hrsg.), The Future of the International Legal Order, Vol. II: Wealth and Resources, Princeton University Press, Princeton/New Jersey 1970, 3–35 (15).
[782] *Wolfgang Friedmann*, The Relevance of International Law to the Process of Economic and Social Development, in Richard A. Falk/Cyril E. Black (Hrsg.), The Future of the International Legal Order, Vol. II: Wealth and Resources, Princeton University Press, Princeton/New Jersey 1970, 3–35 (24).

nen Erfolg verspricht.⁷⁸³ Im Zuge dieser Entwicklung zeigt sich einmal mehr, dass das Völkerrecht als Spiegel der globalen Gesellschaft, deren Belange es zu regeln bestimmt ist, wirkt.⁷⁸⁴ Den veränderten Prozess der Rechtsetzung auf internationaler Ebene beschrieb *Friedmann* schon zu Beginn der 1960er-Jahre wie folgt:

> „It is [...] clear that the new fields of international law are developing from a far-reaching interpenetration between public and private law. The form and authority of new international norms, whether agreed upon on the United Nations level or the more restricted level of regional communities, is the concern of public international law. The instrumentality continues to be a treaty, to which states are parties and by virtue of which the states acquire certain rights and undertake certain obligations. But the content of these norms comes increasingly from fields traditionally characterized as private law [...]."⁷⁸⁵

Das Resultat dieses Spagats der völkerrechtlichen Ordnung zwischen Privat- und (internationalem) öffentlichem Recht ist „Global Governance".⁷⁸⁶ Dieses Schlagwort steht

> „für eine Abwendung von Akteuren und eine Hinwendung zu Strukturen und Verfahren. Schließlich betont der Begriff den Mehrebenencharakter moderner Governance-Aktivitäten, wie die Verwendung des Wortes ‚global' im Unterschied zu ‚international' verdeutlicht. Dahinter steckt die Tendenz, die Unterscheidung nach der jeweiligen Ebene, also nach internationaler, supranationaler und nationaler öffentlicher Gewalt aufzugeben".⁷⁸⁷

Im Begriff der Global Governance verschmelzen Völkerrecht und Politik zu einer „Weltordnungspolitik" i. S. e. „neuen Weltordnung" nach *Slaughter*.⁷⁸⁸ Die zu beobachtende völkerrechtliche Positivierung durch „Vermehrung und

---

⁷⁸³ So auch schon *Maurice Bourquin*, Pouvoir scientifique et droit international, RdC 70 (1947-I), 331–406 (358): „Une question devient internationale le jour où les Etats se rendent compte qu'ils ne peuvent plus la résoudre convenablement par des moyens purement nationaux." Beispielhaft in diesem Zusammenhang *Bourquin* weiter zur Entstehung des *ius in bello* (366–367): „Comment le droit international du XIXe siècle concevait-il la guerre? [...] C'était une *res inter alios acta*. [...] Comparons à cela la conception du droit nouveau, telle qu'elle se dessine dans le Pacte de la Société des Nations, dans la Charte des Nations Unies et dans une série d'autres conventions, [...]. La guerre y devient un phénomène d'intérêt général, qui ne concerne plus seulement les belligérants, mais la collectivité tout entière. [...] [L]a ‚sécurité collective' se superpose à la sécurité individuelle." – Hervorh. im Original.

⁷⁸⁴ Vgl. *Wolfgang Friedmann*, The Changing Structure of International Law, Stevens & Sons, London 1964, S. 3.

⁷⁸⁵ *Wolfgang Friedmann*, The Changing Structure of International Law, Stevens & Sons, London 1964, S. 187.

⁷⁸⁶ Zum Begriff auch schon *supra* Teil II, Kap. 2, B. C.VI.1.

⁷⁸⁷ *Armin v. Bogdandy/Philipp Dann/Matthias Goldmann*, Völkerrecht als öffentliches Recht: Konturen eines rechtlichen Rahmens für Global Governance, Der Staat 49 (2010), 23–50 (27).

⁷⁸⁸ Vgl. *Anne-Marie Slaughter*, A New World Order, Princeton University Press, Princeton/Oxford 2004, 15 ff.

Verdichtung"[789] ist die Folge der Vertiefung der zwischenstaatlichen politischen Beziehungen. „The era of big Government is over",[790] konstatierte der damalige U. S.-Präsident *Bill Clinton* bereits 1996. Tatsächlich ist Global Governance „Governance by, with and without Government"[791] und ist daher begrifflich zu unterscheiden von „government".[792] Es geht bei diesem Konzept nicht um die Schaffung einer Weltregierung; vielmehr ist „die an sozialen Grundwerten orientierte Steuerung gesellschaftlicher Beziehungen mittels dauerhafter Regelungen" gemeint.[793] Es können unterschiedlichste Akteure in den Prozess des „Regierens"[794] eingebunden werden,[795] weshalb das Konzept der Global Governance gerade in einer immer kleiner werdenden, weil vernetzten Welt viele Vorteile bietet, zumal dem Völkerrecht der universelle „Weltnomothet" fehlt. Der Staat bleibt in diesem System ein wichtiger, aber nicht der einzige relevante internationale Akteur. Neben die Ebene der Koexistenz staatlicher Regelungssysteme und die Harmonisierung der Politiken einzelner Staaten zur Lösung grenzüberschreitender Probleme (Kooperation) treten nun diverse Systeme privater Selbstregulierung gesellschaftlicher Gruppierungen,[796] die aber dennoch tlw. auf den Staat als gleichberechtigten Partner (sog. Private-Public-Part-

---

[789] *Miloš Vec*, Recht und Normierung in der Industriellen Revolution. Neue Strukturen der Normsetzung in Völkerrecht, staatlicher Gesetzgebung und gesellschaftlicher Selbstnormierung, Vittorio Klostermann, Frankfurt a. M. 2006, S. 104. Zu der derart charakterisierten „Verrechtlichung" *infra* Teil II, Kap. 1, B.VI.2.

[790] *William J. Clinton*, State of the Union Address, U. S. Capitol, 23.1.1996.

[791] *Bernhard Zangl/Michael Zürn*, Make Law, Not War: Internationale und transnationale Verrechtlichung als Baustein für Global Governance, in Bernhard Zangl/Michael Zürn (Hrsg.), Verrechtlichung – Baustein für Global Governance?, EINE Welt – Texte der Stiftung Entwicklung und Frieden Bd. 18, Verlag J. H. W. Dietz Nachfolger, Bonn 2004, 12–45 (14). Zu dieser Form des Regierens ausführlich *Michael Zürn*, Regieren jenseits des Nationalstaates. Denationalisierung und Globalisierung als Chance, Edition Zweite Moderne, Suhrkamp, Frankfurt a. M. 1998, 166–180.

[792] *Bernhard Zangl/Michael Zürn*, Make Law, Not War: Internationale und transnationale Verrechtlichung als Baustein für Global Governance, in Bernhard Zangl/Michael Zürn (Hrsg.), Verrechtlichung – Baustein für Global Governance?, EINE Welt – Texte der Stiftung Entwicklung und Frieden Bd. 18, Verlag J. H. W. Dietz Nachfolger, Bonn 2004, 12–45 (13).

[793] *Bernhard Zangl/Michael Zürn*, Make Law, Not War: Internationale und transnationale Verrechtlichung als Baustein für Global Governance, in Bernhard Zangl/Michael Zürn (Hrsg.), Verrechtlichung Baustein für Global Governance?, EINE Welt Texte der Stiftung Entwicklung und Frieden Bd. 18, Verlag J. H. W. Dietz Nachfolger, Bonn 2004, 12–45 (14).

[794] Die Verwendung des Verbs „regieren" im Zusammenhang mit Global Governance folgt den engl. Begrifflichkeiten und der Unterscheidung zwischen „governance" (Regieren) und „government" (Regierung).

[795] *Bernhard Zangl/Michael Zürn*, Make Law, Not War: Internationale und transnationale Verrechtlichung als Baustein für Global Governance, in Bernhard Zangl/Michael Zürn (Hrsg.), Verrechtlichung – Baustein für Global Governance?, EINE Welt – Texte der Stiftung Entwicklung und Frieden Bd. 18, Verlag J. H. W. Dietz Nachfolger, Bonn 2004, 12–45 (14).

[796] Den immensen Bedeutungszuwachs privater Akteure im modernen Völkerrecht beschreibt *Oliver Dörr*, „Privatisierung" des Völkerrechts, JZ 60 (2005), 905–916 als „Privatisierung". Dazu auch *Jochen Rauber*, Strukturwandel als Prinzipienwandel. Theoretische, dogmatische und methodische Bausteine eines Prinzipienmodells des Völkerrechts und seiner

nerships)⁷⁹⁷ rekurrieren.⁷⁹⁸ Im Zuge „regulierter Selbstregulierung"⁷⁹⁹ gerät die rein imperative Regelung gegenüber der gezielten Setzung flexibler Rahmenbedingungen für die eigenverantwortliche Selbstverwaltung privater Akteure ins Hintertreffen; der Staat hat statt einer umfassenden Erfüllungsverantwortung lediglich eine Gewährleistungs- bzw. Auffangverantwortung inne⁸⁰⁰ („dezentrale Steuerung").⁸⁰¹ In den Worten von *Koskenniemi* und *Leino*:

„[…] [T]he role of the state has been transformed from legislator to a facilitator of self-regulating systems."⁸⁰²

Derart leistet der Staat gerade im Bereich der Technikregulierung einen wichtigen Beitrag zur Förderung der Eigenverantwortung der Entwickler und Anwender, denen er rechtlich ein „stabilisierendes Gesamtkonzept"⁸⁰³ bietet, sich

---

Dynamik, Beiträge zum ausländischen öffentlichen Recht und Völkerrecht Bd. 272, Springer, Heidelberg 2018, S. 56 ff.

⁷⁹⁷ *Bernhard Zangl/Michael Zürn*, Make Law, Not War: Internationale und transnationale Verrechtlichung als Baustein für Global Governance, in Bernhard Zangl/Michael Zürn (Hrsg.), Verrechtlichung – Baustein für Global Governance?, EINE Welt – Texte der Stiftung Entwicklung und Frieden Bd. 18, Verlag J. H. W. Dietz Nachfolger, Bonn 2004, 12–45 (15).

⁷⁹⁸ Commission on Global Governance, Our Global Neighbourhood: The Report of the Commission on Global Governance, Oxford University Press, Oxford 1995, S. 2 ff.: „Governance is the sum of the many ways individuals and institutions, public and private, manage their common affairs. It is a continuing process through which conflicting or diverse interests may be accommodated and co-operative action may be taken. It includes formal institutions and regimes empowered to enforce compliance, as well as informal arrangements that people and institutions either have agreed to or perceive to be in their interest. […] At the global level, governance has been viewed primarily as intergovernmental relationships, but it must now be understood as also involving non-governmental organizations (NGOs), citizens' movements, multinational corporations, and the global capital market. Interacting with these are global mass media of dramatically enlarged influence. […] Contemporary practice acknowledges that governments do not bear the whole burden of global governance. Yet states and governments remain primary public institutions for constructive responses to issues affecting peoples and the global community as a whole." Zu ähnlichen Ergebnissen kam auch das OECD „Forum for the Future" im Anschluss an mehrere Konferenzen rund um das Thema „People, Nature and Technology: Sustainable Societies in the 21st Century": *OECD*, Governance in the 21st Century, Future Studies, Paris 2001, zusammenfassend S. 3 f.

⁷⁹⁹ *Heiner Fuhrmann*, Technikgestaltung als Mittel zur rechtlichen Steuerung im Internet, ZfRSoz 23 (2002), 115–130 (116).

⁸⁰⁰ *Wolfgang Hoffmann-Riem*, Innovationen durch Recht und im Recht, in Martin Schulte (Hrsg.), Technische Innovation und Recht: Antrieb oder Hemmnis?, MTM Bd. 76, C. F. Müller, Heidelberg 1997, 3–32 (18).

⁸⁰¹ *Heiner Fuhrmann*, Technikgestaltung als Mittel zur rechtlichen Steuerung im Internet, ZfRSoz 23 (2002), 115–130 (116).

⁸⁰² *Martti Koskenniemi/Päivi Leino*, Fragmentation of International Law? Postmodern Anxieties, LJIL 15 (2002), 553–579 (557); s. das Zitat auch bei *Stefan Oeter*, The International Legal Order and its Judicial Function: Is there an International Community despite the Fragmentation of Judicial Dispute Settlement?, in Pierre-Marie Dupuy/Bardo Fassbender/Malcolm N. Shaw/Karl-Peter Sommermann (Hrsg.), Völkerrecht als Wertordnung, FS für Christian Tomuschat, N. P. Engel Verlag, Kehl/Straßburg/Arlington 2006, 583–599 (593).

⁸⁰³ Vgl. mit Bezug zur nationalen Technikrechtsetzung, *Günter Heine*, Technischer Fort-

darüber hinaus aber i. S. e. „Rahmengesetzgebung" auf Überwachung und Kontrolle beschränkt.

Die Befassung mit Global Governance als „Heiligem Gral" der Völkerrechtswissenschaft des 21. Jh. darf im Ergebnis nicht zu der irrigen Annahme führen, die Globalisierung sei im Ergebnis ein „Nullsummenspiel"[804] für die staatliche Territorialität:

> „Global governance is not global government. No misunderstanding should arise from the similarity of the terms. We are not proposing movement towards world government, [...]. The challenge is to strike the balance in such a way that the management of global affairs is responsive to the interests of all people in a sustainable future, that it is guided by basic human values, and that it makes global organization conform to the reality of global diversity."[805]

Im Gegenteil tritt die neue (und neu gewonnene) Territorialität sozialer und globaler Räume neben die des Staatsgebiets. Es ist daher der Eindruck falsch, dass es zu einer völligen „Relativierung staatlicher Territorialität"[806] komme. Vielmehr ist lediglich eine Veränderung der Wahrnehmung von und des Umgangs mit bekannten staatlichen territorialen Strukturen zu beobachten. So wird etwa am Beispiel der EU die Integration der staatlichen Hoheitsgewalt in komplexe Mehrebenensysteme beschrieben, es kommt zu einem Übergang der separaten zur „embedded territoriality".[807] Daher besteht nach *Bast* die

> „grundlegende Struktur des öffentlichen Rechts im Zeitalter der Globalisierung [...] in der Ausbildung von sektoralen Mehrebenensystemen, die an ihrer ‚lokalen' Basis in territorialen Einheiten organisiert sind, an ihrer ‚globalen' Spitze dagegen funktional".[808]

Die Diskussion um die vermeintliche Gefahr einer sog. Entterritorialisierung des Völkerrechts ist nur ein weiterer Beweis für die „sektorale Fragmentie-

---

schritt im Spannungsverhältnis von Unternehmen, Gesellschaft und Staat – Neue Herausforderungen für das Recht, in Martin Schulte (Hrsg.), Technische Innovation und Recht: Antrieb oder Hemmnis?, MTM Bd. 76, C. F. Müller, Heidelberg 1997, 57–77 (68).

[804] *Jürgen Bast*, Völker- und unionsrechtliche Anstöße zur Entterritorialisierung des Rechts (2. Referat), in VVDStRL Bd. 76: Grenzüberschreitungen, Berichte und Diskussionen auf der Tagung der Vereinigung der Deutschen Staatsrechtslehrer in Linz vom 5.–8. Oktober 2016, De Gruyter, Berlin/Boston 2017, 277–309 (305).

[805] Commemoration of the 50th anniversary of the UN, UN Doc. A/50/79-S/1995/106, 6.2.1995, S. 4 (Extracts from the Co-Chairmen's foreword).

[806] *Jürgen Bast*, Völker- und unionsrechtliche Anstöße zur Entterritorialisierung des Rechts (2. Referat), in VVDStRL Bd. 76: Grenzüberschreitungen, Berichte und Diskussionen auf der Tagung der Vereinigung der Deutschen Staatsrechtslehrer in Linz vom 5.–8. Oktober 2016, De Gruyter, Berlin/Boston 2017, 277–309 (307).

[807] Begriff bei *Anuscheh Farahat/Nora Markard*, Forced Migration Governance: In Search of Sovereignty, GLJ 17 (2016), 923–947 (946).

[808] *Jürgen Bast*, Völker- und unionsrechtliche Anstöße zur Entterritorialisierung des Rechts (2. Referat), in VVDStRL Bd. 76: Grenzüberschreitungen, Berichte und Diskussionen auf der Tagung der Vereinigung der Deutschen Staatsrechtslehrer in Linz vom 5.–8. Oktober 2016, De Gruyter, Berlin/Boston 2017, 277–309 (307).

rung"⁸⁰⁹ internationaler öffentlicher Gewalt. Es findet aber keine Entterritorialisierung des Völkerrechts i. S. e. vollständigen Loslösung von seiner zwischenstaatlichen Basis statt; Ent- und Reterritorialisierungstendenzen ergänzen sich im Prozess der Entstehung eines neuen Verständnisses von Territorialität und Hoheitsgewalt.⁸¹⁰

4. Zur Zukunft des Nationalstaats in der globalisierten Welt

Bethlehem ist daher nicht der Ansicht, dass die geografische Orientierung des Völkerrechts in naher Zukunft nachlassen wird;⁸¹¹ sie werde sich im Gegenteil sogar verstärken.⁸¹² Es folgt jedoch ein großes „Aber": *Bethlehem* ist zwar davon überzeugt, dass sich die westfälische Souveränität des Nationalstaats nicht vollends verdrängen lässt („The proposition of the end of geography is of course a caricature."),⁸¹³ auch nicht im Zeitalter der Globalisierung. Die wachsende Zahl

---

⁸⁰⁹ Zu den Fragmentierungstendenzen des Völkerrechts, vgl. *infra* Teil III, Kap. 1, B.VI.1.
⁸¹⁰ *Jürgen Bast*, Völker- und unionsrechtliche Anstöße zur Entterritorialisierung des Rechts (2. Referat), in VVDStRL Bd. 76: Grenzüberschreitungen, Berichte und Diskussionen auf der Tagung der Vereinigung der Deutschen Staatsrechtslehrer in Linz vom 5.–8. Oktober 2016, De Gruyter, Berlin/Boston 2017, 277–309 (308). So auch *Saskia Sassen*, Das Paradox des Nationalen: Territorium, Autorität und Rechte im globalen Zeitalter (dt. Übers. v. Nikolaus Gramm), Suhrkamp, Frankfurt a. M. 2008, S. 19 f.; *Neil Brenner*, Beyond state-centrism? Space, territoriality, and geographical scale in globalization studies, Theory and Society 28 (1999), 39–78. Dafür spricht sogar die Entstehung der EU als „supranationale" Organisation im Kontext der europäischen Integration, die eine neue Form der Territorialität auf internationaler Ebene verkörpert. Der Umstand, dass das Europarecht an sich nicht mehr als Völkerrecht im ursprünglichen Sinne zu qualifizieren ist (dazu *supra* Teil II, Kap. 2, B.I.5.a.), steht dem nicht entgegen, da die hiesige Betrachtung lediglich die völkerrechtliche Basis der Entstehung des der EU als R. O. zugeordneten Unionsgebiets auf Grundlage völkerrechtlicher Verträge (Art. 52 EUV, 355 AEUV) in Bezug nimmt.
⁸¹¹ *Daniel Bethlehem*, The End of Geography: The Changing Nature of the International System and the Challenge to International Law, EJIL 25 (2014), 9–24 (11). Auch *Wolfgang Kleinwächter*, Internet Co-Governance: Towards a Multilayer Multiplayer Mechanism of Consultation, Coordination and Cooperation (M_3C_3), Paper presented to the Informal Consultation of the Working Group on the Internet Governance (WGIG), Genf, 20.–21.9.2004, Version 2.0, S. 7, abrufbar unter: www.wgig.org/docs/Kleinwachter.pdf ist nicht der Ansicht, dass der Nationalstaat als Organisationseinheit innerhalb der nächsten 100 Jahre verschwinden wird.
⁸¹² *Daniel Bethlehem*, The End of Geography: The Changing Nature of the International System and the Challenge to International Law, EJIL 25 (2014), 9–24 (15), unter Verweis auf *Andrew Hurrell*, International Law 1989–2010: A Performance Appraisal, in James Crawford/Sarah Nouwen (Hrsg.), Select Proceedings of the European Society of International Law, Bd. 3: International Law 1989–2010: A Performance Appraisal (Cambridge, 2.–4.9.2010), Oxford and Portland, Oregon 2012, 3–19 (9): „[…] [T]he complex, hybrid and contested character of international society – a society that faces a range of classical Westphalian challenges (especially to do with power transition and the rise of new powers) but one that faces these challenges in a context marked by strong post-Westphalian characteristics […]. My core argument is that it is this mixed, hybrid and contested character of the international political order that poses the most serious challenges to international law."
⁸¹³ *Daniel Bethlehem*, The End of Geography: The Changing Nature of the International System and the Challenge to International Law, EJIL 25 (2014), 9–24 (17).

unterschiedlichster, nicht staatlicher Akteure und der bereichsübergreifende, grenzüberschreitende Fluss an Personen, Waren, Dienstleistungen, Geld und Informationen führe aber dazu, dass die Grundlagen des Westfälischen Systems von der Spitze des völkerrechtlichen Ordnungssystems an dessen Boden verschoben würden. Die Mediatisierung des Einzelnen durch den Staat ist nicht länger erforderlich, natürliche und juristische Personen unterschiedlichster Provenienz treten selbständig miteinander in Verbindung und virtuelle Räume in Konkurrenz zum physisch greifbaren Raum, grenzüberschreitender Handel ist an der Tagesordnung. I. O. und NGOs operieren transnational auf der Basis von Mandaten, die die begrenzten Dimensionen staatlicher Souveränität überschreiten.[814] Hier wird die Basis der Zusammenarbeit durch den Fokus der Organisation bestimmt, nicht durch die Völkerrechtsnatur der beteiligten Akteure.

Diese Veränderung folgt einer bestechenden Logik: Probleme, die weltumspannender Natur sind, bedürfen einer ebenso umfassenden Lösung. Das kann nur ein auf die Bedürfnisse der wachsenden Welt abgestimmtes Völkerrecht leisten, bedenkt man die wachsende Bedrohung durch Pandemien, weltweite Migrationsströme, Umweltkatastrophen ungeahnten Ausmaßes, den Welthandel, die weltweite Nutzung der elektromagnetischen Sphäre, das Internet, internationale Sicherheitsrisiken.[815] Auf die Lösung solcher Probleme ist das in einer globalisierten Welt geradezu philiströse Westfälische System nicht eingerichtet.[816]

„Die Internationalisierung der Regelungsgegenstände unterminiert das konventionelle hoheitliche Steuerungsmodell eines souveränen Staates, der das Verhalten der seinem Gewaltmonopol Unterworfenen mittels verbindlicher Rechtssätze zu steuern sucht",[817]

klagt *Fuhrmann*. Nicht nur das Völkerrecht, auch der Staat als völkerrechtliche Organisationseinheit selbst wurde „funktional fragmentiert".[818] Die verstärkte Einbindung von Privatwirtschaft und Vertretern der Zivilgesellschaft in internationale Rechtsetzungsprozesse produziert, wie die Analyse der komplexen Formen der Internetregulierung gezeigt hat,[819] eine „bottom up"-Politikent-

---

[814] *Daniel Bethlehem*, The End of Geography: The Changing Nature of the International System and the Challenge to International Law, EJIL 25 (2014), 9–24 (15).

[815] Vgl. *Daniel Bethlehem*, The End of Geography: The Changing Nature of the International System and the Challenge to International Law, EJIL 25 (2014), 9–24 (18), der diese Probleme als „challenges that have a self-evidently transboundary, geography-defying quality" bezeichnet.

[816] Vgl. *Daniel Bethlehem*, The End of Geography: The Changing Nature of the International System and the Challenge to International Law, EJIL 25 (2014), 9–24 (17).

[817] *Heiner Fuhrmann*, Technikgestaltung als Mittel zur rechtlichen Steuerung im Internet, ZfRSoz 23 (2002), 115–130 (115).

[818] *Martti Koskenniemi*, The Fate of Public International Law: Between Technique and Politics, MLR 70 (2007), 1–30 (28).

[819] S. dazu Teil II.

wicklung,[820] die *Leuprecht* auch als „,Privatisierung' der internationalen Gemeinschaft" bezeichnet.[821] Es ist notwendig, von der Vorstellung vom Nationalstaat als primärem Akteur auf völkerrechtlicher Ebene Abstand zu nehmen, soweit dies nicht schon durch die „imperative reality of transnational law"[822] geschehen ist, die den Nationalstaat als eine den politischen, sozialen und normativen Pluralismus einschränkende „monistische Konzeption von Raum"[823] demontiert.

Unter dem Einfluss der sich mehrenden technischen Möglichkeiten bewegt sich das (Kooperations-)Völkerrecht in diesem Zusammenhang augenscheinlich in zwei gegenläufige Richtungen. Auf der einen Seite führt der technische Wandel dazu, dass sich die hochentwickelten Industrieländer von den Entwicklungs- bzw. in der Entwicklung begriffenen Staaten abschotten. Sie machen Gebrauch von ihrem Recht, „mit der Zeit zu gehen" und ihre (nationale) Gesetzgebung den neuen technischen Gegebenheiten anzupassen. Im Ergebnis fördert die Ausrichtung der Staaten am technischen Wandel so die Autonomie von (einigen) Nationalstaaten.[824] Auf der anderen Seite scheint – nach Ansicht von *Dhokalia* – die allgegenwärtige Globalisierung, unterstützt durch die mannigfaltigen Möglichkeiten, die der technische Wandel der letzten 150 Jahre mit sich gebracht hat, das Gebilde des Nationalstaats geradezu entbehrlich zu machen:

„The territorial State today seems to be an anachronistic organizational form, a mere administrative shell of the world market, […]."[825]

---

[820] *Wolfgang Kleinwächter*, Die WSIS-Kontroverse zu Internet Governance: Eine globale Ressource im Spannungsfeld nationaler Interessen, in Wolfgang Benedek/Catrin Pekari (Hrsg.), Menschenrechte in der Informationsgesellschaft, Richard Boorberg Verlag, Stuttgart/München/Hannover/Berlin/Weimar/Dresden 2007, 35–55 (43).

[821] *Peter Leuprecht*, Der Weltgipfel zur Informationsgesellschaft aus der Sicht der Menschenrechte, in Wolfgang Benedek/Catrin Pekari (Hrsg.), Menschenrechte in der Informationsgesellschaft, Richard Boorberg Verlag, Stuttgart/München/Hannover/Berlin/Weimar/Dresden 2007, 23–34 (33).

[822] *Massimo Meccarelli/María J. Solla Sastre*, Spatial and Temporal Dimensions for Legal History: An Introduction, in Massimo Meccarelli/María J. Solla Sastre (Hrsg.), Spatial and Temporal Dimensions for Legal History. Research Experiences and Itineraries, Global Perspectives on Legal History, Max Planck Institute for European Legal History Open Access Publication, Frankfurt a. M. 2016, 3–24 (6), abrufbar unter: https://www.lhlt.mpg.de/gplh_volume_6.

[823] *Massimo Meccarelli/María J. Solla Sastre*, Spatial and Temporal Dimensions for Legal History: An Introduction, in Massimo Meccarelli/María J. Solla Sastre (Hrsg.), Spatial and Temporal Dimensions for Legal History. Research Experiences and Itineraries, Global Perspectives on Legal History, Max Planck Institute for European Legal History Open Access Publication, Frankfurt a. M. 2016, 3–24 (6), abrufbar unter: https://www.lhlt.mpg.de/gplh_volume_6.

[824] *James E. S. Fawcett*, Impacts of Technology on International Law, in Bin Cheng (Hrsg.), International Law: Teaching and Practice, Stevens, London 1982, 94–108 (95).

[825] *Ramaa P. Dhokalia*, Reflections on International Law-Making and Its Progressive Development in the Contemporary Era of Transition, in Raghunandan S. Panthak/Ramaa P. Dho-

Durch den immer stärkeren Austausch auf wissenschaftlicher Ebene wurde die weltweite Kooperation enorm gefördert. Sog. „common interests" der Staatengemeinschaft konfligieren immer häufiger mit einzelstaatlichen Souveränitätsbelangen.[826] Die Nationalstaaten gehen (funktional) vermehrt in deutlich (regelungs-)effizienteren I. O. oder R. O. wie der EU auf, die Folge ist eine Bündelung von Autoritäten durch Übertragung von Hoheitsrechten der Staaten auf die Organisationen. Daneben ist nach *Václav Havel* (1936–2011)[827] ein Transfer bestimmter aktuell staatsgebundener Aufgaben auf Organe und Strukturen der Zivilgesellschaften notwendig.[828] Dieser Prozess mündet schließlich in einer sektorspezifischen Stagnation rein intergouvernementaler Zusammenarbeit, begünstigt wird dagegen der Austausch auf ziviler und trans- sowie internationaler Ebene. In der (welt-)öffentlichen Wahrnehmung wird der Staat vermehrt nicht mehr als „the highest earthly value – in fact the only one in whose name it is permissible to kill or for which it is worth dying"[829] wahrgenommen. Der Einzelne gewinnt gegenüber dem Staat immer mehr an Bedeutung.[830] Das liegt nach *Havel* insbes. daran, dass

> „especially because of the massive advancement of science and technology, our fates are merged together into one single destiny; and in which we all, whether we like it or not, suffer responsibility for everything that occurs. It is obvious that in such a world, blind love for one's own state – a love that does not recognize anything above itself, finds excuses for any action of the state simply because it is one's own state, and rejects anything else simply because it is different – inevitably turns into a dangerous anachronism, a hotbed of conflicts, and, eventually, a source of immeasurable human suffering".[831]

Bereits im Jahr 1999 prognostizierte *Havel*, der Nationalstaat werde im Verlauf des 21. Jh. „constitute merely one of the levels in a complex and stratified planetary societal self-organization".[832] Damit verändert sich auch nach und nach

---

kalia (Hrsg.), International Law in Transition. Essays in Memory of Judge Nagendra Singh, Martinus Nijhoff Publishers, Dordrecht 1992, 203–229 (210).

[826] *James E. S. Fawcett*, Impacts of Technology on International Law, in Bin Cheng (Hrsg.), International Law: Teaching and Practice, Stevens, London 1982, 94–108 (96).

[827] *Václav Havel* war der erste Staatspräsident der Tschechischen Republik (1993–2003).

[828] *Václav Havel*, Beyond the Nation State, The Responsive Community 9 (1999), 26–33 (27).

[829] *Václav Havel*, Beyond the Nation State, The Responsive Community 9 (1999), 26–33 (26).

[830] *Václav Havel*, Beyond the Nation State, The Responsive Community 9 (1999), 26–33 (26).

[831] *Václav Havel*, Beyond the Nation State, The Responsive Community 9 (1999), 26–33 (26).

[832] *Václav Havel*, Beyond the Nation State, The Responsive Community 9 (1999), 26–33 (27). *Havel* merkt jedoch an (31), „that I am not fighting here against the institution of the state as such. It would, for that matter, be rather absurd if the head of a state addressing the representative bodies of another state pleaded that states should be abolished. I am talking about something else. I am talking about the fact that there is a value that ranks higher than the state.

der Blick auf die „internationale Gemeinschaft" als Subjekt des Völkerrechts.[833] Schon heute prägt die rege Diskussion über den Status der internationalen Gemeinschaft als Rechtssubjekt den Völkerrechtsdialog. Durch die Teilhabe unterschiedlichster, auch nicht staatlicher Akteure am Weltgeschehen entsteht ein Netzwerk, das wiederum aus verschiedenen – vertikal angeordneten – Schichten von Netzwerken („layers of networks")[834] besteht und so weltumspannend auf verschiedenen Ebenen und in diversen Bereichen präsent ist.

Nichtsdestotrotz steht der Nationalstaat (noch) nicht in dem Ruf, überflüssig zu sein, solange der in Art. 2 Nr. 1 UN-Ch verankerte Grundsatz der souveränen Gleichheit der Staaten gilt.[835] Die besondere legitimierende Rolle des Nationalstaats als traditionelle Organisationseinheit des Völkerrechts könnte nach *Paulus* nur durch die Formierung eines Weltstaats ersetzt werden.[836]

Denn nur, weil andere Akteure auf internationaler Ebene, wie I. O., der Einzelne oder private Unternehmen, an Bedeutung gewinnen, bedeutet das nicht, dass die Staaten als die geborenen Völkerrechtssubjekte im selben Maß an Bedeutung verlieren.[837] Regieren „‚[j]enseits des Nationalstaates' heißt […] nicht ‚Ende des Nationalstaates'".[838] Es kommt aber zu einem Wandel des herkömmlichen, bekannten Bilds des Rechtsraums über den virtuellen Raum zum „Meta-Raum" der Multipolarität.[839] Die bekannten Räume „lösen" sich nach *v. Arnauld* in diesem neuen, komplexeren Raummodell „auf". Multipolar sind diese Räume wegen der wachsenden Vielzahl der darin agierenden Akteure,

---

This value is humanity. The state, as is well known, is here to serve the people, not the other way around".

[833] *Joseph W. Dellapenna*, Law in a Shrinking World: The Interaction of Science and Technology with International Law, Ky. L. J. 88 (1999–2000), 809–883 (879).

[834] *Andreas v. Arnauld*, Politische Räume im Völkerrecht, in Kerstin Odendahl/Thomas Giegerich (Hrsg.), Räume im Völker- und Europarecht, Veröffentlichungen des Walther-Schücking-Instituts für Internationales Recht an der Universität Kiel Bd. 189, Duncker & Humblot, Berlin 2014, 180–204 (200).

[835] *Andreas v. Arnauld*, Politische Räume im Völkerrecht, in Kerstin Odendahl/Thomas Giegerich (Hrsg.), Räume im Völker- und Europarecht, Veröffentlichungen des Walther-Schücking-Instituts für Internationales Recht an der Universität Kiel Bd. 189, Duncker & Humblot, Berlin 2014, 180–204 (200).

[836] *Andreas L. Paulus*, Commentary to Andreas Fischer-Lescano & Gunther Teubner: The Legitimacy of International Law and the Role of the State, Mich. J. Int'l L. 25 (2004), 1047–1058 (1057).

[837] *John G. Ruggie*, International Responses to Technology: Concepts and Trends, IO 29 (1975), 557–583 (569) spricht in diesem Zusammenhang vom „sovereignty at bay"-Syndrom (sprachliche Anleihen zur Begriffsbildung bei *Raymond Vernon*, Sovereignty at bay: the multinational spread of U. S. enterprises, Basic Books, New York 1971), das er i. Ü. als „pernicious and misleading" bezeichnet.

[838] *Michael Zürn*, Regieren jenseits des Nationalstaates. Globalisierung und Denationalisierung als Chance, Frankfurt a. M. 1998, S. 12.

[839] Begriffe (im Zusammenhang mit politischen Räumen) bei *Andreas v. Arnauld*, Politische Räume im Völkerrecht, in Kerstin Odendahl/Thomas Giegerich (Hrsg.), Räume im Völker- und Europarecht, Veröffentlichungen des Walther-Schücking-Instituts für Internationales Recht an der Universität Kiel Bd. 189, Duncker & Humblot, Berlin 2014, 180–204 (200).

der neuen Organisation der Räume, die nicht mehr an Staatsgrenzen gebunden ist.[840] Mit dem Begriff der Multipolarität ist untrennbar das Streben nach Koordination und Kooperation verbunden;[841] also sind hierin Elemente des Kooperationsvölkerrechts zu entdecken,[842] kennzeichnend für das Zeitalter der Globalisierung. *V. Arnauld* spricht von einer neuen „Pluralität der Zentren", die durch ein Gleichgewicht der in deren Innern agierenden Mächte aufrechterhalten werden.[843]

IV. National, international, transnational: Regieren jenseits des Staates

Folge der Globalisierung ist – wie gesehen – eine Veränderung der Gesellschaft, der Rolle des Staates[844] und damit auch eine Relativierung der klaren Abgrenzung zwischen privatem und öffentlichem Recht.[845] Gefahren und Chancen einer „Hybridisierung der Rechtsordnungen"[846] werden diskutiert. Ansätze zu einer Hybridisierung werden speziell gesehen in der zunehmenden Hinwendung zu Global Governance als neuer Weltordnung,[847] die auf die neuen Bedürfnisse einer globalisierten Welt zugeschnitten sein soll und sich nicht mehr an den westfälischen Kategorien des Rechts orientiert. Das Völkerrecht als Werkzeug

---

[840] Eingehender zur Multipolarität *Michael Staack*, Multipolarität und Multilateralismus als Strukturen der neuen Weltordnung, in Michael Staack (Hrsg.), Asiens Aufstieg in der Weltpolitik, Schriftenreihe des WIFIS Bd. 30, Verlag Barbara Budrich, Opladen/Berlin/Toronto 2013, 9–48 (11–20).

[841] *Andreas v. Arnauld*, Politische Räume im Völkerrecht, in Kerstin Odendahl/Thomas Giegerich (Hrsg.), Räume im Völker- und Europarecht, Veröffentlichungen des Walther-Schücking-Instituts für Internationales Recht an der Universität Kiel Bd. 189, Duncker & Humblot, Berlin 2014, 180–204 (200).

[842] Dazu *infra* Teil III, Kap. 1, B.VII.

[843] *Andreas v. Arnauld*, Politische Räume im Völkerrecht, in Kerstin Odendahl/Thomas Giegerich (Hrsg.), Räume im Völker- und Europarecht, Veröffentlichungen des Walther-Schücking-Instituts für Internationales Recht an der Universität Kiel Bd. 189, Duncker & Humblot, Berlin 2014, 180–204 (200).

[844] *Matthias Ruffert*, Globalisierung als Herausforderung an das Öffentliche Recht, Jenaer Schriften zum Recht Bd. 33, Richard Boorberg Verlag, Stuttgart/München/Hannover/Berlin/Weimar/Dresden 2004, S. 19.

[845] *Thomas Kleinlein*, Konstitutionalisierung im Völkerrecht. Konstruktion und Elemente einer idealistischen Völkerrechtslehre, Beiträge zum ausländischen öffentlichen Recht und Völkerrecht Bd. 231, Springer, Heidelberg 2012, S. 84.

[846] Vgl. Berichte DGIR Bd. 46: Internationales, nationales und privates Recht: Hybridisierung der Rechtsordnungen? – Immunität, 33. Tagung in Luzern 13. bis 16. März 2013, C. F. Müller, Heidelberg/München/Landsberg/Frechen/Hamburg 2014; vgl. auch *Andreas Fischer-Lescano/Lars Viellechner*, Globaler Rechtspluralismus, APuZ 60 (2010), Heft 34–35: Weltstaatengesellschaft?, 20–26 (21). Zur „Hybridisierung der Völkerrechtsordnung" sogleich unter Teil III, Kap. 1, B. V.

[847] Vgl. *Anne-Marie Slaughter*, A New World Order, Princeton University Press, Princeton/Oxford 2004.

von Global Governance folgt dessen funktionalen und problemorientierten[848] statt geografischen Organisationsstrukturen, die neben der gelegentlich geradezu flüchtig erscheinenden Kategorie der Territorialität[849] auch die Entstehung neuer, andersartiger „Räume" jenseits der bekannten territorialen Strukturen des Staatsgebiets zulassen.[850]

Ein Bestandteil des neuen Governance-Systems können private Normenordnungen jenseits staatlicher Normgewalt sein.[851] Doch ist das noch „internationales" Recht, kann Privatrecht Teil der völkerrechtlichen Ordnung sein? Das Adjektiv „international" beschreibt nur unzureichend die diversifizierte internationale Beziehungs- und Völkerrechtslandschaft. Die Wortschöpfung „private international law" hielt *Ross* für „misleading",[852] sein eigener Vorschlag, „interlegal law", wurde von *Jessup* für „not encouraging" befunden.[853] Nachdem bereits einige (mehr oder weniger erfolglose) Versuche unternommen worden waren, die sukzessive Erweiterung der Gruppe der Völkerrechtssubjekte und internationalen Akteure um Private, Unternehmen, zivilgesellschaftliche Organisationen etc. sprachlich sauber zu fassen, führte *Jessup* selbst 1956 den Begriff „transnational law" im Titel seines gleichnamigen Werks ein.[854] Das Präfix „trans-" entstammt der lat. Sprache und „bedeutet in Bildungen mit Verben oder Substantiven hindurch, quer durch, hinüber, jenseits, über ... hinaus (lokal, temporal und übertragen)".[855] Das Adjektiv „transnational" definiert der Duden als „übernational, mehrere Nationen umfassend, übergreifend".[856] *Jessup* verwendete den Begriff „transnational law" entsprechend anstelle von „interna-

---

[848] *Daniel Bethlehem*, The End of Geography: The Changing Nature of the International System and the Challenge to International Law, EJIL 25 (2014), 9–24 (15).

[849] Diese Kategorie ist nach *Jürgen Bast*, Völker- und unionsrechtliche Anstöße zur Entterritorialisierung des Rechts (2. Referat), in VVDStRL Bd. 76: Grenzüberschreitungen, Berichte und Diskussionen auf der Tagung der Vereinigung der Deutschen Staatsrechtslehrer in Linz vom 5.–8. Oktober 2016, De Gruyter, Berlin/Boston 2017, 277–309 (292) „bemerkenswert abwesend".

[850] Der Philosoph und Soziologe *Georg Simmel* (1858–1918) sprach im Zusammenhang mit dem vergleichbaren „unräumlichen" Prinzip der Kirche in ihrer Erstreckung im Raum von „überräumlichen Gebilden": *Georg Simmel*, Soziologie. Untersuchungen über die Formen der Vergesellschaftung, 2. Aufl., Duncker & Humblot, München/Leipzig 1922, S. 464.

[851] *Bernhard Zangl/Michael Zürn*, Make Law, Not War: Internationale und transnationale Verrechtlichung als Baustein für Global Governance, in Bernhard Zangl/Michael Zürn (Hrsg.), Verrechtlichung – Baustein für Global Governance?, EINE Welt – Texte der Stiftung Entwicklung und Frieden Bd. 18, Verlag J. H. W. Dietz Nachfolger, Bonn 2004, 12–45 (12).

[852] *Alf Ross*, A Textbook of International Law: General Part, The Lawbook Exchange, Clark (New Jersey) 2006 (Nachdr. d. Aufl. London/New York 1947), S. 73.

[853] *Philip C. Jessup*, Transnational Law, Yale University Press, New Haven 1956, S. 2.

[854] *Nils C. Ipsen*, Private Normenordnungen als Transnationales Recht?, Schriften zur Rechtstheorie Bd. 247, Duncker & Humblot, Berlin 2009, S. 24.

[855] *Duden*, Art. „trans-, Trans-, *vor s auch* tran-, Tran-, *auch verkürzt* tra-, Tra-", abrufbar unter: https://www.duden.de/rechtschreibung/trans_.

[856] *Duden*, Art. „transnational", abrufbar unter: https://www.duden.de/rechtschreibung/transnational.

tional law"; transnationales Recht setzt sich nach seiner Vorstellung zusammen aus öffentlichem und privatem internationalem Recht („both public and private international law are included").[857] Anstatt auf die Regelungssubjekte, also die normsetzenden Entitäten, konzentrierte sich *Jessup* auf die Besonderheiten der Regelungsmaterien grenzüberschreitenden Charakters[858] und beschrieb als transnationales Recht „all law which regulates actions or events that transcend national frontiers".[859] Transnationales Recht zeichnet sich also aus durch eine charakteristische „Verschränkung von Völkerrecht und nationalem Recht [...], öffentlichem Recht und Zivilrecht [...], *hard law* und *soft law* [...]".[860] Dem Ansatz *Ipsens* folgend, soll der Begriff „transnationales Recht" für die Zwecke dieser Arbeit stehen für Regelungssysteme, die

> „parallel zum staatlichen Recht existieren und in ihrer Geltung nicht von dessen Anerkennung abhängig [sind], weil sie gerade in den transnationalen Räumen auftreten, in denen kein nationaler Staat eine genuine Rechtsetzungskompetenz beanspruchen kann".

Beispielhaft nennt und untersucht *Ipsen* die Existenz der *lex mercatoria*, einer *lex sportiva* und einer *lex informatica*.[861]

Beispiele[862] für transnationale Normenordnungen sind technische Standards[863] (wobei die Ausarbeitung solcher Standards häufig von staatlichen Stellen an Standard setzende Organisationen wie das DIN, das CEN oder das CENELEC delegiert[864] wird), ideelle internationale Standards, speziell im Bereich der Menschenrechte,[865] und Prozesse der regionalen Integration auf Ebene der

---

[857] Philip C. *Jessup*, Transnational Law, Yale University Press, New Haven 1956, S. 2.

[858] Nils C. *Ipsen*, Private Normenordnungen als Transnationales Recht?, Schriften zur Rechtstheorie Bd. 247, Duncker & Humblot, Berlin 2009, S. 25.

[859] Philip C. *Jessup*, Transnational Law, Yale University Press, New Haven 1956, S. 2.

[860] Andreas v. *Arnauld*, Völkerrecht, 3. Aufl., C. F. Müller, Heidelberg 2016, S. 409 Rn. 918 – Hervorh. im Original. Richtigerweise gibt *Ipsen* zu bedenken, dass eine sehr offene Definition des Begriffs „transnationales Recht" die Einbeziehung „fast alle[r] existierenden Normen (zumindest potentiell)" zur Folge hat: Nils C. *Ipsen*, Private Normenordnungen als Transnationales Recht?, Schriften zur Rechtstheorie Bd. 247, Duncker & Humblot, Berlin 2009, S. 25.

[861] Nils C. *Ipsen*, Private Normenordnungen als Transnationales Recht?, Schriften zur Rechtstheorie Bd. 247, Duncker & Humblot, Berlin 2009, S. 32. *Ipsen* kommt allerdings zu dem Ergebnis, dass es sich bei den genannten Regelungssystemen mangels Rechtscharakters (S. 244) lediglich um „paralegale Normenordnungen", nicht aber um transnationales Recht handeln könne (S. 243).

[862] Von einer umfassenden Analyse der Erscheinungsformen des Phänomens des transnationalen Rechts soll abgesehen werden. Erklärungen und Beispiele bei Nils C. *Ipsen*, Private Normenordnungen als Transnationales Recht?, Schriften zur Rechtstheorie Bd. 247, Duncker & Humblot, Berlin 2009, S. 27 ff.

[863] Nils C. *Ipsen*, Private Normenordnungen als Transnationales Recht?, Schriften zur Rechtstheorie Bd. 247, Duncker & Humblot, Berlin 2009, S. 30 ff.

[864] Anne *Röthel*, Lex mercatoria, lex sportiva, lex technica – Private Rechtsetzung jenseits des Nationalstaates?, JZ 2007, 755–762 (758).

[865] Nils C. *Ipsen*, Private Normenordnungen als Transnationales Recht?, Schriften zur Rechtstheorie Bd. 247, Duncker & Humblot, Berlin 2009, S. 29 f.

EU oder – in Ansätzen – der WTO.[866] Transnationale Normenordnungen lassen sich in ihrer Gesamtheit weder dem staatlich legitimierten nationalen Recht noch den klassischen Völkerrechtsquellen nach Art. 38 Abs. 1 IGH-Statut zuordnen. Daher ist eine entscheidende Frage in der Debatte um die Existenz transnationalen Rechts, wie sich die Tatsache, dass auf internationaler Ebene eine Art „Weltnomothet" fehlt, mit dem Umstand verträgt, dass transnationale Normenordnungen grenzüberschreitende Sachgebiete regeln, es aber kein adäquates Äquivalent des Staates gibt. *Teubner* will dieses Dilemma durch Definition eines rechtlichen Vakuums, entstanden durch den Gegensatz der globalen Ausdifferenzierung unterschiedlichster Lebensbereiche und der gleichzeitigen Verhaftung des Rechts in nationalstaatlicher Kontemplation, lösen. Dieses Vakuum werde in Ermangelung eines „Weltstaats"[867] an der Peripherie der Gesellschaft durch private Selbstorganisation gefüllt.[868] Einer staatlichen Anerkennung bedürften transnationale Normen zu ihrer Geltung nicht.[869] Rechtsetzung sei – im Wege eines „spill-over Effekts" – auch durch soziale Prozesse möglich, so *Teubner*.[870] *Luhmanns* systemtheoretischem Ansatz folgend, kann die Gesellschaft als auf Kommunikation aller Art basierendes soziales Gefüge definiert werden. Recht ist ein Subsystem der Gesellschaft, basiert also letztlich auch auf (rechtlicher) Kommunikation, die auf dem binären Code „Recht/Unrecht" beruht.[871] Dadurch grenzt sich das Recht von anderen Subsystemen ab.[872] Ein Rechtssystem ist damit die Summe „aller am Rechtscode orientierten Kommunikationen".[873]

---

[866] Dazu *Nils C. Ipsen*, Private Normenordnungen als Transnationales Recht?, Schriften zur Rechtstheorie Bd. 247, Duncker & Humblot, Berlin 2009, S. 29.

[867] *Nils C. Ipsen*, Private Normenordnungen als Transnationales Recht?, Schriften zur Rechtstheorie Bd. 247, Duncker & Humblot, Berlin 2009, S. 41.

[868] *Gunther Teubner*, Globale Bukowina: Zur Emergenz eines transnationalen Rechtspluralismus, RJ 15 (1996), 255–290 (261).

[869] *Nils C. Ipsen*, Private Normenordnungen als Transnationales Recht?, Schriften zur Rechtstheorie Bd. 247, Duncker & Humblot, Berlin 2009, S. 227; *Gunther Teubner*, Globale Bukowina: Zur Emergenz eines transnationalen Rechtspluralismus, RJ 15 (1996), 255–290 (279). A. A. *Ralf Michaels*, Welche Globalisierung für das Recht? Welches Recht für die Globalisierung?, RabelsZ 69 (2005), 525–544 (540). *Kirchhof* spricht von einem Rechtsanerkennungsmonopol des Staates im Gegensatz zu einem Rechtsetzungsmonopol: *Ferdinand Kirchhof*, Private Rechtsetzung, Schriftenreihe der Hochschule Speyer Bd. 98, Duncker & Humblot, Berlin 1987, S. 134.

[870] *Gunther Teubner*, Globale Bukowina: Zur Emergenz eines transnationalen Rechtspluralismus, RJ 15 (1996), 255–290 (261). Zur gesellschaftlichen Erzeugung von Rechtsnormen, vgl. erstmals *Eugen Ehrlich*, Grundlegung der Soziologie des Rechts, Duncker & Humblot, München/Leipzig 1913, Vorrede, Satz 2: „[D]er Schwerpunkt der Rechtsentwicklung liege auch in unserer Zeit, wie zu allen Zeiten, weder in der Gesetzgebung, noch in der Jurisprudenz oder in der Rechtsprechung, sondern in der Gesellschaft selbst."

[871] *Niklas Luhmann*, Das Recht der Gesellschaft, Suhrkamp, Frankfurt a. M. 1993, S. 66 ff.

[872] *Nils C. Ipsen*, Private Normenordnungen als Transnationales Recht?, Schriften zur Rechtstheorie Bd. 247, Duncker & Humblot, Berlin 2009, S. 38.

[873] *Nils C. Ipsen*, Private Normenordnungen als Transnationales Recht?, Schriften zur Rechtstheorie Bd. 247, Duncker & Humblot, Berlin 2009, S. 39.

Recht kann daher eigentlich nur innerhalb des Subsystems „Recht" entstehen, wobei infolge einer sog. „strukturellen Kopplung" des Rechtssystems mit anderen Subsystemen auch z. B. innerhalb der Subsysteme Wirtschaft, Wissenschaft und Politik rechtsverbindliche Handlungen vorgenommen und derart durch gesellschaftliche Prozesse Recht gesetzt werden kann.[874]

Vor diesem Hintergrund erscheint der Cyberspace als „ideale[r] Nährboden für private Normenordnungen":[875] Internationaler Charakter und architektonisch bedingt erschwerte Verortung im (staatlichen) Raum lassen die nationale Regulierung von Internetaktivitäten kaum zu.[876] Daher wäre an sich eine internationale Regulierung erforderlich, wobei zunehmender Akteurspluralismus auf internationaler Ebene auch die Zahl nicht staatlicher Regulierungsmechanismen ansteigen lässt. Elemente transnationalen Rechts sind im Ergebnis ideale „Bausteine" für das „Regieren jenseits des Nationalstaats" im Rahmen einer Global bzw. Internet Governance. Ein Beispiel erfolgreich angewandten transnationalen Rechts ist nach *Leib* denn auch die UDRP der ICANN zur außergerichtlichen Konfliktlösung im Bereich der Domainnamensstreitigkeiten und des Kampfes gegen „Domain-Piraterie".[877]

Der aktuelle „Trend zu hybriden Organisationen", die sich zusammensetzen aus staatlichen und nicht staatlichen Akteuren, hilft, private Normenordnungen in das bestehende völkerrechtliche System zu integrieren, ohne an ihrer fehlenden Rechtsqualität zu scheitern.[878] Eine Häufung von Wertungswidersprüchen durch Gleichordnung von privaten und staatlichen Rechtssystemen[879] ist nicht zu befürchten, weil transnationale Normenordnungen nach der obigen Definition nur in Regelungsräumen ohne originäre einzelstaatliche Rechtsetzungskompetenz auftreten. Zudem unterstützen private Normenordnungen staatliche oder völkerrechtliche Regulierungen und können sie in bisher strittigen Bereichen vorbereiten.[880] Dieser Umstand ist äußerst positiv zu bewerten: Die transnationalen Spezialregime (dazu gehören neben dem großen und regelungsintensi-

---

[874] *Niklas Luhmann*, Das Recht der Gesellschaft, Suhrkamp, Frankfurt a. M. 1993, S. 440 ff.

[875] *Nils C. Ipsen*, Private Normenordnungen als Transnationales Recht?, Schriften zur Rechtstheorie Bd. 247, Duncker & Humblot, Berlin 2009, S. 104.

[876] Vgl. Teil II, Kap. 2.

[877] *Volker Leib*, Verrechtlichung im Internet: Macht und Recht bei der Regulierung durch ICANN, in Bernhard Zangl/Michael Zürn (Hrsg.), Verrechtlichung – Baustein für Global Governance?, EINE Welt – Texte der Stiftung Entwicklung und Frieden Bd. 18, Verlag J. H. W. Dietz Nachfolger, Bonn 2004, 198–217 (202).

[878] *Nils C. Ipsen*, Private Normenordnungen als Transnationales Recht?, Schriften zur Rechtstheorie Bd. 247, Duncker & Humblot, Berlin 2009, S. 242.

[879] Dazu *Ralf Michaels*, The Re-*state*-ment of Non-State Law: The State, Choice of Law, and the Challenge from Global Legal Pluralism, Wayne L. Rev. 51 (2005), 1209–1259 (1254 ff.).

[880] Vgl. *Nils C. Ipsen*, Private Normenordnungen als Transnationales Recht?, Schriften zur Rechtstheorie Bd. 247, Duncker & Humblot, Berlin 2009, S. 243.

ven Bereich der Technikentwicklung u.a. auch die Medizin, die Bildung und der Transport) weisen einen erheblichen Regelungsbedarf auf, der nicht allein von nationalen oder internationalen Institutionen bewältigt werden kann. Entwickeln die betreffenden Regime neben einem ihnen eigenen Normenbestand auch prozedurale Normen und Sanktionsmechanismen, können sie als „self-contained regimes" bezeichnet werden.[881] Dabei entstehen auch neue Rechtsetzungsprozesse und neue Quellen.[882] *Fischer-Lescano* und *Teubner* sprechen von einer „Selbst-Juridifizierung".[883]

Paulus dagegen bemängelt ein Legitimationsdefizit dieser selbstauferlegten Normen, weil innerhalb des Rechtssektors auch ihrer Geltung unterliegen soll, wer nicht an ihrer Entwicklung beteiligt war.[884] Private Akteure könnten aber ohne öffentlichen Diskurs zunächst nur sich selbst binden.[885] Die Behauptung der plötzlichen Entstehung dieser Subsysteme als geradezu autopoietische, also geschlossene, selbstreferentielle[886] Systeme ist nach *Paulus* nicht haltbar, weil damit nur das Problem der Legitimität der Normen (vermeintlich) umgangen werde. Auch solche Systeme müssten auf einigen fundamentalen gemeinsamen Werten gründen.[887] Die Kriterien für legitime Entscheidungen seien genereller, nicht funktionaler Natur.[888] Daher erfordere auch die private Machtausübung ein Minimum an öffentlicher Kontrolle, wenn der Schritt von der Territorialität

---

[881] *Andreas Fischer-Lescano/Gunther Teubner*, Regime-Collisions: The Vain Search for Legal Unity in the Fragmentation of Global Law, Mich. J. Int'l L. 25 (2004), 999–1046 (1015). Ausführlich zu „self-contained regimes": *Bruno Simma*, Self-Contained Regimes, NYIL 16 (1985), 111–136.

[882] *Oran R. Young*, International Governance: Protecting the Environment in a Stateless Society, Ithaca/London, Cornell University Press 1994, S. 184 ff.; *Gunther Teubner*, Globale Bukowina: Zur Emergenz eines transnationalen Rechtspluralismus, RJ 15 (1996), 255–290 (262 f.).

[883] *Andreas Fischer-Lescano/Gunther Teubner*, Regime-Collisions: The Vain Search for Legal Unity in the Fragmentation of Global Law, Mich. J. Int'l L. 25 (2004), 999–1046 (1012).

[884] *Andreas L. Paulus*, Commentary to Andreas Fischer-Lescano & Gunther Teubner: The Legitimacy of International Law and the Role of the State, Mich. J. Int'l L. 25 (2004), 1047–1058 (1048 f.).

[885] *Andreas L. Paulus*, Commentary to Andreas Fischer-Lescano & Gunther Teubner: The Legitimacy of International Law and the Role of the State, Mich. J. Int'l L. 25 (2004), 1047–1058 (1053).

[886] Zur Theorie der Autopoiese des Rechts: *Gunther Teubner*, Recht als autopoietisches System, Suhrkamp, Frankfurt a.M. 1989. Die „Theorie selbstreferentieller Systeme geht davon aus, daß bestimmte Systeme dadurch ihre Einheit und Identität gewinnen, daß sie sich in ihren Operationen und Prozessen auf sich selbst beziehen", also „in einer Form, in der die Operationen des Systems in zirkulärer Weise Elemente des Systems, seine Strukturen und Prozesse, seine Grenze und seine Einheit insgesamt produzieren" (S. 23).

[887] *Andreas L. Paulus*, Commentary to Andreas Fischer-Lescano & Gunther Teubner: The Legitimacy of International Law and the Role of the State, Mich. J. Int'l L. 25 (2004), 1047–1058 (1051).

[888] *Andreas L. Paulus*, Commentary to Andreas Fischer-Lescano & Gunther Teubner: The Legitimacy of International Law and the Role of the State, Mich. J. Int'l L. 25 (2004), 1047–1058 (1054).

zur Funktionalität nicht begleitet werden solle von einem Übergang von Demokratie zu Technokratie.[889] *Ipsen* kommt dementsprechend zu dem Ergebnis, „dass die Konstitution einer autonomen Rechtsgeltung für transnationale Normenordnungen zurzeit nicht gelingt" und schlägt stattdessen ihre Integration in staatliches Recht vor.[890] Obschon ergänzt durch neue Formen antinormativer Regulierung, wird im Ergebnis auch in Zukunft das klassische völkerrechtliche System zum Zweck der Regulierung globaler (Rechts-)Probleme bemüht werden müssen.

V. „Hybridisierung" der Völkerrechtsordnung?
Zur wachsenden Bedeutung von „Soft Law"

Mit der Kategorie des sog. „Soft Law" reagiert das Völkerrecht aber zumindest auf die „Pluralisierung tatsächlicher Rechtsquellen im transnationalen Raum",[891] also auf das Verschwimmen der Unterschiede zwischen privatem und öffentlichem Recht als Folge der Globalisierung, womit wiederum die Konfrontation des Staates mit anderen, nicht staatlichen Normgebern einhergeht.[892] Nicht bindende Rechtsakte gewinnen an Bedeutung: Dieses „Soft Law" ist flexibler und adaptiver als verbindliches „Hard Law",[893] es ist zugänglich für private Akteure und umgeht einen nicht vorhandenen politischen Einigungswillen,[894] wobei eine spätere Annäherung der Soft Law-Standards an das Hard Law und eine sukzessive Verrechtlichung[895] oder „Verhärtung" nicht ausgeschlossen ist.[896]

---

[889] *Andreas L. Paulus*, Commentary to Andreas Fischer-Lescano & Gunther Teubner: The Legitimacy of International Law and the Role of the State, Mich. J. Int'l L. 25 (2004), 1047–1058 (1055).
[890] *Nils C. Ipsen*, Private Normenordnungen als Transnationales Recht?, Schriften zur Rechtstheorie Bd. 247, Duncker & Humblot, Berlin 2009, S. 231 ff.
[891] *Thomas Kleinlein*, Konstitutionalisierung im Völkerrecht. Konstruktion und Elemente einer idealistischen Völkerrechtslehre, Beiträge zum ausländischen öffentlichen Recht und Völkerrecht Bd. 231, Springer, Heidelberg 2012, S. 84 f.
[892] *Christoph Möllers*, Globalisierte Jurisprudenz – Einflüsse relativierter Nationalstaatlichkeit auf das Konzept des Rechts und die Funktion seiner Theorie, ARSP-B 79 (2001), 41–60 (57 f.).
[893] *Alan Boyle*, Soft Law in International Law-Making, in Malcolm D. Evans (Hrsg.), International Law, 4. Aufl., Oxford University Press, Oxford 2014, 118–136 (121 ff.).
[894] Vgl. den Diskussionsbeitrag von *Eibe Riedel* im Rahmen der „Discussion Following Presentations by Helen Keller, Armin von Bogdandy and Daniel Bodansky", in Rüdiger Wolfrum/Volker Röben (Hrsg.), Legitimacy in International Law, Beiträge zum ausländischen öffentlichen Recht und Völkerrecht Bd. 194, Springer, Berlin/Heidelberg/New York 2008, 319–334 (320–322).
[895] Zum Begriff der Verrechtlichung *infra* Teil III, Kap. 1, B.VI.2.
[896] *Thomas Giegerich*, Internationale Standards – aus völkerrechtlicher Perspektive, in Berichte DGIR Bd. 46: Internationales, nationales und privates Recht: Hybridisierung der Rechtsordnungen? – Immunität, 33. Tagung in Luzern 13. bis 16. März 2013, C. F. Müller, Heidelberg/München/Landsberg/Frechen/Hamburg 2014, 101–186 (141).

Eine anerkannte Definition des „Soft Law" existiert bisher nicht.[897] Klar ist nur: Soft „Law" ist eigentlich „Nicht-Recht".[898] Gemeinhin umfasst der Begriff rechtlich nicht bindende oder rein politische Instrumente,[899] im Gegensatz zum sog. „Hard Law", also etwa völkerrechtlichen Verträgen, zu deren Vollzug sich die Vertragsparteien durch ihre Unterschrift verbindlich verpflichten. Soft Law-Normen regeln in erster Linie die (politischen) internationalen Beziehungen zwischen (aktuellen und zukünftigen) Völkerrechtssubjekten,[900] haben in einem zweiten Schritt aber auch Einfluss auf das aus ihren Händen fließende Völkerrecht.[901] Soft Law-Instrumente dienen als Mittel, um das zwingende Konsensprinzip des positiven Völker(vertrags)rechts zu umgehen und Handlungsvorschläge und Erwartungen der Staatengemeinschaft in Bereichen, die einer internationalen Regulierung bedürfen, zum Ausdruck zu bringen. Beispiele für „Soft Law" in diesem Sinne sind an sich völkerrechtlich nicht bindende Resolutionen der UN-Generalversammlung, Deklarationen bzw. Erklärungen, Maßnahmenkataloge, Verhaltenskodizes und Aktionspläne, aber auch die „General Comments" der Kontrollorgane diverser Menschenrechtsverträgen,[902] internationale Standards wie die der ISO[903] oder Modellgesetze.[904] Zu finden sind

---

[897] *Dinah Shelton*, International Law and ‚relative normativity', in Malcolm D. Evans (Hrsg.), International Law, 5. Aufl., Oxford University Press, Oxford 2018, 137–165 (159).

[898] *Dinah Shelton*, International Law and ‚relative normativity', in Malcolm D. Evans (Hrsg.), International Law, 5. Aufl., Oxford University Press, Oxford 2018, 137–165 (161).

[899] *Dinah Shelton*, Normative Hierarchy in International Law, AJIL 100 (2006), 291–323 (292) („soft law, that is, normative provisions contained in non-binding texts").

[900] *Dinah Shelton*, International Law and ‚relative normativity', in Malcolm D. Evans (Hrsg.), International Law, 5. Aufl., Oxford University Press, Oxford 2018, 137–165 (160) gibt aber zu bedenken, dass der Begriff des Soft Law „seems more appropriate for use when referring to the more hortatory or promotional language of certain treaty provisions than when applied to instruments concluded in non-binding form, because treaties are legally binding even if specific commitments are drafted in general or weak terms". Hier soll „Soft Law" sowohl nicht bindende Vereinbarungen als auch nicht bindende Empfehlungen in bindenden Abkommen umfassen.

[901] *Dinah Shelton*, International Law and ‚relative normativity', in Malcolm D. Evans (Hrsg.), International Law, 5. Aufl., Oxford University Press, Oxford 2018, 137–165 (160); vgl. *Thomas Giegerich*, Internationale Standards – aus völkerrechtlicher Perspektive, in Berichte DGIR Bd. 46: Internationales, nationales und privates Recht: Hybridisierung der Rechtsordnungen? – Immunität, 33. Tagung in Luzern 13. bis 16. März 2013, C. F. Müller, Heidelberg/München/Landsberg/Frechen/Hamburg 2014, 101–186 (139) zu internationalen Soft Law-Standards; vgl. auch *Jürgen Friedrich*, Codes of Conduct, in Rüdiger Wolfrum (Hrsg.), MPEPIL, Bd. II: CA–DE, Oxford University Press, Oxford 2012, 264–275 (273 Rn. 41).

[902] *Dinah Shelton*, International Law and ‚relative normativity', in Malcolm D. Evans (Hrsg.), International Law, 5. Aufl., Oxford University Press, Oxford 2018, 137–165 (162).

[903] *Thomas Giegerich*, Internationale Standards – aus völkerrechtlicher Perspektive, in Berichte DGIR Bd. 46: Internationales, nationales und privates Recht: Hybridisierung der Rechtsordnungen? – Immunität, 33. Tagung in Luzern 13. bis 16. März 2013, C. F. Müller, Heidelberg/München/Landsberg/Frechen/Hamburg 2014, 101–186 (124 ff.).

[904] Vgl. hierzu die UNCITRAL-Modellgesetze, wie das „UNCITRAL Model Law on Electronic Signatures" oder das „UNCITRAL Model Law on Electronic Commerce". Dazu

diese „soften" Regeln (tlw. abwertend als „pseudo-law" bezeichnet)[905] u. a. im Umweltvölkerrecht, insbes. bei der Regulierung des Climate Engineering,[906] aber auch in den neuen Feldern des Cyberlaw sowie des Weltraumrechts, das auch die Regelung der internationalen Raumfahrt und die Haftung der Staaten für Schäden durch Weltraumfahrzeuge umfasst, sind vermehrt nicht bindende Rechtsakte zu finden. Mittlerweile existieren sogar Aufsichtsorgane auf internationaler Ebene, die die Einhaltung nicht bindender Normen des Völkerrechts überwachen, prominentes Beispiel aus dem Umweltvölkerrecht ist die „Commission on Sustainable Development". Sie überwachte bis 2013 die Durchführung der „Agenda 21", einem Aktionsplan, der auf der „Rio Conference on Environment and Development" im Jahr 1992 verabschiedet wurde. Ein bindendes Regime wurde hier also „simuliert"; das funktioniert insofern (abseits der „harten" völkerrechtlichen Ebene), als dass die Nichtbefolgung politischer Verpflichtungen zumindest politische Konsequenzen nach sich zieht,[907] z. B. auf diplomatischer Ebene.

In diesen konfliktbehafteten Bereichen des Völkerrechts kommt es zunehmend zu einer regelrechten „Flucht aus dem Hard Law".[908] Bei Betrachtung komplexerer internationaler Regelungsgegenstände fällt auf, dass (innerhalb eines angemessenen zeitlichen Rahmens) mangels Einigkeit der Staaten kaum noch verbindliche Regeln geschaffen werden (können), sondern stattdessen auf unverbindliche Regelungen zurückgegriffen wird.[909] Zusätzlich kommt im Zusammenhang mit interdisziplinären und Multistakeholder-Ansätzen, etwa bei der Internetregulierung, hinzu, dass die Grenze zwischen Soft und Hard Law nicht mehr so streng gezogen wird, wie es die positivistische Völkerrechtslehre eigentlich vorsieht.[910] Eine dynamische Verschiebung der Grenze wird ebenso

---

Henry D. Gabriel, The Advantages of Soft Law in International Commercial Law: The Role of UNIDROIT, UNCITRAL, and the Hague Conference, Brook. J. Int'l L. 34 (2009), 655–672.

[905] U. a. *Åke Frändberg*, The Legal Order: Studies in the Foundations of Juridical Thinking, Springer, Cham 2018, S. 54; *Bin Cheng*, Appendix: United Nations Resolutions on Outer Space: „Instant" International Customary Law?, in Bin Cheng (Hrsg.), International Law: Teaching and Practice, Stevens & Sons, London 1982, 237–262 (262).

[906] Vgl. hierzu etwa *David Morrow*, International Governance of Climate Engineering: A Survey of Reports on Climate Engineering 2009–2015, Forum for Climate Engineering Assessment Working Paper Series 001, Juni 2017, § 9 (S. 9), abrufbar unter: http://ceassessment.org/wp-content/uploads/2017/06/Morrow-WPS001.pdf.

[907] *Dinah Shelton*, Normative Hierarchy in International Law, AJIL 100 (2006), 291–323 (319).

[908] *Thomas Giegerich*, Internationale Standards – aus völkerrechtlicher Perspektive, in Berichte DGIR Bd. 46: Internationales, nationales und privates Recht: Hybridisierung der Rechtsordnungen? – Immunität, 33. Tagung in Luzern 13. bis 16. März 2013, C. F. Müller, Heidelberg/München/Landsberg/Frechen/Hamburg 2014, 101–186 (138).

[909] *Manfred Lachs*, Views from the Bench: Thoughts on Science, Technology and World Law, AJIL 86 (1992), 673–699 (694).

[910] *Thomas Giegerich*, Internationale Standards – aus völkerrechtlicher Perspektive, in Berichte DGIR Bd. 46: Internationales, nationales und privates Recht: Hybridisierung der

befürwortet wie die vollständige Egalisierung der Kategorien von Recht und Nicht-Recht in einem Übergang der absoluten zu einer relativen Normativität des Völkerrechts,[911] „die ein Kontinuum von mehr oder weniger verbindlichen Regeln annimmt, das vom Nicht-Recht bis zum Jus Cogens reichen soll".[912] Die Differenzierung ist auch innerhalb anerkannter Rechtsinstrumente des Völkerrechts aufgehoben: Ein völkerrechtlicher Vertrag kann sowohl bindende Verpflichtungen als auch unverbindliche Empfehlungen enthalten, *Riedel* spricht in diesem Zusammenhang von „zebra codes".[913]

Mit der vermehrten Abfassung und Verabschiedung nicht bindender Normen wird einer (völker-)rechtlichen Notwendigkeit der Regulierung in Bereichen (weitgehender) politischer Unbeweglichkeit der Staaten Rechnung getragen. Zusammenfassend handelt es sich bei den genannten Gebieten um Regelungsbereiche, in denen sich das Völkerrecht aufgrund des technischen Wandels neuen Herausforderungen gegenübersieht. Soft Law „as a Tool of Compromise"[914] deckt hier eine Schnittstelle von Politik und Recht ab und ermöglicht die politische Verpflichtung von solchen Staaten zu konformem, d. h. mehrheitsfähigem Verhalten, die nicht willens sind, auf völkerrechtlicher Ebene Verpflichtungen einzugehen. Ein solches Vorgehen widerspricht nicht geltendem Völkerrecht, politischer Druck ist als legitimes Mittel anerkannt.[915] Soft Law dient der Interpretation bestehender und der Inspiration zur Abfassung neuer (bindender) Rechtsnormen sowie der Ergänzung bindender, aber nicht umfassender oder zu (zukunfts-)offen formulierter Vertragsregeln.[916] Ein großer Vorteil von Soft

---

Rechtsordnungen? – Immunität, 33. Tagung in Luzern 13. bis 16. März 2013, C. F. Müller, Heidelberg/München/Landsberg/Frechen/Hamburg 2014, 101–186 (139).

[911] *Thomas Giegerich*, Internationale Standards – aus völkerrechtlicher Perspektive, in Berichte DGIR Bd. 46: Internationales, nationales und privates Recht: Hybridisierung der Rechtsordnungen? – Immunität, 33. Tagung in Luzern 13. bis 16. März 2013, C. F. Müller, Heidelberg/München/Landsberg/Frechen/Hamburg 2014, 101–186 (139); zur Aufhebung der Grenze zwischen Recht und Nicht-Recht, s. auch *Jean d'Aspremont*, Formalism and the Sources of International Law – A Theory of the Ascertainment of Legal Rules, Oxford University Press, Oxford 2011, S. 1–11. Zum Konzept der relativen Normativität *Prosper Weil*, Toward Relative Normativity in International Law?, AJIL 77 (1983), 413–442.

[912] *Thomas Giegerich*, Internationale Standards – aus völkerrechtlicher Perspektive, in Berichte DGIR Bd. 46: Internationales, nationales und privates Recht: Hybridisierung der Rechtsordnungen? – Immunität, 33. Tagung in Luzern 13. bis 16. März 2013, C. F. Müller, Heidelberg/München/Landsberg/Frechen/Hamburg 2014, 101–186 (139).

[913] *Eibe Riedel*, Standards and Sources. Farewell to the Exclusivity of the Sources Triad in International Law?, EJIL 2 (1991), 58–84 (82) unter Verweis auf die erstmalige Verwendung des Begriffs durch *Hans W. Baade*, The Legal Effects of Codes of Conduct for Multinational Enterprises, in Norbert Horn (Hrsg.), Legal Problems of Codes of Conduct for Multinational Enterprises, Studies in Transnational Economic Law Bd. I, Kluwer, Deventer 1980, 3–38 (14).

[914] *Kenneth W. Abbott/Duncan Snidal*, Hard and Soft Law in International Governance, IO 54 (2000), 421–456 (444).

[915] *Dinah Shelton*, Normative Hierarchy in International Law, AJIL 100 (2006), 291–323 (319).

[916] *Henry D. Gabriel*, The Advantages of Soft Law in International Commercial Law: The

Law ist daneben seine Schnell(leb)igkeit. „Softe" Regeln durchlaufen keinen langwierigen Normsetzungsprozess und können so schneller eingesetzt und verändert werden.[917] Problematisch ist jedoch, dass das Verhalten der Staaten u. a. abhängt von der Art und der Bindungswirkung des Rechtsinstruments, das ihnen ein Verhalten auferlegt. Die Durchsetzbarkeit von Soft Law-Normen ist nicht gesichert,[918] und ihre „moralische Bindungswirkung" und Überzeugungskraft konnte – mangels politischen Adoptionsprozesses – nicht im Vorfeld überprüft werden.[919] Dieser Umstand wiederum wirkt sich auf die Befolgung des Prinzips *pacta sunt servanda* aus, es verliert zunehmend an Zugkraft.[920]

Es steht jedoch außer Frage, dass seit jeher nicht bindende Normen (z. B. Resolutionen der UN-Generalversammlung) als Indiz für die Entstehung einer *opinio iuris*[921] – die wiederum ein essentieller Bestandteil von Gewohnheitsrecht, also bindendem Völkerrecht i. S. d. Art. 38 Abs. 1 lit. b IGH-Statut, ist[922] – und „deklaratorische Bekräftigung völkergewohnheitsrechtlich anerkannter Verhaltensregeln"[923] zur allmählichen Bildung oder Festigung eines Konsenses innerhalb der Staatengemeinschaft und so zur (Weiter-)Entwicklung von Gewohnheitsrecht beigetragen haben. Obwohl seit Langem als „zu langsam" belächelt und daher für ungeeignet befunden für eine effektive Rechtsetzung im gegenwärtig stark „fluktuierenden" völkerrechtlichen System, könnte das Gewohnheitsrecht so auch im digitalen Zeitalter – gewissermaßen durch die Hintertür – wieder an Bedeutung gewinnen. Soft Law kann also der Stabilisierung der

---

Role of UNIDROIT, UNCITRAL, and the Hague Conference, Brook. J. Int'l L. 34 (2009), 655–672 (668).

[917] *Henry D. Gabriel*, The Advantages of Soft Law in International Commercial Law: The Role of UNIDROIT, UNCITRAL, and the Hague Conference, Brook. J. Int'l L. 34 (2009), 655–672 (664).

[918] *Henry D. Gabriel*, The Advantages of Soft Law in International Commercial Law: The Role of UNIDROIT, UNCITRAL, and the Hague Conference, Brook. J. Int'l L. 34 (2009), 655–672 (669f.).

[919] *Henry D. Gabriel*, The Advantages of Soft Law in International Commercial Law: The Role of UNIDROIT, UNCITRAL, and the Hague Conference, Brook. J. Int'l L. 34 (2009), 655–672 (671).

[920] *Dinah Shelton*, Normative Hierarchy in International Law, AJIL 100 (2006), 291–323 (292).

[921] *Alain Pellet*, Art. 38, in Andreas Zimmermann/Christian Tomuschat/Karin Oellers-Frahm (Hrsg.), The Statute of the International Court of Justice: A Commentary, Oxford University Press, Oxford 2006, 677–792 (755 Rn. 222); *Astrid Epiney*, Gegenstand, Entwicklung, Quellen und Akteure des internationalen Umweltrechts, in Alexander Proelß (Hrsg.), Internationales Umweltrecht, De Gruyter, Berlin/Boston 2017, 1–35 (25 Rn. 69, 26 Rn. 70).

[922] *Dinah Shelton*, Normative Hierarchy in International Law, AJIL 100 (2006), 291–323 (320).

[923] *Reinhard Sparwasser/Rüdiger Engel/Andreas Voßkuhle*, Umweltrecht. Grundzüge des öffentlichen Umweltschutzrechts, 5. Aufl., C. F. Müller, Heidelberg 2003, S. 29 Rn. 89. So auch *Astrid Epiney*, Gegenstand, Entwicklung, Quellen und Akteure des internationalen Umweltrechts, in Alexander Proelß (Hrsg.), Internationales Umweltrecht, De Gruyter, Berlin/Boston 2017, 1–35 (26 Rn. 70).

internationalen „Rule of Law" dienen. *Giegerich* sieht „in der relativen Normativität eine unechte Hybridität von Hard-Law-Normen und Soft-Law-Standards".[924]

Der Schlüssel zu einer effektiven Regulierung in (politisch) konfliktbehafteten Regelungsfeldern liegt wohl in einer Kombination aus Hard und Soft Law.[925] Dabei können Normen des Soft Law entweder als Vorgänger bzw. inhaltsgleicher Prototyp einer späteren bindenden Norm (vgl. z. B. die Kairoer Richtlinien des UNEP von 1987 über den Umgang mit gefährlichen Abfällen[926] als Vorstufe der Basler Konvention von 1989)[927] oder als Ergänzung bzw. Interpretationshilfe (so z. B. die Resolution 42/187 „Our Common Future" [1987] der UN-Generalversammlung, die ILO „Declaration on Fundamental Principles and Rights at Work"[928] oder das „Understanding relating to article II"[929] der ENMOD-Konvention)[930] einer solchen dienen. Ein Beispiel für die erfolgreiche Entwicklung eines völkerrechtlichen Regimes auf der Grundlage von bindenden und nicht bindenden Normen ist der langwierige Entstehungsprozess des Antarktisregimes, eines Regelungsbereichs, in dem das (nicht bindende) „Memorandum of Understanding" zum unverzichtbaren Hilfsmittel der Rechtsetzung wurde, um die widerstreitenden Interessen der beteiligten Staaten in Einklang zu bringen.[931]

Die wachsende Bedeutung des Soft Law beruht auf einigen entscheidenden Vorteilen gegenüber den konventionellen Quellen des bindenden Völkerrechts: Normen des Soft Law können schneller und einfacher verabschiedet und verändert werden; dies ist u. a. besonders wichtig für die Regulierung technischer

---

[924] *Thomas Giegerich*, Internationale Standards – aus völkerrechtlicher Perspektive, in Berichte DGIR Bd. 46: Internationales, nationales und privates Recht: Hybridisierung der Rechtsordnungen? – Immunität, 33. Tagung in Luzern 13. bis 16. März 2013, C. F. Müller, Heidelberg/München/Landsberg/Frechen/Hamburg 2014, 101–186 (139).

[925] So auch *Dinah Shelton*, International Law and ‚relative normativity', in Malcolm D. Evans (Hrsg.), International Law, 5. Aufl., Oxford University Press, Oxford 2018, 137–165 (161): „The reality seems to be a dynamic interplay between soft and hard obligations […]."

[926] UNEP Cairo Guidelines and Principles for Environmentally Sound Management of Hazardous Wastes, Decision 14/3 of the Governing Council of UNEP, 17.6.1987.

[927] Basler Übereinkommen über die Kontrolle der grenzüberschreitenden Verbringung gefährlicher Abfälle und ihrer Entsorgung (Basel Convention on the Control of Transboundary Movements of Hazardous Wastes and their Disposal) v. 22.3.1989, BGBl. 1994 II, S. 2703, 2704, 1673 UNTS 57.

[928] Declaration on Fundamental Principles and Rights at Work, 86th Session of the General Conference of the ILO, Genf, 16.6.1998.

[929] Understanding relating to article II, abgedr. in Report of the Conference of the Committee on Disarmament, Vol. I, 31st, Supp. No. 27 (A/31/27), UN, New York 1976, S. 92.

[930] Übereinkommen über das Verbot der militärischen oder einer sonstigen feindseligen Nutzung umweltverändernder Techniken (Convention on the Prohibition of Military or Any Other Hostile Use of Environmental Modification Techniques) v. 18.5.1977, BGBl. 1983 II, S. 125, 1108 UNTS 152.

[931] *Dinah Shelton*, Normative Hierarchy in International Law, AJIL 100 (2006), 291–323 (320).

Innovationen, da diese Regeln u. U. stetig an neue tatsächliche Veränderungen angepasst werden müssen. Die Umgehung des bei der Abfassung von bindenden Normen zu beachtenden Konsensprinzips, das auf der *pacta tertiis*-Regel (vgl. Art. 34 WVK) fußt, dient dabei der Vermeidung von langwierigen Vertragsverhandlungen und (inner- und zwischenstaatlichen) politischen Schlachten, da keine Ratifikation notwendig ist.[932] Im Ergebnis bietet Soft Law damit die Vorteile von Hard Law, aber zu einem deutlich niedrigeren Preis. So sind die Kosten, die bei der Aushandlung von Rechtsakten mit Bindungswirkung anfallen, grds. höher als bei rein politischen Abkommen, da ihre Abfassung mehr Zeit und Personalressourcen in Anspruch nimmt und sie wegen ihrer rechtlichen Verbindlichkeit einer eingehenderen Prüfung durch Experten unterzogen werden.[933] Experten sind auch bei der Abfassung unverbindlicher Regelwerke (z. B. technikspezifischer internationaler Standards) einzubeziehen, jedoch ist ihre Mitarbeit abseits einengender Normsetzungsverfahren leichter zu bewerkstelligen. Auch ideelle Werte büßen die Staaten durch die Annahme rechtlich bindender Verpflichtungen ein. Jede neue Verbindlichkeit wirkt sich in gewisser Weise beschränkend auf die staatliche Souveränität aus.[934] Formen weicher Legalisierung halten zudem individuelle und kollektive Lernstrategien bereit. Normen, die offen und flexibel als Richtlinien oder Empfehlungen formuliert wurden, bieten den Staaten die Möglichkeit, potenzielle Regulierungsprobleme sukzessive und durch „learning by doing" zu identifizieren. Diese Erfahrungen helfen bei der späteren Abfassung verbindlicher Regeln.[935] So werden wiederum zeit- und kostenintensive Änderungen und Anpassungen dieser Regelungen vermieden und Unsicherheiten und Unwissen der Staaten in neuen Regelungsbereichen im Vorfeld der Abfassung verbindlicher Normen abgebaut.[936]

VI. Fragmentierung, Verrechtlichung und Konstitutionalisierung

Der zwingenden Anpassung des Völkerrechtsapparats an neue gesellschaftliche Herausforderungen geschuldet ist aber eine hier sog. „Krise der notwendigen Adaptivität" des materiellen Völkerrechts. Diese Entwicklung wiederum begünstigt eine Fragmentierung der Völkerrechtsordnung, d. h. ihre Aufspal-

---

[932] *Dinah Shelton*, Normative Hierarchy in International Law, AJIL 100 (2006), 291–323 (322).

[933] *Kenneth W. Abbott/Duncan Snidal*, Hard and Soft Law in International Governance, IO 54 (2000), 421–456 (434 ff.).

[934] *Kenneth W. Abbott/Duncan Snidal*, Hard and Soft Law in International Governance, IO 54 (2000), 421–456 (436 ff.) sprechen in diesem Zusammenhang von „sovereignty costs".

[935] *Kenneth W. Abbott/Duncan Snidal*, Hard and Soft Law in International Governance, IO 54 (2000), 421–456 (443).

[936] *Kenneth W. Abbott/Duncan Snidal*, Hard and Soft Law in International Governance, IO 54 (2000), 421–456 (441 ff.).

tung in separate Regime[937] bzw. Teilrechtsordnungen.[938] Dieser Prozess geht zwangsläufig einher mit einer Verrechtlichung internationaler Beziehungen, also einer quantitativen und qualitativen Erweiterung des völkerrechtlichen Normenbestands.[939] Auf diese Situation reagiert die politische Philosophie schlussendlich u. a. mit der „Etablierung eines Äquivalents zum innerstaatlichen (demokratischen) Konstitutionalismus auf Weltebene".[940]

1. Fragmentierung der Völkerrechtsordnung

Infolge der zunehmend spezialisierten Rechtsetzung auf internationaler Ebene zeichnet sich ein „System von *functionally overlapping and competing jurisdictions*" im „fragmentierten Flickenteppich des Völkerrechts" ab.[941] Fragmentierung (lat. „fragmentum" = Bruchstück)[942] ist die Aufteilung bzw. Zersplitterung eines großen Ganzen in Einzelteile, im völkerrechtlichen Kontext ist die Aufspaltung in Teilrechtsordnungen bzw. Regime gemeint.[943] Eine solche völkerrechtliche Fragmentierung ist sowohl im Bereich der Rechtsetzung als auch in der -durchsetzung zu beobachten.

Zunächst bedingt eine zunehmende institutionelle Fragmentierung die sukzessive materielle (sektorale) Differenzierung der Völkerrechtsordnung:[944] Ver-

---

[937] Die ursprünglich politikwissenschaftliche Regime-Theorie bezeichnet als Regime „Prinzipien, Normen, Regeln und Verfahren zur Entscheidungsfindung, um die herum die Erwartungen von Akteuren in einem gegebenen Sachgebiet konvergieren" (vgl. *Stephen D. Krasner*, Structural causes and regime consequences: regimes as intervening variables, in Stephen D. Krasner [Hrsg.], International Regimes, 5. Aufl., Cornell University Press, Ithaca/London 1989, 1–21 [1] – Übers. d. A.).

[938] *Carmen Thiele*, Fragmentierung des Völkerrechts als Herausforderung für die Staatengemeinschaft, AVR 46 (2008), 1–41 (3).

[939] Vgl. *Kenneth W. Abbott/Robert O. Keohane/Andrew Moravcsik/Anne-Marie Slaughter/Duncan Snidal*, The Concept of Legalization, IO 54 (2000), 401–419.

[940] *Andreas Niederberger*, Politisierung des Rechts oder Verrechtlichung und Demokratisierung der Politik? Zum Beitrag der Dekonstruktion zu einer Theorie von Demokratie und Recht in der Weltgesellschaft, in Andreas Nie-derberger/Markus Wolf (Hrsg.), Politische Philosophie und Dekonstruktion. Beiträge zur politischen Theorie im Anschluss an Jacques Derrida, transcript Verlag, Bielefeld 2007, 143–164 (147).

[941] *Stefan Oeter*, Chancen und Defizite internationaler Verrechtlichung: Was das Recht jenseits des Nationalstaates leisten kann, in Bernhard Zangl/Michael Zürn (Hrsg.), Verrechtlichung – Baustein für Global Governance?, EINE Welt – Texte der Stiftung Entwicklung und Frieden Bd. 18, Verlag J. H. W. Dietz Nachfolger, Bonn 2004, 46–73 (60) – Hervorh. im Original.

[942] *Duden*, Art. „Fragment, das", abrufbar unter: https://www.duden.de/rechtschreibung/Fragment; *Brockhaus*, Enzyklopädie in 30 Bänden, Art. „Fragment", Bd. 9: FASZ–FRIER, 21. Aufl., F. A. Brockhaus, Leipzig/Mannheim 2006, S. 546.

[943] *Carmen Thiele*, Fragmentierung des Völkerrechts als Herausforderung für die Staatengemeinschaft, AVR 46 (2008), 1–41 (3).

[944] Vgl. *Jürgen Bast*, Völker- und unionsrechtliche Anstöße zur Entterritorialisierung des Rechts (2. Referat), in VVDStRL Bd. 76: Grenzüberschreitungen, Berichte und Diskussionen auf der Tagung der Vereinigung der Deutschen Staatsrechtslehrer in Linz vom 5.–8. Oktober 2016, De Gruyter, Berlin/Boston 2017, 277–309 (292).

Kapitel 1: Auswirkungen des technischen Wandels auf das Völkerrecht 427

mehrt agieren diverse Akteure auf internationaler Ebene (Staaten, I. O., NGOs, transnational operierende Unternehmen, Private) als Normsetzer und schaffen unzählige spezielle Teilrechtsordnungen (z. B. Umwelt-, Technik-, Luft-, Weltraumrecht, Cyberlaw). Die Koexistenz von unterschiedlichen Akteuren, Interessen und Instrumenten der Steuerung,[945] die fehlende inhaltliche Koordinierung dieser „relativ selbständigen"[946] Subsysteme durch eine zentrale Instanz der Völkerrechtsordnung[947] und der Umstand, dass diese neuen Teilrechtsordnungen i. d. R. einer komplexen „Eigenlogik"[948] folgen, aber dennoch stets mit den geltenden Grundsätzen des allgemeinen Völkerrechts in Einklang gebracht werden müssen,[949] produzieren normative Widersprüche[950] und Konflikte zwischen den Normsetzern selbst.[951] Divergierende Interpretationen des allgemei-

---

[945] *Miloš Vec*, Recht und Normierung in der Industriellen Revolution. Neue Strukturen der Normsetzung in Völkerrecht, staatlicher Gesetzgebung und gesellschaftlicher Selbstnormierung, Vittorio Klostermann, Frankfurt a. M. 2006, S. 16.

[946] *Jürgen Bast*, Völker- und unionsrechtliche Anstöße zur Entterritorialisierung des Rechts (2. Referat), in VVDStRL Bd. 76: Grenzüberschreitungen, Berichte und Diskussionen auf der Tagung der Vereinigung der Deutschen Staatsrechtslehrer in Linz vom 5.–8. Oktober 2016, De Gruyter, Berlin/Boston 2017, 277–309 (292); ähnlich *Miloš Vec*, Recht und Normierung in der Industriellen Revolution. Neue Strukturen der Normsetzung in Völkerrecht, staatlicher Gesetzgebung und gesellschaftlicher Selbstnormierung, Vittorio Klostermann, Frankfurt a. M. 2006, S. 16, der – unter Einbeziehung auch außerrechtlicher Formen von Normativität – von „teilautonomen Sektoren" spricht.

[947] *Thomas Kleinlein*, Konstitutionalisierung im Völkerrecht. Konstruktion und Elemente einer idealistischen Völkerrechtslehre, Beiträge zum ausländischen öffentlichen Recht und Völkerrecht Bd. 231, Springer, Heidelberg 2012, S. 87.

[948] *Andreas v. Arnauld*, Völkerrecht, 3. Aufl., C. F. Müller, Heidelberg 2016, S. 12 Rn. 33.

[949] *Report of the Study Group of the ILC* (finalized by *Martii Koskenniemi*), Fragmentation of International Law: Difficulties arising from the Diversification and Expansion of International Law, ILC, 58th session (1.5.–9.6., 3.7.–11.8.2006), UN Doc. A/CN.4/L.682, 13.4.2006, S. 64 § 120: „The role of *lex specialis* cannot be dissociated from assessments about the nature and purposes of the general law that it proposes to modify, replace, update or deviate from. [...] No rule, treaty, or custom, however special its subject-matter or limited the number of States concerned by it, applies in a vacuum. Its normative environment includes [...] not only whatever general law there may be on that very topic, but also principles that determine the relevant legal subjects, their basic rights and duties, and the forms through which those rights and duties may be supplemented, modified or extinguished. [...]" – Hervorh. im Original. Vgl. auch *Report of the ILC on the work of its 55th session* (5.5.–6.6.2003, 7.7.–8.8.2003), UN Doc. A/58/10, Kap. X: Fragmentation of International Law: Difficulties Arising From the Diversification and Expansion of International Law, 267–275 (270 lit. b).

[950] *Report of the ILC on the work of its 55th session* (5.5.–6.6. 2003, 7.7.–8.8.2003), UN Doc. A/58/10, Kap. X: Fragmentation of International Law: Difficulties Arising From the Diversification and Expansion of International Law, 267–275 (271 § 419 lit. c); *Andreas Fischer-Lescano/Gunther Teubner*, Reply to Andreas L. Paulus: Consensus as Fiction of Global Law, Mich. J. Int'l L. 25 (2004), 1059–1073 (1067): „[F]ragmented processes of norm creation each work with their own visions of consensus, possess their own textual references that are applied differently in different contexts and feign commensurability of the incommensurate through the re-entry of external rationalities."

[951] *Carmen Thiele*, Fragmentierung des Völkerrechts als Herausforderung für die Staatengemeinschaft, AVR 46 (2008), 1–41 (3).

nen Völkerrechts durch die Spruchkörper der Spezialregime tragen ebenfalls zur völkerrechtlichen Fragmentierung bei.[952] Erschwerend kommen ebenenübergreifende Konflikte durch die parallele Regelung desselben Gegenstandes auf nationaler und internationaler Ebene hinzu.[953]

Zwangsläufig hat die sektorale Differenzierung der Rechtsetzung eine entsprechende Entwicklung im Bereich der Rechtsdurchsetzung („verfahrensrechtliche Fragmentierung")[954] zur Folge. Bereichsspezifische Normen bedürfen bereichsspezifischer Durchsetzungsregeln, daher erschafft beinahe jedes neue normative Subsystem eigene internationale Gerichte oder quasigerichtliche Streitbeilegungsinstitutionen.[955] Dabei handelt es sich um eine mittelbare Folge der Fragmentierung, eine unvermeidbare, aber vermeintlich „harmlose Begleiterscheinung"[956] der steten sachgebietsbezogenen Spezialisierung.[957]

---

[952] *Thomas Kleinlein*, Konstitutionalisierung im Völkerrecht. Konstruktion und Elemente einer idealistischen Völkerrechtslehre, Beiträge zum ausländischen öffentlichen Recht und Völkerrecht Bd. 231, Springer, Heidelberg 2012, S. 88; *Report of the ILC on the work of its 55th session* (5.5.–6.6. 2003, 7.7.–8.8.2003), UN Doc. A/58/10, Kap. X: Fragmentation of International Law: Difficulties Arising From the Diversification and Expansion of International Law, 267–275 (270 § 419 lit. a).

[953] *Thomas Kleinlein*, Konstitutionalisierung im Völkerrecht. Konstruktion und Elemente einer idealistischen Völkerrechtslehre, Beiträge zum ausländischen öffentlichen Recht und Völkerrecht Bd. 231, Springer, Heidelberg 2012, S. 87.

[954] *Tatjana Chionos/Sué González Hauck/Isabelle Haßfurther*, Die Dialektik zwischen der völkerrechtlichen Fragmentierung und Konstitutionalisierung – Zur Auflösung eines Scheinwiderspruchs, in Bardo Fassbender/Angelika Siehr (Hrsg.), Suprastaatliche Konstitutionalisierung. Perspektiven auf die Legitimität, Kohärenz und Effektivität des Völkerrechts, Nomos, Baden-Baden 2012, 59–100 (77 ff.). Unumwunden stellte das Sondertribunal für das ehem. Jugoslawien im Fall „Tadić" (ICTY, Entsch. [„Decision on the defence motion for interlocutory appeal on jurisdiction"] v. 2.10.1995 – IT-94-1, § 11 – Prosecutor/Dusko Tadić a. k.a. „Dule") fest: „In International Law, every tribunal is a self-contained system (unless otherwise provided)." Krit. dazu *Tatjana Chionos/Sué González Hauck/Isabelle Haßfurther*, Die Dialektik zwischen der völkerrechtlichen Fragmentierung und Konstitutionalisierung – Zur Auflösung eines Scheinwiderspruchs, in Bardo Fassbender/Angelika Siehr (Hrsg.), Suprastaatliche Konstitutionalisierung. Perspektiven auf die Legitimität, Kohärenz und Effektivität des Völkerrechts, Nomos, Baden-Baden 2012, 59–100 (80 f.).

[955] Das „Project on International Courts and Tribunals", begründet im Jahr 1997 durch das „Center on International Cooperation" der New York University und die „Foundation for International Environmental Law and Development" (später abgelöst durch das „Center for International Courts and Tribunals", University College London), identifizierte bereits 125 internationale Institutionen, die jeweils unabhängige Autoritäten zum Zweck der Rechtsprechung unterhalten, vgl. *Andreas Fischer-Lescano/Gunther Teubner*, Regime-Collisions: The Vain Search for Legal Unity in the Fragmentation of Global Law, Mich. J. Int'l L. 25 (2004), 999–1046 (1000) unter Verweis auf das genannte Projekt. Besonders gefragt ist die internationale Schiedsgerichtsbarkeit, da hier regelmäßig die Durchführung von Verfahren auf elektronischem Wege möglich ist, so *Henry H. Perritt, Jr.*, The Internet is Changing International Law, Chi.-Kent L. Rev. 73 (1998), 997–1054 (1044 f.).

[956] Vgl. *Peter H. Sand/Jonathan B. Wiener*, Towards a New International Law of the Atmosphere?, GoJIL 7 (2016), 195–223 (205).

[957] So z. B. auch *Martti Koskenniemi*, The Fate of Public International Law: Between Technique and Politics, MLR 70 (2007), 1–30 (2).

Unabhängig von der Tatsache, dass die passgenaue Entwicklung von Durchsetzungsmechanismen die Chance auf Einhaltung der speziellen Normen erhöhen kann,[958] steigert aber auch diese Entwicklung das Konfliktpotenzial auf Ebene des Völkerrechts. Hinzu treten nun nämlich Zuständigkeitskonflikte auf Ebene der internationalen Gerichtsbarkeit.[959]

Das Phänomen der Fragmentierung beschäftigte die Völkerrechtswissenschaft in den letzten Jahren zunehmend als Ausdruck der durch die bereichsübergreifende Globalisierung verstärkten Spezialisierung in völkerrechtlichen Teilrechtsordnungen.[960] Es handelt es sich aber mitnichten um ein neues Problem. Schon 1971 prophezeite der dt. Jurist, Soziologe und Gesellschaftskritiker *Niklas Luhmann* (1927–1998) eine zunehmende Orientierung der Weltpolitik an „Wirtschaft, Wissenschaft und Technik".[961] Eine Veränderung und Ausdifferenzierung des völkerrechtlichen Ordnungssystems ist das Ergebnis dieser „Neuorientierung". Das bestätigt auch die konsolidierte Studie einer ILC-Arbeitsgruppe zur Fragmentierung des Völkerrechts aus dem Jahr 2006:[962]

---

[958] *Andreas Zimmermann*, Durchsetzung des Völkerrechts zwischen Fragmentierung, Multilateralisierung und Individualisierung, in Andreas Fischer-Lescano/Hans-Peter Gasser/Thilo Marauhn/Natalino Ronzitti (Hrsg.), Frieden in Freiheit, FS für Michael Bothe zum 70. Geburtstag, Nomos, Baden-Baden 2008, 1077–1088 (1082); *Tatjana Chionos/Sué González Hauck/Isabelle Haßfurther*, Die Dialektik zwischen der völkerrechtlichen Fragmentierung und Konstitutionalisierung – Zur Auflösung eines Scheinwiderspruchs, in Bardo Fassbender/Angelika Siehr (Hrsg.), Suprastaatliche Konstitutionalisierung. Perspektiven auf die Legitimität, Kohärenz und Effektivität des Völkerrechts, Nomos, Baden-Baden 2012, 59–100 (79).

[959] Dazu *Carmen Thiele*, Fragmentierung des Völkerrechts als Herausforderung für die Staatengemeinschaft, AVR 46 (2008), 1–41 (13 ff). Daher sind solche Ideen nicht hilfreich, die etwa im Zusammenhang mit dem Internet die Schaffung eines „International Court of Cyberspace" o. Ä. fordern; zum Problem der „fragmentation of judicial dispute settlement": *Stefan Oeter*, The International Legal Order and its Judicial Function: Is there an International Community – despite the Fragmentation of Judicial Dispute Settlement?, in Pierre-Marie Dupuy/Bardo Fassbender/Malcolm N. Shaw/Karl-Peter Sommermann (Hrsg.), Völkerrecht als Wertordnung, FS für Christian Tomuschat, N. P. Engel Verlag, Kehl/Straßburg/Arlington 2006, 583–599.

[960] *Carmen Thiele*, Fragmentierung des Völkerrechts als Herausforderung für die Staatengemeinschaft, AVR 46 (2008), 1–41 (1). Die ILC etwa beschäftigt sich seit 2001 mit dem Thema: *Report of the ILC on the work of its 52nd session* (1.5.–9.6.2000, 10.7.–18.8.2000), UN Doc. A/55/10, Supp. Nr. 10, Kap. IX.A.1, 131–132 (131 § 729 Nr. 5) und Annex „Syllabuses on topics recommended for inclusion in the long-term programme of work of the Commission", 153–150 (143–150: *Gerhard Hafner*, Risks Ensuing from Fragmentation of International Law); vgl. auch die Abweichung des ICTY vom „effective control"-Test des IGH (IGH, Urt. v. 27.6.1986 [Merits] – ICJ Reports 1986, S. 14 [62 §§ 110 ff.] – Military and Paramilitary Activities in and against Nicaragua [Nicaragua/USA]) im Fall „Tadić" (ICTY [Appeals Chamber], Urt. v. 15.7.1999 – IT-94-1-A, §§ 115 ff. – Prosecutor/Dusko Tadić), dazu im Überblick *Martti Koskenniemi/Päivi Leino*, Fragmentation of International Law? Postmodern Anxieties, LJIL 15 (2002), 553–579.

[961] *Niklas Luhmann*, Die Weltgesellschaft, ARSP 57 (1971), 1–35, abgedr. in Niklas Luhmann, Soziologische Aufklärung 2: Aufsätze zur Theorie der Gesellschaft, 5. Aufl., VS Verlag für Sozialwissenschaften, Wiesbaden 2005, 63–88 (72).

[962] *Report of the Study Group of the ILC* (finalized by *Martii Koskenniemi*), Fragmentation

„481. One aspect of globalization is the emergence of technically specialized cooperation networks with a global scope: trade, environment, human rights, diplomacy, communications, medicine, crime prevention, energy production, security, indigenous cooperation and so on – spheres of life and expert cooperation that transgress national boundaries and are difficult to regulate through traditional international law. National laws seem insufficient owing to the transnational nature of the networks while international law only inadequately takes account of their specialized objectives and needs.

482. As a result, the networks tend to develop their own rules and rule-systems. [...]."

Fragmentierung führt also zu einem graduellen Bedeutungsverlust des „traditionellen" Völkerrechts. *Koskenniemi* ist sogar der Ansicht, „traditional international law is pushed aside by a mosaic of particular rules and institutions".[963] „Deformalization" nennt er diese Entwicklung,[964] die in seinen Augen auch eine Abkehr von der traditionellen Staatlichkeit und eine Hinwendung zu der technisch und ökonomisch spezialisierten Rechtsetzung einer globalisierten Welt (sog. „anti-formal expert regimes") provoziert.[965]

Ist die Fragmentierung des Völkerrechts also nicht aufzuhalten? Die Ursachen für die sukzessive funktionale Differenzierung („functional differentiation") des Völkerrechts[966] sind vielfältig:[967] Die traditionell dezentrale Organisation der Völkerrechtsordnung begünstigt unglücklicherweise das heterogene Regelungsgefüge unterschiedlicher Normstrukturen. Infolge der Spezialisierung und der daher kaum zu vermeidenden Untergliederung der Völkerrechtsordnung in Teilrechtsordnungen steigt die Zahl diverser Systeme von Sekundärnormen. Die parallele Regulierung desselben Regelungsgegenstandes – innerhalb unterschiedlicher Regelungsbereiche auf internationaler Ebene oder zeitgleich

---

of International Law: Difficulties arising from the Diversification and Expansion of International Law, ILC, 58th session (1.5.–9.6., 3.7.–11.8.2006), UN Doc. A/CN.4/L.682, 13.4.2006, S. 244 §§ 481–482.

[963] *Martti Koskenniemi*, The Fate of Public International Law: Between Technique and Politics, MLR 70 (2007), 1–30 (9).

[964] *Martti Koskenniemi*, The Fate of Public International Law: Between Technique and Politics, MLR 70 (2007), 1–30 (9 ff.).

[965] *Martti Koskenniemi*, The Fate of Public International Law: Between Technique and Politics, MLR 70 (2007), 1–30 (14 f.).

[966] *Carmen Thiele*, Fragmentierung des Völkerrechts als Herausforderung für die Staatengemeinschaft, AVR 46 (2008), 1–41 (2); *Stefan Oeter*, The International Legal Order and its Judicial Function: Is there an International Community – despite the Fragmentation of Judicial Dispute Settlement?, in Pierre-Marie Dupuy/Bardo Fassbender/Malcolm N. Shaw/Karl-Peter Sommermann (Hrsg.), Völkerrecht als Wertordnung, FS für Christian Tomuschat, N. P. Engel Verlag, Kehl/Straßburg/Arlington 2006, 583–599 (597).

[967] *Gerhard Hafner*, Risks Ensuing from Fragmentation of International Law, Report of the ILC on the work of its 52nd session (1.5.–9.6.2000, 10.7.–18.8.2000), UN Doc. A/55/10, Supp. Nr. 10, Annex: „Syllabuses on topics recommended for inclusion in the long-term programme of work of the Commission", 143–150 (145–147); *Gerhard Hafner*, Pros and Cons Ensuing from Fragmentation of International Law, Mich. J. Int'l L. 25 (2004), 849–863 (849 f., 854 ff.).

auf internationalem und nationalem Niveau – schürt Konflikte zwischen (Teil-) Rechtsordnungen und ihren Schöpfern. Zudem steigt auch die Zahl der an der Normsetzung beteiligten Akteure, was die Differenzierung zwischen Gemeinwohl und einzelstaatlichen Interessen und so nicht zuletzt die Einigung erschwert. Die materiell-rechtliche Fragmentierung entsteht folglich sowohl (funktional bzw. bereichsspezifisch) horizontal auf Ebene des Völkerrechts als auch vertikal zwischen unterschiedlichen Regelungsebenen (international/ national). Normkonflikte erwachsen häufig aus der Überschneidung von Zuständigkeiten. So kann ein (Völker-)Rechtssubjekt in einem bestimmten Sachbereich zeitgleich an zwei unterschiedliche Regelungen zweier unterschiedlicher Normsetzer gebunden sein, die im schlimmsten Fall zwei unterschiedliche Rechtsfolgen nach sich ziehen (sog. weiter Begriff des Normenkonflikts).[968] Eine Bündelung der Normsetzungskompetenzen und der Streitbeilegungsmechanismen in einem bestimmten Sachgebiet im Schoße einer bestimmten Organisation würde dieses Problem aber nicht lösen. Denn wie gesehen ist die Fragmentierung nicht, wie häufig angenommen, allein auf das Fehlen einer Jurisdiktionshierarchie („jurisdictional hierarchy") im Völkerrecht zurückzuführen.[969] Die diversen Normenkonflikte[970] können auch nicht durch Rückgriff auf eine echte Hierarchie völkerrechtlicher Quellen gelöst werden. Art. 38 Abs. 1 IGH-Statut enthält nach seinem Wortlaut keine dem nationalen (dt.) Recht vergleichbare formalhierarchische Ordnung.[971] Denn die Fragmentierung ist ebenso wenig ein reines Problem unterschiedlicher normativer Hierarchien, sondern vielmehr ein Produkt kollidierender politischer Sichtweisen der dahinterstehenden Akteure: Je mehr Akteure am Normsetzungsprozess in einem Sachgebiet beteiligt sind und ihre divergierenden Interessen und Befindlichkeiten berück-

---

[968] *Carmen Thiele*, Fragmentierung des Völkerrechts als Herausforderung für die Staatengemeinschaft, AVR 46 (2008), 1–41 (4). Zum Begriff des Normenkonflikts, vgl. u. a. *Nele Matz-Lück*, Treaties, Conflicts between, in Rüdiger Wolfrum (Hrsg.), MPEPIL, Bd. IX: SA–TR, Oxford University Press, Oxford 2012, 1096–1103; *Erich Vranes*, The Definition of ‚Norm Conflict' in International Law and Legal Theory, EJIL 17 (2006), 395–418. Beispiele für derartige Zuständigkeitsüberschneidungen bieten folgende Paarungen: internationale Regelungen zur Cyberkriminalität und nationales Strafrecht, internationale luftrechtliche Regelungen und Klimaschutz sowie internationales Telekommunikationsrecht, WHO-Regime, ILO-Standards zum Arbeitsschutz und die MARPOL Convention, Regeln des Luft- und Weltraumrechts und das Telekommunikations- und das Umweltrecht.
[969] *Andreas Fischer-Lescano/Gunther Teubner*, Regime-Collisions: The Vain Search for Legal Unity in the Fragmentation of Global Law, Mich. J. Int'l L. 25 (2004), 999–1046 (1003).
[970] Zu den unterschiedlichen Konfliktarten *Carmen Thiele*, Fragmentierung des Völkerrechts als Herausforderung für die Staatengemeinschaft, AVR 46 (2008), 1–41 (5 ff.).
[971] Von der Frage der Quellenhierarchie ist die nach dem (inhaltlichen) Vorrang von Normen des *ius cogens* strikt zu unterscheiden. *Ius cogens* zählt nicht zu den Quellen des Völkerrechts, unter diese *Normen*kategorie sind (i. d. R. gewohnheitsrechtliche) Regeln besonderer Qualität zu fassen, dazu *Alain Pellet*, Art. 38, in Andreas Zimmermann/Christian Tomuschat/Karin Oellers-Frahm (Hrsg.), The Statute of the International Court of Justice: A Commentary, Oxford University Press, Oxford 2006, 677–792 (777 Rn. 277 ff.).

sichtigt wissen wollen, desto größer wird die Gefahr der Fragmentierung in diesem Feld. *Fischer-Lescano* und *Teubner* erachten die explizite Politisierung der Normkonflikte durch Machtmechanismen, Verhandlungen zwischen den relevanten Akteuren, öffentliche Debatten und kollektive Entscheidungen als einzige Möglichkeit, gegen diesen Trend innerhalb der völkerrechtlichen Ordnung anzugehen.[972] Jedoch weisen sie darauf hin, dass die politische Begründung von Normkonflikten zu kurz griffe und im Kern auf politischem Reduktionismus (Engführung) beruhte.[973] Eindimensionale Erklärungen führen zwangsläufig zu ebenso eindimensionalen und somit unzulänglichen Lösungen. Die o. g. Autoren sind daher davon überzeugt, dass die Basis für die Fragmentierung des völkerrechtlichen Normenbestands und damit des zunehmenden rechtlichen Pluralismus nicht allein in einem politischen Pluralismus zu suchen, sondern Ausdruck starker Kontroversen innerhalb der Weltgesellschaft sei. Rechtliche Fragmentierung sei ein Spiegel fundamentaler, multidimensionaler[974] weltweiter sozialer Verwerfungen, die ihre Wurzeln wiederum in einer sog. „polyzentrischen Globalisierung" („polycentric globalization") und somit in einer Vielzahl von Bereichen wie Wirtschaft, Wissenschaft, Kultur, Technologie,[975] zu einem gewissen Teil auch in Politik und Recht,[976] habe. So sei die völkerrechtliche Fragmentierung Produkt eines (welt-)gesellschaftlichen Veränderungsprozesses:

„[T]he fragmentation of law is the epiphenomenon of real-world constitutional conflicts, as legal fragmentation is – mediated via autonomous legal regimes – a legal reproduction of collisions between the diverse rationalities within global society."[977]

Jeder dieser Bereiche, dieser „global villages",[978] hat in der Zwischenzeit ein autonomes globales Subsystem herausgebildet. Die Fragmentierung der Lebensbereiche führt zu einer Fragmentierung der entsprechenden Regelungssysteme, die immer komplexer und stärker auf den spezifischen Regelungs-

---

[972] *Andreas Fischer-Lescano/Gunther Teubner*, Regime-Collisions: The Vain Search for Legal Unity in the Fragmentation of Global Law, Mich. J. Int'l L. 25 (2004), 999–1046 (1003).

[973] *Andreas Fischer-Lescano/Gunther Teubner*, Regime-Collisions: The Vain Search for Legal Unity in the Fragmentation of Global Law, Mich. J. Int'l L. 25 (2004), 999–1046 (1003).

[974] „Multidimensional" wird die Fragmentierung durch die Beteiligung nicht staatlicher Akteure am Normsetzungsprozess, der so tlw. in der Begründung transnationaler autonomer privater Normenordnungen mündet („global law without the state"), s. *Andreas Fischer-Lescano/Gunther Teubner*, Regime-Collisions: The Vain Search for Legal Unity in the Fragmentation of Global Law, Mich. J. Int'l L. 25 (2004), 999–1046 (1009).

[975] Zur Verantwortlichkeit der Technik für gesellschaftlichen und kulturellen Wandel, vgl. auch *Manfred Mai*, Technik, Wissenschaft und Politik. Studien zur Techniksoziologie und Technikgovernance, VS Verlag für Sozialwissenschaften, Wiesbaden 2011, S. 178.

[976] *Andreas Fischer-Lescano/Gunther Teubner*, Regime-Collisions: The Vain Search for Legal Unity in the Fragmentation of Global Law, Mich. J. Int'l L. 25 (2004), 999–1046 (1006).

[977] *Andreas Fischer-Lescano/Gunther Teubner*, Regime-Collisions: The Vain Search for Legal Unity in the Fragmentation of Global Law, Mich. J. Int'l L. 25 (2004), 999–1046 (1017).

[978] *Andreas Fischer-Lescano/Gunther Teubner*, Regime-Collisions: The Vain Search for Legal Unity in the Fragmentation of Global Law, Mich. J. Int'l L. 25 (2004), 999–1046 (1006).

gegenstand zugeschnitten sind. Das ist einerseits erfreulich, weil detaillierte Regelungen die Rechtsanwendung, -befolgung und -durchsetzung erleichtern. Andererseits entstehen so vermehrt vereinzelte abgeschlossene und hochkomplexe Regelungssysteme, die keinen Diskurs untereinander zulassen,[979] das Bild eines Konglomerats unzähliger „self-contained regimes" drängt sich auf. So droht die einheitliche völkerrechtliche Ordnung allmählich in immer neue Unterbereiche zu zerbrechen, die Gefahr von Regime- und Zuständigkeitskonflikten nimmt zu. Diese Probleme könne das aktuelle Recht nicht lösen, ein völlig neuer Ansatz zur Lösung von Normkonflikten sei von Nöten, so *Fischer-Lescano* und *Teubner*. Würden die zugrundeliegenden Probleme gelöst, könnte auch die Fragmentierung zurückgehen. Rechtliche Fragmentierung *per se* lasse sich aber nicht bekämpfen.[980] Es ist denn auch nicht verwunderlich, dass tlw.[981] im Zusammenhang mit den Fragmentierungstendenzen von einer „Krise des Völkerrechts" gesprochen und gar ein Verlust von Rechtssicherheit im Zeitalter der Globalisierung beklagt wird.[982]

Dagegen wird der neue Norm(setzungs)pluralismus auch als durchaus begrüßenswerter Prozess der Spezialisierung bezeichnet.[983] Im Gegensatz zu den unspezifischen Regeln eines allgemeinen, globalen Regelungssystems mache es ein geradezu „maßgeschneidertes Recht" („tailored laws")[984] einfacher, auf die spezifischen Bedürfnisse der Staaten einzugehen. Das verbessere die Chancen auf Befolgung und Durchsetzung der Regelungen,[985] ein Umstand,

---

[979] *Andreas Fischer-Lescano/Gunther Teubner*, Regime-Collisions: The Vain Search for Legal Unity in the Fragmentation of Global Law, Mich. J. Int'l L. 25 (2004), 999–1046 (1006).

[980] *Andreas Fischer-Lescano/Gunther Teubner*, Regime-Collisions: The Vain Search for Legal Unity in the Fragmentation of Global Law, Mich. J. Int'l L. 25 (2004), 999–1046 (1004).

[981] Allgemein *Gerhard Hafner*, Pros and Cons Ensuing from Fragmentation of International Law, Mich. J. Int'l L. 25 (2004), 849–863 (855ff.); vgl. speziell zu den Problemen („forum shopping" und konfligierende Entscheidungen der speziellen Rechtsprechungsorgane von Teilrechtsordnungen) der vermehrten Proliferation internationaler Gerichte *Gilbert Guillaume*, The Proliferation of International Judicial Bodies: The Outlook for the International Legal Order, Speech by His Excellency Judge Gilbert Guillaume, President of the ICJ, to the Sixth Committee of the General Assembly of the UN, 27.10.2000, abrufbar unter: https://www.icj-cij.org/files/press-releases/1/3001.pdf.

[982] A. A. *Volker Rittberger/Andreas Kruck/Anne Romund*, Grundzüge der Weltpolitik. Theorie und Empirie des Weltregierens, VS Verlag für Sozialwissenschaften, Wiesbaden 2010, S. 20 Abb. 1.1, 23 ff., die behaupten, Globalisierung und Fragmentierung seien „widersprüchliche Tendenzen der gegenwärtigen Weltpolitik".

[983] Statt vieler dazu *Stefan Oeter*, The International Legal Order and its Judicial Function: Is there an International Community – despite the Fragmentation of Judicial Dispute Settlement?, in Pierre-Marie Dupuy/Bardo Fassbender/Malcolm N. Shaw/Karl-Peter Sommermann (Hrsg.), Völkerrecht als Wertordnung, FS für Christian Tomuschat, N. P. Engel Verlag, Kehl/Straßburg/Arlington 2006, 583–599 (597 ff.).

[984] *Gerhard Hafner*, Pros and Cons Ensuing from Fragmentation of International Law, Mich. J. Int'l L. 25 (2004), 849–863 (859).

[985] *Gerhard Hafner*, Pros and Cons Ensuing from Fragmentation of International Law, Mich. J. Int'l L. 25 (2004), 849–863 (859).

der sich zudem positiv auf die Beziehungen der Staaten untereinander auswirken könnte: Bei Verhandlungen „im kleinen Kreis" erhöht sich die Chance auf eine schnelle Einigung,[986] und auch im Fall der notwendigen Konfliktlösung versprechen bereichsspezifisch angepasste Streitbeilegungsmechanismen eine schnellere und gründlichere Lösung.[987] Nach *Fischer-Lescano* und *Teubner* dient die Fragmentierung als Spiegel „funktionaler Differenzierung" der strukturellen Kopplung des Rechts mit anderen sozialen Systemen und hat so die Funktion, „each realm within its own rationality" zu stabilisieren.[988] Das Völkerrecht könne in Zeiten der Globalisierung lediglich „Schadensbegrenzung" („damage limitation") betreiben. Da es ihm unmöglich sei, tiefgreifende Gegensätze zwischen unterschiedlichen sozialen Rationalitäten aufzuheben,[989] müsse es sich auf die Rolle eines „gentle civilizer of social systems" beschränken.[990]

Die allmähliche Substitution allgemeiner völkerrechtlicher Regeln durch *leges speciales* ist folglich wohl kaum aufzuhalten. Es werden mehr und mehr in sich geschlossene Systeme mit eigenen Institutionen und eigenen Streitbeilegungsmechanismen entstehen.[991] Die Zahl der Sekundärnormen wächst zusehends, dagegen wird die Zahl der völkerrechtlichen Verträge (Primärnormen) voraussichtlich auf absehbare Zeit zurückgehen. Entspannung kann nach *Fischer-Lescano* und *Teubner* nur die Beförderung eines neuen Diskurses zwischen den Regimes bringen, eine „normative Neuorientierung" („normative re-orientation")[992] sei unerlässlich: Aufgrund der dezentralen Organisation der völkerrechtlichen Ordnung kann es keine Hierarchie zwischen den speziellen Regimes geben. Daher gibt es keine Oberaufsicht über ihre Organisation. In Bereichen wie dem Cyberlaw, dem Urheber- und Umweltvölkerrecht könnten end-

---

[986] *Gerhard Hafner*, Pros and Cons Ensuing from Fragmentation of International Law, Mich. J. Int'l L. 25 (2004), 849–863 (859).

[987] *Gerhard Hafner*, The Physiognomy of Disputes and the Appropriate Means to Resolve Them (A. Introductory Statement by the Moderator: *Gerhard Hafner*), in UN (Hrsg.), International Law as a Language for International Relations, Kluwer Law International, Den Haag 1998, 559–565 (559). Das zeigen etwa das ITLOS in Hamburg, der DSB der WTO oder die ADR-Prozeduren der WIPO.

[988] *Andreas Fischer-Lescano/Gunther Teubner*, Reply to Andreas L. Paulus: Consensus as Fiction of Global Law, Mich. J. Int'l L. 25 (2004), 1059–1073 (1073); ähnlich *Andreas Fischer-Lescano/Gunther Teubner*, Regime-Collisions: The Vain Search for Legal Unity in the Fragmentation of Global Law, Mich. J. Int'l L. 25 (2004), 999–1046 (1045): „its origins lie not in law, but within its social contexts".

[989] *Andreas Fischer-Lescano/Gunther Teubner*, Regime-Collisions: The Vain Search for Legal Unity in the Fragmentation of Global Law, Mich. J. Int'l L. 25 (2004), 999–1046 (1045).

[990] *Andreas Fischer-Lescano/Gunther Teubner*, Regime-Collisions: The Vain Search for Legal Unity in the Fragmentation of Global Law, Mich. J. Int'l L. 25 (2004), 999–1046 (1045), in Anlehnung an *Martti Koskenniemi*, The Gentle Civilizer of Nations: The Rise and Fall of International Law 1870–1960, Cambridge University Press, Cambridge 2001.

[991] *Carmen Thiele*, Fragmentierung des Völkerrechts als Herausforderung für die Staatengemeinschaft, AVR 46 (2008), 1–41 (3).

[992] *Andreas Fischer-Lescano/Gunther Teubner*, Regime-Collisions: The Vain Search for Legal Unity in the Fragmentation of Global Law, Mich. J. Int'l L. 25 (2004), 999–1046 (1018).

gültige Entscheidungen aber nicht allein den Staaten überlassen werden, sondern müssten innerhalb des jeweiligen Systems getroffen werden. Also ergebe es keinen Sinn, im Rahmen dieser Regime nationale Normen in ihrer Struktur möglichst authentisch zu rekonstruieren. Sektorale transnationale Regime müssten neue Prinzipien für ein funktional statt geografisch basiertes Kollisionsrecht entwickeln, das nicht allein auf die engste Verbindung des Falls zu dem Recht eines Staates konzentriert ist.[993]

Paulus dagegen sieht den Trend der funktionalen Differenzierung nicht als unaufhaltsam an. Er ist der Ansicht, die Spezialregime würden durch grundlegende gemeinsame Werte und Entscheidungsfindungsprozesse des allgemeinen Völkerrechts zusammengehalten und gründeten damit immer noch auf dem System einzelstaatlicher Entscheidungen.[994] Wichtig ist die Verbindung[995] der auf den ersten Blick autonomen Regime-„Inseln".[996] Dabei bilde der Bestand des allgemeinen Völkerrechts ein „Meta-Phänomen", so *Paulus*, das ein Minimum an Einheitlichkeit und Kohärenz beim Diskurs der Regime untereinander biete.[997]

2. Verrechtlichung und Vernormung

Im Zusammenhang mit der Fragmentierung des Völkerrechts muss jedenfalls ein Prozess der „Verrechtlichung"[998] politischer Vorgänge und privater sowie

---

[993] *Andreas Fischer-Lescano/Gunther Teubner*, Regime-Collisions: The Vain Search for Legal Unity in the Fragmentation of Global Law, Mich. J. Int'l L. 25 (2004), 999–1046 (1019, 1021).

[994] *Andreas L. Paulus*, Commentary to Andreas Fischer-Lescano & Gunther Teubner: The Legitimacy of International Law and the Role of the State, Mich. J. Int'l L. 25 (2004), 1047–1058 (1049 f.).

[995] Beispielhaft die Vorschläge zur schrittweisen Konzertierung der versprengten Regime des Atmosphären-Rechtskomplexes bei *Peter H. Sand/Jonathan B. Wiener*, Towards a New International Law of the Atmosphere?, GoJIL 7 (2016), 195–223 (219).

[996] S. *Joost Pauwelyn*, Bridging Fragmentation and Unity: International Law as a Universe of Inter-Connected Islands, Mich. J. Int'l L. 25 (2004), 903–916. *Bruno Simma/Dirk Pulkowski*, Of Planets and the Universe: Self-contained Regimes in International Law, EJIL 17 (2006), 483–529 bemühen die Metapher von „Planeten" im „Universum".

[997] *Andreas L. Paulus*, Commentary to Andreas Fischer-Lescano & Gunther Teubner: The Legitimacy of International Law and the Role of the State, Mich. J. Int'l L. 25 (2004), 1047–1058 (1051).

[998] Der Begriff „Verrechtlichung" ist hier nicht i. S. e. normativen Erschließung eines bisher nicht rechtlich geregelten Lebensbereichs durch den Staat, von *Ipsen* zum Zwecke der Unterscheidung als „Vergesetzlichung" bezeichnet (*Nils C. Ipsen*, Private Normenordnungen als Transnationales Recht?, Schriften zur Rechtstheorie Bd. 247, Duncker & Humblot, Berlin 2009, S. 48), zu verstehen. *Voigt* spricht in diesem Zusammenhang auch von „Parlamentarisierung" (*Rüdiger Voigt*, Verrechtlichung in Staat und Gesellschaft, in Rüdiger Voigt [Hrsg.], Verrechtlichung. Analysen zu Funktion und Wirkung von Parlamentarisierung, Bürokratisierung und Justizialisierung sozialer, politischer und ökonomischer Prozesse, Athenäum, Königstein i. T. 1980, 15–37 [16, 18 f.]), betrachtet dieses Phänomen jedoch als Spezifizierung und damit als Teil der allgemeinen (innerstaatlichen) Verrechtlichungstendenz.

transnationaler Normenordnungen⁹⁹⁹ besprochen werden. *Vec* beschreibt Verrechtlichung als „eine Verdichtung und Vermehrung der durch Recht normierten Sachverhalte" in einem Rechtsgebiet.¹⁰⁰⁰ Nicht synonym zu verwenden ist der Begriff der „Verregelung", der sich ausschließlich auf die Regulierung der politischen Beziehungen staatlicher und/oder gesellschaftlicher Akteure untereinander in einem bestimmten Politikfeld der internationalen Beziehungen bezieht.¹⁰⁰¹

Die Erweiterung des völkerrechtlichen Normenbestands durch Verrechtlichung ist auf zwei Arten denkbar: einerseits als schlichte „Ausdehnung des Rechts" auf bisher nicht normierte Bereiche und Lebenssachverhalte oder, andererseits, als Verdichtung bzw. „Detaillierung oder Spezialisierung" bereits vorhandener Normen durch die Schaffung weiterer Einzeltatbestände.¹⁰⁰² „Das äußere Erscheinungsbild der Verrechtlichung", schreibt *Voigt* zum ersten Fall, „läßt sich also durchaus zutreffend als das Überwuchern sozialer, ökonomischer und politischer Beziehungen durch Rechtsbeziehungen [...] beschreiben".¹⁰⁰³ Verrechtlichung durch Spezialisierung

> „meint, dass bestehende substanzielle Regeln ihren Charakter verändern und graduell rechtsförmiger werden, indem die Verfahren der Regelsetzung, der Regelauslegung und der Regeldurchsetzung verstärkt einen Rechtscharakter erhalten".¹⁰⁰⁴

---

⁹⁹⁹ Vgl. *Nils C. Ipsen*, Private Normenordnungen als Transnationales Recht?, Schriften zur Rechtstheorie Bd. 247, Duncker & Humblot, Berlin 2009, S. 222.

¹⁰⁰⁰ *Miloš Vec*, Recht und Normierung in der Industriellen Revolution. Neue Strukturen der Normsetzung in Völkerrecht, staatlicher Gesetzgebung und gesellschaftlicher Selbstnormierung, Vittorio Klostermann, Frankfurt a. M. 2006, S. 106.

¹⁰⁰¹ *Bernhard Zangl/Michael Zürn*, Make Law, Not War: Internationale und transnationale Verrechtlichung als Baustein für Global Governance, in Bernhard Zangl/Michael Zürn (Hrsg.), Verrechtlichung – Baustein für Global Governance?, EINE Welt – Texte der Stiftung Entwicklung und Frieden Bd. 18, Verlag J. H. W. Dietz Nachfolger, Bonn 2004, 12–45 (20 f.) unter Verweis auf *Klaus D. Wolf/Michael Zürn*, Macht Recht einen Unterschied? Implikationen und Bedingungen internationaler Verrechtlichung im Gegensatz zu weniger bindenden Formen internationaler Verregelung, in Klaus D. Wolf (Hrsg.), Internationale Verrechtlichung, Centaurus, Pfaffenweiler 1993, 11–28 (21–22).

¹⁰⁰² *Rüdiger Voigt*, Verrechtlichung in Staat und Gesellschaft, in Rüdiger Voigt (Hrsg.), Verrechtlichung. Analysen zu Funktion und Wirkung von Parlamentarisierung, Bürokratisierung und Justizialisierung sozialer, politischer und ökonomischer Prozesse, Athenäum, Königstein 1980, 15–37 (16); *Gunther Teubner*, Verrechtlichung – Begriffe, Merkmale, Grenzen, Auswege, in Friedrich Kübler (Hrsg.), Verrechtlichung von Wirtschaft, Arbeit und sozialer Solidarität. Vergleichende Analysen, Nomos, Baden-Baden 1984, 289–344 (294 ff.: „Normenflut"); *Jürgen Habermas*, Theorie des kommunikativen Handelns, Bd. 2: Zur Kritik der funktionalistischen Vernunft, Suhrkamp, Frankfurt a. M. 1981, S. 524.

¹⁰⁰³ *Rüdiger Voigt*, Verrechtlichung in Staat und Gesellschaft, in Rüdiger Voigt (Hrsg.), Verrechtlichung. Analysen zu Funktion und Wirkung von Parlamentarisierung, Bürokratisierung und Justizialisierung sozialer, politischer und ökonomischer Prozesse, Athenäum, Königstein 1980, 15–37 (16).

¹⁰⁰⁴ *Bernhard Zangl/Michael Zürn*, Make Law, Not War: Internationale und transnationale Verrechtlichung als Baustein für Global Governance, in Bernhard Zangl/Michael Zürn (Hrsg.), Verrechtlichung – Baustein für Global Governance?, EINE Welt – Texte der Stiftung Entwick-

Jedenfalls setzt Verrechtlichung institutionalisierte, verbindlich etablierte, also normierte Formen und Verfahren der Rechtsetzung, Rechtsprechung und Rechtsdurchsetzung voraus[1005] und beinhaltet daher u. a. die „rechtliche Institutionalisierung" der Kooperation[1006] internationaler Akteure untereinander.

Der Prozess der Verrechtlichung läuft zwingend sektorspezifisch ab,[1007] von einer umfassenden „General-Verrechtlichung" kann *ergo* zu keinem Zeitpunkt die Rede sein. Rechtssoziologisch betrachtet bezieht sich die Verrechtlichung einer Rechtsordnung auf die Rechtsinstitute Gesetz, Rechtsverordnung, Verwaltungsvorschrift, Gerichtsentscheidung, Verwaltungsentscheidung und Vertrag.[1008] Das parallel auftretende Phänomen der von *Vec* sog. „Vernormung"[1009] ist im Zusammenhang mit dem verstärkten Aufkommen außerrechtlicher Normen (technische Normung, Selbstregulierung etc.) zu beobachten.[1010]

Die Ende des 19. Jh. einsetzende Ausbildung neuer Formen der Normsetzung – sowohl auf nationaler als auch auf völkerrechtlicher Ebene und im Bereich der außerrechtlichen technischen Normung – wurde nach *Vec* begünstigt durch den spürbaren technischen und wirtschaftlichen Aufschwung der indus-

---

lung und Frieden Bd. 18, Verlag J. H. W. Dietz Nachfolger, Bonn 2004, 12–45 (21). Ausführlich zum Phänomen der „Verrechtlichung" bzw. „legalization": *Judith Goldstein/Miles Kahler/Robert O. Keohane/Anne-Marie Slaughter*, Introduction: Legalization and World Politics, IO 54 (2000), 385–399.

[1005] *Bernhard Zangl/Michael Zürn*, Make Law, Not War: Internationale und transnationale Verrechtlichung als Baustein für Global Governance, in Bernhard Zangl/Michael Zürn (Hrsg.), Verrechtlichung – Baustein für Global Governance?, EINE Welt – Texte der Stiftung Entwicklung und Frieden Bd. 18, Verlag J. H. W. Dietz Nachfolger, Bonn 2004, 12–45 (20 ff.).

[1006] *Stefan Oeter*, Chancen und Defizite internationaler Verrechtlichung: Was das Recht jenseits des Nationalstaates leisten kann, in Bernhard Zangl/Michael Zürn (Hrsg.), Verrechtlichung – Baustein für Global Governance?, EINE Welt – Texte der Stiftung Entwicklung und Frieden Bd. 18, Verlag J. H. W. Dietz Nachfolger, Bonn 2004, 46–73 (51).

[1007] *Stefan Oeter*, Chancen und Defizite internationaler Verrechtlichung: Was das Recht jenseits des Nationalstaates leisten kann, in Bernhard Zangl/Michael Zürn (Hrsg.), Verrechtlichung – Baustein für Global Governance?, EINE Welt – Texte der Stiftung Entwicklung und Frieden Bd. 18, Verlag J. H. W. Dietz Nachfolger, Bonn 2004, 46–73 (60).

[1008] *Raymund Werle*, Aspekte der Verrechtlichung, ZfRSoz 3 (1982), 2–13 (5).

[1009] Der Einfachheit halber wird im Folgenden nur von „Verrechtlichung" gesprochen. Gemeint ist aber stets auch der parallele Prozess der „Vernormung".

[1010] *Miloš Vec*, Recht und Normierung in der Industriellen Revolution. Neue Strukturen der Normsetzung in Völkerrecht, staatlicher Gesetzgebung und gesellschaftlicher Selbstnormierung, Vittorio Klostermann, Frankfurt a. M. 2006, S. 15 unter Verweis (Fn. 64) auf die definitorisch abweichende Verwendung dieses Begriffs durch *Klaus Lange*, Normvollzug und Vernormung, in Erhard Blankenburg/Klaus Lenk (Hrsg.), Organisation und Recht. Organisatorische Bedingungen des Gesetzesvollzugs, Jahrbuch für Rechtssoziologie und Rechtstheorie Bd. VII, Westdeutscher Verlag, Opladen 1980, 268–288 (269), der damit primär „das formale Phänomen der umfangreichen Regelung menschlichen Verhaltens durch Rechtsvorschriften" bezeichnet, jedoch nicht auf andere Formen von Normativität eingeht. Die Verwendung des Begriffs des „Normpluralismus" als Gegenbegriff zum „Rechtspluralismus" dient *Vec* (S. 15) zur Beschreibung der „Zunahme und Koexistenz dieser Normenmassen durch Normierung und Normung".

triellen Revolution.¹⁰¹¹ Insbes. das Bedürfnis der Gesellschaft nach „situationsgerechtem" Recht kann als Ursache für Verrechtlichung (ob trans-, supra-, internationaler oder schlicht nationaler Natur) identifiziert werden.¹⁰¹² Diese wurde u.a begleitet von einer Bereicherung des völkerrechtlichen Normbestandes durch den neuen Typus des „mehrseitige[n], rechtssetzende[n], beitrittsoffene[n], organisatorischen Zwecken dienenden Vertrag[s]",¹⁰¹³ dessen Existenz zuvörderst die auf solchen Verträgen basierende Gründung zwischenstaatlicher Organisationen zu verdanken ist.¹⁰¹⁴ Beispiele für eine sehr früh einsetzende Verrechtlichung finden sich in der internationalen Zivilluftfahrt und im Kontext der Normierung technischer Komponenten zur Koordination grenzüberschreitender Kommunikation.¹⁰¹⁵

Verrechtlichung bedarf zu ihrer Entstehung bestimmter politischer Voraussetzungen: In erster Linie ist zu beachten, dass Verrechtlichung in Politikfeldern, die sich durch ein System hegemonialer Machtverteilung, also die Dominanz eines einzelnen Akteurs oder einer spezifischen Gruppe von Akteuren auszeichnen, seltener auftritt.¹⁰¹⁶ Zudem muss der entsprechende Regelungsbereich umfassend von den Auswirkungen der Globalisierung betroffen sein, die Ausbildung nationaler Regelungen auf Basis diplomatischer Verhandlungen als „tête-à-tête" zweier Staaten darf nur wenig bis gar keinen Erfolg versprechen. Verrechtlichung fördert in solchen Bereichen die Akzeptanz neuer Regeln

---

¹⁰¹¹ *Miloš Vec*, Recht und Normierung in der Industriellen Revolution. Neue Strukturen der Normsetzung in Völkerrecht, staatlicher Gesetzgebung und gesellschaftlicher Selbstnormierung, Vittorio Klostermann, Frankfurt a. M. 2006, S. 16; so auch *Lawrence M. Friedman*, Changing Times: Technology and Law in the Modern Era, in Jürgen Becker/Reto M. Hilty/Jean-Fritz Stöckli/Thomas Würtenberger (Hrsg.), Recht im Wandel seines sozialen und technologischen Umfeldes, FS für Manfred Rehbinder, C. H. Beck, München 2002, 501–510.

¹⁰¹² Vgl. *Rüdiger Voigt*, Verrechtlichung in Staat und Gesellschaft, in Rüdiger Voigt (Hrsg.), Verrechtlichung. Analysen zu Funktion und Wirkung von Parlamentarisierung, Bürokratisierung und Justizialisierung sozialer, politischer und ökonomischer Prozesse, Athenäum, Königstein 1980, 15–37 (18).

¹⁰¹³ *Miloš Vec*, Recht und Normierung in der Industriellen Revolution. Neue Strukturen der Normsetzung in Völkerrecht, staatlicher Gesetzgebung und gesellschaftlicher Selbstnormierung, Vittorio Klostermann, Frankfurt a. M. 2006, S. 104.

¹⁰¹⁴ *Wilhelm Kaufmann*, Die modernen nicht-staatlichen internationalen Verbände und Kongresse und das internationale Recht, ZVölkR 2 (1908), 419–440 (433); *Amos S. Hershey*, The essentials of international public law, The Macmillan Company, New York 1912, S. 77.

¹⁰¹⁵ Beispiele bei *Stefan Oeter*, Chancen und Defizite internationaler Verrechtlichung: Was das Recht jenseits des Nationalstaates leisten kann, in Bernhard Zangl/Michael Zürn (Hrsg.), Verrechtlichung – Baustein für Global Governance?, EINE Welt – Texte der Stiftung Entwicklung und Frieden Bd. 18, Verlag J. H. W. Dietz Nachfolger, Bonn 2004, 46–73 (55).

¹⁰¹⁶ *Bernhard Zangl/Michael Zürn*, Verrechtlichung jenseits des Staates – Zwischen Hegemonie und Globalisierung, in Bernhard Zangl/Michael Zürn (Hrsg.), Verrechtlichung – Baustein für Global Governance?, EINE Welt – Texte der Stiftung Entwicklung und Frieden Bd. 18, Verlag J. H. W. Dietz Nachfolger, Bonn 2004, 239–262 (255); a. A. Vertreter des politischen Realismus, dazu *Judith Goldstein/Miles Kahler/Robert O. Keohane/Anne-Marie Slaughter*, Introduction: Legalization and World Politics, IO 54 (2000), 385–399 (391 ff.).

und Strukturen.[1017] Verrechtlichung bewegt sich folglich im Graubereich zwischen der Notwendigkeit demokratischer Legitimation und den Grenzen staatlicher Rechtsetzungsgewalt:

> „Je spürbarer die Grenzen des nationalstaatlichen Regierens sind, desto vehementer muss internationale Verrechtlichung betrieben werden; je legitimationsbedürftiger die Ergebnisse der Verrechtlichung sind, also die zu setzenden rechtlichen Standards, desto mehr Vorsicht wird man im Voranschreiten der internationalen Verrechtlichung walten lassen müssen."[1018]

Ziel der Verrechtlichung ist aber nicht, die heterogene Struktur des gewachsenen Völkerrechtsapparats nach dem Vorbild einer nationalstaatlichen Gesamtordnung umzugestalten.[1019] Im Gegenteil: Internationale und transnationale Verrechtlichung dient „als Baustein für Global Governance"[1020] und macht so „das vormals als eher träge angesehene Völkerrecht [...] so attraktiv".[1021] Verrechtlichung und Global Governance schließen sich ersichtlich nicht aus, enthält doch das Konzept der Global Governance als

> „the procedure of operationalizing more or less vague legal norms into binding context-specific rules, operated by ‚neutral' thirds with a certain degree of independence from the parties concerned"[1022]

nicht zuletzt die institutionalisierte Lösung von Konflikten zwischen verschiedenen normativen Subsystemen (Konsistenz der Rechtsordnungen).[1023] Zudem

---

[1017] *Bernhard Zangl/Michael Zürn*, Verrechtlichung jenseits des Staates Zwischen Hegemonie und Globalisierung, in Bernhard Zangl/Michael Zürn (Hrsg.), Verrechtlichung – Baustein für Global Governance?, EINE Welt – Texte der Stiftung Entwicklung und Frieden Bd. 18, Verlag J. H. W. Dietz Nachfolger, Bonn 2004, 239–262 (257).

[1018] *Stefan Oeter*, Chancen und Defizite internationaler Verrechtlichung: Was das Recht jenseits des Nationalstaates leisten kann, in Bernhard Zangl/Michael Zürn (Hrsg.), Verrechtlichung – Baustein für Global Governance?, EINE Welt – Texte der Stiftung Entwicklung und Frieden Bd. 18, Verlag J. H. W. Dietz Nachfolger, Bonn 2004, 46–73 (60).

[1019] Vgl. *Stefan Oeter*, Chancen und Defizite internationaler Verrechtlichung: Was das Recht jenseits des Nationalstaates leisten kann, in Bernhard Zangl/Michael Zürn (Hrsg.), Verrechtlichung – Baustein für Global Governance?, EINE Welt – Texte der Stiftung Entwicklung und Frieden Bd. 18, Verlag J. H. W. Dietz Nachfolger, Bonn 2004, 46–73 (60).

[1020] *Bernhard Zangl/Michael Zürn*, Make Law, Not War: Internationale und transnationale Verrechtlichung als Baustein für Global Governance, in Bernhard Zangl/Michael Zürn (Hrsg.), Verrechtlichung – Baustein für Global Governance?, EINE Welt – Texte der Stiftung Entwicklung und Frieden Bd. 18, Verlag J. H. W. Dietz Nachfolger, Bonn 2004, 12–45.

[1021] *Bernhard Zangl/Michael Zürn*, Make Law, Not War: Internationale und transnationale Verrechtlichung als Baustein für Global Governance, in Bernhard Zangl/Michael Zürn (Hrsg.), Verrechtlichung – Baustein für Global Governance?, EINE Welt – Texte der Stiftung Entwicklung und Frieden Bd. 18, Verlag J. H. W. Dietz Nachfolger, Bonn 2004, 12–45 (12).

[1022] *Stefan Oeter*, The International Legal Order and its Judicial Function: Is there an International Community – despite the Fragmentation of Judicial Dispute Settlement?, in Pierre-Marie Dupuy/Bardo Fassbender/Malcolm N. Shaw/Karl-Peter Sommermann (Hrsg.), Völkerrecht als Wertordnung, FS für Christian Tomuschat, N. P. Engel Verlag, Kehl/Straßburg/Arlington 2006, 583–599 (597).

[1023] *Bernhard Zangl/Michael Zürn*, Make Law, Not War: Internationale und transnationale

ist es durchaus möglich, dass Verrechtlichung zu einem gestärkten Zusammengehörigkeitsgefühl der Staatengemeinschaft beiträgt, weil sie die Zusammenarbeit in bestimmten Politikfeldern fördert. Ein „Gemeininteresse"[1024] der Staatengemeinschaft[1025] wird sichtbar und muss seinerseits durch Verrechtlichung innerhalb eines institutionalisierten Systems fixiert werden.[1026]

3. Ausblick: Konstitutionalisierung im Völkerrecht?

Als Vertiefung und Weiterführung der Verrechtlichung in den internationalen Beziehungen kann die sog. Konstitutionalisierung betrachtet werden.[1027] Verrechtlichung allein ist zwar noch kein Beweis,[1028] aber dennoch eine der zentralen Voraussetzungen für Konstitutionalisierung im Völkerrecht.[1029] „Konstitutionalisierung" wird in der dt. Übersetzung des engl. „constitutionalism" verwendet und daher als „Verfassungsstaatlichkeit" verstanden.[1030] Konstitutionalisierung ist aber nicht gleich Konstitutionalisierung. Die Art der Defini-

---

Verrechtlichung als Baustein für Global Governance, in Bernhard Zangl/Michael Zürn (Hrsg.), Verrechtlichung – Baustein für Global Governance?, EINE Welt – Texte der Stiftung Entwicklung und Frieden Bd. 18, Verlag J. H. W. Dietz Nachfolger, Bonn 2004, 12–45 (39).

[1024] *Stefan Oeter*, Chancen und Defizite internationaler Verrechtlichung: Was das Recht jenseits des Nationalstaates leisten kann, in Bernhard Zangl/Michael Zürn (Hrsg.), Verrechtlichung – Baustein für Global Governance?, EINE Welt – Texte der Stiftung Entwicklung und Frieden Bd. 18, Verlag J. H. W. Dietz Nachfolger, Bonn 2004, 46–73 (51).

[1025] Zum Begriff der „Internationalen Gemeinschaft": *Andreas L. Paulus*, Die Internationale Gemeinschaft im Völkerrecht. Eine Untersuchung zur Entwicklung des Völkerrechts im Zeitalter der Globalisierung, Münchener Universitätsschriften Bd. 159, C. H. Beck, München 2001.

[1026] *Stefan Oeter*, Chancen und Defizite internationaler Verrechtlichung: Was das Recht jenseits des Nationalstaates leisten kann, in Bernhard Zangl/Michael Zürn (Hrsg.), Verrechtlichung – Baustein für Global Governance?, EINE Welt – Texte der Stiftung Entwicklung und Frieden Bd. 18, Verlag J. H. W. Dietz Nachfolger, Bonn 2004, 46–73 (51).

[1027] *Bernhard Zangl/Michael Zürn*, Make Law, Not War: Internationale und transnationale Verrechtlichung als Baustein für Global Governance, in Bernhard Zangl/Michael Zürn (Hrsg.), Verrechtlichung – Baustein für Global Governance?, EINE Welt – Texte der Stiftung Entwicklung und Frieden Bd. 18, Verlag J. H. W. Dietz Nachfolger, Bonn 2004, 12–45 (36).

[1028] *Rainer Wahl*, Konstitutionalisierung – Leitbegriff oder Allerweltsbegriff?, in Carl-Eugen Eberle/Martin Ibler/Dieter Lorenz (Hrsg.), Der Wandel des Staates vor den Herausforderungen der Gegenwart, FS für Winfried Brohm zum 70. Geburtstag, C. H. Beck, München 2002, 191–207 (201).

[1029] *Bernhard Zangl/Michael Zürn*, Make Law, Not War: Internationale und transnationale Verrechtlichung als Baustein für Global Governance, in Bernhard Zangl/Michael Zürn (Hrsg.), Verrechtlichung – Baustein für Global Governance?, EINE Welt – Texte der Stiftung Entwicklung und Frieden Bd. 18, Verlag J. H. W. Dietz Nachfolger, Bonn 2004, 12–45 (18).

[1030] *Rainer Wahl*, Konstitutionalisierung – Leitbegriff oder Allerweltsbegriff?, in Carl-Eugen Eberle/Martin Ibler/Dieter Lorenz (Hrsg.), Der Wandel des Staates vor den Herausforderungen der Gegenwart, FS für Winfried Brohm zum 70. Geburtstag, C. H. Beck, München 2002, 191–207 (191 Fn. 1). Dazu *Rainer Wahl*, Constitutionalism, in Rudolf Bernhardt/Ulrich Beyerlin (Hrsg.), Reports on German Public Law, XIIIth International Congress of Comparative Law, Montréal 1990, MTM Bd. 54, C. F. Müller, Heidelberg 1990, 85–113 und (auf Deutsch) *Rainer Wahl*, Elemente der Verfassungsstaatlichkeit, JuS 2001, 1041–1048.

tion dieses „undeutlichen Begriffs"[1031] ist abhängig vom Bezugsrahmen der Entstehung von Konstitutionalisierung. Im Unterschied zur „Konstitution" als Synonym zu „Verfassung" und zum „Konstitutionalismus" als Staatsform beschreibt die „Konstitutionalisierung" im innerstaatlichen Kontext den Prozess des „Wurzelschlagens", der Etablierung einer Verfassung und der in ihr enthaltenen Ideen und Prinzipien.[1032] Sie beinhaltet die Entstehung von Verfassungsprinzipien auf Grundlage des einfachen Rechts,[1033] basierend auf einem grundlegenden Verständnis gemeinsamer Werte und Traditionen und gerichtet auf die Erreichung eines gemeinsamen Ziels[1034] bzw. die Beeinflussung von Normen des einfachen Rechts durch Verfassungsnormen.[1035] Der Begriff umfasst dagegen nicht die Konstituierung i. S. d. Begründung einer neuen Verfassungsordnung.[1036] Konstitutionalisierung scheint sich aber nicht nur innerhalb, sondern auch jenseits der Grenzen des Nationalstaats abzuspielen. Im völkerrechtlichen Kontext beschreibt Konstitutionalisierung „den Prozess zunehmender Verfasstheit der internationalen Gemeinschaft",[1037] wobei auch über die Möglichkeiten der Konstitutionalisierung einzelner Teilregime der Völkerrechtsordnung diskutiert wird.[1038] Mit dem Begriff wird Bezug genommen auf die Frage, ob die

---

[1031] *Rainer Wahl*, Konstitutionalisierung – Leitbegriff oder Allerweltsbegriff?, in Carl-Eugen Eberle/Martin Ibler/Dieter Lorenz (Hrsg.), Der Wandel des Staates vor den Herausforderungen der Gegenwart, FS für Winfried Brohm zum 70. Geburtstag, C. H. Beck, München 2002, 191–207 (191).

[1032] *Rainer Wahl*, Konstitutionalisierung – Leitbegriff oder Allerweltsbegriff?, in Carl-Eugen Eberle/Martin Ibler/Dieter Lorenz (Hrsg.), Der Wandel des Staates vor den Herausforderungen der Gegenwart, FS für Winfried Brohm zum 70. Geburtstag, C. H. Beck, München 2002, 191–207 (191).

[1033] *Thomas Kleinlein*, Konstitutionalisierung im Völkerrecht. Konstruktion und Elemente einer idealistischen Völkerrechtslehre, Beiträge zum ausländischen öffentlichen Recht und Völkerrecht Bd. 231, Springer, Heidelberg 2012, S. 1.

[1034] *Martti Koskenniemi*, The Fate of Public International Law: Between Technique and Politics, MLR 70 (2007), 1–30 (16).

[1035] *Hans D. Jarass*, Die Konstitutionalisierung des Rechts, insb. durch die Grundrechte, in Rupert Scholz/Dieter Lorenz/Christian Pestalozza/Michael Kloepfer/Hans D. Jarass/Christoph Degenhart/Oliver Lepsius (Hrsg.), Realitätsprägung durch Verfassungsrecht, Kolloquium aus Anlass des 80. Geburtstages von Peter Lerche, Wissenschaftliche Abhandlungen und Reden zur Philosophie, Politik und Geistesgeschichte Bd. 50, Duncker & Humblot, Berlin 2008, 75–87 (75); *Matthias Knauff*, Konstitutionalisierung im inner- und überstaatlichen Recht – Konvergenz oder Divergenz?, ZaöRV 68 (2008), 453–490 (476 ff.).

[1036] *Thomas Kleinlein*, Konstitutionalisierung im Völkerrecht. Konstruktion und Elemente einer idealistischen Völkerrechtslehre, Beiträge zum ausländischen öffentlichen Recht und Völkerrecht Bd. 231, Springer, Heidelberg 2012, S. 1.

[1037] *Axel Tschentscher*, Vierter Beratungsgegenstand: Verfassung im Völkerrecht – Konstitutionelle Elemente jenseits des Staates?, in VVDStRL Bd. 75: Verfassung als Ordnungskonzept, Referate und Diskussionen auf der Tagung der Vereinigung der Deutschen Staatsrechtslehrer in Speyer vom 7. bis zum 10. Oktober 2015, De Gruyter, Berlin/Boston 2016, 407–438 (408).

[1038] *Bardo Fassbender/Angelika Siehr*, Vorwort, in Bardo Fassbender/Angelika Siehr (Hrsg.), Suprastaatliche Konstitutionalisierung. Perspektiven auf die Legitimität, Kohärenz und Effektivität des Völkerrechts, Nomos, Baden-Baden 2012, 5–8 (5). Dazu *Svenja Ahlhaus/*

Völkerrechtsordnung allgemein oder in einem bestimmten Regelungsbereich derart objektive Regelungen gesetzt hat, dass die Staaten wie im Rahmen einer verfassungsmäßigen Ordnung davon erfasst werden, was einen Rückbau des „domaine réservé" bewirkt.[1039] Es handelt sich damit um die – neben vereinzelte Ansätze eines sog. „Integrationsvölkerrechts" tretende[1040] – dritte und (nach heutigem Stand) letzte Phase der periodischen Entwicklung der Völkerrechtsordnung von einer Koordinierungs-, über eine Kooperationsordnung hin zur (tlw.) Konstitutionalisierung.[1041]

Die Verwendung der Begriffe „Völkerrecht" und „Verfassung" im Zusammenhang mag verwundern, ist doch das Völkerrecht westfälischer Prägung vordergründig nicht im Mindesten einer nationalen Verfassungsordnung mit festen normhierarchischen Strukturen, entstanden auf Basis einer Verfassungsurkunde, vergleichbar. Im klassischen Völkerrecht tritt Rechtsbindung nur auf Basis eines Konsenses der Staaten als primären Völkerrechtssubjekten untereinander ein, die souveräne Gleichheit der Staaten ist das Maß aller Dinge. Kurz: „Das klassische Völkerrecht ist konstitutionelles Brachland."[1042] Daran vermag auch die Existenz vereinzelter Normen des „zwingenden Gewohnheitsrechts" *(ius*

Markus Patberg, Von der verfassungsgebenden zur konstitutionalisierenden Gewalt. Die demokratische Legitimität völkerrechtlicher Konstitutionalisierung, in Bardo Fassbender/Angelika Siehr (Hrsg.), Suprastaatliche Konstitutionalisierung. Perspektiven auf die Legitimität, Kohärenz und Effektivität des Völkerrechts, Nomos, Baden-Baden 2012, 23–56 (23): „Die Debatte um die Verfassung(en) jenseits des Staates hat in den vergangenen Jahren kaum noch zu überblickende Ausmaße angenommen. Diskutiert wird über die Verfassung der Europäischen Union, die Verfassungen einzelner internationaler Organisationen (z. B. der WTO), die Verfassung der internationalen Gemeinschaft (die von einigen Autoren mit der UN-Charta identifiziert wird) oder über die Konstitutionalisierung des Völkerrechts im Allgemeinen."

[1039] *Thomas Kleinlein*, Konstitutionalisierung im Völkerrecht. Konstruktion und Elemente einer idealistischen Völkerrechtslehre, Beiträge zum ausländischen öffentlichen Recht und Völkerrecht Bd. 231, Springer, Heidelberg 2012, S. 2; nicht behandelt werden soll an dieser Stelle die gegenläufige Tendenz der Inkorporierung von Völkerrecht in nationale Rechtsordnungen, dazu *Tom Ginsburg/Svitlana Chernykh/Zachary Elkins*, Commitment and Diffusion: How and Why National Constitutions Incorporate International Law, U. Ill. L. Rev. 2008, 201–238 (207 ff.).

[1040] Der Begriff „Integrationsvölkerrecht" als Weiterentwicklung des Kooperationsvölkerrechts ist nicht gleichbedeutend mit einer Konstitutionalisierung des Völkerrechts. Vielmehr wird die Entstehung eines Integrationsvölkerrechts insbes. mit Blick auf den besonderen supranationalen Charakter der EU angenommen. Integrationsvölkerrecht ist daher zu verstehen als ein „Mehr" gegenüber herkömmlichen Konstitutionalisierungstendenzen, vgl. *Armin v. Bogdandy*, Konstitutionalisierung des europäischen öffentlichen Rechts in der europäischen Republik, JZ 2005, 529–540 (531) zum (damals geplanten) Inkrafttreten des europäischen Verfassungsvertrags als Zäsur zum Eintritt in die „2. Phase der Konstitutionalisierung".

[1041] *Rainer Wahl*, Konstitutionalisierung – Leitbegriff oder Allerweltsbegriff?, in Carl-Eugen Eberle/Martin Ibler/Dieter Lorenz (Hrsg.), Der Wandel des Staates vor den Herausforderungen der Gegenwart, FS für Winfried Brohm zum 70. Geburtstag, C. H. Beck, München 2002, 191–207 (199).

[1042] *Axel Tschentscher*, Vierter Beratungsgegenstand: Verfassung im Völkerrecht – Konstitutionelle Elemente jenseits des Staates?, in VVDStRL Bd. 75: Verfassung als Ordnungskonzept, Referate und Diskussionen auf der Tagung der Vereinigung der Deutschen Staats-

cogens) nichts zu ändern, der (richtige) Gesamteindruck mangelnder Verfasstheit im Völkerrecht kann dadurch nicht revidiert werden. Und obwohl vor diesem Hintergrund nicht erwartet werden kann, dass sich Elemente nationalstaatlichen Verfassungsdenkens ohne Weiteres auf die völkerrechtliche Ordnung übertragen ließen, soll an dieser Stelle doch der Versuch unternommen werden, eine Annäherung der auf den ersten Blick so unterschiedlichen Ordnungssysteme auf Grundlage eines weiten Verständnisses der Konstitutionalisierung als „qualifizierte Form der Verrechtlichung"[1043] aufzuzeigen.

Zugegebenermaßen fällt die Charakterisierung der gesamten Völkerrechts- als Verfassungsordnung zum jetzigen Zeitpunkt schwer. Es fehlt ihr bereits an den zentralen Motiven einer verfassungsmäßigen Ordnung, eine „Weltregierung",[1044] ein zentrales Gesetzgebungsorgan oder gewaltenteilig agierende Organe[1045] sucht man vergeblich, zumal sich die Zahl der Akteure auf internationaler Ebene durch die Fragmentierung des Völkerrechts ungemein erhöht hat.[1046] Gerade vor dem Hintergrund der unleugbaren Fragmentierungstendenzen erscheint die Suche nach konstitutionellen Elementen im Gros der völkerrechtlichen Normenordnung geradezu absurd, wenn „man von der völkerrechtlichen Verfassung [...] erwartet, dass sie alle Aspekte des staatlichen Verfassungsdenkens verwirklicht".[1047] Als zentrale Auslöser von Konstitutionalisierung werden paradoxerweise aber regelmäßig das übergeordnete Phänomen der Globalisierung und die damit einhergehende gesellschaftliche und

---

rechtslehrer in Speyer vom 7. bis zum 10. Oktober 2015, De Gruyter, Berlin/Boston 2016, 407–438 (410).

[1043] *Thomas Kleinlein*, Konstitutionalisierung im Völkerrecht. Konstruktion und Elemente einer idealistischen Völkerrechtslehre, Beiträge zum ausländischen öffentlichen Recht und Völkerrecht Bd. 231, Springer, Heidelberg 2012, S. 32.

[1044] Für die Existenz einer Weltregierung gibt es zum jetzigen Zeitpunkt keine Anhaltspunkte (*Klaus W. Grewlich*, Konstitutionalisierung des „Cyberspace". Zwischen europarechtlicher Regulierung und völkerrechtlicher Governance, Nomos, Baden-Baden 2001, S. 54), wenn auch verschiedentlich behauptet wird, der Sicherheitsrat gebärde sich tlw. als eine Art „völkerrechtlicher Ersatzgesetzgeber": *Andreas Zimmermann/Holger Scheel*, Zwischen Konfrontation und Kooperation. Die Vereinigten Staaten und der Internationale Strafgerichtshof, VN 50 (2002), 137–144 (141); zust. *Sabine v. Schorlemer*, Verrechtlichung *contra* Entrechtlichung: die internationalen Sicherheitsbeziehungen, in Bernhard Zangl/Michael Zürn (Hrsg.), Verrechtlichung – Baustein für Global Governance?, EINE Welt – Texte der Stiftung Entwicklung und Frieden Bd. 18, Verlag J. H. W. Dietz Nachfolger, Bonn 2004, 76–98 (78).

[1045] Zu den Elementen einer „modernen staatlichen Verfassung", vgl. *Axel Tschentscher*, Vierter Beratungsgegenstand: Verfassung im Völkerrecht – Konstitutionelle Elemente jenseits des Staates?, in VVDStRL Bd. 75: Verfassung als Ordnungskonzept, Referate und Diskussionen auf der Tagung der Vereinigung der Deutschen Staatsrechtslehrer in Speyer vom 7. bis zum 10. Oktober 2015, De Gruyter, Berlin/Boston 2016, 407–438 (413 ff.).

[1046] Zur Fragmentierung des Völkerrechts soeben B.VI.1.

[1047] *Axel Tschentscher*, Vierter Beratungsgegenstand: Verfassung im Völkerrecht – Konstitutionelle Elemente jenseits des Staates?, in VVDStRL Bd. 75: Verfassung als Ordnungskonzept, Referate und Diskussionen auf der Tagung der Vereinigung der Deutschen Staatsrechtslehrer in Speyer vom 7. bis zum 10. Oktober 2015, De Gruyter, Berlin/Boston 2016, 407–438 (434 f.).

völkerrechtliche Fragmentierung angeführt. Dabei stehen Konstitutionalisierung und Fragmentierung des Völkerrechts aber nur in einem scheinbaren[1048] Widerspruch zueinander. Es handelt sich um parallel auftretende Konsequenzen des technischen Wandels.[1049] Sowohl Fragmentierungs- als auch Konstitutionalisierungstendenzen beruhen auf der Ausbildung eines Systems multipler Akteure, die zeitgleich auf unterschiedlichen Ebenen mittels unterschiedlicher Regelungsinstrumente öffentlich-hoheitlicher, privat-vertraglicher und selbstregulierender Art agieren.[1050] Erste Ansätze einer beginnenden Konstitutionalisierung des bzw. im Völkerrecht(s) in diesem Sinne sind daher gerade in Bereichen zu beobachten, in denen problemanfällige, potenziell gefährliche Techniken durch spezifische Regulierung nutzbar gemacht werden. Die Aufgabe des Normsetzers übernehmen hier, sofern vorhanden, z. B. die normsetzenden Organe sachlich spezialisierter I. O. Da die Hierarchisierung,[1051] also die Ausbildung einer normativen „Vorrangordnung"[1052] innerhalb der betroffenen Rechtsordnung gemeinhin als zentrales Element der Konstitutionalisierung gilt,[1053] muss sich innerhalb des Systems der I. O. ein hierarchisch strukturiertes Normsystem herausbilden, in dem bestimmte Normen absoluter Geltung (z. B. Grund- und Menschenrechte, grundlegende [„Verfassungs"-]Prinzipien des Völkerrechts)[1054] der Dispositionsbefugnis der Mitgliedstaaten der Organisation entzogen sind.[1055] Das wird in gewisser Weise bereits ermöglicht durch

---

[1048] Von einem „Scheinwiderspruch" sprechen *Tatjana Chionos/Sué González Hauck/Isabelle Haßfurther*, Die Dialektik zwischen der völkerrechtlichen Fragmentierung und Konstitutionalisierung – Zur Auflösung eines Scheinwiderspruchs, in Bardo Fassbender/Angelika Siehr (Hrsg.), Suprastaatliche Konstitutionalisierung. Perspektiven auf die Legitimität, Kohärenz und Effektivität des Völkerrechts, Nomos, Baden-Baden 2012, 59–100.

[1049] *Andreas L. Paulus*, Zur Zukunft der Völkerrechtswissenschaft in Deutschland: Zwischen Konstitutionalisierung und Fragmentierung des Völkerrechts, ZaöRV 67 (2007), 695–719 (697, 706 f.).

[1050] *Klaus W. Grewlich*, Konstitutionalisierung des „Cyberspace". Zwischen europarechtlicher Regulierung und völkerrechtlicher Governance, Nomos, Baden-Baden 2001, S. 53 f.

[1051] *Jochen Rauber*, Strukturwandel als Prinzipienwandel. Theoretische, dogmatische und methodische Bausteine eines Prinzipienmodells des Völkerrechts und seiner Dynamik, Beiträge zum ausländischen öffentlichen Recht und Völkerrecht Bd. 272, Springer, Heidelberg 2018, S. 729 ff. spricht von der Hierarchisierung als „rechtfertigungsbedürftiger Entsouveränisierung".

[1052] *Rainer Wahl*, Konstitutionalisierung – Leitbegriff oder Allerweltsbegriff?, in Carl-Eugen Eberle/Martin Ibler/Dieter Lorenz (Hrsg.), Der Wandel des Staates vor den Herausforderungen der Gegenwart, FS für Winfried Brohm zum 70. Geburtstag, C. H. Beck, München 2002, 191–207 (205).

[1053] S. *Giovanni Biaggini*, Die Idee der Verfassung – eine Neuausrichtung im Zeitalter der Globalisierung?, ZSR N. F. 119 (2000-II), 445–476 (473 f.).

[1054] *Rainer Wahl*, Konstitutionalisierung – Leitbegriff oder Allerweltsbegriff?, in Carl-Eugen Eberle/Martin Ibler/Dieter Lorenz (Hrsg.), Der Wandel des Staates vor den Herausforderungen der Gegenwart, FS für Winfried Brohm zum 70. Geburtstag, C. H. Beck, München 2002, 191–207 (207).

[1055] Das kann jedoch nur geschehen, wenn die Organisation selbst die Normsetzungskompetenz innehat und unabhängig von ihren Mitgliedern entscheiden kann.

die Konfrontation von regimebezogenem *lex specialis* und der Gesamtheit des weiterhin Geltung beanspruchenden allgemeinen Völkerrechts als *lex generalis*. Formal kann schon die Begründung einer gemeinsamen Verantwortung der internationalen Gemeinschaft in Bezug auf den Schutz vorrangiger Grund- und Menschenrechte, von Staatengemeinschaftsräumen oder der Umwelt[1056] Ausdruck eines Konstitutionalisierungswillens der Staaten sein.[1057] Das „internationale öffentliche Interesse" der Staatengemeinschaft genießt in der Theorie der konstitutionalisierten objektiven völkerrechtlichen Ordnung[1058] Vorrang vor einzelstaatlichen Belangen.[1059] Das Völkerrecht nähert sich derart in seiner Organisationsstruktur z. T. dem staatlichen Recht an und wendet sich ab vom klassischen voluntaristisch geprägten System.[1060] Es gibt also Anhaltspunkte für eine beginnende „Teil-Konstitutionalisierung" separater Rechtsordnungen im Innern der umfassenden Völkerrechtsordnung.

Konstitutionalisierung kann so aber auch zur Vertiefung des Fragmentierungsdilemmas der Völkerrechtsordnung beitragen. Fragmentierung lässt sich folglich nicht bekämpfen durch forcierte Konstitutionalisierung, der gegenteilige Effekt wäre die Folge.[1061] Dennoch wird Konstitutionalisierung z. T. als Antwort auf und Ausweg aus der Fragmentierung betrachtet.[1062] Der Angst um

---

[1056] *Rainer Wahl*, Konstitutionalisierung – Leitbegriff oder Allerweltsbegriff?, in Carl-Eugen Eberle/Martin Ibler/Dieter Lorenz (Hrsg.), Der Wandel des Staates vor den Herausforderungen der Gegenwart, FS für Winfried Brohm zum 70. Geburtstag, C. H. Beck, München 2002, 191–207 (199).

[1057] *Tatjana Chionos/Sué González Hauck/Isabelle Haßfurther*, Die Dialektik zwischen der völkerrechtlichen Fragmentierung und Konstitutionalisierung – Zur Auflösung eines Scheinwiderspruchs, in Bardo Fassbender/Angelika Siehr (Hrsg.), Suprastaatliche Konstitutionalisierung. Perspektiven auf die Legitimität, Kohärenz und Effektivität des Völkerrechts, Nomos, Baden-Baden 2012, 59–100 (61 f.).

[1058] *Rainer Wahl*, Konstitutionalisierung – Leitbegriff oder Allerweltsbegriff?, in Carl-Eugen Eberle/Martin Ibler/Dieter Lorenz (Hrsg.), Der Wandel des Staates vor den Herausforderungen der Gegenwart, FS für Winfried Brohm zum 70. Geburtstag, C. H. Beck, München 2002, 191–207 (199).

[1059] *Jochen A. Frowein*, Konstitutionalisierung des Völkerrechts, in Berichte DGVR Bd. 39: Völkerrecht und Internationales Privatrecht in einem sich globalisierenden internationalen System – Auswirkungen der Entstaatlichung transnationaler Rechtsbeziehungen, 26. Tagung in Kiel (März 1999), C. F. Müller, Heidelberg 2000, 427–447 (436).

[1060] *Rainer Wahl*, Konstitutionalisierung – Leitbegriff oder Allerweltsbegriff?, in Carl-Eugen Eberle/Martin Ibler/Dieter Lorenz (Hrsg.), Der Wandel des Staates vor den Herausforderungen der Gegenwart, FS für Winfried Brohm zum 70. Geburtstag, C. H. Beck, München 2002, 191–207 (200). Noch ist aber nicht von einem Weltstaat und einer Weltverfassung (dazu *Jochen A. Frowein*, Konstitutionalisierung des Völkerrechts, in Berichte DGVR Bd. 39: Völkerrecht und Internationales Privatrecht in einem sich globalisierenden internationalen System – Auswirkungen der Entstaatlichung transnationaler Rechtsbeziehungen, 26. Tagung in Kiel [März 1999], C. F. Müller, Heidelberg 2000, 427–447 [445]: „Aber es ist doch nicht zu bezweifeln, daß wir mit sehr viel mehr Recht von einzelnen Elementen einer Weltverfassung sprechen können, als wir vor hundert Jahren galt.") zu sprechen.

[1061] *Jan Klabbers*, Constitutionalism Lite, IOLR 1 (2004), 31–58 (53 f.).

[1062] *Bardo Fassbender*, The meaning of international constitutional law, in Nicholas Tsa-

die schwindende Einheit des Völkerrechts wird begegnet mit der Etablierung fester normhierarchischer und institutioneller Strukturen.[1063] Dass dieses Vorgehen einer gewissen Logik nicht entbehrt, zeigt ein Blick auf die Ursprünge der beiden Entwicklungsstränge: Konstitutionelle und pluralistische Merkmale entstehen im Fahrwasser ein und desselben völkerrechtlichen Expansionsprozesses[1064] im Rahmen der Globalisierung und werden durch die Struktur des derzeitigen völkerrechtlichen Systems verbunden, es bildet „den Kern der Konstitutionalisierung und den Rahmen der Fragmentierung".[1065] Die Untergliederung des Völkerrechts in zahlreiche spezifische Subsystem führt daher nicht zu einer Demontage des Bestands des allgemeinen Völkerrechts, das die Ausgangsbasis für beide Entwicklungen bildet. Ausgehend von dieser Überlegung soll die Einheit der Rechtsordnung trotz durch die Fragmentierung bedingter Normkonflikte durch einheitliche systematische Auslegung i. S. d. Art. 31 Abs. 3 lit. c WVK[1066] (sog. Prinzip der „systemischen Integration")[1067] oder verhältnismäßige Abwägung widerstreitender Werte in der Rechtsanwendung[1068] gesichert werden.

Mit Blick auf die zunehmende Etablierung von Hoheitsgewalt jenseits des Staates stellt sich im Kontext der Konstitutionalisierungsdebatte die Frage, ob der Verfassungsbegriff (zumindest bei Anwendung auf internationaler Ebene) einer grds. Revision bedarf. Denn bisher gebräuchliche normative Erklärungsmodelle für das Phänomen der Konstitutionalisierung sind nur in begrenztem Maße zur Anwendung auf neue Formen der Governance geeignet. So konzen-

---

gourias (Hrsg.), Transnational Constitutionalism: International and European Models, Cambridge University Press, Cambridge 2007, 307–328 (311).

[1063] *Martti Koskenniemi*, The Fate of Public International Law: Between Technique and Politics, MLR 70 (2007), 1–30 (15).

[1064] *Georg Nolte*, Zu Wachstum und Krisen des Völkerrechts in sechzig Jahren Vereinte Nationen, VN 53 (2005), 190–195 (193 f.).

[1065] *Tatjana Chionos/Sué González Hauck/Isabelle Haßfurther*, Die Dialektik zwischen der völkerrechtlichen Fragmentierung und Konstitutionalisierung – Zur Auflösung eines Scheinwiderspruchs, in Bardo Fassbender/Angelika Siehr (Hrsg.), Suprastaatliche Konstitutionalisierung. Perspektiven auf die Legitimität, Kohärenz und Effektivität des Völkerrechts, Nomos, Baden-Baden 2012, 59–100 (97 f.).

[1066] *Report of the Study Group of the ILC* (finalized by *Martii Koskenniemi*), Fragmentation of International Law: Difficulties arising from the Diversification and Expansion of International Law, ILC, 58th session (1.5.–9.6., 3.7.–11.8.2006), UN Doc. A/CN.4/L.682, 13.4.2006, S. 206 ff. §§ 410 ff.; *Tatjana Chionos/Sué González Hauck/Isabelle Haßfurther*, Die Dialektik zwischen der völkerrechtlichen Fragmentierung und Konstitutionalisierung – Zur Auflösung eines Scheinwiderspruchs, in Bardo Fassbender/Angelika Siehr (Hrsg.), Suprastaatliche Konstitutionalisierung. Perspektiven auf die Legitimität, Kohärenz und Effektivität des Völkerrechts, Nomos, Baden-Baden 2012, 59–100 (72 ff.); vgl. auch IGH, Urt. v. 6.11.2003 – ICJ Reports 2003, S. 161 (128 § 41) – Case concerning Oil Platforms (Iran/USA).

[1067] Ausführlich *Campbell McLachlan*, The Principle of Systemic Integration and Article 31(3)(c) of the Vienna Convention, ICLQ 54 (2005), 279–319.

[1068] *Anne van Aaken*, Defragmentation of Public International Law Through Interpretation: A Methodological Proposal, Ind. J. Global Legal Stud. 16 (2009), 483–512 (484).

triert sich die Idee eines „Compensatory Constitutionalism" auf die „Kompensation" eines legitimatorischen Defizits auf nationalem Niveau durch Konstitutionalisierungsmechanismen auf internationaler Ebene. Ausgehend von der Annahme, dass schon die notwendigen Voraussetzungen legitimer Hoheitsausübung auf Ebene des Staates heute nicht mehr garantiert werden könnten, sei im Umkehrschluss eine Konstitutionalisierung des Völkerrechts erforderlich.[1069] Das Konzept des „Multilevel Constitutionalism" (auch „Mehrebenenkonstitutionalismus") dient der ebenenübergreifenden Erfassung der Ausdifferenzierung des Völkerrechts und der Entwicklung von Verfassungsstrukturen und bedient sich dazu einer interaktiven Gesamtbetrachtung komplementärer Verfassungen unterschiedlicher, aber interdependenter Ebenen (national, regional, universell), wobei das Individuum als „Fixpunkt" dient.[1070] Diese Modelle eignen sich nur bedingt zur Identifizierung und Erklärung von Konstitutionalisierungstendenzen innerhalb transnationaler Regelungsnetzwerke und mit Blick auf neuartige Governance-Phänomene. Als Gegenentwurf zu dem Mehrebenenmodell, das bewusst die Terminologie eines „constitutional network",[1071] eines weltweiten Verfassungsnetzwerks oder „Verfassungskonglomerats",[1072] vermeidet, ist daher die alternative Netzwerkperspektive abzugrenzen.[1073] Während Vertreter des Mehrebenenkonstitutionalismus der Ansicht sind, die verschiedenen verfassungsrechtlichen Ebenen seien klar voneinander abgrenzbar und in sich geschlossene Systeme, konstruiert die Netzwerkperspektive eine globale multipermeable Ordnung selbständiger und doch eng verbundener Teilverfassungen funktionaler normativer Subsysteme. Das Modell der Mehrebenenverfassung erfasst nurmehr die Formen der Ausübung öffentlicher Gewalt, berücksichtigt aber nicht die zunehmende Verwischung der Unterscheidung zwischen öffentlichem und privatem Recht durch die Einbeziehung nicht staatlicher Akteure in transnationale Rechtsbildungsprozesse.[1074] Diese lassen sich nur unter der

---

[1069] *Thomas Kleinlein*, Konstitutionalisierung im Völkerrecht. Konstruktion und Elemente einer idealistischen Völkerrechtslehre, Beiträge zum ausländischen öffentlichen Recht und Völkerrecht Bd. 231, Springer, Heidelberg 2012, S. 77 f.

[1070] *Thomas Kleinlein*, Konstitutionalisierung im Völkerrecht. Konstruktion und Elemente einer idealistischen Völkerrechtslehre, Beiträge zum ausländischen öffentlichen Recht und Völkerrecht Bd. 231, Springer, Heidelberg 2012, S. 78 f.

[1071] *Anne Peters*, Compensatory Constitutionalism: The Function and Potential of Fundamental International Norms and Structures, LJIL 19 (2006), 579–610 (601 f.); *Erika de Wet*, The Role of European Courts in the Development of a Hierarchy of Norms within International Law: Evidence of Constitutionalisation?, Eu Const. L. Rev. 5 (2009), 284–306 (287 f.).

[1072] *Erika de Wet*, The Emergence of International and Regional Value Systems as a Manifestation of the Emerging International Constitutional Order, LJIL 19 (2006), 611–632 (612).

[1073] *Thomas Kleinlein*, Konstitutionalisierung im Völkerrecht. Konstruktion und Elemente einer idealistischen Völkerrechtslehre, Beiträge zum ausländischen öffentlichen Recht und Völkerrecht Bd. 231, Springer, Heidelberg 2012, S. 82.

[1074] *Thomas Kleinlein*, Konstitutionalisierung im Völkerrecht. Konstruktion und Elemente einer idealistischen Völkerrechtslehre, Beiträge zum ausländischen öffentlichen Recht und Völkerrecht Bd. 231, Springer, Heidelberg 2012, S. 84.

Voraussetzung der Aufgabe eines staats- und politikzentrierten Verfassungsdenkens unter den Begriff der Konstitutionalisierung fassen.[1075] Denn eine Verfassung extrastaatlicher Dimension dient nicht der Kontrolle politischer, sondern gesellschaftlicher Kräfte (sog. „globale Zivilverfassungen" wie die Weltwirtschaftsverfassung).[1076] Die Umdeutung des Verfassungsbegriffs in diesem Sinne entspräche einem allgemeinen Verständnis von der Verfassung als „festgelegter Grundordnung einer Gesellschaft", erforderte aber u. a. den (schwer zu erbringenden) Nachweis entsprechender Stabilität und Einheit innerhalb eines bestimmten völkerrechtlichen Teilsystems oder sogar innerhalb der gesamten Völkerrechtsordnung unter dem Dach des Systems der UN-Ch.[1077] Die notwendige „legitimitätssichernde rechtliche Einhegung transnationaler Netzwerke" kann daher zum jetzigen Zeitpunkt wohl weiterhin nur über eine dem staatszentrierten Verfassungsbegriff entlehnte Konstruktion wert- und damit normhierarchischer Strukturen erreicht werden (z. B. durch die „transnationale Expansion staatlicher Grundrechte").[1078]

Hilfreich ist daneben aber u. U. eine Ergänzung einer verfassungsrechtlichen Perspektive durch die Betrachtung neuer Global Governance-Strukturen als „Global Administrative Law". Den Ausgangspunkt dafür bildet die Annahme, dass Global Governance durch die Einbindung nicht staatlicher und hybrider Akteure als Form der Verwaltung, angesiedelt auf einer Ebene unterhalb

---

[1075] *Thomas Kleinlein*, Konstitutionalisierung im Völkerrecht. Konstruktion und Elemente einer idealistischen Völkerrechtslehre, Beiträge zum ausländischen öffentlichen Recht und Völkerrecht Bd. 231, Springer, Heidelberg 2012, S. 84, 86.

[1076] *Thomas Kleinlein*, Konstitutionalisierung im Völkerrecht. Konstruktion und Elemente einer idealistischen Völkerrechtslehre, Beiträge zum ausländischen öffentlichen Recht und Völkerrecht Bd. 231, Springer, Heidelberg 2012, S. 86; *Gunther Teubner*, Globale Zivilverfassungen: Alternativen zur staatszentrierten Verfassungstheorie, ZaöRV 63 (2003), 1–28. Beispielhaft zur Herausbildung einzelner Verfassungselemente auf globaler Ebene die sog. „BrandnameSucks.com"-Fälle (s. *Andreas Fischer-Lescano/Lars Viellechner*, Globaler Rechtspluralismus, APuZ 60 [2010], Heft 34–35: Weltstaatengesellschaft?, 20–26 [24]), in deren Rahmen die Frage der Geltung des Rechts auf Meinungsfreiheit zwischen Privaten in Anschlag gebracht wird, dazu z. B. WIPO Arbitration and Mediation Center, Administrative Panel Decision v. 6.7.2000 – Case No. D2000–0190 – Bridgestone Firestone, Inc., Bridgestone, Firestone Research, Inc., and Bridgestone Corporation/Jack Myers, abrufbar unter: https://www.wipo.int/amc/en/domains/decisions/html/2000/d2000-0190.html.

[1077] *Thomas Vesting*, Die Staatsrechtslehre und die Veränderung ihres Gegenstandes: Konsequenzen von Europäisierung und Internationalisierung (2. Bericht), in VVDStRL Bd. 63: Die Staatsrechtslehre und die Veränderung ihres Gegenstandes: Konsequenzen von Europäisierung und Internationalisierung, Berichte und Diskussionen auf der Tagung der Vereinigung der Deutschen Staatsrechtslehrer in Hamburg vom 1. bis 4. Oktober 2003, De Gruyter, Berlin/Boston 2004, 41–70 (63). Zu der Möglichkeit der Konstitutionalisierung des gesamten Völkerrechts im System der UN-Ch: *Bardo Fassbender*, The United Nations Charter As Constitution of The International Community, Colum. J. Transnat'l L. 36 (1998), 529–619.

[1078] *Thomas Kleinlein*, Konstitutionalisierung im Völkerrecht. Konstruktion und Elemente einer idealistischen Völkerrechtslehre, Beiträge zum ausländischen öffentlichen Recht und Völkerrecht Bd. 231, Springer, Heidelberg 2012, S. 86.

des staatendominierten diplomatischen Diskurses und der völkervertragsrechtlichen Normsetzung, zu verstehen sei.[1079] Global Governance als

„Idealtyp internationaler Politik, bei dem einzelne Steuerungsformen eines Regierens jenseits des Nationalstaates – seien sie international [...] oder transnational [...] – sowohl vergesellschaftet als auch verrechtlicht und letztlich in einer umfassenden politischen Ordnung konstitutionalisiert sind, in die nationalstaatliches Regieren [...] eingebunden ist",[1080]

kann derart als eine Vorstufe zur Konstitutionalisierung betrachtet werden.[1081] Es bleibt aber zu beachten, dass auch „ein pluralistischer Ansatz für eine sich selbst tragende Verwaltung" nicht ohne Widersprüche sein kann: Zwar „transzendiert" das Modell eines „globalen Verwaltungsrechts" das Völkerrecht gleichsam infolge der notwendigen Aufgabe der absoluten Staatenzentrierung, es ist aber seinerseits „not only global, not only administrative, and not only law":[1082]

„It is not only global, because it includes many supranational regional or local agreements and authorities. It is not only administrative, because it includes many private and constitutional law elements (although the administrative component prevails, because constitutions and private regulation, involving ‚high politics' matters or societal interests, resist globalization). Global administrative law is not only law, because it also includes many types of ‚soft law' and standards."[1083]

[1079] *Thomas Kleinlein*, Konstitutionalisierung im Völkerrecht. Konstruktion und Elemente einer idealistischen Völkerrechtslehre, Beiträge zum ausländischen öffentlichen Recht und Völkerrecht Bd. 231, Springer, Heidelberg 2012, S. 91.

[1080] *Bernhard Zangl/Michael Zürn*, Make Law, Not War: Internationale und transnationale Verrechtlichung als Baustein für Global Governance, in Bernhard Zangl/Michael Zürn (Hrsg.), Verrechtlichung – Baustein für Global Governance?, EINE Welt – Texte der Stiftung Entwicklung und Frieden Bd. 18, Verlag J. H. W. Dietz Nachfolger, Bonn 2004, 12–45 (18); sehr ähnlich *Sabine v. Schorlemer*, Verrechtlichung contra Entrechtlichung: die internationalen Sicherheitsbeziehungen, in Bernhard Zangl/Michael Zürn (Hrsg.), Verrechtlichung – Baustein für Global Governance?, EINE Welt – Texte der Stiftung Entwicklung und Frieden Bd. 18, Verlag J. H. W. Dietz Nachfolger, Bonn 2004, 76–98 (88).

[1081] Vgl. *Klaus W. Grewlich*, Konstitutionalisierung des „Cyberspace". Zwischen europarechtlicher Regulierung und völkerrechtlicher Governance, Nomos, Baden-Baden 2001, S. 55, der über die „Entwicklung vom Völkerrecht der Koexistenz zum Völkerrecht der Kooperation und dann über die transitorische Gemengelage der ‚Governance' (ein besserer Begriff fehlt) zur ‚Konstitutionalisierung' des internationalen Rechts und der internationalen Beziehungen" schreibt. Missverständlich *Bernhard Zangl/Michael Zürn*, Make Law, Not War: Internationale und transnationale Verrechtlichung als Baustein für Global Governance, in Bernhard Zangl/Michael Zürn (Hrsg.), Verrechtlichung – Baustein für Global Governance?, EINE Welt – Texte der Stiftung Entwicklung und Frieden Bd. 18, Verlag J. H. W. Dietz Nachfolger, Bonn 2004, 12–45 (36), die von Konstitutionalisierung als „Bestandteil der Verrechtlichung" sprechen.

[1082] *Sabino Cassese*, Global administrative law: The state of the art, Int. J. Const. Law 13 (2015), 465–468 (466).

[1083] *Sabino Cassese*, Global administrative law: The state of the art, Int. J. Const. Law 13 (2015), 465–468 (466).

Dieser indeterminierte „Not only"-Charakter des Global Administrative Law verkompliziert die Einordnung seiner Gegenstände in das gegenwärtige System völkerrechtlicher Ordnung und steht beispielhaft für die normative Überforderung des Völkerrechts angesichts der Herausforderungen der Globalisierung. Vor dem Hintergrund des bereits zu den Möglichkeiten einer Konstitutionalisierung im bzw. des Völkerrecht(s) Gesagten liegt es aber nahe, Strukturen des Global Administrative Law in Ergänzung der Netzwerkperspektive zur Förderung der Harmonisierung von unterschiedlichen, durch Hybridisierung gekennzeichneten Regelungsebenen zu nutzen. Dabei sollte die ungefilterte Übertragung von Elementen nationaler Verwaltung vermieden, nicht aber die Rolle des Staates innerhalb eines „globalen Verwaltungsraums"[1084] vernachlässigt werden.[1085] Ausgehend von der Erkenntnis, dass Staaten gemeinhin (immer noch) als „Manager" nicht staatlicher Autorität auftreten,[1086] die Globalisierung aber in vielen Bereichen zur weitgehenden Aufgabe der strikten Unterscheidung zwischen privatem und innerstaatlichem (öffentlichem) Recht und Völkerrecht zwingt, gilt das insbes. mit Blick auf die Regulierung von heterarchisch organisierten Netzwerken, die von heterogenen Akteursgruppen dominiert werden, also i. d. R. staatsfern organisiert sind, und dennoch einer gemeinsamen (internationalen) Wertebasis bedürfen.[1087] Es sind Synergieeffekte zwischen Netzwerkstrukturen und internationalen Institutionen zu beobachten. Von Netzwerkstrukturen als neuer Governance-Architektur profitiert daher die Etablierung eines globalen Verwaltungsraums, da Vertragsverhandlungen erleichtert und alternative (auch transnationale) Formen des Diskurses und der Regulierung ermöglicht werden. Vertragsregime und internationale Organisationen sind, so *Kleinlein*, denn auch in Bereichen vermehrt anzutreffen, die nicht durch einzelstaatliche Dominanz gekennzeichnet sind.[1088]

[1084] *Thomas Kleinlein*, Konstitutionalisierung im Völkerrecht. Konstruktion und Elemente einer idealistischen Völkerrechtslehre, Beiträge zum ausländischen öffentlichen Recht und Völkerrecht Bd. 231, Springer, Heidelberg 2012, S. 91.
[1085] *Sabino Cassese*, Global administrative law: The state of the art, Int. J. Const. Law 13 (2015), 465–468 (467).
[1086] *Sabino Cassese*, Global administrative law: The state of the art, Int. J. Const. Law 13 (2015), 465–468 (467).
[1087] *Thomas Kleinlein*, Konstitutionalisierung im Völkerrecht. Konstruktion und Elemente einer idealistischen Völkerrechtslehre, Beiträge zum ausländischen öffentlichen Recht und Völkerrecht Bd. 231, Springer, Heidelberg 2012, S. 83.
[1088] *Thomas Kleinlein*, Konstitutionalisierung im Völkerrecht. Konstruktion und Elemente einer idealistischen Völkerrechtslehre, Beiträge zum ausländischen öffentlichen Recht und Völkerrecht Bd. 231, Springer, Heidelberg 2012, S. 83.

VII. Fazit: Das Verhältnis von Recht und Technik als Korrelat der Völkerrechtsevolution

Die Welt sei heute „flach", meint der U. S.-amerikanische Journalist und Pulitzerpreisträger *Thomas L. Friedman*.[1089] Diese „flache Welt" wird nach *Bethlehem* dominiert von „individual actors who are able to engage with one another anywhere without the intermediation of states or of other traditional entities".[1090] Technische Innovationen, namentlich im Bereich der Telekommunikationstechnik, haben ganz entscheidend zu diesem „gesellschaftlichen Modernisierungsprozess" beigetragen und sind „Begleiterscheinung und Motor sozialen, kulturellen, ökonomischen, technologischen und politischen Wandels".[1091]

Damit ist zwangsläufig auch das Recht – ob national, transnational, regional oder global – als „Steuerungsmedium" im Umbruch. Die Entwicklung der Technik bestimmt und verändert die „Verwirklichungsbedingungen" von Recht und so auch das Recht selbst,[1092] der Umgang mit vorhandenen Normen im Technikrecht wird z. B. vom gegenwärtigen „Stand der Technik" abhängig gemacht. *Roßnagel* beschreibt „die weltverändernde Kraft der Technik" als den „stärkste[n] Einflußfaktor für die Fortentwicklung des Rechts".[1093] Stärker als andere Lebensbereiche beeinflusst die Globalisierung das Recht,[1094] die selbstregulierende Kraft von Wirtschaft und Gesellschaft wird immer wichtiger, der Staat tritt weitgehend zurück als Organ der Wettbewerbs- und Kartellaufsicht,[1095] als politischer Akteur auf internationaler Ebene, als Organisations-

---

[1089] *Thomas L. Friedman*, Die Welt ist flach: Eine kurze Geschichte des 21. Jahrhunderts (dt. Übers. v. Michael Bayer/Hans Freundl/Thomas Pfeiffer), Suhrkamp, Frankfurt a. M. 2006.

[1090] *Daniel Bethlehem*, The End of Geography: The Changing Nature of the International System and the Challenge to International Law, EJIL 25 (2014), 9–24 (19).

[1091] *Wolfgang Hoffmann-Riem*, Innovationen durch Recht und im Recht, in Martin Schulte (Hrsg.), Technische Innovation und Recht: Antrieb oder Hemmnis?, MTM Bd. 76, C. F. Müller, Heidelberg 1997, 3–32 (6).

[1092] *Alexander Roßnagel*, Rechtswissenschaftliche Technikfolgenforschung – am Beispiel der Informations- und Kommunikationstechniken, in Martin Schulte (Hrsg.), Technische Innovation und Recht: Antrieb oder Hemmnis?, MTM Bd. 76, C. F. Müller, Heidelberg 1997, 139–162 (140).

[1093] *Alexander Roßnagel*, Rechtswissenschaftliche Technikfolgenforschung – am Beispiel der Informations- und Kommunikationstechniken, in Martin Schulte (Hrsg.), Technische Innovation und Recht: Antrieb oder Hemmnis?, MTM Bd. 76, C. F. Müller, Heidelberg 1997, 139–162 (140).

[1094] *Matthias Ruffert*, Globalisierung als Herausforderung an das Öffentliche Recht, Jenaer Schriften zum Recht Bd. 33, Richard Boorberg Verlag, Stuttgart/München/Hannover/Berlin/Weimar/Dresden 2004, S. 19: „[S]o kann […] vermutet werden, daß die Globalisierung auf das Recht sogar größere Auswirkungen zeitigt als auf Technologie, Naturwissenschaft und Wirtschaft." Vgl. auch *Frederick Schauer*, The Politics and Incentives of Legal Transplantation, Harvard University Center for International Development, CID Working Paper No. 44, April 2000, S. 3.

[1095] *Udo Di Fabio*, Rechtliche Rahmenbedingungen neuer Informations- und Kommunikationstechnologien, in Martin Schulte (Hrsg.), Technische Innovation und Recht: Antrieb oder Hemmnis?, MTM Bd. 76, C. F. Müller, Heidelberg 1997, 117–135 (135).

form. Daneben prägen heute I. O., NGOs, transnational agierende Unternehmen und Individuen die internationale Bühne. Konventionelle, auf dem Territorialstaat basierende Rechtsordnungen werden ergänzt oder ersetzt durch neue Regime trans- oder supranationaler Dimension. Diese Regime koexistieren als tlw. heterarchische, netzwerkartige Gebilde, das Recht wird z. T. zum interessengesteuerten Politikum,[1096] gesellschaftliche Konflikte werden rechtlich reproduziert, Rechtspluralismus[1097] und ein Zustand der „Interlegalität"[1098] sind die Folge. Die auf nationaler Ebene bereits zu beobachtende funktionelle Spezialisierung überträgt sich im Rahmen der rechtlichen Globalisierung auf die internationale Ebene.[1099] Im Ergebnis kommt es zu einer Vermengung unterschiedlicher, teils territorial, teils funktional ausgerichteter Rechtsregime,[1100] der „rechtliche Zentralismus"[1101] im Staat tritt mehr und mehr zurück, zumal sich neue Regelungsobjekte wie der Cyberspace in ihrer Struktur bereits dezentral darstellen. Neben der Innovation selbst müssen auch eine stetig anwachsende Zahl neuer, von einer Regelung im entsprechenden Bereich betroffener Akteure und damit neue Risiken bedacht werden, zudem geht damit eine schwindende Bedeutung staatlicher imperativer Rechtsetzung einher.[1102] Eine grundlegende „Erneuerung" („renouvellement") des Völkerrechts[1103] ist zu beobachten.

Die Anforderungen an das Recht wachsen exponentiell zur zunehmenden Komplexität technischer Innovationen. „Verlangt wird eine Rechtsordnung, die komplexe Sachverhalte mit Ungewißheitsbedingungen flexibel ‚über die Zeit' steuert",[1104] daher bleibt das Recht nicht statisch. Neue internationale Herausforderungen verlangen nach neuen globalen rechtlichen Lösungsansätzen. Doch neue Normen des Völkerrechts ersetzen häufig nicht einfach alther-

---

[1096] *Martti Koskenniemi*, The Fate of Public International Law: Between Technique and Politics, MLR 70 (2007), 1–30 (23).

[1097] *Martti Koskenniemi*, The Fate of Public International Law: Between Technique and Politics, MLR 70 (2007), 1–30 (23).

[1098] Vgl. *Boaventura de Sousa Santos*, Toward a New Legal Common Sense: Law, Globalization, And Emancipation, 2. Aufl., Butterworths LexisNexis, London 2002, S. 437.

[1099] *Martti Koskenniemi*, The Fate of Public International Law: Between Technique and Politics, MLR 70 (2007), 1–30 (22).

[1100] *Andreas Fischer-Lescano/Lars Viellechner*, Globaler Rechtspluralismus, APuZ 60 (2010), Heft 34–35: Weltstaatengesellschaft?, 20–26 (22).

[1101] Zum Begriff *John Griffiths*, What is Legal Pluralism?, JLP 18 (1986), 1–55 (3 ff.).

[1102] Vgl. *Günter Heine*, Technischer Fortschritt im Spannungsverhältnis von Unternehmen, Gesellschaft und Staat – Neue Herausforderungen für das Recht, in Martin Schulte (Hrsg.), Technische Innovation und Recht: Antrieb oder Hemmnis?, MTM Bd. 76, C. F. Müller, Heidelberg 1997, 57–77 (65).

[1103] *Maurice Bourquin*, Pouvoir scientifique et droit international, RdC 70 (1947-I), 331–406 (369) in Reaktion auf die nach Ende des Zweiten Weltkriegs stark anwachsende Zahl von I. O.

[1104] *Günter Heine*, Technischer Fortschritt im Spannungsverhältnis von Unternehmen, Gesellschaft und Staat – Neue Herausforderungen für das Recht, in Martin Schulte (Hrsg.), Technische Innovation und Recht: Antrieb oder Hemmnis?, MTM Bd. 76, C. F. Müller, Heidelberg 1997, 57–77 (65).

gebrachte Regeln, sie „schieben" sich gleichsam über ihre Vorgänger, eine Art völkerrechtliche „Plattentektonik" entsteht. Der amerikanische Rechtswissenschaftler *Joseph H. H. Weiler* hat dieses Bild von der „Geologie des Völkerrechts" geprägt (ursprünglich verwendet zur Beschreibung des Verhältnisses von Völkerrecht und Legitimität).[1105] Danach besteht das Völkerrecht aus vertikalen, d.h. räumlich abgrenzbaren „Schichten" (im Gegensatz zu horizontalen, also zeitlichen Perioden) aufeinanderfolgender Regulierungsphasen. Die erste Schicht völkerrechtlicher Normen des sog. „Koexistenzvölkerrechts"[1106] zeichnet sich aus durch eine dezentrale Struktur.[1107] Die Staaten als Völkerrechtssubjekte[1108] unterhalten untereinander zweckmäßige diplomatische Beziehungen[1109] zur Sicherung des Friedens und der Gestaltung ihrer internationalen Beziehungen, ohne Rücksicht auf ihre gesellschaftliche und wirtschaftliche Struktur, innerstaatliche Probleme bleiben weitgehend außer Betracht.[1110] Die Basis dieses Systems bildet eine stabile nationale Souveränität, nationalstaatliche geografische, ökonomische und militärische Interessen stehen stets im Vordergrund.[1111] Völkerrechtliche Rechtsetzung erfolgt vorwiegend mittels bi- oder multilateraler Verträge und Gewohnheitsrecht.[1112] Als Ausdruck der Reziprozität, ein anerkanntes Mittel der Gestaltung internationaler Beziehun-

---

[1105] *Joseph H. H. Weiler*, The Geology of International – Law Governance, Democracy and Legitimacy, ZaöRV 64 (2004), 547–562 (548 f.).

[1106] Begriff bei *Wolfgang Friedmann*, The Changing Structure of International Law, Stevens & Sons, London 1964, S. 60. Anders bei *Georg Schwarzenberger*, Civitas Maxima?, Recht und Staat in Geschichte und Gegenwart: Eine Sammlung von Vorträgen und Schriften aus dem Gebiet der gesamten Staatswissenschaften Bd. 413/414, J. C. B. Mohr (Paul Siebeck), Tübingen 1973, 1–45 (11): „Recht der Macht" gegenüber „Recht der Koordination" und „Recht der Gegenseitigkeit".

[1107] *Wolfgang Friedmann*, The Relevance of International Law to the Process of Economic and Social Development, in Richard A. Falk/Cyril E. Black (Hrsg.), The Future of the International Legal Order, Vol. II: Wealth and Resources, Princeton University Press, Princeton/New Jersey 1970, 3–35 (12).

[1108] *Wolfgang Friedmann*, The Relevance of International Law to the Process of Economic and Social Development, in Richard A. Falk/Cyril E. Black (Hrsg.), The Future of the International Legal Order, Vol. II: Wealth and Resources, Princeton University Press, Princeton/New Jersey 1970, 3–35 (9).

[1109] *Wolfgang Friedmann*, The Changing Structure of International Law, Stevens & Sons, London 1964, S. xiii, 60; *Wolfgang Friedmann*, The Relevance of International Law to the Process of Economic and Social Development, in Richard A. Falk/Cyril E. Black (Hrsg.), The Future of the International Legal Order, Vol. II: Wealth and Resources, Princeton University Press, Princeton/New Jersey 1970, 3–35 (9).

[1110] *Wolfgang Friedmann*, The Changing Structure of International Law, Stevens & Sons, London 1964, S. 60.

[1111] *Wolfgang Friedmann*, The Changing Structure of International Law, Stevens & Sons, London 1964, S. 61.

[1112] *Wolfgang Friedmann*, The Relevance of International Law to the Process of Economic and Social Development, in Richard A. Falk/Cyril E. Black (Hrsg.), The Future of the International Legal Order, Vol. II: Wealth and Resources, Princeton University Press, Princeton/New Jersey 1970, 3–35 (10).

gen,[1113] verlangt die klassische Diplomatie, dass sich die Staaten auf Augenhöhe bewegen. Reziprozität ist zunächst (und dem Wortsinn nach) nur bilateral gemeint, das entspricht dem Konzept der klassischen Diplomatie. Nimmt aber die Zahl der gemeinsamen reziproken Interessen einer wachsenden Gruppe von Subjekten zu, so entwickelt sich die Reziprozität zu einem System struktureller Integration und schließlich zu einer „Gemeinschaft",[1114] sofern sich die Interessen und schließlich auch die sich entwickelnden gemeinsamen Werte der Gruppenmitglieder entsprechen. Das ist die Essenz der zweiten „Schicht", der des „Kooperationsvölkerrechts".[1115] Das „kooperative Völkerrecht"[1116] ist sensibel für interne einzelstaatliche Probleme und Anliegen sowie die Unterschiede zwischen den Staaten.[1117] Normen des Kooperationsvölkerrechts dienen aber nicht allein der Aufrechterhaltung eines „Rahmens" für die unabhängige Existenz der Staaten, sondern vielmehr der ernsthaften multilateralen Zusammenarbeit in Sachgebieten globaler Dimension. Ein neuer Regelungsgegenstand des Völkerrechts entsteht in diesem Sinne in dem Moment, in dem sich die betroffenen Staaten als Kollektiv der Tatsache bewusst werden, dass sie ein Problem nicht mehr allein mit rein nationalen Mitteln lösen können.[1118] Im Zusammenhang mit der Entstehung des Organisationstypus der I. O.

> „schlug sich wie auf kaum einem anderen Feld der historische Wandel des Völkerrechts von einem Koexistenz- zu einem Kooperationsrecht, aber auch der Strukturwandel der Staatenbeziehungen im 19. Jahrhundert nieder".[1119]

Eine wachsende Struktur internationaler Organisation und die Verfolgung gesamtmenschheitlicher Ziele[1120] markieren wichtige Umbrüche im Vergleich des Koexistenz- zum Kooperationsvölkerrecht. Das Völkerrecht entwickelt

---

[1113] *Wolfgang Friedmann*, The Relevance of International Law to the Process of Economic and Social Development, in Richard A. Falk/Cyril E. Black (Hrsg.), The Future of the International Legal Order, Vol. II: Wealth and Resources, Princeton University Press, Princeton/New Jersey 1970, 3–35 (12).

[1114] *Wolfgang Friedmann*, The Relevance of International Law to the Process of Economic and Social Development, in Richard A. Falk/Cyril E. Black (Hrsg.), The Future of the International Legal Order, Vol. II: Wealth and Resources, Princeton University Press, Princeton/New Jersey 1970, 3–35 (12).

[1115] Begriff bei *Wolfgang Friedmann*, The Changing Structure of International Law, Stevens & Sons, London 1964, S. 61.

[1116] Übers. v. *Friedmanns* Begriff des „,co-operative' international law" (*Wolfgang Friedmann*, The Changing Structure of International Law, Stevens & Sons, London 1964, S. 62).

[1117] *Wolfgang Friedmann*, The Changing Structure of International Law, Stevens & Sons, London 1964, S. 62.

[1118] Vgl. schon *Maurice Bourquin*, Pouvoir scientifique et droit international, RdC 70 (1947-I), 331–406 (358).

[1119] *Miloš Vec*, Recht und Normierung in der Industriellen Revolution. Neue Strukturen der Normsetzung in Völkerrecht, staatlicher Gesetzgebung und gesellschaftlicher Selbstnormierung, Vittorio Klostermann, Frankfurt a. M. 2006, S. 21 f. – Fn. entfernt.

[1120] *Wolfgang Friedmann*, The Changing Structure of International Law, Stevens & Sons, London 1964, S. xiii.

sich demgemäß auf mehreren Ebenen gleichzeitig weiter, einen echten „Übergang" von Koexistenz- zu Kooperationsvölkerrecht hat es nie gegeben.[1121] Das Kooperationsvölkerrecht wird in einigen Bereichen jedoch tlw. überlagert von Elementen eines sog. „Integrationsvölkerrechts".[1122] Das Element zwischenstaatlicher Kooperation „auf Augenhöhe" verliert zu Gunsten „objektivierter" internationaler Organisationsstrukturen an Bedeutung,[1123] staatliche Souveränität gerät gegenüber nicht staatlichen Entitäten, ausgestattet mit eigenen, weitreichenden Entscheidungsbefugnissen – bestes Beispiel ist hier die EU –, ins Hintertreffen. Parallel zur Entstehung des Integrationsvölkerrechts und als Vorstufe einer evtl. Konstitutionalisierung vollzieht sich die Entwicklung von Global Governance als eines völlig neuen, deliberativen[1124] Ansatzes umfassender globaler Zusammenarbeit. Im Unterschied zum tradierten Konzept intergouvernementalen Regierens (sog. „exekutiver Multilateralismus")[1125] lebt Global Governance[1126] von der Erarbeitung übergeordneter „Kollisionsregeln",[1127] die der

---

[1121] Zust. *Christina Binder*, Die Grenzen der Vertragstreue im Völkerrecht, Beiträge zum ausländischen öffentlichen Recht und Völkerrecht Bd. 245, Springer, Heidelberg 2013, S. 58 unter Bezugnahme auf *Weiler*s Bild der „Geologie des Völkerrechts", dazu *Joseph H. H. Weiler*, The Geology of International Law – Governance, Democracy and Legitimacy, ZaöRV 64 (2004), 547–562 (548 f.). Zu diesem Ergebnis kommt auch *Wolfgang Friedmann*, The Changing Structure of International Law, Stevens & Sons, London 1964, S. 64: „[I]nternational law is now developing on several levels, one continuing the traditional international law of diplomatic coexistence, and the other two implementing the quest for both universal and regional international co-operation and organisation [...]." Vgl. in diesem Sinne auch *Myres S. McDougal/W. Michael Reisman*, The Changing Structure of International Law: Unchanging Theory for Inquiry, Colum. L. Rev. 65 (1965), 810–835 (811). Missverständlich daher *Wolfgang Friedmann*, The Changing Structure of International Law, Stevens & Sons, London 1964, S. 62: „This *move* of international society, from an essentially negative code of rules of abstention to positive rules of co-operation, [...]." – Hervorh. d. A.

[1122] *Andreas Zimmermann*, Zur Zukunft der Völkerrechtswissenschaft in Deutschland, ZaöRV 67 (2007), 799–824 (808) spricht von einer „Supranationalisierung des Völkerrechts".

[1123] *Matthias Ruffert*, Die Globalisierung als Herausforderung an das Öffentliche Recht, Jenaer Schriften zum Recht Bd. 33, Richard Boorberg Verlag, Stuttgart/München/Hannover/Berlin/Weimar/Dresden 2004, S. 21; vgl. *Oliver Dörr*, „Privatisierung" des Völkerrechts, JZ 60 (2005), 905–916 (916).

[1124] *Sabine v. Schorlemer*, Verrechtlichung *contra* Entrechtlichung: die internationalen Sicherheitsbeziehungen, in Bernhard Zangl/Michael Zürn (Hrsg.), Verrechtlichung – Baustein für Global Governance?, EINE Welt – Texte der Stiftung Entwicklung und Frieden Bd. 18, Verlag J. H. W. Dietz Nachfolger, Bonn 2004, 76–98 (77 ff.).

[1125] *Bernhard Zangl/Michael Zürn*, Make Law, Not War: Internationale und transnationale Verrechtlichung als Baustein für Global Governance, in Bernhard Zangl/Michael Zürn (Hrsg.), Verrechtlichung – Baustein für Global Governance?, EINE Welt – Texte der Stiftung Entwicklung und Frieden Bd. 18, Verlag J. H. W. Dietz Nachfolger, Bonn 2004, 12–45 (16).

[1126] Beachte: „There is no single model or form of global governance, nor is there a single structure or set of structures." (Commission on Global Governance, Our Global Neighbourhood: The Report of the Commission on Global Governance, Oxford University Press, Oxford 1995, S. 4).

[1127] Zu diesem Schluss kommen auch *Bernhard Zangl/Michael Zürn*, Make Law, Not War: Internationale und transnationale Verrechtlichung als Baustein für Global Governance, in Bernhard Zangl/Michael Zürn (Hrsg.), Verrechtlichung Baustein für Global Governance?,

Konsolidierung von Kollisionen der unterschiedlichen Regime, die im Zuge der horizontalen und vertikalen Erweiterung des Völkerrechts entstehen, dienen.

Eine Entsprechung findet diese „schichtweise" Entwicklung des Völkerrechts in dem sich sukzessive modifizierenden Verhältnis von Völkerrecht und Technik. Während die anfängliche Phase der rein koexistenziellen Befassung der Staaten untereinander dominiert wurde durch geheime Gespräche der Herrscher oder der Diplomaten als ihrer Vertreter, brachten die Anfänge des Kooperationsvölkerrechts den Wandel. Erste I. O. mit technisch-wissenschaftlichem Fokus bereiteten dem „technischen Experten" auf internationaler Ebene einen herzlichen Empfang. Technikregulierung wurde bald zu einem Kooperationsgeschäft rechtlicher und technischer Sachverständiger. Das Zeitalter der Global Governance schließlich „hybridisiert" die Völkerrechtsordnung durch Einbeziehung von Soft Law-Instrumenten und außerrechtlichen Normungskategorien und bietet in der Zusammenarbeit von Juristen und Ingenieuren völlig neue Möglichkeiten:

> „Das Gebot der Zusammenarbeit staatlicher und nichtstaatlicher Akteure dient hier der Kompensation spezifischer Regelungs- und Vollzugshindernisse: Mangelnder behördlicher Sachverstand wird kompensiert durch die Einbeziehung privaten technischen Sachverstandes auf der Ebene der Regelsetzung und Regelkonkretisierung, [...]."[1128]

Eines jedoch hat sich nicht verändert:

> „Technology has usually far outstripped the law, [...]."[1129]

Das Recht folgt stets der Technik nach, es ist reaktiv, tlw. sogar reaktionär, nicht aber proaktiv,

> „denn, wie Sie wissen, kann im allgemeinen das Recht erst tätig werden, wenn ‚Tatsachen' vorliegen, über die Rechtsvorschriften getroffen oder Recht gesprochen werden soll".[1130]

Das Recht bietet aber weniger die Chance der reinen „Bewältigung" technischer Innovationen und ihrer Folgen, sondern hilft vielmehr bei der „Ermög-

---

EINE Welt – Texte der Stiftung Entwicklung und Frieden Bd. 18, Verlag J. H. W. Dietz Nachfolger, Bonn 2004, 12–45 (17).

[1128] *Anne Röthel*, Europarechtliche Vorgaben für das Technikrecht, in Martin Schulte/Rainer Schröder (Hrsg.), Handbuch des Technikrechts, 2. Aufl., Springer, Berlin/Heidelberg 2011, 201–235 (217 f.) unter Bezugnahme auf die „Instrumente kooperativer Techniksteuerung" im Rahmen des europäischen Technikrechts.

[1129] *Walter B. Wriston*, Bits, Bytes, and Balance Sheets. The New Economic Rules of Engagement in a Wireless World, Hoover Institution Press, Publication No. 557, Stanford 2007, S. 48.

[1130] *Alex Meyer*, Rechtliche Probleme des Weltraumflugs, Referat, gehalten auf dem III. Internationalen Astronautischen Kongreß in Stuttgart am 5. September 1952, ZLR 1953, 31 ff., abgedr. in Alex Meyer, Luftrecht in fünf Jahrzehnten. Ausgewählte Schriften, Carl Heymanns Verlag, Köln/Berlin/München/Bonn 1961, 395–405 (395).

lichung eben dieser Aktivitäten: Was die Technik physisch ermöglicht hat[...], soll[...] nun auch durch das Recht unterstützt werden [...]".[1131] Unter dem Eindruck der Schnelllebigkeit technischer Innovationen kann es dabei nur von Vorteil sein, wenn sich die (theoretische) Rechtswissenschaft bereits im Vorfeld der Diffusion einer Innovation mit den Spezifika der Regulierung ihrer Gefahren und Chancen befasst.[1132] Die rechtliche Befassung mit der Technik darf aber nicht durch „pushing the law or trying to push the law too far in advance of practice"[1133] zur vagen Zukunftsdeutung verkommen. Die Regulierung neuer technischer, d. h. gesamtgesellschaftlicher Herausforderungen erfordert nicht zuletzt die parallele Weiterentwicklung des Rechts. Denn das unnachgiebige Verharren in althergebrachten Strukturen – wozu auch der durch Art. 38 Abs. 1 IGH-Statut vorgegebene Bestand völkerrechtlicher Quellen zu zählen ist – verhindert die Anpassung an die Lebenswirklichkeit. Denn:

> „[...] [T]here is a risk that we are seeing the evolving international system like passengers on a train that is travelling at considerable speed such as to blur our vision of the landscape as we look out of the window. From this vantage point, as we attempt to identify the landscape across which we are travelling, we resort to images and recollections from the last station at which we stopped, and we project to the next point at which we hope to draw breath by reference to the views and atmospheric conditions of the last. And in doing so, *there is a real danger, as we take stock of the international legal system and attempt to assess its robustness and fitness for purpose for the future, that things will already have moved decisively past us and we will be caught in a constant cycle of catching up.*"[1134]

Sinnvoll wäre die Übertragung eines Systems umfassender präventiver Technikfolgenforschung im Vorfeld der Etablierung eines zu regelnden Techniksystems auf die völkerrechtliche Ebene: Das würde den Lernprozess für die (Welt-)Gesellschaft vorverlagern, die Folgen von Irrtümern und falschen Ent-

---

[1131] *Miloš Vec*, Recht und Normierung in der Industriellen Revolution. Neue Strukturen der Normsetzung in Völkerrecht, staatlicher Gesetzgebung und gesellschaftlicher Selbstnormierung, Vittorio Klostermann, Frankfurt a. M. 2006, S. 129 f. – Fn. entfernt.

[1132] So bereits *Alex Meyer*, Rechtliche Probleme des Weltraumflugs, Referat, gehalten auf dem III. Internationalen Astronautischen Kongreß in Stuttgart am 5. September 1952, ZLR 1953, 31 ff., abgedr. in Alex Meyer, Luftrecht in fünf Jahrzehnten. Ausgewählte Schriften, Carl Heymanns Verlag, Köln/Berlin/München/Bonn 1961, 395–405 (396) im Vorfeld der Eroberung des Weltraums durch den Menschen: „Die Rechtsfragen, die sich vermutlich bei einer Erschließung des Weltraumes erheben werden, sind bereits heute, obwohl noch kein bemanntes Raumfahrzeug tatsächlich in den Weltraum bisher eingedrungen ist, im wesentlichen voraussehbar, ebenso wie die Luftrechtsprobleme bereits in einer Zeit voraussehbar waren und zum Teil auch schon wissenschaftlich bearbeitet wurden, als an einen wirklichen Luftverkehr noch nicht zu denken war."

[1133] *Barry Buzan*, Commentary, in John K. Gamble (Hrsg.), Law of the Sea: Neglected Issues, Proceedings of the Law of the Sea Institute: Twelfth Annual Conference, 23.–26.10.1978, The Law of the Sea Institute, University of Hawaii, Honolulu 1979, 503–508 (504).

[1134] *Daniel Bethlehem*, The End of Geography: The Changing Nature of the International System and the Challenge to International Law, EJIL 25 (2014), 9–24 (18) – Hervorh. d. A.

wicklungsvorhersagen mindern, die Gesellschaft bereits im Vorfeld für die Gefahren einer neuen Innovation sensibilisieren. Vorschläge zur Techniksteuerung könnten im Vorfeld der Diffusion erarbeitet werden. Dadurch könnte der Regulierungsaufwand von vornherein geringgehalten und im Ernstfall ohne Verzögerung auf bereits vorhandene Normen zurückgegriffen werden.[1135] Je umfassender ein technisches System gesellschaftlich etabliert wurde, desto geringer wird die Anzahl der (rechtlichen) Gestaltungsmöglichkeiten des in sich geschlossenen Systems.[1136] Die (völker-)rechtswissenschaftliche Technikfolgenforschung muss an dieser Stelle eine dreifache Informationsleistung erbringen:

1. Information über die neue Technik selbst,
2. Information über die möglichen Folgen ihrer Benutzung und ihre Bewertung (Technikfolgenabschätzung[1137] und Technikfolgenbewertung),[1138]
3. Information über Möglichkeiten der Technikbeeinflussung (Techniksteuerung).[1139]

Technikfolgenabschätzung ist keine genaue Prognose für die Zukunft, v. a. da eine solche in Zeiten der Digitalisierung und immer komplexerer Techniksysteme kaum mehr möglich sein dürfte; es muss hier das sog. „Prognose-Kontroll-Dilemma" beachtet werden: Je länger die Zeiträume werden, innerhalb derer eine Entwicklung vorhergesagt werden soll, desto größer sind die Gestaltungsspielräume, aber auch die Fehlerquote.[1140] Vorsorge und Anpassung

---

[1135] *Alexander Roßnagel*, Rechtswissenschaftliche Technikfolgenforschung – am Beispiel der Informations- und Kommunikationstechniken, in Martin Schulte (Hrsg.), Technische Innovation und Recht: Antrieb oder Hemmnis?, MTM Bd. 76, C. F. Müller, Heidelberg 1997, 139–162 (141).

[1136] *Alexander Roßnagel*, Rechtswissenschaftliche Technikfolgenforschung – am Beispiel der Informations- und Kommunikationstechniken, in Martin Schulte (Hrsg.), Technische Innovation und Recht: Antrieb oder Hemmnis?, MTM Bd. 76, C. F. Müller, Heidelberg 1997, 139–162 (143).

[1137] Dazu *Alexander Roßnagel*, Rechtswissenschaftliche Technikfolgenforschung – am Beispiel der Informations- und Kommunikationstechniken, in Martin Schulte (Hrsg.), Technische Innovation und Recht: Antrieb oder Hemmnis?, MTM Bd. 76, C. F. Müller, Heidelberg 1997, 139–162 (144–145).

[1138] Dazu *Alexander Roßnagel*, Rechtswissenschaftliche Technikfolgenforschung – am Beispiel der Informations- und Kommunikationstechniken, in Martin Schulte (Hrsg.), Technische Innovation und Recht: Antrieb oder Hemmnis?, MTM Bd. 76, C. F. Müller, Heidelberg 1997, 139–162 (147–154).

[1139] Vgl. *Alexander Roßnagel*, Rechtswissenschaftliche Technikfolgenforschung – am Beispiel der Informations- und Kommunikationstechniken, in Martin Schulte (Hrsg.), Technische Innovation und Recht: Antrieb oder Hemmnis?, MTM Bd. 76, C. F. Müller, Heidelberg 1997, 139–162 (143).

[1140] *Alexander Roßnagel*, Rechtswissenschaftliche Technikfolgenforschung – am Beispiel der Informations- und Kommunikationstechniken, in Martin Schulte (Hrsg.), Technische Innovation und Recht: Antrieb oder Hemmnis?, MTM Bd. 76, C. F. Müller, Heidelberg 1997, 139–162 (144); dazu auch *Jürgen Lohmeyer*, Technology Assessment: Anspruch, Möglichkeiten und Grenzen. Untersuchungen zum Problemkreis der Technikfolgen-Abschätzung unter

sind im Ergebnis die wichtigsten Elemente, die eine effektive, d. h. dynamische und risikoorientierte[1141] Technikregulierung (auf nationaler wie auf internationaler Ebene) aufweisen muss. Sie zeichnet sich aus durch die Einbringung technischen Expertenwissens,[1142] eine tatsachenorientierte Kosten-Nutzen-Analyse und bestmögliche Technikförderung bei gleichzeitiger Einhegung der potenziellen Risiken.[1143] Die wichtigste Aufgabe des Rechts bei der Technikregulierung ist daher wohl, dafür zu sorgen, dass nicht „dort, wo alle verantwortlich sind, niemand ‚wirklich' verantwortlich gemacht werden kann".[1144] Selbst im Zeitalter von Digitalisierung und Global Governance kommen Normsetzer (auch auf internationaler Ebene) daher nicht umhin, sich imperativer Regeln zur Techniksteuerung zu bedienen.[1145] Aber sie müssen von der normsetzenden Stelle in Kooperation mit technischen Experten und – nach Möglichkeit – Vertretern der Zivilgesellschaft als Rechtsanwender und Technikbetroffene auf Grundlage (objektiver) rechtlicher Kriterien[1146] ausgearbeitet werden. Ebenso, wie eine technische Entwicklung mit den Grundwerten und Normen einer Verfassung in Einklang stehen muss, ist es auf internationaler Ebene erforderlich, dass ein neues Techniksystem grundlegende Menschenrechte und die Ziele der UN-Ch achtet. Dann verzeichnet auch das (Völker-)Recht schlussendlich einen „Vorsprung durch Technik".

---

besonderer Berücksichtigung des sozialwissenschaftlichen Beitrages, Diss., Universität Bonn, 1984, S. 332 f.

[1141] *Günter Heine*, Technischer Fortschritt im Spannungsverhältnis von Unternehmen, Gesellschaft und Staat – Neue Herausforderungen für das Recht, in Martin Schulte (Hrsg.), Technische Innovation und Recht: Antrieb oder Hemmnis?, MTM Bd. 76, C. F. Müller, Heidelberg 1997, 57–77 (67).

[1142] *Günter Heine*, Technischer Fortschritt im Spannungsverhältnis von Unternehmen, Gesellschaft und Staat – Neue Herausforderungen für das Recht, in Martin Schulte (Hrsg.), Technische Innovation und Recht: Antrieb oder Hemmnis?, MTM Bd. 76, C. F. Müller, Heidelberg 1997, 57–77 (67).

[1143] Vgl. *Günter Heine*, Technischer Fortschritt im Spannungsverhältnis von Unternehmen, Gesellschaft und Staat – Neue Herausforderungen für das Recht, in Martin Schulte (Hrsg.), Technische Innovation und Recht: Antrieb oder Hemmnis?, MTM Bd. 76, C. F. Müller, Heidelberg 1997, 57–77 (70).

[1144] *Gerhard Schmid*, Rechtsfragen bei Großrisiken, ZSR N. F. 109 (1990-II), 1–71 (36).

[1145] Vgl. *Günter Heine*, Technischer Fortschritt im Spannungsverhältnis von Unternehmen, Gesellschaft und Staat – Neue Herausforderungen für das Recht, in Martin Schulte (Hrsg.), Technische Innovation und Recht: Antrieb oder Hemmnis?, MTM Bd. 76, C. F. Müller, Heidelberg 1997, 57–77 (74).

[1146] Ausführlicher (zur nationalen Situation), vgl. *Alexander Roßnagel*, Rechtswissenschaftliche Technikfolgenforschung – am Beispiel der Informations- und Kommunikationstechniken, in Martin Schulte (Hrsg.), Technische Innovation und Recht: Antrieb oder Hemmnis?, MTM Bd. 76, C. F. Müller, Heidelberg 1997, 139–162 (149–154).

Kapitel 2

Die Mär von der ‚legal superstructure': Zur Rückwirkung des Völkerrechts auf den technischen Wandel

Im vorangegangenen Kapitel konnte gezeigt werden, dass der technische Wandel in vielerlei Hinsicht Einfluss auf die Entwicklung des Völkerrechts hatte und noch hat. Die folgenden Seiten sollen nun der Beantwortung der Frage gewidmet sein, ob und ggf. inwiefern die (grenzüberschreitende) rechtliche und außerrechtliche Regulierung technischer Innovationen auch – *vice versa* – zurückwirkt auf die Technikentwicklung.

Der Bereich der rechtswissenschaftlichen Innovationsforschung, dem die Frage nach der Wirkung von regulierenden Mechanismen auf die Technikentwicklung zuzuordnen ist,[1147] wurde international bisher eher stiefmütterlich behandelt. Auf nationaler Ebene kann dagegen auf eine Fülle entsprechender Literatur zurückgegriffen werden. Daher soll im Folgenden zunächst allgemein, tlw. mit Blick auf die Mechanismen nationaler Techniksteuerung, auf die Auswirkungen rechtlicher Regelungen auf den technischen Wandel eingegangen werden (A.). Im Anschluss an eine Vorbemerkung zur Notwendigkeit einer eigenständigen rechtswissenschaftlichen Innovationsforschung (I.) werden zwei zentrale Dimensionen der Auswirkungen des Rechts auf Prozesse des technischen Wandels herausgearbeitet und beleuchtet (II.): Technikvermeidung (1.) und Technikermöglichung (2.). Sodann wird anhand des Beispiels der grenzüberschreitenden Regulierung von Cyberaktivitäten der Versuch unternommen, die Ergebnisse dieser Bestandsaufnahme auf das Verhältnis von *Völker*recht und Technik zu übertragen (B.).

A. Zu den Auswirkungen des Rechts auf technische Innovationen und Innovationsprozesse

Die Erkenntnis, dass das Recht als Abbild der Gesellschaft, deren Belange es regelt, fungiert, ist nicht neu:

[1147] Dazu *infra* Teil III, Kap. 2, A. I.

„In der Geschichtlichkeit des Rechts entdeckte die historische Rechtsschule die Geschichtlichkeit des eigenen Volkes; sie sah im Recht von je dem Sinne nach, später ausdrücklich eine Hervorbringung des Volksgeistes."[1148]

Im Geiste des sog. Historismus kamen die historischen Rechtsschulen bereits in der ersten Hälfte des 19. Jh. zu der Überzeugung, dass Recht niemals isoliert von der Gesellschaft ent- und bestehen kann.[1149] Demgegenüber wurde der gegenteilige Effekt – die Frage nach den Möglichkeiten der Einflussnahme des Rechts auf gesellschaftliche Veränderungen – offenbar lange nicht thematisiert. Es galt:

„Society does not rest on law. That is a phantasy of jurists. On the contrary, law [...] must rest on society, must be an expression of society's general interests and needs, [...]."[1150]

Die (zu) einfache Formel vom politischen und juristischen „Überbau", der „legal superstructure",[1151] die nach der Vorstellung von *Karl Marx* (1818–1883)

[1148] *Franz Wieacker*, Privatrechtsgeschichte der Neuzeit: unter besonderer Berücksichtigung der deutschen Entwicklung (2. unveränd. Nachdr. d. 2. Aufl. v. 1967), Vandenhoeck & Ruprecht, Göttingen 1996, S. 357.

[1149] So definierte *Georg F. Puchta* (1798–1846), ein Schüler *Friedrich C. v. Savignys* (1779–1861), „Recht" wie folgt: „Aber das Recht ist etwas über dem Staate stehendes: nicht das Recht hervorzubringen, sondern es zu schützen und in Wirkung zu setzen ist die Aufgabe des Staates. Der Mensch leitet sein Recht nicht vom Staat ab, sondern von jenem Ausspruch Gottes: Seid fruchtbar und mehret euch, und füllet die Erde, und machet sie euch unterthan, welcher über alle Staaten hinaufreicht, und aus dem sie selbst sich ableiten." (*Georg F. Puchta*, Einleitung in das Recht der Kirche, Breitkopf und Härtel, Leipzig 1840, S. 68). *Günther Holstein*, Die Grundlagen des evangelischen Kirchenrechts, J. C. B. Mohr (Paul Siebeck), Tübingen 1928, S. 166 griff dieses Zitat *Puchtas* auf und folgerte: „[E]s ist die ursprüngliche Sozialität des Menschen, aus der das Recht entspringt und das so nicht durch den Staat bedingt ist, sondern vielmehr diesen erst selbst bedingt." Vgl. auch *Otto v. Campenhausen*, Günther Holstein: Staatsrechtslehrer und Kirchenrechtler in der Weimarer Republik, Centaurus, Pfaffenweiler 1997, S. 94. *Savigny* selbst bekräftigte in seinem „System des heutigen Römischen Rechts", Bd. 1, Scientia-Verlag, Aalen 1973 (Neudr. d. Ausg. Berlin 1840), S. 24: „Das Recht hat sein Dasein in dem gemeinsamen Volksgeist [...], in dem Gesammtwillen, der insofern auch der Wille jedes Einzelnen ist." Es entstand die Vorstellung, das Recht entspringe dem „kollektiven Unbewußten" eines Volkes „als Teil einer Gesamtkultur" (*Franz Wieacker*, Privatrechtsgeschichte der Neuzeit: unter besonderer Berücksichtigung der deutschen Entwicklung [2. unveränd. Nachdr. d. 2. Aufl. v. 1967], Vandenhoeck & Ruprecht, Göttingen 1996, S. 358).

[1150] *Karl Marx*, zit. nach *Andrei Y. Vyshinsky*, The Law of the Soviet State (engl. Übers. v. Hugh W. Babb), The MacMillan Company, New York 1948, S. 37.

[1151] *Joseph W. Dellapenna*, Law in a Shrinking World: The Interaction of Science and Technology with International Law, Ky. L. J. 88 (1999–2000), 809–883 (858). *Karl Marx* verwendete ursprünglich den Begriff „Überbau". Zur Marxistischen Gesellschaftsstruktur und zum Verhältnis von Infra-Struktur („materielle Produktivkräfte"), sozialer/institutioneller Struktur („Produktionsverhältnisse") und Überbau (juristische und politische Super-Struktur) *Karl Marx*, Zur Kritik der Politischen Ökonomie, Erstes Heft, 8. Aufl., Dietz Verlag, Berlin 1972 (Nachdr. d. Ausg. d. Verlags von Franz Duncker, Berlin 1859), S. 15, sowie *Hartmut Esser*, Soziologie: Allgemeine Grundlagen, 2. Aufl., Campus Verlag, Frankfurt/New York 1996, S. 455 ff.

nur ihrerseits von den sozialen Strukturen, die sie abbildet („Basis"), bestimmt wird, selbst aber keinen Einfluss auf dieses Gefüge hat, dominierte:

> „In der gesellschaftlichen Produktion ihres Lebens gehen die Menschen bestimmte, notwendige, von ihrem Willen unabhängige Verhältnisse ein, Produktionsverhältnisse, die einer bestimmten Entwicklungsstufe ihrer materiellen Produktivkräfte entsprechen. Die Gesamtheit dieser Produktionsverhältnisse bildet die *ökonomische Struktur der Gesellschaft, die reale Basis, worauf sich ein juristischer und politischer Überbau erhebt*, und welcher bestimmte gesellschaftliche Bewußtseinsformen entsprechen."[1152]

Es wird noch heute vielfach der Eindruck erweckt, das Recht habe für den technischen Wandel keinerlei Bedeutung. Recht tritt in technikregulierender Weise häufig erst dann auf den Plan, „wenn etwas ‚schief gegangen' ist".[1153] Das Recht wird eingesetzt als schadensbegrenzender Problemlöser, nicht dagegen als Innovationsmotor. Das Recht dient oft nur dazu, „die unerwünschten Nebenwirkungen des technischen Fortschritts von gestern wieder auszugleichen".[1154] Aber ist das der richtige Weg? Kann, ja, *muss* Recht in seiner Eigenschaft als Steuerungsmittel[1155] nicht noch mehr tun? Die Alternative zeigt *Meyer-Abich* auf:

> „Werden wir in absehbarer Zeit im wesentlichen dafür zu arbeiten haben, daß die Lawine von Neben- und Folgewirkungen, der wir heute noch frohgemut vorauseilen, nicht schneller wird als unser Fortschritt, und wird sie uns nicht schließlich doch einholen?"[1156]

Recht kann mehr tun als lediglich den technischen Wandel „bewältigen",[1157] Recht ist nicht einfach der „Buhmann"[1158] im Spannungsverhältnis zur Innova-

---

[1152] *Karl Marx*, Zur Kritik der Politischen Ökonomie, Erstes Heft, 8. Aufl., Dietz Verlag, Berlin 1972 (Nachdr. d. Ausg. d. Verlags von Franz Duncker, Berlin 1859), S. 15 – Hervorh. d. A.

[1153] *Wolfgang Hoffmann-Riem*, Innovationsoffenheit und Innovationsverantwortung durch Recht: Aufgaben rechtswissenschaftlicher Innovationsforschung, AöR 131 (2006), 255–277 (258).

[1154] *Klaus M. Meyer-Abich*, Wissenschaft für die Zukunft. Holistisches Denken in ökologischer und gesellschaftlicher Verantwortung, C. H. Beck, München 1988, S. 16.

[1155] *Wolfgang Hoffmann-Riem*, Rechtswissenschaftliche Innovationsforschung als Reaktion auf gesellschaftlichen Innovationsbedarf, in Martin Eifert/Wolfgang Hoffmann-Riem (Hrsg.), Innovation und rechtliche Regulierung: Schlüsselbegriffe und Anwendungsbeispiele rechtswissenschaftlicher Innovationsforschung, Schriften zur rechtswissenschaftlichen Innovationsforschung Bd. 5, Nomos, Baden-Baden 2002, 26–47 (38).

[1156] *Klaus M. Meyer-Abich*, Wissenschaft für die Zukunft. Holistisches Denken in ökologischer und gesellschaftlicher Verantwortung, C. H. Beck, München 1988, S. 16.

[1157] Vgl. *Wolfgang Hoffmann-Riem/Martin Eifert*, Vorwort, in Martin Eifert/Wolfgang Hoffmann-Riem (Hrsg.), Innovation und rechtliche Regulierung: Schlüsselbegriffe und Anwendungsbeispiele rechtswissenschaftlicher Innovationsforschung, Schriften zur rechtswissenschaftlichen Innovationsforschung Bd. 5, Nomos, Baden-Baden 2002, 5–7 (5).

[1158] So wörtlich *Wolfgang Hoffmann-Riem*, Rechtswissenschaftliche Innovationsforschung als Reaktion auf gesellschaftlichen Innovationsbedarf, in Martin Eifert/Wolfgang Hoffmann-Riem (Hrsg.), Innovation und rechtliche Regulierung: Schlüsselbegriffe und An-

tion. Technikrecht ist kein reines „Risikoverwaltungsrecht"[1159] und auch kein innovatorischer „Bremsklotz".[1160] Insbes. ist das Recht

„kein geborener Feind der Innovation. Für den Innovationsprozess blindes oder gar innovationsfeindliches und damit falsch konzipiertes Recht kann aber zum gekorenen Feind der Innovation werden".[1161]

Was aber ist „falsches" Recht in diesem Zusammenhang? Wie wirkt es auf technische Innovationen und deren Entstehungsprozesse? Und was macht „richtiges", also innovationsangemessenes und -förderndes Recht aus? Mit diesen und weiteren Fragen der Potenzialität und Effektivität rechtlicher Techniksteuerung beschäftigt sich die rechtswissenschaftliche Innovationsforschung.

I. Vorbemerkung:
Zur Notwendigkeit einer eigenständigen
rechtswissenschaftlichen Innovationsforschung

Gegenstand rechtswissenschaftlicher Innovationsforschung ist innovationserhebliches Recht,[1162] also solches Recht, das Einfluss auf außerrechtliche Innovationen hat oder erwartungsgemäß haben kann,[1163] und zwar in steuernder

---
wendungsbeispiele rechtswissenschaftlicher Innovationsforschung, Schriften zur rechtswissenschaftlichen Innovationsforschung Bd. 5, Nomos, Baden-Baden 2002, 26–47 (29).

[1159] *Wolfgang Hoffmann-Riem*, Rechtswissenschaftliche Innovationsforschung als Reaktion auf gesellschaftlichen Innovationsbedarf, in Martin Eifert/Wolfgang Hoffmann-Riem (Hrsg.), Innovation und rechtliche Regulierung: Schlüsselbegriffe und Anwendungsbeispiele rechtswissenschaftlicher Innovationsforschung, Schriften zur rechtswissenschaftlichen Innovationsforschung Bd. 5, Nomos, Baden-Baden 2002, 26–47 (30 Fn. 11) unter Verweis auf *Udo Di Fabio*, Risikoentscheidungen im Rechtsstaat. Zum Wandel der Dogmatik im öffentlichen Recht, insbesondere am Beispiel der Arzneimittelüberwachung, J. C. B. Mohr (Paul Siebeck), Tübingen 1994, S. 117 ff.

[1160] *Wolfgang Hoffmann-Riem*, Vorüberlegungen zur rechtswissenschaftlichen Innovationsforschung, in Wolfgang Hoffmann-Riem/Jens-Peter Schneider (Hrsg.), Rechtswissenschaftliche Innovationsforschung: Grundlagen, Forschungsansätze, Gegenstandsbereiche, Schriften zur rechtswissenschaftlichen Innovationsforschung Bd. 1, Nomos, Baden-Baden 1998, 11–28 (19).

[1161] *Wolfgang Hoffmann-Riem*, Rechtswissenschaftliche Innovationsforschung als Reaktion auf gesellschaftlichen Innovationsbedarf, in Martin Eifert/Wolfgang Hoffmann-Riem (Hrsg.), Innovation und rechtliche Regulierung: Schlüsselbegriffe und Anwendungsbeispiele rechtswissenschaftlicher Innovationsforschung, Schriften zur rechtswissenschaftlichen Innovationsforschung Bd. 5, Nomos, Baden-Baden 2002, 26–47 (31).

[1162] *Wolfgang Hoffmann-Riem*, Rechtswissenschaftliche Innovationsforschung als Reaktion auf gesellschaftlichen Innovationsbedarf, in Martin Eifert/Wolfgang Hoffmann-Riem (Hrsg.), Innovation und rechtliche Regulierung: Schlüsselbegriffe und Anwendungsbeispiele rechtswissenschaftlicher Innovationsforschung, Schriften zur rechtswissenschaftlichen Innovationsforschung Bd. 5, Nomos, Baden-Baden 2002, 26–47 (35).

[1163] *Wolfgang Hoffmann-Riem/Jens-Peter. Schneider*, Zur Eigenständigkeit rechtswissenschaftlicher Innovationsforschung. Annährung an Gegenstand und Erkenntnisinteresse einer neuen juristischen Forschungsperspektive, in Wolfgang Hoffmann-Riem/Jens-Peter Schneider (Hrsg.), Rechtswissenschaftliche Innovationsforschung: Grundlagen, Forschungsansät-

Art und Weise.[1164] Weder Begriff noch Feld der Innovationsforschung als solche sind Neuschöpfungen des 21. Jh. Im Bereich der Wirtschafts- und Verwaltungswissenschaften oder der Technikforschung wird bereits seit Langem zu den Einflüssen, denen Innovationen ausgesetzt sind, geforscht.[1165] Eine eigenständige rechtswissenschaftliche Innovationsforschung ist dagegen ein noch recht junger Forschungszweig innerhalb der Rechtswissenschaft.[1166] In den 1990er-Jahren wies der Rechtswissenschaftler und ehem. Richter des BVerfG *Wolfgang Hoffmann-Riem* erstmals verstärkt auf die Notwendigkeit der Berücksichtigung von Recht als innovationsrelevanter Faktor hin.[1167] Die von *Wieddekind* sog. „terra nova der rechtswissenschaftlichen Innovationsforschung"[1168] beschäftigt sich mit rechtsexternen (aber rechtserheblichen)[1169] Innovationen, also in ers-

---

ze, Gegenstandsbereiche, Schriften zur rechtswissenschaftlichen Innovationsforschung Bd. 1, Nomos, Baden-Baden 1998, 389–412 (394).

[1164] *Wolfgang Hoffmann-Riem*, Rechtswissenschaftliche Innovationsforschung als Reaktion auf gesellschaftlichen Innovationsbedarf, in Martin Eifert/Wolfgang Hoffmann-Riem (Hrsg.), Innovation und rechtliche Regulierung: Schlüsselbegriffe und Anwendungsbeispiele rechtswissenschaftlicher Innovationsforschung, Schriften zur rechtswissenschaftlichen Innovationsforschung Bd. 5, Nomos, Baden-Baden 2002, 26–47 (31).

[1165] *Wolfgang Hoffmann-Riem*, Rechtswissenschaftliche Innovationsforschung als Reaktion auf gesellschaftlichen Innovationsbedarf, in Martin Eifert/Wolfgang Hoffmann-Riem (Hrsg.), Innovation und rechtliche Regulierung: Schlüsselbegriffe und Anwendungsbeispiele rechtswissenschaftlicher Innovationsforschung, Schriften zur rechtswissenschaftlichen Innovationsforschung Bd. 5, Nomos, Baden-Baden 2002, 26–47 (27 f. m. w. N.). Vgl. auch *Wolfgang Hoffmann-Riem*, Die Governance-Perspektive in der rechtswissenschaftlichen Innovationsforschung, Schriften des Münchner Centrums für Governance-Forschung Bd. 3, Nomos, Baden-Baden 2011, S. 26 f., sowie *Wolfgang Hoffmann-Riem*, Innovationen durch Recht und im Recht, in Martin Schulte (Hrsg.), Technische Innovation und Recht: Antrieb oder Hemmnis?, MTM Bd. 76, C. F. Müller, Heidelberg 1997, 3–32 (5 m. w. N.).

[1166] *Dirk Wieddekind*, Innovationsforschung, Wettbewerbstheorie und Kartellrecht, in Martin Eifert/Wolfgang Hoffmann-Riem (Hrsg.), Innovation und rechtliche Regulierung: Schlüsselbegriffe und Anwendungsbeispiele rechtswissenschaftlicher Innovationsforschung, Schriften zur rechtswissenschaftlichen Innovationsforschung Bd. 5, Nomos, Baden-Baden 2002, 134–170 (135): „Die rechtswissenschaftliche Auseinandersetzung mit Innovationsvorgängen ist eine noch junge Disziplin, deren Forschungsfeld bisher nur wenig ausgemessen ist."

[1167] S. die zahlreichen in dieser Arbeit zit. Werke *Hoffmann-Riems*. Unter dessen Leitung wurde zudem 1996 die (2012 aufgelöste) „Forschungsstelle Recht und Innovation" (Centre for Research in Law and Innovation, CERI) gegründet. Diese sollte „mithelfen […], das Thema der gesellschaftlichen Innovationen in den Kontext der Rechtswissenschaft zu stellen, dass Anregungen und Hilfen für die Gestaltung der Rechtsordnung und die Anwendung von Recht gegeben werden können." (*Wolfgang Hoffmann-Riem*, Innovationsoffenheit und Innovationsverantwortung durch Recht: Aufgaben rechtswissenschaftlicher Innovationsforschung, AöR 131 [2006], 255–277 [256 Fn. 3]).

[1168] *Dirk Wieddekind*, Innovationsforschung, Wettbewerbstheorie und Kartellrecht, in Martin Eifert/Wolfgang Hoffmann-Riem (Hrsg.), Innovation und rechtliche Regulierung: Schlüsselbegriffe und Anwendungsbeispiele rechtswissenschaftlicher Innovationsforschung, Schriften zur rechtswissenschaftlichen Innovationsforschung Bd. 5, Nomos, Baden-Baden 2002, 134–170 (135).

[1169] *Wolfgang Hoffmann-Riem*, Vorüberlegungen zur rechtswissenschaftlichen Innovationsforschung, in Wolfgang Hoffmann-Riem/Jens-Peter Schneider (Hrsg.), Rechtswissen-

ter Linie mit Innovation *durch* Recht, wobei auch Innovationen *im* Recht durch die Ergebnisse der Innovationsforschung erzeugt werden können; erfasst werden jedoch nur solche mit Bezug zu außerrechtlichen Neuerungen.[1170] Einen eigenständigen Innovationsbegriff[1171] muss die Innovationsforschung nach *Hoffmann-Riem* aber nicht entwickeln:

> „Sie befasst sich mit solchen Prozessen und Ergebnissen, die in den verschiedenen gesellschaftlichen Bereichen und darauf bezogenen Wissenschaften – etwa in den Feldern der Technologieentwicklung – als ‚Innovationen' angesehen werden und von denen anzunehmen ist, dass die Art ihrer Entstehung und ihre Wirkung (auch) durch Recht beeinflusst werden."[1172]

Daher wird auch für die Zwecke dieses Kapitels auf die bereits vorgenommenen Begriffsbestimmungen im ersten Teil dieser Arbeit zurückgegriffen.[1173] Dabei ist zu beachten, dass der für das Recht maßgebende Innovationsbegriff die Einbettung desselben in einen gesellschaftsspezifischen Kontext, also eine normative Orientierung erfordert. Die Gesellschaftsverträglichkeit einer Innovation wird zwangsläufig auch durch das Recht definiert.[1174]

Warum aber bedarf es einer eigenständigen rechtswissenschaftlichen Innovationsforschung als Teildisziplin der Rechtswissenschaft? Für die Innovationsforschung anderer Disziplinen ist das Recht als Steuerungsfaktor allenfalls von untergeordneter Bedeutung. Es gilt gemeinhin als innovationshemmend, die imperative Techniksteuerung wird disziplinübergreifend überwiegend abgelehnt.[1175] Das liegt v. a. an der Schutznatur von Recht, „[…] Schutz hemmt den,

---

schaftliche Innovationsforschung: Grundlagen, Forschungsansätze, Gegenstandsbereiche, Schriften zur rechtswissenschaftlichen Innovationsforschung Bd. 1, Nomos, Baden-Baden 1998, 11–28 (15).

[1170] Vgl. *Wolfgang Hoffmann-Riem*, Innovationsoffenheit und Innovationsverantwortung durch Recht: Aufgaben rechtswissenschaftlicher Innovationsforschung, AöR 131 (2006), 255–277 (257); *Wolfgang Hoffmann-Riem/Jens-Peter Schneider*, Zur Eigenständigkeit rechtswissenschaftlicher Innovationsforschung. Annäherung an Gegenstand und Erkenntnisinteresse einer neuen juristischen Forschungsperspektive, in Wolfgang Hoffmann-Riem/Jens-Peter Schneider (Hrsg.), Rechtswissenschaftliche Innovationsforschung: Grundlagen, Forschungsansätze, Gegenstandsbereiche, Schriften zur rechtswissenschaftlichen Innovationsforschung Bd. 1, Nomos, Baden-Baden 1998, 389–412 (395).

[1171] Auf die Frage der wünschenswerten Universalität eines solchen Innovationsbegriffs für die Zwecke der rechtswissenschaftlichen Innovationsforschung kommt es hier nicht an. In dieser Arbeit werden ohnehin ausschließlich technische Innovationen beleuchtet.

[1172] *Wolfgang Hoffmann-Riem*, Innovationsoffenheit und Innovationsverantwortung durch Recht: Aufgaben rechtswissenschaftlicher Innovationsforschung, AöR 131 (2006), 255–277 (257).

[1173] Der Einfachheit halber wird hier nicht zwischen den Einflüssen rechtlicher Regelungen auf den Innovationsprozess und auf die Innovation selbst als dessen Ergebnis unterschieden.

[1174] *Wolfgang Hoffmann-Riem*, Innovationsoffenheit und Innovationsverantwortung durch Recht: Aufgaben rechtswissenschaftlicher Innovationsforschung, AöR 131 (2006), 255–277 (266 f.).

[1175] Vgl. z. B. *Meinolf Dierkes/Weert Canzler*, Innovationsforschung als Gegenstand der

vor dem geschützt wird".[1176] Und die Schutzdimensionen imperativen Techniksteuerungsrechts sind umfassend: Geschützt werden der Verwender und unbeteiligte Dritte vor den – erwartbaren oder unvorhergesehenen – Folgen des Einsatzes einer technischen Innovation, der Produzent vor Klagen unzufriedener Verwender, der Innovator vor der ungefragten Verwendung und Weiterentwicklung seiner patentierten Idee oder seiner konkreten urheberrechtlich abgesicherten technischen Schöpfung. Um den in anderen gesellschaftlich relevanten Bereichen zu beobachtenden Wandel berücksichtigen zu können, muss die Rechtswissenschaft mehr sein als eine rein „geisteswissenschaftliche Normwissenschaft"[1177] oder eine „textorientierte Interpretationswissenschaft".[1178] Sie muss erweitert und ergänzt werden zu einer „problemlösungsorientierten Handlungs- und Entscheidungswissenschaft".[1179] Denn Rechtsnormen sind nicht nur Kontroll-, sondern ebenso Handlungsnormen. Daher muss die Handlungsperspektive des Rechts ausgebaut und der Fokus auf die Frage gelegt werden, welche Wirkungen durch die rechtliche Beeinflussung von Verhalten hervorgerufen werden können.[1180]

Der Innovationsprozess ist nicht linear,[1181] sondern vereint in aller Regel eine Vielzahl von Akteuren[1182] und weist in den meisten Fällen eher netzwerk-

---

Technikgeneseforschung, in Wolfgang Hoffmann-Riem/Jens-Peter Schneider (Hrsg.), Rechtswissenschaftliche Innovationsforschung: Grundlagen, Forschungsansätze, Gegenstandsbereiche, Schriften zur rechtswissenschaftlichen Innovationsforschung Bd. 1, Nomos, Baden-Baden 1998, 63–84 (82); *Georg Simonis*, Macht und Ohnmacht staatlicher Techniksteuerung – können Politik und Staat den Kurs eines Technisierungsprozesses heute wirklich noch beeinflussen?, in Herbert Kubicek/Peter Seeger (Hrsg.), Perspektive Techniksteuerung: Interdisziplinäre Sichtweisen eines Schlüsselproblems entwickelter Industriegesellschaften, Edition Sigma, Berlin 1993, 39–57.

[1176] *Wolfgang Hoffmann-Riem*, Rechtswissenschaftliche Innovationsforschung als Reaktion auf gesellschaftlichen Innovationsbedarf, in Martin Eifert/Wolfgang Hoffmann-Riem (Hrsg.), Innovation und rechtliche Regulierung: Schlüsselbegriffe und Anwendungsbeispiele rechtswissenschaftlicher Innovationsforschung, Schriften zur rechtswissenschaftlichen Innovationsforschung Bd. 5, Nomos, Baden-Baden 2002, 26–47 (29).

[1177] *Wolfgang Hoffmann-Riem*, Vorüberlegungen zur rechtswissenschaftlichen Innovationsforschung, in Wolfgang Hoffmann-Riem/Jens-Peter Schneider (Hrsg.), Rechtswissenschaftliche Innovationsforschung: Grundlagen, Forschungsansätze, Gegenstandsbereiche, Schriften zur rechtswissenschaftlichen Innovationsforschung Bd. 1, Nomos, Baden-Baden 1998, 11–28 (11).

[1178] *Wolfgang Hoffmann-Riem*, Innovationsoffenheit und Innovationsverantwortung durch Recht: Aufgaben rechtswissenschaftlicher Innovationsforschung, AöR 131 (2006), 255–277 (263).

[1179] *Wolfgang Hoffmann-Riem*, Innovationsoffenheit und Innovationsverantwortung durch Recht: Aufgaben rechtswissenschaftlicher Innovationsforschung, AöR 131 (2006), 255–277 (263).

[1180] *Wolfgang Hoffmann-Riem*, Innovationsoffenheit und Innovationsverantwortung durch Recht: Aufgaben rechtswissenschaftlicher Innovationsforschung, AöR 131 (2006), 255–277 (263).

[1181] *Wolfgang Hoffmann-Riem/Jens-Peter Schneider*, Zur Eigenständigkeit rechtswissenschaftlicher Innovationsforschung. Annährung an Gegenstand und Erkenntnisinteresse einer

artige Strukturen auf,[1183] insbes. dann, wenn ein Produkt selbst Netzwerkeigenschaften zeigt (vgl. z. B. das Internet). Die national wie international präsente Diskussion um die Governance-Dimensionen des Regierens kommt dem Ausbau der Innovationsforschung durchaus gelegen: Beide Konzepte gehen von der Beteiligung mehrerer Akteure an dem (Governance- bzw. Innovations-)Prozess aus. Im Zeitalter zunehmender Komplexität technischer Systeme werden entsprechend hohe Ansprüche an das Recht gestellt: Es soll flexibel sein, innovationsoffen und sogar innovationsfreundlich, umständliche Regelungskonstrukte und überfrachtete Normbestände sollen vermieden werden, „Vereinfachung" und „Beschleunigung" der Gesetzgebung sind bekannte und beliebte Schlagworte.[1184] Diese Ansprüche identifiziert die rechtswissenschaftliche Innovationsforschung, erarbeitet vor ihrem Hintergrund Empfehlungen zur effektiven Technikregulierung und untersucht die Auswirkungen aktuell anwendbarer Regulierungsinstrumente auf technische Regelungsobjekte und das Verhalten ihrer Innovatoren, Produzenten und Anwender. Zudem können Erkenntnisse der Innovationsforschung wieder genutzt werden, um künftiges Recht situationsangemessen zu gestalten. Ein Ergebnis kann neben der Innovation *durch* Recht also auch die Innovation *im* Recht sein.[1185] Dabei geht es nicht um die völlige Um-

---

neuen juristischen Forschungsperspektive, in Wolfgang Hoffmann-Riem/Jens-Peter Schneider (Hrsg.), Rechtswissenschaftliche Innovationsforschung: Grundlagen, Forschungsansätze, Gegenstandsbereiche, Schriften zur rechtswissenschaftlichen Innovationsforschung Bd. 1, Nomos, Baden-Baden 1998, 389–412 (404): „[...] [L]ineare Modellierungen von Innovationsprozessen über diskrete, konsekutiv ablaufende Phasen der Erfindung (Invention), erstmaligen Nutzung (Innovation) und Verbreitung (Diffusion) [haben sich] als meist wirklichkeitsfremd erwiesen und sind mittlerweile durch rekursive Innovationsmodelle ersetzt worden."

[1182] *Martin Eifert*, Innovationen in und durch Netzwerkorganisationen: Relevanz, Regulierung und staatliche Einbindung, in Martin Eifert/Wolfgang Hoffmann-Riem (Hrsg.), Innovation und rechtliche Regulierung: Schlüsselbegriffe und Anwendungsbeispiele rechtswissenschaftlicher Innovationsforschung, Schriften zur rechtswissenschaftlichen Innovationsforschung Bd. 5, Nomos, Baden-Baden 2002, 88–133 (91).

[1183] Zur Bedeutung des Netzwerkbegriffs *Martin Eifert*, Innovationen in und durch Netzwerkorganisationen: Relevanz, Regulierung und staatliche Einbindung, in Martin Eifert/Wolfgang Hoffmann-Riem (Hrsg.), Innovation und rechtliche Regulierung: Schlüsselbegriffe und Anwendungsbeispiele rechtswissenschaftlicher Innovationsforschung, Schriften zur rechtswissenschaftlichen Innovationsforschung Bd. 5, Nomos, Baden-Baden 2002, 88–133; zu unterschiedlichen Netzwerkeffekten *Sören Delfs*, Innovation – Standardisierung – Recht (Das Beispiel Internet), in Martin Eifert/Wolfgang Hoffmann-Riem (Hrsg.), Innovation und rechtliche Regulierung: Schlüsselbegriffe und Anwendungsbeispiele rechtswissenschaftlicher Innovationsforschung, Schriften zur rechtswissenschaftlichen Innovationsforschung Bd. 5, Nomos, Baden-Baden 2002, 171–213 (174 ff.).

[1184] Dazu etwa (im nationalen Kontext) BMWi (Hrsg.), Investitionsförderung durch flexible Genehmigungsverfahren, Bericht der Unabhängigen Expertenkommission zur Vereinfachung und Beschleunigung von Planungs- und Genehmigungsverfahren, Nomos, Baden-Baden 1994.

[1185] *Wolfgang Hoffmann-Riem*, Die Governance-Perspektive in der rechtswissenschaftlichen Innovationsforschung, Schriften des Münchner Centrums für Governance-Forschung Bd. 3, Nomos, Baden-Baden 2011, S. 28 f.

wälzung und Neuschaffung, weder von Innovationen noch von Recht.[1186] Alles Neue ist „pfadabhängig", Innovationen sind daher häufig selbst Weiterentwicklungen von Bekanntem.[1187] Zu beachten ist außerdem, dass

> „Innovationen [...] Bestandteil des gesellschaftlichen Modernisierungsprozesses [sind], einerlei auf welche Gegenstände er sich jeweils konzentriert. Sie sind Begleiterscheinung und Motor sozialen, kulturellen, ökonomischen, technologischen und politischen Wandels".[1188]

Die Innovationsforschung muss sich in ihren Dimensionen folglich ihrem Forschungsobjekt anpassen: Wird, wie hier, die Welt der technischen Innovationen in den Blick genommen, die in den seltensten Fällen nur regional verbreitet werden, muss auch die Innovationsforschung über den nationalen rechtlichen Tellerrand hinausschauen und darf supra- und internationales Recht, nicht rechtliche Regulierungsstrukturen und transnationale Konzepte des Regierens nicht außer Acht lassen.[1189] Innovationsforschung soll nicht im abgeschlossenen nationalen Rahmen stattfinden, sondern kann und muss sich auf das „Problemlösungsarsenal" anderer Gesellschaften und Staaten besinnen.[1190] Dysfunktionales Recht wird von seinen Adressaten umgangen, daher muss Recht stets effizient und in seiner Anwendung praktikabel sein, auch in Bezug auf die Regulierung außerrechtlicher Realitäten. Effektive Regulierung kann nicht darauf setzen, einen bestimmten normativen Rahmen nicht zu überschreiten, sondern muss die regulatorischen Bedürfnisse des Regelungsobjekts bei der Wahl des adäquaten Regelungsinstruments achten.[1191] Wichtig ist somit zu begreifen, dass Innovationsforschung im Kern gelebte Inter-[1192] oder im Bestfall Transdisziplinari-

---

[1186] Ebenso wenig geht es aber um eine bloße „Entdeckung" schon vorhandener rechtlicher Phänomene, dazu *Wolfgang Hoffmann-Riem*, Die Governance-Perspektive in der rechtswissenschaftlichen Innovationsforschung, Schriften des Münchner Centrums für Governance-Forschung Bd. 3, Nomos, Baden-Baden 2011, S. 31 ff.

[1187] *Wolfgang Hoffmann-Riem*, Die Governance-Perspektive in der rechtswissenschaftlichen Innovationsforschung, Schriften des Münchner Centrums für Governance-Forschung Bd. 3, Nomos, Baden-Baden 2011, S. 29.

[1188] *Wolfgang Hoffmann-Riem*, Innovationen durch Recht und im Recht, in Martin Schulte (Hrsg.), Technische Innovation und Recht: Antrieb oder Hemmnis?, MTM Bd. 76, C. F. Müller, Heidelberg 1997, 3–32 (6).

[1189] *Wolfgang Hoffmann-Riem*, Die Governance-Perspektive in der rechtswissenschaftlichen Innovationsforschung, Schriften des Münchner Centrums für Governance-Forschung Bd. 3, Nomos, Baden-Baden 2011, S. 35 f.

[1190] *Wolfgang Hoffmann-Riem*, Vorüberlegungen zur rechtswissenschaftlichen Innovationsforschung, in Wolfgang Hoffmann-Riem/Jens-Peter Schneider (Hrsg.), Rechtswissenschaftliche Innovationsforschung: Grundlagen, Forschungsansätze, Gegenstandsbereiche, Schriften zur rechtswissenschaftlichen Innovationsforschung Bd. 1, Nomos, Baden-Baden 1998, 11–28 (24).

[1191] *Wolfgang Hoffmann-Riem*, Die Governance-Perspektive in der rechtswissenschaftlichen Innovationsforschung, Schriften des Münchner Centrums für Governance-Forschung Bd. 3, Nomos, Baden-Baden 2011, S. 36.

[1192] So auch *Christian Kirchner*, Rechtliche „Innovationssteuerung" und Ökonomische

tät[1193] ist. Sie lebt vom Austausch der (Wissenschafts-)Disziplinen. So kann die rechtswissenschaftliche Innovationsforschung z. B. Erkenntnisse ziehen aus der Technikgeneseforschung und der Technikfolgenabschätzung.[1194] Das bedeutet aber nicht, dass Juristen in Zukunft Universalgelehrte sein müssen.[1195] Es geht um die Zusammenarbeit von Experten unterschiedlicher Disziplinen sowie um die modellhafte Vereinfachung realer Vorgänge zur Anpassung des Rechts an komplexe Wirklichkeiten.[1196] Letztlich soll rechtswissenschaftliche Innovationsforschung dazu dienen, eine Antwort auf die Frage zu finden, „ob es ein Recht gibt, das Innovationen ermöglicht, ohne notwendigen Schutz zu verweigern".[1197]

Theorie des Rechts, in Wolfgang Hoffmann-Riem/Jens-Peter Schneider (Hrsg.), Rechtswissenschaftliche Innovationsforschung: Grundlagen, Forschungsansätze, Gegenstandsbereiche, Schriften zur rechtswissenschaftlichen Innovationsforschung Bd. 1, Nomos, Baden-Baden 1998, 85–120 (86).

[1193] *Wolfgang Hoffmann-Riem*, Innovationsoffenheit und Innovationsverantwortung durch Recht: Aufgaben rechtswissenschaftlicher Innovationsforschung, AöR 131 (2006), 255–277 (270) verwendet statt des Begriffs der „Interdisziplinarität" die Wortschöpfung „Transdisziplinarität". Zum Begriff *Philipp W. Balsinger*, Transdisziplinarität. Systematisch-vergleichende Untersuchung disziplinübergreifender Wissenschaftspraxis, Wilhelm Fink Verlag, München 2005. Nach *Wolfgang Hoffmann-Riem/Jens-Peter Schneider*, Zur Eigenständigkeit rechtswissenschaftlicher Innovationsforschung. Annäherung an Gegenstand und Erkenntnisinteresse einer neuen juristischen Forschungsperspektive, in Wolfgang Hoffmann-Riem/Jens-Peter Schneider (Hrsg.), Rechtswissenschaftliche Innovationsforschung: Grundlagen, Forschungsansätze, Gegenstandsbereiche, Schriften zur rechtswissenschaftlichen Innovationsforschung Bd. 1, Nomos, Baden-Baden 1998, 389–412 (403) bringt Transdisziplinarität „die Erwartung auf den Begriff, daß manche Forschungsfelder einer wissenschaftlichen Kooperation bedürfen, die mehr ergibt als eine Summierung und gegenseitige Abstimmung disziplinärer Erkenntnisse". – Fn. entfernt.

[1194] *Wolfgang Hoffmann-Riem*, Die Governance-Perspektive in der rechtswissenschaftlichen Innovationsforschung, Schriften des Münchner Centrums für Governance-Forschung Bd. 3, Nomos, Baden-Baden 2011, S. 43 f.

[1195] Nichtsdestotrotz stellt die unbestreitbare Interdependenz von Recht und Technik Rechtswissenschaftler heute mehr denn je vor das Dilemma, dass die rechtliche Einordnung eines Regelungsgegenstands ein (zumindest überblicksartiges) Verständnis von dessen Funktionen voraussetzt, vgl. *Maximilian Herberger*, „Künstliche Intelligenz" und Recht – Ein Orientierungsversuch, NJW 2018, 2825–2829 (2825).

[1196] *Dirk Wieddekind*, Innovationsforschung, Wettbewerbstheorie und Kartellrecht, in Martin Eifert/Wolfgang Hoffmann-Riem (Hrsg.), Innovation und rechtliche Regulierung: Schlüsselbegriffe und Anwendungsbeispiele rechtswissenschaftlicher Innovationsforschung, Schriften zur rechtswissenschaftlichen Innovationsforschung Bd. 5, Nomos, Baden-Baden 2002, 134–170 (36).

[1197] *Wolfgang Hoffmann-Riem*, Innovationsoffenheit und Innovationsverantwortung durch Recht: Aufgaben rechtswissenschaftlicher Innovationsforschung, AöR 131 (2006), 255–277 (261).

II. Zwei Dimensionen:
Innovationshemmendes und innovationsförderndes Recht

Trotz Klagen über die „Antiquiertheit des Rechts in der Risikogesellschaft"[1198] und der Angst, „daß die althergebrachten rechtlichen Instrumente [...] Mühe haben, diffuse Gefahren von neuen Techniken oder neuen Technikkombinationen abzuwehren",[1199] ist der Ansatz, „die Form- und Steuerbarkeit von Technik insgesamt zu verneinen",[1200] abzulehnen. Dagegen drängt sich die grundlegende Erkenntnis auf, dass (auch) das Recht den technischen Wandel beeinflussen kann, sowohl positiv als auch negativ. So geht etwa *Klöpfer* davon aus, dass es „einerseits Technik durch Recht [gibt] – Recht als Technikermöglichung – wie es auch Recht durch Technik gibt – Rechtsermöglichung durch Technikentwicklung".[1201] Den Dimensionen des Einflusses des Rechts auf die Technik widmet sich eine Untersuchung des „Fraunhofer Instituts für Systemtechnik und Innovationsforschung" in Karlsruhe und der Lehrstühle für Marktorientierte Unternehmensführung und Wirtschaftspolitik und Wirtschaftsforschung der Technischen Universität Dresden zum Zusammenhang zwischen technischem Wandel und Normung als möglichem Bestandteil rechtlicher Technikregulierung, durchgeführt in Deutschland, Österreich und der Schweiz im Auftrag des DIN.[1202] Im Rahmen dieser Studie konnte eine Korrelation (Korrelationskoeffizient 0,36) zwischen der durchschnittlichen Anzahl der im Zeitraum 1988–1992 in Deutschland publizierten technischen Regeln und der Patentanmeldungen in einer bestimmten technischen Querschnittsgruppe nachgewiesen werden,[1203]

[1198] *Rainer Wolf*, Zur Antiquiertheit des Rechts in der Risikogesellschaft, Leviathan 15 (1987), 357–391. Zum Begriff der „Risikogesellschaft": *Ulrich Beck*, Risikogesellschaft. Auf dem Weg in eine andere Moderne (Nachdr. d. 1. Aufl. v. 1986), Suhrkamp, Frankfurt a. M. 2007.

[1199] *Meinolf Dierkes/Weert Canzler*, Innovationsforschung als Gegenstand der Technikgeneseforschung, in Wolfgang Hoffmann-Riem/Jens-Peter Schneider (Hrsg.), Rechtswissenschaftliche Innovationsforschung: Grundlagen, Forschungsansätze, Gegenstandsbereiche, Schriften zur rechtswissenschaftlichen Innovationsforschung Bd. 1, Nomos, Baden-Baden 1998, 63–84 (82).

[1200] *Meinolf Dierkes/Weert Canzler*, Innovationsforschung als Gegenstand der Technikgeneseforschung, in Wolfgang Hoffmann-Riem/Jens-Peter Schneider (Hrsg.), Rechtswissenschaftliche Innovationsforschung: Grundlagen, Forschungsansätze, Gegenstandsbereiche, Schriften zur rechtswissenschaftlichen Innovationsforschung Bd. 1, Nomos, Baden-Baden 1998, 63–84 (82).

[1201] *Michael Klöpfer*, Vorwort, in Michael Klöpfer (Hrsg.), Technikentwicklung und Technikrechtsentwicklung: unter besonderer Berücksichtigung des Kommunikationsrechts, Schriften zum Technikrecht Bd. 1, Duncker & Humblot, Berlin 2000, 5–6 (5).

[1202] Die Ergebnisse der Untersuchung sind zusammengefasst in DIN (Hrsg.), Gesamtwirtschaftlicher Nutzen der Normung: Volkswirtschaftlicher Nutzen. Der Zusammenhang zwischen Normung und technischem Wandel, ihr Einfluss auf den Außenhandel und die Gesamtwirtschaft, Beuth Verlag, Berlin/Wien/Zürich 2000.

[1203] DIN (Hrsg.), Gesamtwirtschaftlicher Nutzen der Normung: Volkswirtschaftlicher

die Korrelationsanalyse zeigte einen „signifikanten positiven Zusammenhang" auf.[1204] Entsprechend führt *Hoffmann-Riem* allgemeiner aus:

> „Gesellschaftliche Innovationen, etwa technische, wirtschaftliche, soziale oder kulturelle Neuerungen, werden auch durch Recht beeinflusst und wirken auf die Rechtsanwendung und Rechtsetzung zurück. [...] Das auf Innovation bezogene – das innovationsrelevante – Recht befindet sich in einem Wechselspiel mit der dem Wandel ausgesetzten Realität und versucht zugleich, mit Hilfe rechtlicher Regelungen auf Innovationsprozesse und -ergebnisse zurückzuwirken."[1205]

Recht beeinflusst, bildet aber auch Modifikationen der von ihm beherrschten Gesellschaft ab, indem es soziale Veränderungen hervorruft und diese im Anschluss durch Regelung etabliert.[1206] So kann das Recht Optionenräume für Innovatoren des „außerrechtlichen Innovationsgeschehen[s]"[1207] aufzeigen und strukturieren bzw. ihre Nutzung organisieren, aber auch begrenzen oder sogar verhindern. Im Rahmen der „systematische[n], absichtsvolle[n] Beeinflussung sektoraler Innovationen durch das politisch-administrative System",[1208] der sog. Innovationssteuerung,[1209] hat „steuerndes Recht"[1210] folglich vier Funktionen:[1211] Ermöglichung, Stimulation, Begrenzung und Revision. *Ermöglichend*

Nutzen. Der Zusammenhang zwischen Normung und technischem Wandel, ihr Einfluss auf den Außenhandel und die Gesamtwirtschaft, Beuth Verlag, Berlin/Wien/Zürich 2000, S. 138.

[1204] DIN (Hrsg.), Gesamtwirtschaftlicher Nutzen der Normung: Volkswirtschaftlicher Nutzen. Der Zusammenhang zwischen Normung und technischem Wandel, ihr Einfluss auf den Außenhandel und die Gesamtwirtschaft, Beuth Verlag, Berlin/Wien/Zürich 2000, S. 139.

[1205] *Wolfgang Hoffmann-Riem*, Rechtswissenschaftliche Innovationsforschung als Reaktion auf gesellschaftlichen Innovationsbedarf, in Martin Eifert/Wolfgang Hoffmann-Riem (Hrsg.), Innovation und rechtliche Regulierung: Schlüsselbegriffe und Anwendungsbeispiele rechtswissenschaftlicher Innovationsforschung, Schriften zur rechtswissenschaftlichen Innovationsforschung Bd. 5, Nomos, Baden-Baden 2002, 26–47 (27).

[1206] *Joseph W. Dellapenna*, Law in a Shrinking World: The Interaction of Science and Technology with International Law, Ky. L. J. 88 (1999–2000), 809–883 (858).

[1207] *Wolfgang Hoffmann-Riem*, Innovation und Recht – Recht und Innovation. Recht im Ensemble seiner Kontexte, Mohr Siebeck, Tübingen 2016, S. 367.

[1208] *Joachim Scherer*, Innovationsoffenheit der europäischen Telekommunikations-Regulierung – Konzepte und Instrumente am Beispiel der S-PCS-Systeme –, in Wolfgang Hoffmann-Riem (Hrsg.), Innovation und Telekommunikation: Rechtliche Steuerung von Innovationsprozessen in der Telekommunikation, Schriften zur rechtswissenschaftlichen Innovationsforschung Bd. 4, Nomos, Baden-Baden 2000, 161–183 (162).

[1209] Unterschieden werden von der Innovationssteuerung muss aber die Innovationslenkung: Diese würde in die Freiheit der Entwickler eingreifen, vgl. *Wolfgang Hoffmann-Riem*, Innovationsoffenheit und Innovationsverantwortung durch Recht: Aufgaben rechtswissenschaftlicher Innovationsforschung, AöR 131 (2006), 255–277 (268).

[1210] *Wolfgang Hoffmann-Riem/Martin Eifert*, Regelungskonzepte des Telekommunikationsrechts und der Telekommunikationspolitik: Innovativ und innovationsgeeignet?, in Wolfgang Hoffmann-Riem (Hrsg.), Innovation und Telekommunikation: Rechtliche Steuerung von Innovationsprozessen in der Telekommunikation, Schriften zur rechtswissenschaftlichen Innovationsforschung Bd. 4, Nomos, Baden-Baden 2000, 9–56 (11 ff.).

[1211] Vgl. *Wolfgang Hoffmann-Riem/Martin Eifert*, Regelungskonzepte des Telekommunikationsrechts und der Telekommunikationspolitik: Innovativ und innovationsgeeignet?, in

wirkt Recht, das die Gelegenheit zur Produktion einer Innovation und zur anschließenden Marktöffnung bietet, das Unsicherheiten, die durch eine vormals unklare Rechtslage entstanden sind, abbaut und das durch Verbote die Grenzen der möglichen Innovation absteckt. Eine *stimulierende Wirkung* entfalten solche Normen, die bestimmte Innovationen unterstützen, Streitschlichtungs- und sonstige Konfliktbewältigungsmechanismen für die geordnete Streitbeilegung zwischen Konkurrenten (Produzenten) bereitstellen sowie zielorientiert gute Arbeitsbedingungen für am Innovationsprozess Beteiligte schaffen.[1212] Dagegen bewirkt die rechtsförmige Verhinderung der Entstehung oder Weiterentwicklung gemeinwohlunverträglicher Innovationen eine *Begrenzung* von Technik. Diesen Zweck erfüllen Regeln zur Verhinderung unerwünschter Nebenfolgen, zum Schutz der Verwender vor ungeahnten Folgen und solche Normen, die Haftungsregeln im Schadensfall enthalten. Einen Schritt weiter geht das Recht, wenn es gar die Entwicklung bestimmter Innovationen verhindert oder zumindest deren Weiterentwicklung stoppt. Das kann geschehen, wenn während der Entwicklung genauere Erkenntnisse über Risiken generiert und vorhandene Regelwerke *revidiert* werden müssen. Denselben Effekt haben auch Normen mit Konfliktbewältigungsfunktionen, die dazu dienen, bestimmte Innovationen mit kollidierenden Interessen in Einklang zu bringen.[1213] Diese vier Funktionen lassen sich zusammenfassen zu zwei zentralen technikbezogenen Wirkungsdimensionen des Rechts: innovationsförderndes und innovationshemmendes Recht.

Wolfgang Hoffmann-Riem (Hrsg.), Innovation und Telekommunikation: Rechtliche Steuerung von Innovationsprozessen in der Telekommunikation, Schriften zur rechtswissenschaftlichen Innovationsforschung Bd. 4, Nomos, Baden-Baden 2000, 9–56 (12 ff., 16), die die vier Funktionen des Rechts auf die Etablierung eines Systems regulierter gesellschaftlicher Selbstregulierung beziehen.

[1212] Diese können etwa der Unterstützung des Marktbeherrschers dienen, da ihr Einsatz Innovationen entscheidend fördern oder verhindern kann. Dagegen verhilft die Begrenzung des Marktbeherrschers der Branche zu mehr Wettbewerb: *Wolfgang Hoffmann-Riem/Martin Eifert*, Regelungskonzepte des Telekommunikationsrechts und der Telekommunikationspolitik: Innovativ und innovationsgeeignet?, in Wolfgang Hoffmann-Riem (Hrsg.), Innovation und Telekommunikation: Rechtliche Steuerung von Innovationsprozessen in der Telekommunikation, Schriften zur rechtswissenschaftlichen Innovationsforschung Bd. 4, Nomos, Baden-Baden 2000, 9–56 (27). Dabei sind große Unternehmen wohl nicht *per se* innovationsfreudiger als kleine (27 Fn. 50); a. A. *Armin J. Frisch*, Unternehmensgröße und Innovation: Die schumpeterianische Diskussion und ihre Alternativen, Campus Verlag, Frankfurt/New York 1993, S. 35 ff.

[1213] *Wolfgang Hoffmann-Riem/Jens-Peter Schneider*, Zur Eigenständigkeit rechtswissenschaftlicher Innovationsforschung. Annäherung an Gegenstand und Erkenntnisinteresse einer neuen juristischen Forschungsperspektive, in Wolfgang Hoffmann-Riem/Jens-Peter Schneider (Hrsg.), Rechtswissenschaftliche Innovationsforschung: Grundlagen, Forschungsansätze, Gegenstandsbereiche, Schriften zur rechtswissenschaftlichen Innovationsforschung Bd. 1, Nomos, Baden-Baden 1998, 389–412 (396).

1. Innovationshemmendes Recht

Auf nationaler Ebene ist die Bewältigung wissenschaftlicher und technischer Entwicklungen „unverrückbar"[1214] Staatsaufgabe.[1215] Techniksteuerung funktioniert daher traditionell hoheitlich-normativ, also durch Auflagen, Gesetze und Vorschriften sowie durch Einbeziehung technischer Normen;[1216] reguliert werden dabei v. a. die Folgen, die bei der Verwendung neuer Techniken auftreten (können), „die schnell und direkt sichtbar werden und damit hohes politisches Mobilisierungspotenzial besitzen".[1217] Antrieb für die rechtliche Regulierung von technischen Systemen ist daher häufig die Angst vor gravierenden Folgen der unkontrollierten Verwendung nicht oder unzureichend regulierter Techniken. *Mandl* beschrieb den Rechtsetzungsprozess im Zusammenhang mit der Regulierung neuer (technischer) Erfindungen (hier am Beispiel der Raumfahrttechnik) schon 1932 folgendermaßen:

> „Möglicherweise wird irgendein Gelehrter eine eigenartige Theorie aufstellen, daß durch die Raketenversuche die obersten Schichten der Erdatmosphäre, sofern sie an Wasserstoff reich sind, zur Entflammung gebracht werden könnten, weshalb man ein Generalverbot der Raumfahrt vorschlagen wird, um einem verheerenden Weltenbrande vorzubeugen."

Mandl nennt dieses Vorgehen „legislatorische Ungunst".[1218]

a) Provokation technikvermeidenden Verbraucherverhaltens durch imperative Regulierung

Doch angstgetriebene hoheitliche Regulierung birgt die Gefahr der Förderung technikvermeidenden Verhaltens beim Verbraucher. 1981 ergab eine Umfrage des „Instituts für Demoskopie Allensbach", dass von 1966 bis 1981 der Anteil der Deutschen, die die Technik für einen Segen halten, von 72% (1966)

[1214] *Jörn Ipsen*, Zweiter Beratungsgegenstand: Die Bewältigung der wissenschaftlichen und technischen Entwicklungen durch das Verwaltungsrecht (1. Bericht), in VVDStRL Bd. 48: Staatszwecke im Verfassungsstaat – nach 40 Jahren Grundgesetz. Die Bewältigung der wissenschaftlichen und technischen Entwicklungen durch das Verwaltungsrecht, Berichte und Diskussionen auf der Tagung der Vereinigung der Deutschen Staatsrechtslehrer in Hannover vom 4. bis 7. Oktober 1989, De Gruyter, Berlin/New York 1990, 177–206 (178).

[1215] Vgl. auch *Paul Kirchhof*, Kontrolle der Technik als staatliche und private Aufgabe, NVwZ 1988, 97–104; *Dietrich Murswiek*, Die staatliche Verantwortung für die Risiken der Technik. Verfassungsrechtliche Grundlagen und immissionsschutzrechtliche Ausformung, Schriften zum Umweltrecht Bd. 3, Duncker & Humblot, Berlin 1985, S. 88 ff.

[1216] *Meinolf Dierkes*, Ist Technikentwicklung steuerbar?, in Jörg Bergstermann/Thomas Manz (Hrsg.), Technik gestalten, Risiken beherrschen: Befunde der Sozialforschung zur Entwicklung moderner Produktionstechnik, Edition Sigma, Berlin 1992, 15–35 (16 Abb. 1).

[1217] *Meinolf Dierkes*, Ist Technikentwicklung steuerbar?, in Jörg Bergstermann/Thomas Manz (Hrsg.), Technik gestalten, Risiken beherrschen: Befunde der Sozialforschung zur Entwicklung moderner Produktionstechnik, Edition Sigma, Berlin 1992, 15–35 (16).

[1218] *Vladimír Mandl*, Das Weltraum-Recht. Ein Problem der Raumfahrt, Verlag J. Bensheimer, Mannheim 1932, S. 20.

zunächst auf 50% (1976) und dann auf 30% (1981) zurückgegangen sei. Die Befragung von Jugendlichen ergab ein noch drastischeres Bild: Das Vertrauen in die Technik sank bei den Befragten von 83% über 53% auf 23%.[1219] Der Begriff der „Technikfeindlichkeit" der Deutschen wurde in dieser Zeit „weitgehend popularisiert"[1220] – diese Debatte klang zwar zu Beginn der 1990er-Jahre ab, erschien aber ab dem Jahr 2010 „kurzfristig wieder auf der politischen Bildfläche".[1221] Es ist nicht ausgeschlossen, dass bestimmte rechtliche Regulierungsmechanismen im Bereich der Techniksteuerung den Verbraucher aus Angst oder Unwillen zur Vermeidung der Verwendung der betreffenden Innovation bewegen. Technikvermeidung wird insbes. begünstigt durch imperative Formen der Regulierung, bestehend aus Ge- und Verboten, die im Fall eines Verstoßes negative Sanktionen bereithalten.[1222]

Unklar ist aber, ob die Regulierung risikoanfälliger Techniken, deren positiver Nutzen zwar gesellschaftlich erwünscht ist, die aber bei unsachgemäßer Handhabung schwere Schäden hervorrufen können, überhaupt ohne imperative Regelungsinstrumente auskommt. *Habermas* konstatierte 1985 die „zwiespältigen Folgen" der neuen Techniken wie

„[d]ie Kernenergie, die Waffentechnologie und das Vordringen in den Weltraum, die Genforschung und der biotechnische Eingriff ins menschliche Verhalten, Informationsverarbeitung, Datenerfassung und neue Kommunikationsmedien",

da die Wahrscheinlichkeit, „daß sich Produktivkräfte in Destruktivkräfte, Planungskapazitäten in Störpotentiale verwandeln",[1223] deutlich gestiegen sei. Mehr noch,

„[d]er Horizont der Zukunft hat sich zusammengezogen und den Zeitgeist wie die Politik gründlich verändert. Die Zukunft ist negativ besetzt; an der Schwelle zum 21. Jahrhundert zeichnet sich das Schreckenspanorama der weltweiten Gefährdung allgemeiner Lebensinteressen ab: die Spirale des Wettrüstens, die unkontrollierte Verbreitung von Kernwaffen, die strukturelle Verarmung der Entwicklungsländer, Ar-

---

[1219] Dargestellt bei *Klaus M. Meyer-Abich*, Wissenschaft für die Zukunft. Holistisches Denken in ökologischer und gesellschaftlicher Verantwortung, C. H. Beck, München 1988, S. 16.

[1220] *Andie Rothenhäusler*, „Wegweiser Richtung Steinzeit"? – Die Debatte um „Technikfeindlichkeit" in den 1980er Jahren in Westdeutschland, in Andreas Böhn/Andreas Metzner-Szigeth (Hrsg.), Wissenschaftskommunikation, Utopien und Technikzukünfte, Karlsruher Studien Technik und Kultur Bd. 9, KIT Scientific Publishing, Karlsruhe 2018, 281–305 (287).

[1221] *Andie Rothenhäusler*, „Wegweiser Richtung Steinzeit"? – Die Debatte um „Technikfeindlichkeit" in den 1980er Jahren in Westdeutschland, in Andreas Böhn/Andreas Metzner-Szigeth (Hrsg.), Wissenschaftskommunikation, Utopien und Technikzukünfte, Karlsruher Studien Technik und Kultur Bd. 9, KIT Scientific Publishing, Karlsruhe 2018, 281–305 (299).

[1222] *Wolfgang Hoffmann-Riem*, Innovationen durch Recht und im Recht, in Martin Schulte (Hrsg.), Technische Innovation und Recht: Antrieb oder Hemmnis?, MTM Bd. 76, C. F. Müller, Heidelberg 1997, 3–32 (7).

[1223] *Jürgen Habermas*, Die Neue Unübersichtlichkeit, Kleine Politische Schriften V, Suhrkamp, Frankfurt a. M. 1985, S. 144.

beitslosigkeit und wachsende soziale Ungleichgewichte in den entwickelten Ländern, Probleme der Umweltbelastung, katastrophennah operierende Großtechnologien geben die Stichworte, die über Massenmedien ins öffentliche Bewußtsein eingedrungen sind".[1224]

Denn, so *Habermas*, „je komplexer die steuerungsbedürftigen Systeme werden, um so größer wird die Wahrscheinlichkeit dysfunktionaler Nebenfolgen".[1225] Das zeigen etwa die Anstrengungen der Wissenschaft, durch Climate Engineering die Folgen der menschengemachten Umweltzerstörung einzudämmen,[1226] die zuletzt unrühmliche Geschichte des ersten Überschall-Passagierflugzeugs im Linienflugdienst Aérospatiale-BAC Concorde 101/102 („Concorde")[1227] und die mutmaßlich für zwei verheerende Abstürze im Oktober 2018 und im März 2019 verantwortliche Steuerungssoftware der Flugzeuge des im Frühjahr 2019 in vielen Staaten vorübergehend außer Betrieb genommenen Typs Boeing 737 MAX 8.[1228]

Als spezifisches Ordnungsmuster soll Recht allerdings gerade nicht nur der Einhegung oder gar der Vermeidung von Innovationen und der Folgen ihrer Verwendung dienen. Recht soll Innovationen fördern, die der gesellschaftlichen Weiterentwicklung dienen. Idealerweise wird die Angst der Technikverwender daher gerade durch Regulierung abgebaut und durch Rechtssicherheit ersetzt. Das ist v. a. bei für den Laien schwer verständlichen, komplexen technischen Innovationen vorstellbar, denn „[j]e mehr eine Entwicklung aus den Fugen zu geraten droht, desto lauter wird der Ruf nach dem Recht".[1229] Es ist aber wichtig, die Entwicklung durch das Recht zu begleiten, denn sinnvollerweise agiert Recht „nicht nur als Ausfallbürge bei Fehlentwicklungen". Das ist schwierig, weil das Recht so Regelungen schaffen muss, die zwingend unsichere, unvorhersehbare und unplanbare[1230] Entwicklungen der Innovation miteinbeziehen. Planbarkeit ist aber eines der bestimmenden Merkmale von Recht.[1231] Daher

---

[1224] *Jürgen Habermas*, Die Neue Unübersichtlichkeit, Kleine Politische Schriften V, Suhrkamp, Frankfurt a. M. 1985, S. 143.
[1225] *Jürgen Habermas*, Die Neue Unübersichtlichkeit, Kleine Politische Schriften V, Suhrkamp, Frankfurt a. M. 1985, S. 144.
[1226] Dazu *Ulrich Schaper*, Ohne Regeln, FAZ v. 7.2.2018, Nr. 32, S. N1.
[1227] Dazu *Jürgen Schelling*, Plötzlich ist die Welt so klein, FAZ v. 26.2.2019, Nr. 48, S. T1.
[1228] Dazu *Roland Lindner*, Boeings Verantwortung, FAZ v. 10.4.2019, Nr. 85, S. 15.
[1229] *Wolfgang Hoffmann-Riem*, Rechtswissenschaftliche Innovationsforschung als Reaktion auf gesellschaftlichen Innovationsbedarf, in Martin Eifert/Wolfgang Hoffmann-Riem (Hrsg.), Innovation und rechtliche Regulierung: Schlüsselbegriffe und Anwendungsbeispiele rechtswissenschaftlicher Innovationsforschung, Schriften zur rechtswissenschaftlichen Innovationsforschung Bd. 5, Nomos, Baden-Baden 2002, 26–47 (29).
[1230] *Wolfgang Hoffmann-Riem*, Rechtswissenschaftliche Innovationsforschung als Reaktion auf gesellschaftlichen Innovationsbedarf, in Martin Eifert/Wolfgang Hoffmann-Riem (Hrsg.), Innovation und rechtliche Regulierung: Schlüsselbegriffe und Anwendungsbeispiele rechtswissenschaftlicher Innovationsforschung, Schriften zur rechtswissenschaftlichen Innovationsforschung Bd. 5, Nomos, Baden-Baden 2002, 26–47 (30).
[1231] *Wolfgang Hoffmann-Riem*, Rechtswissenschaftliche Innovationsforschung als Re-

muss sich auch das Recht ändern, um weiterhin Teil des technikregulierenden Apparats sein zu können. Innovation *durch* Recht geschieht somit vielfach durch Innovation *im* Recht,[1232] das Recht wird selbst zum Objekt des gesellschaftlichen Modernisierungsprozesses.[1233] Besondere Vorsicht bei der Regulierung ist aber v. a. bei im Entstehen begriffenen, sog. „emergenten" Techniken wie der Nano- und der Gentechnik geboten. Hier gibt es noch derart viele Unsicherheiten, dass künftige Innovationen bei unzureichender Beachtung und allzu kurzsichtiger (hoheitlicher) Regulierung schlimmstenfalls im Keim erstickt werden, ohne Regulierung jedoch großen Schaden anrichten können.[1234]

b) Überregulierung

Rein folgenorientierte Technikregulierung kann indessen eine Überregulierung – oder, nach *Steiger*, eine „hybride Überzüchtigung"[1235] – begünstigen, die in aller Regel einen innovationshemmenden Effekt hat: Es kommt zu einer Behinderung von Innovationsaktivitäten, weil entweder bestimmte, ggf. erfolgversprechende Entwicklungsoptionen von vornherein ausgeschlossen werden, oder der Schritt von der ursprünglich aussichtsreichen Invention zur neuen Innovation verhindert wird.[1236] Gerade im Anfangsstadium einer Entwicklung kann das traditionelle normative Recht mit seinen absoluten Ge- und Verboten eher Bremsklotz denn Innovationsmotor sein.[1237] Der Eindruck von Überregu-

---

aktion auf gesellschaftlichen Innovationsbedarf, in Martin Eifert/Wolfgang Hoffmann-Riem (Hrsg.), Innovation und rechtliche Regulierung: Schlüsselbegriffe und Anwendungsbeispiele rechtswissenschaftlicher Innovationsforschung, Schriften zur rechtswissenschaftlichen Innovationsforschung Bd. 5, Nomos, Baden-Baden 2002, 26–47 (30).

[1232] Zu dieser Doppelfunktion *Wolfgang Hoffmann-Riem*, Ermöglichung von Flexibilität und Innovationsoffenheit im Verwaltungsrecht – Einleitende Problemskizze –, in Wolfgang Hoffmann-Riem/Eberhard Schmidt-Aßmann (Hrsg.), Innovation und Flexibilität des Verwaltungshandelns, Schriften zur Reform des Verwaltungsrechts Bd. 2, Nomos, Baden-Baden 1994, 9–66 (13 ff.). S. auch *Wolfgang Hoffmann-Riem*, Innovationen durch Recht und im Recht, in Martin Schulte (Hrsg.), Technische Innovation und Recht: Antrieb oder Hemmnis?, MTM Bd. 76, C. F. Müller, Heidelberg 1997, 3–32 (13).

[1233] *Wolfgang Hoffmann-Riem*, Innovationen durch Recht und im Recht, in Martin Schulte (Hrsg.), Technische Innovation und Recht: Antrieb oder Hemmnis?, MTM Bd. 76, C. F. Müller, Heidelberg 1997, 3–32 (13).

[1234] Ausführlich zu emergenten Techniken *Wolfgang Hoffmann-Riem*, Innovation und Recht – Recht und Innovation. Recht im Ensemble seiner Kontexte, Mohr Siebeck, Tübingen 2016, S. 453 ff.

[1235] *Heinhard Steiger*, Umweltrecht – ein eigenständiges Rechtsgebiet?, AöR 117 (1992), 100–114 (114); *Hermann Hill*, Umweltrecht als Motor und Modell einer Weiterentwicklung des Staats- und Verwaltungsrechts, Jahrbuch des Umwelt- und Technikrechts Bd. 27, R. v. Decker's Verlag, G. Schenk, Heidelberg 1994, 91–116 (92).

[1236] Vgl. DIN (Hrsg.), Gesamtwirtschaftlicher Nutzen der Normung: Volkswirtschaftlicher Nutzen. Der Zusammenhang zwischen Normung und technischem Wandel, ihr Einfluss auf den Außenhandel und die Gesamtwirtschaft, Beuth Verlag, Berlin/Wien/Zürich 2000, S. 145 zum Zusammenhang zwischen (nationaler) technischer Normung und technischem Wandel.

[1237] *Stefanie Neveling/Susanne Bumke/Jan-Hendrik Dietrich*, Ansätze wirtschaftswissen-

lierung kann aber auch irrtümlich erweckt werden, wenn „altes" und „neues" Recht gleichzeitig zur Regelung ein und derselben Technik eingesetzt werden. Neues Recht wurde geschaffen, ohne dass die überalterten Vorläufer revidiert wurden. Es entsteht der Anschein umfassender, unnötiger Regulierung, oder sogar „rechtlicher Schikanierung".[1238]

Die Lösung könnte lauten: Deregulierung und, im Ergebnis, Beschleunigung des Rechts.[1239] Deregulierung bedeutet originär die – eher quantitative als qualitative[1240] – Verringerung staatlichen Einflusses. Es geht also vorrangig um den Abbau von Regulierung. *Hoffmann-Riem* lehnt das Konzept der Deregulierung als „eindimensional" und „zu einfach[...]" ab;[1241] die Devise „weniger ist mehr"[1242] tauge nicht als langfristige Lösung, um der Regulierungsflut in einigen Technikbereichen Herr zu werden.

c) Fehlende Regulierung

Es drängt sich die Frage auf, ob sich Innovationen in Komplexen, in denen eine rechtsförmige Regulierung technischer Systeme nur rudimentär vorhanden ist oder sogar vollständig fehlt, besser entwickeln können. Regulierung kann in Bereichen fehlen, in denen bereits unklar ist, welches Recht auf eine bestimmte Innovation anwendbar ist. Paradebeispiel ist hier das Internet. Wird nicht unzweideutig festgelegt und kommuniziert, welches Recht „online" gilt, kann dies zur Technikvermeidung oder – im schlimmsten Fall – zu (dem Eindruck) einer

---

schaftlicher und soziologischer Innovationsforschung, in Martin Eifert/Wolfgang Hoffmann-Riem (Hrsg.), Innovation und rechtliche Regulierung: Schlüsselbegriffe und Anwendungsbeispiele rechtswissenschaftlicher Innovationsforschung, Schriften zur rechtswissenschaftlichen Innovationsforschung Bd. 5, Nomos, Baden-Baden 2002, 364–413 (411).

[1238] *Wolfgang Hoffmann-Riem*, Rechtswissenschaftliche Innovationsforschung als Reaktion auf gesellschaftlichen Innovationsbedarf, in Martin Eifert/Wolfgang Hoffmann-Riem (Hrsg.), Innovation und rechtliche Regulierung: Schlüsselbegriffe und Anwendungsbeispiele rechtswissenschaftlicher Innovationsforschung, Schriften zur rechtswissenschaftlichen Innovationsforschung Bd. 5, Nomos, Baden-Baden 2002, 26–47 (40 f.).

[1239] Unter Bezugnahme auf die „Innovationsschwäche der deutschen Wirtschaft": *Wolfgang Hoffmann-Riem*, Innovationen durch Recht und im Recht, in Martin Schulte (Hrsg.), Technische Innovation und Recht: Antrieb oder Hemmnis?, MTM Bd. 76, C. F. Müller, Heidelberg 1997, 3–32 (4).

[1240] *Wolfgang Hoffmann-Riem*, Innovationen durch Recht und im Recht, in Martin Schulte (Hrsg.), Technische Innovation und Recht: Antrieb oder Hemmnis?, MTM Bd. 76, C. F. Müller, Heidelberg 1997, 3–32 (4). Vgl. als Alternative z.B. die sog. „Innovation Waivers" des U.S.-amerikanischen Umweltrechts, von *Wolfgang Hoffmann-Riem*, Innovation und Recht – Recht und Innovation. Recht im Ensemble seiner Kontexte, Mohr Siebeck, Tübingen 2016, S. 426 als „Regulierungsferien" bezeichnet.

[1241] *Wolfgang Hoffmann-Riem*, Innovationen durch Recht und im Recht, in Martin Schulte (Hrsg.), Technische Innovation und Recht: Antrieb oder Hemmnis?, MTM Bd. 76, C. F. Müller, Heidelberg 1997, 3–32 (4).

[1242] *Wolfgang Hoffmann-Riem*, Innovationen durch Recht und im Recht, in Martin Schulte (Hrsg.), Technische Innovation und Recht: Antrieb oder Hemmnis?, MTM Bd. 76, C. F. Müller, Heidelberg 1997, 3–32 (4).

Anarchie im Cyberspace führen. Die ständige Kollision von internationalen Regimes (z. B. beim Datenschutz, im Urheber- und Wettbewerbsrecht) und nationalen Rechtsordnungen, insbes. bei der Durchsetzung, führt bei den Nutzern zu einem Gefühl der Rechtsunsicherheit.[1243] Die User schaffen sich in der Folge in ungeordneter Art und Weise ihre eigenen Regeln.

Im Ergebnis würde also auch das vollständige Unterlassen rechtlicher Regulierung dem Innovator nicht den gewünschten Effekt – unbegrenzte Freiheit bei der Entwicklung – bringen. Denn die Regulierung von gesellschaftlich unerwünschtem Verhalten ist nicht allein gleichzusetzen mit „rechtlichen Fesseln", sondern bietet, wie etwa im Fall des Urheber- oder Patentrechts, dem Entwickler auch den Schutz seiner Innovation, das Haftungsrecht sorgt darüber hinaus dafür, dass seine Risiken minimiert werden.[1244] Es gilt daher:

> „Niemand, auch der schärfste Kritiker der gegenwärtigen Rechtsordnung und der Rechtswissenschaft, würde es vorziehen, in einer Ordnung ohne Recht zu leben. Moderne Massengesellschaften können auf das Recht nicht verzichten, selbst wenn seine Leistungsfähigkeit in manchem geringer ist als erwünscht."[1245]

d) Technisch veraltete Regulierung

Das Recht setzt stets einen bestimmten Status seines Regelungsobjekts voraus. Ändert sich dieser Status (zu) schnell, ist die normative Regelung im schlimmsten Fall bereits veraltet, ehe sie überhaupt in Kraft getreten ist.[1246] Die mangelnde Qualität oder Starrheit von Regeln kann zur Innovationshemmung bestimmter Techniken führen. Ist eine Norm nur unzureichend an die tatsächlichen technischen Gegebenheiten angepasst, erschwert die inhaltlich veraltete Norm den „Übergang von einer inferioren zu einer superioren Technologie".[1247] Normen, bei deren Abfassung eine Technikfolgenabschätzung und damit die tech-

---

[1243] Vgl. *Reinhard Stransfeld*, Regelungen in der Informationstechnik und Telekommunikation – Innovationshemmnisse durch Recht?, in Martin Schulte (Hrsg.), Technische Innovation und Recht: Antrieb oder Hemmnis?, MTM Bd. 76, C. F. Müller, Heidelberg 1997, 167–199 (181).

[1244] *Wolfgang Hoffmann-Riem*, Innovationsoffenheit und Innovationsverantwortung durch Recht: Aufgaben rechtswissenschaftlicher Innovationsforschung, AöR 131 (2006), 255–277 (260).

[1245] *Wolfgang Hoffmann-Riem*, Innovationsoffenheit und Innovationsverantwortung durch Recht: Aufgaben rechtswissenschaftlicher Innovationsforschung, AöR 131 (2006), 255–277 (271).

[1246] Vgl. *Karl-Heinz Ladeur*, Innovation der Telekommunikation durch Regulierung – Monitoring und Selbstrevision als Formen einer Proceduralisierung des Telekommunikationsrechts, in Wolfgang Hoffmann-Riem (Hrsg.), Innovation und Telekommunikation: Rechtliche Steuerung von Innovationsprozessen in der Telekommunikation, Schriften zur rechtswissenschaftlichen Innovationsforschung Bd. 4, Nomos, Baden-Baden 2000, 57–76 (71).

[1247] Vgl. DIN (Hrsg.), Gesamtwirtschaftlicher Nutzen der Normung: Volkswirtschaftlicher Nutzen. Der Zusammenhang zwischen Normung und technischem Wandel, ihr Einfluss auf den Außenhandel und die Gesamtwirtschaft, Beuth Verlag, Berlin/Wien/Zürich 2000, S. 145 zum Zusammenhang zwischen (nationaler) technischer Normung und technischem Wandel.

nische Expertise nicht oder nur unzureichend einbezogen wurde, hemmen die Innovation infolge von Unwissenheit[1248] und sind damit in ihrer hemmenden Wirkung veralteten Regeln[1249] gleichzustellen.

Auswirkungen auf den technischen Wandel kann, neben dem *per se* veralteten Inhalt, auch die durchschnittliche Lebensdauer einer Norm in einem bestimmten Sachbereich haben: Je länger eine Norm in einem innovationsintensiven Bereich „überlebt", desto höher ist die Wahrscheinlichkeit, dass die Norm innovationshemmend wirken wird, da sie nicht an neue Entwicklungen angepasst ist.[1250] Idealerweise folgt die rechtliche Techniksteuerung somit dem Motto:

„Je schneller der technische Wandel, [...] desto kürzer ist die erwartete Lebenszeit des Normendokumentes."[1251]

Daher ist besonders dem Umstand, dass verschiedene Arten von Normierung und Regelung sich unterschiedlich auf den technischen Wandel auswirken, Beachtung zu schenken; konsequenterweise sind die verwendeten Regelungsinstrumente den spezifischen Charakteristika des Regelungsobjekts anzupassen.

e) Indirektes Innovationshemmnis durch fehlende Harmonisierung oder Vereinheitlichung

Zu problematisieren sind auch solche Regelungen, die zwar an sich neutral formuliert sind, sich also nicht unmittelbar hemmend auf den technischen Wandel auswirken, indirekt aber negative Effekte auf die Verbreitung einer Technik und so auf ihre Weiterentwicklung haben können. Dazu gehören regional unterschiedliche Regelungen für überregional oder gar weltweit vertriebene technische Produkte.[1252] Sie hemmen den Export eines Produkts von dem einen in

---

[1248] *Reinhard Stransfeld*, Regelungen in der Informationstechnik und Telekommunikation – Innovationshemmnisse durch Recht?, in Martin Schulte (Hrsg.), Technische Innovation und Recht: Antrieb oder Hemmnis?, MTM Bd. 76, C. F. Müller, Heidelberg 1997, 167–199 (171).

[1249] *Reinhard Stransfeld*, Regelungen in der Informationstechnik und Telekommunikation – Innovationshemmnisse durch Recht?, in Martin Schulte (Hrsg.), Technische Innovation und Recht: Antrieb oder Hemmnis?, MTM Bd. 76, C. F. Müller, Heidelberg 1997, 167–199 (172 f.) am Beispiel elektronischer Signaturen, die Telekommunikation sicherer machen und vereinfachen.

[1250] Vgl. DIN (Hrsg.), Gesamtwirtschaftlicher Nutzen der Normung: Volkswirtschaftlicher Nutzen. Der Zusammenhang zwischen Normung und technischem Wandel, ihr Einfluss auf den Außenhandel und die Gesamtwirtschaft, Beuth Verlag, Berlin/Wien/Zürich 2000, S. 158.

[1251] DIN (Hrsg.), Gesamtwirtschaftlicher Nutzen der Normung: Volkswirtschaftlicher Nutzen. Der Zusammenhang zwischen Normung und technischem Wandel, ihr Einfluss auf den Außenhandel und die Gesamtwirtschaft, Beuth Verlag, Berlin/Wien/Zürich 2000, S. 161.

[1252] Vgl. DIN (Hrsg.), Gesamtwirtschaftlicher Nutzen der Normung: Volkswirtschaftlicher Nutzen. Der Zusammenhang zwischen Normung und technischem Wandel, ihr Einfluss auf den Außenhandel und die Gesamtwirtschaft, Beuth Verlag, Berlin/Wien/Zürich 2000, S. 187.

ein anderes Land: Ausländische Güter erfüllen i. d. R. nicht die Voraussetzungen nationaler technischer Normen, die damit ihren Import behindern.[1253] V. a. in Bereichen starken technischen Wandels kann die zu enge Orientierung an nationalen Regelungen und Normen bei der Entwicklung dazu führen, dass die Exportfähigkeit eines Produkts gehemmt wird, insbes., wenn ein bestimmter nationaler Abnehmer ein Monopol auf das Produkt hält.[1254]

Uneinheitliche Regulierungs- und besonders Schutzniveaus können gerade in technisch sensiblen Bereichen wie dem Datenschutz im Internet zu Problemen führen: Datenlecks beim Online-Shopping oder -Banking sowie Gerüchte über massenhaft abgehörte Telefongespräche schüren das Gefühl der Unsicherheit beim Kunden, das sogar noch verstärkt wird durch den Umstand, dass sich die Schutzniveaus von Staat zu Staat und im Vergleich von EU- zu Nicht-EU-Staaten unterscheiden.[1255] Dadurch steigt auch die Gefahr eines Abwanderns von Technikkonzernen in Länder mit geringeren Schutzstandards; Transaktionskosten steigen, Marktzutrittschancen sinken, der Wettbewerb wird zugunsten inländischer Produzenten beeinflusst.[1256] Bestimmte Zollvorschriften bewirken eine Verkleinerung des Absatzmarktes eines technischen Systems, was die Entwicklung von Innovationen ebenfalls im Ergebnis negativ prägen kann.[1257] Dasselbe gilt für Regelungsstrukturen, die Großtechniken begünstigen und durch Marktmacht agieren (Beispiel: Energietechnik),[1258] ebenso „monopolistische Strukturen".[1259] Technische Innovation wirkt dagegen nach

---

[1253] DIN (Hrsg.), Gesamtwirtschaftlicher Nutzen der Normung: Volkswirtschaftlicher Nutzen. Der Zusammenhang zwischen Normung und technischem Wandel, ihr Einfluss auf den Außenhandel und die Gesamtwirtschaft, Beuth Verlag, Berlin/Wien/Zürich 2000, S. 190.

[1254] DIN (Hrsg.), Gesamtwirtschaftlicher Nutzen der Normung: Volkswirtschaftlicher Nutzen. Der Zusammenhang zwischen Normung und technischem Wandel, ihr Einfluss auf den Außenhandel und die Gesamtwirtschaft, Beuth Verlag, Berlin/Wien/Zürich 2000, S. 190.

[1255] Vgl. *Reinhard Stransfeld*, Regelungen in der Informationstechnik und Telekommunikation – Innovationshemmnisse durch Recht?, in Martin Schulte (Hrsg.), Technische Innovation und Recht: Antrieb oder Hemmnis?, MTM Bd. 76, C. F. Müller, Heidelberg 1997, 167–199 (183).

[1256] Vgl. *Joachim Scherer*, Innovationsoffenheit der europäischen Telekommunikations-Regulierung – Konzepte und Instrumente am Beispiel der S-PCS-Systeme –, in Wolfgang Hoffmann-Riem (Hrsg.), Innovation und Telekommunikation: Rechtliche Steuerung von Innovationsprozessen in der Telekommunikation, Schriften zur rechtswissenschaftlichen Innovationsforschung Bd. 4, Nomos, Baden-Baden 2000, 161–183 (183).

[1257] *Reinhard Stransfeld*, Regelungen in der Informationstechnik und Telekommunikation – Innovationshemmnisse durch Recht?, in Martin Schulte (Hrsg.), Technische Innovation und Recht: Antrieb oder Hemmnis?, MTM Bd. 76, C. F. Müller, Heidelberg 1997, 167–199 (170).

[1258] *Reinhard Stransfeld*, Regelungen in der Informationstechnik und Telekommunikation – Innovationshemmnisse durch Recht?, in Martin Schulte (Hrsg.), Technische Innovation und Recht: Antrieb oder Hemmnis?, MTM Bd. 76, C. F. Müller, Heidelberg 1997, 167–199 (171).

[1259] Vgl. *Reinhard Stransfeld*, Regelungen in der Informationstechnik und Telekommunikation – Innovationshemmnisse durch Recht?, in Martin Schulte (Hrsg.), Technische Innovation und Recht: Antrieb oder Hemmnis?, MTM Bd. 76, C. F. Müller, Heidelberg 1997, 167–199 (175).

Stransfeld „monopolzerstörend und wird daher unterdrückt".[1260] Uneinheitliche Regelungen finden sich zudem u. a. im Bereich der Zulassungs- und Genehmigungsverfahren technischer Neuerungen. Nimmt ein solches Verfahren für ein ähnliches Produkt in Staat A mehr Zeit in Anspruch als im Nachbarstaat B, können dem betroffenen Produzenten aus Staat A Wettbewerbsnachteile und Umsatzbußen entstehen. Die Weiterentwicklung einer Innovation wird so verhindert oder zumindest verzögert.

Indessen kann schon die reine Existenz von technischen Normen die Investitionsentscheidung von ausländischen Produzenten und Konsumenten positiv beeinflussen, weil sie etwaige Unsicherheiten in Bezug auf die Qualität inländischer Produkte und Informationsasymmetrien beseitigen helfen. So wird über den Absatz die Produktion angeregt. Zudem kann im Einzelfall auch die internationale Verbreitung gefördert werden,[1261] wenn die Normen von ausländischen Anbietern übernommen werden und dergestalt eine Harmonisierungswirkung geschaffen wird. Internationale Normen können demgegenüber im Einzelfall aber auch „vielfaltsreduzierend" wirken, wenn sie die Vertragsfreiheit durch Verbot oder Normung bestimmter (nationaler) Produkte einschränken. Sie reduzieren die Vielfalt der Produktbandbreite und setzen keine Anreize mehr für den intra-industriellen Handel.[1262]

f) Ausschluss der Öffentlichkeit

Verzögerungen bei der Markteinführung und Verbreitung einer Innovation können fehlende Regulierungen im Bereich Streitbeilegung hervorrufen. Wird die (Welt-)Öffentlichkeit bei der Diffusion hochsensibler und gefährlicher Techniken nicht mit einbezogen, so drohen Gerichtsverfahren und damit Fehlinvestitionen oder sogar „Innovationsblockaden".[1263] Die Gesellschaft ist ein nicht zu unterschätzender Faktor bei der Diffusion problematischer Techniken. Innovationshemmnisse sind daher häufig nicht (nur) auf der Normsetzungs-, sondern ebenso auf der Umsetzungsebene auszumachen. Gerade „die tech-

---

[1260] *Reinhard Stransfeld*, Regelungen in der Informationstechnik und Telekommunikation – Innovationshemmnisse durch Recht?, in Martin Schulte (Hrsg.), Technische Innovation und Recht: Antrieb oder Hemmnis?, MTM Bd. 76, C. F. Müller, Heidelberg 1997, 167–199 (175 Fn. 10). Dazu *Walter Eucken*, Grundsätze der Wirtschaftspolitik, 6. Aufl. (hrsg. v. Edith Eucken/K. Paul Hensel), J. C. B. Mohr (Paul Siebeck), Tübingen 1990, S. 227 ff., 237 f.

[1261] DIN (Hrsg.), Gesamtwirtschaftlicher Nutzen der Normung: Volkswirtschaftlicher Nutzen. Der Zusammenhang zwischen Normung und technischem Wandel, ihr Einfluss auf den Außenhandel und die Gesamtwirtschaft, Beuth Verlag, Berlin/Wien/Zürich 2000, S. 187.

[1262] DIN (Hrsg.), Gesamtwirtschaftlicher Nutzen der Normung: Volkswirtschaftlicher Nutzen. Der Zusammenhang zwischen Normung und technischem Wandel, ihr Einfluss auf den Außenhandel und die Gesamtwirtschaft, Beuth Verlag, Berlin/Wien/Zürich 2000, S. 191.

[1263] *Reinhard Stransfeld*, Regelungen in der Informationstechnik und Telekommunikation – Innovationshemmnisse durch Recht?, in Martin Schulte (Hrsg.), Technische Innovation und Recht: Antrieb oder Hemmnis?, MTM Bd. 76, C. F. Müller, Heidelberg 1997, 167–199 (174).

nikspezifischen Vollzugshindernisse werden kompensiert durch die verfahrensrechtliche Mobilisierung der Bürger".[1264] Hier wird

> "deutlich, daß ein innovatives Klima weniger durch eine Strategie linearer, instrumenteller Techniksteuerung hergestellt werden kann, sondern durch diskursive Vorgehensweisen eines Gesamtinteresses, [...]".[1265]

Denn Unklarheiten bei der Anwendung der Norm können im konkreten Fall die Verwendung der Technik erschweren oder sogar verhindern.[1266] Mittelbar beeinflussen Unklarheiten in der Interpretation der Regelwerke die Innovation negativ, weil das effektive Zusammenspiel von Technik und Regelung verhindert wird (Beispiel: Umwelttechnik).[1267]

g) Neutrale Regulierung mit innovationshemmender „Drittwirkung"

Vorsicht ist auch geboten bei solchen Vorschriften, die auf den eigentlichen Adressaten begünstigend oder neutral wirken, für Dritte aber innovationshemmende Auswirkungen bereithalten. Vorschriften (z. B. Sicherheitsvorschriften), die sich eigentlich an Verwender richten und ihren Umgang mit einer bestimmten Technik regeln, können sich beschränkend auf die Wettbewerbsfähigkeit eines Produzenten und damit auch auf die Möglichkeiten der Weiterentwicklung einer Innovation auswirken. Das gleiche gilt für Normen, die sich zwar an Produzenten richten, aber dem Schutz von Verwendern dienen, also die wirtschaftlichen Interessen der Produzenten weitgehend außer Betracht lassen.[1268]

2. Innovationsförderndes Recht

Nun ist aber der pauschale Umkehrschluss falsch, Recht wirke „wegen seiner immanenten Starrheit"[1269] grds. hemmend auf Innovation. Denn es ist nicht

---

[1264] *Anne Röthel*, Europarechtliche Vorgaben für das Technikrecht, in Martin Schulte/Rainer Schröder (Hrsg.), Handbuch des Technikrechts, 2. Aufl., Springer, Berlin/Heidelberg 2011, 201–235 (218).

[1265] *Reinhard Stransfeld*, Regelungen in der Informationstechnik und Telekommunikation – Innovationshemmnisse durch Recht?, in Martin Schulte (Hrsg.), Technische Innovation und Recht: Antrieb oder Hemmnis?, MTM Bd. 76, C. F. Müller, Heidelberg 1997, 167–199 (178).

[1266] *Reinhard Stransfeld*, Regelungen in der Informationstechnik und Telekommunikation – Innovationshemmnisse durch Recht?, in Martin Schulte (Hrsg.), Technische Innovation und Recht: Antrieb oder Hemmnis?, MTM Bd. 76, C. F. Müller, Heidelberg 1997, 167–199 (168).

[1267] *Reinhard Stransfeld*, Regelungen in der Informationstechnik und Telekommunikation – Innovationshemmnisse durch Recht?, in Martin Schulte (Hrsg.), Technische Innovation und Recht: Antrieb oder Hemmnis?, MTM Bd. 76, C. F. Müller, Heidelberg 1997, 167–199 (171).

[1268] Vgl. DIN (Hrsg.), Gesamtwirtschaftlicher Nutzen der Normung: Volkswirtschaftlicher Nutzen. Der Zusammenhang zwischen Normung und technischem Wandel, ihr Einfluss auf den Außenhandel und die Gesamtwirtschaft, Beuth Verlag, Berlin/Wien/Zürich 2000, S. 201.

[1269] *Sören Delfs*, Innovation – Standardisierung – Recht (Das Beispiel Internet), in Martin Eifert/Wolfgang Hoffmann-Riem (Hrsg.), Innovation und rechtliche Regulierung: Schlüssel-

das Recht *per se*, sondern die Wirkungsweise und der Inhalt einer bestimmten Norm, die im Einzelfall Innovation verlangsamen oder gar verhindern kann.[1270] Im Gegenteil ist das Recht in seiner Gesamtheit für Forschung, Entwicklung und Investition wichtig, weil es Sicherheit und Verlässlichkeit etabliert.[1271] „Gutes", d. h. innovationsförderndes Recht zeigt sich innovationsoffen und ist sich seiner Innovationsverantwortung bewusst. Das Recht muss insofern offen gegenüber sozialen, kulturellen, ökonomischen, technischen und politischen Veränderungen sein, als es diesen Wandel zulässt und fördert, sich aber zudem den aktuellen gesellschaftlichen Gegebenheiten anpassen und dynamisch bleiben.[1272] Innovationsverantwortung bedeutet, dass Innovation nicht im rechtsfreien Raum erfolgen kann, sondern an bestimmte Zielvorgaben und Werte (z. B. [nationale] Staatszielbestimmungen, Grundrechte) gebunden ist, wenn es die Bedürfnisse der Gesellschaft angemessen berücksichtigen soll.[1273] Die Beziehung zwischen Recht und Innovation ist mithin geprägt von gegenseitigen Verpflichtungen, das zeigt sich besonders deutlich am Beispiel der ökologischen Modernisierung und diverser neuer Umwelttechniken.[1274]

a) Innovations- statt Folgenregulierung

Erfahrungsgemäß neigt das Recht ob der besonderen Voraussetzungen seiner Entstehung dazu, der technischen Entwicklung allenfalls nachzufolgen. Diesem Umstand verdankt das Recht seine regelmäßige Einstufung als reines Werkzeug der Technikfolgenbegrenzung. Das Recht sorgt für die Anpassung einer Innovation an gesellschaftliche Gegebenheiten und ermöglicht eine gelungene Diffusion und Weiterentwicklung.

---

begriffe und Anwendungsbeispiele rechtswissenschaftlicher Innovationsforschung, Schriften zur rechtswissenschaftlichen Innovationsforschung Bd. 5, Nomos, Baden-Baden 2002, 171–213 (191).

[1270] *Wolfgang Hoffmann-Riem*, Die Governance-Perspektive in der rechtswissenschaftlichen Innovationsforschung, Schriften des Münchner Centrums für Governance-Forschung Bd. 3, Nomos, Baden-Baden 2011, S. 40.

[1271] *Sören Delfs*, Innovation – Standardisierung – Recht (Das Beispiel Internet), in Martin Eifert/Wolfgang Hoffmann-Riem (Hrsg.), Innovation und rechtliche Regulierung: Schlüsselbegriffe und Anwendungsbeispiele rechtswissenschaftlicher Innovationsforschung, Schriften zur rechtswissenschaftlichen Innovationsforschung Bd. 5, Nomos, Baden-Baden 2002, 171–213 (191 f.).

[1272] Vgl. *Wolfgang Hoffmann-Riem*, Innovationen durch Recht und im Recht, in Martin Schulte (Hrsg.), Technische Innovation und Recht: Antrieb oder Hemmnis?, MTM Bd. 76, C. F. Müller, Heidelberg 1997, 3–32 (9).

[1273] Vgl. *Wolfgang Hoffmann-Riem*, Innovationen durch Recht und im Recht, in Martin Schulte (Hrsg.), Technische Innovation und Recht: Antrieb oder Hemmnis?, MTM Bd. 76, C. F. Müller, Heidelberg 1997, 3–32 (10).

[1274] Weitere Nachweise bei *Wolfgang Hoffmann-Riem*, Innovationen durch Recht und im Recht, in Martin Schulte (Hrsg.), Technische Innovation und Recht: Antrieb oder Hemmnis?, MTM Bd. 76, C. F. Müller, Heidelberg 1997, 3–32 (12).

U. U. kann Recht aber auch selbst die gesellschaftlichen Voraussetzungen herstellen, ohne die eine erfolgreiche Diffusion nicht möglich wäre (z. B. Marktbildung durch Administration, Vertrauensbildung mit Blick auf neue Innovationen beim Verbraucher).[1275] Forschung und Entwicklung verlaufen i. d. R. kontextunabhängig. Eine Innovation kann aber nur in die Gesellschaft eingeführt werden, sofern eine umfassende Rekontextualisierung, also eine gezielte „Einbettung in soziale Verwendungskontexte" vorgenommen wird.[1276] Das Recht kann z. B. durch die Etablierung von Sicherheitsinfrastrukturen einerseits eine sichere Verwendungsumgebung für neue Innovationen bereitstellen und so, andererseits, die Innovatoren gegen Risiken der gesellschaftlichen Rekontextualisierung absichern und die Zukunftsfähigkeit ihrer wirtschaftlichen Betätigung bewahren. „Recht als Vorbedingung und Wegbereiter für technische Innovationen"[1277] ermöglicht die Herstellung und Steuerung einer idealen Innovationsumgebung und vereinfacht die effektive Eindämmung der von neuen Innovationen ausgehenden Risiken.

Das birgt allerdings eine von *Roßnagel* sog. „Innovationsparadoxie": Greift das Recht der technischen Entwicklung vor, muss es „das Neue regeln, bevor es Wirklichkeit geworden ist".[1278] Innovationsvoraussetzungen und -folgen sind dem Recht bzw. dem Normsetzer zu diesem Zeitpunkt der Technikgenese noch nicht bekannt, ein Umstand, der die Wirksamkeit der zu schaffenden Regeln in diesem frühen Innovationsstadium gefährden kann.[1279] Daher kann der Übergang von der Folgen- zur Innovationsregulierung nur durch die entwicklungsbegleitende Zusammenarbeit von Innovatoren und Regulierungsstelle gelingen.

[1275] *Alexander Roßnagel*, Das Neue regeln, bevor es Wirklichkeit geworden ist – Rechtliche Regelungen als Voraussetzung technischer Innovation, in Dieter Sauer/Christa Lang (Hrsg.), Paradoxien der Innovation: Perspektiven sozialwissenschaftlicher Innovationsforschung, Campus Verlag, Frankfurt a. M./New York 1999, 193–209 (194 f.).

[1276] *Alexander Roßnagel*, Das Neue regeln, bevor es Wirklichkeit geworden ist – Rechtliche Regelungen als Voraussetzung technischer Innovation, in Dieter Sauer/Christa Lang (Hrsg.), Paradoxien der Innovation: Perspektiven sozialwissenschaftlicher Innovationsforschung, Campus Verlag, Frankfurt a. M./New York 1999, 193–209 (193, 196).

[1277] *Alexander Roßnagel*, Das Neue regeln, bevor es Wirklichkeit geworden ist – Rechtliche Regelungen als Voraussetzung technischer Innovation, in Dieter Sauer/Christa Lang (Hrsg.), Paradoxien der Innovation: Perspektiven sozialwissenschaftlicher Innovationsforschung, Campus Verlag, Frankfurt a. M./New York 1999, 193–209 (197).

[1278] *Alexander Roßnagel*, Das Neue regeln, bevor es Wirklichkeit geworden ist – Rechtliche Regelungen als Voraussetzung technischer Innovation, in Dieter Sauer/Christa Lang (Hrsg.), Paradoxien der Innovation: Perspektiven sozialwissenschaftlicher Innovationsforschung, Campus Verlag, Frankfurt a. M./New York 1999, 193–209 (198).

[1279] *Alexander Roßnagel*, Das Neue regeln, bevor es Wirklichkeit geworden ist – Rechtliche Regelungen als Voraussetzung technischer Innovation, in Dieter Sauer/Christa Lang (Hrsg.), Paradoxien der Innovation: Perspektiven sozialwissenschaftlicher Innovationsforschung, Campus Verlag, Frankfurt a. M./New York 1999, 193–209 (198 f.).

b) Entwicklungsbegleitende, vorausschauende Regulierung

Technik folgt in der Gesellschaft immer einer bestimmten Zwecksetzung, die zwei unterschiedliche Ausprägungen haben kann: Entweder bewirkt sie eine Substitution oder eine sog. Komplementation. Bei einer Substitution werden ursprünglich menschliche Handlungs- oder Arbeitsfunktionen durch die Technik ersetzt (Beispiel: Buchdruck; Ablösung der manuellen Vervielfältigung von Schriften).[1280] Eine Substitution vollzieht sich i. d. R. nach einem festen Muster:

> „Erst ersetzt der Werkzeugeinsatz die Handarbeit, dann ersetzen Antriebssysteme die Muskelkraft, später Steuerungssysteme die menschl. Koordination von Arbeitsabläufen und inzwischen Computer auch geistige Leistungen."[1281]

Durch die Komplementation erhält der Mensch neue Handlungsmöglichkeiten, die ihm ohne die Technik gar nicht zur Verfügung stünden (Beispiel: Flugzeug; Unfähigkeit des Menschen, aus eigener Kraft zu fliegen).[1282]

Wegen ihrer zunehmenden Komplexität erweckt eine Vielzahl technischer (v. a. komplementierender) Systeme den Eindruck, nicht steuerbar zu sein. Technische Systeme sind jedoch menschengemacht, daher müssen sie einer Regulierung durch eben den Menschen zugänglich sein. Erschwert wird die Regulierungsarbeit allerdings, wenn zu spät damit begonnen wird.[1283] Entscheidend ist der Zeitpunkt der Vornahme der ersten Regulierungshandlung. Als besonders effektiv hat sich etwa im Fall der technischen Normung die entwicklungsbegleitende Regulierung[1284] erwiesen. Die ununterbrochene Zusammenarbeit zwischen Innovatoren und Regulierungsstelle beim Prozess der Regulierung ermöglicht das sofortige Eingehen auf unvorhergesehene Geschehensabläufe und Gefahren bei der Verwendung der konkreten Technik, was bereits in einem sehr frühen Stadium der Entwicklung Rechts- und Verwendungssicherheit bieten kann. Die Steuerung der Innovation und der Schutz der Anwender vor ihren Risiken erfordern, dass sich das Recht mit dem Entstehungsprozess der Technik vertraut macht (Technikgeneseforschung und Technikfolgenabschätzung als relevante Nachbarwissenschaften).[1285] Innovationsbegleitend entstandene Normen sind in der Folge durchlässiger für Veränderungen, das Recht wird

---

[1280] *Brockhaus*, Enzyklopädie in 30 Bänden, Art. „Technik", Bd. 27: TALB–TRY, 21. Aufl., F. A. Brockhaus, Leipzig/Mannheim 2006, 116–121 (117).

[1281] *Brockhaus*, Enzyklopädie in 30 Bänden, Art. „Technik", Bd. 27: TALB–TRY, 21. Aufl., F. A. Brockhaus, Leipzig/Mannheim 2006, 116–121 (117, 120 [Forts.]).

[1282] *Brockhaus*, Enzyklopädie in 30 Bänden, Art. „Technik", Bd. 27: TALB–TRY, 21. Aufl., F. A. Brockhaus, Leipzig/Mannheim 2006, 116–121 (117).

[1283] *Alexander Roßnagel*, Ansätze zu einer rechtlichen Steuerung des technischen Wandels, Jahrbuch des Umwelt- und Technikrechts Bd. 27, R. v. Decker's Verlag, G. Schenk, Heidelberg 1994, 425–461 (426).

[1284] Dazu Teil III, Kap. 1, B. I.5.b., Kap. 2, A.II.2.b.

[1285] *Wolfgang Hoffmann-Riem*, Innovationen durch Recht und im Recht, in Martin Schulte (Hrsg.), Technische Innovation und Recht: Antrieb oder Hemmnis?, MTM Bd. 76, C. F. Müller, Heidelberg 1997, 3–32 (8).

„lernfähig"[1286] und damit adaptiv. Das Recht „hinkt" der Technik nicht mehr „hinterher", sondern ist in der Lage, neue Innovationen schnell in die Regulierung miteinzubeziehen.[1287] Ist eine technikregulierende Norm schnell veränderbar, „ausreichend elastisch",[1288] so wirkt sie eher innovationsfördernd oder zumindest nicht hemmend. Das kann bewerkstelligt werden durch Generalklauseln, also (zukunfts- und interpretations-)offen gestaltete Normen. Dadurch wird nicht die Angst vor Fehlern der eingesetzten Technik oder Sanktionen im Fall der unsachgemäßen Verwendung geschürt, sondern der Reiz sowie der Nutzen der Innovation und deren steter Weiterentwicklung in den Vordergrund gestellt. Voraussetzung ist aber eine notwendig durchzuführende Risikoerforschung. Die Unsicherheiten der Technikentwicklung müssen Teil der rechtlichen Regelung werden.

Damit ist die entwicklungsbegleitende Regulierung Ausfluss der Innovationsverantwortung. Diese nimmt die möglicherweise gemeinschädlichen Auswirkungen bestimmter Innovationen in den Blick, die evtl. die Förderung nicht erlauben, sondern eine Eindämmung, also Begrenzung und Hemmung fordern. Hier müssen in einer Prognoseentscheidung das aktuelle und zukünftige Risiko einer Innovation ausgeleuchtet und beachtet werden.[1289] „Innovationsverantwortung zielt auf die Sicherung übergeordneter Gemeinwohlbelange sowie auf die Minimierung negativer Externalitäten zu Lasten Dritter [...]", sie ist damit „notwendiges Korrelat der anzustrebenden oder politisch gewünschten Innovationsoffenheit des Rechts". Innovationsbedingte Chancen und Risiken müssen dafür erfasst und sinnvoll verarbeitet werden.[1290]

c) Kombination verschiedener Steuerungsinstrumente

Imperatives Recht birgt ob der Absolutheit seiner ge- und verbietenden Regeln die Gefahr, Abwehrhaltungen der Adressaten zu provozieren und zu ihrer

---

[1286] Vgl. *Wolfgang Hoffmann-Riem*, Innovationen durch Recht und im Recht, in Martin Schulte (Hrsg.), Technische Innovation und Recht: Antrieb oder Hemmnis?, MTM Bd. 76, C. F. Müller, Heidelberg 1997, 3–32 (8).

[1287] *Dinah Shelton*, Normative Hierarchy in International Law, AJIL 100 (2006), 291–323 (292).

[1288] *Reinhard Stransfeld*, Regelungen in der Informationstechnik und Telekommunikation – Innovationshemmnisse durch Recht?, in Martin Schulte (Hrsg.), Technische Innovation und Recht: Antrieb oder Hemmnis?, MTM Bd. 76, C. F. Müller, Heidelberg 1997, 167–199 (179).

[1289] *Wolfgang Hoffmann-Riem*, Die Governance-Perspektive in der rechtswissenschaftlichen Innovationsforschung, Schriften des Münchner Centrums für Governance-Forschung Bd. 3, Nomos, Baden-Baden 2011, S. 28.

[1290] *Wolfgang Hoffmann-Riem/Jens-Peter Schneider*, Zur Eigenständigkeit rechtswissenschaftlicher Innovationsforschung. Annährung an Gegenstand und Erkenntnisinteresse einer neuen juristischen Forschungsperspektive, in Wolfgang Hoffmann-Riem/Jens-Peter Schneider (Hrsg.), Rechtswissenschaftliche Innovationsforschung: Grundlagen, Forschungsansätze, Gegenstandsbereiche, Schriften zur rechtswissenschaftlichen Innovationsforschung Bd. 1, Nomos, Baden-Baden 1998, 389–412 (401).

Umgehung anzuregen. Besser ist ein interessenorientiertes (nicht: interessengesteuertes) Recht, das „stimulierend" wirkt und die Adressaten in den Prozess der Regulierung einbezieht.[1291] „Neue" Formen der Rechtsetzung arbeiten vielfach nicht mit negativen Sanktionen, sondern regen die Kreativität und das Verantwortungsbewusstsein der Regelungsadressaten an, indem sie sie etwa zur Selbstregulierung ermuntern.[1292] Innovationsfördernd wirkt insbes. die Kombination herkömmlicher und neuartiger Steuerungsinstrumente und damit die Schaffung situations- und regelungsobjektangemessener Regulierung. Neben der unter Technikverträglichkeitsgesichtspunkten problematischen rein imperativen Steuerung ist hier an Formen selbstregulativer Ordnungen, Elemente außerrechtlicher Regulierung wie „Soft Law"-Regularien und technische Normen und Standards, ergänzt durch Anreizsysteme, zu denken.

aa) Formen selbstregulativer Ordnungen

Als besonders wichtiges Instrument der Technikregulierung hat sich (z. B. im Telekommunikationsrecht) die regulierte Selbstregulierung durch private Anbieter und Konsumenten erwiesen. Hoheitliche „Ziel- und Aufgabenumschreibungen" ersetzen hier die üblichen „Konditionalprogramme".[1293] Nach *Hoffmann-Riem* gibt es auf nationaler Ebene zwei Grundtypen selbstregulativer Ordnungen im Zusammenhang mit der Verfolgung staatlicher Ziele, die die Kategorien rein staatlicher, d. h. imperativer, und ausschließlich privatrechtlicher Regulierung ergänzen: staatliche Regulierung in Kombination mit vereinzelten selbstregulativen Elementen und Selbstorganisation unter staatlicher Aufsicht.

Formen „staatlicher Regulierung unter Einbau selbstregulativer Elemente"[1294] sind v. a. im Immissionsschutzrecht zu finden und zeichnen sich aus durch die Einbindung anderer, nicht staatlicher Akteure (dezentrale Einheiten, Individuen) durch Nutzung ihrer Eigeninteressen und ihres Sachverstands als Steuerungsressourcen zur Durchsetzung staatlicher Ziele. Dabei bleibt die

---

[1291] *Wolfgang Hoffmann-Riem*, Rechtswissenschaftliche Innovationsforschung als Reaktion auf gesellschaftlichen Innovationsbedarf, in Martin Eifert/Wolfgang Hoffmann-Riem (Hrsg.), Innovation und rechtliche Regulierung: Schlüsselbegriffe und Anwendungsbeispiele rechtswissenschaftlicher Innovationsforschung, Schriften zur rechtswissenschaftlichen Innovationsforschung Bd. 5, Nomos, Baden-Baden 2002, 26–47 (39).

[1292] *Wolfgang Hoffmann-Riem*, Innovationen durch Recht und im Recht, in Martin Schulte (Hrsg.), Technische Innovation und Recht: Antrieb oder Hemmnis?, MTM Bd. 76, C. F. Müller, Heidelberg 1997, 3–32 (7).

[1293] *Wolfgang Hoffmann-Riem/Martin Eifert*, Regelungskonzepte des Telekommunikationsrechts und der Telekommunikationspolitik: Innovativ und innovationsgeeignet?, in Wolfgang Hoffmann-Riem (Hrsg.), Innovation und Telekommunikation: Rechtliche Steuerung von Innovationsprozessen in der Telekommunikation, Schriften zur rechtswissenschaftlichen Innovationsforschung Bd. 4, Nomos, Baden-Baden 2000, 9–56 (19).

[1294] *Wolfgang Hoffmann-Riem*, Innovationen durch Recht und im Recht, in Martin Schulte (Hrsg.), Technische Innovation und Recht: Antrieb oder Hemmnis?, MTM Bd. 76, C. F. Müller, Heidelberg 1997, 3–32 (15–17).

Letztverantwortung zur Zielerreichung beim Hoheitsträger begründet, der Regelungsadressat wird durch die Eröffnung von Entscheidungsspielräumen mit staatlichen Zielvorgaben in den Normsetzungsprozess eingebunden. Erwartet wird derart die bessere Befolgung der Regeln. Erhebliche Freiräume gesellschaftlicher Gestaltung ermöglicht etwa die technische Normung.[1295]

Anders verhält es sich mit der sog. „staatlich regulierten gesellschaftlichen Selbstregulierung".[1296] Der Einsatz von Elementen regulierter Selbstregulierung bietet sich v. a. in durch Liberalisierung gekennzeichneten (d. h. dem Wettbewerb zugänglich gemachten) Wirtschaftsbereichen an[1297] (z. B. Energie und Telekommunikation, hier [auf internationaler Ebene] namentlich der seit jeher umkämpfte Bereich der DNS-Verwaltung). Es herrscht der Grundsatz der Selbstregulierung mit vereinzelt staatlich regulierten Elementen, der Staat setzt allenfalls einen strukturierenden Rahmen für die Verfolgung staatlicher Ziele, regulative Elemente dienen deren Absicherung.[1298] Die Erfüllungsverantwortung des Staates wird nun aufgehoben oder suspendiert, der Staat tritt überwiegend nur noch als Gewährleister[1299] auf.[1300] Er fungiert letztlich nur noch als „Organisator" der Selbstregulierung: Er schafft einen organisatorischen Rah-

---

[1295] *Wolfgang Hoffmann-Riem*, Innovation und Recht – Recht und Innovation. Recht im Ensemble seiner Kontexte, Mohr Siebeck, Tübingen 2016, S. 372. Dazu sogleich unter bb.

[1296] *Wolfgang Hoffmann-Riem*, Innovationen durch Recht und im Recht, in Martin Schulte (Hrsg.), Technische Innovation und Recht: Antrieb oder Hemmnis?, MTM Bd. 76, C. F. Müller, Heidelberg 1997, 3–32 (18–20).

[1297] *Wolfgang Hoffmann-Riem*, Innovationen durch Recht und im Recht, in Martin Schulte (Hrsg.), Technische Innovation und Recht: Antrieb oder Hemmnis?, MTM Bd. 76, C. F. Müller, Heidelberg 1997, 3–32 (18 f.).

[1298] *Wolfgang Hoffmann-Riem*, Innovationen durch Recht und im Recht, in Martin Schulte (Hrsg.), Technische Innovation und Recht: Antrieb oder Hemmnis?, MTM Bd. 76, C. F. Müller, Heidelberg 1997, 3–32 (19).

[1299] Zum Konzept der Gewährleistungsverantwortung des Staates: *Wolfgang Hoffmann-Riem*, Innovationen durch Recht und im Recht, in Martin Schulte (Hrsg.), Technische Innovation und Recht: Antrieb oder Hemmnis?, MTM Bd. 76, C. F. Müller, Heidelberg 1997, 3–32 (21 f.). Zu der damit zusammenhängenden Debatte um die Veränderung der Strukturen und Aufgaben des (dt.) allgemeinen Verwaltungsrechts durch die „Regulierung" im Bereich der Netzwirtschaften, vgl. (zum Regulierungsermessen) *Alexander Proelß*, Das Regulierungsermessen – eine Ausprägung des behördlichen Letztentscheidungsrechts?, AöR 136 (2011), 402–427.

[1300] *Wolfgang Hoffmann-Riem*, Innovationen durch Recht und im Recht, in Martin Schulte (Hrsg.), Technische Innovation und Recht: Antrieb oder Hemmnis?, MTM Bd. 76, C. F. Müller, Heidelberg 1997, 3–32 (18). Z. T. ist auch eine sog. Auffangverantwortung des Staates vorgesehen: Innerhalb eines strukturierenden Rahmens handeln die nicht staatlichen Akteure zunächst wie im Fall der vollständigen Aufhebung oder Suspendierung der Ergebnisverantwortung des Staates. Verfehlen die privaten Akteure jedoch das Ziel oder gelingt ihnen die eigenständige Selbstregulierung letztlich nicht, so wird die Erfüllungsverantwortung des Staates zur Wahrung der Zielkonformität „reaktiviert". Der Staat „fängt" folglich Verfehlungen der Privaten „auf", die Ergebnisverantwortung bleibt von Anfang an subsidiär bestehen. Ausführlich zur Auffangverantwortung: *Wolfgang Hoffmann-Riem*, Innovationen durch Recht und im Recht, in Martin Schulte (Hrsg.), Technische Innovation und Recht: Antrieb oder Hemmnis?, MTM Bd. 76, C. F. Müller, Heidelberg 1997, 3–32 (23 f.).

men, er strukturiert die konkrete Aufgabenerfüllung durch die beteiligten (privaten) Akteure und achtet auf ein ausgewogenes Machtgleichgewicht der Beteiligten untereinander. Der Einsatz staatlich regulierter Selbstregulierung als einer Form „angebotsorientierten Rechts"[1301] (auch „optionales Recht")[1302] erfordert allerdings ein Umdenken bei allen Beteiligten, nicht nur „in der rechtlichen Steuerung, sondern auch eine Förderung der praktischen Akzeptanz des Instrumentariums".[1303] Die Regulierungsadressaten gestalten plötzlich ihr „eigenes" Recht, die Verantwortung zur Erreichung der dahinterstehenden (staatlichen) Regulierungsziele teilen sie sich mit dem Staat. „Learning by doing" wird zum Motto, „trial and error" zur Strategie moderner Rechtsetzung.[1304]

Eine spätere Publikation *Hoffmann-Riems* fügt eine dritte Form, die „gesellschaftliche Regulierung privater Selbstregelung/-gestaltung", hinzu.[1305] Hier werden privaten Tätigkeiten durch gesellschaftliche Regeln Grenzen gesetzt. Das geschieht etwa durch Verhaltenskodizes. Jedoch ist auch hier die allgemeine Rechtsordnung zu beachten, hoheitliche Sanktionen bei Verstößen nicht ausgeschlossen.[1306]

Alle Selbstregulierungsstrukturen haben gemeinsam, dass sie grds. innovationsoffen sind, weil sie die Normsetzung weitgehend (technischen) Experten überlassen. Diese Normen wirken folglich schon deshalb innovationsfördernd,[1307] weil es unwahrscheinlich ist, dass ihre Umsetzung wegen fachlicher Unkenntnis der Normsetzer an der technischen Realität scheitert, wohingegen der hoheitliche Normsetzer dazu neigt, bei der Abfassung von techniksteuernden Normen als „blind giant"[1308] zu agieren. Gefolgt wird hier, gerade mit

---

[1301] *Wolfgang Hoffmann-Riem*, Innovationen durch Recht und im Recht, in Martin Schulte (Hrsg.), Technische Innovation und Recht: Antrieb oder Hemmnis?, MTM Bd. 76, C. F. Müller, Heidelberg 1997, 3–32 (20).

[1302] *Wolfgang Hoffmann-Riem*, Innovationen durch Recht und im Recht, in Martin Schulte (Hrsg.), Technische Innovation und Recht: Antrieb oder Hemmnis?, MTM Bd. 76, C. F. Müller, Heidelberg 1997, 3–32 (24).

[1303] *Wolfgang Hoffmann-Riem*, Innovationen durch Recht und im Recht, in Martin Schulte (Hrsg.), Technische Innovation und Recht: Antrieb oder Hemmnis?, MTM Bd. 76, C. F. Müller, Heidelberg 1997, 3–32 (20).

[1304] Nach *Wolfgang Hoffmann-Riem*, Innovationen durch Recht und im Recht, in Martin Schulte (Hrsg.), Technische Innovation und Recht: Antrieb oder Hemmnis?, MTM Bd. 76, C. F. Müller, Heidelberg 1997, 3–32 (20).

[1305] *Wolfgang Hoffmann-Riem*, Innovation und Recht – Recht und Innovation. Recht im Ensemble seiner Kontexte, Mohr Siebeck, Tübingen 2016, S. 372.

[1306] *Wolfgang Hoffmann-Riem*, Innovation und Recht – Recht und Innovation. Recht im Ensemble seiner Kontexte, Mohr Siebeck, Tübingen 2016, S. 372.

[1307] Vgl. *Reinhard Stransfeld*, Regelungen in der Informationstechnik und Telekommunikation – Innovationshemmnisse durch Recht?, in Martin Schulte (Hrsg.), Technische Innovation und Recht: Antrieb oder Hemmnis?, MTM Bd. 76, C. F. Müller, Heidelberg 1997, 167–199 (180).

[1308] Begriff bei *Sören Delfs*, Innovation – Standardisierung – Recht (Das Beispiel Internet), in Martin Eifert/Wolfgang Hoffmann-Riem (Hrsg.), Innovation und rechtliche Regulierung: Schlüsselbegriffe und Anwendungsbeispiele rechtswissenschaftlicher Innovati-

Blick auf schnelllebige, weil innovationsintensive Branchen, dem Grundsatz, dass „the most flexible, least intrusive rule-making process is best".[1309] Hier ist allerdings abzuwägen, ob das Gefahrpotenzial einer bestimmten Technik es zulässt, die Regulierung allein ihren Schöpfern zu überlassen. Im Kontext des demokratischen Verfassungsstaats ist an dieser Stelle Vorsicht geboten: Schon aus Gründen des Legitimationserfordernisses sind den Möglichkeiten selbstregulativer Normsetzung Grenzen zu setzen.[1310]

bb) Elemente außerrechtlicher Regulierung

Dierkes und *Canzler* verweisen auf die notwendige „Orientierungs- und Vermittlungsfunktion", die das Recht bei der Techniksteuerung einnehmen könne. Hierfür seien „weiche Instrumente" adäquat einsetzbar, die der Technikentwicklung einen Rahmen setzten, aber die Innovation nicht „interventionistisch" beeinträchtigten.[1311] „Weiche Instrumente" in diesem Sinne sind z. B. technische Normen und Standards. Diese Regelungsinstrumente der Produzenten und Verwender gehören im Kern auch zu den vielfältigen Formen regulierter Selbstregulierung. Sie dienen u. a. der effizienten Diffusion innovativer Produkte[1312] und technischer Expertise.[1313]

Der Rückgriff auf technische Normen kann von entscheidender Bedeutung sein, wenn der Übergang von alter zu neuer Technik bewerkstelligt werden soll; „technische Regeln [haben] eine Informationsfunktion für Innovatoren, denn in ihnen sollte der aktuelle Stand der Technik dokumentiert sein".[1314] Dazu muss

---

onsforschung, Schriften zur rechtswissenschaftlichen Innovationsforschung Bd. 5, Nomos, Baden-Baden 2002, 171–213 (188).

[1309] *I. Trotter Hardy*, The Proper Legal Regime for „Cyberspace", U. Pitt. L. Rev. (1994), 993–1055 (1054).

[1310] Zum Spannungsverhältnis von gesellschaftlicher Selbstregulierung und staatlicher Steuerung, vgl. z. B. *Matthias Schmidt-Preuß*, Zweiter Beratungsgegenstand: Verwaltung und Verwaltungsrecht zwischen gesellschaftlicher Selbstregulierung und staatlicher Steuerung (1. Bericht), in VVDStRL Bd. 56: Kontrolle der auswärtigen Gewalt. Verwaltung und Verwaltungsrecht zwischen gesellschaftlicher Selbstregulierung und staatlicher Steuerung, Berichte und Diskussionen auf der Tagung der Vereinigung der Deutschen Staatsrechtslehrer in Dresden vom 2. bis 5. Oktober 1996, De Gruyter, Berlin/New York 1997, 160–234 (170 ff.).

[1311] *Meinolf Dierkes/Weert Canzler*, Innovationsforschung als Gegenstand der Technikgeneseforschung, in Wolfgang Hoffmann-Riem/Jens-Peter Schneider (Hrsg.), Rechtswissenschaftliche Innovationsforschung: Grundlagen, Forschungsansätze, Gegenstandsbereiche, Schriften zur rechtswissenschaftlichen Innovationsforschung Bd. 1, Nomos, Baden-Baden 1998, 63–84 (82).

[1312] DIN (Hrsg.), Gesamtwirtschaftlicher Nutzen der Normung: Volkswirtschaftlicher Nutzen. Der Zusammenhang zwischen Normung und technischem Wandel, ihr Einfluss auf den Außenhandel und die Gesamtwirtschaft, Beuth Verlag, Berlin/Wien/Zürich 2000, S. 178.

[1313] DIN (Hrsg.), Gesamtwirtschaftlicher Nutzen der Normung: Volkswirtschaftlicher Nutzen. Der Zusammenhang zwischen Normung und technischem Wandel, ihr Einfluss auf den Außenhandel und die Gesamtwirtschaft, Beuth Verlag, Berlin/Wien/Zürich 2000, S. 183 f.

[1314] DIN (Hrsg.), Gesamtwirtschaftlicher Nutzen der Normung: Volkswirtschaftlicher Nutzen. Der Zusammenhang zwischen Normung und technischem Wandel, ihr Einfluss auf

die neue Norm rechtzeitig eingeführt werden und dem Stand der Technik entsprechen.[1315] Normen und Standards sichern ein einheitliches Niveau gleichbleibender Qualität und ermöglichen die Kompatibilität unterschiedlicher Systeme, ein Effekt, der etwa bei der Datenkommunikation nicht zu unterschätzen ist.[1316] Sie schenken gerade frühen Nutzern Planungs- und Verwendungssicherheit und fördern derart die schnelle Verbreitung einer Innovation. Damit leisten sie – zumindest in einem gewissen Rahmen – das Gegenteil von Patenten, die die Diffusion (zeitweise) verhindern.[1317] Sie helfen außerdem, die Wettbewerbschancen der Entwickler und Anbieter zu verbessern, das ist der Fall beim Datenschutz- und beim Produkthaftungsrecht sowie beim Urheberrecht durch Investitionsschutz.[1318] Dabei weisen technische Standards selbst keine Rechtsqualität auf, aber sie haben bei der Technikregulierung einen ähnlichen (hemmenden und fördernden) Effekt wie Rechtsnormen.[1319]

cc) Anreizorientierte Regulierung

Besonders geeignet zur Innovationsermöglichung ist im Ergebnis sog. „optionenorientiertes Recht": Dieses Recht weist entweder selbst Möglichkeiten des

---

den Außenhandel und die Gesamtwirtschaft, Beuth Verlag, Berlin/Wien/Zürich 2000, S. 139 Fn. 12.

[1315] Vgl. *Joseph Farrell/Garth Saloner*, Competition, Compatibility and Standards: The Economics of Horses, Penguins and Lemmings, in H. Landis Gabel (Hrsg.), Product standardization and competitive strategy, North-Holland, Amsterdam/New York/Oxford/Tokyo 1987, 1–21 (15); DIN (Hrsg.), Gesamtwirtschaftlicher Nutzen der Normung: Volkswirtschaftlicher Nutzen. Der Zusammenhang zwischen Normung und technischem Wandel, ihr Einfluss auf den Außenhandel und die Gesamtwirtschaft, Beuth Verlag, Berlin/Wien/Zürich 2000, S. 145.

[1316] *Reinhard Stransfeld*, Regelungen in der Informationstechnik und Telekommunikation – Innovationshemmnisse durch Recht?, in Martin Schulte (Hrsg.), Technische Innovation und Recht: Antrieb oder Hemmnis?, MTM Bd. 76, C. F. Müller, Heidelberg 1997, 167–199 (170).

[1317] Vgl. DIN (Hrsg.), Gesamtwirtschaftlicher Nutzen der Normung: Volkswirtschaftlicher Nutzen. Der Zusammenhang zwischen Normung und technischem Wandel, ihr Einfluss auf den Außenhandel und die Gesamtwirtschaft, Beuth Verlag, Berlin/Wien/Zürich 2000, S. 165, 168. *Rudolf Kraßer*, Wie beeinflussen telekommunikationsrelevante Patent- und Urheberrechte die Innovation?, in Wolfgang Hoffmann-Riem (Hrsg.), Innovation und Telekommunikation: Rechtliche Steuerung von Innovationsprozessen in der Telekommunikation, Schriften zur rechtswissenschaftlichen Innovationsforschung Bd. 4, Nomos, Baden-Baden 2000, 113–127 (123) weist aber auf die innovationsfördernde Wirkung von Patenten hin, die den Innovator vor Wettbewerb durch Nachahmer schützt und ihn so in seinem Innovationswillen bestärkt.

[1318] *Reinhard Stransfeld*, Regelungen in der Informationstechnik und Telekommunikation – Innovationshemmnisse durch Recht?, in Martin Schulte (Hrsg.), Technische Innovation und Recht: Antrieb oder Hemmnis?, MTM Bd. 76, C. F. Müller, Heidelberg 1997, 167–199 (172).

[1319] *Sören Delfs*, Innovation – Standardisierung – Recht (Das Beispiel Internet), in Martin Eifert/Wolfgang Hoffmann-Riem (Hrsg.), Innovation und rechtliche Regulierung: Schlüsselbegriffe und Anwendungsbeispiele rechtswissenschaftlicher Innovationsforschung, Schriften zur rechtswissenschaftlichen Innovationsforschung Bd. 5, Nomos, Baden-Baden 2002, 171–213 (173).

Handelns aus oder regt die Adressaten zur Lösungsfindung an.[1320] Insbes. kann dieses in seiner Struktur weniger starre und ineffiziente[1321] Recht Innovationsprozesse indirekt durch Anreizsysteme[1322] oder Zielvorgaben[1323] steuern, z. B. durch außerrechtliche (etwa finanzielle) Stimuli,[1324] informelle Absprachen der Akteure,[1325] Haftungspflichten, Sanktionen bei Schadensverursachung, Förderung selbstregulativer Elemente der Akteure durch Reduktion hoheitlicher Verantwortung etc.[1326] Recht wird hier eingesetzt,

> „um Anreize für solche Aktivitäten zu setzen, aus denen dann Innovationen hervorgehen; es kann aber auch verwendet werden, um die Gemeinwohlverträglichkeit von Innovationen zu gewährleisten (Innovationsverantwortung)".[1327]

Die Regulierung kann auf diese Weise helfen, neue Innovationsfelder zu erschließen, was Wettbewerbsvorteile hervorbringen kann (Beispiel: Umwelttechnik).[1328] Die derartige Regulierung von technischen Systemen fördert die Möglichkeit der Teilhabe vieler an einer bestimmten Innovation. Überlässt man den Fortschritt dagegen allein dem Markt, wird die Technik zu einem Luxusgut derjenigen, die sie sich leisten können (vgl. die Bereiche Telekommunikation und Bildung).[1329]

[1320] *Wolfgang Hoffmann-Riem*, Innovation und Recht – Recht und Innovation. Recht im Ensemble seiner Kontexte, Mohr Siebeck, Tübingen 2016, S. 394.

[1321] Vgl. *Wolfgang Hoffmann-Riem*, Innovation und Recht – Recht und Innovation. Recht im Ensemble seiner Kontexte, Mohr Siebeck, Tübingen 2016, S. 392.

[1322] „Anreiz" ist hier nicht als juristischer Fachbegriff zu verstehen. Gemeint sind utilitaristische (positive oder negative) „Umstände, die einen Akteur zu einem bestimmten Verhalten veranlassen oder veranlassen sollen" (*Wolfgang Hoffmann-Riem*, Innovation und Recht – Recht und Innovation. Recht im Ensemble seiner Kontexte, Mohr Siebeck, Tübingen 2016, S. 395, sowie die Beispiele auf S. 397 ff. und die Ausführungen auf S. 408 ff.).

[1323] *Wolfgang Hoffmann-Riem*, Innovationen durch Recht und im Recht, in Martin Schulte (Hrsg.), Technische Innovation und Recht: Antrieb oder Hemmnis?, MTM Bd. 76, C. F. Müller, Heidelberg 1997, 3–32 (13).

[1324] *Wolfgang Hoffmann-Riem*, Innovation und Recht – Recht und Innovation. Recht im Ensemble seiner Kontexte, Mohr Siebeck, Tübingen 2016, S. 395.

[1325] Vgl. *Wolfgang Hoffmann-Riem*, Innovation und Recht – Recht und Innovation. Recht im Ensemble seiner Kontexte, Mohr Siebeck, Tübingen 2016, S. 392.

[1326] Vgl. *Wolfgang Hoffmann-Riem*, Die Governance-Perspektive in der rechtswissenschaftlichen Innovationsforschung, Schriften des Münchner Centrums für Governance-Forschung Bd. 3, Nomos, Baden-Baden 2011, S. 39 f.

[1327] *Christian Kirchner*, Rechtliche „Innovationssteuerung" und Ökonomische Theorie des Rechts, in Wolfgang Hoffmann-Riem/Jens-Peter Schneider (Hrsg.), Rechtswissenschaftliche Innovationsforschung: Grundlagen, Forschungsansätze, Gegenstandsbereiche, Schriften zur rechtswissenschaftlichen Innovationsforschung Bd. 1, Nomos, Baden-Baden 1998, 85–120 (87) – Fn. entfernt.

[1328] *Reinhard Stransfeld*, Regelungen in der Informationstechnik und Telekommunikation – Innovationshemmnisse durch Recht?, in Martin Schulte (Hrsg.), Technische Innovation und Recht: Antrieb oder Hemmnis?, MTM Bd. 76, C. F. Müller, Heidelberg 1997, 167–199 (170 f.).

[1329] *Reinhard Stransfeld*, Regelungen in der Informationstechnik und Telekommunikation – Innovationshemmnisse durch Recht?, in Martin Schulte (Hrsg.), Technische Innovation und Recht: Antrieb oder Hemmnis?, MTM Bd. 76, C. F. Müller, Heidelberg 1997, 167–199 (171).

3. Fazit: Kombiniertes „Innovationsermöglichungsrecht" als Schlüssel zu effektiver Technikregulierung

Innovationsoffenes Recht ermöglicht und stimuliert Innovation.[1330] „Gutes", also nicht hemmend wirkendes Recht ist eine wichtige Voraussetzung für die Entstehung und Diffusion von Innovationen – sofern früh genug mit der Regulierung begonnen wird. Und auch für die weitere Entwicklung und Verwendung einer Innovation bildet „gutes" Recht eine essenzielle Rahmenbedingung.[1331] Jedoch dürfen die Unwägbarkeiten, die dem Normsetzer bei der Techniksteuerung begegnen, nicht unberücksichtigt bleiben oder ihn gar handlungsunfähig werden lassen:

> „Der Umgang mit Unsicherheit und Unplanbarkeit und die Berücksichtigung der Rekursivität von Innovationsprozessen prägt die Steuerungsaufgabe, ohne dass dieser Befund zu einem Steuerungsverzicht führen darf oder gar muss. Allerdings muss bei dem konkret genutzten Steuerungskonzept auf die Ungewissheitsbedingungen Rücksicht genommen werden."[1332]

Nicht außer Acht zu lassen bei der Norm- und Standardsetzung ist schließlich die sog. Pfadabhängigkeit von Innovationen. Dieses Phänomen kann dazu führen, dass sinnvolle Innovationen als inkompatibel eingestuft werden und auf der Strecke bleiben, ihre Entwicklung also gehemmt wird. Der sog. „Lock-in-Effekt"[1333] sorgt dafür, dass „[e]in einmal eingeschlagener Entwicklungspfad [...] nicht so leicht verlassen werden" kann.[1334] Für einen Wechsel müssten die Akteure hohe Kosten aufwenden, daher unterbleiben oft solche Innovationen, die abseits des Pfads liegen.[1335]

[1330] *Wolfgang Hoffmann-Riem*, Die Governance-Perspektive in der rechtswissenschaftlichen Innovationsforschung, Schriften des Münchner Centrums für Governance-Forschung Bd. 3, Nomos, Baden-Baden 2011, S. 28.

[1331] *Wolfgang Hoffmann-Riem*, Die Governance-Perspektive in der rechtswissenschaftlichen Innovationsforschung, Schriften des Münchner Centrums für Governance-Forschung Bd. 3, Nomos, Baden-Baden 2011, S. 27 f.

[1332] *Wolfgang Hoffmann-Riem/Martin Eifert*, Regelungskonzepte des Telekommunikationsrechts und der Telekommunikationspolitik: Innovativ und innovationsgeeignet?, in Wolfgang Hoffmann-Riem (Hrsg.), Innovation und Telekommunikation: Rechtliche Steuerung von Innovationsprozessen in der Telekommunikation, Schriften zur rechtswissenschaftlichen Innovationsforschung Bd. 4, Nomos, Baden-Baden 2000, 9–56 (16) – Fn. entfernt.

[1333] *Sören Delfs*, Innovation – Standardisierung – Recht (Das Beispiel Internet), in Martin Eifert/Wolfgang Hoffmann-Riem (Hrsg.), Innovation und rechtliche Regulierung: Schlüsselbegriffe und Anwendungsbeispiele rechtswissenschaftlicher Innovationsforschung, Schriften zur rechtswissenschaftlichen Innovationsforschung Bd. 5, Nomos, Baden-Baden 2002, 171–213 (180).

[1334] *Sören Delfs*, Innovation – Standardisierung – Recht (Das Beispiel Internet), in Martin Eifert/Wolfgang Hoffmann-Riem (Hrsg.), Innovation und rechtliche Regulierung: Schlüsselbegriffe und Anwendungsbeispiele rechtswissenschaftlicher Innovationsforschung, Schriften zur rechtswissenschaftlichen Innovationsforschung Bd. 5, Nomos, Baden-Baden 2002, 171–213 (179).

[1335] *Sören Delfs*, Innovation – Standardisierung – Recht (Das Beispiel Internet), in Martin

Der Schlüssel zu einem „gelungene[n] innovationserhebliche[n] Recht", also „Innovationsermöglichungsrecht",¹³³⁶ liegt wohl in einer bewussten Kombination vermeintlich innovationshemmender und -fördernder Regelungsinstrumente. „Innovationsermöglichend" wirkt eine Norm, die sich kompromisshaft auf dem schmalen Grat zwischen hoheitlichem Schutzauftrag und individueller Innovationsfreiheit bewegt. Umfassende Technikermöglichung als Regulierungsziel ist zwar gut und richtig, darf aber nicht dazu führen, dass Innovationen frei und unreguliert zur Verfügung gestellt werden,¹³³⁷ denn

> „Fortschritt bestimmt sich [...] nicht nur durch die Förderung einer neuen Technik, sondern auch durch die Vermeidung und Verhinderung riskanter ökologischer, sozialer oder friedensgefährdender Folgen".¹³³⁸

Innovation ist nicht pauschal wünschenswert, sondern (z. B. in einem demokratischen Rechts- und Sozialstaat) grds. nur dann, wenn sie der Gesellschaft dient und ihr nicht schadet.¹³³⁹ Im Rahmen der Innovationsverantwortung müssen daher potenzielle Risiken im Vorfeld der gesellschaftlichen Etablierung einer Innovation erkannt und Gegenmaßnahmen entwickelt werden. Die rechtswissenschaftliche Innovationsforschung kann die Weichen stellen für ein innovationsoffenes Recht, das seiner Innovationsverantwortung nachkommt und Innovation nicht durch Falsch- oder Überregulierung hemmt, sondern innovationsfördernd wirkt.

Einen wichtigen Anteil an der Innovationssteuerung hat u. a. die Anpassung von hoheitlich-normativen Regeln an Multistakeholder-Situationen und die Einbeziehung von Elementen privater Selbstregulierung. Der aktuell zu verzeich-

---

Eifert/Wolfgang Hoffmann-Riem (Hrsg.), Innovation und rechtliche Regulierung: Schlüsselbegriffe und Anwendungsbeispiele rechtswissenschaftlicher Innovationsforschung, Schriften zur rechtswissenschaftlichen Innovationsforschung Bd. 5, Nomos, Baden-Baden 2002, 171–213 (179 f.). Andererseits kann die Pfadabhängigkeit durchaus erwünschte Effekte hervorrufen, nämlich den einmal eingeschlagenen Pfad auszubauen und die bestehende Entwicklungsbasis weiterhin zu nutzen. Dies hat u. a. mit der Statik großer Märkte zu tun (180). Zum umgekehrten Effekt, S. 180 ff.

¹³³⁶ *Wolfgang Hoffmann-Riem*, Innovation und Recht – Recht und Innovation. Recht im Ensemble seiner Kontexte, Mohr Siebeck, Tübingen 2016, S. 367.

¹³³⁷ Zur Frage, ob ein solches Vorgehen neue soziale Probleme heraufbeschwören kann, vgl. das Grünbuch über die Liberalisierung der Telekommunikationsinfrastruktur und der Kabelfernsehnetze der damaligen EG-Kommission, Teil II – Ein gemeinsames Konzept zur Bereitstellung einer Infrastruktur für Telekommunikation in der Europäischen Union, KOM(94) 682 endg., Brüssel, 25.1.1995, S. 12, abrufbar unter: https://eur-lex.europa.eu/legal-content/DE/TXT/PDF/?uri=CELEX:51994DC0682&from=DE.

¹³³⁸ *Rolf Kreibich*, Grundlinien politischer Technikgestaltung, in Christoph Zöpel (Hrsg.), Technikgestaltung durch den Staat, Verlag Neue Gesellschaft, Bonn 1988, 109–126 (116).

¹³³⁹ *Wolfgang Hoffmann-Riem/Martin Eifert*, Regelungskonzepte des Telekommunikationsrechts und der Telekommunikationspolitik: Innovativ und innovationsgeeignet?, in Wolfgang Hoffmann-Riem (Hrsg.), Innovation und Telekommunikation: Rechtliche Steuerung von Innovationsprozessen in der Telekommunikation, Schriften zur rechtswissenschaftlichen Innovationsforschung Bd. 4, Nomos, Baden-Baden 2000, 9–56 (11).

nende verstärkte Rückgriff auf Mechanismen der Selbstregulierung im Bereich der Technikregulierung darf aber nicht dazu führen, dass sie das imperative Recht vollständig ersetzen.[1340] Hinzu kommt, dass es aller Wahrscheinlichkeit nach von den Besonderheiten des konkreten technischen Felds abhängt, ob eine rechtliche Regelung innovationsfördernd oder -hemmend wirkt: Je unsicherer, fehleranfälliger und gefährlicher eine Technik ist, desto eher verhilft ihr ein detaillierter rechtlicher Ordnungsrahmen zu mehr Sicherheit und Anerkennung durch die Nutzer. „Minimalinvasive" Regulierung kann aber bei technischen Systemen ohne großes Bedrohungspotenzial angebracht sein, im Kontext des demokratischen Verfassungsstaates freilich nur unter Beachtung dessen grundlegender Prinzipien,[1341] zumal unter Berücksichtigung des Problems des Umgangs mit und der Konkretisierung von unbestimmten Rechtsbegriffen im Technikrecht und der Notwendigkeit der Beachtung der verfassungsrechtlichen Grenzen technikrechtlicher Normdelegation (z. B. des Bestimmtheitsgebots).[1342]

B. Der technische Wandel im Angesicht des Völkerrechts am Beispiel der Regulierung des Cyberspace

Im Folgenden wird am Beispiel der Regulierung von Cyberaktivitäten und ausgehend von den vorstehenden Ausführungen der Versuch der Beantwortung der Frage nach den Auswirkungen *völker*rechtlicher Regulierung auf den technischen Wandel unternommen.

I. Internetbezogenes Recht als innovationserhebliches Recht

Das Internet ist ein besonders innovationsintensiver Sektor und sogar

„[f]ür nicht wenige Experten der Computer-, Telekommunikations- und Medienszene [...] heute gleichbedeutend mit Innovation. Nicht nur verkörpert es aus ihrer Sicht das Neue schlechthin, es fasziniert zudem auch durch die atemberaubende Geschwindigkeit, mit der es sich verändert. So gilt ein Internet-Jahr als dreimal kürzer als ein Kalenderjahr".[1343]

[1340] *Wolfgang Hoffmann-Riem*, Innovationen durch Recht und im Recht, in Martin Schulte (Hrsg.), Technische Innovation und Recht: Antrieb oder Hemmnis?, MTM Bd. 76, C. F. Müller, Heidelberg 1997, 3–32 (13).
[1341] Vgl. dazu (am Beispiel algorithmenunterstützter Verwaltung) ausführlich *Benjamin Fadavian*, Chancen und Grenzen der algorithmischen Verwaltung im demokratischen Verfassungsstaat, in Resa Mohabbat Kar/Basanta Thapa/Peter Parycek (Hrsg.), (Un)berechenbar? Algorithmen und Automatisierung in Staat und Gesellschaft, Fraunhofer-Institut für Offene Kommunikationssysteme FOKUS, Kompetenzzentrum Öffentliche IT, Berlin 2018, 294–314.
[1342] Dazu ausführlich *Rainer Schröder*, Verfassungsrechtliche Rahmenbedingungen des Technikrechts, in Martin Schulte/Rainer Schröder (Hrsg.), Handbuch des Technikrechts, 2. Aufl., Springer, Berlin/Heidelberg 2011, 237–280.
[1343] *Raymund Werle*, Innovationspotenziale im Internet – Selbstregulierung auf Struktur-

Für *Hoffmann-Riem* steht daher fest:

„Internetbezogenes Recht ist innovationserhebliches Recht."[1344]

Der Erfolg des Internets ist das Ergebnis eines ungeheuren gesellschaftlichen Umbruchs, seinerseits hervorgerufen durch den technischen Wandel. Bereits die Entwicklung vom Fernmeldewesen zur Telekommunikation war das Resultat einer gesellschaftlichen Umgestaltung, im Zuge derer sich die industrielle Massengesellschaft mehr und mehr vom Obrigkeitsstaat löste und in eine Wissensgesellschaft verwandelte.[1345] Eine Weiterentwicklung stellte der Schritt von der individuellen bzw. individualisierbaren Sprach- und Datenkommunikation zur Massenkommunikation dar. Privatwirtschaftlicher Wettbewerb auf der einen und die Veränderung des Charakters hoheitlich-imperativer Regulierung in diesem Bereich auf der anderen Seite haben beide Entwicklungsstränge geprägt. Das Internet schließlich zeichnet sich aus durch seine neuartige dezentrale Netzstruktur, die nicht zuletzt bei Fragen der Regulierung besondere Berücksichtigung finden muss. Als innovationserhebliches Recht hat internetbezogenes Recht Einfluss auf sein Regelungsobjekt, das „Netz der Netze". Ebenso wie im Zusammenhang mit der Regulierung anderer innovationserheblicher Regelungsfelder gilt es daher im „virtuellen Raum", eine Balance zwischen innovationsfördernden und -hemmenden Regelungsinstrumenten aufrechtzuerhalten, um das Innovationspotenzial des technischen Regelungsobjekts nicht zu gefährden.

II. Innovationsförderung im Internet als regulatorischer Balanceakt

Am Anfang dieses „Balanceakts" steht die Erkenntnis, dass sich der regulatorische Fokus im Internet sukzessive vom imperativen Recht hin zur technischen Normung und zu Elementen selbstregulativer, anreizorientierter Ordnungen verschiebt. Imperatives Ordnungsrecht, im völkerrechtlichen Kontext vorkommend in Form von vertrags- oder gewohnheitsrechtlichen Normen, die von Ge- und Verboten, Erlaubnisvorbehalten und Regeln der Sanktionierung

---

ebene, in Wolfgang Hoffmann-Riem (Hrsg.), Innovation und Telekommunikation: Rechtliche Steuerung von Innovationsprozessen in der Telekommunikation, Schriften zur rechtswissenschaftlichen Innovationsforschung Bd. 4, Nomos, Baden-Baden 2000, 141–160 (141).

[1344] *Wolfgang Hoffmann-Riem*, Rechtswissenschaftliche Innovationsforschung als Reaktion auf gesellschaftlichen Innovationsbedarf, in Martin Eifert/Wolfgang Hoffmann-Riem (Hrsg.), Innovation und rechtliche Regulierung: Schlüsselbegriffe und Anwendungsbeispiele rechtswissenschaftlicher Innovationsforschung, Schriften zur rechtswissenschaftlichen Innovationsforschung Bd. 5, Nomos, Baden-Baden 2002, 26–47 (44) – Fn. entfernt.

[1345] *Thomas Vesting*, Innovationssteuerung im Telekommunikationsrecht, in Wolfgang Hoffmann-Riem/Jens-Peter Schneider (Hrsg.), Rechtswissenschaftliche Innovationsforschung: Grundlagen, Forschungsansätze, Gegenstandsbereiche, Schriften zur rechtswissenschaftlichen Innovationsforschung Bd. 1, Nomos, Baden-Baden 1998, 246–272 (257).

bei Fehlverhalten geprägte Regelungsinstrumente enthalten,[1346] verfolgt primär den Zweck der (künftigen) Risikovorsorge und dient der Minimierung und Abwehr potenzieller Schäden und Gefahren.[1347] Ordnungsrecht birgt aber stets das Risiko der „Festschreibung des Status Quo",[1348] die Innovation be- und im schlimmsten Fall verhindern kann.[1349] Gerade in der vielfach vorgenommenen sachbereichsspezifischen Anwendung des umweltvölkerrechtlichen Vorsorgeprinzips als Verbotsnorm[1350] (zumal im Cyberkontext) könnte ein großes Problem liegen. Die Regulierung technischer Innovationen im Allgemeinen und die rechtliche Einhegung von Cyberaktivitäten im Besonderen stehen unter dem Zeichen wissenschaftlicher Unsicherheit. Das Internet als globales Kommunikationsnetzwerk, noch mehr der Cyberspace als ubiquitäres Phänomen verändern sich unaufhörlich. Das tradierte Verständnis von Vorsorge gebietet aber im Fall von wissenschaftlicher Unsicherheit die Vermeidung potenziell umweltschädigender Maßnahmen.[1351] Ein derartiges Vorgehen eignet sich zwar in besonderem Maße zur Begrenzung des Schadenspotenzials bestimmter Techniken, weil schon die Entstehung von Belastungen verhindert wird. Die konsequente Vermeidung potenziell negativer Folgen bedeutet mit Blick auf die Innovationsförderung jedoch vollumfängliche Stagnation: Über die Gefahren und Folgen der (langfristigen) Verwendung einer Innovation wird nur in den seltensten Fällen im konkreten Zeitpunkt der Implementierung Gewissheit herrschen.[1352]

Wird der Staat bei der Regulierung des globalen und von staatlichen Strukturen weitgehend unabhängigen Internets ausschließlich streng ver- und gebietend tätig, wirkt er – und damit auch das nationale Recht – entsprechend deplatziert. *Simonis* prüft sogar, ob eine „weitgehende Ohnmacht des Staates im

---

[1346] Vgl. *Wolfgang Hoffmann-Riem*, Innovation und Recht – Recht und Innovation. Recht im Ensemble seiner Kontexte, Mohr Siebeck, Tübingen 2016, S. 391.

[1347] Vgl. *Wolfgang Hoffmann-Riem*, Innovation und Recht – Recht und Innovation. Recht im Ensemble seiner Kontexte, Mohr Siebeck, Tübingen 2016, S. 391.

[1348] *Wolfgang Hoffmann-Riem*, Innovation und Recht – Recht und Innovation. Recht im Ensemble seiner Kontexte, Mohr Siebeck, Tübingen 2016, S. 393.

[1349] Jedoch können auch ordnungsrechtliche Vorgaben innovationsfördernd wirken, wie das Beispiel des „Technology/Innovation Forcing" zeigt, dazu *Wolfgang Hoffmann-Riem*, Innovation und Recht – Recht und Innovation. Recht im Ensemble seiner Kontexte, Mohr Siebeck, Tübingen 2016, S. 430 ff.

[1350] *Alexander Proelß*, Das Umweltvölkerrecht vor den Herausforderungen des Klimawandels: Ansätze zu einer bereichsübergreifenden Operationalisierung des Vorsorgeprinzips, JZ 2011, 495–503 (495).

[1351] *Alexander Proelß*, Das Umweltvölkerrecht vor den Herausforderungen des Klimawandels: Ansätze zu einer bereichsübergreifenden Operationalisierung des Vorsorgeprinzips, JZ 2011, 495–503 (496).

[1352] Abhilfe kann nach *Proelß* hier nur die „bereichsübergreifende Operationalisierung des Vorsorgeprinzips" schaffen: *Alexander Proelß*, Das Umweltvölkerrecht vor den Herausforderungen des Klimawandels: Ansätze zu einer bereichsübergreifenden Operationalisierung des Vorsorgeprinzips, JZ 2011, 495–503 (499 ff.).

Bereich der Techniksteuerung"[1353] vorliegt. Zwar kommt er zum gegenteiligen Ergebnis,[1354] konstatiert aber dennoch:

> „Nur in Ausnahmen, wie z. B. der Militärtechnologie und der Raumfahrttechnologie, hat der Staat je eine entscheidende Rolle bei der Bestimmung des Kurses der Technikentwicklung gehabt."[1355]

Regional begrenzte Regelungen eines weltweit verbreiteten technischen Systems wie des Internets können Probleme im Zusammenhang mit der Kompatibilität der verwendeten technischen Einzelkomponenten und somit Anschlussprobleme hervorrufen, die sich in der Folge negativ auf den Wettbewerb der Anbieter untereinander (eine vergleichbare Qualität ihrer Produkte unterstellt) sowie auf die Nutzungsbereitschaft der Endkunden auswirken können.[1356] Wettbewerbsbeschränkend wirkt auch ein Technikumfeld, das allein von einem Akteur beherrscht wird und ein einseitiges Regulierungsklima fördert.[1357]

Dagegen spielen international einheitliche Normen und Standards bei der Internetregulierung mittlerweile eine weitaus größere Rolle als noch vor einigen Jahren; das zeigt etwa die stetig wachsende Zahl der ISO-Standards des Technischen Komitees „ISO/IEC JTC 1 – Information Technology" und seiner Unterkommissionen und Arbeitsgruppen sowie die umfassende Zusammenarbeit von ISO und IEC in diesem Bereich.[1358] Daneben wird vermehrt auf eine Kombination hoheitlicher Regelung und gesellschaftlicher Selbstregulierung gesetzt. Bei dieser Art der Selbstregulierung aktiviert der hoheitliche Normsetzer

---

[1353] *Georg Simonis*, Macht und Ohnmacht staatlicher Techniksteuerung – können Politik und Staat den Kurs eines Technisierungsprozesses heute wirklich noch beeinflussen?, in Herbert Kubicek/Peter Seeger (Hrsg.), Perspektive Techniksteuerung: Interdisziplinäre Sichtweisen eines Schlüsselproblems entwickelter Industriegesellschaften, Edition Sigma, Berlin 1993, 39–57 (39).
[1354] *Georg Simonis*, Macht und Ohnmacht staatlicher Techniksteuerung – können Politik und Staat den Kurs eines Technisierungsprozesses heute wirklich noch beeinflussen?, in Herbert Kubicek/Peter Seeger (Hrsg.), Perspektive Techniksteuerung: Interdisziplinäre Sichtweisen eines Schlüsselproblems entwickelter Industriegesellschaften, Edition Sigma, Berlin 1993, 39–57 (56).
[1355] *Georg Simonis*, Macht und Ohnmacht staatlicher Techniksteuerung – können Politik und Staat den Kurs eines Technisierungsprozesses heute wirklich noch beeinflussen?, in Herbert Kubicek/Peter Seeger (Hrsg.), Perspektive Techniksteuerung: Interdisziplinäre Sichtweisen eines Schlüsselproblems entwickelter Industriegesellschaften, Edition Sigma, Berlin 1993, 39–57 (41).
[1356] Vgl. DIN (Hrsg.), Gesamtwirtschaftlicher Nutzen der Normung: Volkswirtschaftlicher Nutzen. Der Zusammenhang zwischen Normung und technischem Wandel, ihr Einfluss auf den Außenhandel und die Gesamtwirtschaft, Beuth Verlag, Berlin/Wien/Zürich 2000, S. 205.
[1357] Vgl. *Reinhard Stransfeld*, Regelungen in der Informationstechnik und Telekommunikation – Innovationshemmnisse durch Recht?, in Martin Schulte (Hrsg.), Technische Innovation und Recht: Antrieb oder Hemmnis?, MTM Bd. 76, C. F. Müller, Heidelberg 1997, 167–199 (175).
[1358] Überblick unter https://www.iso.org/committee/45020.html.

die Problemlösungskapazitäten privater Akteure.[1359] Namentlich die ICANN als bekannte private Steuerungsgröße im Bereich der DNS-Verwaltung steht – trotz des seit 2002 deutlich verstärkten Einflusses der Regierungen und der nurmehr marginalen User-Beteiligung[1360] – noch immer beispielhaft für eine Regulierung im Cyberkontext abseits des klassisch-ordnungsrechtlichen Rahmens. Eine gleichzeitige Ausrichtung der Regulierung an privaten und öffentlichen Erwartungen und Interessen[1361] fördert die Vielschichtigkeit und Flexibilität der Normen und erhöht so auch die Wahrscheinlichkeit der Befolgung der Regeln, ein Effekt, der v. a. im Datenschutzrecht von großem Nutzen ist.[1362] Allerdings bleibt eine gewisse hoheitliche Beteiligung an der Regulierung für den Schutz der Rechte Dritter (also der Personen, die an der Selbstregulierung nicht beteiligt sind) wichtig, der weiterhin (sowohl auf nationaler als auch auf internationaler Ebene) mittels hoheitlicher Instrumente (Grund-, Menschenrechte) gewährleistet wird.[1363]

Als echtes Hindernis für Innovationen im Kommunikationssektor, insbes. im Internet, könnte sich aber das Immaterialgüterrecht, hier v. a. die (ordnungsrechtlichen) Regeln zum Schutz geistigen Eigentums, erweisen.[1364] Urheber- oder Patentrechtsnormen wie TRIPS oder die Abkommen der WIPO (WCT, WPPT, Berner Übereinkunft zum Schutz von Werken der Literatur und Kunst) stehen der freien Nutzung von Werken anderer im Internet entgegen und zwar infolge langer Schutzdauer (nach Art. 12 des TRIPS-Abkommens mind. 50 Jahre) oder aufgrund von technisch unflexiblen Regelungen (Beispiel: Computerprogramme werden wie Literatur i. S. d. Berner Übereinkunft geschützt, Art. 4 WCT). Andere, wie die neuen EU-Urheberrechtsregeln (vgl. insbes. Art. 17 DSM-RL), schüren durch die Provokation einer Kollision des Schutzes geistigen Eigentums und der Informationsfreiheit beim Verwender die Angst vor Zensur im virtuellen Raum (Stichwort „Upload-Filter")[1365] und können so die Nutzung bestimmter Funktionen faktisch einschränken. Gerade mit Bezug zu Computerprogrammen werden hier ggf. weitere, auf bereits bestehenden technischen Neuerungen aufbauende Innovationen Dritter verhindert.

[1359] *Wolfgang Hoffmann-Riem*, Innovation und Recht – Recht und Innovation. Recht im Ensemble seiner Kontexte, Mohr Siebeck, Tübingen 2016, S. 375.
[1360] Dazu *supra* Teil II, Kap. 2, C.VI.3.a.
[1361] Vgl. *Wolfgang Hoffmann-Riem*, Innovation und Recht – Recht und Innovation. Recht im Ensemble seiner Kontexte, Mohr Siebeck, Tübingen 2016, S. 375.
[1362] *Wolfgang Hoffmann-Riem*, Innovation und Recht – Recht und Innovation. Recht im Ensemble seiner Kontexte, Mohr Siebeck, Tübingen 2016, S. 374.
[1363] Vgl. zur nationalen Ebene *Wolfgang Hoffmann-Riem*, Innovation und Recht – Recht und Innovation. Recht im Ensemble seiner Kontexte, Mohr Siebeck, Tübingen 2016, S. 376.
[1364] So auch *Reinhard Stransfeld*, Regelungen in der Informationstechnik und Telekommunikation – Innovationshemmnisse durch Recht?, in Martin Schulte (Hrsg.), Technische Innovation und Recht: Antrieb oder Hemmnis?, MTM Bd. 76, C. F. Müller, Heidelberg 1997, 167–199 (172).
[1365] Dazu *supra* Teil II, Kap. 2, B. I.5.d.ee.

Dagegen wird der Innovationswille der Autoren gefördert, weil sie ihre Schöpfungen vor ungefragter Verwendung und Weiterverarbeitung durch Dritte geschützt wissen.[1366] Für kollaborative, nichtkommerzielle Produkte wie die Online-Enzyklopädie Wikipedia[1367] oder Formen der User-Innovation[1368] hat das Urheberrecht allerdings bislang keine Lösung gefunden. Um mit der Zeit zu gehen, wird das Urheberrecht in solchen Fällen „zum Schutz der Freiheit des Rechteinhabers umgepolt auf den Schutz der Freiheit der Nutzer".[1369] Zudem müssen kurze Entwicklungs- und Nutzungszyklen von Innovationen im Internetzeitalter Berücksichtigung finden, ebenso wie neue Formen des Zugangs zu geistigen Werken (Beispiel: Streaming).[1370] Unter diesen Voraussetzungen können Urheberrechtsregelungen im Bereich der Internetregulierung durchaus auch innovationsfördernd wirken. Zwar beschränken sie die ungehinderte Verbreitung und Verwendung geschützter geistiger Erzeugnisse in elektronischer Form, helfen aber, diesen Service für den Endnutzer grds. aufrecht zu erhalten. Nach *Kraßer*

> „äußert sich die innovationsfördernde Wirkung des urheberrechtlichen Schutzes darin, dass sie vermutlich den Bestand durch Telekommunikation transportierbarer neuer Inhalte vergrößern hilft".[1371]

Dem sog. Open-Source-Prinzip steht das Urheberrecht i. Ü. nicht entgegen. Das Urheberrecht schützt – im Gegensatz zum Patentrecht – nicht die Idee, sondern die konkrete Ausdrucksform eines Werks gegen unberechtigte Vervielfältigung oder Bearbeitung. Daher darf ein konkretes Computerprogramm, dessen Programmcode von seinem Entwickler zur kostenfreien Verwendung zur Verfügung gestellt wurde, grds. von jedermann verändert und weiterentwickelt werden.[1372]

[1366] Vgl. *Wolfgang Hoffmann-Riem*, Innovation und Recht – Recht und Innovation. Recht im Ensemble seiner Kontexte, Mohr Siebeck, Tübingen 2016, S. 437 f.
[1367] Dazu *Wolfgang Hoffmann-Riem*, Innovation und Recht – Recht und Innovation. Recht im Ensemble seiner Kontexte, Mohr Siebeck, Tübingen 2016, S. 439.
[1368] *Wolfgang Hoffmann-Riem*, Innovation und Recht – Recht und Innovation. Recht im Ensemble seiner Kontexte, Mohr Siebeck, Tübingen 2016, S. 440.
[1369] *Wolfgang Hoffmann-Riem*, Innovation und Recht – Recht und Innovation. Recht im Ensemble seiner Kontexte, Mohr Siebeck, Tübingen 2016, S. 441.
[1370] *Wolfgang Hoffmann-Riem*, Innovation und Recht – Recht und Innovation. Recht im Ensemble seiner Kontexte, Mohr Siebeck, Tübingen 2016, S. 442 f.
[1371] *Rudolf Kraßer*, Wie beeinflussen telekommunikationsrelevante Patent- und Urheberrechte die Innovation?, in Wolfgang Hoffmann-Riem (Hrsg.), Innovation und Telekommunikation: Rechtliche Steuerung von Innovationsprozessen in der Telekommunikation, Schriften zur rechtswissenschaftlichen Innovationsforschung Bd. 4, Nomos, Baden-Baden 2000, 113–127 (125).
[1372] *Sören Delfs*, Innovation – Standardisierung – Recht (Das Beispiel Internet), in Martin Eifert/Wolfgang Hoffmann-Riem (Hrsg.), Innovation und rechtliche Regulierung: Schlüsselbegriffe und Anwendungsbeispiele rechtswissenschaftlicher Innovationsforschung, Schriften zur rechtswissenschaftlichen Innovationsforschung Bd. 5, Nomos, Baden-Baden 2002, 171–213 (210 f.).

Auffällig ist, dass gerade im vielschichten, fragilen System der rechtlichen Internetregulierung[1373] eine Norm zeitgleich sowohl innovationsfördernd als auch -hemmend wirken kann. Das Recht schützt die Nutzer im Internet vor Datenmissbrauch, schränkt damit aber die Anbieter ein. Der Schutz der Urheber geistigen Eigentums wirkt auf die Konsumenten ihrer geistigen Werke beschränkend. Geschützt werden Nutzer vor Manipulationen durch ihresgleichen (das leisten die Anbieter), deren Handlungsfreiheit so aber beschnitten wird. Das zeigt auch, wie wichtig ein rechtlicher Rahmen für das Gleichgewicht der unterschiedlichen Akteure im Cyberspace ist. Ein solcher verhindert eine Eskalation der unvermeidlichen Konflikte. Daher darf wohl gefolgert werden, dass an sich jede Regelung, egal, ob offensichtlich hemmend oder fördernd, Technikermöglichungsrecht sein kann. Denn jede Regulierung fördert jedenfalls den Diskurs über neue Techniken und die Notwendigkeit ihrer Regulierung.

C. Fazit:
„Innovation *durch* Recht und Innovation *im* Recht"

Mit Blick auf die Auswirkungen des Rechts auf den technischen Wandel stellte *Stransfeld* schon Ende der 1990er-Jahre fest,

„daß rechtliche Regelungen dann, wenn sie objektiv gegebene und anerkannte Rechtsgüter schützen und nicht lediglich einseitigen Interessen (z. B. Konkurrenzabwehr) dienen, tendenziell auch innovationsfördernde Wirkungen haben".[1374]

Es gebe jedoch „keine eindeutigen Wirkungstrends. [...] Zwischen den Polen ‚hemmend' und ‚fördernd' bildet sich eine facettenreiche Landschaft, [...]".[1375] Auch die o. g. Studie im Auftrag des DIN zum Zusammenhang zwischen technischem Wandel und Normung als möglichem Bestandteil rechtlicher Technikregulierung[1376] kommt zu dem wichtigen Ergebnis, „dass neue Normen bzw. der in den meisten Sachgruppen zunehmende Normenbestand sich nicht negativ auf das Innovationspotenzial auswirken". Ob hingegen Regeln und Normen explizit positiv auf Innovationsaktivitäten wirkten, sei nicht klar, da sich auch vom Normenbestand unabhängige Aspekte wie finanzielle Förderung bestimm-

---

[1373] Vgl. zu nationalen Risiken *Wolfgang Hoffmann-Riem*, Innovation und Recht Recht und Innovation. Recht im Ensemble seiner Kontexte, Mohr Siebeck, Tübingen 2016, S. 376.

[1374] *Reinhard Stransfeld*, Regelungen in der Informationstechnik und Telekommunikation – Innovationshemmnisse durch Recht?, in Martin Schulte (Hrsg.), Technische Innovation und Recht: Antrieb oder Hemmnis?, MTM Bd. 76, C. F. Müller, Heidelberg 1997, 167–199 (172).

[1375] *Reinhard Stransfeld*, Regelungen in der Informationstechnik und Telekommunikation – Innovationshemmnisse durch Recht?, in Martin Schulte (Hrsg.), Technische Innovation und Recht: Antrieb oder Hemmnis?, MTM Bd. 76, C. F. Müller, Heidelberg 1997, 167–199 (171).

[1376] *Supra* Teil III, Kap. 2, A.II. erwähnt.

ter Innovationen o. Ä. auf deren Entwicklung auswirkten.[1377] Sicher scheint jedoch, dass sich jedenfalls ein gewisser, wie auch immer gearteter Einfluss des Rechs auf Innovationen nicht leugnen lässt.

Das Verhältnis von (Völker-)Recht und Technik ist jedoch kein „kybernetisches Modell", kein „Regelkreismodell", kein „geschlossenes System", denn es beinhaltet das Unvorhergesehene.[1378] Wie und wie stark welches Recht im Ergebnis auf den technischen Wandel wirkt, hängt nicht zuletzt mit der Form der Regulierung zusammen:[1379] Imperative Regulierung ist zwar i. d. R. gut durchzusetzen, führt aber häufig dazu, dass ein bestimmter Entwicklungsstand „eingefroren" wird, Weiterentwicklung wird (tlw. unbeabsichtigt) verhindert, nicht gefördert. Hemmend wirkt auch der Umstand, dass die Implementierung normativer Regelungen in konkreten Genehmigungen und die Überwachung ihrer Umsetzung häufig viel Zeit (und Sach- sowie Personalressourcen) in Anspruch nimmt.[1380] Offener gestaltet sind dagegen staatliche Regulierungen in Kombination mit selbstregulativen Elementen: Hier werden die Eigeninteressen von privaten Akteuren zur Erreichung von Zielen genutzt. So kann das Regulierungsziel effizienter und mit situationsgerechteren Mitteln erreicht werden. Regelungsadressaten können sich mit selbst entwickelten Lösungen und Normen besser identifizieren, was die Befolgung und Durchsetzung erleichtert. Die staatliche Verantwortung für die Zielerreichung (Erfüllungsverantwortung) bleibt i. d. R. bestehen.[1381] Der Staat überlässt privaten Akteuren jedoch Entscheidungsspielräume zur weitgehend eigenständigen Ausfüllung (unter Beachtung eines staatlicherseits skizzierten Regulierungsrahmens). Noch mehr Freiheiten lässt der Staat den Privaten, wenn er auf seine finale Erfüllungsverantwortung verzichtet und lediglich eine Gewährleistungsverantwortung übernimmt.[1382] Der Einsatz von Elementen hoheitlich regulierter gesellschaftlicher Selbstregulierung ermöglicht dann eine offene, marktori-

---

[1377] DIN (Hrsg.), Gesamtwirtschaftlicher Nutzen der Normung: Volkswirtschaftlicher Nutzen. Der Zusammenhang zwischen Normung und technischem Wandel, ihr Einfluss auf den Außenhandel und die Gesamtwirtschaft, Beuth Verlag, Berlin/Wien/Zürich 2000, S. 182.

[1378] Vgl. den Diskussionsbeitrag von *Stransfeld* in *Antonis Chanos*, Diskussionsbericht, in Martin Schulte (Hrsg.), Technische Innovation und Recht: Antrieb oder Hemmnis?, MTM Bd. 76, C. F. Müller, Heidelberg 1997, 55–56 (55).

[1379] Ähnlich auch *Alexander Roßnagel*, Ansätze zu einer rechtlichen Steuerung des technischen Wandels, Jahrbuch des Umwelt- und Technikrechts Bd. 27, R. v. Decker's Verlag, G. Schenk, Heidelberg 1994, 425–461 (434): „Die Unfähigkeit des Rechts, die technische Entwicklung zu steuern, ist weitgehend die Folge einer bestimmten Regelungsstruktur, nicht grundlegender Eigenschaften von Technik, Technikpolitik oder Technikrecht."

[1380] *Wolfgang Hoffmann-Riem*, Innovationen durch Recht und im Recht, in Martin Schulte (Hrsg.), Technische Innovation und Recht: Antrieb oder Hemmnis?, MTM Bd. 76, C. F. Müller, Heidelberg 1997, 3–32 (14).

[1381] *Wolfgang Hoffmann-Riem*, Innovationen durch Recht und im Recht, in Martin Schulte (Hrsg.), Technische Innovation und Recht: Antrieb oder Hemmnis?, MTM Bd. 76, C. F. Müller, Heidelberg 1997, 3–32 (15).

[1382] *Wolfgang Hoffmann-Riem*, Innovationen durch Recht und im Recht, in Martin Schulte

entierte Regulierung solcher Wirtschaftsbereiche, die dem freien Wettbewerb zugänglich gemacht wurden und in denen bereits private Akteure wichtige Innovationsprozesse dominieren. Nach dem Motto „Kontrolle durch Freiheit" bietet der Hoheitsträger den Privaten Hilfe zur Selbsthilfe bei der (hoheitlich) strukturierten Erarbeitung einer gemeinwohlverträglichen Regulierung. Hier kann das Recht besonders innovationsfördernd wirken, indem selbstregulative Anreizsysteme genutzt werden, um (über den Umweg des Marktes) Druck auf die Regelungsadressaten aufzubauen und den Wettbewerb zu fördern, der wiederum die Weiterentwicklung von Innovationen (ggf. in eine bestimmte, z. B. umweltfreundliche Richtung) begünstigt[1383] (vgl. etwa spezielle Umweltzeichen „als Motor für Produktinnovationen").[1384] Die Zunahme selbstregulativer Elemente im Bereich der Technikregulierung bewirkt eine Veränderung der Dimensionen und Ausgestaltung des staatlichen Aufgaben- und Verantwortungsbereichs.[1385] Die „Entwicklung des überkommenen Wohlfahrts- und Interventionsstaates zum modernen Gewährleistungsstaat"[1386] steht daher am Anfang einer umfassenden Debatte um die Aufgaben und Strukturen des dt. allgemeinen Verwaltungsrechts, in deren Fokus u. a. die „Regulierung" i. e. S. als eine besondere, speziell auf dem Gebiet der sog. Netzwirtschaften (Energie, Eisenbahn, Telekommunikation) manifestierte Handlungsform der Verwaltung steht.[1387] Innovationsstimulierend, gleichzeitig aber auch als „Innovationsbremse"[1388] können Haftungsregelungen wirken: Aus Angst, in Anspruch genommen zu werden, neigen Technikunternehmen dazu, bestimmte Innovationen zu unterlassen. Allerdings können diese Befürchtungen auch durchaus innovationsfördernd wirken, wenn aus Anlass der Regelung nämlich Betriebsabläufe modernisiert und Sicherheitsrisiken ausgemerzt werden,[1389] wenn

---

(Hrsg.), Technische Innovation und Recht: Antrieb oder Hemmnis?, MTM Bd. 76, C. F. Müller, Heidelberg 1997, 3–32 (21).

[1383] *Wolfgang Hoffmann-Riem*, Innovationen durch Recht und im Recht, in Martin Schulte (Hrsg.), Technische Innovation und Recht: Antrieb oder Hemmnis?, MTM Bd. 76, C. F. Müller, Heidelberg 1997, 3–32 (25).

[1384] *Wolfgang Hoffmann-Riem*, Innovationen durch Recht und im Recht, in Martin Schulte (Hrsg.), Technische Innovation und Recht: Antrieb oder Hemmnis?, MTM Bd. 76, C. F. Müller, Heidelberg 1997, 3–32 (25 Fn. 92).

[1385] *Wolfgang Hoffmann-Riem*, Innovationen durch Recht und im Recht, in Martin Schulte (Hrsg.), Technische Innovation und Recht: Antrieb oder Hemmnis?, MTM Bd. 76, C. F. Müller, Heidelberg 1997, 3–32 (20 f.).

[1386] *Alexander Proelß*, Das Regulierungsermessen – eine Ausprägung des behördlichen Letztentscheidungsrechts?, AöR 136 (2011), 402–427 (408).

[1387] Zum Begriff der Regulierung und des Regulierungsermessens ausführlich *Alexander Proelß*, Das Regulierungsermessen – eine Ausprägung des behördlichen Letztentscheidungsrechts?, AöR 136 (2011), 402–427.

[1388] *Wolfgang Hoffmann-Riem*, Innovationen durch Recht und im Recht, in Martin Schulte (Hrsg.), Technische Innovation und Recht: Antrieb oder Hemmnis?, MTM Bd. 76, C. F. Müller, Heidelberg 1997, 3–32 (26).

[1389] Vgl. *Wolfgang Hoffmann-Riem*, Innovationen durch Recht und im Recht, in Martin

also – mit anderen Worten – das entsprechende Haftungsregime die „richtigen" Anreize setzt.

Die Auswirkungen des technikregulierenden Rechts auf die Technik sind umso größer, je früher die Regulierung ansetzt. Techniksteuerung, die erst kurz vor der Anwendung einer neuen Technik ansetzt, „kommt in der Regel zu spät", kann also keine großen Veränderungen mehr bewirken.[1390] Wahrscheinlich kann das Recht nicht „Tempo und Richtung der Innovation" bestimmen, aber dennoch „mithelfen, geeignete Verkehrswege zu bauen".[1391] *Hoffmann-Riem* beschreibt das wechselvolle Verhältnis von Recht und Technik mithilfe des Bildes eines Zuges:

> „Der Innovationszug fährt, ohne dass das Recht Motor der Entwicklung ist, offenbar aber auch nicht Bremser. Wir alle sind Passagiere. Einen Fahrplan gibt es nicht. Wohl aber die Hoffnung, dass wir alle gut ankommen werden. Dabei wissen wir nicht einmal wo. Und dennoch ist es richtig, dass der Zug fährt. Wir alle sind aufgefordert einzusteigen."[1392]

Das Recht muss notwendigerweise mit der unvermeidbaren Unsicherheit bei der Technikregulierung „leben" und flexibel werden und bleiben. Lernfähiges und tatsächlich lernendes Recht ist das Stichwort, es muss „offen für Überraschungen" sein. Auch die Akteure müssen durch das Recht zum Lernen angeleitet werden.[1393] Das gilt ebenso für den Normgeber. Er muss ständig „dazulernen"; dieses Paradigma ist geradezu alternativlos. Denn:

Schulte (Hrsg.), Technische Innovation und Recht: Antrieb oder Hemmnis?, MTM Bd. 76, C. F. Müller, Heidelberg 1997, 3–32 (26).

[1390] *Alexander Roßnagel*, Ansätze zu einer rechtlichen Steuerung des technischen Wandels, Jahrbuch des Umwelt- und Technikrechts Bd. 27, R. v. Decker's Verlag, G. Schenk, Heidelberg 1994, 425–461 (434). So auch *Meinolf Dierkes*, Ist Technikentwicklung steuerbar?, in Jörg Bergstermann/Thomas Manz (Hrsg.), Technik gestalten, Risiken beherrschen: Befunde der Sozialforschung zur Entwicklung moderner Produktionstechnik, Edition Sigma, Berlin 1992, 15–35 (33), der die ursachenzentrierte Steuerung präferiert: „Wenn wir Technikentwicklung steuern wollen, dann scheint es sinnvoll und notwendig, künftig weit mehr als bisher bei der Technikgenese anzusetzen." Allerdings, so *Dierkes*, könne „man sich auch davon keine neue Heilslehre versprechen".

[1391] *Wolfgang Hoffmann-Riem*, Rechtswissenschaftliche Innovationsforschung als Reaktion auf gesellschaftlichen Innovationsbedarf, in Martin Eifert/Wolfgang Hoffmann-Riem (Hrsg.), Innovation und rechtliche Regulierung: Schlüsselbegriffe und Anwendungsbeispiele rechtswissenschaftlicher Innovationsforschung, Schriften zur rechtswissenschaftlichen Innovationsforschung Bd. 5, Nomos, Baden-Baden 2002, 26–47 (46).

[1392] *Wolfgang Hoffmann-Riem*, Rechtswissenschaftliche Innovationsforschung als Reaktion auf gesellschaftlichen Innovationsbedarf, in Martin Eifert/Wolfgang Hoffmann-Riem (Hrsg.), Innovation und rechtliche Regulierung: Schlüsselbegriffe und Anwendungsbeispiele rechtswissenschaftlicher Innovationsforschung, Schriften zur rechtswissenschaftlichen Innovationsforschung Bd. 5, Nomos, Baden-Baden 2002, 26–47 (47).

[1393] *Wolfgang Hoffmann-Riem*, Die Governance-Perspektive in der rechtswissenschaftlichen Innovationsforschung, Schriften des Münchner Centrums für Governance-Forschung Bd. 3, Nomos, Baden-Baden 2011, S. 45.

„Das Wissen um die Relativität von Wissen und die Unendlichkeit des Nichtwissens kann im rechtlichen Bereich nicht als Entschuldigung für Nichthandeln herangezogen werden. Viele Problemlagen vertragen die Vertagung des Problems nicht."[1394]

Indem es sich in seinen Strukturen und Mechanismen den realen Gegebenheiten anpasst, verändert sich auch das Recht[1395] in innovationsoffener Art und Weise. Recht muss gewissermaßen „durch Vergleich als Grundhaltung"[1396] von gesellschaftlichen Veränderungen lernen. Eine effektive Innovationsforschung muss entsprechend komparativ orientiert sein,[1397] zumal Technikentwicklung dem Prinzip der Zweckrationalität folgt[1398] und niemals isoliert von der Gesellschaft betrachtet werden kann. Nicht zufällig beschreibt *Rogers* die Diffusion einer Innovation als „a kind of social change".[1399] Es werde aber, so *Dierkes*,

„nie möglich sein, neues Wissen vollständig zu antizipieren oder alle möglichen Auswirkungen neuer technischer Entwicklungslinien restlos vorherzusagen. Es wird stets unmöglich sein, negative Folgen von vornherein und völlig auszuschließen. Technik ist eben keine triviale Maschine, die Inputs und Outputs invariant koppelt".[1400]

Es muss entsprechend der Entstehungsprozess technischer Innovationen vom Recht begleitet werden, Recht dient hier auch der Absicherung von Innovationsverantwortung.[1401] Beide Dimensionen müssen sich in technikregulierenden Normen wiederfinden. Also müssen evtl. gegenläufige Schutzziele be-

---

[1394] *Wolfgang Hoffmann-Riem*, Die Governance-Perspektive in der rechtswissenschaftlichen Innovationsforschung, Schriften des Münchner Centrums für Governance-Forschung Bd. 3, Nomos, Baden-Baden 2011, S. 46.

[1395] *Wolfgang Hoffmann-Riem*, Innovationen durch Recht und im Recht, in Martin Schulte (Hrsg.), Technische Innovation und Recht: Antrieb oder Hemmnis?, MTM Bd. 76, C. F. Müller, Heidelberg 1997, 3–32 (9).

[1396] *Wolfgang Hoffmann-Riem*, Rechtswissenschaftliche Innovationsforschung als Reaktion auf gesellschaftlichen Innovationsbedarf, in Martin Eifert/Wolfgang Hoffmann-Riem (Hrsg.), Innovation und rechtliche Regulierung: Schlüsselbegriffe und Anwendungsbeispiele rechtswissenschaftlicher Innovationsforschung, Schriften zur rechtswissenschaftlichen Innovationsforschung Bd. 5, Nomos, Baden-Baden 2002, 26–47 (37).

[1397] *Wolfgang Hoffmann-Riem*, Innovationsoffenheit und Innovationsverantwortung durch Recht: Aufgaben rechtswissenschaftlicher Innovationsforschung, AöR 131 (2006), 255–277 (268).

[1398] Vgl. *Brockhaus*, Enzyklopädie in 30 Bänden, Art. „Technik", Bd. 27: TALB–TRY, 21. Aufl., F. A. Brockhaus, Leipzig/Mannheim 2006, 116–121 (117, 120). A. A. *Frank Kühn-Gerhard*, Eine ökonomische Betrachtung des zivilrechtlichen Haftungsproblems „Entwicklungsrisiko": Über einen adäquaten Umgang mit innovationsinduzierten Unsicherheiten, Springer, Berlin/Heidelberg 2000, S. 66 f.

[1399] *Everett M. Rogers*, Diffusion of Innovations, 5. Aufl., Free Press, New York 2003, S. 5 f.

[1400] *Meinolf Dierkes*, Ist Technikentwicklung steuerbar?, in Jörg Bergstermann/Thomas Manz (Hrsg.), Technik gestalten, Risiken beherrschen: Befunde der Sozialforschung zur Entwicklung moderner Produktionstechnik, Edition Sigma, Berlin 1992, 15–35 (34).

[1401] *Wolfgang Hoffmann-Riem*, Innovationen durch Recht und im Recht, in Martin Schulte (Hrsg.), Technische Innovation und Recht: Antrieb oder Hemmnis?, MTM Bd. 76, C. F. Müller, Heidelberg 1997, 3–32 (8).

rücksichtigt werden, die der Innovationsförderung entgegenstehen können.[1402] Beachtung finden müssen auch soziale Gefahren, die mit der Markteinführung bestimmter Techniken einhergehen, Gegensteuerung und Absicherung sind zentrale Aufgaben des Normsetzers,[1403] „Innovationssteuerung muss daher aus einer ganzheitlichen integrativen Perspektive konzipiert werden".[1404] Recht sollte weniger als reines Steuerungs-[1405] und stattdessen als Gestaltungsmedium angenommen werden, weil „Innovationen sich nicht gebieten, sondern nur ermöglichen lassen".[1406] Es

> „ist anzunehmen, daß das traditionelle imperative – mit Ge- und Verboten und negativen Sanktionen arbeitende – Recht nur begrenzt dazu taugt, gesellschaftliche Innovationen anzuregen und den Nährboden auch für die Regenerationskraft des Rechts anzureichern".

Hoffmann-Riem setzt daher eher auf Mechanismen der Selbstregulierung,[1407] das hat sich – wenn auch in Kombination mit Elementen hoheitlicher Regulierung – bereits im Zusammenhang mit der Internetregulierung als sinnvoll erwiesen.

Es bleibt festzustellen, dass das Recht bei der Innovationsregulierung nicht als reines „Technikfolgen begrenzendes Recht"[1408] eingesetzt werden sollte. Recht soll nicht nur unerwünschte Nebenfolgen von Innovation vermeiden oder begrenzen, sondern gezielt Innovation fördern, die gut für die Gesellschaft ist. Zwar verhindert Technikfolgen begrenzendes Recht Innovation nicht direkt und

---

[1402] *Wolfgang Hoffmann-Riem*, Innovationen durch Recht und im Recht, in Martin Schulte (Hrsg.), Technische Innovation und Recht: Antrieb oder Hemmnis?, MTM Bd. 76, C. F. Müller, Heidelberg 1997, 3–32 (10).

[1403] *Wolfgang Hoffmann-Riem*, Innovationen durch Recht und im Recht, in Martin Schulte (Hrsg.), Technische Innovation und Recht: Antrieb oder Hemmnis?, MTM Bd. 76, C. F. Müller, Heidelberg 1997, 3–32 (11 f.).

[1404] *Wolfgang Hoffmann-Riem*, Innovationen durch Recht und im Recht, in Martin Schulte (Hrsg.), Technische Innovation und Recht: Antrieb oder Hemmnis?, MTM Bd. 76, C. F. Müller, Heidelberg 1997, 3–32 (10).

[1405] *Wolfgang Hoffmann-Riem*, Rechtswissenschaftliche Innovationsforschung als Reaktion auf gesellschaftlichen Innovationsbedarf, in Martin Eifert/Wolfgang Hoffmann-Riem (Hrsg.), Innovation und rechtliche Regulierung: Schlüsselbegriffe und Anwendungsbeispiele rechtswissenschaftlicher Innovationsforschung, Schriften zur rechtswissenschaftlichen Innovationsforschung Bd. 5, Nomos, Baden-Baden 2002, 26–47 (38).

[1406] *Wolfgang Hoffmann-Riem*, Rechtswissenschaftliche Innovationsforschung als Reaktion auf gesellschaftlichen Innovationsbedarf, in Martin Eifert/Wolfgang Hoffmann-Riem (Hrsg.), Innovation und rechtliche Regulierung: Schlüsselbegriffe und Anwendungsbeispiele rechtswissenschaftlicher Innovationsforschung, Schriften zur rechtswissenschaftlichen Innovationsforschung Bd. 5, Nomos, Baden-Baden 2002, 26–47 (41).

[1407] *Wolfgang Hoffmann-Riem*, Innovationen durch Recht und im Recht, in Martin Schulte (Hrsg.), Technische Innovation und Recht: Antrieb oder Hemmnis?, MTM Bd. 76, C. F. Müller, Heidelberg 1997, 3–32 (7).

[1408] *Alexander Roßnagel*, Ansätze zu einer rechtlichen Steuerung des technischen Wandels, Jahrbuch des Umwelt- und Technikrechts Bd. 27, R. v. Decker's Verlag, G. Schenk, Heidelberg 1994, 425–461 (429).

unmittelbar, ist aber im Kern an der Beschränkung sozialer Kosten des technischen Wandels interessiert und wirkt sich so negativ auf Innovationsaktivitäten aus.[1409] Dafür gibt es nach *Stransfeld* zwei Gründe:[1410] Gesellschaftliche (und rechtliche) Regelwerke sind überwiegend statisch, können daher nur unter immensem Aufwand verändert werden. Technik dagegen zeichnet sich aus durch innovative Dynamik. Diese Entwicklungsdiskrepanzen produzieren ein „Innovationsgefälle" (sog. „Dynamikkonflikt"). Zudem stehen die Weiterentwicklung von Technik und die Normgenese häufig nicht unter derselben Prämisse (sog. „Wertekonflikt"): Technik reagiert auf wirtschaftliche Notwendigkeit, das Recht dagegen auf soziale Nezessitäten, z. B. auf ein Sicherheitsbedürfnis der Gesellschaft. Ein Ausgleich ist daher notwendig. Technikregulierende Normen dürfen nicht zu schwach sein, aber auch nicht überregulieren und vor Gefahren schützen wollen, die gar nicht eintreten werden. Recht hat im Ergebnis eine Doppelfunktion, so *Hoffmann-Riem*: Recht steuert Innovation, verändert sich durch diese steuernde Aufgabe aber auch selbst. Daher findet zeitgleich „Innovation durch Recht und Innovation im Recht" statt.[1411]

[1409] „Nebenfolgenbegrenzungsrecht" nennt *Murswiek* das technikbezogene Verwaltungsrecht: *Dietrich Murswiek*, Zweiter Beratungsgegenstand: Die Bewältigung der wissenschaftlichen und technischen Entwicklungen durch das Verwaltungsrecht (2. Bericht), in VVDStRL Bd. 48: Staatszwecke im Verfassungsstaat nach 40 Jahren Grundgesetz. Die Bewältigung der wissenschaftlichen und technischen Entwicklungen durch das Verwaltungsrecht, Berichte und Diskussionen auf der Tagung der Vereinigung der Deutschen Staatsrechtslehrer in Hannover vom 4. bis 7. Oktober 1989, De Gruyter, Berlin/New York 1990, 207–234 (210).
[1410] *Reinhard Stransfeld*, Regelungen in der Informationstechnik und Telekommunikation – Innovationshemmnisse durch Recht?, in Martin Schulte (Hrsg.), Technische Innovation und Recht: Antrieb oder Hemmnis?, MTM Bd. 76, C. F. Müller, Heidelberg 1997, 167–199 (168).
[1411] *Wolfgang Hoffmann-Riem*, Innovationen durch Recht und im Recht, in Martin Schulte (Hrsg.), Technische Innovation und Recht: Antrieb oder Hemmnis?, MTM Bd. 76, C. F. Müller, Heidelberg 1997, 3–32 (6 f.).

508 Teil III: Zum Verhältnis von Völkerrecht und Technik

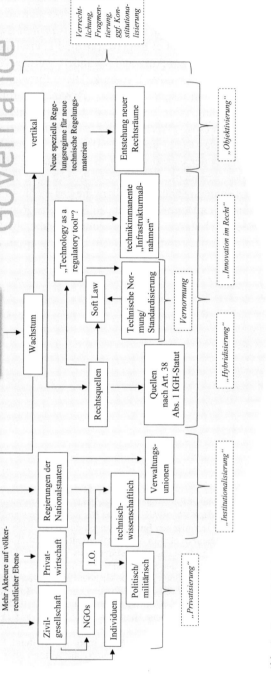

Abb. 6: „Zum Verhältnis von Völkerrecht und Technik"

Teil IV

Zusammenfassung der Ergebnisse der Arbeit in Thesen

1. Soziale und damit auch rechtliche Veränderungen können direkte Folge des technischen Wandels sein. Umgekehrt kann das Recht seinerseits gestaltend auf Technik wirken.
2. Das (statische) Recht ist seinem Wesen nach responsiv, in der Folge „hinkt" es der (dynamischen) Technikentwicklung „hinterher". Recht dient noch heute oft der „Bewältigung" des technischen Wandels und der Eindämmung seiner potenziellen Risiken.
3. Indes wird Technik erst durch Kopplung mit menschlicher Organisation sozial relevant. Die „Sozialisierung der Technik" korrespondiert mit der strukturierenden „Technisierung" einer jeden Gesellschaft.
4. Rapide technische Entwicklungsprozesse bewirken zunächst die Entstehung kontrollkritischer Phasen, die ihrerseits die Bildung neuer Steuerungselemente provozieren und gewissermaßen als „Normierungsbeschleuniger" wirken können.
5. Die „Entgrenzung" staatlicher Räume, bedingt insbes. durch die Relativierung von Entfernungen durch neue technische Informations- und Kommunikationsmedien, bewirkt eine Entgrenzung des Rechts. Die Globalisierung von Regelungsobjekten hat damit die Globalisierung des Rechts zur Folge.
6. Der Cyberspace als globaler „virtueller Raum" ist ein Paradebeispiel des neuen Phänomens des technisch erzeugten „entgrenzten Raums".
7. Grds. findet das geltende Völkerrecht auch auf Sachverhalte im Cyberspace Anwendung. Ein zusammenhängendes „Völkerrecht des Netzes" existiert bislang aber nicht; zur Regulierung des Cyberspace werden vielmehr überwiegend solche Normen angewendet, die von vielen unterschiedlichen (staatlichen und nicht staatlichen nationalen, regionalen und internationalen) Akteuren zur Regulierung von „Offline"-Aktivitäten geschaffen wurden und entsprechend nicht auf die spezifischen Charakteristika des Cyberspace zugeschnitten sind.
8. Die Anpassung bereits bestehender völkervertragsrechtlicher Normen an das neue Regelungsobjekt Cyberspace erfolgt insbes. durch evolutive Auslegung.
9. Traditionelle Jurisdiktionsgrundsätze können in begrenztem Maße Anwendung „im" Cyberspace finden, nationales Recht kann daher durchaus eine

Rolle bei dessen Regulierung spielen; allerdings verspricht eine rein nationale Regulierung des Cyberspace ob der Universalität und Ubiquität dieses komplexen technischen Systems keinen Erfolg.

10. Die Effektivität einer eigenverantwortlichen Regulierung des Cyberspace durch User und ISPs ist ebenfalls zweifelhaft, selbstregulative Ordnungen haben i. d. R. eine geringe Reichweite und können erhebliche Legitimations- und Durchsetzungsdefizite aufweisen.

11. Eine alleinige Regulierung des Cyberspace durch „Code", also die Regulierung von Technik durch Technik, bietet keinen adäquaten Ersatz für eine hoheitliche Regulierung. Das technizistische Modell einer „lex informatica" ohne rechtliche Basis wäre legitimatorisch sowie unter Zuständigkeitsgesichtspunkten bedenklich und würde bestehende völkerrechtliche Fragmentierungstendenzen womöglich verstärken.

12. Der Vorschlag der Regulierung von Online-Aktivitäten in Parallele zur Hohen See in Anwendung eines transnationalen „Cyberalty Law" verkennt, dass die fehlende Aneignungsfähigkeit des Staatengemeinschaftsraums Hohe See bzw. des Cyberspace sich nicht auf die Behandlung einzelner Schiffe bzw. User auswirkt, die jedenfalls der Jurisdiktion des Flaggenstaates bzw. des ISP-Sitzes unterworfen sind.

13. Der Cyberspace kann nicht gebiets-, aber nutzungsrechtlich, d. h. funktional, als Staatengemeinschaftsraum qualifiziert, seine „virtuellen Ressourcen" (Administration des DNS, IP-Adressen, Administration des Root Server Systems, technische Standards) daher analog als CHM behandelt werden.

14. „Multistakeholder-Ansätze", die bei der international einheitlichen Regulierung des Cyberspace bewusst die Einbindung staatlicher (Regierungen) und nicht staatlicher (Vertreter der Privatwirtschaft und der Zivilgesellschaft) Stakeholder in den Rechtsetzungsprozess fördern und die all- und gegenseitige Kontrolle der beteiligten Akteure („Governance-Dreieck") nutzen, begünstigen eine „Co-governance" bzw. „konstruktive Koexistenz" („constructive co-existence") der verschiedenen Stakeholder.

15. Ideal wäre die Etablierung eines „hybriden" Regelungssystems für den Cyberspace, in dessen Rahmen ein dichtes Netz aus korrespondierenden nationalen und völkerrechtlichen Normen technische sowie Elemente der Self-governance ergänzen und koordinieren. Ein solches Vorgehen bietet sich sowohl auf materieller als auch auf Ebene der prozessualen Streitbeilegungsmechanismen an. Im Ergebnis muss ein (inhaltlicher wie temporeller) Gleichlauf von Völkerrecht und nationalen Rechtsordnungen für eine national, regional und überregional kohärente und damit effektive Internet Governance anvisiert werden.

16. Ob seiner dezentralen Struktur lässt sich der Cyberspace nicht durch eine einzige Instanz (z. B. eine I. O.) kontrollieren. Sinnvoll erscheint daher zunächst die Errichtung einer zentralen, auf den Grundsätzen des Multistake-

holder-Gedankens basierenden Informations- und Überwachungsorganisation, der weder Entscheidungs- noch Rechtsetzungskompetenzen bei der Regulierung des Internets zukommen, in deren Händen aber die Informationen über den aktuellen Stand der Technik sowie der aktuellen und geplanten Regulierung zusammenlaufen. So könnte zumindest im Ansatz der notwendige Gleichlauf von rechtlicher Regelung und technischem Wandel gewährleistet werden, das Recht könnte der Struktur des Internets folgen.
17. Die Einrichtung eines „International Court for Cyberspace" wäre weder sinnvoll noch realistisch, Probleme dürfte jedenfalls eine ausschließliche Zuständigkeit eines solchen Gerichts für Internet-Streitfälle bereiten, da wegen der Ubiquität des Internets zahllose weitere Sachmaterien berührt werden, für die wiederum andere (nationale und internationale) Gerichte zuständig sind. Effektiver wäre dagegen die einzelfallbezogene synergetische Zusammenarbeit internationaler und nationaler Gerichte in Internet-Streitfällen.
18. Die Entwicklung und Nutzung des Cyberspace hat nur wenige wirklich neue rechtliche Probleme geschaffen. Was bislang „offline" illegal war, bleibt häufig auch „online" illegal. *Ergo* bedarf es an sich keines neuen separaten (völkerrechtlichen) Regimes für den Cyberspace. Allenfalls ist auf eine flexible Ausgestaltung der auf Aktivitäten im Cyberspace anzuwendenden Normen zu achten, um dem steten technischen Wandel Rechnung zu tragen. Ein Rückgriff auf die bekannten Kategorien völkerrechtlicher Normen ist folglich ratsam, aber keineswegs zwingend.
19. Ein Rechtsraum ist ein Raum, der nicht notwendigerweise geografisch, sondern jedenfalls (infra-)strukturell abgegrenzt oder zumindest abgrenzbar ist, in dem und für den sich eine eigene Rechtsordnung entwickelt hat, die die Zwecke und Grenzen des konstruierten Raums definiert.
20. Rechtsräume entstehen durch die Anwendung von Recht in bereits vorhandenen (natürlichen/sozialen/virtuellen) Räumen, die jedoch erst durch das Recht eine spezifische definitorische Bedeutungsbestimmung erhalten.
21. Der kommunikativ erzeugte, „virtuelle" Cyberspace ist mangels physischer Raumqualität kein Raum im geografischen, sondern im funktionalen Sinn; die Möglichkeit seiner grds. Regulierbarkeit macht ihn zum Rechtsraum besonderer Art.
22. Der geografische Raumbezug des Völkerrechts wurde durch die neuen technischen Möglichkeiten der Erforschung und (tlw.) Eroberung neuer Räume (z. B. Luft- und Weltraum, Cyberspace) zunehmend relativiert.
23. Die neue Kategorie des „virtuellen Raums" bewirkt die Modifikation des herkömmlichen, geografisch basierten politischen Raumbegriffs des Völkerrechts: Da das Völkerrecht, wie jede Form des Rechts, in aller Regel raumbezogen ist, verändert sich durch die schrittweise Auflösung der räumlichen Bezüge auch das Recht selbst.

24. Der technische Wandel bewirkt eine stete Veränderung der Rechtsetzungs- und -durchsetzungsmechanismen des Völkerrechts.
25. Bei der Etablierung völkergewohnheitsrechtlicher Regeln in technisch hochinnovativen Bereichen bereitet die grds. notwendige Etablierung einer *opinio iuris* und entsprechender Staatenpraxis Probleme; mangels Anerkennung der Figur des „instant customary international law" kann nur eine Lockerung des „Dogmas der Dualität" von Rechtsüberzeugung und Staatenpraxis den Bedeutungsverlust des Gewohnheitsrechts in den genannten Regelungsbereichen verhindern.
26. Die Bedeutung der „von den Kulturvölkern anerkannten allgemeinen Rechtsgrundsätze" könnte durch die im Zuge des technischen Wandels und der damit einhergehenden zunehmenden Präsenz Privater auf der internationalen Bühne stetig wachsenden Branche des transnationalen Rechts zunehmen; die Erhebung technischer Standards in den Stand der allgemeinen Rechtsgrundsätze wäre ob ihrer ähnlichen induktiven Entstehungsweise und Standardisierungswirkung denkbar.
27. Transnationale Normenordnungen (z. B. technische Standards) durchdringen im Rahmen der globalen Technikregulierung in Regelungsräumen ohne originäre einzelstaatliche Rechtsetzungskompetenz wegen ihrer Zugänglichkeit für nicht staatliche Akteure zunehmend das überstaatliche Recht und erweitern die bekannten Kategorien völkerrechtlicher Rechtsetzung.
28. Anfängliche völkerrechtliche Regelungslücken im Bereich schnell wachsender (u. a. technischer) Sachgebiete können, ebenso wie im nationalen Recht, bei Vorliegen der notwendigen Voraussetzungen durch Analogieschlüsse ausgefüllt werden.
29. Entwicklungsbegleitende „Technikregulierung durch Technikgestaltung" ermöglicht durch den Einsatz technikimmanenter „Infrastrukturmaßnahmen", also die Nutzung der Architektur eines technischen Systems, und technischer Normung zu Regulierungszwecken eine „softe", innovationsorientierte Ergänzung des imperativen Normbestands.
30. In technisch hochinnovativen Regelungsbereichen nimmt in einem Übergang der absoluten zu einer relativen Normativität des Völkerrechts die Entstehung von Soft Law zu.
31. Der Einsatz von Soft Law-Elementen verhindert regulatorische Vakua in Regelungsfeldern mit sich schnell weiterentwickelnden Regelungsobjekten, in denen sich also das (völker-)rechtliche Ordnungssystem und sein Regelungsobjekt (z. B. eine bestimmte technische Innovation) uneinheitlich, gewissermaßen „à deux vitesses", entwickeln.
32. In politisch konfliktbehafteten, weil technisch-wissenschaftlich und damit wirtschaftlich bedeutsamen Sachgebieten, kommt es völkerrechtlich zu einer „Flucht aus dem Hard Law"; Soft Law wird zum Kompromisswerkzeug zur Umgehung des völkerrechtlichen Konsensprinzips, die Völker-

Teil IV: Zusammenfassung der Ergebnisse der Arbeit in Thesen   513

rechtsordnung trägt damit einem (weltgesellschaftlichen) Regulierungsbedürfnis Rechnung.
33. Der Schlüssel für eine konsistente internationale Regulierung technischer Problemfelder liegt in einer Kombination aus Hard und Soft Law.
34. I. O. mit technisch-wissenschaftlichem Fokus dienen der Förderung zwischenstaatlicher Zusammenarbeit in innovationsgeneigten Sachgebieten und ermöglichen die Einbindung weiterer nicht staatlicher Akteure (insbes. technischer Experten) in Rechtsetzungsprozesse.
35. Dimensionen und Anknüpfungspunkte staatlicher territorialer Strukturen verändern sich im Zuge der Herausbildung eines neuen Verständnisses von Territorialität und Hoheitsgewalt; vernetzte sektorale Mehrebenensysteme ersetzen in der internationalen Kooperation vielfach die auf der Betonung westfälischer Souveränität beruhende separierende Koexistenz einzelstaatlicher Einheiten.
36. Die scheinbare Relativierung von Distanzen durch den Einsatz von Distanzkommunikationsmitteln bewirkt eine „Entstaatlichung" internationaler Beziehungen sowie eine Entterritorialisierung des Völkerrechts, die wiederum eine Veränderung der Bedeutung des nationalstaatlichen „Containers" und damit auch der geografischen Orientierung von Rechtsetzung zur Folge hat, was zunehmend den Nationalstaat als Organisationseinheit in Frage stellt.
37. Die Diskussionen über einen graduellen Bedeutungsverlust des Staates als internationalem Akteur bedingt eine Abwendung des Völkerrechts von seiner Subjektzentrierung und eine Hinwendung zu einer nach Effektivität strebenden regelungsobjektorientierten Ordnung („Objektivierung"); die Regelungsbedürfnisse des konkreten Regelungsobjekts bestimmen zunehmend Regelungsmechanismen und -akteure.
38. Durch den vermehrten Einsatz von Regelungsmechanismen abseits der bekannten Kategorien des Art. 38 Abs. 1 IGH-Statut reagiert das Völkerrecht auf den rasanten technischen Wandel und verbessert so seine Reaktionsfähigkeit auf künftige außerrechtliche Entwicklungen.
39. Als Folge des steten technischen Wandels und der dadurch bedingten Veränderung gesellschaftlicher Funktions- und Organisationsprozesse wächst das Völkerrecht in horizontaler (Anwachsen der Gruppe der an Normsetzungsprozessen auf internationaler Ebene beteiligten Akteure) und vertikaler (bereichsspezifische Verdichtung des völkerrechtlichen Normbestands) Richtung.
40. Der Versuch der Anpassung völkerrechtlicher Normen an neue technische Herausforderungen ist Auslöser einer „Krise der notwendigen Adaptivität" des Völkerrechts.
41. Eine zunehmende institutionelle Fragmentierung bedingt als Folge des steten technischen Wandels die sukzessive materielle (d. h. sektorale) Differenzierung der Völkerrechtsordnung.

42. Die fragmentierende Untergliederung der Völkerrechtsordnung in Teilregimes bewirkt eine gleichzeitige „Verrechtlichung" internationaler Beziehungen in (völkerrechtlich) bisher unvollständig oder gar nicht geregelten Bereichen.
43. Fragmentierung und Konstitutionalisierung sind parallel auftretende Konsequenzen des technischen Wandels. Die Ausbildung eines Systems multipler Akteure, die zeitgleich auf unterschiedlichen Ebenen mittels verschiedenster Regulierungsinstrumente öffentlich-hoheitlicher, privatvertraglicher und selbstregulierender Art agieren, begünstigt Fragmentierungstendenzen, befördert daneben aber auch eine zunehmende (regelungsgebietsbezogene) (Teil-)Konstitutionalisierung des Völkerrechts. Der Angst um die schwindende Einheit des Völkerrechts wird begegnet mit der Etablierung fester normhierarchischer und institutioneller Strukturen. Erste Ansätze einer beginnenden Konstitutionalisierung sind u. a. in Bereichen zu beobachten, in denen einzelne problemanfällige, potenziell gefährliche Techniken durch spezifische Regulierung nutzbar gemacht werden.
44. Der technische Wandel befördert spätestens seit der industriellen Revolution die Herausbildung eines Kooperationsvölkerrechts.
45. Die Entwicklung technischer Systeme wird durch rechtliche wie außerrechtliche Regulierungsstrukturen rückwirkend beeinflusst.
46. Das Recht als solches ist kein Innovationshemmnis; je nach Formulierung kann eine konkrete Norm innovationsermöglichend oder -hemmend wirken.
47. Eine entwicklungsbegleitende, vorausschauende Regulierung, die auf der Kombination rechtlicher und außerrechtlicher Regelungsmechanismen beruht und durch den Einsatz selbstregulativer Ordnungsansätze Anreize für die eigenständige Ausfüllung von Handlungsräumen durch die Rechtsanwender schafft, kann selbsttätig die Entwicklung von Innovationen befördern.
48. Die handlungsoffene Formulierung von Normen im technikregulierenden Umfeld begünstigt die Entwicklung von neuen Regelungsinstrumenten (Innovationen im Recht), die sich wiederum – abhängig vom Grad ihrer imperativen Wirkung – positiv auf die Entwicklung neuer außerrechtlicher (hier: technischer) Innovationen auswirken können.
49. Innovationshemmend können imperativ formulierte Normen wirken, die technikvermeidendes Verbraucherverhalten durch Über-, Falsch- oder Nichtregulierung provozieren; dazu zählen technisch veraltete und uneinheitlich bzw. nicht (zureichend) harmonisierte Normen.
50. Die Kombination imperativer Normen mit der Eröffnung ausreichender Handlungsräume für Innovatoren verhindert die „Versteinerung" dynamischer technischer Materien.
51. Effektive Technikregulierung erfordert die Zusammenarbeit juristischer und technischer Experten bei der Normsetzung, denn ein zeitgleich Ent-

wicklung und Sicherheit beförderndes „Innovationsermöglichungsrecht" kann nur durch die Kombination innovationsbegünstigender und (vermeintlich) -hemmender Elemente entstehen.

52. Das gilt auch für das Völkerrecht, das die effektive Regulierung des Cyberspace nicht allein unter Rückgriff auf die bekannten imperativen Normsetzungsstrukturen i. S. d. Art. 38 Abs. 1 IGH-Statut bewältigen kann; zwar ist ein international einheitliches Regelungssystem ob der Ubiquität des Internets erforderlich, jedoch ist hier der Einsatz von internationalen Normen und Standards als Elemente gesellschaftlicher Selbstregulierung in Ergänzung spezifischer verbindlicher völkervertragsrechtlicher Normen und damit eine Orientierung an der schnelllebigen und innovationsintensiven Struktur des Cyberspace geboten.

Literaturverzeichnis

Aaken, Anne van, Normative Grundlagen der ökonomischen Theorie im öffentlichen Recht, in Anne van Aaken/Stefanie Schmid-Lübbert (Hrsg.), Beiträge zur ökonomischen Theorie im öffentlichen Recht, Deutscher Universitäts-Verlag, Wiesbaden 2003, S. 89–118.

Abbott, Kenneth W./Keohane, Robert O./Moravcsik, Andrew/Slaughter, Anne-Marie/Snidal, Duncan, The Concept of Legalization, IO 54 (2000), S. 401–419.

ders./Snidal, Duncan, Hard and Soft Law in International Governance, IO 54 (2000), S. 421–456.

Adalsteinsson, Ragnar/Thórhallson, Páll, Article 27, in Gudmundur Alfredsson/Asbjørn Eide (Hrsg.), The Universal Declaration of Human Rights: A Common Standard of Achievement, Martinus Nijhoff Publishers, Den Haag/Boston/London 1999, S. 575–596.

Ahlhaus, Svenja/Patberg, Markus, Von der verfassungsgebenden zur konstitutionalisierenden Gewalt. Die demokratische Legitimität völkerrechtlicher Konstitutionalisierung, in Bardo Fassbender/Angelika Siehr (Hrsg.), Suprastaatliche Konstitutionalisierung. Perspektiven auf die Legitimität, Kohärenz und Effektivität des Völkerrechts, Nomos, Baden-Baden 2012, S. 23–56.

Akdeniz, Yaman, Racism on the Internet, Council of Europe Publishing, Straßburg 2009.

Akehurst, Michael, Custom as a Source of International Law, BYIL 47 (1974–1975), S. 1–53.

Albert, Mathias, Entgrenzung und Globalisierung des Rechts, in Rüdiger Voigt (Hrsg.), Globalisierung des Rechts, Schriften zur Rechtspolitologie Bd. 9 (ehem. JfR Bd. 12), Nomos, Baden-Baden 1999/2000, S. 115–137.

Aldrich, Virgil C., Visuelle Metapher, in Anselm Haverkamp (Hrsg.), Theorie der Metapher, Wege der Forschung Bd. 389, Wissenschaftliche Buchgesellschaft, Darmstadt 1983, S. 142–159.

Amerasinghe, Chittharanjan F., Principles of the institutional law of international organizations, Cambridge University Press, Cambridge 1996.

Anderson, David H., Law-Making Process in the UN System – Some Impressions, Max Planck UNYB 2 (1998), S. 23–50.

Annan, Kofi, Statement vor der International Bar Association, New York, 11.6.1997, Press Release SG/SM/6257 (12.6.1997), abrufbar unter: https://www.un.org/press/en/1997/19970612.sgsm6257.html.*

Antoniolli, Walter, Allgemeines Verwaltungsrecht, Manzsche Verlags- und Universitätsbuchhandlung, Wien 1954.

---

* Online-Quellen zuletzt abgerufen am 20.7.2021, sofern nicht abweichend angegeben.

Arbeitsstelle für Sprachauskunft und Sprachberatung der Universität Vechta, Sprachauskunft und Sprachberatung: Wörter, Art. „Informationstechnik/-techologie", abrufbar unter: http://www.sprachauskunft-vechta.de/woerter/info.htm.
Arcy, Jean d', Direct Broadcast Satellites and the Right to Communicate, EBU Review 118 (1969), S. 14–18, Nachdr. in Leroy S. Harms/Jim Richstad/Kathleen A. Kie (Hrsg.), The Right to Communicate: Collected Papers, University Press of Hawaii, Honolulu/Hawaii 1977, S. 1–9.
ders., An ascending progression, in Desmond Fisher/Leroy S. Harms (Hrsg.), The Right to Communicate: A New Human Right, Boole Press, Dublin 1983, S. xxi–xxvi.
Aristoteles, Poetik (Übers., Einl. u. Anm. v. Olof Gigon), Philipp Reclam Jun., Stuttgart 1961.
Arnauld, Andreas v., Politische Räume im Völkerrecht, in Kerstin Odendahl/Thomas Giegerich (Hrsg.), Räume im Völker- und Europarecht, Veröffentlichungen des Walther-Schücking-Instituts für Internationales Recht an der Universität Kiel Bd. 189, Duncker & Humblot, Berlin 2014, S. 179–204.
ders., Völkerrecht, 3. Aufl., C. F. Müller, Heidelberg 2016.
Article 19, Global Campaign for Free Expression, Statement on the Right to Communicate, London, Feb. 2003, abrufbar unter: https://www.article19.org/data/files/pdfs/publications/right-to-communicate.pdf.
dies., The Right to Share: Principles on Freedom of Expression and Copyright in the Digital Age, International Standards Series, London 2013, abrufbar unter: https://www.article19.org/data/files/medialibrary/3716/13-04-23-right-to-share-EN.pdf.
Asbeck, Frederik M. van, Growth and Movement of International Law, ICLQ 11 (1962), S. 1054–1072.
Aspremont, Jean d', Contemporary International Rulemaking and the Public Character of International Law, in Institute for International Law and Justice New York University School of Law, IILJ Working Paper 2006/12.
ders., Formalism and the Sources of International Law – A Theory of the Ascertainment of Legal Rules, Oxford University Press, Oxford 2011.
Aust, Helmut P., Stellungnahme zur Sachverständigenanhörung am 5. Juni 2014, Deutscher Bundestag, 1. Untersuchungsausschuss der 18. Wahlperiode, MAT A SV-4/1, zu A-Drs. 56, 27.5.2014, abrufbar unter: https://www.bundestag.de/resource/blob/282870/fc52462f2ffd254849bce19d25f72fa2/mat_a_sv-4-1_aust-pdf-data.pdf.
ders., Eine völkerrechtsfreundliche Union?: Grund und Grenze der Öffnung des Europarechts zum Völkerrecht, EuR 2017, S. 106–120.
Baade, Hans W., The Legal Effects of Codes of Conduct for Multinational Enterprises, in Norbert Horn (Hrsg.), Legal Problems of Codes of Conduct for Multinational Enterprises, Studies in Transnational Economic Law Bd. I, Kluwer, Deventer 1980, S. 3–38.
Baldwin, Simeon E., The International Congresses and Conferences of the Last Century as Forces Working Towards the Solidarity of the World, AJIL 1 (1907), S. 565–578.
Balsinger, Philipp W., Transdisziplinarität. Systematisch-vergleichende Untersuchung disziplinübergreifender Wissenschaftspraxis, Wilhelm Fink Verlag, München 2005.
Bar, Christian v./Mankowski, Peter, Internationales Privatrecht, Bd. 1: Allgemeine Lehren, C. H. Beck, München 2003.
Barlow, John P., Is There a There in Cyberspace?, abrufbar unter: https://www.eff.org/de/pages/there-therecyberspace.

ders., A Declaration of the Independence of Cyberspace, Davos (Schweiz), 8.2.1996, abrufbar unter: https://www.eff.org/de/cyberspace-independence.
Baslar, Kemal, The Concept of the Common Heritage of Mankind in International Law, Martinus Nijhoff Publishers, Den Haag/Boston/London 1998.
Bast, Jürgen, Völker- und unionsrechtliche Anstöße zur Entterritorialisierung des Rechts (2. Referat), in VVDStRL Bd. 76: Grenzüberschreitungen, Berichte und Diskussionen auf der Tagung der Vereinigung der Deutschen Staatsrechtslehrer in Linz vom 5.–8. Oktober 2016, De Gruyter, Berlin/Boston 2017, S. 277–309.
Bauer, Veronika/Kettemann, Matthias C., Menschenrechtliche Implikationen der Informationsgesellschaft und österreichische Regulierungsansätze, in Wolfgang Benedek/Catrin Pekari (Hrsg.), Menschenrechte in der Informationsgesellschaft, Richard Boorberg Verlag, Stuttgart/München/Hannover/Berlin/Weimar/Dresden 2007, S. 293–323.
Baurmann, Michael, Zweckrationalität und Strafrecht: Argumente für ein tatbezogenes Maßnahmerecht, Westdeutscher Verlag, Opladen 1987.
BDI/Noerr LLP, Industrie 4.0 – Rechtliche Herausforderungen der Digitalisierung: Ein Beitrag zum politischen Diskurs, Industrie-Förderung GmbH, Berlin 2015, abrufbar unter: https://bdi.eu/media/presse/publikationen/information-und-telekommunikation/201511_Industrie-40_Rechtliche-Herausforderungen-der-Digitalisierung.pdf.
Beaucamp, Guy, Das Konzept der zukunftsfähigen Entwicklung im Recht: Untersuchungen zur völkerrechtlichen, europarechtlichen, verfassungsrechtlichen und verwaltungsrechtlichen Relevanz eines neuen politischen Leitbildes, Jus Publicum Bd. 85, J. C. B. Mohr (Paul Siebeck), Tübingen 2002.
Bechthold, Stefan, Multimedia und Urheberrecht – einige grundsätzliche Anmerkungen, GRUR 100 (1998), S. 18–27.
Beck, Hanno/Prinz, Aloys, Abschaffung des Bargelds als Wunderwaffe?, Zeitgespräch: Mit Bargeld zahlen – ein Auslaufmodell?, Wirtschaftsdienst 95 (8/2015), S. 515–519.
Beck, Ulrich, Was ist Globalisierung? Irrtümer des Globalismus – Antworten auf Globalisierung, Edition Zweite Moderne, Suhrkamp, Frankfurt a.M. 1997.
ders., Risikogesellschaft. Auf dem Weg in eine andere Moderne (Nachdr. d. 1. Aufl. v. 1986), Suhrkamp, Frankfurt a.M. 2007.
Becker, Christoph, Die Zehn Gebote. Verfassung der Freiheit, 2. Aufl., LIT Verlag, Münster 2016.
Becker, Florian, Gebiets- und Personalhoheit des Staates, in Josef Isensee/Paul Kirchhof (Hrsg.), Handbuch des Staatsrechts der Bundesrepublik Deutschland, Bd. XI: Internationale Bezüge, 3. Aufl., C. F. Müller, Heidelberg 2013, S. 193–248.
Becker, Jörg, Der Weltmarkt für Information und Kommunikation – Von der „Informationsordnung" zur globalen „Wissensindustrie" auf Kosten der Dritten Welt, Widerspruch: Beiträge zu sozialistischer Politik 14 (1994), S. 5–17.
Becker, Jürgen, Einführung, in Jürgen Becker (Hrsg.), Rechtsprobleme internationaler Datennetze: Arbeitssitzung des Instituts für Urheber- und Medienrecht am 17. November 1995, Nomos, Baden-Baden 1996, S. 9–12.
Bedjaoui, Mohammed, General Introduction, in Mohammed Bedjaoui (Hrsg.), International Law: Achievements and Prospects, UNESCO/Martinus Nijhoff Publishers, Paris/Dordrecht/Boston/London 1991, S. 1–18.
Bedner, Mark, „Deep Packet Inspection" – Technologie und rechtliche Initiativen. Steht die Freiheit im Internet auch in westlichen Demokratien auf dem Spiel?, CR 26 (2010), S. 339–345.

Beisheim, Marianne/Dreher, Sabine/Walter, Gregor/Zangl, Bernhard/Zürn, Michael, Im Zeitalter der Globalisierung? Thesen und Daten zur gesellschaftlichen und politischen Denationalisierung, Nomos, Baden-Baden 1999.
Bell, Daniel A., The World and the United States in 2013, Daedalus 116 (1987), S. 1–31.
Bendel, Oliver, Art. „Netiquette", in Gabler Wirtschaftslexikon (online), abrufbar unter: https://wirtschaftslexikon.gabler.de/definition/netiquette-53879/version-368833.
ders., Netiquette 2.0 – der Knigge für das Internet, Netzwoche 5/2010, S. 40–41.
Benedek, Wolfgang, Vorwort, in Wolfgang Benedek/Catrin Pekari (Hrsg.), Menschenrechte in der Informationsgesellschaft, Richard Boorberg Verlag, Stuttgart/München/Hannover/Berlin/Weimar/Dresden 2007, S. 7–9.
ders., Der Schutz der Meinungsäußerungs- und Medienfreiheit in der Informationsgesellschaft, in Wolfgang Benedek/Catrin Pekari (Hrsg.), Menschenrechte in der Informationsgesellschaft, Richard Boorberg Verlag, Stuttgart/München/Hannover/Berlin/Weimar/Dresden 2007, S. 125–146.
ders., Internet Governance and Human Rights, in Wolfgang Benedek/Veronika Bauer/Matthias C. Kettemann (Hrsg.), Internet Governance and the Information Society. Global Perspectives and European Dimensions, Eleven International Publishing, Utrecht 2008, S. 31–49.
Beniger, James R., The Control Revolution: Technological and Economic Origins of the Information Society, Harvard University Press, Cambridge/London 1986.
Benson, Bruce L., The Spontaneous Evolution of Commercial Law, South. Econ. J. 55 (1989), S. 644–661.
Berber, Friedrich, Lehrbuch des Völkerrechts, Bd. 2: Kriegsrecht, 2. Aufl., C. H. Beck, München 1969.
Bericht der Delegationsleiter des Brüsseler Regierungsausschusses an die Außenminister v. 21.4.1956 („Spaak-Bericht"), S. 18/66, dt. Übers. abrufbar unter: https://www.cvce.eu/obj/bericht_der_delegationsleiter_an_die_aussenminister_brussel_21_april_1956-de-4dd69921-433b-4bc0-acec-808f72fec9ae.html.
Berman, Harold J., The Background of Western Legal Tradition in the Folklaw of the Peoples of Europe, University of Chicago Law Review 45 (1977), S. 553–597.
Bernard, Jacques, Handel und Geldwesen im Mittelalter 900–1500, in Carlo M. Cipolla/Knut Borchardt (Hrsg.), Europäische Wirtschaftsgeschichte in 4 Bänden, Bd. I: Mittelalter, Gustav Fischer Verlag, Stuttgart/New York 1978, S. 177–217.
Berners-Lee, Tim/Fischetti, Mark, Weaving the Web. The Past, Present and Future of the World Wide Web by its Inventor, Orion Business Books, London 1999.
Bernhard, Peter, „Keck" und „Mars" – die neueste Rechtsprechung des EuGH zu Art. 30 EGV, EWS 6 (1995), S. 404–411.
Bernstorff, Jochen v., Der Glaube an das universale Recht. Zur Völkerrechtstheorie Hans Kelsens und seiner Schüler, Studien zur Geschichte des Völkerrechts: Bd. 2, Nomos, Baden-Baden 2001.
Bernsdorff, Norbert, Art. 8, in Jürgen Meyer (Hrsg.), Charta der Grundrechte der Europäischen Union, NomosKommentar, 4. Aufl., Nomos, Baden-Baden 2014.
ders., Art. 11, in Jürgen Meyer (Hrsg.), Charta der Grundrechte der Europäischen Union, NomosKommentar, 4. Aufl., Nomos, Baden-Baden 2014.
ders., Art. 12, in Jürgen Meyer (Hrsg.), Charta der Grundrechte der Europäischen Union, NomosKommentar, 4. Aufl., Nomos, Baden-Baden 2014.
ders., Art. 16, in Jürgen Meyer (Hrsg.), Charta der Grundrechte der Europäischen Union, NomosKommentar, 4. Aufl., Nomos, Baden-Baden 2014.

Bethlehem, Daniel, The End of Geography: The Changing Nature of the International System and the Challenge to International Law, EJIL 25 (2014), S. 9–24.
Bewes, Wyndham A., The romance of the law merchant: being an introduction to the study of international and commercial law, with some account of the commerce and fairs of the Middle Ages, Sweet & Maxwell, London 1923.
Biaggini, Giovanni, Die Idee der Verfassung – eine Neuausrichtung im Zeitalter der Globalisierung?, ZSR N. F. 119 (2000-II), S. 445–476.
Binder, Christina, Die Grenzen der Vertragstreue im Völkerrecht, Beiträge zum ausländischen öffentlichen Recht und Völkerrecht Bd. 245, Springer, Heidelberg 2013.
Bittner, Ludwig, Die Lehre von den völkerrechtlichen Vertragsurkunden, Georg Olms Verlag, Hildesheim/Zürich/New York 2005 (Nachdr. d. Ausg. Berlin/Leipzig 1924).
Black, Max, Models and Metaphors: Studies in Language and Philosophy, Cornell University Press, Ithaca/New York 1962.
Bleckmann, Albert, Analogie im Völkerrecht, AVR 17 (1977), S. 161–180.
ders., Zur Verbindlichkeit des allgemeinen Völkerrechts für internationale Organisationen, ZaöRV 37 (1977), S. 107–121.
ders., Grundprobleme und Methoden des Völkerrechts, Verlag Karl Alber, Freiburg/München 1982.
Blocher, Walter, The next big thing: Blockchain – Bitcoin – Smart Contracts. Wie das disruptive Potential der Distributed Ledger Technology (nicht nur) das Recht fordern wird, AnwBl 8/9 (2016), S. 612–618.
Bluntschli, Johann C., Das moderne Völkerrecht der civilisirten Staten als Rechtsbuch dargestellt, C. H. Beck'sche Buchhandlung, Nördlingen 1868.
BMI, Die eIDAS-Verordnung und ihre Bedeutung für die eID-Funktion, abrufbar unter: https://www.personalausweisportal.de/Webs/PA/DE/verwaltung/eIDAS-verordnung-der-EU/eidas-verordnung-der-eu-node.html.
dass., Cyber-Sicherheitsstrategie für Deutschland, Stand: Feb. 2011, abrufbar unter: https://www.cio.bund.de/SharedDocs/Publikationen/DE/Strategische-Themen/css_download.pdf?__blob=publicationFile.
BMWi (Hrsg.), Investitionsförderung durch flexible Genehmigungsverfahren, Bericht der Unabhängigen Expertenkommission zur Vereinfachung und Beschleunigung von Planungs- und Genehmigungsverfahren, Nomos, Baden-Baden 1994.
Bock, Matthias/Wöbke, Jörn, Selbstregulierung im Internet – Grundzüge eines Neuen Medienrechts, Supplement K&R (1997), S. 11–17.
Bogdandy, Armin v., Konstitutionalisierung des europäischen öffentlichen Rechts in der europäischen Republik, JZ 2005, S. 529–540.
ders., Von der technokratischen Rechtsgemeinschaft zum politisierten Rechtsraum. Probleme und Entwicklungslinien in der Grundbegrifflichkeit des Europarechts, Max-Planck-Institute for Comparative Public Law and International Law, MPIL Research Paper Series No. 2017-12.
ders./*Dann, Philipp/Goldmann, Matthias,* Völkerrecht als öffentliches Recht: Konturen eines rechtlichen Rahmens für Global Governance, Der Staat 49 (2010), S. 23–50.
ders./*Venzke, Ingo,* In wessen Namen? Internationale Gerichte in Zeiten globalen Regierens, Suhrkamp, Berlin 2014.
Böhret, Carl, Technikfolgen als Problem für die Politiker, in Christoph Zöpel (Hrsg.), Technikkontrolle in der Risikogesellschaft, Verlag Neue Gesellschaft, Bonn 1988, S. 85–117.

Booth, David, An Analytical Dictionary of the English Language, in which the words are explained in the order of their natural affinity, independent of alphabetical arrangement; and the signification of each is traced from its etymology, the present meaning being accounted for, when it differs from its former acceptation: the whole exhibiting, in one continued narrative, the origin, history, and modern usage of the existing vocabulary of the English tongue; to which are added, an introduction, containing a new grammar of the language, and an alphabetical index, for the ease of consultation, Simpkin, Marshall, and Co., London 1836.

Bopp, Carl, Die internationale Maß-, Gewichts- und Münz-Einigung durch das metrische System, Verlag v. Julius Maier, Stuttgart 1869.

Borchers, Detlef, OSZE möchte Meinungs- und Pressefreiheit im Internet sichern, heise online, 14.6.2003, abrufbar unter: https://www.heise.de/newsticker/meldung/OSZE-moechte-Meinungs-und-Pressefreiheit-im-Internet-sichern-80567.html.

Borges, Georg, Electronic Banking, in Peter Derleder/Kai-Oliver Knops/Heinz G. Bamberger (Hrsg.), Handbuch zum deutschen und europäischen Bankrecht, 2. Aufl., Springer, Berlin/Heidelberg 2009, S. 279–323.

Borsellino, Patrizia, Art. „Norms", in Christopher B. Gray (Hrsg.), The Philosophy of Law: An Encyclopedia, Bd. 2: K–Z, Garland Publishing, New York/London 1999, S. 596–598.

Bos, Maarten, The Identification of Custom in International Law, GYIL 25 (1982), S. 9–53.

Böth, Katharina, Evolutive Auslegung völkerrechtlicher Verträge. Eine Untersuchung zu Voraussetzungen und Grenzen in Anbetracht der Praxis internationaler Streitbeilegungsinstitutionen, Duncker & Humblot, Berlin 2013.

Bothe, Michael, Friedenssicherung und Kriegsrecht, in Wolfgang Graf Vitzthum/Alexander Proelß (Hrsg.), Völkerrecht, 7. Aufl., De Gruyter, 2016, S. 591–682.

Bourquin, Maurice, Pouvoir scientifique et droit international, RdC 70 (1947-I), S. 331–406.

Boyle, Alan, Soft Law in International Law-Making, in Malcolm D. Evans (Hrsg.), International Law, 4. Aufl., Oxford University Press, Oxford 2014, S. 118–136.

Boyle, James, Foucault in Cyberspace: Surveillance, Sovereignty, and Hardwired Censors, U. Cin. L. Rev. 66 (1997), S. 177–205.

Brack, Hans, Art. „Rundfunkrecht, internationales", in Karl Strupp/Hans-Jürgen Schlochauer (Hrsg.), Wörterbuch des Völkerrechts, Bd. 3: Rapallo-Vertrag bis Zypern, 2. Aufl., De Gruyter, Berlin 1962, S. 139–142.

Bradner, Scott, RFC 2418: IETF Working Group Guidelines and Procedures, Memo, Network Working Group, Sept. 1998, abrufbar unter: https://datatracker.ietf.org/doc/html/rfc2418.

Brenner, Neil, Beyond state-centrism? Space, territoriality, and geographical scale in globalization studies, Theory and Society 28 (1999), S. 39–78.

Broadband Commission for Sustainable Development, The State of Broadband 2016: Broadband catalyzing sustainable development, Sept. 2016, abrufbar unter: https://www.broadbandcommission.org/Documents/reports/bb-annualreport2016.pdf.

Brockhaus, Die Enzyklopädie in 24 Bänden, Art. „Fortschritt", Bd. 7: EW–FRIS, 20. Aufl., F. A. Brockhaus, Leipzig/Mannheim 1998, S. 495–497.

Brockhaus, Enzyklopädie in 30 Bänden, 21. Aufl., F. A. Brockhaus, Leipzig/Mannheim 2006.
– Art. „Diffusion", Bd. 7: DIEU–EMAR, S. 12–13.

- Art. „Erfindung", Bd. 8: EMAS–FASY, S. 272–273.
- Art. „Fortschritt", Bd. 9: FASZ–FRIER, S. 497–500.
- Art. „Fragment", Bd. 9: FASZ–FRIER, S. 546.
- Art. „Gesandter", Bd. 10: FRIES–GLAR, S. 594.
- Art. „Infrastruktur", Bd. 13: HURS–JEM, S. 290.
- Art. „Innovation", Bd. 13: HURS–JEM, S. 323–328.
- Art. „Invention", Bd. 13: HURS–JEM, S. 444.
- Art. „Naturwissenschaften", Bd. 19: MOSC–NORDD, S. 412.
- Art. „Technik", Bd. 27: TALB–TRY, S. 116–121.
- Art. „Technologie", Bd. 27: TALB–TRY, S. 138–139.
- Art. „Territorium", Bd. 27: TALB–TRY, S. 231.

Bröhmer, Jürgen, Art. 63 AEUV, in Christian Calliess/Matthias Ruffert (Hrsg.), EUV/AEUV: Das Verfassungsrecht der Europäischen Union mit Europäischer Grundrechtecharta, Kommentar, 5. Aufl., C. H. Beck, München 2016.

Brölmann, Catherine M., Deterritorialization in International Law: Moving Away from the Divide Between National and International Law, in Janne E. Nijman/André Nollkaemper (Hrsg.), New Perspectives on the Divide between National and International Law, Oxford University Press, Oxford 2007, S. 84–109.

Brown, Ronald W., Economic and Trade Related Aspects of Transborder Data Flow: Elements of a Code for Transnational Commerce Perspectives, Nw. J. Int'l L. & Bus. 6 (1984), S. 1–85.

Brownsword, Roger/Goodwin, Morag, Law and the Technologies of the Twenty-First Century. Text and Materials, Cambridge University Press, Cambridge, 2012.

Bruha, Thomas/Tams, Christian J., Self-Defence against Terrorist Attacks. Considerations in the Light of the ICJ's „Israeli Wall" Opinion, in Klaus Dicke/Stephan Hobe/Karl-Ulrich Meyn/Anne Peters/Eibe Riedel/Hans-Joachim Schütz/Christian Tietje (Hrsg.), Weltinnenrecht, Liber Amicorum Jost Delbrück, Veröffentlichungen des Walther-Schücking-Instituts für Internationales Recht an der Universität Kiel Bd. 155, Duncker & Humblot, Berlin 2005, S. 85–100.

Brunnée, Jutta, Sic utere tuo ut alienum non laedas, in Rüdiger Wolfrum (Hrsg.), MPEPIL, Bd. IX: SA–TR, Oxford University Press, Oxford 2012, S. 188–192.

BSI, DoS- und DDoS-Attacken, abrufbar unter: https://www.bsi.bund.de/DE/Themen/Verbraucherinnen-undVerbraucher/Cyber-Sicherheitslage/Methoden-der-Cyber-Kriminalitaet/DoS-Denial-of-Service/dos-denial-of-service_node.html.

dass., Antispam-Strategien: Unerwünschte E-Mails erkennen und abwehren, Bundesanzeiger Verlag, Bonn 2005.

Bundesnetzagentur, Fragen und Antworten zum EU-Roaming, abrufbar unter: https://www.bundesnetzagentur.de/DE/Vportal/TK/InternetTelefon/Roaming/FAQ_Roaming/start.html.

dies., Funkverträglichkeit, Stand: 17.6.2014, abrufbar unter: https://www.bundesnetzagentur.de/DE/Sachgebiete/Telekommunikation/Unternehmen_Institutionen/Technik/TechnischeVertraeglichkeit/Funkvertraeglichkeit/funkvertraeglichkeit.html.

dies., BEREC veröffentlicht finale Leitlinien zur Netzneutralität, 30.8.2016, abrufbar unter: https://www.bundesnetzagentur.de/SharedDocs/Pressemitteilungen/DE/2016/160829_BEREC.html.

Bundesregierung, Digitale Agenda 2014–2017, Aug. 2014, abrufbar unter: https://www.bmwi.de/Redaktion/DE/Publikationen/Digitale-Welt/digitale-agenda.html.

bpb, Vor 35 Jahren: Datenschutzkonvention des Europarates, abrufbar unter: https://www.bpb.de/politik/hintergrund-aktuell/219563/datenschutzkonvention.

Burk, Dan L., Patents in Cyberspace: Territoriality and Infringement on Global Computer Networks, Tul. L. Rev. 68 (1993), S. 1–67.

Burnstein, Matthew, Conflicts on the Net: Choice of Law in Transnational Cyberspace, Vand. J. Transnat'l L. 29 (1996), S. 75–116.

ders., A Global Network in a Compartmentalised Legal Environment, in Katharina Boele-Woelki/Catherine Kessedjian (Hrsg.), Internet – Which Court Decides, Which Law Applies?, Proceedings of the international colloquium in honour of Michel Pelichet organized by the Molengraff Institute of Private Law, University of Utrecht and the Hague Conference on Private International Law, Law and Electronic Commerce Bd. 5, Kluwer Law International, Den Haag/London/Boston 1998, S. 23–34.

Busch, Carsten, Metaphern in der Informatik: Modellbildung – Formalisierung – Anwendung, DUV, Wiesbaden 1998.

Buzan, Barry, Commentary, in John K. Gamble (Hrsg.), Law of the Sea: Neglected Issues, Proceedings of the Law of the Sea Institute: Twelfth Annual Conference, 23.–26.10.1978, The Law of the Sea Institute, University of Hawaii, Honolulu 1979, S. 503–508.

BVDW, Aktuelle Informationen zur ePrivacy-Verordnung, abrufbar unter: https://www.bvdw.org/themen/recht/kommunikationsrecht-eprivacy/.

Calem, Robert E., Network of All Networks, New York Times v. 6.12.1992, S. 12F.

Calliess, Christian, § 23 Zugang zu Dienstleistungen von allgemeinem wirtschaftlichen Interesse, in Dirk Ehlers (Hrsg.), Europäische Grundrechte und Grundfreiheiten, 4. Aufl., De Gruyter, Berlin/Boston 2014, S. 775–782.

ders., Art. 11 GRCh, in Christian Calliess/Matthias Ruffert (Hrsg.), EUV/AEUV: Das Verfassungsrecht der Europäischen Union mit Europäischer Grundrechtecharta, Kommentar, 5. Aufl., C. H. Beck, München 2016.

Campenhausen, Otto v., Günther Holstein: Staatsrechtslehrer und Kirchenrechtler in der Weimarer Republik, Centaurus, Pfaffenweiler 1997.

Canada Department of Communications, Instant World: A Report on Telecommunications in Canada, Information Canada, Ottawa 1971.

Caplan, Harold, The Crime of Flying: The Way Forward to 1784, Air and Space Law 34 (2009), S. 351–370.

Cardozo, Benjamin N., The Nature of the Judicial Process, Yale University Press, New Haven 1921.

Cassese, Antonio, States: Rise and Decline of the Primary Subjects of the International Community, in Bardo Fassbender/Anne Peters (Hrsg.), The Oxford Handbook of the History of International Law, Oxford University Press, Oxford 2012, S. 49–70.

Cassese, Sabino, Global administrative law: The state of the art, Int. J. Const. Law 13 (2015), S. 465–468.

Castells, Manuel, The Internet Galaxy: Reflections on the Internet, Business, and Society, Oxford University Press, Oxford 2003.

ders., The Rise of the Network Society. The Information Age: Economy, Society and Culture, 2. Aufl., WileyBlackwell, Malden/Oxford/Chichester 2010.

Cavazos, Edward A./Morin, Gavino, Cyberspace and the Law: Your Rights and Duties in the On-Line World, The M. I. T. Press, Massachusetts/London 1994.

Cerf, Vinton G., Internet Acces Is Not a Human Right, Opinion, New York Times v. 4.1.2012, abrufbar unter: https://www.nytimes.com/2012/01/05/opinion/internet-access-is-not-a-human-right.html.
Chadwick, Andrew, Internet Governance, in Mark Bevir (Hrsg.), Encyclopedia of Governance, Bd. I: A–J, SAGE Publications, Thousand Oaks/London/Neu-Delhi 2007, S. 484–485.
Chanos, Antonis, Diskussionsbericht, in Martin Schulte (Hrsg.), Technische Innovation und Recht: Antrieb oder Hemmnis?, MTM Bd. 76, C. F. Müller, Heidelberg 1997, S. 55–56.
Charney, Jonathan I., The Persistent Objector Rule and the Development of Customary International Law, BYIL 56 (1985), S. 1–24.
Charnovitz, Steve, Two Centuries of Participation: NGOs and International Governance, Mich. J. Int'l L. 18 (1997), S. 183–286.
Cheng, Bin, Appendix: United Nations Resolutions on Outer Space: „Instant" International Customary Law?, in Bin Cheng (Hrsg.), International Law: Teaching and Practice, Stevens & Sons, London 1982, S. 237–262.
ders., Studies in International Space Law, Clarendon Press, Oxford 1997.
Chionos, Tatjana/González Hauck, Sué/Haßfurther, Isabelle, Die Dialektik zwischen der völkerrechtlichen Fragmentierung und Konstitutionalisierung – Zur Auflösung eines Scheinwiderspruchs, in Bardo Fassbender/Angelika Siehr (Hrsg.), Suprastaatliche Konstitutionalisierung. Perspektiven auf die Legitimität, Kohärenz und Effektivität des Völkerrechts, Nomos, Baden-Baden 2012, S. 59–100.
Clark, Charles, The Answer to the Machine is in the Machine, in P. Bernt Hugenholtz (Hrsg.), The Future of Copyright in a Digital Environment, Proceedings of the Royal Academy Colloquium Organized by the Royal Netherlands Academy of Sciences and the Institute for Information Law (Amsterdam, 6.–7.7.1995), Kluwer Law International, Amsterdam 1996, S. 139–145.
Clinton, William J., State of the Union Address, U. S. Capitol, 23.1.1996.
Cohen-Almagor, Raphael, Confronting the Internet's Dark Side: Moral and Social Responsibility on the Free Highway, Cambridge University Press, New York 2015.
Colerus, Egmont, Vom Punkt zur vierten Dimension. Geometrie für Jedermann, Paul Zsolnay Verlag, Berlin/Wien/Leipzig 1946.
Commission on Global Governance, Our Global Neighbourhood: The Report of the Commission on Global Governance, Oxford University Press, Oxford 1995.
Conseil d'État (Section du rapport et des études), Internet et les réseaux numériques: Étude adoptée par l'Assemblée générale du Conseil d'État le 2 juillet 1998, La Documentation Française, Paris 1998.
CORDIS, Kommissionsmitglied Bangemann fordert Charta für globale Kommunikation, 1997, abrufbar unter: https://cordis.europa.eu/news/rcn/8992_de.html.
Crosland, Maurice, The Congress on Definitive Metric Standards, 1798–1799: The First International Scientific Conference?, Isis 60 (1969), S. 226–231.
Dag Hammarskjöld Foundation, Towards a New World Information and Communication Order, Development Dialogue no. 2, 1981, abrufbar unter: https://www.daghammarskjold.se/publication/towards-new-worldinformation-communication-order/.
Dag Hammarskjöld Library, UN Specialized Agencies, abrufbar unter: https://research.un.org/en/docs/unsystem/sa.

Dahm, Georg (Begr.)/Delbrück, Jost/Wolfrum, Rüdiger (Hrsg.), Völkerrecht, Bd. I/1: Die Grundlagen. Die Völkerrechtssubjekte, 2. Aufl., De Gruyter, Berlin/New York 1989.

dies., Völkerrecht, Bd. I/2: Der Staat und andere Völkerrechtssubjekte; Räume unter internationaler Verwaltung, 2. Aufl., De Gruyter, Berlin 2002.

dies., Völkerrecht, Bd. I/3: Die Formen des völkerrechtlichen Handelns; Die inhaltliche Ordnung der internationalen Gemeinschaft, 2. Aufl., De Gruyter, Berlin 2002.

Daiber, Birgit, Art. 10, in Jens Meyer-Ladewig/Martin Nettesheim/Stefan v. Raumer (Hrsg.), EMRK: Europäische Menschenrechtskonvention, Handkommentar, 4. Aufl., Nomos, Baden-Baden 2017.

Damon, Lisa J., Freedom of Information versus National Sovereignty: The Need for a New Global Forum for the Resolution of Transborder Date Flow Problems, Fordham Int'l L. J. 10 (1986–1987), S. 262–287.

Danilenko, Gennady M., Law-Making in the International Community, Martinus Nijhoff Publishers, Dordrecht/Boston/London 1993.

Dankert, Birgit, „Globale Informationsnetze: Die Chancen nutzen": Europäische Ministerkonferenz in Bonn vom 6.–8. Juli 1997, Bibliotheksdienst 31 (1997), S. 1455–1464.

Dannenberg, Marius/Ulrich, Anja, E-Payment und E-Billing: Elektronische Bezahlsysteme für Mobilfunk und Internet, Gabler Verlag, Wiesbaden 2004.

Dark, Ken, The Informational Reconfiguring of Global Geopolitics, in Yale H. Ferguson/R. J. Barry Jones (Hrsg.), Political Space: Frontiers of Change and Governance in a Globalizing World, State University of New York Press, Albany 2002, S. 61–85.

Dauses, Manfred A., Die Grenze des Staatsgebietes im Raum, Schriften zum Öffentlichen Recht Bd. 204, Duncker & Humblot, Berlin 1972.

Deißner, Susanne, Interregionales Privatrecht in China – zugleich ein Beitrag zum chinesischen IPR, Mohr Siebeck, Tübingen 2008.

Deleuze, Gilles/Guattari, Félix, Capitalisme et schizophrénie, Bd. 2: Mille Plateaux, Les Éditions de Minuit, Paris 1980.

Delfs, Sören, Innovation – Standardisierung – Recht (Das Beispiel Internet), in Martin Eifert/Wolfgang Hoffmann-Riem (Hrsg.), Innovation und rechtliche Regulierung: Schlüsselbegriffe und Anwendungsbeispiele rechtswissenschaftlicher Innovationsforschung, Schriften zur rechtswissenschaftlichen Innovationsforschung Bd. 5, Nomos, Baden-Baden 2002, S. 171–213.

Dellapenna, Joseph W., Law in a Shrinking World: The Interaction of Science and Technology with International Law, Ky. L. J. 88 (1999–2000), S. 809–883.

Der Bundesbeauftragte für den Datenschutz und die Informationsfreiheit, Reform des Urheberrechts birgt auch datenschutzrechtliche Risiken, Pressemitteilung v. 26.2.2019, abrufbar unter: https://www.bfdi.bund.de/SharedDocs/Pressemitteilungen/DE/2019/10_Uploadfilter.html.

Deutscher Bundestag, Wissenschaftliche Dienste, Aktueller Begriff „Internet Governance", Nr. 11/14 (27.3.2014), abrufbar unter: https://www.bundestag.de/resource/blob/195878/af1d82ca9f8950c9259faf3180fc9c79/internet_governance-data.pdf.

ders., Sachstand: Der UN-Sozialpakt und die Teilhabe am kulturellen Leben. Inhalt und Umsetzung in Deutschland, Az. WD 10-3000-036/16 (4.8.2016), abrufbar unter: https://www.bundestag.de/resource/blob/481516/7dcb58be2a6635c4c38570e1c15327c7/wd-10-035-16-pdf-data.pdf.

Deutschlands Zukunft gestalten, Koalitionsvertrag zwischen CDU, CSU und SPD, 18. Legislaturperiode, 2013, abrufbar unter: https://www.cdu.de/sites/default/files/media/dokumente/koalitionsvertrag.pdf.

Dhokalia, Ramaa P., Reflections on International Law-Making and Its Progressive Development in the Contemporary Era of Transition, in Raghunandan S. Panthak/Ramaa P. Dhokalia (Hrsg.), International Law in Transition. Essays in Memory of Judge Nagendra Singh, Martinus Nijhoff Publishers, Dordrecht 1992, S. 203–229.

Di Fabio, Udo, Risikoentscheidungen im Rechtsstaat. Zum Wandel der Dogmatik im öffentlichen Recht, insbesondere am Beispiel der Arzneimittelüberwachung, J. C. B. Mohr (Paul Siebeck), Tübingen 1994.

ders., Rechtliche Rahmenbedingungen neuer Informations- und Kommunikationstechnologien, in Martin Schulte (Hrsg.), Technische Innovation und Recht: Antrieb oder Hemmnis?, MTM Bd. 76, C. F. Müller, Heidelberg 1997, S. 117–135.

Diederiks-Verschoor, Isabella H. P., An Introduction to Space Law, 3. Aufl., Kluwer Law International, Austin/Boston/Chicago/New York/Niederlande 2008.

Die Goldene Bulle Kaiser Karls IV. vom Jahre 1356 (hrsg. v. d. Deutschen Akademie der Wissenschaften zu Berlin – Zentralinstitut für Geschichte, bearb. v. Wolfgang D. Fritz, Hermann Böhlaus Nachfolger, Weimar 1972).

Dienel, Hans-Liudger, Homo Faber – Der technische Zugang zur Natur, in Werner Nachtigall/Charlotte Schönbeck (Hrsg.), Technik und Natur, Technik und Kultur Bd. 6, Springer, Berlin/Heidelberg 1994, S. 13–84.

Dierkes, Meinolf, Ist Technikentwicklung steuerbar?, in Jörg Bergstermann/Thomas Manz (Hrsg.), Technik gestalten, Risiken beherrschen: Befunde der Sozialforschung zur Entwicklung moderner Produktionstechnik, Edition Sigma, Berlin 1992, S. 15–35.

ders./Canzler, Weert, Innovationsforschung als Gegenstand der Technikgeneseforschung, in Wolfgang Hoffmann-Riem/Jens-Peter Schneider (Hrsg.), Rechtswissenschaftliche Innovationsforschung: Grundlagen, Forschungsansätze, Gegenstandsbereiche, Schriften zur rechtswissenschaftlichen Innovationsforschung Bd. 1, Nomos, Baden-Baden 1998, S. 63–84.

DIN (Hrsg.), Gesamtwirtschaftlicher Nutzen der Normung: Volkswirtschaftlicher Nutzen. Der Zusammenhang zwischen Normung und technischem Wandel, ihr Einfluss auf den Außenhandel und die Gesamtwirtschaft, Beuth Verlag, Berlin/Wien/Zürich 2000.

dass., Grundsätze der Normungsarbeit (Legitimation), abrufbar unter: https://www.din.de/de/ueber-normen-undstandards/din-norm/grundsaetze.

dass., Grundsätze der Normungsarbeit (Sachbezogenheit), abrufbar unter: https://www.din.de/de/ueber-normenund-standards/din-norm/grundsaetze.

dass., Internationale Normung, abrufbar unter: https://www.din.de/de/din-und-seine-partner/din-in-der-welt/internationale-normung.

dass., Sind Normen Pflicht?, abrufbar unter: https://www.din.de/de/ueber-normen-und-standards/basiswissen.

dass., Was ist eine Norm?, abrufbar unter: https://www.din.de/de/ueber-normen-und-standards/basiswissen.

dass., Wie entsteht eine DIN-Norm?, abrufbar unter: https://www.din.de/de/ueber-normen-undstandards/basiswissen.

Donner, Debbie, The Golden Rule of Netiquette, Ezine Articles, 20.2.2010, abrufbar unter: http://ezinearticles.com/?The-Golden-Rule-of-Netiquette&id=3795674.

Doria, Avri, How the technical community frames the Internet and economic, social and cultural rights, Association for Progressive Communications (APC), Dez. 2015, S. 17, abrufbar unter: https://www.apc.org/en/pubs/how-technical-community-frames-internet-and-econom.

Dörr, Oliver, „Privatisierung" des Völkerrechts, JZ 60 (2005), S. 905–916.

ders., Use of Force, Prohibition of, in Rüdiger Wolfrum (Hrsg.), MPEPIL, Bd. X: TR–ZO, Oxford University Press, Oxford 2012, S. 607–620.

ders., 5. Kapitel: Weitere Rechtsquellen des Völkerrechts, in Knut Ipsen, Völkerrecht. Ein Studienbuch, (hrsg. v. Volker Epping/Wolff Heintschel v. Heinegg), 7. Aufl., C. H. Beck, München 2018, S. 536–588.

Dotzler, Bernhard (Hrsg.), Babbages Rechen-Automate: Ausgewählte Schriften, Computerkultur Bd. VI, Springer, Wien/New York 1996.

Dreier, Horst, Vorwort, in Horst Dreier/Hans Forkel/Klaus Laubenthal (Hrsg.), Raum und Recht, FS 600 Jahre Würzburger Juristenfakultät, Duncker & Humblot, Berlin 2002, S. V.

Dreyer, Gunda, § 27 UrhG, in Gunda Dreyer/Jost Kotthoff/Astrid Meckel/Christian-Henner Hentsch, Heidelberger Kommentar zum Urheberrecht, 4. Aufl., C. F. Müller, Heidelberg 2018.

Dtv-Lexikon in 24 Bänden, Art. „Innovation", Bd. 10: Holb–Jarl, dtv, München 2006, S. 205.

Duden.
- Art. „beziehungsweise", abrufbar unter: https://www.duden.de/rechtschreibung/beziehungsweise.
- Art. „Bit, das", abrufbar unter: https://www.duden.de/rechtschreibung/Bit_Einheit_in_der_EDV.
- Art. „exterritorial", abrufbar unter: https://www.duden.de/rechtschreibung/exterritorial.
- Art. „Fragment, das", abrufbar unter: https://www.duden.de/rechtschreibung/Fragment.
- Art. „Geißel, die", abrufbar unter: https://www.duden.de/rechtschreibung/Geiszel.
- Art. „Gesandter", abrufbar unter: https://www.duden.de/rechtschreibung/Gesandter.
- Art. „Hosting, das", abrufbar unter: https://www.duden.de/rechtschreibung/Hosting.
- Art. „international", abrufbar unter: https://www.duden.de/rechtschreibung/international.
- Art. „Internet, das", abrufbar unter: https://www.duden.de/rechtschreibung/Internet.
- Art. „Konferenz, die", abrufbar unter: https://www.duden.de/rechtschreibung/Konferenz.
- Art. „Kongress, der", abrufbar unter: https://www.duden.de/rechtschreibung/Kongress.
- Art. „Kommunikation, die", abrufbar unter: https://www.duden.de/rechtschreibung/Kommunikation.
- Art. „Lebensraum, der", abrufbar unter: https://www.duden.de/rechtschreibung/Lebensraum.
- Art. „Massenmedium, das", abrufbar unter: https://www.duden.de/rechtschreibung/Massenmedium.
- Art. „Meritokratie, die", abrufbar unter: https://www.duden.de/rechtschreibung/Meritokratie.

- Art. „Metapher, die", abrufbar unter: https://www.duden.de/rechtschreibung/Metapher.
- Art. „Netizens, die", abrufbar unter: https://www.duden.de/rechtschreibung/Netizens.
- Art. „Organ, das", abrufbar unter: https://www.duden.de/rechtschreibung/Organ.
- Art. „Provider, der", abrufbar unter: https://www.duden.de/rechtschreibung/Provider.
- Art. „Raum, der", abrufbar unter: https://www.duden.de/rechtschreibung/Raum.
- Art. „Recht, das", abrufbar unter: https://www.duden.de/rechtschreibung/Recht.
- Art. „regeln", abrufbar unter: https://www.duden.de/rechtschreibung/regeln.
- Art. „supranational", abrufbar unter: https://www.duden.de/rechtschreibung/supranational.
- Art. „Technik, die", abrufbar unter: https://www.duden.de/rechtschreibung/Technik.
- Art. „Territorium, das", abrufbar unter: https://www.duden.de/rechtschreibung/Territorium.
- Art. „trans-, Trans-, *vor s auch* tran-, Tran-, *auch verkürzt* tra-, Tra-", abrufbar unter: https://www.duden.de/rechtschreibung/trans_.
- Art. „transnational", abrufbar unter: https://www.duden.de/rechtschreibung/transnational.
- Art. „Versammlung, die", abrufbar unter: https://www.duden.de/rechtschreibung/Versammlung.
- Art. „virtuell", abrufbar unter: https://www.duden.de/rechtschreibung/virtuell.

Dumberry, Patrick, Incoherent and Ineffective. The Concept of Persistent Objector Revisited, ICLQ 59 (2010), S. 779–802.

Dünne, Jörg, Teil IV: Soziale Räume. Einleitung, in Jörg Dünne/Stephan Günzel, Raumtheorie. Grundlagentexte aus Philosophie und Kulturwissenschaften, Suhrkamp, Frankfurt a.M. 2006, S. 289–303.

Edelstein, Jonathan I., Anonymity and International Law Enforcement in Cyberspace, Fordham Intell. Prop.Media & Ent. L. J. 7 (1996), S. 231–294.

Ehlers, Caspar, Recht und Raum: Das Beispiel Sachsens im frühen Mittelalter, Rg 13 (2008), S. 12–24.

ders., Rechtsräume. Ordnungsmuster im Europa des frühen Mittelalters, De Gruyter Oldenbourg, Berlin/Boston 2016.

Ehrlich, Eugen, Grundlegung der Soziologie des Rechts, Duncker & Humblot, München/Leipzig 1913.

Eichensehr, Kristen E., The Cyber-Law of Nations, Geo. L. J. 103 (2015), S. 317–380.

Eide, Asbjørn/Alfredsson, Gudmundur, Introduction, in Gudmundur Alfredsson/Asbjørn Eide (Hrsg.), The Universal Declaration of Human Rights: A Common Standard of Achievement, Martinus Nijhoff Publishers, Den Haag/Boston/London 1999, S. xxv–xxxv.

ders./Barth Eide, Wenche, Article 25, in Gudmundur Alfredsson/Asbjørn Eide (Hrsg.), The Universal Declaration of Human Rights: A Common Standard of Achievement, Martinus Nijhoff Publishers, Den Haag/Boston/London 1999, S. 523–550.

Eifert, Martin, Innovationen in und durch Netzwerkorganisationen: Relevanz, Regulierung und staatliche Einbindung, in Martin Eifert/Wolfgang Hoffmann-Riem (Hrsg.), Innovation und rechtliche Regulierung: Schlüsselbegriffe und Anwendungsbeispiele rechtswissenschaftlicher Innovationsforschung, Schriften zur rechtswissenschaftlichen Innovationsforschung Bd. 5, Nomos, Baden-Baden 2002, S. 88–133.

Engisch, Karl, Vom Weltbild des Juristen, 2. Aufl., Carl Winter Universitätsverlag, Heidelberg 1965.

Epiney, Astrid, Das „Verbot erheblicher grenzüberschreitender Umweltbeeinträchtigungen": Relikt oder konkretisierungsfähige Grundnorm?, AVR 33 (1995), S. 309–360.
dies., Die Bindung der Europäischen Union an das allgemeine Völkerrecht, Europarecht, Beiheft 2/2012, S. 25–48.
dies., Art. 18 AEUV, in Christian Calliess/Matthias Ruffert (Hrsg.), EUV/AEUV: Das Verfassungsrecht der Europäischen Union mit Europäischer Grundrechtecharta, Kommentar, 5. Aufl., C. H. Beck, München 2016.
dies., Gegenstand, Entwicklung, Quellen und Akteure des internationalen Umweltrechts, in Alexander Proelß (Hrsg.), Internationales Umweltrecht, De Gruyter, Berlin/Boston 2017, S. 1–35.
Epping, Volker, § 8 Internationale Organisationen, in Knut Ipsen, Völkerrecht (hrsg. v. Volker Epping/Wolff Heintschel v. Heinegg), 7. Aufl., C. H. Beck, München 2018, S. 232–357.
Erbenich, Manuel, Vater der Weimarer Verfassung, Deutschlandfunk, 28.10.2010, abrufbar unter: https://www.deutschlandfunk.de/vater-der-weimarer-verfassung.871.de.html?dram: article_id=127137.
Ernst, Stefan, Internet und Recht, JuS 1997, S. 776–782.
Esser, Hartmut, Soziologie: Allgemeine Grundlagen, 2. Aufl., Campus Verlag, Frankfurt/New York 1996.
Eucken, Walter, Grundsätze der Wirtschaftspolitik, 6. Aufl. (hrsg. v. Edith Eucken/K. Paul Hensel), J. C. B. Mohr (Paul Siebeck), Tübingen 1990.
Europarat, Details zum Vertrag-Nr. 132: Europäisches Übereinkommen über das grenzüberschreitende Fernsehen, Zusammenfassung, abrufbar unter: https://www.coe.int/de/web/conventions/full-list/-/conventions/treaty/132.
ders., Details zum Vertrag-Nr. 185: Übereinkommen über Computerkriminalität, Zusammenfassung, abrufbar unter: https://www.coe.int/de/web/conventions/full-list/-/conventions/treaty/185.
Ewer, Wolfgang/Thienel, Tobias, Völker-, unions- und verfassungsrechtliche Aspekte des NSA-Datenskandals, NJW 2014, S. 30–35.
Facebook, Gemeinschaftsstandards, abrufbar unter: https://de-de.facebook.com/communitystandards/.
dass., Nutzungsbedingungen, abrufbar unter: https://de-de.facebook.com/legal/terms.
Fadavian, Benjamin, Chancen und Grenzen der algorithmischen Verwaltung im demokratischen Verfassungsstaat, in Resa Mohabbat Kar/Basanta Thapa/Peter Parycek (Hrsg.), (Un)berechenbar? Algorithmen und Automatisierung in Staat und Gesellschaft, Fraunhofer-Institut für Offene Kommunikationssysteme FOKUS, Kompetenzzentrum Öffentliche IT, Berlin 2018, S. 294–314.
Falschlehner, Viktor/Klausberger, Philipp, Zur finanzmarktaufsichtsrechtlichen Einordnung von Bitcoins, in Helgo Eberwein/Anna-Zoe Steiner (Hrsg.), Bitcoins, Jan Sramek Verlag, Wien 2014, S. 37–62.
Farahat, Anuscheh/Markard, Nora, Forced Migration Governance: In Search of Sovereignty, GLJ 17 (2016), S. 923–947.
Farrell, Joseph/Saloner, Garth, Competition, Compatibility and Standards: The Economics of Horses, Penguins and Lemmings, in H. Landis Gabel (Hrsg.), Product standardization and competitive strategy, North-Holland, Amsterdam/New York/Oxford/Tokyo 1987, S. 1–21.
Fassbender, Bardo, The United Nations Charter As Constitution of The International Community, Colum. J. Transnat'l L. 36 (1998), S. 529–619.

ders., The meaning of international constitutional law, in Nicholas Tsagourias (Hrsg.), Transnational Constitutionalism: International and European Models, Cambridge University Press, Cambridge 2007, S. 307–328.

ders./Siehr, Angelika, Vorwort, in Bardo Fassbender/Angelika Siehr (Hrsg.), Suprastaatliche Konstitutionalisierung. Perspektiven auf die Legitimität, Kohärenz und Effektivität des Völkerrechts, Nomos, Baden-Baden 2012, S. 5–8.

Fastenrath, Ulrich, Lücken im Völkerrecht. Zu Rechtscharakter, Quellen, Systemzusammenhang, Methodenlehre und Funktionen des Völkerrechts, Schriften zum Völkerrecht Bd. 93, Duncker & Humblot, Berlin 1991.

Fawcett, James E. S., Impacts of Technology on International Law, in Bin Cheng (Hrsg.), International Law: Teaching and Practice, Stevens & Sons, London 1982, S. 94–108.

Fink, Udo, Medienregulierung im Europarat, ZaöRV 74 (2014), S. 505–520.

ders./Cole, Mark D./Keber, Tobias O., Europäisches und Internationales Medienrecht, C. F. Müller, Heidelberg 2008.

Fischer, Hans A., Fiktionen und Bilder in der Rechtswissenschaft, AcP 117 (1919), S. 143–192.

Fischer-Lescano, Andreas/Teubner, Gunther, Regime-Collisions: The Vain Search for Legal Unity in the Fragmentation of Global Law, Mich. J. Int'l L. 25 (2004), S. 999–1046.

dies., Reply to Andreas L. Paulus: Consensus as Fiction of Global Law, Mich. J. Int'l L. 25 (2004), S. 1059–1073.

Fischer-Lescano, Andreas/Viellechner, Lars, Globaler Rechtspluralismus, APuZ 60 (2010), Heft 34–35: Weltstaatengesellschaft?, S. 20–26.

Fisher, Desmond, The Right to Communicate: A Status Report, UNESCO Reports and Papers on Mass Communication No. 94, 1982, abrufbar unter: https://unesdoc.unesco.org/ark:/48223/pf0000050335.

Fitzmaurice, Gerald, Some Problems Regarding the Formal Sources of International Law, in Frederik M. van Asbeck (Hrsg.), Symbolae Verzijl: Présentées au Professeur J. H. W. Verzijl à l'occasion de son LXX-ième anniversaire, Martinus Nijhoff, Den Haag 1938, S. 153 ff.

Forrest, Craig, Cultural Heritage as the Common Heritage of Humankind: A Critical Reevaluation, CILSA 40 (2007), S. 124–151.

Forsthoff, Ernst, Lehrbuch des Verwaltungsrechts, Bd. I: Allgemeiner Teil, Beck-Verlag, München 1973.

Forsthoff, Ulrich, Art. 45 AEUV, in Grabitz, Eberhard/Hilf, Meinhard/Nettesheim, Martin (Hrsg.), Das Recht der Europäischen Union: Kommentar, Bd. I: EUV/AEUV, Loseblattsammlung (62. ErgL, Stand: Juli 2017), C. H. Beck, München.

Foucault, Michel, Von anderen Räumen, in Jörg Dünne/Stephan Günzel (Hrsg.), Raumtheorie. Grundlagentexte aus Philosophie und Kulturwissenschaften, Suhrkamp, Frankfurt a.M. 2006, S. 317–329.

Frakes, Jennifer, The Common Heritage of Mankind Principle and the Deep Seabed, Outer Space, and Antarctica: Will Developed and Developing Nations Reach a Compromise?, Wis. Int'l L. J. 21 (2003), S. 409–434.

Franck, Gunnar, Die horizontale unmittelbare Anwendbarkeit der EG-Grundfreiheiten – Grundlagen und aktuelle Entwicklungen, Beiträge zum Europa- und Völkerrecht, Heft 1, Institut für Wirtschaftsrecht – Forschungsstelle für Transnationales Wirtschaftsrecht Martin-Luther-Universität Halle-Wittenberg, Halle a.d. Saale 2009.

Franckx, Erik, The International Seabed Authority and the Common Heritage of Mankind: The Need for States to Establish the Outer Limits of their Continental Shelves, IJMCL 25 (2010), S. 543–567.

Frändberg, Åke, The Legal Order: Studies in the Foundations of Juridical Thinking, Springer, Cham 2018.

Franzius, Claudio, Recht und Politik in der transnationalen Konstellation, Campus Verlag, Frankfurt a.M./New York 2014.

Frayssinet, Jean, Droit, Droits et Nouvelles Technologies, in Jacques Mestre/Laure Merland (Hrsg.), Droit et innovation, Presses Universitaires d'Aix-Marseille, Aix-en-Provence 2013, S. 543–553.

Frenz, Walter, Handbuch Europarecht, Bd. 4: Europäische Grundrechte, Springer, Berlin/Heidelberg 2009.

ders., Handbuch Europarecht, Bd. 1: Europäische Grundfreiheiten, 2. Aufl., Springer, Berlin/Heidelberg 2012.

Fricker, Carl V., Das Problem des Völkerrechts, ZgS 28 (1872), S. 347–386.

Friedman, Lawrence M., The Legal System: A Social Science Perspective, Russell Sage Foundation, New York 1987 (Nachdr. d. Ausg. v. 1975).

ders., Changing Times: Technology and Law in the Modern Era, in Jürgen Becker/Reto M. Hilty/Jean-Fritz Stöckli/Thomas Würtenberger (Hrsg.), Recht im Wandel seines sozialen und technologischen Umfeldes, FS für Manfred Rehbinder, C. H. Beck, München 2002, S. 501–510.

Friedman, Thomas L., Die Welt ist flach: Eine kurze Geschichte des 21. Jahrhunderts (dt. Übers. v. Michael Bayer/Hans Freundl/Thomas Pfeiffer), Suhrkamp, Frankfurt a.M. 2006.

Friedmann, Wolfgang, The Changing Structure of International Law, Stevens & Sons, London 1964.

ders., The Relevance of International Law to the Process of Economic and Social Development, in Richard A. Falk/Cyril E. Black (Hrsg.), The Future of the International Legal Order, Vol. II: Wealth and Resources, Princeton University Press, Princeton/New Jersey 1970, S. 3–35.

Friedrich, Jürgen, Codes of Conduct, in Rüdiger Wolfrum (Hrsg.), MPEPIL, Bd. II: CA–DE, Oxford University Press, Oxford 2012, S. 264–275.

Frisch, Armin J., Unternehmensgröße und Innovation: Die schumpeterianische Diskussion und ihre Alternativen, Campus Verlag, Frankfurt/New York 1993.

Frisch, Hans v., Kongresse u. Konferenzen, internationale, in Julius Hatschek (Begr.)/Karl Strupp (Hrsg.), Wörterbuch des Völkerrechts und der Diplomatie, Bd. 1: Aachen–Lynchfall, De Gruyter, Berlin/Leipzig 1924, S. 663–670.

Frowein, Jochen A., Das Problem des grenzüberschreitenden Informationsflusses und des „domaine réservé", in Berichte DGVR Bd. 19 (16. Tagung in Köln), 5. bis 7. April 1979, C. F. Müller, Heidelberg 1979, S. 1–38.

ders., Konstitutionalisierung des Völkerrechts, in Berichte DGVR Bd. 39: Völkerrecht und Internationales Privatrecht in einem sich globalisierenden internationalen System – Auswirkungen der Entstaatlichung transnationaler Rechtsbeziehungen, 26. Tagung in Kiel (März 1999), C. F. Müller, Heidelberg 2000, S. 427–447.

Frydman, Benoît/Rorive, Isabelle, Regulating Internet Content through Intermediaries in Europe and the USA, ZfRSoz 23 (2002), S. 41–59.

Fuentes-Camacho, Teresa, Introduction: l'UNESCO et le droit du cyberespace, in Teresa Fuentes-Camacho (Hrsg.), Les dimensions internationales du droit du cyberespace, UNESCO, Paris 2000, S. 1–9.
Fuhrmann, Heiner, Technikgestaltung als Mittel zur rechtlichen Steuerung im Internet, ZfRSoz 23 (2002), S. 115–130.
Füllgraf, Wendy, Informations- und Kommunikationskriminalität. Kriminalität im Zeitalter digitalisierter Lebenswelten, in Sandro Gaycken (Hrsg.), Jenseits von 1984: Datenschutz und Überwachung in der fortgeschrittenen Informationsgesellschaft. Eine Versachlichung, transcript Verlag, Bielefeld 2013, S. 83–100.
Gabler Wirtschaftslexikon, 17. Aufl., Gabler Verlag, Wiesbaden 2010.
- Art. „Diffusion", Bd. Bf–E, S. 714.
- Art. „Innovation", Bd. I–K, S. 1515–1516.
- Art. „Peer-to-Peer (P2P)", Bd. P–Sk, S. 2323.
Gabriel, Henry D., The Advantages of Soft Law in International Commercial Law: The Role of UNIDROIT, UNCITRAL, and the Hague Conference, Brook. J. Int'l L. 34 (2009), S. 655–672.
Gamble, John K., New Information Technologies and the Sources of International Law: Convergence, Divergence, Obsolescence and/or Transformation, GYIL 41 (1998), S. 170–205.
Garrison, Christopher, Beneath the Surface: the Common Heritage of Mankind, Knowledge Ecology Studies 1 (2007), S. 1–71.
Gellner, Ernest, Pflug, Schwert und Buch. Grundlinien der Menschheitsgeschichte, Klett-Cotta, Stuttgart 1990.
Gercke, Marco, 10 years Convention on Cybercrime. Achievements and Failures of the Council of Europe's Instrument in the Fight against Internet-related Crimes, CRi 12 (2011), S. 142–149.
Gersch, Martin, Electronic Business, in Norbert Gronau/Jörg Becker/Natalia Kliewer/ Jan M. Leimeister/Sven Overhage (Hrsg.), Enzyklopädie der Wirtschaftsinformatik – Online-Lexikon, Stand: 24.1.2019, abrufbar unter: https://www.enzyklopaedie-der-wirtschaftsinformatik.de/lexikon/informationssysteme/crm-scm-und-electronic-business/Electronic-Business.
Geßner, Ludwig, Art. „Kongresse", in Franz v. Holtzendorff (Hrsg.), Rechtslexikon, Bd. 2: K–Z, 3. Aufl., Duncker & Humblot, Leipzig 1881, S. 500.
Giaro, Tomasz, Römisches Recht, Romanistik und Rechtsraum Europa, Ius Commune XXII (1995), S. 1–16.
Gibson, William, Neuromancer, Ace Books, New York 1984.
Giddens, Anthony, Jenseits von Links und Rechts. Die Zukunft radikaler Demokratie, 3. Aufl., Edition Zweite Moderne, Suhrkamp, Frankfurt a.M. 1999 (dt. Erstausg. 1997).
Giegerich, Thomas, Internationale Standards – aus völkerrechtlicher Perspektive, in Berichte DGIR Bd. 46: Internationales, nationales und privates Recht: Hybridisierung der Rechtsordnungen? – Immunität, 33. Tagung in Luzern 13. bis 16. März 2013, C. F. Müller, Heidelberg/München/Landsberg/Frechen/Hamburg 2014, S. 101–186.
ders./Odendahl, Kerstin, Einleitung: Reflexionen über „Räumlichkeit" und „Persönlichkeit" im Recht, in Kerstin Odendahl/Thomas Giegerich, Räume im Völker- und Europarecht, Veröffentlichungen des Walther-Schücking-Instituts für internationales Recht an der Universität Kiel Bd. 189, Duncker & Humblot, Berlin 2014, S. 13–19.

Giesberts, Johann, Weltpostverein, Welttelegraphenverein, in Paul Herre (Hrsg.), Politisches Handwörterbuch, Bd. 2: L–Z, Verlag von K. F. Koehler, Leipzig 1923, S. 967–968.

Giesen, Bernhard, Die Entdinglichung des Sozialen – Eine evolutionstheoretische Perspektive auf die Postmoderne, Suhrkamp, Frankfurt a.M. 1991.

Gill, Terry D., Non-Intervention in the Cyber Context, in Katharina Ziolkowski (Hrsg.), Peacetime Regime for State Activities in Cyberspace. International Law, International Relations and Diplomacy, NATO CCDCOE Publication, Tallinn 2013, S. 217–238.

Ginsburg, Tom/Chernykh, Svitlana/Elkins, Zachary, Commitment and Diffusion: How and Why National Constitutions Incorporate International Law, U. Ill. L. Rev. 2008, S. 201–238.

Glaser, Markus A., Rechtsraum als Konzeption – Entwurf einer Grundlegung des Europäischen Verwaltungsrechts, in Alfred G. Debus/Franziska Kruse/Alexander Peters/Hanna Schröder/Olivia Seifert/Corinna Sicko/Isabel Stirn (Hrsg.), Verwaltungsrechtsraum Europa, 51. ATÖR Speyer 2011, Nomos, Baden-Baden 2011, S. 285–307.

GlobalSign, führende Zertifizierungsstelle, ist jetzt als qualifizierter Vertrauensdiensteanbieter in Europa anerkannt, GlobalSign Pressemitteilung v. 17.10.2018, abrufbar unter: https://www.globalsign.com/de-de/unternehmen/news-events/news/globalsign-als-qualifizierter-vertrauensdiensteanbieter-anerkannt.

Goldsmith, Jack L., Unilateral Regulation of the Internet: A Modest Defence, EJIL 11 (2000), S. 135–148.

ders., Against Cyberanarchy, in Adam Thierer/Clyde W. Crews, Jr. (Hrsg.), Who Rules the Net?: Internet Governance and Jurisdiction, Cato Institute, Washington, D.C. 2003, S. 31–70.

Goldstein, Judith/Kahler, Miles/Keohane, Robert O./Slaughter, Anne-Marie, Introduction: Legalization and World Politics, IO 54 (2000), S. 385–399.

Gorenflos, Walter, Die internationale Funkwellenverteilung als Rechtsproblem, JfIR 7 (1956), S. 342–367.

Gorman, Daniel, Empire, Internationalism, and the Campaign against the Traffic in Women and Children in the 1920s, TCBH 19 (2008), S. 18–216.

Gornig, Gilbert-Hanno, Äußerungsfreiheit und Informationsfreiheit als Menschenrechte. Die Verankerung der Äußerungs-, Informations-, Presse- und Rundfunkfreiheit sowie des Zensurverbots in völkerrechtlichen Übereinkommen und in den Rechtsordnungen der KSZE-Staaten unter besonderer Berücksichtigung rechtsphilosophischer und rechtsgeschichtlicher Hintergründe, Schriften zum Völkerrecht Bd. 88, Duncker & Humblot, Berlin 1988.

Göttmann, Frank, Zur Bedeutung der Raumkategorie in der Regionalgeschichte, UB Paderborn, 2009, abrufbar unter: https://digital.ub.uni-paderborn.de/hsx/content/pageview/1539429.

Grabenwarter, Christoph, European Convention on Human Rights – Commentary, C. H. Beck, München 2014.

ders., Art. 5 Abs. 1, Abs. 2 GG, in Theodor Maunz/Günter Dürig (Begr.)/Roman Herzog/Matthias Herdegen/Hans H. Klein/Rupert Scholz (Hrsg.), Grundgesetz-Kommentar, Bd. 1: Texte, Art. 1–5, 88. ErgL (Stand: Aug. 2019), C. H. Beck.

Grewe, Wilhelm G., Epochen der Völkerrechtsgeschichte, Nomos, Baden-Baden 1984.

Grewlich, Klaus W., Konstitutionalisierung des „Cyberspace". Zwischen europarechtlicher Regulierung undvölkerrechtlicher Governance, Nomos, Baden-Baden 2001.

Griffiths, John, What is Legal Pluralism?, JLP 18 (1986), S. 1–55.

Grimm, Jakob/Grimm, Wilhelm, Art. „Raum", in Deutsches Wörterbuch, 16 Bände in 32 Teilbänden, Verlag von S. Hirzel, Leipzig 1893, Bd. 14 (urspr. VIII): R–Schiefe, Sp. 275–283.
Gruber, Richard G., Internationale Staatenkongresse und Konferenzen, ihre Vorbereitung und Organisation: eine völkerrechts-diplomatische Untersuchung auf Grund der Staatenpraxis vom Wiener Kongreß 1814 bis zur Gegenwart, Puttkammer & Mühlbrecht, Berlin 1919.
Guillaume, Gilbert, The Proliferation of International Judicial Bodies: The Outlook for the International Legal Order, Speech by His Excellency Judge Gilbert Guillaume, President of the ICJ, to the Sixth Committee of the General Assembly of the UN, 27.10.2000, abrufbar unter: https://www.icj-cij.org/files/press-releases/1/3001.pdf.
Habermas, Jürgen, Theorie des kommunikativen Handelns, Bd. 2: Zur Kritik der funktionalistischen Vernunft, Suhrkamp, Frankfurt a.M. 1981.
ders., Die Neue Unübersichtlichkeit, Kleine Politische Schriften V, Suhrkamp, Frankfurt a.M. 1985.
ders., Zur Rolle von Zivilgesellschaft und Politischer Öffentlichkeit, in Jürgen Habermas (Hrsg.), Faktizität und Geltung. Beiträge zur Diskurstheorie des Rechts und des demokratischen Rechtsstaats, Suhrkamp, Frankfurt a.M. 1992, S. 399–467.
Hafez, Kai, Mythos Globalisierung: Warum die Medien nicht grenzenlos sind, VS Verlag für Sozialwissenschaften, Wiesbaden 2005.
Hafner, Gerhard, The Physiognomy of Disputes and the Appropriate Means to Resolve Them (A. Introductory Statement by the Moderator: *Gerhard Hafner*), in UN (Hrsg.), International Law as a Language for International Relations, Kluwer Law International, Den Haag 1998, S. 559–565.
ders., Risks Ensuing from Fragmentation of International Law, Report of the ILC on the work of its fifty-second session (1.5.–9.6.2000, 10.7.–18.8.2000), UN Doc. A/55/10, Supp. Nr. 10, Annex: „Syllabuses on topics recommended for inclusion in the longterm programme of work of the Commission", S. 143–150.
ders., Pros and Cons Ensuing from Fragmentation of International Law, Mich. J. Int'l L. 25 (2004), S. 849–863.
Hafner, Katie/Lyon, Matthew, Arpa Kadabra: Die Geschichte des Internet, dpunkt – Verlag für digitale Technologie, Heidelberg 1997.
Haidacher, Bernhard, Bargeldmetaphern im Französischen. Pragmatik, Sprachkultur und Metaphorik, Frank & Timme, Berlin 2015.
Haltern, Ulrich R., Europarecht und das Politische, Jus Publicum Bd. 136, Mohr Siebeck, Tübingen 2005.
Hambridge, Sally, RFC 1855: Netiquette Guidelines, Memo, Network Working Group, Okt. 1995, abrufbar unter: https://www.ietf.org/rfc/rfc1855.txt.
Hamelink, Cees J., The Politics of World Communication: A Human Rights Perspective, Sage Publications, London 1998.
Hardy, I. Trotter, The Proper Legal Regime for „Cyberspace", U. Pitt. L. Rev. 55 (1994), S. 993–1055.
Hatschek, Julius, Völkerrecht als System rechtlich bedeutsamer Staatsakte, A. Deichertsche Verlagsbuchhandlung Dr. Werner Scholl, Leipzig/Erlangen 1923.
Haupt, Friederike, Online-Hetze: Daumen runter für Facebook, FAZ.NET, 29.8.2015 (aktualisiert 5.9.2015), abrufbar unter: https://www.faz.net/aktuell/politik/inland/facebook-muss-sich-kritik-wegen-rassistischer-kommentare-stellen-13775931.html.

Hauschildt, Jürgen/Salomo, Sören, Innovationsmanagement, 5. Aufl., Verlag Franz Vahlen, München 2011.
Havel, Václav, Beyond the Nation State, The Responsive Community 9 (1999), S. 26–33.
Heath, Donald M., Beginnings: Internet Self-Governance: A Requirement to Fulfill the Promise, Internet Domain Names: Information Session, Meeting of Signatories and Potential Signatories of the generic Top Level Domain Memorandum of Understanding (gTLD-MoU), ITU, Genf, 29.4.–1.5.1997, abrufbar unter: https://www.itu.int/newsarchive/projects/dns-meet/HeathAddress.html.
Heffter, August W., Das europäische Völkerrecht der Gegenwart auf den bisherigen Grundlagen, 7. Aufl., (bearb. v. Friedrich H. Geffcken), H. W. Müller, Berlin 1882.
Hegemann, Lisa, Aufbruch ins unfreie Internet, ZEIT online, 14.2.2019, abrufbar unter: https://www.zeit.de/digital/internet/2019-02/eu-urheberrecht-leistungsschutzrecht-uploadfilter-europaeisches-parlament.
Heilborn, Paul, Das System des Völkerrechts entwickelt aus den völkerrechtlichen Begriffen, J. Springer, Berlin 1896.
Heine, Günter, Technischer Fortschritt im Spannungsverhältnis von Unternehmen, Gesellschaft und Staat – Neue Herausforderungen für das Recht, in Martin Schulte (Hrsg.), Technische Innovation und Recht: Antrieb oder Hemmnis?, MTM Bd. 76, C. F. Müller, Heidelberg 1997, S. 57–77.
Hennings, Antje, Über das Verhältnis von Multinationalen Unternehmen zu Menschenrechten. Eine Bestandsaufnahme aus juristischer Perspektive, Universitätsdrucke Göttingen, Universitätsverlag Göttingen, Göttingen 2009.
Herberger, Maximilian, „Künstliche Intelligenz" und Recht – Ein Orientierungsversuch, NJW 2018, S. 2825–2829.
Herren, Madeleine, Governmental Internationalism and the Beginning of a New World Order in the Late Nineteenth Century, in Martin H. Geyer/Johannes Paulmann (Hrsg.), The Mechanics of Internationalism. Culture, Society, and Politics from the 1840s to the First World War, Studies of the German Historical Institute London, Oxford University Press, London 2001, S. 121–144.
dies., Internationale Organisationen seit 1865: Eine Globalgeschichte der internationalen Ordnung, WBG, Darmstadt 2009.
Hershey, Amos S., The Essentials of International Public Law, The Macmillan Company, New York 1912.
Hibbitts, Bernard J., Making Sense of Metaphors: Visuality, Aurality, and the Reconfiguration of American Legal Discourse, Cardozo L. Rev. 16 (1994), S. 229–356.
Higgins, Rosalyn, Problems and Process: International Law and How We Use It, Clarendon Press, Oxford 1994.
Hill, Hermann, Umweltrecht als Motor und Modell einer Weiterentwicklung des Staats- und Verwaltungsrechts, Jahrbuch des Umwelt- und Technikrechts Bd. 27, R. v. Decker's Verlag, G. Schenk, Heidelberg 1994, S. 91–116.
Hilty, Lorenz/Behrendt, Siegfried/Binswanger, Mathias/Bruinink, Arend/Erdmann, Lorenz/Fröhlich, Jürg/Köhler, Andreas/Kuster, Niels/Som, Claudia/Würtenberger, Felix, Das Vorsorgeprinzip in der Informationsgesellschaft: Auswirkungen des Pervasive Computing auf Gesundheit und Umwelt, Studie des Zentrums für Technologiefolgen-Abschätzung, TA 46/2003.
Hinden, Michael v., Persönlichkeitsverletzungen im Internet: Das anwendbare Recht, Studien zum ausländischen und internationalen Privatrecht Bd. 74, J. C. B. Mohr (Paul Siebeck), Tübingen 1999.

Hingst, Ulla, Auswirkungen der Globalisierung auf das Recht der völkerrechtlichen Verträge, Veröffentlichungen des Walther-Schücking-Instituts für Internationales Recht an der Universität Kiel Bd. 134, Duncker & Humblot, Berlin 2001.
Hobbes, Thomas, Leviathan, Part I, Ch. IV: Of Speech, abgedr. in Noel Malcolm (Hrsg.), The Clarendon Edition of Works of Thomas Hobbes, Vol. IV: Leviathan, Bd. 2: The English and Latin Texts, Clarendon Press, Oxford 2012.
Hocke, Maximilian, Die Lex Mercatoria in der europäischen Rechtsgeschichte, BLJ (1/2012), S. 3–8.
Hoeren, Thomas, Internet und Recht – Neue Paradigmen des Informationsrechts, NJW 39 (1998), S. 2849–2928.
Hoffmann-Riem, Wolfgang, Ermöglichung von Flexibilität und Innovationsoffenheit im Verwaltungsrecht – Einleitende Problemskizze –, in Wolfgang Hoffmann-Riem/Eberhard Schmidt-Aßmann (Hrsg.), Innovation und Flexibilität des Verwaltungshandelns, Schriften zur Reform des Verwaltungsrechts Bd. 2, Nomos, Baden-Baden 1994, S. 9–66.
ders., Innovationen durch Recht und im Recht, in Martin Schulte (Hrsg.), Technische Innovation und Recht: Antrieb oder Hemmnis?, MTM Bd. 76, C. F. Müller, Heidelberg 1997, S. 3–32.
ders., Vorüberlegungen zur rechtswissenschaftlichen Innovationsforschung, in Wolfgang Hoffmann-Riem/JensPeter Schneider (Hrsg.), Rechtswissenschaftliche Innovationsforschung: Grundlagen, Forschungsansätze, Gegenstandsbereiche, Schriften zur rechtswissenschaftlichen Innovationsforschung Bd. 1, Nomos, Baden-Baden 1998, S. 11–28.
ders., Rechtswissenschaftliche Innovationsforschung als Reaktion auf gesellschaftlichen Innovationsbedarf, in Martin Eifert/Wolfgang Hoffmann-Riem (Hrsg.), Innovation und rechtliche Regulierung: Schlüsselbegriffe und Anwendungsbeispiele rechtswissenschaftlicher Innovationsforschung, Schriften zur rechtswissenschaftlichen Innovationsforschung Bd. 5, Nomos, Baden-Baden 2002, S. 26–47.
ders., Innovationsoffenheit und Innovationsverantwortung durch Recht: Aufgaben rechtswissenschaftlicher Innovationsforschung, AöR 131 (2006), S. 255–277.
ders., Die Governance-Perspektive in der rechtswissenschaftlichen Innovationsforschung, Schriften des Münchner Centrums für Governance-Forschung Bd. 3, Nomos, Baden-Baden 2011.
ders., Regelungsstrukturen für öffentliche Kommunikation im Internet, AöR 137 (2012), S. 509–544.
ders., Innovation und Recht – Recht und Innovation. Recht im Ensemble seiner Kontexte, Mohr Siebeck, Tübingen 2016.
ders./Eifert, Martin, Regelungskonzepte des Telekommunikationsrechts und der Telekommunikationspolitik: Innovativ und innovationsgeeignet?, in Wolfgang Hoffmann-Riem (Hrsg.), Innovation und Telekommunikation: Rechtliche Steuerung von Innovationsprozessen in der Telekommunikation, Schriften zur rechtswissenschaftlichen Innovationsforschung Bd. 4, Nomos, Baden-Baden 2000, S. 9–56.
dies., Vorwort, in Martin Eifert/Wolfgang Hoffmann-Riem (Hrsg.), Innovation und rechtliche Regulierung: Schlüsselbegriffe und Anwendungsbeispiele rechtswissenschaftlicher Innovationsforschung, Schriften zur rechtswissenschaftlichen Innovationsforschung Bd. 5, Nomos, Baden-Baden 2002, S. 5–7.
Hoffmann-Riem, Wolfgang/Schneider, Jens-Peter, Zur Eigenständigkeit rechtswissenschaftlicher Innovationsforschung. Annährung an Gegenstand und Erkenntnisinte-

resse einer neuen juristischen Forschungsperspektive, in Wolfgang Hoffmann-Riem/ Jens-Peter Schneider (Hrsg.), Rechtswissenschaftliche Innovationsforschung: Grundlagen, Forschungsansätze, Gegenstandsbereiche, Schriften zur rechtswissenschaftlichen Innovationsforschung Bd. 1, Nomos, Baden-Baden 1998, S. 389–412.

Holmes, Oliver W., Law and the Court – Speech at a Dinner of the Harvard Law School Association of New York on February 15, 1913, in Oliver W. Holmes, Collected Legal Papers, Peter Smith, New York 1952 (Neudr. d. Ausg. v. Harcourt, Brace and Howe, New York 1920), S. 291–297.

Holstein, Günther, Die Grundlagen des evangelischen Kirchenrechts, J. C. B. Mohr (Paul Siebeck), Tübingen 1928.

Holznagel, Bernd/Schumacher, Pascal, Kommunikationsfreiheiten und Netzneutralität, in Michael Kloepfer (Hrsg.), Netzneutralität in der Informationsgesellschaft, Beiträge zum Informationsrecht Bd. 27, Duncker & Humblot, Berlin 2011, S. 47–66.

Hörauf, Dominic, Schutz der Grundrechte durch oder vor Netzwerkneutralität? Netzmanagement als Vorbedingung effektiver Grundrechtsverwirklichung – eine Perspektivumkehr, HFR 2011, S. 71–82.

Howell, Catherine/West, Darrell M., The Internet as a human right, Brookings, 7.11.2016, abrufbar unter: https://www.brookings.edu/blog/techtank/2016/11/07/the-internet-as-a-human-right/.

Huber, Max, Die Gleichheit der Staaten, in Fritz Berolzheimer (Hrsg.), Rechtswissenschaftliche Beiträge. Juristische Festgabe des Auslandes zu Josef Kohlers 60. Geburtstag, 9. März 1909, Scientia Verlag, Aalen 1981 (Neudr. d. Ausg. Stuttgart 1909), S. 88–118.

Hugenholtz, P. Bernt, Code as Code, Or the End of Intellectual Property as We Know It, Maastricht J. Eur. & Comp. L. 6 (1999), S. 308–318.

Hunter, Dan, Cyberspace as Place and the Tragedy of the Digital Anticommons, Cal. L. Rev. 91 (2003), S. 439–519.

ders., ICANN and the Concept of Democratic Deficit, Loy. L. A. L. Rev. 36 (2003), S. 1149–1183.

Hurrell, Andrew, International Law 1989–2010: A Performance Appraisal, in James Crawford/Sarah Nouwen (Hrsg.), Select Proceedings of the European Society of International Law, Bd. 3: International Law 1989–2010: A Performance Appraisal (Cambridge, 2.–4.9. 2010), Oxford and Portland, Oregon 2012, S. 3–19.

Hyman, Anthony, Charles Babbage: Pioneer of the Computer, Oxford University Press, Oxford 1984.

ICANN, FAQs, abrufbar unter: https://www.icann.org/resources/pages/faqs-2014-01-21-en.

dies., Public Technical Identifiers (PTI), abrufbar unter: https://pti.icann.org/.

dies., Uniform Domain-Name Dispute-Resolution Policy, abrufbar unter: https://www.icann.org/resources/pages/help/dndr/udrp-en.

dies., Bylaws v. 6.11.1998, Article V: Structure of the Board of Directors, abrufbar unter: https://www.icann.org/resources/unthemed-pages/bylaws-1998-11-06-en#V.

dies., Articles of Incorporation i.d.F. v. 21.11.1998, abrufbar unter: https://www.icann.org/resources/pages/articles-2012-02-25-en.

dies., Bylaws i.d.F. v. 18.6.2018, Article 7 Board of Directors: https://www.icann.org/resources/pages/governance/bylaws-en/#article7.

IETF, Internet Standards: RFCs, abrufbar unter: https://www.ietf.org/standards/rfcs/.

dies., Who we are, abrufbar unter: https://www.ietf.org/about/who/.

Institut de Droit International, Sitzung v. 22.9.1906: Régime des Aérostats et de la Télégraphie sans fil, Annuaire de l'Institut de droit international XXI (1906), S. 293–311.
International Commission for the Study of Communication Problems, Report „Many Voices, One World": Towards a new, more just, and more efficient world information and communication order, UNESCO, Paris 1980.
Ipsen, Jörn, Zweiter Beratungsgegenstand: Die Bewältigung der wissenschaftlichen und technischen Entwicklungen durch das Verwaltungsrecht (1. Bericht), in VVDStRL Bd. 48: Staatszwecke im Verfassungsstaat – nach 40 Jahren Grundgesetz. Die Bewältigung der wissenschaftlichen und technischen Entwicklungen durch das Verwaltungsrecht, Berichte und Diskussionen auf der Tagung der Vereinigung der Deutschen Staatsrechtslehrer in Hannover vom 4. bis 7. Oktober 1989, De Gruyter, Berlin/New York 1990, S. 177–206.
Ipsen, Nils C., Private Normenordnungen als Transnationales Recht?, Duncker & Humblot, Berlin 2009.
IRPC, Charter of Human Rights and Principles for the Internet, Volltext inkl. Erklärungen, abrufbar unter: https://www.ohchr.org/Documents/Issues/Opinion/Communications/InternetPrinciplesAndRightsCoalition.pdf.
ISO, It's all in the name, abrufbar unter: https://www.iso.org/about-us.html.
dies., Technical Committees: ISO/IEC JTC 1 Information technology, abrufbar unter: https://www.iso.org/committee/45020.html.
dies., We're ISO: we develop and publish International Standards, abrufbar unter: https://www.iso.org/standards.html (zuletzt abgerufen am 27.1.2020).
Jacobs, Andreas, Realismus, in Siegfried Schieder/Manuela Spindler (Hrsg.), Theorien der internationalen Beziehungen, 3. Aufl., Verlag Barbara Budrich, Opladen/Farmington Hills 2010, S. 39–64.
Jäkel, Florian, Netzneutralität im Internet: Verfassungsrechtliche Aspekte und Sicherungsmechanismen, Peter Lang Verlag, Frankfurt a.M. 2013.
Jarass, Hans D., Die Konstitutionalisierung des Rechts, insb. durch die Grundrechte, in Rupert Scholz/Dieter Lorenz/Christian Pestalozza/Michael Kloepfer/Hans D. Jarass/Christoph Degenhart/Oliver Lepsius (Hrsg.), Realitätsprägung durch Verfassungsrecht, Kolloquium aus Anlass des 80. Geburtstages von Peter Lerche, Wissenschaftliche Abhandlungen und Reden zur Philosophie, Politik und Geistesgeschichte Bd. 50, Duncker & Humblot, Berlin 2008, S. 75–87.
ders., Charta der Grundrechte der Europäischen Union unter Einbeziehung der vom EuGH entwickelten Grundrechte, der Grundrechtsregelungen der Verträge und der EMRK, Kommentar, 3. Aufl., C. H. Beck, München 2016.
Jellinek, Georg, Die Lehre von den Staatenverbindungen, Alfred Hölder, Wien 1882.
ders., System der subjektiven öffentlichen Rechte, Scientia Verlag, Aalen 1979 (2. Neudr. d. 2. Aufl. Tübingen 1919).
ders./Jellinek, Walter (Bearb.), Allgemeine Staatslehre, 3. Aufl., Verlag Dr. Max Gehlen (unveränd. Nachdr. d. 5. Neudr. d. 3. Aufl.), Bad Homburg v.d. Höhe/Berlin/Zürich 1966.
Jellinek, Walter, Gesetz, Gesetzesanwendung und Zweckmäßigkeitserwägung. Zugleich ein System der Ungültigkeitsgründe von Polizeiverordnungen und -verfügungen; eine staats- und verwaltungsrechtliche Untersuchung (Neudr. d. Ausg. Tübingen 1913, J. C. B. Mohr [Paul Siebeck]), Scientia Verlag, Aalen 1964.
ders., Verwaltungsrecht, Verlag Dr. Max Gehlen, Bad Homburg v.d. Höhe/Berlin/Zürich 1966 (unveränd. Nachdr. d. 3. Aufl., Julius Springer Verlag, Berlin 1931).

Jessup, Philip C., Transnational Law, Yale University Press, New Haven 1956.
Jhering, Rudolf v., Geist des römischen Rechts auf den verschiedenen Stufen seiner Entwicklung, In 3 Teilen (Teil 2 in 2 Abteilungen), Teil 1, 10. Aufl., Scientia Verlag, Aalen 1968 (unveränd. Neudr. d. 6. [letzten veränderten] Aufl., Leipzig 1907).
Jilch, Nikolaus, Bitcoin: Rekordkurse und Kontosperren in der Sandkiste, DiePresse v. 27.5.2017, abrufbar unter: https://www.diepresse.com/5224873/bitcoin-rekordkurse-und-kontosperren-in-der-sandkiste.
Johlen, Heribert, Art. 8, in Klaus Stern/Michael Sachs (Hrsg.), Europäische Grundrechte-Charta GRCh: Kommentar, C. H. Beck, München 2016.
Johnson, David R./Post, David G., Law and Borders – The Rise of Law in Cyberspace, Stan. L. Rev. 48 (1996), S. 1367–1402.
dies., The Rise of Law on the Global Network, in Brian Kahin/Charles Nesson (Hrsg.), Borders in Cyberspace: Information Policy and the Global Information Infrastructure, The MIT Press, Cambridge/London 1997, S. 3–47.
Jørgensen, Rikke F., An Internet bill of rights?, in Ian Brown (Hrsg.), Research Handbook on Governance of the Internet, Edward Elgar, Cheltenham/Northampton 2013, S. 353–372.
Jürgen, Ensthaler/Weidert, Stefan (Hrsg.), Handbuch Urheberrecht und Internet, 3. Aufl., Schriftenreihe Kommunikation & Recht Bd. 7, Deutscher Fachverlag, Frankfurt a.M. 2017.
Kaesling, Katharina, Die EU-Urheberrechtsnovelle – der Untergang des Internets?, JZ 2019, S. 586–591.
Kaiser, Joseph H., Das Recht im Cyberspace. Eine spontane Ordnung noch ohne Hierarchie, in Herbert Haller/Christian Kopetzki/Richard Novak/Stanley L. Paulson/Bernhard Raschauer/Georg Ress/Ewald Wiederin (Hrsg.), Staat und Recht, FS für Günther Winkler, Springer, Wien/New York 1997, S. 397–409.
Källström, Kent/Eide, Asbjørn, Article 23, in Gudmundur Alfredsson/Asbjørn Eide (Hrsg.), The Universal Declaration of Human Rights: A Common Standard of Achievement, Martinus Nijhoff Publishers, Den Haag/Boston/London 1999, S. 489–510.
Kamps, Klaus, Politisches Kommunikationsmanagement. Grundlagen und Professionalisierung moderner Politikvermittlung, VS Verlag für Sozialwissenschaften, Wiesbaden 2007.
Kant, Immanuel, Critik der reinen Vernunft, Verlag Johann F. Hartknoch, Riga 1781.
Kapor, Mitchell/Barlow, John P., Across the Electronic Frontier, 10.7.1990, abrufbar unter: https://www.eff.org/de/pages/across-electronic-frontier.
Kastl, Graziana, Filter – Fluch oder Segen? Möglichkeiten und Grenzen von Filtertechnologien zur Verhinderung von Rechtsverletzungen, GRUR 2016, S. 671–678.
Katsh, M. Ethan, Law in a Digital World: Computer Networks and Cyberspace, Vill. L. Rev. 38 (1993), S. 403–485.
ders., Law Reviews and the Migration to Cyberspace, Akron L. Rev. 29 (1996), Art. 2.
Kau, Marcel, Der Staat und der Einzelne als Völkerrechtssubjekte, in Wolfgang Graf Vitzthum/Alexander Proelß (Hrsg.), Völkerrecht, 7. Aufl., De Gruyter, Berlin/Boston 2016, S. 133–246.
Kaufmann, Wilhelm, Die modernen nicht-staatlichen internationalen Verbände und Kongresse und das internationale Recht, ZVölkR 2 (1908), S. 419–440.
Kelsen, Hans, Allgemeine Staatslehre, Verlag Dr. Max Gehlen (unveränd. fotomechan. Nachdr. d. 1. Aufl., Berlin 1925), Bad Homburg v.d. Höhe/Berlin/Zürich 1966.

ders., Reine Rechtslehre, 2. Aufl., Verlag Österreich, Wien 2000 (unveränd. Nachdr. d. Aufl. 1960).

Kettemann, Matthias C., Grotius goes Google: Das Völkerrecht der Zukunft regelt das Internet im globalen öffentlichen Interesse, Völkerrechtsblog, 1.5.2014, abrufbar unter: https://voelkerrechtsblog.org/grotius-goes-google/.

ders., Die Berichte über den Tod des Internetvölkerrechts sind stark übertrieben, Rejoinder zur Replik von Michael Riegner (Grotius has a long way to go, 5.5.2014), Völkerrechtsblog, 9.5.2014, abrufbar unter: https://voelkerrechtsblog.org/rejoinder-die-berichte-uber-den-tod-des-internetvolkerrechts-sind-stark-ubertrieben/.

ders., Völkerrecht in Zeiten des Netzes. Perspektiven auf den effektiven Schutz von Grund- und Menschenrechten in der Informationsgesellschaft zwischen Völkerrecht, Europarecht und Staatsrecht, Friedrich-Ebert-Stiftung, Bonn 2015.

Khan, Daniel-Erasmus, Territory and Boundaries, in Bardo Fassbender/Anne Peters (Hrsg.), The Oxford Handbook of the History of International Law, Oxford University Press, Oxford 2012, S. 225–249.

Kirchhof, Ferdinand, Private Rechtsetzung, Schriftenreihe der Hochschule Speyer Bd. 98, Duncker & Humblot, Berlin 1987.

Kirchhof, Paul, Kontrolle der Technik als staatliche und private Aufgabe, NVwZ 1988, S. 97–104.

Kirchmann, Julius H. v. (Hrsg.), Immanuel Kant's sämtliche Werke, Bd. 1: Immanuel Kant's Kritik der reinen Vernunft, 2. Aufl., Verlag von L. Heimann, Berlin 1870.

Kirchner, Christian, Rechtliche „Innovationssteuerung" und Ökonomische Theorie des Rechts, in Wolfgang Hoffmann-Riem/Jens-Peter Schneider (Hrsg.), Rechtswissenschaftliche Innovationsforschung: Grundlagen, Forschungsansätze, Gegenstandsbereiche, Schriften zur rechtswissenschaftlichen Innovationsforschung Bd. 1, Nomos, Baden-Baden 1998, S. 85–120.

Kißler, Leo, Recht und Gesellschaft. Einführung in die Rechtssoziologie, Leske und Budrich, Opladen 1984.

Klabbers, Jan, Constitutionalism Lite, IOLR 1 (2004), S. 31–58.

Klage, eingereicht am 24.5.2019 – Polen/Parlament und Rat (Rs. C-401/19), Verfahrensmitteilung abrufbar unter: http: //curia.europa.eu/juris/document/document.jsf?text=&docid=216823&pageIndex=0&doclang=DE&mode=req&dir=&occ=first&part=1&cid=7645994.

Klebl, Michael, Entgrenzung durch Medien: Internationalisierungsprozesse als Rahmenbedingung der Mediendidaktik, MedienPädagogik 6 (Occasional Papers – Einzelbeiträge), S. 1–18.

Klein, Eckart, United Nations, Specialized Agencies, in Rüdiger Wolfrum (Hrsg.), MPEPIL, Bd. X: TR–ZO, Oxford University Press, Oxford 2012, S. 489–509.

ders./Schmahl, Stefanie, Die Internationalen und die Supranationalen Organisationen, in Wolfgang Graf Vitzthum/Alexander Proelß (Hrsg.), Völkerrecht, 7. Aufl., De Gruyter, Berlin/Boston 2016, S. 247–359.

Kleinhietpaß, Cordula M., Metaphern der Rechtssprache und ihre Verwendung für Visualisierungen, TENEA Verlag, Bristol/Berlin 2005.

Kleinsteuber, Hans J., The Internet between Regulation and Governance, in Christian Möller/Arnaud Amouroux(Hrsg.), The Media Freedom Internet Cookbook, Organization for Security and Co-operation in Europe (OSCE), Office of the Representative on Freedom of the Media, Wien 2004, abrufbar unter: https://www.osce.org/files/f/documents/b/b/13836.pdf, S. 61–75.

Kleinwächter, Wolfgang, Internal and International Aspects, in Desmond Fisher/Leroy S. Harms (Hrsg.), The Right to Communicate: A New Human Right, Boole Press, Dublin 1983, S. 102–111.

ders., Verkehrsregeln für die „elektronische Autobahn" – Information und Kommunikation als Gegenstand multilateraler Verhandlungen im Verband der Vereinten Nationen, VN 3/1991, S. 88–93.

ders., ICANN between technical mandate and political challenges, Telecommun. Policy 24 (Aug. 2000), S. 553–563.

ders., The Silent Subversive: ICANN and the New Global Governance, Info: The Journal of Policy, Regulation and Strategy for Telecommunications, Information and Media, Vol. 3 (Herbst 2001), abrufbar unter: https://www.emerald.com/insight/content/doi/10.1108/14636690110801950/full/html, S. 259–278.

ders., From Self-Governance to Public-Private Partnership: The Changing Role of Governments in the Management of the Internet's Core Resources, Loy. L. A. L. Rev. 36 (2003), S. 1103–1126.

ders., Internet Co-Governance: Towards a Multilayer Multiplayer Mechanism of Consultation, Coordination and Cooperation (M3C3), Paper presented to the Informal Consultation of the Working Group on the Internet Governance (WGIG), Genf, 20.–21.9.2004, Version 2.0, abrufbar unter: www.wgig.org/docs/Kleinwachter.pdf.

ders., Die WSIS-Kontroverse zu Internet Governance: Eine globale Ressource im Spannungsfeld nationaler Interessen, in Wolfgang Benedek/Catrin Pekari (Hrsg.), Menschenrechte in der Informationsgesellschaft, Richard Boorberg Verlag, Stuttgart/München/Hannover/Berlin/Weimar/Dresden 2007, S. 35–55.

ders., Alleingänge sind aussichtslos, FAZ.NET, 5.9.2017, abrufbar unter: https://www.faz.net/aktuell/feuilleton/debatten/netzpolitik-alleingaenge-sind-aussichtslos-15183363.html.

Klöpfer, Michael, Vorwort, in Michael Klöpfer (Hrsg.), Technikentwicklung und Technikrechtsentwicklung: unter besonderer Berücksichtigung des Kommunikationsrechts, Schriften zum Technikrecht Bd. 1, Duncker & Humblot, Berlin 2000, S. 5–6.

ders., Begrüßung, in Michael Klöpfer (Hrsg.), Technikentwicklung und Technikrechtsentwicklung: unter besonderer Berücksichtigung des Kommunikationsrechts, Schriften zum Technikrecht Bd. 1, Duncker & Humblot, Berlin 2000, S. 9–10.

Klotz, Robert, Innovation im Telekommunikationssektor durch oder trotz Regulierung auf EU-Ebene: Innovationsoffenheit durch Wettbewerbssicherung, in Wolfgang Hoffmann-Riem (Hrsg.), Innovation und Telekommunikation. Rechtliche Steuerung von Innovationsprozessen in der Telekommunikation, Schriften zur rechtswissenschaftlichen Innovationsforschung Bd. 4, Nomos, Baden-Baden 2000, S. 129–140.

Knauff, Matthias, Konstitutionalisierung im inner- und überstaatlichen Recht – Konvergenz oder Divergenz?, ZaöRV 68 (2008), S. 453–490.

Kniesel, Michael, Die Versammlungs- und Demonstrationsfreiheit – Verfassungsrechtliche Grundlagen und versammlungsgesetzliche Konkretisierung, NJW 1992, S. 857–867.

Koch, Frank A., Internet-Recht – Praxishandbuch zur Dienstenutzung, Verträgen, Rechtsschutz und Wettbewerb, Haftung, Arbeitsrecht und Datenschutz im Internet, zu Links, Peer-to-Peer-Netzen und Domain-Recht, mit Musterverträgen, 2. Aufl., Oldenbourg Wissenschaftsverlag, München 2005.

Koenig Christian/Fechtner, Sonja, Netzneutralität – oder: Wer hat Angst vor dem schwarzen Netzbetreiber?, K&R 2011, S. 73–77.

ders./Neumann, Andreas, Rechtliches und organisatorisches Umfeld der Satellitenkommunikation, MMR 3 (2000), S. 151–159.

Koh, Harold H., International Law in Cyberspace. Remarks as Prepared for Delivery by Harold Hongju Koh to the USCYBERCOM Inter-Agency Legal Conference Ft. Meade, Maryland, 18.9.2012, Harv. Int'l L. J. Online 54 (2012), S. 1–12.

Kohler-Koch Beate/Ulbert, Cornelia, Internationalisierung, Globalisierung und Entstaatlichung, in Rolf H. Hasse (Hrsg.), Nationalstaat im Spagat: Zwischen Suprastaatlichkeit und Subsidiarität, Veröffentlichungen des Studienkreises Internationale Beziehungen Bd. 6, Franz Steiner Verlag, Stuttgart 1997, S. 53–88.

Kolb, Robert, Principles as Sources of International Law (With Special Reference to Good Faith), NILR 53 (2006), S. 1–36.

Kolossov, Iuri, The Right to Communicate in International Law, in Desmond Fisher/ Leroy S. Harms (Hrsg.), The Right to Communicate: A New Human Right, Boole Press, Dublin 1983, S. 112–123.

König, Wolfgang/Weber, Wolfhard, Netzwerke – Stahl und Strom: 1840 bis 1914, Propyläen-Technikgeschichte Bd. 4, Propyläen Verlag, Berlin 1990.

Körber, Torsten, Grundfreiheiten und Privatrecht, Jus Privatum Bd. 93, Mohr Siebeck, Tübingen 2004.

Koskenniemi, Martti, The Gentle Civilizer of Nations: The Rise and Fall of International Law 1870–1960, Cambridge University Press, Cambridge 2001.

ders., The Fate of Public International Law: Between Technique and Politics, MLR 70 (2007), S. 1–30.

ders./Leino, Päivi, Fragmentation of International Law? Postmodern Anxieties, LJIL 15 (2002), S. 553–579.

Krafft, Lutz, Entwicklung räumlicher Cluster. Das Beispiel Internet- und E-Commerce-Gründungen in Deutschland, Deutscher Universitäts-Verlag, Wiesbaden 2006.

Kraft, Dennis/Meister, Johannes, Rechtsprobleme virtueller Sit-ins, MMR 2003, S. 366–374.

Krasner, Stephan D., Structural causes and regime consequences: regimes as intervening variables, in Stephen D. Krasner (Hrsg.), International Regimes, 5. Aufl., Cornell University Press, Ithaca/London 1989, S. 1–21.

Kraßer, Rudolf, Wie beeinflussen telekommunikationsrelevante Patent- und Urheberrechte die Innovation?, in Wolfgang Hoffmann-Riem (Hrsg.), Innovation und Telekommunikation: Rechtliche Steuerung von Innovationsprozessen in der Telekommunikation, Schriften zur rechtswissenschaftlichen Innovationsforschung Bd. 4, Nomos, Baden-Baden 2000, S. 113–127.

Krebber, Sebastian, Art. 157 AEUV, in Christian Calliess/Matthias Ruffert (Hrsg.), EUV/ AEUV: Das Verfassungsrecht der Europäischen Union mit Europäischer Grundrechtecharta, Kommentar, 5. Aufl., C. H. Beck, München 2016.

Kreibich, Rolf, Grundlinien politischer Technikgestaltung, in Christoph Zöpel (Hrsg.), Technikgestaltung durch den Staat, Verlag Neue Gesellschaft, Bonn 1988, S. 109–126.

Kreß, Hartmut, „ubi societas, ibi ius", ZRP 2012, S. 60.

Krisor-Wietfeld, Katharina, Rahmenbedingungen der Grundrechtsausübung, insbesondere zu *öffentlichen Foren* als Rahmenbedingung der Versammlungsfreiheit, Studien und Beiträge zum Öffentlichen Recht Bd. 24, Mohr Siebeck, Tübingen 2016.

Krohn, Wolfgang, Die „Neue Wissenschaft" der Renaissance, in Gernot Böhme/Wolfgang van den Daele/Wolfgang Krohn (Hrsg.), Experimentelle Philosophie – Ursprünge autonomer Wissenschaftsentwicklung, Suhrkamp, Frankfurt a.M. 1977, S. 13–128.

Kugelmann, Dieter, Der Schutz privater Individualkommunikation nach der EMRK, EuGRZ 30 (2003), S. 16–25.

Kühn-Gerhard, Frank, Eine ökonomische Betrachtung des zivilrechtlichen Haftungsproblems „Entwicklungsrisiko": Über einen adäquaten Umgang mit innovationsinduzierten Unsicherheiten, Springer, Berlin/Heidelberg 2000.

Kuner, Christopher, Data Protection Law and International Jurisdiction on the Internet (Part 1), IJLIT 18 (2010), S. 176–193.

ders., Data Protection Law and International Jurisdiction on the Internet (Part 2), IJLIT 18 (2010), S. 227–247.

Kurzweil, Raymond, Reinventing Humanity: The Future of Machine-Human Intelligence, The Futurist 40 (2006), S. 39–46.

La Pradelle, Paul de Geouffre de, Les frontières de l'air, RdC 86 (1954-II), S. 117–202.

La Rue, Frank/Mijatovi?, Dunja/Botero Marino, Catalina/Pansy Tlakula, Faith, International Mechanisms for Promoting Freedom of Expression: Joint Declaration on Freedom of Expression and the Internet of the UN Special Rapporteur on Freedom of Opinion and Expression, the OSCE Representative on Freedom of the Media, the OAS Special Rapporteur on Freedom of Expression and the ACHPR Special Rapporteur on Freedom of Expression and Access to Information, 1.6.2011, abrufbar unter: https://www.osce.org/fom/78309.

Laboratoire Européen d'Anticipation Politique, End of the US government control of ICANN: Towards the privatisation of internet control agencies (Excerpt GEAB Okt. 2016), 12.1.2017, abrufbar unter: https://www.leap2040.eu/en/fin-de-la-tutelle-du-gouvernement-us-sur-licann-vers-une-privatisation-des-instances-de-controle-dinternet-extrait-geab-octobre-2016/.

Lachs, Manfred, Views from the Bench: Thoughts on Science, Technology and World Law, AJIL 86 (1992), S. 673–699.

Ladeur, Karl-Heinz, Innovation der Telekommunikation durch Regulierung – Monitoring und Selbstrevision als Formen einer Prozeduralisierung des Telekommunikationsrechts, in Wolfgang Hoffmann-Riem (Hrsg.), Innovation und Telekommunikation: Rechtliche Steuerung von Innovationsprozessen in der Telekommunikation, Schriften zur rechtswissenschaftlichen Innovationsforschung Bd. 4, Nomos, Baden-Baden 2000, S. 57–76.

ders. (Hrsg.), Innovationsoffene Regulierung des Internet: Neues Recht für Kommunikationsnetzwerke, Schriften zur rechtswissenschaftlichen Innovationsforschung Bd. 7, Nomos, Baden-Baden 2003.

Lakoff, George/Johnson, Mark, Metaphors We Live By, The University of Chicago Press, Chicago/London 1980 (unveränd. Nachdr. 2003).

Lambach, Daniel, Wer hat Angst vorm fragilen Staat? Und warum?, in Thomas Jäger (Hrsg.), Handbuch Sicherheitsgefahren, Springer Fachmedien, Wiesbaden 2015, S. 435–448.

Land, Molly, Toward an International Law of the Internet, Harv. Int'l L. J. 54 (2013), S. 393–458.

Landow, George P., Hypertext: The Convergence of Contemporary Critical Theory and Technology, Johns Hopkins University Press, Baltimore/London 1992.

Lange, Klaus, Normvollzug und Vernormung, in Erhard Blankenburg/Klaus Lenk (Hrsg.), Organisation und Recht. Organisatorische Bedingungen des Gesetzesvollzugs, Jahrbuch für Rechtssoziologie und Rechtstheorie Bd. VII, Westdeutscher Verlag, Opladen 1980, S. 268–288.
Larsson, Marie-Louise, Legal Definitions of the Environment and of Environmental Damage, Scand. Stud. L. 38 (1999), S. 155–176.
Lefebvre, Henri, Production de l'espace, Edition Anthropos, Paris 1974.
ders., Die Produktion des Raums, in Jörg Dünne/Stephan Günzel (Hrsg.), Raumtheorie. Grundlagentexte aus Philosophie und Kulturwissenschaften, Suhrkamp, Frankfurt a.M. 2006, S. 330–342.
Legris, Emilie/Walas, Dimitri, Regulation of Cyberspace by International law: Reflection on Need and Methods, ESIL Reflections 7, 16.3.2018, abrufbar unter: https://esil-sedi.eu/fr/esil-reflection-regulation-of-cyberspace-by-international-law/.
Lehmann, Matthias, Entmaterialisierung, Entgrenzung und Recht, ARSP 98 (2012), S. 263–281.
Leib, Volker, ICANN und der Konflikt um die Internet-Ressourcen: Institutionenbildung im Problemfeld Internet Governance zwischen multinationaler Staatstätigkeit und globaler Selbstregulierung, Diss., Universität Konstanz, 2002.
ders., Verrechtlichung im Internet: Macht und Recht bei der Regulierung durch ICANN, in Bernhard Zangl/Michael Zürn (Hrsg.), Verrechtlichung – Baustein für Global Governance?, EINE Welt – Texte der Stiftung Entwicklung und Frieden Bd. 18, Verlag J. H. W. Dietz Nachfolger, Bonn 2004, S. 198–217.
Leiner, Barry M./Cerf, Vinton G./Clark, David D./Kahn, Robert E./Kleinrock, Leonard/ Lynch, Daniel C./Postel, Jon/Roberts, Larry G./Wolff, Stephen, Brief History of the Internet, Internet Society, 1997, abrufbar unter: https://www.internetsociety.org/wp-content/uploads/2017/09/ISOC-History-of-the-Internet_1997.pdf.
Leistner, Matthias/Metzger, Axel, The EU Copyright Package: A Way Out of the Dilemma in Two Stages, IIC 48 (2017), S. 381–384.
Lessig, Lawrence, The Zones of Cyberspace, Stan. L. Rev. 48 (1996), S. 1403–1411.
ders., Commentaries: The Law of the Horse: What Cyberspace Might Teach, Harv. L. Rev. 113 (1999), S. 501–546.
ders., Code Is Law, Feature, Harvard Magazine, 1.1.2000, abrufbar unter: https://harvardmagazine.com/2000/01/code-is-law-html.
ders., Code – Version 2.0, Basic Books, New York 2006.
Leuprecht, Peter, Der Weltgipfel zur Informationsgesellschaft aus der Sicht der Menschenrechte, in Wolfgang Benedek/Catrin Pekari (Hrsg.), Menschenrechte in der Informationsgesellschaft, Richard Boorberg Verlag, Stuttgart/München/Hannover/Berlin/Weimar/Dresden 2007, S. 23–34.
Liikanen, Erkki, Internet governance – the way ahead, Event der Stichting Internet Domeinregistratie Nederland, Den Haag, 15.4.2004, SPEECH/04/191, abrufbar unter: https://ec.europa.eu/commission/presscorner/detail/en/SPEECH_04_191.
Lindbergh, Ernest, Internationales Rechtwörterbuch, Hermann Luchterhand Verlag, Neuwied/Kriftel/Berlin 1993.
Lindner, Roland, Boeings Verantwortung, FAZ v. 10.4.2019, Nr. 85, S. 15.
LinkedIn, Nutzervereinbarung, abrufbar unter: https://www.linkedin.com/legal/user-agreement.

Linzner, Manfred, Bitcoin – Eine Analyse von Kryptowährungen und deren Anwendung im Onlinehandel, Diplomarbeit, TU Wien, 2016, abrufbar unter: https://www.law.tuwien.ac.at/DA_Linzner.pdf.

Lipton, Jacqueline C., Cyberlaw 2.0, in Sam Muller/Stavros Zouridis/Morly Frishman/Laura Kistemaker (Hrsg.), The Law of the Future and the Future of Law: Vol. II, Torkel Opsahl Academic EPublisher, Den Haag 2012, abrufbar unter: https://www.fichl.org/fileadmin/fichl/documents/LOTFS/LOTFS_1_Web.pdf.

Liszt, Franz v., Das Völkerrecht, Haering, Berlin 1898.

Locke, John, An Essay Concerning Human Understanding, 17. Aufl., T. Tegg and Son, London 1836.

Lohmeyer, Jürgen, Technology Assessment: Anspruch, Möglichkeiten und Grenzen. Untersuchungen zum Problemkreis der Technikfolgen-Abschätzung unter besonderer Berücksichtigung des sozialwissenschaftlichen Beitrages, Diss., Universität Bonn, 1984.

Longworth, Elizabeth, Opportunité d'un cadre juridique applicable au cyberespace – y compris dans une perspective néo-zélandaise, in UNESCO (Hrsg.), Les dimensions internationales du droit du cyberespace, Paris 2000, S. 11–87.

Lorenz-Meyer, Lorenz, Die Zensur als technischer Defekt. Der Gilmore-Mythos, in Christiane Schulzki-Haddouti (Hrsg.), Bürgerrechte im Netz, bpb, Bonn 2003, S. 307–318.

Lorimer, James, The Institutes of the Law of Nations: A Treatise of the Jural Relations of Separate Political Communities, Bd. 1, William Blackwood and Sons, Edinburgh/London 1883.

ders., The German War. Introductory Lecture delivered to the Class of Public Law, 5.11.1866, in James Lorimer, Studies National and International. Being occasional lectures delivered in the University of Edinburgh 1864–1889, William Green and Sons, Edinburgh 1890, S. 25–36.

Löwer, Wolfgang, Rechtshistorische Aspekte in der deutschen Elektrizitätsversorgung von 1880 bis 1990, in Wolfram Fischer (Hrsg.), Die Geschichte der Stromversorgung, VWEW, Frankfurt a.M. 1992, S. 167–215.

Lübbe, Hermann, Wissenschaftlich-technischer Fortschritt und gesellschaftliche Verantwortung. Über Wandlungen moderner Wissenschaftskultur, in Volker Schumpelick/Bernhard Vogel (Hrsg.), Innovationen in Medizin und Gesundheitswesen, Beiträge des Symposiums vom 24. bis 26. September 2009 in Cadenabbia, Verlag Herder, Freiburg i. Br. 2010, S. 498–519.

Luch, Anika D./Schulz, Sönke E., Die digitale Dimension der Grundrechte – Die Bedeutung der speziellen Grundrechte im Internet, MMR 2013, S. 88–93.

Luhmann, Niklas, Legitimation durch Verfahren, 3. Aufl., Suhrkamp, Frankfurt a.M. 1983 (text- und seitenidentisch mit d. 3. Aufl. 1978).

ders., Gibt es in unserer Gesellschaft noch unverzichtbare Normen?, Vortrag v. 10.12.1992, Heidelberger Universitätsreden Bd. 4, C. F. Müller, Heidelberg 1993.

ders., Das Recht der Gesellschaft, Suhrkamp, Frankfurt a.M. 1993.

ders., Die Realität der Massenmedien, 2. Aufl., Westdeutscher Verlag, Opladen 1996.

ders., Die Weltgesellschaft, ARSP 57 (1971), 1–35, abgedr. in Niklas Luhmann, Soziologische Aufklärung 2: Aufsätze zur Theorie der Gesellschaft, 5. Aufl., VS Verlag für Sozialwissenschaften, Wiesbaden 2005, S. 63–88.

Lyall, Francis/Larsen, Paul B., Space Law: A Treatise, Ashgate, Farnham/Burlington 2009.

Maas fordert digitales Antidiskriminierung-Gesetz, FAZ.NET, 3.7.2017, abrufbar unter: https://www.faz.net/aktuell/wirtschaft/unternehmen/maas-fordert-digitales-antidiskriminierung-gesetz-15088974.html.

Maciel, Marilia, Creating a Global Internet Public Policy Space: Is There a Way Forward?, in William J. Drake/Monroe Price (Hrsg.), Beyond NETmundial: The Roadmap for Institutional Improvements to the Global Internet Governance Ecosystem, Center for Global Communication Studies, Annenberg School for Communication at the University of Pennsylvania, 2014, S. 99–107, abrufbar unter: https://repository.upenn.edu/cgi/viewcontent.cgi?article=1016&context=internetpolicyobservatory.

Mahiou, Ahmed, Interdependence, in Rüdiger Wolfrum (Hrsg.), MPEPIL, Bd. V: HU–IN, Oxford University Press, Oxford 2012, S. 281–287.

Mai, Manfred, Technik, Wissenschaft und Politik. Studien zur Techniksoziologie und Technikgovernance, VS Verlag für Sozialwissenschaften, Wiesbaden 2011.

Maier, Charles S., Transformations of Territoriality. 1600–2000, in Gunilla Budde/Sebastian Conrad/Oliver Janz (Hrsg.), Transnationale Geschichte. Themen, Tendenzen und Theorien, Vandenhoeck & Ruprecht, Göttingen 2006, S. 32–55.

Mairitsch, Mona, Von der Informations- zur Wissensgesellschaft – Menschenrechtliche Ansätze zur Weiterentwicklung der Informationsgesellschaft und zur Überbrückung der digitalen Kluft, in Wolfgang Benedek/Catrin Pekari (Hrsg.), Menschenrechte in der Informationsgesellschaft, Richard Boorberg Verlag, Stuttgart/München/Hannover/Berlin/Weimar/Dresden 2007, S. 77–87.

Majewski, Dennis, Zisterziensische Rechtslandschaften. Die Klöster Dobrilugk und Haina in Raum und Zeit, Studien zur europäischen Rechtsgeschichte Bd. 308, Rechtsräume Bd. 2, Vittorio Klostermann, Frankfurt a.M. 2019.

Mandl, Vladimír, Das Weltraum-Recht. Ein Problem der Raumfahrt, Verlag J. Bensheimer, Mannheim 1932.

Mann, Thomas/Ripke, Stefan, Überlegungen zur Existenz und Reichweite eines Gemeinschaftsgrundrechts der Versammlungsfreiheit, EuGRZ 31 (2004), S. 125–133.

Manner, Jennifer A./Hernandez, Alejandro, An Overlooked Basis for Net Neutrality: The World Trade Organization Agreement on Basic Telecommunications Services, CommLaw Conspectus 22 (2014), S. 57–73.

Mantz, Reto, Freund oder Feind auf meiner Leitung? – (Un-)Zulässigkeit des Eingriffs in den Datenstrom durch TK-Anbieter mittels Deep Packet Injection, MMR 2015, S. 8–13.

Marauhn, Thilo, Customary Rules of International Environmental Law – Can They Provide Guidance for Developing A Peacetime Regime for Cyberspace?, in Katharina Ziolkowski (Hrsg.), Peacetime Regime for State Activities in Cyberspace. International Law, International Relations and Diplomacy, NATO CCDCOE Publication, Tallinn 2013, S. 465–484.

Marboe, Irmgard, Rechtliche Aspekte der Kommunikation *via* Weltraum, in Christian Brünner/Alexander Soucek/Edith Walter (Hrsg.), Raumfahrt und Recht: Faszination Weltraum. Regeln zwischen Himmel und Erde, Studien zu Politik und Verwaltung, Böhlau Verlag, Wien/Köln/Graz 2007, S. 130–150.

Marburger, Peter, Die gleitende Verweisung aus Sicht der Wissenschaft, in DIN (Hrsg.), Verweisung auf technische Normen in Rechtsvorschriften: Symposium. Vorträge und Diskussionen der Gemeinschaftsveranstaltung DIN Deutsches Institut für Normung e.V. und Freie Universität Berlin sowie Technische Universität Berlin am 29. Oktober 1981 in Berlin, Normungskunde Bd. 17, Beuth Verlag, Berlin/Köln 1982, S. 27–39.

Markoff, John, On-Line Service Blocks Access To Topics Called Pornographic, New York Times v. 29.12.1995, Section A, S. 1, abrufbar unter: https://www.nytimes.com/1995/12/29/us/the-media-business-on-line-service-blocks-access-to-topics-called-pornographic.html.

Marschark, Marc/Hunt, R. Reed, On memory for metaphor, Memory & Cognition 13 (1985), S. 413–424.

Marschik, Axel, Subsysteme im Völkerrecht: Ist die Europäische Union ein „Self-Contained Regime"?, Duncker & Humblot, Berlin 1997.

Marsh, Heather, Ok, the Internet is Like An Ocean, All Right?, Heather Marsh. Rethinking the moats and mountains, 6.12.2010, abrufbar unter: https://georgiebc.wordpress.com/2010/12/06/ok-the-internet-is-an-ocean-all-right/.

Martens, Friedrich F. v., Völkerrecht. Das internationale Recht der civilisirten Nationen (dt. Ausg. v. Carl Bergbohm), Bd. 1, Berlin 1883.

Martens, Georg F. v., A Compendium of the Law of Nations founded on the Treaties and Customs of the Modern Nations of Europe, Cobbett and Morgan, London 1802.

Martitz, Ferdinand v., Völkerrecht, in Paul Hinneberg (Hrsg.), Die Kultur der Gegenwart. Ihre Entwicklung und ihre Ziele, Teil II, Abt. VIII: Systematische Rechtswissenschaft, B. G. Teubner, Berlin/Leipzig 1906, S. 427–494.

Marx, Karl, Zur Kritik der Politischen Ökonomie, Erstes Heft, 8. Aufl., Dietz Verlag, Berlin 1972 (Nachdr. d. Ausg. d. Verlags von Franz Duncker, Berlin 1859).

Maschke, Günter, Carl Schmitt: Staat, Großraum, Nomos. Arbeiten aus den Jahren 1916–1969, Duncker & Humblot, Berlin 1995, S. 234–262.

Matschoss, W., Juristenmonopol und juristische Vorbildung, TuW 2 (1909), S. 375–376.

Matz-Lück, Nele, Treaties, Conflicts between, in Rüdiger Wolfrum (Hrsg.), MPEPIL, Bd. IX: SA–TR, Oxford University Press, Oxford 2012, S. 1096–1103.

Mayer, Franz C., Recht und Cyberspace, NJW 1996, S. 1782–1791.

ders., Europe and the Internet: The Old World and the New Medium, EJIL 11 (2000), S. 149–169.

ders., Das Internet, das Völkerrecht und die Internationalisierung des Rechts, ZfRSoz 23 (2002), S. 93–114.

ders., Völkerrecht und Cyberspace: Entgrenztes Recht und entgrenzte Medien, in Udo Thiedeke (Hrsg.), Soziologie des Cyberspace: Medien, Strukturen und Semantiken, VS Verlag für Sozialwissenschaften, Wiesbaden 2004, S. 491–521.

ders., Die Verpflichtung auf Netzneutralität im Europarecht. Europaverfassungsrechtliche Vorgaben und netzpolitische Handlungsdefizite, in Michael Kloepfer (Hrsg.), Netzneutralität in der Informationsgesellschaft, Beiträge zum Informationsrecht Bd. 27, Duncker & Humblot, Berlin 2011, S. 81–108.

Mayer, Otto, Deutsches Verwaltungsrecht, Bd. 2, Systematisches Handbuch der Deutschen Rechtswissenschaft, 6. Abt., 2. Bd. (hrsg. v. Karl Binding), Duncker & Humblot, Leipzig 1896.

Mayer, Patrick G., Das Internet im öffentlichen Recht. Unter Berücksichtigung europarechtlicher und völkerrechtlicher Vorgaben, Tübinger Schriften zum Staats- und Verwaltungsrecht Bd. 48, Duncker & Humblot, Berlin 1999.

Mayntz, Renate/Schneider, Volker, Die Entwicklung technischer Infrastruktursysteme zwischen Steuerung und Selbstorganisation, in Renate Mayntz/Fritz W. Scharpf (Hrsg.), Gesellschaftliche Selbstregulung und politische Steuerung, Campus Verlag, Frankfurt/New York 1995, S. 73–100.

McDougal, Myres S., International Law, Power and Policy: A Contemporary Conception, RdC 82 (1953), S. 137–259.
ders., The Emerging Customary Law of Space, Nw. U. L. Rev. 58 (1963/1964), S. 618–642.
ders./Reisman, W. Michael, The Changing Structure of International Law: Unchanging Theory for Inquiry, Colum. L. Rev. 65 (1965), S. 810–835.
McIver, William J., Jr./Birdsall, William F., Technological Evolution and the Right to Communicate: The Implications for Electronic Democracy, Presented at The European Institute for Communication and Culture (EURICOM) Colloquium: Electronic Networks & Democracy, Nijmengen, 9.–12.10.2002.
dies./Rasmussen, Merrilee, The Internet and the right to communicate, First Monday 8 (1.12.2003), abrufbar unter: https://firstmonday.org/article/view/1102/1022.
McLachlan, Campbell, The Principle of Systemic Integration and Article 31(3)(c) of the Vienna Convention, ICLQ 54 (2005), S. 279–319.
Meccarelli, Massimo/Solla Sastre, María J., Spatial and Temporal Dimensions for Legal History: An Introduction, in Massimo Meccarelli/María Julia Solla Sastre (Hrsg.), Spatial and Temporal Dimensions for Legal History. Research Experiences and Itineraries, Global Perspectives on Legal History, Max Planck Institute for European Legal History Open Access Publication, Frankfurt a.M. 2016, S. 3–24, abrufbar unter: https://www.lhlt.mpg.de/gplh_volume_6.
Meder, Stephan/Grabe, Olaf, PayPal – Die „Internet-Währung" der Zukunft?, BKR 5 (2005), S. 467–477.
Medosch, Armin, Demonstrieren in der virtuellen Republik. Politischer Aktivismus im Internet gegen staatliche Institutionen und privatwirtschaftliche Unternehmen, in Christiane Schulzki-Haddouti (Hrsg.), Bürgerrechte im Netz, bpb, Bonn 2003, S. 261–306.
Meier, Ernst, Über den Abschluss von Staatsverträgen, Duncker & Humblot, Leipzig 1874.
ders., Congresse, in Franz v. Holtzendorff (Hrsg.), Rechtslexikon, Bd. 1: A–J, 2. Aufl., Duncker & Humblot, Leipzig 1875, S. 321–322.
Meili, Friedrich, Die internationalen Unionen. Über das Recht der Weltverkehrsanstalten und des geistigen Eigentums, Ein Vortrag gehalten in der Juristischen Gesellschaft zu Berlin am 5. Januar 1889, Duncker & Humblot, Leipzig 1889.
Menghetti, Eliane, Die völkerrechtliche Stellung des internationalen Satellitenfernsehens im Spannungsfeld von Völkerverständigung und Propaganda. Bestrebungen zur Kontrolle von grenzüberschreitenden Informationsflüssen, Schweizer Studien zum internationalen Recht Bd. 73, Schulthess Polygraphischer Verlag, Zürich 1992.
Mensching, Christian, Art. 10, in Ulrich Karpenstein/Franz C. Mayer (Hrsg.), Konvention zum Schutz der Menschenrechte und Freiheiten (EMRK): Kommentar, 2. Aufl., C. H. Beck, München 2015, S. 310–338.
Menthe, Darrel C., Jurisdiction In Cyberspace: A Theory of International Spaces, Mich. Telecomm. & Tech. L. Rev. 4 (1998), S. 69–103.
Merten, Klaus, Die Rolle der Medien bei der Vermittlung zwischen Recht und Gesellschaft, ZfRSoz 18 (1997), S. 16–30.
Mertens, Hans-Joachim, Das lex mercatoria-Problem, in Reinhard Böttcher/Götz Hueck/Burkhard Jähnke (Hrsg.), FS für Walter Odersky zum 65. Geburtstag am 17. Juli 1996, De Gruyter, Berlin 1996, S. 857–872.

Metzger, Axel, Allgemeine Rechtsgrundsätze, in Jürgen Basedow/Klaus J. Hopt/Reinhard Zimmermann (Hrsg.), Handwörterbuch des Europäischen Privatrechts, Bd. I: Abschlussprüfer – Kartellverfahrensrecht, Mohr Siebeck, Tübingen 2009, S. 33–37.
Meyer, Alex, Freiheit der Luft als Rechtsproblem: Rückblick, Gegenwart, Ausblick. Ein Leitfaden für internationales Luftverkehrsrecht, Aeroverlag, Zürich 1944.
ders., Übersicht über die Entwicklung des Luftrechts, JbVölkR 1912, 1445 ff., abgedr. in Alex Meyer, Luftrecht in fünf Jahrzehnten. Ausgewählte Schriften, Carl Heymanns Verlag, Köln/Berlin/München/Bonn 1961, S. 26–32.
ders., Rechtliche Probleme des Weltraumflugs, Referat, gehalten auf dem III. Internationalen Astronautischen Kongreß in Stuttgart am 5. September 1952, ZLR 1953, 31 ff., abgedr. in Alex Meyer, Luftrecht in fünf Jahrzehnten. Ausgewählte Schriften, Carl Heymanns Verlag, Köln/Berlin/München/Bonn 1961, S. 395–405.
Meyer, Rudolf, Bona fides und lex mercatoria in der europäischen Rechtstradition, Quellen und Forschungen zum Recht und seiner Geschichte Bd. 5, Wallstein Verlag, Göttingen 1994.
Meyer-Abich, Klaus M., Wissenschaft für die Zukunft. Holistisches Denken in ökologischer und gesellschaftlicher Verantwortung, C. H. Beck, München 1988.
Meyer-Ladewig, Jens, Art. 1, in Jens Meyer-Ladewig/Martin Nettesheim/Stefan v. Raumer (Hrsg.), EMRK: Europäische Menschenrechtskonvention, Handkommentar, 4. Aufl., Nomos, Baden-Baden 2017.
Michaels, Ralf, Welche Globalisierung für das Recht? Welches Recht für die Globalisierung?, RabelsZ 69 (2005), S. 525–544.
ders., The Re-*state*-ment of Non-State Law: The State, Choice of Law, and the Challenge from Global Legal Pluralism, Wayne L. Rev. 51 (2005), S. 1209–1259.
Michelet, Carl L., Naturrecht oder Rechts-Philosophie als die praktische Philosophie, enthaltend Rechts-, Sitten- und Gesellschaftslehre, Bd. 2: Des Vernunftrechts zweiter Theil enthaltend das öffentliche Recht und die allgemeine Rechtsgeschichte, Nicolai'sche Verlagsbuchhandlung (G. Parthey), Berlin 1866.
Milanovic, Marko, Human Rights Treaties and Foreign Surveillance: Privacy in the Digital Age, Harv. Int'l L. J. 56 (2015), S. 81–146.
Miles, Edward, Organizations and Integration in International Systems, ISQ 12 (1968), S. 196–224.
Mills, Alex, The Private History of International Law, ICLQ 55 (2006), S. 1–50.
Mitcham, Carl, Thinking through Technology: The Path between Engineering and Philosophy, The University of Chicago Press, Chicago/London 1994.
Mohl, Robert v., Die Pflege der internationalen Gemeinschaft als Aufgabe des Völkerrechts, in Robert v. Mohl, Staatsrecht, Völkerrecht und Politik. Monographien, Bd. 1: Staatsrecht und Völkerrecht, Verlag der H. Laupp'schen Buchhandlung, Tübingen 1860, S. 579–636.
Möhlen, Christian, Das Recht auf Versammlungsfreiheit im Internet. Anwendbarkeit eines klassischen Menschenrechts auf neue digitale Kommunikations- und Protestformen, MMR 16 (2013), S. 221–230.
Mohnhaupt, Heinz, Rechtliche Instrumente der Raumbeherrschung, Ius Commune XIV (1987), S. 159–181.
Möllers, Christoph, Globalisierte Jurisprudenz – Einflüsse relativierter Nationalstaatlichkeit auf das Konzept des Rechts und die Funktion seiner Theorie, ARSP-B 79 (2001), S. 41–60.

Monien, Johanna, Prinzipien als Wegbereiter eines globalen Umweltrechts?: Das Nachhaltigkeits-, Vorsorge- und Verursacherprinzip im Mehrebenensystem, Nomos, Baden-Baden 2014.
Moore, Mike, Opening Remarks, E-commerce Conference, ITC, 31.10.2000, abrufbar unter: https://www.wto.org/english/news_e/spmm_e/spmm40_e.htm.
Morrow, David, International Governance of Climate Engineering: A Survey of Reports on Climate Engineering 2009–2015, Forum for Climate Engineering Assessment Working Paper Series 001, Juni 2017, abrufbar unter: http: //ceassessment.org/wp-content/uploads/2017/06/Morrow-WPS001.pdf.
Mosler, Hermann/Oellers-Frahm, Karin, Chapter XIV. The International Court of Justice (Art. 92–96), in Bruno Simma (Hrsg.), The Charter of the United Nations. A Commentary, Bd. II, 2. Aufl., C. H. Beck, München 2002, S. 1139–1190.
Müller-Graff, Peter-Christian, Art. 34 AEUV, in Hans v. d. Groeben/Jürgen Schwarze/ Armin Hatje (Hrsg.), Europäisches Unionsrecht: Vertrag über die Europäische Union, Vertrag über die Arbeitsweise der Europäischen Union, Charta der Grundrechte der Europäischen Union, Bd. 1: Art. 1–55 EUV, Art. 1–54 GRC, Art. 1–66 AEUV, 7. Aufl., Nomos, Baden-Baden 2015.
Müller-Hengstenberg, Claus D., Nationale und internationale Rechtsprobleme im Internet, NJW 1996, S. 1777–1782.
Murswiek, Dietrich, Die staatliche Verantwortung für die Risiken der Technik. Verfassungsrechtliche Grundlagen und immissionsschutzrechtliche Ausformung, Schriften zum Umweltrecht Bd. 3, Duncker & Humblot, Berlin 1985.
ders., Zweiter Beratungsgegenstand: Die Bewältigung der wissenschaftlichen und technischen Entwicklungen durch das Verwaltungsrecht (2. Bericht) in VVDStRL Bd. 48: Staatszwecke im Verfassungsstaat – nach 40 Jahren Grundgesetz. Die Bewältigung der wissenschaftlichen und technischen Entwicklungen durch das Verwaltungsrecht, Berichte und Diskussionen auf der Tagung der Vereinigung der Deutschen Staatsrechtslehrer in Hannover vom 4. bis 7. Oktober 1989, De Gruyter, Berlin/Boston 1990, S. 207–234.
Muth, R. Timothy, Old Doctrines on A New Frontier: Defamation and Jurisdiction in Cyberspace, Wisconsin Lawyer 68 (September 1995), 68-SEP Wis. Law. 10, abrufbar über Westlaw.
Nakamoto, Satoshi, Bitcoin: A Peer-to-Peer Electronic Cash System, 2008, abrufbar unter: https://bitcoin.org/bitcoin.pdf.
Namgalies, Clivia, Anm. zu Tribunal de Grande Instance de Paris, Entsch. v. 22.5.2000 (einstw. Verfügung) – procédures n° 00/05308 u. 00/05309 – LICRA, UEJF/Yahoo! Inc. (USA), Yahoo! France, MMR 2001, S. 309–310.
Nas, Sjoera, The Multatuli Project: ISP Notice & take down, Bits of Freedom, SANE, Lecture, 1.10.2004, Revised article 27.10.2004, abrufbar unter: https://www-old.bof.nl/docs/researchpaperSANE.pdf.
Netanel, Neil W., Cyberspace Self-Governance: A Skeptical View from Liberal Democratic Theory, Cal. L. Rev. 88 (2000), S. 395–498.
NETmundial, Multistakeholder Statement, 24.4.2014, abrufbar unter: https://netmundial.br/wp-content/uploads/2014/04/NETmundial-Multistakeholder-Document.pdf.
Neumann, Dania, Innovative vorbezahlte Zahlungsverfahren (Pay before), in Dania Neumann/Christian Bock, Zahlungsverkehr im Internet. Rechtliche Grundzüge klassischer und innovativer Zahlungsverfahren, C. H. Beck, München 2004, S. 165–216.

Neumann, Günter, Griechisch κυβερνάω, Zeitschrift für vergleichende Sprachforschung, Bd. 100, 1. Hj. (1987), S. 64–69.

Neveling, Stefanie/Bumke, Susanne/Dietrich, Jan-Hendrik, Ansätze wirtschaftswissenschaftlicher und soziologischer Innovationsforschung, in Martin Eifert/Wolfgang Hoffmann-Riem (Hrsg.), Innovation und rechtliche Regulierung: Schlüsselbegriffe und Anwendungsbeispiele rechtswissenschaftlicher Innovationsforschung, Schriften zur rechtswissenschaftlichen Innovationsforschung Bd. 5, Nomos, Baden-Baden 2002, S. 364–413.

Niederberger, Andreas, Politisierung des Rechts oder Verrechtlichung und Demokratisierung der Politik? Zum Beitrag der Dekonstruktion zu einer Theorie von Demokratie und Recht in der Weltgesellschaft, in Andreas Niederberger/Markus Wolf (Hrsg.), Politische Philosophie und Dekonstruktion. Beiträge zur politischen Theorie im Anschluss an Jacques Derrida, transcript Verlag, Bielefeld 2007, S. 143–164.

Niederberger, Marlen/Renn, Ortwin, Das Gruppendelphi-Verfahren: Vom Konzept bis zur Anwendung, Springer, Wiesbaden 2018.

Niesyto, Horst, Kritische Anmerkungen zu Theorien der Mediennutzung und -sozialisation, in Dagmar Hoffmann/Lothar Mikos (Hrsg.), Mediensozialisationstheorien: Modelle und Ansätze in der Diskussion, 2. Aufl., VS Verlag für Sozialwissenschaften, Wiesbaden 2010, S. 47–66.

Nippold, Otfried, Die Fortbildung des Verfahrens in völkerrechtlichen Streitigkeiten. Ein völkerrechtliches Problem der Gegenwart speziell im Hinblick auf die Haager Friedenskonferenzen erörtert, Duncker & Humblot, Leipzig 1907.

Nolte, Georg, Zu Wachstum und Krisen des Völkerrechts in sechzig Jahren Vereinte Nationen, VN 53 (2005), S. 190–195.

ders., Drei Thesen zur aktuellen Debatte über Haftung und Verteilungsgerechtigkeit bei Hosting-Diensten mit nutzergenerierten Inhalten (sog. „Value-Gap"-Debatte), ZUM 2017, S. 304–312.

Nord, Tobias, Rechtsnachfolge bei zwischenstaatlichen Organisationen, Schriften zum internationalen und zum öffentlichen Recht Bd. 85, Peter Lang Verlag, Frankfurt a.M. 2010.

Nöth, Winfried, Handbuch der Semiotik, J. B. Metzlersche Verlagsbuchhandlung, Stuttgart 1985.

Nowak, Manfred, U. N. Covenant on Civil and Political Rights: CCPR Commentary, 2. Aufl., Engel Publishers, Kehl a.R. 2005.

Nussbaum, Arthur, Geschichte des Völkerrechts in gedrängter Darstellung (Übers. v. Herbert Thiele-Fredersdorf), C. H. Beck, München/Berlin 1960.

Nußberger, Angelika, Sozialstandards im Völkerrecht. Eine Studie zu Entwicklung und Bedeutung der Normsetzung der Vereinten Nationen, der Internationalen Arbeitsorganisation und des Europarats zu Fragen des Sozialschutzes, Schriften zum Völkerrecht Bd. 161, Duncker & Humblot, Berlin 2005.

Nys, Ernest, The Codification of International Law, AJIL 5 (1911), S. 871–900.

Oberleitner, Gerd, Das Menschenrechtssystem der Vereinten Nationen und die Informationsgesellschaft, in Benedek, Wolfgang/Pekari, Catrin (Hrsg.), Menschenrechte in der Informationsgesellschaft, Richard Boorberg Verlag, Stuttgart/München/Hannover/Berlin/Weimar/Dresden 2007, S. 59–76.

OECD, Governance in the 21st Century, Future Studies, Paris 2001.

Oellers-Frahm, Karin, The International Court of Justice and Article 51 of the UN Charter, in Klaus Dicke/Stephan Hobe/Karl-Ulrich Meyn/Anne Peters/Eibe Riedel/Hans-

Joachim Schütz/Christian Tietje (Hrsg.), Weltinnenrecht, Liber Amicorum Jost Delbrück, Veröffentlichungen des Walther-Schücking-Instituts für Internationales Recht an der Universität Kiel Bd. 155, Duncker & Humblot, Berlin 2005, S. 503–517.

Oeter, Stefan, Chancen und Defizite internationaler Verrechtlichung: Was das Recht jenseits des Nationalstaates leisten kann, in Bernhard Zangl/Michael Zürn (Hrsg.), Verrechtlichung – Baustein für Global Governance?, EINE Welt – Texte der Stiftung Entwicklung und Frieden Bd. 18, Verlag J. H. W. Dietz Nachfolger, Bonn 2004, S. 46–73.

ders., The International Legal Order and its Judicial Function: Is there an International Community – despite the Fragmentation of Judicial Dispute Settlement?, in Pierre-Marie Dupuy/Bardo Fassbender/Malcolm N. Shaw/Karl-Peter Sommermann (Hrsg.), Völkerrecht als Wertordnung, FS für Christian Tomuschat, N. P. Engel Verlag, Kehl/Straßburg/Arlington 2006, S. 583–599.

Ogburn, William F., Social Changes With Respect to Culture and Original Nature, B. W. Huebsch, New York 1922.

Okoniewski, Elissa A., Yahoo!, Inc. v. LICRA: The French Challenge to Free Expression on the Internet, Am. U. Int'l L. Rev. 18 (2002), S. 295–339.

Ompteda, Dietrich Heinrich Ludwig Freiherr v., Litteratur des gesammten sowohl natürlichen als positiven Völkerrechts, Erster Theil. Nebst vorangeschickter Abhandlung von dem Umfange des gesammten sowohl natürlichen als positiven Völkerrechts, und Ankündigung eines zu bearbeitenden vollständigen Systems desselben, Johann Leopold Montags sel. Erben, Regensburg 1785.

Online-Dienste bringen bisher im Alltag nicht viel. Studie dämpft Euphorie: Vorerst kein Massenmedium/Tiefenforschung in der Verbraucherseele, FAZ v. 20.3.1996, S. 26.

Online-Inhalte grenzübergreifend nutzen, Zusammenfassungen der Verordnung (EU) 2017/1128 – Portabilität von Online-Inhaltediensten innerhalb der EU, Amt für Veröffentlichungen der EU, Generaldirektion Kommunikationsnetze, Inhalte und Technologien, abrufbar unter: https://eur-lex.europa.eu/summary/DE/4304081.

Oppenheim, Lassa F. L., International Law: A Treatise, Bd. 1, 2. Aufl., Longmans, Green & Co., London 1912.

ders./Lauterpacht, Hersch, International Law: A Treatise, Bd. 1: Peace, 8. Aufl., David McKay Company, New York 1963.

Ortony, Andrew, Why Metaphors Are Necessary And Not Just Nice, Educational Theory 25 (1975), S. 45–53.

Osen, Janet, The Virtual Magistrate, Network Security (1996), S. 18.

Osing, Johannes, Die Netzneutralität im Binnenmarkt. Zur Bindung der Internet-Provider an die Europäischen Grundfreiheiten und Grundrechte, Nomos, Baden-Baden 2017.

Ostwald, Wilhelm, Der Prozeß der internationalen Organisation. Rede, gehalten zur Eröffnung des ersten Weltkongresses der „Internationalen Association" zu Brüssel, am 9. Mai 1910, Die Friedens-Warte 12 (1910), S. 81–84.

OSZE, Was wir tun: Medienfreiheit und Entwicklung, abrufbar unter: https://www.osce.org/de/media-freedom-and-development.

dies., Guidelines for Cryptography Policy, Paris 1997, abrufbar unter: https://www.oecd.org/sti/ieconomy/guidelinesforcryptographypolicy.htm.

dies., Newsroom: OSCE Media Representative to hold conference on media freedom on the Internet, 23.8.2004, abrufbar unter: https://www.osce.org/fom/56617.

Papier, Hans-Jürgen, Asyl und Migration – Recht und Wirklichkeit, Verfassungsblog, 18.1.2016, abrufbar unter: https://verfassungsblog.de/asyl-und-migration-recht-und-wirklichkeit/.

Patton, Paul, Deleuze and the Political, Routledge, London/New York 2000.

Paulus, Andreas L., Die internationale Gemeinschaft im Völkerrecht. Eine Untersuchung zur Entwicklung des Völkerrechts im Zeitalter der Globalisierung, Münchener Universitätsschriften Bd. 159, C. H. Beck, München 2001.

ders., Commentary to Andreas Fischer-Lescano & Gunther Teubner: The Legitimacy of International Law and the Role of the State, Mich. J. Int'l L. 25 (2004), S. 1047–1058.

ders., Zur Zukunft der Völkerrechtswissenschaft in Deutschland: Zwischen Konstitutionalisierung und Fragmentierung des Völkerrechts, ZaöRV 67 (2007), S. 695–719.

Pauwelyn, Joost, Bridging Fragmentation and Unity: International Law as a Universe of Inter-Connected Islands, Mich. J. Int'l L. 25 (2004), S. 903–916.

Payandeh, Mehrdad, Internationales Gemeinschaftsrecht. Zur Herausbildung gemeinschaftsrechtlicher Strukturen im Völkerrecht der Globalisierung, Beiträge zum ausländischen öffentlichen Recht und Völkerrecht Bd. 219, Springer, Heidelberg 2010.

Pellet, Alain, Art. 38, in Andreas Zimmermann/Christian Tomuschat/Karin Oellers-Frahm (Hrsg.), The Statute of the International Court of Justice: A Commentary, Oxford University Press, Oxford 2006, S. 677–792.

Perritt, Henry H., Jr., Jurisdiction in Cyberspace, Vill. L. Rev. 41 (1996), S. 1–128.

ders., Cyberspace Self-Government: Town Hall Democracy or Rediscovered Royalism, Berkeley Tech. L. J. 12 (1997), S. 413–482.

ders., The Internet as a Threat to Sovereignty? Thoughts on the Internet's Role in Strengthening National and Global Governance, Ind. J. Global Legal Stud. 5 (1998), S. 423–442.

ders., The Internet is Changing International Law, Chi.-Kent L. Rev. 73 (1998), S. 997–1054.

ders., The Internet is Changing the Public International Legal System, Ky. L. J. 88 (1999–2000), S. 885–955.

Peter, Karen (Bearb.), NS-Presseanweisungen der Vorkriegszeit. Edition und Dokumentation, Bd. 6/I: 1938, Quellentexte Januar bis April, K. G. Saur, München 1999.

Peters, Anne, Compensatory Constitutionalism: The Function and Potential of Fundamental International Norms and Structures, LJIL 19 (2006), S. 579–610.

dies., Surveillance Without Borders? The Unlawfulness of the NSA-Panopticon, Part I, EJIL: Talk!, 1.11.2013, abrufbar unter: https://www.ejiltalk.org/surveillance-without-borders-the-unlawfulness-of-the-nsa-panopticon-part-i/.

dies., Surveillance Without Borders? The Unlawfulness of the NSA-Panopticon, Part II, EJIL: Talk!, 4.11.2013, abrufbar unter: https://www.ejiltalk.org/surveillance-without-borders-the-unlawfulness-of-the-nsa-panopticon-part-ii/.

dies./Peter, Simone, International Organizations: Between Technocracy and Democracy, in Bardo Fassbender/Anne Peters (Hrsg.), The Oxford Handbook of the History of International Law, Oxford University Press, Oxford 2014, S. 170–197.

Petri, Claire, Rural Libraries and the Human Right to Internet Access, Advances in librarianship 43 (2017): Rural and Small Public Libraries: Challenges and Opportunities (hrsg. v. Brian Real), S. 13–35.

Pingel, Isabelle, Privileges and Immunities of the Organization for Security and Co-Operation in Europe (OSCE), MPIL Research Paper No. 2018-37.

Pirker, Benedikt, Territorial Sovereignty and Integrity and the Challenges of Cyberspace, in Katharina Ziolkowski (Hrsg.), Peacetime Regime for State Activities in Cyberspace. International Law, International Relations and Diplomacy, NATO CCDCOE Publication, Tallinn 2013, S. 189–216.

Piska, Christian, Kryptowährungen und ihr Rechtscharakter – eine Suche im Bermuda-Dreieck, ecolex Fachzeitschrift für Wirtschaftsrecht 07/2017, S. 632–635.

ders./Völkel, Oliver, Blockchain und Kryptorecht. Regulierungs-Chancen de lege lata und de lege ferenda, ZTR 2017, S. 97–103.

Pola?ski, Paul P., The Internationalization of Internet Law, in Jan Klabbers/Mortimer Sellers (Hrsg.), The Internationalization of Law and Legal Education, Ius Gentium: Comparative Perspectives on Law and Justice: Bd. 2, Springer, Dordrecht 2008, S. 191–210.

Politicus, Die Juristen in unserer Kolonial-Verwaltung, Magazin für Technik und Industrie-Politik 4 (1913/14), S. 454–459.

Post, Alexandra M., Deepsea Mining and the Law of the Sea, Martinus Nijhoff Publishers, Den Haag/Boston/Lancaster 1983.

Post, David G., Anarchy, State, and the Internet: An Essay on Law-Making in Cyberspace, J. Online L. (1995), Art. 3.

ders., Against „Against Cyberanarchy", Berkeley Tech. L. J. 17 (2002), S. 1365–1387.

Postel, Jon, RFC 1591: Domain Name System Structure and Delegation, Memo, Network Working Group, März 1994, abrufbar unter: https://www.ietf.org/rfc/rfc1591.txt.

Potter, Pitman B., Origin of the Term International Organization, AJIL 39 (1945), S. 803–806.

Pötters, Stephan/Werkmeister, Christoph, Neue Problemkreise des Versammlungsrechts: Konturierung des Schutzbereichs des Art. 8 Abs. 1 GG, ZJS 2011, S. 222–228.

Pradier-Fodéré, Paul, Cours de Droit Diplomatique à l'Usage des Agents Politiques du Ministère des Affaires Étrangères des États Européens et Américains, Bd. 1, 2. Aufl., A. Pedone, Paris 1899.

Prevezanos, Christoph, Computer-Lexikon 2011, Markt+Technik Verlag, München 2010.

ders., Technisches Schreiben: Für Informatiker, Akademiker, Techniker und den Berufsalltag, Carl Hanser Verlag, München 2013.

PrimeSign ist qualifizierter Vertrauensdiensteanbieter, abrufbar unter: https://www.prime-sign.com/trustcenter.html.

Proelß, Alexander, Meeresschutz im Völker- und Europarecht. Das Beispiel des Nordostatlantiks, Duncker & Humblot, Berlin 2004.

ders., Ausschließliche Wirtschaftszone (AWZ), in Wolfgang Graf Vitzthum (Hrsg.), Handbuch des Seerechts, C. H. Beck, München 2006, S. 222–264.

ders., Das Umweltvölkerrecht vor den Herausforderungen des Klimawandels: Ansätze zu einer bereichsübergreifenden Operationalisierung des Vorsorgeprinzips, JZ 2011, S. 495–503.

ders., Das Regulierungsermessen – eine Ausprägung des behördlichen Letztentscheidungsrechts?, AöR 136 (2011), S. 402–427.

ders., Peaceful Purposes, Rüdiger Wolfrum (Hrsg.), MPEPIL, Bd. VIII: PA–SA, Oxford University Press, Oxford 2012, S. 193–201.

ders., Raum und Umwelt im Völkerrecht, in Wolfgang Graf Vitzthum/Alexander Proelß (Hrsg.), Völkerrecht, 7. Aufl., De Gruyter, Berlin/Boston 2016, S. 361–454.

ders./Haake, Camilla S., Gemeinschaftsräume in der Entwicklung: von der *res communis omnium* zum *common heritage of mankind*, in Andreas v. Arnauld (Hrsg.), Völkerrechtsgeschichte(n): Historische Narrative und Konzepte im Wandel, Veröffentlichungen des Walther-Schücking-Instituts für Internationales Rechts an der Universität Kiel Bd. 196, Duncker & Humblot, Berlin 2017, S. 171–192.

Puchta, Georg F., Einleitung in das Recht der Kirche, Breitkopf und Härtel, Leipzig 1840.

Pünder, Hermann, § 17 Kommunikationsgrundrechte, in Dirk Ehlers (Hrsg.), Europäische Grundrechte und Grundfreiheiten, 4. Aufl., De Gruyter, Berlin/Boston 2014, S. 629–667.

Rammert, Werner, Technisierung und Medien in Sozialsystemen. Annäherungen an eine soziologische Theorie der Technik, in Peter Weingart (Hrsg.), Technik als sozialer Prozeß, Suhrkamp, Frankfurt a.M. 1989, S. 128–173.

Randelzhofer, Albrecht/Forsthoff, Ulrich, Art. 56/57 AEUV, in Eberhard Grabitz/Meinhard Hilf/Martin Nettesheim (Hrsg.), Das Recht der Europäischen Union: Kommentar, Bd. I: EUV/AEUV, Loseblattsammlung (62. ErgL, Stand: Juli 2017), C. H. Beck, München.

Rapp, F., Art. „Technokratie", in Joachim Ritter/Karlfried Gründer (Hrsg.), Historisches Wörterbuch der Philosophie, Bd. 10: St–T, Schwabe, Basel 1998, Sp. 954–958.

Rau, Marco, Der internationale Schutz von Domainnamen und Markenrechten im Internet. Analyse unter Berücksichtigung deutschen Rechts, Studien zum deutschen und europäischen Medienrecht: Bd. 41, Peter Lang Verlag, Frankfurt a.M. 2010.

Rau, Susanne, Räume. Konzepte, Wahrnehmungen, Nutzungen, Campus Verlag, Frankfurt/M. 2013, S. 34–39.

Raube-Wilson, Stephen, The New World Information and Communication Order and International Human Rights, B. C. Int'l & Comp. L. Rev. 9 (1986), S. 107–130.

Rauber, Jochen, Strukturwandel als Prinzipienwandel. Theoretische, dogmatische und methodische Bausteine eines Prinzipienmodells des Völkerrechts und seiner Dynamik, Beiträge zum ausländischen öffentlichen Recht und Völkerrecht Bd. 272, Springer, Heidelberg 2018.

Rehling, Andrea/Löhr, Isabella, „Governing the Commons": Die global commons und das Erbe der Menschheit im 20. Jahrhundert, in Andrea Rehling/Isabella Löhr (Hrsg.), Global Commons im 20. Jahrhundert: Entwürfe für eine globale Welt, Jahrbuch für Europäische Geschichte Bd. 15, Oldenbourg Wissenschaftsverlag, München 2014, S. 3–31.

Rehm, Hermann, Allgemeine Staatslehre, B. J. Böschen'sche Verlagshandlung, Leipzig 1907.

Rehof, Lars A., Article 12, in Gudmundur Alfredsson/Asbjørn Eide (Hrsg.), The Universal Declaration of Human Rights: A Common Standard of Achievement, Martinus Nijhoff Publishers, Den Haag/Boston/London 1999, S. 251–264.

Reidenberg, Joel R., Lex Informatica: The Formulation of Information Policy Rules Through Technology, Tex. L. Rev. 76 (1998), S. 553–593.

Reinbacher, Tobias, Die Anwendbarkeit des deutschen Strafrechts auf Auslandstaten gem. § 7 StGB, ZJS 2/2018, S. 142–149.

Reindl, Andreas P., Choosing Law in Cyberspace: Copyright Conflicts on Global Networks, Mich. J. Int'l L. 19 (1998), S. 799–871.

Reinhard, Wolfgang, Geschichte der Staatsgewalt. Eine vergleichende Verfassungsgeschichte Europas von den Anfängen bis zur Gegenwart, C. H. Beck, München 1999.

Reinsch, Paul S., Public International Unions: Their Work and Organization. A Study in International Administrative Law, Ginn and Company, Boston/London 1911.
Rengeling, Hans-Werner/Szczekalla, Peter, Grundrechte in der Europäischen Union: Charta der Grundrechte und Allgemeine Rechtsgrundsätze, Carl Heymanns Verlag, Köln/Berlin/München 2004.
Repgow, Eike v., Der Sachsenspiegel (in hochdt. Übers. v. Paul Kaller), C. H. Beck, München 2002.
Richards, Ivor A., The Philosophy of Rhetoric, Oxford University Press, London/Oxford/New York 1965 (Nachdr. 2010).
Richstad, Jim/Anderson, Michael H., Policy Context for News and a „New Order", in Jim Richstad/Michael H. Anderson (Hrsg.), Crisis in International News: Policies and Prospects, Columbia University Press, New York 1981, S. 9–34.
Riedel, Eibe, Standards and Sources. Farewell to the Exclusivity of the Sources Triad in International Law?, EJIL 2 (1991), S. 58–84.
Riegner, Michael, Grotius has a long way to go, Replik zum Beitrag von Matthias C. Kettemann (Grotius goes Google, 2.5.2014), Völkerrechtsblog, 5.5.2015, abrufbar unter: https://voelkerrechtsblog.org/grotius-has-a-long-way-to-go/.
Riemer, Carsten L., Staatengemeinschaftliche Solidarität in der Völkerrechtsordnung. Eine normative Analyse staatengemeinschaftlicher Solidarkonzepte in Bezug auf die internationale Staatenpraxis aus den Bereichen: Friedenswahrung, Entwicklungshilfe, Wirtschaft und Umweltschutz, Books on Demand, Düsseldorf 2003.
Riemer, Lars H., „Areopag der Wissenschaft" – Die Behandlung gesellschaftlicher Krisen auf Fachtagungen des Vormärz am Beispiel der ersten internationalen Gefängniskongresse, in Carsten Kretschmann/Henning Pahl/Peter Scholz (Hrsg.), Wissen in der Krise. Institutionen des Wissens im gesellschaftlichen Wandel, Wissenskultur und gesellschaftlicher Wandel Bd. 7, Akademie Verlag, Berlin 2004, S. 79–99.
Rittberger, Volker/Kruck, Andreas/Romund, Anne, Grundzüge der Weltpolitik. Theorie und Empirie des Weltregierens, VS Verlag für Sozialwissenschaften, Wiesbaden 2010.
ders./Zangl, Bernhard, Internationale Organisationen. Politik und Geschichte, 3. Aufl., VS Verlag für Sozialwissenschaften, Wiesbaden 2005.
dies./Kruck, Andreas, Internationale Organisationen, 4. Aufl., Springer, Wiesbaden 2013.
Rivier, Alphons, Lehrbuch des Völkerrechts, Handbibliothek des öffentlichen Rechts: Bd. 4, 2. Aufl., Verlag von Ferdinand Enke, Stuttgart 1899.
Roellecke, Gerd, Den Rechtsstaat für einen Störer! – Erziehung vs. Internet?, NJW 1996, S. 1801–1802.
Rogers, Everett M., Diffusion of Innovations, 5. Aufl., Free Press, New York 2003.
Rogers, John M., Foreword: The Internet and Public International Law, Ky. L. J. 88 (1999–2000), S. 803–808.
Röhl, Klaus F., Rechtssoziologie. Ein Lehrbuch, Carl Heymanns Verlag, Köln/Berlin/Bonn/München 1987.
ders., Die Rolle des Rechts im Prozess der Globalisierung, ZfRSoz 17 (1996), S. 1–57.
ders., Das Recht im Zeichen der Globalisierung der Medien, in Rüdiger Voigt (Hrsg.), Globalisierung des Rechts, Schriften zur Rechtspolitologie Bd. 9 (ehem. JfR Bd. 12), Nomos, Baden-Baden 1999/2000, S. 93–113.
ders./Ulbrich, Stefan, Visuelle Rechtskommunikation, ZfRSoz 21 (2000), S. 355–385.
Rohracher, Harald, Zukunftsfähige Technikgestaltung als soziale Innovation, in Dieter Sauer/Christa Land (Hrsg.), Paradoxien der Innovation: Perspektiven sozialwissen-

schaftlicher Innovationsforschung, Veröffentlichungen aus dem ISF München, Campus Verlag, Frankfurt/New York 1999, S. 175–189.

Rölke, Peter, Funktionalismus, in Dieter Nohlen/Rainer-Olaf Schultze (Hrsg.), Pipers Wörterbuch zur Politik. Bd. 1: Politikwissenschaft. Theorien-Methoden-Begriffe, A–M, 3. Aufl., Piper, München/Zürich 1989, S. 262–266.

Romanyshyn, Robert D., The Despotic Eye and Its Shadow, in David M. Levin (Hrsg.), Modernity and the Hegemony of Vision, University of California Press, Berkeley/Los Angeles/London 1993, S. 339–360.

Rosenau, James N., Governance, Order, and Change in World Politics, in James N. Rosenau/Ernst-Otto Czempiel (Hrsg.), Governance Without Government, Cambridge University Press, Cambridge 1992, S. 1–29.

Ross, Alf, A Textbook of International Law: General Part, The Lawbook Exchange, Clark (New Jersey) 2006 (Nachdr. d. Aufl. London/New York 1947).

Roßbach, Henrike/Schwenn, Kerstin/Mihm, Andreas, Deutschland sucht den Digitalminister, FAZ.NET, 19.8.2017, abrufbar unter: https://www.faz.net/aktuell/wirtschaft/welcher-cdu-politiker-wird-digitalminister-15157706.html.

Roßnagel, Alexander, Ansätze zu einer rechtlichen Steuerung des technischen Wandels, Jahrbuch des Umwelt- und Technikrechts Bd. 27, R. v. Decker's Verlag, G. Schenk, Heidelberg 1994, S. 425–461.

ders., Rechtswissenschaftliche Technikfolgenforschung – am Beispiel der Informations- und Kommunikationstechniken, in Martin Schulte (Hrsg.), Technische Innovation und Recht: Antrieb oder Hemmnis?, MTM Bd. 76, C. F. Müller, Heidelberg 1997, S. 139–162.

ders., Das Neue regeln, bevor es Wirklichkeit geworden ist – Rechtliche Regelungen als Voraussetzung technischer Innovation, in Dieter Sauer/Christa Lang (Hrsg.), Paradoxien der Innovation: Perspektiven sozialwissenschaftlicher Innovationsforschung, Campus Verlag, Frankfurt a.M./New York 1999, S. 193–209.

Röthel, Anne, Lex mercatoria, lex sportiva, lex technica – Private Rechtsetzung jenseits des Nationalstaates?, JZ 2007, S. 755–762.

dies., Europarechtliche Vorgaben für das Technikrecht, in Martin Schulte/Rainer Schröder (Hrsg.), Handbuch des Technikrechts, 2. Aufl., Springer, Berlin/Heidelberg 2011, S. 201–235.

Rothenhäusler, Andie, „Wegweiser Richtung Steinzeit"? – Die Debatte um „Technikfeindlichkeit" in den 1980er Jahren in Westdeutschland, in Andreas Böhn/Andreas Metzner-Szigeth (Hrsg.), Wissenschaftskommunikation, Utopien und Technikzukünfte, Karlsruher Studien Technik und Kultur Bd. 9, KIT Scientific Publishing, Karlsruhe 2018, S. 281–305.

Rothman, Michael S., It's A Small World After All: Personal Jurisdiction, the Internet and the Global Marketplace, Md. J. Int'l L. 23 (1999), S. 127–186.

Rotteck, Karl v./Welcker, Karl, Congresse, in Karl v. Rotteck/Karl Welcker (Hrsg.), Das Staats-Lexikon: Encyklopädie der sämmtlichen Staatswissenschaften für alle Stände, Bd. 4: Conföderation bis Einkommensteuer, 3. Aufl., F. A. Brockhaus, Leipzig 1860, S. 22–56.

Rousseau, Charles, Droit international public, Bd. IV: Les relations internationales, Éditions SIREY, Paris 1980.

Ruffert, Matthias, Globalisierung als Herausforderung an das Öffentliche Recht, Jenaer Schriften zum Recht Bd. 33, Richard Boorberg Verlag, Stuttgart/München/Hannover/Berlin/Weimar/Dresden 2004.

ders., § 19 Berufsfreiheit und unternehmerische Freiheit, in Dirk Ehlers (Hrsg.), Europäische Grundrechte und Grundfreiheiten, 4. Aufl., De Gruyter, Berlin/Boston 2014, S. 688–706.
ders., Art. 13 GRCh, in Christian Calliess/Matthias Ruffert (Hrsg.), EUV/AEUV: Das Verfassungsrecht der Europäischen Union mit Europäischer Grundrechtecharta, Kommentar, 5. Aufl., C. H. Beck, München 2016.
Ruggie, John G., International Responses to Technology: Concepts and Trends, IO 29 (1975), S. 557–583.
Ruotolo, Gianpaolo M., The Impact of the Internet on International Law: *Nomos* without Earth?, Informatica e diritto 22 (2013), S. 7–18.
Rusch, Jonathan J., Cyberspace and the „Devil's Hatband", Seattle U. L. Rev. 24 (2000), S. 577–598.
Ryan, Johnny, Countering Militant Islamist Radicalisation on the Internet: A User Driven Strategy to Recover the Web, Institute of European Affairs, Dublin 2007.
Ryan, Patrick S., The ITU and the Internet's Titanic Moment, Stan. Tech. L. Rev. 2012, S. 8–36.
Ryngaert, Cedric, Jurisdiction in International Law, 2. Aufl., Oxford University Press, Oxford 2015.
Sachsse, Hans, Anthropologie der Technik. Ein Beitrag zur Stellung des Menschen in der Welt, Friedr. Vieweg & Sohn, Braunschweig 1978.
Sand, Peter H./Wiener, Jonathan B., Towards a New International Law of the Atmosphere?, GoJIL 7 (2016), S. 195–223.
Sand, Peter H./Sousa Freitas, Jorge de/Pratt, Geoffrey N., An Historical Survey of International Air Law Before the Second World War, McGill L. J. 7 (1960/1961), S. 24–42.
Sands, Philippe/Klein, Pierre, Bowett's Law of International Institutions, Sweet & Maxwell, London 1982.
Sassen, Saskia, Das Paradox des Nationalen: Territorium, Autorität und Rechte im globalen Zeitalter (dt. Übers. v. Nikolaus Gramm), Suhrkamp, Frankfurt a.M. 2008.
Satow, Ernest, International Congresses, Handbooks prepared under the direction of the historical Section of the Foreign Office: No. 151, H. M. Stationery Office, London 1920.
Saul, Ben/Kinley, David/Mowbray, Jacqueline, The International Covenant on Economic, Social and Cultural Rights. Commentary, Cases, and Materials, Oxford University Press, Oxford 2014, Article 15: Cultural Rights, S. 1175–1232.
Savigny, Friedrich C. v., System des heutigen Römischen Rechts, Bd. 1, Scientia-Verlag, Aalen 1973 (Neudr. d. Ausg. Berlin 1840).
Scelle, Georges A. J., Le phénomène juridique du dédoublement fonctionnel, in Walter Schätzel/Hans-JürgenSchlochauer (Hrsg.), Rechtsfragen der internationalen Organisationen, FS für Hans Wehberg zu seinem 70. Geburtstag, Vittorio Klostermann, Frankfurt a.M. 1956, S. 324–342.
Schachter, Oscar, Scientific Advances and International Law Making, Cal. L. Rev. 55 (1967), S. 423–430.
ders., International Law in Theory and Practice, Martinus Nijhoff Publishers, Dordrecht/Boston/London 1991.
Schaller, Christian, Internationale Sicherheit und Völkerrecht im Cyberspace. Für klarere Regeln und mehr Verantwortung, SWP-Studie S 18, Okt. 2014.
Schaper, Ulrich, Ohne Regeln, FAZ v. 7.2.2018, Nr. 32, S. N1.

Schatz, Klaus, Allgemeine Konzilien – Brennpunkte der Kirchengeschichte, 2. Aufl., Verlag Ferdinand Schöningh, Paderborn 2008.

Schauer, Frederick, The Politics and Incentives of Legal Transplantation, Harvard University Center for International Development, CID Working Paper No. 44, April 2000.

Schelling, Jürgen, Plötzlich ist die Welt so klein, FAZ v. 26.2.2019, Nr. 48, S. T1.

Schelsky, Helmut, Der Mensch in der wissenschaftlichen Zivilisation, Arbeitsgemeinschaft für Forschung des Landes Nordrhein-Westfalen. Geisteswissenschaften, Heft 96 (1961).

Scherer, Joachim, Innovationsoffenheit der europäischen Telekommunikations-Regulierung – Konzepte und Instrumente am Beispiel der S-PCS-Systeme –, in Wolfgang Hoffmann-Riem (Hrsg.), Innovation und Telekommunikation: Rechtliche Steuerung von Innovationsprozessen in der Telekommunikation, Schriften zur rechtswissenschaftlichen Innovationsforschung Bd. 4, Nomos, Baden-Baden 2000, S. 161–183.

Scheuner, Ulrich, Zur Auslegung der Charta durch die Generalversammlung. Die Erklärung über freundschaftliche Beziehungen und Zusammenarbeit der Staaten, VN 4/1978, S. 111–117.

Schjolberg, Stein, An International Criminal Tribunal for Cyberspace (ICTC), Recommendations for potential new global legal mechanisms against global cyberattacks and other global cybercrimes, A paper for the EastWest Institute (EWI) Cybercrime Legal Working Group, März 2012, abrufbar unter: https://www.cybercrimelaw.net/documents/ICTC.pdf.

Schladebach, Marcus, Lufthoheit. Kontinuität und Wandel, Mohr Siebeck, Tübingen 2014.

Schleicher, Die juristische Technik, Magazin für Technik und Industriepolitik 4 (1913/14), S. 83–93.

Schlosser, Hans, Neuere Europäische Rechtsgeschichte: Privat- und Strafrecht vom Mittelalter bis zur Moderne, 3. Aufl., C. H. Beck, München 2017.

Schmahl, Stefanie, Zwischenstaatliche Kompetenzabgrenzung im Cyberspace, AVR 47 (2009), S. 284–327.

Schmalenbach, Kirsten, Ein Menschenrecht auf Kommunikation: Erfordernis oder Redundanz?, in Wolfgang Benedek/Catrin Pekari (Hrsg.), Menschenrechte in der Informationsgesellschaft, Richard Boorberg Verlag, Stuttgart/München/Hannover/Berlin/Weimar/Dresden 2007, S. 183–213.

dies., Art. 216 AEUV, in Christian Calliess/Matthias Ruffert (Hrsg.), EUV/AEUV: Das Verfassungsrecht der Europäischen Union mit Europäischer Grundrechtecharta, Kommentar, 5. Aufl., C. H. Beck, München 2016.

dies., Völker- und unionsrechtliche Anstöße zur Entterritorialisierung des Rechts (1. Referat), in VVDStRL Bd. 76: Grenzüberschreitungen, Berichte und Diskussionen auf der Tagung der Vereinigung der Deutschen Staatsrechtslehrer in Linz vom 5.–8. Oktober 2016, De Gruyter, Berlin/Boston 2017, S. 245–276.

Schmid, Gerhard, Rechtsfragen bei Großrisiken, ZSR N. F. 109 (1990-II), S. 1–71.

Schmidt, Karsten, Vorbem. zu § 1, in Karsten Schmidt (Hrsg.), Münchener Kommentar zum Handelsgesetzbuch, Bd. 1: Erstes Buch (Handelsstand, §§ 1–104a), 4. Aufl., C. H. Beck, München 2016.

Schmidt-Aßmann, Eberhard, Verwaltungsorganisationsrecht als Steuerungsressource – Einleitende Problemskizze –, in Eberhard Schmidt-Aßmann/Wolfgang Hoffmann-Riem (Hrsg.), Verwaltungsorganisationsrecht als Steuerungsressource, Schriften zur Reform des Verwaltungsrechts Bd. 4, Nomos, Baden-Baden 1997, S. 9–63.

ders., Ordnungsidee und Steuerungsfunktion des Allgemeinen Verwaltungsrechts, in Willy Spannowsky (Hrsg.), Erscheinungsbilder eines sich wandelnden Verwaltungsrechts: Günter Püttner zum 70. Geburtstag, Carl Heymanns Verlag, Köln/Berlin/München 2006, S. 3–15.

Schmidt-Preuß, Matthias, Zweiter Beratungsgegenstand: Verwaltung und Verwaltungsrecht zwischen gesellschaftlicher Selbstregulierung und staatlicher Steuerung (1. Bericht), in VVDStRL Bd. 56: Kontrolle der auswärtigen Gewalt. Verwaltung und Verwaltungsrecht zwischen gesellschaftlicher Selbstregulierung und staatlicher Steuerung, Berichte und Diskussionen auf der Tagung der Vereinigung der Deutschen Staatsrechtslehrer in Dresden vom 2. bis 5. Oktober 1996, De Gruyter, Berlin/New York 1997, S. 160–234.

Schmitt, Carl, Die Lage der europäischen Rechtswissenschaft, Internationaler Universitäts-Verlag, Tübingen 1950.

ders., Der Nomos der Erde im Völkerrecht des Jus Publicum Europaeum, 5. Aufl., Duncker & Humblot, Berlin 2011.

Schmitt, Michael N., Computer Network Attack and the Use of Force in International Law: Thoughts on a Normative Framework, Colum. J. Transnat'l L. 37 (1999), S. 885–937.

ders., Reaction: Cyberspace and International Law: The Penumbral Mist of Uncertainty, Harv. L. Rev. Forum 126 (2013), S. 176–180.

ders. (Hrsg.), Tallinn Manual 2.0 on the International Law Applicable to Cyber Operations, Prepared by the International Groups of Experts at the Invitation of the NATO Cooperative Cyber Defence Centre of Excellence, 2. Aufl., Cambridge University Press, Cambridge 2017.

ders./Vihul, Liis, The Nature of International Law Cyber Norms, Tallinn Paper No. 5, Special Expanded Issue, CCDCOE, 2014.

Schmitz, Hermann, System der Philosophie, Dritter Band: Der Raum, Dritter Teil: Der Rechtsraum. Praktische Philosophie, 2. Aufl., Bouvier Verlag Herbert Grundmann, Bonn 1983.

Schoenborn, Walter, Der Einfluss der neueren technischen Entwicklung auf das Völkerrecht, in: Otto Bachof (Hrsg.), Forschungen und Berichte aus dem Öffentlichen Recht, Gedächtnisschrift für Walter Jellinek, Isar Verlag, München 1955, S. 77–87.

Scholte, Jan A., Globalization: A Critical Introduction, Macmillan Press, Houndmills/Basingstoke/Hampshire/London 2000.

Schorlemer, Sabine v., Verrechtlichung *contra* Entrechtlichung: die internationalen Sicherheitsbeziehungen, in Bernhard Zangl/Michael Zürn (Hrsg.), Verrechtlichung – Baustein für Global Governance?, EINE Welt – Texte der Stiftung Entwicklung und Frieden Bd. 18, Verlag J. H. W. Dietz Nachfolger, Bonn 2004, S. 76–98.

Schröder, Rainer, Verfassungsrechtliche Rahmenbedingungen des Technikrechts, in Martin Schulte/Rainer Schröder (Hrsg.), Handbuch des Technikrechts, 2. Aufl., Springer, Berlin/Heidelberg 2011, S. 237–280.

Schrogl, Kai-Uwe, Die „neue" ITU – Strukturreform einer internationalen Organisation als Routine, VN 42 (1994), S. 97–101.

Schücking, Walther, Die Organisation der Welt, Alfred Kröner Verlag, Leipzig 1909.

ders., Der Staatenverband der Haager Konferenzen, Das Werk vom Haag Bd. 1, Duncker & Humblot, München/Leipzig 1912.

Schulz, Christian, Lizenzvergabe bei Frequenzknappheit. Verwaltungsrechtliche Aspekte und Rechtsschutz bei telekommunikationsrechtlichen Versteigerungsverfahren am

Beispiel der UMTS-Auktion, Schriften zum Informations-, Telekommunikations- und Medienrecht Bd. 18, LIT Verlag, Münster/Hamburg/London 2003.

Schulze, Sven-Hendrik, Cyber-„War" – Testfall der Staatenverantwortlichkeit, Jus Internationale et Europaeum Bd. 107, Mohr Siebeck, Tübingen 2015.

Schwartz, Neil D., Wall Street? Where We're Going We Don't Need Wall Street: Do Securities Regulators Stand a Chance in Cyberspace?, J. Transnat'l L. & Pol'y 8 (1998), S. 79–104.

Schwarz, Mathias, Urheberrecht im Internet, in Jürgen Becker (Hrsg.), Rechtsprobleme internationaler Datennetze: Arbeitssitzung des Instituts für Urheber- und Medienrecht am 17. November 1995, Nomos, Baden-Baden 1996, S. 13–34.

Schwarzenberger, Georg, International Law, Bd. 1: International Law as Applied by International Courts and Tribunals, 3. Aufl., Stevens & Sons, London 1957.

ders., Civitas Maxima?, Recht und Staat in Geschichte und Gegenwart: Eine Sammlung von Vorträgen und Schriften aus dem Gebiet der gesamten Staatswissenschaften Bd. 413/414, J. C. B. Mohr (Paul Siebeck), Tübingen 1973.

Schweisfurth, Theodor, Zur Frage der Rechtsnatur, Verbindlichkeit und völkerrechtlichen Relevanz der KSZE-Schlußakte. Ein Diskussionsbeitrag zum Phänomen der außerrechtlichen (non-legal) zwischenstaatlichen Abmachung, ZaöRV 36 (1976), S. 681–726.

Schwemer, Rolf-Oliver, Die Bindung des Gemeinschaftsgesetzgebers an die Grundfreiheiten, Peter Lang Verlag, Frankfurt a.M. 1995.

Science and International Cooperation, Remarks by *President Kennedy,* Made at the 100th anniversary convocation of the National Academy of Sciences at Washington, D. C., 22.10.1963, White House press release, Dep't St. Bull. 49 (1963), S. 778–782.

Seagle, William, Men of Law: From Hammurabi to Holmes, Hafner Publishing Company, New York 1971(Nachdr. d. Ausg. v. The Macmillan Company, New York 1947).

Sedlaczek, Michael/Züger, Mario, Art. 63 AEUV, in Rudolf Streinz (Hrsg.), Beck'sche Kurz-Kommentare, Bd. 57: EUV/AEUV (Vertrag über die Europäische Union, Vertrag über die Arbeitsweise der Europäischen Union, Charta der Grundrechte der Europäischen Union), 3. Aufl., C. H. Beck, München 2018.

Segura-Serrano, Antonio, Internet Regulation and the Role of International Law, Max Planck UNYB 10 (2006), S. 191–272.

Sen, A. Fulya, Communication and Human Rights, Procedia – Social and Behavioral Sciences 174 (2015), S. 2813–2817.

Seneker, Carl J., The Impact of Science and Technology on International Law: Introduction, Cal. L. Rev. 55 (1967), S. 419–422.

Shackelford, Scott J., The Tragedy of the Common Heritage of Mankind, Stan. Envt'l. L. J. 27 (2008), S. 101–120.

Shapiro, Andrew L., The Disappearance of Cyberspace and the Rise of Code, Seton Hall Const. L. J. 8 (1998), S. 703–723.

Shapiro, Martin, The Globalization of Law, Ind. J. Global Legal Stud. 1 (1993), S. 37–64.

Shelton, Dinah, Normative Hierarchy in International Law, AJIL 100 (2006), S. 291–323.

dies., International Law and ‚relative normativity', in Malcolm D. Evans (Hrsg.), International Law, 5. Aufl., Oxford University Press, Oxford 2018, S. 137–165.

Sieber, Ulrich, Strafrechtliche Verantwortlichkeit für den Datenverkehr in internationalen Computernetzen (Teil I), JZ 9 (1996), S. 429–442.

ders., Strafrechtliche Verantwortlichkeit für den Datenverkehr in internationalen Computernetzen (Teil II), JZ 9 (1996), S. 494–507.

Simitis, Spiros, Internet oder der entzauberte Mythos vom „freien Markt der Meinungen", in Heinz-Dieter Assmann/Tomas Brinkmann/Georgios Gounalakis/Helmut Kohl/Rainer Walz (Hrsg.), Wirtschafts- und Medienrecht in der offenen Demokratie: Freundesgabe für Friedrich Kübler zum 65. Geburtstag, C. F. Müller, Heidelberg 1997, S. 285–314.
Simma, Bruno, Self-Contained Regimes, NYIL 16 (1985), S. 111–136.
ders., From Bilateralism to Community Interest in International Law, RdC 250 (1994-VI), S. 217–384.
Simmel, Georg, Soziologie. Untersuchungen über die Formen der Vergesellschaftung, 2. Aufl., Duncker & Humblot, München/Leipzig 1922.
ders., Der Raum und die räumlichen Ordnungen der Gesellschaft, in Monika Eigmüller/Georg Vobruba (Hrsg.), Grenzsoziologie. Die politische Strukturierung des Raumes, VS Verlag für Sozialwissenschaften, Wiesbaden 2006, S. 15–23.
Simonis, Georg, Macht und Ohnmacht staatlicher Techniksteuerung – können Politik und Staat den Kurs eines Technisierungsprozesses heute wirklich noch beeinflussen?, in Herbert Kubicek/Peter Seeger (Hrsg.), Perspektive Techniksteuerung: Interdisziplinäre Sichtweisen eines Schlüsselproblems entwickelter Industriegesellschaften, Edition Sigma, Berlin 1993, S. 39–57.
Sirinelli, Pierre, L'adéquation entre le village virtuel et la création normative – Remise en cause du rôle de l'Etat?, in Katharina Boele-Woelki/Catherine Kessedjian (Hrsg.), Internet – Which Court Decides? Which Law Applies?, Proceedings of the international colloquium in honour of Michel Pelichet organized by the Molengraaff Institute of Private Law, University of Utrecht, and the Hague Conference on Private International Law, Kluwer Law International, Den Haag/London/Boston 1998, S. 1–22.
Slaughter, Anne-Marie, A New World Order, Princeton University Press, Princeton/Oxford 2004.
Sluijs, Jasper P., Network Neutrality and European Law, Wolf Legal Publishers, Nijmengen 2012.
Sohn, Louis B., The Impact of Technological Changes on International Law, Wash. & Lee L. Rev. 30 (1973), S. 1–18.
Sommer, Joseph H., Against Cyberlaw, Berkeley Tech. L. J. 15 (2000), S. 1145–1232.
Sommerlad, E. Lloyd, A New World Communication Order, in Desmond Fisher/Leroy S. Harms (Hrsg.), The Right to Communicate: A New Human Right, Boole Press, Dublin 1983, S. 131–138.
Sousa Santos, Boaventura de, Toward a New Legal Common Sense: Law, Globalization, And Emancipation, 2. Aufl., Butterworths LexisNexis, London 2002.
Spallino, Dennis, Rechtsfragen des Netzgeldes, WM 2001, S. 231–241.
Sparwasser, Reinhard/Engel, Rüdiger/Voßkuhle, Andreas, Umweltrecht. Grundzüge des öffentlichen Umweltschutzrechts, 5. Aufl., C. F. Müller, Heidelberg 2003.
Specht, Louisa, Die Entwicklung des IT-Rechts im Jahr 2018, NJW 2018, S. 3686–3691.
Spindler, Gerald, Rechtsfragen der Open Source Software, Studie im Auftrag des Verbandes der Softwareindustrie Deutschlands e. V., abrufbar unter: https://www.uni-goettingen.de/de/document/download/035cb3109455169625e840892422916e.pdf/studie_final.pdf.
ders., Die ePrivacy-VO in der Diskussion, WRP 2018, S. I.
Staack, Michael, Multipolarität und Multilateralismus als Strukturen der neuen Weltordnung, in Michael Staack (Hrsg.), Asiens Aufstieg in der Weltpolitik, Schriftenreihe des WIFIS Bd. 30, Verlag Barbara Budrich, Opladen/Berlin/Toronto 2013, S. 9–48.

Stachau, Carl Baron Kaltenborn v., Kritik des Völkerrechts nach dem jetzigen Standpunkte der Wissenschaft, Verlag v. Gustav Mayer, Leipzig 1847.

Starke, Joseph G., Introduction to International Law, Butterworths, 10. Aufl., London 1989.

Statista, Anzahl der Nutzer sozialer Netzwerke weltweit in den Jahren 2010 bis 2016 sowie eine Prognose bis 2021 (in Milliarden), abrufbar unter: https://de.statista.com/statistik/daten/studie/219903/umfrage/prognose-zur-anzahl-der-weltweiten-nutzer-sozialer-netzwerke/.

dass., Anteil der Personen in der Europäischen Union (EU-28), die für private Zwecke Waren oder Dienstleistungen über das Internet bestellt haben, in den Jahren 2007 bis 2019, abrufbar unter: https://de.statista.com/statistik/daten/studie/153980/umfrage/internetkaeufe-durch-einzelpersonen-in-der-eu-15-seit-2002/.

dass., Umfrage unter 1.008 Befragten ab 14 Jahren, die privat das Internet nutzen zur Wahrnehmungshäufigkeit von Hasskommentaren im Internet nach Alter 2018, 1.–8.6.2018, abrufbar unter: https://de.statista.com/statistik/daten/studie/808263/umfrage/umfrage-zur-wahrnehmungshaeufigkeit-von-hasskommentaren-im-internet-nach-alter/.

dass., Ranking der Länder mit den höchsten erwarteten Umsätzen im E-Commerce weltweit im Jahr 2019 (in Millionen Euro), abrufbar unter: https://de.statista.com/statistik/daten/studie/1005908/umfrage/umsaetze-im-e-commerce-nach-laendern-weltweit/ (zuletzt abgerufen am 27.1.2020).

dass., Top 10 Sprachen im Internet nach Anteil der Websites im Januar 2020, abrufbar unter: https://de.statista.com/statistik/daten/studie/2961/umfrage/anteil-der-verbreitetsten-sprachen-im-internet-seit-2006/ (zuletzt abgerufen am 27.1.2020).

Steele, Howard L., Jr., The Web That Binds Us All: The Future Legal Environment of the Internet, Hous. J. Int'l L. 19 (1997), S. 495–518.

Stegmaier, Peter, § 3 Recht und Normativität aus soziologischer Perspektive, in Julian Krüper (Hrsg.), Grundlagen des Rechts, 3. Aufl., Nomos, Baden-Baden 2017, S. 67–90.

Stehr, Christopher, Globalisierung und Destabilisierungstendenzen innerhalb des Internationalen Systems. Eine Indikatorenanalyse für ausgewählte Nationalstaaten, Hochschulschriften zur Betriebswirtschaftslehre Bd. 152, Herbert Utz Verlag, München 2009.

Steiger, Heinhard, Umweltrecht – ein eigenständiges Rechtsgebiet?, AöR 117 (1992), S. 100–114.

Stein, Allan R., The Unexceptional Problem of Jurisdiction in Cyberspace, Int'l Law. 32 (1998), S. 1167–1191.

Stein, Gertrude, Everybody's Autobiography, Random House, New York 1937.

Stein, Laura L./Camaj, Lindita, Freedom of Information, in Oxford Research Encyclopedia: Communication, abrufbar unter: https://oxfordre.com/communication/view/10.1093/acrefore/9780190228613.001.0001/acrefore-9780190228613-e-97.

Stein, Lorenz v., Einige Bemerkungen über das internationale Verwaltungsrecht, (Schmollers) Jahrbuch für Gesetzgebung, Verwaltung und Volkswirtschaft im Deutschen Reich 6 (1882), S. 395–442.

Stein, Stephan, Kommunikative Praktiken, kommunikative Gattungen und Textsorten. Konzepte und Methoden für die Untersuchung mündlicher und schriftlicher Kommunikation im Vergleich, in Karin Birkner/Dorothee Meer (Hrsg.), Institutionalisier-

ter Alltag: Mündlichkeit und Schriftlichkeit in unterschiedlichen Praxisfeldern, Verlag für Gesprächsforschung, Mannheim 2011, S. 8–27.
Stein, Torsten/Marauhn, Thilo, Völkerrechtliche Aspekte von Informationsoperationen, ZaöRV 60 (2000), S. 1–35.
ders./Buttlar, Christian v./Kotzur, Markus, Völkerrecht, 14. Aufl., Verlag Franz Vahlen, München 2017.
Stein, Ursula, Lex mercatoria: Realität und Theorie, Juristische Abhandlungen Bd. XXVIII, Vittorio Klostermann, Frankfurt a.M. 1995.
StIGH, Advisory Committee of Jurists, Procès-Verbaux of the Proceedings of the Committee (16.–24.7.1920) with Annexes, Van Langenhuysen Brothers, Den Haag 1920.
Stolleis, Michael, Juristenbeschimpfung, oder: Juristen, böse Christen, in Theo Stammen/Heinrich Oberreuter/Paul Mikat (Hrsg.), Politik – Bildung – Religion: Hans Meier zum 65. Geburtstag, Ferdinand Schöningh, Paderborn/München/Wien/Zürich 1996, S. 163–170.
Stowell, Ellery C., International Law: A Restatement of Principles in Conformity with Actual Practice, Henry Holt and Company, New York 1931.
Stransfeld, Reinhard, Regelungen in der Informationstechnik und Telekommunikation – Innovationshemmnisse durch Recht?, in Martin Schulte (Hrsg.), Technische Innovation und Recht: Antrieb oder Hemmnis?, MTM Bd. 76, C. F. Müller, Heidelberg 1997, S. 167–199.
Strauß, Gerhard, Art. „exterritorial", in Hans Schulz (Begr.)/Otto Basler (Hrsg.), Deutsches Fremdwörterbuch, Bd. 5: Eau de Cologne–Futurismus, 2. Aufl., De Gruyter, Berlin 2004, S. 561–562.
Strebel, Helmut, Quellen des Völkerrechts als Rechtsordnung, ZaöRV 36 (1976), S. 301–346.
Streinz, Rudolf, Europarecht, 10. Aufl., C. F. Müller, Heidelberg 2016.
ders., Art. 7 GR-Ch, in Rudolf Streinz (Hrsg.), Beck'sche Kurz-Kommentare, Bd. 57: EUV/AEUV (Vertrag über die Europäische Union, Vertrag über die Arbeitsweise der Europäischen Union, Charta der Grundrechte der Europäischen Union), 3. Aufl., C. H. Beck, München 2018.
ders., Art. 8 GR-Ch, in Rudolf Streinz (Hrsg.), Beck'sche Kurz-Kommentare, Bd. 57: EUV/AEUV (Vertrag über die Europäische Union, Vertrag über die Arbeitsweise der Europäischen Union, Charta der Grundrechte der Europäischen Union), 3. Aufl., C. H. Beck, München 2018.
Strupp, Karl, Verwaltungsgemeinschaften (Internationale Unionen), in Karl Freiherr v. Stengel (Begr.)/Max Fleischmann (Hrsg.), Wörterbuch des deutschen Staats- und Verwaltungsrechts, Bd. 3: O–Z, 2. Aufl., J. C. B. Mohr (Paul Siebeck), Tübingen 1914, S. 735–741.
ders., Grundzüge des positiven Völkerrechts, Ludwig Röhrscheid Verlag, Bonn 1921.
ders., Les règles générales du droit de la paix, RdC 47 (1934-I), S. 261–595.
Stückemann, Thomas, Technikentwicklung als reflexiver Modernisierungsprozeß, Diss., TU Dresden, 2000.
Sucker, Franziska, Audiovisuelle Medien innerhalb der WTO: Waren, Dienstleistungen und/oder geistiges Eigentum?, ZUM 2009, S. 30–39.
Sukopp, Thomas, Menschenrechte: Anspruch und Wirklichkeit. Menschenwürde, Naturrecht und Natur des Menschen, Tectum Verlag, Marburg 2003.

Suy, Eric, Antarctica: Common Heritage of Mankind?, in Joe Verhoeven/Philippe Sands/ Maxwell Bruce (Hrsg.), The Antarctic Environment and International Law, Graham & Trotman, Dordrecht 1992, S. 93–96.

Talmon, Stefan, Sachverständigengutachten gemäß Beweisbeschluss SV-4 des 1. Untersuchungsausschusses des Deutschen Bundestages der 18. Wahlperiode, MAT A SV-4/1, zu A-Drs. 56, 2.6.2014, abrufbar unter: https://www.bundestag.de/resource/blob/282872/2b7b605da4c13cc2bc512c9c899953c1/mat_a_sv-4-2_talmon-pdf-data.pdf.

ders., Das Abhören des Kanzlerhandys und das Völkerrecht, BRJ 2014, S. 6–12.

Tarjanne, Pekka, Internet Governance: Towards Multilateral Voluntarism, Keynote Address, Internet Domain Names: Information Session, Meeting of Signatories and Potential Signatories of the Generic Top Level Domain Memorandum of Understanding (gTLD-MoU), Genf, 29.4.–1.5.1997, abrufbar unter: https://www.itu.int/newsarchive/projects/dns-meet/KeynoteAddress.html.

Tassel, Joan van, Digital rights management: protecting and monetizing content, Routledge, New York/London 2016.

Taylor, Frederick W., Principles of Scientific Management, Harper & Brothers, New York/London 1911.

Taylor, Peter J., The State as Container: Territoriality in the Modern World-System, PIHG 18 (1994), S. 151–162.

Tegge, Andreas, Die Internationale Telekommunikations-Union: Organisation und Funktion einer Weltorganisation im Wandel, Law and Economics of International Telecommunications Bd. 21, Nomos, Baden-Baden 1994.

Terhechte, Jörg P., Art. 3, in Eberhard Grabitz/Meinhard Hilf/Martin Nettesheim (Hrsg.), Das Recht der Europäischen Union: Kommentar, Bd. I: EUV/AEUV, Loseblattsammlung (62. ErgL, Stand: Dez. 2017), C. H. Beck, München.

Terlau, Matthias, § 55a – Elektronisches Geld, virtuelle Währungen (Bitcoins, Ether Coins), in Herbert Schimansky/Hermann-Josef Bunte/Hans-Jürgen Lwowsky (Hrsg.), Bankrechts-Handbuch, Bd. 1, 5. Aufl., C. H. Beck, München 2017.

Teubner, Gunther, Verrechtlichung – Begriffe, Merkmale, Grenzen, Auswege, in Friedrich Kübler (Hrsg.), Verrechtlichung von Wirtschaft, Arbeit und sozialer Solidarität. Vergleichende Analysen, Nomos, Baden-Baden 1984, S. 289–344.

ders., Recht als autopoietisches System, Suhrkamp, Frankfurt a.M. 1989.

ders., Globale Bukowina. Zur Emergenz eines transnationalen Rechtspluralismus, RJ 15 (1996), S. 255–290.

ders., Globale Zivilverfassungen: Alternativen zur staatszentrierten Verfassungstheorie, ZaöRV 63 (2003), S. 1–28.

The Chatham House Principles of International Law on the Use of Force in Self-defence, ICLQ 55 (2006), S. 963–972.

The Geography of Strabo, in 8 volumes (engl. Übers. v. Horace L. Jones), Bd. I: Buch I und II, William Heinemann, London 1917.

The New Encyclopaedia Britannica, Art. „Bandung Conference", Bd. 1: A–ak – Bayes, 15. Aufl., Encyclopaedia Britannica, Chicago/London/Neu-Delhi/Paris/Seoul/Sydney/Taipei/Tokyo 2010, S. 863.

Thiel, Markus, Die „Entgrenzung" der Gefahrenabwehr: Grundfragen von Freiheit und Sicherheit im Zeitalter der Globalisierung, Jus Publicum: Beiträge zum Öffentlichen Recht Bd. 205, Mohr Siebeck, Tübingen 2011.

Thiele, Carmen, Fragmentierung des Völkerrechts als Herausforderung für die Staatengemeinschaft, AVR 46 (2008), S. 1–41.

Thirlway, Hugh, The Sources of International Law, in Malcolm D. Evans (Hrsg.), International Law, 4. Aufl., Oxford University Press, Oxford 2014, S. 91–117.
Thorhauer, Nathalie I., Jurisdiktionskonflikte im Rahmen transnationaler Kriminalität. Zur Koordination der Strafgewalten über natürliche Personen und Unternehmen in der Europäischen Union, Studien zum Strafrecht Bd. 96, Nomos, Baden-Baden 2019.
Tietje, Christian, The Changing Legal Structure of International Treaties as an Aspect of an Emerging Global Governance Architecture, GYIL 42 (1999), S. 26–55.
Tiirmaa-Klaar, Heli, Cyber Diplomacy: Agenda, Challenges and Mission, in Katharina Ziolkowski (Hrsg.),Peacetime Regime for State Activities in Cyberspace. International Law, International Relations and Diplomacy, NATO CCDCOE Publication, Tallinn 2013, S. 509–531.
Tladi, Dire, Is the International Law Commission Elevating Subsequent Agreements and Subsequent Practice?, EJIL: Talk!, 30.8.2018, abrufbar unter: https://www.ejiltalk.org/is-the-international-law-commission-elevating-subsequent-agreements-and-sub sequent-practice/.
Toffler, Alvin, The Third Wave, William Morrow, New York 1980.
Toll, Benno Baron v., Die internationalen Bureaux der allgemeinen völkerrechtlichen Verwaltungsvereine, H. Laupp, Tübingen 1910.
Tomuschat, Christian, Obligations Arising for States Without or Against Their Will, RdC 241 (1993-IV), S. 195–374.
ders., Die Internationale Gemeinschaft, AVR 33 (1995), S. 1–20.
ders., International Law: Ensuring the Survival of Mankind on the Eve of a New Century. General Course on Public International Law, RdC 281 (1999), S. 9–438.
ders., § 226: Staatsrechtliche Entscheidung für die internationale Offenheit, in Josef Isensee/Paul Kirchhof (Hrsg.), Handbuch des Staatsrechts der Bundesrepublik Deutschland, Bd. XI: Internationale Bezüge, 3. Aufl., C. F. Müller, Heidelberg 2013, S. 3–61.
ders., Legalization of the OSCE?, Völkerrechtsblog, 1.8.2016, abrufbar unter: https://voelkerrechtsblog.org/legalization-of-the-osce/.
Tschentscher, Axel, Vierter Beratungsgegenstand: Verfassung im Völkerrecht – Konstitutionelle Elemente jenseits des Staates?, in VVDStRL Bd. 75: Verfassung als Ordnungskonzept, Referate und Diskussionen auf der Tagung der Vereinigung der Deutschen Staatsrechtslehrer in Speyer vom 7. bis zum 10. Oktober 2015, De Gruyter, Berlin/Boston 2016, S. 407–438.
Tuchtfeld, Erik, Filtering fundamental rights. The European Union's balancing of intellectual property and the freedom to receive information, Völkerrechtsblog, 25.3.2019, abrufbar unter: https://voelkerrechtsblog.org/filtering-fundamental-rights/.
Uecker, Philip, Extraterritoriale Regelungshoheit im Datenschutzrecht, Frankfurter Studien zum Datenschutz Bd. 52, Nomos, Baden-Baden 2017.
Uerpmann-Wittzack, Robert, Principles of International Internet Law, GLJ 11 (2010), S. 1245–1263.
UIA, YIO 55 (2018/2019), Vol. 5: Statistics, Visualizations and Patterns.
Ullmann, Emanuel v., Völkerrecht, 2. Aufl., J. C. B. Mohr (Paul Siebeck), Tübingen 1908.
UN Codification Division Publications, Diplomatic Conferences, Third United Nations Conference on the Law of the Sea, abrufbar unter: https://legal.un.org/diplomatic conferences/1973_los/.
UN, The international bill of human rights, Genf 1988.

United States-Measures Affecting the Cross-border Supply of Gambling and Betting Services (US-Gambling), Report of the Panel, WT/DS285/R (10.11.2004), abrufbar unter: https://www.wto.org/english/tratop_e/dispu_e/285r_e.pdf.
United States-Measures Affecting the Cross-border Supply of Gambling and Betting Services (US-Gambling), Report of the Appellate Body, AB-2005-1, WT/DS285/AB/R (7.4.2005), abrufbar unter: https://www.wto.org/english/tratop_e/dispu_e/285abr_e.pdf.
U. S. Policy for the Seabed, Statement by *President Nixon,* 23.5.1970, Dep't St. Bull. 62 (1970), Nr. 1606–1618, S. 737–738.
Valauskas, Edward J., Lex Networkia: Understanding the Internet Community, First Monday 1 (7.10.1996), abrufbar unter: https://firstmonday.org/ojs/index.php/fm/article/view/490/411.
Vassilaki, Irini E., Technikstrafrecht, in Martin Schulte/Rainer Schröder (Hrsg.), Handbuch des Technikrechts, 2. Aufl., Springer, Berlin/Heidelberg 2011, S. 385–401.
Vattel, Emer de, Le droit des gens. Ou principes de la loi naturelle, appliqués à la conduite & aux affaires des nations & des souverains, Bd. I, London 1758.
VDI, Hauptgruppe „Der Ingenieur in Beruf und Gesellschaft" (Hrsg.), Technikbewertung – Begriffe und Grundlagen. Erläuterungen und Hinweise zur VDI-Richtlinie 3780, Düsseldorf 1997.
Veblen, Thorstein, The Engineers and the Price System, B. W. Huebsch, New York 1921.
Vec, Miloš, Recht und Normierung in der Industriellen Revolution. Neue Strukturen der Normsetzung in Völkerrecht, staatlicher Gesetzgebung und gesellschaftlicher Selbstnormierung, Recht in der Industriellen Revolution Bd. 1, Vittorio Klostermann, Frankfurt a.M. 2006.
Verdross, Alfred, Völkerrecht, 5. Aufl., Springer, Wien 1964.
ders./Simma, Bruno, Universelles Völkerrecht. Theorie und Praxis, unveränd. Nachdr. d. 3. Aufl. 1984, Duncker & Humblot, Berlin 2010.
Vereshchetin, Vladlen S./Danilenko, Gennady M., Custom as a Source of International Law of Outer Space, J. Space L. 13 (1985), S. 22–35.
Vernon, Raymond, Sovereignty at bay: the multinational spread of U. S. enterprises, Basic Books, New York 1971.
Vesting, Thomas, Innovationssteuerung im Telekommunikationsrecht, in Wolfgang Hoffmann-Riem/Jens-Peter Schneider (Hrsg.), Rechtswissenschaftliche Innovationsforschung: Grundlagen, Forschungsansätze, Gegenstandsbereiche, Schriften zur rechtswissenschaftlichen Innovationsforschung Bd. 1, Nomos, Baden-Baden 1998, S. 246–272.
ders., Die Staatsrechtslehre und die Veränderung ihres Gegenstandes: Konsequenzen von Europäisierung und Internationalisierung (2. Bericht), in VVDStRL Bd. 63: Die Staatsrechtslehre und die Veränderung ihres Gegenstandes: Konsequenzen von Europäisierung und Internationalisierung, Berichte und Diskussionen auf der Tagung der Vereinigung der Deutschen Staatsrechtslehrer in Hamburg vom 1. bis 4. Oktober 2003, De Gruyter, Berlin/Boston 2004, S. 41–70.
Vieweg, Klaus, Reaktionen des Rechts auf Entwicklungen der Technik, in Martin Schulte (Hrsg.), Technische Innovation und Recht: Antrieb oder Hemmnis?, MTM Bd. 76, C. F. Müller, Heidelberg 1997, S. 35–54.
Vilanka, Olli, Article 27 of the Universal Declaration of Human Rights and the Internet. A Study Evaluating Role of Prosumers, Authors and Corporations in the Infor-

mation Society, Helsinki 2014, abrufbar unter: https://helda.helsinki.fi/bitstream/handle/10138/135817/ARTICLE27.pdf?sequence=1.

Villiger, Mark E., Customary International Law and Treaties: A Manual on the Theory and Practice of the Interrelation of Sources, Developments in International Law Bd. 28, 2. Aufl., Kluwer Law International, Den Haag/London/Boston 1997.

Vinogradoff, Paul, Roman Law in Mediaeval Europe, Harper's Library of Living Thought, Harper & Brothers, London/New York 1909.

Vitzthum, Wolfgang Graf, Raum, Umwelt und Wirtschaft im Völkerrecht, in Wolfgang Graf Vitzthum (Hrsg.), Völkerrecht, De Gruyter, Berlin/New York 1997, S. 393–524.

ders., Begriff, Geschichte und Rechtsquellen des Völkerrechts, in Wolfgang Graf Vitzthum/Alexander Proelß (Hrsg.), Völkerrecht, 7. Aufl., De Gruyter, Berlin/Boston 2016, S. 1–60.

Vogelsang, Jennifer, Kommunikationsformen des Internetzeitalters im Lichte der Kommunikationsfreiheiten des Grundgesetzes, Studien und Beiträge zum Öffentlichen Recht Bd. 36, Mohr Siebeck, Tübingen 2017.

Voigt, Rüdiger, Verrechtlichung in Staat und Gesellschaft, in Rüdiger Voigt (Hrsg.), Verrechtlichung. Analysen zu Funktion und Wirkung von Parlamentarisierung, Bürokratisierung und Justizialisierung sozialer, politischer und ökonomischer Prozesse, Athenäum, Königstein i.T. 1980, S. 15–37.

Vöneky, Silja, Analogy in International Law, in Rüdiger Wolfrum (Hrsg.), MPEPIL, Bd. I: AA–CA, Oxford University Press, Oxford 2012, S. 374–380.

Vosgerau, Ulrich, Staatliche Gemeinschaft und Staatengemeinschaft, Jus Publicum Bd. 255, Mohr Siebeck, Tübingen 2016.

Vranes, Erich, The Definition of ‚Norm Conflict' in International Law and Legal Theory, EJIL 17 (2006), S. 395–418.

Vyshinsky, Andrei Y., The Law of the Soviet State (engl. Übers. v. Hugh W. Babb), The MacMillan Company, New York 1948.

W3C Recommendation v. 1.9.2009: Protocol for Web Description Resources (POWDER): Description Resources, abrufbar unter: https://www.w3.org/TR/powder-dr/.

Wahl, Rainer, Constitutionalism, in Rudolf Bernhardt/Ulrich Beyerlin (Hrsg.), Reports on German Public Law, XIIIth International Congress of Comparative Law, Montréal 1990, MTM Bd. 54, C. F. Müller, Heidelberg 1990, S. 85–113.

ders., Elemente der Verfassungsstaatlichkeit, JuS 2001, S. 1041–1048.

ders., Konstitutionalisierung – Leitbegriff oder Allerweltsbegriff?, in Carl-Eugen Eberle/Martin Ibler/Dieter Lorenz (Hrsg.), Der Wandel des Staates vor den Herausforderungen der Gegenwart, FS für Winfried Brohm zum 70. Geburtstag, Verlag C. H. Beck, München 2002, S. 191–207.

Waldkirch, Eduard O. v., Das Völkerrecht in seinen Grundzügen dargestellt, Helbing & Lichtenhahn, Basel 1926.

Wallace, Michael/Singer, J. David, Intergovernmental Organization in the Global System, 1815–1964: A Quantitative Description, IO 24 (1970), S. 239–287.

Walter, Jan D., Venezuelas Bitcoin: Kryptowährung Petro ein Rohrkrepierer?, DW, 4.1.2018, abrufbar unter: https://p.dw.com/p/2qKb0.

Wassenbergh, Henri A., Principles of Outer Space Law in Hindsight, Martinus Nijhoff Publishers, Dordrecht/Boston/London 1991.

Watzlawick, Paul, Wie wirklich ist die Wirklichkeit?: Wahn, Täuschung, Verstehen, 2. Aufl., R. Piper, München/Zürich 1976.

Weber, Albrecht, Art. 7, in Klaus Stern/Michael Sachs (Hrsg.), Europäische Grundrechte-Charta GRCh: Kommentar, C. H. Beck, München 2016, S. 189–207.
Weil, Prosper, Toward Relative Normativity in International Law?, AJIL 77 (1983), S. 413–442.
Weiler, Joseph H. H., The Geology of International Law – Governance, Democracy and Legitimacy, ZaöRV 64 (2004), S. 547–562.
Weingart, Peter, Einleitung, in Peter Weingart (Hrsg.), Technik als sozialer Prozeß, Suhrkamp, Frankfurt a.m. 1989, S. 8–14.
ders., „Großtechnische Systeme" – ein Paradigma der Verknüpfung von Technikentwicklung und sozialem Wandel?, in Peter Weingart (Hrsg.), Technik als sozialer Prozeß, Suhrkamp, Frankfurt a.m. 1989, S. 174–196.
Weinrich, Harald, Semantik der kühnen Metapher, in Anselm Haverkamp (Hrsg.), Theorie der Metapher, Wege der Forschung Bd. 389, WBG, Darmstadt 1983, S. 316–339.
Weiß, Norman, Neue Weltinformationsordnung reloaded? Eine globale Informationsordnung als Herausforderung für das Völkerrecht, in Isabella Löhr/Andrea Rehling (Hrsg.), Global Commons im 20. Jahrhundert: Entwürfe für eine globale Welt, Jahrbuch für Europäische Geschichte Bd. 15, Oldenbourg Wissenschaftsverlag, München 2014, S. 167–198.
Weizsäcker, Ernst U. v./Lovins, Amory B./Lovins, L. Hunter, Factor Four: Doubling Wealth, Halving Resource Use, The New Report to the Club of Rome, Earthscan Publications Ltd, London 1998.
Wells Branscomb, Anne, Anonymity, Autonomy, and Accountability: Challenges to the First Amendment inCyberspaces, Yale L. J. 104 (1995), S. 1639–1679.
Wengler, Wilhelm, Völkerrecht, Bd. II: Dritter Teil, Springer, Berlin/Göttingen/Heidelberg 1964.
Werle, Raymund, Aspekte der Verrechtlichung, ZfRSoz 3 (1982), S. 2–13.
ders., Innovationspotenziale im Internet – Selbstregelung auf Strukturebene, in Wolfgang Hoffmann-Riem (Hrsg.), Innovation und Telekommunikation: Rechtliche Steuerung von Innovationsprozessen in der Telekommunikation, Schriften zur rechtswissenschaftlichen Innovationsforschung Bd. 4, Nomos, Baden-Baden 2000, S. 141–160.
Werner, Stefan, Beweislastverteilung und Haftungsrisiken im elektronischen Zahlungsverkehr, MMR 1998, S. 232–235.
Wet, Erika de, The Emergence of International and Regional Value System as a Manifestation of the Emerging International Constitutional Order, LJIL 19 (2006), S. 611–632.
dies., The Role of European Courts in the Development of a Hierarchy of Norms within International Law: Evidence of Constitutionalisation?, Eu Const. L. Rev. 5 (2009), S. 284–306.
Weyer, Johannes, Techniksoziologie: Genese, Gestaltung und Steuerung sozio-technischer Systeme, Juventa Verlag, Weinheim/München 2008.
Wieacker, Franz, Privatrechtsgeschichte der Neuzeit: unter besonderer Berücksichtigung der deutschen Entwicklung (2. unveränd. Nachdr. d. 2. Aufl. v. 1967), Vandenhoeck & Ruprecht, Göttingen 1996.
Wieddekind, Dirk, Innovationsforschung, Wettbewerbstheorie und Kartellrecht, in Martin Eifert/Wolfgang Hoffmann-Riem (Hrsg.), Innovation und rechtliche Regulierung: Schlüsselbegriffe und Anwendungsbeispiele rechtswissenschaftlicher Innovationsforschung, Schriften zur rechtswissenschaftlichen Innovationsforschung Bd. 5, Nomos, Baden-Baden 2002, S. 134–170.

Wiener, Norbert, Cybernetics: or Communication And Control In The Animal And The Machine, 2. Aufl., The M. I. T. Press, Cambridge 1965.
Wildhaber, Luzius, Jurisdiktionsgrundsätze und Jurisdiktionsgrenzen im Völkerrecht, Schweiz. Jb. Int. R. XLI (1985), S. 99–109.
Wilkinson, Rorden, Global Governance, in Mark Bevir (Hrsg.), Encyclopedia of Governance, Bd. I: A–J, SAGE Publications, Thousand Oaks/London/New Delhi 2007, S. 344–349.
Williamson, Oliver E., The Economics of Governance: Framework and Implications, ZgS 140 (1984), S. 195–223.
Willoweit, Dietmar, Historische Prozesse staatenübergreifender Rechtsbildung, in Horst Dreier/Hans Forkel/Klaus Laubenthal (Hrsg.), Raum und Recht, FS 600 Jahre Würzburger Juristenfakultät, Duncker & Humblot, Berlin 2002, S. 3–21.
Wilske, Stephan/Schiller, Teresa, International Jurisdiction in Cyberspace: Which States May Regulate the Internet?, FCLJ 50 (1997), S. 117–178.
Winkler, Günther, Zeit und Recht: Kritische Anmerkungen zur Zeitgebundenheit des Rechts und des Rechtsdenkens, Springer, Wien 1995.
ders., Raum und Recht. Dogmatische und theoretische Perspektiven eines empirisch-rationalen Rechtsdenkens, Springer, Wien/New York 1999.
Winter, Steven L., Transcendental Nonsense, Metaphoric Reasoning, and the Cognitive Stakes for Law, U. Pa. L. Rev. 137 (1989), S. 1105–1237.
WIPO, About WIPO, abrufbar unter: https://www.wipo.int/about-wipo/en/.
Wolf, Christopher, Briefing of the Commission on Security and Cooperation in Europe (U. S. Helsinki Commission), Remarks „Hate in the Information Age", Washington, DC, 15.5.2008, S. 4, abrufbar unter: https://www.csce.gov/sites/helsinkicommission.house.gov/files/Wolf%20Testimony.pdf.
Wolf, Klaus D./Zürn, Michael, Macht Recht einen Unterschied? Implikationen und Bedingungen internationaler Verrechtlichung im Gegensatz zu weniger bindenden Formen internationaler Verregelung, in Klaus D. Wolf (Hrsg.), Internationale Verrechtlichung, Centaurus, Pfaffenweiler 1993, S. 11–28.
Wolf, Rainer, Zur Antiquiertheit des Rechts in der Risikogesellschaft, Leviathan 15 (1987), S. 357–391.
ders., Innovation, Risiko und Sicherheit: Paradoxien eines Rechts der technischen Innovation am Beispiel des Umweltschutzes, in Dieter Sauer/Christa Land (Hrsg.), Paradoxien der Innovation: Perspektiven sozialwissenschaftlicher Innovationsforschung, Veröffentlichungen aus dem ISF München, Campus Verlag, Frankfurt/New York 1999, S. 211–228.
Wolfe, Thomas R., A New International Information Order: The Developing World and the Free Flow of Information Controversy, Syracuse J. Int'l L. & Com. 8 (1980), S. 249–264.
Wolff, Heinrich A., Art. 7, in Matthias Pechstein/Carsten Nowak/Ulrich Häde (Hrsg.), Frankfurter Kommentar zu EUV, GRC und AEUV, Bd. 1: EUV und GRC, Mohr Siebeck, Tübingen 2017, S. 1088–1110.
ders., Art. 8, in Pechstein, Matthias/Nowak, Carsten/Häde, Ulrich (Hrsg.), Frankfurter Kommentar zu EUV, GRC und AEUV, Bd. 1: EUV und GRC, Mohr Siebeck, Tübingen 2017, S. 1111–1129.
Wolfrum, Rüdiger, Restricting the Use of the Sea to Peaceful Purposes: Demilitarization in Being?, GYIL 24 (1981), S. 201–241.

ders., Hohe See und Tiefseeboden (Gebiet), in Wolfgang Graf Vitzthum (Hrsg.), Handbuch des Seerechts, München 2006, S. 287–345.

ders., International Administrative Unions, in Rüdiger Wolfrum (Hrsg.), MPEPIL, Bd. V: HU–IN, Oxford University Press, Oxford 2012, S. 335–344.

ders./Röben, Volker (Hrsg.), Legitimacy in International Law, Beiträge zum ausländischen öffentlichen Recht und Völkerrecht Bd. 194, Springer, Berlin/Heidelberg/New York 2008.

Wriston, Walter B., Bits, Bytes, and Balance Sheets. The New Economic Rules of Engagement in a Wireless World, Hoover Institution Press, Publication No. 557, Stanford 2007.

Wu, Timothy S., When Law & the Internet First Met, Green Bag 3 (2000), S. 171–177.

Wunsch-Vincent, Sacha, The Internet, cross-border trade in services, and the GATS: lessons learned from US-Gambling, World TR 5 (2006), S. 319–355.

XING, Der richtige Umgang auf XING, abrufbar unter: https://faq.xing.com/de/nachrichten/der-richtige-umgang-auf-xing.

Young, Oran R., International Governance: Protecting the Environment in a Stateless Society, Ithaca/London, Cornell University Press 1994.

Youtube, Community-Richtlinien, abrufbar unter: https://www.youtube.com/howyoutubeworks/policies/community-guidelines/#reporting-and-enforcement.

Zangl, Bernhard/Zürn, Michael, Make Law, Not War: Internationale und transnationale Verrechtlichung als Baustein für Global Governance, in Bernhard Zangl/Michael Zürn (Hrsg.), Verrechtlichung – Baustein für Global Governance?, EINE Welt – Texte der Stiftung Entwicklung und Frieden Bd. 18, Verlag J. H. W. Dietz Nachfolger, Bonn 2004, S. 12–45.

dies., Verrechtlichung jenseits des Staates – Zwischen Hegemonie und Globalisierung, in Bernhard Zangl/Michael Zürn (Hrsg.), Verrechtlichung – Baustein für Global Governance?, EINE Welt – Texte der Stiftung Entwicklung und Frieden Bd. 18, Verlag J. H. W. Dietz Nachfolger, Bonn 2004, S. 239–262.

Zemanek, Karl, Zwischenabhängigkeit, in Karl Strupp (Begr.)/Hans-Jürgen Schlochauer (Hrsg.), Wörterbuch des Völkerrechts, Bd. 3: Rapallo-Vertrag bis Zypern, 2. Aufl., De Gruyter, Berlin 1962, S. 896–897.

Ziccardi, Giovanni, Resistance, Liberation Technology and Human Rights in the Digital Age, Law, Governance and Technology Series Bd. 7, Springer, Dordrecht/Heidelberg/New York/London 2013.

Zimmermann, Andreas, Zur Zukunft der Völkerrechtswissenschaft in Deutschland, ZaöRV 67 (2007), S. 799–824.

ders., Durchsetzung des Völkerrechts zwischen Fragmentierung, Multilateralisierung und Individualisierung, in Andreas Fischer-Lescano/Hans-Peter Gasser/Thilo Marauhn/Natalino Ronzitti (Hrsg.), Frieden in Freiheit, FS für Michael Bothe zum 70. Geburtstag, Nomos, Baden-Baden 2008, S. 1077–1088.

ders./Scheel, Holger, Zwischen Konfrontation und Kooperation. Die Vereinigten Staaten und der Internationale Strafgerichtshof, VN 50 (2002), S. 137–144.

Ziolkowski, Katharina, General Principles of International Law as Applicable in Cyberspace, in Katharina Ziolkowski (Hrsg.), Peacetime Regime for State Activities in Cyberspace. International Law, International Relations and Diplomacy, NATO CCDCOE Publication, Tallinn 2013, S. 135–188.

Zittrain, Jonathan, Be Careful What You Ask For: Reconciling a Global Internet and Local Law, in Adam Thierer/Clyde W. Crews, Jr. (Hrsg.), Who Rules the Net?: Internet Governance and Jurisdiction, Cato Institute, Washington, D. C. 2003, S. 13–30.
Zorn, Albert, Grundzüge des Völkerrechts, 2. Aufl., Verlagsbuchhandlung von J. J. Weber, Leipzig 1903.
Zürn, Michael, Regieren jenseits des Nationalstaates. Globalisierung und Denationalisierung als Chance, Frankfurt a.M. 1998.
ders., Globalisierung und Global Governance, Informationen zur politischen Bildung Nr. 325 (2015), 15.4.2015, abrufbar unter: https://www.bpb.de/izpb/204663/globalisierung-und-global-governance?p=all.

Verzeichnis der zitierten Dokumente

Nationale Rechtsakte

Deutschland

Bundesratsverordnung über den Verkehr mit Kraftfahrzeugen v. 3.2.1910, RGBl. 1910, S. 389, aufgrund § 6 des Gesetzes v. 3.5.1909, RGBl. 1909, S. 437.
Luftverkehrsgesetz v. 1.8.1922, RGBl. 1922 I, S. 681.
Landesbauordnung Rheinland-Pfalz v. 24.11.1998, GVBl. 1998, S. 365, zuletzt geänd. durch Artikel 1 des Gesetzes v. 18.6.2019 (GVBl. S. 112).
Bürgerliches Gesetzbuch i. d. F. der Bekanntmachung v. 2.1.2002 (BGBl. I, S. 42, 2909; 2003 I, S. 738), zuletzt geänd. durch Artikel 7 des Gesetzes v. 31.1.2019 (BGBl. I, S. 54).
Telekommunikationsgesetz v. 22.6.2004, BGBl. I, S. 1190, zuletzt geändert durch Gesetz v. 11.7.2019 (BGBl. I, S. 1066) m. W. v. 18.7.2019.
Aktiengesetz v. 6.9.1965 (BGBl. I, S. 1089), zuletzt geänd. durch Gesetz v. 17.7.2017 (BGBl. I, S. 2446).
Gesetz betreffend die Erwerbs- und Wirtschaftsgenossenschaften i. d. F. der Bekanntmachung v. 16.10.2006 (BGBl. I, S. 2230), zuletzt geänd. durch Art. 8 d. Gesetzes v. 17.7.2017 (BGBl. I, S. 2541).

Frankreich

Code Pénal, version consolidée au 1 janvier 2020.

Völkerrechtliche Verträge

Internationale Telegraphenkonvention (International Telegraph Convention) v. 17.5.1865, 130 CTS 124, 198.
Pariser Meterkonvention (Convention internationale du mètre) v. 20.5.1875, RGBl. 1876, S. 191.
Satzung des Völkerbundes (Covenant of the League of Nations) v. 28.6.1919, RGBl. 1919, S. 717.
Vertrag von Versailles v. 28.6.1919, RGBl. 1919, S. 687–1349.
Statut des StIGH (Statute of the Permanent Court of Justice) v. 16.12.1920, RGBl. 1927 II, S. 227, 6 LNTS 379, 390.

Internationale Radiotelegraphenkonvention (International Radiotelegraph Convention) v. 25.11.1927, 84 LNTS 97.
Internationale Telekommunikationskonvention (International Telecommunication Convention [Madrid]) v. 9.12.1932, 151 LNTS 4.
Staatsvertrag über die Anwendung des Rundfunks im Interesse des Friedens (International Convention concerning the Use of Broadcasting in the Cause of Peace) v. 23.9.1936, 186 LNTS 301, 197 LNTS 394, 200 LNTS 557.
Charta der Vereinten Nationen (Charter of the UN) v. 26.6.1945, BGBl. 1973 II, S. 430, dt. Übers. ber. BGBl. 1980 II, S. 1252, 1 UNTS XVI.
Statut des IGH (Statute of the ICJ) v. 26.6.1945, BGBl. 1973 II, S. 505.
Allgemeines Zoll- und Handelsabkommen (General Agreement on Tariffs and Trade) v. 30.10.1947, BGBl. 1951 II, S. 173, 55 UNTS 187. Geänd. durch GATT v. 15.4.1994, BGBl. 1994 II, S. 1443, 1867 UNTS 187.
Konvention über die Verhütung und Bestrafung des Völkermordes (Convention on the Prevention and Punishment of the Crime of Genocide) v. 9.12.1948, BGBl. 1954 II, S. 730, 78 UNTS 277.
Europäische Konvention zum Schutze der Menschenrechte und Grundfreiheiten (Convention for the Protection of Human Rights and Fundamental Freedoms) v. 4.11.1950, BGBl. 1954 II, S. 14, 213 UNTS 222.
Konvention über das Internationale Recht der Berichtigung (Convention on the International Right of Correction) v. 31.3.1953, UN Doc. A/RES/630 (VII), 435 UNTS 191.
Vertrag zur Gründung der EWG v. 25.3.1957, BGBl. 1957 II, S. 766.
Vertrag zur Gründung der EAG v. 25.3.1957, BGBl. 1957 II, S. 1014.
Vertrag zur Gründung der EG v. 25.3.1957, BGBl. II, S. 766, i. d. F. d. Vertrags über die EU v. 7.2.1992, BGBl. II, S. 1253/1255, zuletzt geänd. durch den Amsterdamer Vertrag v. 2.10.1997, BGBl. 1998 II, S. 387, ber. BGBl. 1999 II, S. 416.
Antarktis-Vertrag (The Antarctic Treaty) v. 1.12.1959, BGBl. 1978 II, S. 1518, 402 UNTS 71.
Internationales Übereinkommen zur Beseitigung jeder Form von Rassendiskriminierung (International Convention on the Elimination of All Forms of Racial Discrimination) v. 21.12.1965, UN Doc. A/RES/2106 (XX), BGBl. 1969 II, S. 961, 660 UNTS 195.
Wiener Übereinkommen über das Recht der Verträge (Vienna Convention on the Law of Treaties) v. 23.5.1969, BGBl. II 1985, S. 926, 1155 UNTS 331.
Internationaler Pakt über bürgerliche und politische Rechte (International Covenant on Civil and Political Rights) v. 16.12.1966, BGBl. II 1973, S. 1534, 999 UNTS 171.
Erstes Fakultativprotokoll zum Internationalen Pakt über bürgerliche und politische Rechte (Optional Protocol to the International Covenant on Civil and Political Rights) v. 16.12.1966, BGBl. 1969 II, S. 1247, 999 UNTS 302.
Internationaler Pakt über wirtschaftliche, soziale und kulturelle Rechte (International Covenant on Economic, Social and Cultural Rights) v. 16.12.1966, BGBl. II 1973, S. 1570, 993 UNTS 3.
Vertrag über die Grundsätze zur Regelung der Tätigkeiten von Staaten bei der Erforschung und Nutzung des Weltraums einschließlich des Mondes und anderer Himmelskörper (Treaty on Principles Governing the Activities of States in the Exploration and Use of Outer Space, including the Moon and Other Celestial Bodies) v. 27.1.1967, BGBl. 1969 II, S. 1968, 610 UNTS 205.

Übereinkommen zur Errichtung der Weltorganisation für geistiges Eigentum (Convention Establishing the World Intellectual Property Organization) v. 14.7.1967, BGBl. 1970 II, S. 293, 1070, 828 UNTS 3.
Übereinkommen zum Schutz des Kultur- und Naturerbes der Welt (World Heritage Convention) v. 16.11.1972, BGBl. 1977 II, S. 215, 1037 UNTS 151.
Übereinkommen über die Verbreitung der durch Satelliten übertragenen programmtragenden Signale (Convention relating to the Distribution of Programme-Carrying Signals Transmitted by Satellite) v. 21.5.1974, BGBl. II 1979, S. 113, 1144 UNTS 3.
Übereinkommen über das Verbot der militärischen oder einer sonstigen feindseligen Nutzung umweltverändernder Techniken (Convention on the Prohibition of Military or Any Other Hostile Use of Environmental Modification Techniques) v. 18.5.1977, BGBl. 1983 II, S. 125, 1108 UNTS 152.
Übereinkunft über die Aktivitäten von Staaten auf dem Mond und anderen Himmelskörpern (Agreement governing the Activities of States on the Moon and Other Celestial Bodies) v. 5.12.1979, 1363 UNTS 3.
UN-Kaufrecht (CISG) v. 11.4.1980, BGBl. 1989 II, S. 586, 1990 II, S. 1477, 1990 II, S. 1699, 1489 UNTS 59.
Convention for the Protection of Individuals with regard to Automatic Processing of Personal Data v. 28.1.1981, BGBl. 1985 II, S. 539, SEV Nr. 108.
Seerechtsübereinkommen der Vereinten Nationen (UN Convention on the Law of the Sea) v. 10.12.1982, BGBl. II, 1994 S. 1798, 1833 UNTS 397.
Übereinkommen zur Durchführung des Teiles XI des Seerechtsübereinkommens der Vereinten Nationen v. 10.12.1982 (BGBl. 1994 II, S. 1799, 1833 UNTS 3) v. 28.7.1994, BGBl. 1994 II, S. 2566, 1836 UNTS 3.
Basler Übereinkommen über die Kontrolle der grenzüberschreitenden Verbringung gefährlicher Abfälle und ihrer Entsorgung (Basel Convention on the Control of Transboundary Movements of Hazardous Wastes and their Disposal) v. 22.3.1989, BGBl. 1994 II, S. 2703, 2704, 1673 UNTS 57.
Europäisches Übereinkommen über das grenzüberschreitende Fernsehen (European Convention on Transfrontier Television) v. 5.5.1989, BGBl. 1994 II, S. 639, SEV Nr. 132.
Zweites Fakultativprotokoll zum Internationalen Pakt über bürgerliche und politische Rechte zur Abschaffung der Todesstrafe (Second Optional Protocol to the International Covenant on Civil and Political Rights, aiming at the abolition of the death penalty) v. 15.12.1989, 1642 UNTS 414.
Vertrag über die EU v. 7.2.1992, BGBl. 1992 II, S. 1253; zuletzt i. d. F. des Vertrags von Lissabon v. 13.12.2007, ABl. EU C 306 v. 17.12.2007, S. 1–271, BGBl. 2008 II, S. 1038.
Übereinkommens zum Schutz und zur Nutzung grenzüberschreitender Wasserläufe und internationaler Seen (Convention on the Protection and Use of Transboundary Watercourses and International Lakes) v. 17.3.1992, BGBl. 1994 II, S. 2333, 1936 UNTS 269.
Konstitution und Konvention der ITU (Constitution and Convention of the ITU) v. 22.12.1992, BGBl. 1996 II, S. 1306, 1825 UNTS 3.
Allgemeines Abkommen über den Handel mit Dienstleistungen (General Agreement on Trade in Services) v. 15.4.1994, BGBl. 1994 II, S. 1473, 1869 UNTS 183.
Übereinkommen über handelsbezogene Aspekte der Rechte des geistigen Eigentums (Agreement on Trade-Related Aspects of Intellectual Property Rights) v. 15.4.1994, BGBl. 1994 II, S. 1730, 1869 UNTS 299.

Protokoll Nr. 11 zur Konvention zum Schutze der Menschenrechte und Grundfreiheiten über die Umgestaltung des durch die Konvention eingeführten Kontrollmechanismus v. 11.5.1994, BGBl. 1995 II, S. 578, SEV Nr. 155.
WIPO Urheberrechts-Vertrag (Copyright Treaty) v. 20.12.1996, TRT/WCT/001, BGBl. 2003 II, S. 754, 2186 UNTS 121.
WIPO Vertrag über Darbietungen und Tonträger (Performances and Phonograms Treaty) v. 20.12.1996, TRT/WPPT/001, BGBl. 2003 II, S. 770, 2186 UNTS 203.
Römisches Statut des IStGH (Rome Statute of the ICC) v. 17.7.1998, BGBl. 2000 II, S. 1393, 2187 UNTS 3.
Stockholmer Übereinkommen über persistente organische Schadstoffe (Stockholm Convention on Persistent Organic Pollutants) v. 22.5.2001, BGBl. 2002 II, S. 803, 2256 UNTS 119.
Zusatzprotokoll zum Übereinkommen zum Schutz des Menschen bei der automatischen Verarbeitung personenbezogener Daten bezüglich Kontrollstellen und grenzüberschreitendem Datenverkehr (Additional Protocol to the Convention for the Protection of Individuals with regard to Automatic Processing of Personal Data regarding supervisory authorities and transborder data flows) v. 8.11.2001, BGBl. 2002 II, S. 1882, SEV Nr. 181.
Übereinkommen des Europarats über Computerkriminalität betreffend die Kriminalisierung mittels Computersystemen begangener Handlungen rassistischer und fremdenfeindlicher Art (Convention on Cybercrime) v. 23.11.2001, BGBl. 2008 II, S. 1242, 1243, SEV Nr. 185.
Zusatzprotokoll zum Übereinkommen über Computerkriminalität betreffend die Kriminalisierung mittels Computersystemen begangener Handlungen rassistischer und fremdenfeindlicher Art (Additional Protocol to the Convention on Cybercrime, concerning the criminalisation of acts of a racist and xenophobic nature committed through computer systems) v. 18.1.2003, BGBl. II 2003, S. 290, SEV Nr. 189.
Übereinkommen über den Einsatz elektronischer Kommunikation in internationalen Verträgen (Convention on the Use of Electronic Communications in International Contracts) v. 23.11.2005, 2898 UNTS.
Vertrag von Lissabon zur Änderung des Vertrags über die EU und des Vertrags zur Gründung der EG v. 13.12.2007, ABl. EU Nr. C 306 v. 17.12.2007, S. 1–271, BGBl. 2008 II, S. 1038.
Vertrag über die Arbeitsweise der EU, Konsolidierte Fassung, ABl. EG C 326, 26.10.2012, S. 47–390.
Änderungsprotokoll zu dem Übereinkommen zum Schutz des Menschen bei der automatischen Verarbeitung personenbezogener Daten (Protocol amending the Convention for the Protection of Individuals with regard to Automatic Processing of Personal Data) v. 10.10.2018, SEV Nr. 223.

Sonstige Dokumente

UN

Calling of an International Conference on Freedom of Information, UN Doc. A/RES/59(I), 14.12.1946.

UNCHR, Drafting Committee, International Bill of Rights: Revised Suggestions Submitted by the Representative of France for Articles of the International Declaration of Rights, UN Doc. E/CN.4/AC.1/W.2/Rev.2, 20.6.1947.
Measures to be taken against propaganda and the inciters of a new war, UN Doc. A/RES/ 110(II), 3.11.1947.
ECOSOC, Report of the 3rd session of the Commission on Human Rights (Lake Success, 24.5.–18.8.1948), Basic proposals advanced by the Soviet delegation at the 3rd session of the Commission on Human Rights and rejected by the Commission during its consideration of the draft International Declaration on Human Rights, E/800, Anhang, 28.6.1948, S. 40–44.
Allgemeine Erklärung der Menschenrechte (Universal Declaration of Human Rights) v. 10.12.1948, UN Doc. A/RES/217A(III).
International Convention concerning the Use of Broadcasting in the Cause of Peace (Geneva, 1936), UN Doc. A/RES/841, 17.12.1954.
International co-operation in the peaceful uses of outer space, UN Doc. A/RES/ 1721A(XVI), 20.12.1961.
Committee on the Peaceful Uses of Outer Space, Legal Sub-Committee, Provisional summary record of the 23rd meeting (New York, 25.4.1963), UN Doc. A/AC.105/C.2/ SR.23, 29.4.1963: Consideration of legal problems arising from the exploration and use of outer space (A/C.1/879, 881; A/AC.105/L.3-L.6; A/AC.105/C.2/4; A/AC.105/ C.2/L.6) (continued).
Declaration of Legal Principles Governing the Activities of States in the Exploration and Use of Outer Space, UN Doc. A/RES/18/1962, 13.12.1963.
Generalversammlung, 22nd Session, Official Records, 1st Committee, 1515th Meeting, 1.11.1967, A/C.1/PV.1515.
Question of the Reservation Exclusively for Peaceful Purposes of the Sea-Bed and the Ocean Floor, and the Subsoil thereof, Underlying the High Seas beyond the Limits of Present National Jurisdiction, and the Use of Their Resources in the Interest of Mankind, UN Doc. A/RES/2574 (XXIV), 15.12.1969.
Declaration of Principles Governing the Sea-Bed and the Ocean-Floor, and the Subsoil Thereof, beyond the Limits of National Jurisdiction, UN Doc. A/RES/2749 (XXV), 17.12.1970.
Preparation of an international convention on principles governing the use by States of artificial earth satellites for direct television broadcasting, UN Doc. A/RES/2916(27), 9.11.1972.
Declaration on the Use of Scientific and Technological Progress in the Interests of Peace and for the Benefit of Mankind, UN Doc. A/RES/30/3384, 10.11.1975.
Understanding relating to Article II ENMOD Convention, abgedr. in Report of the Conference of the Committee on Disarmament, Vol. I, 31st session, Supp. No. 27 (A/31/27), UN, New York 1976, S. 92.
Alternative Approaches and Ways and Means Within the UN System for Improving the Effective Enjoyment of Human Rights and Fundamental Freedoms, UN Doc. A/ RES/36/133, 14.12.1981.
CCPR, General Comment 10 – Article 19 (Freedom of Opinion), 29.6.1983, UN Doc. HRI/GEN/1/Rev.9 (Vol. I), S. 181–182.
Principles relating to remote sensing of the Earth from space, UN Doc. A/RES/41/56, 3.12.1986.
Declaration on the right to development, UN Doc. A/RES/41/128, 4.12.1986.

UNEP Cairo Guidelines and Principles for Environmentally Sound Management of Hazardous Wastes, Decision 14/3 of the Governing Council of UNEP, 17.6.1987.
Report of the World Commission on Environment and Development, Our Common Future, 4.8.1987, UN Doc. A/42/427, Annex („Brundtland-Bericht").
Report of the World Commission on Environment and Development, UN Doc. A/Res/42/187, 11.12.1987.
CCPR, General Comment 16 – Article 17 (Right to Privacy): The Right to Respect of Privacy, Family, Home and Correspondence, and Protection of Honour and Reputation, 8.4.1988, UN Doc. HRI/GEN/1/Rev.9 (Vol. I), S. 191–193.
CESCR, General Comment 3 – The Nature of States Parties' Obligations (Art. 2, Para. 1, of the Covenant), UN Doc. E/1991/23, 14.12.1990.
Development and strengthening of good-neighbourliness between States, UN Doc. A/RES/46/62, 9.12.1991.
Report of the UN Conference on Environment and Development, 12.8.1992, UN Doc. A/CONF.151/26/Rev. 1 (Vol. I), Annex I: Rio Declaration on Environment and Development.
Commemoration of the 50th anniversary of the UN, UN Doc. A/50/79-S/1995/106, 6.2.1995.
UNCITRAL, Model Law on Electronic Commerce v. 16.12.1996, UN Doc. A/RES/51/162.
ILO, Declaration on Fundamental Principles and Rights at Work, 86th Session of the General Conference of the ILO, Genf, 16.6.1998.
ILC, Report of the 52nd session (1.5.–9.6.2000, 10.7.–18.8.2000), UN Doc. A/55/10.
Report of the ILC to the General Assembly on the work of its 53rd session, Draft articles on Prevention of Transboundary Harm from Hazardous Activities, with commentaries, YbILC (2001-II), Part 2, S. 148–170.
UNCITRAL, Model Law on Electronic Signatures v. 5.7.2001, UN Doc. A/RES/56/80.
Report of the World Conference against Racism, Racial Discrimination, Xenophobia and Related Intolerance, Durban, 31.8.–8.9.2001, A/CONF.189/12, GE.02–10005(E) 100102, abrufbar unter: www.un.org/WCAR/aconf189_12.pdf.
ILC, Draft Articles on Responsibility of States for Internationally Wrongful Acts v. 12.12.2001, UN Doc. A/Res/56/83, Annex.
ILC, Report of the 55th session (5.5.–6.6.2003, 7.7.–8.8.2003), UN Doc. A/58/10.
OHCHR, Background Note on the Information Society and Human Rights, 27.10.2003, WSIS/PC-3/CONTR/178-E, abrufbar unter: https://www.itu.int/dms_pub/itu-s/md/03/wsispc3/c/S03-WSISPC3-C-0178!!PDF-E.pdf.
Declaration of Principles, Building the Information Society: a Global Challenge in the New Millennium, WSIS, Genf, 12.12.2003, WSIS-03/GENEVA/DOC/4-E.
CCPR, General Comment 31 [80] – The Nature of the General Legal Obligation Imposed on States Parties to the Covenant, 29.3.2004, UN Doc. CCPR/C/21/Rev.1/Add.13.
Report of the WGIG, Château de Bossey, Juni 2005, abrufbar unter: https://www.wgig.org/docs/WGIGREPORT.pdf.
Report from the WGIG, WSIS, Genf 2003-Tunis 2005, 3.8.2005, WSIS-II/PC-3/DOC/5-E.
Tunis Agenda for the Information Society, WSIS 05/TUNIS/DOC/6(Rev.1) E, 18.11.2005, § 42 (S. 7), abrufbar unter: https://www.itu.int/net/wsis/docs2/tunis/off/6rev1.pdf.
CESCR, General Comment 17 (2005) – The right of everyone to benefit from the protection of the moral and material interests resulting from any scientific, literary or artistic

production of which he or she is the author (article 15, paragraph 1 9[c], of the Covenant), UN Doc. E/C.12/CG/17, 12.1.2006.

UNCHR, Economic and Social Council, 62nd session, Racism, Racial Discrimination, Xenophobia and all Forms of Discrimination: Comprehensive Implementation of and Follow-Up to the Durban Declaration and Programme of Action. Report of the Intergovernmental Working Group on the effective implementation of the Durban Declaration and Programme of Action on its 4th session, Chairperson-Rapporteur: *Juan Martabit* (Chile), E/CN.4/2006/18, 20.3.2006 (zuletzt abgerufen am 27.1.2020).

Report of the Study Group of the ILC (finalized by *Martti Koskenniemi*), Fragmentation of International Law: Difficulties arising from the Diversification and Expansion of International Law, ILC, 58th session (1.5.–9.6., 3.7.–11.8.2006), UN Doc. A/CN.4/L.682, 13.4.2006.

Report of the Special Rapporteur on the Promotion and Protection of the Right to Freedom of Opinion and Expression, (*Frank La Rue*), UN Doc. A/HRC/17/27, 16.5.2011.

Report of the Special Rapporteur on the Promotion and Protection of the Right to Freedom of Opinion and Expression, (*Frank La Rue*), UN Doc. A/66/290, 10.8.2011.

CESCR, Consideration of Reports submitted by States Parties under Articles 16 and 17 of the Covenant, Libyan Arab Jamahiriya, Concluding observations of the Committee on Economic, Social and Cultural Rights, UN Doc. E/C.12/LYB/CO/225, 25.1.2009.

CESCR, General Comment 21 – Right of everyone to take part in cultural life (art. 15, para. 1 [a] of the International Covenant on Economic, Social and Cultural Rights), UN Doc. E/C.12/GC/21, 21.12.2009.

UNEP, Stockholm Convention on Persistent Organic Pollutants (POPs): Text and Annexes as amended in 2009, Published by the Secretariat of the Stockholm Convention on Persistent Organic Pollutants, Aug. 2010, abrufbar unter: https://www.wipo.int/edocs/lexdocs/treaties/en/unep-pop/trt_unep_pop_2.pdf.

CCPR, General Comment 34 – Article 19: Freedoms of opinion and expression, 21.7.2011, UN Doc. CCPR/C/GC/34.

UNHRC, Report of the Special Rapporteur on the rights to freedom of peaceful assembly and association, *Maina Kiai*, UN Doc. A/HRC/20/27, 21.5.2012.

UNHRC, The right to enjoy the benefits of scientific progress and its applications, Report of the Special Rapporteur in the field of cultural rights, *Farida Shaheed*, UN Doc. A/HRC/20/26, 14.5.2012.

Report of the UNGGE, Developments in the field of information and telecommunications in the context of international security, UN Doc. A/68/98, 24.6.2013.

Report of the Secretary-General, Developments in the field of information and communications in the context of international security, UN Doc. A/68/156/Add.1, 9.9.2013.

The right to privacy in the digital age, UN Doc. A/RES/68/167, 18.12.2013.

The Right to Privacy in the Digital Age: Report of the OHCHR, UN Doc. A/HRC/27/37, 30.6.2014.

UNHRC, Copyright policy and the right to science and culture, Report of the Special Rapporteur in the field of cultural rights, *Farida Shaheed*, UN Doc. A/HRC/28/57, 24.12.2014.

Report of the Secretary-General, Developments in the field of information and telecommunications in the context of international security, UN Doc. A/70/172, 22.7.2015.

Report of the UNGGE, Developments in the field of information and telecommunications in the context of international security, UN Doc. A/70/174, 22.7.2015.

UNHRC, The Promotion, protection and enjoyment of human rights on the Internet, UN Doc. A/HRC/32/L.20, 27.6.2016.
ILC, Report on the work of the 68th session (2.5.–10.6., 4.7.–12.8.2016), UN Doc. A/71/10.
UNCITRAL, Technical Notes on Online Dispute Resolution v. 17.12.2016, UN Doc. A/RES/71/138.
Advancing responsible State behaviour in cyberspace in the context of international security, UN Doc. A/RES/73/266, 22.12.2018.
ILC, Report on the work of the 70th session (30.4.–1.6., 2.7.–10.8.2018), UN Doc. A/73/10.

ITU

ITU, Final Acts of the Plenipotentiary Conference (Busan, 2014): Decisions and Resolutions, 2015, abrufbar unter: http://search.itu.int/history/HistoryDigitalCollectionDocLibrary/4.294.43.en.100.pdf.
ITU, Collection of the basic texts of the ITU adopted by the Plenipotentiary Conference, Edition 2015, abrufbar unter: https://search.itu.int/history/HistoryDigitalCollectionDocLibrary/5.21.61.en.100.pdf.
ITU, Measuring the Information Society Report, Vol. 1, Genf 2018, abrufbar unter: https://www.itu.int/en/ITU-D/Statistics/Documents/publications/misr2018/MISR-2018-Vol-1-E.pdf.
ITU, Measuring digital development: Facts and figures 2020, Genf 2020, abrufbar unter: https://www.itu.int/en/ITU-D/Statistics/Documents/facts/FactsFigures2020.pdf.

UNESCO

Declaration of Guiding Principles on the Use of Satellite Broadcasting for the Free Flow of Information, the Spread of Education and Greater Cultural Exchange, 17C/Resolution 4.111, 15.11.1972, Records of the General Conference, 17th Session (17.10.–21.11.1972), Paris, Vol. I: Resolutions, Recommendations, S. 67–69.
UNESCO, Recommendation on the Status of Scientific Researchers, 18C/Res. 40, 20.11.1974, abgedr. in Records of the General Conference, 18th Session (Paris, 17.10.–23.11.1974), Vol. I: Resolutions, S. 169–179.
UNESCO, Declaration on Fundamental Principles concerning the contribution of the mass media to strengthening peace and international understanding, to the promotion of human rights and to countering racialism, apartheid and incitement to war, 20C/Resolution 4/9.3/2, 28.11.1978, Records of the General Conference, 20th Session (24.10.–28.11.1978), Paris, Vol. I: Resolutions, S. 100–104, dt. Übers. d. Originaltexts abgedr. in VN 1/1979, 36–37.
UNESCO, International Programme for the Development of Communication, 21C/Resolution 4/21, 27.10.1980, Records of the General Conference, 21st Session (23.9.–28.10.1980), Belgrad, Vol. I: Resolutions, S. 72–79.
Major Programme III: Cultural development: the heritage and creativity, 28C/Resolution 3.1, 15.11.1995, Records of the General Conference, 28th Session (25.10.–16.11.1995), Paris, Vol. I: Resolutions, S. 38–40.

UNESCO and an Information Society for All: a position paper, CII-96/WS/4, Mai 1996, abrufbar unter: https://unesdoc.unesco.org/ark:/48223/pf0000108540.

UNESCO, Recommendation concerning the Promotion and Use of Multilingualism and Universal Access to Cyberspace, 32C/Res. 41, 15.10.2003, Records of the General Conference, 32nd Session (29.9.–17.10.2003), Paris, Vol. I: Resolutions, S. 70–74.

UNESCO, Charta zur Bewahrung des digitalen Kulturerbes (Charter on the Preservation of Digital Heritage), 32C/Res. 42, 15.10.2003, Records of the General Conference, 32nd Session (29.9.–17.10.2003), Paris, Vol. I: Resolutions, S. 74–77.

Towards Knowledge Societies, UNESCO World Report, UNESCO Publishing, Paris 2005, abrufbar unter: https://unesdoc.unesco.org/ark:/48223/pf0000141843.

UNESCO, The Right to Enjoy the Benefits of Scientific Progress and its Applications, Outcome of the Experts' Meeting, Venedig, 16.–17.7.2009, abrufbar unter: https://unesdoc.unesco.org/ark:/48223/pf0000185558.

UNESCO, Recommendation concerning the Preservation of, and Access to, Documentary Heritage Including in Digital Form, 38C/Res. 55, 17.11.2015, Records of the General Conference, 38th Session (3.–18.11.2015), Paris, Vol I: Resolutions, S. 46; Annex V, S. 163–166.

WTO

WTO Council for Trade in Services, Work Programme on E-Commerce – Note by the Secretariat, S/C/W/68, 16.11.1998, abrufbar unter: https://docs.wto.org/dol2fe/Pages/SS/directdoc.aspx?filename=q:/S/C/W68.pdf.

Europarat

Declaration on mass communication media and human rights, Res. 428 (1970), 23.1.1970.

Europarat, Recommendation 582 (1970) der Parlamentarischen Versammlung zum Thema „Mass communication media and Human Rights", 23.1.1970, § 8.5.3, abrufbar unter: http://assembly.coe.int/nw/xml/XRef/Xref-XML2HTML-en.asp?fileid=14617&lang=en.

Europarat, Declaration on mass communication media and human rights, Res. 428 (1970), 23.1.1970.

Europarat, Explanatory Report to the Convention for the Protection of Individuals with regard to Automatic Processing of Personal Data, Straßburg, 28.1.1981, abrufbar unter: https://rm.coe.int/16800ca434.

Europarat, Committee of Ministers, Recommendation CM/Rec(2007)16 to member states on measures to promote the public service value of the Internet, adopted at the 1010th meeting of the Ministers' Deputies, 7.11.2007.

Europarat, Committee of Ministers, Recommendation CM/Rec(2008)6 to member states on measures to promote the respect for freedom of expression and information with regard to Internet filters, adopted at the 1022nd meeting of the Ministers' Deputies, 26.3.2008.

Europarat, Committee of Ministers, Declaration on freedom of communication on the Internet, adopted at the 840th meeting of the Ministers' Deputies, 28.5.2003.

Europarat, Committee of Ministers, Recommendation Rec(2001)8 to member states on self-regulation concerning cyber content (self-regulation and user protection against illegal or harmful content on new communications and information services), adopted at the 762nd meeting of the Ministers' Deputies, 5.9.2001.

Europarat, Standing Committee on Transfrontier Television, Draft Second Protocol amending the European Convention on Transfrontier Television and its Explanatory Report T-TT(2009)007FIN, 24.9.2009, abrufbar unter: https://rm.coe.int/0900001680594766.

Europarat, Steering Committee on Media and Information Society, Information note on the Revision of the European Convention on Transfrontier Television (ECTT), CDMSI(2017)004, 3.3.2017, abrufbar unter: https://rm.coe.int/cdmsi-2017-004-information-note-on-the-revision-of-the-european-conven/1680707a83.

KSZE/OSZE

KSZE, Schlussakte, Helsinki, 1.8.1975, abrufbar unter: https://www.osce.org/files/f/documents/6/e/39503.pdf.

Charta von Paris für ein Neues Europa, Erklärung der Staats- und Regierungschefs der Teilnehmerstaaten der KSZE, Paris, 21.11.1990, abrufbar unter: https://www.osce.org/files/f/documents/5/b/39518.pdf.

KSZE, Budapester Dokument 1994: Der Weg zu echter Partnerschaft in einem neuen Zeitalter, Gipfelerklärung von Budapest, Korr. Fassung v. 21.12.1994, Beschlüsse von Budapest: Kap. I Nr. 1, abrufbar unter: https://www.osce.org/files/f/documents/e/4/39556.pdf.

OSZE, Astana Commemorative Declaration „Towards a Security Community", SUM.DOC/1/10/Corr.1, Summit Meeting, Astana (Kasachstan), 3.12.2010.

UNIDROIT

UNIDROIT Principles of International Commercial Contracts 2010, Rom 2010, abrufbar unter: https://www.unidroit.org/english/principles/contracts/principles2010/integralversionprinciples2010-e.pdf.

EU

RL 88/301/EWG der Kommission v. 16.5.1988 über den Wettbewerb auf dem Markt für Telekommunikations-Endgeräte, ABl. EG 131 v. 27.5.1988, S. 73–77 (außer Kraft).

RL 89/552/EWG des Rates v. 3.10.1989 zur Koordinierung bestimmter Rechts- und Verwaltungsvorschriften der Mitgliedstaaten über die Ausübung der Fernsehtätigkeit (außer Kraft), ABl. EU L 298 v. 17.10.1989, S. 23–30.

RL 90/388/EWG der Kommission v. 28.6.1990 über den Wettbewerb auf dem Markt für Telekommunikationsdienste, ABl. EG L 192 v. 24.7.1990, S. 10–16 (außer Kraft).

RL 93/83/EWG des Rates v. 29.9.1993 zur Koordinierung bestimmter urheber- und leistungsschutzrechtlicher Vorschriften betreffend Satellitenrundfunk und Kabelweiterverbreitung, ABl. EG L 248 v. 6.10.1993, S. 15–21.

Grünbuch über die Liberalisierung der Telekommunikationsinfrastruktur und der Kabelfernsehnetze, Teil II – Ein gemeinsames Konzept zur Bereitstellung einer Infrastruktur für Telekommunikation in der Europäischen Union (von der Kommission

vorgelegt), KOM(94) 682 endg., Brüssel, 25.1.1995, abrufbar unter: https://eur-lex.
europa.eu/legal-content/DE/TXT/PDF/?uri=CELEX:51994DC0682&from=DE.
RL 95/46/EG des Europäischen Parlaments und des Rates v. 24.10.1995 zum Schutz natürlicher Personen bei der Verarbeitung personenbezogener Daten und zum freien Datenverkehr (außer Kraft), ABl. EU L 281 v. 23.11.1995, S. 31–50.
Grünbuch zur Innovation, Kommission der EU, Brüssel, KOM(95) 688 endg., 20.12.1995.
EU, Communication from the European Commission to the European Parliament, the Council, the Economic and Social Committee and the Committee of the Regions, Illegal and Harmful Content on the Internet, COM(96) 487 final, 16.10.1996.
RL 97/66/EG des Europäischen Parlaments und des Rates v. 15.12.1997 über die Verarbeitung personenbezogener Daten und den Schutz der Privatsphäre im Bereich der Telekommunikation (außer Kraft), ABl. EU L 24 v. 30.1.1998, S. 1–8.
EU, Wirtschafts- und Sozialausschuss, Stellungnahme zu dem „Vorschlag für eine Entscheidung des Rates über die Annahme eines mehrjährigen Aktionsplans der Gemeinschaft zur Förderung der sicheren Nutzung des Internet" (ABl. EG C 48 v. 13.2.1998, S. 8), ABl. EG 1998 C 214 v. 10.7.1998, S. 29, abrufbar unter: https://eur-lex.europa.eu/legal-content/DE/TXT/?uri=uriserv:OJ.C_.1998.214.01.0029.01.DEU&toc=OJ:C:1998:214:TOC.
RL 98/48/EG des Europäischen Parlaments und des Rates v. 20.7.1998 zur Änderung der RL 98/34/EG über ein Informationsverfahren auf dem Gebiet der Normen und technischen Vorschriften (außer Kraft), ABl. L 217 v. 5.8.1998, S. 18–26.
Malerba, Franco, Bericht über die Mitteilung der Kommission über Globalisierung und Informationsgesellschaft: die Notwendigkeit einer stärkeren internationalen Koordinierung, (KOM[98]0050 – C4–0153/98), Ausschuss für Wirtschaft, Währung und Industriepolitik, A4–0366/98, 14.10.1998, abrufbar unter: https://www.europarl.europa.eu/sides/getDoc.do?pubRef=-//EP//NONSGML+REPORT+A4-1998-0366+0+DOC+PDF+V0//DE.
Entsch. Nr. 276/1999/EG des Europäischen Parlaments und des Rates v. 25.1.1999 über die Annahme eines mehrjährigen Aktionsplans der Gemeinschaft zur Förderung der sicheren Nutzung des Internet durch die Bekämpfung illegaler und schädlicher Inhalte in globalen Netzen, ABl. EG 1999 L 33 v. 6.2.1999.
RL 1999/93/EG des Europäischen Parlaments und des Rates v. 13.12.1999 über gemeinschaftliche Rahmenbedingungen für elektronische Signaturen (außer Kraft), ABl. EU L 13 v. 19.1.2000, S. 12–20.
Mitteilung der Kommission an den Rat, das Europäische Parlament, den Wirtschafts- und Sozialausschuß und den Ausschuß der Regionen, Europäische Standpunkte für die Weltfunkkonferenz 2000 (WRC-2000), COM(2000) 86 endg., 8.3.2000.
RL 2000/31/EG des Europäischen Parlaments und des Rates v. 8.6.2000 über bestimmte rechtliche Aspekte der Dienste der Informationsgesellschaft, insbes. des elektronischen Geschäftsverkehrs, im Binnenmarkt („RL über den elektronischen Geschäftsverkehr"), ABl. EU L 178 v. 17.7.2000, S. 1–16.
Charta der Grundrechte der EU (Charter of fundamental rights of the EU), ABl. EG C 364 v. 18.12.2000, S. 1–22.
VO (EG) Nr. 45/2001 v. 18.12.2000 zum Schutz natürlicher Personen bei der Verarbeitung personenbezogener Daten durch die Organe und Einrichtungen der Gemeinschaft und zum freien Datenverkehr (außer Kraft), ABl. EU L 8 v. 12.1.2001, S. 1–22.

RL 2001/29/EG des Europäischen Parlaments und des Rates v. 22.5.2001 zur Harmonisierung bestimmter Aspekte des Urheberrechts und der verwandten Schutzrechte in der Informationsgesellschaft, ABl. EU L 167 v. 22.6.2001, S. 10–19.

RL 2002/19/EG des Europäischen Parlaments und des Rates v. 7.3.2002 über den Zugang zu elektronischen Kommunikationsnetzen und zugehörigen Einrichtungen sowie deren Zusammenschaltung, ABl. EU L 108 v. 24.4.2002, S. 7–20.

RL 2002/20/EG des Europäischen Parlaments und des Rates v. 7.3.2002 über die Genehmigung elektronischer Kommunikationsnetze und -dienste, ABl. EU L 108 v. 24.4.2002, S. 21–32.

RL 2002/21/EG des Europäischen Parlaments und des Rates v. 7.3.2002 über einen gemeinsamen Rechtsrahmen für elektronische Kommunikationsnetze und -dienste, ABl. EU L 108, v. 24.4.2002, S. 33–50.

RL 2002/22/EG des Europäischen Parlaments und des Rates v. 7.3.2002 über den Universaldienst und Nutzerrechte bei elektronischen Kommunikationsnetzen und -diensten, ABl. EU L 108 v. 24.4.2002, S. 51–77.

RL 2002/58/EG des Europäischen Parlaments und des Rates v. 12.7.2002 über die Verarbeitung personenbezogener Daten und den Schutz der Privatsphäre in der elektronischen Kommunikation, ABl. EU L 201 v. 31.7.2002, S. 37–47.

RL 2002/77/EG der Kommission v. 16.9.2002 über den Wettbewerb auf den Märkten für elektronische Kommunikationsnetze und -dienste, ABl. EG L 249 v. 17.9.2002, S. 21–26.

EU, Communication from the Commission to the Council and the European Parliament concerning a New Legal Framework for Payments in the Internal Market (Consultative Document), COM(2003) 718 final, 2.12.2003, abrufbar unter: https://ec.europa.eu/transparency/documents-register/detail?ref=COM(2003)718&lang=en.

EU, Mitteilung der Kommission an den Rat, das Europäische Parlament, den Europäischen Wirtschafts- und Sozialausschuss und den Ausschuss der Regionen, Auf dem Weg zu einer globalen Partnerschaft in der Informationsgesellschaft: Der Beitrag der Europäischen Union zur zweiten Phase des Weltgipfels der Informationsgesellschaft (WSIS), KOM(2005) 234 endg., 2.6.2005, abrufbar unter: https://eur-lex.europa.eu/LexUriServ/LexUriServ.do?uri=COM:2005:0234:FIN:DE:PDF.

EU, Beschl. Nr. 854/2005/EG des Europäischen Parlaments und des Rates v. 11.5.2005 über ein mehrjähriges Gemeinschaftsprogramm zur Förderung der sichereren Nutzung des Internet und neuer Online-Technologien, ABl. EU L 149 v. 11.6.2005, S. 1–13.

RL 2006/24/EG des Europäischen Parlaments und des Rates v. 15.3.2006 über die Vorratsspeicherung von Daten, die bei der Bereitstellung öffentlich zugänglicher elektronischer Kommunikationsdienste oder öffentlicher Kommunikationsnetze erzeugt oder verarbeitet werden, und zur Änderung der RL 2002/58/EG (außer Kraft), ABl. EU L 105 v. 13.4.2006, S. 54–63.

RL 2006/115/EG des Europäischen Parlaments und des Rates v. 12.12.2006 zum Vermietrecht und Verleihrecht sowie zu bestimmten dem Urheberrecht verwandten Schutzrechten im Bereich des geistigen Eigentums, ABl. EU L 376 v. 27.12.2006, S. 28–35.

RL 2006/123/EG des Europäischen Parlaments und des Rates v. 12.12.2006 über Dienstleistungen im Binnenmarkt, ABl. EU L 376 v. 27.12.2006, S. 36–68.

VO (EG) Nr. 717/2007 des Europäischen Parlaments und des Rates v. 27.6.2007 über das Roaming in öffentlichen Mobilfunknetzen in der Gemeinschaft und zur Änderung der Richtlinie 2002/21/EG (außer Kraft), ABl. EU L 171 v. 29.6.2007, S. 32–40.

Arbeitsdokument der Kommissionsdienststellen – Begleitdokument zum Vorschlag für einen Rahmenbeschluss des Rates zur Änderung des Rahmenbeschlusses 2002/475/JI zur Terrorismusbekämpfung – Folgenabschätzung, COM(2007) 650 final, 6.11.2007, engl. Sprachversion abrufbar unter: https://data.consilium.europa.eu/doc/document/ST%2014960%202007%20ADD%201/EN/pdf.

EU, Erläuterungen zur Charta der Grundrechte, ABl. EU C 303/02 v. 14.12.2007, S. 17–35.

RL 2008/63/EG der Kommission v. 20.6.2008 über den Wettbewerb auf dem Markt für Telekommunikationsendeinrichtungen, ABl. EU L 162 v. 21.6.2008, S. 20–26.

RL 2009/24/EG des Europäischen Parlaments und des Rates v. 23.4.2009 über den Rechtsschutz von Computerprogrammen, ABl. EU L 111 v. 5.5.2009, S. 16–22.

VO (EG) Nr. 544/2009 des Europäischen Parlaments und des Rates v. 18.6.2009 zur Änderung der VO (EG) Nr. 717/2007 über das Roaming in öffentlichen Mobilfunknetzen in der Gemeinschaft und der RL 2002/21/EG über einen gemeinsamen Rechtsrahmen für elektronische Kommunikationsnetze und -dienste, ABl. EU L 167 v. 29.6.2009, S. 12–23.

RL 2009/110/EG des Europäischen Parlaments und des Rates v. 16.9.2009 über die Aufnahme, Ausübung und Beaufsichtigung der Tätigkeit von E-Geld-Instituten, zur Änderung der RL 2005/60/EG und 2006/48/EG sowie zur Aufhebung der RL 2000/46/EG, ABl. EU L 267 v. 10.10.2009, S. 7–17.

RL 2010/13/EU des Europäischen Parlaments und des Rates v. 10.3.2010 zur Koordinierung bestimmter Rechts- und Verwaltungsvorschriften der Mitgliedstaaten über die Bereitstellung audiovisueller Mediendienste, ABl. EU L 95 v. 15.4.2010, S. 1–24.

RL 2011/83/EU des Europäischen Parlaments und des Rates v. 25.10.2011 über die Rechte der Verbraucher, zur Abänderung der RL 93/13/EWG des Rates und der RL 1999/44/EG des Europäischen Parlaments und des Rates sowie zur Aufhebung der RL 85/577/EWG des Rates und der RL 97/7/EG des Europäischen Parlaments und des Rates, ABl. EU L 304 v. 22.11.2011, S. 64–88.

RL 2009/136/EG des Europäischen Parlaments und des Rates v. 25.11.2009 zur Änderung der RL 2002/22/EG über den Universaldienst und Nutzerrechte bei elektronischen Kommunikationsnetzen und -diensten, der RL 2002/58/EG über die Verarbeitung personenbezogener Daten und den Schutz der Privatsphäre in der elektronischen Kommunikation und der VO (EG) Nr. 2006/2004 über die Zusammenarbeit im Verbraucherschutz, ABl. EU L 337 v. 18.12.2009, S. 11–36.

VO (EU) Nr. 531/2012 des Europäischen Parlaments und des Rates v. 13.6.2012 über das Roaming in öffentlichen Mobilfunknetzen in der Union, ABl. EU L 172 v. 30.6.2012, S. 10–35.

VO (EU) 524/2013 des Europäischen Parlaments und des Rates v. 21.5.2013 über die Online-Beilegung verbraucherrechtlicher Streitigkeiten und zur Änderung der VO (EG) Nr. 2006/2004 und der RL 2009/22/EG (VO über Online-Streitbeilegung in Verbraucherangelegenheiten), ABl. EU L 165 v. 18.6.2013, S. 1–12.

RL 2014/26/EU des Europäischen Parlaments und des Rates v. 26.2.2014 über die kollektive Wahrnehmung von Urheber- und verwandten Schutzrechten und die Vergabe von Mehrgebietslizenzen für Rechte an Musikwerken für die Online-Nutzung im Binnenmarkt, ABl. EU L 84 v. 20.3.2014, S. 72–98.

VO (EU) 910/2014 des Europäischen Parlaments und des Rates v. 23.7.2014 über elektronische Identifizierung und Vertrauensdienste für elektronische Transaktionen im

Binnenmarkt und zur Aufhebung der RL 1999/93/EG, ABl. EU L 257 v. 28.8.2014, S. 73–114.
EU, Mitteilung der Kommission an das Europäische Parlament, den Rat, den Europäischen Wirtschafts- und Sozialausschuss und den Ausschuss der Regionen, Strategie für einen digitalen Binnenmarkt für Europa, COM(2015) 192 final, 6.5.2015, abrufbar unter: https://eur-lex.europa.eu/legal-content/DE/TXT/?uri=CELEX:52015DC0192.
Durchführungs-VO (EU) 2015/806 der Kommission v. 22.5.2015 zur Festlegung von Spezifikationen für die Form des EU-Vertrauenssiegels für qualifizierte Vertrauensdienste, ABl. EU L 128 v. 23.5.2015, S. 13–15.
RL (EU) 2015/1535 des Europäischen Parlaments und des Rates v. 9.9.2015 über ein Informationsverfahren auf dem Gebiet der technischen Vorschriften und der Vorschriften für die Dienste der Informationsgesellschaft (RL „Dienste der Informationsgesellschaft"), ABl. EU L 241 v. 17.9.2015, S. 1–15.
VO (EU) 2015/2120 des Europäischen Parlaments und des Rates v. 25.11.2015 über Maßnahmen zum Zugang zum offenen Internet und zur Änderung der RL 2002/22/EG über den Universaldienst und Nutzerrechte bei elektronischen Kommunikationsnetzen und -diensten sowie der VO (EU) Nr. 531/2012 über das Roaming in öffentlichen Mobilfunknetzen in der Union, ABl. EU L 310 v. 26.11.2015, S. 1–18.
RL (EU) 2015/2366 des Europäischen Parlaments und des Rates v. 25.11.2015 über Zahlungsdienste im Binnenmarkt, zur Änderung der RL 2002/65/EG, 2009/110/EG und 2013/36/EU und der VO (EU) Nr. 1093/2010 sowie zur Aufhebung der RL 2007/64/EG, ABl. EU L 337 v. 23.12.2015, S. 35–127.
VO (EU) 2016/679 des Europäischen Parlaments und des Rates v. 27.4.2016 zum Schutz natürlicher Personen bei der Verarbeitung personenbezogener Daten, zum freien Datenverkehr und zur Aufhebung der RL 95/46/EG, ABl. EU L 119 v. 4.5.2016, S. 1–88.
RL (EU) 2016/680 des Europäischen Parlaments und des Rates v. 27.4.2016 zum Schutz natürlicher Personen bei der Verarbeitung personenbezogener Daten durch die zuständigen Behörden zum Zwecke der Verhütung, Ermittlung, Aufdeckung oder Verfolgung von Straftaten oder der Strafvollstreckung sowie zum freien Datenverkehr und zur Aufhebung des Rahmenbeschlusses 2008/977/JI des Rates, ABl. EU L 119 v. 4.5.2016, S. 89–131.
Vorschlag für eine VO des Europäischen Parlaments und des Rates über die Zusammenarbeit zwischen den für die Durchsetzung der Verbraucherschutzgesetze zuständigen nationalen Behörden, COM(2016) 283 final – 2016/0148 (COD), 25.5.2016.
Vorschlag für eine RL des Europäischen Parlaments und des Rates über das Urheberrecht im digitalen Binnenmarkt, COM(2016) 593 final – 2016/0280(COD), 14.9.2016.
Vorschlag für eine VO des Europäischen Parlaments und des Rates mit Vorschriften für die Wahrnehmung von Urheberrechten und verwandten Schutzrechten in Bezug auf bestimmte Online-Übertragungen von Rundfunkveranstaltern und die Weiterverbreitung von Fernseh- und Hörfunkprogrammen, COM/2016/0594 final, 14.9.2016.
VO (EU) 2017/1128 des Europäischen Parlaments und des Rates v. 14.6.2017 zur grenzüberschreitenden Portabilität von Online-Inhaltediensten im Binnenmarkt, ABl. EU L 168 v. 30.6.2017, S. 1–11.
VO (EU) 2017/2394 des Europäischen Parlaments und des Rates v. 12.12.2017 über die Zusammenarbeit zwischen den für die Durchsetzung der Verbraucherschutzgesetze zuständigen nationalen Behörden und zur Aufhebung der VO (EG) Nr. 2006/2004, ABl. EU L 345 v. 27.12.2017, S. 1–26.

Sonstige Dokumente 589

VO (EU) 2018/302 des Europäischen Parlaments und des Rates v. 28.2.2018 über Maßnahmen gegen ungerechtfertigtes Geoblocking und andere Formen der Diskriminierung aufgrund der Staatsangehörigkeit, des Wohnsitzes oder des Ortes der Niederlassung des Kunden innerhalb des Binnenmarkts und zur Änderung der VO (EG) Nr. 2006/2004 und (EU) 2017/2394 sowie der RL 2009/22/EG (Geoblocking-VO), ABl. EU L 601 v. 2.3.2018, S. 1–15.

RL (EU) 2018/843 des Europäischen Parlaments und des Rates v. 30.5.2018 zur Änderung der RL (EU) 2015/849 zur Verhinderung der Nutzung des Finanzsystems zum Zwecke der Geldwäsche und der Terrorismusfinanzierung und zur Änderung der RL 2009/138/EG und 2013/36/EU, ABl. EU L 156 v. 19.6.2018, S. 43–74.

VO (EU) 2018/1725 des Europäischen Parlaments und des Rates v. 23.10.2018 zum Schutz natürlicher Personen bei der Verarbeitung personenbezogener Daten durch die Organe, Einrichtungen und sonstigen Stellen der Union, zum freien Datenverkehr und zur Aufhebung der VO (EG) Nr. 45/2001 und des Beschlusses Nr. 1247/2002/EG, ABl. EU L 295 v. 21.11.2018, S. 39–98.

RL (EU) 2018/1808 des Europäischen Parlaments und des Rates v. 14.11.2018 zur Änderung der RL 2010/13/EU zur Koordinierung bestimmter Rechts- und Verwaltungsvorschriften der Mitgliedstaaten über die Bereitstellung audiovisueller Mediendienste (RL über Audiovisuelle Mediendienste) im Hinblick auf sich verändernde Marktgegebenheiten, ABl. EU L 303 v. 28.11.2018, S. 69–92.

RL (EU) 2019/789 des Europäischen Parlaments und des Rates v. 17.4.2019 mit Vorschriften für die Ausübung von Urheberrechten und verwandten Schutzrechten in Bezug auf bestimmte Online-Übertragungen von Sendeunternehmen und die Weiterverbreitung von Fernseh- und Hörfunkprogrammen und zur Änderung der RL 93/83/EWG des Rates, ABl. EU L 130 v. 17.5.2019, S. 82–91.

RL (EU) 2019/790 des Europäischen Parlaments und des Rates v. 17.4.2019 über das Urheberrecht und die verwandten Schutzrechte im digitalen Binnenmarkt und zur Änderung der RL 96/9/EG und 2001/29/EG, ABl. L 130 v. 17.5.2019, S. 92–125.

Stichwortregister

AEMR
- Art. 7 78
- Art. 12 78 f., 83, 104, 139
- Art. 13 139
- Art. 17 81
- Art. 18 104
- Art. 19 79 f., 86, 100, 104, 114, 116, 139
- Art. 20 104
- Art. 22 80, 82
- Art. 25 82
- Art. 26 82, 104, 114
- Art. 27 80, 82, 104, 114, 116
- Art. 28 94
- Art. 29 77

AEUV
- Art. 14 138
- Art. 16 143, 172
- Art. 18 154 f.
- Art. 26 161, 164
- Art. 28 158, 171
- Art. 34 155, 157 f., 161
- Art. 35 155
- Art. 52 166
- Art. 56 160 f., 164, 184
  - Streaming-Dienste 162
- Art. 57 162, 165, 174, 184
- Art. 62 166
- Art. 63 166, 169 f.
- Art. 101 153, 156
- Art. 102 156
- Art. 157 154
- Art. 167 186
- Art. 288 171, 174
- Art. 294 186
- Art. 355 408

AMRK
- Art. 13 90 f.

ARPA 45

ARPANET 46
Ätherraum 43, 354

Bangemann-Charta 65
Berliner Funktelegraphenkonferenz 106
Bernadotte (IGH) 354, 382
Brundtland-Bericht 201

CEN 415
CENELEC 415
CERI 464
CERN 40, 47
CHM *siehe* common heritage of mankind
CISG 71, 350
Code 206, 226 f., 229, 232, 234, 257, 364
Codex Hammurapi 30
Co-governance 256
common heritage of mankind 239, 241, 244–246
Computerangriff *siehe* Cyberangriff
Control Revolution 27
Cyberanarchie 207, 217
Cyberangriff 57, 72, 196–198, 200
Cyber-Attacke *siehe* Cyberangriff

DARPA 45, 63
DDoS 127 f.
Dematerialisierung 202 f.
Denationalisierung 393–396, 401 f.
Diffusion 14, 354, 457 f., 467, 481, 483 f., 490 f., 493
Digesten 283
Digital Divide 62, 75, 82, 94, 112, 206, 246, 277
DIN 360, 415, 501
DNS 108, 210 f., 228–230, 244, 268, 270, 488, 499
domaine réservé 113, 135, 349, 403, 442
Drittwirkung

- innovationshemmende 482
- mittelbare/unmittelbare 95, 119, 140, 154, 157

E-Geld 166–168
Electronic Frontier 303
- -Foundation 212, 317
EMRK
- Art. 1 120
- Art. 8 78, 101 f., 119, 121 f., 125, 139, 142 f., 145, 148
- Art. 9 101, 139
- Art. 10 85, 101, 119, 121–125, 139, 149
- Art. 11 126–128
- Art. 33 119
- Art. 35 119
- Art. 52 151
ENMOD 424
Entmaterialisierung 25
Entstaatlichung 393 f., 396
Entterritorialisierung 3, 393 f., 401–403, 407
EUV
- Art. 1 134
- Art. 3 136, 158, 164
- Art. 6 134, 137
- Art. 17 65
- Art. 39 143, 172
- Art. 52 408

Fragmentierung 252, 408, 425 f., 428–430, 432–434, 443, 445
free flow of information 91, 103, 105, 113 f., 196, 214, 346
Funktionalismus 379

Gewaltverbot 72, 197 f., 288
Gleichheit, souveräne 53, 105, 195, 237, 349, 412, 442
GR-Ch
- Art. 1 144 f.
- Art. 2 145
- Art. 3 145
- Art. 6 145
- Art. 7 88, 101 f., 138–143, 148, 151
- Art. 8 130, 142–148, 151, 193
- Art. 11 149–151, 191

- Art. 12 125, 151
- Art. 13 152
- Art. 15 153
- Art. 16 142, 152 f.
- Art. 17 152 f.
- Art. 20 154
- Art. 21 154
- Art. 26 138
- Art. 36 137
- Art. 51 102, 140, 153 f.
- Art. 52 138, 142 f., 145, 147–149, 151, 154

HTML 48
HTTP/HTTPS 48
Hybridisierung 413, 419, 450
ICANN 108, 111, 211, 213, 249 f., 252–254, 257, 260, 267, 269 f., 272, 417, 499
- GAC 252–254, 268 f.
- IANA 253, 270
- WICANN 254

ICSID 277
IEC 360, 384, 498
IGH-Statut
- Art. 1 311
- Art. 36 331
- Art. 38 70, 77, 138, 195, 205, 224, 258 f., 262, 331, 339, 348–350, 352, 355, 363 f., 416, 423, 431, 457
- Art. 63 331
ILC 344, 348, 429
Informationsgesellschaft 4, 22, 75, 77, 89, 104 f., 119
- Völkerrechtssubjekt 75
Informationsoperationen 193, 196
Innovation
- Lock-in-Effekt 493
- -sforschung 460, 463–465, 467–470, 494
- Waivers 477
instant customary international law 30, 345 f., 348
Integration, systemische 446
Integrität, territoriale 203, 288, 402
International Bill of Human Rights 75, 82
Internationale Radiotelegraphenunion 106

Internationale Telegraphenkonvention
  siehe International Telegraph Convention
Internationale Telegraphenunion 106
International Radiotelegraph Convention 106, 204, 384
International Telecommunication Convention 106, 204
International Telegraph Convention 106, 384, 575
Internet Governance 75 f., 109, 251, 253, 255, 257–259, 265–267, 417
Internet, Menschenrecht auf 80, 86
Internetzugang, Menschenrecht auf 80, 138, 215
Interventionsverbot 53, 195 f., 349
Invention 12, 467, 476
IPbpR
– Art. 1 95
– Art. 2 82 f., 96, 173, 191, 402
– Art. 17 78, 83 f., 86, 101, 121 f., 139
– Art. 18 101, 139
– Art. 19 77, 83, 85–90, 96, 99, 101, 123, 139 f., 275
– Art. 21 90, 125
– Erstes Fakultativprotokoll 74, 119
– General Comment
  – Nr. 10 (Art. 19) 87, 96
  – Nr. 16 (Art. 17) 83 f., 121
  – Nr. 31 [80] 83, 95 f.
  – Nr. 34 (Art. 19) 86 f., 89
– Zweites Fakultativprotokoll 74
IPwskR
– Art. 1 95
– Art. 2 93
– Art. 6 91, 191
– Art. 7 91
– Art. 11 91, 94, 101, 125
– Art. 13 91
– Art. 14 91
– Art. 15 91 f., 275
– General Comment
  – Nr. 3 (Art. 2) 93
  – Nr. 17 (Art. 15) 94
  – Nr. 21 (Art. 15) 91
ISO 108, 270, 360, 364 f., 420, 498
ITU 106
– -Konstitution 107 f.

– -Konvention 107, 246
– Plenipotentiary Conference 107
ius cogens 431, 443

Kommunikation
– Grundrecht/Menschenrecht auf 97–99, 101–106, 140
– juristische Personen 140
– -sraum 97, 284, 300
Konferenz 369–372, 374–376, 379
Kongress 368–370, 372, 374–376, 379
Konstitutionalisierung 440, 443, 445 f., 449, 455
– BrandnameSucks.com 448
konstruktive Koexistenz *siehe* Co-governance
Kryptowährung 168–171

Law Cyberspace *siehe* lex informatica
lex electronica *siehe* lex informatica
Lex Informatica 227
lex mercatoria 209, 219–225, 235, 415
Lex Networkia *siehe* lex informatica

Martabit-Report 217
Massenmedien , 4, 28–30, 87, 99 f., 475
Mediatisierung des Einzelnen 75, 409
Metapher 230, 299, 303, 308, 311–313, 316
– Cyberspace as Place 230, 313, 315
Multistakeholder 62, 75, 250, 254, 257 f., 262, 271, 421, 494

Nachbarschaft, Prinzip guter 204
nachhaltigen Entwicklung, Grundsatz der 201, 203, 241, 346
Nationalstaat 4, 31, 34, 288, 293, 393, 395, 408
– Container 327, 396
– Spatial/Topographical Turn 327
– Territorium 292
Netiquette 212, 214 f., 225
netizens 214
Netzgeld *siehe* E-Geld
Netzneutralität 152, 180, 197, 346
Nichteinmischungsgebot *siehe* Interventionsverbot
Normativität, relative 422, 424

Normung, technische 22, 359, 362, 437, 488
North Sea Continental Shelf Cases (IGH) 344, 346, 348 f.

Pacta sunt servanda 205, 352, 423
Personalitätsprinzip, aktives/passives 53, 55 f., 402
PICS 228, 230
POWDER 228, 230
precautionary principle *siehe* Vorsorgeprinzip
Privatisierung des Internets 279
public-private partnerships 75, 107, 406

Realismus 400, 438
Regime
- self-contained 136, 418, 428, 433
- -Theorie 426
Regulierung 34
Reparation for Injuries Suffered in the Service of the UN (IGH) *siehe* Bernadotte (IGH)
Res iudicata 205
Revolution
- industrielle 4, 15, 17, 20, 22, 26, 365, 438
- informationelle 24, 31
- neolithische 15
RFC 258, 266, 360
Risikogesellschaft 16, 470
Root Server 244, 269 f.
Rundfunkfriedenspakt 72

Satzung des Völkerbunds
- Art. 3 237
- Art. 10 237
- Art. 23 387
Schutzprinzip 53, 55, 57
Selbstverteidigung, Recht auf 72, 198
Selbstverwaltung *siehe* self-governance
Self-governance 208–211, 213, 215, 260
sic utere tuo ut alienum non laedas *siehe* Umweltbelastungen, Verbot erheblicher grenzüberschreitender
Soft Law 364, 415, 419 f., 422–424, 449, 456, 487

Souveränität, territoriale 60, 203, 238, 402
Spaak-Bericht 159
Staatengemeinschaftsraum
- Antarktis 237, 239, 241 f., 302, 354, 424
- Cyberspace 237, 241 f., 244, 354
- Gebiet, das 238 f.
- Hohe See 236–238, 241, 302, 354
- Weltraum 239, 241 f., 354
Staatsgrenzen, online , 50, 56, 25, 64, 82 f., 86 f., 101, 113, 123, 305, 322, 397, 413
Standardisierung , 16, 33, 334, 360, 364, 384 *siehe* auch Normung, technische
StIGH-Statut
- Art. 38 351
- Art. 67 387
sustainable development *siehe* nachhaltigen Entwicklung, Grundsatz der

Tallinn Manual 198
TCP/IP 44, 107 f., 210
Technikfolgenabschätzung 356, 362, 458, 469, 478, 485
Technikgeneseforschung 469, 485
Territorialitätsprinzip , 53 f., 56, 31, 230, 402
Territorium 52 f., 59 f., 64, 68, 82, 203, 230, 288, 292, 297
Tiefseeboden *siehe* Staatengemeinschaftsraum:Gebiet, das
Treu und Glauben 220, 352

Überregulierung 231
Umweltbelastungen, Verbot erheblicher grenzüberschreitender 203 f., 346
- no harm-rule 204
UN-Ch
- Art. 2 61, 72, 195 f., 237, 288, 402, 412
- Art. 51 72
- Art. 52 132
- Art. 63 106, 109
- Art. 102 335
- Präambel 311
UNCITRAL
- Model Law on Electronic Commerce 71, 351, 420

- Model Law on Electronic Signatures 71, 351, 420
- Technical Notes on Online Dispute Resolution 71, 260

UNEP 339, 424
UNESCO
- MacBride-Commission 102, 104, 114
- Venice Statement 92 f., 95

UNGGE 62, 67
Universalitäts- oder Weltrechtsprinzip 53, 55 f., 58
Upload-Filter 189 f., 499

VDE 360
VDI 10, 360
Vernormung 437
Verrechtlichung 26, 28, 384 f., 405, 419, 426, 435–440, 443
Versammlungen, virtuelle 126–128
Verwaltungsunion 360, 365, 374, 376 f., 379–385, 392, 394, 398
Völkerrecht des Netzes 67–69
Vorsorgeprinzip 200, 346

WCIT-12 (Weltinternetkonferenz) 109, 271
Weltnomothet 405, 416
Welttelegraphenverein *siehe* Internationale Telegraphenunion
Westfälisches System 75, 264, 390, 397, 409
WGIG 76, 250–252, 255–257, 271
Wirkungsprinzip 53, 57
World Wide Web 41, 45, 47, 60
WSIS 67, 75–78, 100, 104, 213, 257, 266, 271, 278
WVK
- Art. 2 134, 331
- Art. 19 335
- Art. 20 335
- Art. 31 74, 446
- Art. 34 425
- Art. 38 341
- Art. 77 335
- Art. 80 335
- Präambel 327

WWW *siehe* World Wide Web

Zippo-Test 56

Jus Internationale et Europaeum

herausgegeben von
Thilo Marauhn und Christian Walter

Die Einwirkung des internationalen und des europäischen Rechts auf die nationalen Rechtsordnungen nimmt beständig zu. Diese Entwicklung stellt eine gewaltige Herausforderung dar, weil es heute nicht mehr nur um die Umsetzung völker- und europarechtlicher Vorgaben geht, sondern darüber hinausgehende Anpassungsnotwendigkeiten in den nationalen Rechtsordnungen verarbeitet werden müssen. Abgesehen von den praktischen Schwierigkeiten, die häufig damit verbunden sind, verlangt dieser Prozess nach einer theoretischen Verarbeitung, welche im öffentlichen Recht, das nach wie vor ein ambivalentes Verhältnis zum Völker- und Europarecht hat, weitgehend noch am Anfang steht. Die Schriftenreihe soll zur theoretischen und dogmatischen Durchdringung der Internationalisierung und Europäisierung des öffentlichen Rechts beitragen und Lösungsvorschläge für damit einhergehende praktische Probleme unterbreiten. In der Reihe erscheinen herausragende Arbeiten, die sich mit Rechtsfragen an der Schnittstelle zwischen nationalem öffentlichen Recht und internationalem Recht beschäftigen oder genuin völker- bzw. europarechtliche Themen behandeln. Besonderes Interesse liegt dabei auf Arbeiten, die eine Brücke zwischen Grundlagenfragen und praktischer Rechtsanwendung schlagen.

ISSN: 1861-1893
Zitiervorschlag: JusIntEu

Alle lieferbaren Bände finden Sie unter *www.mohrsiebeck.com/jusinteu*

Mohr Siebeck
www.mohrsiebeck.com